U1069595

中国非公有制经济年鉴

2007

成思危 主编

民主与建设出版社

图书在版编目（CIP）数据

中国非公有制经济年鉴.2007/成思危主编.－北京：民主与建设出版社，2007.3

ISBN 978－7－80112－767－9

Ⅰ.中…　Ⅱ.成…　Ⅲ.非公有制经济－中国－年鉴－2006
Ⅳ.F121.2－54

中国版本图书馆CIP数据核字（2007）第028957号
ⓒ民主与建设出版社，2007

责任编辑　王书燕　韩振宇　张学雷　程　旭　刘　芳
封面设计　博雅思
出版发行　民主与建设出版社
电　　话　（010）85698040　85698062
社　　址　北京市朝阳区朝外大街吉祥里208号
邮　　编　100020
印　　刷　北京中科印刷有限公司
成品尺寸　210mm×285mm
印　　张　52
字　　数　1350千字
版　　次　2007年3月第1版　2007年3月第1次印刷
书　　号　ISBN 978－7－80112－767－9/F·351
定　　价　496.00元

注：如有印、装质量问题，请与出版社联系。

编辑委员会

主　编　成思危

副主编　欧新黔　萧灼基　辜胜阻　陈雨露

编　委（按姓氏笔画为序）

王利平　王利明　王惠文　王黎明　刘平青　朱　岩　李晔鸿

赵　静　晓　亮　符国群　黄　勇　戴建中

特约撰稿人（按姓氏笔画为序）

王志乐　王黎明　成思危　陈全生　陈永杰　欧新黔　晓　亮

唐海滨　辜胜阻

参编人员（按姓氏笔画为序）

丁　瑛　王雅楠　龙　文　仪　彬　李今天　李　楠　肖增弈

苏雪梅　张雪松　范亭亭　周　雷　顾　强　高振宇　郭丽娟

魏浩宇　魏博文

编委会秘书处

伊志宏　周传云　赵西卜　王保林　陈　妹

编辑部

王书燕　韩振宇　张学雷　程　旭　刘　芳

序　　言

改革开放以来，在邓小平理论的指导下，我国非公有制经济的发展经历了从不是国民经济的组成部分到成为国民经济有益的补充、必要的补充，再到成为社会主义市场经济的重要组成部分的过程。中共十六大提出，包括非公有制人士在内的社会阶层都是有中国特色社会主义的建设者，必须毫不动摇地鼓励、支持和引导非公有制经济发展。目前非公有制经济已经成为我国国民经济的主要支柱之一，在促进经济发展、满足市场需求、增加财政税收、缓解就业压力等方面都发挥着重要的作用。

中国民主建国会（简称民建）成立于1945年，是与经济界有密切联系的一个参政党。近年来，中共中央领导同志多次提出，希望民建要配合有关方面做好非公有制经济人士的工作，促进非公有制经济健康发展。民建中央按照这一要求，除适当发展了一些非公有制经济代表性人士入会外，还尽力从各个方面采取措施，促进非公有制经济健康发展。其中一项重要的举措就是于2005年与中国人民大学联合成立了“建华研究院”，旨在进行有关非公有制经济发展的政策及管理方面的研究，并为非公有制企业培养高层管理人才（职业经理人），以增强我国非公有制企业及人士的素质。

尽管非公有制经济在我国已经取得了迅速的发展，但我在研究工作中仍然深感有关的资料不全和数据不足，难以进行系统的分析并提出切实的建议。因此在建华研究院成立之初，我就提出了编辑出版一部《中国非公有制经济年鉴》的构想，这一倡议得到了建华研究院理事会和学术委员会的赞同，并得到了国家发展与改革委员会等政府部门的支持，于2006年年初成立了编委会，开始进行《年鉴》的编撰。

按照我的构想，《年鉴》分为以下四篇：

一、法律法规篇：主要是收集中央及地方有关发展非公有制经济的政策，并进行分析与解读。

二、研究报告篇：主要是刊载有关非公有制经济发展的研究论文，特别是建华研究院支持的研究成果。

三、国外情况介绍篇：主要是收集国外中小企业发展的情况、经验和扶持政策，供有关政府部门及企业参考。

四、统计数据篇：主要是收集、分析及对比各种有关我国非公有制经济的数据，形成比较系统及准确的统计资料。

我希望这本《年鉴》具有以下几个特点：一是简明实用，二是特色鲜明，三是突出重点（今年以市场准入为重点），四是数据翔实。特别是在编撰过程中，在统计数据的收集和整理上下了很大功夫，在国家发展与改革委员会、国家工商行政管理局和国家统计局等方面的大力支持下，对来自这三个方面数据进行了认真的分析对比，统一口径，确定数值，为改善我国非公有制经济的统计进行了有益的探索。

我和编辑部的同仁们都深深感到，编辑这部《年鉴》是一项思想性和技术性都要求很高的工作，尽管我们作了很大的努力，但肯定还有很多缺点和不足之处。我们恳切地希望读者们不吝赐教，使《年鉴》的质量能够逐年有所提高，为促进我国非公有制经济的健康发展作出应有的贡献。

全国人大常委会副委员长　中国民主建国会主席

成思危

2007 年 2 月 27 日于北京

目　录

2. 研究报告篇

3. 国外情况介绍篇

4. 统计数据篇

1

法律法规篇

1.1　2006年非公有制经济法律法规汇编

1.1.1　中华人民共和国公司法

中华人民共和国主席令

（第42号）

《中华人民共和国公司法》已由中华人民共和国第十届全国人民代表大会常务委员会第十八次会议于2005年10月27日修订通过，现将修订后的《中华人民共和国公司法》公布，自2006年1月1日起施行。

中华人民共和国主席　胡锦涛

2005年10月27日

中华人民共和国公司法

（1993年12月29日第八届全国人民代表大会常务委员会第五次会议通过　根据1999年12月25日第九届全国人民代表大会常务委员会第十三次会议《关于修改〈中华人民共和国公司法〉的决定》第一次修正　根据2004年8月28日第十届全国人民代表大会常务委员会第十一次会议《关于修改〈中华人民共和国公司法〉的决定》第二次修正。2005年10月27日第十届全国人民代表大会常务委员会第十八次会议修订）

目录

第一章　总则

第一条　为了规范公司的组织和行为，保护公司、股东和债权人的合法权益，维护社会经济秩序，促进社会主义市场经济的发展，制定本法。

第二条　本法所称公司是指依照本法在中国境内设立的有限责任公司和股份有限公司。

第三条　公司是企业法人，有独立的法人财产，享有法人财产权。公司以其全部财产对公司的债务承担责任。

有限责任公司的股东以其认缴的出资额为限对公司承担责任；股份有限公司的股东以其认购的股份为限对公司承担责任。

第四条　公司股东依法享有资产收益、参与重大决策和选择管理者等权利。

第五条　公司从事经营活动，必须遵守法律、行政法规，遵守社会公德、商业道德，诚实守信，接受政府和社会公众的监督，承担社会责任。

公司的合法权益受法律保护，不受侵犯。

第六条　设立公司，应当依法向公司登记机关申请设立登记。符合本法规定的设立条件的，由公司登记机关分别登记为有限责任公司或者股份有限公司；不符合本法规定的设立条件的，不得登记为有限责任公司或者股份有限公司。

法律、行政法规规定设立公司必须报经批准的，应当在公司登记前依法办理批准手续。

公众可以向公司登记机关申请查询公司登记事项，公司登记机关应当提供查询服务。

第七条　依法设立的公司，由公司登记机关发给公司营业执照。公司营业执照签发日期为公司成立日期。

公司营业执照应当载明公司的名称、住所、注册资本、实收资本、经营范围、法定代表人姓名等事项。

公司营业执照记载的事项发生变更的，公司应当依法办理变更登记，由公司登记机关换发营业执照。

第八条　依照本法设立的有限责任公司，必须在公司名称中标明有限责任公司或者有限公司字样。

依照本法设立的股份有限公司，必须在公司名称中标明股份有限公司或者股份公司字样。

第九条　有限责任公司变更为股份有限公司，应当符合本法规定的股份有限公司的条件。股份有限公司变更为有限责任公司，应当符合本法规定的有限责任公司的条件。

有限责任公司变更为股份有限公司的，或者股份有限公司变更为有限责任公司的，公司变更前的债权、债务由变更后的公司承继。

第十条　公司以其主要办事机构所在地为住所。

第十一条　设立公司必须依法制定公司章程。公司章程对公司、股东、董事、监事、高级管理人员具有约束力。

第十二条　公司的经营范围由公司章程规定，并依法登记。公司可以修改公司章程，改变经营范围，但是应当办理变更登记。

公司的经营范围中属于法律、行政法规规定须经批准的项目，应当依法经过批准。

第十三条　公司法定代表人依照公司章程的规定，由董事长、执行董事或者经理担任，并依法登记。公司法定代表人变更，应当办理变更登记。

第十四条　公司可以设立分公司。设立分公司，应当向公司登记机关申请登记，领取营业执照。分公司不具有法人资格，其民事责任由公司承担。

公司可以设立子公司，子公司具有法人资格，依法独立承担民事责任。

第十五条　公司可以向其他企业投资；但是，除法律另有规定外，不得成为对所投资企业的债务承担连带责任的出资人。

第十六条　公司向其他企业投资或者为他人提供担保，依照公司章程的规定，由董事会或者股东会、股东大会决议；公司章程对投资或者担保的总额及单项投资或者担保的数额有限额规定的，不得超过规定的限额。

公司为公司股东或者实际控制人提供担保的，必须经股东会或者股东大会决议。

前款规定的股东或者受前款规定的实际控制人支配的股东，不得参加前款规定事项的表决。该项表决由出席会议的其他股东所持表决权的过半数通过。

第十七条　公司必须保护职工的合法权益，依法与职工签订劳动合同，参加社会保险，加强劳动保护，实现安全生产。

公司应当采用多种形式，加强公司职工的职业教育和岗位培训，提高职工素质。

第十八条　公司职工依照《中华人民共和国工会法》组织工会，开展工会活动，维护职工合法权益。公司应当为本公司工会提供必要的活动条件。公司工会代表职工就职工的劳动报酬、工作时间、福利、保险和劳动安全卫生等事项依法与公司签订集体合同。

公司依照宪法和有关法律的规定，通过职工代表大会或者其他形式，实行民主管理。

公司研究决定改制以及经营方面的重大问题、制定重要的规章制度时，应当听取公司工会的意见，并通过职工代表大会或者其他形式听取职工的意见和建议。

第十九条　在公司中，根据中国共产党章程的规定，设立中国共产党的组织，开展党的活动。公司应当为党组织的活动提供必要条件。

第二十条　公司股东应当遵守法律、行政法规和公司章程，依法行使股东权利，不得滥用股东权利损害公司或者其他股东的利益；不得滥用公司法人独立地位和股东有限责任损害公司债权人的利益。

公司股东滥用股东权利给公司或者其他股东造成损失的，应当依法承担赔偿责任。

公司股东滥用公司法人独立地位和股东有限责任，逃避债务，严重损害公司债权人利益的，应当对公司债务承担连带责任。

第二十一条 公司的控股股东、实际控制人、董事、监事、高级管理人员不得利用其关联关系损害公司利益。

违反前款规定，给公司造成损失的，应当承担赔偿责任。

第二十二条 公司股东会或者股东大会、董事会的决议内容违反法律、行政法规的无效。

股东会或者股东大会、董事会的会议召集程序、表决方式违反法律、行政法规或者公司章程，或者决议内容违反公司章程的，股东可以自决议作出之日起六十日内，请求人民法院撤销。

股东依照前款规定提起诉讼的，人民法院可以应公司的请求，要求股东提供相应担保。

公司根据股东会或者股东大会、董事会决议已办理变更登记的，人民法院宣告该决议无效或者撤销该决议后，公司应当向公司登记机关申请撤销变更登记。

第二章 有限责任公司的设立和组织机构

第一节 设立

第二十三条 设立有限责任公司，应当具备下列条件：

（一）股东符合法定人数；

（二）股东出资达到法定资本最低限额；

（三）股东共同制定公司章程；

（四）有公司名称，建立符合有限责任公司要求的组织机构；

（五）有公司住所。

第二十四条 有限责任公司由五十个以下股东出资设立。

第二十五条 有限责任公司章程应当载明下列事项：

（一）公司名称和住所；

（二）公司经营范围；

（三）公司注册资本；

（四）股东的姓名或者名称；

（五）股东的出资方式、出资额和出资时间；

（六）公司的机构及其产生办法、职权、议事规则；

（七）公司法定代表人；

（八）股东会会议认为需要规定的其他事项。

股东应当在公司章程上签名、盖章。

第二十六条 有限责任公司的注册资本为在公司登记机关登记的全体股东认缴的出资额。公司全体股东的首次出资额不得低于注册资本的百分之二十，也不得低于法定的注册资本最低限额，其余部分由股东自公司成立之日起两年内缴足；其中，投资公司可以在五年内缴足。

有限责任公司注册资本的最低限额为人民币三万元。法律、行政法规对有限责任公司注册资本的最低限额有较高规定的，从其规定。

第二十七条 股东可以用货币出资，也可以用实物、知识产权、土地使用权等可以用货币估价并可以依法转让的非货币财产作价出资；但是，法律、行政法规规定不得作为出资的财产除外。

对作为出资的非货币财产应当评估作价，核实财产，不得高估或者低估作价。法律、行政法规对评估作价有规定的，从其规定。

全体股东的货币出资金额不得低于有限责任公司注册资本的百分之三十。

第二十八条　股东应当按期足额缴纳公司章程中规定的各自所认缴的出资额。股东以货币出资的，应当将货币出资足额存入有限责任公司在银行开设的账户；以非货币财产出资的，应当依法办理其财产权的转移手续。

股东不按照前款规定缴纳出资的，除应当向公司足额缴纳外，还应当向已按期足额缴纳出资的股东承担违约责任。

第二十九条　股东缴纳出资后，必须经依法设立的验资机构验资并出具证明。

第三十条　股东的首次出资经依法设立的验资机构验资后，由全体股东指定的代表或者共同委托的代理人向公司登记机关报送公司登记申请书、公司章程、验资证明等文件，申请设立登记。

第三十一条　有限责任公司成立后，发现作为设立公司出资的非货币财产的实际价额显著低于公司章程所定价额的，应当由交付该出资的股东补足其差额；公司设立时的其他股东承担连带责任。

第三十二条　有限责任公司成立后，应当向股东签发出资证明书。

出资证明书应当载明下列事项：

（一）公司名称；

（二）公司成立日期；

（三）公司注册资本；

（四）股东的姓名或者名称、缴纳的出资额和出资日期；

（五）出资证明书的编号和核发日期。

出资证明书由公司盖章。

第三十三条　有限责任公司应当置备股东名册，记载下列事项：

（一）股东的姓名或者名称及住所；

（二）股东的出资额；

（三）出资证明书编号。

记载于股东名册的股东，可以依股东名册主张行使股东权利。

公司应当将股东的姓名或者名称及其出资额向公司登记机关登记；登记事项发生变更的，应当办理变更登记。未经登记或者变更登记的，不得对抗第三人。

第三十四条　股东有权查阅、复制公司章程、股东会会议记录、董事会会议决议、监事会会议决议和财务会计报告。

股东可以要求查阅公司会计账簿。股东要求查阅公司会计账簿的，应当向公司提出书面请求，说明目的。公司有合理根据认为股东查阅会计账簿有不正当目的，可能损害公司合法利益的，可以拒绝提供查阅，并应当自股东提出书面请求之日起十五日内书面答复股东并说明理由。公司拒绝提供查阅的，股东可以请求人民法院要求公司提供查阅。

第三十五条　股东按照实缴的出资比例分取红利；公司新增资本时，股东有权优先按照实缴的出资比例认缴出资。但是，全体股东约定不按照出资比例分取红利或者不按照出资比例优先认缴出资的除外。

第三十六条　公司成立后，股东不得抽逃出资。

第二节　组织机构

第三十七条　有限责任公司股东会由全体股东组成。股东会是公司的权力机构，依照本法行使职权。

第三十八条　股东会行使下列职权：

（一）决定公司的经营方针和投资计划；

（二）选举和更换非由职工代表担任的董事、监事，决定有关董事、监事的报酬事项；

（三）审议批准董事会的报告；

（四）审议批准监事会或者监事的报告；

（五）审议批准公司的年度财务预算方案、决算方案；

（六）审议批准公司的利润分配方案和弥补亏损方案；

（七）对公司增加或者减少注册资本作出决议；

（八）对发行公司债券作出决议；

（九）对公司合并、分立、解散、清算或者变更公司形式作出决议；

（十）修改公司章程；

（十一）公司章程规定的其他职权。

对前款所列事项股东以书面形式一致表示同意的，可以不召开股东会会议，直接作出决定，并由全体股东在决定文件上签名、盖章。

第三十九条　首次股东会会议由出资最多的股东召集和主持，依照本法规定行使职权。

第四十条　股东会会议分为定期会议和临时会议。

定期会议应当依照公司章程的规定按时召开。代表十分之一以上表决权的股东，三分之一以上的董事、监事会或者不设监事会的公司的监事提议召开临时会议的，应当召开临时会议。

第四十一条　有限责任公司设立董事会的，股东会会议由董事会召集，董事长主持；董事长不能履行职务或者不履行职务的，由副董事长主持；副董事长不能履行职务或者不履行职务的，由半数以上董事共同推举一名董事主持。

有限责任公司不设董事会的，股东会会议由执行董事召集和主持。

董事会或者执行董事不能履行或者不履行召集股东会会议职责的，由监事会或者不设监事会的公司的监事召集和主持；监事会或者监事不召集和主持的，代表十分之一以上表决权的股东可以自行召集和主持。

第四十二条　召开股东会会议，应当于会议召开十五日前通知全体股东；但是，公司章程另有规定或者全体股东另有约定的除外。

股东会应当对所议事项的决定作成会议记录，出席会议的股东应当在会议记录上签名。

第四十三条　股东会会议由股东按照出资比例行使表决权；但是，公司章程另有规定的除外。

第四十四条　股东会的议事方式和表决程序，除本法有规定的外，由公司章程规定。

股东会会议作出修改公司章程、增加或者减少注册资本的决议，以及公司合并、分立、解散或者变更公司形式的决议，必须经代表三分之二以上表决权的股东通过。

第四十五条　有限责任公司设董事会，其成员为三人至十三人；但是，本法第五十一条另有规定的除外。

两个以上的国有企业或者两个以上的其他国有投资主体投资设立的有限责任公司，其董事会成员中应当有公司职工代表；其他有限责任公司董事会成员中可以有公司职工代表。董事会中的职工代表由公司职工通过职工代表大会、职工大会或者其他形式民主选举产生。

董事会设董事长一人，可以设副董事长。董事长、副董事长的产生办法由公司章程规定。

第四十六条　董事任期由公司章程规定，但每届任期不得超过三年。董事任期届满，连选可以连任。

董事任期届满未及时改选，或者董事在任期内辞职导致董事会成员低于法定人数的，在改选出的董事就任前，原董事仍应当依照法律、行政法规和公司章程的规定，履行董事职务。

第四十七条　董事会对股东会负责，行使下列职权：

（一）召集股东会会议，并向股东会报告工作；

（二）执行股东会的决议；

（三）决定公司的经营计划和投资方案；

（四）制订公司的年度财务预算方案、决算方案；

（五）制订公司的利润分配方案和弥补亏损方案；

（六）制订公司增加或者减少注册资本以及发行公司债券的方案；

（七）制订公司合并、分立、解散或者变更公司形式的方案；

（八）决定公司内部管理机构的设置；

（九）决定聘任或者解聘公司经理及其报酬事项，并根据经理的提名决定聘任或者解聘公司副经理、财务负责人及其报酬事项；

（十）制定公司的基本管理制度；

（十一）公司章程规定的其他职权。

第四十八条　董事会会议由董事长召集和主持；董事长不能履行职务或者不履行职务的，由副董事长召集和主持；副董事长不能履行职务或者不履行职务的，由半数以上董事共同推举一名董事召集和主持。

第四十九条　董事会的议事方式和表决程序，除本法有规定的外，由公司章程规定。

董事会应当对所议事项的决定作成会议记录，出席会议的董事应当在会议记录上签名。

董事会决议的表决，实行一人一票。

第五十条　有限责任公司可以设经理，由董事会决定聘任或者解聘。经理对董事会负责，行使下列职权：

（一）主持公司的生产经营管理工作，组织实施董事会决议；

（二）组织实施公司年度经营计划和投资方案；

（三）拟订公司内部管理机构设置方案；

（四）拟订公司的基本管理制度；

（五）制定公司的具体规章；

（六）提请聘任或者解聘公司副经理、财务负责人；

（七）决定聘任或者解聘除应由董事会决定聘任或者解聘以外的负责管理人员；

（八）董事会授予的其他职权。

公司章程对经理职权另有规定的，从其规定。

经理列席董事会会议。

第五十一条　股东人数较少或者规模较小的有限责任公司，可以设一名执行董事，不设董事会。执行董事可以兼任公司经理。

执行董事的职权由公司章程规定。

第五十二条　有限责任公司设监事会，其成员不得少于三人。股东人数较少或者规模较小的有限责任公司，可以设一至二名监事，不设监事会。

监事会应当包括股东代表和适当比例的公司职工代表，其中职工代表的比例不得低于三分之一，具体比例由公司章程规定。监事会中的职工代表由公司职工通过职工代表大会、职工大会或者其他形式民主选举产生。

监事会设主席一人，由全体监事过半数选举产生。监事会主席召集和主持监事会会议；监事会主席不能履行职务或者不履行职务的，由半数以上监事共同推举一名监事召集和主持监事会会议。

董事、高级管理人员不得兼任监事。

第五十三条　监事的任期每届为三年。监事任期届满，连选可以连任。

监事任期届满未及时改选，或者监事在任期内辞职导致监事会成员低于法定人数的，在改选出的监事就任前，原监事仍应当依照法律、行政法规和公司章程的规定，履行监事职务。

第五十四条　监事会、不设监事会的公司的监事行使下列职权：

（一）检查公司财务；

（二）对董事、高级管理人员执行公司职务的行为进行监督，对违反法律、行政法规、公司章程或者股东会决议的董事、高级管理人员提出罢免的建议；

（三）当董事、高级管理人员的行为损害公司的利益时，要求董事、高级管理人员予以纠正；

（四）提议召开临时股东会会议，在董事会不履行本法规定的召集和主持股东会会议职责时召集和主持股东会会议；

（五）向股东会会议提出提案；

（六）依照本法第一百五十二条的规定，对董事、高级管理人员提起诉讼；

（七）公司章程规定的其他职权。

第五十五条　监事可以列席董事会会议，并对董事会决议事项提出质询或者建议。

监事会、不设监事会的公司的监事发现公司经营情况异常，可以进行调查；必要时，可以聘请会计师事务所等协助其工作，费用由公司承担。

第五十六条　监事会每年度至少召开一次会议，监事可以提议召开临时监事会会议。

监事会的议事方式和表决程序，除本法有规定的外，由公司章程规定。

监事会决议应当经半数以上监事通过。

监事会应当对所议事项的决定作成会议记录，出席会议的监事应当在会议记录上签名。

第五十七条　监事会、不设监事会的公司的监事行使职权所必需的费用，由公司承担。

第三节　一人有限责任公司的特别规定

第五十八条　一人有限责任公司的设立和组织机构，适用本节规定；本节没有规定的，适用本章第一节、第二节的规定。

本法所称一人有限责任公司，是指只有一个自然人股东或者一个法人股东的有限责任公司。

第五十九条　一人有限责任公司的注册资本最低限额为人民币十万元。股东应当一次足额缴纳公司章程规定的出资额。

一个自然人只能投资设立一个一人有限责任公司。该一人有限责任公司不能投资设立新的一人有限责任公司。

第六十条　一人有限责任公司应当在公司登记中注明自然人独资或者法人独资，并在公司营业执照中载明。

第六十一条　一人有限责任公司章程由股东制定。

第六十二条　一人有限责任公司不设股东会。股东作出本法第三十八条第一款所列决定时，应当采用书面形式，并由股东签名后置备于公司。

第六十三条　一人有限责任公司应当在每一会计年度终了时编制财务会计报告，并经会计师事务所审计。

第六十四条　一人有限责任公司的股东不能证明公司财产独立于股东自己的财产的，应当对公司债务承担连带责任。

第四节　国有独资公司的特别规定

第六十五条　国有独资公司的设立和组织机构，适用本节规定；本节没有规定的，适用本章第一节、第二节的规定。

本法所称国有独资公司，是指国家单独出资、由国务院或者地方人民政府授权本级人民政府国有资产监督管理机构履行出资人职责的有限责任公司。

第六十六条　国有独资公司章程由国有资产监督管理机构制定，或者由董事会制订报国有资产监督管理机构批准。

第六十七条　国有独资公司不设股东会，由国有资产监督管理机构行使股东会职权。国有资产监督管理机构可以授权公司董事会行使股东会的部分职权，决定公司的重大事项，但公司的合并、分立、解散、增加或者减少注册资本和发行公司债券，必须由国有资产监督管理机构决定；其中，重要的国有独资公司合并、分立、解散、申请破产的，应当由国有资产监督管理机构审核后，报本级人民政府批准。

前款所称重要的国有独资公司，按照国务院的规定确定。

第六十八条　国有独资公司设董事会，依照本法第四十七条、第六十七条的规定行使职权。董事每届任期不得超过三年。董事会成员中应当有公司职工代表。

董事会成员由国有资产监督管理机构委派；但是，董事会成员中的职工代表由公司职工代表大会选举产生。

董事会设董事长一人，可以设副董事长。董事长、副董事长由国有资产监督管理机构从董事会成员中指定。

第六十九条　国有独资公司设经理，由董事会聘任或者解聘。经理依照本法第五十条规定行使职权。

经国有资产监督管理机构同意，董事会成员可以兼任经理。

第七十条　国有独资公司的董事长、副董事长、董事、高级管理人员，未经国有资产监督管理机构同意，不得在其他有限责任公司、股份有限公司或者其他经济组织兼职。

第七十一条　国有独资公司监事会成员不得少于五人，其中职工代表的比例不得低于三分之一，具体比例由公司章程规定。

监事会成员由国有资产监督管理机构委派；但是，监事会成员中的职工代表由公司职工代表大会选举产生。监事会主席由国有资产监督管理机构从监事会成员中指定。

监事会行使本法第五十四条第（一）项至第（三）项规定的职权和国务院规定的其他职权。

第三章　有限责任公司的股权转让

第七十二条　有限责任公司的股东之间可以相互转让其全部或者部分股权。

股东向股东以外的人转让股权，应当经其他股东过半数同意。股东应就其股权转让事项书面通知其他股东征求同意，其他股东自接到书面通知之日起满三十日未答复的，视为同意转让。其他股东半数以上不同意转让的，不同意的股东应当购买该转让的股权；不购买的，视为同意转让。

经股东同意转让的股权，在同等条件下，其他股东有优先购买权。两个以上股东主张行使优先购买权的，协商确定各自的购买比例；协商不成的，按照转让时各自的出资比例行使优先购买权。

公司章程对股权转让另有规定的，从其规定。

第七十三条　人民法院依照法律规定的强制执行程序转让股东的股权时，应当通知公司及全体股东，其他股东在同等条件下有优先购买权。其他股东自人民法院通知之日起满二十日不行使优先购买权的，视为放弃优先购买权。

第七十四条　依照本法第七十二条、第七十三条转让股权后，公司应当注销原股东的出资证明书，向新股东签发出资证明书，并相应修改公司章程和股东名册中有关股东及其出资额的记载。对公司章程的该项修改不需再由股东会表决。

第七十五条　有下列情形之一的，对股东会该项决议投反对票的股东可以请求公司按照合理的价格收购其股权：

（一）公司连续五年不向股东分配利润，而公司该五年连续盈利，并且符合本法规定的分配利润条件的；

（二）公司合并、分立、转让主要财产的；

（三）公司章程规定的营业期限届满或者章程规定的其他解散事由出现，股东会会议通过决议修改章程使公司存续的。

自股东会会议决议通过之日起六十日内，股东与公司不能达成股权收购协议的，股东可以自股东会会议决议通过之日起九十日内向人民法院提起诉讼。

第七十六条　自然人股东死亡后，其合法继承人可以继承股东资格；但是，公司章程另有规定的除外。

第四章　股份有限公司的设立和组织机构

第一节　设立

第七十七条　设立股份有限公司，应当具备下列条件：

（一）发起人符合法定人数；

（二）发起人认购和募集的股本达到法定资本最低限额；

（三）股份发行、筹办事项符合法律规定；

（四）发起人制订公司章程，采用募集方式设立的经创立大会通过；

（五）有公司名称，建立符合股份有限公司要求的组织机构；

（六）有公司住所。

第七十八条　股份有限公司的设立，可以采取发起设立或者募集设立的方式。

发起设立，是指由发起人认购公司应发行的全部股份而设立公司。

募集设立，是指由发起人认购公司应发行股份的一部分，其余股份向社会公开募集或者向特定对象募集而设立公司。

第七十九条　设立股份有限公司，应当有二人以上二百人以下为发起人，其中须有半数以上的发起人在中国境内有住所。

第八十条　股份有限公司发起人承担公司筹办事务。

发起人应当签订发起人协议，明确各自在公司设立过程中的权利和义务。

第八十一条　股份有限公司采取发起设立方式设立的，注册资本为在公司登记机关登记的全体发起人认购的股本总额。公司全体发起人的首次出资额不得低于注册资本的百分之二十，其余部分由发起人自公司成立之日起两年内缴足；其中，投资公司可以在五年内缴足。在缴足前，不得向他人募集股份。

股份有限公司采取募集方式设立的，注册资本为在公司登记机关登记的实收股本总额。

股份有限公司注册资本的最低限额为人民币五百万元。法律、行政法规对股份有限公司注册资本的最低限额有较高规定的，从其规定。

第八十二条　股份有限公司章程应当载明下列事项：

（一）公司名称和住所；

（二）公司经营范围；

（三）公司设立方式；

（四）公司股份总数、每股金额和注册资本；

（五）发起人的姓名或者名称、认购的股份数、出资方式和出资时间；

（六）董事会的组成、职权和议事规则；

（七）公司法定代表人；

（八）监事会的组成、职权和议事规则；

（九）公司利润分配办法；

（十）公司的解散事由与清算办法；

（十一）公司的通知和公告办法；

（十二）股东大会会议认为需要规定的其他事项。

第八十三条　发起人的出资方式，适用本法第二十七条的规定。

第八十四条　以发起设立方式设立股份有限公司的，发起人应当书面认足公司章程规定其认购的股份；一次缴纳的，应即缴纳全部出资；分期缴纳的，应即缴纳首期出资。以非货币财产出资的，应当依法办理其财产权的转移手续。

发起人不依照前款规定缴纳出资的，应当按照发起人协议承担违约责任。

发起人首次缴纳出资后，应当选举董事会和监事会，由董事会向公司登记机关报送公司章程、由依法设定的验资机构出具的验资证明以及法律、行政法规规定的其他文件，申请设立登记。

第八十五条　以募集设立方式设立股份有限公司的，发起人认购的股份不得少于公司股份总数的百分之三十五；但是，法律、行政法规另有规定的，从其规定。

第八十六条　发起人向社会公开募集股份，必须公告招股说明书，并制作认股书。认股书应当载明本法第八十七条所列事项，由认股人填写认购股数、金额、住所，并签名、盖章。认股人按照所认购股数缴纳股款。

第八十七条　招股说明书应当附有发起人制订的公司章程，并载明下列事项：

（一）发起人认购的股份数；

（二）每股的票面金额和发行价格；

（三）无记名股票的发行总数；

（四）募集资金的用途；

（五）认股人的权利、义务；

（六）本次募股的起止期限及逾期未募足时认股人可以撤回所认股份的说明。

第八十八条　发起人向社会公开募集股份，应当由依法设立的证券公司承销，签订承销协议。

第八十九条　发起人向社会公开募集股份，应当同银行签订代收股款协议。

代收股款的银行应当按照协议代收和保存股款，向缴纳股款的认股人出具收款单据，并负有向有关部门出具收款证明的义务。

第九十条　发行股份的股款缴足后，必须经依法设立的验资机构验资并出具证明。发起人应当自股款缴足之日起三十日内主持召开公司创立大会。创立大会由发起人、认股人组成。

发行的股份超过招股说明书规定的截止期限尚未募足的，或者发行股份的股款缴足后，发起人在三十日内未召开创立大会的，认股人可以按照所缴股款并加算银行同期存款利息，要求发起人返还。

第九十一条　发起人应当在创立大会召开十五日前将会议日期通知各认股人或者予以公告。创立大会应有代表股份总数过半数的发起人、认股人出席，方可举行。

创立大会行使下列职权：

（一）审议发起人关于公司筹办情况的报告；

（二）通过公司章程；

（三）选举董事会成员；

（四）选举监事会成员；

（五）对公司的设立费用进行审核；

（六）对发起人用于抵作股款的财产的作价进行审核；

（七）发生不可抗力或者经营条件发生重大变化直接影响公司设立的，可以作出不设立公司的决议。

创立大会对前款所列事项作出决议，必须经出席会议的认股人所持表决权过半数通过。

第九十二条　发起人、认股人缴纳股款或者交付抵作股款的出资后，除未按期募足股份、发起人未按期召开创立大会或者创立大会决议不设立公司的情形外，不得抽回其股本。

第九十三条　董事会应于创立大会结束后三十日内，向公司登记机关报送下列文件，申请设立登记：

（一）公司登记申请书；

（二）创立大会的会议记录；

（三）公司章程；

（四）验资证明；

（五）法定代表人、董事、监事的任职文件及其身份证明；

（六）发起人的法人资格证明或者自然人身份证明；

（七）公司住所证明。

以募集方式设立股份有限公司公开发行股票的，还应当向公司登记机关报送国务院证券监督管理机构的核准文件。

第九十四条　股份有限公司成立后，发起人未按照公司章程的规定缴足出资的，应当补缴；其他发起人承担连带责任。

股份有限公司成立后，发现作为设立公司出资的非货币财产的实际价额显著低于公司章程所定价额的，应当由交付该出资的发起人补足其差额；其他发起人承担连带责任。

第九十五条　股份有限公司的发起人应当承担下列责任：

（一）公司不能成立时，对设立行为所产生的债务和费用负连带责任；

（二）公司不能成立时，对认股人已缴纳的股款，负返还股款并加算银行同期存款利息的连带责任；

（三）在公司设立过程中，由于发起人的过失致使公司利益受到损害的，应当对公司承担赔偿责任。

第九十六条　有限责任公司变更为股份有限公司时，折合的实收股本总额不得高于公司净资产额。有限责任公司变更为股份有限公司，为增加资本公开发行股份时，应当依法办理。

第九十七条　股份有限公司应当将公司章程、股东名册、公司债券存根、股东大会会议记录、董事会会议记录、监事会会议记录、财务会计报告置备于本公司。

第九十八条　股东有权查阅公司章程、股东名册、公司债券存根、股东大会会议记录、董事会会议决议、监事会会议决议、财务会计报告，对公司的经营提出建议或者质询。

第二节　股东大会

第九十九条　股份有限公司股东大会由全体股东组成。股东大会是公司的权力机构，依照本法行使职权。

第一百条　本法第三十八条第一款关于有限责任公司股东会职权的规定，适用于股份有限公司股东大会。

第一百零一条　股东大会应当每年召开一次年会。有下列情形之一的，应当在两个月内召开临时股东大会：

（一）董事人数不足本法规定人数或者公司章程所定人数的三分之二时；

（二）公司未弥补的亏损达实收股本总额三分之一时；

（三）单独或者合计持有公司百分之十以上股份的股东请求时；

（四）董事会认为必要时；

（五）监事会提议召开时；

（六）公司章程规定的其他情形。

第一百零二条　股东大会会议由董事会召集，董事长主持；董事长不能履行职务或者不履行职务的，由副董事长主持；副董事长不能履行职务或者不履行职务的，由半数以上董事共同推举一名董事主持。

董事会不能履行或者不履行召集股东大会会议职责的，监事会应当及时召集和主持；监事会不召集和主持的，连续九十日以上单独或者合计持有公司百分之十以上股份的股东可以自行召集和主持。

第一百零三条　召开股东大会会议，应当将会议召开的时间、地点和审议的事项于会议召开二十日前通知各股东；临时股东大会应当于会议召开十五日前通知各股东；发行无记名股票的，应当于会议召开三十日前公告会议召开的时间、地点和审议事项。

单独或者合计持有公司百分之三以上股份的股东，可以在股东大会召开十日前提出临时提案并书面提交董事会；董事会应当在收到提案后二日内通知其他股东，并将该临时提案提交股东大会审议。临时提案的内容应当属于股东大会职权范围，并有明确议题和具体决议事项。

股东大会不得对前两款通知中未列明的事项作出决议。

无记名股票持有人出席股东大会会议的，应当于会议召开五日前至股东大会闭会时将股票交存于公司。

第一百零四条　股东出席股东大会会议，所持每一股份有一表决权。但是，公司持有的本公司股份没有表决权。

股东大会作出决议，必须经出席会议的股东所持表决权过半数通过。但是，股东大会作出修改公司章程、增加或者减少注册资本的决议，以及公司合并、分立、解散或者变更公司形式的决议，必须经出席会议的股东所持表决权的三分之二以上通过。

第一百零五条　本法和公司章程规定公司转让、受让重大资产或者对外提供担保等事项必须经股东大会作出决议的，董事会应当及时召集股东大会会议，由股东大会就上述事项进行表决。

第一百零六条　股东大会选举董事、监事，可以依照公司章程的规定或者股东大会的决议，实行累积投票制。

本法所称累积投票制，是指股东大会选举董事或者监事时，每一股份拥有与应选董事或者监事人数相同的表决权，股东拥有的表决权可以集中使用。

第一百零七条　股东可以委托代理人出席股东大会会议，代理人应当向公司提交股东授权委托书，并在授权范围内行使表决权。

第一百零八条　股东大会应当对所议事项的决定作成会议记录，主持人、出席会议的董事应当在会议记录上签名。会议记录应当与出席股东的签名册及代理出席的委托书一并保存。

第三节　董事会、经理

第一百零九条　股份有限公司设董事会，其成员为五人至十九人。

董事会成员中可以有公司职工代表。董事会中的职工代表由公司职工通过职工代表大会、职工大会或者其他形式民主选举产生。

本法第四十六条关于有限责任公司董事任期的规定，适用于股份有限公司董事。

本法第四十七条关于有限责任公司董事会职权的规定，适用于股份有限公司董事会。

第一百一十条　董事会设董事长一人，可以设副董事长。董事长和副董事长由董事会以全体董事的过半数选举产生。

董事长召集和主持董事会会议，检查董事会决议的实施情况。副董事长协助董事长工作，董事长不能履行职务或者不履行职务的，由副董事长履行职务；副董事长不能履行职务或者不履行职务的，由半数以上董事共同推举一名董事履行职务。

第一百一十一条　董事会每年度至少召开两次会议，每次会议应当于会议召开十日前通知全体董事和监事。

代表十分之一以上表决权的股东、三分之一以上董事或者监事会，可以提议召开董事会临时会议。董事长应当自接到提议后十日内，召集和主持董事会会议。

董事会召开临时会议，可以另定召集董事会的通知方式和通知时限。

第一百一十二条　董事会会议应有过半数的董事出席方可举行。董事会作出决议，必须经全体董事的过半数通过。

董事会决议的表决，实行一人一票。

第一百一十三条　董事会会议，应由董事本人出席；董事因故不能出席，可以书面委托其他董事代为出席，委托书中应载明授权范围。

董事会应当对会议所议事项的决定作成会议记录，出席会议的董事应当在会议记录上签名。

董事应当对董事会的决议承担责任。董事会的决议违反法律、行政法规或者公司章程、股东大会决议，致使公司遭受严重损失的，参与决议的董事对公司负赔偿责任。但经证明在表决时曾表明异议并记载于会议记录的，该董事可以免除责任。

第一百一十四条　股份有限公司设经理，由董事会决定聘任或者解聘。

本法第五十条关于有限责任公司经理职权的规定，适用于股份有限公司经理。

第一百一十五条　公司董事会可以决定由董事会成员兼任经理。

第一百一十六条　公司不得直接或者通过子公司向董事、监事、高级管理人员提供借款。

第一百一十七条　公司应当定期向股东披露董事、监事、高级管理人员从公司获得报酬的情况。

第四节　监事会

第一百一十八条　股份有限公司设监事会，其成员不得少于三人。

监事会应当包括股东代表和适当比例的公司职工代表，其中职工代表的比例不得低于三分之一，具体比例由公司章程规定。监事会中的职工代表由公司职工通过职工代表大会、职工大会或者其他形式民主选举产生。

监事会设主席一人，可以设副主席。监事会主席和副主席由全体监事过半数选举产生。监事会主席召集和主持监事会会议；监事会主席不能履行职务或者不履行职务的，由监事会副主席召集和主持监事会会议；监事会副主席不能履行职务或者不履行职务的，由半数以上监事共同推举一名监事召集和主持监事会会议。

董事、高级管理人员不得兼任监事。

本法第五十三条关于有限责任公司监事任期的规定，适用于股份有限公司监事。

第一百一十九条　本法第五十四条、第五十五条关于有限责任公司监事会职权的规定，适用于股份有限公司监事会。

监事会行使职权所必需的费用，由公司承担。

第一百二十条　监事会每六个月至少召开一次会议。监事可以提议召开临时监事会会议。

监事会的议事方式和表决程序，除本法有规定的外，由公司章程规定。

监事会决议应当经半数以上监事通过。

监事会应当对所议事项的决定作成会议记录，出席会议的监事应当在会议记录上签名。

第五节　上市公司组织机构的特别规定

第一百二十一条　本法所称上市公司，是指其股票在证券交易所上市交易的股份有限公司。

第一百二十二条　上市公司在一年内购买、出售重大资产或者担保金额超过公司资产总额百分之三十的，应当由股东大会作出决议，并经出席会议的股东所持表决权的三分之二以上通过。

第一百二十三条　上市公司设立独立董事，具体办法由国务院规定。

第一百二十四条　上市公司设董事会秘书，负责公司股东大会和董事会会议的筹备、文件保管以及公司股东资料的管理，办理信息披露事务等事宜。

第一百二十五条　上市公司董事与董事会会议决议事项所涉及的企业有关联关系的，不得对该项决议行使表决权，也不得代理其他董事行使表决权。该董事会会议由过半数的无关联关系董事出席即可举行，董事会会议所作决议须经无关联关系董事过半数通过。出席董事会的无关联关系董事人数不足三人的，应将该事项提交上市公司股东大会审议。

第五章　股份有限公司的股份发行和转让

第一节　股份发行

第一百二十六条　股份有限公司的资本划分为股份，每一股的金额相等。

公司的股份采取股票的形式。股票是公司签发的证明股东所持股份的凭证。

第一百二十七条　股份的发行，实行公平、公正的原则，同种类的每一股份应当具有同等权利。

同次发行的同种类股票，每股的发行条件和价格应当相同；任何单位或者个人所认购的股份，每股应当支付相同价额。

第一百二十八条　股票发行价格可以按票面金额，也可以超过票面金额，但不得低于票面金额。

第一百二十九条　股票采用纸面形式或者国务院证券监督管理机构规定的其他形式。

股票应当载明下列主要事项：

（一）公司名称；

（二）公司成立日期；

（三）股票种类、票面金额及代表的股份数；

（四）股票的编号。

股票由法定代表人签名，公司盖章。

发起人的股票，应当标明发起人股票字样。

第一百三十条　公司发行的股票，可以为记名股票，也可以为无记名股票。

公司向发起人、法人发行的股票，应当为记名股票，并应当记载该发起人、法人的名称或者姓名，不得另立户名或者以代表人姓名记名。

第一百三十一条　公司发行记名股票的，应当置备股东名册，记载下列事项：

（一）股东的姓名或者名称及住所；

（二）各股东所持股份数；

（三）各股东所持股票的编号；

（四）各股东取得股份的日期。

发行无记名股票的，公司应当记载其股票数量、编号及发行日期。

第一百三十二条　国务院可以对公司发行本法规定以外的其他种类的股份，另行作出规定。

第一百三十三条　股份有限公司成立后，即向股东正式交付股票。公司成立前不得向股东交付股票。

第一百三十四条　公司发行新股，股东大会应当对下列事项作出决议：

（一）新股种类及数额；
（二）新股发行价格；
（三）新股发行的起止日期；
（四）向原有股东发行新股的种类及数额。

第一百三十五条　公司经国务院证券监督管理机构核准公开发行新股时，必须公告新股招股说明书和财务会计报告，并制作认股书。

本法第八十八条、第八十九条的规定适用于公司公开发行新股。

第一百三十六条　公司发行新股，可以根据公司经营情况和财务状况，确定其作价方案。

第一百三十七条　公司发行新股募足股款后，必须向公司登记机关办理变更登记，并公告。

第二节　股份转让

第一百三十八条　股东持有的股份可以依法转让。

第一百三十九条　股东转让其股份，应当在依法设立的证券交易场所进行或者按照国务院规定的其他方式进行。

第一百四十条　记名股票，由股东以背书方式或者法律、行政法规规定的其他方式转让；转让后由公司将受让人的姓名或者名称及住所记载于股东名册。

股东大会召开前二十日内或者公司决定分配股利的基准日前五日内，不得进行前款规定的股东名册的变更登记。但是，法律对上市公司股东名册变更登记另有规定的，从其规定。

第一百四十一条　无记名股票的转让，由股东将该股票交付给受让人后即发生转让的效力。

第一百四十二条　发起人持有的本公司股份，自公司成立之日起一年内不得转让。公司公开发行股份前已发行的股份，自公司股票在证券交易所上市交易之日起一年内不得转让。

公司董事、监事、高级管理人员应当向公司申报所持有的本公司的股份及其变动情况，在任职期间每年转让的股份不得超过其所持有本公司股份总数的百分之二十五；所持本公司股份自公司股票上市交易之日起一年内不得转让。上述人员离职后半年内，不得转让其所持有的本公司股份。公司章程可以对公司董事、监事、高级管理人员转让其所持有的本公司股份作出其他限制性规定。

第一百四十三条　公司不得收购本公司股份。但是，有下列情形之一的除外：
（一）减少公司注册资本；
（二）与持有本公司股份的其他公司合并；
（三）将股份奖励给本公司职工；
（四）股东因对股东大会作出的公司合并、分立决议持异议，要求公司收购其股份的。

公司因前款第（一）项至第（三）项的原因收购本公司股份的，应当经股东大会决议。公司依照前款规定收购本公司股份后，属于第（一）项情形的，应当自收购之日起十日内注销；属于第（二）项、第（四）项情形的，应当在六个月内转让或者注销。

公司依照第一款第（三）项规定收购的本公司股份，不得超过本公司已发行股份总额的百分之五；用于收购的资金应当从公司的税后利润中支出；所收购的股份应当在一年内转让给职工。

公司不得接受本公司的股票作为质押权的标的。

第一百四十四条　记名股票被盗、遗失或者灭失，股东可以依照《中华人民共和国民事诉讼法》规定的公示催告程序，请求人民法院宣告该股票失效。人民法院宣告该股票失效后，股东可以向公司申请补发股票。

第一百四十五条　上市公司的股票，依照有关法律、行政法规及证券交易所交易规则上市交易。

第一百四十六条　上市公司必须依照法律、行政法规的规定，公开其财务状况、经营情况及重大诉讼，在每会计年度内半年公布一次财务会计报告。

第六章　公司董事、监事、高级管理人员的资格和义务

第一百四十七条　有下列情形之一的，不得担任公司的董事、监事、高级管理人员：

（一）无民事行为能力或者限制民事行为能力；

（二）因贪污、贿赂、侵占财产、挪用财产或者破坏社会主义市场经济秩序，被判处刑罚，执行期满未逾五年，或者因犯罪被剥夺政治权利，执行期满未逾五年；

（三）担任破产清算的公司、企业的董事或者厂长、经理，对该公司、企业的破产负有个人责任的，自该公司、企业破产清算完结之日起未逾三年；

（四）担任因违法被吊销营业执照、责令关闭的公司、企业的法定代表人，并负有个人责任的，自该公司、企业被吊销营业执照之日起未逾三年；

（五）个人所负数额较大的债务到期未清偿。

公司违反前款规定选举、委派董事、监事或者聘任高级管理人员的，该选举、委派或者聘任无效。

董事、监事、高级管理人员在任职期间出现本条第一款所列情形的，公司应当解除其职务。

第一百四十八条　董事、监事、高级管理人员应当遵守法律、行政法规和公司章程，对公司负有忠实义务和勤勉义务。

董事、监事、高级管理人员不得利用职权收受贿赂或者其他非法收入，不得侵占公司的财产。

第一百四十九条　董事、高级管理人员不得有下列行为：

（一）挪用公司资金；

（二）将公司资金以其个人名义或者以其他个人名义开立账户存储；

（三）违反公司章程的规定，未经股东会、股东大会或者董事会同意，将公司资金借贷给他人或者以公司财产为他人提供担保；

（四）违反公司章程的规定或者未经股东会、股东大会同意，与本公司订立合同或者进行交易；

（五）未经股东会或者股东大会同意，利用职务便利为自己或者他人谋取属于公司的商业机会，自营或者为他人经营与所任职公司同类的业务；

（六）接受他人与公司交易的佣金归为己有；

（七）擅自披露公司秘密；

（八）违反对公司忠实义务的其他行为。

董事、高级管理人员违反前款规定所得的收入应当归公司所有。

第一百五十条　董事、监事、高级管理人员执行公司职务时违反法律、行政法规或者公司章程的规定，给公司造成损失的，应当承担赔偿责任。

第一百五十一条　股东会或者股东大会要求董事、监事、高级管理人员列席会议的，董事、监事、高级管理人员应当列席并接受股东的质询。

董事、高级管理人员应当如实向监事会或者不设监事会的有限责任公司的监事提供有关情况和

资料，不得妨碍监事会或者监事行使职权。

第一百五十二条　董事、高级管理人员有本法第一百五十条规定的情形的，有限责任公司的股东、股份有限公司连续一百八十日以上单独或者合计持有公司百分之一以上股份的股东，可以书面请求监事会或者不设监事会的有限责任公司的监事向人民法院提起诉讼；监事有本法第一百五十条规定的情形的，前述股东可以书面请求董事会或者不设董事会的有限责任公司的执行董事向人民法院提起诉讼。

监事会、不设监事会的有限责任公司的监事，或者董事会、执行董事收到前款规定的股东书面请求后拒绝提起诉讼，或者自收到请求之日起三十日内未提起诉讼，或者情况紧急、不立即提起诉讼将会使公司利益受到难以弥补的损害的，前款规定的股东有权为了公司的利益以自己的名义直接向人民法院提起诉讼。

他人侵犯公司合法权益，给公司造成损失的，本条第一款规定的股东可以依照前两款的规定向人民法院提起诉讼。

第一百五十三条　董事、高级管理人员违反法律、行政法规或者公司章程的规定，损害股东利益的，股东可以向人民法院提起诉讼。

第七章　公司债券

第一百五十四条　本法所称公司债券，是指公司依照法定程序发行、约定在一定期限还本付息的有价证券。

公司发行公司债券应当符合《中华人民共和国证券法》规定的发行条件。

第一百五十五条　发行公司债券的申请经国务院授权的部门核准后，应当公告公司债券募集办法。

公司债券募集办法中应当载明下列主要事项：

（一）公司名称；

（二）债券募集资金的用途；

（三）债券总额和债券的票面金额；

（四）债券利率的确定方式；

（五）还本付息的期限和方式；

（六）债券担保情况；

（七）债券的发行价格、发行的起止日期；

（八）公司净资产额；

（九）已发行的尚未到期的公司债券总额；

（十）公司债券的承销机构。

第一百五十六条　公司以实物券方式发行公司债券的，必须在债券上载明公司名称、债券票面金额、利率、偿还期限等事项，并由法定代表人签名，公司盖章。

第一百五十七条　公司债券，可以为记名债券，也可以为无记名债券。

第一百五十八条　公司发行公司债券应当置备公司债券存根簿。

发行记名公司债券的，应当在公司债券存根簿上载明下列事项：

（一）债券持有人的姓名或者名称及住所；

（二）债券持有人取得债券的日期及债券的编号；

（三）债券总额，债券的票面金额、利率、还本付息的期限和方式；

（四）债券的发行日期。

发行无记名公司债券的，应当在公司债券存根簿上载明债券总额、利率、偿还期限和方式、发行日期及债券的编号。

第一百五十九条 记名公司债券的登记结算机构应当建立债券登记、存管、付息、兑付等相关制度。

第一百六十条 公司债券可以转让，转让价格由转让人与受让人约定。

公司债券在证券交易所上市交易的，按照证券交易所的交易规则转让。

第一百六十一条 记名公司债券，由债券持有人以背书方式或者法律、行政法规规定的其他方式转让；转让后由公司将受让人的姓名或者名称及住所记载于公司债券存根簿。

无记名公司债券的转让，由债券持有人将该债券交付给受让人后即发生转让的效力。

第一百六十二条 上市公司经股东大会决议可以发行可转换为股票的公司债券，并在公司债券募集办法中规定具体的转换办法。上市公司发行可转换为股票的公司债券，应当报国务院证券监督管理机构核准。

发行可转换为股票的公司债券，应当在债券上标明可转换公司债券字样，并在公司债券存根簿上载明可转换公司债券的数额。

第一百六十三条 发行可转换为股票的公司债券的，公司应当按照其转换办法向债券持有人换发股票，但债券持有人对转换股票或者不转换股票有选择权。

第八章 公司财务、会计

第一百六十四条 公司应当依照法律、行政法规和国务院财政部门的规定建立本公司的财务、会计制度。

第一百六十五条 公司应当在每一会计年度终了时编制财务会计报告，并依法经会计师事务所审计。

财务会计报告应当依照法律、行政法规和国务院财政部门的规定制作。

第一百六十六条 有限责任公司应当依照公司章程规定的期限将财务会计报告送交各股东。

股份有限公司的财务会计报告应当在召开股东大会年会的二十日前置备于本公司，供股东查阅；公开发行股票的股份有限公司必须公告其财务会计报告。

第一百六十七条 公司分配当年税后利润时，应当提取利润的百分之十列入公司法定公积金。公司法定公积金累计额为公司注册资本的百分之五十以上的，可以不再提取。

公司的法定公积金不足以弥补以前年度亏损的，在依照前款规定提取法定公积金之前，应当先用当年利润弥补亏损。

公司从税后利润中提取法定公积金后，经股东会或者股东大会决议，还可以从税后利润中提取任意公积金。

公司弥补亏损和提取公积金后所余税后利润，有限责任公司依照本法第三十五条的规定分配；股份有限公司按照股东持有的股份比例分配，但股份有限公司章程规定不按持股比例分配的除外。

股东会、股东大会或者董事会违反前款规定，在公司弥补亏损和提取法定公积金之前向股东分配利润的，股东必须将违反规定分配的利润退还公司。

公司持有的本公司股份不得分配利润。

第一百六十八条　股份有限公司以超过股票票面金额的发行价格发行股份所得的溢价款以及国务院财政部门规定列入资本公积金的其他收入，应当列为公司资本公积金。

第一百六十九条　公司的公积金用于弥补公司的亏损、扩大公司生产经营或者转为增加公司资本。但是，资本公积金不得用于弥补公司的亏损。

法定公积金转为资本时，所留存的该项公积金不得少于转增前公司注册资本的百分之二十五。

第一百七十条　公司聘用、解聘承办公司审计业务的会计师事务所，依照公司章程的规定，由股东会、股东大会或者董事会决定。

公司股东会、股东大会或者董事会就解聘会计师事务所进行表决时，应当允许会计师事务所陈述意见。

第一百七十一条　公司应当向聘用的会计师事务所提供真实、完整的会计凭证、会计账簿、财务会计报告及其他会计资料，不得拒绝、隐匿、谎报。

第一百七十二条　公司除法定的会计账簿外，不得另立会计账簿。

对公司资产，不得以任何个人名义开立账户存储。

第九章　公司合并、分立、增资、减资

第一百七十三条　公司合并可以采取吸收合并或者新设合并。

一个公司吸收其他公司为吸收合并，被吸收的公司解散。两个以上公司合并设立一个新的公司为新设合并，合并各方解散。

第一百七十四条　公司合并，应当由合并各方签订合并协议，并编制资产负债表及财产清单。公司应当自作出合并决议之日起十日内通知债权人，并于三十日内在报纸上公告。债权人自接到通知书之日起三十日内，未接到通知书的自公告之日起四十五日内，可以要求公司清偿债务或者提供相应的担保。

第一百七十五条　公司合并时，合并各方的债权、债务，应当由合并后存续的公司或者新设的公司承继。

第一百七十六条　公司分立，其财产作相应的分割。

公司分立，应当编制资产负债表及财产清单。公司应当自作出分立决议之日起十日内通知债权人，并于三十日内在报纸上公告。

第一百七十七条　公司分立前的债务由分立后的公司承担连带责任。但是，公司在分立前与债权人就债务清偿达成的书面协议另有约定的除外。

第一百七十八条　公司需要减少注册资本时，必须编制资产负债表及财产清单。

公司应当自作出减少注册资本决议之日起十日内通知债权人，并于三十日内在报纸上公告。债权人自接到通知书之日起三十日内，未接到通知书的自公告之日起四十五日内，有权要求公司清偿债务或者提供相应的担保。

公司减资后的注册资本不得低于法定的最低限额。

第一百七十九条　有限责任公司增加注册资本时，股东认缴新增资本的出资，依照本法设立有限责任公司缴纳出资的有关规定执行。

股份有限公司为增加注册资本发行新股时，股东认购新股，依照本法设立股份有限公司缴纳股款的有关规定执行。

第一百八十条　公司合并或者分立，登记事项发生变更的，应当依法向公司登记机关办理变更

登记；公司解散的，应当依法办理公司注销登记；设立新公司的，应当依法办理公司设立登记。

公司增加或者减少注册资本，应当依法向公司登记机关办理变更登记。

第十章　公司解散和清算

第一百八十一条　公司因下列原因解散：

（一）公司章程规定的营业期限届满或者公司章程规定的其他解散事由出现；

（二）股东会或者股东大会决议解散；

（三）因公司合并或者分立需要解散；

（四）依法被吊销营业执照、责令关闭或者被撤销；

（五）人民法院依照本法第一百八十三条的规定予以解散。

第一百八十二条　公司有本法第一百八十一条第（一）项情形的，可以通过修改公司章程而存续。

依照前款规定修改公司章程，有限责任公司须经持有三分之二以上表决权的股东通过，股份有限公司须经出席股东大会会议的股东所持表决权的三分之二以上通过。

第一百八十三条　公司经营管理发生严重困难，继续存续会使股东利益受到重大损失，通过其他途径不能解决的，持有公司全部股东表决权百分之十以上的股东，可以请求人民法院解散公司。

第一百八十四条　公司因本法第一百八十一条第（一）项、第（二）项、第（四）项、第（五）项规定而解散的，应当在解散事由出现之日起十五日内成立清算组，开始清算。有限责任公司的清算组由股东组成，股份有限公司的清算组由董事或者股东大会确定的人员组成。逾期不成立清算组进行清算的，债权人可以申请人民法院指定有关人员组成清算组进行清算。人民法院应当受理该申请，并及时组织清算组进行清算。

第一百八十五条　清算组在清算期间行使下列职权：

（一）清理公司财产，分别编制资产负债表和财产清单；

（二）通知、公告债权人；

（三）处理与清算有关的公司未了结的业务；

（四）清缴所欠税款以及清算过程中产生的税款；

（五）清理债权、债务；

（六）处理公司清偿债务后的剩余财产；

（七）代表公司参与民事诉讼活动。

第一百八十六条　清算组应当自成立之日起十日内通知债权人，并于六十日内在报纸上公告。债权人应当自接到通知书之日起三十日内，未接到通知书的自公告之日起四十五日内，向清算组申报其债权。

债权人申报债权，应当说明债权的有关事项，并提供证明材料。清算组应当对债权进行登记。

在申报债权期间，清算组不得对债权人进行清偿。

第一百八十七条　清算组在清理公司财产、编制资产负债表和财产清单后，应当制定清算方案，并报股东会、股东大会或者人民法院确认。

公司财产在分别支付清算费用、职工的工资、社会保险费用和法定补偿金，缴纳所欠税款，清偿公司债务后的剩余财产，有限责任公司按照股东的出资比例分配，股份有限公司按照股东持有的股份比例分配。

清算期间，公司存续，但不得开展与清算无关的经营活动。公司财产在未依照前款规定清偿前，不得分配给股东。

第一百八十八条 清算组在清理公司财产、编制资产负债表和财产清单后，发现公司财产不足清偿债务的，应当依法向人民法院申请宣告破产。

公司经人民法院裁定宣告破产后，清算组应当将清算事务移交给人民法院。

第一百八十九条 公司清算结束后，清算组应当制作清算报告，报股东会、股东大会或者人民法院确认，并报送公司登记机关，申请注销公司登记，公告公司终止。

第一百九十条 清算组成员应当忠于职守，依法履行清算义务。

清算组成员不得利用职权收受贿赂或者其他非法收入，不得侵占公司财产。

清算组成员因故意或者重大过失给公司或者债权人造成损失的，应当承担赔偿责任。

第一百九十一条 公司被依法宣告破产的，依照有关企业破产的法律实施破产清算。

第十一章 外国公司的分支机构

第一百九十二条 本法所称外国公司是指依照外国法律在中国境外设立的公司。

第一百九十三条 外国公司在中国境内设立分支机构，必须向中国主管机关提出申请，并提交其公司章程、所属国的公司登记证书等有关文件，经批准后，向公司登记机关依法办理登记，领取营业执照。

外国公司分支机构的审批办法由国务院另行规定。

第一百九十四条 外国公司在中国境内设立分支机构，必须在中国境内指定负责该分支机构的代表人或者代理人，并向该分支机构拨付与其所从事的经营活动相适应的资金。

对外国公司分支机构的经营资金需要规定最低限额的，由国务院另行规定。

第一百九十五条 外国公司的分支机构应当在其名称中标明该外国公司的国籍及责任形式。

外国公司的分支机构应当在本机构中置备该外国公司章程。

第一百九十六条 外国公司在中国境内设立的分支机构不具有中国法人资格。

外国公司对其分支机构在中国境内进行经营活动承担民事责任。

第一百九十七条 经批准设立的外国公司分支机构，在中国境内从事业务活动，必须遵守中国的法律，不得损害中国的社会公共利益，其合法权益受中国法律保护。

第一百九十八条 外国公司撤销其在中国境内的分支机构时，必须依法清偿债务，依照本法有关公司清算程序的规定进行清算。未清偿债务之前，不得将其分支机构的财产移至中国境外。

第十二章 法律责任

第一百九十九条 违反本法规定，虚报注册资本、提交虚假材料或者采取其他欺诈手段隐瞒重要事实取得公司登记的，由公司登记机关责令改正，对虚报注册资本的公司，处以虚报注册资本金额百分之五以上百分之十五以下的罚款；对提交虚假材料或者采取其他欺诈手段隐瞒重要事实的公司，处以五万元以上五十万元以下的罚款；情节严重的，撤销公司登记或者吊销营业执照。

第二百条 公司的发起人、股东虚假出资，未交付或者未按期交付作为出资的货币或者非货币财产的，由公司登记机关责令改正，处以虚假出资金额百分之五以上百分之十五以下的罚款。

第二百零一条 公司的发起人、股东在公司成立后，抽逃其出资的，由公司登记机关责令改正，处以所抽逃出资金额百分之五以上百分之十五以下的罚款。

第二百零二条　公司违反本法规定，在法定的会计账簿以外另立会计账簿的，由县级以上人民政府财政部门责令改正，处以五万元以上五十万元以下的罚款。

第二百零三条　公司在依法向有关主管部门提供的财务会计报告等材料上作虚假记载或者隐瞒重要事实的，由有关主管部门对直接负责的主管人员和其他直接责任人员处以三万元以上三十万元以下的罚款。

第二百零四条　公司不依照本法规定提取法定公积金的，由县级以上人民政府财政部门责令如数补足应当提取的金额，可以对公司处以二十万元以下的罚款。

第二百零五条　公司在合并、分立、减少注册资本或者进行清算时，不依照本法规定通知或者公告债权人的，由公司登记机关责令改正，对公司处以一万元以上十万元以下的罚款。

公司在进行清算时，隐匿财产，对资产负债表或者财产清单作虚假记载或者在未清偿债务前分配公司财产的，由公司登记机关责令改正，对公司处以隐匿财产或者未清偿债务前分配公司财产金额百分之五以上百分之十以下的罚款；对直接负责的主管人员和其他直接责任人员处以一万元以上十万元以下的罚款。

第二百零六条　公司在清算期间开展与清算无关的经营活动的，由公司登记机关予以警告，没收违法所得。

第二百零七条　清算组不依照本法规定向公司登记机关报送清算报告，或者报送清算报告隐瞒重要事实或者有重大遗漏的，由公司登记机关责令改正。

清算组成员利用职权徇私舞弊、谋取非法收入或者侵占公司财产的，由公司登记机关责令退还公司财产，没收违法所得，并可以处以违法所得一倍以上五倍以下的罚款。

第二百零八条　承担资产评估、验资或者验证的机构提供虚假材料的，由公司登记机关没收违法所得，处以违法所得一倍以上五倍以下的罚款，并可以由有关主管部门依法责令该机构停业、吊销直接责任人员的资格证书，吊销营业执照。

承担资产评估、验资或者验证的机构因过失提供有重大遗漏的报告的，由公司登记机关责令改正，情节较重的，处以所得收入一倍以上五倍以下的罚款，并可以由有关主管部门依法责令该机构停业、吊销直接责任人员的资格证书，吊销营业执照。

承担资产评估、验资或者验证的机构因其出具的评估结果、验资或者验证证明不实，给公司债权人造成损失的，除能够证明自己没有过错的外，在其评估或者证明不实的金额范围内承担赔偿责任。

第二百零九条　公司登记机关对不符合本法规定条件的登记申请予以登记，或者对符合本法规定条件的登记申请不予登记的，对直接负责的主管人员和其他直接责任人员，依法给予行政处分。

第二百一十条　公司登记机关的上级部门强令公司登记机关对不符合本法规定条件的登记申请予以登记，或者对符合本法规定条件的登记申请不予登记的，或者对违法登记进行包庇的，对直接负责的主管人员和其他直接责任人员依法给予行政处分。

第二百一十一条　未依法登记为有限责任公司或者股份有限公司，而冒用有限责任公司或者股份有限公司名义的，或者未依法登记为有限责任公司或者股份有限公司的分公司，而冒用有限责任公司或者股份有限公司的分公司名义的，由公司登记机关责令改正或者予以取缔，可以并处十万元以下的罚款。

第二百一十二条　公司成立后无正当理由超过六个月未开业的，或者开业后自行停业连续六个月以上的，可以由公司登记机关吊销营业执照。

公司登记事项发生变更时，未依照本法规定办理有关变更登记的，由公司登记机关责令限期登记；逾期不登记的，处以一万元以上十万元以下的罚款。

第二百一十三条　外国公司违反本法规定，擅自在中国境内设立分支机构的，由公司登记机关责令改正或者关闭，可以并处五万元以上二十万元以下的罚款。

第二百一十四条　利用公司名义从事危害国家安全、社会公共利益的严重违法行为的，吊销营业执照。

第二百一十五条　公司违反本法规定，应当承担民事赔偿责任和缴纳罚款、罚金的，其财产不足以支付时，先承担民事赔偿责任。

第二百一十六条　违反本法规定，构成犯罪的，依法追究刑事责任。

第十三章　附则

第二百一十七条　本法下列用语的含义：

（一）高级管理人员，是指公司的经理、副经理、财务负责人，上市公司董事会秘书和公司章程规定的其他人员。

（二）控股股东，是指其出资额占有限责任公司资本总额百分之五十以上或者其持有的股份占股份有限公司股本总额百分之五十以上的股东；出资额或者持有股份的比例虽然不足百分之五十，但依其出资额或者持有的股份所享有的表决权已足以对股东会、股东大会的决议产生重大影响的股东。

（三）实际控制人，是指虽不是公司的股东，但通过投资关系、协议或者其他安排，能够实际支配公司行为的人。

（四）关联关系，是指公司控股股东、实际控制人、董事、监事、高级管理人员与其直接或者间接控制的企业之间的关系，以及可能导致公司利益转移的其他关系。但是，国家控股的企业之间不仅因为同受国家控股而具有关联关系。

第二百一十八条　外商投资的有限责任公司和股份有限公司适用本法；有关外商投资的法律另有规定的，适用其规定。

第二百一十九条　本法自2006年1月1日起施行。

1.1.2　中华人民共和国证券法

中华人民共和国主席令

（第 43 号）

《中华人民共和国证券法》已由中华人民共和国第十届全国人民代表大会常务委员会第十八次会议于 2005 年 10 月 27 日修订通过，现将修订后的《中华人民共和国证券法》公布，自 2006 年 1 月 1 日起施行。

中华人民共和国主席　胡锦涛

2005 年 10 月 27 日

中华人民共和国证券法

（1998 年 12 月 29 日第九届全国人民代表大会常务委员会第六次会议通过　根据 2004 年 8 月 28 日第十届全国人民代表大会常务委员会第十一次会议《关于修改〈中华人民共和国证券法〉的决定》修正 2005 年 10 月 27 日第十届全国人民代表大会常务委员会第十八次会议修订）

目录

第一章　总则

第一条　为了规范证券发行和交易行为，保护投资者的合法权益，维护社会经济秩序和社会公共利益，促进社会主义市场经济的发展，制定本法。

第二条　在中华人民共和国境内，股票、公司债券和国务院依法认定的其他证券的发行和交易，适用本法；本法未规定的，适用《中华人民共和国公司法》和其他法律、行政法规的规定。

政府债券、证券投资基金份额的上市交易，适用本法；其他法律、行政法规有特别规定的，适用其规定。

证券衍生品种发行、交易的管理办法，由国务院依照本法的原则规定。

第三条　证券的发行、交易活动，必须实行公开、公平、公正的原则。

第四条　证券发行、交易活动的当事人具有平等的法律地位，应当遵守自愿、有偿、诚实信用的原则。

第五条　证券的发行、交易活动，必须遵守法律、行政法规；禁止欺诈、内幕交易和操纵证券市场的行为。

第六条　证券业和银行业、信托业、保险业实行分业经营、分业管理，证券公司与银行、信托、保险业务机构分别设立。国家另有规定的除外。

第七条　国务院证券监督管理机构依法对全国证券市场实行集中统一监督管理。

国务院证券监督管理机构根据需要可以设立派出机构，按照授权履行监督管理职责。

第八条　在国家对证券发行、交易活动实行集中统一监督管理的前提下，依法设立证券业协会，实行自律性管理。

第九条　国家审计机关依法对证券交易所、证券公司、证券登记结算机构、证券监督管理机构进行审计监督。

第二章　证券发行

第十条　公开发行证券，必须符合法律、行政法规规定的条件，并依法报经国务院证券监督管理机构或者国务院授权的部门核准；未经依法核准，任何单位和个人不得公开发行证券。

有下列情形之一的，为公开发行：

（一）向不特定对象发行证券；

（二）向特定对象发行证券累计超过二百人的；

（三）法律、行政法规规定的其他发行行为。

非公开发行证券，不得采用广告、公开劝诱和变相公开方式。

第十一条　发行人申请公开发行股票、可转换为股票的公司债券，依法采取承销方式的，或者公开发行法律、行政法规规定实行保荐制度的其他证券的，应当聘请具有保荐资格的机构担任保荐人。

保荐人应当遵守业务规则和行业规范，诚实守信，勤勉尽责，对发行人的申请文件和信息披露资料进行审慎核查，督导发行人规范运作。

保荐人的资格及其管理办法由国务院证券监督管理机构规定。

第十二条　设立股份有限公司公开发行股票，应当符合《中华人民共和国公司法》规定的条件和经国务院批准的国务院证券监督管理机构规定的其他条件，向国务院证券监督管理机构报送募股申请和下列文件：

（一）公司章程；

（二）发起人协议；

（三）发起人姓名或者名称，发起人认购的股份数、出资种类及验资证明；

（四）招股说明书；

（五）代收股款银行的名称及地址；

（六）承销机构名称及有关的协议。

依照本法规定聘请保荐人的，还应当报送保荐人出具的发行保荐书。

法律、行政法规规定设立公司必须报经批准的，还应当提交相应的批准文件。

第十三条 公司公开发行新股，应当符合下列条件：

（一）具备健全且运行良好的组织机构；

（二）具有持续盈利能力，财务状况良好；

（三）最近三年财务会计文件无虚假记载，无其他重大违法行为；

（四）经国务院批准的国务院证券监督管理机构规定的其他条件。

上市公司非公开发行新股，应当符合经国务院批准的国务院证券监督管理机构规定的条件，并报国务院证券监督管理机构核准。

第十四条 公司公开发行新股，应当向国务院证券监督管理机构报送募股申请和下列文件：

（一）公司营业执照；

（二）公司章程；

（三）股东大会决议；

（四）招股说明书；

（五）财务会计报告；

（六）代收股款银行的名称及地址；

（七）承销机构名称及有关的协议。

依照本法规定聘请保荐人的，还应当报送保荐人出具的发行保荐书。

第十五条 公司对公开发行股票所募集资金，必须按照招股说明书所列资金用途使用。改变招股说明书所列资金用途，必须经股东大会作出决议。擅自改变用途而未作纠正的，或者未经股东大会认可的，不得公开发行新股。

第十六条 公开发行公司债券，应当符合下列条件：

（一）股份有限公司的净资产不低于人民币三千万元，有限责任公司的净资产不低于人民币六千万元；

（二）累计债券余额不超过公司净资产的百分之四十；

（三）最近三年平均可分配利润足以支付公司债券一年的利息；

（四）筹集的资金投向符合国家产业政策；

（五）债券的利率不超过国务院限定的利率水平；

（六）国务院规定的其他条件。

公开发行公司债券筹集的资金，必须用于核准的用途，不得用于弥补亏损和非生产性支出。

上市公司发行可转换为股票的公司债券，除应当符合第一款规定的条件外，还应当符合本法关于公开发行股票的条件，并报国务院证券监督管理机构核准。

第十七条 申请公开发行公司债券，应当向国务院授权的部门或者国务院证券监督管理机构报送下列文件：

（一）公司营业执照；

（二）公司章程；

（三）公司债券募集办法；

（四）资产评估报告和验资报告；

（五）国务院授权的部门或者国务院证券监督管理机构规定的其他文件。

依照本法规定聘请保荐人的，还应当报送保荐人出具的发行保荐书。

第十八条 有下列情形之一的，不得再次公开发行公司债券：

（一）前一次公开发行的公司债券尚未募足；

（二）对已公开发行的公司债券或者其他债务有违约或者延迟支付本息的事实，仍处于继续状态；

（三）违反本法规定，改变公开发行公司债券所募资金的用途。

第十九条 发行人依法申请核准发行证券所报送的申请文件的格式、报送方式，由依法负责核准的机构或者部门规定。

第二十条 发行人向国务院证券监督管理机构或者国务院授权的部门报送的证券发行申请文件，必须真实、准确、完整。

为证券发行出具有关文件的证券服务机构和人员，必须严格履行法定职责，保证其所出具文件的真实性、准确性和完整性。

第二十一条 发行人申请首次公开发行股票的，在提交申请文件后，应当按照国务院证券监督管理机构的规定预先披露有关申请文件。

第二十二条 国务院证券监督管理机构设发行审核委员会，依法审核股票发行申请。

发行审核委员会由国务院证券监督管理机构的专业人员和所聘请的该机构外的有关专家组成，以投票方式对股票发行申请进行表决，提出审核意见。

发行审核委员会的具体组成办法、组成人员任期、工作程序，由国务院证券监督管理机构规定。

第二十三条 国务院证券监督管理机构依照法定条件负责核准股票发行申请。核准程序应当公开，依法接受监督。

参与审核和核准股票发行申请的人员，不得与发行申请人有利害关系，不得直接或者间接接受发行申请人的馈赠，不得持有所核准的发行申请的股票，不得私下与发行申请人进行接触。

国务院授权的部门对公司债券发行申请的核准，参照前两款的规定执行。

第二十四条 国务院证券监督管理机构或者国务院授权的部门应当自受理证券发行申请文件之日起三个月内，依照法定条件和法定程序作出予以核准或者不予核准的决定，发行人根据要求补充、修改发行申请文件的时间不计算在内；不予核准的，应当说明理由。

第二十五条 证券发行申请经核准，发行人应当依照法律、行政法规的规定，在证券公开发行前，公告公开发行募集文件，并将该文件置备于指定场所供公众查阅。

发行证券的信息依法公开前，任何知情人不得公开或者泄露该信息。

发行人不得在公告公开发行募集文件前发行证券。

第二十六条 国务院证券监督管理机构或者国务院授权的部门对已作出的核准证券发行的决

定，发现不符合法定条件或者法定程序，尚未发行证券的，应当予以撤销，停止发行。已经发行尚未上市的，撤销发行核准决定，发行人应当按照发行价并加算银行同期存款利息返还证券持有人；保荐人应当与发行人承担连带责任，但是能够证明自己没有过错的除外；发行人的控股股东、实际控制人有过错的，应当与发行人承担连带责任。

第二十七条　股票依法发行后，发行人经营与收益的变化，由发行人自行负责；由此变化引致的投资风险，由投资者自行负责。

第二十八条　发行人向不特定对象公开发行的证券，法律、行政法规规定应当由证券公司承销的，发行人应当同证券公司签订承销协议。证券承销业务采取代销或者包销方式。

证券代销是指证券公司代发行人发售证券，在承销期结束时，将未售出的证券全部退还给发行人的承销方式。

证券包销是指证券公司将发行人的证券按照协议全部购入或者在承销期结束时将售后剩余证券全部自行购入的承销方式。

第二十九条　公开发行证券的发行人有权依法自主选择承销的证券公司。证券公司不得以不正当竞争手段招揽证券承销业务。

第三十条　证券公司承销证券，应当同发行人签订代销或者包销协议，载明下列事项：

（一）当事人的名称、住所及法定代表人姓名；

（二）代销、包销证券的种类、数量、金额及发行价格；

（三）代销、包销的期限及起止日期；

（四）代销、包销的付款方式及日期；

（五）代销、包销的费用和结算办法；

（六）违约责任；

（七）国务院证券监督管理机构规定的其他事项。

第三十一条　证券公司承销证券，应当对公开发行募集文件的真实性、准确性、完整性进行核查；发现有虚假记载、误导性陈述或者重大遗漏的，不得进行销售活动；已经销售的，必须立即停止销售活动，并采取纠正措施。

第三十二条　向不特定对象公开发行的证券票面总值超过人民币五千万元的，应当由承销团承销。承销团应当由主承销和参与承销的证券公司组成。

第三十三条　证券的代销、包销期限最长不得超过九十日。

证券公司在代销、包销期内，对所代销、包销的证券应当保证先行出售给认购人，证券公司不得为本公司预留所代销的证券和预先购入并留存所包销的证券。

第三十四条　股票发行采取溢价发行的，其发行价格由发行人与承销的证券公司协商确定。

第三十五条　股票发行采用代销方式，代销期限届满，向投资者出售的股票数量未达到拟公开发行股票数量百分之七十的，为发行失败。发行人应当按照发行价并加算银行同期存款利息返还股票认购人。

第三十六条　公开发行股票，代销、包销期限届满，发行人应当在规定的期限内将股票发行情况报国务院证券监督管理机构备案。

第三章　证券交易

第一节　一般规定

第三十七条　证券交易当事人依法买卖的证券，必须是依法发行并交付的证券。

非依法发行的证券，不得买卖。

第三十八条　依法发行的股票、公司债券及其他证券，法律对其转让期限有限制性规定的，在限定的期限内不得买卖。

第三十九条　依法公开发行的股票、公司债券及其他证券，应当在依法设立的证券交易所上市交易或者在国务院批准的其他证券交易场所转让。

第四十条　证券在证券交易所上市交易，应当采用公开的集中交易方式或者国务院证券监督管理机构批准的其他方式。

第四十一条　证券交易当事人买卖的证券可以采用纸面形式或者国务院证券监督管理机构规定的其他形式。

第四十二条　证券交易以现货和国务院规定的其他方式进行交易。

第四十三条　证券交易所、证券公司和证券登记结算机构的从业人员、证券监督管理机构的工作人员以及法律、行政法规禁止参与股票交易的其他人员，在任期或者法定限期内，不得直接或者以化名、借他人名义持有、买卖股票，也不得收受他人赠送的股票。

任何人在成为前款所列人员时，其原已持有的股票，必须依法转让。

第四十四条　证券交易所、证券公司、证券登记结算机构必须依法为客户开立的账户保密。

第四十五条　为股票发行出具审计报告、资产评估报告或者法律意见书等文件的证券服务机构和人员，在该股票承销期内和期满后六个月内，不得买卖该种股票。

除前款规定外，为上市公司出具审计报告、资产评估报告或者法律意见书等文件的证券服务机构和人员，自接受上市公司委托之日起至上述文件公开后五日内，不得买卖该种股票。

第四十六条　证券交易的收费必须合理，并公开收费项目、收费标准和收费办法。

证券交易的收费项目、收费标准和管理办法由国务院有关主管部门统一规定。

第四十七条　上市公司董事、监事、高级管理人员、持有上市公司股份百分之五以上的股东，将其持有的该公司的股票在买入后六个月内卖出，或者在卖出后六个月内又买入，由此所得收益归该公司所有，公司董事会应当收回其所得收益。但是，证券公司因包销购入售后剩余股票而持有百分之五以上股份的，卖出该股票不受六个月时间限制。

公司董事会不按照前款规定执行的，股东有权要求董事会在三十日内执行。公司董事会未在上述期限内执行的，股东有权为了公司的利益以自己的名义直接向人民法院提起诉讼。

公司董事会不按照第一款的规定执行的，负有责任的董事依法承担连带责任。

第二节　证券上市

第四十八条　申请证券上市交易，应当向证券交易所提出申请，由证券交易所依法审核同意，并由双方签订上市协议。

证券交易所根据国务院授权的部门的决定安排政府债券上市交易。

第四十九条　申请股票、可转换为股票的公司债券或者法律、行政法规规定实行保荐制度的其他证券上市交易，应当聘请具有保荐资格的机构担任保荐人。

本法第十一条第二款、第三款的规定适用于上市保荐人。

第五十条　股份有限公司申请股票上市，应当符合下列条件：

（一）股票经国务院证券监督管理机构核准已公开发行；

（二）公司股本总额不少于人民币三千万元；

（三）公开发行的股份达到公司股份总数的百分之二十五以上；公司股本总额超过人民币四亿元的，公开发行股份的比例为百分之十以上；

（四）公司最近三年无重大违法行为，财务会计报告无虚假记载。

证券交易所可以规定高于前款规定的上市条件，并报国务院证券监督管理机构批准。

第五十一条　国家鼓励符合产业政策并符合上市条件的公司股票上市交易。

第五十二条　申请股票上市交易，应当向证券交易所报送下列文件：

（一）上市报告书；

（二）申请股票上市的股东大会决议；

（三）公司章程；

（四）公司营业执照；

（五）依法经会计师事务所审计的公司最近三年的财务会计报告；

（六）法律意见书和上市保荐书；

（七）最近一次的招股说明书；

（八）证券交易所上市规则规定的其他文件。

第五十三条　股票上市交易申请经证券交易所审核同意后，签订上市协议的公司应当在规定的期限内公告股票上市的有关文件，并将该文件置备于指定场所供公众查阅。

第五十四条　签订上市协议的公司除公告前条规定的文件外，还应当公告下列事项：

（一）股票获准在证券交易所交易的日期；

（二）持有公司股份最多的前十名股东的名单和持股数额；

（三）公司的实际控制人；

（四）董事、监事、高级管理人员的姓名及其持有本公司股票和债券的情况。

第五十五条　上市公司有下列情形之一的，由证券交易所决定暂停其股票上市交易：

（一）公司股本总额、股权分布等发生变化不再具备上市条件；

（二）公司不按照规定公开其财务状况，或者对财务会计报告作虚假记载，可能误导投资者；

（三）公司有重大违法行为；

（四）公司最近三年连续亏损；

（五）证券交易所上市规则规定的其他情形。

第五十六条　上市公司有下列情形之一的，由证券交易所决定终止其股票上市交易：

（一）公司股本总额、股权分布等发生变化不再具备上市条件，在证券交易所规定的期限内仍不能达到上市条件；

（二）公司不按照规定公开其财务状况，或者对财务会计报告作虚假记载，且拒绝纠正；

（三）公司最近三年连续亏损，在其后一个年度内未能恢复盈利；

（四）公司解散或者被宣告破产；

（五）证券交易所上市规则规定的其他情形。

第五十七条　公司申请公司债券上市交易，应当符合下列条件：

（一）公司债券的期限为一年以上；

（二）公司债券实际发行额不少于人民币五千万元；

（三）公司申请债券上市时仍符合法定的公司债券发行条件。

第五十八条　申请公司债券上市交易，应当向证券交易所报送下列文件：

（一）上市报告书；

（二）申请公司债券上市的董事会决议；

（三）公司章程；

（四）公司营业执照；

（五）公司债券募集办法；

（六）公司债券的实际发行数额；

（七）证券交易所上市规则规定的其他文件。

申请可转换为股票的公司债券上市交易，还应当报送保荐人出具的上市保荐书。

第五十九条　公司债券上市交易申请经证券交易所审核同意后，签订上市协议的公司应当在规定的期限内公告公司债券上市文件及有关文件，并将其申请文件置备于指定场所供公众查阅。

第六十条　公司债券上市交易后，公司有下列情形之一的，由证券交易所决定暂停其公司债券上市交易：

（一）公司有重大违法行为；

（二）公司情况发生重大变化不符合公司债券上市条件；

（三）公司债券所募集资金不按照核准的用途使用；

（四）未按照公司债券募集办法履行义务；

（五）公司最近二年连续亏损。

第六十一条　公司有前条第（一）项、第（四）项所列情形之一经查实后果严重的，或者有前条第（二）项、第（三）项、第（五）项所列情形之一，在限期内未能消除的，由证券交易所决定终止其公司债券上市交易。

公司解散或者被宣告破产的，由证券交易所终止其公司债券上市交易。

第六十二条　对证券交易所作出的不予上市、暂停上市、终止上市决定不服的，可以向证券交易所设立的复核机构申请复核。

第三节　持续信息公开

第六十三条　发行人、上市公司依法披露的信息，必须真实、准确、完整，不得有虚假记载、误导性陈述或者重大遗漏。

第六十四条　经国务院证券监督管理机构核准依法公开发行股票，或者经国务院授权的部门核准依法公开发行公司债券，应当公告招股说明书、公司债券募集办法。依法公开发行新股或者公司债券的，还应当公告财务会计报告。

第六十五条　上市公司和公司债券上市交易的公司，应当在每一会计年度的上半年结束之日起二个月内，向国务院证券监督管理机构和证券交易所报送记载以下内容的中期报告，并予公告：

（一）公司财务会计报告和经营情况；

（二）涉及公司的重大诉讼事项；

（三）已发行的股票、公司债券变动情况；

（四）提交股东大会审议的重要事项；

（五）国务院证券监督管理机构规定的其他事项。

第六十六条　上市公司和公司债券上市交易的公司，应当在每一会计年度结束之日起四个月内，向国务院证券监督管理机构和证券交易所报送记载以下内容的年度报告，并予公告：

（一）公司概况；

（二）公司财务会计报告和经营情况；

（三）董事、监事、高级管理人员简介及其持股情况；

（四）已发行的股票、公司债券情况，包括持有公司股份最多的前十名股东名单和持股数额；

（五）公司的实际控制人；

（六）国务院证券监督管理机构规定的其他事项。

第六十七条　发生可能对上市公司股票交易价格产生较大影响的重大事件，投资者尚未得知时，上市公司应当立即将有关该重大事件的情况向国务院证券监督管理机构和证券交易所报送临时报告，并予公告，说明事件的起因、目前的状态和可能产生的法律后果。

下列情况为前款所称重大事件：

（一）公司的经营方针和经营范围的重大变化；

（二）公司的重大投资行为和重大的购置财产的决定；

（三）公司订立重要合同，可能对公司的资产、负债、权益和经营成果产生重要影响；

（四）公司发生重大债务和未能清偿到期重大债务的违约情况；

（五）公司发生重大亏损或者重大损失；

（六）公司生产经营的外部条件发生的重大变化；

（七）公司的董事、三分之一以上监事或者经理发生变动；

（八）持有公司百分之五以上股份的股东或者实际控制人，其持有股份或者控制公司的情况发生较大变化；

（九）公司减资、合并、分立、解散及申请破产的决定；

（十）涉及公司的重大诉讼，股东大会、董事会决议被依法撤销或者宣告无效；

（十一）公司涉嫌犯罪被司法机关立案调查，公司董事、监事、高级管理人员涉嫌犯罪被司法机关采取强制措施；

（十二）国务院证券监督管理机构规定的其他事项。

第六十八条　上市公司董事、高级管理人员应当对公司定期报告签署书面确认意见。

上市公司监事会应当对董事会编制的公司定期报告进行审核并提出书面审核意见。

上市公司董事、监事、高级管理人员应当保证上市公司所披露的信息真实、准确、完整。

第六十九条　发行人、上市公司公告的招股说明书、公司债券募集办法、财务会计报告、上市报告文件、年度报告、中期报告、临时报告以及其他信息披露资料，有虚假记载、误导性陈述或者重大遗漏，致使投资者在证券交易中遭受损失的，发行人、上市公司应当承担赔偿责任；发行人、上市公司的董事、监事、高级管理人员和其他直接责任人员以及保荐人、承销的证券公司，应当与发行人、上市公司承担连带赔偿责任，但是能够证明自己没有过错的除外；发行人、上市公司的控股股东、实际控制人有过错的，应当与发行人、上市公司承担连带赔偿责任。

第七十条　依法必须披露的信息，应当在国务院证券监督管理机构指定的媒体发布，同时将其置备于公司住所、证券交易所，供社会公众查阅。

第七十一条　国务院证券监督管理机构对上市公司年度报告、中期报告、临时报告以及公告的情况进行监督，对上市公司分派或者配售新股的情况进行监督，对上市公司控股股东和信息披露义务人的行为进行监督。

证券监督管理机构、证券交易所、保荐人、承销的证券公司及有关人员，对公司依照法律、行政法规规定必须作出的公告，在公告前不得泄露其内容。

第七十二条 证券交易所决定暂停或者终止证券上市交易的，应当及时公告，并报国务院证券监督管理机构备案。

第四节 禁止的交易行为

第七十三条 禁止证券交易内幕信息的知情人和非法获取内幕信息的人利用内幕信息从事证券交易活动。

第七十四条 证券交易内幕信息的知情人包括：

（一）发行人的董事、监事、高级管理人员；

（二）持有公司百分之五以上股份的股东及其董事、监事、高级管理人员，公司的实际控制人及其董事、监事、高级管理人员；

（三）发行人控股的公司及其董事、监事、高级管理人员；

（四）由于所任公司职务可以获取公司有关内幕信息的人员；

（五）证券监督管理机构工作人员以及由于法定职责对证券的发行、交易进行管理的其他人员；

（六）保荐人、承销的证券公司、证券交易所、证券登记结算机构、证券服务机构的有关人员；

（七）国务院证券监督管理机构规定的其他人。

第七十五条 证券交易活动中，涉及公司的经营、财务或者对该公司证券的市场价格有重大影响的尚未公开的信息，为内幕信息。

下列信息皆属内幕信息：

（一）本法第六十七条第二款所列重大事件；

（二）公司分配股利或者增资的计划；

（三）公司股权结构的重大变化；

（四）公司债务担保的重大变更；

（五）公司营业用主要资产的抵押、出售或者报废一次超过该资产的百分之三十；

（六）公司的董事、监事、高级管理人员的行为可能依法承担重大损害赔偿责任；

（七）上市公司收购的有关方案；

（八）国务院证券监督管理机构认定的对证券交易价格有显著影响的其他重要信息。

第七十六条 证券交易内幕信息的知情人和非法获取内幕信息的人，在内幕信息公开前，不得买卖该公司的证券，或者泄露该信息，或者建议他人买卖该证券。

持有或者通过协议、其他安排与他人共同持有公司百分之五以上股份的自然人、法人、其他组织收购上市公司的股份，本法另有规定的，适用其规定。

内幕交易行为给投资者造成损失的，行为人应当依法承担赔偿责任。

第七十七条 禁止任何人以下列手段操纵证券市场：

（一）单独或者通过合谋，集中资金优势、持股优势或者利用信息优势联合或者连续买卖，操纵证券交易价格或者证券交易量；

（二）与他人串通，以事先约定的时间、价格和方式相互进行证券交易，影响证券交易价格或者证券交易量；

（三）在自己实际控制的账户之间进行证券交易，影响证券交易价格或者证券交易量；

（四）以其他手段操纵证券市场。

操纵证券市场行为给投资者造成损失的，行为人应当依法承担赔偿责任。

第七十八条　禁止国家工作人员、传播媒介从业人员和有关人员编造、传播虚假信息，扰乱证券市场。

禁止证券交易所、证券公司、证券登记结算机构、证券服务机构及其从业人员，证券业协会、证券监督管理机构及其工作人员，在证券交易活动中作出虚假陈述或者信息误导。

各种传播媒介传播证券市场信息必须真实、客观，禁止误导。

第七十九条　禁止证券公司及其从业人员从事下列损害客户利益的欺诈行为：

（一）违背客户的委托为其买卖证券；

（二）不在规定时间内向客户提供交易的书面确认文件；

（三）挪用客户所委托买卖的证券或者客户账户上的资金；

（四）未经客户的委托，擅自为客户买卖证券，或者假借客户的名义买卖证券；

（五）为牟取佣金收入，诱使客户进行不必要的证券买卖；

（六）利用传播媒介或者通过其他方式提供、传播虚假或者误导投资者的信息；

（七）其他违背客户真实意思表示，损害客户利益的行为。

欺诈客户行为给客户造成损失的，行为人应当依法承担赔偿责任。

第八十条　禁止法人非法利用他人账户从事证券交易；禁止法人出借自己或者他人的证券账户。

第八十一条　依法拓宽资金入市渠道，禁止资金违规流入股市。

第八十二条　禁止任何人挪用公款买卖证券。

第八十三条　国有企业和国有资产控股的企业买卖上市交易的股票，必须遵守国家有关规定。

第八十四条　证券交易所、证券公司、证券登记结算机构、证券服务机构及其从业人员对证券交易中发现的禁止的交易行为，应当及时向证券监督管理机构报告。

第四章　上市公司的收购

第八十五条　投资者可以采取要约收购、协议收购及其他合法方式收购上市公司。

第八十六条　通过证券交易所的证券交易，投资者持有或者通过协议、其他安排与他人共同持有一个上市公司已发行的股份达到百分之五时，应当在该事实发生之日起三日内，向国务院证券监督管理机构、证券交易所作出书面报告，通知该上市公司，并予公告；在上述期限内，不得再行买卖该上市公司的股票。

投资者持有或者通过协议、其他安排与他人共同持有一个上市公司已发行的股份达到百分之五后，其所持该上市公司已发行的股份比例每增加或者减少百分之五，应当依照前款规定进行报告和公告。在报告期限内和作出报告、公告后二日内，不得再行买卖该上市公司的股票。

第八十七条　依照前条规定所作的书面报告和公告，应当包括下列内容：

（一）持股人的名称、住所；

（二）持有的股票的名称、数额；

（三）持股达到法定比例或者持股增减变化达到法定比例的日期。

第八十八条　通过证券交易所的证券交易，投资者持有或者通过协议、其他安排与他人共同持有一个上市公司已发行的股份达到百分之三十时，继续进行收购的，应当依法向该上市公司所有股东发出收购上市公司全部或者部分股份的要约。

收购上市公司部分股份的收购要约应当约定，被收购公司股东承诺出售的股份数额超过预定收购的股份数额的，收购人按比例进行收购。

第八十九条　依照前条规定发出收购要约，收购人必须事先向国务院证券监督管理机构报送上市公司收购报告书，并载明下列事项：

（一）收购人的名称、住所；

（二）收购人关于收购的决定；

（三）被收购的上市公司名称；

（四）收购目的；

（五）收购股份的详细名称和预定收购的股份数额；

（六）收购期限、收购价格；

（七）收购所需资金额及资金保证；

（八）报送上市公司收购报告书时持有被收购公司股份数占该公司已发行的股份总数的比例。

收购人还应当将上市公司收购报告书同时提交证券交易所。

第九十条　收购人在依照前条规定报送上市公司收购报告书之日起十五日后，公告其收购要约。在上述期限内，国务院证券监督管理机构发现上市公司收购报告书不符合法律、行政法规规定的，应当及时告知收购人，收购人不得公告其收购要约。

收购要约约定的收购期限不得少于三十日，并不得超过六十日。

第九十一条　在收购要约确定的承诺期限内，收购人不得撤销其收购要约。收购人需要变更收购要约的，必须事先向国务院证券监督管理机构及证券交易所提出报告，经批准后，予以公告。

第九十二条　收购要约提出的各项收购条件，适用于被收购公司的所有股东。

第九十三条　采取要约收购方式的，收购人在收购期限内，不得卖出被收购公司的股票，也不得采取要约规定以外的形式和超出要约的条件买入被收购公司的股票。

第九十四条　采取协议收购方式的，收购人可以依照法律、行政法规的规定同被收购公司的股东以协议方式进行股份转让。

以协议方式收购上市公司时，达成协议后，收购人必须在三日内将该收购协议向国务院证券监督管理机构及证券交易所作出书面报告，并予公告。

在公告前不得履行收购协议。

第九十五条　采取协议收购方式的，协议双方可以临时委托证券登记结算机构保管协议转让的股票，并将资金存放于指定的银行。

第九十六条　采取协议收购方式的，收购人收购或者通过协议、其他安排与他人共同收购一个上市公司已发行的股份达到百分之三十时，继续进行收购的，应当向该上市公司所有股东发出收购上市公司全部或者部分股份的要约。但是，经国务院证券监督管理机构免除发出要约的除外。

收购人依照前款规定以要约方式收购上市公司股份，应当遵守本法第八十九条至第九十三条的规定。

第九十七条　收购期限届满，被收购公司股权分布不符合上市条件的，该上市公司的股票应当由证券交易所依法终止上市交易；其余仍持有被收购公司股票的股东，有权向收购人以收购要约的同等条件出售其股票，收购人应当收购。

收购行为完成后，被收购公司不再具备股份有限公司条件的，应当依法变更企业形式。

第九十八条　在上市公司收购中，收购人持有的被收购的上市公司的股票，在收购行为完成后的十二个月内不得转让。

第九十九条　收购行为完成后，收购人与被收购公司合并，并将该公司解散的，被解散公司的原有股票由收购人依法更换。

第一百条　收购行为完成后，收购人应当在十五日内将收购情况报告国务院证券监督管理机构和证券交易所，并予公告。

第一百零一条　收购上市公司中由国家授权投资的机构持有的股份，应当按照国务院的规定，经有关主管部门批准。

国务院证券监督管理机构应当依照本法的原则制定上市公司收购的具体办法。

第五章　证券交易所

第一百零二条　证券交易所是为证券集中交易提供场所和设施，组织和监督证券交易，实行自律管理的法人。

证券交易所的设立和解散，由国务院决定。

第一百零三条　设立证券交易所必须制定章程。

证券交易所章程的制定和修改，必须经国务院证券监督管理机构批准。

第一百零四条　证券交易所必须在其名称中标明证券交易所字样。其他任何单位或者个人不得使用证券交易所或者近似的名称。

第一百零五条　证券交易所可以自行支配的各项费用收入，应当首先用于保证其证券交易场所和设施的正常运行并逐步改善。

实行会员制的证券交易所的财产积累归会员所有，其权益由会员共同享有，在其存续期间，不得将其财产积累分配给会员。

第一百零六条　证券交易所设理事会。

第一百零七条　证券交易所设总经理一人，由国务院证券监督管理机构任免。

第一百零八条　有《中华人民共和国公司法》第一百四十七条规定的情形或者下列情形之一的，不得担任证券交易所的负责人：

（一）因违法行为或者违纪行为被解除职务的证券交易所、证券登记结算机构的负责人或者证券公司的董事、监事、高级管理人员，自被解除职务之日起未逾五年；

（二）因违法行为或者违纪行为被撤销资格的律师、注册会计师或者投资咨询机构、财务顾问机构、资信评级机构、资产评估机构、验证机构的专业人员，自被撤销资格之日起未逾五年。

第一百零九条　因违法行为或者违纪行为被开除的证券交易所、证券登记结算机构、证券服务机构、证券公司的从业人员和被开除的国家机关工作人员，不得招聘为证券交易所的从业人员。

第一百一十条　进入证券交易所参与集中交易的，必须是证券交易所的会员。

第一百一十一条　投资者应当与证券公司签订证券交易委托协议，并在证券公司开立证券交易账户，以书面、电话以及其他方式，委托该证券公司代其买卖证券。

第一百一十二条　证券公司根据投资者的委托，按照证券交易规则提出交易申报，参与证券交易所场内的集中交易，并根据成交结果承担相应的清算交收责任；证券登记结算机构根据成交结果，按照清算交收规则，与证券公司进行证券和资金的清算交收，并为证券公司客户办理证券的登记过户手续。

第一百一十三条　证券交易所应当为组织公平的集中交易提供保障，公布证券交易即时行情，并按交易日制作证券市场行情表，予以公布。

未经证券交易所许可，任何单位和个人不得发布证券交易即时行情。

第一百一十四条　因突发性事件而影响证券交易的正常进行时，证券交易所可以采取技术性停牌的措施；因不可抗力的突发性事件或者为维护证券交易的正常秩序，证券交易所可以决定临时停市。

证券交易所采取技术性停牌或者决定临时停市，必须及时报告国务院证券监督管理机构。

第一百一十五条　证券交易所对证券交易实行实时监控，并按照国务院证券监督管理机构的要求，对异常的交易情况提出报告。

证券交易所应当对上市公司及相关信息披露义务人披露信息进行监督，督促其依法及时、准确地披露信息。

证券交易所根据需要，可以对出现重大异常交易情况的证券账户限制交易，并报国务院证券监督管理机构备案。

第一百一十六条　证券交易所应当从其收取的交易费用和会员费、席位费中提取一定比例的金额设立风险基金。风险基金由证券交易所理事会管理。

风险基金提取的具体比例和使用办法，由国务院证券监督管理机构会同国务院财政部门规定。

第一百一十七条　证券交易所应当将收存的风险基金存入开户银行专门账户，不得擅自使用。

第一百一十八条　证券交易所依照证券法律、行政法规制定上市规则、交易规则、会员管理规则和其他有关规则，并报国务院证券监督管理机构批准。

第一百一十九条　证券交易所的负责人和其他从业人员在执行与证券交易有关的职务时，与其本人或者其亲属有利害关系的，应当回避。

第一百二十条　按照依法制定的交易规则进行的交易，不得改变其交易结果。对交易中违规交易者应负的民事责任不得免除；在违规交易中所获利益，依照有关规定处理。

第一百二十一条　在证券交易所内从事证券交易的人员，违反证券交易所有关交易规则的，由证券交易所给予纪律处分；对情节严重的，撤销其资格，禁止其入场进行证券交易。

第六章　证券公司

第一百二十二条　设立证券公司，必须经国务院证券监督管理机构审查批准。未经国务院证券监督管理机构批准，任何单位和个人不得经营证券业务。

第一百二十三条　本法所称证券公司是指依照《中华人民共和国公司法》和本法规定设立的经营证券业务的有限责任公司或者股份有限公司。

第一百二十四条　设立证券公司，应当具备下列条件：

（一）有符合法律、行政法规规定的公司章程；

（二）主要股东具有持续盈利能力，信誉良好，最近三年无重大违法违规记录，净资产不低于人民币二亿元；

（三）有符合本法规定的注册资本；

（四）董事、监事、高级管理人员具备任职资格，从业人员具有证券从业资格；

（五）有完善的风险管理与内部控制制度；

（六）有合格的经营场所和业务设施；

（七）法律、行政法规规定的和经国务院批准的国务院证券监督管理机构规定的其他条件。

第一百二十五条　经国务院证券监督管理机构批准，证券公司可以经营下列部分或者全部业务：

（一）证券经纪；

（二）证券投资咨询；

（三）与证券交易、证券投资活动有关的财务顾问；

（四）证券承销与保荐；

（五）证券自营；

（六）证券资产管理；

（七）其他证券业务。

第一百二十六条　证券公司必须在其名称中标明证券有限责任公司或者证券股份有限公司字样。

第一百二十七条　证券公司经营本法第一百二十五条第（一）项至第（三）项业务的，注册资本最低限额为人民币五千万元；经营第（四）项至第（七）项业务之一的，注册资本最低限额为人民币一亿元；经营第（四）项至第（七）项业务中两项以上的，注册资本最低限额为人民币五亿元。证券公司的注册资本应当是实缴资本。

国务院证券监督管理机构根据审慎监管原则和各项业务的风险程度，可以调整注册资本最低限额，但不得少于前款规定的限额。

第一百二十八条　国务院证券监督管理机构应当自受理证券公司设立申请之日起六个月内，依照法定条件和法定程序并根据审慎监管原则进行审查，作出批准或者不予批准的决定，并通知申请人；不予批准的，应当说明理由。

证券公司设立申请获得批准的，申请人应当在规定的期限内向公司登记机关申请设立登记，领取营业执照。

证券公司应当自领取营业执照之日起十五日内，向国务院证券监督管理机构申请经营证券业务许可证。未取得经营证券业务许可证，证券公司不得经营证券业务。

第一百二十九条　证券公司设立、收购或者撤销分支机构，变更业务范围或者注册资本，变更持有百分之五以上股权的股东、实际控制人，变更公司章程中的重要条款，合并、分立、变更公司形式、停业、解散、破产，必须经国务院证券监督管理机构批准。

证券公司在境外设立、收购或者参股证券经营机构，必须经国务院证券监督管理机构批准。

第一百三十条　国务院证券监督管理机构应当对证券公司的净资本，净资本与负债的比例，净资本与净资产的比例，净资本与自营、承销、资产管理等业务规模的比例，负债与净资产的比例，以及流动资产与流动负债的比例等风险控制指标作出规定。

证券公司不得为其股东或者股东的关联人提供融资或者担保。

第一百三十一条　证券公司的董事、监事、高级管理人员，应当正直诚实，品行良好，熟悉证券法律、行政法规，具有履行职责所需的经营管理能力，并在任职前取得国务院证券监督管理机构核准的任职资格。

有《中华人民共和国公司法》第一百四十七条规定的情形或者下列情形之一的，不得担任证券公司的董事、监事、高级管理人员：

（一）因违法行为或者违纪行为被解除职务的证券交易所、证券登记结算机构的负责人或者证券公司的董事、监事、高级管理人员，自被解除职务之日起未逾五年；

（二）因违法行为或者违纪行为被撤销资格的律师、注册会计师或者投资咨询机构、财务顾问机构、资信评级机构、资产评估机构、验证机构的专业人员，自被撤销资格之日起未逾五年。

第一百三十二条 因违法行为或者违纪行为被开除的证券交易所、证券登记结算机构、证券服务机构、证券公司的从业人员和被开除的国家机关工作人员，不得招聘为证券公司的从业人员。

第一百三十三条 国家机关工作人员和法律、行政法规规定的禁止在公司中兼职的其他人员，不得在证券公司中兼任职务。

第一百三十四条 国家设立证券投资者保护基金。证券投资者保护基金由证券公司缴纳的资金及其他依法筹集的资金组成，其筹集、管理和使用的具体办法由国务院规定。

第一百三十五条 证券公司从每年的税后利润中提取交易风险准备金，用于弥补证券交易的损失，其提取的具体比例由国务院证券监督管理机构规定。

第一百三十六条 证券公司应当建立健全内部控制制度，采取有效隔离措施，防范公司与客户之间、不同客户之间的利益冲突。

证券公司必须将其证券经纪业务、证券承销业务、证券自营业务和证券资产管理业务分开办理，不得混合操作。

第一百三十七条 证券公司的自营业务必须以自己的名义进行，不得假借他人名义或者以个人名义进行。

证券公司的自营业务必须使用自有资金和依法筹集的资金。

证券公司不得将其自营账户借给他人使用。

第一百三十八条 证券公司依法享有自主经营的权利，其合法经营不受干涉。

第一百三十九条 证券公司客户的交易结算资金应当存放在商业银行，以每个客户的名义单独立户管理。具体办法和实施步骤由国务院规定。

证券公司不得将客户的交易结算资金和证券归入其自有财产。禁止任何单位或者个人以任何形式挪用客户的交易结算资金和证券。证券公司破产或者清算时，客户的交易结算资金和证券不属于其破产财产或者清算财产。非因客户本身的债务或者法律规定的其他情形，不得查封、冻结、扣划或者强制执行客户的交易结算资金和证券。

第一百四十条 证券公司办理经纪业务，应当置备统一制定的证券买卖委托书，供委托人使用。采取其他委托方式的，必须作出委托记录。

客户的证券买卖委托，不论是否成交，其委托记录应当按照规定的期限，保存于证券公司。

第一百四十一条 证券公司接受证券买卖的委托，应当根据委托书载明的证券名称、买卖数量、出价方式、价格幅度等，按照交易规则代理买卖证券，如实进行交易记录；买卖成交后，应当按照规定制作买卖成交报告单交付客户。

证券交易中确认交易行为及其交易结果的对账单必须真实，并由交易经办人员以外的审核人员逐笔审核，保证账面证券余额与实际持有的证券相一致。

第一百四十二条 证券公司为客户买卖证券提供融资融券服务，应当按照国务院的规定并经国务院证券监督管理机构批准。

第一百四十三条 证券公司办理经纪业务，不得接受客户的全权委托而决定证券买卖、选择证券种类、决定买卖数量或者买卖价格。

第一百四十四条 证券公司不得以任何方式对客户证券买卖的收益或者赔偿证券买卖的损失作出承诺。

第一百四十五条 证券公司及其从业人员不得未经过其依法设立的营业场所私下接受客户委托买卖证券。

第一百四十六条 证券公司的从业人员在证券交易活动中，执行所属的证券公司的指令或者利用职务违反交易规则的，由所属的证券公司承担全部责任。

第一百四十七条 证券公司应当妥善保存客户开户资料、委托记录、交易记录和与内部管理、业务经营有关的各项资料，任何人不得隐匿、伪造、篡改或者毁损。上述资料的保存期限不得少于二十年。

第一百四十八条 证券公司应当按照规定向国务院证券监督管理机构报送业务、财务等经营管理信息和资料。国务院证券监督管理机构有权要求证券公司及其股东、实际控制人在指定的期限内提供有关信息、资料。

证券公司及其股东、实际控制人向国务院证券监督管理机构报送或者提供的信息、资料，必须真实、准确、完整。

第一百四十九条 国务院证券监督管理机构认为有必要时，可以委托会计师事务所、资产评估机构对证券公司的财务状况、内部控制状况、资产价值进行审计或者评估。具体办法由国务院证券监督管理机构会同有关主管部门制定。

第一百五十条 证券公司的净资本或者其他风险控制指标不符合规定的，国务院证券监督管理机构应当责令其限期改正；逾期未改正，或者其行为严重危及该证券公司的稳健运行、损害客户合法权益的，国务院证券监督管理机构可以区别情形，对其采取下列措施：

（一）限制业务活动，责令暂停部分业务，停止批准新业务；

（二）停止批准增设、收购营业性分支机构；

（三）限制分配红利，限制向董事、监事、高级管理人员支付报酬、提供福利；

（四）限制转让财产或者在财产上设定其他权利；

（五）责令更换董事、监事、高级管理人员或者限制其权利；

（六）责令控股股东转让股权或者限制有关股东行使股东权利；

（七）撤销有关业务许可。

证券公司整改后，应当向国务院证券监督管理机构提交报告。国务院证券监督管理机构经验收，符合有关风险控制指标的，应当自验收完毕之日起三日内解除对其采取的前款规定的有关措施。

第一百五十一条 证券公司的股东有虚假出资、抽逃出资行为的，国务院证券监督管理机构应当责令其限期改正，并可责令其转让所持证券公司的股权。

在前款规定的股东按照要求改正违法行为、转让所持证券公司的股权前，国务院证券监督管理机构可以限制其股东权利。

第一百五十二条 证券公司的董事、监事、高级管理人员未能勤勉尽责，致使证券公司存在重大违法违规行为或者重大风险的，国务院证券监督管理机构可以撤销其任职资格，并责令公司予以更换。

第一百五十三条 证券公司违法经营或者出现重大风险，严重危害证券市场秩序、损害投资者利益的，国务院证券监督管理机构可以对该证券公司采取责令停业整顿、指定其他机构托管、接管或者撤销等监管措施。

第一百五十四条　在证券公司被责令停业整顿、被依法指定托管、接管或者清算期间，或者出现重大风险时，经国务院证券监督管理机构批准，可以对该证券公司直接负责的董事、监事、高级管理人员和其他直接责任人员采取以下措施：

（一）通知出境管理机关依法阻止其出境；

（二）申请司法机关禁止其转移、转让或者以其他方式处分财产，或者在财产上设定其他权利。

第七章　证券登记结算机构

第一百五十五条　证券登记结算机构是为证券交易提供集中登记、存管与结算服务，不以营利为目的的法人。

设立证券登记结算机构必须经国务院证券监督管理机构批准。

第一百五十六条　设立证券登记结算机构，应当具备下列条件：

（一）自有资金不少于人民币二亿元；

（二）具有证券登记、存管和结算服务所必须的场所和设施；

（三）主要管理人员和从业人员必须具有证券从业资格；

（四）国务院证券监督管理机构规定的其他条件。

证券登记结算机构的名称中应当标明证券登记结算字样。

第一百五十七条　证券登记结算机构履行下列职能：

（一）证券账户、结算账户的设立；

（二）证券的存管和过户；

（三）证券持有人名册登记；

（四）证券交易所上市证券交易的清算和交收；

（五）受发行人的委托派发证券权益；

（六）办理与上述业务有关的查询；

（七）国务院证券监督管理机构批准的其他业务。

第一百五十八条　证券登记结算采取全国集中统一的运营方式。

证券登记结算机构章程、业务规则应当依法制定，并须经国务院证券监督管理机构批准。

第一百五十九条　证券持有人持有的证券，在上市交易时，应当全部存管在证券登记结算机构。

证券登记结算机构不得挪用客户的证券。

第一百六十条　证券登记结算机构应当向证券发行人提供证券持有人名册及其有关资料。

证券登记结算机构应当根据证券登记结算的结果，确认证券持有人持有证券的事实，提供证券持有人登记资料。

证券登记结算机构应当保证证券持有人名册和登记过户记录真实、准确、完整，不得隐匿、伪造、篡改或者毁损。

第一百六十一条　证券登记结算机构应当采取下列措施保证业务的正常进行：

（一）具有必备的服务设备和完善的数据安全保护措施；

（二）建立完善的业务、财务和安全防范等管理制度；

（三）建立完善的风险管理系统。

第一百六十二条　证券登记结算机构应当妥善保存登记、存管和结算的原始凭证及有关文件和资料。其保存期限不得少于二十年。

第一百六十三条　证券登记结算机构应当设立结算风险基金，用于垫付或者弥补因违约交收、技术故障、操作失误、不可抗力造成的证券登记结算机构的损失。

证券结算风险基金从证券登记结算机构的业务收入和收益中提取，并可以由结算参与人按照证券交易业务量的一定比例缴纳。

证券结算风险基金的筹集、管理办法，由国务院证券监督管理机构会同国务院财政部门规定。

第一百六十四条　证券结算风险基金应当存入指定银行的专门账户，实行专项管理。

证券登记结算机构以证券结算风险基金赔偿后，应当向有关责任人追偿。

第一百六十五条　证券登记结算机构申请解散，应当经国务院证券监督管理机构批准。

第一百六十六条　投资者委托证券公司进行证券交易，应当申请开立证券账户。证券登记结算机构应当按照规定以投资者本人的名义为投资者开立证券账户。

投资者申请开立账户，必须持有证明中国公民身份或者中国法人资格的合法证件。国家另有规定的除外。

第一百六十七条　证券登记结算机构为证券交易提供净额结算服务时，应当要求结算参与人按照货银对付的原则，足额交付证券和资金，并提供交收担保。

在交收完成之前，任何人不得动用用于交收的证券、资金和担保物。

结算参与人未按时履行交收义务的，证券登记结算机构有权按照业务规则处理前款所述财产。

第一百六十八条　证券登记结算机构按照业务规则收取的各类结算资金和证券，必须存放于专门的清算交收账户，只能按业务规则用于已成交的证券交易的清算交收，不得被强制执行。

第八章　证券服务机构

第一百六十九条　投资咨询机构、财务顾问机构、资信评级机构、资产评估机构、会计师事务所从事证券服务业务，必须经国务院证券监督管理机构和有关主管部门批准。

投资咨询机构、财务顾问机构、资信评级机构、资产评估机构、会计师事务所从事证券服务业务的审批管理办法，由国务院证券监督管理机构和有关主管部门制定。

第一百七十条　投资咨询机构、财务顾问机构、资信评级机构从事证券服务业务的人员，必须具备证券专业知识和从事证券业务或者证券服务业务二年以上经验。认定其证券从业资格的标准和管理办法，由国务院证券监督管理机构制定。

第一百七十一条　投资咨询机构及其从业人员从事证券服务业务不得有下列行为：

（一）代理委托人从事证券投资；

（二）与委托人约定分享证券投资收益或者分担证券投资损失；

（三）买卖本咨询机构提供服务的上市公司股票；

（四）利用传播媒介或者通过其他方式提供、传播虚假或者误导投资者的信息；

（五）法律、行政法规禁止的其他行为。

有前款所列行为之一，给投资者造成损失的，依法承担赔偿责任。

第一百七十二条　从事证券服务业务的投资咨询机构和资信评级机构，应当按照国务院有关主管部门规定的标准或者收费办法收取服务费用。

第一百七十三条　证券服务机构为证券的发行、上市、交易等证券业务活动制作、出具审计报告、资产评估报告、财务顾问报告、资信评级报告或者法律意见书等文件，应当勤勉尽责，对所依据的文件资料内容的真实性、准确性、完整性进行核查和验证。其制作、出具的文件有虚假记载、误导性陈述或者重大遗漏，给他人造成损失的，应当与发行人、上市公司承担连带赔偿责任，但是能够证明自己没有过错的除外。

第九章　证券业协会

第一百七十四条　证券业协会是证券业的自律性组织，是社会团体法人。

证券公司应当加入证券业协会。

证券业协会的权力机构为全体会员组成的会员大会。

第一百七十五条　证券业协会章程由会员大会制定，并报国务院证券监督管理机构备案。

第一百七十六条　证券业协会履行下列职责：

（一）教育和组织会员遵守证券法律、行政法规；

（二）依法维护会员的合法权益，向证券监督管理机构反映会员的建议和要求；

（三）收集整理证券信息，为会员提供服务；

（四）制定会员应遵守的规则，组织会员单位的从业人员的业务培训，开展会员间的业务交流；

（五）对会员之间、会员与客户之间发生的证券业务纠纷进行调解；

（六）组织会员就证券业的发展、运作及有关内容进行研究；

（七）监督、检查会员行为，对违反法律、行政法规或者协会章程的，按照规定给予纪律处分；

（八）证券业协会章程规定的其他职责。

第一百七十七条　证券业协会设理事会。理事会成员依章程的规定由选举产生。

第十章　证券监督管理机构

第一百七十八条　国务院证券监督管理机构依法对证券市场实行监督管理，维护证券市场秩序，保障其合法运行。

第一百七十九条　国务院证券监督管理机构在对证券市场实施监督管理中履行下列职责：

（一）依法制定有关证券市场监督管理的规章、规则，并依法行使审批或者核准权；

（二）依法对证券的发行、上市、交易、登记、存管、结算，进行监督管理；

（三）依法对证券发行人、上市公司、证券公司、证券投资基金管理公司、证券服务机构、证券交易所、证券登记结算机构的证券业务活动，进行监督管理；

（四）依法制定从事证券业务人员的资格标准和行为准则，并监督实施；

（五）依法监督检查证券发行、上市和交易的信息公开情况；

（六）依法对证券业协会的活动进行指导和监督；

（七）依法对违反证券市场监督管理法律、行政法规的行为进行查处；

（八）法律、行政法规规定的其他职责。

国务院证券监督管理机构可以和其他国家或者地区的证券监督管理机构建立监督管理合作机

制，实施跨境监督管理。

第一百八十条　国务院证券监督管理机构依法履行职责，有权采取下列措施：

（一）对证券发行人、上市公司、证券公司、证券投资基金管理公司、证券服务机构、证券交易所、证券登记结算机构进行现场检查；

（二）进入涉嫌违法行为发生场所调查取证；

（三）询问当事人和与被调查事件有关的单位和个人，要求其对与被调查事件有关的事项作出说明；

（四）查阅、复制与被调查事件有关的财产权登记、通讯记录等资料；

（五）查阅、复制当事人和与被调查事件有关的单位和个人的证券交易记录、登记过户记录、财务会计资料及其他相关文件和资料；对可能被转移、隐匿或者毁损的文件和资料，可以予以封存；

（六）查询当事人和与被调查事件有关的单位和个人的资金账户、证券账户和银行账户；对有证据证明已经或者可能转移或者隐匿违法资金、证券等涉案财产或者隐匿、伪造、毁损重要证据的，经国务院证券监督管理机构主要负责人批准，可以冻结或者查封；

（七）在调查操纵证券市场、内幕交易等重大证券违法行为时，经国务院证券监督管理机构主要负责人批准，可以限制被调查事件当事人的证券买卖，但限制的期限不得超过十五个交易日；案情复杂的，可以延长十五个交易日。

第一百八十一条　国务院证券监督管理机构依法履行职责，进行监督检查或者调查，其监督检查、调查的人员不得少于二人，并应当出示合法证件和监督检查、调查通知书。监督检查、调查的人员少于二人或者未出示合法证件和监督检查、调查通知书的，被检查、调查的单位有权拒绝。

第一百八十二条　国务院证券监督管理机构工作人员必须忠于职守，依法办事，公正廉洁，不得利用职务便利牟取不正当利益，不得泄露所知悉的有关单位和个人的商业秘密。

第一百八十三条　国务院证券监督管理机构依法履行职责，被检查、调查的单位和个人应当配合，如实提供有关文件和资料，不得拒绝、阻碍和隐瞒。

第一百八十四条　国务院证券监督管理机构依法制定的规章、规则和监督管理工作制度应当公开。

国务院证券监督管理机构依据调查结果，对证券违法行为作出的处罚决定，应当公开。

第一百八十五条　国务院证券监督管理机构应当与国务院其他金融监督管理机构建立监督管理信息共享机制。

国务院证券监督管理机构依法履行职责，进行监督检查或者调查时，有关部门应当予以配合。

第一百八十六条　国务院证券监督管理机构依法履行职责，发现证券违法行为涉嫌犯罪的，应当将案件移送司法机关处理。

第一百八十七条　国务院证券监督管理机构的人员不得在被监管的机构中任职。

第十一章　法律责任

第一百八十八条　未经法定机关核准，擅自公开或者变相公开发行证券的，责令停止发行，退还所募资金并加算银行同期存款利息，处以非法所募资金金额百分之一以上百分之五以下的罚款；对擅自公开或者变相公开发行证券设立的公司，由依法履行监督管理职责的机构或者部门会同县级以上地方人民政府予以取缔。对直接负责的主管人员和其他直接责任人员给予警告，并处以三万元以上三十万元以下的罚款。

第一百八十九条 发行人不符合发行条件，以欺骗手段骗取发行核准，尚未发行证券的，处以三十万元以上六十万元以下的罚款；已经发行证券的，处以非法所募资金金额百分之一以上百分之五以下的罚款。对直接负责的主管人员和其他直接责任人员处以三万元以上三十万元以下的罚款。

发行人的控股股东、实际控制人指使从事前款违法行为的，依照前款的规定处罚。

第一百九十条 证券公司承销或者代理买卖未经核准擅自公开发行的证券的，责令停止承销或者代理买卖，没收违法所得，并处以违法所得一倍以上五倍以下的罚款；没有违法所得或者违法所得不足三十万元的，处以三十万元以上六十万元以下的罚款。给投资者造成损失的，应当与发行人承担连带赔偿责任。对直接负责的主管人员和其他直接责任人员给予警告，撤销任职资格或者证券从业资格，并处以三万元以上三十万元以下的罚款。

第一百九十一条 证券公司承销证券，有下列行为之一的，责令改正，给予警告，没收违法所得，可以并处三十万元以上六十万元以下的罚款；情节严重的，暂停或者撤销相关业务许可。给其他证券承销机构或者投资者造成损失的，依法承担赔偿责任。对直接负责的主管人员和其他直接责任人员给予警告，可以并处三万元以上三十万元以下的罚款；情节严重的，撤销任职资格或者证券从业资格：

（一）进行虚假的或者误导投资者的广告或者其他宣传推介活动；

（二）以不正当竞争手段招揽承销业务；

（三）其他违反证券承销业务规定的行为。

第一百九十二条 保荐人出具有虚假记载、误导性陈述或者重大遗漏的保荐书，或者不履行其他法定职责的，责令改正，给予警告，没收业务收入，并处以业务收入一倍以上五倍以下的罚款；情节严重的，暂停或者撤销相关业务许可。对直接负责的主管人员和其他直接责任人员给予警告，并处以三万元以上三十万元以下的罚款；情节严重的，撤销任职资格或者证券从业资格。

第一百九十三条 发行人、上市公司或者其他信息披露义务人未按照规定披露信息，或者所披露的信息有虚假记载、误导性陈述或者重大遗漏的，责令改正，给予警告，并处以三十万元以上六十万元以下的罚款。对直接负责的主管人员和其他直接责任人员给予警告，并处以三万元以上三十万元以下的罚款。

发行人、上市公司或者其他信息披露义务人未按照规定报送有关报告，或者报送的报告有虚假记载、误导性陈述或者重大遗漏的，责令改正，给予警告，并处以三十万元以上六十万元以下的罚款。对直接负责的主管人员和其他直接责任人员给予警告，并处以三万元以上三十万元以下的罚款。

发行人、上市公司或者其他信息披露义务人的控股股东、实际控制人指使从事前两款违法行为的，依照前两款的规定处罚。

第一百九十四条 发行人、上市公司擅自改变公开发行证券所募集资金的用途的，责令改正，对直接负责的主管人员和其他直接责任人员给予警告，并处以三万元以上三十万元以下的罚款。

发行人、上市公司的控股股东、实际控制人指使从事前款违法行为的，给予警告，并处以三十万元以上六十万元以下的罚款。对直接负责的主管人员和其他直接责任人员依照前款的规定处罚。

第一百九十五条 上市公司的董事、监事、高级管理人员、持有上市公司股份百分之五以上的股东，违反本法第四十七条的规定买卖本公司股票的，给予警告，可以并处三万元以上十万元以下的罚款。

第一百九十六条 非法开设证券交易场所的，由县级以上人民政府予以取缔，没收违法所得，并处以违法所得一倍以上五倍以下的罚款；没有违法所得或者违法所得不足十万元的，处以十万元以上五十万元以下的罚款。对直接负责的主管人员和其他直接责任人员给予警告，并处以三万元以上三十万元以下的罚款。

第一百九十七条 未经批准，擅自设立证券公司或者非法经营证券业务的，由证券监督管理机构予以取缔，没收违法所得，并处以违法所得一倍以上五倍以下的罚款；没有违法所得或者违法所得不足三十万元的，处以三十万元以上六十万元以下的罚款。对直接负责的主管人员和其他直接责任人员给予警告，并处以三万元以上三十万元以下的罚款。

第一百九十八条 违反本法规定，聘任不具有任职资格、证券从业资格的人员的，由证券监督管理机构责令改正，给予警告，可以并处十万元以上三十万元以下的罚款；对直接负责的主管人员给予警告，可以并处三万元以上十万元以下的罚款。

第一百九十九条 法律、行政法规规定禁止参与股票交易的人员，直接或者以化名、借他人名义持有、买卖股票的，责令依法处理非法持有的股票，没收违法所得，并处以买卖股票等值以下的罚款；属于国家工作人员的，还应当依法给予行政处分。

第二百条 证券交易所、证券公司、证券登记结算机构、证券服务机构的从业人员或者证券业协会的工作人员，故意提供虚假资料，隐匿、伪造、篡改或者毁损交易记录，诱骗投资者买卖证券的，撤销证券从业资格，并处以三万元以上十万元以下的罚款；属于国家工作人员的，还应当依法给予行政处分。

第二百零一条 为股票的发行、上市、交易出具审计报告、资产评估报告或者法律意见书等文件的证券服务机构和人员，违反本法第四十五条的规定买卖股票的，责令依法处理非法持有的股票，没收违法所得，并处以买卖股票等值以下的罚款。

第二百零二条 证券交易内幕信息的知情人或者非法获取内幕信息的人，在涉及证券的发行、交易或者其他对证券的价格有重大影响的信息公开前，买卖该证券，或者泄露该信息，或者建议他人买卖该证券的，责令依法处理非法持有的证券，没收违法所得，并处以违法所得一倍以上五倍以下的罚款；没有违法所得或者违法所得不足三万元的，处以三万元以上六十万元以下的罚款。单位从事内幕交易的，还应当对直接负责的主管人员和其他直接责任人员给予警告，并处以三万元以上三十万元以下的罚款。证券监督管理机构工作人员进行内幕交易的，从重处罚。

第二百零三条 违反本法规定，操纵证券市场的，责令依法处理其非法持有的证券，没收违法所得，并处以违法所得一倍以上五倍以下的罚款；没有违法所得或者违法所得不足三十万元的，处以三十万元以上三百万元以下的罚款。单位操纵证券市场的，还应当对直接负责的主管人员和其他直接责任人员给予警告，并处以十万元以上六十万元以下的罚款。

第二百零四条 违反法律规定，在限制转让期限内买卖证券的，责令改正，给予警告，并处以买卖证券等值以下的罚款。对直接负责的主管人员和其他直接责任人员给予警告，并处以三万元以上三十万元以下的罚款。

第二百零五条 证券公司违反本法规定，为客户买卖证券提供融资融券的，没收违法所得，暂停或者撤销相关业务许可，并处以非法融资融券等值以下的罚款。对直接负责的主管人员和其他直接责任人员给予警告，撤销任职资格或者证券从业资格，并处以三万元以上三十万元以下的罚款。

第二百零六条 违反本法第七十八条第一款、第三款的规定，扰乱证券市场的，由证券监督管理机构责令改正，没收违法所得，并处以违法所得一倍以上五倍以下的罚款；没有违法所得或者违法所得不足三万元的，处以三万元以上二十万元以下的罚款。

第二百零七条 违反本法第七十八条第二款的规定，在证券交易活动中作出虚假陈述或者信息误导的，责令改正，处以三万元以上二十万元以下的罚款；属于国家工作人员的，还应当依法给予行政处分。

第二百零八条 违反本法规定，法人以他人名义设立账户或者利用他人账户买卖证券的，责令改正，没收违法所得，并处以违法所得一倍以上五倍以下的罚款；没有违法所得或者违法所得不足三万元的，处以三万元以上三十万元以下的罚款。对直接负责的主管人员和其他直接责任人员给予警告，并处以三万元以上十万元以下的罚款。

证券公司为前款规定的违法行为提供自己或者他人的证券交易账户的，除依照前款的规定处罚外，还应当撤销直接负责的主管人员和其他直接责任人员的任职资格或者证券从业资格。

第二百零九条 证券公司违反本法规定，假借他人名义或者以个人名义从事证券自营业务的，责令改正，没收违法所得，并处以违法所得一倍以上五倍以下的罚款；没有违法所得或者违法所得不足三十万元的，处以三十万元以上六十万元以下的罚款；情节严重的，暂停或者撤销证券自营业务许可。对直接负责的主管人员和其他直接责任人员给予警告，撤销任职资格或者证券从业资格，并处以三万元以上十万元以下的罚款。

第二百一十条 证券公司违背客户的委托买卖证券、办理交易事项，或者违背客户真实意思表示，办理交易以外的其他事项的，责令改正，处以一万元以上十万元以下的罚款。给客户造成损失的，依法承担赔偿责任。

第二百一十一条 证券公司、证券登记结算机构挪用客户的资金或者证券，或者未经客户的委托，擅自为客户买卖证券的，责令改正，没收违法所得，并处以违法所得一倍以上五倍以下的罚款；没有违法所得或者违法所得不足十万元的，处以十万元以上六十万元以下的罚款；情节严重的，责令关闭或者撤销相关业务许可。对直接负责的主管人员和其他直接责任人员给予警告，撤销任职资格或者证券从业资格，并处以三万元以上三十万元以下的罚款。

第二百一十二条 证券公司办理经纪业务，接受客户的全权委托买卖证券的，或者证券公司对客户买卖证券的收益或者赔偿证券买卖的损失作出承诺的，责令改正，没收违法所得，并处以五万元以上二十万元以下的罚款，可以暂停或者撤销相关业务许可。对直接负责的主管人员和其他直接责任人员给予警告，并处以三万元以上十万元以下的罚款，可以撤销任职资格或者证券从业资格。

第二百一十三条 收购人未按照本法规定履行上市公司收购的公告、发出收购要约、报送上市公司收购报告书等义务或者擅自变更收购要约的，责令改正，给予警告，并处以十万元以上三十万元以下的罚款；在改正前，收购人对其收购或者通过协议、其他安排与他人共同收购的股份不得行使表决权。对直接负责的主管人员和其他直接责任人员给予警告，并处以三万元以上三十万元以下的罚款。

第二百一十四条 收购人或者收购人的控股股东，利用上市公司收购、损害被收购公司及其股东的合法权益的，责令改正，给予警告；情节严重的，并处以十万元以上六十万元以下的罚款。给被收购公司及其股东造成损失的，依法承担赔偿责任。对直接负责的主管人员和其他直接责任人员给予警告，并处以三万元以上三十万元以下的罚款。

第二百一十五条 证券公司及其从业人员违反本法规定，私下接受客户委托买卖证券的，责令改正，给予警告，没收违法所得，并处以违法所得一倍以上五倍以下的罚款；没有违法所得或者违法所得不足十万元的，处以十万元以上三十万元以下的罚款。

第二百一十六条　证券公司违反规定，未经批准经营非上市证券的交易的，责令改正，没收违法所得，并处以违法所得一倍以上五倍以下的罚款。

第二百一十七条　证券公司成立后，无正当理由超过三个月未开始营业的，或者开业后自行停业连续三个月以上的，由公司登记机关吊销其公司营业执照。

第二百一十八条　证券公司违反本法第一百二十九条的规定，擅自设立、收购、撤销分支机构，或者合并、分立、停业、解散、破产，或者在境外设立、收购、参股证券经营机构的，责令改正，没收违法所得，并处以违法所得一倍以上五倍以下的罚款；没有违法所得或者违法所得不足十万元的，处以十万元以上六十万元以下的罚款。对直接负责的主管人员给予警告，并处以三万元以上十万元以下的罚款。

证券公司违反本法第一百二十九条的规定，擅自变更有关事项的，责令改正，并处以十万元以上三十万元以下的罚款。对直接负责的主管人员给予警告，并处以五万元以下的罚款。

第二百一十九条　证券公司违反本法规定，超出业务许可范围经营证券业务的，责令改正，没收违法所得，并处以违法所得一倍以上五倍以下的罚款；没有违法所得或者违法所得不足三十万元的，处以三十万元以上六十万元以下罚款；情节严重的，责令关闭。对直接负责的主管人员和其他直接责任人员给予警告，撤销任职资格或者证券从业资格，并处以三万元以上十万元以下的罚款。

第二百二十条　证券公司对其证券经纪业务、证券承销业务、证券自营业务、证券资产管理业务，不依法分开办理，混合操作的，责令改正，没收违法所得，并处以三十万元以上六十万元以下的罚款；情节严重的，撤销相关业务许可。对直接负责的主管人员和其他直接责任人员给予警告，并处以三万元以上十万元以下的罚款；情节严重的，撤销任职资格或者证券从业资格。

第二百二十一条　提交虚假证明文件或者采取其他欺诈手段隐瞒重要事实骗取证券业务许可的，或者证券公司在证券交易中有严重违法行为，不再具备经营资格的，由证券监督管理机构撤销证券业务许可。

第二百二十二条　证券公司或者其股东、实际控制人违反规定，拒不向证券监督管理机构报送或者提供经营管理信息和资料，或者报送、提供的经营管理信息和资料有虚假记载、误导性陈述或者重大遗漏的，责令改正，给予警告，并处以三万元以上三十万元以下的罚款，可以暂停或者撤销证券公司相关业务许可。对直接负责的主管人员和其他直接责任人员，给予警告，并处以三万元以下的罚款，可以撤销任职资格或者证券从业资格。

证券公司为其股东或者股东的关联人提供融资或者担保的，责令改正，给予警告，并处以十万元以上三十万元以下的罚款。对直接负责的主管人员和其他直接责任人员，处以三万元以上十万元以下的罚款。股东有过错的，在按照要求改正前，国务院证券监督管理机构可以限制其股东权利；拒不改正的，可以责令其转让所持证券公司股权。

第二百二十三条　证券服务机构未勤勉尽责，所制作、出具的文件有虚假记载、误导性陈述或者重大遗漏的，责令改正，没收业务收入，暂停或者撤销证券服务业务许可，并处以业务收入一倍以上五倍以下的罚款。对直接负责的主管人员和其他直接责任人员给予警告，撤销证券从业资格，并处以三万元以上十万元以下的罚款。

第二百二十四条　违反本法规定，发行、承销公司债券的，由国务院授权的部门依照本法有关规定予以处罚。

第二百二十五条　上市公司、证券公司、证券交易所、证券登记结算机构、证券服务机构，未按照有关规定保存有关文件和资料的，责令改正，给予警告，并处以三万元以上三十万元以下的罚款；隐匿、伪造、篡改或者毁损有关文件和资料的，给予警告，并处以三十万元以上六十万元以下的罚款。

第二百二十六条　未经国务院证券监督管理机构批准，擅自设立证券登记结算机构的，由证券监督管理机构予以取缔，没收违法所得，并处以违法所得一倍以上五倍以下的罚款。

投资咨询机构、财务顾问机构、资信评级机构、资产评估机构、会计师事务所未经批准，擅自从事证券服务业务的，责令改正，没收违法所得，并处以违法所得一倍以上五倍以下的罚款。

证券登记结算机构、证券服务机构违反本法规定或者依法制定的业务规则的，由证券监督管理机构责令改正，没收违法所得，并处以违法所得一倍以上五倍以下的罚款；没有违法所得或者违法所得不足十万元的，处以十万元以上三十万元以下的罚款；情节严重的，责令关闭或者撤销证券服务业务许可。

第二百二十七条　国务院证券监督管理机构或者国务院授权的部门有下列情形之一的，对直接负责的主管人员和其他直接责任人员，依法给予行政处分：

（一）对不符合本法规定的发行证券、设立证券公司等申请予以核准、批准的；

（二）违反规定采取本法第一百八十条规定的现场检查、调查取证、查询、冻结或者查封等措施的；

（三）违反规定对有关机构和人员实施行政处罚的；

（四）其他不依法履行职责的行为。

第二百二十八条　证券监督管理机构的工作人员和发行审核委员会的组成人员，不履行本法规定的职责，滥用职权、玩忽职守，利用职务便利牟取不正当利益，或者泄露所知悉的有关单位和个人的商业秘密的，依法追究法律责任。

第二百二十九条　证券交易所对不符合本法规定条件的证券上市申请予以审核同意的，给予警告，没收业务收入，并处以业务收入一倍以上五倍以下的罚款。对直接负责的主管人员和其他直接责任人员给予警告，并处以三万元以上三十万元以下的罚款。

第二百三十条　拒绝、阻碍证券监督管理机构及其工作人员依法行使监督检查、调查职权未使用暴力、威胁方法的，依法给予治安管理处罚。

第二百三十一条　违反本法规定，构成犯罪的，依法追究刑事责任。

第二百三十二条　违反本法规定，应当承担民事赔偿责任和缴纳罚款、罚金，其财产不足以同时支付时，先承担民事赔偿责任。

第二百三十三条　违反法律、行政法规或者国务院证券监督管理机构的有关规定，情节严重的，国务院证券监督管理机构可以对有关责任人员采取证券市场禁入的措施。

前款所称证券市场禁入，是指在一定期限内直至终身不得从事证券业务或者不得担任上市公司董事、监事、高级管理人员的制度。

第二百三十四条　依照本法收缴的罚款和没收的违法所得，全部上缴国库。

第二百三十五条　当事人对证券监督管理机构或者国务院授权的部门的处罚决定不服的，可以依法申请行政复议，或者依法直接向人民法院提起诉讼。

第十二章　附　则

第二百三十六条　本法施行前依照行政法规已批准在证券交易所上市交易的证券继续依法进行交易。

本法施行前依照行政法规和国务院金融行政管理部门的规定经批准设立的证券经营机构，不完全符合本法规定的，应当在规定的限期内达到本法规定的要求。具体实施办法，由国务院另行规定。

第二百三十七条　发行人申请核准公开发行股票、公司债券，应当按照规定缴纳审核费用。

第二百三十八条　境内企业直接或者间接到境外发行证券或者将其证券在境外上市交易，必须经国务院证券监督管理机构依照国务院的规定批准。

第二百三十九条　境内公司股票以外币认购和交易的，具体办法由国务院另行规定。

第二百四十条　本法自 2006 年 1 月 1 日起施行。

1.1.3　中华人民共和国刑法修正案（六）

中华人民共和国主席令

（第51号）

《中华人民共和国刑法修正案（六）》已由中华人民共和国第十届全国人民代表大会常务委员会第二十二次会议于2006年6月29日通过，现予公布，自公布之日起施行。

中华人民共和国主席　胡锦涛

2006年6月29日

中华人民共和国刑法修正案（六）

（2006年6月29日第十届全国人民代表大会常务委员会第二十二次会议通过）

一、将刑法第一百三十四条修改为："在生产、作业中违反有关安全管理的规定，因而发生重大伤亡事故或者造成其他严重后果的，处三年以下有期徒刑或者拘役；情节特别恶劣的，处三年以上七年以下有期徒刑。

"强令他人违章冒险作业，因而发生重大伤亡事故或者造成其他严重后果的，处五年以下有期徒刑或者拘役；情节特别恶劣的，处五年以上有期徒刑。"

二、将刑法第一百三十五条修改为："安全生产设施或者安全生产条件不符合国家规定，因而发生重大伤亡事故或者造成其他严重后果的，对直接负责的主管人员和其他直接责任人员，处三年以下有期徒刑或者拘役；情节特别恶劣的，处三年以上七年以下有期徒刑。"

三、在刑法第一百三十五条后增加一条，作为第一百三十五条之一："举办大型群众性活动违反安全管理规定，因而发生重大伤亡事故或者造成其他严重后果的，对直接负责的主管人员和其他直接责任人员，处三年以下有期徒刑或者拘役；情节特别恶劣的，处三年以上七年以下有期徒刑。"

四、在刑法第一百三十九条后增加一条，作为第一百三十九条之一："在安全事故发生后，负有报告职责的人员不报或者谎报事故情况，贻误事故抢救，情节严重的，处三年以下有期徒刑或者拘役；情节特别严重的，处三年以上七年以下有期徒刑。"

五、将刑法第一百六十一条修改为："依法负有信息披露义务的公司、企业向股东和社会公众提供虚假的或者隐瞒重要事实的财务会计报告，或者对依法应当披露的其他重要信息不按照规定披露，严重损害股东或者其他人利益，或者有其他严重情节的，对其直接负责的主管人员和其他直接责任人员，处三年以下有期徒刑或者拘役，并处或者单处二万元以上二十万元以下罚金。"

六、在刑法第一百六十二条之一后增加一条，作为第一百六十二条之二："公司、企业通过隐匿财产、承担虚构的债务或者以其他方法转移、处分财产，实施虚假破产，严重损害债权人或者其他人利益的，对其直接负责的主管人员和其他直接责任人员，处五年以下有期徒刑或者拘役，并处或者单处二万元以上二十万元以下罚金。”

七、将刑法第一百六十三条修改为：“公司、企业或者其他单位的工作人员利用职务上的便利，索取他人财物或者非法收受他人财物，为他人谋取利益，数额较大的，处五年以下有期徒刑或者拘役；数额巨大的，处五年以上有期徒刑，可以并处没收财产。

“公司、企业或者其他单位的工作人员在经济往来中，利用职务上的便利，违反国家规定，收受各种名义的回扣、手续费，归个人所有的，依照前款的规定处罚。

“国有公司、企业或者其他国有单位中从事公务的人员和国有公司、企业或者其他国有单位委派到非国有公司、企业以及其他单位从事公务的人员有前两款行为的，依照本法第三百八十五条、第三百八十六条的规定定罪处罚。”

八、将刑法第一百六十四条第一款修改为：“为谋取不正当利益，给予公司、企业或者其他单位的工作人员以财物，数额较大的，处三年以下有期徒刑或者拘役；数额巨大的，处三年以上十年以下有期徒刑，并处罚金。”

九、在刑法第一百六十九条后增加一条，作为第一百六十九条之一：“上市公司的董事、监事、高级管理人员违背对公司的忠实义务，利用职务便利，操纵上市公司从事下列行为之一，致使上市公司利益遭受重大损失的，处三年以下有期徒刑或者拘役，并处或者单处罚金；致使上市公司利益遭受特别重大损失的，处三年以上七年以下有期徒刑，并处罚金：

“（一）无偿向其他单位或者个人提供资金、商品、服务或者其他资产的；

“（二）以明显不公平的条件，提供或者接受资金、商品、服务或者其他资产的；

“（三）向明显不具有清偿能力的单位或者个人提供资金、商品、服务或者其他资产的；

“（四）为明显不具有清偿能力的单位或者个人提供担保，或者无正当理由为其他单位或者个人提供担保的；

“（五）无正当理由放弃债权、承担债务的；

“（六）采用其他方式损害上市公司利益的。

“上市公司的控股股东或者实际控制人，指使上市公司董事、监事、高级管理人员实施前款行为的，依照前款的规定处罚。

“犯前款罪的上市公司的控股股东或者实际控制人是单位的，对单位判处罚金，并对其直接负责的主管人员和其他直接责任人员，依照第一款的规定处罚。”

十、在刑法第一百七十五条后增加一条，作为第一百七十五条之一：“以欺骗手段取得银行或者其他金融机构贷款、票据承兑、信用证、保函等，给银行或者其他金融机构造成重大损失或者有其他严重情节的，处三年以下有期徒刑或者拘役，并处或者单处罚金；给银行或者其他金融机构造成特别重大损失或者有其他特别严重情节的，处三年以上七年以下有期徒刑，并处罚金。

“单位犯前款罪的，对单位判处罚金，并对其直接负责的主管人员和其他直接责任人员，依照前款的规定处罚。”

十一、将刑法第一百八十二条修改为：“有下列情形之一，操纵证券、期货市场，情节严重的，处五年以下有期徒刑或者拘役，并处或者单处罚金；情节特别严重的，处五年以上十年以下有期徒刑，并处罚金：

“（一）单独或者合谋，集中资金优势、持股或者持仓优势或者利用信息优势联合或者连续买卖，操纵证券、期货交易价格或者证券、期货交易量的；

“（二）与他人串通，以事先约定的时间、价格和方式相互进行证券、期货交易，影响证券、期货交易价格或者证券、期货交易量的；

“（三）在自己实际控制的账户之间进行证券交易，或者以自己为交易对象，自买自卖期货合约，影响证券、期货交易价格或者证券、期货交易量的；

“（四）以其他方法操纵证券、期货市场的。

“单位犯前款罪的，对单位判处罚金，并对其直接负责的主管人员和其他直接责任人员，依照前款的规定处罚。”

十二、在刑法第一百八十五条后增加一条，作为第一百八十五条之一：“商业银行、证券交易所、期货交易所、证券公司、期货经纪公司、保险公司或者其他金融机构，违背受托义务，擅自运用客户资金或者其他委托、信托的财产，情节严重的，对单位判处罚金，并对其直接负责的主管人员和其他直接责任人员，处三年以下有期徒刑或者拘役，并处三万元以上三十万元以下罚金；情节特别严重的，处三年以上十年以下有期徒刑，并处五万元以上五十万元以下罚金。

“社会保障基金管理机构、住房公积金管理机构等公众资金管理机构，以及保险公司、保险资产管理公司、证券投资基金管理公司，违反国家规定运用资金的，对其直接负责的主管人员和其他直接责任人员，依照前款的规定处罚。”

十三、将刑法第一百八十六条第一款、第二款修改为：“银行或者其他金融机构的工作人员违反国家规定发放贷款，数额巨大或者造成重大损失的，处五年以下有期徒刑或者拘役，并处一万元以上十万元以下罚金；数额特别巨大或者造成特别重大损失的，处五年以上有期徒刑，并处二万元以上二十万元以下罚金。

“银行或者其他金融机构的工作人员违反国家规定，向关系人发放贷款的，依照前款的规定从重处罚。”

十四、将刑法第一百八十七条第一款修改为：“银行或者其他金融机构的工作人员吸收客户资金不入账，数额巨大或者造成重大损失的，处五年以下有期徒刑或者拘役，并处二万元以上二十万元以下罚金；数额特别巨大或者造成特别重大损失的，处五年以上有期徒刑，并处五万元以上五十万元以下罚金。”

十五、将刑法第一百八十八条第一款修改为：“银行或者其他金融机构的工作人员违反规定，为他人出具信用证或者其他保函、票据、存单、资信证明，情节严重的，处五年以下有期徒刑或者拘役；情节特别严重的，处五年以上有期徒刑。”

十六、将刑法第一百九十一条第一款修改为：“明知是毒品犯罪、黑社会性质的组织犯罪、恐怖活动犯罪、走私犯罪、贪污贿赂犯罪、破坏金融管理秩序犯罪、金融诈骗犯罪的所得及其产生的收益，为掩饰、隐瞒其来源和性质，有下列行为之一的，没收实施以上犯罪的所得及其产生的收益，处五年以下有期徒刑或者拘役，并处或者单处洗钱数额百分之五以上百分之二十以下罚金；情节严重的，处五年以上十年以下有期徒刑，并处洗钱数额百分之五以上百分之二十以下罚金：

“（一）提供资金账户的；

“（二）协助将财产转换为现金、金融票据、有价证券的；

“（三）通过转账或者其他结算方式协助资金转移的；

“（四）协助将资金汇往境外的；

“（五）以其他方法掩饰、隐瞒犯罪所得及其收益的来源和性质的。”

十七、在刑法第二百六十二条后增加一条，作为第二百六十二条之一：“以暴力、胁迫手段组织残疾人或者不满十四周岁的未成年人乞讨的，处三年以下有期徒刑或者拘役，并处罚金；情节严重的，处三年以上七年以下有期徒刑，并处罚金。”

十八、将刑法第三百零三条修改为：“以营利为目的，聚众赌博或者以赌博为业的，处三年以下有期徒刑、拘役或者管制，并处罚金。

“开设赌场的，处三年以下有期徒刑、拘役或者管制，并处罚金；情节严重的，处三年以上十年以下有期徒刑，并处罚金。”

十九、将刑法第三百一十二条修改为：“明知是犯罪所得及其产生的收益而予以窝藏、转移、收购、代为销售或者以其他方法掩饰、隐瞒的，处三年以下有期徒刑、拘役或者管制，并处或者单处罚金；情节严重的，处三年以上七年以下有期徒刑，并处罚金。”

二十、在刑法第三百九十九条后增加一条，作为第三百九十九条之一：“依法承担仲裁职责的人员，在仲裁活动中故意违背事实和法律作枉法裁决，情节严重的，处三年以下有期徒刑或者拘役；情节特别严重的，处三年以上七年以下有期徒刑。”

二十一、本修正案自公布之日起施行。

1.1.4　中华人民共和国合伙企业法

中华人民共和国主席令

（第55号）

《中华人民共和国合伙企业法》已由中华人民共和国第十届全国人民代表大会常务委员会第二十三次会议于2006年8月27日修订通过，现将修订后的《中华人民共和国合伙企业法》公布，自2007年6月1日起施行。

中华人民共和国主席　胡锦涛

2006年8月27日

中华人民共和国合伙企业法

（1997年2月23日第八届全国人民代表大会常务委员会第二十四次会议通过 2006年8月27日第十届全国人民代表大会常务委员会第二十三次会议修订）

目录

第一章　总则

第一条　为了规范合伙企业的行为，保护合伙企业及其合伙人、债权人的合法权益，维护社会经济秩序，促进社会主义市场经济的发展，制定本法。

第二条　本法所称合伙企业，是指自然人、法人和其他组织依照本法在中国境内设立的普通合伙企业和有限合伙企业。

普通合伙企业由普通合伙人组成，合伙人对合伙企业债务承担无限连带责任。本法对普通合伙人承担责任的形式有特别规定的，从其规定。

有限合伙企业由普通合伙人和有限合伙人组成，普通合伙人对合伙企业债务承担无限连带责任，有限合伙人以其认缴的出资额为限对合伙企业债务承担责任。

第三条　国有独资公司、国有企业、上市公司以及公益性的事业单位、社会团体不得成为普通合伙人。

第四条　合伙协议依法由全体合伙人协商一致、以书面形式订立。

第五条　订立合伙协议、设立合伙企业，应当遵循自愿、平等、公平、诚实信用原则。

第六条　合伙企业的生产经营所得和其他所得，按照国家有关税收规定，由合伙人分别缴纳所得税。

第七条　合伙企业及其合伙人必须遵守法律、行政法规，遵守社会公德、商业道德，承担社会责任。

第八条　合伙企业及其合伙人的合法财产及其权益受法律保护。

第九条　申请设立合伙企业，应当向企业登记机关提交登记申请书、合伙协议书、合伙人身份证明等文件。

合伙企业的经营范围中有属于法律、行政法规规定在登记前须经批准的项目的，该项经营业务应当依法经过批准，并在登记时提交批准文件。

第十条　申请人提交的登记申请材料齐全、符合法定形式，企业登记机关能够当场登记的，应予当场登记，发给营业执照。

除前款规定情形外，企业登记机关应当自受理申请之日起二十日内，作出是否登记的决定。予以登记的，发给营业执照；不予登记的，应当给予书面答复，并说明理由。

第十一条　合伙企业的营业执照签发日期，为合伙企业成立日期。

合伙企业领取营业执照前，合伙人不得以合伙企业名义从事合伙业务。

第十二条　合伙企业设立分支机构，应当向分支机构所在地的企业登记机关申请登记，领取营业执照。

第十三条　合伙企业登记事项发生变更的，执行合伙事务的合伙人应当自作出变更决定或者发生变更事由之日起十五日内，向企业登记机关申请办理变更登记。

第二章　普通合伙企业

第一节　合伙企业设立

第十四条　设立合伙企业，应当具备下列条件：

（一）有二个以上合伙人。合伙人为自然人的，应当具有完全民事行为能力；

（二）有书面合伙协议；

（三）有合伙人认缴或者实际缴付的出资；

（四）有合伙企业的名称和生产经营场所；

（五）法律、行政法规规定的其他条件。

第十五条　合伙企业名称中应当标明“普通合伙”字样。

第十六条　合伙人可以用货币、实物、知识产权、土地使用权或者其他财产权利出资，也可以用劳务出资。

合伙人以实物、知识产权、土地使用权或者其他财产权利出资，需要评估作价的，可以由全体合伙人协商确定，也可以由全体合伙人委托法定评估机构评估。

合伙人以劳务出资的，其评估办法由全体合伙人协商确定，并在合伙协议中载明。

第十七条 合伙人应当按照合伙协议约定的出资方式、数额和缴付期限，履行出资义务。

以非货币财产出资的，依照法律、行政法规的规定，需要办理财产权转移手续的，应当依法办理。

第十八条 合伙协议应当载明下列事项：

（一）合伙企业的名称和主要经营场所的地点；

（二）合伙目的和合伙经营范围；

（三）合伙人的姓名或者名称、住所；

（四）合伙人的出资方式、数额和缴付期限；

（五）利润分配、亏损分担方式；

（六）合伙事务的执行；

（七）入伙与退伙；

（八）争议解决办法；

（九）合伙企业的解散与清算；

（十）违约责任。

第十九条 合伙协议经全体合伙人签名、盖章后生效。合伙人按照合伙协议享有权利，履行义务。

修改或者补充合伙协议，应当经全体合伙人一致同意；但是，合伙协议另有约定的除外。

合伙协议未约定或者约定不明确的事项，由合伙人协商决定；协商不成的，依照本法和其他有关法律、行政法规的规定处理。

第二节 合伙企业财产

第二十条 合伙人的出资、以合伙企业名义取得的收益和依法取得的其他财产，均为合伙企业的财产。

第二十一条 合伙人在合伙企业清算前，不得请求分割合伙企业的财产；但是，本法另有规定的除外。

合伙人在合伙企业清算前私自转移或者处分合伙企业财产的，合伙企业不得以此对抗善意第三人。

第二十二条 除合伙协议另有约定外，合伙人向合伙人以外的人转让其在合伙企业中的全部或者部分财产份额时，须经其他合伙人一致同意。

合伙人之间转让在合伙企业中的全部或者部分财产份额时，应当通知其他合伙人。

第二十三条 合伙人向合伙人以外的人转让其在合伙企业中的财产份额的，在同等条件下，其他合伙人有优先购买权；但是，合伙协议另有约定的除外。

第二十四条 合伙人以外的人依法受让合伙人在合伙企业中的财产份额的，经修改合伙协议即成为合伙企业的合伙人，依照本法和修改后的合伙协议享有权利，履行义务。

第二十五条 合伙人以其在合伙企业中的财产份额出质的，须经其他合伙人一致同意；未经其他合伙人一致同意，其行为无效，由此给善意第三人造成损失的，由行为人依法承担赔偿责任。

第三节　合伙事务执行

第二十六条　合伙人对执行合伙事务享有同等的权利。

按照合伙协议的约定或者经全体合伙人决定，可以委托一个或者数个合伙人对外代表合伙企业，执行合伙事务。

作为合伙人的法人、其他组织执行合伙事务的，由其委派的代表执行。

第二十七条　依照本法第二十六条第二款规定委托一个或者数个合伙人执行合伙事务的，其他合伙人不再执行合伙事务。

不执行合伙事务的合伙人有权监督执行事务合伙人执行合伙事务的情况。

第二十八条　由一个或者数个合伙人执行合伙事务的，执行事务合伙人应当定期向其他合伙人报告事务执行情况以及合伙企业的经营和财务状况，其执行合伙事务所产生的收益归合伙企业，所产生的费用和亏损由合伙企业承担。

合伙人为了解合伙企业的经营状况和财务状况，有权查阅合伙企业会计账簿等财务资料。

第二十九条　合伙人分别执行合伙事务的，执行事务合伙人可以对其他合伙人执行的事务提出异议。提出异议时，应当暂停该项事务的执行。如果发生争议，依照本法第三十条规定作出决定。

受委托执行合伙事务的合伙人不按照合伙协议或者全体合伙人的决定执行事务的，其他合伙人可以决定撤销该委托。

第三十条　合伙人对合伙企业有关事项作出决议，按照合伙协议约定的表决办法办理。合伙协议未约定或者约定不明确的，实行合伙人一人一票并经全体合伙人过半数通过的表决办法。

本法对合伙企业的表决办法另有规定的，从其规定。

第三十一条　除合伙协议另有约定外，合伙企业的下列事项应当经全体合伙人一致同意：

（一）改变合伙企业的名称；

（二）改变合伙企业的经营范围、主要经营场所的地点；

（三）处分合伙企业的不动产；

（四）转让或者处分合伙企业的知识产权和其他财产权利；

（五）以合伙企业名义为他人提供担保；

（六）聘任合伙人以外的人担任合伙企业的经营管理人员。

第三十二条　合伙人不得自营或者同他人合作经营与本合伙企业相竞争的业务。

除合伙协议另有约定或者经全体合伙人一致同意外，合伙人不得同本合伙企业进行交易。

合伙人不得从事损害本合伙企业利益的活动。

第三十三条　合伙企业的利润分配、亏损分担，按照合伙协议的约定办理；合伙协议未约定或者约定不明确的，由合伙人协商决定；协商不成的，由合伙人按照实缴出资比例分配、分担；无法确定出资比例的，由合伙人平均分配、分担。

合伙协议不得约定将全部利润分配给部分合伙人或者由部分合伙人承担全部亏损。

第三十四条　合伙人按照合伙协议的约定或者经全体合伙人决定，可以增加或者减少对合伙企业的出资。

第三十五条　被聘任的合伙企业的经营管理人员应当在合伙企业授权范围内履行职务。

被聘任的合伙企业的经营管理人员，超越合伙企业授权范围履行职务，或者在履行职务过程中因故意或者重大过失给合伙企业造成损失的，依法承担赔偿责任。

第三十六条　合伙企业应当依照法律、行政法规的规定建立企业财务、会计制度。

第四节 合伙企业与第三人关系

第三十七条 合伙企业对合伙人执行合伙事务以及对外代表合伙企业权利的限制，不得对抗善意第三人。

第三十八条 合伙企业对其债务，应先以其全部财产进行清偿。

第三十九条 合伙企业不能清偿到期债务的，合伙人承担无限连带责任。

第四十条 合伙人由于承担无限连带责任，清偿数额超过本法第三十三条第一款规定的其亏损分担比例的，有权向其他合伙人追偿。

第四十一条 合伙人发生与合伙企业无关的债务，相关债权人不得以其债权抵消其对合伙企业的债务；也不得代位行使合伙人在合伙企业中的权利。

第四十二条 合伙人的自有财产不足清偿其与合伙企业无关的债务的，该合伙人可以以其从合伙企业中分取的收益用于清偿；债权人也可以依法请求人民法院强制执行该合伙人在合伙企业中的财产份额用于清偿。

人民法院强制执行合伙人的财产份额时，应当通知全体合伙人，其他合伙人有优先购买权；其他合伙人未购买，又不同意将该财产份额转让给他人的，依照本法第五十一条的规定为该合伙人办理退伙结算，或者办理削减该合伙人相应财产份额的结算。

第五节 入伙、退伙

第四十三条 新合伙人入伙，除合伙协议另有约定外，应当经全体合伙人一致同意，并依法订立书面入伙协议。

订立入伙协议时，原合伙人应当向新合伙人如实告知原合伙企业的经营状况和财务状况。

第四十四条 入伙的新合伙人与原合伙人享有同等权利，承担同等责任。入伙协议另有约定的，从其约定。

新合伙人对入伙前合伙企业的债务承担无限连带责任。

第四十五条 合伙协议约定合伙期限的，在合伙企业存续期间，有下列情形之一的，合伙人可以退伙：

（一）合伙协议约定的退伙事由出现；

（二）经全体合伙人一致同意；

（三）发生合伙人难以继续参加合伙的事由；

（四）其他合伙人严重违反合伙协议约定的义务。

第四十六条 合伙协议未约定合伙期限的，合伙人在不给合伙企业事务执行造成不利影响的情况下，可以退伙，但应当提前三十日通知其他合伙人。

第四十七条 合伙人违反本法第四十五条、第四十六条的规定退伙的，应当赔偿由此给合伙企业造成的损失。

第四十八条 合伙人有下列情形之一的，当然退伙：

（一）作为合伙人的自然人死亡或者被依法宣告死亡；

（二）个人丧失偿债能力；

（三）作为合伙人的法人或者其他组织依法被吊销营业执照、责令关闭、撤销，或者被宣告破产；

（四）法律规定或者合伙协议约定合伙人必须具有相关资格而丧失该资格；

（五）合伙人在合伙企业中的全部财产份额被人民法院强制执行。

合伙人被依法认定为无民事行为能力人或者限制民事行为能力人的，经其他合伙人一致同意，可以依法转为有限合伙人，普通合伙企业依法转为有限合伙企业。其他合伙人未能一致同意的，该无民事行为能力或者限制民事行为能力的合伙人退伙。

退伙事由实际发生之日为退伙生效日。

第四十九条　合伙人有下列情形之一的，经其他合伙人一致同意，可以决议将其除名：

（一）未履行出资义务；

（二）因故意或者重大过失给合伙企业造成损失；

（三）执行合伙事务时有不正当行为；

（四）发生合伙协议约定的事由。

对合伙人的除名决议应当书面通知被除名人。被除名人接到除名通知之日，除名生效，被除名人退伙。

被除名人对除名决议有异议的，可以自接到除名通知之日起三十日内，向人民法院起诉。

第五十条　合伙人死亡或者被依法宣告死亡的，对该合伙人在合伙企业中的财产份额享有合法继承权的继承人，按照合伙协议的约定或者经全体合伙人一致同意，从继承开始之日起，取得该合伙企业的合伙人资格。

有下列情形之一的，合伙企业应当向合伙人的继承人退还被继承合伙人的财产份额：

（一）继承人不愿意成为合伙人；

（二）法律规定或者合伙协议约定合伙人必须具有相关资格，而该继承人未取得该资格；

（三）合伙协议约定不能成为合伙人的其他情形。

合伙人的继承人为无民事行为能力人或者限制民事行为能力人的，经全体合伙人一致同意，可以依法成为有限合伙人，普通合伙企业依法转为有限合伙企业。全体合伙人未能一致同意的，合伙企业应当将被继承合伙人的财产份额退还该继承人。

第五十一条　合伙人退伙，其他合伙人应当与该退伙人按照退伙时的合伙企业财产状况进行结算，退还退伙人的财产份额。退伙人对给合伙企业造成的损失负有赔偿责任的，相应扣减其应当赔偿的数额。

退伙时有未了结的合伙企业事务的，待该事务了结后进行结算。

第五十二条　退伙人在合伙企业中财产份额的退还办法，由合伙协议约定或者由全体合伙人决定，可以退还货币，也可以退还实物。

第五十三条　退伙人对基于其退伙前的原因发生的合伙企业债务，承担无限连带责任。

第五十四条　合伙人退伙时，合伙企业财产少于合伙企业债务的，退伙人应当依照本法第三十三条第一款的规定分担亏损。

第六节　特殊的普通合伙企业

第五十五条　以专业知识和专门技能为客户提供有偿服务的专业服务机构，可以设立为特殊的普通合伙企业。

特殊的普通合伙企业是指合伙人依照本法第五十七条的规定承担责任的普通合伙企业。

特殊的普通合伙企业适用本节规定；本节未作规定的，适用本章第一节至第五节的规定。

第五十六条 特殊的普通合伙企业名称中应当标明“特殊普通合伙”字样。

第五十七条 一个合伙人或者数个合伙人在执业活动中因故意或者重大过失造成合伙企业债务的，应当承担无限责任或者无限连带责任，其他合伙人以其在合伙企业中的财产份额为限承担责任。

合伙人在执业活动中非因故意或者重大过失造成的合伙企业债务以及合伙企业的其他债务，由全体合伙人承担无限连带责任。

第五十八条 合伙人执业活动中因故意或者重大过失造成的合伙企业债务，以合伙企业财产对外承担责任后，该合伙人应当按照合伙协议的约定对给合伙企业造成的损失承担赔偿责任。

第五十九条 特殊的普通合伙企业应当建立执业风险基金、办理职业保险。

执业风险基金用于偿付合伙人执业活动造成的债务。执业风险基金应当单独立户管理。具体管理办法由国务院规定。

第三章 有限合伙企业

第六十条 有限合伙企业及其合伙人适用本章规定；本章未作规定的，适用本法第二章第一节至第五节关于普通合伙企业及其合伙人的规定。

第六十一条 有限合伙企业由二个以上五十个以下合伙人设立；但是，法律另有规定的除外。

有限合伙企业至少应当有一个普通合伙人。

第六十二条 有限合伙企业名称中应当标明“有限合伙”字样。

第六十三条 合伙协议除符合本法第十八条的规定外，还应当载明下列事项：

（一）普通合伙人和有限合伙人的姓名或者名称、住所；

（二）执行事务合伙人应具备的条件和选择程序；

（三）执行事务合伙人权限与违约处理办法；

（四）执行事务合伙人的除名条件和更换程序；

（五）有限合伙人入伙、退伙的条件、程序以及相关责任；

（六）有限合伙人和普通合伙人相互转变程序。

第六十四条 有限合伙人可以用货币、实物、知识产权、土地使用权或者其他财产权利作价出资。

有限合伙人不得以劳务出资。

第六十五条 有限合伙人应当按照合伙协议的约定按期足额缴纳出资；未按期足额缴纳的，应当承担补缴义务，并对其他合伙人承担违约责任。

第六十六条 有限合伙企业登记事项中应当载明有限合伙人的姓名或者名称及认缴的出资数额。

第六十七条 有限合伙企业由普通合伙人执行合伙事务。执行事务合伙人可以要求在合伙协议中确定执行事务的报酬及报酬提取方式。

第六十八条 有限合伙人不执行合伙事务，不得对外代表有限合伙企业。

有限合伙人的下列行为，不视为执行合伙事务：

（一）参与决定普通合伙人入伙、退伙；

（二）对企业的经营管理提出建议；

（三）参与选择承办有限合伙企业审计业务的会计师事务所；

（四）获取经审计的有限合伙企业财务会计报告；

（五）对涉及自身利益的情况，查阅有限合伙企业财务会计账簿等财务资料；

（六）在有限合伙企业中的利益受到侵害时，向有责任的合伙人主张权利或者提起诉讼；

（七）执行事务合伙人怠于行使权利时，督促其行使权利或者为了本企业的利益以自己的名义提起诉讼；

（八）依法为本企业提供担保。

第六十九条　有限合伙企业不得将全部利润分配给部分合伙人；但是，合伙协议另有约定的除外。

第七十条　有限合伙人可以同本有限合伙企业进行交易；但是，合伙协议另有约定的除外。

第七十一条　有限合伙人可以自营或者同他人合作经营与本有限合伙企业相竞争的业务；但是，合伙协议另有约定的除外。

第七十二条　有限合伙人可以将其在有限合伙企业中的财产份额出质；但是，合伙协议另有约定的除外。

第七十三条　有限合伙人可以按照合伙协议的约定向合伙人以外的人转让其在有限合伙企业中的财产份额，但应当提前三十日通知其他合伙人。

第七十四条　有限合伙人的自有财产不足清偿其与合伙企业无关的债务的，该合伙人可以以其从有限合伙企业中分取的收益用于清偿；债权人也可以依法请求人民法院强制执行该合伙人在有限合伙企业中的财产份额用于清偿。

人民法院强制执行有限合伙人的财产份额时，应当通知全体合伙人。在同等条件下，其他合伙人有优先购买权。

第七十五条　有限合伙企业仅剩有限合伙人的，应当解散；有限合伙企业仅剩普通合伙人的，转为普通合伙企业。

第七十六条　第三人有理由相信有限合伙人为普通合伙人并与其交易的，该有限合伙人对该笔交易承担与普通合伙人同样的责任。

有限合伙人未经授权以有限合伙企业名义与他人进行交易，给有限合伙企业或者其他合伙人造成损失的，该有限合伙人应当承担赔偿责任。

第七十七条　新入伙的有限合伙人对入伙前有限合伙企业的债务，以其认缴的出资额为限承担责任。

第七十八条　有限合伙人有本法第四十八条第一款第一项、第三项至第五项所列情形之一的，当然退伙。

第七十九条　作为有限合伙人的自然人在有限合伙企业存续期间丧失民事行为能力的，其他合伙人不得因此要求其退伙。

第八十条　作为有限合伙人的自然人死亡、被依法宣告死亡或者作为有限合伙人的法人及其他组织终止时，其继承人或者权利承受人可以依法取得该有限合伙人在有限合伙企业中的资格。

第八十一条　有限合伙人退伙后，对基于其退伙前的原因发生的有限合伙企业债务，以其退伙时从有限合伙企业中取回的财产承担责任。

第八十二条　除合伙协议另有约定外，普通合伙人转变为有限合伙人，或者有限合伙人转变为普通合伙人，应当经全体合伙人一致同意。

第八十三条　有限合伙人转变为普通合伙人的，对其作为有限合伙人期间有限合伙企业发生的债务承担无限连带责任。

第八十四条　普通合伙人转变为有限合伙人的，对其作为普通合伙人期间合伙企业发生的债务承担无限连带责任。

第四章　合伙企业解散、清算

第八十五条　合伙企业有下列情形之一的，应当解散：

（一）合伙期限届满，合伙人决定不再经营；

（二）合伙协议约定的解散事由出现；

（三）全体合伙人决定解散；

（四）合伙人已不具备法定人数满三十天；

（五）合伙协议约定的合伙目的已经实现或者无法实现；

（六）依法被吊销营业执照、责令关闭或者被撤销；

（七）法律、行政法规规定的其他原因。

第八十六条　合伙企业解散，应当由清算人进行清算。

清算人由全体合伙人担任；经全体合伙人过半数同意，可以自合伙企业解散事由出现后十五日内指定一个或者数个合伙人，或者委托第三人，担任清算人。

自合伙企业解散事由出现之日起十五日内未确定清算人的，合伙人或者其他利害关系人可以申请人民法院指定清算人。

第八十七条　清算人在清算期间执行下列事务：

（一）清理合伙企业财产，分别编制资产负债表和财产清单；

（二）处理与清算有关的合伙企业未了结事务；

（三）清缴所欠税款；

（四）清理债权、债务；

（五）处理合伙企业清偿债务后的剩余财产；

（六）代表合伙企业参加诉讼或者仲裁活动。

第八十八条　清算人自被确定之日起十日内将合伙企业解散事项通知债权人，并于六十日内在报纸上公告。债权人应当自接到通知书之日起三十日内，未接到通知书的自公告之日起四十五日内，向清算人申报债权。

债权人申报债权，应当说明债权的有关事项，并提供证明材料。清算人应当对债权进行登记。

清算期间，合伙企业存续，但不得开展与清算无关的经营活动。

第八十九条　合伙企业财产在支付清算费用和职工工资、社会保险费用、法定补偿金以及缴纳所欠税款、清偿债务后的剩余财产，依照本法第三十三条第一款的规定进行分配。

第九十条　清算结束，清算人应当编制清算报告，经全体合伙人签名、盖章后，在十五日内向企业登记机关报送清算报告，申请办理合伙企业注销登记。

第九十一条　合伙企业注销后，原普通合伙人对合伙企业存续期间的债务仍应承担无限连带责任。

第九十二条　合伙企业不能清偿到期债务的，债权人可以依法向人民法院提出破产清算申请，也可以要求普通合伙人清偿。

合伙企业依法被宣告破产的，普通合伙人对合伙企业债务仍应承担无限连带责任。

第五章　法律责任

第九十三条　违反本法规定，提交虚假文件或者采取其他欺骗手段，取得合伙企业登记的，由企业登记机关责令改正，处以五千元以上五万元以下的罚款；情节严重的，撤销企业登记，并处以五万元以上二十万元以下的罚款。

第九十四条　违反本法规定，合伙企业未在其名称中标明“普通合伙”、“特殊普通合伙”或者“有限合伙”字样的，由企业登记机关责令限期改正，处以二千元以上一万元以下的罚款。

第九十五条　违反本法规定，未领取营业执照，而以合伙企业或者合伙企业分支机构名义从事合伙业务的，由企业登记机关责令停止，处以五千元以上五万元以下的罚款。

合伙企业登记事项发生变更时，未依照本法规定办理变更登记的，由企业登记机关责令限期登记；逾期不登记的，处以二千元以上二万元以下的罚款。

合伙企业登记事项发生变更，执行合伙事务的合伙人未按期申请办理变更登记的，应当赔偿由此给合伙企业、其他合伙人或者善意第三人造成的损失。

第九十六条　合伙人执行合伙事务，或者合伙企业从业人员利用职务上的便利，将应当归合伙企业的利益据为己有的，或者采取其他手段侵占合伙企业财产的，应当将该利益和财产退还合伙企业；给合伙企业或者其他合伙人造成损失的，依法承担赔偿责任。

第九十七条　合伙人对本法规定或者合伙协议约定必须经全体合伙人一致同意始得执行的事务擅自处理，给合伙企业或者其他合伙人造成损失的，依法承担赔偿责任。

第九十八条　不具有事务执行权的合伙人擅自执行合伙事务，给合伙企业或者其他合伙人造成损失的，依法承担赔偿责任。

第九十九条　合伙人违反本法规定或者合伙协议的约定，从事与本合伙企业相竞争的业务或者与本合伙企业进行交易的，该收益归合伙企业所有；给合伙企业或者其他合伙人造成损失的，依法承担赔偿责任。

第一百条　清算人未依照本法规定向企业登记机关报送清算报告，或者报送清算报告隐瞒重要事实，或者有重大遗漏的，由企业登记机关责令改正。由此产生的费用和损失，由清算人承担和赔偿。

第一百零一条　清算人执行清算事务，牟取非法收入或者侵占合伙企业财产的，应当将该收入和侵占的财产退还合伙企业；给合伙企业或者其他合伙人造成损失的，依法承担赔偿责任。

第一百零二条　清算人违反本法规定，隐匿、转移合伙企业财产，对资产负债表或者财产清单作虚假记载，或者在未清偿债务前分配财产，损害债权人利益的，依法承担赔偿责任。

第一百零三条　合伙人违反合伙协议的，应当依法承担违约责任。

合伙人履行合伙协议发生争议的，合伙人可以通过协商或者调解解决。不愿通过协商、调解解决或者协商、调解不成的，可以按照合伙协议约定的仲裁条款或者事后达成的书面仲裁协议，向仲裁机构申请仲裁。合伙协议中未订立仲裁条款，事后又没有达成书面仲裁协议的，可以向人民法院起诉。

第一百零四条　有关行政管理机关的工作人员违反本法规定，滥用职权、徇私舞弊、收受贿赂、侵害合伙企业合法权益的，依法给予行政处分。

第一百零五条　违反本法规定，构成犯罪的，依法追究刑事责任。

第一百零六条 违反本法规定，应当承担民事赔偿责任和缴纳罚款、罚金，其财产不足以同时支付的，先承担民事赔偿责任。

第六章 附 则

第一百零七条 非企业专业服务机构依据有关法律采取合伙制的，其合伙人承担责任的形式可以适用本法关于特殊的普通合伙企业合伙人承担责任的规定。

第一百零八条 外国企业或者个人在中国境内设立合伙企业的管理办法由国务院规定。

第一百零九条 本法自 2007 年 6 月 1 日起施行。

1.1.5　中华人民共和国企业破产法

中华人民共和国主席令

（第 54 号）

《中华人民共和国企业破产法》已由中华人民共和国第十届全国人民代表大会常务委员会第二十三次会议于 2006 年 8 月 27 日通过，现予公布，自 2007 年 6 月 1 日起施行。

中华人民共和国主席　胡锦涛

2006 年 8 月 27 日

中华人民共和国企业破产法

（2006 年 8 月 27 日第十届全国人民代表大会常务委员会第二十三次会议通过）

目录

第十二章　附则

第一章　总　则

第一条　为规范企业破产程序，公平清理债权债务，保护债权人和债务人的合法权益，维护社会主义市场经济秩序，制定本法。

第二条　企业法人不能清偿到期债务，并且资产不足以清偿全部债务或者明显缺乏清偿能力的，依照本法规定清理债务。

企业法人有前款规定情形，或者有明显丧失清偿能力可能的，可以依照本法规定进行重整。

第三条　破产案件由债务人住所地人民法院管辖。

第四条　破产案件审理程序，本法没有规定的，适用民事诉讼法的有关规定。

第五条　依照本法开始的破产程序，对债务人在中华人民共和国领域外的财产发生效力。

对外国法院作出的发生法律效力的破产案件的判决、裁定，涉及债务人在中华人民共和国领域内的财产，申请或者请求人民法院承认和执行的，人民法院依照中华人民共和国缔结或者参加的国际条约，或者按照互惠原则进行审查，认为不违反中华人民共和国法律的基本原则，不损害国家主权、安全和社会公共利益，不损害中华人民共和国领域内债权人的合法权益的，裁定承认和执行。

第六条　人民法院审理破产案件，应当依法保障企业职工的合法权益，依法追究破产企业经营管理人员的法律责任。

第二章　申请和受理

第一节　申请

第七条　债务人有本法第二条规定的情形，可以向人民法院提出重整、和解或者破产清算申请。

债务人不能清偿到期债务，债权人可以向人民法院提出对债务人进行重整或者破产清算的申请。

企业法人已解散但未清算或者未清算完毕，资产不足以清偿债务的，依法负有清算责任的人应当向人民法院申请破产清算。

第八条　向人民法院提出破产申请，应当提交破产申请书和有关证据。

破产申请书应当载明下列事项：

（一）申请人、被申请人的基本情况；

（二）申请目的；

（三）申请的事实和理由；

（四）人民法院认为应当载明的其他事项。

债务人提出申请的，还应当向人民法院提交财产状况说明、债务清册、债权清册、有关财务会计报告、职工安置预案以及职工工资的支付和社会保险费用的缴纳情况。

第九条　人民法院受理破产申请前，申请人可以请求撤回申请。

第二节　受理

第十条　债权人提出破产申请的，人民法院应当自收到申请之日起五日内通知债务人。债务人对申请有异议的，应当自收到人民法院的通知之日起七日内向人民法院提出。人民法院应当自异议期满之日起十日内裁定是否受理。

除前款规定的情形外，人民法院应当自收到破产申请之日起十五日内裁定是否受理。

有特殊情况需要延长前两款规定的裁定受理期限的，经上一级人民法院批准，可以延长十五日。

第十一条　人民法院受理破产申请的，应当自裁定作出之日起五日内送达申请人。

债权人提出申请的，人民法院应当自裁定作出之日起五日内送达债务人。债务人应当自裁定送达之日起十五日内，向人民法院提交财产状况说明、债务清册、债权清册、有关财务会计报告以及职工工资的支付和社会保险费用的缴纳情况。

第十二条　人民法院裁定不受理破产申请的，应当自裁定作出之日起五日内送达申请人并说明理由。申请人对裁定不服的，可以自裁定送达之日起十日内向上一级人民法院提起上诉。

人民法院受理破产申请后至破产宣告前，经审查发现债务人不符合本法第二条规定情形的，可以裁定驳回申请。申请人对裁定不服的，可以自裁定送达之日起十日内向上一级人民法院提起上诉。

第十三条　人民法院裁定受理破产申请的，应当同时指定管理人。

第十四条　人民法院应当自裁定受理破产申请之日起二十五日内通知已知债权人，并予以公告。

通知和公告应当载明下列事项：

（一）申请人、被申请人的名称或者姓名；

（二）人民法院受理破产申请的时间；

（三）申报债权的期限、地点和注意事项；

（四）管理人的名称或者姓名及其处理事务的地址；

（五）债务人的债务人或者财产持有人应当向管理人清偿债务或者交付财产的要求；

（六）第一次债权人会议召开的时间和地点；

（七）人民法院认为应当通知和公告的其他事项。

第十五条　自人民法院受理破产申请的裁定送达债务人之日起至破产程序终结之日，债务人的有关人员承担下列义务：

（一）妥善保管其占有和管理的财产、印章和账簿、文书等资料；

（二）根据人民法院、管理人的要求进行工作，并如实回答询问；

（三）列席债权人会议并如实回答债权人的询问；

（四）未经人民法院许可，不得离开住所地；

（五）不得新任其他企业的董事、监事、高级管理人员。

前款所称有关人员，是指企业的法定代表人；经人民法院决定，可以包括企业的财务管理人员和其他经营管理人员。

第十六条　人民法院受理破产申请后，债务人对个别债权人的债务清偿无效。

第十七条　人民法院受理破产申请后，债务人的债务人或者财产持有人应当向管理人清偿债务或者交付财产。

债务人的债务人或者财产持有人故意违反前款规定向债务人清偿债务或者交付财产，使债权人受到损失的，不免除其清偿债务或者交付财产的义务。

第十八条　人民法院受理破产申请后，管理人对破产申请受理前成立而债务人和对方当事人均未履行完毕的合同有权决定解除或者继续履行，并通知对方当事人。管理人自破产申请受理之日起二个月内未通知对方当事人，或者自收到对方当事人催告之日起三十日内未答复的，视为解除合同。

管理人决定继续履行合同的，对方当事人应当履行；但是，对方当事人有权要求管理人提供担保。管理人不提供担保的，视为解除合同。

第十九条 人民法院受理破产申请后，有关债务人财产的保全措施应当解除，执行程序应当中止。

第二十条 人民法院受理破产申请后，已经开始而尚未终结的有关债务人的民事诉讼或者仲裁应当中止；在管理人接管债务人的财产后，该诉讼或者仲裁继续进行。

第二十一条 人民法院受理破产申请后，有关债务人的民事诉讼，只能向受理破产申请的人民法院提起。

第三章 管理人

第二十二条 管理人由人民法院指定。

债权人会议认为管理人不能依法、公正执行职务或者有其他不能胜任职务情形的，可以申请人民法院予以更换。

指定管理人和确定管理人报酬的办法，由最高人民法院规定。

第二十三条 管理人依照本法规定执行职务，向人民法院报告工作，并接受债权人会议和债权人委员会的监督。

管理人应当列席债权人会议，向债权人会议报告职务执行情况，并回答询问。

第二十四条 管理人可以由有关部门、机构的人员组成的清算组或者依法设立的律师事务所、会计师事务所、破产清算事务所等社会中介机构担任。

人民法院根据债务人的实际情况，可以在征询有关社会中介机构的意见后，指定该机构具备相关专业知识并取得执业资格的人员担任管理人。

有下列情形之一的，不得担任管理人：

（一）因故意犯罪受过刑事处罚；

（二）曾被吊销相关专业执业证书；

（三）与本案有利害关系；

（四）人民法院认为不宜担任管理人的其他情形。

个人担任管理人的，应当参加执业责任保险。

第二十五条 管理人履行下列职责：

（一）接管债务人的财产、印章和账簿、文书等资料；

（二）调查债务人财产状况，制作财产状况报告；

（三）决定债务人的内部管理事务；

（四）决定债务人的日常开支和其他必要开支；

（五）在第一次债权人会议召开之前，决定继续或者停止债务人的营业；

（六）管理和处分债务人的财产；

（七）代表债务人参加诉讼、仲裁或者其他法律程序；

（八）提议召开债权人会议；

（九）人民法院认为管理人应当履行的其他职责。

本法对管理人的职责另有规定的，适用其规定。

第二十六条　在第一次债权人会议召开之前，管理人决定继续或者停止债务人的营业或者有本法第六十九条规定行为之一的，应当经人民法院许可。

第二十七条　管理人应当勤勉尽责，忠实执行职务。

第二十八条　管理人经人民法院许可，可以聘用必要的工作人员。

管理人的报酬由人民法院确定。债权人会议对管理人的报酬有异议的，有权向人民法院提出。

第二十九条　管理人没有正当理由不得辞去职务。管理人辞去职务应当经人民法院许可。

第四章　债务人财产

第三十条　破产申请受理时属于债务人的全部财产，以及破产申请受理后至破产程序终结前债务人取得的财产，为债务人财产。

第三十一条　人民法院受理破产申请前一年内，涉及债务人财产的下列行为，管理人有权请求人民法院予以撤销：

（一）无偿转让财产的；

（二）以明显不合理的价格进行交易的；

（三）对没有财产担保的债务提供财产担保的；

（四）对未到期的债务提前清偿的；

（五）放弃债权的。

第三十二条　人民法院受理破产申请前六个月内，债务人有本法第二条第一款规定的情形，仍对个别债权人进行清偿的，管理人有权请求人民法院予以撤销。但是，个别清偿使债务人财产受益的除外。

第三十三条　涉及债务人财产的下列行为无效：

（一）为逃避债务而隐匿、转移财产的；

（二）虚构债务或者承认不真实的债务的。

第三十四条　因本法第三十一条、第三十二条或者第三十三条规定的行为而取得的债务人的财产，管理人有权追回。

第三十五条　人民法院受理破产申请后，债务人的出资人尚未完全履行出资义务的，管理人应当要求该出资人缴纳所认缴的出资，而不受出资期限的限制。

第三十六条　债务人的董事、监事和高级管理人员利用职权从企业获取的非正常收入和侵占的企业财产，管理人应当追回。

第三十七条　人民法院受理破产申请后，管理人可以通过清偿债务或者提供为债权人接受的担保，取回质物、留置物。

前款规定的债务清偿或者替代担保，在质物或者留置物的价值低于被担保的债权额时，以该质物或者留置物当时的市场价值为限。

第三十八条　人民法院受理破产申请后，债务人占有的不属于债务人的财产，该财产的权利人可以通过管理人取回。但是，本法另有规定的除外。

第三十九条　人民法院受理破产申请时，出卖人已将买卖标的物向作为买受人的债务人发运，债务人尚未收到且未付清全部价款的，出卖人可以取回在运途中的标的物。但是，管理人可以支付全部价款，请求出卖人交付标的物。

第四十条　债权人在破产申请受理前对债务人负有债务的，可以向管理人主张抵消。但是，有下列情形之一的，不得抵销：

（一）债务人的债务人在破产申请受理后取得他人对债务人的债权的；

（二）债权人已知债务人有不能清偿到期债务或者破产申请的事实，对债务人负担债务的；但是，债权人因为法律规定或者有破产申请一年前所发生的原因而负担债务的除外；

（三）债务人的债务人已知债务人有不能清偿到期债务或者破产申请的事实，对债务人取得债权的；但是，债务人的债务人因为法律规定或者有破产申请一年前所发生的原因而取得债权的除外。

第五章　破产费用和共益债务

第四十一条　人民法院受理破产申请后发生的下列费用，为破产费用：

（一）破产案件的诉讼费用；

（二）管理、变价和分配债务人财产的费用；

（三）管理人执行职务的费用、报酬和聘用工作人员的费用。

第四十二条　人民法院受理破产申请后发生的下列债务，为共益债务：

（一）因管理人或者债务人请求对方当事人履行双方均未履行完毕的合同所产生的债务；

（二）债务人财产受无因管理所产生的债务；

（三）因债务人不当得利所产生的债务；

（四）为债务人继续营业而应支付的劳动报酬和社会保险费用以及由此产生的其他债务；

（五）管理人或者相关人员执行职务致人损害所产生的债务；

（六）债务人财产致人损害所产生的债务。

第四十三条　破产费用和共益债务由债务人财产随时清偿。

债务人财产不足以清偿所有破产费用和共益债务的，先行清偿破产费用。

债务人财产不足以清偿所有破产费用或者共益债务的，按照比例清偿。

债务人财产不足以清偿破产费用的，管理人应当提请人民法院终结破产程序。人民法院应当自收到请求之日起十五日内裁定终结破产程序，并予以公告。

第六章　债权申报

第四十四条　人民法院受理破产申请时对债务人享有债权的债权人，依照本法规定的程序行使权利。

第四十五条　人民法院受理破产申请后，应当确定债权人申报债权的期限。债权申报期限自人民法院发布受理破产申请公告之日起计算，最短不得少于三十日，最长不得超过三个月。

第四十六条　未到期的债权，在破产申请受理时视为到期。

附利息的债权自破产申请受理时起停止计息。

第四十七条　附条件、附期限的债权和诉讼、仲裁未决的债权，债权人可以申报。

第四十八条　债权人应当在人民法院确定的债权申报期限内向管理人申报债权。

债务人所欠职工的工资和医疗、伤残补助、抚恤费用，所欠的应当划入职工个人账户的基本养老保险、基本医疗保险费用，以及法律、行政法规规定应当支付给职工的补偿金，不必申报，由管理人调查后列出清单并予以公示。职工对清单记载有异议的，可以要求管理人更正；管理人不予更正的，职工可以向人民法院提起诉讼。

第四十九条　债权人申报债权时，应当书面说明债权的数额和有无财产担保，并提交有关证据。申报的债权是连带债权的，应当说明。

第五十条　连带债权人可以由其中一人代表全体连带债权人申报债权，也可以共同申报债权。

第五十一条　债务人的保证人或者其他连带债务人已经代替债务人清偿债务的，以其对债务人的求偿权申报债权。

债务人的保证人或者其他连带债务人尚未代替债务人清偿债务的，以其对债务人的将来求偿权申报债权。但是，债权人已经向管理人申报全部债权的除外。

第五十二条　连带债务人数人被裁定适用本法规定的程序的，其债权人有权就全部债权分别在各破产案件中申报债权。

第五十三条　管理人或者债务人依照本法规定解除合同的，对方当事人以因合同解除所产生的损害赔偿请求权申报债权。

第五十四条　债务人是委托合同的委托人，被裁定适用本法规定的程序，受托人不知该事实，继续处理委托事务的，受托人以由此产生的请求权申报债权。

第五十五条　债务人是票据的出票人，被裁定适用本法规定的程序，该票据的付款人继续付款或者承兑的，付款人以由此产生的请求权申报债权。

第五十六条　在人民法院确定的债权申报期限内，债权人未申报债权的，可以在破产财产最后分配前补充申报；但是，此前已进行的分配，不再对其补充分配。为审查和确认补充申报债权的费用，由补充申报人承担。

债权人未依照本法规定申报债权的，不得依照本法规定的程序行使权利。

第五十七条　管理人收到债权申报材料后，应当登记造册，对申报的债权进行审查，并编制债权表。

债权表和债权申报材料由管理人保存，供利害关系人查阅。

第五十八条　依照本法第五十七条规定编制的债权表，应当提交第一次债权人会议核查。

债务人、债权人对债权表记载的债权无异议的，由人民法院裁定确认。

债务人、债权人对债权表记载的债权有异议的，可以向受理破产申请的人民法院提起诉讼。

第七章　债权人会议

第一节　一般规定

第五十九条　依法申报债权的债权人为债权人会议的成员，有权参加债权人会议，享有表决权。

债权尚未确定的债权人，除人民法院能够为其行使表决权而临时确定债权额的外，不得行使表决权。

对债务人的特定财产享有担保权的债权人，未放弃优先受偿权利的，对于本法第六十一条第一款第七项、第十项规定的事项不享有表决权。

债权人可以委托代理人出席债权人会议，行使表决权。代理人出席债权人会议，应当向人民法院或者债权人会议主席提交债权人的授权委托书。

债权人会议应当有债务人的职工和工会的代表参加，对有关事项发表意见。

第六十条　债权人会议设主席一人，由人民法院从有表决权的债权人中指定。

债权人会议主席主持债权人会议。

第六十一条　债权人会议行使下列职权：

（一）核查债权；

（二）申请人民法院更换管理人，审查管理人的费用和报酬；

（三）监督管理人；

（四）选任和更换债权人委员会成员；

（五）决定继续或者停止债务人的营业；

（六）通过重整计划；

（七）通过和解协议；

（八）通过债务人财产的管理方案；

（九）通过破产财产的变价方案；

（十）通过破产财产的分配方案；

（十一）人民法院认为应当由债权人会议行使的其他职权。

债权人会议应当对所议事项的决议作成会议记录。

第六十二条　第一次债权人会议由人民法院召集，自债权申报期限届满之日起十五日内召开。

以后的债权人会议，在人民法院认为必要时，或者管理人、债权人委员会、占债权总额四分之一以上的债权人向债权人会议主席提议时召开。

第六十三条　召开债权人会议，管理人应当提前十五日通知已知的债权人。

第六十四条　债权人会议的决议，由出席会议的有表决权的债权人过半数通过，并且其所代表的债权额占无财产担保债权总额的二分之一以上。但是，本法另有规定的除外。

债权人认为债权人会议的决议违反法律规定，损害其利益的，可以自债权人会议作出决议之日起十五日内，请求人民法院裁定撤销该决议，责令债权人会议依法重新作出决议。

债权人会议的决议，对于全体债权人均有约束力。

第六十五条　本法第六十一条第一款第八项、第九项所列事项，经债权人会议表决未通过的，由人民法院裁定。

本法第六十一条第一款第十项所列事项，经债权人会议二次表决仍未通过的，由人民法院裁定。

对前两款规定的裁定，人民法院可以在债权人会议上宣布或者另行通知债权人。

第六十六条　债权人对人民法院依照本法第六十五条第一款作出的裁定不服的，债权额占无财产担保债权总额二分之一以上的债权人对人民法院依照本法第六十五条第二款作出的裁定不服的，可以自裁定宣布之日或者收到通知之日起十五日内向该人民法院申请复议。复议期间不停止裁定的执行。

第二节　债权人委员会

第六十七条　债权人会议可以决定设立债权人委员会。债权人委员会由债权人会议选任的债权人代表和一名债务人的职工代表或者工会代表组成。债权人委员会成员不得超过九人。

债权人委员会成员应当经人民法院书面决定认可。

第六十八条　债权人委员会行使下列职权：

（一）监督债务人财产的管理和处分；

（二）监督破产财产分配；

（三）提议召开债权人会议；

（四）债权人会议委托的其他职权。

债权人委员会执行职务时，有权要求管理人、债务人的有关人员对其职权范围内的事务作出说明或者提供有关文件。

管理人、债务人的有关人员违反本法规定拒绝接受监督的，债权人委员会有权就监督事项请求人民法院作出决定；人民法院应当在五日内作出决定。

第六十九条　管理人实施下列行为，应当及时报告债权人委员会：

（一）涉及土地、房屋等不动产权益的转让；

（二）探矿权、采矿权、知识产权等财产权的转让；

（三）全部库存或者营业的转让；

（四）借款；

（五）设定财产担保；

（六）债权和有价证券的转让；

（七）履行债务人和对方当事人均未履行完毕的合同；

（八）放弃权利；

（九）担保物的取回；

（十）对债权人利益有重大影响的其他财产处分行为。

未设立债权人委员会的，管理人实施前款规定的行为应当及时报告人民法院。

第八章　重　整

第一节　重整申请和重整期间

第七十条　债务人或者债权人可以依照本法规定，直接向人民法院申请对债务人进行重整。

债权人申请对债务人进行破产清算的，在人民法院受理破产申请后、宣告债务人破产前，债务人或者出资额占债务人注册资本十分之一以上的出资人，可以向人民法院申请重整。

第七十一条　人民法院经审查认为重整申请符合本法规定的，应当裁定债务人重整，并予以公告。

第七十二条　自人民法院裁定债务人重整之日起至重整程序终止，为重整期间。

第七十三条　在重整期间，经债务人申请，人民法院批准，债务人可以在管理人的监督下自行管理财产和营业事务。

有前款规定情形的，依照本法规定已接管债务人财产和营业事务的管理人应当向债务人移交财产和营业事务，本法规定的管理人的职权由债务人行使。

第七十四条　管理人负责管理财产和营业事务的，可以聘任债务人的经营管理人员负责营业事务。

第七十五条　在重整期间，对债务人的特定财产享有的担保权暂停行使。但是，担保物有损坏或者价值明显减少的可能，足以危害担保权人权利的，担保权人可以向人民法院请求恢复行使担保权。

在重整期间，债务人或者管理人为继续营业而借款的，可以为该借款设定担保。

第七十六条　债务人合法占有的他人财产，该财产的权利人在重整期间要求取回的，应当符合事先约定的条件。

第七十七条　在重整期间，债务人的出资人不得请求投资收益分配。

在重整期间，债务人的董事、监事、高级管理人员不得向第三人转让其持有的债务人的股权。但是，经人民法院同意的除外。

第七十八条　在重整期间，有下列情形之一的，经管理人或者利害关系人请求，人民法院应当裁定终止重整程序，并宣告债务人破产：

（一）债务人的经营状况和财产状况继续恶化，缺乏挽救的可能性；

（二）债务人有欺诈、恶意减少债务人财产或者其他显著不利于债权人的行为；

（三）由于债务人的行为致使管理人无法执行职务。

第二节　重整计划的制定和批准

第七十九条　债务人或者管理人应当自人民法院裁定债务人重整之日起六个月内，同时向人民法院和债权人会议提交重整计划草案。

前款规定的期限届满，经债务人或者管理人请求，有正当理由的，人民法院可以裁定延期三个月。

债务人或者管理人未按期提出重整计划草案的，人民法院应当裁定终止重整程序，并宣告债务人破产。

第八十条　债务人自行管理财产和营业事务的，由债务人制作重整计划草案。

管理人负责管理财产和营业事务的，由管理人制作重整计划草案。

第八十一条　重整计划草案应当包括下列内容：

（一）债务人的经营方案；

（二）债权分类；

（三）债权调整方案；

（四）债权受偿方案；

（五）重整计划的执行期限；

（六）重整计划执行的监督期限；

（七）有利于债务人重整的其他方案。

第八十二条　下列各类债权的债权人参加讨论重整计划草案的债权人会议，依照下列债权分类，分组对重整计划草案进行表决：

（一）对债务人的特定财产享有担保权的债权；

（二）债务人所欠职工的工资和医疗、伤残补助、抚恤费用，所欠的应当划入职工个人账户的基本养老保险、基本医疗保险费用，以及法律、行政法规规定应当支付给职工的补偿金；

（三）债务人所欠税款；

（四）普通债权。

人民法院在必要时可以决定在普通债权组中设小额债权组对重整计划草案进行表决。

第八十三条　重整计划不得规定减免债务人欠缴的本法第八十二条第一款第二项规定以外的社会保险费用；该项费用的债权人不参加重整计划草案的表决。

第八十四条　人民法院应当自收到重整计划草案之日起三十日内召开债权人会议，对重整计划草案进行表决。

出席会议的同一表决组的债权人过半数同意重整计划草案，并且其所代表的债权额占该组债权总额的三分之二以上的，即为该组通过重整计划草案。

债务人或者管理人应当向债权人会议就重整计划草案作出说明，并回答询问。

第八十五条　债务人的出资人代表可以列席讨论重整计划草案的债权人会议。

重整计划草案涉及出资人权益调整事项的，应当设出资人组，对该事项进行表决。

第八十六条　各表决组均通过重整计划草案时，重整计划即为通过。

自重整计划通过之日起十日内，债务人或者管理人应当向人民法院提出批准重整计划的申请。人民法院经审查认为符合本法规定的，应当自收到申请之日起三十日内裁定批准，终止重整程序，并予以公告。

第八十七条　部分表决组未通过重整计划草案的，债务人或者管理人可以同未通过重整计划草案的表决组协商。该表决组可以在协商后再表决一次。双方协商的结果不得损害其他表决组的利益。

未通过重整计划草案的表决组拒绝再次表决或者再次表决仍未通过重整计划草案，但重整计划草案符合下列条件的，债务人或者管理人可以申请人民法院批准重整计划草案：

（一）按照重整计划草案，本法第八十二条第一款第一项所列债权就该特定财产将获得全额清偿，其因延期清偿所受的损失将得到公平补偿，并且其担保权未受到实质性损害，或者该表决组已经通过重整计划草案；

（二）按照重整计划草案，本法第八十二条第一款第二项、第三项所列债权将获得全额清偿，或者相应表决组已经通过重整计划草案；

（三）按照重整计划草案，普通债权所获得的清偿比例，不低于其在重整计划草案被提请批准时依照破产清算程序所能获得的清偿比例，或者该表决组已经通过重整计划草案；

（四）重整计划草案对出资人权益的调整公平、公正，或者出资人组已经通过重整计划草案；

（五）重整计划草案公平对待同一表决组的成员，并且所规定的债权清偿顺序不违反本法第一百一十三条的规定；

（六）债务人的经营方案具有可行性。

人民法院经审查认为重整计划草案符合前款规定的，应当自收到申请之日起三十日内裁定批准，终止重整程序，并予以公告。

第八十八条　重整计划草案未获得通过且未依照本法第八十七条的规定获得批准，或者已通过的重整计划未获得批准的，人民法院应当裁定终止重整程序，并宣告债务人破产。

第三节　重整计划的执行

第八十九条　重整计划由债务人负责执行。

人民法院裁定批准重整计划后，已接管财产和营业事务的管理人应当向债务人移交财产和营业事务。

第九十条　自人民法院裁定批准重整计划之日起，在重整计划规定的监督期内，由管理人监督重整计划的执行。

在监督期内，债务人应当向管理人报告重整计划执行情况和债务人财务状况。

第九十一条　监督期届满时，管理人应当向人民法院提交监督报告。自监督报告提交之日起，管理人的监督职责终止。

管理人向人民法院提交的监督报告，重整计划的利害关系人有权查阅。

经管理人申请，人民法院可以裁定延长重整计划执行的监督期限。

第九十二条 经人民法院裁定批准的重整计划，对债务人和全体债权人均有约束力。

债权人未依照本法规定申报债权的，在重整计划执行期间不得行使权利；在重整计划执行完毕后，可以按照重整计划规定的同类债权的清偿条件行使权利。

债权人对债务人的保证人和其他连带债务人所享有的权利，不受重整计划的影响。

第九十三条 债务人不能执行或者不执行重整计划的，人民法院经管理人或者利害关系人请求，应当裁定终止重整计划的执行，并宣告债务人破产。

人民法院裁定终止重整计划执行的，债权人在重整计划中作出的债权调整的承诺失去效力。债权人因执行重整计划所受的清偿仍然有效，债权未受清偿的部分作为破产债权。

前款规定的债权人，只有在其他同顺位债权人同自己所受的清偿达到同一比例时，才能继续接受分配。

有本条第一款规定情形的，为重整计划的执行提供的担保继续有效。

第九十四条 按照重整计划减免的债务，自重整计划执行完毕时起，债务人不再承担清偿责任。

第九章　和　解

第九十五条 债务人可以依照本法规定，直接向人民法院申请和解；也可以在人民法院受理破产申请后、宣告债务人破产前，向人民法院申请和解。

债务人申请和解，应当提出和解协议草案。

第九十六条 人民法院经审查认为和解申请符合本法规定的，应当裁定和解，予以公告，并召集债权人会议讨论和解协议草案。

对债务人的特定财产享有担保权的权利人，自人民法院裁定和解之日起可以行使权利。

第九十七条 债权人会议通过和解协议的决议，由出席会议的有表决权的债权人过半数同意，并且其所代表的债权额占无财产担保债权总额的三分之二以上。

第九十八条 债权人会议通过和解协议的，由人民法院裁定认可，终止和解程序，并予以公告。管理人应当向债务人移交财产和营业事务，并向人民法院提交执行职务的报告。

第九十九条 和解协议草案经债权人会议表决未获得通过，或者已经债权人会议通过的和解协议未获得人民法院认可的，人民法院应当裁定终止和解程序，并宣告债务人破产。

第一百条 经人民法院裁定认可的和解协议，对债务人和全体和解债权人均有约束力。

和解债权人是指人民法院受理破产申请时对债务人享有无财产担保债权的人。

和解债权人未依照本法规定申报债权的，在和解协议执行期间不得行使权利；在和解协议执行完毕后，可以按照和解协议规定的清偿条件行使权利。

第一百零一条 和解债权人对债务人的保证人和其他连带债务人所享有的权利，不受和解协议的影响。

第一百零二条 债务人应当按照和解协议规定的条件清偿债务。

第一百零三条 因债务人的欺诈或者其他违法行为而成立的和解协议，人民法院应当裁定无效，并宣告债务人破产。

有前款规定情形的，和解债权人因执行和解协议所受的清偿，在其他债权人所受清偿同等比例的范围内，不予返还。

第一百零四条　债务人不能执行或者不执行和解协议的，人民法院经和解债权人请求，应当裁定终止和解协议的执行，并宣告债务人破产。

人民法院裁定终止和解协议执行的，和解债权人在和解协议中作出的债权调整的承诺失去效力。和解债权人因执行和解协议所受的清偿仍然有效，和解债权未受清偿的部分作为破产债权。

前款规定的债权人，只有在其他债权人同自己所受的清偿达到同一比例时，才能继续接受分配。

有本条第一款规定情形的，为和解协议的执行提供的担保继续有效。

第一百零五条　人民法院受理破产申请后，债务人与全体债权人就债权债务的处理自行达成协议的，可以请求人民法院裁定认可，并终结破产程序。

第一百零六条　按照和解协议减免的债务，自和解协议执行完毕时起，债务人不再承担清偿责任。

第十章　破产清算

第一节　破产宣告

第一百零七条　人民法院依照本法规定宣告债务人破产的，应当自裁定作出之日起五日内送达债务人和管理人，自裁定作出之日起十日内通知已知债权人，并予以公告。

债务人被宣告破产后，债务人称为破产人，债务人财产称为破产财产，人民法院受理破产申请时对债务人享有的债权称为破产债权。

第一百零八条　破产宣告前，有下列情形之一的，人民法院应当裁定终结破产程序，并予以公告：

（一）第三人为债务人提供足额担保或者为债务人清偿全部到期债务的；

（二）债务人已清偿全部到期债务的。

第一百零九条　对破产人的特定财产享有担保权的权利人，对该特定财产享有优先受偿的权利。

第一百一十条　享有本法第一百零九条规定权利的债权人行使优先受偿权利未能完全受偿的，其未受偿的债权作为普通债权；放弃优先受偿权利的，其债权作为普通债权。

第二节　变价和分配

第一百一十一条　管理人应当及时拟订破产财产变价方案，提交债权人会议讨论。

管理人应当按照债权人会议通过的或者人民法院依照本法第六十五条第一款规定裁定的破产财产变价方案，适时变价出售破产财产。

第一百一十二条　变价出售破产财产应当通过拍卖进行。但是，债权人会议另有决议的除外。

破产企业可以全部或者部分变价出售。企业变价出售时，可以将其中的无形资产和其他财产单独变价出售。

按照国家规定不能拍卖或者限制转让的财产，应当按照国家规定的方式处理。

第一百一十三条　破产财产在优先清偿破产费用和共益债务后，依照下列顺序清偿：

（一）破产人所欠职工的工资和医疗、伤残补助、抚恤费用，所欠的应当划入职工个人账户的基本养老保险、基本医疗保险费用，以及法律、行政法规规定应当支付给职工的补偿金；

（二）破产人欠缴的除前项规定以外的社会保险费用和破产人所欠税款；

（三）普通破产债权。

破产财产不足以清偿同一顺序的清偿要求的，按照比例分配。

破产企业的董事、监事和高级管理人员的工资按照该企业职工的平均工资计算。

第一百一十四条　破产财产的分配应当以货币分配方式进行。但是，债权人会议另有决议的除外。

第一百一十五条　管理人应当及时拟订破产财产分配方案，提交债权人会议讨论。

破产财产分配方案应当载明下列事项：

（一）参加破产财产分配的债权人名称或者姓名、住所；

（二）参加破产财产分配的债权额；

（三）可供分配的破产财产数额；

（四）破产财产分配的顺序、比例及数额；

（五）实施破产财产分配的方法。

债权人会议通过破产财产分配方案后，由管理人将该方案提请人民法院裁定认可。

第一百一十六条　破产财产分配方案经人民法院裁定认可后，由管理人执行。

管理人按照破产财产分配方案实施多次分配的，应当公告本次分配的财产额和债权额。管理人实施最后分配的，应当在公告中指明，并载明本法第一百一十七条第二款规定的事项。

第一百一十七条　对于附生效条件或者解除条件的债权，管理人应当将其分配额提存。

管理人依照前款规定提存的分配额，在最后分配公告日，生效条件未成就或者解除条件成就的，应当分配给其他债权人；在最后分配公告日，生效条件成就或者解除条件未成就的，应当交付给债权人。

第一百一十八条　债权人未受领的破产财产分配额，管理人应当提存。债权人自最后分配公告之日起满二个月仍不领取的，视为放弃受领分配的权利，管理人或者人民法院应当将提存的分配额分配给其他债权人。

第一百一十九条　破产财产分配时，对于诉讼或者仲裁未决的债权，管理人应当将其分配额提存。自破产程序终结之日起满二年仍不能受领分配的，人民法院应当将提存的分配额分配给其他债权人。

第三节　破产程序的终结

第一百二十条　破产人无财产可供分配的，管理人应当请求人民法院裁定终结破产程序。

管理人在最后分配完结后，应当及时向人民法院提交破产财产分配报告，并提请人民法院裁定终结破产程序。

人民法院应当自收到管理人终结破产程序的请求之日起十五日内作出是否终结破产程序的裁定。裁定终结的，应当予以公告。

第一百二十一条　管理人应当自破产程序终结之日起十日内，持人民法院终结破产程序的裁定，向破产人的原登记机关办理注销登记。

第一百二十二条　管理人于办理注销登记完毕的次日终止执行职务。但是，存在诉讼或者仲裁未决情况的除外。

第一百二十三条　自破产程序依照本法第四十三条第四款或者第一百二十条的规定终结之日起二年内，有下列情形之一的，债权人可以请求人民法院按照破产财产分配方案进行追加分配：

（一）发现有依照本法第三十一条、第三十二条、第三十三条、第三十六条规定应当追回的财产的；

（二）发现破产人有应当供分配的其他财产的。

有前款规定情形，但财产数量不足以支付分配费用的，不再进行追加分配，由人民法院将其上交国库。

第一百二十四条　破产人的保证人和其他连带债务人，在破产程序终结后，对债权人依照破产清算程序未受清偿的债权，依法继续承担清偿责任。

第十一章　法律责任

第一百二十五条　企业董事、监事或者高级管理人员违反忠实义务、勤勉义务，致使所在企业破产的，依法承担民事责任。

有前款规定情形的人员，自破产程序终结之日起三年内不得担任任何企业的董事、监事、高级管理人员。

第一百二十六条　有义务列席债权人会议的债务人的有关人员，经人民法院传唤，无正当理由拒不列席债权人会议的，人民法院可以拘传，并依法处以罚款。债务人的有关人员违反本法规定，拒不陈述、回答，或者作虚假陈述、回答的，人民法院可以依法处以罚款。

第一百二十七条　债务人违反本法规定，拒不向人民法院提交或者提交不真实的财产状况说明、债务清册、债权清册、有关财务会计报告以及职工工资的支付情况和社会保险费用的缴纳情况的，人民法院可以对直接责任人员依法处以罚款。

债务人违反本法规定，拒不向管理人移交财产、印章和账簿、文书等资料的，或者伪造、销毁有关财产证据材料而使财产状况不明的，人民法院可以对直接责任人员依法处以罚款。

第一百二十八条　债务人有本法第三十一条、第三十二条、第三十三条规定的行为，损害债权人利益的，债务人的法定代表人和其他直接责任人员依法承担赔偿责任。

第一百二十九条　债务人的有关人员违反本法规定，擅自离开住所地的，人民法院可以予以训诫、拘留，可以依法并处罚款。

第一百三十条　管理人未依照本法规定勤勉尽责，忠实执行职务的，人民法院可以依法处以罚款；给债权人、债务人或者第三人造成损失的，依法承担赔偿责任。

第一百三十一条　违反本法规定，构成犯罪的，依法追究刑事责任。

第十二章　附　则

第一百三十二条　本法施行后，破产人在本法公布之日前所欠职工的工资和医疗、伤残补助、抚恤费用，所欠的应当划入职工个人账户的基本养老保险、基本医疗保险费用，以及法律、行政法规规定应当支付给职工的补偿金，依照本法第一百一十三条的规定清偿后不足以清偿的部分，以本法第一百零九条规定的特定财产优先于对该特定财产享有担保权的权利人受偿。

第一百三十三条　在本法施行前国务院规定的期限和范围内的国有企业实施破产的特殊事宜，按照国务院有关规定办理。

第一百三十四条　商业银行、证券公司、保险公司等金融机构有本法第二条规定情形的，国务院金融监督管理机构可以向人民法院提出对该金融机构进行重整或者破产清算的申请。国务院金融监督管理机构依法对出现重大经营风险的金融机构采取接管、托管等措施的，可以向人民法院申请中止以该金融机构为被告或者被执行人的民事诉讼程序或者执行程序。

金融机构实施破产的，国务院可以依据本法和其他有关法律的规定制定实施办法。

第一百三十五条 其他法律规定企业法人以外的组织的清算，属于破产清算的，参照适用本法规定的程序。

第一百三十六条 本法自 2007 年 6 月 1 日起施行，《中华人民共和国企业破产法（试行）》同时废止。

1.1.6　全国人民代表大会常务委员会关于修改《中华人民共和国银行业监督管理法》的决定

中华人民共和国主席令
（第 58 号）

《全国人民代表大会常务委员会关于修改〈中华人民共和国银行业监督管理法〉的决定》已由中华人民共和国第十届全国人民代表大会常务委员会第二十四次会议于 2006 年 10 月 31 日通过，现予公布，自 2007 年 1 月 1 日起施行。

中华人民共和国主席　胡锦涛
2006 年 10 月 31 日

全国人民代表大会常务委员会关于修改《中华人民共和国银行业监督管理法》的决定

（2006 年 10 月 31 日第十届全国人民代表大会常务委员会第二十四次会议通过）

第十届全国人民代表大会常务委员会第二十四次会议决定对《中华人民共和国银行业监督管理法》作如下修改：

一、增加一条，作为第四十二条："银行业监督管理机构依法对银行业金融机构进行检查时，经设区的市一级以上银行业监督管理机构负责人批准，可以对与涉嫌违法事项有关的单位和个人采取下列措施：

"（一）询问有关单位或者个人，要求其对有关情况作出说明；

"（二）查阅、复制有关财务会计、财产权登记等文件、资料；

"（三）对可能被转移、隐匿、毁损或者伪造的文件、资料，予以先行登记保存。

"银行业监督管理机构采取前款规定措施，调查人员不得少于二人，并应当出示合法证件和调查通知书；调查人员少于二人或者未出示合法证件和调查通知书的，有关单位或者个人有权拒绝。对依法采取的措施，有关单位和个人应当配合，如实说明有关情况并提供有关文件、资料，不得拒绝、阻碍和隐瞒。"

二、第四十二条改为第四十三条，第一款增加一项，作为第六项："违反本法第四十二条规定对有关单位或者个人进行调查的。"

第二款修改为："银行业监督管理机构从事监督管理工作的人员贪污受贿，泄露国家秘密、商业秘密和个人隐私，构成犯罪的，依法追究刑事责任；尚不构成犯罪的，依法给予行政处分。"

三、增加一条，作为第四十九条："阻碍银行业监督管理机构工作人员依法执行检查、调查职务的，由公安机关依法给予治安管理处罚；构成犯罪的，依法追究刑事责任。”

本决定自2007年1月1日起施行。

《中华人民共和国银行业监督管理法》根据本决定作修改并对条款顺序作调整后，重新公布。

1.1.7　中华人民共和国外资银行管理条例

中华人民共和国国务院令
（第 478 号）

《中华人民共和国外资银行管理条例》已经 2006 年 11 月 8 日国务院第 155 次常务会议通过，现予公布，自 2006 年 12 月 11 日起施行。

总理　温家宝
2006 年 11 月 11 日

中华人民共和国外资银行管理条例

第一章　总　则

第一条　为了适应对外开放和经济发展的需要，加强和完善对外资银行的监督管理，促进银行业的稳健运行，制定本条例。

第二条　本条例所称外资银行，是指依照中华人民共和国有关法律、法规，经批准在中华人民共和国境内设立的下列机构：

（一）一家外国银行单独出资或者一家外国银行与其他外国金融机构共同出资设立的外商独资银行；

（二）外国金融机构与中国的公司、企业共同出资设立的中外合资银行；

（三）外国银行分行；

（四）外国银行代表处。

前款第（一）项至第（三）项所列机构，以下统称外资银行营业性机构。

第三条　本条例所称外国金融机构，是指在中华人民共和国境外注册并经所在国家或者地区金融监管当局批准或者许可的金融机构。

本条例所称外国银行，是指在中华人民共和国境外注册并经所在国家或者地区金融监管当局批准或者许可的商业银行。

第四条　外资银行必须遵守中华人民共和国法律、法规，不得损害中华人民共和国的国家利益、社会公共利益。

外资银行的正当活动和合法权益受中华人民共和国法律保护。

第五条　国务院银行业监督管理机构及其派出机构（以下统称银行业监督管理机构）负责对外资银行及其活动实施监督管理。法律、行政法规规定其他监督管理部门或者机构对外资银行及其活动实施监督管理的，依照其规定。

第六条　国务院银行业监督管理机构根据国家区域经济发展战略及相关政策制定有关鼓励和引导的措施，报国务院批准后实施。

第二章　设立与登记

第七条　设立外资银行及其分支机构，应当经银行业监督管理机构审查批准。

第八条　外商独资银行、中外合资银行的注册资本最低限额为 10 亿元人民币或者等值的自由兑换货币。注册资本应当是实缴资本。

外商独资银行、中外合资银行在中华人民共和国境内设立的分行，应当由其总行无偿拨给不少于 1 亿元人民币或者等值的自由兑换货币的营运资金。外商独资银行、中外合资银行拨给各分支机构营运资金的总和，不得超过总行资本金总额的 60%。

外国银行分行应当由其总行无偿拨给不少于 2 亿元人民币或者等值的自由兑换货币的营运资金。

国务院银行业监督管理机构根据外资银行营业性机构的业务范围和审慎监管的需要，可以提高注册资本或者营运资金的最低限额，并规定其中的人民币份额。

第九条　拟设外商独资银行、中外合资银行的股东或者拟设分行、代表处的外国银行应当具备下列条件：

（一）具有持续盈利能力，信誉良好，无重大违法违规记录；

（二）拟设外商独资银行的股东、中外合资银行的外方股东或者拟设分行、代表处的外国银行具有从事国际金融活动的经验；

（三）具有有效的反洗钱制度；

（四）拟设外商独资银行的股东、中外合资银行的外方股东或者拟设分行、代表处的外国银行受到所在国家或者地区金融监管当局的有效监管，并且其申请经所在国家或者地区金融监管当局同意；

（五）国务院银行业监督管理机构规定的其他审慎性条件。

拟设外商独资银行的股东、中外合资银行的外方股东或者拟设分行、代表处的外国银行所在国家或者地区应当具有完善的金融监督管理制度，并且其金融监管当局已经与国务院银行业监督管理机构建立良好的监督管理合作机制。

第十条　拟设外商独资银行的股东应当为金融机构，除应当具备本条例第九条规定的条件外，其中唯一或者控股股东还应当具备下列条件：

（一）为商业银行；

（二）在中华人民共和国境内已经设立代表处 2 年以上；

（三）提出设立申请前一年年末总资产不少于 100 亿美元；

（四）资本充足率符合所在国家或者地区金融监管当局以及国务院银行业监督管理机构的规定。

第十一条　拟设中外合资银行的股东除应当具备本条例第九条规定的条件外，其中外方股东及中方唯一或者主要股东应当为金融机构，且外方唯一或者主要股东还应当具备下列条件：

（一）为商业银行；

（二）在中华人民共和国境内已经设立代表处；

（三）提出设立申请前 1 年年末总资产不少于 100 亿美元；

（四）资本充足率符合所在国家或者地区金融监管当局以及国务院银行业监督管理机构的规定。

第十二条　拟设分行的外国银行除应当具备本条例第九条规定的条件外，还应当具备下列条件：

（一）提出设立申请前 1 年年末总资产不少于 200 亿美元；

（二）资本充足率符合所在国家或者地区金融监管当局以及国务院银行业监督管理机构的规定；

（三）初次设立分行的，在中华人民共和国境内已经设立代表处 2 年以上。

第十三条　外国银行在中华人民共和国境内设立营业性机构的，除已设立的代表处外，不得增设代表处，但符合国家区域经济发展战略及相关政策的地区除外。

代表处经批准改制为营业性机构的，应当依法办理原代表处的注销登记手续。

第十四条　设立外资银行营业性机构，应当先申请筹建，并将下列申请资料报送拟设机构所在地的银行业监督管理机构：

（一）申请书，内容包括拟设机构的名称、所在地、注册资本或者营运资金、申请经营的业务种类等；

（二）可行性研究报告；

（三）拟设外商独资银行、中外合资银行的章程草案；

（四）拟设外商独资银行、中外合资银行各方股东签署的经营合同；

（五）拟设外商独资银行、中外合资银行的股东或者拟设分行的外国银行的章程；

（六）拟设外商独资银行、中外合资银行的股东或者拟设分行的外国银行及其所在集团的组织结构图、主要股东名单、海外分支机构和关联企业名单；

（七）拟设外商独资银行、中外合资银行的股东或者拟设分行的外国银行最近 3 年的年报；

（八）拟设外商独资银行、中外合资银行的股东或者拟设分行的外国银行的反洗钱制度；

（九）拟设外商独资银行的股东、中外合资银行的外方股东或者拟设分行的外国银行所在国家或者地区金融监管当局核发的营业执照或者经营金融业务许可文件的复印件及对其申请的意见书；

（十）国务院银行业监督管理机构规定的其他资料。

拟设机构所在地的银行业监督管理机构应当将申请资料连同审核意见，及时报送国务院银行业监督管理机构。

第十五条　国务院银行业监督管理机构应当自收到设立外资银行营业性机构完整的申请资料之日起 6 个月内作出批准或者不批准筹建的决定，并书面通知申请人。决定不批准的，应当说明理由。

特殊情况下，国务院银行业监督管理机构不能在前款规定期限内完成审查并作出批准或者不批准筹建决定的，可以适当延长审查期限，并书面通知申请人，但延长期限不得超过 3 个月。

申请人凭批准筹建文件到拟设机构所在地的银行业监督管理机构领取开业申请表。

第十六条　申请人应当自获准筹建之日起 6 个月内完成筹建工作。在规定期限内未完成筹建工作的，应当说明理由，经拟设机构所在地的银行业监督管理机构批准，可以延长 3 个月。在延长期内仍未完成筹建工作的，国务院银行业监督管理机构作出的批准筹建决定自动失效。

第十七条　经验收合格完成筹建工作的，申请人应当将填写好的开业申请表连同下列资料报送拟设机构所在地的银行业监督管理机构：

（一）拟设机构的主要负责人名单及简历；

（二）对拟任该机构主要负责人的授权书；

（三）法定验资机构出具的验资证明；

（四）安全防范措施和与业务有关的其他设施的资料；

（五）设立分行的外国银行对该分行承担税务、债务的责任保证书；

（六）国务院银行业监督管理机构规定的其他资料。

拟设机构所在地的银行业监督管理机构应当将申请资料连同审核意见，及时报送国务院银行业监督管理机构。

第十八条　国务院银行业监督管理机构应当自收到完整的开业申请资料之日起2个月内，作出批准或者不批准开业的决定，并书面通知申请人。决定批准的，应当颁发金融许可证；决定不批准的，应当说明理由。

第十九条　经批准设立的外资银行营业性机构，应当凭金融许可证向工商行政管理机关办理登记，领取营业执照。

第二十条　设立外国银行代表处，应当将下列申请资料报送拟设代表处所在地的银行业监督管理机构：

（一）申请书，内容包括拟设代表处的名称、所在地等；

（二）可行性研究报告；

（三）申请人的章程；

（四）申请人及其所在集团的组织结构图、主要股东名单、海外分支机构和关联企业名单；

（五）申请人最近3年的年报；

（六）申请人的反洗钱制度；

（七）拟任该代表处首席代表的身份证明和学历证明的复印件、简历以及拟任人有无不良记录的陈述书；

（八）对拟任该代表处首席代表的授权书；

（九）申请人所在国家或者地区金融监管当局核发的营业执照或者经营金融业务许可文件的复印件及对其申请的意见书；

（十）国务院银行业监督管理机构规定的其他资料。

拟设代表处所在地的银行业监督管理机构应当将申请资料连同审核意见，及时报送国务院银行业监督管理机构。

第二十一条　国务院银行业监督管理机构应当自收到设立外国银行代表处完整的申请资料之日起6个月内作出批准或者不批准设立的决定，并书面通知申请人。决定不批准的，应当说明理由。

第二十二条　经批准设立的外国银行代表处，应当凭批准文件向工商行政管理机关办理登记，领取工商登记证。

第二十三条　本条例第十四条、第十七条、第二十条所列资料，除年报外，凡用外文书写的，应当附有中文译本。

第二十四条　按照合法性、审慎性和持续经营原则，经国务院银行业监督管理机构批准，外国银行可以将其在中华人民共和国境内设立的分行改制为由其单独出资的外商独资银行。申请人应当按照国务院银行业监督管理机构规定的审批条件、程序、申请资料提出设立外商独资银行的申请。

第二十五条　外国银行分行改制为由其总行单独出资的外商独资银行的，经国务院银行业监督管理机构批准，该外国银行可以在规定的期限内保留1家从事外汇批发业务的分行。申请人应当按照国务院银行业监督管理机构规定的审批条件、程序、申请资料提出申请。

前款所称外汇批发业务，是指对除个人以外客户的外汇业务。

第二十六条　外资银行董事、高级管理人员、首席代表的任职资格应当符合国务院银行业监督管理机构规定的条件，并经国务院银行业监督管理机构核准。

第二十七条　外资银行有下列情形之一的，应当经国务院银行业监督管理机构批准，并按照规定提交申请资料，依法向工商行政管理机关办理有关登记：

（一）变更注册资本或者营运资金；

（二）变更机构名称、营业场所或者办公场所；

（三）调整业务范围；

（四）变更股东或者调整股东持股比例；

（五）修改章程；

（六）国务院银行业监督管理机构规定的其他情形。

外资银行更换董事、高级管理人员、首席代表，应当报经国务院银行业监督管理机构核准其任职资格。

第二十八条　外商独资银行、中外合资银行变更股东的，变更后的股东应当符合本条例第九条、第十条或者第十一条关于股东的条件。

特殊情况下，经国务院银行业监督管理机构同意，变更后的股东可以不适用本条例第十条第（二）项或者第十一条第（二）项的规定。

第三章　业务范围

第二十九条　外商独资银行、中外合资银行按照国务院银行业监督管理机构批准的业务范围，可以经营下列部分或者全部外汇业务和人民币业务：

（一）吸收公众存款；

（二）发放短期、中期和长期贷款；

（三）办理票据承兑与贴现；

（四）买卖政府债券、金融债券，买卖股票以外的其他外币有价证券；

（五）提供信用证服务及担保；

（六）办理国内外结算；

（七）买卖、代理买卖外汇；

（八）代理保险；

（九）从事同业拆借；

（十）从事银行卡业务；

（十一）提供保管箱服务；

（十二）提供资信调查和咨询服务；

（十三）经国务院银行业监督管理机构批准的其他业务。

外商独资银行、中外合资银行经中国人民银行批准，可以经营结汇、售汇业务。

第三十条　外商独资银行、中外合资银行的分支机构在总行授权范围内开展业务，其民事责任由总行承担。

第三十一条　外国银行分行按照国务院银行业监督管理机构批准的业务范围，可以经营下列部分或者全部外汇业务以及对除中国境内公民以外客户的人民币业务：

（一）吸收公众存款；

（二）发放短期、中期和长期贷款；

（三）办理票据承兑与贴现；

（四）买卖政府债券、金融债券，买卖股票以外的其他外币有价证券；

（五）提供信用证服务及担保；

（六）办理国内外结算；

（七）买卖、代理买卖外汇；

（八）代理保险；

（九）从事同业拆借；

（十）提供保管箱服务；

（十一）提供资信调查和咨询服务；

（十二）经国务院银行业监督管理机构批准的其他业务。

外国银行分行可以吸收中国境内公民每笔不少于100万元人民币的定期存款。

外国银行分行经中国人民银行批准，可以经营结汇、售汇业务。

第三十二条 外国银行分行及其分支机构的民事责任由其总行承担。

第三十三条 外国银行代表处可以从事与其代表的外国银行业务相关的联络、市场调查、咨询等非经营性活动。

外国银行代表处的行为所产生的民事责任，由其所代表的外国银行承担。

第三十四条 外资银行营业性机构经营本条例第二十九条或者第三十一条规定业务范围内的人民币业务的，应当具备下列条件，并经国务院银行业监督管理机构批准：

（一）提出申请前在中华人民共和国境内开业3年以上；

（二）提出申请前2年连续盈利；

（三）国务院银行业监督管理机构规定的其他审慎性条件。

外国银行分行改制为由其总行单独出资的外商独资银行的，前款第（一）项、第（二）项规定的期限自外国银行分行设立之日起计算。

第四章 监督管理

第三十五条 外资银行营业性机构应当按照有关规定，制定本行的业务规则，建立、健全风险管理和内部控制制度，并遵照执行。

第三十六条 外资银行营业性机构应当遵守国家统一的会计制度和国务院银行业监督管理机构有关信息披露的规定。

第三十七条 外资银行营业性机构举借外债，应当按照国家有关规定执行。

第三十八条 外资银行营业性机构应当按照有关规定确定存款、贷款利率及各种手续费率。

第三十九条 外资银行营业性机构经营存款业务，应当按照中国人民银行的规定交存存款准备金。

第四十条 外商独资银行、中外合资银行应当遵守《中华人民共和国商业银行法》关于资产负债比例管理的规定。外国银行分行变更的由其总行单独出资的外商独资银行以及本条例施行前设立的外商独资银行、中外合资银行，其资产负债比例不符合规定的，应当在国务院银行业监督管理机构规定的期限内达到规定要求。

国务院银行业监督管理机构可以要求风险较高、风险管理能力较弱的外商独资银行、中外合资银行提高资本充足率。

第四十一条　外资银行营业性机构应当按照规定计提呆账准备金。

第四十二条　外商独资银行、中外合资银行应当遵守国务院银行业监督管理机构有关公司治理的规定。

第四十三条　外商独资银行、中外合资银行应当遵守国务院银行业监督管理机构有关关联交易的规定。

第四十四条　外国银行分行营运资金的 30% 应当以国务院银行业监督管理机构指定的生息资产形式存在。

第四十五条　外国银行分行营运资金加准备金等项之和中的人民币份额与其人民币风险资产的比例不得低于 8%。

国务院银行业监督管理机构可以要求风险较高、风险管理能力较弱的外国银行分行提高前款规定的比例。

第四十六条　外国银行分行应当确保其资产的流动性。流动性资产余额与流动性负债余额的比例不得低于 25%。

第四十七条　外国银行分行境内本外币资产余额不得低于境内本外币负债余额。

第四十八条　在中华人民共和国境内设立两家及两家以上分行的外国银行，应当授权其中一家分行对其他分行实施统一管理。

国务院银行业监督管理机构对外国银行在中华人民共和国境内设立的分行实行合并监管。

第四十九条　外资银行营业性机构应当按照国务院银行业监督管理机构的有关规定，向其所在地的银行业监督管理机构报告跨境大额资金流动和资产转移情况。

第五十条　国务院银行业监督管理机构根据外资银行营业性机构的风险状况，可以依法采取责令暂停部分业务、责令撤换高级管理人员等特别监管措施。

第五十一条　外资银行营业性机构应当聘请在中华人民共和国境内依法设立的会计师事务所对其财务会计报告进行审计，并应当向其所在地的银行业监督管理机构报告。解聘会计师事务所的，应当说明理由。

第五十二条　外资银行营业性机构应当按照规定向银行业监督管理机构报送财务会计报告、报表和有关资料。

外国银行代表处应当按照规定向银行业监督管理机构报送资料。

第五十三条　外资银行应当接受银行业监督管理机构依法进行的监督检查，不得拒绝、阻碍。

第五十四条　外商独资银行、中外合资银行应当设置独立的内部控制系统、风险管理系统、财务会计系统、计算机信息管理系统。

第五十五条　外国银行在中华人民共和国境内设立的外商独资银行的董事长、高级管理人员和从事外汇批发业务的外国银行分行的高级管理人员不得相互兼职。

第五十六条　外国银行在中华人民共和国境内设立的外商独资银行与从事外汇批发业务的外国银行分行之间进行的交易必须符合商业原则，交易条件不得优于与非关联方进行交易的条件。外国银行对其在中华人民共和国境内设立的外商独资银行与从事外汇批发业务的外国银行分行之间的资金交易，应当提供全额担保。

第五十七条　外国银行代表处及其工作人员，不得从事任何形式的经营性活动。

第五章　终止与清算

第五十八条　外资银行营业性机构自行终止业务活动的，应当在终止业务活动30日前以书面形式向国务院银行业监督管理机构提出申请，经审查批准予以解散或者关闭并进行清算。

第五十九条　外资银行营业性机构无力清偿到期债务的，国务院银行业监督管理机构可以责令其停业，限期清理。在清理期限内，已恢复偿付能力、需要复业的，应当向国务院银行业监督管理机构提出复业申请；超过清理期限，仍未恢复偿付能力的，应当进行清算。

第六十条　外资银行营业性机构因解散、关闭、依法被撤销或者宣告破产而终止的，其清算的具体事宜，依照中华人民共和国有关法律、法规的规定办理。

第六十一条　外资银行营业性机构清算终结，应当在法定期限内向原登记机关办理注销登记。

第六十二条　外国银行代表处自行终止活动的，应当经国务院银行业监督管理机构批准予以关闭，并在法定期限内向原登记机关办理注销登记。

第六章　法律责任

第六十三条　未经国务院银行业监督管理机构审查批准，擅自设立外资银行或者非法从事银行业金融机构的业务活动的，由国务院银行业监督管理机构予以取缔，自被取缔之日起5年内，国务院银行业监督管理机构不受理该当事人设立外资银行的申请；构成犯罪的，依法追究刑事责任；尚不构成犯罪的，由国务院银行业监督管理机构没收违法所得，违法所得50万元以上的，并处违法所得1倍以上5倍以下罚款；没有违法所得或者违法所得不足50万元的，处50万元以上200万元以下罚款。

第六十四条　外资银行营业性机构有下列情形之一的，由国务院银行业监督管理机构责令改正，没收违法所得，违法所得50万元以上的，并处违法所得1倍以上5倍以下罚款；没有违法所得或者违法所得不足50万元的，处50万元以上200万元以下罚款；情节特别严重或者逾期不改正的，可以责令停业整顿或者吊销其金融许可证；构成犯罪的，依法追究刑事责任：

（一）未经批准设立分支机构的；

（二）未经批准变更、终止的；

（三）违反规定从事未经批准的业务活动的；

（四）违反规定提高或者降低存款利率、贷款利率的。

第六十五条　外资银行有下列情形之一的，由国务院银行业监督管理机构责令改正，处20万元以上50万元以下罚款；情节特别严重或者逾期不改正的，可以责令停业整顿、吊销其金融许可证、撤销代表处；构成犯罪的，依法追究刑事责任：

（一）未按照有关规定进行信息披露的；

（二）拒绝或者阻碍银行业监督管理机构依法进行的监督检查的；

（三）提供虚假的或者隐瞒重要事实的财务会计报告、报表或者有关资料的；

（四）隐匿、损毁监督检查所需的文件、证件、账簿、电子数据或者其他资料的；

（五）未经任职资格核准任命董事、高级管理人员、首席代表的；

（六）拒绝执行本条例第五十条规定的特别监管措施的。

第六十六条　外资银行营业性机构违反本条例有关规定，未按期报送财务会计报告、报表或者有关资料，或者未按照规定制定有关业务规则、建立健全有关管理制度的，由国务院银行业监督管理机构责令限期改正；逾期不改正的，处 10 万元以上 30 万元以下罚款。

第六十七条　外资银行营业性机构违反本条例第四章有关规定从事经营或者严重违反其他审慎经营规则的，由国务院银行业监督管理机构责令改正，处 20 万元以上 50 万元以下罚款；情节特别严重或者逾期不改正的，可以责令停业整顿或者吊销其金融许可证。

第六十八条　外资银行营业性机构违反本条例规定，国务院银行业监督管理机构除依照本条例第六十三条至第六十七条规定处罚外，还可以区别不同情形，采取下列措施：

（一）责令外资银行营业性机构撤换直接负责的董事、高级管理人员和其他直接责任人员；

（二）外资银行营业性机构的行为尚不构成犯罪的，对直接负责的董事、高级管理人员和其他直接责任人员给予警告，并处 5 万元以上 50 万元以下罚款；

（三）取消直接负责的董事、高级管理人员一定期限直至终身在中华人民共和国境内的任职资格，禁止直接负责的董事、高级管理人员和其他直接责任人员一定期限直至终身在中华人民共和国境内从事银行业工作。

第六十九条　外国银行代表处违反本条例规定，从事经营性活动的，由国务院银行业监督管理机构责令改正，给予警告，没收违法所得，违法所得 50 万元以上的，并处违法所得 1 倍以上 5 倍以下罚款；没有违法所得或者违法所得不足 50 万元的，处 50 万元以上 200 万元以下罚款；情节严重的，由国务院银行业监督管理机构予以撤销；构成犯罪的，依法追究刑事责任。

第七十条　外国银行代表处有下列情形之一的，由国务院银行业监督管理机构责令改正，给予警告，并处 10 万元以上 30 万元以下罚款；情节严重的，取消首席代表一定期限在中华人民共和国境内的任职资格或者要求其代表的外国银行撤换首席代表；情节特别严重的，由国务院银行业监督管理机构予以撤销：

（一）未经批准变更办公场所的；

（二）未按照规定向国务院银行业监督管理机构报送资料的；

（三）违反本条例或者国务院银行业监督管理机构的其他规定的。

第七十一条　外资银行违反中华人民共和国其他法律、法规的，由有关主管机关依法处理。

第七章　附　则

第七十二条　香港特别行政区、澳门特别行政区和台湾地区的金融机构在内地设立的银行机构，比照适用本条例。国务院另有规定的，依照其规定。

第七十三条　本条例自 2006 年 12 月 11 日起施行。2001 年 12 月 20 日国务院公布的《中华人民共和国外资金融机构管理条例》同时废止。

1.1.8 《外商投资商业领域管理办法》的补充规定

中华人民共和国商务部令

（2005年第30号）

《外商投资商业领域管理办法》的补充规定经中华人民共和国商务部审议通过，现予发布，自发布之日起施行。

部长　薄熙来

2006年1月9日

《外商投资商业领域管理办法》的补充规定

为促进香港、澳门与内地建立更紧密经贸关系，鼓励香港、澳门服务提供者在内地设立商业企业，根据国务院批准的《〈内地与香港关于建立更紧密经贸关系的安排〉补充协议二》及《〈内地与澳门关于建立更紧密经贸关系的安排〉补充协议二》，现就《外商投资商业领域管理办法》（商务部令第8号）中的有关香港和澳门服务提供者投资商业领域作出如下补充规定：

一、允许香港、澳门服务提供者设立独资、合资或合作企业经营化肥、成品油、原油的佣金代理业务，以及化肥的批发和零售业务。

二、对于同一香港、澳门服务提供者在内地累计开设店铺超过30家的，如经营商品包括图书、报纸、杂志、汽车（2006年12月11日起取消本限制）、药品、农药、农膜、化肥、粮食、植物油、食糖、棉花等商品，且上述商品属于不同品牌，来自不同供应商的，允许香港、澳门服务提供者控股，出资比例不得超过51%。

三、本规定中的香港、澳门服务提供者应分别符合《内地与香港关于建立更紧密经贸关系的安排》及《内地与澳门关于建立更紧密经贸关系的安排》中关于“服务提供者”定义及相关规定的要求。

四、香港、澳门服务提供者在内地投资商业领域的其他事项，仍按照《外商投资商业领域管理办法》执行。

五、本规定自发布之日起施行。

1.1.9　《外商投资电影院暂行规定》补充规定二

国家广播电影电视总局令

（第 51 号）

《〈外商投资电影院暂行规定〉补充规定二》经国家广播电影电视总局、中华人民共和国商务部、中华人民共和国文化部审议通过，现予发布，自 2006 年 2 月 20 日起施行。

国家广播电影电视总局局长　王太华
中华人民共和国商务部部长　薄熙来
中华人民共和国文化部部长　孙家正
2006 年 1 月 18 日

《外商投资电影院暂行规定》补充规定二

为了促进香港、澳门与内地建立更紧密经贸关系，鼓励香港、澳门服务提供者在内地设立的独资公司，在多个地点新建或改建多间电影院，经营电影放映业务，根据国务院批准的《〈内地与香港关于建立更紧密经贸关系的安排〉补充协议二》和《〈内地与澳门关于建立更紧密经贸关系的安排〉补充协议二》，现对《外商投资电影院暂行规定》（国家广播电影电视总局、商务部、文化部令第 21 号）做如下补充规定：

一、自 2006 年 1 月 1 日起，允许香港、澳门服务提供者在内地设立的独资公司，在多个地点新建或改建多间电影院，经营电影放映业务。

二、本规定中的香港服务提供者和澳门服务提供者应分别符合《内地与香港关于建立更紧密经贸关系的安排》和《内地与澳门关于建立更紧密经贸关系的安排》中关于“服务提供者”定义及相关规定的要求。

三、香港、澳门服务提供者在内地投资电影院的其他规定，仍按照《外商投资电影院暂行规定》及《〈外商投资电影院暂行规定〉的补充规定》（国家广播电影电视总局、商务部、文化部令第 49 号）执行。

四、本补充规定自 2006 年 2 月 20 日起施行。

1.1.10　关于发布《上市公司股东大会规则》的通知

证监发［2006］21 号

各上市公司：

为进一步规范上市公司行为，保证股东大会依法行使职权，根据 2005 年新修订的《公司法》和《证券法》等相关法规，中国证监会对 2000 年 5 月发布实施的《上市公司股东大会规范意见（2000 年修订）》（证监公司字［2000］53 号）进行了修订。现予发布，请遵照执行。

上市公司有关股东大会的公告或通知篇幅较长的，可以选择在中国证监会指定报刊上对有关内容作摘要性披露，但全文应当同时在中国证监会指定的网站上公布。上交所上市公司披露网址为：http：//www. sse. com. cn；深交所上市公司披露网址为：http：//www. cninfo. com. cn。

《上市公司股东大会规则》自发布之日起施行。上市公司股权分置改革过程中所涉及的相关股东会议，按照其他有关规定执行。

各上市公司应及时修改公司章程，并根据自身情况，制定相应的股东大会议事规则。

2006 年 3 月 16 日

上市公司股东大会规则

第一章　总　则

第一条　为规范上市公司行为，保证股东大会依法行使职权，根据《中华人民共和国公司法》（以下简称《公司法》）、《中华人民共和国证券法》（以下简称《证券法》）的规定，制定本规则。

第二条　上市公司应当严格按照法律、行政法规、本规则及公司章程的相关规定召开股东大会，保证股东能够依法行使权利。

上市公司董事会应当切实履行职责，认真、按时组织股东大会。上市公司全体董事应当勤勉尽责，确保股东大会正常召开和依法行使职权。

第三条　股东大会应当在《公司法》和公司章程规定的范围内行使职权。

第四条　股东大会分为年度股东大会和临时股东大会。年度股东大会每年召开一次，应当于上一会计年度结束后的 6 个月内举行。临时股东大会不定期召开，出现《公司法》第一百零一条规定的应当召开临时股东大会的情形时，临时股东大会应当在 2 个月内召开。

上市公司在上述期限内不能召开股东大会的，应当报告公司所在地中国证监会派出机构和公司股票挂牌交易的证券交易所（以下简称“证券交易所”），说明原因并公告。

第五条　上市公司召开股东大会，应当聘请律师对以下问题出具法律意见并公告：

（一）会议的召集、召开程序是否符合法律、行政法规、本规则和公司章程的规定；

（二）出席会议人员的资格、召集人资格是否合法有效；

（三）会议的表决程序、表决结果是否合法有效；

（四）应上市公司要求对其他有关问题出具的法律意见。

第二章　股东大会的召集

第六条　董事会应当在本规则第四条规定的期限内按时召集股东大会。

第七条　独立董事有权向董事会提议召开临时股东大会。对独立董事要求召开临时股东大会的提议，董事会应当根据法律、行政法规和公司章程的规定，在收到提议后 10 日内提出同意或不同意召开临时股东大会的书面反馈意见。

董事会同意召开临时股东大会的，应当在作出董事会决议后的 5 日内发出召开股东大会的通知；董事会不同意召开临时股东大会的，应当说明理由并公告。

第八条　监事会有权向董事会提议召开临时股东大会，并应当以书面形式向董事会提出。董事会应当根据法律、行政法规和公司章程的规定，在收到提议后 10 日内提出同意或不同意召开临时股东大会的书面反馈意见。

董事会同意召开临时股东大会的，应当在作出董事会决议后的 5 日内发出召开股东大会的通知，通知中对原提议的变更，应当征得监事会的同意。

董事会不同意召开临时股东大会，或者在收到提议后 10 日内未作出书面反馈的，视为董事会不能履行或者不履行召集股东大会会议职责，监事会可以自行召集和主持。

第九条　单独或者合计持有公司 10% 以上股份的股东有权向董事会请求召开临时股东大会，并应当以书面形式向董事会提出。董事会应当根据法律、行政法规和公司章程的规定，在收到请求后 10 日内提出同意或不同意召开临时股东大会的书面反馈意见。

董事会同意召开临时股东大会的，应当在作出董事会决议后的 5 日内发出召开股东大会的通知，通知中对原请求的变更，应当征得相关股东的同意。

董事会不同意召开临时股东大会，或者在收到请求后 10 日内未作出反馈的，单独或者合计持有公司 10% 以上股份的股东有权向监事会提议召开临时股东大会，并应当以书面形式向监事会提出请求。

监事会同意召开临时股东大会的，应在收到请求 5 日内发出召开股东大会的通知，通知中对原请求的变更，应当征得相关股东的同意。

监事会未在规定期限内发出股东大会通知的，视为监事会不召集和主持股东大会，连续 90 日以上单独或者合计持有公司 10% 以上股份的股东可以自行召集和主持。

第十条　监事会或股东决定自行召集股东大会的，应当书面通知董事会，同时向公司所在地中国证监会派出机构和证券交易所备案。

在股东大会决议公告前，召集股东持股比例不得低于 10%。

监事会和召集股东应在发出股东大会通知及发布股东大会决议公告时，向公司所在地中国证监会派出机构和证券交易所提交有关证明材料。

第十一条　对于监事会或股东自行召集的股东大会，董事会和董事会秘书应予配合。董事会应当提供股权登记日的股东名册。董事会未提供股东名册的，召集人可以持召集股东大会通知的相关公告，向证券登记结算机构申请获取。召集人所获取的股东名册不得用于除召开股东大会以外的其他用途。

第十二条　监事会或股东自行召集的股东大会，会议所必需的费用由上市公司承担。

第三章　股东大会的提案与通知

第十三条　提案的内容应当属于股东大会职权范围，有明确议题和具体决议事项，并且符合法律、行政法规和公司章程的有关规定。

第十四条　单独或者合计持有公司3%以上股份的股东，可以在股东大会召开10日前提出临时提案并书面提交召集人。召集人应当在收到提案后2日内发出股东大会补充通知，公告临时提案的内容。

除前款规定外，召集人在发出股东大会通知后，不得修改股东大会通知中已列明的提案或增加新的提案。

股东大会通知中未列明或不符合本规则第十三条规定的提案，股东大会不得进行表决并作出决议。

第十五条　召集人应当在年度股东大会召开20日前以公告方式通知各股东，临时股东大会应当于会议召开15日前以公告方式通知各股东。

第十六条　股东大会通知和补充通知中应当充分、完整披露所有提案的具体内容，以及为使股东对拟讨论的事项作出合理判断所需的全部资料或解释。拟讨论的事项需要独立董事发表意见的，发出股东大会通知或补充通知时应当同时披露独立董事的意见及理由。

第十七条　股东大会拟讨论董事、监事选举事项的，股东大会通知中应当充分披露董事、监事候选人的详细资料，至少包括以下内容：

（一）教育背景、工作经历、兼职等个人情况；

（二）与上市公司或其控股股东及实际控制人是否存在关联关系；

（三）披露持有上市公司股份数量；

（四）是否受过中国证监会及其他有关部门的处罚和证券交易所惩戒。

除采取累积投票制选举董事、监事外，每位董事、监事候选人应当以单项提案提出。

第十八条　股东大会通知中应当列明会议时间、地点，并确定股权登记日。股权登记日与会议日期之间的间隔应当不多于7个工作日。股权登记日一旦确认，不得变更。

第十九条　发出股东大会通知后，无正当理由，股东大会不得延期或取消，股东大会通知中列明的提案不得取消。一旦出现延期或取消的情形，召集人应当在原定召开日前至少2个工作日公告并说明原因。

第四章　股东大会的召开

第二十条　上市公司应当在公司住所地或公司章程规定的地点召开股东大会。

股东大会应当设置会场，以现场会议形式召开。上市公司可以采用安全、经济、便捷的网络或其他方式为股东参加股东大会提供便利。股东通过上述方式参加股东大会的，视为出席。

股东可以亲自出席股东大会并行使表决权，也可以委托他人代为出席和在授权范围内行使表决权。

第二十一条　上市公司股东大会采用网络或其他方式的，应当在股东大会通知中明确载明网络或其他方式的表决时间以及表决程序。

股东大会网络或其他方式投票的开始时间，不得早于现场股东大会召开前一日下午3:00，并不得迟于现场股东大会召开当日上午9:30，其结束时间不得早于现场股东大会结束当日下午3:00。

第二十二条　董事会和其他召集人应当采取必要措施，保证股东大会的正常秩序。对于干扰股东大会、寻衅滋事和侵犯股东合法权益的行为，应当采取措施加以制止并及时报告有关部门查处。

第二十三条　股权登记日登记在册的所有股东或其代理人，均有权出席股东大会，上市公司和召集人不得以任何理由拒绝。

第二十四条　股东应当持股票账户卡、身份证或其他能够表明其身份的有效证件或证明出席股东大会。代理人还应当提交股东授权委托书和个人有效身份证件。

第二十五条　召集人和律师应当依据证券登记结算机构提供的股东名册共同对股东资格的合法性进行验证，并登记股东姓名或名称及其所持有表决权的股份数。在会议主持人宣布现场出席会议的股东和代理人人数及所持有表决权的股份总数之前，会议登记应当终止。

第二十六条　上市公司召开股东大会，全体董事、监事和董事会秘书应当出席会议，经理和其他高级管理人员应当列席会议。

第二十七条　股东大会由董事长主持。董事长不能履行职务或不履行职务时，由副董事长主持；副董事长不能履行职务或者不履行职务时，由半数以上董事共同推举的一名董事主持。

监事会自行召集的股东大会，由监事会主席主持。监事会主席不能履行职务或不履行职务时，由监事会副主席主持；监事会副主席不能履行职务或者不履行职务时，由半数以上监事共同推举的一名监事主持。

股东自行召集的股东大会，由召集人推举代表主持。

上市公司应当制定股东大会议事规则。召开股东大会时，会议主持人违反议事规则使股东大会无法继续进行的，经现场出席股东大会有表决权过半数的股东同意，股东大会可推举一人担任会议主持人，继续开会。

第二十八条　在年度股东大会上，董事会、监事会应当就其过去一年的工作向股东大会作出报告，每名独立董事也应作出述职报告。

第二十九条　董事、监事、高级管理人员在股东大会上应就股东的质询作出解释和说明。

第三十条　会议主持人应当在表决前宣布现场出席会议的股东和代理人人数及所持有表决权的股份总数，现场出席会议的股东和代理人人数及所持有表决权的股份总数以会议登记为准。

第三十一条　股东与股东大会拟审议事项有关联关系时，应当回避表决，其所持有表决权的股份不计入出席股东大会有表决权的股份总数。

上市公司持有自己的股份没有表决权，且该部分股份不计入出席股东大会有表决权的股份总数。

第三十二条　股东大会就选举董事、监事进行表决时，根据公司章程的规定或者股东大会的决议，可以实行累积投票制。

前款所称累积投票制是指股东大会选举董事或者监事时，每一股份拥有与应选董事或者监事人数相同的表决权，股东拥有的表决权可以集中使用。

第三十三条　除累积投票制外，股东大会对所有提案应当逐项表决。对同一事项有不同提案的，应当按提案提出的时间顺序进行表决。除因不可抗力等特殊原因导致股东大会中止或不能作出决议外，股东大会不得对提案进行搁置或不予表决。

第三十四条　股东大会审议提案时，不得对提案进行修改，否则，有关变更应当被视为一个新的提案，不得在本次股东大会上进行表决。

第三十五条　同一表决权只能选择现场、网络或其他表决方式中的一种。同一表决权出现重复表决的以第一次投票结果为准。

第三十六条　出席股东大会的股东，应当对提交表决的提案发表以下意见之一：同意、反对或弃权。

未填、错填、字迹无法辨认的表决票或未投的表决票均视为投票人放弃表决权利，其所持股份数的表决结果应计为“弃权”。

第三十七条　股东大会对提案进行表决前，应当推举两名股东代表参加计票和监票。审议事项与股东有关联关系的，相关股东及代理人不得参加计票、监票。

股东大会对提案进行表决时，应当由律师、股东代表与监事代表共同负责计票、监票。

通过网络或其他方式投票的上市公司股东或其代理人，有权通过相应的投票系统查验自己的投票结果。

第三十八条　股东大会会议现场结束时间不得早于网络或其他方式，会议主持人应当在会议现场宣布每一提案的表决情况和结果，并根据表决结果宣布提案是否通过。

在正式公布表决结果前，股东大会现场、网络及其他表决方式中所涉及的上市公司、计票人、监票人、主要股东、网络服务方等相关各方对表决情况均负有保密义务。

第三十九条　股东大会决议应当及时公告，公告中应列明出席会议的股东和代理人人数、所持有表决权的股份总数及占公司有表决权股份总数的比例、表决方式、每项提案的表决结果和通过的各项决议的详细内容。

发行境内上市外资股的上市公司，应当对内资股股东和外资股股东出席会议及表决情况分别统计并公告。

第四十条　提案未获通过，或者本次股东大会变更前次股东大会决议的，应当在股东大会决议公告中作特别提示。

第四十一条　股东大会会议记录由董事会秘书负责，会议记录应记载以下内容：

（一）会议时间、地点、议程和召集人姓名或名称；

（二）会议主持人以及出席或列席会议的董事、监事、董事会秘书、经理和其他高级管理人员姓名；

（三）出席会议的股东和代理人人数、所持有表决权的股份总数及占公司股份总数的比例；

（四）对每一提案的审议经过、发言要点和表决结果；

（五）股东的质询意见或建议以及相应的答复或说明；

（六）律师及计票人、监票人姓名；

（七）公司章程规定应当载入会议记录的其他内容。

出席会议的董事、董事会秘书、召集人或其代表、会议主持人应当在会议记录上签名，并保证会议记录内容真实、准确和完整。会议记录应当与现场出席股东的签名册及代理出席的委托书、网络及其他方式表决情况的有效资料一并保存，保存期限不少于10年。

第四十二条　召集人应当保证股东大会连续举行，直至形成最终决议。因不可抗力等特殊原因导致股东大会中止或不能作出决议的，应采取必要措施尽快恢复召开股东大会或直接终止本次股东大会，并及时公告。同时，召集人应向公司所在地中国证监会派出机构及证券交易所报告。

第四十三条　股东大会通过有关董事、监事选举提案的，新任董事、监事按公司章程的规定就任。

第四十四条　股东大会通过有关派现、送股或资本公积转增股本提案的，上市公司应当在股东大会结束后 2 个月内实施具体方案。

第四十五条　公司股东大会决议内容违反法律、行政法规的无效。

股东大会的会议召集程序、表决方式违反法律、行政法规或者公司章程，或者决议内容违反公司章程的，股东可以自决议作出之日起 60 日内，请求人民法院撤销。

第五章　监管措施

第四十六条　在本规则规定期限内，上市公司无正当理由不召开股东大会的，证券交易所有权对该公司挂牌交易的股票及衍生品种予以停牌，并要求董事会作出解释并公告。

第四十七条　股东大会的召集、召开和相关信息披露不符合法律、行政法规、本规则和公司章程要求的，中国证监会及其派出机构有权责令上市公司或相关责任人限期改正，并由证券交易所予以公开谴责。

第四十八条　董事、监事或董事会秘书违反法律、行政法规、本规则和公司章程的规定，不切实履行职责的，中国证监会及其派出机构有权责令其改正，并由证券交易所予以公开谴责；对于情节严重或不予改正的，中国证监会可对相关人员实施证券市场禁入。

第六章　附则

第四十九条　对发行外资股的上市公司的股东大会，相关法律、行政法规或文件另有规定的，从其规定。

第五十条　本规则所称公告或通知，是指在中国证监会指定报刊上刊登有关信息披露内容。公告或通知篇幅较长的，上市公司可以选择在中国证监会指定报刊上对有关内容作摘要性披露，但全文应当同时在中国证监会指定的网站上公布。

本规则所称的股东大会补充通知应当在刊登会议通知的同一指定报刊上公告。

第五十一条　本规则所称“以上”、“内”，含本数；“过”、“低于”、“多于”，不含本数。

第五十二条　本规则由中国证监会负责解释。

第五十三条　本规则自发布之日起施行。2000 年 5 月 18 日中国证监会发布的《上市公司股东大会规范意见》（证监公司字［2000］53 号）和 2004 年 11 月 29 日中国证监会发布的《上市公司股东大会网络投票工作指引（试行）》（证监公司字［2004］96 号）同时废止。

1.1.11 关于外国投资者通过股权并购举办外商投资广告企业有关问题的通知

工商广字［2006］99 号

各省、自治区、直辖市及计划单列市工商行政管理局、商务主管部门：

根据《外商投资广告企业管理规定》（2004 年 3 月 2 日国家工商行政管理总局、商务部令第 8 号，以下简称《广告规定》）、《外国投资者并购境内企业暂行规定》（2003 年 3 月 7 日对外贸易经济合作部、国家税务总局、国家工商行政管理总局、国家外汇管理局令第 3 号，以下简称《并购规定》），现就外国投资者通过并购举办外商投资广告企业有关问题通知如下：

一、外国投资者可以依据《并购规定》和《广告规定》等有关规定，通过购买境内广告企业的部分股权举办中外合营广告企业，通过购买境内广告企业的全部股权举办外资广告企业。

二、外国投资者以股权并购方式举办的外商投资广告企业，中外投资者应符合《广告规定》第九条、第十条规定的条件。

如被并购的境内广告企业已主营或兼营二年以上广告业务，则该境内广告企业的原中方投资者可继续保留其股东地位，不受前款规定限制。

三、外国投资者并购境内广告企业投资广告业，应当按照《广告规定》第六条或第七条规定办理审批登记手续。

申请人在申请《外商投资广告企业项目审定意见书》时，应当向国家工商行政管理总局或其授权的省级工商行政管理局报送下列文件：

（一）外国投资者和被并购的境内广告企业共同签署的股权并购申请书；

（二）被并购的境内广告企业的股东会（董事会）决议；

（三）外国投资者股东会（董事会）决议；

（四）被并购的境内广告企业的登记注册证明；

（五）外国投资者的登记注册证明；

（六）外国投资者的资信证明；

（七）地方工商行政管理局的初审意见。

通过购买境内广告企业的部分股权举办中外合营广告企业的，还需提交被并购的境内广告企业股东情况及各股东相关登记注册证明、被并购的境内广告企业的资信证明及被并购的境内广告企业各股东的资信证明。

四、申请人获得国家工商行政管理总局颁发的《外商投资广告企业项目审定意见书》后，应当按照《广告规定》及国家有关并购的相关规定向商务主管部门报送文件并办理审批手续。

以上意见，请遵照执行。

国家工商行政管理总局盖章　商务部盖章

2006 年 4 月 11 日

1.1.12　关于外商投资举办投资性公司的补充规定

中华人民共和国商务部令

（2006 年第 3 号）

《关于外商投资举办投资性公司的补充规定》已于 2006 年 5 月 17 日经商务部第 5 次部务会议审议通过，现予以公布，自 2006 年 7 月 1 日起施行。

部长　薄熙来

2006 年 5 月 26 日

关于外商投资举办投资性公司的补充规定

为进一步鼓励跨国公司来华投资，完善投资性公司功能，现就商务部 2004 年 11 月 17 日发布的《关于举办外商投资性公司的规定》（商务部令 2004 年第 22 号，以下简称“22 号令”）作出如下补充规定：

一、将 22 号令第七条修改为：“外国投资者须以可自由兑换的货币或其在中国境内获得的人民币利润或因转股、清算等活动获得的人民币合法收益作为向投资性公司注册资本的出资。中国投资者可以人民币出资。外国投资者以其人民币合法收益作为其向投资性公司注册资本出资的，应当提交外汇管理部门出具的境内人民币利润或其他人民币合法收益再投资的资本项目外汇业务核准件等相关证明文件及税务凭证。自营业执照签发之日起两年内出资应不低于三千万美元，注册资本中剩余部分出资应在营业执照签发之日起五年内缴清。”

二、允许投资性公司承接境外公司的服务外包业务。

三、将 22 号令第十一条修改为：

“投资性公司从事货物进出口或者技术进出口的，应符合商务部《对外贸易经营者备案登记办法》的规定；投资性公司出口产品可按有关规定办理出口退税；投资性公司可通过佣金代理（拍卖除外）、批发方式在国内销售其进口及在国内采购的商品；特殊商品及以零售和特许经营方式销售的，应符合相关规定。”

四、允许投资性公司根据国家有关规定对上市公司进行战略投资，投资性公司应视为股份有限公司境外股东。

五、符合 22 号令第十五条有关条件的投资性公司，在其所投资企业投产前或其所投资企业新产品投产前，为进行产品市场开发，可进口相关产品在国内试销；并可委托境内其他企业生产/加工其产品或其母公司产品并在国内外销售。

六、删除 22 号令第十六条。

七、外国投资者以其在中国境内获得的人民币利润或因转股、清算等活动获得的人民币合法收益向投资性公司注册资本出资（或增资），投资性公司可将部分注册资本的全部或部分用于境内投资设立企业。投资性公司以上述注册资本所设企业凭外商投资企业审批机关的批准文件、外汇管理部门核准外国投资者以人民币利润或其他人民币合法收益向投资性公司出资（或增资）的资本项目外汇业务核准件、投资性公司出具的对所投资企业人民币出资来源与上述注册资本的书面说明等文件，即可向所在地外汇管理部门申请办理外商投资企业外汇登记及验资询证相关手续，无需再次办理投资性公司以人民币境内投资的资本项目外汇业务核准件。中外合资的投资性公司以来源于其中方投资者人民币出资的注册资本在境内设立企业，无需办理外商投资企业外汇登记、转股收汇外资外汇登记、验资询证及外资外汇登记等外汇管理相关手续，可按普通境内企业的有关规定正常办理验资手续。

八、将22号令第二十二条（二）第1小项修改为："本规定第十条、第十一条和第十五条所规定的业务"。

九、经商务部批准，允许被认定为地区总部的投资性公司从事经营性租赁和融资租赁业务。

十、允许被认定为地区总部的投资性公司委托境内其他企业生产/加工产品并在国内外销售，从事产品全部外销的委托加工贸易业务。

十一、行使财务中心或者资金管理中心职能且被认定为地区总部的投资性公司，经外汇管理机关批准，可以对境内关联公司的外汇资金进行集中管理，也可以在境内银行开立离岸账户集中管理境外关联公司外汇资金和境内关联公司经外汇管理机关批准用于境外放款的外汇资金。离岸账户与境内其他账户之间的资金往来，按照跨境资金往来管理。

十二、投资性公司应于每年6月1日前将上一年度投资、经营等情况，按照规定的内容、格式和方式报商务部备案，并应根据商务部要求及时报送相关信息。商务部对投资性公司上报的信息承担保密义务。

十三、投资性公司未按第十二条要求报送相关信息的，商务部将按照有关规定处理。

十四、本规定自2006年7月1日起施行。22号令与本规定不一致的，以本规定为准。

1. 1. 13　上市公司收购管理办法

中国证券监督管理委员会令
（第 35 号）

《上市公司收购管理办法》已经 2006 年 5 月 17 日中国证券监督管理委员会第 180 次主席办公会议审议通过，现予公布，自 2006 年 9 月 1 日起施行。

中国证券监督管理委员会主席　尚福林
2006 年 7 月 31 日

上市公司收购管理办法

第一章　总　则

第一条　为了规范上市公司的收购及相关股份权益变动活动，保护上市公司和投资者的合法权益，维护证券市场秩序和社会公共利益，促进证券市场资源的优化配置，根据《证券法》、《公司法》及其他相关法律、行政法规，制定本办法。

第二条　上市公司的收购及相关股份权益变动活动，必须遵守法律、行政法规及中国证券监督管理委员会（以下简称中国证监会）的规定。当事人应当诚实守信，遵守社会公德、商业道德，自觉维护证券市场秩序，接受政府、社会公众的监督。

第三条　上市公司的收购及相关股份权益变动活动，必须遵循公开、公平、公正的原则。

上市公司的收购及相关股份权益变动活动中的信息披露义务人，应当充分披露其在上市公司中的权益及变动情况，依法严格履行报告、公告和其他法定义务。在相关信息披露前，负有保密义务。

信息披露义务人报告、公告的信息必须真实、准确、完整，不得有虚假记载、误导性陈述或者重大遗漏。

第四条　上市公司的收购及相关股份权益变动活动不得危害国家安全和社会公共利益。

上市公司的收购及相关股份权益变动活动涉及国家产业政策、行业准入、国有股份转让等事项，需要取得国家相关部门批准的，应当在取得批准后进行。

外国投资者进行上市公司的收购及相关股份权益变动活动的，应当取得国家相关部门的批准，适用中国法律，服从中国的司法、仲裁管辖。

第五条　收购人可以通过取得股份的方式成为一个上市公司的控股股东，可以通过投资关系、协议、其他安排的途径成为一个上市公司的实际控制人，也可以同时采取上述方式和途径取得上市公司控制权。

收购人包括投资者及与其一致行动的他人。

第六条 任何人不得利用上市公司的收购损害被收购公司及其股东的合法权益。

有下列情形之一的，不得收购上市公司：

（一）收购人负有数额较大债务，到期未清偿，且处于持续状态；

（二）收购人最近 3 年有重大违法行为或者涉嫌有重大违法行为；

（三）收购人最近 3 年有严重的证券市场失信行为；

（四）收购人为自然人的，存在《公司法》第一百四十七条规定情形；

（五）法律、行政法规规定以及中国证监会认定的不得收购上市公司的其他情形。

第七条 被收购公司的控股股东或者实际控制人不得滥用股东权利损害被收购公司或者其他股东的合法权益。

被收购公司的控股股东、实际控制人及其关联方有损害被收购公司及其他股东合法权益的，上述控股股东、实际控制人在转让被收购公司控制权之前，应当主动消除损害；未能消除损害的，应当就其出让相关股份所得收入用于消除全部损害作出安排，对不足以消除损害的部分应当提供充分有效的履约担保或安排，并依照公司章程取得被收购公司股东大会的批准。

第八条 被收购公司的董事、监事、高级管理人员对公司负有忠实义务和勤勉义务，应当公平对待收购本公司的所有收购人。

被收购公司董事会针对收购所作出的决策及采取的措施，应当有利于维护公司及其股东的利益，不得滥用职权对收购设置不适当的障碍，不得利用公司资源向收购人提供任何形式的财务资助，不得损害公司及其股东的合法权益。

第九条 收购人进行上市公司的收购，应当聘请在中国注册的具有从事财务顾问业务资格的专业机构担任财务顾问。收购人未按照本办法规定聘请财务顾问的，不得收购上市公司。

财务顾问应当勤勉尽责，遵守行业规范和职业道德，保持独立性，保证其所制作、出具文件的真实性、准确性和完整性。

财务顾问认为收购人利用上市公司的收购损害被收购公司及其股东合法权益的，应当拒绝为收购人提供财务顾问服务。

第十条 中国证监会依法对上市公司的收购及相关股份权益变动活动进行监督管理。

中国证监会设立由专业人员和有关专家组成的专门委员会。专门委员会可以根据中国证监会职能部门的请求，就是否构成上市公司的收购、是否有不得收购上市公司的情形以及其他相关事宜提供咨询意见。中国证监会依法作出决定。

第十一条 证券交易所依法制定业务规则，为上市公司的收购及相关股份权益变动活动组织交易和提供服务，对相关证券交易活动进行实时监控，监督上市公司的收购及相关股份权益变动活动的信息披露义务人切实履行信息披露义务。

证券登记结算机构依法制定业务规则，为上市公司的收购及相关股份权益变动活动所涉及的证券登记、存管、结算等事宜提供服务。

第二章 权益披露

第十二条 投资者在一个上市公司中拥有的权益，包括登记在其名下的股份和虽未登记在其名下但该投资者可以实际支配表决权的股份。投资者及其一致行动人在一个上市公司中拥有的权益应当合并计算。

第十三条 通过证券交易所的证券交易，投资者及其一致行动人拥有权益的股份达到一个上市公司已发行股份的5%时，应当在该事实发生之日起3日内编制权益变动报告书，向中国证监会、证券交易所提交书面报告，抄报该上市公司所在地的中国证监会派出机构（以下简称派出机构），通知该上市公司，并予公告；在上述期限内，不得再行买卖该上市公司的股票。

前述投资者及其一致行动人拥有权益的股份达到一个上市公司已发行股份的5%后，通过证券交易所的证券交易，其拥有权益的股份占该上市公司已发行股份的比例每增加或者减少5%，应当依照前款规定进行报告和公告。在报告期限内和作出报告、公告后2日内，不得再行买卖该上市公司的股票。

第十四条　通过协议转让方式，投资者及其一致行动人在一个上市公司中拥有权益的股份拟达到或者超过一个上市公司已发行股份的5%时，应当在该事实发生之日起3日内编制权益变动报告书，向中国证监会、证券交易所提交书面报告，抄报派出机构，通知该上市公司，并予公告。

投资者及其一致行动人拥有权益的股份达到一个上市公司已发行股份的5%后，其拥有权益的股份占该上市公司已发行股份的比例每增加或者减少达到或者超过5%的，应当依照前款规定履行报告、公告义务。

前两款规定的投资者及其一致行动人在作出报告、公告前，不得再行买卖该上市公司的股票。相关股份转让及过户登记手续按照本办法第四章及证券交易所、证券登记结算机构的规定办理。

第十五条　投资者及其一致行动人通过行政划转或者变更、执行法院裁定、继承、赠与等方式拥有权益的股份变动达到前条规定比例的，应当按照前条规定履行报告、公告义务，并参照前条规定办理股份过户登记手续。

第十六条　投资者及其一致行动人不是上市公司的第一大股东或者实际控制人，其拥有权益的股份达到或者超过该公司已发行股份的5%，但未达到20%的，应当编制包括下列内容的简式权益变动报告书：

（一）投资者及其一致行动人的姓名、住所；投资者及其一致行动人为法人的，其名称、注册地及法定代表人；

（二）持股目的，是否有意在未来12个月内继续增加其在上市公司中拥有的权益；

（三）上市公司的名称、股票的种类、数量、比例；

（四）在上市公司中拥有权益的股份达到或者超过上市公司已发行股份的5%或者拥有权益的股份增减变化达到5%的时间及方式；

（五）权益变动事实发生之日前6个月内通过证券交易所的证券交易买卖该公司股票的简要情况；

（六）中国证监会、证券交易所要求披露的其他内容。

前述投资者及其一致行动人为上市公司第一大股东或者实际控制人，其拥有权益的股份达到或者超过一个上市公司已发行股份的5%，但未达到20%的，还应当披露本办法第十七条第一款规定的内容。

第十七条　投资者及其一致行动人拥有权益的股份达到或者超过一个上市公司已发行股份的20%但未超过30%的，应当编制详式权益变动报告书，除须披露前条规定的信息外，还应当披露以下内容：

（一）投资者及其一致行动人的控股股东、实际控制人及其股权控制关系结构图；

（二）取得相关股份的价格、所需资金金额、资金来源，或者其他支付安排；

（三）投资者、一致行动人及其控股股东、实际控制人所从事的业务与上市公司的业务是否存在同业竞争或者潜在的同业竞争，是否存在持续关联交易；存在同业竞争或者持续关联交易的，是否已作出相应的安排，确保投资者、一致行动人及其关联方与上市公司之间避免同业竞争以及保持上市公司的独立性；

（四）未来12个月内对上市公司资产、业务、人员、组织结构、公司章程等进行调整的后续计划；

（五）前24个月内投资者及其一致行动人与上市公司之间的重大交易；

（六）不存在本办法第六条规定的情形；

（七）能够按照本办法第五十条的规定提供相关文件。

前述投资者及其一致行动人为上市公司第一大股东或者实际控制人的，还应当聘请财务顾问对上述权益变动报告书所披露的内容出具核查意见，但国有股行政划转或者变更、股份转让在同一实际控制人控制的不同主体之间进行、因继承取得股份的除外。投资者及其一致行动人承诺至少3年放弃行使相关股份表决权的，可免于聘请财务顾问和提供前款第（七）项规定的文件。

第十八条　已披露权益变动报告书的投资者及其一致行动人在披露之日起6个月内，因拥有权益的股份变动需要再次报告、公告权益变动报告书的，可以仅就与前次报告书不同的部分作出报告、公告；自前次披露之日起超过6个月的，投资者及其一致行动人应当按照本章的规定编制权益变动报告书，履行报告、公告义务。

第十九条　因上市公司减少股本导致投资者及其一致行动人拥有权益的股份变动出现本办法第十四条规定情形的，投资者及其一致行动人免于履行报告和公告义务。上市公司应当自完成减少股本的变更登记之日起2个工作日内，就因此导致的公司股东拥有权益的股份变动情况作出公告；因公司减少股本可能导致投资者及其一致行动人成为公司第一大股东或者实际控制人的，该投资者及其一致行动人应当自公司董事会公告有关减少公司股本决议之日起3个工作日内，按照本办法第十七条第一款的规定履行报告、公告义务。

第二十条　上市公司的收购及相关股份权益变动活动中的信息披露义务人依法披露前，相关信息已在媒体上传播或者公司股票交易出现异常的，上市公司应当立即向当事人进行查询，当事人应当及时予以书面答复，上市公司应当及时作出公告。

第二十一条　上市公司的收购及相关股份权益变动活动中的信息披露义务人应当在至少一家中国证监会指定媒体上依法披露信息；在其他媒体上进行披露的，披露内容应当一致，披露时间不得早于指定媒体的披露时间。

第二十二条　上市公司的收购及相关股份权益变动活动中的信息披露义务人采取一致行动的，可以以书面形式约定由其中一人作为指定代表负责统一编制信息披露文件，并同意授权指定代表在信息披露文件上签字、盖章。

各信息披露义务人应当对信息披露文件中涉及其自身的信息承担责任；对信息披露文件中涉及的与多个信息披露义务人相关的信息，各信息披露义务人对相关部分承担连带责任。

第三章　要约收购

第二十三条　投资者自愿选择以要约方式收购上市公司股份的，可以向被收购公司所有股东发出收购其所持有的全部股份的要约（以下简称全面要约），也可以向被收购公司所有股东发出收购其所持有的部分股份的要约（以下简称部分要约）。

第二十四条　通过证券交易所的证券交易，收购人持有一个上市公司的股份达到该公司已发行股份的 30% 时，继续增持股份的，应当采取要约方式进行，发出全面要约或者部分要约。

第二十五条　收购人依照本办法第二十三条、第二十四条、第四十七条、第五十六条的规定，以要约方式收购一个上市公司股份的，其预定收购的股份比例均不得低于该上市公司已发行股份的 5%。

第二十六条　以要约方式进行上市公司收购的，收购人应当公平对待被收购公司的所有股东。持有同一种类股份的股东应当得到同等对待。

第二十七条　收购人为终止上市公司的上市地位而发出全面要约的，或者向中国证监会提出申请但未取得豁免而发出全面要约的，应当以现金支付收购价款；以依法可以转让的证券（以下简称证券）支付收购价款的，应当同时提供现金方式供被收购公司股东选择。

第二十八条　以要约方式收购上市公司股份的，收购人应当编制要约收购报告书，并应当聘请财务顾问向中国证监会、证券交易所提交书面报告，抄报派出机构，通知被收购公司，同时对要约收购报告书摘要作出提示性公告。

收购人依照前款规定报送符合中国证监会规定的要约收购报告书及本办法第五十条规定的相关文件之日起 15 日后，公告其要约收购报告书、财务顾问专业意见和律师出具的法律意见书。在 15 日内，中国证监会对要约收购报告书披露的内容表示无异议的，收购人可以进行公告；中国证监会发现要约收购报告书不符合法律、行政法规及相关规定的，及时告知收购人，收购人不得公告其收购要约。

第二十九条　前条规定的要约收购报告书，应当载明下列事项：

（一）收购人的姓名、住所；收购人为法人的，其名称、注册地及法定代表人，与其控股股东、实际控制人之间的股权控制关系结构图；

（二）收购人关于收购的决定及收购目的，是否拟在未来 12 个月内继续增持；

（三）上市公司的名称、收购股份的种类；

（四）预定收购股份的数量和比例；

（五）收购价格；

（六）收购所需资金额、资金来源及资金保证，或者其他支付安排；

（七）收购要约约定的条件；

（八）收购期限；

（九）报送收购报告书时持有被收购公司的股份数量、比例；

（十）本次收购对上市公司的影响分析，包括收购人及其关联方所从事的业务与上市公司的业务是否存在同业竞争或者潜在的同业竞争，是否存在持续关联交易；存在同业竞争或者持续关联交易的，收购人是否已作出相应的安排，确保收购人及其关联方与上市公司之间避免同业竞争以及保持上市公司的独立性；

（十一）未来 12 个月内对上市公司资产、业务、人员、组织结构、公司章程等进行调整的后续计划；

（十二）前 24 个月内收购人及其关联方与上市公司之间的重大交易；

（十三）前 6 个月内通过证券交易所的证券交易买卖被收购公司股票的情况；

（十四）中国证监会要求披露的其他内容。

收购人发出全面要约的，应当在要约收购报告书中充分披露终止上市的风险、终止上市后收购行为完成的时间及仍持有上市公司股份的剩余股东出售其股票的其他后续安排；收购人发出以终止公司上市地位为目的的全面要约，无须披露前款第（十）项规定的内容。

第三十条　收购人按照本办法第四十七条拟收购上市公司股份超过30%，须改以要约方式进行收购的，收购人应当在达成收购协议或者作出类似安排后的3日内对要约收购报告书摘要作出提示性公告，并按照本办法第二十八条、第二十九条的规定履行报告和公告义务，同时免于编制、报告和公告上市公司收购报告书；依法应当取得批准的，应当在公告中特别提示本次要约须取得相关批准方可进行。

未取得批准的，收购人应当在收到通知之日起2个工作日内，向中国证监会提交取消收购计划的报告，同时抄报派出机构，抄送证券交易所，通知被收购公司，并予公告。

第三十一条　收购人向中国证监会报送要约收购报告书后，在公告要约收购报告书之前，拟自行取消收购计划的，应当向中国证监会提出取消收购计划的申请及原因说明，并予公告；自公告之日起12个月内，该收购人不得再次对同一上市公司进行收购。

第三十二条　被收购公司董事会应当对收购人的主体资格、资信情况及收购意图进行调查，对要约条件进行分析，对股东是否接受要约提出建议，并聘请独立财务顾问提出专业意见。在收购人公告要约收购报告书后20日内，被收购公司董事会应当将被收购公司董事会报告书与独立财务顾问的专业意见报送中国证监会，同时抄报派出机构，抄送证券交易所，并予公告。

收购人对收购要约条件作出重大变更的，被收购公司董事会应当在3个工作日内提交董事会及独立财务顾问就要约条件的变更情况所出具的补充意见，并予以报告、公告。

第三十三条　收购人作出提示性公告后至要约收购完成前，被收购公司除继续从事正常的经营活动或者执行股东大会已经作出的决议外，未经股东大会批准，被收购公司董事会不得通过处置公司资产、对外投资、调整公司主要业务、担保、贷款等方式，对公司的资产、负债、权益或者经营成果造成重大影响。

第三十四条　在要约收购期间，被收购公司董事不得辞职。

第三十五条　收购人按照本办法规定进行要约收购的，对同一种类股票的要约价格，不得低于要约收购提示性公告日前6个月内收购人取得该种股票所支付的最高价格。

要约价格低于提示性公告日前30个交易日该种股票的每日加权平均价格的算术平均值的，收购人聘请的财务顾问应当就该种股票前6个月的交易情况进行分析，说明是否存在股价被操纵、收购人是否有未披露的一致行动人、收购人前6个月取得公司股份是否存在其他支付安排、要约价格的合理性等。

第三十六条　收购人可以采用现金、证券、现金与证券相结合等合法方式支付收购上市公司的价款。收购人聘请的财务顾问应当说明收购人具备要约收购的能力。

以现金支付收购价款的，应当在作出要约收购提示性公告的同时，将不少于收购价款总额的20%作为履约保证金存入证券登记结算机构指定的银行。

收购人以证券支付收购价款的，应当提供该证券的发行人最近3年经审计的财务会计报告、证券估值报告，并配合被收购公司聘请的独立财务顾问的尽职调查工作。

收购人以在证券交易所上市交易的证券支付收购价款的，应当在作出要约收购提示性公告的同时，将用于支付的全部证券交由证券登记结算机构保管，但上市公司发行新股的除外；收购人以在证券交易所上市的债券支付收购价款的，该债券的可上市交易时间应当不少于一个月；收购人以未在证券交易所上市交易的证券支付收购价款的，必须同时提供现金方式供被收购公司的股东选择，并详细披露相关证券的保管、送达被收购公司股东的方式和程序安排。

第三十七条　收购要约约定的收购期限不得少于 30 日，并不得超过 60 日；但是出现竞争要约的除外。

在收购要约约定的承诺期限内，收购人不得撤销其收购要约。

第三十八条　采取要约收购方式的，收购人作出公告后至收购期限届满前，不得卖出被收购公司的股票，也不得采取要约规定以外的形式和超出要约的条件买入被收购公司的股票。

第三十九条　收购要约提出的各项收购条件，适用于被收购公司的所有股东。

收购人需要变更收购要约的，必须事先向中国证监会提出书面报告，同时抄报派出机构，抄送证券交易所和证券登记结算机构，通知被收购公司；经中国证监会批准后，予以公告。

第四十条　收购要约期限届满前 15 日内，收购人不得变更收购要约；但是出现竞争要约的除外。

出现竞争要约时，发出初始要约的收购人变更收购要约距初始要约收购期限届满不足 15 日的，应当延长收购期限，延长后的要约期应当不少于 15 日，不得超过最后一个竞争要约的期满日，并按规定比例追加履约保证金；以证券支付收购价款的，应当追加相应数量的证券，交由证券登记结算机构保管。

发出竞争要约的收购人最迟不得晚于初始要约收购期限届满前 15 日发出要约收购的提示性公告，并应当根据本办法第二十八条和第二十九条的规定履行报告、公告义务。

第四十一条　要约收购报告书所披露的基本事实发生重大变化的，收购人应当在该重大变化发生之日起 2 个工作日内，向中国证监会作出书面报告，同时抄报派出机构，抄送证券交易所，通知被收购公司，并予公告。

第四十二条　同意接受收购要约的股东（以下简称预受股东），应当委托证券公司办理预受要约的相关手续。收购人应当委托证券公司向证券登记结算机构申请办理预受要约股票的临时保管。证券登记结算机构临时保管的预受要约的股票，在要约收购期间不得转让。

前款所称预受，是指被收购公司股东同意接受要约的初步意思表示，在要约收购期限内不可撤回之前不构成承诺。在要约收购期限届满 3 个交易日前，预受股东可以委托证券公司办理撤回预受要约的手续，证券登记结算机构根据预受要约股东的撤回申请解除对预受要约股票的临时保管。在要约收购期限届满前 3 个交易日内，预受股东不得撤回其对要约的接受。在要约收购期限内，收购人应当每日在证券交易所网站上公告已预受收购要约的股份数量。

出现竞争要约时，接受初始要约的预受股东撤回全部或者部分预受的股份，并将撤回的股份售予竞争要约人的，应当委托证券公司办理撤回预受初始要约的手续和预受竞争要约的相关手续。

第四十三条　收购期限届满，发出部分要约的收购人应当按照收购要约约定的条件购买被收购公司股东预受的股份，预受要约股份的数量超过预定收购数量时，收购人应当按照同等比例收购预受要约的股份；以终止被收购公司上市地位为目的的，收购人应当按照收购要约约定的条件购买被收购公司股东预受的全部股份；未取得中国证监会豁免而发出全面要约的收购人应当购买被收购公司股东预受的全部股份。

收购期限届满后 3 个交易日内，接受委托的证券公司应当向证券登记结算机构申请办理股份转让结算、过户登记手续，解除对超过预定收购比例的股票的临时保管；收购人应当公告本次要约收购的结果。

第四十四条　收购期限届满，被收购公司股权分布不符合上市条件，该上市公司的股票由证券交易所依法终止上市交易。在收购行为完成前，其余仍持有被收购公司股票的股东，有权在收购报告书规定的合理期限内向收购人以收购要约的同等条件出售其股票，收购人应当收购。

第四十五条 收购期限届满后 15 日内，收购人应当向中国证监会报送关于收购情况的书面报告，同时抄报派出机构，抄送证券交易所，通知被收购公司。

第四十六条 除要约方式外，投资者不得在证券交易所外公开求购上市公司的股份。

第四章 协议收购

第四十七条 收购人通过协议方式在一个上市公司中拥有权益的股份达到或者超过该公司已发行股份的 5%，但未超过 30% 的，按照本办法第二章的规定办理。

收购人拥有权益的股份达到该公司已发行股份的 30% 时，继续进行收购的，应当依法向该上市公司的股东发出全面要约或者部分要约。符合本办法第六章规定情形的，收购人可以向中国证监会申请免除发出要约。

收购人拟通过协议方式收购一个上市公司的股份超过 30% 的，超过 30% 的部分，应当改以要约方式进行；但符合本办法第六章规定情形的，收购人可以向中国证监会申请免除发出要约。收购人在取得中国证监会豁免后，履行其收购协议；未取得中国证监会豁免且拟继续履行其收购协议的，或者不申请豁免的，在履行其收购协议前，应当发出全面要约。

第四十八条 以协议方式收购上市公司股份超过 30%，收购人拟依据本办法第六章的规定申请豁免的，应当在与上市公司股东达成收购协议之日起 3 日内编制上市公司收购报告书，提交豁免申请及本办法第五十条规定的相关文件，委托财务顾问向中国证监会、证券交易所提交书面报告，同时抄报派出机构，通知被收购公司，并公告上市公司收购报告书摘要。派出机构收到书面报告后通报上市公司所在地省级人民政府。

收购人自取得中国证监会的豁免之日起 3 日内公告其收购报告书、财务顾问专业意见和律师出具的法律意见书；收购人未取得豁免的，应当自收到中国证监会的决定之日起 3 日内予以公告，并按照本办法第六十一条第二款的规定办理。

中国证监会发现收购报告书不符合法律、行政法规及相关规定的，应当及时告知收购人，收购人未纠正的，不得公告收购报告书，在公告前不得履行收购协议。

第四十九条 依据前条规定所作的上市公司收购报告书，须披露本办法第二十九条第（一）项至第（六）项和第（九）项至第（十四）项规定的内容及收购协议的生效条件和付款安排。

已披露收购报告书的收购人在披露之日起 6 个月内，因权益变动需要再次报告、公告的，可以仅就与前次报告书不同的部分作出报告、公告；超过 6 个月的，应当按照本办法第二章的规定履行报告、公告义务。

第五十条 收购人进行上市公司的收购，应当向中国证监会提交以下文件：

（一）中国公民的身份证明，或者在中国境内登记注册的法人、其他组织的证明文件；

（二）基于收购人的实力和从业经验对上市公司后续发展计划可行性的说明，收购人拟修改公司章程、改选公司董事会、改变或者调整公司主营业务的，还应当补充其具备规范运作上市公司的管理能力的说明；

（三）收购人及其关联方与被收购公司存在同业竞争、关联交易的，应提供避免同业竞争等利益冲突、保持被收购公司经营独立性的说明；

（四）收购人为法人或者其他组织的，其控股股东、实际控制人最近 2 年未变更的说明；

（五）收购人及其控股股东或实际控制人的核心企业和核心业务、关联企业及主营业务的说明；收购人或其实际控制人为两个或两个以上的上市公司控股股东或实际控制人的，还应当提供其持股5%以上的上市公司以及银行、信托公司、证券公司、保险公司等其他金融机构的情况说明；

（六）财务顾问关于收购人最近3年的诚信记录、收购资金来源合法性、收购人具备履行相关承诺的能力以及相关信息披露内容真实性、准确性、完整性的核查意见；收购人成立未满3年的，财务顾问还应当提供其控股股东或者实际控制人最近3年诚信记录的核查意见。

境外法人或者境外其他组织进行上市公司收购的，除应当提交第一款第（二）项至第（六）项规定的文件外，还应当提交以下文件：

（一）财务顾问出具的收购人符合对上市公司进行战略投资的条件、具有收购上市公司的能力的核查意见；

（二）收购人接受中国司法、仲裁管辖的声明。

第五十一条　上市公司董事、监事、高级管理人员、员工或者其所控制或者委托的法人或者其他组织，拟对本公司进行收购或者通过本办法第五章规定的方式取得本公司控制权（以下简称管理层收购）的，该上市公司应当具备健全且运行良好的组织机构以及有效的内部控制制度，公司董事会成员中独立董事的比例应当达到或者超过1/2。公司应当聘请具有证券、期货从业资格的资产评估机构提供公司资产评估报告，本次收购应当经董事会非关联董事作出决议，且取得2/3以上的独立董事同意后，提交公司股东大会审议，经出席股东大会的非关联股东所持表决权过半数通过。独立董事发表意见前，应当聘请独立财务顾问就本次收购出具专业意见，独立董事及独立财务顾问的意见应当一并予以公告。

上市公司董事、监事、高级管理人员存在《公司法》第一百四十九条规定情形，或者最近3年有证券市场不良诚信记录的，不得收购本公司。

第五十二条　以协议方式进行上市公司收购的，自签订收购协议起至相关股份完成过户的期间为上市公司收购过渡期（以下简称过渡期）。在过渡期内，收购人不得通过控股股东提议改选上市公司董事会，确有充分理由改选董事会的，来自收购人的董事不得超过董事会成员的1/3；被收购公司不得为收购人及其关联方提供担保；被收购公司不得公开发行股份募集资金，不得进行重大购买、出售资产及重大投资行为或者与收购人及其关联方进行其他关联交易，但收购人为挽救陷入危机或者面临严重财务困难的上市公司的情形除外。

第五十三条　上市公司控股股东向收购人协议转让其所持有的上市公司股份的，应当对收购人的主体资格、诚信情况及收购意图进行调查，并在其权益变动报告书中披露有关调查情况。

控股股东及其关联方未清偿其对公司的负债，未解除公司为其负债提供的担保，或者存在损害公司利益的其他情形的，被收购公司董事会应当对前述情形及时予以披露，并采取有效措施维护公司利益。

第五十四条　协议收购的相关当事人应当向证券登记结算机构申请办理拟转让股份的临时保管手续，并可以将用于支付的现金存放于证券登记结算机构指定的银行。

第五十五条　收购报告书公告后，相关当事人应当按照证券交易所和证券登记结算机构的业务规则，在证券交易所就本次股份转让予以确认后，凭全部转让款项存放于双方认可的银行账户的证明，向证券登记结算机构申请解除拟协议转让股票的临时保管，并办理过户登记手续。

收购人未按规定履行报告、公告义务，或者未按规定提出申请的，证券交易所和证券登记结算机构不予办理股份转让和过户登记手续。

收购人在收购报告书公告后30日内仍未完成相关股份过户手续的，应当立即作出公告，说明理由；在未完成相关股份过户期间，应当每隔30日公告相关股份过户办理进展情况。

第五章　间接收购

第五十六条　收购人虽不是上市公司的股东，但通过投资关系、协议、其他安排导致其拥有权益的股份达到或者超过一个上市公司已发行股份的5%未超过30%的，应当按照本办法第二章的规定办理。

收购人拥有权益的股份超过该公司已发行股份的30%的，应当向该公司所有股东发出全面要约；收购人预计无法在事实发生之日起30日内发出全面要约的，应当在前述30日内促使其控制的股东将所持有的上市公司股份减持至30%或者30%以下，并自减持之日起2个工作日内予以公告；其后收购人或者其控制的股东拟继续增持的，应当采取要约方式；拟依据本办法第六章的规定申请豁免的，应当按照本办法第四十八条的规定办理。

第五十七条　投资者虽不是上市公司的股东，但通过投资关系取得对上市公司股东的控制权，而受其支配的上市公司股东所持股份达到前条规定比例、且对该股东的资产和利润构成重大影响的，应当按照前条规定履行报告、公告义务。

第五十八条　上市公司实际控制人及受其支配的股东，负有配合上市公司真实、准确、完整披露有关实际控制人发生变化的信息的义务；实际控制人及受其支配的股东拒不履行上述配合义务，导致上市公司无法履行法定信息披露义务而承担民事、行政责任的，上市公司有权对其提起诉讼。实际控制人、控股股东指使上市公司及其有关人员不依法履行信息披露义务的，中国证监会依法进行查处。

第五十九条　上市公司实际控制人及受其支配的股东未履行报告、公告义务的，上市公司应当自知悉之日起立即作出报告和公告。上市公司就实际控制人发生变化的情况予以公告后，实际控制人仍未披露的，上市公司董事会应当向实际控制人和受其支配的股东查询，必要时可以聘请财务顾问进行查询，并将查询情况向中国证监会、派出机构和证券交易所报告；中国证监会依法对拒不履行报告、公告义务的实际控制人进行查处。

上市公司知悉实际控制人发生较大变化而未能将有关实际控制人的变化情况及时予以报告和公告的，中国证监会责令改正，情节严重的，认定上市公司负有责任的董事为不适当人选。

第六十条　上市公司实际控制人及受其支配的股东未履行报告、公告义务，拒不履行第五十八条规定的配合义务，或者实际控制人存在不得收购上市公司情形的，上市公司董事会应当拒绝接受受实际控制人支配的股东向董事会提交的提案或者临时议案，并向中国证监会、派出机构和证券交易所报告。中国证监会责令实际控制人改正，可以认定实际控制人通过受其支配的股东所提名的董事为不适当人选；改正前，受实际控制人支配的股东不得行使其持有股份的表决权。上市公司董事会未拒绝接受实际控制人及受其支配的股东所提出的提案的，中国证监会可以认定负有责任的董事为不适当人选。

第六章　豁免申请

第六十一条　符合本办法第六十二条、第六十三条规定情形的，投资者及其一致行动人可以向中国证监会申请下列豁免事项：

（一）免于以要约收购方式增持股份；

（二）存在主体资格、股份种类限制或者法律、行政法规、中国证监会规定的特殊情形的，可以申请免于向被收购公司的所有股东发出收购要约。

未取得豁免的，投资者及其一致行动人应当在收到中国证监会通知之日起 30 日内将其或者其控制的股东所持有的被收购公司股份减持到 30% 或者 30% 以下；拟以要约以外的方式继续增持股份的，应当发出全面要约。

第六十二条　有下列情形之一的，收购人可以向中国证监会提出免于以要约方式增持股份的申请：

（一）收购人与出让人能够证明本次转让未导致上市公司的实际控制人发生变化；

（二）上市公司面临严重财务困难，收购人提出的挽救公司的重组方案取得该公司股东大会批准，且收购人承诺 3 年内不转让其在该公司中所拥有的权益；

（三）经上市公司股东大会非关联股东批准，收购人取得上市公司向其发行的新股，导致其在该公司拥有权益的股份超过该公司已发行股份的 30%，收购人承诺 3 年内不转让其拥有权益的股份，且公司股东大会同意收购人免于发出要约；

（四）中国证监会为适应证券市场发展变化和保护投资者合法权益的需要而认定的其他情形。

收购人报送的豁免申请文件符合规定，并且已经按照本办法的规定履行报告、公告义务的，中国证监会予以受理；不符合规定或者未履行报告、公告义务的，中国证监会不予受理。中国证监会在受理豁免申请后 20 个工作日内，就收购人所申请的具体事项作出是否予以豁免的决定；取得豁免的，收购人可以继续增持股份。

第六十三条　有下列情形之一的，当事人可以向中国证监会申请以简易程序免除发出要约：

（一）经政府或者国有资产管理部门批准进行国有资产无偿划转、变更、合并，导致投资者在一个上市公司中拥有权益的股份占该公司已发行股份的比例超过 30%；

（二）在一个上市公司中拥有权益的股份达到或者超过该公司已发行股份的 30% 的，自上述事实发生之日起一年后，每 12 个月内增加其在该公司中拥有权益的股份不超过该公司已发行股份的 2%；

（三）在一个上市公司中拥有权益的股份达到或者超过该公司已发行股份的 50% 的，继续增加其在该公司拥有的权益不影响该公司的上市地位；

（四）因上市公司按照股东大会批准的确定价格向特定股东回购股份而减少股本，导致当事人在该公司中拥有权益的股份超过该公司已发行股份的 30%；

（五）证券公司、银行等金融机构在其经营范围内依法从事承销、贷款等业务导致其持有一个上市公司已发行股份超过 30%，没有实际控制该公司的行为或者意图，并且提出在合理期限内向非关联方转让相关股份的解决方案；

（六）因继承导致在一个上市公司中拥有权益的股份超过该公司已发行股份的 30%；

（七）中国证监会为适应证券市场发展变化和保护投资者合法权益的需要而认定的其他情形。

中国证监会自收到符合规定的申请文件之日起 5 个工作日内未提出异议的，相关投资者可以向证券交易所和证券登记结算机构申请办理股份转让和过户登记手续。中国证监会不同意其以简易程序申请的，相关投资者应当按照本办法第六十二条的规定提出申请。

第六十四条　收购人提出豁免申请的，应当聘请律师事务所等专业机构出具专业意见。

第七章　财务顾问

第六十五条　收购人聘请的财务顾问应当履行以下职责：

（一）对收购人的相关情况进行尽职调查；

（二）应收购人的要求向收购人提供专业化服务，全面评估被收购公司的财务和经营状况，帮助收购人分析收购所涉及的法律、财务、经营风险，就收购方案所涉及的收购价格、收购方式、支付安排等事项提出对策建议，并指导收购人按照规定的内容与格式制作申报文件；

（三）对收购人进行证券市场规范化运作的辅导，使收购人的董事、监事和高级管理人员熟悉有关法律、行政法规和中国证监会的规定，充分了解其应当承担的义务和责任，督促其依法履行报告、公告和其他法定义务；

（四）对收购人是否符合本办法的规定及申报文件内容的真实性、准确性、完整性进行充分核查和验证，对收购事项客观、公正地发表专业意见；

（五）接受收购人委托，向中国证监会报送申报材料，根据中国证监会的审核意见，组织、协调收购人及其他专业机构予以答复；

（六）与收购人签订协议，在收购完成后 12 个月内，持续督导收购人遵守法律、行政法规、中国证监会的规定、证券交易所规则、上市公司章程，依法行使股东权利，切实履行承诺或者相关约定。

第六十六条 收购人聘请的财务顾问就本次收购出具的财务顾问报告，应当对以下事项进行说明和分析，并逐项发表明确意见：

（一）收购人编制的上市公司收购报告书或者要约收购报告书所披露的内容是否真实、准确、完整；

（二）本次收购的目的；

（三）收购人是否提供所有必备证明文件，根据对收购人及其控股股东、实际控制人的实力、从事的主要业务、持续经营状况、财务状况和诚信情况的核查，说明收购人是否具备主体资格，是否具备收购的经济实力，是否具备规范运作上市公司的管理能力，是否需要承担其他附加义务及是否具备履行相关义务的能力，是否存在不良诚信记录；

（四）对收购人进行证券市场规范化运作辅导的情况，其董事、监事和高级管理人员是否已经熟悉有关法律、行政法规和中国证监会的规定，充分了解应承担的义务和责任，督促其依法履行报告、公告和其他法定义务的情况；

（五）收购人的股权控制结构及其控股股东、实际控制人支配收购人的方式；

（六）收购人的收购资金来源及其合法性，是否存在利用本次收购的股份向银行等金融机构质押取得融资的情形；

（七）涉及收购人以证券支付收购价款的，应当说明有关该证券发行人的信息披露是否真实、准确、完整以及该证券交易的便捷性等情况；

（八）收购人是否已经履行了必要的授权和批准程序；

（九）是否已对收购过渡期间保持上市公司稳定经营作出安排，该安排是否符合有关规定；

（十）对收购人提出的后续计划进行分析，收购人所从事的业务与上市公司从事的业务存在同业竞争、关联交易的，对收购人解决与上市公司同业竞争等利益冲突及保持上市公司经营独立性的方案进行分析，说明本次收购对上市公司经营独立性和持续发展可能产生的影响；

（十一）在收购标的上是否设定其他权利，是否在收购价款之外还作出其他补偿安排；

（十二）收购人及其关联方与被收购公司之间是否存在业务往来，收购人与被收购公司的董事、监事、高级管理人员是否就其未来任职安排达成某种协议或者默契；

（十三）上市公司原控股股东、实际控制人及其关联方是否存在未清偿对公司的负债、未解除公司为其负债提供的担保或者损害公司利益的其他情形；存在该等情形的，是否已提出切实可行的解决方案；

（十四）涉及收购人拟提出豁免申请的，应当说明本次收购是否属于可以得到豁免的情形，收购人是否作出承诺及是否具备履行相关承诺的实力。

第六十七条　上市公司董事会或者独立董事聘请的独立财务顾问，不得同时担任收购人的财务顾问或者与收购人的财务顾问存在关联关系。独立财务顾问应当根据委托进行尽职调查，对本次收购的公正性和合法性发表专业意见。独立财务顾问报告应当对以下问题进行说明和分析，发表明确意见：

（一）收购人是否具备主体资格；

（二）收购人的实力及本次收购对被收购公司经营独立性和持续发展可能产生的影响分析；

（三）收购人是否存在利用被收购公司的资产或者由被收购公司为本次收购提供财务资助的情形；

（四）涉及要约收购的，分析被收购公司的财务状况，说明收购价格是否充分反映被收购公司价值，收购要约是否公平、合理，对被收购公司社会公众股股东接受要约提出的建议；

（五）涉及收购人以证券支付收购价款的，还应当根据该证券发行人的资产、业务和盈利预测，对相关证券进行估值分析，就收购条件对被收购公司的社会公众股股东是否公平合理、是否接受收购人提出的收购条件提出专业意见；

（六）涉及管理层收购的，应当对上市公司进行估值分析，就本次收购的定价依据、支付方式、收购资金来源、融资安排、还款计划及其可行性、上市公司内部控制制度的执行情况及其有效性、上述人员及其直系亲属在最近 24 个月内与上市公司业务往来情况以及收购报告书披露的其他内容等进行全面核查，发表明确意见。

第六十八条　财务顾问受托向中国证监会报送申报文件，应当在财务顾问报告中作出以下承诺：

（一）已按照规定履行尽职调查义务，有充分理由确信所发表的专业意见与收购人申报文件的内容不存在实质性差异；

（二）已对收购人申报文件进行核查，确信申报文件的内容与格式符合规定；

（三）有充分理由确信本次收购符合法律、行政法规和中国证监会的规定，有充分理由确信收购人披露的信息真实、准确、完整，不存在虚假记载、误导性陈述和重大遗漏；

（四）就本次收购所出具的专业意见已提交其内核机构审查，并获得通过；

（五）在担任财务顾问期间，已采取严格的保密措施，严格执行内部防火墙制度；

（六）与收购人已订立持续督导协议。

第六十九条　财务顾问在收购过程中和持续督导期间，应当关注被收购公司是否存在为收购人及其关联方提供担保或者借款等损害上市公司利益的情形，发现有违法或者不当行为的，应当及时向中国证监会、派出机构和证券交易所报告。

第七十条　财务顾问为履行职责，可以聘请其他专业机构协助其对收购人进行核查，但应当对收购人提供的资料和披露的信息进行独立判断。

第七十一条　自收购人公告上市公司收购报告书至收购完成后 12 个月内，财务顾问应当通过日常沟通、定期回访等方式，关注上市公司的经营情况，结合被收购公司定期报告和临时公告的披露事宜，对收购人及被收购公司履行持续督导职责：

（一）督促收购人及时办理股权过户手续，并依法履行报告和公告义务；

（二）督促和检查收购人及被收购公司依法规范运作；

（三）督促和检查收购人履行公开承诺的情况；

（四）结合被收购公司定期报告，核查收购人落实后续计划的情况，是否达到预期目标，实施效果是否与此前的披露内容存在较大差异，是否实现相关盈利预测或者管理层预计达到的目标；

（五）涉及管理层收购的，核查被收购公司定期报告中披露的相关还款计划的落实情况与事实是否一致；

（六）督促和检查履行收购中约定的其他义务的情况。

在持续督导期间，财务顾问应当结合上市公司披露的季度报告、半年度报告和年度报告出具持续督导意见，并在前述定期报告披露后的 15 日内向派出机构报告。

在此期间，财务顾问发现收购人在上市公司收购报告书中披露的信息与事实不符的，应当督促收购人如实披露相关信息，并及时向中国证监会、派出机构、证券交易所报告。财务顾问解除委托合同的，应当及时向中国证监会、派出机构作出书面报告，说明无法继续履行持续督导职责的理由，并予公告。

第八章　持续监管

第七十二条　在上市公司收购行为完成后 12 个月内，收购人聘请的财务顾问应当在每季度前 3 日内就上一季度对上市公司影响较大的投资、购买或者出售资产、关联交易、主营业务调整以及董事、监事、高级管理人员的更换、职工安置、收购人履行承诺等情况向派出机构报告。

收购人注册地与上市公司注册地不同的，还应当将前述情况的报告同时抄报收购人所在地的派出机构。

第七十三条　派出机构根据审慎监管原则，通过与承办上市公司审计业务的会计师事务所谈话、检查财务顾问持续督导责任的落实、定期或者不定期的现场检查等方式，在收购完成后对收购人和上市公司进行监督检查。

派出机构发现实际情况与收购人披露的内容存在重大差异的，对收购人及上市公司予以重点关注，可以责令收购人延长财务顾问的持续督导期，并依法进行查处。

在持续督导期间，财务顾问与收购人解除合同的，收购人应当另行聘请其他财务顾问机构履行持续督导职责。

第七十四条　在上市公司收购中，收购人持有的被收购公司的股份，在收购完成后 12 个月内不得转让。

收购人在被收购公司中拥有权益的股份在同一实际控制人控制的不同主体之间进行转让不受前述 12 个月的限制，但应当遵守本办法第六章的规定。

第九章　监管措施与法律责任

第七十五条　上市公司的收购及相关股份权益变动活动中的信息披露义务人，未按照本办法的规定履行报告、公告以及其他相关义务的，中国证监会责令改正，采取监管谈话、出具警示函、责令暂停或者停止收购等监管措施。在改正前，相关信息披露义务人不得对其持有或者实际支配的股份行使表决权。

第七十六条 上市公司的收购及相关股份权益变动活动中的信息披露义务人在报告、公告等文件中有虚假记载、误导性陈述或者重大遗漏的，中国证监会责令改正，采取监管谈话、出具警示函、责令暂停或者停止收购等监管措施。在改正前，收购人对其持有或者实际支配的股份不得行使表决权。

第七十七条 投资者及其一致行动人取得上市公司控制权而未按照本办法的规定聘请财务顾问，规避法定程序和义务，变相进行上市公司的收购，或者外国投资者规避管辖的，中国证监会责令改正，采取出具警示函、责令暂停或者停止收购等监管措施。在改正前，收购人不得对其持有或者实际支配的股份行使表决权。

第七十八条 发出收购要约的收购人在收购要约期限届满，不按照约定支付收购价款或者购买预受股份的，自该事实发生之日起 3 年内不得收购上市公司，中国证监会不受理收购人及其关联方提交的申报文件；涉嫌虚假信息披露、操纵证券市场的，中国证监会对收购人进行立案稽查，依法追究其法律责任。

前款规定的收购人聘请的财务顾问没有充分证据表明其勤勉尽责的，中国证监会依法追究法律责任。

第七十九条 上市公司控股股东和实际控制人在转让其对公司的控制权时，未清偿其对公司的负债，未解除公司为其提供的担保，或者未对其损害公司利益的其他情形作出纠正的，中国证监会责令改正、责令暂停或者停止收购活动。

被收购公司董事会未能依法采取有效措施促使公司控股股东、实际控制人予以纠正，或者在收购完成后未能促使收购人履行承诺、安排或者保证的，中国证监会可以认定相关董事为不适当人选。

第八十条 上市公司董事未履行忠实义务和勤勉义务，利用收购谋取不当利益的，中国证监会采取监管谈话、出具警示函等监管措施，可以认定为不适当人选。

上市公司章程中涉及公司控制权的条款违反法律、行政法规和本办法规定的，中国证监会责令改正。

第八十一条 为上市公司收购出具资产评估报告、审计报告、法律意见书和财务顾问报告的证券服务机构或者证券公司及其专业人员，未依法履行职责的，中国证监会责令改正，采取监管谈话、出具警示函等监管措施。

第八十二条 中国证监会将上市公司的收购及相关股份权益变动活动中的当事人的违法行为和整改情况记入诚信档案。

违反本办法的规定构成证券违法行为的，依法追究法律责任。

第十章　附　则

第八十三条 本办法所称一致行动，是指投资者通过协议、其他安排，与其他投资者共同扩大其所能够支配的一个上市公司股份表决权数量的行为或者事实。

在上市公司的收购及相关股份权益变动活动中有一致行动情形的投资者，互为一致行动人。如无相反证据，投资者有下列情形之一的，为一致行动人：

（一）投资者之间有股权控制关系；

（二）投资者受同一主体控制；

（三）投资者的董事、监事或者高级管理人员中的主要成员，同时在另一个投资者担任董事、监事或者高级管理人员；

（四）投资者参股另一投资者，可以对参股公司的重大决策产生重大影响；

（五）银行以外的其他法人、其他组织和自然人为投资者取得相关股份提供融资安排；

（六）投资者之间存在合伙、合作、联营等其他经济利益关系；

（七）持有投资者 30% 以上股份的自然人，与投资者持有同一上市公司股份；

（八）在投资者任职的董事、监事及高级管理人员，与投资者持有同一上市公司股份；

（九）持有投资者 30% 以上股份的自然人和在投资者任职的董事、监事及高级管理人员，其父母、配偶、子女及其配偶、配偶的父母、兄弟姐妹及其配偶、配偶的兄弟姐妹及其配偶等亲属，与投资者持有同一上市公司股份；

（十）在上市公司任职的董事、监事、高级管理人员及其前项所述亲属同时持有本公司股份的，或者与其自己或者其前项所述亲属直接或者间接控制的企业同时持有本公司股份；

（十一）上市公司董事、监事、高级管理人员和员工与其所控制或者委托的法人或者其他组织持有本公司股份；

（十二）投资者之间具有其他关联关系。

一致行动人应当合并计算其所持有的股份。投资者计算其所持有的股份，应当包括登记在其名下的股份，也包括登记在其一致行动人名下的股份。

投资者认为其与他人不应被视为一致行动人的，可以向中国证监会提供相反证据。

第八十四条 有下列情形之一的，为拥有上市公司控制权：

（一）投资者为上市公司持股 50% 以上的控股股东；

（二）投资者可以实际支配上市公司股份表决权超过 30%；

（三）投资者通过实际支配上市公司股份表决权能够决定公司董事会半数以上成员选任；

（四）投资者依其可实际支配的上市公司股份表决权足以对公司股东大会的决议产生重大影响；

（五）中国证监会认定的其他情形。

第八十五条 信息披露义务人涉及计算其持股比例的，应当将其所持有的上市公司已发行的可转换为公司股票的证券中有权转换部分与其所持有的同一上市公司的股份合并计算，并将其持股比例与合并计算非股权类证券转为股份后的比例相比，以二者中的较高者为准；行权期限届满未行权的，或者行权条件不再具备的，无须合并计算。

前款所述二者中的较高者，应当按下列公式计算：

（一）投资者持有的股份数量/上市公司已发行股份总数

（二）（投资者持有的股份数量 + 投资者持有的可转换为公司股票的非股权类证券所对应的股份数量）/（上市公司已发行股份总数 + 上市公司发行的可转换为公司股票的非股权类证券所对应的股份总数）

第八十六条 投资者因行政划转、执行法院裁决、继承、赠与等方式取得上市公司控制权的，应当按照本办法第四章的规定履行报告、公告义务。

第八十七条 权益变动报告书、收购报告书、要约收购报告书、被收购公司董事会报告书、要约收购豁免申请文件等文件的内容与格式，由中国证监会另行制定。

第八十八条 被收购公司在境内、境外同时上市的，收购人除应当遵守本办法及中国证监会的相关规定外，还应当遵守境外上市地的相关规定。

第八十九条 外国投资者收购上市公司及在上市公司中拥有的权益发生变动的，除应当遵守本办法的规定外，还应当遵守外国投资者投资上市公司的相关规定。

第九十条 本办法自 2006 年 9 月 1 日起施行。中国证监会发布的《上市公司收购管理办法》（证监会令第 10 号）、《上市公司股东持股变动信息披露管理办法》（证监会令第 11 号）、《关于要约收购涉及的被收购公司股票上市交易条件有关问题的通知》（证监公司字［2003］16 号）和《关于规范上市公司实际控制权转移行为有关问题的通知》（证监公司字［2004］1 号）同时废止。

1.1.14　关于外国投资者并购境内企业的规定

中华人民共和国商务部
国务院国有资产监督管理委员会
国家税务总局
国家工商行政管理总局
中国证券监督管理委员会
国家外汇管理局令

（2006 年第 10 号）

《外国投资者并购境内企业暂行规定》已由中华人民共和国商务部第 7 次部务会议修订通过，现将修订后的《关于外国投资者并购境内企业的规定》公布，自 2006 年 9 月 8 日起施行。

中华人民共和国商务部部长　薄熙来
国务院国有资产监督管理委员会主任　李荣融
国家税务总局局长　谢旭人
国家工商行政管理总局局长　王众孚
中国证券监督管理委员会主席　尚福林
国家外汇管理局局长　胡晓炼
2006 年 8 月 8 日

关于外国投资者并购境内企业的规定

目录

第一章　总　则

第一条　为了促进和规范外国投资者来华投资，引进国外的先进技术和管理经验，提高利用外资的水平，实现资源的合理配置，保证就业、维护公平竞争和国家经济安全，依据外商投资企业的法律、行政法规及《公司法》和其他相关法律、行政法规，制定本规定。

第二条　本规定所称外国投资者并购境内企业，系指外国投资者购买境内非外商投资企业（以下称“境内公司”）股东的股权或认购境内公司增资，使该境内公司变更设立为外商投资企业（以下称“股权并购”）；或者，外国投资者设立外商投资企业，并通过该企业协议购买境内企业资产且运营该资产，或，外国投资者协议购买境内企业资产，并以该资产投资设立外商投资企业运营该资产（以下称“资产并购”）。

第三条　外国投资者并购境内企业应遵守中国的法律、行政法规和规章，遵循公平合理、等价有偿、诚实信用的原则，不得造成过度集中、排除或限制竞争，不得扰乱社会经济秩序和损害社会公共利益，不得导致国有资产流失。

第四条　外国投资者并购境内企业，应符合中国法律、行政法规和规章对投资者资格的要求及产业、土地、环保等政策。

依照《外商投资产业指导目录》不允许外国投资者独资经营的产业，并购不得导致外国投资者持有企业的全部股权；需由中方控股或相对控股的产业，该产业的企业被并购后，仍应由中方在企业中占控股或相对控股地位；禁止外国投资者经营的产业，外国投资者不得并购从事该产业的企业。

被并购境内企业原有所投资企业的经营范围应符合有关外商投资产业政策的要求；不符合要求的，应进行调整。

第五条　外国投资者并购境内企业涉及企业国有产权转让和上市公司国有股权管理事宜的，应当遵守国有资产管理的相关规定。

第六条　外国投资者并购境内企业设立外商投资企业，应依照本规定经审批机关批准，向登记管理机关办理变更登记或设立登记。

如果被并购企业为境内上市公司，还应根据《外国投资者对上市公司战略投资管理办法》，向国务院证券监督管理机构办理相关手续。

第七条　外国投资者并购境内企业所涉及的各方当事人应当按照中国税法规定纳税，接受税务机关的监督。

第八条　外国投资者并购境内企业所涉及的各方当事人应遵守中国有关外汇管理的法律和行政法规，及时向外汇管理机关办理各项外汇核准、登记、备案及变更手续。

第二章　基本制度

第九条　外国投资者在并购后所设外商投资企业注册资本中的出资比例高于25%的，该企业享受外商投资企业待遇。

外国投资者在并购后所设外商投资企业注册资本中的出资比例低于25%的，除法律和行政法规另有规定外，该企业不享受外商投资企业待遇，其举借外债按照境内非外商投资企业举借外债的有关规定办理。审批机关向其颁发加注“外资比例低于25%”字样的外商投资企业批准证书（以下称“批准证书”）。登记管理机关、外汇管理机关分别向其颁发加注“外资比例低于25%”字样的外商投资企业营业执照和外汇登记证。

境内公司、企业或自然人以其在境外合法设立或控制的公司名义并购与其有关联关系的境内公司，所设立的外商投资企业不享受外商投资企业待遇，但该境外公司认购境内公司增资，或者该境外公司向并购后所设企业增资，增资额占所设企业注册资本比例达到25%以上的除外。根据该款所述方式设立的外商投资企业，其实际控制人以外的外国投资者在企业注册资本中的出资比例高于25%的，享受外商投资企业待遇。

外国投资者并购境内上市公司后所设外商投资企业的待遇，按照国家有关规定办理。

第十条　本规定所称的审批机关为中华人民共和国商务部或省级商务主管部门（以下称“省级审批机关”），登记管理机关为中华人民共和国国家工商行政管理总局或其授权的地方工商行政管理局，外汇管理机关为中华人民共和国国家外汇管理局或其分支机构。

并购后所设外商投资企业，根据法律、行政法规和规章的规定，属于应由商务部审批的特定类型或行业的外商投资企业的，省级审批机关应将申请文件转报商务部审批，商务部依法决定批准或不批准。

第十一条　境内公司、企业或自然人以其在境外合法设立或控制的公司名义并购与其有关联关系的境内的公司，应报商务部审批。

当事人不得以外商投资企业境内投资或其他方式规避前述要求。

第十二条　外国投资者并购境内企业并取得实际控制权，涉及重点行业、存在影响或可能影响国家经济安全因素或者导致拥有驰名商标或中华老字号的境内企业实际控制权转移的，当事人应就此向商务部进行申报。

当事人未予申报，但其并购行为对国家经济安全造成或可能造成重大影响的，商务部可以会同相关部门要求当事人终止交易或采取转让相关股权、资产或其他有效措施，以消除并购行为对国家经济安全的影响。

第十三条　外国投资者股权并购的，并购后所设外商投资企业承继被并购境内公司的债权和债务。

外国投资者资产并购的，出售资产的境内企业承担其原有的债权和债务。

外国投资者、被并购境内企业、债权人及其他当事人可以对被并购境内企业的债权债务的处置另行达成协议，但是该协议不得损害第三人利益和社会公共利益。债权债务的处置协议应报送审批机关。

出售资产的境内企业应当在投资者向审批机关报送申请文件之前至少15日，向债权人发出通知书，并在全国发行的省级以上报纸上发布公告。

第十四条　并购当事人应以资产评估机构对拟转让的股权价值或拟出售资产的评估结果作为确定交易价格的依据。并购当事人可以约定在中国境内依法设立的资产评估机构。资产评估应采用国际通行的评估方法。禁止以明显低于评估结果的价格转让股权或出售资产，变相向境外转移资本。

外国投资者并购境内企业，导致以国有资产投资形成的股权变更或国有资产产权转移时，应当符合国有资产管理的有关规定。

第十五条　并购当事人应对并购各方是否存在关联关系进行说明，如果有两方属于同一个实际控制人，则当事人应向审批机关披露其实际控制人，并就并购目的和评估结果是否符合市场公允价值进行解释。当事人不得以信托、代持或其他方式规避前述要求。

第十六条　外国投资者并购境内企业设立外商投资企业，外国投资者应自外商投资企业营业执照颁发之日起 3 个月内向转让股权的股东，或出售资产的境内企业支付全部对价。对特殊情况需要延长者，经审批机关批准后，应自外商投资企业营业执照颁发之日起 6 个月内支付全部对价的 60% 以上，1 年内付清全部对价，并按实际缴付的出资比例分配收益。

外国投资者认购境内公司增资，有限责任公司和以发起方式设立的境内股份有限公司的股东应当在公司申请外商投资企业营业执照时缴付不低于 20% 的新增注册资本，其余部分的出资时间应符合《公司法》、有关外商投资的法律和《公司登记管理条例》的规定。其他法律和行政法规另有规定的，从其规定。股份有限公司为增加注册资本发行新股时，股东认购新股，依照设立股份有限公司缴纳股款的有关规定执行。

外国投资者资产并购的，投资者应在拟设立的外商投资企业合同、章程中规定出资期限。设立外商投资企业，并通过该企业协议购买境内企业资产且运营该资产的，对与资产对价等额部分的出资，投资者应在本条第一款规定的对价支付期限内缴付；其余部分的出资应符合设立外商投资企业出资的相关规定。

外国投资者并购境内企业设立外商投资企业，如果外国投资者出资比例低于企业注册资本 25% 的，投资者以现金出资的，应自外商投资企业营业执照颁发之日起 3 个月内缴清；投资者以实物、工业产权等出资的，应自外商投资企业营业执照颁发之日起 6 个月内缴清。

第十七条　作为并购对价的支付手段，应符合国家有关法律和行政法规的规定。外国投资者以其合法拥有的人民币资产作为支付手段的，应经外汇管理机关核准。外国投资者以其拥有处置权的股权作为支付手段的，按照本规定第四章办理。

第十八条　外国投资者协议购买境内公司股东的股权，境内公司变更设立为外商投资企业后，该外商投资企业的注册资本为原境内公司注册资本，外国投资者的出资比例为其所购买股权在原注册资本中所占比例。

外国投资者认购境内有限责任公司增资的，并购后所设外商投资企业的注册资本为原境内公司注册资本与增资额之和。外国投资者与被并购境内公司原其他股东，在境内公司资产评估的基础上，确定各自在外商投资企业注册资本中的出资比例。

外国投资者认购境内股份有限公司增资的，按照《公司法》有关规定确定注册资本。

第十九条　外国投资者股权并购的，除国家另有规定外，对并购后所设外商投资企业应按照以下比例确定投资总额的上限：

（一）注册资本在 210 万美元以下的，投资总额不得超过注册资本的 10/7；

（二）注册资本在 210 万美元以上至 500 万美元的，投资总额不得超过注册资本的 2 倍；

（三）注册资本在 500 万美元以上至 1200 万美元的，投资总额不得超过注册资本的 2.5 倍；

（四）注册资本在 1200 万美元以上的，投资总额不得超过注册资本的 3 倍。

第二十条　外国投资者资产并购的，应根据购买资产的交易价格和实际生产经营规模确定拟设立的外商投资企业的投资总额。拟设立的外商投资企业的注册资本与投资总额的比例应符合有关规定。

第三章　审批与登记

第二十一条　外国投资者股权并购的，投资者应根据并购后所设外商投资企业的投资总额、企业类型及所从事的行业，依照设立外商投资企业的法律、行政法规和规章的规定，向具有相应审批权限的审批机关报送下列文件：

（一）被并购境内有限责任公司股东一致同意外国投资者股权并购的决议，或被并购境内股份有限公司同意外国投资者股权并购的股东大会决议；

（二）被并购境内公司依法变更设立为外商投资企业的申请书；

（三）并购后所设外商投资企业的合同、章程；

（四）外国投资者购买境内公司股东股权或认购境内公司增资的协议；

（五）被并购境内公司上一财务年度的财务审计报告；

（六）经公证和依法认证的投资者的身份证明文件或注册登记证明及资信证明文件；

（七）被并购境内公司所投资企业的情况说明；

（八）被并购境内公司及其所投资企业的营业执照（副本）；

（九）被并购境内公司职工安置计划；

（十）本规定第十三条、第十四条、第十五条要求报送的文件。

并购后所设外商投资企业的经营范围、规模、土地使用权的取得等，涉及其他相关政府部门许可的，有关的许可文件应一并报送。

第二十二条 股权购买协议、境内公司增资协议应适用中国法律，并包括以下主要内容：

（一）协议各方的状况，包括名称（姓名），住所，法定代表人姓名、职务、国籍等；

（二）购买股权或认购增资的份额和价款；

（三）协议的履行期限、履行方式；

（四）协议各方的权利、义务；

（五）违约责任、争议解决；

（六）协议签署的时间、地点。

第二十三条 外国投资者资产并购的，投资者应根据拟设立的外商投资企业的投资总额、企业类型及所从事的行业，依照设立外商投资企业的法律、行政法规和规章的规定，向具有相应审批权限的审批机关报送下列文件：

（一）境内企业产权持有人或权力机构同意出售资产的决议；

（二）外商投资企业设立申请书；

（三）拟设立的外商投资企业的合同、章程；

（四）拟设立的外商投资企业与境内企业签署的资产购买协议，或外国投资者与境内企业签署的资产购买协议；

（五）被并购境内企业的章程、营业执照（副本）；

（六）被并购境内企业通知、公告债权人的证明以及债权人是否提出异议的说明；

（七）经公证和依法认证的投资者的身份证明文件或开业证明、有关资信证明文件；

（八）被并购境内企业职工安置计划；

（九）本规定第十三条、第十四条、第十五条要求报送的文件。

依照前款的规定购买并运营境内企业的资产，涉及其他相关政府部门许可的，有关的许可文件应一并报送。

外国投资者协议购买境内企业资产并以该资产投资设立外商投资企业的，在外商投资企业成立之前，不得以该资产开展经营活动。

第二十四条 资产购买协议应适用中国法律，并包括以下主要内容：

（一）协议各方的状况，包括名称（姓名），住所，法定代表人姓名、职务、国籍等；

（二）拟购买资产的清单、价格；

（三）协议的履行期限、履行方式；

（四）协议各方的权利、义务；

（五）违约责任、争议解决；

（六）协议签署的时间、地点。

第二十五条　外国投资者并购境内企业设立外商投资企业，除本规定另有规定外，审批机关应自收到规定报送的全部文件之日起 30 日内，依法决定批准或不批准。决定批准的，由审批机关颁发批准证书。

外国投资者协议购买境内公司股东股权，审批机关决定批准的，应同时将有关批准文件分别抄送股权转让方、境内公司所在地外汇管理机关。股权转让方所在地外汇管理机关为其办理转股收汇外资外汇登记并出具相关证明，转股收汇外资外汇登记证明是证明外方已缴付的股权收购对价已到位的有效文件。

第二十六条　外国投资者资产并购的，投资者应自收到批准证书之日起 30 日内，向登记管理机关申请办理设立登记，领取外商投资企业营业执照。

外国投资者股权并购的，被并购境内公司应依照本规定向原登记管理机关申请变更登记，领取外商投资企业营业执照。原登记管理机关没有登记管辖权的，应自收到申请文件之日起 10 日内转送有管辖权的登记管理机关办理，同时附送该境内公司的登记档案。被并购境内公司在申请变更登记时，应提交以下文件，并对其真实性和有效性负责：

（一）变更登记申请书；

（二）外国投资者购买境内公司股东股权或认购境内公司增资的协议；

（三）修改后的公司章程或原章程的修正案和依法需要提交的外商投资企业合同；

（四）外商投资企业批准证书；

（五）外国投资者的主体资格证明或者自然人身份证明；

（六）修改后的董事会名单，记载新增董事姓名、住所的文件和新增董事的任职文件；

（七）国家工商行政管理总局规定的其他有关文件和证件。

投资者自收到外商投资企业营业执照之日起 30 日内，到税务、海关、土地管理和外汇管理等有关部门办理登记手续。

第四章　外国投资者以股权作为支付手段并购境内公司

第一节　以股权并购的条件

第二十七条　本章所称外国投资者以股权作为支付手段并购境内公司，系指境外公司的股东以其持有的境外公司股权，或者境外公司以其增发的股份，作为支付手段，购买境内公司股东的股权或者境内公司增发股份的行为。

第二十八条　本章所称的境外公司应合法设立并且其注册地具有完善的公司法律制度，且公司及其管理层最近 3 年未受到监管机构的处罚；除本章第三节所规定的特殊目的公司外，境外公司应为上市公司，其上市所在地应具有完善的证券交易制度。

第二十九条　外国投资者以股权并购境内公司所涉及的境内外公司的股权，应符合以下条件：

（一）股东合法持有并依法可以转让；

（二）无所有权争议且没有设定质押及任何其他权利限制；

（三）境外公司的股权应在境外公开合法证券交易市场（柜台交易市场除外）挂牌交易；

（四）境外公司的股权最近1年交易价格稳定。

前款第（三）、第（四）项不适用于本章第三节所规定的特殊目的公司。

第三十条　外国投资者以股权并购境内公司，境内公司或其股东应当聘请在中国注册登记的中介机构担任顾问（以下称“并购顾问”）。并购顾问应就并购申请文件的真实性、境外公司的财务状况以及并购是否符合本规定第十四条、第二十八条和第二十九条的要求作尽职调查，并出具并购顾问报告，就前述内容逐项发表明确的专业意见。

第三十一条　并购顾问应符合以下条件：

（一）信誉良好且有相关从业经验；

（二）无重大违法违规记录；

（三）应有调查并分析境外公司注册地和上市所在地法律制度与境外公司财务状况的能力。

第二节　申报文件与程序

第三十二条　外国投资者以股权并购境内公司应报送商务部审批，境内公司除报送本规定第三章所要求的文件外，另须报送以下文件：

（一）境内公司最近1年股权变动和重大资产变动情况的说明；

（二）并购顾问报告；

（三）所涉及的境内外公司及其股东的开业证明或身份证明文件；

（四）境外公司的股东持股情况说明和持有境外公司5%以上股权的股东名录；

（五）境外公司的章程和对外担保的情况说明；

（六）境外公司最近年度经审计的财务报告和最近半年的股票交易情况报告。

第三十三条　商务部自收到规定报送的全部文件之日起30日内对并购申请进行审核，符合条件的，颁发批准证书，并在批准证书上加注“外国投资者以股权并购境内公司，自营业执照颁发之日起6个月内有效”。

第三十四条　境内公司应自收到加注的批准证书之日起30日内，向登记管理机关、外汇管理机关办理变更登记，由登记管理机关、外汇管理机关分别向其颁发加注“自颁发之日起8个月内有效”字样的外商投资企业营业执照和外汇登记证。

境内公司向登记管理机关办理变更登记时，应当预先提交旨在恢复股权结构的境内公司法定代表人签署的股权变更申请书、公司章程修正案、股权转让协议等文件。

第三十五条　自营业执照颁发之日起6个月内，境内公司或其股东应就其持有境外公司股权事项，向商务部、外汇管理机关申请办理境外投资开办企业核准、登记手续。

当事人除向商务部报送《关于境外投资开办企业核准事项的规定》所要求的文件外，另须报送加注的外商投资企业批准证书和加注的外商投资企业营业执照。商务部在核准境内公司或其股东持有境外公司的股权后，颁发中国企业境外投资批准证书，并换发无加注的外商投资企业批准证书。

境内公司取得无加注的外商投资企业批准证书后，应在30日内向登记管理机关、外汇管理机关申请换发无加注的外商投资企业营业执照、外汇登记证。

第三十六条　自营业执照颁发之日起6个月内，如果境内外公司没有完成其股权变更手续，则加注的批准证书和中国企业境外投资批准证书自动失效，登记管理机关根据境内公司预先提交的股权变更登记申请文件核准变更登记，使境内公司股权结构恢复到股权并购之前的状态。

并购境内公司增发股份而未实现的，在登记管理机关根据前款予以核准变更登记之前，境内公司还应当按照《公司法》的规定，减少相应的注册资本并在报纸上公告。

境内公司未按照前款规定办理相应的登记手续的，由登记管理机关按照《公司登记管理条例》的有关规定处理。

第三十七条　境内公司取得无加注的外商投资企业批准证书、外汇登记证之前，不得向股东分配利润或向有关联关系的公司提供担保，不得对外支付转股、减资、清算等资本项目款项。

第三十八条　境内公司或其股东凭商务部和登记管理机关颁发的无加注批准证书和营业执照，到税务机关办理税务变更登记。

第三节　对于特殊目的公司的特别规定

第三十九条　特殊目的公司系指中国境内公司或自然人为实现以其实际拥有的境内公司权益在境外上市而直接或间接控制的境外公司。

特殊目的公司为实现在境外上市，其股东以其所持公司股权，或者特殊目的公司以其增发的股份，作为支付手段，购买境内公司股东的股权或者境内公司增发的股份的，适用本节规定。

当事人以持有特殊目的公司权益的境外公司作为境外上市主体的，该境外公司应符合本节对于特殊目的公司的相关要求。

第四十条　特殊目的公司境外上市交易，应经国务院证券监督管理机构批准。

特殊目的公司境外上市所在国家或者地区应有完善的法律和监管制度，其证券监管机构已与国务院证券监督管理机构签订监管合作谅解备忘录，并保持着有效的监管合作关系。

第四十一条　本节所述的权益在境外上市的境内公司应符合下列条件：

（一）产权明晰，不存在产权争议或潜在产权争议；

（二）有完整的业务体系和良好的持续经营能力；

（三）有健全的公司治理结构和内部管理制度；

（四）公司及其主要股东近3年无重大违法违规记录。

第四十二条　境内公司在境外设立特殊目的公司，应向商务部申请办理核准手续。办理核准手续时，境内公司除向商务部报送《关于境外投资开办企业核准事项的规定》要求的文件外，另须报送以下文件：

（一）特殊目的公司最终控制人的身份证明文件；

（二）特殊目的公司境外上市商业计划书；

（三）并购顾问就特殊目的公司未来境外上市的股票发行价格所作的评估报告。

获得中国企业境外投资批准证书后，设立人或控制人应向所在地外汇管理机关申请办理相应的境外投资外汇登记手续。

第四十三条　特殊目的公司境外上市的股票发行价总值，不得低于其所对应的经中国有关资产评估机构评估的被并购境内公司股权的价值。

第四十四条　特殊目的公司以股权并购境内公司的，境内公司除向商务部报送本规定第三十二条所要求的文件外，另须报送以下文件：

（一）设立特殊目的公司时的境外投资开办企业批准文件和证书；

（二）特殊目的公司境外投资外汇登记表；

（三）特殊目的公司最终控制人的身份证明文件或开业证明、章程；

（四）特殊目的公司境外上市商业计划书；

（五）并购顾问就特殊目的公司未来境外上市的股票发行价格所作的评估报告。

如果以持有特殊目的公司权益的境外公司作为境外上市主体，境内公司还须报送以下文件：

（一）该境外公司的开业证明和章程；

（二）特殊目的公司与该境外公司之间就被并购的境内公司股权所作的交易安排和折价方法的详细说明。

第四十五条 商务部对本规定第四十四条所规定的文件初审同意的，出具原则批复函，境内公司凭该批复函向国务院证券监督管理机构报送申请上市的文件。国务院证券监督管理机构于20个工作日内决定是否核准。

境内公司获得核准后，向商务部申领批准证书。商务部向其颁发加注“境外特殊目的公司持股，自营业执照颁发之日起1年内有效”字样的批准证书。

并购导致特殊目的公司股权等事项变更的，持有特殊目的公司股权的境内公司或自然人，凭加注的外商投资企业批准证书，向商务部就特殊目的公司相关事项办理境外投资开办企业变更核准手续，并向所在地外汇管理机关申请办理境外投资外汇登记变更。

第四十六条 境内公司应自收到加注的批准证书之日起30日内，向登记管理机关、外汇管理机关办理变更登记，由登记管理机关、外汇管理机关分别向其颁发加注“自颁发之日起14个月内有效”字样的外商投资企业营业执照和外汇登记证。

境内公司向登记管理机关办理变更登记时，应当预先提交旨在恢复股权结构的境内公司法定代表人签署的股权变更申请书、公司章程修正案、股权转让协议等文件。

第四十七条 境内公司应自特殊目的公司或与特殊目的公司有关联关系的境外公司完成境外上市之日起30日内，向商务部报告境外上市情况和融资收入调回计划，并申请换发无加注的外商投资企业批准证书。同时，境内公司应自完成境外上市之日起30日内，向国务院证券监督管理机构报告境外上市情况并提供相关的备案文件。境内公司还应向外汇管理机关报送融资收入调回计划，由外汇管理机关监督实施。境内公司取得无加注的批准证书后，应在30日内向登记管理机关、外汇管理机关申请换发无加注的外商投资企业营业执照、外汇登记证。

如果境内公司在前述期限内未向商务部报告，境内公司加注的批准证书自动失效，境内公司股权结构恢复到股权并购之前的状态，并应按本规定第三十六条办理变更登记手续。

第四十八条 特殊目的公司的境外上市融资收入，应按照报送外汇管理机关备案的调回计划，根据现行外汇管理规定调回境内使用。融资收入可采取以下方式调回境内：

（一）向境内公司提供商业贷款；

（二）在境内新设外商投资企业；

（三）并购境内企业。

在上述情形下调回特殊目的公司境外融资收入，应遵守中国有关外商投资及外债管理的法律和行政法规。如果调回特殊目的公司境外融资收入，导致境内公司和自然人增持特殊目的公司权益或特殊目的公司净资产增加，当事人应如实披露并报批，在完成审批手续后办理相应的外资外汇登记和境外投资登记变更。

境内公司及自然人从特殊目的公司获得的利润、红利及资本变动所得外汇收入，应自获得之日起6个月内调回境内。利润或红利可以进入经常项目外汇账户或者结汇。资本变动外汇收入经外汇管理机关核准，可以开立资本项目专用账户保留，也可经外汇管理机关核准后结汇。

第四十九条　自营业执照颁发之日起 1 年内，如果境内公司不能取得无加注批准证书，则加注的批准证书自动失效，并应按本规定第三十六条办理变更登记手续。

第五十条　特殊目的公司完成境外上市且境内公司取得无加注的批准证书和营业执照后，当事人继续以该公司股份作为支付手段并购境内公司的，适用本章第一节和第二节的规定。

第五章　反垄断审查

第五十一条　外国投资者并购境内企业有下列情形之一的，投资者应就所涉情形向商务部和国家工商行政管理总局报告：

（一）并购一方当事人当年在中国市场营业额超过 15 亿元人民币；

（二）1 年内并购国内关联行业的企业累计超过 10 个；

（三）并购一方当事人在中国的市场占有率已经达到 20%；

（四）并购导致并购一方当事人在中国的市场占有率达到 25%。

虽未达到前款所述条件，但是应有竞争关系的境内企业、有关职能部门或者行业协会的请求，商务部或国家工商行政管理总局认为外国投资者并购涉及市场份额巨大，或者存在其他严重影响市场竞争等重要因素的，也可以要求外国投资者作出报告。

上述并购一方当事人包括与外国投资者有关联关系的企业。

第五十二条　外国投资者并购境内企业涉及本规定第五十一条所述情形之一，商务部和国家工商行政管理总局认为可能造成过度集中，妨害正当竞争、损害消费者利益的，应自收到规定报送的全部文件之日起 90 日内，共同或经协商单独召集有关部门、机构、企业以及其他利害关系方举行听证会，并依法决定批准或不批准。

第五十三条　境外并购有下列情形之一的，并购方应在对外公布并购方案之前或者报所在国主管机构的同时，向商务部和国家工商行政管理总局报送并购方案。商务部和国家工商行政管理总局应审查是否存在造成境内市场过度集中，妨害境内正当竞争、损害境内消费者利益的情形，并作出是否同意的决定：

（一）境外并购一方当事人在我国境内拥有资产 30 亿元人民币以上；

（二）境外并购一方当事人当年在中国市场上的营业额达到 15 亿元人民币以上；

（三）境外并购一方当事人及与其有关联关系的企业在中国市场占有率已经达到 20%；

（四）由于境外并购，境外并购一方当事人及与其有关联关系的企业在中国的市场占有率达到 25%；

（五）由于境外并购，境外并购一方当事人直接或间接参股境内相关行业的外商投资企业将超过 15 家。

第五十四条　有下列情况之一的并购，并购一方当事人可以向商务部和国家工商行政管理总局申请审查豁免：

（一）可以改善市场公平竞争条件的；

（二）重组亏损企业并保障就业的；

（三）引进先进技术和管理人才并能提高企业国际竞争力的；

（四）可以改善环境的。

第六章　附　则

第五十五条　外国投资者在中国境内依法设立的投资性公司并购境内企业，适用本规定。

外国投资者购买境内外商投资企业股东的股权或认购境内外商投资企业增资的，适用现行外商投资企业法律、行政法规和外商投资企业投资者股权变更的相关规定，其中没有规定的，参照本规定办理。

外国投资者通过其在中国设立的外商投资企业合并或收购境内企业的，适用关于外商投资企业合并与分立的相关规定和关于外商投资企业境内投资的相关规定，其中没有规定的，参照本规定办理。

外国投资者并购境内有限责任公司并将其改制为股份有限公司的，或者境内公司为股份有限公司的，适用关于设立外商投资股份有限公司的相关规定，其中没有规定的，适用本规定。

第五十六条　申请人或申报人报送文件，应依照本规定对文件进行分类，并附文件目录。规定报送的全部文件应用中文表述。

第五十七条　被股权并购境内公司的中国自然人股东，经批准，可继续作为变更后所设外商投资企业的中方投资者。

第五十八条　境内公司的自然人股东变更国籍的，不改变该公司的企业性质。

第五十九条　相关政府机构工作人员必须忠于职守、依法履行职责，不得利用职务之便牟取不正当利益，并对知悉的商业秘密负有保密义务。

第六十条　香港特别行政区、澳门特别行政区和台湾地区的投资者并购境内其他地区的企业，参照本规定办理。

第六十一条　本规定自 2006 年 9 月 8 日起施行。

1.1.15　商务部外商投资企业投诉工作暂行办法

公布《商务部外商投资企业投诉工作暂行办法》

（商务部令 2006 年第 2 号）

《商务部外商投资企业投诉工作暂行办法》已于 2006 年 5 月 17 日经商务部第 5 次部务会议审议通过，现予以公布，自 2006 年 10 月 1 日起施行。

部长　薄熙来

2006 年 9 月 1 日

商务部外商投资企业投诉工作暂行办法

第一条　为及时有效地受理外商投资企业投诉，维护外商投资企业及其投资者的合法权益，促进外商投资企业健康发展，进一步改善外商投资环境，根据有关法律、法规和我国外商投资企业投诉工作的实际情况，特制定外商投资企业投诉工作暂行办法。

第二条　本办法所称外商投资企业投诉，是指在我国境内的外商投资企业及其投资者（以下统称投诉人），认为其合法权益受到行政机关行政行为的侵害，提请投诉受理机构进行协调解决，或反映情况、提出建议、意见或请求，由投诉受理机构依法进行协调处理的行为。

第三条　投诉人投诉应遵循诚实、自愿、合法的原则，应如实反映投诉事实，提供相应证据，并对投诉受理机构进行调查工作提供积极协助。

第四条　投诉受理机构应遵循公平、公正、合法的原则，依据相关法律、法规和本办法的规定处理投诉。

第五条　全国外商投资企业投诉中心和地方各级政府具有受理职能的部门（以下统称地方投诉受理机构）依据实际情况受理外商投资企业投诉。

全国外商投资企业投诉中心负责受理外商投资企业直接投诉至全国外商投资企业投诉中心的事项，受理跨省市外商投资企业投诉事项和影响重大的外商投资企业投诉事项，负责与全国外商投资企业投诉工作相关的培训、调研及管理、协调工作。

地方投诉受理机构负责受理本地外商投资企业投诉事项，受理全国外商投资企业投诉中心转交或督办的投诉事项。

投诉被受理后，原则上由投诉事项发生地的当地机构处理解决。投诉受理机构在受理投诉后，应该调查情况，反馈信息，予以协调。

第六条　商务部外商投资企业投诉协调办公室负责协调、指导和监督全国外商投资企业投诉工作，负责处理由全国外商投资企业投诉中心提交的涉及部门和行业过多、需要召开部际协调会议加以解决的外商投资企业投诉，制订解决争议的政策原则，完善相关法律法规规定。

第七条　投诉人提出投诉时，应向投诉受理机构提交书面投诉材料，其中应列明投诉事项基本情况、相关证据材料、联系人和联系方式等。

投诉材料应当用中文书写。

第八条　投诉受理条件：

（一）有明确的投诉对象和投诉请求；

（二）符合投诉主体资格；

（三）有具体的投诉事实、理由并附有相关证据材料；

（四）属于本办法规定的投诉事项范围。

第九条　以下投诉事项不予受理：

（一）已经进入或者完成司法程序、行政复议程序和仲裁程序的；

（二）已由纪检、监察、信访等部门受理的；

（三）已经或正在由投诉受理机构受理的；

（四）匿名投诉；

（五）其他不符合投诉受理条件的。

第十条　投诉处理程序：

（一）审查投诉材料。投诉受理机构接到投诉人的投诉后，在5个工作日内向投诉人作出是否受理的决定。经投诉受理机构审查，认为符合投诉受理条件的，应予以受理并向投诉人发出投诉受理通知书；不符合投诉受理条件的，投诉受理机构应于5日内向投诉人发出不予受理通知书（注明不予受理的理由），退回投诉材料；对需要进一步补充完善投诉材料的，投诉受理机构应于5日内通知投诉人予以补充完善。

（二）投诉受理登记。投诉受理机构对受理的投诉应及时办理受理登记，建立卷宗，并标明受理日期。

（三）通知被投诉人。

（四）处理投诉。投诉受理机构应在30个工作日内办理完结受理的投诉事项，因争议或纠纷事实复杂、当事人不配合投诉受理机构工作或其他原因，导致投诉事项处理工作无法在30个工作日内完成的，应及时通知投诉人。

（五）投诉处理完结后，将投诉处理结果通知投诉人。

（六）进行结案登记。

第十一条　投诉处理应采取以下方式：

（一）出具意见书。投诉受理机构依据事实和有关法律法规规定，向投诉人和有关部门提出处理建议，促使投诉事项得以解决。

（二）同有关部门进行行政协调。

（三）移交当地投诉受理机构或转交相关部门处理。

（四）其他适当的处理方式。

第十二条　有下列情况之一的，投诉处理终结：

（一）按照第十一条规定处理完毕的；

（二）经协调、调解，投诉事项由当地投诉受理机构或相关部门予以解决的；

（三）当事人就投诉事项向仲裁机构申请仲裁、向法院提起诉讼或申请行政复议的；

（四）经核实，投诉事项与事实不符的；

（五）投诉人申请撤回投诉的；

（六）投诉人不予配合，并拒绝提供真实情况的。

第十三条　投诉受理机构应保守投诉人的商业秘密，法律规定的特殊情形除外。

第十四条　投诉受理机构工作人员应当恪尽职守、秉公办事，及时妥善协调处理投诉事项。

第十五条　商务部外商投资企业投诉协调办公室设在商务部外国投资管理司，全国外商投资企业投诉中心设在商务部投资促进事务局。

第十六条　本办法由中华人民共和国商务部负责解释。

第十七条　本办法自 2006 年 10 月 1 日起施行。

1.1.16　中华人民共和国外资银行管理条例实施细则

中国银行业监督管理委员会主席令

(2006年第6号)

《中华人民共和国外资银行管理条例实施细则》已经2006年11月17日中国银行业监督管理委员会第53次主席会议通过。现予公布，自2006年12月11日起施行。

主席　刘明康

2006年11月24日

中华人民共和国外资银行管理条例实施细则

第一章　总　则

第一条　根据《中华人民共和国银行业监督管理法》、《中华人民共和国商业银行法》和《中华人民共和国外资银行管理条例》(以下简称《条例》)，制定本细则。

第二条　《条例》所称国务院银行业监督管理机构是指中国银行业监督管理委员会（以下简称中国银监会)，所称银行业监督管理机构是指中国银监会及其派出机构。

第二章　设立与登记

第三条　《条例》和本细则所称审慎性条件，至少包括下列内容：

(一) 具有良好的行业声誉和社会形象；

(二) 具有良好的持续经营业绩，资产质量良好；

(三) 管理层具有良好的专业素质和管理能力；

(四) 具有健全的风险管理体系，能够有效控制关联交易风险；

(五) 具有健全的内部控制制度和有效的管理信息系统；

(六) 按照审慎会计原则编制财务会计报告，且会计师事务所对申请前3年的财务会计报告持无保留意见；

(七) 无重大违法违规记录；

(八) 具备有效的资本约束与资本补充机制；

(九) 具有健全的公司治理结构。

本条第（八）项、第（九）项适用于外商独资银行及其股东、中外合资银行及其股东以及外国银行。

第四条　《条例》第十一条所称主要股东，是指持有拟设中外合资银行资本总额或者股份总额50%以上，或者不持有资本总额或者股份总额50%以上但与拟设中外合资银行之间有下列情形之一的商业银行：

（一）持有拟设中外合资银行半数以上的表决权；

（二）有权控制拟设中外合资银行的财务和经营政策；

（三）有权任免拟设中外合资银行董事会或者类似权力机构的多数成员；

（四）在拟设中外合资银行董事会或者类似权力机构有半数以上投票权。

拟设中外合资银行的主要股东应当将拟设中外合资银行纳入其并表范围。

第五条 有下列情形之一的，不得作为拟设外商独资银行、拟设中外合资银行的股东：

（一）公司治理结构与机制存在明显缺陷；

（二）股权关系复杂或者透明度低；

（三）关联企业众多，关联交易频繁或者异常；

（四）核心业务不突出或者经营范围涉及行业过多；

（五）其他对拟设银行产生重大不利影响的情形。

第六条 《条例》第十条至第十二条所称提出设立申请前 1 年年末是指截至申请日的上一会计年度末；所称资本充足率符合国务院银行业监督管理机构的规定是指资本充足率不低于 8%。

第七条 《条例》第十四条和本细则第十五条、第二十六条、第三十条所称可行性研究报告，内容包括申请人的基本情况、对拟设机构市场前景的分析、拟设机构未来业务发展规划、拟设机构的组织管理结构、对拟设机构开业后 3 年的资产负债规模和盈利预测等。

《条例》第二十条所称可行性研究报告，内容包括申请人的基本情况、拟设代表处的目的和计划。

第八条 《条例》第十四条第（一）项所称拟设机构的名称、第二十条第（一）项所称拟设代表处的名称，应当包括中文名称和外文名称。

外国银行分行、代表处的中文名称应当标明该外国银行的国籍以及责任形式。

第九条 《条例》和本细则所称营业执照复印件、经营金融业务许可文件复印件、授权书、外国银行对其在中国境内分行承担税务、债务的责任保证书，应当经所在国家或者地区认可的机构公证，并且经中国驻该国使馆、领馆认证。

中国银监会视情况需要，可以要求申请人报送的其他申请资料经所在国家或者地区认可的机构公证，并且经中国驻该国使馆、领馆认证。

第十条 《条例》和本细则所称年报应当经审计，并附申请人所在国家或者地区认可的会计师事务所出具的审计意见书。以中文或者英文以外文字印制的年报应当附有中文或者英文译本。

第十一条 初次设立外资银行的，应当报送所在国家或者地区金融体系情况和有关金融监管法规的摘要。

初次设立代表处的，应当报送由在中国境内注册的银行业金融机构出具的与该外国银行已经建立代理行关系的证明。

第十二条 外国银行在中国境内增设分行，除应当具备《条例》第九条、第十二条规定的条件外，其在中国境内已设分行应当具备中国银监会规定的审慎性条件。

外国银行在中国境内增设代表处，除应当具备《条例》第九条规定的条件外，其在中国境内已设代表处应当无重大违法违规记录。

第十三条 外商独资银行、中外合资银行设立分行，应当具备中国银监会规定的审慎性条件。

第十四条 《条例》第十四条、第十七条、第二十条所称所在地的银行业监督管理机构是指所在地银监局；所称及时报送是指自收到完整的申请资料之日起 20 日内将申请资料连同审核意见报送中国银监会。

《条例》第十四条、第十七条、第二十条所称申请资料，应当抄送拟设机构或者拟设代表处所在地中国银监会派出机构。

《条例》第十四条、第二十条所称申请书，应当由拟设外商独资银行、中外合资银行出资各方的董事长或者行长（首席执行官、总经理）联合签署，或者由拟设分行、代表处的外国银行的董事长或者行长（首席执行官、总经理）签署，致中国银监会主席。

第十五条　外商独资银行、中外合资银行设立分行，应当先申请筹建，并将下列申请资料报送其总行所在地银监局（一式两份），同时抄送拟设分行所在地银监局：

（一）申请人董事长或者行长（首席执行官、总经理）签署的致中国银监会主席的申请书，内容包括拟设分行的名称、所在地、营运资金、申请经营的业务种类等；

（二）可行性研究报告；

（三）申请人章程；

（四）申请人年报；

（五）申请人反洗钱制度；

（六）申请人营业执照复印件；

（七）董事会同意申请设立分行的决议；

（八）中国银监会要求的其他资料。

外商独资银行、中外合资银行总行所在地银监局应当自收到完整的申请资料之日起20日内将申请资料连同审核意见报送中国银监会。

拟设分行所在地银监局应当自收到申请资料之日起20日内将审核意见报送中国银监会。

第十六条　设立外资银行营业性机构，申请人应当自接到批准筹建通知书之日起15日内到拟设机构所在地中国银监会派出机构领取开业申请表，开始筹建工作。筹建期内申请人应当成立筹备组，负责筹建工作，并将筹备组负责人名单报送所在地中国银监会派出机构，筹建工作完成后，筹备组自行解散。筹建期为6个月。

逾期未领取开业申请表的，自批准其筹建之日起1年内，中国银监会及其派出机构不受理该申请人在中国境内同一城市设立营业性机构的申请。

第十七条　设立外资银行营业性机构，申请人在筹建期内应当完成下列工作：

（一）建立健全的公司治理结构，并将公司治理结构说明报送所在地中国银监会派出机构（仅限外商独资银行、中外合资银行）；

（二）建立内部控制制度，包括内部组织结构、授权授信、信贷资金管理、资金交易、会计核算、计算机信息管理系统的控制制度和操作规程，并将内控制度和操作规程报送所在地中国银监会派出机构；

（三）配备符合业务发展需要的、适当数量的、且已接受政策法规及业务知识等相关培训的业务人员，以满足对主要业务风险有效监控、业务分级审批和复查、关键岗位分工和相互牵制等要求；

（四）印制拟对外使用的重要业务凭证和单据，并将样本报送所在地中国银监会派出机构；

（五）配备经有关部门认可的安全防范设施，并将有关证明复印件报送所在地中国银监会派出机构；

（六）应当聘请在中国境内依法设立的合格的会计师事务所对其内部控制系统、会计系统、计算机系统等进行开业前审计，并将审计报告报送所在地中国银监会派出机构。

第十八条　申请人申请延长筹建期的，应当在筹建期届满 1 个月前向所在地中国银监会派出机构提出申请。申请书由拟设外资银行营业性机构筹备组负责人签署。

所在地中国银监会派出机构应当自接到延长筹建期的完整申请资料之日起 15 日内作出批准或者不批准延长筹建期的决定，并书面通知申请人，同时逐级抄报中国银监会。决定不批准的，应当说明理由。

申请人未在规定期限内申请延长筹建期的，中国银监会派出机构不受理其申请。

第十九条　拟设外资银行营业性机构在筹建事项完成后，筹备组负责人应当向所在地中国银监会派出机构提出开业前验收。所在地中国银监会派出机构应当在 10 日内进行验收。验收合格的，应当发给验收合格意见书。验收不合格的，应当书面通知申请人，申请人可以自接到通知书之日起 10 日后向拟设机构所在地中国银监会派出机构提出复验。

第二十条　经验收合格完成筹建工作的，申请人应当将验收合格意见书、拟设外资银行营业性机构筹备组负责人签署的致中国银监会主席的开业申请书连同《条例》第十七条规定的申请资料报送拟设机构所在地银监局（一式两份），同时抄送拟设机构所在地中国银监会派出机构。

拟设机构所在地银监局应当自收到完整的开业申请资料之日起 20 日内将申请资料、验收合格意见书连同审核意见报送中国银监会。

第二十一条　外资银行营业性机构获准开业后，应当按照有关规定领取金融许可证。

第二十二条　外资银行营业性机构应当自领取营业执照之日起 6 个月内开业。特殊情况下，经所在地中国银监会派出机构批准可以延期开业。

外资银行营业性机构申请延期开业的，应当在开业期限届满 1 个月前向所在地中国银监会派出机构提出延期开业申请。申请书由外商独资银行、中外合资银行的董事长或者行长（首席执行官、总经理）或者外国银行分行的行长（总经理）签署。

所在地中国银监会派出机构应当自接到延期开业的完整申请资料之日起 15 日内作出批准或者不批准延期开业的决定，并书面通知申请人，同时逐级抄报中国银监会。决定不批准的，应当说明理由。

外资银行营业性机构未在规定期限内提出延期开业申请的，中国银监会派出机构不受理其延期开业申请。

开业延期的最长期限为 3 个月。外资银行营业性机构开业期限届满而未能开业的，原开业批准自动失效。外资银行营业性机构应当向中国银监会交回金融许可证。自原开业批准失效之日起 1 年内，中国银监会及其派出机构不受理该申请人在同一城市设立营业性机构的申请。

第二十三条　外资银行营业性机构在开业前应当将开业日期书面报送所在地中国银监会派出机构。外资银行营业性机构开业前应当在中国银监会指定的全国性报纸和所在地中国银监会派出机构指定的地方性报纸上公告。

第二十四条　《条例》第十五条至第十九条以及本细则第十六条至第二十三条适用于外商独资银行分行以及中外合资银行分行。

第二十五条　外国银行将其在中国境内的分行改制为由其总行单独出资的外商独资银行，应当符合《条例》和本细则有关设立外商独资银行的条件，并且具备在中国境内长期持续经营以及对拟设外商独资银行实施有效管理的能力。

第二十六条　外国银行将其在中国境内的分行改制为由其总行单独出资的外商独资银行，应当同时申请筹建外商独资银行以及将其在中国境内的所有外国银行分行改制为外商独资银行分行，并将下列申请资料报送拟设外商独资银行总行所在地银监局（一式两份），同时抄送该外国银行在中国境内的所有分行所在地中国银监会派出机构：

（一）外国银行董事长或者行长（首席执行官、总经理）签署的致中国银监会主席的申请书，内容包括拟设外商独资银行及其分支机构的名称、所在地、注册资本或者营运资金、申请经营的业务种类等；

（二）可行性研究报告以及机构改制计划；

（三）拟设外商独资银行的章程草案以及在中国境内依法设立的律师事务所出具的对章程草案的法律意见书；

（四）外国银行董事会关于同意将原外国银行分行改制为由其总行单独出资的外商独资银行的决议；

（五）外国银行董事长或者行长（首席执行官、总经理）签署的同意由拟设外商独资银行承继原外国银行分行债权、债务及税务的意见函，以及在中国境内长期持续经营并对拟设外商独资银行实施有效管理的承诺函；

（六）提出申请前 2 年该外国银行在中国境内所有分行经审计的合并财务会计报告；

（七）申请人所在国家或者地区金融监管当局对其改制的意见书；

（八）申请人最近 3 年年报；

（九）中国银监会要求的其他资料。

拟设外商独资银行总行所在地银监局应当自收到完整的申请资料之日起 20 日内将申请资料连同审核意见报送中国银监会。

中国银监会应当自收到完整的申请资料之日起 6 个月内作出批准或者不批准改制的决定，并书面通知申请人。决定不批准的，应当说明理由。

第二十七条　外国银行拟保留 1 家从事外汇批发业务的分行，应当在申请筹建外商独资银行的同时提出申请。

原外国银行分行应当确定分别由从事外汇批发业务的外国银行分行以及外商独资银行分行承继的债权、债务和税务，并将编制好的资产、负债和所有者权益的清单连同由申请人董事长或者行长（首席执行官、总经理）签署的致中国银监会主席的申请书，连同本细则第二十六条规定的申请资料一并报送拟设外商独资银行总行所在地银监局（一式两份），同时抄送原外国银行分行所在地中国银监会派出机构。

第二十八条　外国银行将其在中国境内的分行改制为由其总行单独出资的外商独资银行的，经中国银监会批准，原外国银行分行的营运资金经合并验资可以转为外商独资银行的注册资本，也可以转回其总行。

第二十九条　外国银行将其在中国境内的分行改制为由其总行单独出资的外商独资银行的，经验收合格完成筹建工作，应当将验收合格意见书连同下列申请资料报送拟设外商独资银行总行所在地银监局（一式两份），同时抄送原外国银行分行所在地中国银监会派出机构：

（一）拟设外商独资银行筹备组负责人签署的致中国银监会主席的开业申请书，内容包括拟设外商独资银行及其分支机构的名称、营业地址、注册资本或者营运资金、申请经营的业务种类等；

（二）拟转入拟设外商独资银行的资产、负债和所有者权益的清单；

（三）由在中国境内依法设立的合格的会计师事务所出具的注册资本验资证明；

（四）拟任外商独资银行的董事长、行长以及外商独资银行分行行长、同城支行行长的名单、简历、身份证明、学历证明的复印件；

（五）对外商独资银行分行行长、同城支行行长的授权书；

（六）拟任人签署的无不良记录陈述书；

（七）中国银监会要求的其他资料。

拟设外商独资银行总行所在地银监局应当自收到完整的开业申请资料之日起 20 日内将申请资料、验收合格意见书连同审核意见报送中国银监会。

中国银监会应当自收到完整的申请资料之日起 2 个月内作出批准或者不批准开业的决定，并书面通知申请人。决定不批准的，应当说明理由。

第三十条　外国银行拟在中国境内保留 1 家从事外汇批发业务的分行，应当在拟设外商独资银行申请开业的同时，将下列申请资料报送拟设外商独资银行总行所在地银监局（一式两份），同时抄送原外国银行分行所在地中国银监会派出机构：

（一）外国银行董事长或者行长（首席执行官、总经理）签署的致中国银监会主席的申请书，内容包括拟保留分行的所在地、营运资金、申请经营的业务种类等；

（二）可行性研究报告；

（三）拟保留的从事外汇批发业务的外国银行分行的资产、负债和所有者权益的清单；

（四）由在中国境内依法设立的合格的会计师事务所出具的验资证明；

（五）中国银监会要求的其他资料。

拟设外商独资银行总行所在地银监局应当自收到完整的申请资料之日起 20 日内将申请资料连同审核意见报送中国银监会。

中国银监会应当自收到完整的申请资料之日起 2 个月内作出批准或者不批准保留 1 家从事外汇批发业务的外国银行分行的决定，并书面通知申请人。决定不批准的，应当说明理由。

第三十一条　外国银行将其在中国境内的分行改制为由其总行单独出资的外商独资银行的，应当在拟设外商独资银行筹建期间、办理注册登记手续后，在中国银监会指定的全国性报纸和所在地中国银监会派出机构指定的地方性报纸上公告。

第三十二条　外国银行代表处获得批准设立后，应当按照有关规定到工商行政管理部门办理注册登记手续。

外国银行代表处应当在办理注册登记手续后，在中国银监会指定的全国性报纸以及所在地中国银监会派出机构指定的地方性报纸上公告。

外国银行代表处应当自中国银监会批准设立之日起 6 个月内迁入固定的办公场所，超出 6 个月后仍未开始办公的，中国银监会原批准决定失效。

第三十三条　外国银行代表处迁入固定办公场所后，应当向所在地中国银监会派出机构报送下列资料：

（一）代表处基本情况登记表；

（二）工商登记证复印件；

（三）内部管理制度，内容包括代表处的职责安排、内部分工以及内部报告制度等；

（四）办公场所的租赁合同或者产权证明复印件；

（五）配备办公设施以及租赁电信部门数据通讯线路的情况；

（六）公章、公文纸样本以及工作人员对外使用的名片样本；

（七）中国银监会要求的其他资料。

第三十四条 《条例》第十七条第（六）项所称其他资料，至少包括主要负责人的身份证明和学历证明的复印件及其签署的无不良记录陈述书。

《条例》第十七条以及本条前款所称主要负责人是指董事长、行长（首席执行官、总经理）。

第三十五条 外商独资银行、中外合资银行变更注册资本、变更股东或者调整股东持股比例，外国银行变更在中国境内分行营运资金，应当将下列申请资料报送所在地银监局（一式两份），同时抄送外资银行营业性机构所在地中国银监会派出机构：

（一）申请人董事长或者行长（首席执行官、总经理）签署的致中国银监会主席的申请书；

（二）外商独资银行、中外合资银行关于变更事项的董事会决议；

（三）外商独资银行、中外合资银行出资各方关于变更事项的董事会决议或者其法定代表人签署的意见书，外商独资银行、中外合资银行转让方和拟受让方是金融机构的，应当报送所在国家或者地区金融监管当局关于变更事项的意见书；

（四）外商独资银行、中外合资银行相关股东签署的转让协议或者合同；

（五）中国银监会要求的其他资料。

所在地银监局应当自收到完整的申请资料之日起20日内将申请资料连同审核意见报送中国银监会。

中国银监会应当自收到完整的申请资料之日起3个月内作出批准或者不批准变更的决定，并书面通知申请人。决定不批准的，应当说明理由。

第三十六条 外资银行营业性机构获准变更注册资本或者营运资金、变更股东或者调整股东持股比例，应当自接到中国银监会批准文件之日起30日内，聘请在中国境内依法设立的合格的会计师事务所进行验资，并将验资证明报送所在地中国银监会派出机构。

第三十七条 外国银行因合并、分立拟变更其在中国境内分支机构名称的，可以向中国银监会提出初步申请，并报送下列申请资料：

（一）外国银行董事长或者行长（首席执行官、总经理）签署的致中国银监会主席的申请书；

（二）外国银行所在国家或者地区金融监管当局对其合并、分立的许可文件或者批准书。

中国银监会收到完整的申请资料后，以签署信函的形式确认其申请。

外国银行应当在正式合并、分立等变更事项发生5日内，向中国银监会及该外国银行在中国境内分支机构所在地中国银监会派出机构报告，并于30日内将下列申请资料报送中国银监会（一式两份）：

（一）申请人董事长或者行长（首席执行官、总经理）签署的致中国银监会主席的申请书；

（二）填写好的中国银监会印发的申请表；

（三）申请人章程；

（四）申请人组织结构图、董事会以及主要股东名单；

（五）申请人董事长或者行长（首席执行官、总经理）签署的对其在中国境内分行承担税务、债务的责任保证书；

（六）申请人合并财务报表；

（七）申请人在中国境内分行行长（总经理）、首席代表的简历、身份证明和学历证明的复印件；

（八）申请人董事长或者行长（首席执行官、总经理）或者授权签字人签署的对其在中国境内分行行长（总经理）、首席代表的授权书；

（九）申请人营业执照复印件或者其他经营金融业务许可文件复印件以及所在国家或者地区金融监管当局对外国银行变更事项的许可文件或者批准书；

（十）中国银监会要求的其他资料。

外国银行在向中国银监会递交变更的初步申请和正式申请资料的同时，应当将申请资料抄送该外国银行在中国境内分支机构所在地中国银监会派出机构。

中国银监会应当自收到完整的申请资料之日起 3 个月内作出批准或者不批准变更的决定，并书面通知申请人。决定不批准的，应当说明理由。

第三十八条 外国银行因其他原因申请变更在中国境内分支机构名称的，应当将下列申请资料报送中国银监会（一式两份），同时抄送外国银行在中国境内分支机构所在地中国银监会派出机构：

（一）申请人董事长或者行长（首席执行官、总经理）签署的致中国银监会主席的申请书；

（二）更名后营业执照复印件或者其他经营金融业务许可文件复印件以及外国银行所在国家或者地区金融监管当局对其更名的批准书；

（三）中国银监会要求的其他资料。

中国银监会应当自收到完整的申请资料之日起 3 个月内作出批准或者不批准变更的决定，并书面通知申请人。决定不批准的，应当说明理由。

第三十九条 外资银行营业性机构合并、分立后的注册资本或者营运资金、业务范围由中国银监会重新批准。

第四十条 外商独资银行、中外合资银行更名，应当向中国银监会报送由其董事长或者行长（首席执行官、总经理）签署的致中国银监会主席的申请书（一式两份），同时抄送其总行所在地中国银监会派出机构。

中国银监会应当自收到完整的申请资料之日起 3 个月内作出批准或者不批准变更的决定，并书面通知申请人。决定不批准的，应当说明理由。

第四十一条 外资银行营业性机构及其分支机构在同一城市内变更营业场所或者外国银行代表处在同一城市内变更办公地址，应当将下列申请资料报送所在地中国银监会派出机构：

（一）外商独资银行、中外合资银行的董事长或者行长（首席执行官、总经理）、外国银行分行的行长（总经理）或者代表处首席代表签署的致所在地中国银监会派出机构的申请书；

（二）外资银行拟迁入营业场所或者办公地址的租赁或者购买合同意向书复印件；

（三）中国银监会要求的其他资料。

所在地中国银监会派出机构应当对外资银行营业性机构及其分支机构拟变更的营业场所进行验收。验收合格的，应当发给验收合格意见书。验收不合格的，应当说明理由。外资银行营业性机构可以在接到验收不合格通知书之日起 10 日后向所在地中国银监会派出机构申请复验。

所在地中国银监会派出机构应当自收到完整的申请资料之日起 3 个月内作出批准或者不批准变更营业场所或者办公地址的决定，并书面通知申请人，同时逐级抄报中国银监会。决定不批准的，应当说明理由。

外资银行在获得所在地中国银监会派出机构批准其变更营业场所或者办公地址前，不得迁入新的营业场所或者办公地址。

第四十二条 外商独资银行、中外合资银行章程所列内容发生变动，应当在其章程所列内容变动后1年内修改章程。申请修改章程，申请人应当将下列申请资料报送所在地银监局（一式两份），同时抄送所在地中国银监会派出机构：

（一）申请人董事长或者行长（首席执行官、总经理）签署的致中国银监会主席的申请书；

（二）申请人股东会或者董事会决议；

（三）申请人的原章程和新章程草案；

（四）原章程和新章程草案变动对照表；

（五）由在中国境内依法设立的律师事务所出具的对新章程草案的法律意见书；

（六）中国银监会要求的其他资料。

所在地银监局应当自收到完整的申请资料之日起20日内将申请资料连同审核意见报送中国银监会。

中国银监会应当自收到完整的申请资料之日起3个月内作出批准或者不批准修改章程的决定，并书面通知申请人。决定不批准的，应当说明理由。

第四十三条　外资银行营业性机构临时停业3天以上6个月以下，应当向所在地中国银监会派出机构提出申请，并说明理由以及临时停业期间安排。

所在地中国银监会派出机构应当自收到外资银行营业性机构临时停业申请之日起10日内作出批准或者不批准临时停业的决定。决定不批准的，应当说明理由。

经批准临时停业的，外资银行营业性机构应当在营业场所外公告。

第四十四条　经批准的临时停业期限届满或者导致临时停业的原因消除，临时停业机构应当复业。原申请人应当在复业后5日内向所在地中国银监会派出机构报告。营业场所重新修建的，申请人应当向所在地中国银监会派出机构报送营业场所的租赁或者购买合同意向书的复印件、安全和消防合格证明的复印件方可复业。

特殊情况需要延长临时停业期限的，应当按照本细则第四十三条规定重新申请。

第四十五条　外资银行营业性机构有《条例》第二十七条所列情形须变更金融许可证所载内容的，应当根据金融许可证管理的有关规定办理变更事宜。

需要验资的，外资银行营业性机构应当将在中国境内依法设立的合格的会计师事务所出具的验资证明报送所在地中国银监会派出机构。需要验收的，外资银行营业性机构所在地中国银监会派出机构应当进行验收。

外资银行营业性机构持中国银监会的批准文件向工商行政管理机关办理变更登记，换领营业执照。

外资银行营业性机构有《条例》第二十七条第（一）项至第（三）项所列情形之一的，应当在中国银监会指定的全国性报纸以及所在地中国银监会派出机构指定的地方性报纸上公告。公告应当自营业执照生效之日起30日内完成。

第四十六条　外国银行代表处发生更名、变更办公场所等变更事项，应当在办理变更工商登记手续后在所在地中国银监会派出机构指定的地方性报纸上公告。

第三章　业务范围

第四十七条　《条例》第二十九条第（四）项、第三十一条第（四）项所称买卖政府债券、金融债券，买卖股票以外的其他外币有价证券包括但不限于下列外汇投资业务：在中国境外发行的中国和外国政府债券、中国金融机构债券和中国非金融机构债券。

第四十八条 《条例》第二十九条第（十二）项和第三十一条第（十一）项所称资信调查和咨询服务是指与银行业务有关的资信调查和咨询服务。

第四十九条 外国银行分行经营《条例》第三十一条规定的外汇业务，营运资金应当不少于2亿元人民币或者等值的自由兑换货币。

第五十条 外国银行分行经营《条例》第三十一条规定的外汇业务和人民币业务，营运资金应当不少于3亿元人民币或者等值的自由兑换货币，其中人民币营运资金应当不少于1亿元人民币。

第五十一条 外国银行分行改制的由其总行单独出资的外商独资银行可以承继原外国银行分行已经获准经营的全部业务。

第五十二条 外商独资银行、中外合资银行在获准的业务范围内授权其分支机构开展业务。

外国银行分行在获准的业务范围内授权其同城支行开展业务。

第五十三条 《条例》第三十四条是指外资银行营业性机构初次申请经营人民币业务应当具备的条件，其中第（一）项、第（二）项是指拟申请经营人民币业务的外资银行营业性机构开业3年以上，申请前2年连续盈利。开业3年是指自外资银行营业性机构获准开业之日起至申请日止满3年，申请前2年连续盈利是指外资银行营业性机构截至申请日的前2个会计年度经审计的财务会计报告显示盈利。

已经获准经营人民币业务的外资银行营业性机构申请扩大人民币业务服务对象范围，应当具备中国银监会规定的审慎性条件，并经中国银监会审批。

第五十四条 外商独资银行、中外合资银行经营对中国境内公民的人民币业务，除应当具备中国银监会规定的审慎性条件外，还应当具备符合业务特点以及业务发展需要的营业网点。

第五十五条 外资银行营业性机构申请经营人民币业务或者扩大人民币业务服务对象范围，应当将下列申请资料报送所在地银监局（一式两份），同时抄送所在地中国银监会派出机构：

（一）申请人董事长或者行长（首席执行官、总经理）签署的致中国银监会主席的申请书；

（二）可行性研究报告；

（三）拟经营业务的内部控制制度及操作规程；

（四）截至申请日的前2个会计年度经审计的资产负债表及损益表；

（五）中国银监会要求的其他资料。

所在地银监局应当自收到完整的申请资料之日起20日内将申请资料连同审核意见报送中国银监会。

中国银监会应当自收到完整的申请资料之日起3个月内作出批准或者不批准经营人民币业务或者扩大人民币业务服务对象范围的决定，并书面通知申请人。决定不批准的，应当说明理由。

第五十六条 外资银行营业性机构应当自接到中国银监会批准其经营人民币业务或者扩大人民币业务服务对象范围之日起4个月内完成下列筹备工作：

（一）配备符合业务发展需要的、适当数量的业务人员；

（二）印制拟对外使用的重要业务凭证和单据，并将样本报送所在地中国银监会派出机构；

（三）配备经有关部门认可的安全防范设施，并将有关证明的复印件报送所在地中国银监会派出机构；

（四）建立健全人民币业务的内部控制制度和操作规程，并报送所在地中国银监会派出机构；

（五）外资银行营业性机构需要增加注册资本或者营运资金的，应当聘请在中国境内依法设立的合格的会计师事务所验资，并将验资证明报送所在地中国银监会派出机构。

外资银行营业性机构未能在4个月内完成筹备工作的，中国银监会原批准决定自动失效。

第五十七条　外资银行营业性机构在筹备工作完成后，应当向所在地中国银监会派出机构提出验收，所在地中国银监会派出机构应当在10日内进行验收。验收合格的，应当发给验收合格意见书。验收不合格的，外资银行营业性机构可以自接到通知书10日后向所在地中国银监会派出机构提出复验。外资银行营业性机构持验收合格意见书到中国银监会领取批准书。

第五十八条　外商独资银行分行、中外合资银行分行在其总行业务范围内经授权经营人民币业务。在开展业务前，应当按照本细则第五十六条的规定进行筹备并将总行对其经营人民币业务的授权书报送所在地中国银监会派出机构。

筹备工作完成后，外商独资银行分行、中外合资银行分行应当向所在地中国银监会派出机构提出验收。所在地中国银监会派出机构应当自收到验收资料后10日内进行验收。验收合格的，应当发给验收合格意见书。验收不合格的，外商独资银行分行、中外合资银行分行可以自接到通知书10日后向所在地中国银监会派出机构提出复验。

外商独资银行分行、中外合资银行分行凭验收合格意见书到中国银监会领取经营人民币业务的确认函，并到工商行政管理机关办理营业执照变更事宜。

第五十九条　外资银行营业性机构及其分支机构经营人民币业务或者扩大人民币业务服务对象范围，应当在中国银监会指定的全国性报纸和所在地中国银监会派出机构指定的地方性报纸上公告。

第六十条　外资银行营业性机构经营《条例》第二十九条第（十三）项或者第三十一条第（十二）项业务，应当向外商独资银行、中外合资银行总行或者外国银行管理行所在地银监局报送下列申请资料（一式两份），同时抄送外资银行营业性机构所在地中国银监会派出机构：

（一）申请人授权签字人签署的致中国银监会主席的申请书；

（二）拟经营业务的详细介绍以及内部控制制度和操作规程；

（三）中国银监会要求的其他资料。

所在地银监局应当自收到完整的申请资料之日起20日内将申请资料连同审核意见报送中国银监会。

中国银监会应当自收到完整的申请资料之日起3个月内，作出批准或者不批准的决定，并书面通知申请人。决定不批准的，应当说明理由。

第六十一条　外资银行营业性机构及其分支机构经营业务范围内的新产品，应当在经营业务后5日内向所在地中国银监会派出机构书面报告，内容包括新产品介绍、风险特点、内部控制制度和操作规程等。

第六十二条　外资银行营业性机构可以按照有关规定从事人民币同业借款业务。

第四章　任职资格管理

第六十三条　《条例》和本细则所称高级管理人员是指需经中国银监会或者所在地银监局核准任职资格的外资银行管理人员。

第六十四条　担任外资银行的董事、高级管理人员和首席代表的人员应当是具有完全民事行为能力的自然人，并具备下列基本条件：

（一）熟悉并遵守中国法律、行政法规和规章；

（二）具有良好的职业道德、操守、品行和声誉，有良好的守法合规记录，无不良记录；

（三）具备大学本科以上（包括大学本科）学历，且具有与担任职务相适应的专业知识、工作经验和组织管理能力；不具备大学本科以上学历，应当相应增加 6 年以上从事金融或者 8 年以上相关经济工作经历（其中从事金融工作 4 年以上）；

（四）具有履职所需的独立性。

第六十五条 外资银行的董事、高级管理人员、首席代表在中国银监会或者所在地银监局核准其任职资格前不得履职。

第六十六条 有下列情形之一的，不得担任外资银行的董事、高级管理人员和首席代表：

（一）有故意或者重大过失犯罪记录的；

（二）担任或者曾任因违法经营而被接管、撤销、合并、宣告破产或者吊销营业执照的机构的董事或者高级管理人员的，但能够证明自己没有过错的除外；

（三）指使、参与所任职机构阻挠、对抗中国银监会及其派出机构进行监督检查或者案件查处的；

（四）违反职业道德、操守或者工作严重失职给所任职的机构造成重大损失或者恶劣影响的；

（五）本人或者其配偶负有数额较大的债务且到期未偿还的；

（六）法律、行政法规、部门规章规定的不得担任金融机构董事、高级管理人员或者首席代表的；

（七）中国银监会认定的其他情形。

第六十七条 中国银监会负责核准或者取消外资银行下列人员的任职资格：

（一）外商独资银行、中外合资银行的董事长、行长（首席执行官、总经理），外商独资银行分行、中外合资银行分行的行长（总经理）；

（二）外国银行分行的行长（总经理）；

（三）外国银行代表处的首席代表。

第六十八条 中国银监会授权外资银行所在地银监局核准更换外商独资银行分行的行长、中外合资银行分行的行长、外国银行分行的行长（总经理）、代表处首席代表的任职资格。

第六十九条 银监局负责核准或者取消本辖区外资银行下列人员的任职资格：

（一）外商独资银行、中外合资银行的董事、副董事长、董事会秘书、副行长（副总经理）、行长助理、首席运营官、首席风险控制官、首席财务官（财务总监、财务负责人）、首席技术官、内审负责人和合规负责人；

（二）外商独资银行分行、中外合资银行分行的副行长（副总经理）和合规负责人，外国银行分行的副行长（副总经理）和合规负责人；

（三）支行行长；

（四）其他对经营管理具有决策权或者对风险控制起重要作用的人员。

第七十条 担任下列职务的外资银行董事、高级管理人员和首席代表应当分别具备下列条件：

（一）担任外商独资银行、中外合资银行董事长，应当具有 8 年以上金融工作或者 12 年以上相关经济工作经历（其中从事金融工作 5 年以上）；

（二）担任外商独资银行、中外合资银行副董事长，应当具有 5 年以上金融工作或者 10 年以上相关经济工作经历（其中从事金融工作 3 年以上）；

（三）担任外商独资银行、中外合资银行行长（首席执行官、总经理），应当具有 8 年以上金融工作或者12年以上相关经济工作经历（其中从事金融工作4年以上）；

（四）担任外商独资银行、中外合资银行董事会秘书、副行长（副总经理）、行长助理、首席运营官、首席风险控制官、首席财务官（财务总监、财务负责人）、首席技术官，外商独资银行分行、中外合资银行分行、外国银行分行行长（总经理），应当具有5年以上金融工作或者10年以上相关经济工作经历（其中从事金融工作3年以上）；

（五）担任外商独资银行、中外合资银行董事，应当具有5年以上与经济、金融、法律、财务有关的工作经历，能够运用财务报表和统计报表判断银行的经营、管理和风险状况，理解银行的公司治理结构、公司章程、董事会职责以及董事的权利和义务；

（六）担任外商独资银行分行、中外合资银行分行、外国银行分行副行长（副总经理），支行行长，应当具有4年以上金融工作或者6年以上相关经济工作经历（其中从事金融工作2年以上）；

（七）担任外商独资银行、中外合资银行内审负责人和合规负责人，应当具有4年以上金融工作经历；

（八）担任外商独资银行分行、中外合资银行分行、外国银行分行合规负责人，应当具有3年以上金融工作经历；

（九）担任外国银行代表处首席代表，应当具有3年以上金融工作或者6年以上相关经济工作经历（其中从事金融工作1年以上）。

第七十一条　外资银行申请核准董事、高级管理人员和首席代表任职资格，应当将下列申请资料报送拟任职机构所在地银监局（一式两份），同时抄送拟任职机构所在地中国银监会派出机构：

（一）申请人授权签字人签署的致中国银监会的申请书，其中，由中国银监会核准的，致中国银监会主席，由银监局核准的，致有关银监局局长，申请书中应当说明拟任人拟任的职务、职责、权限，及该职务在本机构组织结构中的位置；

（二）申请人授权签字人签署的对拟任人的授权书及该签字人的授权书；

（三）拟任人身份证明、学历证明的复印件；

（四）拟任人简历和未来履职计划的详细说明；

（五）由拟任人签署的无不良记录陈述书以及任职后将守法尽责的承诺书；

（六）外商独资银行、中外合资银行章程规定应当召开股东会或者董事会会议的，还应当报送相应的会议决议；

（七）中国银监会要求的其他资料。

第七十二条　《条例》和本细则所称拟任人的简历、身份证明和学历证明的复印件应当经授权签字人签字。

第七十三条　拟任人在中国境内的银行业金融机构担任过董事、高级管理人员和首席代表的，中国银监会或者所在地银监局在核准其任职资格前，可以根据需要征求拟任人原任职机构所在地银监局的意见。

拟任人原任职机构所在地银监局应当及时提供反馈意见。

第七十四条　外资银行递交任职资格申请资料后，中国银监会以及所在地银监局可以约见拟任人进行任职前谈话。

第七十五条　外资银行营业性机构行长（首席执行官、总经理）、外国银行代表处首席代表离岗连续1个月以上的，应当向所在地中国银监会派出机构书面报告，并指定专人代行其职；无特殊情况离岗连续3个月以上的，应当更换人选。

第七十六条 外资银行董事、高级管理人员和首席代表存在下列情形之一的，中国银监会及其派出机构可以视情节轻重，取消其一定期限直至终身的任职资格：

（一）被依法追究刑事责任的；

（二）拒绝、干扰、阻挠或者严重影响中国银监会及其派出机构依法监管的；

（三）因内部管理与控制制度不健全或者执行监督不力，造成所任职机构重大财产损失，或者导致重大金融犯罪案件发生的；

（四）因严重违法违规经营、内控制度不健全或者长期经营管理不善，造成所任职机构被接管、兼并或者被宣告破产的；

（五）因长期经营管理不善，造成所任职机构严重亏损的；

（六）对已任职的外资银行董事、高级管理人员、首席代表，中国银监会如发现其任职前有违法、违规或者其他不宜担任所任职务的；

（七）中国银监会认定的其他情形。

第七十七条 拟任人任职资格需报中国银监会核准的，所在地银监局应当自收到完整的申请资料之日起 20 日内将申请资料连同审核意见报送中国银监会。中国银监会应当自收到完整的申请资料之日起 30 日内，作出核准或者不核准的决定，并书面通知申请人。决定不核准的，应当说明理由。

拟任人任职资格需报所在地银监局核准的，所在地银监局应当自收到完整的申请资料之日起 30 日内作出核准或者不核准的决定，并书面通知申请人。决定不核准的，应当说明理由。

第五章 监督管理

第七十八条 外资银行营业性机构应当建立与其中国业务发展相适应的内部控制制度和业务操作规程，并于每年 3 月末前将内部控制制度和业务操作规程的修订内容报送所在地中国银监会派出机构。

第七十九条 外商独资银行、中外合资银行应当设置独立的风险管理部门、合规管理部门和内部审计部门。

外国银行分行应当指定专门部门或者人员负责合规工作。

第八十条 外资银行营业性机构结束内部审计后，应当及时将内审报告报送所在地中国银监会派出机构，所在地中国银监会派出机构可以采取适当方式与外资银行营业性机构的内审人员沟通。

第八十一条 外资银行营业性机构应当建立贷款风险分类制度，并将贷款风险分类标准与中国银监会规定的分类标准的对应关系报送所在地中国银监会派出机构。

第八十二条 《条例》第四十条所称资产负债比例管理的规定是指《中华人民共和国商业银行法》第三十九条的规定。

外商独资银行、中外合资银行有关资产负债比例的计算方法执行银行业监管报表指标体系的规定，按照本外币合计的并表口径考核。

第八十三条 外商独资银行、中外合资银行应当建立关联交易管理制度，关联交易必须符合商业原则，交易条件不得优于与非关联方进行交易的条件。

中国银监会及其派出机构按照商业银行关联交易有关管理办法的规定对关联方及关联交易进行认定。

第八十四条 外资银行营业性机构应当制定与业务外包相关的政策和管理制度，包括业务外包的决策程序、对外包方的评价和管理、控制银行信息保密性和安全性的措施和应急计划等。

外资银行营业性机构签署业务外包协议前应当向所在地中国银监会派出机构报告业务外包协议的主要风险及相应的风险规避措施等。

第八十五条 《条例》第四十四条所称外国银行分行的生息资产包括外汇生息资产和人民币生息资产。

外国银行分行外汇营运资金的30%应当以6个月以上（含6个月）的外币定期存款作为外汇生息资产；人民币营运资金的30%应当以人民币国债或者6个月以上（含6个月）的人民币定期存款作为人民币生息资产。

外国银行分行以定期存款形式存在的生息资产应当存放在中国境内经营稳健、具有一定实力的3家或者3家以下中资商业银行。外国银行分行不得对以人民币国债形式存在的生息资产进行质押回购，或者采取其他影响生息资产支配权的处理方式。

外国银行分行应当分别于每年6月末和12月末向所在地中国银监会派出机构报告生息资产的存在情况，包括定期存款的存放银行、金额、期限和利率，持有人民币国债的金额、形式和到期日等内容。

外国银行分行变更生息资产存在形式、定期存款存放银行应当经所在地中国银监会派出机构批准。未经所在地中国银监会派出机构批准，外国银行分行不得动用生息资产。

第八十六条 《条例》第四十五条所称营运资金加准备金等项之和是指营运资金、未分配利润和贷款损失一般准备之和，所称风险资产是指按照有关加权风险资产的规定计算的表内、表外加权风险资产。

《条例》第四十五条所规定的比例，按照外国银行在中国境内分行单家计算，按季末余额考核。

第八十七条 外国银行分行的流动性资产包括现金、黄金、在中国人民银行存款、存放同业、1个月内到期的拆放同业、1个月内到期的借出同业、境外联行往来及附属机构往来的资产方净额、1个月内到期的应收利息及其他应收款、1个月内到期的贷款、1个月内到期的债券投资、在国内外二级市场上可随时变现的其他债券投资、其他1个月内可变现的资产。上述各项资产中应当扣除预计不可收回的部分。生息资产不计入流动性资产。

外国银行分行的流动性负债包括活期存款、1个月内到期的定期存款、同业存放、1个月内到期的同业拆入、1个月内到期的借入同业、境外联行往来及附属机构往来的负债方净额、1个月内到期的应付利息及其他应付款、其他1个月内到期的负债。冻结存款不计入流动性负债。

外国银行分行应当每日按人民币、外币分别计算并保持《条例》第四十六条规定的流动性比例，按照外国银行在中国境内分行单家考核。

第八十八条 《条例》第四十七条所称境内本外币资产余额、境内本外币负债余额按照以下方法计算：

境内本外币资产余额＝本外币资产总额－境外联行往来（资产）－境外附属机构往来（资产）－境外贷款－存放境外同业－拆放境外同业－买入境外返售资产－境外投资－其他境外资产

下列投资不列入境外投资：购买在中国境外发行的中国政府债券、中国金融机构的债券和中国非金融机构的债券。

境内本外币负债余额＝本外币负债总额－境外联行往来（负债）－境外附属机构往来（负债）－境外存款－境外同业存放－境外同业拆入－卖出境外回购款项－其他境外负债

《条例》第四十七条的规定按照外国银行在中国境内分行合并考核。

第八十九条　外资银行营业性机构不得虚列、多列、少列资产、负债和所有者权益。

第九十条　在中国境内设立 2 家及 2 家以上外国银行分行的，应当由外国银行总行或者经授权的地区总部指定其中 1 家分行作为管理行，统筹负责中国境内业务的管理以及中国境内所有分行的合并财务信息和综合信息的报送工作。

外国银行或者经授权的地区总部应当指定管理行行长负责中国境内业务的管理工作，并指定合规负责人负责中国境内业务的合规工作。

第九十一条　外资银行营业性机构应当按照中国银监会的规定，每季度末将跨境大额资金流动和资产转移情况报送其所在地中国银监会派出机构。

第九十二条　外资银行营业性机构由总行或者联行转入信贷资产应当经所在地中国银监会派出机构批准。

第九十三条　外国银行分行有下列情形之一的，应当向该分行或者管理行所在地中国银监会派出机构报告：

（一）外国银行分行未分配利润与本年度纯损益之和为负数，且该负数绝对值与贷款损失准备尚未提足部分之和超过营运资金 30% 的，应当每季度末报告；

（二）外国银行分行对所有大客户的授信余额超过其营运资金 8 倍的，应当每季度末报告，大客户是指授信余额超过外国银行分行营运资金 10% 的客户，该指标按照外国银行在中国境内分行季末余额合并计算；

（三）外国银行分行境外联行及附属机构往来的资产方余额超过境外联行及附属机构往来的负债方余额与营运资金之和的，应当每月末报告，该指标按照外国银行在中国境内分行合并计算；

（四）中国银监会认定的其他情形。

第九十四条　中国银监会及其派出机构对外资银行营业性机构采取的特别监管措施包括以下内容：

（一）约见有关负责人进行警诫谈话；

（二）责令限期就有关问题报送书面报告；

（三）对资金流出境外采取限制性措施；

（四）责令暂停部分业务或者暂停受理经营新业务的申请；

（五）责令出具保证书；

（六）对有关风险监管指标提出特别要求；

（七）要求保持一定比例的经中国银监会认可的资产；

（八）责令限期补充资本金或者营运资金；

（九）责令限期撤换董事或者高级管理人员；

（十）暂停受理增设机构的申请；

（十一）对利润分配和利润汇出境外采取限制性措施；

（十二）派驻特别监管人员，对日常经营管理进行监督指导；

（十三）提高有关监管报表的报送频度；

（十四）中国银监会采取的其他特别监管措施。

第九十五条　外资银行营业性机构应当向所在地中国银监会派出机构及时报告下列重大事项：

（一）财务状况和经营活动出现重大问题；

（二）经营策略的重大调整；

（三）除不可抗力原因外，外资银行营业性机构在法定节假日以外的日期暂停营业 2 日以内，应当提前 7 日向所在地中国银监会派出机构书面报告；

（四）外商独资银行、中外合资银行的重要董事会决议；

（五）外国银行分行的总行、外商独资银行或者中外合资银行股东的章程、注册资本和注册地址的变更；

（六）外国银行分行的总行、外商独资银行或者中外合资银行股东的合并、分立等重组事项以及董事长或者行长（首席执行官、总经理）的变更；

（七）外国银行分行的总行、外商独资银行或者中外合资银行股东的财务状况和经营活动出现重大问题；

（八）外国银行分行的总行、外商独资银行或者中外合资银行股东发生重大案件；

（九）外国银行分行的总行、外商独资银行或者中外合资银行外方股东所在国家或者地区以及其他海外分支机构所在国家或者地区金融监管当局对其实施的重大监管措施；

（十）外国银行分行的总行、外商独资银行或者中外合资银行外方股东所在国家或者地区金融监管法规和金融监管体系的重大变化；

（十一）中国银监会要求报告的其他事项。

第九十六条 外国银行代表处应当及时向所在地中国银监会派出机构报告其所代表的外国银行发生的下列重大事项：

（一）章程、注册资本或者注册地址变更；

（二）外国银行的合并、分立等重组事项以及董事长或者行长（首席执行官、总经理）变更；

（三）财务状况或者经营活动出现重大问题；

（四）发生重大案件；

（五）所在国家或者地区金融监管当局对其实施的重大监管措施；

（六）其他对外国银行经营产生重大影响的事项。

第九十七条 非外资银行在中国境内机构正式员工，在该机构连续工作超过 20 日或者在 90 日内累计工作超过 30 日的，外资银行应当向所在地中国银监会派出机构报告。

第九十八条 外商独资银行、中外合资银行和在中国境内设立 2 家及 2 家以上分行的外国银行，应当在每个会计年度结束后聘请在中国境内依法设立的合格的会计师事务所对该机构在中国境内所有营业性机构进行并表或者合并审计，并在会计年度结束后 4 个月内将审计报告和管理建议书报送外商独资银行、中外合资银行总行或者管理行所在地中国银监会派出机构。

外国银行分行应当在每个会计年度结束后聘请在中国境内依法设立的合格的会计师事务所进行审计，并在会计年度结束后 4 个月内将审计报告和管理建议书报送所在地中国银监会派出机构。

第九十九条 外资银行营业性机构聘请在中国境内依法设立的合格的会计师事务所进行年度或者其他项目审计 1 个月前，应当将会计师事务所及其参加审计的注册会计师的基本资料报送所在地中国银监会派出机构。

第一百条 外商独资银行、中外合资银行的年度审计应当包括以下内容：资本充足情况、资产质量、公司治理情况、内部控制情况、盈利情况、流动性和市场风险管理情况等。

外国银行分行的年度审计应当包括以下内容：财务报告、风险管理、营运控制、合规经营情况和资产质量等。

第一百零一条　中国银监会及其派出机构在必要时可以指定会计师事务所对外资银行营业性机构的经营状况、财务状况、风险状况、内部控制制度及执行情况等进行审计。

第一百零二条　中国银监会及其派出机构可以要求外资银行营业性机构更换专业技能和独立性达不到监管要求的会计师事务所。

第一百零三条　外商独资银行、中外合资银行应当在会计年度结束后 6 个月内向其总行所在地中国银监会派出机构报送外商独资银行及其股东、中外合资银行及其股东的年报。

外国银行分行及外国银行代表处应当在其总行会计年度结束后 6 个月内向所在地中国银监会派出机构报送其总行的年报。

第一百零四条　外国银行代表处应当于每年 2 月末前按照中国银监会规定的格式向所在地中国银监会派出机构报送上年度工作报告和本年度工作计划。

第一百零五条　外国银行代表处应当具备独立的办公场所、办公设施和专职工作人员。

第一百零六条　外国银行代表处应当配备合理数量的工作人员，工作人员的职务应当符合代表处工作职责。

第一百零七条　外国银行代表处应当建立会计账簿，真实反映财务收支情况，其成本以及费用开支应当符合代表处工作职责。

外国银行代表处不得使用其他企业、组织或者个人的账户。

第一百零八条　外国银行代表处不得在其电脑系统中使用与代表处工作职责不符的业务处理系统。

第一百零九条　本细则要求报送的资料，除年报外，凡用外文书写的，应当附有中文译本。外资银行营业性机构的内部控制制度、业务操作规程、业务凭证样本应当附有中文译本；其他业务档案和管理档案相关文件如监管人员认为有必要的，也应当附有中文译本。特殊情况下，中国银监会及其派出机构可以要求有关中文译本经外国银行分行的总行、外商独资银行或者中外合资银行的外方股东所在国家或者地区认可的机构公证，并且经中国驻该国使馆、领馆认证。

第六章　终止与清算

第一百一十条　《条例》第五十八条所称自行终止包括下列情形：

（一）外商独资银行、中外合资银行章程规定的营业期限届满或者章程规定的其他解散事由出现的；

（二）外商独资银行、中外合资银行股东会或者董事会决定解散的；

（三）外商独资银行、中外合资银行因合并或者分立需要解散的；

（四）外国银行、外商独资银行、中外合资银行关闭在中国境内分行的。

第一百一十一条　外商独资银行、中外合资银行申请自行解散的，应当将下列申请资料报送所在地银监局（一式两份），同时抄送所在地中国银监会派出机构：

（一）董事长或者行长（首席执行官、总经理）签署的致中国银监会主席的申请书；

（二）股东会或者董事会决议；

（三）股东各方董事长或者行长（首席执行官、总经理）签署的同意该机构自行解散的确认函；

（四）中国银监会要求的其他资料。

所在地银监局应当自收到完整的申请资料之日起 20 日内将申请资料连同审核意见报送中国银监会。

中国银监会应当自收到完整的申请资料之日起3个月内作出批准或者不批准自行解散的决定，并书面通知申请人。决定不批准的，应当说明理由。

第一百一十二条　外国银行、外商独资银行或者中外合资银行申请关闭在中国境内分行，应当将下列申请资料报送该分行所在地银监局（一式两份），同时抄送外商独资银行、中外合资银行总行所在地银监局以及该分行所在地中国银监会派出机构：

（一）申请人董事长或者行长（首席执行官、总经理）签署的致中国银监会主席的申请书；

（二）外商独资银行、中外合资银行的董事会决议；

（三）外国银行所在国家或者地区金融监管当局对其申请的意见书；

（四）中国银监会要求的其他资料。

该分行所在地银监局应当自收到完整的申请资料之日起20日内将申请资料连同审核意见报送中国银监会。

中国银监会应当自收到完整的申请资料之日起3个月内作出批准或者不批准关闭的决定，并书面通知申请人。决定不批准的，应当说明理由。

第一百一十三条　自中国银监会批准外商独资银行、中外合资银行自行解散或者外国银行、外商独资银行、中外合资银行关闭在中国境内分行的决定生效之日起，被批准自行解散、关闭的机构应当立即停止经营活动，交回金融许可证，并在15日内成立清算组。

第一百一十四条　清算组成员包括行长（总经理）、会计主管、中国注册会计师以及中国银监会指定的其他人员。外商独资银行、中外合资银行清算组还应当包括股东代表和董事长。清算组成员应当报经所在地中国银监会派出机构同意。

第一百一十五条　清算组应当书面通知工商行政管理机关、税务机关、劳动与社会保障部门等有关部门。

第一百一十六条　外商独资银行、中外合资银行自行解散或者外商独资银行、中外合资银行和外国银行关闭其在中国境内分行涉及的其他清算事宜按照《中华人民共和国公司法》的有关规定执行。

第一百一十七条　被解散或者关闭的外资银行营业性机构及其分支机构所在地中国银监会派出机构负责监督解散与清算过程，并将重大事项和清算结果逐级报至中国银监会。

第一百一十八条　清算组应当自成立之日起30日内聘请在中国境内依法设立的合格的会计师事务所进行审计，自聘请之日起60日内向所在地中国银监会派出机构报送审计报告。

第一百一十九条　解散或者关闭清算过程中涉及外汇审批或者核准事项的，应当经国家外汇管理局及其分局批准。

第一百二十条　清算组在清偿债务过程中，应当在支付清算费用、所欠职工工资和劳动保险费后，优先支付个人储蓄存款的本金和利息。

第一百二十一条　清算组应当在每月10号前向所在地中国银监会派出机构报送有关债务清偿、资产处置、贷款清收、销户等情况的报告。

第一百二十二条　被清算机构全部债务清偿完毕后，清算组申请提取生息资产，应当向所在地中国银监会派出机构报送下列申请资料，由所在地中国银监会派出机构进行审批：

（一）由清算组组长签署的申请书；

（二）关于清算情况的报告；

（三）中国银监会要求的其他资料。

第一百二十三条　清算工作结束后，清算组应当制作清算报告，报送所在地中国银监会派出机构确认，并报送工商行政管理机关申请注销工商登记，在中国银监会指定的全国性报纸和所在地中国银监会派出机构指定的地方性报纸上公告。清算组应当将公告内容在公告日 3 日前书面报至所在地中国银监会派出机构。

第一百二十四条　清算后的会计档案及业务资料依照有关规定处理。

第一百二十五条　自外国银行分行清算结束之日起 2 年内，中国银监会及其派出机构不受理该外国银行在中国境内同一城市设立营业性机构的申请。

第一百二十六条　外国银行申请关闭在中国境内的分行并提出在同一城市设立代表处的，应当将下列申请资料报送所在地银监局（一式两份），同时抄送所在地中国银监会派出机构：

（一）申请人董事长或者行长（首席执行官、总经理）签署的致中国银监会主席的申请书；

（二）外国银行授权签字人签署的对拟任首席代表的授权书；

（三）拟任首席代表简历；

（四）拟任首席代表的身份证明和学历证明的复印件；

（五）由拟任首席代表签署的无不良记录陈述书；

（六）中国银监会要求的其他资料。

所在地银监局应当自收到完整的申请资料之日起 20 日内将申请资料连同审核意见报中国银监会。

中国银监会应当自收到完整的申请资料之日起 3 个月内作出批准或者不批准关闭分行并在同一城市设立代表处的决定，并书面通知申请人。决定不批准的，应当说明理由。

第一百二十七条　外商独资银行、中外合资银行有违法违规经营、经营管理不善等情形，不予撤销将严重危害金融秩序、损害社会公众利益的，由中国银监会按照《金融机构撤销条例》的规定撤销。

中国银监会责令关闭外国银行分行的，按照《中华人民共和国公司法》的有关规定执行。

第一百二十八条　外商独资银行、中外合资银行因解散而清算，清算组在清理财产、编制资产负债表和财产清单后，发现外商独资银行、中外合资银行财产不足清偿债务的，经中国银监会同意，应当立即向人民法院申请宣告破产。外商独资银行、中外合资银行经人民法院裁定宣告破产后，清算组应当将清算事务移交给人民法院。

第一百二十九条　外资银行营业性机构根据《条例》第五十九条的规定申请复业的，应当将下列申请资料报送所在地银监局（一式两份），同时抄送所在地中国银监会派出机构：

（一）申请人董事长或者行长（首席执行官、总经理）签署的致中国银监会主席的申请书；

（二）外商独资银行、中外合资银行的董事会决议；

（三）中国银监会要求的其他资料。

所在地银监局应当自收到完整的申请资料之日起 20 日内将申请资料连同审核意见报送中国银监会。

中国银监会应当自收到完整的申请资料之日起 3 个月内作出批准或者不批准复业的决定，并书面通知申请人。决定不批准的，应当说明理由。

第一百三十条　外国银行将其在中国境内的分行改制为由其总行单独出资的外商独资银行的，原外国银行分行应当在外商独资银行开业后交回金融许可证，并依法向工商行政管理机关办理注销登记。

第一百三十一条　外国银行申请关闭在中国境内代表处的，应当将下列申请资料报送所在地银监局（一式两份），同时抄送所在地中国银监会派出机构：

（一）外国银行董事长或者行长（首席执行官、总经理）签署的致中国银监会主席的申请书；

（二）中国银监会要求的其他资料。

所在地银监局应当自收到完整的申请资料之日起20日内将申请资料连同审核意见报送中国银监会。

中国银监会应当自收到完整的申请资料之日起3个月内作出批准或者不批准关闭的决定，并书面通知申请人。决定不批准的，应当说明理由。

第一百三十二条　经批准关闭的代表处应当在依法办理注销登记手续后15日内，在中国银监会指定的全国性报纸及所在地中国银监会派出机构指定的地方性报纸上公告，并将公告内容报送所在地中国银监会派出机构。

第七章　附　则

第一百三十三条　外资银行违反本细则的，中国银监会按照《条例》和其他有关规定对其进行处罚。

第一百三十四条　本细则自2006年12月11日起施行。自本细则施行之日起，中国银监会2004年7月26日公布的《中华人民共和国外资金融机构管理条例实施细则》同时废止。

1.1.17 山西省人民政府办公厅关于全面推广太原临汾试点经验 加强非公有制企业安全监管工作的通知

晋政办发〔2006〕9号

各市、县人民政府，省人民政府各委、厅，各直属机构：

为深入贯彻落实《国务院关于进一步加强安全生产工作的决定》（国发〔2004〕2号）、《国务院关于鼓励支持和引导个体私营等非公有制经济发展的若干意见》（国发〔2005〕3号）和国务院领导同志关于强化非公有制企业安全监管工作的指示精神，推广广东佛山非公有制企业安全监管试点经验，进一步探索适应我省非公有制企业特点的安全监管工作新机制，2004年，确定太原市、临汾市为我省非公有制企业安全监管工作的试点市。太原、临汾市经过一年多的试点工作，针对非公有制企业安全生产工作的规律特点，在摸索一套有利于加强非公有制企业安全生产监管的有效途径方面，进行了积极而有效的探索和实践，创造了不少可资借鉴的经验。为了在全省全面推广太原、临汾试点经验，进一步加强非公有制企业安全监管工作，现就有关事项通知如下：

一、提高认识，加强领导

非公有制经济是社会主义市场经济的重要组成部分，改革开放以来，非公有制企业为我省国民经济持续快速发展和社会稳定作出了巨大贡献，但同时也存在着一些不容忽视的问题，特别是安全状况不好，伤亡事故多发，职业危害严重，给人民群众生命财产造成严重损失。据统计，非公有制企业发生安全事故的起数和死亡人数分别占到全省各类安全事故起数和死亡人数的80%和85%左右，非公有制企业的安全生产问题，已经成为当前安全生产工作领域的突出矛盾，成为全社会关注的热点。做好非公有制企业安全监管工作，不仅是推动非公有制经济健康有序发展的重要措施，也是从根本上改变我省安全生产形势严峻的重要举措。各级、各部门要从实践“三个代表”重要思想、落实科学发展观、维护人民群众生命财产安全、构建社会主义和谐社会的高度，充分认识加强非公有制企业安全监管工作的重要性和紧迫性，进一步加强非公有制企业安全监管试点经验推广工作的领导。各市要成立试点经验推广工作领导小组，完善工作机制，健全工作制度，制定政策措施，明确工作任务，落实推广责任，确保试点经验推广工作卓有成效地进行。

二、明确目标，制定方案

推广工作的目标是：通过健全监管体系，完善政策法规，创新监管手段以及开展群众性安全文化建设等一系列措施，初步建立政府有效监管、企业自我约束、社会广泛支持的非公有制企业安全生产工作格局，形成以发展为目的、以企业为主体、以规范为重点、以科技为先导、以执法为保障的非公有制企业安全监管长效机制，从根本上扭转非公有制企业事故多发状况。推广工作采取“典型引路，突出重点，以点带面，点面结合”的工作方式。时间要求是一年初见成效，两年实现上述工作目标。

各市要根据工作目标和时间要求参照太原、临汾的试点经验，结合本地的实际，认真研究制定各市的试点经验推广工作实施方案，明确工作的指导思想和工作目标、工作重点，提出时间要求，制定工作措施，增强实施方案的针对性、指导性和可操作性，把非公有制企业安全生产监管试点工作的经验落到实处。

三、明确重点，狠抓落实

全面推广太原、临汾试点经验，加强非公有制企业安全监管要落实好以下五项重点工作：

一是加强监管体系建设，加大监督执法力度。要充实监管力量，建立和健全监管机构。要在健全县级安全监管机构的基础上，做到所有乡（镇、街道办事处）都要设立安全生产监管站，所有村（社区）都要配备专职或兼职安全生产监管员，完善“三级机构、五级网络”的目标，切实解决监管力量“层层衰减”问题。要提高监管人员的整体素质和服务意识，加大对严重忽视安全生产、违反安全生产法律法规行为的查处力度，真正做到安全生产“有人管、管得住、管得好”。

二是加强法律约束和政策引导。全面贯彻《中华人民共和国安全生产法》，加强非公有制企业安全生产法制建设，落实各项安全保障制度，认真实施安全生产许可制度，从各地实际出发，将国发〔2004〕2号文件中明确的提取安全费用、提高企业事故赔偿标准和风险抵押金等三项经济政策进一步具体化，制定切实有效的鼓励企业加大安全投入、提高本质安全水平的地方性经济政策。

三是加强非公有制企业“双基”工作，落实企业主体责任。健全从企业主要负责人到车间到班组直至每个生产岗位的安全生产责任制，并落实企业法人代表的安全第一责任人的责任。健全企业内部的安全管理机构及规章制度，加强企业全员安全培训，做到持证上岗。在非公有制企业广泛开展安全质量标准化活动，规范各环节和各岗位的安全行为，提高安全生产管理水平，做好重大危险源普查登记监控、隐患排查以及职业健康等工作，促进企业从防范伤亡事故向全面做好安全生产工作转变。

四是建立和完善安全生产服务体系。切实做好政策咨询、技术指导、培训教育、隐患整改等服务工作。加强安全生产支撑体系建设，发挥社团组织和中介机构在安全服务中的作用，积极创造条件组建注册安全工程师事务所等中介服务机构，为中小企业提供安全咨询和技术服务等安全生产市场化服务体系。加快应急救援体系建设，利用现有资源建立区域性和地方性应急救援组织，为非公有制企业提供事故应急救援服务。

五是建立非公有制企业安全生产信息体系。要摸清非公有制企业的底数，分级建立包括企业基本情况、安全基本条件、安全评价等级、职业危害程度等内容的信息库，形成资料齐全、查询便利的信息系统，进一步提高监管效率。

各市要紧密结合当地的实际情况，借鉴太原、临汾非公有制企业安全监管的成功经验，在工作方式、工作方法等方面进行创新和突破。要积极发挥典型经验引导作用，选择具有一定代表性的非公有制企业，培养安全生产样板企业，用典型经验指导各地的推广工作。

四、加强宣传，协调配合

各市要充分发挥各种新闻媒体的宣传作用，通过开辟专栏，制作宣传片等方式，加大对非公有制企业安全监管先进典型和经验的宣传力度。同时，对一些安全生产工作差的非公有制企业公开曝光，形成正确的舆论导向。在推广工作期间，各市要落实职责，指定专人负责工作联系，每个季度向省安监局通报推广工作进展情况，及时了解其他单位工作情况，交流各自的做法和经验，做到相互借鉴，共同提高。

2006年2月28日

1.1.18　广东省国土资源厅印发广东省关于支持民营经济发展若干用地政策的实施办法的通知

各地级以上市国土资源局：

根据《中共广东省委办公厅、广东省人民政府办公厅关于转发〈省促进民营经济发展联席会议纪要〉的通知》（粤委办〔2005〕59 号）的精神，我厅会同有关部门重新修订了《广东省关于支持民营经济发展若干用地政策的实施办法》，现印发给你们，请认真贯彻执行。

2006 年 4 月 18 日

广东省关于支持民营经济发展若干用地政策的实施办法

为贯彻落实《国务院关于鼓励支持和引导个体私营等非公有制经济发展的若干意见》和《中共广东省委、广东省人民政府关于加快民营经济发展的决定》精神，加强对民营经济发展用地政策支持，制定本实施办法。

一、各级人民政府和土地行政主管部门要彻底清理现行各种歧视和不利于民营经济发展的用地规章和政策，并予以公布。进一步创造公平、公正、公开的土地市场环境，构筑对所有企业一视同仁的用地政策和管理平台。

二、各级土地行政主管部门要进一步完善土地使用权公开招标拍卖挂牌交易制度；完善建设用地审批和土地市场交易信息定期公布制度；完善土地登记资料公开查询和土地政策法规咨询服务制度。努力为民营企业和其他用地者提供方便。

三、除房地产开发项目外，民营企业可使用农村集体建设用地兴办各类工商企业。民营企业使用农村集体建设用地涉及集体建设用地使用权出让、出租、转让、转租和抵押的，按照《广东省集体建设用地使用权流转管理办法》（广东省人民政府令第 100 号）办理。

四、民营企业现有建设用地可根据城镇规划和集约经营的要求进行位置和权属调换。对现有建设用地进行位置调换涉及使用农用地的，如可对原有建设用地进行复垦，保持建设用地总量不增加、农用地总量和耕地总量不减少，可由市、县（市、区）土地行政主管部门制定相关的调整土地方案、土地复垦方案和调地补偿安置方案，按农用地转用和征收土地的权限，报有审批权的人民政府审批后实施。

五、简化新增建设用地审批手续，加快民营企业建设用地办理。民营企业涉及新增建设用地的报批可由土地行政主管部门直接向上级部门行文请示，已由县（市、区）级人民政府组织会审的，上级人民政府可不再召开用地会议重复会审。省级土地行政主管部门办理审查报批时间为 20 个工作日。

六、民营企业经市、县（市、区）人民政府批准，土地使用权出让金分期缴纳的，可按已缴出让金的份额申请办理土地使用权登记发证手续。

七、民营企业原使用的划拨土地，只要不改变土地用途、不发生土地使用权流转的，可以继续以划拨方式使用。民营企业发生兼并、合并或组建股份公司，原使用的划拨土地若符合划拨条件的，可以继续保留划拨用地性质。

八、经报市、县（市、区）人民政府批准，民营企业使用的划拨土地使用权可以设定抵押。但在办理抵押登记前，应明确处置土地使用权时应补交的土地出让金数额。

1.1.19　湖南省人民政府办公厅关于加强非公有制经济安全生产工作的通知

湘政办发〔2006〕31 号

各市州人民政府，省政府各厅委、各直属机构：

为切实抓好非公有制经济的安全生产工作，经省人民政府同意，现就有关事项通知如下：

一、切实加强对非公有制经济安全生产工作的组织领导

我省现有 4 万家高危经营单位、1 万多家高危生产单位，95% 以上属于非公有制经济。2005 年，全省 77.3% 的重大事故发生在非公有制经济，5 起特大事故全部发生在非公有制企业。各级各部门要充分认识我省非公有制经济安全生产面临的严峻形势，在积极支持鼓励非公有制经济发展的同时，把非公有制经济安全生产工作摆上重要议事日程，认真分析非公有制经济安全生产存在的主要问题与薄弱环节，研究采取有针对性的措施，尽快扭转非公有制经济安全事故多发的被动局面。

二、明确非公有制经济安全生产监管工作职责

按照"分级负责、属地管理"原则，非公有制经济安全生产监督管理工作，由各级政府及安全生产监督管理部门、有关行业主管部门依据各自职责分工负责，县、乡人民政府承担辖区内非公有制经济监管的主体责任，安全生产监管部门承担综合监管责任。

（一）省安全生产监督管理局负责监管注册资金 1 亿元以上的驻长非公有制工矿商贸企业和无主管部门的企业；其他注册资金 1 亿元以上的驻长非公有制企业由其他有关部门依照有关法律法规和职责的规定分工负责。省级具体监管企业名单由省安全生产监督管理局会同有关部门确定。

（二）市州安全生产监督管理局及政府有关部门在同级政府的统一领导下，按照省级非公有制经济安全监管的模式，分别负责本行政区域内注册资金 5000 万元至 1 亿元以及前款规定以外注册资金 1 亿元以上的非公有制企业的安全生产监督管理工作。

（三）县市区安全生产监督管理局及政府有关部门在同级政府的统一领导下，按照省级非公有制经济安全监管的模式，分别负责本行政区域内注册资金 5000 万元以下的非公有制经济的安全生产监督管理工作。

（四）非公有制煤矿生产企业按国家和省有关规定实行监管监察。

三、认真落实非公有制经济安全生产的主体责任

非公有制企业是安全生产工作的责任主体，其法定代表人（含实际投资控股人）是安全生产的第一责任人。各级各有关部门要督促企业提高安全法制意识，正确处理经济效益与安全生产的关系，全面落实《安全生产法》的各项安全保障措施，建立健全安全规章制度，落实安全生产责任制，加大安全资金投入，完善安全设施设备，深入排查和切实整改事故隐患，制订安全事故应急救援预案并加强演练，切实提高事故防范能力，为从业人员缴纳工伤保险，切实加强劳动保护和职业卫生工作，保护职工的合法权益。

四、切实强化对非公有制经济安全生产的监督检查

各级安全生产监督管理部门和政府其他有关部门要切实加强对非公有制经济的日常安全监督检查，特别是对分布在乡镇和城郊结合部的小矿山、小化工、小爆竹、小钢铁、小加工、小建筑、小

船舶等危险性较大的生产经营单位，要加强巡查监控和监管执法，严厉打击各类安全生产违法行为。要督促非公有制企业严格落实安全管理人员考核任职和特种作业人员持证上岗制度，加强对从业人员特别是农民工的安全教育培训，严格安全生产现场管理，杜绝违章指挥、违章作业和违反劳动纪律的现象。要寓管理于服务，认真做好政策咨询、技术指导、培训教育与技术会诊等工作，切实帮助非公有制企业提高安全生产水平。

湖南省人民政府办公厅
2006年7月4日

1.1.20　天津市人民政府关于鼓励支持和引导个体私营等非公有制经济发展若干问题的补充意见

津政发〔2006〕097 号

各区、县人民政府，各委、局，各直属单位：

2005 年 7 月 1 日，市人民政府根据《国务院关于鼓励支持和引导个体私营等非公有制经济发展的若干意见》(国发〔2005〕3 号）等文件精神，下发了《关于鼓励支持和引导个体私营等非公有制经济发展若干问题的意见》(津政发〔2005〕55 号)。为进一步促进个体私营等非公有制经济健康快速发展，壮大我市个体私营等非公有制经济，现就若干问题提出如下补充意见：

一、进一步放宽非公有制经济经营领域。鼓励非公有资本投资商贸、物流、信息、会展、旅游等现代服务业和农业科研、农业技术社会化服务、农产品流通等现代农业，以及加工贸易、社区服务等劳动密集型的产业；鼓励非公有制企业从事文化产品和文化服务的出口业务。允许符合条件的公司制企业申请经营增值电信业务；允许非公有资本按照政府规划和审批条件投资建设加油站及仓储设施，从事成品油批发、仓储及零售经营业务。

二、进一步降低非公有资本的准入门槛。对企业不使用政府性资金建设的项目以及有关“核准目录”以外的项目，一律不实行审批制，改为实行备案制。对投资额大、回收期长的项目，在法律规定的范围内，允许通过适当延长项目特许经营权期限等方式组织实施。对质监部门要求有关企业在规模、设备、资金等方面必须达到的部分限制性规定（行政许可事项除外)，可根据实际情况允许其在一定期限内分步达到规定要求，企业在此期间可到质监部门履行相关手续后从事生产经营活动。

三、进一步减轻个体工商户经营负担。自 2007 年 1 月 1 日起，各级工商行政管理部门停止收取集贸市场管理费和个体工商户管理费。工商行政管理部门所需相关经费由财政资金给予保障。

四、进一步清理各种违反收支两条线规定的行政收费和罚没项目。各级行政管理部门要严格执行市财政局、市物价局《关于印发〈2006 年天津市行政事业性收费项目目录〉的通知》（津财综〔2006〕19 号）规定，进一步规范、控制各类检查、检测、检验，统一收费标准。任何单位和部门不得变相或擅自设立收费项目、提高收费标准。

五、公安、工商、税务、质监、卫生、环保、市容、物价、劳动和社会保障等行政执法部门要彻底清理违反收支两条线规定的行政收费和罚没项目，严禁将行政收费和罚没收入与单位经费和个人收入挂钩。不允许逐级下达收费和罚没收入指标；不允许将收费和罚没收入作为干部考核内容。各种行政收费和罚没收入必须按时足额上缴国库，市和区县两级财政不再将此作为核定或返还办案经费的依据。各行政执法部门所需执法经费列入当期财政预算。

六、进一步改革企业年检制度。凡不符合法律法规规定，部门自行设定的年检项目一律取消。凡非行政许可的年检一律实行备案制。必须保留的年检项目，要压缩年检内容，简化年检手续并逐步取消各类年检收费。由市政府法制办会同市财政局、市物价局、市工商局组织有年检职能的部门对各种年检事项进行专项清理核定，并抓紧制定企业年检制度改革具体实施办法，报市政府批准后实行。积极探索和试行免检免验制度。对市政府命名的天津市百强私营企业和天津市优秀私营企业，企业在获评后2年内没有违法违规行为、信誉良好的，在行政法规必须保留的各种行政许可类年检中，实行年检备案制并免除各类年检收费。

七、进一步简化企业工商年检。除涉及国家社会和经济安全、人民生命财产安全以及国家和政府有明确要求的行政许可项目外，其他的企业行政许可项目一律不再作为企业工商年检的审查要件。将原工商年检的8种报告书压缩为4种，并取消原报告书中营业期限、股东出资、股东变更、分支机构、股票发行情况等10项填报内容。

八、对企业在注册资金方面存在的一般违规问题，凡数额较小、及时改正、未对社会和他人造成危害的，工商行政管理部门应区别不同情况，依法从轻处理。对年检中发现的非举报投诉的注册资本问题，只要未对社会与他人造成危害、企业积极整改的，可按“三步式”方法从轻处理或不予经济处罚。

九、扩大信用信息联网服务范围。将目前工商、国税、地税、劳动、统计五部门联网进一步扩大到金融、保险、证券等有关部门，并逐步将工商、税务、海关、公安、银行、质监、食品药品监管、环保等部门，以及担保机构等中介组织掌握的企业信用数据纳入信用信息系统。在不涉及依法受保护的国家机密、企业商业秘密、个人隐私的前提下，利用企业信用信息网，设置诚信公示、失信公示、信用警示、企业展示等栏目，向社会公示“守合同重信用”企业、获国家和省市名牌或驰名、著名商标企业等良好企业信息，以及拖欠银行贷款、欠缴社保费用、拖欠工程款、拖欠员工工资、有商业贿赂行为等不良企业信息，开展提醒商业交往中注意安全防范、规避交易风险等综合信用信息服务。

十、进一步加大对驰名商标、著名商标企业的扶持力度。政府各有关部门要按职能分工有针对性地制定驰名商标、著名商标企业培育规划，根据企业在本市及国内同行业中的排名与产品市场占有率，制定驰名商标、著名商标企业培育梯次方案，实施分类指导，步步推进。注重发挥骨干企业的品牌效应，构筑群体优势，培育一批区域品牌、行业品牌和产业集群品牌。自2007年至2010年，对获得中国名牌产品、中国驰名商标的本市商标注册企业，市政府给予100万元一次性奖励；对获得天津市名牌产品和著名商标的本市商标注册企业，由企业税款缴纳地政府给予20万元一次性奖励。对国家命名为中华老字号的企业，从品牌发展专项资金中给予一定奖励。工商、质监等部门，要在加强市场监管的基础上，严厉打击假冒驰名商标、著名商标的伪劣产品和假冒中华老字号的伪劣产品，维护企业的合法权益。

十一、进一步加强行业产业投资引导服务工作。各有关部门要按照全面落实科学发展观、构建和谐社会的要求，加强对个体私营等非公有资本的投资引导服务工作，鼓励支持其发展高科技含量、符合我市有关产业结构调整和准入标准的项目。坚决制止新建和扩建高污染、高能耗、高消耗和低效益的项目，有关部门在进行投资管理、工商登记、环境影响评价、土地供应、信贷融资、电力供应、安全督查等审核时，要加强管理，协同配合，严把准入关，切实制止盲目投资和低水平重复建设。

十二、进一步鼓励高校毕业生到个体私营等非公有制单位就业和领办、创办私营企业。到个体私营等非公有制单位就业的高校本科毕业生，毕业2年内凭报到证、毕业证、就业协议书、户口迁移证办理落户手续。单位具备登记集体户口条件的，可在单位登记集体户口；单位不具备登记集体户口条件的，可在亲友处登记集体户口或在经公安机关批准设立集体户口的人才、劳务机构登记集体户口，由公安机关统一管理；有关机构应优先提供人事代理服务、办理劳动和社会保障业务。对领办、创办私营企业，或在个体私营等非公有制企业就业，并签订劳动合同、参加基本养老保险的高校毕业生，今后考录或招聘到国家机关、事业单位工作，其缴费年限可合并计算为工龄。对领办、创办私营企业的高校毕业生，给予贷款支持，由财政给予50%的贴息。

十三、进一步鼓励中高级人才到滨海新区创业。在滨海新区试行适当奖励政策。对本市及外埠私营企业、投资者以及具有中高级职称的科技人员以自然人名义在滨海新区内兴办的私营企业，经区县政府批准，自赢利之日起3年内，可按其缴纳的个人所得税区县留成部分以及契税、房产税的一定比例予以奖励，奖励部分必须用于购买本市商品房或在本市购买交通工具等其他固定资产。

十四、在滨海新区试行对有突出贡献的企业科技骨干实行股权激励。企业对确有突出贡献并给企业带来显著经济效益的科技人员或其他员工，可按增加经济效益的一定比例实行股权奖励，依据公司最高权力机构的决议或决定以及有关资产监督管理部门批准的有关文件、证件，办理股东等登记事项的变更登记。

天津市人民政府

2006年11月13日

1.1.21　杭州市人民政府办公厅转发市发改委关于贯彻《外商投资项目核准暂行管理办法》实施意见的通知

杭政办〔2006〕1号

各区、县（市）人民政府，市政府各部门、各直属单位：

市发改委拟订的《贯彻〈外商投资项目核准暂行管理办法〉的实施意见》已经市政府同意，现转发给你们，请认真贯彻实施。

2006年1月9日

贯彻《外商投资项目核准暂行管理办法》的实施意见

（市发改委　2005年10月19日）

一、根据《国务院关于投资体制改革的决定》、《指导外商投资方向规定》、《浙江省企业投资项目核准和备案暂行规定》，为贯彻《外商投资项目核准暂行管理办法》，规范对外商投资项目的核准管理，制定本意见。

二、本意见适用于在本市行政区内的中外合资、中外合作、外商独资、外商购并境内企业、外商投资企业增资等各类外商投资项目的核准。

三、市发改委负责外商投资基本建设项目的核准，市经委负责外商投资技术改造项目的核准。

四、按照国家《外商投资产业指导目录》分类，总投资（包括增资额，下同）1亿美元及以上的鼓励类、允许类项目和总投资5000万美元及以上的限制类项目的核准，按国家发改委《外商投资项目核准暂行管理办法》的规定执行。

五、按照国家《外商投资产业指导目录》分类，总投资在5000万美元（含5000万美元）至1亿美元（不含1亿美元）的鼓励类、允许类项目和总投资在5000万美元以下（不含5000万美元）的限制类项目，由市发改委报省发改委核准项目申请报告。

六、按照国家《外商投资产业指导目录》分类，总投资在5000万美元以下（不含5000万美元）的鼓励类、允许类项目，由市发改委核准项目申请报告，其中不涉及新增建设用地，不涉及占用公共资源，对项目建设地的公众利益不产生重大影响的项目，由项目所在地县级发展改革部门核准项目申请报告。市级项目由市发改委核准项目申请报告。

七、报送核准或审核后转报省或国家的项目申请报告应包括以下内容：

（一）项目名称、经营期限、投资方基本情况；

（二）项目建设规模、主要建设内容及产品，采用的主要技术和工艺，产品目标市场，计划用工人数；

（三）项目建设地点，对土地、水、能源等资源的需求，以及主要原材料的消耗量；

（四）环境影响评价；

（五）涉及公共产品或服务的价格；

（六）项目总投资、注册资本及各方出资额、出资方式及融资方案，需要进口设备及金额。

八、报送核准或审核后转报省或国家的项目申请报告应附以下文件：

（一）中外投资各方的企业注册证（营业执照）、商务登记证以及经审计的最新企业财务报表（包括资产负债表、损益表和现金流量表）、开户银行出具的资金信用证明；

（二）投资意向书，增资、购并、股权转让项目的公司董事会决议；

（三）银行出具的融资意向书；

（四）建设规划行政主管部门出具的规划选址意见书；

（五）国土资源行政主管部门出具的建设项目用地预审意见（公开招标、拍卖或挂牌出让用地提供土地合同）；

（六）环境保护行政主管部门出具的环境影响评价意见书；

（七）以国有资产或土地使用权出资的，须由有关主管部门出具确认文件；

（八）根据法律法规规定应提交的其他文件。

九、按核准权限属于市发改委核准或由市发改委审核后报省或国家核准的项目，由项目申请人向项目所在地县级发展改革部门提出项目申请报告，由项目所在地的发展改革部门审核后报市发改委。市级项目可直接向市发改委提交项目申请报告。

十、市发改委核准项目申请报告时，需要征求市其他主管部门意见的，应向市有关部门出具征求意见函并附相关材料。有关部门应在接到上述材料之日起 7 个工作日内，向市发改委提出书面反馈意见。逾期未反馈的，视为同意。

十一、市发改委在受理项目申请报告之日起 5 个工作日内，对需要进行评估论证的重大项目，应委托有资质的咨询机构进行评估论证。接受委托的咨询机构应在规定的时间内向市发改委提出评估报告。

十二、市发改委自受理项目申请报告之日起 15 个工作日内，完成对项目申请报告的核准，或向省发改委报送审核意见。如 15 个工作日内不能作出核准决定，由市发改委负责人批准延长 10 个工作日，并将延长期限的理由告知项目申请人。

核准期限不包括委托咨询机构进行评估的时间。

十三、市发改委对同意核准的项目，应向项目申请人出具书面核准文件；对不同意核准的项目，应向项目申请人出具不予核准决定书，并说明不予核准的理由。

十四、市发改委对项目申请报告的核准条件是：

（一）符合国家、省、市有关法律法规和《外商投资产业指导目录》、《浙江省企业投资项目核准和备案暂行规定》的规定；

（二）符合国民经济和社会发展中长期规划、行业规划和产业政策的要求；

（三）符合公共利益和国家反垄断的有关规定；

（四）符合土地利用规划、城市总体规划和环境保护政策的要求；

（五）符合国家、省规定的技术、工艺标准的要求；

（六）符合国家资本项目管理、外债管理的有关规定。

十五、项目申请人凭市发改委的核准文件，依法办理土地使用、城市规划、质量监管、安全生产、资源利用、企业设立（变更）、资本项目管理、设备进口减免税及适用税收政策等方面的手续。

十六、市发改委出具的核准文件应规定核准文件的有效期，有效期为 2 年（自核准之日起计算）。在有效期内，核准文件是项目申请人办理本意见第十五条所列相关手续的依据。

十七、项目在核准有效期内未开工建设的，项目单位应当在有效期届满30日前向原核准的发展改革部门申请延期，发展改革部门应当在有效期届满前作出是否准予延期的决定。项目在有效期内未开工建设也未向原核准的部门申请延期的，原项目核准文件自动失效。

十八、未经核准的外商投资项目，土地、城市规划、质量监管、安全生产监管、工商、海关、税务、外汇管理等部门不得为其办理相关手续。

十九、项目申请人以拆分项目或提供虚假材料等不正当手段取得项目核准文件的，市发改委有权撤销对该项目的核准文件。

二十、市发改委可以对项目申请人执行项目情况和区、县（市）发展改革部门（或政府授权的部门）核准外商投资项目情况进行监督检查，并对查实问题依法进行处理。

二十一、经市发改委核准的项目或经国家、省发改委核准的项目出现下列情况之一的，需向市发改委或报国家、省发改委申请变更：

（一）建设地点发生变化；

（二）投资方或股权发生变化；

（三）项目建设规模、主要建设内容及主要产品发生变化；

（四）总投资超过原核准投资额20%及以上；

（五）有关法律法规和产业政策规定需要变更的其他情况。

二十二、变更核准的程序比照本意见第九条至第十三条的规定执行。

二十三、为及时掌握核准项目信息，各区、县（市）核准的总投资5000万美元以下（不含5000万美元）的鼓励类、允许类外商投资项目，由各区、县（市）发展改革部门在项目核准之日起10个工作日内，将项目核准文件抄报市发改委。

二十四、香港特别行政区、澳门特别行政区和台湾地区的投资者在本市举办的投资项目，参照本意见执行。

二十五、国家级开发区和省政府规定的扩权县（市）参照本意见执行。

二十六、外商投资技术改造项目参照本意见执行。

二十七、此前杭州市有关外商投资项目审批的规定，凡与本意见有抵触的，均按本意见执行。

1.1.22　四川省外商投资企业批准证书管理若干规定

四川省人民政府令
（第 198 号）

《四川省外商投资企业批准证书管理若干规定》已经 2005 年 2 月 18 日省人民政府第 57 次常务会议审议通过，现予发布，自 2006 年 3 月 10 日起施行。

省长　张中伟
2006 年 2 月 7 日

第一条　为规范外商投资企业批准证书的发放和管理程序，根据《中华人民共和国行政许可法》和《中华人民共和国中外合资经营企业法》、《中华人民共和国中外合作经营企业法》、《中华人民共和国外资企业法》以及国务院《指导外商投资方向规定》的有关规定，结合四川省实际，制定本规定。

第二条　自本规定施行之日起，我省颁发的《中华人民共和国外商投资企业批准证书》须加盖“四川省人民政府外商投资企业批准证书专用章”。

第三条　“四川省人民政府外商投资企业批准证书专用章”由省商务行政主管部门管理。

第四条　外商投资企业的合同、章程由省、市（州）商务行政主管部门按照国务院《指导外商投资方向规定》等有关规定进行审批、备案。

第五条　省政府委托省、市（州）商务行政主管部门在审批外商投资企业合同、章程后，颁发《中华人民共和国外商投资企业批准证书》。

第六条　《中华人民共和国外商投资企业批准证书》空白文本由市（州）商务行政主管部门向省商务行政主管部门申领。

第七条　省商务行政主管部门应当健全“四川省人民政府外商投资企业批准证书专用章”管理制度。省、市（州）商务行政主管部门应当严格规范我省外商投资企业批准证书的发放程序，按照国家法律法规规定的审批权限和法定程序严格把关，加强监管。

第八条　台港澳侨投资企业批准证书的管理按照上述规定办理。

第九条　本规定自 2006 年 3 月 10 日起施行。本规定施行前我省有关外商投资企业批准证书的规定与本规定不一致的，按本规定执行。

1.1.23　成都市人民政府关于印发《成都市外商投资项目核准暂行办法》的通知

各区（市）县政府，市政府各部门：

《成都市外商投资项目核准暂行办法》已经2005年12月21日市政府第62次常务会议讨论通过，现予公布，自2006年3月10日起施行。

2006年2月9日

成都市外商投资项目核准暂行办法

第一条　（目的依据）

为规范外商投资项目的核准管理，根据国务院《关于投资体制改革的决定》和国家发展和改革委员会《外商投资项目核准暂行管理办法》的规定，结合成都市实际，制定本办法。

第二条　（外商投资项目）

本办法所称的外商投资项目是指中外合资、中外合作、外商独资、外商购并境内企业、外商投资企业增资等各类投资项目。

第三条　（适用范围）

本办法适用于本市行政区域内的各类外商投资项目的核准。

香港特别行政区、澳门特别行政区和台湾地区的投资者在本市行政区域内举办的投资项目核准，参照本办法执行。

第四条　（核准机关）

市和区（市）县政府、成都高新技术产业开发区、成都经济技术开发区的投资主管部门是项目核准机关（以下简称核准机关）。投资主管部门是指各级发展计划管理部门和各级经济管理部门，其中：基本建设项目由各级发展计划管理部门核准；技术改造项目由各级经济管理部门核准。

第五条　（核准权限）

按照《外商投资产业指导目录》分类，总投资（包括增资额，下同）1亿美元及以上的鼓励类、允许类项目和总投资5000万美元及以上的限制类项目，由国家发展和改革委员会核准项目申请报告，其中总投资5亿美元及以上的鼓励类、允许类项目和总投资1亿美元及以上的限制类项目由国家发展和改革委员会对项目申请报告审核后报国务院核准。

总投资1亿美元以下的鼓励类、允许类项目由市级核准机关核准。1亿美元及以上项目和限制类项目由市级核准机关初审后报省级核准机关。

成都高新技术产业开发区、成都经济技术开发区可以核准总投资1亿美元以下的鼓励类、允许类项目；区（市）县核准机关可以核准总投资3000万美元以下鼓励类、允许类项目。

凡涉及享受免征进口关税和进口环节增值税的项目，由市级核准机关核准。

第六条　（分级管理及信息处理）

按核准权限由市级核准机关核准的项目，由项目申请人向项目所在地区（市）县核准机关提出项目申请报告，经项目所在地区（市）县核准机关初审后报市级核准机关核准。

市属企业可以直接向市级核准机关提交项目申请报告。

项目核准机关应会同城市规划、土地资源、环境保护、安全生产监管等部门对核准的企业投资项目进行监督管理。

市级核准机关可以对项目申请人执行项目情况和成都高新技术产业开发区、成都经济技术开发区、区（市）县核准的项目情况进行监督检查。

各区（市）县和成都高新技术产业开发区、成都经济技术开发区核准的鼓励类、允许类项目应在项目核准之日起 5 个工作日内将项目核准文件抄送市级核准机关，由市级核准机关汇总抄报省级核准机关。

核准机关应建立健全项目核准信息公布制度，定期发布项目核准信息，并会同本级统计部门对项目核准信息进行统计分析，做好投资监测工作。

第七条　（项目申请报告内容）

外商投资项目应按国家、省、市有关规定编制项目申请报告，报送核准机关。

项目申请人应向核准机关提交项目申请报告 1 式 2 份（需转报的项目申请报告应 1 式 6 份，并附电子文档 1 份）。

报送核准机关的项目申请报告应包括以下内容：

（一）项目名称、投资方式、经营期限、投资方基本情况；

（二）项目建设规模、主要建设内容及产品，采用的主要技术和工艺，产品目标市场，计划用工人数；

（三）项目建设地点，对土地、水、能源等资源的需求，以及主要原材料的消耗量；

（四）环境影响评价；

（五）涉及公共产品或服务的价格；

（六）项目总投资、注册资本及各方出资额、出资方式及融资方案，需要进口设备及金额；

（七）按规定必须招标项目的招标内容（招标范围、招标方式、招标组织形式等）；

（八）法律、法规和规章规定的其他内容。

第八条　（项目申请报告附件）

项目申请报告应附以下文件：

（一）中外投资各方的企业注册证（营业执照）、商务登记证及经审计的最新企业财务报表（包括资产负债表、损益表和现金流量表）、开户银行出具的资金信用证明；

（二）投资意向书，增资、购并项目的公司董事会决议；

（三）银行出具的融资意向书；

（四）规划行政主管部门出具的项目规划意见；

（五）土地资源行政主管部门出具的项目用地意见书；

（六）环境保护行政主管部门出具的审批意见；

（七）以国有资产或土地使用权出资的，需由有关主管部门出具的确认文件；

（八）法律、法规和规章规定的其他文件。

前款中的项目规划意见、项目用地意见、环保行政主管部门的审批意见应由具有相应权限的行政主管部门出具。

第九条　（项目申请报告受理）

核准机关受理项目申请报告，应从以下几方面进行形式审查：

（一）是否属于本核准机关核准（初审）的范围；

（二）申报材料是否齐全；

（三）申报材料是否符合规定的格式；

（四）申报材料编制单位是否具有相应的资格；

（五）是否属于依法不得提出行政许可的申请人。

项目申请材料经形式审查不符合前款要求和条件的，核准机关应在收到项目申请报告之日起5个工作日内一次告知项目申请人，要求澄清、补充相关情况和文件，或要求对相关内容进行调整。项目申报报告经形式审查符合前款要求和条件的，核准机关应正式受理，并向项目申请人出具受理通知书。

第十条　（项目申请报告核准）

核准机关在受理项目申请报告后，属国家发展和改革委员会和省级核准机关核准的项目，市级核准机关自受理申请之日起5个工作日内，完成对项目申请报告的初审并转报省级核准机关；属市内核准的项目，核准机关应自受理申请之日起5个工作日内完成对项目申请报告的核准。在5个工作日内不能作出核准决定或初审意见的，经本核准机关负责人批准，可以延长5个工作日，并应以书面形式将延长期限理由告知项目申请人。

核准机关进行核准时，需要咨询评估的，应在受理项目申请报告后4个工作日内委托有资格的咨询机构进行咨询评估。接受委托的咨询机构应在核准机关规定的时间内提出评估报告并对评估结论承担责任。咨询机构在进行评估时，可要求项目申请单位就有关问题进行说明。

核准机关进行核准时，可要求项目申请人对技术方案、建设地点、建设规模等进行相应调整。

核准机关进行核准时，涉及其他行业主管部门职能的，应征求相关部门的意见。相关部门应在收到征求意见函后5个工作日内，向核准机关提出书面审核意见；逾期没有反馈书面审核意见的，视为同意。

项目核准机关进行核准时，对可能对公众利益造成重大影响的项目，可以采取适当方式征求公众意见。对特别重大的项目，可以实行专家评议制度。

核准机关进行核准时，征求行业主管部门意见、委托咨询评估、征求公众意见、进行专家评议等所需时间，不计算在本办法规定的核准期限内。

核准机关对同意核准的项目，应向项目申请人出具项目核准文件；对不同意核准的项目，应向项目申请人出具不予核准决定书，说明不予核准的理由。

第十一条　（核准条件）

核准机关根据以下条件进行核准：

（一）是否符合法律、法规和《外商投资产业指导目录》、《中西部地区外商投资优势产业目录》的规定；

（二）是否符合成都市国民经济和社会发展中长期规划、行业规划和产业结构调整政策的要求；

（三）是否符合公共利益和国家反垄断的有关规定；

（四）是否符合成都市土地利用规划、城市总体规划和环境保护的要求；

（五）是否符合国家规定的技术、工艺标准的要求；

（六）是否符合国家资本项目管理、外债管理的有关规定。

第十二条　（核准效力）

项目申请人依据核准机关的核准文件，依法办理企业设立（变更）、资源利用、城市建设、质量监管、检验检疫、安全生产、设备进口和减免税确认等手续，相关手续不完善的项目不得开工建设。对应申报核准而未申报的项目或虽申报但未经核准的项目，有关部门不得办理相关手续。

核准机关出具的核准文件应规定核准文件的有效期。在有效期内，核准文件是项目申请人办理前款所列相关手续的依据；有效期满后，项目申请人办理前款相关手续时，应同时出示同一核准机关出具的准予延续文件。

第十三条　（变更核准）

已经核准的项目有下列情形之一的，需向原核准机关申请变更：

（一）建设地点发生变化；

（二）投资方或股权发生变化；

（三）主要建设内容及主要产品发生变化；

（四）总投资超过原核准投资额 20% 及以上；

（五）有关法律法规和产业政策规定需要变更的其他情况。

变更核准的程序按申请核准程序执行。

第十四条　（部门违规责任）

有下列行为之一的，对主管人员和直接责任人员给予行政处分；构成犯罪的，依法追究刑事责任：

（一）违反法律、法规、规章和本办法的有关规定，变相增减核准审查内容和前置条件，拖延核准时限的；

（二）在项目核准过程中滥用职权、玩忽职守、徇私舞弊的；

（三）擅自为未取得核准通知书的项目办理其他相关手续的。

第十五条　（其他单位违规责任）

对项目申请人、咨询评估机构及其有关人员有下列行为之一的，项目核准机关可依法撤销对该项目的核准或责令其停止建设；造成严重后果的，依法追究有关单位或个人的责任：

（一）以拆分项目、提供虚假材料等不正当手段取得项目核准文件的；

（二）咨询评估机构在评估过程中违反有关规定、造成重大损失和恶劣影响的；

（三）未办理项目核准手续而擅自开工建设以及未按项目核准文件要求进行建设的；

（四）其他违反法律、法规、规章规定的行为。

第十六条　（复议与诉讼）

项目单位对核准机关作出的具体行政行为有异议的，可依法申请行政复议或提起行政诉讼。

第十七条　（解释机关）

本办法具体应用中的问题由成都市发展计划委员会负责解释。

第十八条　（施行日期）

本办法自 2006 年 3 月 10 日起施行。

1.1.24　南京市人民政府关于印发《南京市开发区外商投资企业减免收费实施办法》的通知

宁政发〔2006〕36号

各区县人民政府，市政府各委办局，市各直属单位：

《南京市开发区外商投资企业减免收费实施办法》自实施以来，对改善我市投资环境、加强开发区利用外资、推动全市开放型经济又快又好发展发挥了积极作用。目前，原《办法》中部分项目已经调整。为保持政策的连续性，进一步树立南京良好的投资形象，吸引更多的外资企业来宁发展，经市政府同意，现将调整后的《南京市开发区外商投资企业减免收费实施办法》印发给你们，请认真贯彻执行。

2006年2月14日

南京市开发区外商投资企业减免收费实施办法

第一条　为进一步减轻开发区外商投资企业负担，改善开发区投资环境，促进开放型经济发展，根据有关法律法规，修定本实施办法。

第二条　凡在市属国家级和省级开发区实施行政管理、提供服务的部门和单位，必须执行本办法。区县范围内的开发区应参照此办法，根据本地区实际情况制定具体意见。

第三条　本办法所称“收费”是指各行政管理部门、行使政府职能或提供特定服务的事业单位向开发区外商投资企业收取的各种基金、资金、行政事业性收费及经营服务性收费。

第四条　南京市开发区收费管理领导小组由市政府分管领导及市物价局、财政局、监察局、外经贸局、各开发区管委会负责人组成，负责决定开发区收费政策等重大事项。领导小组下设办公室，负责日常工作，办公室设在市物价局。

第五条　各开发区设立收费管理办公室，由市物价、财政部门及开发区管委会组成，人员由内部调剂解决，隶属开发区管委会领导。开发区收费管理办公室负责在本开发区内贯彻落实收费政策，清理整顿涉及企业的收费项目，协调企业和收费部门的收费矛盾，监督查处乱收费行为。

第六条　继续实行《南京市开发区外商投资企业减免收费优待证》制度。向在开发区区内注册、区内生产经营的外商投资企业发放《南京市开发区外商投资企业减免收费优待证》，外商投资企业凭此证享有减、免收费待遇。外商投资企业中的房地产开发企业不享受此待遇。

第七条　向持有《南京市开发区外商投资企业减免收费优待证》的外商投资企业收费，按以下规定办理：

（一）免收市级各部门现行征收的36项收费和7项基金；

（二）实行政府定价、由行政事业单位提供的14项服务性收费按国家规定收费标准的三分之二收取，企业和其他单位提供的服务性收费，实行市场化运作；

（三）养老保险金、失业保险金、工伤保险金、生育保险金、医疗保险金、住房公积金等社会保险费按有关规定执行；

（四）涉及商品进出口管理、道路车辆管理的规费及建设工程管理方面的收费按有关规定办理。

第八条　供水、供电、供气、供热、邮政、电信、交通运输等服务价格和经营服务性收费，按有关规定依法征收。

第九条　本办法第七条第一款免收费用与基金中的聘用合同鉴证收费、治安联防费、档案资料证明费、外商投资企业批准证书工本费、进出口货物许可证工本费、垃圾处理费中的后期填埋处理费用、征（拨、使）用土地管理费、土地登记费、房屋所有权登记费、货物原产地证明书费，以及防洪保安基金、粮食风险基金、地方教育基金、地方教育附加、农业重点开发建设资金中上缴省的部分由开发区管委会代为向有关部门缴纳。

第十条　实行减免收费后，政府各职能部门和单位不得再直接向开发区外商投资企业收取明确免收的行政事业性收费，亦不得通过银行托收，但各有关职能部门应履行的职责和管理服务范围不变。

第十一条　凡向开发区外商投资企业收取新立项的行政事业性收费，必须符合国家规定，并经开发区收费管理办公室审查，报经市收费管理领导小组批准后，方可向企业收取。

第十二条　政府各职能部门向开发区企业收费，应在收费地点公示收费项目、收费标准、收费依据和收费程序，使用财政部门监制票据，资金纳入财政专户，实行收支两条线管理，并接受物价、财政、审计等部门的管理和监督。

第十三条　开发区收费管理办公室应加强对减免收费执行情况的监督检查，市物价、财政、监察等有关部门对违反减免规定的部门和单位应依据有关法规进行查处。

第十四条　本办法由市物价局负责解释。

第十五条　本办法自 2006 年 1 月 1 日至 2008 年 12 月 31 日施行。

1.1.25　吉林市人民政府关于印发吉林市招商引资优惠政策的通知

各县（市）区人民政府，市政府各委办局，各直属机构，各中省市直企事业单位：

《吉林市招商引资优惠政策》已经市政府常务会议讨论通过，现印发给你们，请认真贯彻执行。

2006年4月10日

吉林市招商引资优惠政策

第一章　总　则

第一条　为促进全市经济发展和老工业基地振兴，根据国家、省有关规定，结合我市实际，制定本政策。

第二条　本优惠政策适用于我市行政区域外的投资者，在我市行政区域内投资建设的符合吉林市鼓励发展的产业产品目录、流转税和所得税留成部分属地方财政收入的独立核算企业，以及投资建设的地方基础设施、农业和社会事业项目。

第三条　重点鼓励境（域）外客商投资全市工业集中区建设，以及石化、汽车及零部件、冶金、农副产品加工及食品制造、轻纺、高新技术等支柱优势产业大项目，参与老工业基地调整改造，支持外资腾空工业集中区工业用地的棚户区改造项目和大型商贸旅游设施建设。

第二章　土地政策

第四条　境（域）外客商在我市投资的生产型项目可选择出让或租赁方式取得土地使用权。符合国家颁布的高新技术产品目录的新建外来投资项目，或对地方经济带动作用大的项目，地方政府土地出让金收益可以给予一定比例的返还政策。

第五条　境（域）外客商在工业集中区新建、改（扩）建的生产型项目土地出让金市级留成部分全额返还项目所在地政府，专项用于企业厂区基础设施建设。对项目投资强度高于规定标准的，项目竣工后，经市投资主管部门审核确认，根据超出强度的比例，由项目所在地政府，相应返还业主已缴纳的土地出让金，最高返还市留用部分的全额。

第六条　境（域）外客商投资的城市基础设施和公益事业，城市供水、供汽、供热设施，道路、桥梁、广场、绿地等项目建设用地可采取划拨方式取得国有土地使用权；国家鼓励投资的能源、交通、水利等外商投资项目的建设用地，经依法批准，可采取划拨方式取得国有土地使用权。

第七条　境外客商投资研发中心，除享受现行政策外，返还省级以及市级留成部分土地出让金，土地投资从省预算内基本建设投资中给予一次性资金补助。研发中心申请国家和省、市专项资金支持，给予优先安排。

第三章　财税政策

第八条　从2006年起，工业集中区新建工业项目（均以生产地为准，不含国家政策性银行贷款项目）所实现的税收的市级留成部分，以2005年为基数，三年内全部返还项目业主。

第九条　境（域）外客商投资的属于装备制造、石化、冶金、汽车、高新技术产业、农产品加工、军品生产等八大行业的生产性企业符合法定条件发生的固定资产进项税额允许抵扣增值税。

第十条　工业企业当年新购置的固定资产（房屋、建筑物除外），可在现行规定折旧年限的基础上，按不高于40%的比例缩短折旧年限。

第十一条　工业企业当年受让或投资的无形资产，可在现行规定摊销年限的基础上，按不高于40%的比例缩短摊销年限。但协议或合同约定有使用年限的无形资产，应按协议或合同约定的使用年限进行摊销。

第十二条　境外客商参与国有企业改组改造，除国家法律政策规定禁止的外商投资领域外，放开国有企业股权比例。外国投资者并购、参股改造国有企业，原国有企业历史形成的确实难以归还的历史欠税，按照规定条件经国务院批准给予豁免。原企业当年发生的财产损失的呆账、坏账可在国家、省、市有关政策允许的前提下予以核销。

第十三条　对符合国家产业政策的技术改造项目的企业，其项目所需国产设备投资的40%，可从企业技术改造项目设备购置当年比前一年新增的企业所得税中抵免。

第十四条　境外客商投资的生产企业，经营期在10年以上的，从获利年度起，第一年和第二年免收企业所得税，第三年至第五年减半征收企业所得税（减半征收企业所得税的税率为15%）。境外投资企业的税后利润再投资外资比例超出25%的，可享受外商投资企业待遇。

第十五条　境外客商投资支柱和优势产业重点项目，经批准，可适当降低资本金比例，并按投资总额优先安排流动资金贷款。外商投资已获国家批准的国债或省、市财政技术改造资金重点项目，原批准项目贷款贴息、补助和资本金补助数额不变，按规定批准可转增中方国有企业股权。

第十六条　境（域）外客商投资的科技企业从事技术开发、技术转让和与之相关的技术咨询、技术服务的收入所得，凭《吉林省科技企业证书》办理免征营业税手续，自科技企业确认之日起，免征营业税。

第十七条　新创办的独立核算的从事咨询业（包括科技、法律、会计、审计、税务等咨询业）、信息业、技术服务业的企业，自开业之日起，第一年至第二年免征企业所得税。

第十八条　盈利企业研究开发新产品、新技术、新工艺所发生的各项费用，比上年实际发生额增长达到10%以上（含10%），其当年实际发生的费用除按规定据实列支外，可再按其实际发生额的50%直接抵扣当年应纳税所得额。

第四章　行政收费政策

第十九条　境（域）外客商来我市兴办生产企业，按国家、省、市规定的收费项目最低标准执行，办理各种证照只收取工本费。

第二十条　投资额5000万元人民币（境外投资500万美元）以上的新建及改建、扩建的工业项目，其应缴纳的城市配套费按50%收取。

第五章　发展总部经济政策

第二十一条　对跨国公司、世界500强企业、国内名企、上市公司等大企业大集团和行业协会组织到我市设立总部、地区总部、职能运营中心、研发中心、采购中心、营销中心、结算中心，或将上述机构注册在我市的，根据其对地方税收贡献大小在土地、财税、行政收费等方面给予相应优惠政策，具体优惠幅度视项目情况一事一议。

第六章　服务性政策

第二十二条　境（域）外客商投资新建、改扩建生产性项目，以及兼并收购生产性企业，凡属于持续性税源的企业，可享受《客商证》待遇和荣誉市民称号，并享受相关优惠待遇。

第二十三条　固定资产投资50万元以上的外来投资者，经本人申请，可为本人、配偶、子女和父母办理城镇居民户口。

第二十四条　固定资产投资50万元以上的外来投资企业，所聘用的大专以上学历或中级以上职称的管理人员、技术人员，可办理城镇居民户口；外来投资者子女在就业、入托、就学等方面与本市居民享受同等待遇。

第二十五条　境（域）外客商来我市投资兴业，各种申办手续按最低时限由市政务大厅一个窗口对外一站式办理。

第七章　中介奖励政策

第二十六条　中介奖励对象资格及确认

（一）凡中介引进境（域）外资金兴办企业及其他形式直接投资的自然人和法人，原则上重点奖励投资重大工业项目（含农业产业化大项目）、工业集中区重大基础设施项目、特大型商贸旅游设施项目。

（二）受引资方、投资方委托，中介人与受益方签订书面中介合同。

（三）经过项目注册登记所在招商引资主管部门确认。

第二十七条　中介奖励的基本原则

（一）依法履行中介合同；

（二）谁受益谁支付资金；

（三）按项目计奖，一个项目享受一个奖励额（中介人内部关系自行处理）。

第二十八条　中介奖励标准

（一）引进境（域）外客商实际到位资金额在1000万元人民币以上，5亿元人民币以内的（含5亿元），按实际到位资金额的0.01%予以奖励。

（二）引进境（域）外客商实际到位资金额在5亿元人民币以上的，奖励标准由地方财政部部门、受益企业和中介人协商确定，最高奖励额度不超过60万元人民币。

第二十九条　中介奖励时限

按项目建设进度分阶段兑现中介费。项目开工建设，按境（域）外客商实际到位资金额的40%兑现中介费；项目竣工投产，按境（域）外客商实际到位资金额的60%兑现中介费。

第三十条　中介奖励资金来源

（一）引进独资项目的，由受益的地方财政部门出资奖励。

（二）引进合资、合作项目的，由地方财政部门、受益企业按 6∶4 的比例出资奖励。

第三十一条　中介与奖励程序

（一）中介人在引进资金、项目前，须经市招商引资工作领导小组确认中介人身份和资格，并填写《中介人登记表》。

（二）中介人凭市招商引资工作领导小组出具的身份证明，在引进资金、项目之前，同受益单位签订中介合同。

（三）引资成功后，具备奖励条件的中介人向市招商引资工作领导小组提出兑现奖励申请，同时提供相关证明材料。

（四）市招商引资工作领导小组对中介人的奖励申请进行审核，经确认后，中介人到签订中介合同的受益单位及财政部门办理领取奖金手续。获奖中介人应依法缴纳个人所得税，并由出资奖励单位负责扣除。

第三十二条　对国家公职人员在引进大项目中作出贡献的，其奖励标准和办法由市政府另行规定。

第三十三条　中介奖励兑现，由项目所在地招商引资主管部门监督执行。奖励兑现过程中，中介人与受益方发生争议，双方协商不成的，按相关法律规定解决。中介合同中有仲裁条款的，可申请吉林仲裁委员会裁决。

第三十四条　对弄虚作假、徇私舞弊和骗取奖金者，一经查实，要追回奖金并追究当事人及有关单位、部门的责任；构成犯罪的，依法追究其刑事责任。

第八章　附　则

第三十五条　对地方经济社会发展有明显带动作用的重大项目，或符合国家颁布的高新技术产品目录的项目，或增加较多就业岗位的项目，可以实行一事一议，特事特办的政策。

第三十六条　本政策条款由市招商引资工作领导小组办公室负责解释。

第三十七条　本政策自 2006 年 1 月 1 日起施行。

1.1.26 湖南省人民政府办公厅关于对省重大招商活动省级签约外资项目实行联合审批的通知

湘政办函〔2006〕75号

各市州人民政府，省政府各厅委、各直属机构：

为进一步加快省重大招商活动签约外资项目的实施，为投资者提供便利快捷的服务，省人民政府决定，对省重大招商活动的省级签约外资项目实行联合审批。各市州和省直有关单位要高度重视，密切配合，加强协调，确保联合审批工作顺利进行。附件：湖南省重大招商活动省级签约外资项目联合审批办法。

湖南省人民政府办公厅

2006年5月16日

湖南省重大招商活动省级签约外资项目联合审批办法

为优化经济环境，提高服务水平，进一步加快省重大招商活动省级签约外资项目的实施，根据《行政许可法》有关规定，特制定本办法。

一、联合审批范围

本办法所指的省重大招商活动系列入省委、省政府工作重点，以省政府名义举办的招商活动。对省重大招商活动的省级签约外资项目，在审批过程中，审批权限在省级并涉及多个职能部门的，实行“一站式”联合审批。

二、联合审批程序

1. 项目申请单位按省直有关部门要求备齐项目审批所需材料。

2. 项目申请单位经项目所在市州商务（招商）主管部门向省招商引资领导小组办公室提出联合审批申请。

3. 省招商引资领导小组办公室受理项目单位申请后，3个工作日内召集省直相关职能部门（由主办处室的处长和经办人员参加）集体受理项目报批材料，联合听取项目申请单位的项目情况介绍，协调项目审批有关事项，对项目提出初步审批意见。

4. 根据初审意见，省直各相关职能部门要加快对项目进行审批，在《行政许可法》规定的工作日内分别行文批复。需报国家有关部门审批的，向省招商引资领导小组办公室和项目单位说明情况，并加强跟踪落实。

5. 省直各相关职能部门及时将办结的批复文件送项目单位，并报省招商引资领导小组办公室备案。

三、联合审批职责

1. 省招商引资领导小组办公室（设省商务厅）要加强协调，及时办结出件。

2. 省直相关职能部门按照有关法律和规定对项目进行审批并出具审批文件。

3. 省监察厅对联合审批工作全过程实行行政效能监察。

1.1.27 晋城市人民政府印发关于鼓励外商投资实施办法的通知

晋市政发〔2006〕12号

各县（市、区）人民政府，市直及驻市各单位：

《晋城市人民政府关于鼓励外商投资的实施办法》已经市政府研究同意，现印发给你们，请认真组织实施。

晋城市人民政府
2006年5月20日

晋城市人民政府关于鼓励外商投资的实施办法

第一条 为进一步加快晋城对外开放步伐，促进经济和各项社会事业全面、协调、可持续发展，制定本办法。

第二条 本办法所称外商投资企业，包括香港、澳门特别行政区投资者和台湾同胞投资设立的企业。

第三条 凡是符合国家《外商投资产业指导目录》中鼓励类、允许类和有利于晋城经济发展的项目，晋城市全方位、宽领域鼓励外商投资建设。

第四条 外商投资大型煤化工项目，可根据我市产业发展规划和项目的实际需要，合理配置煤田资源，保证原料供应。

第五条 在市级旅游经济园区、旅游度假区、生态旅游示范区的外商投资项目，享受市级开发区相关优惠政策。在上述区域内开发建设旅游宾馆、饭店的用电、用水、用气，等同一般工业企业。探索旅游景区所有权和经营权分离、整体委托开发的招商模式。

第六条 对外商投资设立高新技术企业和研发中心，政府间国际科技合作项目计划、国家国际科技合作重点项目计划、省市设立的国际科技合作计划，优先给予扶持。

第七条 外商投资循环经济、资源综合利用、高新技术和环保项目，投资单体项目在1000万美元以上（含1000万美元），农产品深加工单体项目在500万美元以上（含500万美元），从经营获利之日起3年内，可由当地财政按企业对地方财政贡献额的15%给予奖励。

第八条 外商投资企业符合农业产业化重点龙头企业条件的，可享受相关优惠政策。

第九条 鼓励外商投资设立一般商品批发、零售和物流配送企业；允许已设立的外商投资商业企业和外商投资物流企业在我市设立分公司；允许外商投资设立的非商业企业增加分销经营范围。

第十条 外商投资大中型公共设施建设项目，除国家有特别规定外，不限制投资比例和经营年限。投资供排水、垃圾处理、污水处理等环保和公益性项目，收费标准暂时不能到位的，可由政府采取适当的方式给予补贴。

第十一条 境外企业可跨行业、跨所有制参与国有、集体企业的资产重组、产权转让，可享受省市政府出台的国有、集体企业改制的一切优惠政策。

第十二条　外商投资除城市规划区以外的乡镇（村）关闭的小煤矿、小冶炼、小砖厂、小水泥厂和空心村、无人村闲置土地的复耕置换、开办新的企业，可将缴纳的土地出让金除上缴省以上和补偿农民外地方留成部分全部返还。

第十三条　外商取得土地使用权投资开发利用“四荒地”，从事林业、畜牧业、种植业生产以及生态旅游的，可将缴纳的土地出让金给予部分返还，实行土地使用权 50 年不变。政府以国有荒地入股的，从获利年度起，5 年内政府不参与分红。投资林业的，还可享受民营林业的优惠政策。

第十四条　外商利用尾矿、开采未达到工业品位或未计算储量的低品位矿产资源和从废石（矸石）中回收矿产品的项目，免收矿产资源补偿费。

第十五条　对符合国家产业政策和我市产业发展规划的鼓励类外商投资项目，优先安排和保证建设用地。外商投资文化、教育、医疗卫生等社会事业，可按规定减收土地使用费。

第十六条　开发区、重点工业园区、新型产业基地内的建设项目被省、市政府确定为重点工程项目的，依据土地利用总体规划优先安排用地；重点建设项目与总体规划不协调的，可按规定程序调整规划。

第十七条　对设在我市的国家鼓励类外商投资企业，在现行优惠政策执行期满后 3 年内减按 15% 的税率征收企业所得税。

第十八条　对设在我市的外商投资企业，经营期在 10 年以上的，从开始获利年度起，免征地方所得税 5 年。其中，对从事《外商投资产业指导目录》中鼓励类项目、《中西部地区外商投资优势产业目录》中我市优势产业的外商投资企业以及外商投资举办的产品出口企业、先进技术企业，经营期在 10 年以上的，经企业申请，省级税务部门批准，从开始获利年度起，免征地方所得税 10 年；对经省政府认定为大型骨干企业的外商投资企业和设在我市开发区、重点工业园区和新型产业基地内的外商投资企业，经营期在 10 年以上的，经企业申请，省级税务部门批准，从开始获利年度起，免征地方所得税。

第十九条　外商投资企业的外国投资者，从企业获得的利润直接再投资于该企业，或投资开办其他外商投资企业，经营期不少于 5 年的，经省级税务部门批准，退还其再投资部分已缴纳所得税的 40%；直接投资开办、扩建产品出口型或先进技术型生产企业，全部退还其再投资部分已缴纳的企业所得税。

第二十条　在我市设立的外商投资企业，在投资总额内购买的国产设备，对符合国家规定的《外商投资产业指导目录》鼓励类投资项目，除国家规定《外商投资项目不予免税的进口商品目录》外，其购买国产设备投资的 40% 从购置设备当年比上年新增的企业所得税中抵扣。

第二十一条　在我市设立的外商投资企业一次性购买 2000 平方米以上（含 2000 平方米），其中农业领域外商投资企业一次性购买 1000 平方米以上（含 1000 平方米）商品房用于办公、经营的，按 3% 的税率缴纳契税。

第二十二条　开发区、重点工业园区、新型产业基地内的企业所上缴的企业所得税、增值税的地方留成部分中，其当年增长幅度超过全市财政收入平均增长的部分，3 年内按不低于 50% 的比例，由财政建立专项扶持资金，用于园区、基地、开发区的基础设施、研发中心建设以及对企业家、高级管理人员、技术骨干的奖励。

第二十三条　开发区、重点工业园区、新型产业基地内的企业研究开发新产品、新技术、新工艺所发生的各项费用，可按税法规定在计算缴纳企业所得税前据实扣除。对于从事工业生产的企业，技术开发费用年增长幅度在 10% 以上，且为盈利企业的，可再按实际发生额的 50% 抵扣当年应纳税所得额。

第二十四条 外商进入市级开发园区内的工业项目，除水资源费、排污费外，所有行政事业性收费不再征收；属上缴省以上行政事业性收费，由所在开发园区代缴。园区内其他项目，审批准入环节的收费免收，建设、运营环节除按规定上缴省以上行政事业性收费和水资源费、排污费外，其他收费按最低标准减半征收。市级园区外的项目，审批准入环节的收费免收。建设、运营环节除按规定上缴省以上行政事业性收费和水资源费、排污费外，对其他收费，工业项目按最低标准减半征收，其他项目按最低标准征收。固定资产投资额在 3 亿元人民币以上、注册资本在 3000 万元人民币以上工业、商业项目，或高新技术和公益性项目的行政事业性收费，一事一议给予更优惠的政策。房地产项目审批、建设涉及的行政事业性收费按规定标准一并计入土地拍卖标底缴纳。中介服务机构收费按规定最低标准收取。

第二十五条 外商固定资产投资额在 1 亿元人民币以上、注册资本在 1000 万元人民币以上的工业项目，按土地出让金中市县留成部分计算给予等额补助。固定资产投资额 1 亿元人民币以上、注册资本在 1000 万元人民币以上的商业项目，土地出让金中当地政府收益部分给予适当优惠。固定资产投资额在 3 亿元人民币以上、注册资本在 3000 万元人民币以上的工业、商业项目，或高新技术和公益性项目用地，一事一议给予更优惠的政策。

第二十六条 简化外商投资企业名称核准程序，外商投资企业可持投资方营业执照复印件（外方自然人持身份证复印件）直接向工商行政管理部门申请登记。在登记时，允许外商投资企业根据其经营需要，将行政区划放在字号之后，组织形式之前。简化外商投资企业登记审核手续，外商投资企业注册资本先期到位的，可不必提交银行的资信证明。对从事国家鼓励或允许投资行业的外商投资企业，可直接持审批机关颁发的批准证书到工商登记部门申请登记注册。放宽外商投资企业中方主体资格条件，经审批机关批准，允许具有投资能力和法人资格的学校、科研机构、社会团体企业化经营的事业单位、村民委员会等农村集体经济组织、其他经济组织作为外商投资企业股东。对外商出资比例低于国家规定 25% 的外商投资企业，核发外商投资企业执照。放宽中方股东出资限额，允许中方股东出资突破其净资产 50% 的限制。

第二十七条 在本市投资和工作的境外人员可申请办理 1 年或 3 年多次有效商务签注。境外投资者可办理 1 至 5 年有效居留手续和多次往返签证。子女入托、入学可享受与当地居民同等的待遇。

第二十八条 对在我市工作期间的海外留学人才，用人单位给予博士或具有正高级专业技术职称的人员，每月 1000 元人民币生活津贴；给予获得硕士学位并具有副高级以上专业技术职称的人员以及我市急需的具有特殊技能的人员，每月 500 元人民币的生活津贴。对来我市定居、长期工作的急需高层次人才，本人购置商品房的，用人单位可以一次性给予两院院士不少于 15 万元人民币安家补助费，博士不少于 6 万元人民币安家补助费，硕士不少于 3 万元人民币安家补助费。

第二十九条 政府建立招商引资奖励基金，在社会法人和自然人（国家机关行政、事业单位人员除外）引进外资、引进世界 500 强企业到我市落户对财政产生贡献以后，视贡献大小，予以奖励。

第三十条 本办法自发布之日起执行，由市政府办公厅负责解释。在本办法执行中，凡与我市以往发布的文件不一致的，以本办法为准，如国家政策作出新的调整，按国家规定执行。

1.1.28　泸州市人民政府关于印发《泸州市外商投资企业服务管理暂行办法》的通知

泸市府发〔2006〕27 号

各区、县人民政府，市级各部门：

《泸州市外商投资企业服务管理暂行办法》已经市政府第 33 次常务会议讨论通过，现印发给你们，请遵照执行。

2006 年 5 月 29 日

泸州市外商投资企业服务管理暂行办法

第一章　总　则

第一条　为加强对中外合资经营企业、中外合作经营企业和外资企业（以下简称外商投资企业）的服务和管理，保障外商投资企业及其员工的合法权益，促进外商投资企业健康发展，根据《中华人民共和国中外合资经营企业法》、《中华人民共和国中外合作经营企业法》、《中华人民共和国外资企业法》及其实施细则和其他法律、法规的规定，结合本市实际，制定本办法。

第二条　本办法适用于本市行政区域内外商投资企业的服务和管理。

第三条　外商投资企业及其员工的合法权益受国家法律、法规的保护。外商投资企业及其员工应当遵守国家法律、法规，不得损害国家、集体和他人的合法权益。

第四条　各级人民政府及其有关部门应当依法保障外商投资企业的自主权，加强对外商投资企业的协调、监督和管理，提高办事效率，为外商投资企业服务。

第五条　外商投资企业应积极支持本企业工会的工作，职工有权按照《中华人民共和国工会法》和《中国工会章程》的规定，建立基层工会组织，开展工会活动。

第二章　管理机构与职责

第六条　泸州市政府投资主管部门为外商投资项目核准机关。其中：基本建设类的外商投资项目由泸州市发展改革委核准，技术改造类的外商投资项目由泸州市经委核准。

在本市设立外商投资企业的，属本市核准权限以内的项目，由泸州市投资主管部门办理核准手续；需报国家、省有关部门核准的，按国家、省有关规定办理。

第七条　泸州市商务局及区县商务部门是外商投资企业的审批机关和综合服务管理部门，其主要职责是：

（一）依法监督外商投资企业执行国家有关法律、法规；

（二）拟订发展外商投资企业规划；

（三）依照权限审批外商投资企业合同、章程；

（四）办理产品出口型企业和先进技术型企业资格认证材料的上报；

（五）调解、处理外商投资企业发展中的有关问题，受理外商投资企业的行政投诉，协助有关部门处理投诉事宜；

（六）协调、指导企业执行合同、章程，监督企业解散和清算。

第八条　工商行政管理部门是外商投资企业登记机关。

第九条　外商投资企业不再设主管部门。

第十条　劳动、工商、财政、税务、外汇管理、海关、银行等部门按照各自的职责权限对外商投资企业进行监督管理，提供服务。

第三章　企业的设立、变更和终止

第十一条　在本市设立外商投资企业的，由项目申请人向投资主管部门提出申请报告。申请设立外资企业的，由外国投资者或其委托的代理人申请；申请设立合资、合作企业的，由中方投资者申请。核准机关应在收到项目申请报告之日起5个工作日内一次性告知申请人需补充的文件、资料，并在5个工作日内完成核准或转报。

报送各级核准机关的项目申请报告应包括以下内容：

（一）项目名称、投资方式、经营期限、投资方基本情况；

（二）项目建设规模、主要建设内容及产品，采用的主要技术和工艺，产品目标市场，计划用工人数；

（三）项目建设地点，对土地、水、能源等资源的需求以及主要原材料的消耗量；

（四）环境影响评价；

（五）涉及主要公共产品或服务的价格测算；

（六）项目总投资、注册资本及各方出资额、出资方式及融资方案，需要进口设备及金额。

（七）按规定必须招标项目的招标内容（招标范围、招标方式、招标组织形式等）。

项目申请报告应附以下文件：

（一）中外投资各方的企业注册证（营业执照）、商务登记证及经审计的最新企业财务报表（包括资产负债表、损益表和现金流量表）、开户银行出具的资金信用证明；

（二）投资意向书，增资、购并项目的公司董事会决议；

（三）银行出具的融资意向书；

（四）环境保护行政主管部门出具的环境影响评价意见书；

（五）城市规划行政主管部门出具的规划选址意见书；

（六）国土资源行政主管部门出具的项目用地预审意见书；

（七）以国有资产或土地使用权出资的，需由有关主管部门出具的确认文件；

（八）根据法律、法规应当提交的其他文件。

报国家核准的项目，（四）、（五）、（六）项应是省级及以上行政主管部门出具的意见。

鼓励类外商投资项目需办理进口设备免税证明的，由市政府投资主管部门转报省政府投资主管部门办理《国家鼓励发展的内外资项目确认书》。

第十二条　设立外商投资企业应当持国家法律规定的有关文件报审批机关审查。有审批权的商务部门应在3个工作日内作出批准或者不批准的决定。

外商投资企业报批合同、章程时须呈报的附件应包括：

（一）申请批准合同、章程的报告；

（二）《合同》、《章程》原件；

（三）投资主管部门核准文件；

（四）工商局核定的“企业名称核准通知书”；

（五）投资各方合法开业证明/身份证明（如系个人投资）、资信证明原件及复印件（如个人投资须出具存款证明复印件）、法定代表资格证明；

（六）出资设备清单和拟进口设备清单；

（七）如有授权需法人授权委托书；

（八）董事会成员名单和双方投资者签署的委派书及身份证明；

（九）以国有资产出资的，需资产评估报告。

设立外商投资企业的申请者应在接到核发的批准证书之日起 30 日内，持批准证书和必备文件、资料，到工商行政管理部门办理工商登记手续，营业执照签发日期为外商投资企业成立日期。

外商投资企业自成立之日起 30 日内，持批准证书、营业执照及有关文件、资料，向海关、外汇管理部门、市财政局和市税务局办理有关手续，并经外汇管理部门批准后在中国境内可以经营外汇业务的银行开立账户。

第十三条　外商投资企业的投资者以机器设备、土地使用权、建（构）筑物、工业产权、专有技术等资产作为投资的，对以国有资产与外商合资、合作的，应同时提交依法确认的资产评估报告。外国投资者以境外引进的机器、设备、物料等作价出资的，申请验资前须经商检部门进行财产鉴定。

第十四条　外商投资企业在经营期间，如有增加注册资本、转让投资权益、地址迁移、改变合作条件、经营范围、经营方式和经营期限等，应当向原审批机关申请批准，并在批准之日起 30 日内向工商、税务、财政和海关等部门办理变更登记手续。

第十五条　外商投资企业经营期满终止的，应当按法定程序进行清算，清算工作结束后，向税务、财政、海关等部门办理有关手续，并报告原审批机关，向工商行政管理部门办理注销登记手续。

第十六条　外商投资企业提前终止宣告解散的，应当报原审批机关批准，按法定程序清算，公布清算结果，缴还批准证书，并向税务、财政、海关等部门办理有关手续，向工商行政管理部门办理注销登记手续。

第四章　企业经营、管理和享受的服务

第十七条　各级人民政府和有关部门应依法保障外商投资企业的自主权，加强协调工作，支持外商投资企业按照国际上先进的科学方法管理企业，及时审核外商投资企业申报需要批复和解决的事情。

公安、工商及其他有关行政管理部门应采取有效措施保障外商投资者的人身权和财产权。对侵犯外商投资者的人身权和财产权的行为，应及时予以查处。

第十八条　外商投资企业在国家法律、法规规定范围内，依照经过批准的合同、章程进行经营活动，在生产、经营、劳动和财务等方面享有充分的自主权，并受国家法律保护。

第十九条　外商投资企业投资各方应当依法按合同或者章程的约定期限缴清各自的出资额，由中国注册的会计师验证，出具验资报告，由企业报原审批机关、工商行政管理部门和主管财政、税务部门备案。

商务、工商行政管理等部门依法对企业出资情况进行监督检查。商务、财政、工商、税务、外汇管理等部门按照国家有关规定，每年对外商投资企业实行集中联合年检。

第二十条　外商投资企业注册资金到位，交付验资报告后，可以申请办理产品出口企业和先进技术企业证书。企业申请上述证书时，应当向企业所在市、区县商务部门提交申请考核报告以及有关文件，由市商务局将有关文件在3个工作日内上报四川省商务厅审核确认。

第二十一条　外商投资企业的基本建设、生产经营应严格遵守国家建设、环境保护、消防、劳动安全和卫生等方面的法律、法规，涉及许可证管理的进出口物资，应当在立项前向商务部门申办有关手续。

第二十二条　外商投资企业的外方投资者依法经营所获得的合法利润、其他合法收入和清算后的资金可以汇出境外。外商投资企业外籍员工的工资收入和其他正当收入，依法缴纳个人所得税后可以汇出境外。

第二十三条　外商投资企业应当按照国家法律和有关财务会计制度，如实反映经营核算情况，定期向财政、税务等报送会计报表。年度报表和清算报表应当附有中国注册会计师审计报告，并接受财政部门的检查和监督。

第二十四条　外商投资企业应当按税务部门确定的期限办理纳税申报，报送纳税申报表和其他有关纳税资料。

外商投资企业从境外取得的与纳税有关的票证，经税务部门审核认可，方可作为财务收支的合法凭证。税务部门可以要求外商投资企业提供境外公证机构或注册会计师出具的书面证明。

第二十五条　外商投资企业依法取得的知识产权，受国家有关法律、法规保护。外商投资企业应当遵守国家有关知识产权保护的法律、法规，不得侵犯其他单位、个人的知识产权。

第二十六条　外商投资企业生产经营所需的水、电、气，享有与市内其他企业同等的待遇，市、区县经委（经济和商务局）应商有关部门予以支持。

第二十七条　金融机构对外商投资企业和内资企业应一视同仁，在符合国家法律、法规、规章和政策的前提下，对有市场、有效益的外商投资出口企业、先进技术企业及各级政府确定的重点外商投资企业予以积极信贷支持。

第二十八条　除法律、法规和省级以上人民政府的规定外，任何部门和单位不得另立收费项目和提高收费标准，不得强制外商投资企业参加各类培训和评比活动，不得向企业强制摊派人力、物力、财力。

违反上述规定的，企业有权拒绝。

第二十九条　除法律、法规规定的监督检查和县级以上人民政府决定的专项检查外，任何部门不得对外商投资企业进行检查。

第三十条　外商投资企业可以参加外商投资企业协会。

外商投资企业协会可以组织外商投资企业学习有关法律、法规和政策，进行咨询服务活动，协调投资各方关系，反映外商投资企业的要求、开展联谊等活动。

第三十一条　外商投资企业综合服务管理部门应经常加强同外商投资企业的联系，负责向外商投资企业提供法律政策咨询和信息，推荐合作项目，帮助办理有关手续，受理并协调处理外商投资企业的投诉。协调中介服务机构依法为外商投资企业提供各类服务。

第三十二条　各级人民政府定期召开会议或采取其他形式，听取外商投资企业的意见、建议，协调解决外商投资企业在筹建和生产经营过程中的有关问题。各级政府对本行政区域内投资软环境应开展多种形式的年度测评。对外商投资企业反映较好的典型事例予以通报表扬；对反映强烈、问题突出的部门，经核实后，予以通报批评，并责成其限期整改。

第五章　员工权益与义务

第三十三条　外商投资企业招用员工，应当依法订立劳动合同，双方当事人均应严格履行劳动合同规定的义务。

第三十四条　外商投资企业应当按国家有关规定，保障员工依法享有平等就业和选择职业、休息休假、接受职业培训、取得劳动报酬、获得劳动安全卫生保护、享受社会保险和福利、提请劳动争议处理以及法律、法规规定的其他权利。员工有权依法组织和参加工会，开展工会活动，维护自身合法权益。

第三十五条　外商投资企业的员工应当完成劳动任务、提高职业技能、执行劳动安全卫生规程、保守商业秘密、遵守劳动纪律和职业道德。中方员工必须履行接受国防教育、依法服兵役、计划生育等法定的义务。

第六章　争议的处理

第三十六条　中外合资经营企业、中外合作经营企业的投资各方对于合同、章程的解释或者执行发生争议时，当事人应当通过协商解决，协商后仍不能解决的，可以申请综合服务管理部门调解。当事人不愿协调解决或者调解不成的，可以依据合同中的仲裁条款或者事后达成的书面仲裁协议，提交涉外仲裁机构或者双方同意的其他仲裁机构仲裁。当事人没有在合同中订立仲裁条款，事后又未达成书面仲裁协议的，任何一方均可向人民法院起诉。

第三十七条　外商投资企业认为行政机关的行为侵犯其合法权益的，可以依据《中华人民共和国行政诉讼法》等有关法律、法规的规定，向人民法院起诉或者申请行政复议。

第三十八条　外商投资企业同员工发生的劳动争议及工会工作方面的争议，按有关法律、法规处理。

第七章　法律责任

第三十九条　外商投资企业违反工商行政管理法律、法规的，由工商行政管理部门依法给予行政处罚；构成犯罪的，由司法机关依法追究刑事责任。

第四十条　违反本办法第十九条规定的，投资者逾期不出资或者出资不足的，由审批机关和登记机关发出限期缴清注册资本的通知；逾期不缴清的，守约方可以提出解除合同并追究违约方的责任，审批机关可撤销该企业的批准证书，登记机关可吊销其营业执照，同时抄送原审批机关。外商投资企业无正当理由不继续经营，又不提出解散申请的，可以由原审批机关撤销批准证书、工商行政管理部门吊销营业执照，涉及债务纠纷的，依法清理。

第四十一条　违反本条例第二十四条规定，不依法缴纳税款的，由税务部门按国家有关法律、法规给予处罚。

第四十二条　不按国家有关劳动保护、环境保护以及其他有关规定从事生产经营或者侵犯员工合法权益的，由有关部门根据国家有关法律、法规的规定，分别给予警告、罚款，提请县级以上人民政府决定责令其停业整顿；构成犯罪的，由司法机关依法追究刑事责任。

第四十三条　外商投资企业管理机构的工作人员应当忠于职守，依法行政，搞好服务。对滥用职权、徇私舞弊、收受贿赂或者侵害外商投资企业合法权益的，有关部门应当根据情节给予行政处分；构成犯罪的，由司法机关依法追究有关当事人的刑事责任。

第八章　附　则

第四十四条　香港、澳门、台湾地区的公司、企业、其他经济组织或者个人在本市投资开办的企业，适用本办法。

第四十五条　如本办法与国家有关法律法规发生冲突，以国家有关法律法规为准。

第四十六条　本办法自公布之日起30日后施行。

1.1.29　西安市外商投资企业和私人投资企业工会条例

（2006 年 3 月 23 日西安市第十三届人民代表大会常务委员会第二十七次会议通过　2006 年 6 月 1 日陕西省第十届人民代表大会常务委员会第二十五次会议批准）

西安市人民代表大会常务委员会

公告（第 83 号）

《西安市外商投资企业和私人投资企业工会条例》已由西安市第十三届人民代表大会常务委员会第二十七次会议于 2006 年 3 月 23 日通过，陕西省第十届人民代表大会常务委员会第二十五次会议于 2006 年 6 月 1 日批准，现予公布，自公布之日起施行。

西安市人民代表大会常务委员会

2006 年 6 月 29 日

第一章　总　则

第一条　为了明确外商投资企业和私人投资企业工会在企业中的法律地位和职责，保障其依法行使权利和履行义务，维护职工的合法权益，协调劳动关系，促进企业发展，根据《中华人民共和国工会法》和《陕西省实施〈中华人民共和国工会法〉办法》等有关法律、法规，结合本市实际，制定本条例。

第二条　本市行政区域内的外商投资企业、私人投资企业（以下统称企业）和企业工会组织，均应遵守本条例。

第三条　本条例所称的外商投资企业是指中外合资经营企业、中外合作经营企业和外资企业。

本条例所称的私人投资企业是指私人投资的独资企业、合伙企业和公司。

第四条　外商投资企业和私人投资企业应当依法建立工会组织，开展工会活动。

企业工会是职工自愿结合的群众组织，代表职工的利益，依法维护职工的合法权益。

企业工会通过平等协商、集体合同制度，协调劳动关系，维护职工的劳动权益。

第五条　企业工会具备法人条件的，依法取得社会团体法人资格，企业工会主席为其法定代表人。

第六条　企业工会应当尊重投资者的合法权益，支持企业依法搞好生产经营管理。

投资者应当尊重企业工会的合法权益，支持工会依法开展活动。

第二章　企业工会组织

第七条　企业开业或者投产一年内未建立工会的，上级工会可以派员指导、帮助企业职工组建工会，企业应当予以支持。

第八条　企业工会组织的建立，须报上一级工会批准。

第九条　企业内以工资收入为主要生活来源的中外职工，承认《中国工会章程》，可以自愿申请加入工会。

第十条　企业有会员二十五人以上的，应当建立基层工会委员会；不足二十五人的，可以单独建立基层工会委员会，也可以由两个以上单位的会员联合建立基层工会委员会，也可以选举组织员一人，组织会员开展活动。女职工十人以上的，可以建立工会女职工委员会，在同级工会领导下开展工作。

第十一条　企业的工会主席、副主席、委员及组织员须经民主选举产生，报上一级工会组织批准。

职工二百人以上的企业工会，可以设专职工会主席。工会专职工作人员人数由工会与企业协商确定。

企业主要负责人的近亲属不得作为本企业基层工会委员会成员的人选。

第十二条　工会委员会每届任期三年或者五年，具体任期由会员大会或者会员代表大会决定。

工会委员会成员可以连选连任。

第三章　企业工会的权利

第十三条　企业工会监督企业对劳动管理、劳动保护、社会保障、女职工特殊利益保护等法律、法规的遵守和执行。

第十四条　企业工会代表职工与企业签订集体合同，协助职工与企业签订个人劳动合同，并监督劳动合同的执行。

第十五条　企业召开有关工资制度、生活福利、安全生产、劳动保护和社会保障等会议，必须有企业工会代表参加。

第十六条　企业工会参与企业有关职工利益制度的制定和修改。

第十七条　企业工会依法监督本企业的劳动保护工作，维护职工在生产劳动中的安全和健康，参与本企业职工因工伤亡事故的调查处理。

企业工会发现企业违章指挥、强令工人冒险作业，或者生产过程中发现明显重大事故隐患和职业危害，有权提出解决的建议，企业应当及时研究答复；发现危及职工生命安全的情况时，企业工会有权向企业建议组织职工撤离危险现场，企业必须及时作出处理决定。

第十八条　企业工会对企业执行我国现行的工时制度和休假制度进行监督。企业由于生产经营需要，经与工会和劳动者协商后可以延长工作时间。工作时间的延长和工资报酬的支付，应按照《中华人民共和国劳动法》的有关规定执行。

第十九条　企业违反集体合同，侵犯职工劳动权益的，工会可以依法要求企业承担责任；因履行集体合同发生争议，经协商解决不成的，工会可以提请劳动争议仲裁机构仲裁或者向人民法院提起诉讼。

企业处分职工，工会认为不适当的，可以提出意见。企业单方面解除职工劳动合同时，应当事先将理由通知工会，工会认为企业违反法律、法规和有关合同，要求重新研究处理时，企业应当研究工会的意见，并将处理结果书面通知工会。职工认为企业侵犯其劳动权益而申请劳动争议仲裁，或者向人民法院提起诉讼的，工会应当给予支持和帮助。

第二十条　企业发生非法扣留职工合法证件以及对职工非法搜身、侮辱、虐待、体罚等侵害职工人身权利的情况时，企业工会应当予以制止，要求纠正；情形严重的，提请劳动、人事、公安等有关部门依法处理或者支持职工依法提起诉讼。

第二十一条　企业违反劳动法律、法规规定，有下列侵犯职工劳动权益情形，工会应当代表职工与企业交涉，要求企业采取措施予以改正，企业应当予以研究处理，并书面答复工会；企业拒不改正的，企业工会可以提请劳动和社会保障行政部门或者劳动安全监察、卫生监督等部门依法处理：

（一）不与职工签订劳动合同的；

（二）收取劳动保证金、押金的；

（三）不执行本市最低工资标准或者克扣、拖欠职工工资的；

（四）不按照国家规定提供劳动安全卫生设施、条件或者不按照国家规定对职工进行劳动安全培训的；

（五）超出国家规定随意延长劳动时间的或者不按规定支付加班工资的；

（六）未依法为职工缴纳社会保险费的；

（七）侵犯女职工和未成年工特殊权益的；

（八）其他严重侵犯职工劳动权益的。

第四章　企业工会的义务

第二十二条　企业工会应当教育职工遵守法律、法规，履行集体合同和劳动合同，保守商业秘密，遵守劳动纪律和企业的各项制度。

第二十三条　企业工会应当支持企业合法的生产、经营和管理，爱护企业的财产，组织职工开展群众性的合理化建议、技术创新、劳动竞赛、安全生产活动，完成企业的生产任务和工作任务，促进企业提高经济效益。

第二十四条　企业工会应当针对企业特点组织职工学习文化、技术、经济和法律知识，协助企业进行职工培训。

第二十五条　企业工会应当协同企业丰富职工的文化生活，组织开展有益于职工身心健康的文娱、体育活动。

第二十六条　企业工会应当协助企业办好职工集体福利事业，关心职工生活，在职工中开展互助互济活动，对困难职工进行救济和帮扶。

第五章　企业工会工作的保障

第二十七条　企业应当依法支持工会的日常工作，为工会办公和组织职工开展活动，提供必要的房屋、设施和活动场所。

第二十八条　企业工会和兼职的工会委员召开会议或者组织职工活动，应当在生产、工作时间以外进行，需要占用生产、工作时间的，应当事先征得企业同意。经同意参加工会活动的职工的工资、奖金及各种补贴，由企业照发。

第二十九条　中外合资经营企业、中外合作经营企业专职工会主席待遇，按照相关规定执行。

外资企业和私人投资企业，专职工会主席待遇由上级工会与企业商定。

企业兼职工会主席由本企业工会给予适当补贴。

第三十条　企业工会专职主席、副主席、委员自任职之日起，其劳动合同期限自动延长，延长期限与其任职期间相同，其任职期满后，不再担任工会的职务时，原劳动合同剩余期限继续履行；非专职主席、副主席或者委员自任职之日起，其尚未履行的劳动合同期限短于任期的，劳动合同期限自动延长至任期期满。任职期间被罢免或者达到法定退休年龄的除外。

第三十一条　市、区、县人民政府劳动和社会保障行政部门应当会同同级工会、外商投资企业和私人投资企业方面代表，建立劳动关系三方协商机制，共同研究解决企业劳动关系方面的重大问题，促进企业劳动关系的和谐稳定。

第六章　企业工会的经费和财产

第三十二条　企业工会的经费来源：

（一）会员缴纳的会费；

（二）企业每月按上月全部职工工资总额的百分之二拨缴的经费；

（三）企业工会的其他收入。

第三十三条　有下列情形之一的，企业工会或者上级工会可以依法向人民法院申请支付令；拒不执行支付令的，工会可以依法申请人民法院强制执行：

（一）建立工会组织的企业无正当理由逾期三个月不拨缴工会经费的；

（二）建立工会组织的企业无正当理由逾期三个月未足额拨缴工会经费的；

（三）开业或者投产一年后未建立工会组织，又不按规定拨缴组建工会筹备金的。

第三十四条　企业工会经费按照中华全国总工会规定的经费管理办法使用，并接受本级工会经费审查委员会和上级工会的监督。

第三十五条　企业工会财产、经费受法律保护，任何组织和个人不得侵占、挪用和任意调拨。

工会合并、分立、撤销、解散前，其财产、经费应当在上一级工会的指导下进行审计。工会合并，其财产、经费归合并后的工会所有；工会分立，其财产、经费由原工会合理分配；工会撤销或者解散，其财产、经费由上一级工会处置。

第七章　法律责任

第三十六条　企业有下列行为的，企业工会或者上一级工会应当分别情况协商处理、提请政府有关部门处理或者提请司法机关依法处理：

（一）阻挠、限制职工依法参加和组织工会的；

（二）阻挠上级工会派员帮助和指导职工组建工会的；

（三）对参加或者组织工会的职工进行威胁、打击报复，导致职工不能参加或者组织工会的；

（四）阻挠、限制、干涉工会组织依法开展活动的；

（五）拒不向工会提供必要的房屋、设施和活动场所的；

（六）擅自解除担任工会主席、副主席的企业职工劳动关系的；

（七）不按规定拨缴工会经费或者擅自挪用工会经费的；

（八）不按规定支付工会工作人员工资、奖金及各种补贴的；

（九）拒不接受工会提出纠正侵犯职工人身权利和其他民主权利意见的。

第三十七条　企业工会工作人员违反本条例规定，损害职工、企业或者工会权益的，由同级工会或者上一级工会责令改正或者予以处分；情节严重的，依照《中国工会章程》予以罢免；造成损失的，应当依法赔偿；构成犯罪的，依法追究刑事责任。

第八章　附　则

第三十八条　香港、澳门、台湾同胞以及华侨在本市投资兴办的企业参照本条例执行。

第三十九条　本条例自公布之日起施行。

1991 年 10 月 23 日西安市第十届人民代表大会常务委员会第二十六次会议通过，1992 年 1 月 25 日陕西省第七届人民代表大会常务委员会第二十五次会议批准，1997 年 11 月 13 日西安市第十二届人民代表大会常务委员会第三次会议通过修正，1998 年 4 月 23 日陕西省第九届人民代表大会常务委员会第二次会议批准修正的《西安市外商投资企业工会条例》和 1999 年 5 月 27 日西安市第十二届人民代表大会常务委员会第十二次会议通过，1999 年 9 月 8 日陕西省第九届人民代表大会常务委员会第十一次会议批准的《西安市私营企业工会条例》，同时废止。

1.1.30　江苏省工商行政管理局、江苏省对外贸易经济合作厅、中华人民共和国南京海关、国家外汇管理局江苏省分局关于贯彻国家四部委《关于外商投资的公司审批登记管理法律适用若干问题的执行意见》的通知

苏工商外〔2006〕188号

新修订的《公司法》、《公司登记管理条例》已于2006年1月1日起正式施行。为了准确适用法律，规范、便民、高效地开展外资审批和登记工作，国家工商总局、商务部、海关总署、国家外汇管理局于近日联合下发了《关于外商投资的公司审批登记管理法律适用若干问题的执行意见》(下简称《执行意见》)。现将《执行意见》转发给你们，并结合我省的工作实际，就贯彻《执行意见》的有关工作通知如下：

一、中外合资、中外合作有限公司的中方投资主体除公司、企业（含合伙和个人独资企业）外，还包括事业单位法人、社团法人、民办非企业单位。

二、中外合资、中外合作有限公司须设监事会或一至两名监事，其产生办法由公司依据《公司法》通过章程规定；外商独资有限公司中的外商合资须设股东会；外商合资、外商独资须设董事会或执行董事，并须设监事会或一至两名监事，其有关内容要依据《公司法》通过公司章程规定。

对2006年1月1日以后登记的公司的组织机构不符合以上规定的，须于2006年12月31日前按以上规定规范完毕。

对2005年12月31日前登记的公司的组织机构不符合以上规定的，可引导但不强制公司规范。

三、外商投资的公司、分公司设立、变更的申请期限的起始时间以收到批准证书之日计算；不核发批准证书的，以收到批准文件之日计算。逾期申请的，申请人需报审批部门确认批准文件的效力或另行报批。

四、进行外国投资者主体资格证明或身份证明的公证主体是所在国家（地区）公证机关和律师事务所。投资者所在国（地区）与我国没有外交关系的，不需要提供我国使（领）馆的认证文件。

申请外商投资的公司应当向审批和登记机关提交外国投资者主体资格公证和认证原件，若只有一份公证认证原件的，则原件提交给审批机关，向登记机关提交经审批机关确认“与原件一致”的复印件。

外国自然人来我省投资的，提交护照原件后，可不需要进行公证和认证。香港、澳门特别行政区自然人来我省投资的，提交身份证和《港澳居民来往内地通行证》原件后，可不需要进行公证。台湾地区自然人来我省投资的，提交台胞证原件后，可不需要进行公证。华侨来我省投资的，提交护照及定居国的居留证件原件后，可不需要进行公证和认证。

五、外商投资的公司增加注册资本时，其出资方式中货币出资一般不低于30%。如果设立时的货币出资低于30%的，只要增资部分的货币出资达到30%即可；如果设立时货币出资方式高于

30%，则增资后只要总的注册资本中货币出资达到30%即可。

六、新修订的《公司注册资本登记管理规定》没有规定验资证明的有效期限，因此外商投资的公司的验资证明不再设定有效期限。

根据财政部与国家工商总局的《关于进一步规范企业验资工作的通知》规定，股东以外的股权转让包括股东间的股比调整，不需要重新验资。减少投资者未缴纳的认缴注册资本不需要重新验资。

七、工商行政管理机关依据《执行意见》第十三条第二款的规定办理的变更事项涉及章程修改的，应在办理变更登记时上一级警示，同时督促公司办理章程变更的审批手续，并于批准之日起30日内向工商机关办理章程备案手续。公司未按规定办理备案手续的，工商机关可依据《公司登记管理条例》第七十三条第二款的规定处理。

外商投资的公司在申请办理《执行意见》第十三条第二款规定的登记事项变更时，已经修改章程并获批准的，可一并申请办理变更章程的备案，工商行政管理机关可合并办理相关变更备案手续。

八、外商投资商业企业在江苏省境内设立分公司（不含店铺）的，不需要审批机关批准，直接向工商机关申请设立登记。

九、外商投资的公司的清算（包括特别清算）依据《公司法》进行，《公司法》没有规定的，可依照《外商投资企业清算办法》进行。其中清算组通知债权人的公告只要在报纸上公告一次且公告期限为45日内即可。

2005年12月31日前登记的公司申请清算的，依据其章程的规定进行。如果公司原章程笼统规定清算依据国家规定进行的，则在2006年1月1日之后进行的清算应当依据《公司法》进行。

十、外商投资的公司章程制订，应当符合有关外商投资企业的法律、《公司法》、《公司登记管理条例》及其他有关外商投资企业的行政法规、国务院决定的规定。对2005年12月31日前登记的外商投资的公司，在2006年1月1日以后，重新修订章程的，新章程应符合现行法律、行政法规的规定，但如果公司只对章程部份条款修改而只提供章程修正案的，则不要求公司对章程所有条款进行规范。

以上通知，请遵照执行。如在执行中遇到问题，请及时向各自的上级机关反映。

1.1.31　关于印发《芜湖市企业投资项目核准办法》、《芜湖市企业投资项目备案办法》、《芜湖市外商投资项目核准管理办法》、《芜湖市地方政府核准的投资项目目录》的通知

芜政〔2006〕65号

各县、区人民政府，经济技术开发区、长江大桥开发区管委会，市政府各部门、各直属单位，驻芜各单位：

《芜湖市企业投资项目核准办法》、《芜湖市企业投资项目备案办法》、《芜湖市外商投资项目核准管理办法》、《芜湖市地方政府核准的投资项目目录（2006年本）》已于2006年6月12日经市政府第37次常务会议审议通过，现印发给你们，请遵照执行。

2006年7月27日

芜湖市企业投资项目核准办法

第一章　总　则

第一条　为适应完善社会主义市场经济体制的需要，进一步推动我市企业投资项目管理制度的改革，根据《中华人民共和国行政许可法》、《国务院关于投资体制改革的决定》及国家发展和改革委员会《企业投资项目核准暂行办法》和安徽省《企业投资项目核准暂行办法》制定本办法。

第二条　市政府根据国家和省《政府核准的投资项目目录》，制订和颁布《芜湖市地方政府核准的投资项目目录》，明确实行核准制的投资项目范围，划分各项目核准机关的核准权限，并根据经济运行情况和宏观调控需要适时调整。

项目核准机关，指市、县、区政府发展和改革委员会，芜湖经济技术开发区管委会。

企业技改项目的核准机关是市、县、区政府经济委员会，芜湖经济技术开发区管委会。

第三条　企业投资建设实行核准制的项目，应按国家、省有关要求编制项目申请报告，报送项目核准机关核准。

第四条　外商投资项目和境外投资项目的核准办法，根据国家、省相关规定另行制定，其他各类企业在市内投资建设的项目按本办法执行。

第二章　项目申请报告的内容及编制

第五条　项目申报单位应向项目核准机关提交项目申请报告一式5份。应报国务院投资主管部门核准的项目，其项目申请报告应由具备相应甲级工程咨询资格的机构编制；应报省政府投资主管部门核准的项目，其项目申请报告应由具备相应乙级以上工程咨询资格的机构编制；应报市项目投

资主管部门核准的项目，其项目申请报告应由具备相应工程咨询资格的机构编制。

第六条　项目申请报告应包括以下主要内容：

（一）项目申报单位情况；

（二）拟建项目情况；

（三）建设用地与相关规划；

（四）资源利用和能源耗用分析；

（五）生态环境影响分析；

（六）经济和社会效果分析。

项目申请报告应按照国家颁发的主要行业项目申请报告示范文本的要求编写。

第七条　项目申报单位在报送申请报告时，需附送以下文件：

（一）环境保护行政主管部门出具的环境影响评价文件的审查意见；

（二）国土资源行政主管部门出具的项目用地预审意见；

（三）城市规划行政主管部门出具的规划审查意见；

（四）根据国家有关法律法规应提交的其他文件。

第八条　项目申报单位要对所有申报材料内容的真实性负责。

第三章　核准程序

第九条　企业投资建设应由政府投资主管部门核准的项目，直接向同级政府项目核准机关提交项目申请报告。

企业投资建设应由市级核准机关核准的项目，应经项目所在地的县、区发展和改革委员会初审并提出意见，报送市级核准机关核准。

中央、省属驻芜企业投资建设的项目核准或市内其他企业投资建设应由国务院投资主管部门核准的项目，按照国务院、省政府的规定执行。

第十条　项目核准机关如认为申请材料不齐全或者不符合有关要求，应在收到项目申请报告当场或在 2 个工作日内一次告知项目申报单位，补充相关材料和文件，或对相关内容进行调整。

第十一条　项目核准机关在进行核准时，如有必要，应在收到材料齐备后 2 个工作日内，委托有相应资格的咨询机构进行评估。

接受委托的咨询机构应在 15 个工作日内提出评估报告，并对评估结论承担责任。接受委托的咨询机构在进行评估时可要求项目申报单位就有关问题进行说明。

第十二条　项目核准机关在进行核准审查时，如涉及其他部门的职能，应征求相关部门的意见。相关部门在收到征求意见函（附项目申请报告）后 2 个工作日内，向项目核准机关提出书面审核意见，没有反馈书面审核意见的，视为同意。

第十三条　项目核准机关应在受理项目申请报告之日起 3 个工作日内，作出对项目申请报告是否核准的决定并向社会公布，或向上级项目核准机关提出审核意见。由于特殊原因确实不能在 3 个工作日内作出核准决定的，经本机关研究，报市政府分管领导批准，可以延长 3 个工作日，并应及时书面通知项目申报单位，说明延期理由。

第十四条　对同意核准的项目，项目核准机关以书面形式向项目申报单位出具核准文件，同时抄送相关部门和下级项目核准机关。对不同意核准的项目，应向项目申报单位出具不予核准通知书，说明不予核准的理由，并抄送相关部门和下级项目核准机关。

第十五条　项目申报单位对项目核准机关的核准决定有异议的，可依法提出行政复议或行政诉讼。

第四章　核准内容及效力

第十六条　项目核准机关主要对项目进行以下审查：

（一）是否符合相关法律法规；

（二）是否符合国家宏观调控政策、产业政策和行业准入标准；

（三）是否符合我市国民经济和社会发展规划、行业规划和产业投资及布局导向；

（四）是否符合土地利用规划和城市总体规划；

（五）是否合理开发并有效利用了资源；

（六）生态环境和自然文化遗产是否得到有效保护。

第十七条　项目申报单位依据项目核准文件，依法办理城市规划、土地使用、环境评价、资源利用、安全生产、设备进口和减免税确认、银行贷款及消防、工商登记等手续。

第十八条　项目核准文件有效期 2 年，自发布之日起计算。项目申请单位可在有效期届满 30 日前，向原项目核准机关申请延续，延续期最长不超过 1 年。在项目核准文件有效期内未开工建设也未申请延续的，原项目核准文件自动失效。

第十九条　已经核准的项目，如需对项目核准文件所规定的内容进行调整，应及时以书面形式向原项目核准机关报告。原项目核准机关应根据项目调整的具体情况，出具书面确认意见或要求其重新办理核准手续。

第二十条　对应报项目核准机关核准而未申报的项目，或者虽然申报但未经核准的项目，国土资源、环境保护、城市规划等相关部门不予办理相关手续，金融机构不得发放贷款。

第五章　监督与责任

第二十一条　项目核准机关及其工作人员，应严格执行国家法律法规政策和本办法的有关规定，不得变相增加核准事项，不得拖延核准时限。

第二十二条　项目核准机关的工作人员，在项目核准过程中滥用职权、玩忽职守、徇私舞弊、索贿受贿的，依法给予行政处分；构成犯罪的，依法追究刑事责任。对无故拖延项目核准的，每延期一天，给予扣发当事人半个月工资的处罚。

第二十三条　咨询评估机构及其咨询人员，在评估过程中违反职业道德，造成重大损失和恶劣影响的，应依法追究相应责任。

第二十四条　项目申请单位以拆分项目、提供虚假材料等不正当手段取得项目核准文件的，项目核准机关可依法撤销对该项目的核准。

第二十五条　项目核准机关要会同建设管理、城市规划、国土资源、环境保护、银行业监管、安全生产等部门，加强对企业投资项目的监管。对于应报政府核准而未申报并擅自开工建设的项目，以及未按项目核准文件的要求进行建设的项目，一经发现，立即责令其停止建设，并依法追究有关责任人的法律和行政责任。

第六章　附　则

第二十六条　事业单位、社会团体等非企业单位投资建设《芜湖市地方人民政府核准的投资项目目录》内的项目，按照本办法进行核准。

第二十七条　本办法自 2006 年 7 月 1 日起施行。此前发布的有关企业投资项目审批管理的规定，凡与本办法有抵触的，均按本办法执行。

芜湖市企业投资项目备案办法

第一章　总　则

第一条　为适应建立和完善社会主义市场经济的要求，进一步深化投资体制改革，确立企业投资主体地位，落实企业投资自主权，根据《中华人民共和国行政许可法》、《国务院关于投资体制改革的决定》、《安徽省企业投资项目备案暂行办法》，结合本市实际，制定本办法。

第二条　本办法所称的企业投资项目，是指企业不使用政府性资金，不属于国家、省和市《政府核准的投资项目目录》内的企业投资项目。

企业利用原有建设用地、自筹资金且不需要政府补助的项目，在符合国家产业政策、芜湖市产业投资和布局导向前提下，满足国家环境保护标准，不影响公共安全的项目，由企业自主决定建设，可不需备案。

第三条　本办法所称的项目备案机关是指市、县、区政府发展和改革委员会，芜湖经济技术开发区管委会。

企业技改项目的备案机关是市、县、区经济委员会，芜湖经济技术开发区管委会。

第四条　企业投资建设实行备案制的项目，应按省、市有关规定要求编写项目备案报告（附项目备案报告表），报送项目备案机关。项目备案机关应依照本办法进行备案，并会同城市规划、国土资源、环境保护、银行业监管、安全生产等部门加强监督管理。

第二章　项目备案报告内容及备案程序

第五条　项目报告单位应向项目备案机关提交项目备案报告一式 5 份。项目备案报告主要包括以下内容：

（一）项目报告单位情况；

（二）拟建项目情况。

项目报告单位要对项目备案报告内容的真实性、完整性负责。

第六条　项目备案制实行属地管理原则。省属企业投资项目由省级备案机关负责办理。

（一）由市备案机关办理备案的项目有：

1. 市属企业投资的项目；

2. 市区房地产开发项目；

3. 市属城市基础设施项目；

4. 市区总投资 3000 万元以上的物流园区、购物中心、市场建设等服务业项目；

5. 依法需向市备案机关备案的项目。

（二）县、区发展和改革委员会负责办理除省、市级备案项目以外的企业投资项目的备案工作。

（三）芜湖经济技术开发区管委会负责区内项目的备案工作。

第七条 凡由县、区、经济技术开发区备案机关负责备案的项目，要将备案情况以月度（下月5日前）汇总上报市发展和改革委员会。

第八条 项目备案机关如认为备案报告不符合要求，应在收到项目备案报告后当场或在2个工作日内一次告知项目报告单位补充相关材料和说明，或对相关内容进行调整。

项目报告单位按要求提交项目备案报告，项目备案机关应正式受理。

第九条 项目备案机关在进行备案审查时，如涉及其他行业主管部门的职能，应征求相关部门的意见。相关部门应在收到征求意见函（附项目备案报告）后2个工作日内，向项目备案机关提出书面审核意见；逾期没有反馈书面审查意见的，视为同意。

第十条 项目备案机关应在受理备案报告后2个工作日内，作出对企业投资项目是否予以备案的决定并向社会公布。由于特殊原因确实难以在2个工作日内作出备案决定的，经本机关负责人批准，可以延长2个工作日，并及时书面通知项目报告单位，说明延期理由。

第十一条 对准予备案的企业投资项目，项目备案机关应及时向项目报告单位出具备案文件；对不同意备案的项目，应向项目报告单位出具不予备案决定书，说明不予备案的理由，并抄送相关部门。

第十二条 对已经备案确认的企业投资项目，市项目备案机关应在2个工作日之内将备案情况告知项目所在地的县、区项目备案机关；县、区、经济技术开发区项目备案机关也应在2个工作日内将准予备案的项目情况上报市项目备案机关。

第十三条 项目报告单位对项目备案机关的备案决定有异议的，可依法提出行政复议或行政诉讼。

第三章　备案内容及效力

第十四条 项目备案机关对企业投资项目备案报告主要进行以下审查：

（一）是否符合法律法规；

（二）是否符合国家产业政策和本市产业投资及布局导向；

（三）是否符合行业准入标准；

（四）是否符合应予备案的项目范围。

第十五条 项目报告单位依据项目备案文件，依法办理土地使用、城市规划、环境保护、资源利用、安全生产、设备进口和减免税确认等手续。

第十六条 项目备案文件有效期为2年，自发布之日起计算。企业投资项目在备案文件有效期内未开工建设的，项目单位应在备案文件有效期届满30日前向原项目备案机关申请延期，原项目备案机关应在备案文件有效期届满前作出是否准予延期的决定。延期最长不超过1年。项目在备案文件有效期内未开工建设也未向原项目备案机关申请延期的，原项目备案文件自动失效。

第十七条 已经备案的项目，如需对项目备案文件所规定的内容进行重大变更或放弃该项目建设，项目单位应及时以书面形式向原项目备案机关报告。原项目备案机关应根据项目变更的具体情况，出具书面确认意见或撤销手续。重大变更包括：

（一）投资主体发生变更；

（二）建设地点发生变更；

（三）主要建设内容发生变化；

（四）建设规模有较大变动，总投资额超出原备案数额30%以上。

第十八条　对应报项目备案机关备案而未报告的项目，或者虽然报告但未经备案确认的项目，国土资源、环境保护、城市规划、质量监督、证券监管、外汇管理、安全生产监管、水资源管理、海关及消防、工商管理等部门不得办理相关手续，金融机构不得发放贷款。对于项目备案机关予以备案确认的项目，国土资源、环境保护、城市规划等部门要按照各自职能依照有关规定进行审查把关，经审查通过后方可开工建设。

第四章　监督与责任

第十九条　项目备案机关及其工作人员，应严格执行国家法律法规和本办法的有关规定，不得变相增减备案事项，不得拖延备案时限，不得为不符合规定的项目出具备案文件，不得以备案的名义变相审批。

第二十条　项目备案机关的工作人员，在项目备案过程中滥用职权，玩忽职守，徇私舞弊，索贿受贿的，依法给予行政处分，构成犯罪的，依法追究刑事责任。对无故拖延项目备案的，每延期一天，给予扣发当事人半个月工资的处罚。

第二十一条　企业违反本办法，有下列情形之一的，由备案机关责令限期改正，情节恶劣后果严重的，由有关执法部门予以相应处罚。

（一）应办理而未办理备案手续擅自开工建设的；

（二）项目发生重大变更而未重新办理备案手续的；

（三）提供虚假资料或者采取其他手段取得备案文件的。

具有第（三）项情形的，原备案机关应依法撤销对该项目的备案确认，及时收回备案文件，并向社会公开告示。

第二十二条　各级备案机关应加强对企业投资项目备案情况的动态监测，并在国家保密规定允许的范围内向社会发布所有准予备案和不予备案项目的有关信息。

第五章　附　则

第二十三条　事业单位、社会团体等非企业单位投资建设不属于审批及核准范围内的项目，按照本办法进行备案。

第二十四条　本办法自 2006 年 7 月 1 日起施行。此前发布的有关企业投资项目审批管理的规定，凡与本办法有抵触的均按本办法执行。

芜湖市外商投资项目核准管理办法

第一章　总　则

第一条　根据《中华人民共和国行政许可法》、《国务院关于投资体制改革的决定》和《安徽省外商投资项目核准暂行管理办法》，为规范对外商投资项目的核准管理，制定本办法。

第二条　本办法适用于中外合资、中外合作、外商独资、外商购并境内企业、外商投资企业增资等各类外商投资项目的核准。

第二章　核准机关及权限

第三条　按照《外商投资产业指导目录》分类，总投资1亿美元及以上的鼓励类、允许类项目和总投资5000万美元以上的限制类项目，由国家发展和改革委员会核准项目申请报告，其中总投资5亿美元及以上的鼓励类、允许类项目和投资1亿美元以上的限制类项目由国家发展和改革委员会对项目申请报告审核后报国务院核准。

第四条　总投资在3000万美元及以上、1亿美元以下的鼓励类、允许类项目和总投资5000万美元以下的限制类项目由安徽省发展和改革委员会核准。

总投资3000万美元以下的鼓励类、允许类项目由市发展和改革委员会核准。

商务部门负责企业合同和章程的批准。

芜湖经济技术开发区负责区内外商投资项目的核准，项目核准后需向市发展和改革委员会备案。

市发展和改革委员会负责对全市外商投资项目核准工作的指导和监督。

第三章　项目申请报告

第五条　项目申请报告应包括以下内容：

（一）项目名称、经营期限、投资方基本情况；

（二）项目建设规模、主要建设内容及产品、采用的主要技术和工艺、产品目标市场、计划用工人数；

（三）项目建设地点，对土地、淡水、能源等资源的需求，以及主要原材料的消耗量；

（四）环境影响评价；

（五）涉及公共产品或服务的价格；

（六）项目总投资、注册资本及各方出资额、出资方式及融资方案，需要进口设备及金额。

第六条　项目申请报告的附件：

（一）中外投资各方的企业注册证（营业执照）或商务登记证、最新企业财务报表、开户银行出具的资金信用证明；

（二）投资意向书，增资、购并项目的公司董事会决议；

（三）环境保护部门出具的环境影响意见；

（四）国土资源管理部门出具的项目用地预审意见；

（五）规划部门出具的规划选址意见；

（六）以国有资产或土地使用权出资的，需由有关主管部门出具确认文件。

第四章　核准程序

第七条　外商投资项目应由所在地的县（区）政府投资主管部门提出初审意见后报市发展和改革委员会核准。

第八条　市发展和改革委员会核准项目申请报告时，需要征求市行业主管部门意见的，应向市行业主管部门出具征求意见函并附相关材料。市行业主管部门在接到上述材料之日起2个工作日内，向市发展和改革委员会出具书面审核意见，没有反馈书面审核意见的，视为同意。

第九条　市发展和改革委员会在受理项目申请报告之日起2个工作日内，对需要进行评估论证的重点问题可以委托有资质的咨询机构进行评估论证。接受委托的咨询机构应在规定的时间内向市发展和改革委员会提出评估报告。

第十条　市发展和改革委员会自受理项目申请报告日起 3 个工作日内，完成对项目申请报告的核准，或向省发展和改革委员会报送审核意见。如 3 个工作日内不能作出核准决定或报送审核意见的，由市发展和改革委员会研究，报市政府分管领导同意批准，可延长 3 个工作日，并将延长期限的理由告知项目申请人。

此款规定的核准期限，不包括委托咨询机构进行评估的时间。

第十一条　市发展和改革委员会对核准的项目出具书面核准文件；对不予核准的项目，应以书面形式通知项目申请人，说明理由并告知项目申请人依法享有申请行政复议或者提起行政诉讼的权利。

第五章　核准条件及效力

第十二条　对项目申请报告的核准条件：

（一）符合国家有关法律法规和《外商投资产业指导目录》、《中西部地区外商投资优势产业目录》的规定；

（二）符合市国民经济和社会发展中长期规划、行业规划和《芜湖市产业投资和布局导向》；

（三）符合公共利益和国家反垄断法规的规定；

（四）符合土地利用规划、城市总体规划和环境保护政策的要求；

（五）符合国家规定的技术、工艺标准的要求；

（六）符合国家资本项目管理、外债管理的有关规定。

第十三条　项目申请人凭市发展和改革委员会的核准文件，依法办理土地、规划、环保、资源利用、企业设立（变更）、资本项目管理、设备进口及适用税收政策等相关手续。

第十四条　项目核准文件有效期 2 年，自发布之日起计算。项目申请单位可在有效期内向原项目核准机关申请延续，延续期最长不超过 1 年。在核准文件规定的有效期内未开工建设也未申请延续的，核准文件自动失效，不得作为办理本办法第十三条规定的所列相关手续依据。

第十五条　未经核准的外商投资项目，土地、规划、环保、商务、工商、海关、税务、外汇管理等部门不得办理相关手续。

第十六条　项目申请人提供虚假材料等不正当手段取得项目核准文件的，市发展和改革委员会应撤销对该项目的核准。

第六章　变更及其核准

第十七条　经核准的项目如出现下列情况之一的，需向市发展和改革委员会申请变更：

（一）建设地点发生变化；

（二）投资方或股权发生变化；

（三）主要建设内容及主要产品发生变化；

（四）总投资超过原核准数额 20% 及以上；

（五）有关法律法规和产业政策规定需要变更的其他情况。

第十八条　变更核准的程序比照本办法第四章的规定执行。

第七章　附　则

第十九条　香港特别地区、澳门特别行政区和台湾地区的投资者在大陆举办的投资项目，参照本办法执行。

第二十条　本办法由芜湖市发展和改革委员会负责解释。

第二十一条　本办法自2006年7月1日施行。此前芜湖市有关外商投资项目审批的规定，凡与本办法有抵触的，均按本办法执行。

芜湖市地方政府核准的投资项目目录

（2006年本）

简要说明：

本目录所列项目，是指企业不使用政府性资金投资建设的重大和限制类固定资产投资项目。

企业不使用政府性资金投资建设本目录以外的项目，除国家法律法规和国务院、省、市政府专门规定禁止投资的项目以外，实行备案管理。

国家法律、法规和国务院、省政府有专门规定的项目的审批或核准，按有关规定执行。

本目录仅对市政府及县、区核准权限作出规定，需要由国务院、省政府投资主管部门核准的项目按国家、省《政府核准的投资项目目录（2004年）》执行。其中：

目录规定"由市级政府投资主管部门核准"的项目，由市投资主管部门会同行业主管部门核准，其中意见分歧较大的重要项目报市政府核准。

目录规定"由市级以下政府投资主管部门核准"的项目，由县、区政府投资主管部门会同同级行业主管部门核准。

本目录为2006年本。根据情况变化，将适时调整。

一、农林水利

水利工程：跨县（区）水资源配置调整的项目由市政府投资主管部门核准，其余项目由县、区政府投资主管部门核准。

二、能源

电网工程：10千伏及以上、35千伏以下电压等级的电网工程由市政府投资主管部门核准，其余项目由县、区政府投资主管部门核准。

三、交通运输

（一）公路

公路：跨县（区）的项目由市政府投资主管部门核准，其余项目由市以下政府投资主管部门核准。

独立公路桥梁、隧道：除国家、省政府投资主管部门核准项目之外，其他项目由市政府投资主管部门核准。

（二）水运

内河航运：三百吨级以下和跨县（区）的通航建筑物项目由市政府投资主管部门核准。

四、机械制造

汽车：按照国务院批准的专项规定执行。

五、城建

城市供水：日取水20万吨以下城市供水水源项目和跨县（区）、跨流域调水用作城市供水水源项目由市政府投资主管部门核准。

城市燃气、城市污水处理、城市生活垃圾卫生填埋和危险废弃物集中处置项目由市政府投资主管部门核准。

其他城建项目：由所在区、县政府投资主管部门核准。

六、社会事业

旅游：除省级政府投资主管部门核准项目外，其余项目按隶属关系由市、县、区投资主管部门核准。其他社会事业项目：除10亿元以上的项目外，按隶属关系相应由市、县、区投资主管部门或同级行业主管部门核准。

1.1.32　河北省商务厅关于办理鼓励类外商投资企业免税确认书有关问题的通知

冀商外资字〔2006〕74 号

各设区市商务局，省级以上开发区管委会，扩权县（市）人民政府：

为进一步规范外商投资企业进口设备免税的操作程序，明确外商投资企业《国家鼓励发展的外资项目确认书》和《外商投资企业进口更新设备、技术及配备件证明》（以下分别简称“确认书”和“进口证明”）办理的具体要求，根据国家有关法律、法规以及《商务部关于办理外商投资企业〈国家鼓励发展的内外资项目确认书〉有关问题的通知》（商资发〔2006〕201 号）等有关文件精神，现就有关问题通知如下：

一、省商务厅出具“确认书”和“进口证明”的范围

（一）根据《外资企业法》及其实施细则，由商务部门一次性审批的限下鼓励类外资企业的“确认书”；

（二）根据《中外合资经营企业法》、《中外合作经营企业法》、《外资企业法》及其实施条例（细则）、其他相关规定，应由商务部门批准的限下鼓励类外商投资企业增资项目的“确认书”；

（三）服务贸易领域限下鼓励类外商投资企业的“确认书”；

（四）外商通过并购方式设立的限下鼓励类外商投资企业的“确认书”；

（五）外商投资设立的研究开发中心，在投资总额内进口国内不能生产或性能不能满足需要的自用设备及其配套的技术、配件、备件的“确认书”；

（六）其他法律、法规等规定由省商务厅负责出具的“确认书”；

（七）对已设立的限下鼓励类、限制乙类外商投资企业、外商投资研究开发中心、先进技术型和产品出口型外商投资企业（以下简称“五类企业”）技术改造，在原批准的经营范围内，利用投资总额以外的自有资金进口国内不能生产或性能不能满足需要的自用设备及其配套的技术、配件、备件的“进口证明”。

上述限上企业、鼓励类外商投资股份有限公司的“确认书”，通过省商务厅报商务部审核出具。

二、省商务厅出具“确认书”和“进口证明”的办理程序

（一）由省商务厅出具“确认书”和“进口证明”的外商投资企业，须通过各设区市、扩权县商务主管部门和开发区管委会（以下简称各地商务主管部门）向省商务厅转报书面申请。

1. 各地商务主管部门和外商投资企业须提供以下材料：

（1）各地商务主管部门上报的申请“确认书”或“进口证明”的请示；

（2）外商投资企业申请“确认书”或“进口证明”的说明；

（3）外商投资企业设立批准文件，批准证书、营业执照（均为复印件，有年检合格记录）；

（4）可行性研究报告；

（5）验资报告复印件；

（6）加盖各地商务主管部门和外商投资企业印章的进口设备清单一式三份；

（7）省商务厅要求提供的其他材料。

“五类企业”申请出具“进口证明”，还须提供企业上一年度审计报告（复印件加盖企业公章），并对其投资总额以外的“自有资金”（具体指企业储备基金、发展基金、折旧和税后利润）总额和进口设备更新情况予以说明。

2. 各地商务主管部门应对外商投资企业用汇额、执行年限、进口设备清单、适用产业政策审批条目、“自有资金”总额等进行初审，并在书面申请中明确初审意见。

3. 省商务厅收到各地商务主管部门提出的书面申请和有关材料后，在 10 个工作日内进行审核。对于符合国家法律规定的，通过网络向商务部备案，由省商务厅出具“确认书”或“进口证明”一式四份，并附加盖进口设备专用章的进口设备清单，同时抄送石家庄海关和企业所在地海关。不符合国家法律规定的，省商务厅出具书面意见，并说明理由。

4. 外商投资企业在进口设备之前，凭“确认书”或“进口证明”和其他相关文件到企业所在地海关办理减免税备案手续。

（二）有关“确认书”的变更程序

1. 省商务厅已经出具的“确认书”，在执行过程中确需变更投资总额、用汇额、执行年限等主要事项的，由各地商务主管部门对变更内容及原因初审后，向省商务厅提出变更申请，并附以下材料：

（1）已出具“确认书”的原件；

（2）调整事项的说明；

（3）验资报告复印件；

（4）省商务厅要求的其他材料。

2. 省商务厅收到书面申请后，于 5 个工作日内进行审核。对于符合国家法律规定的，通过网络向商务部备案，由省商务厅出具变更后的“确认书”一式四份，同时抄送石家庄海关和企业所在地海关。不同意变更的，省商务厅出具书面意见，并说明理由。

3. 外商投资企业凭“确认书”和其他相关文件到企业所在地海关办理相关变更手续。

（三）进口设备清单的审核原则

1. 外商投资企业进口设备清单原则上与“确认书”或“进口证明”同时出具，由省商务厅加盖外商投资企业进口审核专用章。“确认书”进口设备清单所列设备应是外商投资企业在投资总额内进口自用设备，按照合同随设备进口的技术及配套件、备件。“进口证明”进口设备清单所列设备应是国内不能生产或性能不能满足需要的自用设备及其配套的技术、配件、备件。

2. 对于进口规模大、建设周期长，在出具“确认书”时无法确定全部进口设备的外商投资企业，可分批通过各地商务主管部门向省商务厅提出书面申请，由省商务厅分批确认并加盖进口设备审核专用章。

3. 对于省商务厅已批准的进口设备清单，在执行过程中确需变更部分进口设备的，由各地商务主管部门对变更内容及原因初审后，向省商务厅提出变更申请，并附以下材料：

（1）已批准的进口设备清单原件；

（2）变更事项的说明材料；

（3）变更后的进口设备清单；

（4）省商务厅要求的其他材料。

省商务厅收到书面申请后，于 5 个工作日内进行审核。对于符合国家法律规定的，由省商务厅在变更后的进口设备清单上加盖进口设备审核专用章。不同意变更的，由省商务厅出具书面意见，并说明理由。

外商投资企业凭加盖进口设备审核专用章的进口设备清单和其他相关文件到企业所在地海关办理相关变更手续。

三、“确认书”和“进口证明”出具的原则

（一）外商投资企业申请“确认书”，其免税额度应为：投资总额（增资）－基建投资额－国内设备及其他采购额－企业流动资金－中外方非现金出资（设备出资除外）。

（二）外商投资企业经营范围既涉及鼓励类，又涉及允许类或限制类的，其“确认书”申请及所附进口设备清单应只包括用于鼓励类经营范围项下的进口自用设备，及按照合同随设备进口的技术及配套件、备件。

（三）“五类企业”申请出具“进口证明”时，其免税额度不应超过“自有资金”的额度。“五类企业”再次申请出具“进口证明”时，其免税额度不应超过扣减后的“自有资金”的额度。为企业出具“进口证明”后新增“自有资金”可作为“自有资金”的额度，并在申请时提供相应的证明文件。

（四）外商通过并购方式设立的外商投资企业，其“确认书”和“进口证明”的出具应遵循以下原则：

1. 如被并购企业已达产，原则上不再办理“确认书”；

2. 外商通过增资方式并购境内企业，并新增生产能力、扩大生产规模的，省商务厅就增资部分出具“确认书”；

3. 并购后的外商投资企业按有关规定申请办理“进口证明”，该“自有资金”应为并购后外商投资企业新产生的“自有资金”，企业应向商务部门提供有关证明文件。

四、各地商务主管部门要严格按照国家关于办理“确认书”和“进口证明”的有关规定和办理程序的要求，对企业申报的材料进行初审，不得随意扩大鼓励类条目的适用范围。对不符合法律法规和政策规定，不符合国家有关环境保护的企业，一律不予出具“确认书”或“进口证明”。

五、港澳台地区投资企业参照本通知执行。

六、本通知自印发之日起执行，由河北省商务厅负责解释。执行中有何问题，请及时与我厅（外资处）联系。

2006年8月11日

1.1.33　菏泽市人民政府办公室关于印发《菏泽市人民政府鼓励外商投资的有关政策》的通知

各县区人民政府，市政府各部门，市属各企业，各大中专院校：

《菏泽市人民政府鼓励外商投资的有关政策》已经市政府第 34 次常务会议研究通过，现予印发，请认真贯彻落实。

2006 年 8 月 13 日

菏泽市人民政府鼓励外商投资的有关政策

为进一步优化投资环境，扩大对外开放，鼓励和吸引更多的国内外客商来我市投资兴业，根据国家和省有关法规和政策，结合菏泽实际，特制定本政策。

第一章　总　则

第一条　本政策适用于市外和境外客商，市外和境外客商统称外商。

第二条　外资企业是指在菏泽境内兴办的外商合资经营企业、外商合作经营企业和外商独资企业（以下统称外商投资企业）。

第三条　外商投资企业除执行国家和省有关政策外，同时享受本政策。

第二章　财政奖励政策

第四条　外商在菏泽境内兴办工业生产性企业，经营期在 10 年以上，企业所得税地方留成部分从纳税年度起，第 1 年至第 2 年全额由同级财政奖励给企业，第 3 年至第 5 年奖励 50%。

第五条　外商在市开发区和 9 个省级工业园区内兴办工业生产性企业，经营期在 10 年以上，可享受更优惠的政策。企业所得税、增值税地方留成部分从纳税年度起，第 1 年至第 2 年全额由同级财政奖励给企业，第 3 年至第 5 年奖励 50%。

第六条　外商投资商贸物流企业，企业所得税地方留成部分，从纳税年度起，5 年内由同级财政奖励给企业 50%。

第七条　外商在省级工业园区外投资 10 亿元人民币或 1 亿美元以上的项目；经省级以上认定的高新技术项目同等享受第五条规定的政策。

第八条　境外投资者（含港、澳、台）从企业分得的利润在菏泽境内再投资，期限不少于 5 年，经税务机关核实，同级财政退还再投资额已缴纳所得税款的 40%。

第三章　用地政策

第九条　外商投资工业生产性项目可以采取土地使用权出让、租赁、作价入股等方式取得国有土地使用权。

第十条 市经济开发区和9个省级工业园区内工业项目用地，符合国家和省集约用地标准，按当地当时土地标定地价的下限执行；投资10亿元人民币或1亿美元以上的项目用地，除应上缴省和补偿农民的费用外，市政府依法提供项目用地。

第十一条 对经营性房地产项目、旅游、商业物流等其他服务业项目用地，实行“招、拍、挂”出让。

第十二条 土地使用权出让按土地管理有关规定的最高年限执行。

第四章 收费政策

第十三条 市经济开发区和9个省级工业园区内外商投资企业应缴的各类行政事业性收费，除上缴省以上的部分，其余一律免缴。

第十四条 外商投资企业用水，按当地物价部门核定的城市供水或水资源费的最低标准收取。

第十五条 外商投资企业用电，执行国家、省物价部门核定的当地分类用电价格。

第十六条 外商投资企业用工在当地劳动部门的监督下签订劳动用工合同，规范劳务报酬标准。

第十七条 外商投资企业注册，按最低标准收费。注册资本1000万元以下的注册费为0.8‰；注册资本1000万~10000万元的注册费为0.4‰，注册资本超出10000万元部分不再收取注册费。

第五章 资金扶持政策

第十八条 对产品市场好、财政贡献大、资产状况优的外资企业，地方政府积极协调银行给予流动资金贷款支持。

第十九条 列入市以上重点项目的优先安排省基建基金和流动资金贷款；优先帮助争取国家政策性资金，企业自有资金配套比例可降低10%。

第二十条 产品出口潜力较大的外资企业可享受国际市场开拓基金补助政策。

第六章 服务环境政策

第二十一条 外商投资项目行政许可事项，须经市级以下核准审批的，实行“一站式”服务，由行政审批服务中心设立接待调度室，明确专职项目引导员，实施联审联批，所有核准审批事项五个工作日内办结。

第二十二条 对外商投资企业统一设置重点保护标志，统一规范行政执法，由纪检、监察机关查处行政执法中的违法行为。

第二十三条 对投资10000万元以上的外商投资者，颁发《荣誉市民证》，公安部门免费办理《暂住证》，享受菏泽市民同等待遇和重点保护。

第二十四条 外商投资者的子女入学凭《荣誉市民证》，不受学区限制，按教育部门的同等收费标准，自愿优先上学。

第二十五条 外商投资者的车辆，市车辆管理部门凭《荣誉市民证》签发外资企业车辆通行证，菏泽境内任何部门不得设卡检查。外商如愿挂菏泽牌号，可到车辆管理部门自由选号。

第二十六条 外商投资者的通信，可以在各通信公司规定的号群中自由选号，对重要客商可以启用新号段及吉祥引示号码。

第二十七条 有条件的工业园区要尽快建设企业家俱乐部或会所，为外商提供高质量的休闲娱乐服务。

第七章 附 则

第二十八条 本政策由菏泽市人民政府督察室负责监督落实。

第二十九条 本政策自发布之日起执行。

1.1.34　关于印发《扬州经济开发区外商投资企业收费减免实施办法》的通知

扬府发〔2006〕134号

各县（市、区）人民政府，市各委、办、局（公司），市各直属单位：

现将《扬州经济开发区外商投资企业收费减免实施办法》印发给你们，请认真贯彻执行。

2006年8月14日

扬州经济开发区外商投资企业收费减免实施办法

第一条　为更好地做好招商引资工作，营造政策洼地，促进内、外资集聚，加快开发区发展，经研究，制定本办法。

第二条　凡在扬州市经济开发区实施行政管理、提供服务的部门和单位，必须执行本办法。

第三条　本办法所称“收费”，是指各行政管理部门、行使政府职能的事业单位及中介机构向开发区内的外商投资工业企业及高新技术企业收取的经省以上有权部门批准的各种基金、资金、行政事业性收费及经营服务性收费。

第四条　本办法所称“工业企业”及“高新技术企业”分别为在开发区注册的外商投资工业企业和省级以上高新技术企业。

其资格认定机构分别为开发区管委会和市科技局。

第五条　继续实行《扬州市开发区减免收费优待证》制度。向符合第四条规定的企业发放《扬州市开发区减免收费优待证》，企业凭此证享有减、免收费待遇。

第六条　对持证企业的收费减免项目见附表。

上述项目减免后其中需要上缴省的部分，由市经济开发区管理会按上年实绩考虑当年新增因素代缴（扣除返还部分），复员军人安置费减免后，复员军人接收安置工作由开发区管委会负责协调落实。

附表中所列有关基金、资金项目以缓交的方式办理。

通过行政手段提供服务的事业单位及垄断性的服务收费，一律按收费标准下限的三分之一收取。供气、供热、邮政、电信、交通运输等服务价格和经营服务性收费，按有关规定依法征收。

第七条　实行减免收费后，政府各职能部门和单位不得再直接向开发区工业企业收取明确免收的行政事业性收费，亦不得通过银行托收，但各有关职能部门应履行的职责和管理服务范围不变。

第八条　政府各职能部门向开发区企业收费，应在收费地点公示收费项目、收费标准、收费依据和收费程序，使用财政部门监制票据，资金纳入财政专户，实行收支两条线管理，并接受物价、财政、审计等部门的管理和监督。

第九条　凡向开发区工业企业收取新立项的行政事业性收费，必须符合国家规定，并经开发区收费管理办公室审查、批准后，方可向企业收取。

第十条　市监察、物价、财政等部门要加强对减免收费执行情况的监督检查，对违反规定的部门和单位要按有关规定查处。

第十一条　本办法由市物价局负责解释。

第十二条　本办法自 2006 年 7 月 1 日起实施 5 年。原扬州市人民政府扬府发〔2001〕115 号文件同时废止。

1.1.35 印发广州市鼓励外商投资设立总部和地区总部规定的通知

穗府办〔2006〕34号

各区、县级市人民政府，市政府各部门、各直属机构：

《广州市鼓励外商投资设立总部和地区总部的规定》业经市人民政府同意，现印发给你们，请认真贯彻执行。执行中遇到的问题，请径向市外经贸局反映。

广州市人民政府办公厅

2006年10月16日

广州市鼓励外商投资设立总部和地区总部的规定

第一条 为进一步扩大对外开放，改善投资环境，促进经济发展，根据有关法律、法规，结合本市的实际情况，制定本规定。

第二条 本规定所称的总部是指外国投资者在本市（含从化、增城两县级市，下同）投资设立的，对其在中国境内或以外区域所投资的企业行使经营和管理职能的唯一总机构。

本规定所称的地区总部是指外国投资者在本市投资设立的，对其在中国一定区域内所投资的全部或部分企业行使经营和管理职能的总机构。

总部和地区总部可以投资性公司、管理性公司、研发中心或具有总部性质的生产性企业等形式设立。

第三条 广州市对外贸易经济合作主管部门（以下简称市外经贸主管部门）负责外商投资在本市设立总部和地区总部的认定和组织实施工作，协调有关部门对总部和地区总部实施行政管理。

工商、财税、外事、公安等部门在各自职权范围内，依法对总部和地区总部实施行政管理。

第四条 经商务部批准在本市设立的投资性公司，可以申请认定为总部或地区总部。

以管理性公司、经认定的外商投资研发中心、具有总部性质的生产性企业形式申请设立或认定为总部或地区总部的，必须同时具备以下条件：

（一）母公司资信良好，申请前一年资产总额在3亿美元以上。

（二）在中国境内外投资或被授权管理的企业合计3个以上，且对其负有管理和服务职能。

（三）在中国境内投资的企业或被授权管理的企业实际缴付的注册资本出资额合计3000万美元以上。

（四）注册资本在200万美元以上。

（五）具有独立法人资格。

第五条 在本市设立的总部或地区总部除其原有经营范围外，按照法律、法规、规章的规定，还可以从事以下部分或全部经营、管理和服务活动：

（一）在国家允许外商投资的领域内进行投资及经营决策。

（二）市场营销服务。包括代理所管理企业的进出口业务和商品分销业务，或提供售后服务等。

（三）资金运作与财务管理。经外汇管理部门批准并接受其监督，可在其管理的企业之间平衡外汇；经银行业监督管理部门批准，可选择境内银行建立资金总库，统一调配境内所管理关联子公司的自有资金余缺；可以协助其管理的企业寻求贷款及提供担保。

（四）技术支持和研究开发。

（五）员工培训与管理。协助其管理的企业进行人力资源管理。

（六）信息及物流服务。为其管理的企业提供市场信息、投资政策咨询、运输、仓储等综合服务。

（七）承接境外公司的服务外包业务。

（八）法律、法规、规章规定的其他经营、管理和服务活动。

第六条　外国投资者在本市已设立的投资性公司、管理性公司、研发中心或具有总部性质的生产性企业（以下简称已设外商投资企业）申请认定为总部或地区总部的，应当向市外经贸主管部门提出申请，并提交下列材料：

（一）已设外商投资企业法定（授权）代表人签署的申请书。

（二）母公司法定（授权）代表人签署的设立总部或地区总部及履行基本职能的授权文件。

（三）已设外商投资企业的批准证书、营业执照及验资报告（均为复印件）。

（四）母公司的资信证明文件、注册登记文件（复印件）和法定代表人证明文件。

（五）接受总部或地区总部管理和服务的企业名单（附企业批准证书、营业执照复印件和验资报告复印件）。

（六）母公司对拟任总部或地区总部法定代表人的授权文件和拟任总部或地区总部法定代表人相应的身份证明文件。

（七）法律、法规及规章规定的其他材料。

新设立管理性公司、研发中心或具有总部性质的生产性企业，申请认定为总部或地区总部的，除本条上述所列材料外，还须提交下列材料：

（一）拟设立管理性公司、研发中心或具有总部性质的生产性企业的章程及可行性研究报告。

（二）公司场地来源的合法证明（复印件）。

（三）母公司最近 3 年的资产负债表。

（四）母公司委派的董事会成员名单。

（五）法律、法规及规章规定的其他材料。

以上材料未列明提供复印件的，应当提供文件的正本。委托中介机构办理设立申请手续或提供非母公司法定代表人签字文件的，应当出具相关委托授权书。

第七条　市外经贸主管部门应当在收到全部申请材料之日起 15 个工作日内完成认定工作，符合条件的，作出认定决定，发给认定证书。

第八条　经认定为总部的，市政府奖励 500 万元人民币；经认定为地区总部的，市政府奖励 200 万元人民币。

第九条　对在本市新设立机构并被认定为总部或地区总部，其本部购置、自建自用办公用房（不包括附属和配套用房）的，按建筑物办公用途部分的建筑面积计算，给予每平方米 1000 元人民币补贴，补贴在 3 年内分期支付完毕，享受补贴期间办公用房不得对外租售；其本部租赁自用办公用房的，在 3 年内每年按照市国土房管部门公布的当时、当区域、当路段的房屋租赁市场租金参考价的 30% 予以租金补贴，享受补贴期间不得转租，不得改变办公用房的用途。

对本规定实施前已在本市设立机构并被认定为总部或地区总部，因本部业务发展需要新购建或新租赁自用办公用房的，按上述标准的 50% 给予补贴。

对外商投资总部或地区总部购置、自建自用办公用房和租赁办公用房给予补贴的建筑面积以市国土房屋主管部门核定为准。

总部或地区总部违反上述规定租售、转租办公用房或改变办公用房用途的，应当退还已经领取的补贴并按银行同期贷款利率补交利息。

第十条　对以总分机构形式设置的总部和地区总部，以及对本市经济发展有突出贡献、取得良好经济和社会效益的总部和地区总部，市政府将给予奖励。具体办法由市财政主管部门和市外经贸主管部门制定实施。

对本市经济发展作出突出贡献的总部或地区总部的外籍高级管理人员，市政府将予以表彰。

第十一条　经认定为总部或地区总部的，可享受国家规定的税收优惠政策。

经市政府报省政府批准，总部或地区总部可依照国家有关规定享受免征或减征地方所得税的优惠。

总部或地区总部新建或购置的房产，自新建落成或购置之月起，实行 3 年免征城市房地产税。

总部或地区总部投资设立研发机构、从事技术转让、技术开发业务和与之相关的技术咨询、技术服务取得的收入，免征营业税。

属于国家鼓励类外商投资产业的总部或地区总部，在投资总额内进口自用设备，除国家规定不予免税进口商品外，免征进口关税和进口环节增值税。

总部或地区总部的外籍员工可以按照有关规定享受住房补贴、探亲费、子女教育补贴等方面的个人所得税优惠政策。

第十二条　经认定为研发中心的总部或地区总部，可享受国家和本市对外商投资研发中心的优惠政策。

总部或地区总部按规定考核确认为外商投资先进技术企业或产品出口企业的，可享受相应的优惠政策。

第十三条　总部或地区总部以来料加工贸易方式保税进口原材料、零部件给境内投资或授权管理的生产企业加工，该生产企业可向其主管征税的税务机关申报办理免征其加工或委托加工货物应缴费的增值税。

第十四条　鼓励和支持总部或地区总部在本市设立跨国采购中心和物流中心。跨国采购中心和物流中心依照国家有关规定，经批准可以取得进出口经营权，出口货物可以享受退税政策。

总部或地区总部可以根据生产需要，申请设立保税仓和保税厂。

第十五条　经市政府报省政府批准，总部或地区总部可享受行政事业性收费限额封顶或缴费比例下浮优惠。

总部或地区总部所需的水、电、气、通信等公共设施，市有关部门应积极支持，统筹安排。

第十六条　鼓励和支持总部或地区总部以参股、收购、兼并、承包、租赁、托管等方式参与本市企业的改革、改造和改组。重组后的企业，达到有关法律、法规规定的外商投资企业标准的，可享受外商投资企业待遇。

第十七条 经外汇管理部门批准，总部或地区总部可以在现行委托贷款的法律框架下，以外汇头寸日内集中方式，在指定银行对境内成员公司的外汇资金进行集中管理。

总部或地区总部设立的财务中心或者资金中心经外汇管理部门批准，可以在境内指定银行开立离岸账户用于集中管理境外成员公司的外汇资金。离岸账户收入范围为境外成员公司汇入的外汇资金和境内成员公司经外汇管理部门批准用于境外放款的外汇资金；支出范围为向境外成员公司汇款。

经外汇管理部门批准，总部或地区总部在开展境外放款业务时，可按国家有关规定办理远期结售汇、人民币与外汇掉期业务。

总部或地区总部符合相关资格条件的，可以向外汇管理部门申请认定地区总部境外放款资格。

经外汇管理部门批准，对现行法规未明确的非贸易售付汇项目的审批权限，金额在等值 10 万美元（含）以下的非贸易售付汇项目由外汇指定银行审核办理，金额在等值 10 万美元（不含）以上的，由外汇局审核后到指定银行办理支付手续。

第十八条 对总部或地区总部中国籍人员因商务需要赴中国香港、中国澳门、中国台湾地区或者国外，提供出境便利。

总部或地区总部的外籍高级管理人员和技术人员需要多次临时入境的，可以申请办理 6 个月至 1 年多次入境有效的访问签证；需要在本市长期居留的总部或地区总部外籍人员，可以申请办理 1 年至 5 年有效的外国人居留许可；需要临时来本市的总部或地区总部外籍人员，可以按照国家有关规定向公安部门申请口岸签证入境。

第十九条 总部或地区总部的外籍高级管理人员家属出入境、居留、子女入学等，可按规定享受便利。

第二十条 市外经贸主管部门对经认定的总部和地区总部进行监督管理，对不再具备总部和地区总部条件的，取消其认定证书，并终止所享受的相关政策。

第二十一条 在本市设立的总部或地区总部适用本规定，外商投资金融机构的总部和地区总部适用《广州市支持金融业发展意见的若干实施细则》。

第二十二条 香港、澳门、台湾地区的投资者在本市设立总部或地区总部的，参照本规定执行。

第二十三条 本规定所称的高级管理人员，是指在总部或地区总部担任董事长、副董事长、总经理、副总经理和监事长等职务的高级管理人员。

本规定所称“以上”除特别说明外，均包括本数在内。

第二十四条 本规定由市外经贸主管部门负责解释。

第二十五条 法律、法规和规章对总部或地区总部另有规定的，从其规定。

第二十六条 本规定自颁布之日起施行，有效期 5 年。

1.1.36　郑州市人民政府关于进一步扩大招商引资，加快航空港区发展的意见

各县（市）、区人民政府，市人民政府有关部门，各有关单位：

为了进一步加快航空港区发展，扩大利用外资，依据有关法律、法规和上级政策，结合航空港区开发与建设的实际情况，提出如下意见：

一、鼓励国内外航空物流企业、出口加工企业、高新技术企业入驻航空港区投资创业，利用港区的区位优势，发展产业，加快我市经济的发展。

二、凡入驻港区的国内外航空物流企业、出口加工企业、高新技术企业，可通过招标拍卖挂牌方式获得土地使用权。

三、凡入驻港区的外资航空物流企业、生产性的出口加工企业、高新技术企业，符合国家减免税规定的，经省税务机关批准，从开始获利年度起，可享受免征、减征企业所得税的政策；对归地方留成的税收款项，可按3%奖励给企业。

对新办的独立核算的从事交通运输业的内资企业，经税务部门审核同意后，可从开业之日起，第一年免征所得税，第二年减半征收所得税。

对新办的内资仓储业，经税务部门审核同意后，可从开业之日起，减征或免征所得税一年。

世界50强物流企业和国内10强物流企业在港区设立总部、区域总部的以及注册资本1500万美元以上的国内外出口加工企业、高新技术企业，以实际投资额为准，享受《郑州市人民政府关于支持工业企业做大做强和产业园区建设的意见》（郑政〔2006〕12号）规定的相关优惠政策。

四、对入驻港区的国内外航空物流企业、出口加工企业、高新技术企业，免征城市配套费、绿化费；经依法报批后可免收水资源费。对世界50强物流企业和国内10强物流企业在港区设立总部、区域总部的和注册资本1500万美元以上的国内外出口加工企业、高新技术企业，经批准，3年内免缴市以下全部行政性规费。

以上企业办理注册登记时，只收取登记费、工本费，一律不得再征收其他费用。

五、鼓励和吸引国内外航空公司在郑州设立基地公司或开辟新航线。营运之初，在客源得不到有效保障的情况下，经批准，在一定时间内可享受航线补贴。

六、凡外资额在500万美元以上的外商投资企业来港区投资的，在开展项目前期筹备工作期间，我市免费为其提供3个月的办公用房；对重大外资项目可适当延长。在港区设立总部或区域总部的企业，因业务发展需要购置自用办公用房或需要租赁办公用房的，可给予一定比例的购房补贴或租房补贴。

七、对进出口货物提供提前预约报关，“五加二”工作制，24小时通关服务。

八、市公安局出入境管理部门，为在港区设立总部或地区总部公司的高级职员中的中国公民办理5年因私护照提供优质服务，根据实际需要提供绿色加急服务；为其中的台湾同胞办理3个月至1年期的来往大陆签注和1至5年的居留签注并提供绿色加急服务和到期提醒服务；为其中的外国人办理签证延期和居留许可并提供绿色加急服务和到期提醒服务。

九、在港区设立企业办事大厅，实行一条龙服务，一站式办公，简化办事程序，提高办事效率。在办事大厅办理的有关手续，自受理窗口接到企业申请文本后，7个工作日内办理完毕。各级政府行政执法部门的执法检查，不得影响企业的正常经营活动。

进一步减少审批事项、简化审批程序、规范审批权限、加强审批监督。凡不符合《中华人民共和国行政许可法》规定的行政许可事项，一律取消。

凡跨国公司或全国性大企业、大集团的投资，工商部门主动上门服务，提前介入，落实专人负责协助其办理登记注册。涉及国家工商总局、河南省工商局、外地工商行政管理部门有关登记事宜的，积极做好协调、申报、服务工作，提高工作效率。

十、依托院校、专业培训机构或举办专业培训班等形式，加快本市临空经济专门人才的培养，加速培养造就一批精通航空物流知识的实用型专业技术人才。建立人才进入的“绿色通道”，广揽国内外高级经营管理人才、专业技术人才到港区投资创业；凡港区内单位和企业需要的各类人才，由市业务主管部门办理调动、落户手续；港区协助企业办理员工招聘、培训、档案管理、社会保险、技术职称评定等工作。对引进的临空经济专业优秀人才，享受市引进人才政策规定的相关待遇。

十一、凡入区企业员工及其子女，在本市入托、就学、就医、居住、旅游、参保、用水、电、气、暖等方面，享受本地常住居民同等待遇。

十二、鼓励公民、法人或其他组织（以下简称引荐者）引荐国内外客商来港区投资航空物流、出口加工、高新技术项目，对引荐者按实际到位资金的1‰～7‰给予现金奖励；对引荐世界500强企业、世界50强物流企业和国内10强物流企业在港区投资，按实际到位资金的2‰～12‰奖励引荐者。奖励办法、程序参照《中共郑州市委郑州市人民政府关于扩大招商引资的意见》和《郑州市招商引资资金认定及奖励办法》执行。

十三、建立激励机制，促进港区企业自主招商。对年度实际使用外商直接投资或国内投资先进企业的主要负责人按下列标准给予奖励：

1. 实际使用外资500万～1000万美元或实际使用国内投资10000万～15000万元人民币的，给予企业主要负责人5万至10万元人民币奖励。

2. 实际使用外资1000万～3000万美元或实际使用国内投资15000万～30000万元人民币的，给予企业主要负责人10万至30万元人民币奖励。

3. 实际使用外资3000万美元以上或实际使用国内投资30000万元人民币以上的，给予企业主要负责人30万至50万元人民币奖励。

4. 已按引荐者规定领取引荐奖励的，不再享受本项奖励。

十四、对投资数额较大的企业在享受本意见规定的各项优惠政策的同时，可实行“一事一议，特事特办”。

十五、入驻港区为航空物流企业搞配套服务的企业，在符合条件的情况下，经批准，可享受上述优惠政策。

十六、凡入驻港区的企业在港区注册后，享受本政策。本政策与国家、省、市现行政策出现类同时，企业从优享受。

十七、本意见自2006年11月13日起执行。

2006年11月13日

1.1.37　辽阳市外商投资项目核准办法

辽阳市人民政府令

（第96号）

《辽阳市外商投资项目核准办法》已经2006年11月1日辽阳市第十三届人民政府第63次常务会议讨论通过，现予发布实施。

市长　唐志国

2006年11月28日

第一条　为积极、合理、有效地利用外资，加快我市经济发展，规范外商投资项目的核准管理，根据有关法律法规的规定，结合我市实际，制定本办法。

第二条　本办法适用于我市行政区域内中外合资、中外合作、外商独资、外商并购境内企业、外商投资企业增资等各类外商投资项目的标准。

第三条　市、县（市）区发展改革部门和工业经济主管部门是本行政区域内外商投资项目核准的主管部门（以下称投资主管部门）。工业经济主管部门负责工业技术改造外商投资项目核准，其他外商投资项目由发展改革部门核准。

第四条　法规、规章和《外商投资产业指导目录》所确定的鼓励类、允许类项目，总投资在5000万美元以下的，由市投资主管部门根据省投资主管部门的委托代行核准权限。总投资不足300万美元的，市投资主管部门可以以书面形式委托县（市）区投资主管部门核准。

辽阳县行政区域内总投资3000万美元以下的鼓励类、允许类直接利用外资项目，由辽阳县投资主管部门根据省投资主管部门委托代行核准权限。

第五条　项目申请人（以下称申请人）进行投资前应当向投资主管部门提交《项目申请报告》，报告包括以下内容：

（一）项目名称、经营期限、投资方基本情况；

（二）建设规模、主要建设内容，采用的主要技术和工艺，产品目标市场，计划用工人数；

（三）建设地点，土地、水、能源等资源的需求状况，主要原材料的消耗量；

（四）环境影响评价；

（五）涉及公共产品或者服务的价格；

（六）项目总投资、注册资本和各方出资额、出资方式和融资方案、需要进口设备及金额；

（七）法律、法规和规章规定的其他内容。

申请人提交的项目申请报告应当同时附有电子文档一份。

第六条　申请人报送项目申请报告时，应当附送以下文件：

（一）投资各方的企业登记证明、商务登记证明、经审计的最新企业财务报表（包括资产负债表、损益表和现金流量表）、银行出具的资金信用证明及融资意向书（个人出资的应当提供个人身份证明）；

（二）投资意向书，增资、购并项目的公司董事会决议；

（三）环保行政主管部门出具的环境影响评价审批书；

（四）规划行政主管部门出具的建设项目选址意见书；

（五）国土资源行政主管部门出具的项目用地预审意见书；

（六）以国有资产或者土地使用权出资的，由国有资产管理机构出具的确认文件；

（七）法律、法规规定的其他文件。

第七条　省以上投资主管部门核准的项目，申请人应当将项目申请报告报市投资主管部门审核后，由市投资主管部门报省投资主管部门办理。

第八条　市投资主管部门核准的项目，申请人应当将项目申请报告报市投资主管部门，由市投资主管部门核准。

市投资主管部门委托县（市）区投资主管部门核准的项目，申请人应当向项目所在地县（市）区投资主管部门提交项目申请报告，由县（市）区投资主管部门代表市投资主管部门核准。

第九条　投资主管部门应当就申请人提交的项目申请报告的下列内容进行审查：

（一）项目是否属于核准的范围；

（二）项目建设内容是否符合法律、法规、规章及产业政策的有关规定；

（三）申报材料是否齐全；

（四）申报材料是否符合规定的格式；

（五）申请人是否具备行为能力。

第十条　申请人报送的申请报告及附送文件内容有缺失的，投资主管部门应当于受理之日起5日内一次性通知申请人予以补正。

投资主管部门受理或者不予受理核准申请，应当出具加盖本部门专用印章和注明日期的书面凭证。

第十一条　项目申请报告依法应当评估或者需要评估的，投资主管部门应当在受理后5日内，委托有资格的咨询机构进行评估论证。

咨询机构在进行评估时，可以要求申请人就有关委托问题进行说明。

第十二条　投资主管部门进行核准审查时，涉及其他行业主管部门职责的，应当书面征求有关部门意见。有关部门应当在收到征求意见函（附项目申请报告）7日内，向投资主管部门提出书面审查意见。逾期没有提出意见的，视为同意。

第十三条　对公众利益可能造成重大影响的项目，投资主管部门应当通过召开听证会或者其他方式征求公众意见；对特别重大项目，还应当聘请有关专家进行评议。

第十四条　投资主管部门对项目申请报告的核准条件是：

（一）符合国家有关法律法规的规定；

（二）符合国民经济和社会发展中长期规划、行业规划和产业结构调整政策的要求；

（三）符合公共利益和国家反垄断的有关规定；

（四）符合土地利用规划、城市总体规划和环境保护政策的要求；

（五）符合国家规定的技术、工艺标准要求；

（六）符合国家资本项目管理、外债管理的有关规定。

第十五条　投资主管部门对符合法定条件的，应当于20日内完成项目申请核准和审核工作。经审查同意核准的，应当作出核准决定，发给申请人《外商投资项目核准决定书》，并通过互联网告知外经、工商、规划、国土、环保等有关部门和单位；不予核准的，应当作出不予核准决定，发给申请人《外商投资项目不予核准决定书》。

经审核同意的，应当于5日内报送上级投资主管部门；不同意的，应当书面作出不予审核决定，并说明理由。

委托咨询评估、征求公众意见和进行专家评议的，所需时间不计算在前款规定的期限内。

第十六条　申请人凭项目核准机关的核准文件，依法办理合同章程审核和外商投资企业批准证书、土地使用、城市规划、质量技术监督、安全生产监管、资源利用、企业设立（变更）、资本项目管理、设备进口、适用税收政策等方面手续。

第十七条　项目核准文件有效期为2年。有效期满后，申请人据此办理有关手续仍不能完成的，应当于届满30日前向投资主管部门提出延续申请。

第十八条　经核准的项目出现下列情况之一的，应当向投资主管部门申请变更：

（一）建设地点发生变化；

（二）投资方或者股权发生变化；

（三）主要建设内容及主要产品发生变化；

（四）总投资超过原核准投资额20%以上；

（五）法律法规和产业政策规定需要变更的其他情况。

变更核准按照本办法第八条的规定办理。

第十九条　总投资1000万美元以上的外商投资项目，由市投资主管部门于核准之日起20日内，抄报省投资主管部门备案。

第二十条　申请人以拆分项目或者提供虚假材料等不正当手段取得项目核准文件的，投资主管部门有权撤销该项目的核准文件或者向上级核准机关报请撤销审核意见。

第二十一条　投资主管部门应当对申请人执行项目情况进行监督检查，并对存在问题依法进行处理。

第二十二条　申请人对投资主管部门核准、审核决定不服的，可以依法申请行政复议或者提起行政诉讼。

第二十三条　香港特别行政区、澳门特别行政区和台湾地区的投资者在本市的投资项目，参照本办法执行。

第二十四条　本办法中关于5日、7日、20日的规定为工作日。

第二十五条　本办法自2006年12月1日起施行。

1.2　2006年中国非公有制经济发展的法律分析

在过去的2006年中，我国经济经历了一个飞速发展的时期，在我国立法工作中，针对我国经济出现的一些问题和部分新的制度做了全新的规定。目前我国刚刚度过加入WTO的第五个年头，同时我国“十一五计划”的宏伟蓝图也已经全面展开，在我国的立法体系中，也出现了较大的变化和发展，特别在非公有制经济的企业实体、劳动者权益保障、外商投资等领域，立法呈现出许多新的制度和发展趋势，下文我们将就2006年非公有制经济的发展从法律角度来予以分析。

1.2.1　新《公司法》修改的重要内容及其相关问题评述

酝酿了许久的《公司法》改革在经历了1999年12月25日第九届全国人民代表大会常务委员会第十三次会议第一次修正，2004年8月28日第十届全国人民代表大会常务委员会第十一次会议第二次修正，于2005年10月27日第十届全国人民代表大会常务委员会第十八次会议进行了一次大规模的修订，在2005年10月27日由第四十二号中华人民共和国主席令公布，自2006年1月1日起施行。

这次《公司法》的修订针对1993年《公司法》的局限性尤其是重理论、轻操作；重安全、轻效率；重防弊、轻兴利；重管制、轻自治；重国有、轻民营等一系列弊端进行了大刀阔斧的改革，在原来总共229个条文中，删除的条款达46条，增加的条款达41条，修改的条款137条。从修改的内容看，主要集中在公司法的两大支柱制度上，即资本制度和公司治理，另外还包括了对于公司股东权利救济以及公司职工的权益保障等内容，范围广泛、内容丰富、意义深远。对于非公有制经济而言，新公司法和旧公司法相比，主要有以下的变化值得我们注意。

1.2.1.1　从重点调整国有企业改革向平等主体进入市场，提供投资机会转化

1. 从国有企业改制向提供市场主体投资机会转化

1993年的原《公司法》在第一条中开宗明义规定，“为了推进建立现代企业制度”，表明原《公司法》承担着改革国有企业制度的任务，所以，原《公司法》中在很大篇幅上主要调整国有企业的问题，具有浓厚的管制法律的特征。此次《公司法》的修订在多达10处删除了专门为国有企业投资者、国有企业改革规定的条款，表明新《公司法》在立法旨趣上将为各种投资者提供各类公司形态摆到了中心位置，使得新《公司法》不再是国有企业改制法。

新《公司法》很好地坚持了公司主体资格平等的原则。无论是国有企业还是非公有制的其他公司都享有平等的投资主体地位。新《公司法》在编章结构的安排上也考虑到这一点，例如，将一人公司的规定放置在国有独资公司之前，凸显出国有独资公司也是一种特殊的一人公司，只是在股东上具有特殊性。

新《公司法》还删除了有关国有控股或者是国有投资公司的一些特权，如废除了发起人人数

的限制、国企改制为股份有限公司发行上市时无须连续 3 年的业绩计算等，相反，新《公司法》增加了专门针对国有公司的义务性规定，如两个或两个以上的国有企业或两个以上其他国有投资主体投资设立的有限责任公司以及国有独资公司董事会成员中应当有公司的职工代表。对于长期以来公司法中争议很久的问题，如原《公司法》中第 4 条关于国有公司的公司财产所有权属于国家的这样的规定，同样被废除。

2. 从管制法向自治法转化

新《公司法》积极贯彻了《民法》中私法自治的基本原则，为各类主体提供了各种设立公司的投资形式，删除了有关国家宏观调控的规定内容以及公司应当在公司登记的经营范围内来进行经营活动的规定，删除了原《公司法》中对于设立公司需要有固定的生产经营场所和必要的生产经营条件的要求。新《公司法》允许公司的法定代表人按照公司章程的规定，由董事长、经理、执行董事来担任等内容，处处体现了方便投资主体、减少不必要的监管的立法方向。

3. 在公司设立上从防止滥设公司转化为方便设立、鼓励投资。在鼓励投资创业的同时，修改后的《公司法》也健全了对股东，尤其是中小股东利益的保护机制。诸如保证股东的知情权、股东可以查阅公司财务会计账簿等。这些规定对于维护中小股东的合法权益，保护投资积极性，增加投资信心，提供了法律保障。

1.2.1.2　公司制度革新

1. 引入公司法人人格否认制度

原《公司法》是没有这方面的规定的。修订后的《公司法》则大胆地引入了公司法人人格否认制度。

公司法人人格否认制度又被称为“公司法人人格否认”或称为“揭开公司面纱”制度，这项制度是英美法系国家在处理公司人格否认时运用的一种重要方法，现在已越来越为一些大陆法系国家所接受并引入。它的具体含义是，当股东滥用公司法人独立地位和股东有限责任逃避债务时，该股东即丧失依法享有的仅以出资额为限的对公司债务承担有限责任的权利，而应对公司全部债务承担连带责任。它是为阻止公司独立人格的滥用和保护债权人利益及社会公共利益，就具体法律关系中的特定事实，否认公司背后的股东各自独立的人格和股东的有限责任，同时责令公司的股东对公司债权人或公共利益直接负责，以实现公平、正义目标之要求而设置的一种法律措施或制度。在目前我国社会经济生活中，存在大量这样的情况：有的股东滥用权利，采用转移公司财产、将公司财产与本人财产混同等手段，造成公司可以用于履行债务的财产大量减少，严重损害公司债权人的利益。此时实际上就是公司股东滥用公司法人独立地位和股东有限责任，逃避股东债务，严重损害公司债权人利益，当然应当对公司债务承担连带责任。所以公司法人人格否认制度在这种情况下拒绝承认公司人格的独立存在，将其责任直接归咎于应当承担法律责任的股东，避免了股东恶意地以公司为工具，逃避自己责任的情况，对股东滥用有限责任进行补救和矫正。因此公司人格否认制度的引入，可以防范当前实践中出现的滥用公司制度的风险，能够保证交易安全和秩序的稳定，同时保障公司债权人和相关利害人的利益。

此次修改《公司法》，借鉴一些市场经济发达国家特别是英美法国家的具有法律效力的判例和法律规定，总结我国人民法院的司法审判的实践经验，增加了上述公司人格否认制度的相关规定。对非公有制经济而言，如何规制非公有制公司企业内部的机构无疑是有益处的，特别是对于熟人之间建立的有限责任公司而言更加强调其人合性，如何保障公司股东及其债权人的利益将面临更大的信用风险，确立人格否认制度则无疑是对公司内外相关人利益的有力保障。

2. 允许设立一人有限责任公司但建立严密的风险防范制度

原《公司法》中是没有这方面的规定的。

新《公司法》中新增了一个专门的章节对其进行规定。其主要内容包括：一人有限责任公司是指，只有1名自然人股东或者1个法人股东的有限责任公司。一人有限责任公司的注册资本最低限额为人民币10万元。股东应当一次足额缴纳公司章程规定的出资额。1个自然人只能投资设立1个一人有限责任公司。该一人有限责任公司不能投资设立新的一人有限责任公司。一人有限责任公司应当在每一会计年度终了时编制财务会计报告，并经会计师事务所审计。一人有限责任公司的股东不能证明公司财务独立于股东自己的财产的，应当对公司债务承担连带责任等。

原《公司法》除了国有独资公司外并不允许设立一人有限责任公司。究其法理原因，一人公司本身概念的提出实际上就是对传统公司法理念中公司的社团性的挑战。但是从实际情况看，实践中广泛存在一个股东的出资额占公司资本的绝大多数而其他股东只占象征性的极少数，或者一个股东拉上自己的亲朋好友作挂名股东的有限责任公司等情况，所以实质上的一人公司，是客观存在的，同时也很难禁止。此外，我国原《公司法》缺乏对人数逐步减少直到最后仅仅剩下一个股东的情况的相关规定。而从国际立法趋势上来看，许多国家如法国、德国、韩国等，也纷纷从过去禁止设立一人公司，发展到现在允许设立，而且允许的范围和空间逐步扩大，条件逐步宽松。由于从经济上考量，一人公司的设立比较便捷同时管理成本低廉，更加容易满足实际需要，拓宽了投资人进入市场的选择机会，所以，法律上允许设立一人有限责任公司，有利于社会资金投向经济领域以及鼓励投资创业，同时也有利于经济发展和促进就业。修订后的《公司法》允许设立一人有限责任公司。特别是在目前我国改革开放的环境之下，允许设立一人公司有利于深化国有企业改革，实施大公司和大企业集团战略，推动国有企业优化组合与合理配置；也有利于拉动市场内需，增加税收和就业机会，推动国民经济的健康发展，强化社会稳定。同时，新《公司法》为了更好地保护交易相对人的利益，降低交易风险，防止一人公司可能产生的问题，对一人有限责任公司的设立等各方面作出了特别严格的限制性规定，建立起一套比较严密的风险防范制度，考虑到为了防止一人公司股东利用公司逃匿债务等情况发生，规定特别要求将公司财产与本人财产严格分离。考虑到股份有限公司更多地涉及公众利益等因素，修订后的《公司法》谨慎地没有放开对一人股份有限公司的所有限制。

对于非公有制经济而言，新增的一人公司的规定无疑极大地有助于提高广大投资者的积极性。在以往一概要求和强调公司作为社团法人的社团性质，股东最少必须为两人以上，一人公司的规定为单个的投资者打开了前进之门，使得单个的投资者也能抛开社团的限制，自由地利用公司形态参与社会投资，合理地控制市场风险。一人有限责任公司的形式尤其比较满足中小企业特别是个人投资的需求。当然，由于一人公司具有一些天然的缺点，如股东容易利用有限责任的面纱侵害债权人的利益等，所以新《公司法》对于一人公司的严格限制也是出于其结构上的特殊性，力求达到一个自由、安全和效率之间的平衡。

1.2.1.3　公司资本制度

1. 最低注册资本限额以及缴纳方式

原《公司法》中规定，有限责任公司的注册资本不得少于以下最低限额：以生产经营为主和以商品批发为主的公司人民币50万元，以商业零售为主的公司人民币30万元，科技开发、咨询、服务性公司为人民币10万元。注册资本要一次缴足。股份有限公司最低注册资本限额为1000万元。

新《公司法》对上述规定作了三方面的修改：取消了按照公司经营内容区分（主要是有限责任公司的区分）最低注册资本额的规定；允许公司按照规定的比例在2年内分期缴清出资，投资公司从宽规定可以在5年内缴足；将有限责任公司的最低注册资本额降至人民币3万元，同时股份有限公司注册资本最低限额降至500万元。

原《公司法》的规定实际上是将有限责任公司按照其公司经营运作的范围和类别进行划分，然后分别对其最低注册资本限额予以规定。应该说，在1993年我国制定《公司法》的时候，计划经济的思维仍然渗透在立法过程中。从法理角度特别是《公司法》的角度来说，一般不会将公司以其经营的范围和目的来分别调整，但是从当时的政策来看，大量的政策性文件都是习惯把公司作出如上的分类来进行治理，其法律依据和研究的学术价值其实并不大。同时，从目前公司登记管理的情况看，根据公司经营内容分别规定不同的最低注册资本额实际意义也并不大。另外，由于我国原《公司法》严格遵守了大陆法系中公司法定资本制，所以规定了公司的注册资本应当为实缴资本，同时应当按期缴纳。

但是随着我国市场经济的建立和健全完善，构建和谐社会的政策的实施，《公司法》的某些规定已经开始凸显出部分消极影响，如公司的最低注册资本额规定的数额过高，极大地抑制了资本特别是民间资本的投资需求，不符合部分行业的实际需要，实际上起到了适得其反的效果，束缚了产业的发展。在工业革命时期，公司的形态的产生使得许多产业得到了飞速发展，就是因为公司本身乃是吸纳社会资金和积累资本的工具。尤其是马克思曾经高度评价过股份有限公司这种形态，指出“假如必须等待积累去使某些单个资本增长到能够修建铁路的程度，那么恐怕直到今天世界上还没有铁路。但是集中通过股份有限公司转瞬间就把这件事完成了。”①特别是在我国目前建设社会主义市场经济的大环境之下，降低市场准入的门槛，使更多的投资者能够通过公司的形式进入到投资领域，这才正是公司法所保护的投资者平等享有市场参与权利、市场面向尽可能多的投资者放开的意旨所在。从法理上说，我国法制建设强调对于社会资源的平等分配，使得社会成员能够得到平等地享有社会资源的权利和机会，《公司法》的修改正顺应和体现了这一要求，从商法特别是公司法的角度看，对于尽可能多的公民敞开公司准入的大门，降低其门槛，是我国社会发展的正确方向。另一方面，原《公司法》要求注册资本一次性全部缴足，一些投资较大、投资回报周期较长的生产建设项目难以做到，并且项目开始注册时也容易造成资金的闲置。从国际上看，一些国家对于最低注册资本的要求也逐渐趋于宽松。如英国《公司法》对不公开发行股份的公司注册资金没有要求；法国已经废除了有关有限责任公司最低注册资本的规定；而美国部分州的《公司法》的规定中，对于公司成立的注册资金规定仅为几十美元。所以本次《公司法》的修改对此做了相应的改动。

对于非公有制经济而言，长期以来的困扰就在于公司作为一种非常好的投资组织形式，旧《公司法》对于其设立资金门槛的规定并且要求一次缴纳的有关规定，实际上超出了一般民间资本的承受力和行业的实际需要，那样虽然形式上完全满足资本法定主义和资本充实原则的要求，完全照顾到交易的安全性，但是实际上对于经济发展和投资的活跃是相当不利的，极易造成大量资金的闲置，并且与当代国际公司法发展的潮流背道而驰。新《公司法》大大降低了对于公司设立的最低注册资本的规定，特别是将有限责任公司的最低注册资本降至3万元并可分期缴足，采用了更加

① 马克思：《马克思恩格斯选集》第23卷，人民出版社1972年版，第688页。

方便灵活的方式鼓励私有资金投入市场，无疑对于私有经济的发展大大减轻了包袱和限制。申言之，对于解决就业，维护社会稳定，融通资金等也大有益处。

2. 出资形式及其限制

原《公司法》中，将公司的出资形式规定为具体的五种，即货币、实物、工业产权、非专利技术、土地使用权，其中非作为货币出资的实物、工业产权、非专利技术、土地使用权必须进行评估作价，核实财产，不得高估或者低估，并且以工业产权、非专利技术作价出资的金额不得超过有限责任公司注册资本的 20%，国家对于采用高新科技成果有特别规定的除外。因此，旧《公司法》对于出资形式实际上采取的是一种列举式的规定，即除了上述五种形式之外，禁止其他的出资形式，所以是一种以禁止为原则，允许为例外的模式（虽然有五种形式之多）。另外，对于工业产权、非专利技术作价出资的金额不得超过有限责任公司注册资本的 20% 的相关限制的规定，实际上仍然是旧《公司法》严守公司法定主义的立法体现。

其实在公司法领域，出资乃是一种内涵非常丰富和多变的概念，通常是指“资本不分等额股份的有限责任的股东或者出资人对于公司资本所做的直接投资及所形成的相应的资本份额。”新《公司法》对此作出了新的规定，扩大了作为出资的财产范围，一方面将出资形式规定为货币、实物、知识产权、土地使用权几种，更重要的是另一方面，新《公司法》提出了一个可以作为出资的非货币财产形式的标准，即可以用货币估价并可以依法转让。这样就为非货币出资的财产形式提供了一个衡量标准，只要符合标准，即可出资，抛开了《公司法》的法定限制，开始关注和尊重出资人的个人财产状况和选择的自由。在立法上而言，这实际上是一种以允许为原则，以禁止为例外的模式。另外新《公司法》废除了工业产权、非专利技术作价出资的金额不得超过有限责任公司注册资本的 20% 的规定，代之以全体股东的货币出资金额不得低于有限责任公司注册资本的 30% 的限制。该规定大大便利了掌握新型发明等知识产权或者其他财产形式的投资人设立公司。

大量的非公有制经济企业一方面具有实物资产，但另外一方面，常常受困于许多无形资产难以兑现或套现，无法作为投资的形式进入资本市场，而某些无形资产则恰恰是市场急需乃至是匮乏的。新《公司法》大大扩充了无形资产在注册资本中所占的比例，无疑为多种形式的资本进入市场扩宽了渠道，特别是对于大量的形式丰富的私有资本，更加方便其进入市场。现行《公司法》对无形资产的出资比例规定较之于原《公司法》的规定降低了许多，利于科学技术成果的转化和鼓励技术创新。新法的规定意味着无形资产可占注册资本的 70%，这无疑对于非公有制经济的发展大有裨益。新法降低股份公司注册资本，有利于资本市场的发展。非公有制企业享有较多的债权、股权以及采矿权、探矿权等其他物权，均可根据市场的情况作出是否出资的投资决定，可以鼓励成千上万的投资者拿出闲置的资本进行投资创业。当然，规定过高的无形资产出资比例有可能影响公司债权人和其他利害关系人的利益，所以对无形资产在出资比例也必须作出必要的限制。

3. 删去公司转投资的相应规定

原《公司法》规定公司可以向其他有限责任公司、股份有限公司投资，并以该出资额为限对所投资公司承担责任。除国务院规定的投资公司和控股公司外，公司累计对外投资额不得超过净资产的 50%。

新《公司法》则规定公司可以向其他企业投资，但是，除法律另有规定外，不得成为对所投资企业的债务承担连带责任的出资人。从法条层面废除了对于公司转投资的数额限制，但是同时新《公司法》规定了对于转投资所可能产生的债务禁止为无限责任。

从理论上来说，公司对外投资纯粹属于公司的经营自主权的范围，应由公司章程规定，而没有必要由法律对投资占公司净资产的比例进行限制。另外，除有限责任公司、股份有限公司外，应当允许公司向其他非公司制的有限责任的企业投资。需要强调的一点是，《公司法》虽然取消了对于转投资的数额规定，但是另一方面，对于公司转投资所可能形成的无限责任的承担，《公司法》是予以禁止的，譬如公司不能成为合伙企业的合伙人。究其原因，仍然是新《公司法》对于公司有限责任的坚守，我国公司法目前并未承认无限责任公司，所以在公司形式上，仅仅存在有限责任公司和股份有限公司两种，而对于承担无限责任的公司或者通过间接手段承担无限责任的公司是严格予以禁止的。

对于对非公有制经济而言，新《公司法》放开转投资的限制，使得公司可以灵活地根据市场变化作出投资判断，增加企业获取利润的机会。新《公司法》取消原《公司法》对外投资不得超过50%的限制，尊重了公司的自主经营权，使得公司不受其对外投资之限制，可以自由地经营自由资金。但是必须注意的是，新《公司法》强调了公司不能成为承担连带责任的出资人，以此维护公司的有限责任性。

4. 对于公司回购本公司股份的规定

原《公司法》中在第149条中规定了对于公司收购本公司股票的规定，即："公司不得收购本公司的股票，但为减少公司资本而注销股份或者与持有本公司股票的其他公司合并时除外。公司依照前款规定收购本公司的股票后，必须在10日内注销该部分股份，依照法律、行政法规办理变更登记并公告。公司不得接受本公司的股票作为抵押权的标的。"

在新《公司法》中对于公司回购股份做了不同的规定，即第143条中，具体规定为："公司不得收购本公司股份。但是，有下列情形之一的除外：（一）减少公司注册资本；（二）与持有本公司股份的其他公司合并；（三）将股份奖励给本公司职工；（四）股东因对股东大会作出的公司合并、分立决议持异议，要求公司收购其股份的。公司因前款第（一）项至第（三）项的原因收购本公司股份的，应当经股东大会决议。公司依照前款规定收购本公司股份后，属于第（一）项情形的，应当自收购之日起10日内注销；属于第（二）项、第（四）项情形的，应当在6个月内转让或者注销。公司依照第一款第（三）项规定收购本公司股份，不得超过本公司已发行股份总额的5%；用于收购的资金应当从公司的税后利润中支出；所收购的股份应当在1年内转让给职工。公司不得接受本公司的股票作为质押权的标的。"

新《公司法》对于公司回购本公司股票的规定的改变是原则性的，原来规定认为公司收购本公司股票属于原则性规定，例外情况下允许，即"但为减少公司资本而注销股份或者与持有本公司股票的其他公司合并时除外"。但是新《公司法》增加了公司回购股份的情况，即除了注销和公司合并之外，还规定有"减少公司注册资本"、"将股份奖励给本公司职工""股东因对股东大会作出的公司合并、分立决议持异议，要求公司收购其股份的。"另外，新《公司法》对于股份回购的不同情况分别了做了不同的程序性规定，不再像原《公司法》规定的那样，规定"必须在10日内注销该部分股份"，而是规定为减少公司注册资本"应当自收购之日起10日内注销"；"与持有本公司股份的其他公司合并"或者"股东因对股东大会作出的公司合并、分立决议持异议"的，"要求公司收购其股份的应当在6个月内转让或者注销。"

另外对于"将股份奖励给本公司职工"的情况下，公司回购股份的数额、资金来源及用途做了简洁明了的规定，即数额"不得超过本公司已发行股份总额的5%"，资金来源为"用于收购的资金应当从公司的税后利润中支出"，用途则明确为"所收购的股份应当在1年内转让给职工"。可见这些条文对于公司行为的指导性和本身的可操作性比较强。对于非公有制经济而言，这样的改动是具有指导性意义的，便利企业在市场中并购，并且灵活地实施股权激励机制。

1.2.1.4 公司内部治理制度

1. 股份有限公司可实行累积投票制的规定

原《公司法》中没有这方面的规定。

新《公司法》中则作出了对于股份有限公司可实行累积投票制的规定，即股东大会选举董事、监事，可以依照公司章程的规定或者股东大会的决议，实行累积投票制。

依据新《公司法》的规定，所谓累积投票制就是“指股东大会选举董事或者监事时，每一股份拥有与应选董事或者监事人数相同的表决权，股东拥有的表决权可以集中使用。”在此首先解释一下累积投票制与普通投票制（《公司法》修改以前的做法）的区别，主要在于在累积投票制的情况下，公司股东可以自主决定把自己拥有的表决权集中使用于待选董事中的一人或多人。例如：一公司共有1000股，股东甲拥有150股，乙拥有另外850股。每股具有等同于待选董事人数的表决权（如选7人即每股有7票）。如果要选7名董事，股东甲总共有1050个表决权，乙拥有5950个表决权。如果仅仅只能实行普通投票制的话，甲投给自己提出的7个候选人每人的表决权不会多于150个，远低于乙投给其提出的7个候选人每人850个的表决权。此时甲不可能选出自己提名的董事。如果实行累积投票制，甲可以集中将他拥有的1050个表决权投给自己提名的一名董事，而乙无论如何分配其总共拥有的5950个表决权，也不可能使其提名的7个候选人每人的表决权多于850个，更不可能多于1050个。

由此可见，累积投票制的功能显然就在于保障中小股东有可能选出自己信任的董事或监事，在股份公司中，许多非公有制企业和个人持有大量的股份，在此情况下，通过累积投票权的制度，在很大程度上保护了投资人对于公司重大事务的参与权。实际上在实践的操作中，许多公司乃至其他类型的企业都已经在《公司法》修改之前对此种制度有所使用。本次《公司法》修改考虑到单纯的普通投票制确有弊端，不利于公司意思自治和维护中小股东利益，并且实践已经证明，此项制度确实是可行的且操作性较强，所以增加了此项制度，公司可以根据自身情况进行选择。

对于对非公有制经济而言，特别是对于公司法律知识相对缺乏的股份公司的投资者或者股东，如何通过投票的方式实现对于公司的控制成为一个难题。而以往的公司法仅仅规定的普通投票制，极易为大股东利用其投资份额的优势来侵犯小股东的利益留下隐患，而实践中这种情况是大量存在的。新《公司法》的这一规定不仅仅是对股份有限责任公司的一种建议性规定，实际上对于有限责任公司、合伙等私有企业形式都有很大的借鉴意义。这对于大量的私有经济的自主合法经营有一种制度性借鉴的益处。

2. 引入独立董事制度并且上市公司要设立独立董事

一般而言，所谓独立董事，是指与其受聘的上市公司及其主要股东不存在可能妨碍其进行独立客观判断的一切关系的特定董事。独立董事独立于公司管理层、与公司没有任何可能严重影响其作出独立判断之交易或者关系等情况存在。这个制度来源于英美法系，20世纪六七十年代，以英美为代表的英美法系国家在不改变原有公司治理结构的情况下，通过设立独立董事制度达到了改善公司治理、提高监控职能的目的，实现了公司价值与股东利益的最大化。原《公司法》修订草案考虑到草案已规定股份有限公司都要设立监事会，对在上市公司推行独立董事制度问题，只作了“上市公司可以设立独立董事”的原则性规定。在常委会会议审议时，一些常委委员提出，迄今为止，所有的上市公司都已按照有关部门的规定设立了独立董事。设立独立董事，对于维护公众投资者的利益，具有积极的作用，这项制度应当继续实行并加以完善。为此，最终通过的法律将原草案规定的“上市公司可以设立独立董事”中的“可以”删去，变成“上市公司设立独立董事”。这样，设立独立董事就成为上市公司的法定义务，这一条规定也不再是上市公司的选择性条款。

新《公司法》则明确规定上市公司设立独立董事，具体办法由国务院规定。同时规定了上市公司设立董事会秘书，负责公司股东大会和董事会会议的筹备、文件保管以及公司股权管理，办理信息披露事务等事宜。

对于非公有制经济而言，公司内部治理结构直接影响到资本运作与企业并购。独立董事制度的完善，在一定程度上强化了公司内部治理模式，并且独立董事也享有相应的权利和义务，尤其在涉及中小投资者的利益的情况下，独立董事应当发挥积极的监督职能。

3. 对于公司董事监事高级管理人员的相关规定

原《公司法》中对于公司的董事、监事、高级管理人员的规定比较零散、分散地规定在不同的章节中，很不系统。

在新《公司法》中，专门将其规定了独立的一章，即第 6 章“公司董事、监事、高级管理人员的资格和义务”作为对于董事、监事和公司高级管理人员的规定。该章共 7 条，比较详细地规定了相关人员的任职资格、义务、禁止行为、赔偿责任和公司股东代表诉讼（公司股东的代表诉讼下文有专门叙述）等内容。具体包括以下几个方面。

在董事、监事、高级管理人员的任职资格方面，新《公司法》第 147 条规定中：“有下列情形之一的，不得担任公司的董事、监事、高级管理人员：（一）无民事行为能力或者限制民事行为能力；（二）因贪污、贿赂、侵占财产、挪用财产或者破坏社会主义市场经济秩序，被判处刑罚，执行期满未逾 5 年，或者因犯罪被剥夺政治权利，执行期满未逾 5 年；（三）担任破产清算的公司、企业的董事或者厂长、经理，对该公司、企业的破产负有个人责任的，自该公司、企业破产清算完结之日起未逾 3 年；（四）担任因违法被吊销营业执照、责令关闭的公司、企业的法定代表人，并负有个人责任的，自该公司、企业被吊销营业执照之日起未逾 3 年；（五）个人所负数额较大的债务到期未清偿。公司违反前款规定选举、委派董事、监事或者聘任高级管理人员的，该选举、委派或者聘任无效。董事、监事、高级管理人员在任职期间出现本条第一款所列情形的，公司应当解除其职务。”

在对于董事、监事和公司高级管理人员义务方面，新《公司法》第 148 条规定“董事、监事、高级管理人员应当遵守法律、行政法规和公司章程，对公司负有忠实和勤勉义务。董事、监事、高级管理人员不得利用职权收受贿赂或者其他非法收入，不得侵占公司的财产。”即包括了忠实义务和勤勉义务。

在董事和公司高级管理人员的禁止行为方面，新《公司法》第 149 条规定“董事、高级管理人员不得有下列行为：（一）挪用公司资金；（二）将公司资金以其个人名义或者以其他个人名义开立账户存储；（三）违反公司章程的规定，未经股东会、股东大会或者董事会同意，将公司资金借贷给他人或者以公司财产为他人提供担保；（四）违反公司章程的规定或者未经股东会、股东大会同意，与本公司订立合同或者进行交易；（五）未经股东会或者股东大会同意，利用职务便利为自己或者他人谋取属于公司的商业机会，自营或者为他人经营与所任职公司同类的业务；（六）接受他人与公司交易的佣金归为己有；（七）擅自披露公司秘密；（八）违反对公司忠实义务的其他行为。董事、高级管理人员违反前款规定所得的收入应当归公司所有。”可见新《公司法》不仅列举了董事、高级管理人员的禁止行为，还规定了对于相关人员因此所得的收入，公司有权行使归入权，使其收入纳入到公司所有。

对于董事、监事和公司高级管理人员的责任制度方面，新《公司法》第 150 条规定："董事、监事、高级管理人员执行公司职务时违反法律、行政法规或者公司章程的规定，给公司造成损失的，应当承担赔偿责任。"

另外，新《公司法》还就董事、监事和公司高级管理人员的列席会议并接受质询的义务以及董事、高级管理人员的如实向监事会或者监事提供信息等做了规定，第 151 条规定："股东会或者股东大会要求董事、监事、高级管理人员列席会议的，董事、监事、高级管理人员应当列席并接受股东的质询。董事、高级管理人员应当如实向监事会或者不设监事会的有限责任公司的监事提供有关情况和资料，不得妨碍监事会或者监事行使职权。"

可见在市场经济发展到了一定程度的今天，对于任何一个市场实体而言，权责分明是一个基本的原则。公司法就公司内部的相关人员可能出现的行为作出了专门的规定，形成了一套比较完整的相关人员的责任机制，这样使具体责任落实到个人，加强了公司的安全防范，有利于公司的运营稳定和交易安全。

1.2.1.5　公司股东相关权利的维护及其救济

1. 有限责任公司的股东可以查阅公司财务会计账簿

原《公司法》规定：有限责任公司的股东有权查阅公司章程、股东大会记录和财务会计报告。但是，对于实践中通常发生的一些争议，原《公司法》缺乏必要的解决争议的条款。例如，当某个董事为其他股东查阅账簿设置障碍的情况下，该股东诉讼至法院时，往往因缺乏明确的法律规定而陷入被动。

而新《公司法》中则更为详细地作出了规定，具体包括：有限责任公司的股东有权查阅、复制公司章程、股东会会议记录、董事会会议决议、监事会会议决议、财务会计报告。股东可以要求查阅公司会计账簿。公司拒绝提供查阅的，股东可以请求法院要求公司提供查阅。

从理论上说，这种做法保证股东的知情权，让股东了解公司有关事务的实际情况，是保护股东利益的基础和前提。

对于非公有制经济而言，这一点仍然是立足于保障私有投资者的权益。以往对于公司会计账簿的查阅权并未在《公司法》中明确地作出规定，不仅会使得股东对自己的权利模糊化，还会增加其经营管理者作假账等损害公司股东的行为。新《公司法》予以明确规定，实际上是一种对于股东查阅账簿权利的宣示，有利于引导私有投资者行使本人权利，维护其合法的权益。新《公司法》的这些规定，大大提高了出现相关问题时的可诉性，便利了投资人及时通过诉讼或者其他争议解决方式保护自己的投资收益。

2. 增加股东代表诉讼的规定，以更好地维护自己的权利

原《公司法》并没有股东代表诉讼的规定。

新《公司法》中新增了股东代表诉讼，具体来说就是，当董事、高级管理人员执行职务违反法律、行政法规、公司章程的规定，给公司造成损失的，股东可以请求监事会或者不设监事会的有限责任公司的监事提起诉讼。监事给公司造成损失的，股东可以请求董事会（或者执行董事）提起诉讼。监事会、监事、董事会、执行董事拒绝提起诉讼，或者情况紧急、不立即提起诉讼将会使公司利益受到难以弥补的损害等情况下，股东可以直接提起诉讼。董事、高级管理人员违反法律、行政法规或者公司章程的规定，损害股东利益的，股东可以提起诉讼。

在原《公司法》中没有关于股东诉讼的规定的情况下，实践中极大影响了股东权利的维护，特别在诉讼层面上缺乏对于股东权利的救济，所以有必要增加这方面的规定，以维护中小股东的合法权益，保护投资积极性，增强投资信心。股东代表诉讼实际上也是借鉴于英美法系的相关制度，重点就在于当公司中的董事、监事利用自己对于公司的经营管理等职权便利，作出了有损公司利益的行为或者决定从而损害到股东利益的时候，法律赋予股东代表公司来对其相关的董事、监事提出诉讼。当然这种诉讼必须严格规定相关股东的资格和必须事先穷尽公司本身救济的限制条件。在我国新《公司法》的规定中，主要规定就在于对于股东而言，必须是有限责任公司的股东、股份有限公司连续180日以上单独或者合计持有公司1%以上股份的股东；另外必须首先书面向董事会或者执行董事、监事会提出申请，要求其向法院提出诉讼，当被拒绝或者自收到请求之日起30日内未提起诉讼、或者情况紧急、不立即提起诉讼将会使公司利益受到难以弥补的损害的，只有上述情况才能由股东取代其提出诉讼，所以，在理论上，股东代表诉讼又被称为股东代位诉讼。

对于非公有制经济而言，特别是对于法律知识相对欠缺的私有投资者而言，一旦建立企业尤其是以公司的形式进行经营运作，一个很大的担忧就在于按照公司的企业经营管理模式，势必要将公司的管理运作委托给其他有经验的专业人士，而这种委托对于投资者而言具有极大的风险。在旧《公司法》中并未对公司经营管理者出现过错导致公司以及投资者损失的情况提供救济，新《公司法》引入了股东代表诉讼的制度，使股东在董事或者监事损害公司利益导致股东受损的情况下，能以诉讼的形式得到法律救济的途径。

3. 对关联交易行为作出严格的规范

原《公司法》缺乏对关联交易的详细规定。

新《公司法》专门在附则中就关联关系作出了解释，即关联关系，是指公司控股股东、实际控制人、董事、监事、高级管理人员与其直接或者间接控制的企业之间关系，以及可能导致公司利益转移的其他关系。但是，国家控股的企业之间不仅因为同受国家控股而具有关联关系。新《公司法》结合近几年在理论界和实践中大量出现的关联交易的现象，就其行为及其认定处分问题作出了相关的条文规定，如公司控股股东、实际控制人、董事、监事、高级管理人员及其他人不得利用其关联关系侵占公司利益。否则，给公司造成损失的，应当承担赔偿责任。上市公司董事与董事会会议决议事项所涉及的企业有关联关系的，不得对该项决议行使表决权，也不得代理其他董事行使表决权。该董事会会议由过半数的无关联关系董事出席即可举行，董事会会议所作决议须经无关联关系董事过半数通过。出席董事会的无关联关系董事人数不足3人的，应将该事项提交上市公司股东大会审议，等等。

在实践中，一些上市公司的控股股东、董事、监事、高级管理人员和其他实际控制公司的人利用关联交易“掏空”公司，将上市公司变为大股东“提款机”的现象时有发生，侵害了公司、公司中小股东和银行等债权人的利益，也给国家的金融安全和社会稳定造成了潜在的风险。公司极易成为关联交易人之间的利益侵夺对象。特别是在上市公司中，如果不规范关联交易行为，可能出现上市公司业绩虚增、侵害中小投资者知情权，还有可能打击公众投资者对资本市场的信心，从长远来看，对资本市场的稳定、健康发展产生了负面影响。因此，新《公司法》对关联交易行为作出了具体规范，无疑是为私有经济解决大量的关联交易所带来的问题提供了一种法律途径。

4. 特定情况下有限责任公司的中小股东退出机制

原《公司法》中缺乏中小股东退出机制的相关规定。

新《公司法》规定，有限责任公司连续5年盈利，并符合本法分配利润条件，但不向股东分配利润的，对股东会该项决议投反对票的股东可以要求公司以合理价格收购其股权。股东与公司不能达成收购协议的，股东可以向法院提起诉讼。

实践中，有些有限责任公司的大股东利用其对公司的控制权，长期不向股东分配利润，权益受损害的中小股东又无法像股份有限公司股东那样可以通过比较自由地转让股份退出公司，致使中小股东的利益受到严重损害。因此，应当增加在特定条件下中小股东可以退出公司的规定。而允许投资者自由地退出市场乃是一种终极意义上的权利保障。这种立法上的改变宏观上来说是公司法强制性向任意性、自主性过渡的具体体现之一，微观上则反映了对于股东特别是中小股东退出资本市场自由的保护。

对于非公有制经济而言，如何保护中小股东的利益和规定中小股东的退出机制同样是一个相当重要的问题。特别是对于大量活跃的私有资本来说，势必会不停地向收益率更高的行业和领域流动，如果法律加大对于这些资本流动的限制，无疑会对经济的发展和投资的机动性有所不利，会使私有投资者畏首畏尾，不能够放手进行资本操作。新《公司法》对于该项退出机制的规定无疑是充分考虑到中小股东的这一现实要求，对保护广大投资者的投资收益大有裨益。

5. 特殊情况下股东可申请法院解散公司

原《公司法》中没有这方面的规定。

新《公司法》则对此作出了相关的规定：公司经营发生严重困难，继续存续会使股东利益受到重大损失，通过其他途径不能解决的，持有公司全部股东表决权 10% 以上的股东，可以请求人民法院解散公司。

从实践层面上看，目前有的公司经营严重困难，财务状况恶化，虽未达到破产界限，但继续维持会使股东利益受到更大损失；而因股东之间分歧严重，股东会、董事会又不能作出公司解散清算的决议，处于僵局状态。针对这种情形，立法者研究借鉴了其他国家的立法例，规定公司解散在正常情况下应由公司自行决定；在特殊情况下，通过其他途径不能解决的，法院可以依股东的申请解散公司。

对于非公有制经济而言，规定特殊情况下的股东申请法院解散公司，仍然是赋予了私有投资者灵活退出市场的机会，同时实际加大了中小股东对于公司经营的参与权。这相当程度鼓励了私有资本的活跃。对于我国日趋成熟的市场经济体系的健全和完善，如何保护投资者的合法权益将会越来越重要。

6. 利润分配制度的重新整合

原《公司法》对于公司利润分配的规定为："公司分配当年税后利润时，应当提取利润的 10% 列入公司法定公积金，并提取利润的 5% ~10% 列入公司法定公益金。公司法定公积金累计额为公司注册资本的 50% 以上的，可不再提取。公司的法定公积金不足以弥补上一年度公司亏损的，在依照前款规定提取法定公积金和法定公益金之前，应当先用当年利润弥补亏损。公司在从税后利润中提取法定公积金后，经股东会决议，可以提取任意公积金。公司弥补亏损和提取公积金、法定公益金后所余利润，有限责任公司按照股东的出资比例分配，股份有限公司按照股东持有的股份比例分配。股东会或者董事会违反前款规定，在公司弥补亏损和提取法定公积金、法定公益金之前向股东分配利润的，必须将违反规定分配的利润退还公司。"

新《公司法》中则对此作出了改变，第 177 条规定："公司分配当年税后利润时，应当提取利润的 10% 列入公司法定公积金。公司法定公积金累计额为公司注册资本的 50% 以上的，可以不再提取。公司的法定公积金不足以弥补以前年度亏损的，在依照前款规定提取法定公积金之前，应当先用当年利润弥补亏损。公司从税后利润中提取法定公积金后，经股东会或者股东大会决议，还可以从税后利润中提取任意公积金。公司弥补亏损和提取公积金后所余税后利润，有限责任公司依照本法第35条的规定分配；股份有限公司按照股东持有的股份比例分配，但股份有限公司章程规定不按持股比例分配的除外。股东会、股东大会或者董事会违反前款规定，在公司弥补亏损和提取法定公积金之前向股东分配利润的，股东必须将违反规定分配的利润退还公司。公司持有的本公司股份不得分配利润。”

可见新《公司法》对于公司利润分配的方案有了一定的改进，主要体现为：首先，新《公司法》取消了提取法定公益金的规定，将其交给公司自主决定，法律并不强制公司必须为职工福利提取法定公益金；其次，对于原来规定的利润分配时必须为“有限责任公司按照股东的出资比例分配，股份有限公司按照股东持有的股份比例分配”的方式，新《公司法》本着加强法条的任意性，给予公司更大自主权利的意旨，规定了“有限责任公司依照本法第35条的规定分配；股份有限公司按照股东持有的股份比例分配，但股份有限公司章程规定不按持股比例分配的除外”的方式，新《公司法》第35条是尊重有限责任公司以实缴出资比例为依据分取红利，而对于股份有限公司，新《公司法》除了保留原有的“按照股东持有的股份比例分配”的方式外，另外加入了“但股份有限公司章程规定不按持股比例分配的除外”的规定，实际上这也是增强公司任意性的体现；再次，新增加了“公司持有的本公司股份不得分配利润”的规则。另外，新《公司法》还在第169条将“资本公积金不得用于弥补公司的亏损”写入，明确地规定了资本公积金的用途。

对于新《公司法》在利润分配制度方面的改进，规范了公司在赢利的情况下的行为。本次对于利润分配的调整主旨一个是增强公司的自主性，如允许公司对于利润分配方式可以在章程中规定；另一方面由于社会保险的独立成体系，对于公司职工福利待遇方面，公司相应地减轻了自身的负担，如不强制公司为职工提取法定公益金的规定。这样的改变逐步地加强了公司的意思自主和减轻公司的负担，无疑对于公司活跃于市场起到积极作用。

总体来看，新《公司法》对原《公司法》几乎所有的条款都作了实质性修改，《公司法》在本次修改中对于许多制度的增加、删除、修改，其意义和影响深远。就非公有制经济的企业而言，它一方面鼓励投资创业，拓宽了资本特别是民间资本活跃的投资需求，同时保障投资者的合法收益，促进了资本市场发展。尤其应当看到，新法将更大地促进私营企业的发展，提高广大劳动者的就业机会，增加社会市场经济的活力。而公司制企业是大量非公有制经济企业采取的主体形式，新《公司法》降低市场主体的准入门槛，有利于私营企业的发展。特别是新《公司法》对于资本市场的定位不再仅为国企改革和发展服务，也为非公有制企业改革和发展服务，推动民营经济与国有经济的共同发展和公平竞争。新《公司法》旗帜鲜明地落实了股东平等原则，把国家股东与其他股东的不平等制度一扫而光。在股份有限责任公司中，非公有制的有限责任公司只要具备《证券法》规定的公司债券发行条件，也可以像国家投资的有限责任公司一样依法发行公司债券，从而缓解了民营企业的融资瓶颈。

1.2.2 新颁布的《合伙企业法》的重要内容

2006年4月，全国人大财政经济委员会向全国人大常委会提交了《合伙企业法（修订草案）》。经过全国人大常委会会议三次审议，2006年8月27日，十届全国人大常委会第二十三次会议审议通过了《中华人民共和国合伙企业法（修订案）》。修订后的《合伙企业法》将于 2007 年 6 月 1 日起施行。新《合伙企业法》一共有 109 条，主要的修改内容涉及合伙主体、合伙形式、缴纳合伙税款、关于合伙破产等方面的问题。

合伙企业是市场经济中重要的企业组织形式，合伙与公司的主要区别在于：合伙企业由全体合伙人对合伙债务承担无限连带责任；而公司由公司股东以其出资额为限对公司承担责任，公司以其全部资产为限对公司债务承担责任，只有在公司股东滥用公司法人独立地位和股东有限责任，逃避债务，严重损害公司债权人利益的情况下，才对公司债务承担无限连带责任。此次《合伙企业法》的修订，进一步拓宽了市场投资主体的形式，在多处呈现了新的内容。

1.2.2.1　将法人纳入合伙人范围

在原《合伙企业法》中，合伙主体被严格规定为具有完全民事行为能力的人，对于限制民事行为能力以及无民事行为能力的人，原《合伙企业法》是禁止其成为合伙企业的合伙人的。而对于法人，也并不允许其成为合伙企业的合伙人。

新《合伙企业法》保留了对于自然人作为合伙人时必须具有完全民事行为能力的规定，同时突破了对于法人禁止成为合伙人的规定，允许法人组织以合伙形式进行运作，参与到社会经济生活之中。但是对于国有独资公司、国有企业、上市公司以及公益性的事业单位、社会团体仍然作出保留。

合伙作为自然人和法人以外的一种非常常见的组织形式，时常被人们运用于商业活动，最早出现于中世纪的地中海海上贸易的科曼达形式。在传统民法的理念中，合伙的合伙人只能是自然人，而且必须为完全民事行为能力的自然人，在长期的社会生活和民法发展过程中，特别是 20 世纪以来商业社会迅猛发展的情况下，合伙作为一种非常灵活的具有极高人合性的组织，其内部结构也开始发生重大的变化，大多数国家法律开始允许法人成为合伙人。严格来说，我国法律中的企业一概念并不完全是法律上的用语，我国的合伙企业基本上类似与民法上的商事合伙一概念，但是我国目前尚未对合伙划分为民事合伙和商事合伙。商事合伙实行代理制或者代表制，只要以合伙组织的名义从事行为，行为结果就归合伙组织。因此对于其合伙人是自然人还是法人，在近年来的合伙法发展中并未像从前一样严格强调。在我国 1986 年的《民法通则》中，实际上承认了个人合伙和法人合伙，法人合伙也即联营；但是 1997 年实施的《中华人民共和国合伙企业法》则规定，合伙人必须承担无限责任，以此推理可知，法人被排除在合伙人范围之内，合伙人仅为自然人；而从 1993 年实施的《中华人民共和国公司法》来看，并没有禁止法人成为合伙人的强制性规定；特别从 2000 年修正的《中外合作经营企业法》的规定看，实际上承认了法人之间的合伙。所以，从我国现行法律规定的层面上分析，可以得出结论就是我国实际上是承认法人合伙的，但是在《合伙企业法》中并未得到承认，新《合伙企业法》对此所作的改正实际上是将实践情况中的事实予以法律确认。

1.2.2.2　避免重复纳税

在原《合伙企业法》的规定中，实际上并没有对于合伙企业缴纳企业所得税的问题进行规定，国际上比较通行的做法是只对合伙人从合伙企业所取得的收入征收个人所得税，而对合伙经营取得的收入以及其他收入并不征收税收。在 2000 年国务院曾经颁布了《国务院关于个人独资企业和合伙企业征收所得税问题的通知》，其中就明确地作出了规定“对个人独资企业和合伙企业停止征收企业所得税，其投资者的生产经营所得，比照个体工商户的生产、经营所得征收个人所得税。具体税收政策和征税办法由国家财税主管部门另行制定。”所以也可以说，在实践操作中，对于合伙人的征税实际上是按照国务院的上述规定来执行的，但是在法条层面，原《合伙企业法》仍然没有明确的规定。这次修改就对此做了修正，明确了对于合伙企业征收所得税只按照个人所得税来计算，此外不再对合伙企业征税。即新《合伙企业法》第6条规定：“合伙企业的生产经营所得和其他所得，按照国家有关税收规定，由合伙人分别缴纳所得税。”至此，在新的《合伙企业法》中的规定上，合伙人被明确地定位，仅须缴纳个人从合伙所得之收入的税额即可，避免了可能出现的重复征税的情况。

这样的明确性规定无疑是对合伙企业的征税问题的解决。合伙企业作为我国民法上一个比较典型的私有经济的主体形式，规范其税收制度，无疑能够促进合伙企业在国内的发展，活跃私有经济的发展。市场经济本身强调平等竞争性，可能出现的法律上的漏洞造成合伙企业重复纳税，则有违市场经济的基本精神。

1.2.2.3　新加入了有限合伙的规定

在原《合伙企业法》中，基于“合伙必须为合伙人绝对地承担无限连带责任”的理念，并没有规定有限合伙的有关内容。

在新的《合伙企业法》中，专门开辟了第3章“有限合伙企业”一章专门规定有限合伙。有限责任合伙的意义在于，它规定各合伙人仍对合伙债务承担无限责任，但仅对本人负责的业务或过错所导致的合伙债务承担无限责任，对因其他合伙人过错造成的债务不负无限连带责任。

对于有限合伙，随着20世纪的经济发展社会进步，不少国家纷纷将其规定于法律之中，如美国就专门为有限合伙立法。有限合伙中合伙人实际上分为两种：一种被称为有限合伙人，另一种被称为普通合伙人。顾名思义，一般有限合伙人仅仅以其出资对合伙债务承担有限责任，但是相应地一般不会参加有限合伙的管理经营等，可见其承担责任的有限性是有代价的，普通合伙人则同其他普通合伙中的合伙人并无二致。

在新《合伙企业法》中的第3章有限合伙企业中，仍然是将有限合伙作为一种特殊的合伙形式予以规定的，即第60条规定：“有限合伙企业及其合伙人适用本章规定；本章未作规定的，适用本法第二章第一节至第五节关于普通合伙企业及其合伙人的规定。”同时，新《合伙企业法》对于有限合伙的人数做了限定，第61条规定：“有限合伙企业由2个以上50个以下合伙人设立；但是，法律另有规定的除外。有限合伙企业至少应当有一个普通合伙人。”可见我国目前立法仍然是强调合伙中无限责任为主，即使是在有限合伙中，仍然要保留至少一名普通合伙人。

除此之外，新《合伙企业法》着力于对于有限合伙企业中有限合伙人的相应规定，对于有限合伙人的出资形式，第64条规定：“有限合伙人可以用货币、实物、知识产权、土地使用权或者其他财产权利作价出资。有限合伙人不得以劳务出资。”

对于其出资方式，第65条和第66条分别规定：“有限合伙人应当按照合伙协议的约定按期足额缴纳出资；未按期足额缴纳的，应当承担补缴义务，并对其他合伙人承担违约责任。”“有限合伙企业登记事项中应当载明有限合伙人的姓名或者名称及认缴的出资数额。”

对于合伙人在合伙企业中的相应事务权限的规定，第67条和第68条分别规定：“有限合伙企业由普通合伙人执行合伙事务。执行合伙事务合伙人可以要求在合伙协议中确定执行事务的报酬及报酬提取方式。”“有限合伙人不执行合伙事务，不得对外代表有限合伙企业。”另外还对有限合伙人的某些行为，规定为“不视为执行合伙事务”，如：（1）参与决定普通合伙人入伙、退伙；（2）对企业的经营管理提出建议；（3）参与选择承办有限合伙企业审计业务的会计师事务所；（4）获取经审计的有限合伙企业财务会计报告；（5）对涉及自身利益的情况，查阅有限合伙企业财务会计账簿等财务资料；（6）在有限合伙企业中的利益受到侵害时，向有责任的合伙人主张权利或者提起诉讼；（7）执行合伙事务合伙人怠于行使权利时，督促其行使权利或者为了本企业的利益以自己的名义提起诉讼；（8）依法为本企业提供担保。

另外在第69条至第72条分别对于有限合伙中的特殊的企业行为做了规定，在“合伙协议另有约定的除外”的情况下，“有限合伙企业不得将全部利润分配给部分合伙人”；“有限合伙人可以同本有限合伙企业进行交易”；“有限合伙人可以自营或者同他人合作经营与本有限合伙企业相竞争的业务”；“有限合伙人可以将其在有限合伙企业中的财产份额出质”等。

对于合伙中有限合伙人处分合伙中自己份额的行为，《合伙企业法》进行了详细的规定，在第73条中规定：“有限合伙人可以按照合伙协议的约定向合伙人以外的人转让其在有限合伙企业中的财产份额，但应当提前30日通知其他合伙人。”在第74条中规定：“有限合伙人的自有财产不足清偿其与合伙企业无关的债务的，该合伙人可以以其从有限合伙企业中分取的收益用于清偿；债权人也可以依法请求人民法院强制执行该合伙人在有限合伙企业中的财产份额用于清偿。人民法院强制执行有限合伙人的财产份额时，应当通知全体合伙人。在同等条件下，其他合伙人有优先购买权。”

当然，对于有限合伙的形式新法也做了非常严格的限制，中心在于有限合伙必须有有限合伙人存在，即第75条规定：“有限合伙企业仅剩有限合伙人的，应当解散；有限合伙企业仅剩普通合伙人的，转为普通合伙企业。”

当涉及有限合伙人责任时，《合伙企业法》规定了与第三人交易和新加入合伙的有限合伙人的责任，即第76条规定：“第三人有理由相信有限合伙人为普通合伙人并与其交易的，该有限合伙人对该笔交易承担与普通合伙人同样的责任。有限合伙人未经授权以有限合伙企业名义与他人进行交易，给有限合伙企业或者其他合伙人造成损失的，该有限合伙人应当承担赔偿责任。”第77条规定：“新入伙的有限合伙人对入伙前有限合伙企业的债务，以其认缴的出资额为限承担责任。”可见，这样的规定实质上仍然维护着有限合伙人的有限责任的本质特征。

对于有限合伙人退伙、承继和转变为普通合伙人的规定。第78条规定：“有限合伙人有本法第48条第一款第一项、第三项至第五项所列情形之一的，当然退伙。”第79条规定：“作为有限合伙人自然人在有限合伙企业存续期间丧失民事行为能力的，其他合伙人不得因此要求其退伙。”第81条规定：“有限合伙人退伙后，对基于其退伙前的原因发生的有限合伙企业债务，以其退伙时从有限合伙企业中取回的财产承担责任。”另外，第80条规定：“作为有限合伙人的自然人死亡、被依法宣告死亡或者作为有限合伙人的法人及其他组织终止时，其继承人或者权利承受人可以依法取得该有限合伙人在有限合伙企业中的资格。”第82条规定：“除合伙协议另有约定外，普通合伙人转变为有限合伙人，或者有限合伙人转变为普通合伙人，应当经全体合伙人一致同意。”第83条和第84条分别规定：“有限合伙人转变为普通合伙人或者普通合伙人转变为有限合伙人的，对其原来作为有限合伙人或者普通合伙人期间的有限合伙企业发生的债务承担无限连带责任。”基本上来说，有限合伙人身份转变的要求要比普通的合伙人更加严格，目的在于维持其合伙的有限的真实性。

总体上看，对于有限合伙的法律规定，体现了我国立法与国际接轨的潮流和理念。但是毕竟有限合伙是英美法系中的制度，与其一系列配套的社会制度相适应，而且习惯上已经为社会所认可，有限合伙移植到我国法上，一旦进入实践则势必会出现一些问题。但是值得肯定的是，有限合伙作为一种新的形式规定在我国法律之中，必然会促进合伙形式的多元化，私有经营者也能有更多的选择余地，尤其是有限合伙中的有限责任对于部分准备投资于合伙而又顾虑其无限责任的私有投资者而言，是极具诱惑的。因此，突破以往合伙法律的限定，将有限合伙作为一种可能的选择规定在新的《合伙企业法》中，称得上是一种突破和创举，当然，在具体的操作层面上，可能会出现一些问题，需要我们进一步进行考虑和解决。

此外，“有限合伙和有限责任合伙”有助于我国风险投资事业和专业服务机构的发展。此次《合伙企业法》增加有限合伙的规定，一个重要考虑就是要为风险投资开道，促进科技创新投入。在发达国家，有限合伙主要适用于风险投资，由具有良好投资意识的专业管理机构或个人作为普通合伙人，承担无限连带责任，负责企业的经营管理；作为资金投入者的有限合伙人享受合伙收益，对企业债务只承担有限责任。许多知名的会计事务所和律师事务所都采取了有限合伙的形式。由于原《合伙企业法》没有规定有限合伙制度，而且有的条文对设立有限合伙形成直接限制，使我国风险投资难以采用这一制度。发展风险投资迫切需要在法律中规定有限合伙制度，一方面可以激励管理者全力创业，降低决策管理成本，提高投资收益，另一方面又使投资人与公司制企业在同样承担有限责任的前提下，可以获得更高的收益。

1.2.2.4　特殊普通合伙企业的规定

在新《合伙企业法》中，于第6节规定了“特殊的普通合伙企业”一节，来对这种形式的合伙专门予以规定，这种合伙首先在第55条做了限定，即“以专业知识和专门技能为客户提供有偿服务的专业服务机构，可以设立为特殊的普通合伙企业。特殊的普通合伙企业是指合伙人依照本法第57条的规定承担责任的普通合伙企业。”也就是说，对于普通合伙企业的形式仅仅适用于注册为企业的专业服务机构。另外在适用上“特殊的普通合伙企业适用本节规定；本节未作规定的，适用本章第一节至第五节的规定。”并且，在特殊的普通合伙企业名称中应当标明“特殊普通合伙”字样。即对于该种类型的合伙形式法律赋予其强制性的公示义务。

对于特殊普通合伙企业主要在于它的承担责任上的规定，根据新的《合伙企业法》对于该种合伙的责任承担的特别规定，“一个合伙人或者数个合伙人在执业活动中因故意或者重大过失造成合伙企业债务的，应当承担无限责任或者无限连带责任，其他合伙人以其在合伙企业中的财产份额为限承担责任。合伙人在执业活动中非因故意或者重大过失造成的合伙企业债务以及合伙企业的其他债务，由全体合伙人承担无限连带责任。”而如果“合伙人执业活动中因故意或者重大过失造成的合伙企业债务，以合伙企业财产对外承担责任后，该合伙人应当按照合伙协议的约定对给合伙企业造成的损失承担赔偿责任。”对于合伙执业人的故意或者重大过失，依然强调追究其本人对于合伙的责任。另外在第59条中规定了：“特殊的普通合伙企业应当建立执业风险基金、办理职业保险。执业风险基金用于偿付合伙人执业活动造成的债务。执业风险基金应当单独立户管理。具体管理办法由国务院规定。”

对于特殊普通合伙企业规定追溯到各国立法的渊源上，主要体现在20世纪60年代左右的立法变更。本来普通合伙企业是一种非常传统的形式，但是随着20世纪后半叶商业社会的迅猛发展，许多社会服务逐步细化，大量的专业服务机构规模扩大，人数众多，导致合伙人之间互不熟识。在这种情况下，许多责任的承担如果一概由该合伙来承担，就并不合理。所以从20世纪60年代以来，许多国家进行专门立法，规定采用普通合伙形式的专业服务机构的普通合伙人可以对特定的合伙企业债务承担有限责任，以使专业服务机构的合伙人避免承担过度风险。这种合伙形式和责任承担的模式突破了传统意义上的合伙的内涵。也可以说是商业社会发展在我国立法上的体现，特别是对于合伙人而言，更多了一种选择的余地。

1.2.2.5　合伙企业的破产问题

本来对于这方面的规定，在新修改的《企业破产法》中也有相关的规定，但是由于合伙企业具有自身的特点，在《合伙企业法》中仍然作出了特殊的规定。在原来和现在修改的两部《合伙企业法》中，都以专章的形式对“合伙企业解散、清算”做了规定，而没有用到“破产”这个词。在原《合伙企业法》中，并未对合伙企业的破产问题作出规定，而新的《合伙企业法》首次对于合伙企业的破产做了相应的规定，具体在新《合伙企业法》的第 92 条规定：“合伙企业不能清偿到期债务的，债权人可以依法向人民法院提出破产清算申请，也可以要求普通合伙人清偿。合伙企业依法被宣告破产的，普通合伙人对合伙企业债务仍应承担无限连带责任。”另外原《合伙企业法》还在第 61 条规定了相关的清偿顺序，即“合伙企业财产在支付清算费用后，按下列顺序清偿：（一）合伙企业所欠招用的职工工资和劳动保险费用；（二）合伙企业所欠税款；（三）合伙企业的债务；（四）返还合伙人的出资。”但是在新修改的《合伙企业法》中，删去了这一条的规定，而将其一概地归入到《企业破产法》的规定，以维持法律之间的平衡，避免立法的重复。

对于上述改动，仍然体现了对于合伙企业活动中债权人权利的保护。毕竟合伙企业并不完全等同于传统意义上的法人组织，对于责任的承担，我国立法一直强调避免合伙人以其合伙组织为工具逃避债务，所以新《合伙企业法》规定了合伙企业的债权人有选择权，既可对个人提出清偿，亦可对其组织向法院提出破产申请。从保护债权安全的角度来看，这是值得肯定的。

1.2.2.6　外国企业或者个人在中国境内设立合伙企业

新的《合伙企业法》对于外国企业或者个人在中国境内设立合伙企业的有关问题也作出了相关的规定，主要见诸于新《合伙企业法》的第 108 条：“外国企业或者个人在中国境内设立合伙企业的管理办法由国务院规定。”虽然只是简单的一条规定，但是将其合伙企业的适用明确指明交由国务院管理，相对于原《合伙企业法》并没有规定这方面的内容，这可以说是我国改革开放以来的一大进步。但是需要注意的是，对于外国企业和个人在我国设立合伙企业的，一般都规定为合伙人承担无限责任，这就出现一个很大的问题在于如果外国合伙人的财产不在境内而在境外，一旦追究其无限责任，则难以追偿。所以如何规制外国企业或者法人在中国境内设立的合伙企业，尤其是当其承当责任时如何落实其责任，将是后几年立法所要关注的问题。

1.2.3　新颁布的《企业破产法》的法律解析

1.2.3.1　完善的社会主义市场经济需要一部完善的《企业破产法》

我国经济体制经历从计划经济到具有中国特色的社会主义市场经济的转化，在计划经济体制下，企业不是依据市场的供需变化决定自己的生产和销售，而是直接依据国家的计划决定生产，所以企业缺乏经营自主权，但同时也不会出现因为激烈的市场竞争而导致资不抵债进而破产的风险。

随着我国逐步向商品经济的过渡，市场中逐步出现了要求对企业破产作出调整的现实需求。1986年颁布的《企业破产法（试行）》对全民所有制企业的破产问题作出了规定，1991年修订的《民事诉讼法》增加了“企业法人破产还债程序”一章，将能够适用破产程序的主体扩大为所有的企业法人。这两部法律在建立完善的市场竞争机制、规范企业破产行为、保护债权人的合法权益方面发挥了一定的积极作用。但是随着我国社会主义市场经济的建立，《企业破产法（试行）》和《民事诉讼法》中的“企业法人破产还债程序”已经不能适应现实的客观需要。

在1986年中国推出了第一部破产法——《中华人民共和国企业破产法（试行）》，该法于1986年12月2日第六届全国人民代表大会常务委员会第十八次会议通过，1986年12月2日由第45号中华人民共和国主席令公布，自《全民所有制工业企业法》实施满3个月之日起试行。该法全文共6章共计43条。《企业破产法（试行）》仅适用于全民所有制企业，显然违背了市场经济中主体地位平等的原则，并且受到当时立法实际情况的限制，行政权力过多地参与破产程序，影响了破产过程中破产债权债务人的平等地位，缺乏对债权人和债务人的利益的保护，对于实践中出现的一些破产中的侵权和犯罪行为缺乏必要的责任机制。尤其值得注意的是，该试行的《企业破产法》缺乏重整制度，使得通过与债权人磋商或者引入其他投资者的企业丧失了避免破产和重新获得市场竞争能力的机会。而且，从法律效力的角度出发，《企业破产法（试行）》属于试行法，与正式法律的地位和效力有一定区别。

我国《民事诉讼法》中“企业法人破产还债程序”实际上是对《企业破产法（试行）》适用范围过于狭窄的补充。该规定尽管适用于所有的企业法人，但是条文过于简单，缺乏详尽严谨的程序性规定，在立法技术上也存在瑕疵，造成了破产立法的支离破碎与不统一，影响了《破产法》的有效施行。

随着我国社会主义市场经济的建立，迫切需要一部完善的《破产法》。《破产法》是市场经济的一部重要法律，没有《破产法》也就不会有市场主体的退出机制、挽救机制。1994年3月，全国人大财经委员会根据第八届全国人大常委会立法规划，着手组织新《企业破产法》的起草工作。1995年9月，全国人大财经委员会将新《企业破产法》草案提交八届全国人大常委会，但是因为常委会对《破产法》出台时机存在不同意见，以及与社会保障制度不配套等原因，当时并未进行审议。九届人大期间，起草工作继续进行。十届全国人大常委会将《企业破产法》列入5年立法规划，2003年8月组成新的起草小组，再次启动起草工作。经过十届全国人大常委会第十次会议、第十二次会议、第二十三次会议三次审议，2006年8月27日，《中华人民共和国企业破产法》在十届全国人大常委会第二十三次会议上审议通过，自2007年6月1日起施行。本次修改后不仅将原破产法的名称中《中华人民共和国企业破产法（试行）》的“试行”二字删去了，而且对于《破产法》的内容进行了全面的修改。

新的《中华人民共和国企业破产法》一共12章共计136条，它突破了原《破产法》对于破产仅仅是作为市场退出的一种情况来规定的局限，还大大扩展了《破产法》的调整领域，将破产适用范围扩大，并且增加了破产程序中的相关制度，注重了企业破产的再生可能，完善了对于金融系统的安全性的维护以及加强对于企业破产后债权人和企业职工的权益的保护等。譬如，新《破产法》的一个重大改变就是一方面在进行合理的结算和破产清偿，另一方面尽力去挽救濒临破产的企业，尤其是挽救对社会有影响的企业①。可见，新《破产法》与原《破产法》相比，不论是纵

① 王欣新：《新〈破产法〉的突破》，《法人》杂志，第2006年第2期。

向还是横向，调整的深度和广度都大大超越了原《破产法》，在理念与制度方面有诸多的创新和突破，对于我国目前构建社会主义市场经济体制具有重大的意义。

1.2.3.2　从保护国有企业向维护市场信用秩序、平等保护各类企业转化

原《破产法》仅仅将其调整范围限定于“适用于全民所有制企业”，实际上原《破产法》很大程度上也就是着眼于调整全民所有制企业的破产程序而立的。“企业因经营管理不善造成严重亏损，不能清偿到期债务的，依照本法规定宣告破产”。不仅如此，原《破产法》还将某些情况下的破产限制予以规定，即原《破产法》第 3 条中规定的：“企业由债权人申请破产，有下列情形之一的，不予宣告破产：（一）公用企业和与国计民生有重大关系的企业，政府有关部门给予资助或者采取其他措施帮助清偿债务的；（二）取得担保，自破产申请之日起 6 个月内清偿债务的。企业由债权人申请破产，上级主管部门申请整顿并且经企业与债权人会议达成和解协议的，中止破产程序”。

在新的《破产法》中，适用范围被明确地界定为企业法人，不论是国有企业、私有企业，还是外资企业，不论是有限责任公司，还是股份有限公司都统一适用新的《企业破产法》。新《破产法》第 2 条中规定：“企业法人不能清偿到期债务，并且资产不足以清偿全部债务或者明显缺乏清偿能力的，依照本法规定清理债务。”这样明确地指出了破产适用的主体和具体情况，并且该法删除了原《破产法》第 3 条中关于不予宣告破产的规定，同时新《破产法》还在第 2 条第 2 款规定：“企业法人有前款规定情形，或者有明显丧失清偿能力可能的，可以依照本法规定进行重整”。这一规定将给破产企业更多的选择机会，关于这一点将会结合整顿制度在下文中具体谈到。

新《破产法》的这一规定首先将具体的适用范围限定为“企业法人”，在当年原《企业破产法》的起草过程中，主要是在围绕和关注全民所有制企业的情况下进行的，可以说实际上是一种国有企业改革的特别法规定。但是在当年，由于对于我国经济发展过程中可能出现或者已经出现的大量的个体、私营企业等明显估计不足，以致在原《破产法》实行 20 年以来，大量的个体、私营企业等落入了没有具体破产规则可以遵循的法律尴尬境地，使得破产企业本身及其债权人等相关人的利益得不到法律上的明确保护。新《破产法》对于主体范围的扩展可以说是相当广泛的，对于“企业法人”的界定，我们应该理解为抛开一切限制的我国国内企业，包括国有企业、法人型私营企业、三资企业等，在这些企业的形式上，可能是有限责任公司或者股份有限公司，也有可能为上市公司或者非上市公司，另外还包括合伙企业，甚至有可能包括某些金融机构，如在新《破产法》附则中第 134 条规定：“商业银行、证券公司、保险公司等金融机构有本法第二条规定情形的，国务院金融监督管理机构可以向人民法院提出对该金融机构进行重整或者破产清算的申请。国务院金融监督管理机构依法对出现重大经营风险的金融机构采取接管、托管等措施的，可以向人民法院申请中止以该金融机构为被告或者被执行人的民事诉讼程序或者执行程序。金融机构实施破产的，国务院可以依据本法和其他有关法律的规定制定实施办法。”所以，新《破产法》实际上将破产的“特权”从原来的“全民所有制企业”全部交给市场，使所有的市场主体均享有此项权利，这从本质上来讲，是法的本质价值中公平、平等的体现，也是我国目前倡导构建社会主义和谐社会的题中之意。六中全会《决定》强调，“我们要构建的社会主义和谐社会，是在中国特色社会主义道路上，中国共产党领导全体人民共同建设、共同享有的和谐社会”，“两个共同”深刻揭示了我国和谐社会建设的领导核心、发展道路、实践主体和根本目的。和《公司法》修改的目标一样，为了保障市场主体平等地享有社会资源和市场机会，新《破产法》也将平等地调整市场主体的破产行

为作为立法目标，而在这样的目的指引之下，首先的必然要求就是平等市场主体享有平等的破产权利。

对于具体的破产情况的规定，新《破产法》规定为“企业法人不能清偿到期债务，并且资产不足以清偿全部债务或者明显缺乏清偿能力的”，并且仅仅用到了“清理债务”，没有用原《破产法》中的“宣告破产”。新《破产法》更加注重了交易的安全性，不仅将“不能清偿到期债务”、“资产不足以清偿全部债务”作为明显的破产情况予以规定，而且还追加规定了“明显缺乏清偿能力的”的情况，在实践中，很多情况下破产企业最后破产之前是有诸多的征兆，如出现明显的信誉下降、资金周转不灵等都是清偿能力不足的表现，如果一定要等到最后“资产不足以清偿到期债务”的话，很有可能导致破产后债权人的利益无从保全。新《破产法》充分考虑到了这种情况，加入了“明显缺乏清偿能力的”规定，使得债权人能够事先有所防备，保证债权债务的安全性。

新《破产法》在适用范围上的扩展对于非公有制经济而言，其作用和意义是不言而喻的。新《破产法》第133条明确禁止政策性破产，将破产制度平等地适用于国有企业和非国有企业。非国有企业可以平等地享有破产制度的保护，而国有企业从以前依赖政府转型为自主经营，政企分开，和大量的私有企业一同在市场中竞争，按照市场的规则优胜劣汰，退出市场时一视同仁地适用新《破产法》的规定。国有企业不再享有特权，所有企业一概受到法律约束，这同样也是维护市场经济主体平等权利和健全市场经济法制的有力保障。

1.2.3.3 破产原因

从世界各国的破产法中有关破产要求来看，主要采用两种破产标准：第一，资产负债表标准，即将企业的资产不足以清偿全部债务作为企业破产原因；第二，现金流标准，即将企业不能清偿到期债务作为企业破产原因。新《企业破产法》第2条将破产原因规定为“不能清偿到期债务，并且资产不足以清偿全部债务或者明显缺乏清偿能力”。这一规定实际上涵盖了上述两类破产原因，即“不能清偿到期债务并且资产不足以清偿全部债务”和“不能清偿到期债务并且明显缺乏清偿能力”。依照这一规定，一方面，当企业出现明显资不抵债时，债权人可以及时提出破产清偿要求，从而制止了资本的进一步无效配置和滥用。另一方面，在企业现金无法及时清偿全部到期债务的情况下，企业或者债权人都可以宣告破产。

但是，新《企业破产法》同时规定两个破产标准，有可能在现实中引起混乱，因为资本抵债标准和不能清偿到期全部债务标准本身具有不同的要求，在实践中，不能清偿到期债务的标准更易于操作，因为在采取资不抵债的标准下，对企业资产的评估可能出现分歧，影响到破产程序的顺利展开，有可能造成企业进一步负债，最终侵害了债权人的合法利益。所以，我国新《企业破产法》中同时规定两个破产原因是否正确还有待于实践的检验。

1.2.3.4 增加破产管理人制度

原《破产法》中规定了对于企业破产后由清算组来接管，破产的相关事宜由清算组负责，即第24条规定：“人民法院应当自宣告企业破产之日起15日内成立清算组，接管破产企业。清算组负责破产财产的保管、清理、估价、处理和分配。清算组可以依法进行必要的民事活动。”另外，在第2款中规定：“清算组成员由人民法院从企业上级主管部门、政府财政部门等有关部门和专业人员中指定。清算组可以聘任必要的工作人员。”实际上在实践活动中，大量的清算事务就是由政府的相关人员来操作的。

新《破产法》引入了国际上通行的管理人制度，在新法第 3 章专门开辟了管理人一章来调整，使得破产程序的操作更加市场化和专业化，该法第 24 条第 1 款规定："管理人可以由有关部门、机构的人员组成的清算组或者依法设立的律师事务所、会计师事务所、破产清算事务所等社会中介机构担任。"同时在这一章中还规定了清算人的地位，如规定"管理人由人民法院指定"，"债权人会议认为管理人不能依法、公正执行职务或者有其他不能胜任职务情形的，可以申请人民法院予以更换"等权利义务内容，此外，还增加了规定"管理人依照本法规定执行职务，向人民法院报告工作，并接受债权人会议和债权人委员会的监督。管理人应当列席债权人会议，向债权人会议报告职务执行情况，并回答询问。"以及"接管债务人的财产、印章和账簿、文书等资料；调查债务人财产状况，制作财产状况报告；决定债务人的内部管理事务；决定债务人的日常开支和其他必要开支；在第一次债权人会议召开之前，决定继续或者停止债务人的营业；管理和处分债务人的财产；代表债务人参加诉讼、仲裁或者其他法律程序；提议召开债权人会议；人民法院认为管理人应当履行的其他职责。"另外还规定了任职要求和条件，如"人民法院根据债务人的实际情况，可以在征询有关社会中介机构的意见后，指定该机构具备相关专业知识并取得执业资格的人员担任管理人。""有下列情形之一的，不得担任管理人：（一）因故意犯罪受过刑事处罚；（二）曾被吊销相关专业执业证书；（三）与本案有利害关系；（四）人民法院认为不宜担任管理人的其他情形。个人担任管理人的，应当参加执业责任保险"。可以说，对于管理人制度的规定是比较健全和详细的。另外对于管理人的责任，新《破产法》实际上也在第 4 章债务人财产中做了规定，如第 31 条规定："人民法院受理破产申请前一年内，涉及债务人财产的下列行为，管理人有权请求人民法院予以撤销：（一）无偿转让财产的；（二）以明显不合理的价格进行交易的；（三）对没有财产担保的债务提供财产担保的；（四）对未到期的债务提前清偿的；（五）放弃债权的。"第 34 条规定："因本法第 31 条、第 32 条或者第 33 条规定（即撤销或者无效的情况）的行为而取得的债务人的财产，管理人有权追回。"第 35 条规定："人民法院受理破产申请后，债务人的出资人尚未完全履行出资义务的，管理人应当要求该出资人缴纳所认缴的出资，而不受出资期限的限制。"第 36 条规定："债务人的董事、监事和高级管理人员利用职权从企业获取的非正常收入和侵占的企业财产，管理人应当追回。"第 37 条规定："人民法院受理破产申请后，管理人可以通过清偿债务或者提供为债权人接受的担保，取回质物、留置物。前款规定的债务清偿或者替代担保，在质物或者留置物的价值低于被担保的债权额时，以该质物或者留置物当时的市场价值为限。"第 38 条规定："人民法院受理破产申请后，债务人占有的不属于债务人的财产，该财产的权利人可以通过管理人取回。但是，本法另有规定的除外。"另外，还规定了关于管理人执行相关事务的职责。

新《破产法》不再将清算破产的相关事宜交付于以政府为主导的清算组，而是将这些事宜交给"有关部门、机构的人员组成的清算组或者依法设立的律师事务所、会计师事务所、破产清算事务所等社会中介机构"来接管。另外"人民法院根据债务人的实际情况，可以在征询有关社会中介机构的意见后，指定该机构具备相关专业知识并取得执业资格的人员担任管理人。"在原有的规定之下，产生的弊端极多，首先，政府的强势地位极易造成政府干预的事实和可能；其次，在政企不分的情况下进行破产，对于债权人的债权实在难以保证其安全。新《破产法》强调破产中的专业化、市场化、自主化的宗旨，努力塑造在市场经济环境下的企业自主经营的独立人格，保证其企业内部的经营自主权利不受任何外界的非法因素的干扰，并且大力加强专业人士的中介服务，这是有利于市场经济构建的。

对于非公有制经济而言，破产程序中管理人制度实际上代表了破产程序开始走向平等化、专业化、自主化，一方面广大投资者有了更大的自主权力处分自己的财产，即便是在选择破产的时候；另一方面，投资者应当更加谨慎地面对破产的相关问题，尤其是要大量地咨询和寻求专业中介机构和人员的帮助。从宏观的市场经济的建设来说，这无疑是好的，当然，从专业性、技术性的角度来说，破产的技术含量的加大无论是对国有企业还是私有企业，都将会面临法律技术层面上较大的难题，对于这些难题，将会在实践中继续探讨和寻求解决，这也是改革的必经之路。

1.2.3.5 引入破产重整制度

原《破产法》中并没有关于重整制度的规定，只有类似的规定即“和解整顿”制度，但是它与重整是有极大的不同的。

新《破产法》中引入了重整制度，并单独设第 8 章“重整”一章专门予以规定，该章分为 3 节：第 1 节“重整申请和重整期间”、第 2 节“重整计划的制定和批准”、第 3 节“重整计划的执行”。新《破产法》第 73 条第一款规定：“在重整期间，经债务人申请，人民法院批准，债务人可以在管理人的监督下自行管理财产和营业事务。”这一点是重整制度的精髓。重整并不要求无偿付能力债务人立即清算其债务，而是允许债务人和债权人之间通过达成协议制定重整计划的方式，在一定的时间内全部或者部分地清偿债务，在整个的重整过程中，债务人能够享受到继续经营其业务的权利。新《破产法》较为详细和具体地规定了重整制度的各个方面，主要按照其章节的结构可以得知，分为重整申请、重整期间、重整计划的制定、批准、执行。

本次《破产法》修改中引入了重整制度，被认为是一大亮点。在新《破产法》里，一方面遵循世界各国的规律，还是保留了清算程序和和解程序，废除旧的整顿程序，然后制定了一个重整制度，而重整是目前世界各国公认的挽救债务人最为有利的一种制度，并多数运用于大型公司。重整制度对于破产法律制度的影响是极其深远的，因为在原有的破产法律制度体系之下，破产一直都被认为是一种消极的单向的被迫的选择，是破产企业选择市场退出，走向死亡淘汰的一个过程，这个过程中是绝对的没有其他的选择余地。但是，重整制度的引入使得破产企业即使是在破产的过程中仍然能够有机会“重新整顿”，恢复其生机，拯救其消亡，即使破产企业提出破产申请启动了破产程序，其企业仍有机会和余地“起死回生”。这样的制度设计实际上极大地尊重了企业的自主权利，并为其构建了一个宽松的环境，这可以说是市场经济建设中对于企业作为市场主体的完全独立地位的肯定。特别是对于有些社会影响较大的企业，重整制度的规定无疑对于产业结构、资产重组、职工就业等具有重大意义。

对于非公有制经济来说，重整制度的规定毫无疑问会让私有经济有更加活跃的空间。在目前市场退出机制的建立方面，着力于尊重私有企业的自主经营权，帮助并且努力扩大其经济活动的空间，例如在重整期间，规定了大量的有利于债务人“起死回生”，保证破产企业能够在重整期间受到法律保障的条文，其中包括经过债务人的申请和法院同意，债务人可以在管理人的监督之下自行管理财产和营业事务；对于债权人和债务人享有担保物权的特定财产，在重整期间其权利暂停行使；债务人的出资人在重整期间不得请求投资收益分配等。

本次重整制度的引入对于非公有制经济的发展无疑是会起到有利作用。在以往的《破产法》中，实际上强制性破产的理念更加浓厚，而新《破产法》对于破产的理念从根本上是发生了改变的，要求破产中也应尽可能地关注破产者自身的利益和意志，在可能的范围内，强调破产者的自主性。如果有可能使破产者通过重整制度重新恢复生机，这实际上是具有比较乐观的经济效益和社会效益的，从而应当从法律层面进行鼓励。

1.2.3.6　进一步加强破产过程中的责任机制

原《破产法》中，对于破产过程中可能出现的不当行为以及相关人员的责任规定得并不那么严格，在原《破产法》颁布后的十余年间，实践中出现了大量新情况，尤其是在新的经济发展之下，破产现象带来的大量问题，如企业破产后职工下岗生活无着，巨额债务缠身等，没有相应的责任机制追究有关人员的责任，甚至对于恶意破产、虚假破产的情况下，原《破产法》束手无策。原《破产法》对于相关的破产责任的规定已经远远不能适应时代的发展。

在新《破产法》中，第 1 条就开宗明义地阐明了此次修改《破产法》的目的，即“为规范企业破产程序，公平清理债权债务，保护债权人和债务人的合法权益，维护社会主义市场经济秩序，制定本法。”在第 2 条就明确了破产的标准，即“企业法人不能清偿到期债务，并且资产不足以清偿全部债务或者明显缺乏清偿能力的，依照本法规定清理债务。企业法人有前款规定情形，或者有明显丧失清偿能力可能的，可以依照本法规定进行重整。”针对原《破产法》环境下出现的破产企业与某些债权人相勾结，通过破产的手段逃避债务，使其他债权人受到损害等破产情况，新《破产法》在原有规定的基础上，确定了破产行为的撤销及无效情况：即第 31 条规定：“人民法院受理破产申请前 1 年内，涉及债务人财产的下列行为，管理人有权请求人民法院予以撤销：（一）无偿转让财产的；（二）以明显不合理的价格进行交易的；（三）对没有财产担保的债务提供财产担保的；（四）对未到期的债务提前清偿的；（五）放弃债权的。另外第 32 条规定：“人民法院受理破产申请前 6 个月内，债务人有本法第 2 条第 1 款规定的情形，仍对个别债权人进行清偿的，管理人有权请求人民法院予以撤销。但是，个别清偿使债务人财产受益的除外。”第 33 条规定：“涉及债务人财产的下列行为无效：（一）为逃避债务而隐匿、转移财产的；（二）虚构债务或者承认不真实的债务的。”以上对于可撤销和无效行为的规定从民事行为理论出发，分别对于破产中的相关行为的效力做了可撤销和无效的规定，应该说是可行的。

在确认了破产中相关行为的效力后，新《破产法》还对于相关的责任人员的责任做了明确认定，结合新修改的《公司法》、《证券法》对于企业中董事、监事。高级管理人员以勤勉义务、忠实义务的规定及《刑法修正案（六）》中对于虚假破产罪的规定，新《破产法》在法律责任一章中的第 125 条规定：“企业董事、监事或者高级管理人员违反忠实义务、勤勉义务，致使所在企业破产的，依法承担民事责任。”同时还规定了“有前款规定情形的人员，自破产程序终结之日起 3 年内不得担任任何企业的董事、监事、高级管理人员。”这样的规定首先明确了相关责任人应当承担责任。

除此之外，在破产程序中，如果相关的债务人或者管理人没有能够尽到法定义务和职责，也有可能承担责任，甚至包括行政责任以及刑事责任。如对债务人拒不列席债权人会议、拒不提交或者提交不真实的相关资料、损害债权人利益、违反法律擅离住所地等行为作出了明确的规定，如第 126 条规定：“有义务列席债权人会议的债务人的有关人员，经人民法院传唤，无正当理由拒不列席债权人会议的，人民法院可以拘传，并依法处以罚款。债务人的有关人员违反本法规定，拒不陈述、回答，或者作虚假陈述、回答的，人民法院可以依法处以罚款。”第 127 条规定：“债务人违反本法规定，拒不向人民法院提交或者提交不真实的财产状况说明、债务清册、债权清册、有关财务会计报告以及职工工资的支付情况和社会保险费用的缴纳情况的，人民法院可以对直接责任人员依法处以罚款。债务人违反本法规定，拒不向管理人移交财产、印章和账簿、文书等资料的，或者伪造、销毁有关财产证据材料而使财产状况不明的，人民法院可以对直接责任人员依法处以罚款。”第128条规定：“债务人有本法第31条、第32条、第33条规定的行为，损害债权人利益的，债务人的法定代表人和其他直接责任人员依法承担赔偿责任。”第129条规定：“债务人的有关人员违反本法规定，擅自离开住所地的，人民法院可以予以训诫、拘留，可以依法并处罚款。”对于管理人，新《破产法》也在第130条中规定：“管理人未依照本法规定勤勉尽责，忠实执行职务的，人民法院可以依法处以罚款；给债权人、债务人或者第三人造成损失的，依法承担赔偿责任。”最后第131条作出了刑事责任的规定：“违反本法规定，构成犯罪的，依法追究刑事责任。”

新《破产法》比较详尽地对于破产后可能承担责任的责任人做了法律上的规制，这样的责任机制的建立无疑对于规范目前的企业破产行为起到作用。对于企业而言，如果在破产时没有一个相应的责任机制来制约，那么在企业经营运作时相关的责任人员为了一己之私为所欲为，大肆损害企业利益中饱私囊，最后以企业破产消遁于市场之中，这样的情况在以前层出不穷，最根本的乃是法律的规定上出现空白，导致企业破产的责任不能落实到相关人员的头上。新《破产法》这样的修改，不仅是对企业破产时的规制，而且在企业运营时，对于企业的相关责任人也有督促的作用。

1.2.3.7 关于金融机构破产的特殊规定

原《破产法》中没有对于金融机构破产的相关规定。

但是，作为一国经济命脉的金融市场始终存在风险，如果一个国家的法律制度无法有效地保障银行债权的实现，那就会形成庞大的银行呆账和坏账，长期积累得不到及时的化解，容易造成金融风暴，直接威胁到改革开放所取得的经济成果，因此，通过破产制度控制金融机构以的资产状况，对于维护国家金融稳定和经济繁荣，具有极其重要的意义。

新《破产法》第134条中做了原则性的规定，即：“商业银行、证券公司、保险公司等金融机构有本法第2条规定情形的，国务院金融监督管理机构可以向人民法院提出对该金融机构进行重整或者破产清算的申请。国务院金融监督管理机构依法对出现重大经营风险的金融机构采取接管、托管等措施的，可以向人民法院申请中止以该金融机构为被告或者被执行人的民事诉讼程序或者执行程序。金融机构实施破产的，国务院可以依据本法和其他有关法律的规定制定实施办法。”不仅明确了金融机构的破产可以适用新《破产法》，还具体规定了在某些情况下由国务院金融监督管理机构作出具体的规定。

一直以来，《企业破产法》一般是被作为企业即一般的经营性公司的破产规则来适用的。对于相关的金融机构，如商业银行、证券公司、保险公司等，由于本身与经营性公司的性质不同，其破产方面的规定一般采取计划性方式确定，金融机构的破产也被称为“计划性”破产，一般不被相关的破产法律法规调整，政策性因素更加浓厚。此次《破产法》修改，虽然只是在附则中加入了一条对于金融机构的破产的原则性规定，但是实际上是突破了一直以来法律不调整金融机构破产的界限，将金融机构的破产也纳入到了法律调整的范围。

但是，新《企业破产法》虽然提出了金融机构的破产问题，但并没有作出详细规定，而是授权国务院另行制定实施办法。我国目前并没有完整统一的金融机构破产法律框架，关于金融机构破产的规定分别见诸《中华人民共和国商业银行法》、《防范和处置金融机构支付风险暂行办法》和《金融机构撤销条例》。但上述这些关于金融机构破产的法律程序并不完整，存在相互矛盾，缺乏可操作性的缺点。随着我国金融市场的开放，建立有效的金融机构退出市场机制非常紧迫。由于金融机构的破产，较之于一般企业破产，对社会的影响非常大，涉及大范围的债权人，因此必须针对这些特殊性规定专门的金融机构破产程序，从而使金融机构在最大程度减少市场危害的情况下破产，保证社会经济的稳定发展。

1.2.4　关于上市公司的系列法规综述

在 2006 年，随着《公司法》、《证券法》等几部重要法律的修改，以及随着我国加入 WTO 的深入，我国立法加大了针对上市公司的法律指引和规范。其内容包括了上市公司的股东会规则、上市公司的证券发行、上市公司的章程、上市公司的股权激励等各方面，对于上市公司的股东会议制度、章程规范形式、股权机制等做了全面的指导和规则，对于上市公司而言，有了一整套具有较强的指导性价值和操作性意义的规则，对于上市公司的内部运作以及对外部发行等具有重要的影响。

从具体规则的层面上而言，我们依据法规从《上市公司股东大会规则》、《上市公司章程指引（2006 年修订）》、《上市公司股权激励管理办法》、《上市公司收购管理办法》等几部规范性法律文件来详细探讨最新条文的规定内容。

1.2.4.1　上市公司股东大会的规则

中国证监会公布了 2006 年 21 号文件，即关于发布《上市公司股东大会规则》的通知，根据 2005 年新修订的《公司法》和《证券法》等相关法规，中国证监会对 2000 年 5 月发布实施的《上市公司股东大会规范意见（2000 年修订）》（证监公司字〔2000〕53 号）进行了修订。2006 年 3 月 16 日发布，并且《上市公司股东大会规则》自发布之日起施行。《上市公司股东大会规则》共分 6 章共计 53 条，除首尾两章为总则和附则外，第 2 章到第 5 章分别规定了股东大会的召集、股东大会的提案与通知、股东大会的召开、监管措施等内容，比较全面且详细地规定了股东大会的活动规则。

1. 详细规定了上市公司股东大会的会议召集细则

在修改后的新《公司法》中，对于股份有限公司的股东大会的会议制度做了一定的新增规定，具体包括对于公司章程有权规定应当追加召开临时股东大会的“其他情形”，赋予公司通过章程更多的自主权；在新《公司法》第 102 条规定了对于股东大会的召集程序：“股东大会会议由董事会召集，董事长主持；董事长不能履行职务或者不履行职务的，由副董事长主持；副董事长不能履行职务或者不履行职务的，由半数以上董事共同推举 1 名董事主持。董事会不能履行或者不履行召集股东大会会议职责的，监事会应当及时召集和主持；监事会不召集和主持的，连续 90 日以上单独或者合计持有公司 10% 以上股份的股东可以自行召集和主持。”可见，对于股东大会的召集，遵守了“董事长—副董事长—董事—监事会—股东”这样的优先召集顺序。

在《上市公司股东大会规则》中，则更加详细地作出了对于会议召集的规定。首先在第 4 条中具体将股东大会分为“年度股东大会和临时股东大会。”同时规定“年度股东大会每年召开一次，应当于上一会计年度结束后的 6 个月内举行。临时股东大会不定期召开，出现《公司法》第 101 条规定的应当召开临时股东大会的情形时，临时股东大会应当在 2 个月内召开。”对于股东大会的种类、召开的时间限制做了明确的规定。

对于临时股东大会的提议主体，《上市公司股东大会规则》规定为独立董事、监事会、单独或者合计持有公司 10% 以上股份的股东，其中监事会、单独或者合计持有公司 10% 以上股份的股东要求要以“书面形式向董事会提出”的形式要件。而对于独立董事，结合了《公司法》中关于独立董事在上市公司地位的规定，力图加强独立董事在上市公司中监督和维护中小股东权利的作用，所以并未严格规定独立董事要以书面形式提出召集股东大会的要求，便利了独立董事高效地行使自己的权利和职责。

对于董事会收到的提议，《上市公司股东大会规则》规定了董事会的相关行为，即“董事会应当根据法律、行政法规和公司章程的规定，在收到提议后10日内提出同意或不同意召开临时股东大会的书面反馈意见。”“董事会同意召开临时股东大会的，应当在作出董事会决议后的5日内发出召开股东大会的通知；董事会不同意召开临时股东大会的，应当说明理由并公告。”对于监事会和单独或者合计持有公司10%以上股份的股东提出提议的，董事会不同意召开临时股东大会，或者在收到提议后10日内未作出书面反馈的，视为董事会不能履行或者不履行召集股东大会会议职责，“董事会同意召开临时股东大会的，应当在作出董事会决议后的5日内发出召开股东大会的通知，通知中对原提议的变更，应当征得监事会或者相关股东的同意。”如果董事会不能履行或者被视为不履行召集股东大会会议职责的，“监事会可以自行召集和主持”或者“连续90日以上单独或者合计持有公司10%以上股份的股东可以自行召集和主持”。特别对于股东自行召集的，对于股东的要求为“在股东大会决议公告前，召集股东持股比例不得低于10%”。最后，对于董事会以外的由监事会和相关股东来召集主持的，《上市公司股东大会规则》在程序上做了备注性的规定，包括“监事会或股东决定自行召集股东大会的，应当书面通知董事会，同时向公司所在地中国证监会派出机构和证券交易所备案。”“监事会和召集股东应在发出股东大会通知及发布股东大会决议公告时，向公司所在地中国证监会派出机构和证券交易所提交有关证明材料。”“对于监事会或股东自行召集的股东大会，董事会和董事会秘书应予配合。董事会应当提供股权登记日的股东名册。董事会未提供股东名册的，召集人可以持召集股东大会通知的相关公告，向证券登记结算机构申请获取。召集人所获取的股东名册不得用于除召开股东大会以外的其他用途。监事会或股东自行召集的股东大会，会议所必需的费用由上市公司承担”等。

可见在董事会召集和主持的模式上，《上市公司股东大会规则》比较详细地规定了股东大会的召集和主持的主体标准、程序顺序等。在董事会履行其职责时，积极稳妥地对监事会和股东自行行使权利做了规定。从法理上讲，监事会在董事会因故未能行使本身的相关权利的时候，是可以从监督者的角度代为行使其权利，使上市公司能够顺利运作的，而当董事会和监事会均不能行使其权力时，股东在符合一定的比例和程序要求的情况下，当然能够自行行使其权利维护自己的权益。当然，在董事会不能行使该项权力使得监事会或者部分股东有机会行使该项权利时，有可能会由于部分人员的私利造成对公司乃至其他多数股东的利益的损害，所以《上市公司股东大会规则》严格列出了对于监事会以及相关股东召集和主持股东大会时的标准和限制。对于近几年出现的上市公司股东大会的相关问题，特别是股东大会对于维护股东实体权利的问题，《上市公司股东大会规则》力求从程序上最大可能地维护股东的权利。

2. 对于股东大会提案通知的规定

在新《公司法》中，在第103条中对于股份有限公司的股东大会的通知和提案做了相应的规定，对于通知的规定，即“召开股东大会会议，应当将会议召开的时间、地点和审议的事项于会议召开20日前通知各股东；临时股东大会应当于会议召开15日前通知各股东；发行无记名股票的，应当于会议召开30日前公告会议召开的时间、地点和审议事项。”对于提案的规定，即“单独或者合计持有公司3%以上股份的股东，可以在股东大会召开10日前提出临时提案并书面提交董事会；董事会应当在收到提案后2日内通知其他股东，并将该临时提案提交股东大会审议。临时提案的内容应当属于股东大会职权范围，并有明确议题和具体决议事项。”另外“股东大会不得对前两款通知中未列明的事项作出决议。无记名股票持有人出席股东大会会议的，应当于会议召开 5 日前至股东大会闭会时将股票交存于公司。”

新颁布的《上市公司股东大会规则》首先对于《公司法》规定的股东大会召集人的通知时限、提案主体和时限等做了确认，在此基础上对于通知及补充通知、会议议题的内容等作出了更加详细的规定。

对于通知而言，新规定的补充通知，用以对应提案主体的临时提案；同时强调了通知以及补充通知的公告方式，即“召集人应当在年度股东大会召开 20 日前以公告方式通知各股东，临时股东大会应当于会议召开 15 日前以公告方式通知各股东”；在召集人发出通知后，禁止增加新的提案和修改已经提交的提案的内容；“在股东大会通知中未列明或不符合本规则第 13 条规定的提案”规定作出了表决和决议的禁止；另外在特别针对股东大会拟讨论董事、监事选举事项的情况下，规定了“股东大会通知中应当充分披露董事、监事候选人的详细资料，至少包括以下内容：（一）教育背景、工作经历、兼职等个人情况；（二）与上市公司或其控股股东及实际控制人是否存在关联关系；（三）披露持有上市公司股份数量；（四）是否受过中国证监会及其他有关部门的处罚和证券交易所惩戒。除采取累积投票制选举董事、监事外，每位董事、监事候选人应当以单项提案提出。”

而对于提案而言，《上市公司股东大会规则》较之新《公司法》更加明确地列明了其提案内容的范围，强调了提案的内容应当属于股东大会职权范围，有明确议题和具体决议事项，并且符合法律、行政法规和公司章程的有关规定。

可见，在新的《上市公司股东大会规则》中，除了针对新《公司法》的有关内容的规定做了进一步的阐述之外，还力图增强在通知和提案方面的公开、公平、公正的要求，如通知以外的内容股东大会不予表决和决议等。这一系列的做法有利于使更多的股东以及会议参与者知晓股东大会的议事主题，增强股东大会的透明度，防止部分股东或者利益相关者（主要是某些上市公司大股东）通过股东大会的程序性规定漏洞，侵犯其他中小股东的权益，完善的股东大会程序规则无疑有利于上市公司健康地运行。

3. 对于召开股东大会会议的规定

新《公司法》对于股东大会的会议的具体规定方面主要集中在作为上市公司的股份有限公司中，而对有限责任公司和非上市公司的股份有限公司则缺乏详细的规定。所以新《公司法》也仅仅对于表决权以及累积投票制等几个方面作出了规定。而对于上市公司的股东大会的召开，《上市公司股东大会规则》则做了比较具体和实际的规定，上市公司的股东会议毕竟关系到大量的社会投资者的切身利益，不同于非上市公司具有的较强封闭性，所以《公司法》出于维护交易安全和社会稳定的考虑，着重对于具有公开性的上市公司作规定。

《上市公司股东大会规则》首先在对于股东大会的投票时间、召开地点、会议形式做了规定，即在时间上“股东大会网络或其他方式投票的开始时间，不得早于现场股东大会召开前一日下午 3:00，并不得迟于现场股东大会召开当日上午 9:30，其结束时间不得早于现场股东大会结束当日下午 3:00。”在地点上“上市公司应当在公司住所地或公司章程规定的地点召开股东大会。”在形式方面“股东大会应当设置会场，以现场会议形式召开。”另外在股东大会的召开方面，《上市公司股东大会规则》力求保证每个与会者均能够尽可能方便地行使自己的权利，所以也要求“上市公司可以采用安全、经济、便捷的网络或其他方式为股东参加股东大会提供便利。股东通过上述方式参加股东大会的，视为出席。”以及要求董事会和召集者对股东大会作出相关的准备工作，即“董事会和其他召集人应当采取必要措施，保证股东大会的正常秩序。”而“股东可以亲自出席股东大会并行使表决权，也可以委托他人代为出席和在授权范围内行使表决权。上市公司股东大会采用网络或其他方式的，应当在股东大会通知中明确载明网络或其他方式的表决时间以及表决程序。”另外还专门对于干扰破坏股东大会的行为做了特别规定：“对于干扰股东大会、寻衅滋事和侵犯股东合法权益的行为，应当采取措施加以制止并及时报告有关部门查处。”这一条不仅仅能够起到警示作用，实际上是首次在股东大会的规定方面创造性地提出了规制性和惩罚性的措施。

在对于具体的股东大会的会议准备方面，除了基本上维系新《公司法》对于股东大会召集人的规定外，主要对于会议的参与者和主要的会议内容流程做了规定。在会议参与者上，首先强调有权参加会议的人员为“股权登记日登记在册的所有股东或其代理人”，他们均有权出席股东大会，而且上市公司和召集人不得以任何理由拒绝。这样的规定尽可能地保障权利人参与股东大会以行使自己的权利。另外，“上市公司召开股东大会，全体董事、监事和董事会秘书应当出席会议，经理和其他高级管理人员应当列席会议。”关于列席会议的规定，实际上是和后面提到的股东会议的质询等制度相呼应的。而另一方面，对于参与会议的股东或者代理人而言，必须履行一定的程序上的手续，即：“股东应当持股票账户卡、身份证或其他能够表明其身份的有效证件或证明出席股东大会。代理人还应当提交股东授权委托书和个人有效身份证件。”最后，规则还严格地规定了对于股东大会参与者的验证登记制度，防止可能出现的差错，即“召集人和律师应当依据证券登记结算机构提供的股东名册共同对股东资格的合法性进行验证，并登记股东姓名或名称及其所持有表决权的股份数。在会议主持人宣布现场出席会议的股东和代理人人数及所持有表决权的股份总数之前，会议登记应当终止。”

而对于股东大会的内容规定方面，《上市公司股东大会规则》就工作报告、质询、选举表决乃至公告等内容做了十分细致的规定，形成了一整套比较完善的可操作的流程。具体来讲，首先规定了在年度股东大会上，“董事会、监事会应当就其过去一年的工作向股东大会作出报告，每名独立董事也应作出述职报告。”以此作为一项一般性规定确定下来；然后明确规定了股东的质询权，即第 29 条规定：“董事、监事、高级管理人员在股东大会上应就股东的质询作出解释和说明。”这一点是新《公司法》所并未明确规定的，而在这里单独规定出来，对于股东权利的保护是非常明显的。在股东大会对于相关内容的表决方面，《上市公司股东大会规则》在新《公司法》的基础上，相应地规定了回避表决和累积投票制的制度，同时，对于累积投票制之外的“对同一事项有不同提案的，应当按提案提出的时间顺序进行表决。除因不可抗力等特殊原因导致股东大会中止或不能作出决议外，股东大会不得对提案进行搁置或不予表决。”严格规定其时间顺序上的限制和搁置或不予表决的禁止，同时还禁止对修改后的提案进行表决。在表决过程中的规定上，《上市公司股东大会规则》非常细致地对于表决方式、表决选择项目、计票和监票及验票等做了规定，如要求表决方式只能选择现场、网络或其他表决方式中的一种，同一表决权出现重复表决的以第一次投票结果为准；对于提案可以发表的意见为同意、反对或弃权其中之一，未填、错填、字迹无法辨认的表决票或未投的表决票均视为投票人放弃表决权利，其所持股份数的表决结果应计为“弃权”；在计票和监票上仍然本着相关联系人回避之原则，并且规定了在现场投票以外的投票方式中，股东及其代理人有权查验自己的投票。在最后，对于股东大会决议的公告、会议记录的内容、决议的实施执行等内容做了程序上的规定。

就目前的上市公司的股东大会而言，通常存在着中小股东参与难的问题。为了使中小股东能够方便、迅速地参与股东大会，使股东大会能够更加透明、公开、公正，维护股东之间的权利平等，力图促使股东享有表达自己真实意思的权利，实现股东的意思自治。在具体的制度规定方面，《上市公司股东大会规则》较新《公司法》的规定更加具体细致。首先，围绕股东大会召开规定了一系列关于时间、地点等方面的方便股东参与股东大会的措施，规定允许代理人参与，力求使尽可能多的股东参与其中；其次，维护股东表决权，并且引进了新的做法保护股东特别是中小股东的权益，在股东大会召开前，规定有详尽的提案通知制度，而到了股东大会召开之时，除了维系和确认了新《公司法》中的股东大会的召集和主持制度、累积投票制度外，还对于股东质询权、股东大会必须决议的内容等做了规定，这样从程序和实体两个方面保证了股东的权利。这一套对于上市公司股东大会的具体规则，可以指导并且纠正目前部分上市公司的不规范行为，对于实践中出现的一些问题起到较为积极的作用。

4. 相关的监管措施

本次新颁布的《上市公司股东大会规则》另外一个亮点就是明确地规定了对于上市公司股东大会中出现的某些行为可以予以具体处分。其具体的情况包括：（一）上市公司无正当理由不召开股东大会的，证券交易所有权对该公司挂牌交易的股票及衍生品种予以停牌，并要求董事会作出解释并公告。（二）股东大会的召集、召开和相关信息披露不符合法律、行政法规、本规则和公司章程要求的，中国证监会及其派出机构有权责令上市公司或相关责任人限期改正，并由证券交易所予以公开谴责。（三）董事、监事或董事会秘书违反法律、行政法规、本规则和公司章程的规定，不切实履行职责的，中国证监会及其派出机构有权责令其改正，并由证券交易所予以公开谴责；对于情节严重或不予改正的，中国证监会可对相关人员实施证券市场禁入。

本次《上市公司股东大会规则》对于上市公司股东大会的相关的处分规定直接与股票上市交易情况挂钩，可以说这样的处分规定是比较直接地切中了要害。特别是对于处分主体的规定，除了规定中国证监会及其派出机构有权对于上市公司的行为予以纠正或禁止外，将股票及其衍生品种的交易进行限制如停牌的权力主要交给证券交易所，这也是《上市公司股东大会规则》结合新修改的《证券法》做的规定。当然，这种规定是否合理，是否有所遗漏和忽略等还有待实践检验，尤其是第二、三种情况是作为兜底性的条款规定的，在实践中的指导性价值和可操作性有待考量。

1.2.4.2　上市公司章程指引

2006 年 3 月 16 日，中国证监会发布了 38 号文件，即关于印发《上市公司章程指引（2006 年修订)》的通知，向全社会公布和实施了《上市公司章程指引（2006 年修订)》（根据颁布该法规通知的用语，下文简称其为《章程指引》)。这是在新《公司法》、《证券法》修改后相应的对于上市公司所作出的新的调整，同时中国证监会 1997 年的 16 号文件《关于印发〈上市公司章程指引〉的通知》予以废止。《章程指引》的规定在形式上有一点特别之处在于，由于它是一套指导性规则，它的内容由正文和注释两部分组成，正文部分中，以“【】”标示的内容，由公司按照实际情况填入；注释则起到解释和说明的作用。这一点在其他的法规中并不多见。

《章程指引》主要适用于发行内资股（A 股）或者境内上市外资股（B 股），以及既发行内资股又发行境内上市外资股的上市公司，另外，发行境外上市外资股，或者既发行内资股又发行境外上市外资股的上市公司，应当继续执行《到境外上市公司章程必备条款》的规定，同时参照《章程指引》对公司章程进行修订。《章程指引》共 12 章 198 条。

1. 对于股份增减、回购的规定

在《章程指引》的第2节规定了股份增减和回购，其中部分内容较之新《公司法》有了一些新的变化。对于增资方面，在第21条作出了较《公司法》更为具体的规定："公司根据经营和发展的需要，依照法律、法规的规定，经股东大会分别作出决议，可以采用下列方式增加资本：（一）公开发行股份；（二）非公开发行股份；（三）向现有股东派送红股；（四）以公积金转增股本；（五）法律、行政法规规定以及中国证监会批准的其他方式。"特别是"非公开发行股份"的规定内容，明确规定了非公开发行的方式，使得上市公司非公开发行股份时有了明确的法律依据。新修订的《证券法》第10条将"向不特定对象发行证券的"、"向特定对象发行证券累计超过二百人的"、"法律、行政法规规定的其他发行行为"等几种情况界定为公开发行，也就是说除此之外的发行方式，就属于非公开发行的范畴。同时上市公司非公开发行股份的，仍然被中国证监会直接监管。在减资方面则规定，"公司可以减少注册资本。公司减少注册资本，应当按照《公司法》以及其他有关规定和本章程规定的程序办理。"

另外对于本公司回购股份的规定，在参照了新《公司法》的基础上，第23条和第25条有所规定，公司在下列情况下，可以依照法律、行政法规、部门规章和本章程的规定，收购本公司的股份：（一）减少公司注册资本；（二）与持有本公司股票的其他公司合并；（三）将股份奖励给本公司职工；（四）股东因对股东大会作出的公司合并、分立决议持异议，要求公司收购其股份的。除上述情形外，公司不进行买卖本公司股份的活动。公司因本章程第23条第（一）项至第（三）项的原因收购本公司股份的，应当经股东大会决议。公司依照第23条规定收购本公司股份后，属于第（一）项情形的，应当自收购之日起10日内注销；属于第（二）项、第（四）项情形的，应当在6个月内转让或者注销。公司依照第23条第（三）项规定收购的本公司股份，将不超过本公司已发行股份总额的5%；用于收购的资金应当从公司的税后利润中支出；所收购的股份应当1年内转让给职工。这一条的规定基本上是维持了新《公司法》第143条的规定，特别是与原指引规则相比，新增的"（三）将股份奖励给本公司职工；（四）股东因对股东大会作出的公司合并、分立决议持异议，要求公司收购其股份的。"是着眼于企业和职工、股东和公司之间关系的调整，要求加强企业和职工的联系，增强股东对于公司的意思自治。而同时，又在《章程指引》的第24条对于上市公司收购本公司股份的方式做了规定，即"公司收购本公司股份，可以选择下列方式之一进行：（一）证券交易所集中竞价交易方式；（二）要约方式；（三）中国证监会认可的其他方式"对于上市公司收购的方式作出规定主要是着眼于上市公司的股份具有极强的社会流通性，为了保证证券市场的公开、公平，维系交易安全，要求上市公司回购股份必须遵守一定的形式要求，其中第三种"中国证监会认可的其他方式"则作为兜底条款来确定的。

2. 股份转让中的相关人员的限制

在新修改的《公司法》中，对于股份有限公司中的相关人员的持股和转让股份的已经作出过相关的限制，即第142条规定："发起人持有的本公司股份，自公司成立之日起1年内不得转让。公司公开发行股份前已发行的股份，自公司股票在证券交易所上市交易之日起1年内不得转让。公司董事、监事、高级管理人员应当向公司申报所持有的本公司的股份及其变动情况，在任职期间每年转让的股份不得超过其所持有本公司股份总数的25%；所持本公司股份自公司股票上市交易之日起1年内不得转让。上述人员离职后半年内，不得转让其所持有的本公司股份。公司章程可以对公司董事、监事、高级管理人员转让其所持有的本公司股份作出其他限制性规定。"

关于这一规定，《章程指引》做了明确的承认，实际上这种修改是将原来《公司法》中的"发起人和董事、监事、高级管理人员所持本公司股份转让的限制条件”中的发起人由原来“3 年”的禁售期改为“1 年”；董事、监事、高级管理人员由原来“在任职期间内不得转让”改为“自公司股票上市交易之日起 1 年内及离职后半年内不得转让”和“每年转让的股份不得超过其所持本公司股份总数的 25%”。

另外对于公司归入权的规定同样如此，在新《证券法》中已经存在公司归入权的相关规定，即第 47 条中规定，“公司董事、监事、高级管理人员及持有公司股份 5% 以上的股东，在买入后 6 个月内又卖出（或在卖出后 6 个月内又买入）本公司股票所产生的收益归公司所有，公司董事会有责任收回该收益。公司董事会不收回该收益的，股东有权要求董事会在 30 日内执行。公司董事会未在 30 日内执行的，股东有权为了公司的利益以自己的名义直接向人民法院提起诉讼。”本次在《章程指引》同样做了确认。

3. 关于股东和股东大会的规定

在《章程指引》中，参照新《公司法》的规定，对于股东诉权、股东大会的召集和主持、股东大会的通知、临时提案权等内容做了相应的修改，保持了和新《公司法》的一致性。在《章程指引》中，规定了股东代表诉讼的新制度，即第 35 条：“董事、高级管理人员执行公司职务时违反法律、行政法规或者本章程的规定，给公司造成损失的，连续 180 日以上单独或合并持有公司 1% 以上股份的股东有权书面请求监事会向人民法院提起诉讼；监事会执行公司职务时违反法律、行政法规或者本章程的规定，给公司造成损失的，股东可以书面请求董事会向人民法院提起诉讼。监事会、董事会收到前款规定的股东书面请求后拒绝提起诉讼，或者自收到请求之日起 30 日内未提起诉讼，或者情况紧急、不立即提起诉讼将会使公司利益受到难以弥补的损害的，前款规定的股东有权为了公司的利益以自己的名义直接向人民法院提起诉讼。他人侵犯公司合法权益，给公司造成损失的，本条第一款规定的股东可以依照前两款的规定向人民法院提起诉讼。”

股东大会的召集和主持制度中，明确了董事会、监事会、单独或者合计持有公司 10% 以上股份的股东三者有权召集和主持股东大会的顺序和条件，具体来讲，一般由董事会负责该项事务，其后可由监事会负责，最后相关的股东业有权进行自主治理。

新《公司法》第 103 条规定了股东大会的通知时间，即“召开股东大会会议，应当将会议召开的时间、地点和审议的事项于会议召开 20 日前通知各股东；临时股东大会应当于会议召开 15 日前通知各股东；发行无记名股票的，应当于会议召开 30 日前公告会议召开的时间、地点和审议事项。”将股东大会通知时间由原来的“30 日”缩短为在年度股东大会召开 20 日前以公告方式通知各股东，临时股东大会将于会议召开 15 日前以公告方式通知各股东。

临时提案权同样也是参照了新《公司法》第 103 条的规定：“单独或者合计持有公司 3% 以上股份的股东，可以在股东大会召开 10 日前提出临时提案并书面提交董事会；董事会应当在收到提案后 2 日内通知其他股东，并将该临时提案提交股东大会审议。临时提案的内容应当属于股东大会职权范围，并有明确议题和具体决议事项。股东大会不得对前两款通知中未列明的事项作出决议。无记名股票持有人出席股东大会会议的，应当于会议召开 5 日前至股东大会闭会时将股票交存于公司。”增加临时提案的制度，旨在保护中小股东的利益。

另外，对于股东大会召开的规定中，《章程指引》承认了《上市公司股东大会规则》中对于代理人制度和非现场参加制度的规定等。“非现场参会”形式，主要考虑了防止股东大会形式主义“走过场”，新修订的《章程指引》和《上市公司股东大会规则》均规定可以非现场参与作为补充。不能出席现场会议的股东可以通过网络或其他方式参与股东大会。

最后，《章程指引》在第 39 条特别强调了对于控股股东、实际控制人的规定，即“公司的控股股东、实际控制人员不得利用其关联关系损害公司利益。违反规定的，给公司造成损失的，应当承担赔偿责任。公司控股股东及实际控制人对公司和公司社会公众股股东负有诚信义务。控股股东应严格依法行使出资人的权利，控股股东不得利用利润分配、资产重组、对外投资、资金占用、借款担保等方式损害公司和社会公众股股东的合法权益，不得利用其控制地位损害公司和社会公众股股东的利益。”强调控股股东、实际控制人不能对于其控制的公司造成损害以满足个人私欲，及其对于公司乃至相关利害关系人以及社会公众的诚信义务。这一点也是结合公司法的修改和理论实践上对于关联交易等问题所作出的回应。

4. 对于董事会的规定

在新《公司法》中规定了对于公司董事、监事、高级管理人员的禁止性规定，即新《公司法》第 147 条：“有下列情形之一的，不得担任公司的董事、监事、高级管理人员：（一）无民事行为能力或者限制民事行为能力；（二）因贪污、贿赂、侵占财产、挪用财产或者破坏社会主义市场经济秩序，被判处刑罚，执行期满未逾 5 年，或者因犯罪被剥夺政治权利，执行期满未逾五年；（三）担任破产清算的公司、企业的董事或者厂长、经理，对该公司、企业的破产负有个人责任的，自该公司、企业破产清算完结之日起未逾 3 年；（四）担任因违法被吊销营业执照、责令关闭的公司、企业的法定代表人，并负有个人责任的，自该公司、企业被吊销营业执照之日起未逾三年；（五）个人所负数额较大的债务到期未清偿。公司违反前款规定选举、委派董事、监事或者聘任高级管理人员的，该选举、委派或者聘任无效。董事、监事、高级管理人员在任职期间出现本条第一款所列情形的，公司应当解除其职务。”在《章程指引》中增加了一种新的禁止规定，即“被中国证监会处以证券市场禁入处罚，期限未满的”。

《章程指引》还新增加了关于职工代表进入董事会以及内部董事比例的限制，即在第 96 条及其注释中规定：“董事可以由经理或者其他高级管理人员兼任，但兼任经理或者其他高级管理人员职务的董事以及由职工代表担任的董事，总计不得超过公司董事总数的 1/2。公司章程应规定规范、透明的董事选聘程序。董事会成员中可以有公司职工代表，公司章程应明确本公司董事会是否可以由职工代表担任董事，以及职工代表担任董事的名额。董事会中的职工代表由公司职工通过职工代表大会、职工大会或者其他形式民主选举产生后，直接进入董事会。”《章程指引》对此的规定除了增强职工和企业之间的利益联系，加强职工的利益保护之外，对于上市公司董事会的结构作出了一个限制性的规制，即对于内部董事不得超过公司董事总数的 1/2，以防止董事会利用自己在公司的任职和董事身份为己谋利，损害公司利益。特别是在上市公司内部担任一定职务的董事，由于其权力较大，相关的职务较高且比较关键，同时身份更容易隐蔽，很难实现股东对其进行有效的监督。所以在保留了 1997 年的相关指引规则的内容之外，对此重新进行了修改。

在增加董事承担义务方面，《章程指引》在参照新《公司法》的基础上，明确规定了董事忠实义务和勤勉义务外，还增加了“不得利用关联关系损害公司利益；应当对公司定期报告签署书面确认意见，保证公司所披露的信息真实、准确、完整；应当如实向监事会提供有关情况和资料，不得妨碍监事会或者监事行使职权”等相关的义务。新《公司法》是对董事、监事、高级管理人员规定对于公司负有忠实义务和勤勉义务，而《章程指引》单独将其提出，专门针对董事来进行规定。同时，加入的这几种新的义务，都是在强调董事应该对其公司尽职尽责，加大对于董事的要求。

5. 对于财会审计方面的制度规定

在《章程指引》的第 8 章中，对相应的财务会计制度、利润分配和审计进行了规定。在第 2 节中规定了内部审计这一制度，第 156 条和第 157 条规定："公司实行内部审计制度，配备专职审计人员，对公司财务收支和经济活动进行内部审计监督。""公司内部审计制度和审计人员的职责，应当经董事会批准后实施。审计负责人向董事会负责并报告工作。"

本次对于公司章程的规定强调了财务会计制度以及审计制度，主要的用意在于从规范层面上强制要求上市公司制定本公司内部的审核制度，从内部的财会管理和审计监督上来防范可能出现的做假账烂账等情形的出现。有鉴于目前上市公司中存在账目混乱，监督力度不够等现象，导致实践中经常出现上市公司信息披露不实、不及时以及证券交易方面出现重大问题，要求上市公司加强内部的治理以提高上市公司抵御风险的能力。

1. 2. 4. 3　上市公司股权激励管理办法

为了贯彻落实《国务院关于推进资本市场改革开放和稳定发展的若干意见》（国发〔2004〕3 号）和《国务院批转证监会〈关于提高上市公司质量意见〉的通知》（国发〔2005〕34 号），进一步完善上市公司治理结构，促进上市公司规范运作与持续发展，中国证监会于 2005 年 12 月 31 日发布了关于发布《上市公司股权激励管理办法》（试行）（以下简称为《办法》）的通知，依据该《办法》已完成股权分置改革的上市公司，可遵照该《办法》的要求实施股权激励，建立健全激励与约束机制。该《办法》于 2006 年 1 月 1 日生效。

股权激励机制作为一种企业奖励员工的管理手段在国外已经被广泛采用，而且《公司法》理论也认为，股权激励机制是一种激励和约束相结合的方法，可以有效地将企业效益与企业管理层以及员工的管理和其他工作结合起来，实现较好的公司治理。股权激励制度最初出现在 20 世纪 40 年代的美国，但在当时并未引起人们对该项制度的重视，直到 70 年代美国开始进行企业改革浪潮，上市公司加强对于公司管理层面的监督，同时努力改善和调整企业和员工之间的薪酬结构，在稳定企业员工的同时，将员工和企业的利益结合起来，股权激励制度得以兴起和发展。目前在全世界范围内，除了美国外，欧洲、日本、新加坡等地的上市公司普遍采取股权激励机制。

1. 对于股权激励制度的适用

首先《办法》的第 2 条规定了股权激励的定义，即股权激励是指上市公司以本公司股票为标的，包括限制性股票、股票期权及法律、行政法规允许的其他方式，对其董事、监事、高级管理人员及其他员工实行股权激励计划。

《办法》首先从限制性的角度规定禁止实行股权激励机制的情况，包括：

第一，最近 1 个会计年度财务会计报告被注册会计师出具否定意见或者无法表示意见的审计报告；第二，最近 1 年内因重大违法违规行为被中国证监会予以行政处罚；第三，中国证监会认定的其他情形；第四，不得为激励对象依股权激励计划获取有关权益提供贷款以及其他任何形式的财务资助，包括为其贷款提供担保。

股权激励计划的激励对象在一般情况下可以包括上市公司的董事、监事、高级管理人员、核心技术（业务）人员，以及公司认为应当激励的其他员工，但不包括独立董事。此外，下列人员不得成为激励对象：第一，最近 3 年内被证券交易所公开谴责或宣布为不适当人选的；第二，最近 3 年内因重大违法违规行为被中国证监会予以行政处罚的；第三，具有《中华人民共和国公司法》规定的不得担任公司董事、监事、高级管理人员情形的。

其次，在上市公司实施该项计划时，《办法》要求对实施对象以及实施标的及其限额作出限制。在激励对象上，对于上市公司的董事、监事、高级管理人员，要求上市公司建立绩效考核体系和考核办法，以绩效考核指标为实施股权激励计划的条件。在实施标的上，要求拟实行股权激励计划的上市公司，通过以下方式解决标的股票来源：向激励对象发行股份、回购本公司股份、法律和行政法规允许的其他方式。在限额上，要求上市公司全部有效的股权激励计划所涉及的标的股票总数累计不得超过公司股本总额的10%。并且非经股东大会特别决议批准，任何1名激励对象通过全部有效的股权激励计划获授的本公司股票累计不得超过公司股本总额的1%。

在上市公司实施股权激励计划过程中，出于社会交易信息披露的要求，《办法》还对其信息披露的内容做了规定，要求上市公司应当在股权激励计划中对部分事项作出明确规定或说明，具体包括有：（一）股权激励计划的目的；（二）激励对象的确定依据和范围；（三）股权激励计划拟授予的权益数量、所涉及的标的股票种类、来源、数量及占上市公司股本总额的百分比；若分次实施的，每次拟授予的权益数量、所涉及的标的股票种类、来源、数量及占上市公司股本总额的百分比；（四）激励对象为董事、监事、高级管理人员的，其各自可获授的权益数量、占股权激励计划拟授予权益总量的百分比；其他激励对象（各自或按适当分类）可获授的权益数量及占股权激励计划拟授予权益总量的百分比；（五）股权激励计划的有效期、授权日、可行权日、标的股票的禁售期；（六）限制性股票的授予价格或授予价格的确定方法，股票期权的行权价格或行权价格的确定方法；（七）激励对象获授权益、行权的条件，如绩效考核体系和考核办法，以绩效考核指标为实施股权激励计划的条件；（八）股权激励计划所涉及的权益数量、标的股票数量、授予价格或行权价格的调整方法和程序；（九）公司授予权益及激励对象行权的程序；（十）公司与激励对象各自的权利义务；（十一）公司发生控制权变更、合并、分立、激励对象发生职务变更、离职、死亡等事项时如何实施股权激励计划；（十二）股权激励计划的变更、终止；（十三）其他重要事项。

最后针对实践中可能出现的情况，《办法》第7条规定，在应当终止实施股权激励计划的情况下，不得向激励对象继续授予新的权益，激励对象根据股权激励计划已获授但尚未行使的权益应当终止行使等情况下，不得实施股权激励机制。在股权激励计划实施过程中，激励对象出现本《办法》第8条规定的不得成为激励对象的情形的，上市公司不得继续授予其权益，其已获授但尚未行使的权益应当终止行使。

2. 限制性股票和股票期权

一般在实行股权激励制度时，客体就是一般性的股票。但是同时，《办法》第2条第2款规定："上市公司以限制性股票、股票期权及法律、行政法规允许的其他方式实行股权激励计划的，适用本办法的规定。"也就是说，上市公司在其他情况下也可以利用限制性股票和股票期权作为客体实施该项计划。在《办法》的第3章和第4章分别对限制性股票和股票期权的股权激励制度做了较为详细的规定。

对于限制性股票，首先《办法》第16条规定："本办法所称限制性股票是指激励对象按照股权激励计划规定的条件，从上市公司获得的一定数量的本公司股票。"所以这里的限制性股票和《公司法》上的优先股等特别性质的股票有所区别，其限制性主要体现在第17条的规定，即"上市公司授予激励对象限制性股票，应当在股权激励计划中规定激励对象获授股票的业绩条件、禁售期限。"还有第18条的规定："上市公司以股票市价为基准确定限制性股票授予价格的，在下列期间内不得向激励对象授予股票：（一）定期报告公布前30日；（二）重大交易或重大事项决定过程中至该事项公告后2个交易日；（三）其他可能影响股价的重大事件发生之日起至公告后 2 个交易日。”所以其销售限制性一般体现在股票的销售期限和价格上。上市公司向激励对象授予限制性股票时，只有在激励对象达到业绩目标或服务达到一定期限时才能出售。《办法》还对董事和高级管理人员所获授的股票规定了禁售期，结合新《公司法》的规定，要求在本届任职期内和离职后一个完整的会计年度内不得转让，以鼓励董事和高级管理人员长期持股，将个人收益与公司业绩挂钩，克服任职期内的短期行为。《办法》对董事和高级管理人员的业绩条件作了强制性的规定。对其他激励对象获授股票的禁售期由上市公司自行规定，激励是否与其业绩挂钩则由上市公司自行安排。

发达国家的上市公司普遍采取股票期权作为重要的激励机制，该制度被称之为“公司请客，市场买单”。依据《办法》第 19 条的规定：“股票期权是指上市公司授予激励对象在未来一定期限内以预先确定的价格和条件购买本公司一定数量股份有权利。”由于股票期权本身是一项期权，所以该项权利具有一些重要的特征：首先，它作为一项权利，可以由权利人在法定限制内自由处分甚至放弃。《办法》第 19 条第 2 款规定：“激励对象可以其获授的股票期权在规定的期间内以预先确定的价格和条件购买上市公司一定数量的股份，也可以放弃该种权利。”其次，它作为一项期权和现股激励、期股激励不同，在取得权利和实际行使权利之间存在一定的期间，《办法》第 22 条明确规定：“股票期权授权日与获授股票期权首次可以行权日之间的间隔不得少于 1 年。股票期权的有效期从授权日计算不得超过 10 年。”因此，授权日和行权日之间的间隔法定为 1 年之内，同时有效期被界定为授权日 10 年之内。在《办法》第 23 条中规定，在股票期权有效期内，上市公司应当规定激励对象分期行权。股票期权有效期过后，已授出但尚未行权的股票期权不得行权。再次，在具体行权时，《办法》对具体的股票价格做了明确的限制，第 24 条规定“上市公司在授予激励对象股票期权时，应当确定行权价格或行权价格的确定方法。行权价格不应低于下列价格较高者：（一）股权激励计划草案摘要公布前一个交易日的公司标的股票收盘价；（二）股权激励计划草案摘要公布前 30 个交易日内的公司标的股票平均收盘价。”这样保证股票价格不至于过低，使权利人的权利能够比较充分的实现。最后，在期权行使的相关限制和禁止方面，《办法》分别从用途、授权、行权等方面做了禁止性或者限制性的规定，在用途上，激励对象获授的股票期权不得转让、用于担保或偿还债务，以此保证股票不会发生《公司法》上的禁止形态，例如本公司股票禁止质押等。在授权期限方面，上市公司在部分期间内“不得向激励对象授予股票期权：（一）定期报告公布前 30 日；（二）重大交易或重大事项决定过程中至该事项公告后 2 个交易日；（三）其他可能影响股价的重大事件发生之日起至公告后 2 个交易日。”在行权方面，规定了激励对象应当行权的期限，即“应当在上市公司定期报告公布后第 2 个交易日，至下一次定期报告公布前 10 个交易日内行权”，同时规定了禁止行权期，“不得在下列期间内行权：（一）重大交易或重大事项决定过程中至该事项公告后 2 个交易日；（二）其他可能影响股价的重大事件发生之日起至公告后 2 个交易日。”

3. 特殊的实施程序和严格的信息披露

鉴于新《公司法》和新《证券法》并未对股权激励制度作出具体的规制，所以本次《办法》对于这方面的规定比较详细。

在股权激励计划的拟定、审议、讨论、征求意见直到提交申请批准和公布实施，《办法》做了比较详细的安排。一般由上市公司董事会下设的薪酬与考核委员会负责拟定股权激励计划草案，并且薪酬与考核委员会应当建立完善的议事规则；在拟定完成后，该草案将提交董事会审议，在整个讨论决定前后，明确规定该草案由独立董事、聘请的律师、财务顾问等专业人士和相关的负责任的人员出具意见，尤其是专业的律师和财务顾问，《办法》第31条规定："上市公司应当聘请律师对股权激励计划出具法律意见书，至少对以下事项发表专业意见：（一）股权激励计划是否符合本办法的规定；（二）股权激励计划是否已经履行了法定程序；（三）上市公司是否已经履行了信息披露义务；（四）股权激励计划是否存在明显损害上市公司及全体股东利益和违反有关法律、行政法规的情形；（五）其他应当说明的事项。"同时第32条规定："上市公司董事会下设的薪酬与考核委员会认为必要时，可以要求上市公司聘请独立财务顾问，对股权激励计划的可行性、是否有利于上市公司的持续发展、是否损害上市公司利益以及对股东利益的影响发表专业意见。独立财务顾问应当出具独立财务顾问报告，至少对以下事项发表专业意见：（一）股权激励计划是否符合本办法的规定；（二）公司实行股权激励计划的可行性；（三）对激励对象范围和资格的核查意见；（四）对股权激励计划权益授出额度的核查意见；（五）公司实施股权激励计划的财务测算；（六）公司实施股权激励计划对上市公司持续经营能力、股东权益的影响；（七）对上市公司是否为激励对象提供任何形式的财务资助的核查意见；（八）股权激励计划是否存在明显损害上市公司及全体股东利益的情形；（九）上市公司绩效考核体系和考核办法的合理性；（十）其他应当说明的事项"。当然，企业的一般职员等也可以通过各种各样的形式参与其中。通过专业人士以自己的专业知识对于股权激励计划的合法合规提出意见，强调了中介机构的专业顾问和市场监督作用。

在公司内部通过了股权激励的计划后，必须报中国证监会审查备案，若无异议，则抄报证券交易所及公司所在地证监局，上市公司可以发出召开股东大会的通知，审议并实施股权激励计划；若存在异议，上市公司不得发出召开股东大会的通知审议及实施该计划。

关于信息披露的要求，新修改的《证券法》加强了证券的信息披露的程序性要求，加大了对于信息披露过程中的违法违规行为的处罚力度和监督力度。而对于股权激励机制之中，《办法》作出了更加详细和严格的规定。除了在股权激励的制定过程中，要求对于股权激励计划以及相应的文件及时披露作出了严格要求，如公告法律意见书和独立财务顾问报告等。另外在股权激励计划实施之后，《办法》对其上市公司股权计划的披露做了如下的规定，如第42条上市公司应在定期报告中披露报告期内股权激励计划的实施情况，包括：（一）报告期内激励对象的范围；（二）报告期内授出、行使和失效的权益总额；（三）至报告期末累计已授出但尚未行使的权益总额；（四）报告期内授予价格与行权价格历次调整的情况以及经调整后的最新授予价格与行权价格；（五）董事、监事、高级管理人员各自的姓名、职务以及在报告期内历次获授和行使权益的情况；（六）因激励对象行权所引起的股本变动情况；（七）股权激励的会计处理方法。另外《办法》规定，上市公司在财务报告、业务规则及登记结算中也应该对其相应的股权激励信息予以披露。也就是说，在关于股权激励制度的信息披露方面，强调了及时性和详细性，不仅要求股东上市公司的董事会、股东大会在决议形成后对于其信息作出及时披露，特别地还要求在定期报告中对于报告期内股权激励计划的实施情况作出详细披露。这样的规定，除了出于维护股东知情权的考虑之外，还着眼于信息的真实性对整个证券市场的稳定的重要意义。

4. 对于部分违法违规行为的监管和处罚

《办法》第6章专门规定了监管和处罚来进行规制，对于其行为类型具体包括证券法上规制的虚假记载、虚假陈述、操纵市场、内幕交易等，另外还包括违反该办法的行为和为上市公司股权激励计划出具意见的相关专业机构违法不当行为。另外，《办法》对于违法违规行为作出的规定并制定了严格的监管和处罚措施，包括责令改正、权益返还给公司、没收违法所得、对相关人员的市场禁入等；当情节严重的，还将处以警告、罚款等行政处罚；构成违法犯罪的，将移交司法机关，依法追究法律责任。可以说是一整套比较有层次的措施，但是这仅仅是在规则层面上的规定，由于目前在《公司法》和《证券法》层面尚未对此作出规定，在法律层面上如何进一步规定尚待考量。

1.2.4.4　上市公司收购管理办法

根据中国证券监督管理委员会第35号令，中国证券监督管理委员会于2006年5月17日第180次主席办公会议审议通过《上市公司收购管理办法》，《上市公司收购管理办法》自2006年9月1日起施行。我国"十一五规划"中已经明确提出了要推进企业的并购、重组、联合的战略要求，《上市公司收购管理办法》也是在近两年《公司法》和《证券法》修改之后，进行相应改动的配套性规定。这一办法是专门针对近几年来愈演愈烈的公司收购浪潮，对于上市公司部分的收购进行规制的规则。在2002年，中国证监会曾根据中国证券监督管理委员会第10号令颁布过《上市公司收购管理办法》。时隔4年再一次颁布2006年的《上市公司收购管理办法》，可以说在诸多方面有了进一步的修改。

1. 对于上市公司收购的限制

近几年来，由于上市公司收购浪潮的兴起，大量的非良性的收购也在不断滋长。尤其是在近几年出现新的变化的情况下，原有的上市公司收购的相关规则力有未逮。在新的《上市公司收购管理办法》中，明确规定了禁止进行上市公司收购的几种情况，即"（一）收购人负有数额较大债务，到期未清偿，且处于持续状态；（二）收购人最近3年有重大违法行为或者涉嫌有重大违法行为；（三）收购人最近3年有严重的证券市场失信行为；（四）收购人为自然人的，存在《公司法》第147条规定情形；（五）法律、行政法规规定以及中国证监会认定的不得收购上市公司的其他情形。"

同时，在新《上市公司收购管理办法》中，还明确对于收购行动中的恶意损害他人权益的行为做了规定，要求"任何人不得利用上市公司的收购损害被收购公司及其股东的合法权益"。"被收购公司的控股股东或者实际控制人不得滥用股东权利损害被收购公司或者其他股东的合法权益。被收购公司的控股股东、实际控制人及其关联方有损害被收购公司及其他股东合法权益的，上述控股股东、实际控制人在转让被收购公司控制权之前，应当主动消除损害；未能消除损害的，应当就其出让相关股份所得收入用于消除全部损害作出安排，对不足以消除损害的部分应当提供充分有效的履约担保或安排，并依照公司章程取得被收购公司股东大会的批准"；"被收购公司的董事、监事、高级管理人员对公司负有忠实义务和勤勉义务，应当公平对待收购本公司的所有收购人"；"被收购公司董事会针对收购所作出的决策及采取的措施，应当有利于维护公司及其股东的利益，不得滥用职权对收购设置不适当的障碍，不得利用公司资源向收购人提供任何形式的财务资助，不得损害公司及其股东的合法权益。"《上市公司收购管理办法》的总则部分单独规定了收购行动中的恶意，强调对其进行限制和防范。

2. 对于信息披露的严格规定

新修改的《证券法》加重了在证券活动中信息披露的强度，加大了相关责任人的信息披露的义务。而在新《上市公司收购管理办法》的规定中，也相应加强了相关信息披露的规定，但是在上市公司的收购活动中，更加倾向于对于上市公司收购人的权益信息的披露，以维持在上市公司收购活动中的安全和善意。新的《证券法》对于上市公司收购时的信息披露已经做了原则性规定，基本上确立了"慢走规则"，即新《证券法》的第86条规定："通过证券交易所的证券交易，投资者持有或者通过协议、其他安排与他人共同持有一个上市公司已发行的股份达到5%时，应当在该事实发生之日起3日内，向国务院证券监督管理机构、证券交易所作出书面报告，通知该上市公司，并予公告；在上述期限内，不得再行买卖该上市公司的股票。投资者持有或者通过协议、其他安排与他人共同持有一个上市公司已发行的股份达到5%后，其所持该上市公司已发行的股份比例每增加或者减少5%，应当依照前款规定进行报告和公告。在报告期限内和作出报告、公告后2日内，不得再行买卖该上市公司的股票。”通过这样的信息披露，以让市场投资者和被收购的上市公司了解收购的流程和收购人的权益情况。

新《上市公司收购管理办法》更加细致、明确且严格地做了限制。首先，在第13条明确了新《证券法》第86条的规定。在具体的上市公司收购过程中，要求持股比例达到5%～20%的投资者负有法定标准下的信息披露义务。即“投资者及其一致行动人不是上市公司的第一大股东或者实际控制人，其拥有权益的股份达到或者超过该公司已发行股份的5%，但未达到20%的，应当编制包括下列内容的简式权益变动报告书：（一）投资者及其一致行动人的姓名、住所；投资者及其一致行动人为法人的，其名称、注册地及法定代表人；（二）持股目的，是否有意在未来12个月内继续增加其在上市公司中拥有的权益；（三）上市公司的名称、股票的种类、数量、比例；（四）在上市公司中拥有权益的股份达到或者超过上市公司已发行股份的5%或者拥有权益的股份增减变化达到5%的时间及方式；（五）权益变动事实发生之日前6个月内通过证券交易所的证券交易买卖该公司股票的简要情况；（六）中国证监会、证券交易所要求披露的其他内容。前述投资者及其一致行动人为上市公司第一大股东或者实际控制人，其拥有权益的股份达到或者超过一个上市公司已发行股份的5%，但未达到20%的，还应当披露本办法第17条第一款规定的内容”。而针对持股20%～30%的投资者，则特别规定“投资者及其一致行动人拥有权益的股份达到或者超过一个上市公司已发行股份的20%但未超过30%的，应当编制详式权益变动报告书，除须披露前条规定的信息外，还应当披露以下内容：（一）投资者及其一致行动人的控股股东、实际控制人及其股权控制关系结构图；（二）取得相关股份的价格、所需资金额、资金来源，或者其他支付安排；（三）投资者、一致行动人及其控股股东、实际控制人所从事的业务与上市公司的业务是否存在同业竞争或者潜在的同业竞争，是否存在持续关联交易；存在同业竞争或者持续关联交易的，是否已作出相应的安排，确保投资者、一致行动人及其关联方与上市公司之间避免同业竞争以及保持上市公司的独立性；（四）未来12个月内对上市公司资产、业务、人员、组织结构、公司章程等进行调整的后续计划；（五）前24个月内投资者及其一致行动人与上市公司之间的重大交易；（六）不存在本办法第6条规定的情形；（七）能够按照本办法第50条的规定提供相关文件。前述投资者及其一致行动人为上市公司第一大股东或者实际控制人的，还应当聘请财务顾问对上述权益变动报告书所披露的内容出具核查意见，但国有股行政划转或者变更、股份转让在同一实际控制人控制的不同主体之间进行、因继承取得股份的除外。投资者及其一致行动人承诺至少3年放弃行使相关股份表决权的，可免于聘请财务顾问和提供前款第（七）项规定的文件。”由此可见，在对于上市公司收购的规制中，新《上市公司收购管理办法》充分体现了新《证券法》对于保护市场投资者和上市公司利益的基本精神，防止收购人恶意进行收购，通过虚报信息或者恶意串通等方法掏空公司资产，以满足自己的私利。特别是在确认了“慢走规则”的基础上，对于不同持股比例的收购者进行严格的信息、权益公开化，是《证券法》公开、公平、公正的体现，有利于证券市场的透明化。

3. 对于要约收购的规定

新《上市公司收购管理办法》用了两章的篇幅对《证券法》中的要约收购、协议收购分别分为两章进行规定。

对于要约收购，与以往的最大不同也就是新《证券法》中做了有关修改的部分，原来在收购人收购了超过30%比例的股份后，法律要求收购人承担全面要约的强制性义务，即必须向其他持股人发出要约予以收购。但是在新修改的《证券法》中，对其进行了修改，要求在收购人持股比例超过 30% 后“继续进行收购的，应当依法向该上市公司所有股东发出收购上市公司全部或者部分股份的要约。”也就是说，收购人不再承担一种强制性的全面要约的义务，而是可以选择性地进行部分要约或者全部要约，这样就给收购人更多的选择余地，同时也体现了新的《证券法》规则体系中的鼓励上市公司收购的理念。当然，在部分要约时，收购上市公司部分股份的收购要约应当约定，被收购公司股东承诺出售的股份数额超过预定收购的股份数额的，收购人按比例进行收购。而对于全面要约收购的，在相应的信息披露方面，做了更加严格的规定，譬如“收购人发出全面要约的，应当在要约收购报告书中充分披露终止上市的风险、终止上市后收购行为完成的时间及仍持有上市公司股份的剩余股东出售其股票的其他后续安排”。

另外，在某些具体的情形之下，新《上市公司收购管理办法》的第 6 章对要约收购的某些情况进行了豁免性的规定，允许收购者在部分情况下不用必须提出要约申请。如第 62 条规定：“有下列情形之一的，收购人可以向中国证监会提出免于以要约方式增持股份的申请：（一）收购人与出让人能够证明本次转让未导致上市公司的实际控制人发生变化；（二）上市公司面临严重财务困难，收购人提出的挽救公司的重组方案取得该公司股东大会批准，且收购人承诺 3 年内不转让其在该公司中所拥有的权益；（三）经上市公司股东大会非关联股东批准，收购人取得上市公司向其发行的新股，导致其在该公司拥有权益的股份超过该公司已发行股份的 30%，收购人承诺 3 年内不转让其拥有权益的股份，且公司股东大会同意收购人免于发出要约；（四）中国证监会为适应证券市场发展变化和保护投资者合法权益的需要而认定的其他情形。收购人报送的豁免申请文件符合规定，并且已经按照本办法的规定履行报告、公告义务的，中国证监会予以受理；不符合规定或者未履行报告、公告义务的，中国证监会不予受理。中国证监会在受理豁免申请后 20 个工作日内，就收购人所申请的具体事项作出是否予以豁免的决定；取得豁免的，收购人可以继续增持股份。”第 63 条规定：“有下列情形之一的，当事人可以向中国证监会申请以简易程序免除发出要约：（一）经政府或者国有资产管理部门批准进行国有资产无偿划转、变更、合并，导致投资者在一个上市公司中拥有权益的股份占该公司已发行股份的比例超过 30%；（二）在一个上市公司中拥有权益的股份达到或者超过该公司已发行股份的 30% 的，自上述事实发生之日起 1 年后，每 12 个月内增加其在该公司中拥有权益的股份不超过该公司已发行股份的 2%；（三）在一个上市公司中拥有权益的股份达到或者超过该公司已发行股份的 50% 的，继续增加其在该公司拥有的权益不影响该公司的上市地位；（四）因上市公司按照股东大会批准的确定价格向特定股东回购股份而减少股本，导致当事人在该公司中拥有权益的股份超过该公司已发行股份的 30%；（五）证券公司、银行等金融机构在其经营范围内依法从事承销、贷款等业务导致其持有一个上市公司已发行股份超过 30%，没有实际控制该公司的行为或者意图，并且提出在合理期限内向非关联方转让相关股份的解决方案；（六）因继承导致在一个上市公司中拥有权益的股份超过该公司已发行股份的 30%；（七）中国证监会为适应证券市场发展变化和保护投资者合法权益的需要而认定的其他情形”。但是对于该项豁免权的使用，在实践中应当谨慎为之。

由于新《上市公司收购管理办法》取消了流通股和非流通股不同要约价格底线的规定，所以相应的要约价格的确定更加富有弹性。新《上市公司收购管理办法》为防止收购人恶意利用要约收购进行内幕交易和操纵市场，明确将要约收购的底线规定为 5%，同时收购人在要约前须提供 20% 的履约保证金；如进行换股收购，必须同时提供现金收购方式供投资者选择。对于大量的中小股东而言，正因为要约收购具有信息公开、程序公正、待遇公平的特点，所以相对于其他的收购方式，他们拥有最充分的参与权和自主决策权。

4. 关于监管制度的变化

新《上市公司收购管理办法》的出台对于证券市场中的监管制度的改变体现在两个比较明显的方面，一是证监会直接监管下的全面要约收购将转变为财务顾问把关下的部分要约收购；二是完全依靠事前监管将转变为事前监管与事后监管相结合。并且依据《上市公司收购管理办法》的新规定，以30%为界限，对于不同持股比例的投资者适用不同的监管方式。“对于持股未达到30%的控制权变化，强化信息披露要求，实行事后监管；对于持股超过30%的控制权变化，依法由证监会审核，收购人须聘请财务顾问进行核查并予以持续督导。”特别是在减少监管部门对上市公司收购活动事前审批的同时，强化了事后监管。通过加大监管力度和制定多层次的监管措施，特别是从收购人及相关信息披露义务人、上市公司董事、专业机构、原控股股东四类人员入手规定了相关监管措施和法律责任，如《上市公司收购管理办法》中规定的监管谈话、出具警示函、责令暂停或停止收购、暂停或撤销专业机构业务资格、记入诚信档案等手段。对于严重的情况如涉嫌披露虚假信息、内幕交易、操纵市场等违法行为的，证监会将立案稽查，依法追究相关机构和人员的法律责任。

1.2.5　劳动者权益保护的立法概况

社会主义和谐社会很重要的一点就是要建立完善的劳动者权益保护体系。在2006年新出台的法律法规中，多个法律法规，如《公司法》、《企业破产法》等都强化了对劳动者权益的保障及劳动者的保护问题，其中较为集中调整劳动关系的法律文件是最高人民法院颁布的《劳动法解释二》。另外，《劳动法》的相关立法工作正在紧锣密鼓地进行，如《劳动合同法草案》、《促进就业法》等正在起草之中，在不久即将出台的相关法律中，特别是劳动立法中，我们会看到更多更加系统的有关保护劳动者权益的法律法规出现。下文将就《公司法》、《企业破产法》、《劳动法解释二》中有关劳动者权益保护的新规定作简要分析。

1.2.5.1　《公司法》中的职工权益保障

保障企业职工利益是此次《公司法》修改的一个重点，具体来看主要集中在如下三个方面：

1. 增加了公司和职工之间的劳动合同和社会保险的规定

原《公司法》由于规定的时代因素，并未直接地规定公司有向职工提供社会保险的义务，原《公司法》第15条中，对公司就职工的相关保护作出了如下规定：“公司必须保护职工的合法权益，加强劳动保护，实现安全生产。公司采用多种形式，加强公司职工的职业教育和岗位培训，提高职工素质。”但是随着时代的进步，新《公司法》作出了改变。

新《公司法》在第17条中规定：“公司必须保护职工的合法权益，依法与职工签订劳动合同，参加社会保险，加强劳动保护，实现安全生产。公司应当采用种形式，加强公司职工的职业教育和岗位培训，提高职工素质。”加入了“依法与职工签订劳动合同，参加社会保险”的规定。同时还在第18条中规定了“公司工会代表职工就职工的工资、福利、保险和劳动安全卫生等事项与公司签订集体合同。”

1993年制定《公司法》的时候，市场经济的理念才刚刚被提出，有关劳动合同和社会保险的规定尚未成型，所以，原《公司法》中未予规定也是可以理解的。在近几年《公司法》修改的情况下，考虑劳动合同和社会保险则是与时俱进的体现。目前《公司法》的修改着眼于公司的独立自主化经营管理，同时更加强调公司的社会责任。

在计划经济体制的环境之下，公司与其职工之间的关系更加接近于事业单位与职工之间的关系，公司与其职工之间具有较强的人身依赖性和信赖，更多的时候是以集体的形式来解决公司与职工之间的事务。但是随着经济社会的发展，法律对于职工的保护和对于企业与职工关系的规定越来越细致。法律尊重职工作为独立的个体在企业中生存，要求公司与职工之间严格按照法律来处理权利义务关系，以此来保障职工权利。随着劳动立法方面的完善，法律要求公司与其职工之间必须以签订集体合同或者劳动合同的方式，来明确双方的权利义务关系。同时，随着社会保险的发展和社会各个经济主体的分工日益细化，对于企业而言，更加强调其营利任务，而对于职工的保险，开始逐步分离交由社会保险来承担其责任。这样的趋势为企业减轻了承担职工社会保险的重负，让其能够实现企业经营目标的专门化。特别是对于私有投资者而言，在多大程度和范围内为职工承担责任，保证其权利，一直是私有投资者颇为头疼的问题。另一方面企业职工的合同和社会保险问题得以解决，不仅对其所在的企业，对于职工本人毫无疑问也是极为有利的。首先，对于合同保障其职工的权利现在已经是普遍的做法，如果不签订一份合同而建立劳动关系，对于处在弱势的职工是不可想象的；此外，对于社会保险的规定，现在完全从企业中脱离出来，并且相关的社会保险法正在起草过程中，社会保险独立成为一套体系实际上能够专门地来维护劳动者保险利益，较之从前的做法，现在的做法无疑是当代社会主义市场经济发展到一定阶段的必然趋势。

2. 职工代表在监事会中的新的相关规定

原《公司法》中对于监事会中的代表规定一般表述为：“监事会由股东代表和适当比例的公司职工代表组成，具体比例由公司章程规定。”

在新《公司法》的规定中，将原来的表述改变为“监事会应当包括股东代表和适当比例的公司职工代表”，其中，特别是强调了“职工代表的比例不得低于 1/3，具体比例由公司章程规定。”另外在具体不同的条款中规定并不完全相同，还和公司的性质和形式有关，如第 52 条规定：“有限责任公司设立监事会，其成员不得少于 3 人。股东人数较少或者规模较小的有限责任公司，可以设 1 至 2 名监事，不设立监事会。监事会应当包括股东代表和适当比例的公司职工代表，其中职工代表的比例不得低于 1/3，具体比例由公司章程规定。监事会中的职工代表由公司职工通过职工代表大会、职工大会或者其他形式民主选举产生。”第 71 条规定：“国有独资公司监事会成员不得少于 5 人，其中职工代表的比例不得低于 1/3，具体比例由公司章程规定。监事会成员由国有资产监督管理机构委派；但是，监事会中的职工代表由公司职工代表大会选举产生。监事会主席由国有资产监督管理机构从监事会成员中指定。”第 118 条规定：“股份有限公司设监事会，其成员不得少于 3 人。监事会应当包括股东代表和适当比例的公司职工代表，其中职工代表的比例不得低于1/3，具体比例由公司章程规定。监事会中的职工代表由公司职工通过职工代表大会、职工大会或者其他形式民主选举产生。”可见新《公司法》下对于监事会的规定，强调了对于职工代表的比例“不得低于 1/3”的底限的规定，另外，规定了对于职工代表的选举方式和程序等内容。

应该说，从 20 世纪的商法尤其是公司法的发展来看，监事会的作用、地位和功能在 20 世纪的后半叶逐渐为人们所重视，也不断地得以加强。新《公司法》的修改充分强调了监事会发挥其自身功能，从内部解决公司出现和存在的问题和漏洞。结合我国目前发展的实际情况，《公司法》加入了加强公司对企业的民主管理，充分调动了公司职工的自主能动性和积极性的条文，以此保护职工权益，《公司法》中对于职工代表比例下限的硬性规定就是典型的立法体现。同时，新《公司法》力求给公司留下自主选择的空间，对于职工代表的产生的规定则为“监事会中的职工代表由公司职工通过职工代表大会、职工大会或者其他形式民主选举产生”或者“监事会中的职工代表由公司职工代表大会选举产生”，强调其产生的民主性，以此维护职工的实体权益。其实对于非公有制经济而言，如何加强和完善管理好职工是一大难题，新《公司法》在监事会中提到职工代表的比例限制，并且将其交由公司章程来规定，不仅是为公司民主化管理提供了途径，而且也是职工参与公司管理和监督的方式。对于职工代表产生的相关规定旨在维护民主和职工权利，可以说这种规定非常充分地体现了我国立法的社会主义特色。

3. 公司清算中职工补偿金和社会保险费用优先受偿

原《公司法》规定在公司正常清算时，其财产能够清偿公司债务的，分别支付清算费用、职工工资和劳动保险费用，缴纳所欠税款，清偿公司债务后的剩余部分，再分配给股东。

新《公司法》规定则有所改变，即公司在清算中，公司财产在分别支付清算费用、职工的工资、社会保险费用和法定补偿金，缴纳所欠税款，清偿公司债务后的剩余财产，有限责任公司按照股东的出资比例分配，股份有限公司按照股东持有的股份比例分配。

在新《公司法》的修改上，将职工的社会保险费用和法定补偿金单独提出，和职工的工资一起规定于同一受偿序位。这样的规定无疑是在公司破产清算情况下对于公司职工切身利益的保护。以往仅仅只是规定了职工工资和劳动保险费用，并未注重社会保险费用和法定补偿金，一方面是因为在制定原《公司法》的时代，对于社会保险的概念并不如现在清晰；另一方面，对于补偿金的规定法律规定也并不明确，而且在社会主义市场经济建立的初期，人们对于补偿的意识比现在淡薄，从公司所获之经济收入一般仅仅限于工资和“劳保”。随着社会经济的发展，尤其是法律的健全和完善，社会保险、赔偿、补偿等制度开始进入实践层面，特别是对于公司职工而言，除了从公司获得的工资外，其实社会保险费用和法定补偿金也同样重要，特别在某些情况下甚至比公司的工资更重要。《公司法》对此相应地作出改变实际上也是适应现实的变化。这种变化无疑对于公司职工的利益保障是有利的，而且在实践中的可操作性较强。对于非公有制经济而言，这一项规定实际上仍然是以管理职工和协调公司内部和谐为意旨，同时更加注意强调对于公司职工的利益进行保护。

1.2.5.2 《企业破产法》中的企业职工权益的保护

1. 破产清算顺序对于职工利益的保护

在《破产法》中，对于企业职工的权益的保护主要体现在企业破产清偿时，对于其企业财产的清偿顺序的规定。

原《破产法》中对于企业破产后清偿顺序在第37条中规定：“清算组提出破产财产分配方案，经债权人会议讨论通过，报请人民法院裁定后执行。破产财产优先拨付破产费用后，按照下列顺序清偿：（一）破产企业所欠职工工资和劳动保险费用；（二）破产企业所欠税款；（三）破产债权。破产财产不足清偿同一顺序的清偿要求的，按照比例分配。”第38条规定：“破产财产分配完毕，由清算组提请人民法院终结破产程序。破产程序终结后，未得到清偿的债权不再清偿。”

新《破产法》则在第48条中规定：“债权人应当在人民法院确定的债权申报期限内向管理人申报债权。债务人所欠职工的工资和医疗、伤残补助、抚恤费用，所欠的应当划入职工个人账户的基本养老保险、基本医疗保险费用，以及法律、行政法规规定应当支付给职工的补偿金，不必申报，由管理人调查后列出清单并予以公示。职工对清单记载有异议的，可以要求管理人更正；管理人不予更正的，职工可以向人民法院提起诉讼。”另外在第 113 条中规定：“破产财产在优先清偿破产费用和共益债务后，依照下列顺序清偿：（一）破产人所欠职工的工资和医疗、伤残补助、抚恤费用，所欠的应当划入职工个人账户的基本养老保险、基本医疗保险费用，以及法律、行政法规规定应当支付给职工的补偿金；（二）破产人欠缴的除前项规定以外的社会保险费用和破产人所欠税款；（三）普通破产债权。破产财产不足以清偿同一顺序的清偿要求的，按照比例分配。破产企业的董事、监事和高级管理人员的工资按照该企业职工的平均工资计算。”

可见新《破产法》对于企业破产后企业职工的保障更进一步，将原《破产法》中“破产企业所欠职工工资和劳动保险费用”放在清偿顺序的第一位，而新《破产法》结合时代发展的实际情况，强调在清偿了破产费用和共益债务之后，清偿顺序第一位的是“破产人所欠职工的工资和医疗、伤残补助、抚恤费用，所欠的应当划入职工个人账户的基本养老保险、基本医疗保险费用，以及法律、行政法规规定应当支付给职工的补偿金”，也即将“补助、抚恤费用以及所欠的基本养老保险、基本医疗保险费用、补偿金”加入其中，这样照顾到了实际情况，对于劳动者的保护是非常具体的。

2. 适应市场经济的需要、平衡担保物权与劳动工资债权的利益冲突

《企业破产法》立法过程中一个重要的争议要点就是，是否应当在企业破产清算时赋予劳动债权绝对的优先地位，还是应当考虑担保物权制度对于建立完善的信用体系的重要性，在二者之间作出公平的协调。《企业破产法》最终采纳了后者的意见，通过设立六个月的期限，作为保障劳动工资债权的特殊优先权期限，在此之后，担保物权享有优先受偿的权利，较好地维护了市场中的担保信用。

1.2.5.3　《劳动法解释二》的全面解读

在 2006 年的劳动法立法体系中，最为瞩目的当属新颁布的《劳动法解释二》，即《最高人民法院关于审理劳动争议案件适用法律若干问题的解释（二）》，该解释于 2006 年 7 月 10 日由最高人民法院审判委员会第 1393 次会议通过，自 2006 年 10 月 1 日起施行。整个解释共 18 条，围绕《劳动法》及其《劳动法解释一》颁布以来的实践中的一些问题做了具体的解释。

1. 关于争议期间的确定

《劳动法解释二》对于《劳动法》的相关规定中的期限作出了详细的限定和一整套的计算方法。具体来看，在《劳动法》的第 82 条中规定，当事人申请劳动仲裁的期限是 60 日，自劳动争议发生之日起算。但是“劳动争议发生之日”具体是如何确定的，《劳动法》并没有具体而明确地作出规定。在《劳动法解释二》中，则作出了规定，即人民法院审理劳动争议案件，对下列情形，视为《劳动法》第 82 条规定的“劳动争议发生之日”：（一）在劳动关系存续期间产生的支付工资争议，用人单位能够证明已经书面通知劳动者拒付工资的，书面通知送达之日为劳动争议发生之日。用人单位不能证明的，劳动者主张权利之日为劳动争议发生之日。（二）因解除或者终止劳动关系产生的争议，用人单位不能证明劳动者收到解除或者终止劳动关系书面通知时间的，劳动者主张权利之日为劳动争议发生之日。（三）劳动关系解除或者终止后产生的支付工资、经济补偿金、福利待遇等争议，劳动者能够证明用人单位承诺支付的时间为解除或者终止劳动关系后的具体日期的，用人单位承诺支付之日为劳动争议发生之日。劳动者不能证明的，解除或者终止劳动关系之日为劳动争议发生之日。

另外，《劳动法解释二》对于目前出现比较严重和频繁的拖欠劳动者特别是农民工工资的情

况，作出了明确规定，即第2条规定：拖欠工资争议，劳动者申请仲裁时劳动关系仍然存续，用人单位以劳动者申请仲裁超过60日为由主张不再支付的，人民法院不予支持。

在目前的实践情况中，大量存在着用人单位利用60日的时效这个比较短暂且并不明确的期间，达到期间届满债权消灭的目的，以此侵害劳动者的权益。目前我国的劳动争议采取的是不同于民法的“一裁两审”制度，但是在劳动仲裁委员会和法院对于劳动争议的裁断是相对独立的，有些时候两者对于案件是否为劳动争议的认定并不相同，这样容易造成劳动者司法救济的尴尬和麻烦。而大量的劳动者在遇到在劳动争议时，一般并未把司法救济途径纳入首先的考虑，在大部分情况下，劳动者会寻求与用人单位之间比较和缓地解决争议，但是这样一来，更加容易导致诉讼期间的流逝，失去司法救济的机会。由于过短的时效、过多地申请或诉讼限制，不利于通过法律途径解决纠纷，不利于建立和谐的劳动关系，只能将矛盾暂时地掩盖或者导致矛盾的非理性处理乃至激化。① 所以根据《劳动法解释二》，劳动者只要有证据表明向有关部门进行了投诉和请求处理，不管是否得到立案处理，均应当作为仲裁时效中断的正当理由，以便更好地在目前的仲裁时效制度下维护劳动者的合法权益，解决纷争。

由此可见，为了维护劳动者权益的考虑，特别是现在用人单位处于绝对强势地位的情况下，《劳动法解释二》为了尽可能地使劳动者维护自己权利，在诉讼期间的起算上规定得极其宽容，如上述法条中规定的“劳动者主张权利之日”、“用人单位承诺支付之日”、“解除或者终止劳动关系之日”等，都是有利于劳动者根据自己的意志来判断是否申请仲裁，给予了劳动者充分的时间和条件来进行选择。虽然对于60日的期间的长度没有作出改变，但是由于对于其起算时间做了重新的确定，特别是在尊重了劳动者意思自主的前提下作出规定，所以实际上是大大地为劳动者进一步采取司法手段留出了余地，这也正是《劳动法》维护劳动者权益的价值取向所在。

另外，对于申请仲裁期间内的中止和中断问题，鉴于目前《劳动法》是否为《民法》的一个部分，理论上仍有争议，我们倾向于认为《劳动法》和《民法》还是存在一定的区别的，所以对于期间的中止和中断问题，《劳动法解释二》又专门地作出了规定，即第12条：“当事人能够证明在申请仲裁期间内因不可抗力或者其他客观原因无法申请仲裁的，人民法院应当认定申请仲裁期间中止，从中止的原因消灭之次日起，申请仲裁期间连续计算”；以及第13条规定：“当事人能够证明在申请仲裁期间内具有下列情形之一的，人民法院应当认定申请仲裁期间中断：（一）向对方当事人主张权利；（二）向有关部门请求权利救济；（三）对方当事人同意履行义务。申请仲裁期间中断的，从对方当事人明确拒绝履行义务，或者有关部门作出处理决定或明确表示不予处理时起，申请仲裁期间重新计算。”

2. 关于劳动纠纷范围的确定

对于近几年出现的新的形式的劳动纠纷，主要是劳动者和单位之间的关于工资待遇的问题，围绕这些问题，劳动法当初的规定并没有将这些东西明确地指出。这次以司法解释的形式予以明确地规定出来，实际上是针对目前我国实践中出现的大量的劳资纠纷的法律处分范围的明确界定。依据《劳动法解释二》的规定，这些具体劳动争议案件主要包括：第3条规定：“劳动者以用人单位的工资欠条为证据直接向人民法院起诉，诉讼请求不涉及劳动关系其他争议的，视为拖欠劳动报酬争议，按照普通民事纠纷受理。”第4条规定：“用人单位和劳动者因劳动关系是否已经解除或者终止，以及应否支付解除或终止劳动关系经济补偿金产生的争议，经劳动争议仲裁委员会仲裁后，当事人依法起诉的，

① 黎建飞：《劳动权益救济的新举措——解读〈关于审理劳动争议案件适用法律若干问题的解释（二）〉》，www.civillaw.com.cn。

人民法院应予受理。”第5条规定：“劳动者与用人单位解除或者终止劳动关系后，请求用人单位返还其收取的劳动合同定金、保证金、抵押金、抵押物产生的争议，或者办理劳动者的人事档案、社会保险关系等移转手续产生的争议，经劳动争议仲裁委员会仲裁后，当事人依法起诉的，人民法院应予受理。”第6条规定：“劳动者因为工伤、职业病，请求用人单位依法承担给予工伤保险待遇的争议，经劳动争议仲裁委员会仲裁后，当事人依法起诉的，人民法院应予受理。”

另外，第7条还专门列出了不属于劳动争议的纠纷，即：“下列纠纷不属于劳动争议：（一）劳动者请求社会保险经办机构发放社会保险金的纠纷；（二）劳动者与用人单位因住房制度改革产生的公有住房转让纠纷；（三）劳动者对劳动能力鉴定委员会的伤残等级鉴定结论或者对职业病诊断鉴定委员会的职业病诊断鉴定结论的异议纠纷；（四）家庭或者个人与家政服务人员之间的纠纷；（五）个体工匠与帮工、学徒之间的纠纷；（六）农村承包经营户与受雇人之间的纠纷。”

以上不属于劳动争议的纠纷的确定其实主要是为了法律之间的平衡，消除法律之间的矛盾和重叠。对于社会保险金的纠纷主要将会纳入到不久后颁布的《社会保险法》的调整范围；对于公有住房的纠纷则主要留给了不久将会颁布的《物权法》来予以规范；对于伤残或者职业病的鉴定异议的纠纷则属于专门的民事纠纷；对于家庭或者个人与家政服务员之间的纠纷，由于其具有一定的人身属性和特殊情况，目前我国《劳动法》并未将其纳入到调整范围之中，所以这种纠纷也不属于劳动争议的调整范围；对于个体工匠与帮工、学徒之间的纠纷以及农村承包经营户与受雇人之间的纠纷，实践中常常是被民法体系中的人身损害赔偿的司法解释所调整，在此《劳动法解释二》也并未将其纳入其中。

3. 增强了诉讼过程中的劳动者权益保护的法律机制

同时《劳动法解释二》还从诉讼的层面来对具体的程序进行了规定，明确了在具体的劳动争议过程中，应当注意的程序方面的问题，包括以下具体的各条规定。

第8条规定：“当事人不服劳动争议仲裁委员会作出的预先支付劳动者部分工资或者医疗费用的裁决，向人民法院起诉的，人民法院不予受理。用人单位不履行上述裁决中的给付义务，劳动者依法向人民法院申请强制执行的，人民法院应予受理。”在劳动争议的解决过程中，普遍存在执行难的问题。甚至在许多用人单位被认定应当支付相关款项的情况下，劳动者仍然难以得到给付。为了保障劳动者能够在与用人单位的争议纠纷中得到法律更多的保护，《劳动法解释二》规定了劳动争议仲裁委员会对于用人单位的预先支付的裁决具有不可诉性，强行使用人单位履行其裁决，给付劳动者以“部分工资或者医疗费用。”如果其向人民法院起诉，人民法院不予受理，不但明确了这部分的劳动争议，仲裁委员会具有完整的管辖权力，而且能够保证相关的款项能够迅速地送到劳动者手中，使其免受诉讼之累。一旦用人单位强行地不予履行劳动争议仲裁委员会作出的预先支付劳动者部分工资或者医疗费用的裁决，同时“劳动者依法向人民法院申请强制执行的”，此时人民法院即可参与到该案件中，启动执行程序（因为毕竟劳动争议仲裁委员会并不具有强制执行力）。这样的执行案件的设计有利于劳动者有效地维护自身的权利，特别是在一些执行案件中，能催促和督促用人单位履行给付的义务。

第9条规定：“劳动者与起有字号的个体工商户产生的劳动争议诉讼，人民法院应当以营业执照上登记的字号为当事人，但应同时注明该字号业主的自然情况。”

由此可见，《劳动法解释二》在规定劳动争议的被告时，强调了被告的明确性和适格。当发生争议的是个体工商户和其雇用的劳动者时，为了保证劳动者的诉讼权益，《劳动法解释二》将被告一律规定为“营业执照上登记的字号为当事人”。这一点上和民事诉讼的规定稍有不同，一个很重要的原因在于要求明确被告人，使劳动者可能遭受的损害有明确的诉求对象，以防止规定两个或者两个以上可能成为被告的主体，反而使责任最终可能落空。

第10条规定：“劳动者因履行劳动力派遣合同产生劳动争议而起诉，以派遣单位为被告；争议内容涉及接受单位的，以派遣单位和接受单位为共同被告。”当发生纠纷的是有关履行劳动力派遣合同时，将以派遣单位作为被告，而当发生争议之内容涉及接受单位时，此时《劳动法解释二》将其规定为“派遣单位和接受单位为共同被告”，可见，《劳动法解释二》十分谨慎地对其特殊情况下的被告作出了规定，其中一个很重要的原则在于，有可能损害到劳动者权利的主体都将会被列为被告，而是否在形式上存在管理与被管理的关系并不作为最主要的条件来予以制约，可见这从某种程度上是对《劳动法》中对于劳动关系的认定的突破。其价值取向在于抛开形式上的劳动管理与被管理的关系，强调在劳动关系中，可能出现的劳动用人单位利用其强势地位，利用一些事实行为，造成劳动者利益的损害，对此种可能出现的情况，加强对于劳动者的保护。

第11条规定了相关的合并审理的要求：“劳动者和用人单位均不服劳动争议仲裁委员会的同一裁决，向同一人民法院起诉的，人民法院应当并案审理，双方当事人互为原告和被告。在诉讼过程中，一方当事人撤诉的，人民法院应当根据另一方当事人的诉讼请求继续审理。”这一点是对于诉讼中的案件合并审理的规定，实际上是利用诉讼法的原则来进行规定的，考虑到《劳动法》中并没有对于这种情况明确加以规定，《劳动法解释二》将其单独列出，主要是出于对于劳动者诉讼中诉权的维护来考虑，防止可能出现用人单位以其强势地位迫使劳动者放弃诉讼，威胁到劳动者的利益。

在第14条规定了财产保全措施：“在诉讼过程中，劳动者向人民法院申请采取财产保全措施，人民法院经审查认为申请人经济确有困难，或有证据证明用人单位存在欠薪逃匿可能的，应当减轻或者免除劳动者提供担保的义务，及时采取保全措施。”第15条规定：“人民法院作出的财产保全裁定中，应当告知当事人在劳动仲裁机构的裁决书或者在人民法院的裁判文书生效后3个月内申请强制执行。逾期不申请的，人民法院应当裁定解除保全措施。”在民事诉讼过程中，财产保全措施一般是出于维护当事人的可能遭受的损失，而预先对于相关的财产采取保全的做法。在实践中出现的许多劳动争议的案件中，存在大量的用人单位欠薪而劳动者面临巨大经济困难的情况，在这种情况下，劳动者的权益如果得不到保障无疑是雪上加霜。《劳动法》中对于这种情况并未作出明确的程序上的规定。《劳动法解释二》中引入财产保全的做法可以说是参照民事诉讼的规定，并且相对地减轻或者免除劳动者的担保义务，有利于降低劳动者一方的风险和负担。

同时，《劳动法解释二》规定了3个月的申请期，要求当事人必须在3个月内申请强制执行，否则保全措施将被人民法院解除。比照民事诉讼中规定的必须在15天内提起诉讼的期限规定，可以说3个月的规定是极其宽裕的，可见《劳动法解释二》在对于期间的规定上充分考虑到劳动者的自身情况，为其留下了较大的余地，并且增强了《劳动法》的可操作性，这对劳动者维护自身权益无疑是有利的。

第16条规定：“用人单位制定的内部规章制度与集体合同或者劳动合同约定的内容不一致，劳动者请求优先适用合同约定的，人民法院应予支持。”《劳动法解释二》的第16条解决了当用人单位制定的内部规章制度与集体合同或者劳动合同约定的内容发生冲突时的解决原则，即何者将被优先适用。第16条明确指出了，劳动者有权请求优先适用合同约定，即肯定了合同之于内部规章制度的优先性。其实，从法理层面上来说，“内部规章制度”的“规章”与部门规章或者地方规章的“规章”是完全不同的两种概念。内部规章制度并不属于一级法律法规的类别，并不具有法律的强制力，只不过是用人单位作为规范本单位经营运作而制定的一套规则。用人单位与劳动者签订的劳动合同或者集体合同则是双方相互间约定权利义务的条文，在《合同法》层面实际上就是相当于任意性法律规范，劳动合同或者集体合同的效力当然应该高于规章制度，因为合同中的权利义务性规定是根本性的具有法律效力的。第 16 条明确了其劳动合同或者集体合同法律效力的优先性，同时这样的规定有利于避免用人单位利用“内部规章制度”的手段来作出违反劳动合同或者集体合同的约定的规定，使劳动者的权益受到损害。

第 17 条规定：“当事人在劳动争议调解委员会主持下达成的具有劳动权利义务内容的调解协议，具有劳动合同的约束力，可以作为人民法院裁判的根据。当事人在劳动争议调解委员会主持下仅就劳动报酬争议达成调解协议，用人单位不履行调解协议确定的给付义务，劳动者直接向人民法院起诉的，人民法院可以按照普通民事纠纷受理。”为了使劳动争议在诉讼程序中得到尽快的解决，特别是对于明确了双方权利义务内容的调解协议，法律在相当的程度上还是认可其法律上的效力的。因为毕竟劳动争议的尽快解决有利于劳动者维护自己的权利，劳动者作为弱势的一方，参与诉讼所付出的成本是高昂的，冗长的诉讼程序不利于其权利的保障。《劳动法解释二》对于已经明确了权利义务的调解协议直接作为诉讼的依据，这样有利于诉讼程序的简洁、迅速。

以上关于劳动争议中诉讼程序层面的规定体现了《劳动法解释二》对于实践情况的调整，因为在目前立法体系的构架上，劳动争议的诉讼程序并不完全地适用《民事诉讼法》对于民事纠纷的一般性规定，所以实践中出现的许多问题令司法工作人员颇为头疼。上述《劳动法解释二》的规定主要就是从诉讼主体和具体案件的适用来调整的。

1.2.6　外商投资领域的法规解析

2006 年是我国加入 WTO 的第五个年头，在外国投资立法方面，出台了不少新的法律法规以及相关的补充规定，可以说涉及面比较广。但是同时，许多的法规、规章仅仅是补充性规定。例如，2004 年制定的《外商投资商业领域管理办法》在今年陆续颁布了关于该办法的两个补充性规定，即《〈外商投资商业领域管理办法〉的补充规定》和《外商投资商业领域管理办法补充规定（二)》，针对办法的细节问题作出了规定。另外对于新的规章主要有《外国保险机构驻华代表机构管理办法》、《合格境外机构投资者境内证券投资管理办法》、《关于规范房地产市场外资准入和管理的意见》等，对于有关外商投资的具体的机构管理和行为作出规定，而从立法的意义和影响上来讲，2006 年最主要也是最重要的两套规范性文件是《关于外国投资者并购境内企业的规定》、《中华人民共和国外资银行管理条例》及其实施细则的规定。

1.2.6.1　《关于外国投资者并购境内企业的规定》的主要内容

《关于外国投资者并购境内企业的规定》是在近几年企业并购的市场浪潮的召唤下出台的一部重要部门规章，而且它是专门针对外国投资者跨国并购境内企业的活动进行规制的。

《关于外国投资者并购境内企业的规定》是由中华人民共和国商务部第 7 次部务会议修订通过。本次修改是在 2003 年 1 月 2 日审议通过《外国投资者并购境内企业暂行规定》的基础上进行的。修订后的《关于外国投资者并购境内企业的规定》于 2006 年 8 月 8 日公布，自 2006 年 9 月 8 日起施行。

2006 年修订的《关于外国投资者并购境内企业的规定》较之于 2003 年的《外国投资者并购境

内企业暂行规定》，无论是篇章结构还是在内容上都有了很多变动，在2003年的《外国投资者并购境内企业暂行规定》中，仅仅以23条规定的形式出现，显得比较没有层次和条理，而在今年修订的《关于外国投资者并购境内企业的规定》中，采取了有章节的结构，该规定总共分为6章共61条，其中首尾各一章，第八章为总则部分，末尾一章为附则，第2章规定了基本制度，第3章规定了审批与登记的相关内容，第4章规定外国投资者以股权作为支付手段并购境内公司，这也是该规定修改后的一个重点内容，该章还分为了3节详细地规定了股权并购的条件及其申报，另外第3节还规定了对于特殊目的公司的特别规定的相关内容，第5章是对于反垄断审查的相关规定。整个规定层次分明，结构严谨，内容更加丰富，对于外国投资者进行并购行为的规定更加的翔实和具体，具体来看，它有以下几个方面的变动和影响。

1. 增加了从土地和环保等方面的细化要求

在原《暂行规定》中，第4条规定为："外国投资者并购境内企业，应符合中国法律、行政法规和部门规章对投资者资格和产业政策的要求。依照《外商投资产业指导目录》不允许外国投资者独资经营的产业，并购不得导致外国投资者持有企业的全部股权；需由中方控股或相对控股的产业，该产业的企业被并购后，仍应由中方在企业中占控股或相对控股地位；禁止外国投资者经营的产业，外国投资者不得并购从事该产业的企业。"

新《规定》中保留了原《暂行规定》第4条的规定，除此之外，还增加了从土地和环保方面的规定，即第4条："外国投资者并购境内企业，应符合中国法律、行政法规和规章对投资者资格的要求及产业、土地、环保等政策。"

有鉴于我国目前对于市场经济体系和和谐社会的建设要求，强调资源节约型和环境友好型社会的要求，近几年我国加大了对于资源环境方面的立法力度。我国虽然经过几十年的改革开放，经济建设取得了一定成果，但是相关的资源和环境方面却付出了一定代价。我们要求建设的和谐社会是全方位协调发展的，要求在经济建设的同时一定不能忽视保护资源和环境。而对于目前在外国投资者并购方面普遍存在的一些问题，如闲置土地甚至是耕地、污染环境等，本次修改加入了这几个方面的要求，可以说进一步地完善了规范的要求，并且增强了规定的可操作性。对于外国投资者而言，进行并购的时候，除了应当更加注重遵守中国法律、行政法规和部门规章、产业政策，在《外商投资产业指导目录》范围内经营活动之外，还要符合新规定中提到的土地、环境等方面的政策。客观上而言是加重了外国投资者的义务，是我国进一步规范调整外国投资者并购活动的重要法律行为。毫无疑问，这种规定要求外国投资者要注重土地、环境等方面的政策，能增加我国市场经济环境的正面效应，维护我国经济环境的健康、可持续性的发展，并且保证我国市场经济向市场化、全面化、秩序化方向发展。

2. 对于外国投资者出资比例25%的进一步明确规定

在2003年的《暂行规定》中，第5条规定为："外国投资者并购境内企业设立外商投资企业，应依照本规定经审批机关批准，并向登记管理机关办理变更登记或设立登记。外国投资者在并购后所设外商投资企业注册资本中的出资比例一般不低于25%。"一旦超出了25%的限制，规定为："外国投资者的出资比例低于25%的，除法律、行政法规另有规定外，应依照现行设立外商投资企业的审批、登记程序进行审批、登记。审批机关在颁发外商投资企业批准证书时加注'外资比例低于25%'的字样。登记管理机关在颁发外商投资企业营业执照时加注'外资比例低于25%'的字样。"

而在新出台的《规定》中，外国投资者的出资比例低于25%的情况并不像《暂行规定》那样，作为一种例外情况来调整。虽然新《规定》基本上保留了《暂行规定》的内容，但是新《规定》更多关注的是对于外国投资者的出资比例低于25%的情况下，如何进行认定以及调整，使其更具有可操作性的问题。具体在于，在《暂行规定》对于审批登记机关进行登记管理的规定基础上，又增加规定了外汇管理机关，即登记管理机关、外汇管理机关分别向其颁发加注“外资比例低于25%”字样的外商投资企业营业执照和外汇登记证。同时进一步地规定了如何认定外国投资者并购境内上市公司后所设外商投资企业及其该企业所受的待遇，即“境内公司、企业或自然人以其在境外合法设立或控制的公司名义并购与其有关联关系的境内公司，所设立的外商投资企业不享受外商投资企业待遇，但该境外公司认购境内公司增资，或者该境外公司向并购后所设企业增资，增资额占所设企业注册资本比例达到25%以上的除外。根据该款所述方式设立的外商投资企业，其实际控制人以外的外国投资者在企业注册资本中的出资比例高于25%的，享受外商投资企业待遇。”

随着近几年来外国投资者投资形式的不断变化，方式不断多样化的趋势，关于投资数额方面的法律限制正在逐步被模糊化或者归于消灭。应该说，关于某些法律中规定的比例数额等，往往是为了政策上便于调整而规定，不少是以往计划经济的产物。对于外国投资者出资比例25%的规定，实际上是为了规范起来比较方便和更加具有可操作性。同时考虑到有可能存在关联关系的公司并购的情况，新《规定》明确了只要增资额实际上是来自境外且“达到25%以上”的，即可以享受外商投资企业的待遇。这样的规定实际上考虑到了现实中出现的关联关系的情况，同时，从本质上仍然维持了25%的境外出资额的规定，是值得肯定的。对于外国投资者而言，投资的出资比例的明确划定有利于其投资决策。应该说25%的界线并不算是非常的高，应该是一个可以为外国投资者所接受的并且容易引入外资的比例。实践也证明，近几年，境外并购境内企业的趋势不断加强，25%的限额规定是比较适中的。另外，指明外国投资者的出资在25%以下的，应当在其外商投资企业营业执照和外汇登记证标注，这为利害相关人也提供了关于外商投资企业的资产比例的证据参考，有利于相关的交易。对于存在关联关系的情况下的并购，新《规定》没有一概而论的规定，而是分清了情况，坚持实际上25%的境外出资的规定，实际上是比较科学的。

3. 新《规定》中新增并购公司过程中的相关限制

在原《暂行规定》中规定：“外国投资者、被并购境内企业、债权人及其他当事人可以对被并购境内企业的债权债务的处置另行达成协议，但是该协议不得损害第三人利益和社会公共利益。债权债务的处置协议应报送审批机关。”即对于第三人利益和社会公共利益应当予以保护，是遵守民法基本原则中合法原则的体现。而随着今年经济生活的发展，相应的法律的变迁，特别是对于外国投资者的并购行为的规定也有所变动。

在新出台的《规定》中，在保留了《暂行规定》的审批情况外，还新增加了几种情况，即以境外设立的公司名义并购境内公司、对于某些领域的并购、存在关联关系的并购等，主要规定在新《规定》的第11条、第12条和第15条之中，第11条规定：“境内公司、企业或自然人以其在境外合法设立或控制的公司名义并购与其有关联关系的境内的公司，应报商务部审批。当事人不得以外商投资企业境内投资或其他方式规避前述要求。”第12条规定：“外国投资者并购境内企业并取得实际控制权，涉及重点行业、存在影响或可能影响国家经济安全因素或者导致拥有驰名商标或中华老字号的境内企业实际控制权转移的，当事人应就此向商务部进行申报。当事人未予申报，但其并购行为对国家经济安全造成或可能造成重大影响的，商务部可以会同相关部门要求当事人终止交易或采取转让相关股权、资产或其他有效措施，以消除并购行为对国家经济安全的影响。”同时第15

条对于关联关系的说明义务做了规定："并购当事人应对并购各方是否存在关联关系进行说明，如果有两方属于同一个实际控制人，则当事人应向审批机关披露其实际控制人，并就并购目的和评估结果是否符合市场公允价值进行解释。当事人不得以信托、代持或其他方式规避前述要求。"

可见，对于存在关联关系的情况，外国投资者以及并购当事人被赋予了如实说明的义务，并且要报商务部审批，这一点是基于近年来理论界和实践中出现的和争议较大的关联关系的问题来规定的。同时，对于外国投资者并购境内企业时可能出现的"存在影响或可能影响国家经济安全因素或者导致拥有驰名商标或中华老字号的境内企业实际控制权转移的"情况，也要求当事人予以申报。并且该条款强调了对于"重点行业"、"国家经济安全"、"驰名商标"、"中华老字号"四个相关内容应当向商务部申报，相应的其他的地方或者中央其他机构无权审批。同时如果未予申报，并且并购行为"对国家经济安全造成或可能造成重大影响的"，商务部将有权采取一系列措施，来维护国家的经济安全，消除其危险因素。可见对于外国投资者来说，依照新《规定》对境内企业进行并购需要遵守更多的限制规定。新《规定》中将有关的限制性的审查交给商务部而非其他部门或者地方审批部门来予以审批，表现了对于这些限制性规定的慎重。随着我国加入WTO，根据所要遵守的承诺和相关规则，我国必须逐步开放各个投资领域，相应在对于这些领域的规制中，也要逐步地纳入法制轨道。新《规定》增加的对于应当报告给商务部审批的新的几种情况，就是逐步在调整这方面的法律关系。外国投资者的相关行为将会越来越受到中国法律法规的制约，而并非如从前那样一味地给予其非国民待遇和优厚条件，这也是外国投资者从受到超国民待遇向国民待遇过渡的体现。

4. 新增的关于换股并购（跨境换股）的规定

在原《暂行规定》中，并没有对于换股并购的相关规定。

新《规定》中一个很大的亮点在于以新的单独的一章规定了换股并购，即第4章"外国投资者以股权作为支付手段并购境内公司"，下设3节，第1节是以股权并购的条件；第2节申报文件与程序；第3节是对于特殊目的公司的特别规定。新规定允许外国投资者利用自身的股权作为对价来并购境内公司，这样的做法实际上属于该规定中股权并购的一种特殊的情形，即第27条规定："境外公司的股东以其持有的境外公司股权，或者境外公司以其增发的股份，作为支付手段，购买境内公司股东的股权或者境内公司增发股份"，这样的模式实际上是一种"股权换股权"、"股份换股份"的做法，由于其具有相当的特殊性，所以换股并购除了必须符合本规定关于股权并购的规定外，还应符合这一章对于股权并购的专门性规定。而这一章对于换股并购的特殊规定包括：对于境外公司资格的限制、作为支付手段的股权或者股份的限制、作为换股并购中中介机构即并购顾问的规定，另外还包括程序上第2节中对于程序上的规定以及第3节对于特殊目的公司的特别规定（也可以说是特殊中的特殊）。

对于境外公司资格的限制包括新《规定》第28条："本章所称的境外公司应合法设立并且其注册地具有完善的公司法律制度，且公司及其管理层最近3年未受到监管机构的处罚；除本章第三节所规定的特殊目的公司外，境外公司应为上市公司，其上市所在地应具有完善的证券交易制度。"

作为支付手段的股权或者股份的限制包括新《规定》第29条："外国投资者以股权并购境内公司所涉及的境内外公司的股权，应符合以下条件：（一）股东合法持有并依法可以转让；（二）无所有权争议且没有设定质押及任何其他权利限制；（三）境外公司的股权应在境外公开合法证券交易市场（柜台交易市场除外）挂牌交易；（四）境外公司的股权最近1年交易价格稳定。

前款第（三）、（四）项不适用于本章第三节所规定的特殊目的公司。”

作为换股并购中的中介机构即并购顾问的规定，则在新规定的第 30 条和第 31 条：“外国投资者以股权并购境内公司，境内公司或其股东应当聘请在中国注册登记的中介机构担任顾问（以下称‘并购顾问’）。并购顾问应就并购申请文件的真实性、境外公司的财务状况以及并购是否符合本规定第 14 条、第 28 条和第 29 条的要求作尽职调查，并出具并购顾问报告，就前述内容逐项发表明确的专业意见”。“并购顾问应符合以下条件：（一）信誉良好且有相关从业经验；（二）无重大违法违规记录；（三）应有调查并分析境外公司注册地和上市所在地法律制度与境外公司财务状况的能力。”

另外还包括程序上第二节中对于程序上的规定以及第三节对于特殊目的公司的特别规定（也可以说是特殊中的特殊）。

在第 2 节中，主要规定对于外国投资者以股权作为支付手段并购境内公司的申报。在申报文件方面，在符合一般股权并购的基础上，还要遵守新规定第 32 条的规定，即“外国投资者以股权并购境内公司应报送商务部审批，境内公司除报送本规定第三章所要求的文件外，另须报送以下文件：（一）境内公司最近 1 年股权变动和重大资产变动情况的说明；（二）并购顾问报告；（三）所涉及的境内外公司及其股东的开业证明或身份证明文件；（四）境外公司的股东持股情况说明和持有境外公司 5% 以上股权的股东名录；（五）境外公司的章程和对外担保的情况说明；（六）境外公司最近年度经审计的财务报告和最近半年的股票交易情况报告。”而在申报的程序方面，首先不同于一般的股权并购，外国投资者以股权作为支付手段并购境内公司的必须一律报商务部审批，新《规定》第 33 条规定为：商务部自收到规定报送的全部文件之日起 30 日内对并购申请进行审核，符合条件的，颁发批准证书，并在批准证书上加注“外国投资者以股权并购境内公司，自营业执照颁发之日起 6 个月内有效”。

其次，境内公司还必须取得营业执照和外汇登记证，即第 34 条规定，境内公司应自收到加注的批准证书之日起 30 日内，向登记管理机关、外汇管理机关办理变更登记，由登记管理机关、外汇管理机关分别向其颁发加注“自颁发之日起 8 个月内有效”字样的外商投资企业营业执照和外汇登记证。另外，由于换股并购对于公司股份的直接影响，极有可能会改变公司的股权结构和人员组成等重大事项。所以规定了境内公司向登记管理机关办理变更登记时，应当预先提交旨在恢复股权结构的境内公司法定代表人签署的股权变更申请书、公司章程修正案、股权转让协议等文件。

另一方面对于境内公司或其股东如果要在境外投资开办企业的，第 35 条对于其审批程序做了详细规定：“自营业执照颁发之日起 6 个月内，境内公司或其股东应就其持有境外公司股权事项，向商务部、外汇管理机关申请办理境外投资开办企业核准、登记手续。当事人除向商务部报送《关于境外投资开办企业核准事项的规定》所要求的文件外，另须报送加注的外商投资企业批准证书和加注的外商投资企业营业执照。商务部在核准境内公司或其股东持有境外公司的股权后，颁发中国企业境外投资批准证书，并换发无加注的外商投资企业批准证书。境内公司取得无加注的外商投资企业批准证书后，应在 30 日内向登记管理机关、外汇管理机关申请换发无加注的外商投资企业营业执照、外汇登记证。”

再次，对于在营业执照颁发的有效期间之内，相关的手续没有完成的情况下，新《规定》做了失效的规定，即第 36 条：“自营业执照颁发之日起 6 个月内，如果境内外公司没有完成其股权变更手续，则加注的批准证书和中国企业境外投资批准证书自动失效，登记管理机关根据境内公司预先提交的股权变更登记申请文件核准变更登记，使境内公司股权结构恢复到股权并购之前的状态。”同时，“并购境内公司增发股份而未实现的”，新《规定》作出了应当向社会公示的规定，即“在登记管理机关根据前款予以核准变更登记之前，境内公司还应当按照《公司法》的规定，减少相应的注册资本并在报纸上公告”。对于“境内公司未按照前款规定办理相应的登记手续的”，要求“由登记管理机关按照《公司登记管理条例》的有关规定处理”将其比照一般的公司登记管理的规定予以处理。

最后，本节对于换股并购的情况下，可能存在的利用并购或者由于并购可能或者实际上造成的公司资本流失作出了预防，即新《规定》第37条规定：“境内公司取得无加注的外商投资企业批准证书、外汇登记证之前，不得向股东分配利润或向有关联关系的公司提供担保，不得对外支付转股、减资、清算等资本项目款项。”防止在并购前境内公司利用“向股东分配利润”、“向有关联关系的公司提供担保”以及“对外支付转股、减资、清算”等手段来转移财产，造成公司资本不实，使并购的投资者受到损害。另外第38条对税务登记做了规定：“境内公司或其股东凭商务部和登记管理机关颁发的无加注批准证书和营业执照，到税务机关办理税务变更登记。”

对于外国投资者并购境内企业在目前有资产并购和股权并购两种情况下，这种规定是比较新颖的。在一般意义上，尤其是上市公司的并购多用的是股权并购形式，此次将换股并购写入规定实际上是更进一步允许新的特殊的股权并购方式。目前我国已经加入WTO，为了顺应国际发展潮流和WTO的关于给予外资国民待遇的基本规定，我国的投资领域已经逐步放开，投资方式和模式从原来比较单一的模式向多元化模式发展。本次修改将换股并购单独作为一章规定不仅是规定了新的一种并购手法，而且其规定的调整范围也随之扩大了，即将离岸公司也纳入了规则调整的范围，这一点也是原《暂行规定》所不及的。由于换股并购这种形式在国际并购的实践操作中非常常见，而且通过离岸公司的方式进行操作的也不在少数，这种手法甚至现在国内公司在收购时也并不鲜见，而新《规定》突破了原有的调整范围，对于离岸公司的有关并购予以规制，开始尝试填补这一法律空白。但是应当注意的是，这种最新的并购方式相应对于公司股份影响极大，同时对于公司并购过程中的登记规定也有其特殊之处，目前法律的规制效果如何，还应当在实践中进行检验。对于外国投资者而言，这种新型的并购方式无疑是便利于投资者的。外国投资者以其在境外的企业具体来说是上市公司的股权或者股份为对价来直接进行并购。但是需要注意的是，由于这种并购模式的特殊性，新《规定》也将其另行规定为一章，大量的行政程序的设定，如必须报商务部批准等规定，使得行政等方面的风险加大，使其收购的成败的风险更加微妙，关于这一点的变化，外国投资者应当慎重考虑。

总体来看，新《规定》对于原《暂行规定》而言，大体上保留了原来的内容，除了上述修改的内容之外，还包括新增的如资产评估应当更加强调并购国有资产既要按国际通行方式评估，又要符合国有资产管理的规定等。另外对于审批登记的其他内容、反垄断审查等均继承了原暂行规定的内容，并未在内容上进行较大的改动，但是整体规则较之于原来的《暂行规定》而言，篇幅上几乎多了一半，结构上更加有条理，因此法律规定更加成型。但是有鉴于目前我国仍处于改革开放阶段，这一套法律的效果如何尚待实践中考察。

1.3.6.2　《外资银行管理条例》及其配套规定的分析

在中国迎来加入世界贸易组织五周年之际，国务院及中国证监会分别颁布了《中华人民共和国外资银行管理条例》和《中华人民共和国外资银行管理条例实施细则》，它们共同对在中国运营的外商独资银行、中外合资银行和外国银行在华分行的设立与登记以及业务范围作出了明确规定，允许在华外资法人银行为中国客户提供全面的金融服务。这两份文件形成了一套完整的规则体系，并且这套规则是具有里程碑意义的，它们标志着中国银行业已经向外资全面打开了大门，整个金融系统的对外开放已经全面放开，可以说意义比较深远，影响比较深刻。

《中华人民共和国外资银行管理条例》于 2006 年 11 月 8 日国务院第 155 次常务会议通过，自 2006 年 12 月 11 日起施行。《中华人民共和国外资银行管理条例实施细则》于 2006 年 11 月 17 日中国银行业监督管理委员会第 53 次主席会议通过，自 2006 年 12 月 11 日起施行。《中华人民共和国外资银行管理条例》共 7 章 73 条，除了总则附则外，分别从设立登记、业务范围、监督管理、终止清算以及法律责任等几个方面作出规范。《中华人民共和国外资银行管理条例实施细则》的体例与《中华人民共和国外资银行管理条例》相同，篇章结构一样，共计 134 条，更加细致地对《中华人民共和国外资银行管理条例》进行解释和规范。

1. 关于外资银行和外国银行的界定

在新颁布的《中华人民共和国外资银行管理条例》之中，分别对于外资银行、外国金融机构、外国银行等几个概念做了明确的表述，依据《中华人民共和国外资银行管理条例》，外资银行是指“依照中华人民共和国有关法律、法规，经批准在中华人民共和国境内设立的下列机构：（一）1 家外国银行单独出资或者 1 家外国银行与其他外国金融机构共同出资设立的外商独资银行；（二）外国金融机构与中国的公司、企业共同出资设立的中外合资银行；（三）外国银行分行；（四）外国银行代表处。”其中对于第（一）项至第（三）项所列机构，统称外资银行营业性机构。外国金融机构是指“在中华人民共和国境外注册并经所在国家或者地区金融监管当局批准或者许可的金融机构。”外国银行是指“在中华人民共和国境外注册并经所在国家或者地区金融监管当局批准或者许可的商业银行。”这一套概念体系的建立首先具有明确划分的功能，同时，它是依据我国《公司法》体系对于企业法人划分的方法作出的，所以具有配套适应性。

由于《中华人民共和国外资银行管理条例》已经对其做了明确界定，对于外资银行而言，由于其是“依照中华人民共和国有关法律、法规，经批准在中华人民共和国境内设立的”，所以实际上属于我国国内法人，必须完全接受我国法律法规的规制。而对应的外国银行、外国金融机构由于均是“在中华人民共和国境外注册”的，所以属于外国法人的范畴，在适用我国法律法规上有其自身的特点。对于新颁布的《中华人民共和国外资银行管理条例》而言，两者均是其调整对象。

2. 外资银行和外国银行分行的设立登记

在外资银行的设立要求上，《中华人民共和国外资银行管理条例》作出了规定：“外商独资银行、中外合资银行的注册资本最低限额为 10 亿元人民币或者等值的自由兑换货币。注册资本应当是实缴资本。”将注册资本最低限额规定在“10 亿元人民币或者等值的自由兑换货币”的标准上，强调了外资银行必须资本雄厚，且必须为实缴资本，保证银行的资本信用度。在设立分行的规定中，同样地要求“外商独资银行、中外合资银行在中华人民共和国境内设立的分行，应当由其总行无偿拨给不少于 1 亿元人民币或者等值的自由兑换货币的营运资金。外商独资银行、中外合资银行拨给各分支机构营运资金的总和，不得超过总行资本金总额的 60%。”将营运资金规定为“不少于 1 亿元人民币或者等值的自由兑换货币”一样是提高资本要求，同时结合我国商业银行法的规定，防止总行的资本过度集中于分行，规定了“外商独资银行、中外合资银行拨给各分支机构营运资金的总和，不得超过总行资本金总额的 60%。”

外国银行的设立并不依据我国法律法规，而在对于外国银行的分行设立上，《中华人民共和国外资银行管理条例》规定：“外国银行分行应当由其总行无偿拨给不少于 2 亿元人民币或者等值的自由兑换货币的营运资金。”也即和外资银行相比，其营运资金的要求更高，因为其作为外国法人而不是国内法人，在某些法律法规的适用上可能难以为我国法律法规所管辖，相应的风险就会提高，所以对于其运营资金的要求也会相应提高。

除了对于外资银行、外国银行的设立的上述规制之外，对于外资银行和外国银行的设立者的要求也做了相应的规定，在《中华人民共和国外资银行管理条例》中规定：“拟设外商独资银行、中外合资银行的股东或者拟设分行、代表处的外国银行应当具备下列条件：（一）具有持续盈利能力，信誉良好，无重大违法违规记录；（二）拟设外商独资银行的股东、中外合资银行的外方股东或者拟设分行、代表处的外国银行具有从事国际金融活动的经验；（三）具有有效的反洗钱制度；（四）拟设外商独资银行的股东、中外合资银行的外方股东或者拟设分行、代表处的外国银行受到所在国家或者地区金融监管当局的有效监管，并且其申请经所在国家或者地区金融监管当局同意；（五）国务院银行业监督管理机构规定的其他审慎性条件。”

而且对于拟设外商独资银行的股东做了专门的规定，即“拟设外商独资银行的股东应当为金融机构，除应当具备相关规定的条件外，其中唯一或者控股股东还应当具备下列条件：（一）为商业银行；（二）在中华人民共和国境内已经设立代表处 2 年以上；（三）提出设立申请前 1 年年末总资产不少于 100 亿美元；（四）资本充足率符合所在国家或者地区金融监管当局以及国务院银行业监督管理机构的规定。”

对于拟设中外合资银行的股东同样做了专门的规定，即“拟设中外合资银行的股东除应当具备相关规定的条件外，其中外方股东及中方唯一或者主要股东应当为金融机构，且外方唯一或者主要股东还应当具备下列条件：（一）为商业银行；（二）在中华人民共和国境内已经设立代表处；（三）提出设立申请前 1 年年末总资产不少于 100 亿美元；（四）资本充足率符合所在国家或者地区金融监管当局以及国务院银行业监督管理机构的规定。”

而对于拟设分行的外国银行除应当具备相关规定的条件外，还应当具备下列条件：（一）提出设立申请前 1 年年末总资产不少于 200 亿美元；（二）资本充足率符合所在国家或者地区金融监管当局以及国务院银行业监督管理机构的规定；（三）初次设立分行的，在中华人民共和国境内已经设立代表处 2 年以上。

对于外国投资者，尤其是意向进入我国金融系统的外国金融领域的投资者而言，明确区别外资银行和外国银行分行的准入标准和成立条件，不但有利于对于不同国籍的法人进行管理，更重要的立法目的在于针对外国银行分行的设立条件较之于外资银行要苛刻，实际上是从法律法规的角度鼓励外国投资者从外资银行的角度进入中国的金融市场，以便使我国的法律法规能够更加全面地进行管辖。另一方面，对于外国金融业投资者而言，如果选择对于本身法律法规约束较少的外国银行分行的形式，则相应的准入门槛也会提高，这样会使得大量的实力雄厚的金融财团进入我国金融市场，而淘汰其他实力并不强大的投资实体，使其只能通过选择外资银行的形式进入我国金融市场，接受更加严格的法律约束。

3. 关于业务范围的规定

在外国银行和外资银行的营业范围的规定之中，《中华人民共和国外资银行管理条例》结合国内银行法体系的规定，分别予以列明，即在第 29 条和第 31 条中作出了规定，“外商独资银行、中外合资银行按照国务院银行业监督管理机构批准的业务范围，可以经营下列部分或者全部外汇业务和人民币业务：（一）吸收公众存款；（二）发放短期、中期和长期贷款；（三）办理票据承兑与贴现；（四）买卖政府债券、金融债券，买卖股票以外的其他外币有价证券；（五）提供信用证服务及担保；（六）办理国内外结算；（七）买卖、代理买卖外汇；（八）代理保险；（九）从事同业拆借；（十）从事银行卡业务；（十一）提供保管箱服务；（十二）提供资信调查和咨询服务；（十三）经国务院银行业监督管理机构批准的其他业务。外商独资银行、中外合资银行经中国人民银行批准，可以经营结汇、售汇业务。”而对于外国银行分行在中国的经营业务的规定，大体上和外商独资银行、中外合资银行的范围相近，但是在第 31 条中另外规定：“外国银行分行可以吸收中国境内公民每笔不少于 100 万元人民币的定期存款。”另外结合第 34 条的规定：“外资银行营业性机构经营本条例第 29 条或者第 31 条规定业务范围内的人民币业务的，应当具备下列条件，并经国务院银行业监督管理机构批准：（一）提出申请前在中华人民共和国境内开业 3 年以上；（二）提出申请前 2 年连续盈利；（三）国务院银行业监督管理机构规定的其他审慎性条件。”由此可见，在外资银行和外国银行分行的业务范围上，尤其针对在从事零售业务时我国采取了不同的准入措施的规制，外资银行可以从事全面的人民币业务，但是必须同时满足“开业三年，盈利两年”的条件限制，而外国银行的分行则需要经历逐个审批的程序，并且在零售的业务范围上，只能吸收居民 100 万元人民币以上的定期存款。另外外资银行可以从事银行卡业务，而外国银行分行则无权从事该项业务。这一系列的措施充分体现了维持金融稳定和审慎经营的原则，也是对中国这样一个快速成长的金融业零售市场进行适度保护。

由此可见，对于外国投资者不同的投资形式，《中华人民共和国外资银行管理条例》及其细则给予了不同的业务范围的限制，对于外资银行的业务范围规定得更加宽阔，较之于外国银行的分行，主要在于银行卡业务以及可以从事不受限额的零售业定期存款。这样的规定显然有利于外资银行与外国银行在零售业务的竞争中取得优势。但同时，法律也关注到，由于外国银行分行的主要业务并不偏重于零售业务，而旨在大额交易，且外资银行的准入门槛要稍稍低于外国银行的分行，所以，《中华人民共和国外资银行管理条例》相应地对于外资银行从事零售业务赋予了一定的条件限制，即“开业三年，盈利两年”，因为毕竟零售业务不仅仅是金融市场的一个方面，同时由于它牵涉的资金更多的是社会闲散资金，与普通老百姓的生活息息相关，如果一旦出现问题，不仅仅会引发金融经济性问题，对于社会生活也会造成重大的冲击。为了避免可能出现的这种风险，加上一个限制性条件，保证从事零售业务的外资银行有丰富的经验和抵御风险的能力，这样对于经济生活和社会生活毫无疑问均是有利的，这也是立法取向之所在。

4. 监管制度

在本次制定的外资银行管理法规中，如何对目标机构进行监管是我国对于金融开放的态度的体现。由于在《中华人民共和国外资银行管理条例》中我们把规制的对象按照法人的国籍不同分为外资银行和外国银行在中国设立的外国金融机构，前者是在我国注册登记，完全属于我国国内法人的范畴，所以完全为我国法律法规所管理，同时完全为我国监管机构来进行监管。但是对于后者，虽然《中华人民共和国外资银行管理条例》将其列出，但是由于外国金融机构是由其外国银行在国外注册，所以并不完全接受我国法律法规的管辖，同时受到其外国银行所在国的监管机构的监管，由其外国银行的母国的监管机构承担监管责任。

在《中华人民共和国外资银行管理条例》的第四章明确规定了“监督管理”内容，具体来看，对于外资银行和外国金融机构分别进行了有针对性的监管规定。

在对于外资银行方面的监管上，对于外资银行的监管多采取指导性规则和准用性规则进行调整，如内部规制方面，规定“外资银行营业性机构应当按照有关规定，制定本行的业务规则，建立、健全风险管理和内部控制制度，并遵照执行。”在会计制度和信息披露方面，规定“外资银行营业性机构应当遵守国家统一的会计制度和国务院银行业监督管理机构有关信息披露的规定。”另外在举借外债，确定存款、贷款利率及各种手续费率，存款准备金，计提呆账准备金等方面，分别规定外资银行营业机构应当符合相关的规定，如“外资银行营业性机构举借外债，应当按照国家有关规定执行”，“外资银行营业性机构应当按照有关规定确定存款、贷款利率及各种手续费率”，“外资银行营业性机构经营存款业务，应当按照中国人民银行的规定交存存款准备金”，“外资银行营业性机构应当按照规定计提呆账准备金”，等等。

而对于外国银行分行的监管方面，规定显然不如外资银行那样，更多地通过准用性规则予以规制，而是注重直接通过具体的细微的规范进行调整，这种调整非常明确和仔细，当然同时也是有范围的限制的。例如对于具体涉及外国银行分行内部的风险控制制度、财务会计制度等就没有完全地要求适用中国法律法规的规制。《中华人民共和国外资银行管理条例》的控制主要着眼于外国银行分行的运营风险，对于大的制度性方面并未作出规定而是从明确的数据方面量化地对其进行限制，这样的好处在于明确指出其范围，易于外国银行、监管机构以及相关的利害关系人加以判断，同时对于外国银行能起到指引作用。例如《中华人民共和国外资银行管理条例》中规定“外国银行分行营运资金的30%应当以国务院银行业监督管理机构指定的生息资产形式存在”，“外国银行分行营运资金加准备金等项之和中的人民币份额与其人民币风险资产的比例不得低于8%”，“外国银行分行应当确保其资产的流动性。流动性资产余额与流动性负债余额的比例不得低于25%”，“在中华人民共和国境内设立2家及2家以上分行的外国银行，应当授权其中1家分行对其他分行实施统一管理。”在量上明确提出限制，实际上也是立法过程中，法学界和业界的专家对于相关的WTO法规协议结合我国实践考察后的结果。例如关于“外国银行分行营运资金加准备金等项之和中的人民币份额与其人民币风险资产的比例不得低于8%”的规定，显然就是对于《巴赛尔协议》的参考。所以，对于数据的确定实际上也是能够起到防卫和警戒的作用，尤其是对于外国银行分行的规制不可能完全像对国内法人那样，进行制度性规范的建设，而更多地从具体层面规制才是实用的。

总而言之，我国自改革开放以来，按照加入WTO的承诺，依次全面放开国内金融业，这种做法本身就带有极大的风险性。对于来自外资金融资本的冲击，我国国内的金融体系能否经受考验和竞争，我国法律体系能否有效地规范和调控，这套规范体系在我国尚属首次实施适用，是否能起到应有的效果尚待进一步考察。

1.2.7 《物权法（草案）》对于我国非公有制经济发展的法律评析

2006年在我国民法立法工作中，《物权法（草案）》的立法起草工作一直是理论界和广大人民关注的焦点之一。在我国的《物权法（草案）》起草过程中，经历一系列理论上的争议和讨论，包括民法学界内部的，也包括部门法之间的，大量听取和吸收了关于社会各阶层各方面的意见和声音。2006年年底，《物权法》第六稿出台后，大致上确定了我国今后颁布的物权法的模式和内容。2006年12月24日，人大常委会第七次开会审议物权法草案。可以说在整个2006年，《物权法》的立法工作已经进入到最后的冲刺阶段，并且极有可能在2007年三月召开的十届全国人民代表大会第五次会议上提请审议。

自从1986年《民法通则》颁布以后，我国长期的民事立法中一直存在着一个法律上的缺陷，就是对于财产权的调整未能形成系统的法律规范。虽然在《民法通则》中，有关于财产所有权的规定即在第 5 章第 1 节规定财产所有权和与财产所有权有关的财产权的相关内容。但是对于财产所有权而言，它不仅关系到广大人民群众的切身利益，还紧紧地关系着我国基本的经济制度，其重要性不言而喻。所以我国相关部门对于该项立法也是极其慎重。1999 年《合同法》颁布实施之后，我国的债法领域有了一部比较健全和完整的法律可以作为依据。但是，在对于《物权法（草案)》的起草和准备过程中，出现了大量的来自各方面的不同的争议和意见，甚至包括《物权法》的合宪性问题，所以《物权法》的审议次数也是创下了我国单行法律的审议纪录，由此也足见其重要性。而对于 2006 年 11 月份向社会公布的这部《物权法》第六稿而言，可以说大体上已经是我国未来《物权法》的成型稿。

《物权法（草案)》第 6 稿全文共 6 编共计 19 章，另有一部分为附则，一共 248 条，几乎每一条都经过理论界和立法工作者的激烈讨论，可以说内容丰富，体例比较庞大。那么就这部未来中国重要的法典来看，它对于非公有制经济有何影响和意义，以下从几个方面作出分析。

1.3.7.1　这部《物权法（草案)》的立法目的对于非公有经济的影响

本次起草《物权法（草案)》，一个最为重要的目的在于保证我国二十多年来的改革开放的经济成果，巩固国民经济的基础，促进经济进一步发展。在物权法第六稿的第一编总则中第一条就明确地规定："为了维护国家基本经济制度，维护社会主义市场经济秩序，明确物的归属，发挥物的效用，保护权利人的物权，根据宪法，制定本法。"民法是私法，是调整平等主体之间人身关系、财产关系的法律规范的总和。而物权法作为民法之中的一个重要的部门法，调整的就是"平等主体之间因物的归属和利用而产生的财产关系。"就物权本身而言，不仅对于非公有制经济，对于任何一个权利人都是一项极其重要的权利。对于一个自然人来说，除了生命身体等与自身自然属性相关的权利外，自己所拥有的财产无疑是最为重要的，因为在商业社会发展到现在，财产可以说是人们安身立命之本，倘若一个人的相关财产权利受到肆意侵害难以寻求法律的保全，那么该自然人的权利环境将是极其恶劣的，难以在社会上立足。而对于并不具有自然人的自然属性的有关单位而言，如法人、非法人组织等，对于财产权利的享有和支配显得更为重要，如果除去物质基础的支持，一个单位或者组织的存在运作根本难以为继。物权法正是对于这些最基本和最重要的财产关系作出规制的一部根本性的法律。

由于本次物权法的创制的重要目的首先在于维护我国的基本经济制度和社会主义市场经济秩序，而我国的基本经济制度也就是以公有制为主体，多种所有制经济共同发展，我国的社会主义市场经济本身也是强调了要在公有制为主体的基础上，促进发展非公有制经济，一切符合三个有利于的所有制形式都应当用来服务于社会主义。所以对于非公有制经济而言，其得到巩固和发展必须要在法律层面上确保自己的权利得到保障。以往我们基本上都是在政策层面上强调保护非公有制经济，究其法律的技术含量而言不能算是太高。我国的社会主义市场经济是法治经济，必然要通过走健全法治的道路来进行规制，而政府通过政策来进行调控更多地是转变为间接性地调整。所以本次物权法的创制实际上很大程度照顾到了国家以外尤其是非公有制经济实体的权益，在法律上明确其权利归属和利用，使其在社会生活中能在法治的环境下得以运作和持续。

1.3.7.2　《物权法（草案)》特征和类别对于非公有制经济的积极意义

由于本次物权法在新中国的历史上属于首创，所以《物权法（草案)》中着重地对于一些基本的概念做了解释和说明，如物，“本法所称物，包括动产和不动产。法律规定权利作为物权客体的，依照规定”，又如物权，“本法所称物权，是指权利人对特定的物享有直接支配和排他的权利，包括所有权、用益物权和担保物权。”

首先对于物权是一种怎样的权利，作为首创性的法律，《物权法（草案）》给出了比较明确的说明。作为和债权相对应的一种权利，它的本质特征在于它是一种直接支配性的权利，所谓直接，体现的是物权人的意志和物的直接联系，意味着物权人可以依靠自己的意思，而无须他人的意思的介入或者辅助就可以实现自己的权利。① 这里所谓的支配，就是指能否以自己的意志独立行使自己的物权。当然理论界仍有一定的争议，就是是否所有的物权类别均具有支配性质。应该来说，只要是物权，是应该具有支配性这一本质属性的，不过对于不同的类别而言，如用益物权、担保物权等，其支配性体现得并不尽相同。另外物权法草案的规定还强调了物权的排他性，即物权人可以据此权利对抗其他的第三人。最后，《物权法（草案）》并未将对世性作为物权的特征规定在条文之中，这一点仍然是有待进一步商榷。所以总体上，《物权法（草案）》之中的物权特征即为支配性和排他性。

对于物权的类别，《物权法（草案）》延续了大陆法系的传统，将其划分为所有权、用益物权和担保物权。在其具体的权利形态上，由于《物权法（草案）》采取的是严格限制的物权自由原则，所以在《物权法》实施之后，有可能会出现法律未作规定的物权形态。

对于非公有制经济而言，强调权利的明确具体和实践中的可适用性。而物权本身作为基础性的权利，本质是非常抽象的。所以在日后物权法的实施过程中，很可能出现大量的新的权利形态有待分析和论证。但是对于物权这样具有支配和排他性质的权利来讲，权利人所受到的法律限制相对于其他的权利要小得多，这样一来，就能够非公有制经济的发展创造一个相对宽松的法律环境，因为无论是行政法还是经济法或者其他民商法部门的规定，都无法像《物权法》这样，直接将最重要的财产权利进行规定并且赋予权利人享有和行使。非公有制经济的发展模式和公有制经济的不同之处在于，非公有制经济必须依赖于市场和法律的调整和救济，一旦其所享有的物权得以确认，实际上非公有制经济的经营成果就会得到最好的法律保护和直接性的调整。

1.3.7.3　由所有权体系所体现的对于非公有制经济的平等保护

在上述对于物权的分类中，所有权是首要的也是最基本的物权形态。在《物权法》第六稿的第二编，专章规定了所有权的内容。除了一般规定和相邻关系等特殊性规定外，最为引人注目的就是对于所有权的类别的规定了。《物权法（草案）》将所有权分为国家所有权、集体所有权和私人所有权，这种划分实际上是按照以权利主体的属性为标准的。在《物权法》的起草过程中，一个很大的争议就在于对于所有权的是应当进行单一规定还是应当进行类型化。由于大陆法系国家长期以来就是坚持的单一形式的所有权立法模式，即并不对所有权进一步细化，而是将所有的所有权一概进行规定和调整，所以我国理论界有观点认为我们应当继承这一模式，因为毕竟我国法律特别是对法领域是以学习大陆法系为主的。这种立法思路不能说不好，但是我们在起草物权法过程中考虑到毕竟我国是学习和借鉴大陆法系规定，并不是指我国就是大陆法系国家，况且我国起草《物权法》应当更多地关注和结合我国的具体国情和实践。特别是我国改革开放以来，实践中出现了大量的权利形态，有必要进行类型化处理，进行个性化的调整。

---

① 王利明：《再论物权的概念》，《社会科学研究》，2006年第5期。

我国《物权法（草案）》将所有权按照权利主体划分为国家所有权、集体所有权和私有所有权，这样的立法选择是很有深意的。对于国家所有权而言，正如上述提到的物权法立法目的一样，为了巩固改革开放的经济成果，特别是为了防止国有资产在并购等活动中的严重流失的情况发生，物权法草案针对国家所有权的各种情况进行了细致的规定，并且规定了违反规定时应当承担法律责任。对于非公有制经济而言，道理是一样的，通过《物权法（草案）》上规定的集体所有权和私人所有权，并且将两者和国家所有权并列规定在《物权法》中，实际上就是强调对于公有制经济和非公有制经济，《物权法》是给予平等的保护的。在我国现有的条件下，区分三种所有权而明确宣示其平等地位，并不是人为地制造对于公有财产的优先保护，相反，在目前实践中对共有财产进行优先保护的背景下，这样做恰恰是将受到歧视的私有财产提升到与公有财产平等的地位。①

1. 3. 7. 4　关于担保物权对于非公有制经济的影响

在《物权法》草案第六稿中，担保物权是在第四章中规定的。而在我国的民事立法中，早在1995 年就颁布了一部单行的法律《担保法》，来专门对担保问题进行规定。但是时至今日，《担保法》本身所存在的大量问题仍未得以解决，而且究其调整范围来讲，担保法也并非完全调整担保物权的一部法律，其中还包括了对于定金和保证的相关规定。所以，这一次《物权法》对担保物权作了专门规定。

在实践中，大量的商业活动和交易中存在各式各样的担保形式，特别是在金融流通领域，对于担保的规范显得尤为重要。《物权法（草案）》第六稿仍然将担保物权分为抵押权、质权、留置权来规定。抵押权又被分为一般抵押权和最高抵押权，其中最高抵押权就是为了适应目前广泛存在的连续交易，连续提供劳务或者借款等；质权的标的被划分为权利和财产，其中权利质的规定主要就是针对在金融流通领域大量存在的以票据等形式的权利质押，这样来规制实践情况中的金融担保等。特别在目前的国际担保发展的潮流来看，动产质押不断衰落，权利质押不断发展。总体上就担保财产的范围上来看，一方面要求促进融资有必要扩张担保财产的范围；另一方面随着担保财产范围的扩张，为了促进担保财产的利用更有效率，这些都需要我们承认大量的新的财产形式的担保，如无形财产、未来财产、集体财产等。② 这样放宽了对于担保范围的限制，一个最直接的影响就是促进更多的财产进入融资领域，对于非公有制经济而言，可以通过更多的不同的财产形式来投资于市场，实际上降低了市场准入的标准，有利于经济的繁荣。

《物权法（草案）》第六稿在最后的附则中还对《担保法》和《物权法》的关系做了规定，强调《物权法》的颁布实施并不影响《担保法》的适用，但是一旦出现法律上的冲突，以《物权法》为准。由此可见对于未来《物权法》和《担保法》的关系上，我国立法倾向于逐步地淡化《担保法》的影响，最后由《物权法》来统一调整整个的物权法律关系。正是由于担保物权在商业社会中的重要角色，我国物权法对于担保物权的规定可以牢牢地将其权利的产生、变更、消灭予以明晰。对于非公有制经济而言，尤其是从事金融、保险、银行业的私有投资经营者而言，这样的规定无疑能够起到从法律角度保护其权利的功能。

---

① 王利明：《试论物权法的平等保护原则》，《河南政法管理干部学院学报》，2006 年第三期。

② 王利明：《担保物权制度的发展与我国物权法草案》，《山西大学学报》（哲学社会科学版），2006 年 7 月第 29 卷第 4 期。

2

研究报告篇

2.1 要论

2.1.1 放宽非公经济市场准入，鼓励非公有制企业自主创新

——在第四届非公有制经济发展论坛上的讲话

成思危

本届非公有制经济发展论坛的主题是“市场准入和企业创新”。在市场准入方面，我重点讲基本概念、主要政策和存在问题；在企业创新方面，我重点讲企业应靠制度创新进入市场，靠管理创新开拓市场，靠技术创新占领市场。

十六大以后，民建中央按照十六大提出的“两个不动摇”和曾培炎同志代表中共中央在民建八大致贺辞中提出的“民建要配合有关方面做好非公有制经济人士工作，促进非公有制经济健康发展”的希望，从2003年12月开始，民建中央和国家发改委及有关省政府联合举办非公经济发展论坛，已经连续三年分别在武汉、昆明、合肥举办了三届，这次在厦门举办的是第四届。

促进非公有制经济健康发展，既要靠政府的支持，也要靠非公有制企业自身的努力，两个方面缺一不可。政府的支持非常必要，但不应将所有发展中出现的问题都归结为政府的支持不够。这次论坛的主题也体现出这一点：一方面要在政府的支持下进一步放宽对非公有制经济的市场准入；另一方面也要根据2006年年初全国科技大会提出建设创新型国家的精神，加强企业创新，通过创新推动企业进一步发展。这几年举办论坛的经验可以归纳为“虚实结合，统分结合”：“虚实结合”就是既研讨促进非公经济发展的政策和有关问题，也搭建企业间交流和合作的平台，2005年在安徽举办的论坛实际签约30多个亿；“统分结合”是指除了大会的主旨报告和专家所作的报告外，还有几个分论坛，由民建中央企业委员会下设的专业组分别组织进行研讨。本届论坛将由IT组、物流组、房地产组、生物工程组、环保组、餐饮旅游组等六个专业组分别组织六个分论坛。

2.1.1.1 关于市场准入

1. 市场准入的基本概念

市场准入是政府为了防止市场失灵和维护国家安全，对市场主体、产品、服务、资本等进入某些地区或领域进行控制或干预的行为。这是政府干预市场、管理经济的一种制度安排，按照一般市场经济的规律和社会主义市场经济体制的要求，市场准入应该遵循以下五个方面的原则：

（1）要公开市场准入的资格和程序，并接受社会的监督，严禁黑箱操作及以权谋私。

（2）依法设定市场准入制度。不允许政府随意限制市场主体的进入，这也是贯彻依法行政的一个重要方面。

（3）根据具体情况运用备案制和核准制，尽量减少审批制。有人用对联比喻审批制为“说你行你就行，不行也行；说你不行就不行，行也不行”，横批是“不服不行”。这样就很难做到公正

和依法，但是审批制在一定的范围内是需要的，特别是进入公共服务和自然垄断行业是需要经过审批的，因为这类行业涉及人民群众的利益和重大问题，不能随便进入。核准制是公布条件，如果认为符合条件就可以提出申请，再由政府核准。核准制的特点在于条件是公开的，并有规定的期限，政府应在一定期限内通知申请者是否核准；如果不服还可以通过行政诉讼法提出诉讼。对于一些比较重要的竞争性行业可以考虑实行核准制，而一般的竞争性行业则适用备案制。备案制是只要申请备案就可以进入市场，但是如果备案的资料有虚假陈述，进入市场出现问题就要给予严厉的处罚。大体上说，审批制是事前的监督，核准制是事前和事中的监督，备案制则是事后的监督。

（4）加强管理，简化程序，减少环节，提高效率，尽量降低市场准入的成本。如果市场准入成本太高就容易造成进入的困难，也容易产生腐败问题。

（5）政府的权力和责任要对称。政府实行审批制，掌握了权力，更需要承担责任。如果审批过程出现错误，让不合格的企业进入了市场，政府就要承担相应的责任。此外，政府还应依法严惩各种违法行为。

要保证市场准入的公平性。根据诺贝尔经济学奖得主斯蒂格勒的政府管制理论，公平的市场准入应该符合四个条件：

（1）政府不能给任何企业补贴或者变相补贴。政府如果给某些国有企业补贴或者变相补贴的话，市场竞争就不是在公平的条件下进行的。

（2）尽量减少审批制，多采用核准制和备案制。

（3）配套条件要公平。配套条件包含多个方面，如原材料的供应、运输的安排等。如果配套条件不公平，有的企业能够在政府的支持下买到更低价格的原材料和优先安排运输，就不可能做到真正意义上的公平。

（4）取消价格管制。先进入市场的企业已经取得了垄断地位或独占地位，对价格有一定的控制，如果不允许新进入的企业用价格来竞争，就有可能因竞争不过原来的企业而难以进入市场。

此外，实现市场准入的公平性还要注意“变心板”现象。所谓“变心板”就好像公共汽车的踏板。当某人没挤上车的时候会说“再挤一下，还能上去”，当他挤上去以后就会对后面的人说“对不起，挤不下了，等下一辆吧”。就是说已经进入市场的企业不愿意再让新的企业进入，这种情况确实存在。

以前比较多的一种说法是防止重复建设，因为重复建设造成浪费，这种说法看似有道理，其实就是为了阻碍新企业的进入。所以现在中央将这一提法改成了“防止低水平的重复建设”，这是完全正确的。如果新进入的企业有创新的优势，进入市场后可以促进竞争，结果是给消费者带来了更大的利益和更好的服务，那么有什么理由不让它进入？我最近到内蒙古调研时了解到，原来有一家国有的铝厂，多年来经营得不好，产量保持在 10 多万吨，不能满足市场需求。但是由于行业控制得比较严格，新企业很难进入。后来地方政府下了决心，引入了一家非公有制企业，建设了一家年产 50 万吨的铝厂。新企业有两点值得肯定：一是生产线比较先进，每生产 1 吨铝可以节约 1000 度电；二是新企业的环保做得比较好。新的企业进入以后，不但没有影响当地产业的发展，反而对原有的国有企业起到了促进作用。原有的国有企业经过改造，产量也达到了 30 多万吨。在这种情况下，如果当初当地政府限制新企业进入，就会对地方经济造成损害。所以要运用市场手段来解决重复建设问题，要让技术、管理先进的企业能够进入市场，这样才能促进市场的发展。

2. 非公有制经济政策的发展

非公有制经济的发展经历了从不是国民经济的组成部分到成为有益的补充，到必要的补充，再到成为社会主义市场经济的重要组成部分的过程。中共十六大提出包括非公有制人士在内的社会阶层都是有中国特色社会主义的建设者，必须毫不动摇地鼓励、支持和引导非公有制经济发展。中共十六届三中全会提出要大力发展和积极引导非公有制经济。国务院《关于鼓励支持和引导个体私营和非公有制经济发展的若干意见》（简称“非公经济36条”）提出贯彻平等准入和公平待遇的原则，放宽非公有制经济市场准入。《意见》明确提出允许非公有资本进入法律法规未禁止进入的行业和领域，允许外资进入的行业和领域，也允许国内非公有资本进入，并放宽股权比例限制等方面的条件，在投资核准、融资服务、财税政策、土地使用、对外贸易和经济技术合作等方面对非公有制经济与其他所有制企业一视同仁。公共事业和基础设施、社会事业、金融服务业、国防科技工业这些长期以来非公有制企业难以进入的行业也可以依法获得准入，各地方政府应尽快完成清理限制非公有制经济市场准入的法规、规章和政策性规定。在国家“十一五规划”第31章第4节“鼓励非公有制经济发展”中提出：“大力发展个体私营等非公有制经济，进一步消除制约非公有制经济发展的体制性障碍和政策性因素，进一步落实鼓励、支持和引导非公有制经济发展的政策措施，允许非公有制经济进入法律法规未禁止的行业和领域，鼓励和支持非公有制经济参与国有企业改革，进入金融服务、公用事业、基础设施等领域，完善金融、税收、金融担保、技术创新等方面的政策。改善行政执法和司法环境，加强和改进对非公有制企业的服务和监管。”

3. 存在的主要问题

中央支持非公经济发展的政策非常清晰。“非公经济36条”颁布一年多以来，在市场准入方面取得了一些进展，但还存在以下问题：

（1）政策还需要进一步落实。在垄断行业、公用事业、基础设施、社会事业、金融服务和国防科技工业等方面，有的落实了，有的基本没有落实。这里最主要的是一些垄断行业，包括电力、电讯、铁路、石油、银行等行业难以落实。

从客观上看，一方面，这些垄断行业是在多年计划经济条件下形成的，占有了垄断的优势。国外研究市场准入问题时也曾就一些垄断行业是否要引入竞争有过争论，目前国际上公认还是要引入竞争，当然也要看竞争能不能降低成本，能不能更有利于消费者。另一方面，这些行业往往进入的门槛比较高，一般企业难以进入。

从主观上说，这些行业对新的进入者有比较大的抵触情绪。首先，这些行业享有政府的制度供给，如定价权、探矿权等等。如果新的竞争者进入，就要进行公平竞争，原来享有的政策没有了，成本就要提高。其次，垄断行业本身带来的高收入也使其排斥竞争者。中央多次指出要解决垄断行业收入过高的问题，但这个问题到现在还没有真正解决。前一段讨论建设社会主义和谐社会，网上也暴露出不少这些方面的问题。垄断行业职工收入过高确实是事实，除此以外，垄断行业还享有一些垄断福利，如果让新的竞争者进来，这些既得利益就要受到影响。第三，由于垄断行业的垄断地位，相对于消费者来说处于强势地位，这也就是霸王条款存在的原因。如果放开市场准入，新的竞争者就可以破除这些霸王条款而给消费者带来更大的利益，就可能造成垄断者既得利益的损失。例如手机双向收费问题，如果新的竞争者进来，实行单向收费，原来几家实行双向收费的企业的利润就会减少，所以垄断行业本身对新竞争者的进入是有抵触情绪的。

全国人大常委会正在制订《反垄断法》，已经经过了一审。这部法律的制定是很不容易的，经过了12年的努力才到一审，还有许多问题需要解决。《反垄断法》必须制订，因为垄断对国家不公平，对社会不公平，对职工不公平，对消费者也不公平。《反垄断法》的核心内容：一是市场垄断地位的认定。二是垄断企业有没有利用垄断地位来谋取不正当利益，这是最主要的。因为有市场垄断地位但没有谋取不正当利益就不能说存在垄断行为，但如果企业控制价格，禁止新的竞争者进入，对消费者或上游厂家有不公平措施等，就属于《反垄断法》禁止的内容。三是对于一些有利于促进技术进步的垄断可以给予适当的豁免。因此，《反垄断法》的制订对垄断行业开放市场准入是必须的，仅仅靠"非公经济 36 条"力度还不够。

（2）对非公有制经济还存在一些偏见。据了解，某省允许国资进入的有 80 个行业，允许外资进入的有 70 个行业，允许民资进入的只有 60 个行业。全国人大常委会正在研究解决外资企业的超国民待遇问题，目前外资企业享受的所得税率是 15%，国内企业名义所得税率是 33%，实际水平略低一些。外资企业的超国民待遇问题一定要按照 WTO 的公平原则解决。现在许多非公企业只能享受次国民待遇，例如市场准入方面。尽管规定允许外资进入的行业就应允许民资进入，但实际上还有一些行业民资没能进入。在融资和一些项目的税费方面也存在类似的情况。

最近，全国人大第六次审议《物权法》草案，希望能在经过第七次审议后，提交明年的全国人大五次会议审议通过。《物权法》有两个最根本的原则：一是坚持国家的基本经济制度，就是公有制为主体，多种经济成分共同发展；二是对国家、集体、私人的财产进行平等保护。对于基本经济制度没有太多争论，但是对于平等保护有些人有异议。我们应当认识到，首先，国家的财富是人民群众创造的，创造出财富以后，一部分由国家集中使用，一部分分给人民群众。所谓保护私人财产，不是像有些人说的只保护富人，而是保护所有人的私有财产，这也是维护人民群众的根本利益，维护社会主义和谐社会的需要。其次，在社会主义制度下，国家利益和人民利益在根本上是一致的，不能把它们对立起来，俗话说"大河有水小河满，大河没水小河干"，这句话有一定道理，反过来说小河无水，大河也会干。所以国富民强和国强民富是相辅相成的，不要把它们对立起来，不要怕个人财产增加了会怎样。十六届六中全会也明确提出随着国家的发展要不断增加人民群众的财富。人民群众财富不断增加，社会才能够稳定，才能够保持和谐，当然也要防止收入分配差距过大、分配不公等问题。总体上说，国家利益和人民群众利益是相辅相成的，不能把它对立起来。第三，平等保护也是市场经济本身发展的要求。所谓平等保护，就是所有的市场主体在市场中都要按照同样的规矩来行事，如果触犯了法律，都要受到同样的处罚，这是市场经济发展的基本规律。第四，平等保护也是发展社会主义市场经济过程中必然要遇到的问题，因为只有包括非公有制经济在内的多种经济成分共同发展，体现平等保护的原则，才能够使非公有制经济真正享受到国民待遇。因此，《物权法》的制定对非公有制经济的发展将起到非常重要的促进作用。

在市场准入方面，也有些非公企业对自己的能力估计过高，头脑发热，盲目扩张，最后坚持不住，退了出来。因此非公企业要对企业的实力和风险承受能力作实事求是的估计，不要听媒体一吹捧，就头脑发热。我经常告诫企业家的一句话就是：企业家只有一时的成功，没有永久的成功，你今天的成功只能说明你的过去，你明天还会面临很严峻的挑战，如果你没有这个思想准备，你早晚要遇到问题。最近，一些非公企业在宏观调控中出现问题，有的垮了，有的则财产大大缩水，有的甚至触犯了国家刑律，受到法律的制裁。

2.1.1.2　关于企业创新

政府支持企业的发展，需要通过立法，通过政策来允许市场准入，反过来，企业也要靠创新来发展自己。

1. 靠制度创新进入市场

创新分为三种类型：制度创新、管理创新和技术创新。制度创新要按照股权多元化的原则，促进国有经济与非公经济的组合，通过国改民进（国有经济进行改制，民营经济进入符合国家政策规定的领域），实现公有制为主体，多种经济成分共同发展。按照出身来划分企业的做法会越来越淡化，将来国有经济、民营经济多种成分共同发展，你中有我，我中有你，形成混合所有制。所以中央提出股权多元化是非常重要的，通过股权多元化可以进一步解决市场准入的问题。

目前在市场准入方面还有一些问题，例如金融领域的市场准入，尽管有“非公经济36条”，但是很多方面还存有疑虑。民建中央去年专门组织了社区银行的调研，非公有制资本进入金融领域最好的方法就是办社区银行，因为四大国有商业银行门槛太高，非公有制资本的股份对他们如九牛之一毛，没有发言权。11家股份制银行，112家市商业银行，还有农村商业银行，非公有制资本也只能是参与。在国外，社区银行很重要。社区银行因为在社区，贴近客户，信用度高，没有历史的包袱，既可以解决中小企业的融资难，也可以尽量满足社区内各种资金的需求。美国现在有很多家社区银行，而我国还没有。但是对于办社区银行，金融监管部门还是有顾虑：第一，吸收的存款万一跑了，老百姓利益就会有损失。对于这个问题政府可以换位思考，例如美国规定10万元存款以下的要进行保险，保险费由银行出，如果银行垮了，可以通过保险的手段来赔偿给储户。第二，如果担心开始时吸收储户风险比较大，可以搞合作制，所有存款人都是银行的合作成员，这样彼此之间可以相互制约。第三，人才缺乏。这个问题可以通过制度来解决，例如派国有银行里经验丰富的职员到社区银行担任行长等。

2. 靠管理创新开拓市场

社会主义市场经济就是要靠市场经济手段来提高效率，靠社会主义制度来保障公平。管理经过三个阶段，即经验管理、科学管理和文化管理。文化管理从外在形式上有音像、楷模、仪式等，核心是在职工中建立共同的价值观，提高企业管理的效率。管理在经验管理阶段以惩罚为主，从科学管理开始有了全面管理的观念。文化管理就是树立共识，例如“质量就是生命”等。企业本身要加强文化管理，在全体职工中树立共同的价值观，提高企业的竞争力。

除此之外，企业还要有敏感性，要善于捕捉市场商机，构建和优化供应链。例如民建的扶贫点是贵州黔西县，很多企业家都去了，但是有些地方的交通条件制约了其经济发展。有一位企业家发现当地一个偏僻的苗寨有条件养猪，他就提出他出钱买猪仔，由农户养大，生猪养大后由于运输不方便，就按照当地习惯做成腊肉，由他包销售，建立起供应链。通过实际扶贫投入5万元，可以带动当地经济大大发展，因此要善于从供应链捕捉商机。

3. 靠技术创新占领市场

中央提出要使企业作为创新的主体，但实际上目前企业还没有成为创新的主体，原因在于计划经济的体制下，技术创新主要采取科学推动的模式，就是由研究院和大学研究出成果，再提供给企业使用和推广，结果造成大量的科研成果找不到市场。国家每年有三万多项国家和省部级的科研成果，真正变成产品的不到20%。要使企业成为科技创新的主体，就要按照需求牵引的模式，由企业根据市场需要来组织科研开发，研究出成果后直接推向市场。

“非公经济36条”体现了中共中央和国务院坚决贯彻落实中共十六大精神，毫不动摇地鼓励、支持和引导非公有制经济发展的决心。由于认识不足和利益冲突，政策的落实需要一个较长的过程。所以民建中央坚持和国家发改委合作，每年搞一次论坛，不断推进这项工作。我们要认清历史大势，贯彻以人为本，全面协调可持续的科学发展观，把非公经济人士和非公有制企业组织起来，在共同构建社会主义和谐社会的进程中发挥其应有的作用！

2.1.2 我国民营企业自主创新的问题及其对策思路

辜胜阻

国家中长期科学和技术发展规划指出：要把“提高自主创新能力作为国家战略，贯彻到现代化建设的各个方面，贯彻到各个产业、行业和地区，大幅度提高国家竞争力。”我国民营企业有机制灵活、决策迅速、反应灵敏的特点，其经营活动贴近市场、适应市场变化的能力强。民企在用人机制方面能上能下，创新激励比较充分，企业家有较强的创新倾向和冒险精神。民企已经成为技术创新的中坚力量。中小企业特别是民营中小企业提供了全国约 66% 的专利发明、74% 以上的技术创新、82% 以上的新产品开发①。2005 年，全国民营科技企业数量达 14 万多家，其中私营与个体经济企业占 39%、有限责任公司和股份有限公司占 35%、外商及港澳台投资企业占 7%、集体企业占 6%、股份合作企业占 6%、国有企业占 3%、其他经济类型企业占 4%。企业长期职工总数达到 1212 万人，从事科技活动的人员总数为 169 万人，大学以上文化程度的人员约 185 万人，占长期职工总数的 15%，科技活动经费为 1230 亿元。全国民营科技企业资产总额达到 63120 亿元，全年总收入达到 61218 亿元，实现工业增加值 12966 亿元，实现净利润 3192 亿元，上缴国家税金 2958 亿元，出口创汇 1742 亿美元。② 在全国 53 个高新技术开发区中，民营科技企业占到 80% 以上，已经成为经济增长和高新技术产业化的重要生力军。调查表明：浙江产值超亿元的产业集群（块状经济）有 500 多个。这些块状经济区集中了浙江半数以上的民营科技企业，龙头企业几乎都是民营科技企业。浙江省民营科技企业的研发投入占全省企业投入的 80% 以上。民营企业将在“以企业为主体、产学研结合的技术创新体系”中扮演非常重要的角色。然而，我国民营企业自主创新也面临动力不足、风险意识不强、人力资源有限和融资困难等问题。当前，要把自主创新的“国家意志”变为民营企业的“企业行为”，需要在利益补偿机制、风险分担机制、技术合作机制和融资体制方面进行制度创新，营造良好的创新环境，全面提升民企的创新能力。

2.1.2.1 民营企业自主创新面临的问题和困难

建立“以企业为主体、产学研相结合的”技术创新体系需要制度创新和技术创新，但制度重于技术。创新是一个社会经济过程，除了受技术因素的制约外，制度环境也是决定创新成败的重要因素之一。在创新过程中，无论是创新资源的获取、整合和创新动力的提供，还是创新机制的运转和创新功能的发挥，都离不开制度环境体系的支撑。③ 有学者认为，企业技术创新在很大程度上依赖于制度安排和制度创新，它在本质上更多的是一种制度现象。④ 因此，通过制度的安排与优化，

---

① 叶健：《金融服务重点投向自主创新》，《辽宁日报》，2006 年 6 月 5 日，第 3 版。

② 科技部：《2005 年国家高新技术产业开发区企业经济发展情况》，科技部网站，http：//www. sts. org. cn/tjbg/gjscy/documents/2006/060824. htm。

③ 李立生：《论制度安排与技术创新》，《科学学与科学技术管理》，2001 年第 8 期，第 55 页 ~57 页。

④ 吴泳虹：《论制度创新与创业技术创新激励》，《经济体制改革》，2003 年第 4 期，第 40 页 ~42 页。

营造有利于创新的制度环境是创新成功的关键。影响民营企业自主创新行为的主要因素包括四个方面：创新动力、创新风险、创新能力、创新融资，它们影响民营企业自主创新意愿，决定民营企业自主创新的行为（如图1）。制度设计能否激发民营企业的创新欲望，是民营企业自主创新行动的决定性因素之一。

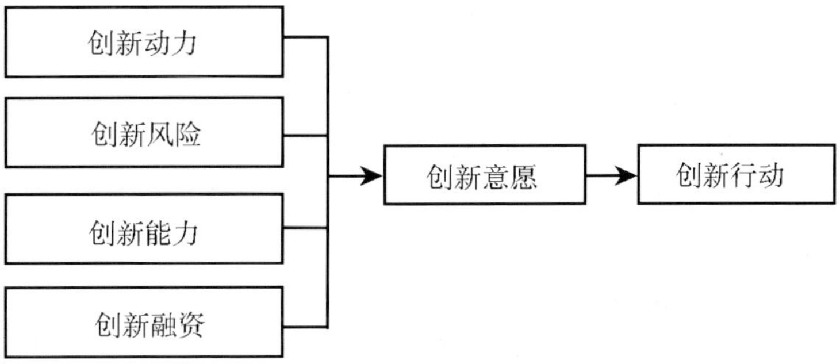

图1 民营企业自主创新的行为模式

当前，在推动民营企业自主创新的制度设计上，还存在一定的缺陷和问题，主要表现在以下四个方面。

1. 动力机制不完善，企业不想创新

国家知识产权局资料表明：我国国内拥有自主知识产权核心技术的企业仅为万分之三。99%的企业没有申请专利，60%的企业没有自己的商标。[①] 企业创新动力不足的原因是多方面的。创新的投入产出方式导致企业创新动力不足。由于创新需要大量投入，而投入又不能很快得到相应回报，创新必然影响企业的即期利润。在经营方式上，许多民营企业选择多元化战略；在投资倾向上，更愿意投向资金回报率高、回收周期短的行业。当前，企业既定生存发展模式选择也制约了创新的内在动力形成。上海的调查表明：上海民营企业逐步形成了四种不同的生存发展模式：基于灵活经营机制生存的小企业；基于低成本和规模经济的大中型企业；基于资本实力的大中型企业；基于技术创新的科技企业。大多数民营企业的优势仍停留在劳动力和资源使用的低成本上，资本实力、技术实力雄厚和创新能力很强的民营企业很少，在创新中存在规模、技术、资金和管理方面的制约。企业自主创新的较高机会成本也弱化了企业自主创新的内在动力。在自主创新上的动力不足还由于靠机会、靠公关、靠利用低廉的劳动力可以获得较高利润，企业投机心理较强，对自主创新的必要性还认识不够。中国飞跃集团董事长邱继宝对此深有感触。目前邱继宝所建立的缝纫机企业靠技术自主创新，50%的产品已经打入欧美日等发达国家，企业到了40多亿元的资产规模，而与邱继宝企业相比各方面都较差的企业，通过经营房地产等，产值规模就迅速超过100多亿元，企业盈利也较好。

2. 风险分担机制不健全，知识产权保护不力，企业不敢创新

发展高技术产业面临很大的技术风险、市场风险和技术流失风险等，有时甚至“成三败七，九死一生”，一旦创新失败，企业面临破产的危险。民营企业缺乏创新管理的基本经验，无力应对创新的巨大风险，普遍存在“创新恐惧症”。而且，民营企业平均寿命不长，也致使创新动机不

① 原国锋，李薇：《99%的企业没有申请专利》，《人民日报》，2006年1月4日，第6版。

强。另外，民营企业的产权结构过于集中也不利于分散创新风险。合伙制和承担无限责任的民营企业，一旦创新失败不仅会影响企业的发展，有时甚至倾家荡产。在巨大的风险面前，民营企业家的创新欲望和冒险精神自然不足。此外，我国支持创新的相关政策与制度仍不健全。风险投资业发展缓慢，一个具有企业家才能的高素质风险投资阶层远未形成，民间资本和民营主体介入风险投资的较少，民营企业很难通过风险投资的渠道获得创新融资。民企不敢创新的另外一个原因还在于知识产权保护环境不佳，与自主创新相比，模仿的成本低、效益好。在我国企业普遍研发能力不足、规模不大、资金缺乏、创新实力有限的情况下，模仿在企业中尤其普遍。由于知识产权保护不够，大多数企业开发新产品以仿造为主，创新企业开发的新产品很快就被其他企业模仿，享受高额利润的时间极短，企业的创新成果难以得到合法保护。正由于创新具有高风险，民企对开发新技术望而生畏。有人甚至认为："不创新慢慢死，一创新就快速死"。

3. 创新人才缺乏，研发能力有限，企业不会创新

民营企业自主创新，仅靠自身的力量太过薄弱，而企业间及产学研的经常性合作机制尚未建立或完善，民营企业创新能力不能通过在"干中学"的学习机制和产学研合作机制得到提升。产品换代升级慢，更新周期很长。据《中国知识产权报》报道，在民营企业发达的浙江，许多民营企业的产品处于模仿和仿造阶段，80%的民营企业没有新产品开发能力，产品更新周期两年以上的占55%左右。① 一方面，民营企业创新人才缺乏，自身创新能力不高。大量事实证明，形成自主创新能力的关键要素是人才，自主创新的主体是具有创新活力和创新技术的人才，没有人才，创新只会是纸上谈兵。来自江苏的调查表明：民企自主创新最大的困难是"人才"瓶颈，全省72%的民营科技企业缺少高级技术人才，35%的企业缺少高级技术工人。民营企业缺乏创新人才的一个重要原因，是由于我国90%以上的民营企业是家族企业，企业治理结构对外来人才有排他性，影响外部人力资本充分发挥作用②，致使缺乏吸引创新人才的平台。另外，民营企业创新人才的流失问题很突出。社会对民企还存在偏见，民企偏小的企业规模、较差的工作环境和较少的教育培训计划等障碍，导致研发队伍不稳定，严重影响企业创新的连续性。创新人员缺乏的直接后果就是民营企业自主创新"有心无力"，技术研发能力差和技术成果产业化乏力。来自上海的调查数据表明，74.8%的企业都认为创新中面临困难最大、障碍最多的环节在于技术研发阶段和技术成果产品化阶段。③这项调查还表明：人才是制约企业自主创新的首要因素（见图2）。

另一方面，民营企业又不擅长借助"外力"和"外脑"，企业间及企业与科研机构的合作缺乏，致使创新能力低下。民营企业间缺乏创新联动和协调机制，企业间基于产业链的联合研发和技术协作项目缺乏，往往是单打独斗。吉利集团董事长李书福指出，民营企业自主创新的主要障碍之一就是，民营企业"各自为营"，有些甚至"以邻为壑"，相互竞争过度、合作不足，限制了自主创新的步伐。同时，民营企业与外部研发机构缺乏经常沟通，不能通过协作建立产学研一体的研发联盟。来自上海的调查显示，有一半的企业从未与高校和科研院所进行过合作研发，而研发合作又往往采取特定签约项目的形式，全面紧密的产学研合作项目较少。④ 这样，民企创新能力不能通过合作机制得到提升。

---

① 吴辉等：《自主知识产权撑起"浙江创造"》，《中国知识产权报》，2005年8月24日，第1版。

② 辜胜阻等：《民营经济与高技术产业发展战略研究》，科学出版社，2005年，第25页～26页。

③ 上海市工商业联合会：《上海民营企业自主创新报告》，上海：长三角民营企业自主创新论坛，2006年。

④ 上海市工商业联合会：《上海民营企业自主创新报告》，上海：长三角民营企业自主创新论坛，2006年。

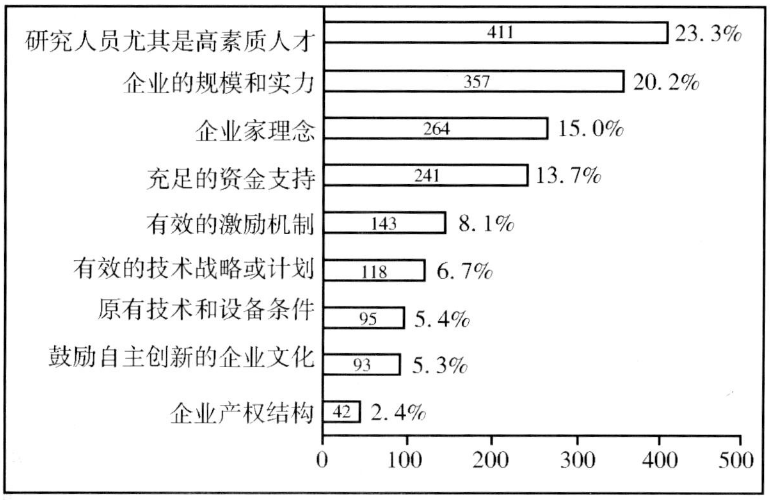

图 2　民营企业技术创新的内部影响因素

4. 金融体制不配套，融资困难，企业不能创新

民营企业创新的两个最重要环节就是技术研发和科研成果的产业化，而这两个环节都需要资金的高投入，由于融资困难，致使大多数民营企业在创新中都遭遇融资瓶颈。民企研发资金紧张，创新活动很少能从政府部门得到研究开发支持。当前，政府科技投入体制还倾向于将大部分资金投入到高等院校和政府所属的科研院所，投入到企业的很少，而投入到民营企业的则更少。根据对 1012 家中关村科技企业的调查，42.2% 的中小民营企业将资金作为首要制约因素，34.5% 的大企业将资金作为首要制约因素。中小企业存在资金困难的比例为 58.6%，大型企业的比例为 46.9%。中关村民营科技企业普遍存在资金缺口，中小企业平均资金缺口为 1582.77 万元，大企业的平均资金缺口为 5553.42 万元。[①] 前述上海的调查也表明，制约企业创新的外部因素主要是缺少政府的创新政策扶持（见图 3）。

我国高技术企业的融资渠道如图 4 所示，实际上民营企业很难通过外源融资渠道获得融资。首先是因为民营企业资信差、寻保难、抵押难，从银行获取贷款相当困难。银行对贷款风险的回避，使银行基本上把大中型企业作为重点服务对象，未能建立适应民营中小企业需求的灵活融资机制。同时，民营企业在创新融资中和银行存在信息不对称，一方面存在融资交易前的信息不对称，另一方面存在投资过程的信息不对称，逆向选择和道德风险在创新融资市场上大量存在。[②] 因此，民营企业创新只能严重依赖内源性融资。据“中关村发展”课题组对中关村 964 家民营科技企业的调查，从企业的成长阶段到成熟阶段 70% ~77% 的企业靠“内部积累”作为其主要资金来源（见表 1）。因此，民营企业创新机制的激活，必须进行融资体制的配套改革，否则，企业自主创新无疑只能是“无米之炊”。

---

① 王小兰，赵弘：《突破融资瓶颈——民营科技企业发展与金融创新》，社会科学文献出版社，2006 年。

② 苗启虎，陈洁，王方华：《技术创新融资中的信息不对称及治理》，《科学学研究》，2006 年第 1 期，第 130 页 ~134 页。

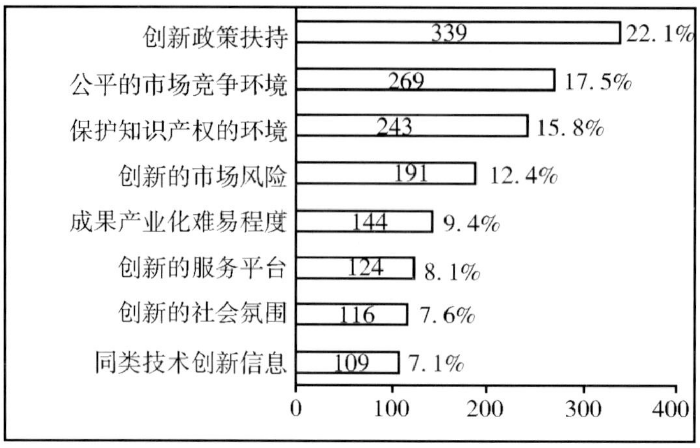

图 3　民营企业技术创新的外部环境因素

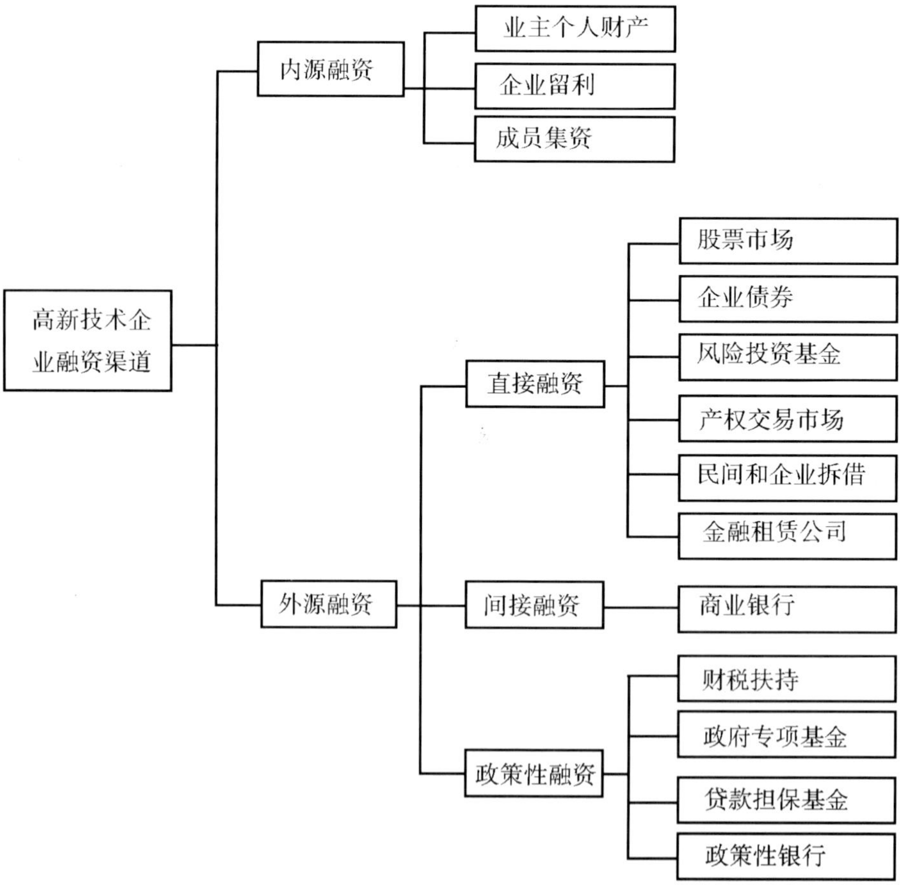

图 4　高新技术企业融资渠道

表 1　　中关村民营科技企业不同发展阶段的融资渠道

单位：%

资金来源	成长阶段	扩张阶段	成熟阶段
内部积累	76.8	74.0	70.7
银行或信用社贷款	44.1	52.0	65.9
国家政策性贷款	16.9	13.3	31.7
民间借贷	17.8	20.7	4.9
资本市场	16.3	30.7	14.6
私募股权融资	13.1	12.0	9.8
其他	4.7	1.3	——

注：表中数据表示各成长阶段使用该种融资渠道的企业占企业总数的比例。

资料来源：王小兰，赵弘：《突破融资瓶颈——民营科技企业发展与金融创新》，社会科学文献出版社，2006 年，第 34 页 ~39 页。

同时，我国高技术企业从资本市场上直接融资的机会很小。我国企业通过资本市场直接融资比例很低，2004 年仅为 3%，2005 年直接融资尚不到 500 亿元，仅占融资总额的 1.5% 左右，而发达国家直接融资比重通常在 60% 左右。这样，国内大量优质企业纷纷奔赴海外上市。统计资料显示，截止到 2004 年年底，深沪上市公司共 1376 家，净资产总额为 19250 亿元，而境外上市公司中仅前十家公司净资产总额就达到 11433 亿元，净利润总额达到 2354 亿元，比深沪两市公司利润总和高出 3%①。中国香港、美国、新加坡三个主要海外上市地共有 256 家中国企业上市。

创业创新制度环境的不完备使我国民企自主创新异常艰难。一个典型的案例是到中关村创业的留学人员胡晖带领着他的团队在一个极其简陋的实验室里艰苦创业，开发的远程医疗会诊系统，在国内定价 5 万元无人问津，免费提供试用也无人愿意。却被纳斯达克上市公司以 1800 万美元收购，两年增值 120 倍，国内医疗机构却愿意以高价采购。② 无独有偶，广州科学城一家民营科技企业，十几年来致力于自主创新，终于在激光应用领域开发了一项原创技术。这项技术是国际领先水平，市场应用前景也十分广阔，但在推广中却遭遇了重重阻力。这表明扶持科技型中小企业成长的环境还很不完备，来自这些企业的自主创新技术和产品很难得到市场的认同和接受。

2.1.2.2　推进我国民营企业自主创新的战略构想

实施民营企业的自主创新战略，必须依靠制度创新。要通过利益补偿机制，解决民营企业的创新动力问题；通过风险分担机制，分担民营企业的技术创新风险，降低创新成本；通过建立合作机制，提升民营企业的创新能力；通过重构金融体制，解决民营企业创新融资难问题。从多方面激发企业的创新意愿，使自主创新真正成为民营企业的内在需求，由"要我创新"转变为"我要创新"的行为模式（见图 5）。

① 徐冠华：《关于自主创新的几个重大问题》，《新华文摘》，2006 年第 11 期，第 136 页 ~140 页。

② 科学技术部专题研究组：《我国产业自主创新能力调研报告》，中国科技部，2006 年。

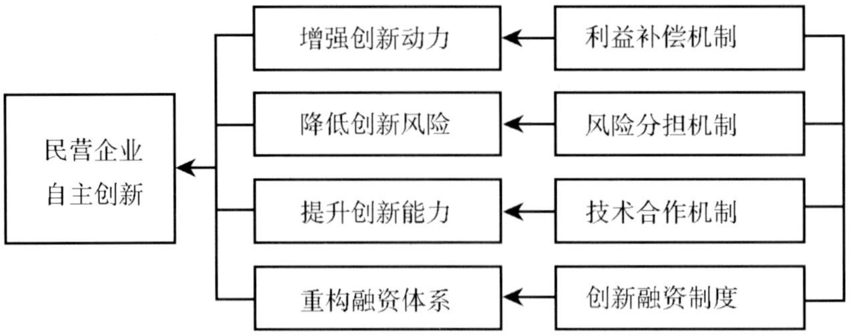

图 5　民营企业自主创新的制度安排

1. 通过一系列的财税扶持政策，建立利益补偿机制，使企业创新有利可图，愿意创新

针对创新动力不足问题，需要政府完善促进自主创新的财政、税收、产业、科技开发及政府采购政策，注重其可操作性和有效实施，对企业自主创新进行利益补偿，让其有利可图（见图6）。

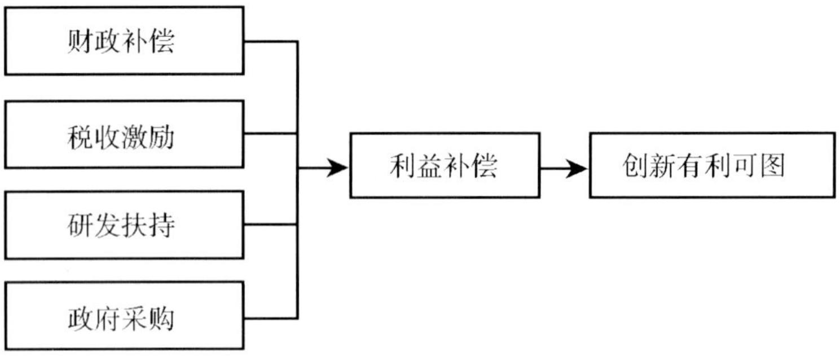

图 6　民营企业自主创新的利益补偿机制

①加大各级财政对企业的研发投入，提高中小企业创新基金的支持强度。我国 2005 年全社会研究开发投入占国内生产总值的比重仅为 1.34%，低于世界平均 1.6% 和发达国家一般 2% 以上的水平。我国政府财政研究开发投入占全社会研究开发投入比重从 1995 年的 50% 下降到 2003 年的 29.92%，远低于世界多数国家相应发展阶段政府投入占 50% 左右的水平，更低于印度、巴西 60% ~70% 的水平。[①] 发达国家公共财政研发支出投入企业的比重为 30%，而我国仅为 10%，相差 20 个百分点。为此需要政府在财政投入方面加大对企业研发的投入。绝大部分民企是中小企业。中小企业创新基金对初创期科技型中小企业起着“雪中送炭”的作用，对提高其生存、发展和创新能力具有重要意义。截至 2005 年年底，共完成创新基金项目验收 3295 项，项目实现产品累计销售收入 1188.6 亿元，上缴税金 137.7 亿元，出口创汇 16.6 亿美元，分别比立项时增长了 8.6 倍、9.6 倍、5.4 倍。[②] 但中小企业创新基金一年只有 10 个亿左右，这相比创新对资金的需求无疑是杯水车薪。建议提高创新基金的资助强度，扩大资助范围，加强地方财政对创新基金的投入，使其成为科

① 徐冠华：《关于建设创新型国家的几个重要问题》，《中国软科学》，2006 年第 10 期，第 1 页 ~ 14 页。

② 中国政府网站：《创新基金有效推动科技型中小企业创新创业活动》，http://www.gov.cn/jrzg/2006-04/05/content_245534.htm。

技型中小企业创新融资的重要力量。

②研究现行税制中阻碍技术创新的问题，改革不利于创新的税收制度。现行增值税加重了高技术产业的税收负担，一定程度上制约了高技术产业的发展。这主要是因为我国目前实行的是生产型增值税，而高技术产业由于资本有机构成普遍较高，固定资产所含税款不能抵扣。更重要的是，它还在一定程度上形成了对高技术产品的重复征税。高技术产业无形资产和开发过程中的智力投入往往占高技术产品成本的绝大部分，但是这些投入并不能抵扣，这也导致了高技术产业增值税负担偏重。目前民营研发型高新企业中，增值税负担要占70%以上，有的甚至超过80%，[①] 挫伤了企业技术创新投入的积极性。

③强化现有对创新扶持的税收政策的执行力，为企业研发提供更有效的税收激励。目前，国务院《国家中长期科学和技术发展规划纲要（2006～2020年）》若干配套政策规定：技术开发费的150%抵扣应纳税所得额，当年不足抵扣的部分，允许其在以后5年度内结转抵扣；职工教育经费可在计税工资总额2.5%以内在企业所得税税前扣除；加速折旧，企业用于研发的仪器设备，单位价值在30万元以下的，可一次或分次计入成本费用，在企业所得税税前扣除；30万元以上的可适当缩短固定资产折旧年限。国家高新技术产业开发区内新创办的高新技术企业自获利年度起两年内免征所得税，两年后减按15%的税率征收所得税。对投资于中小高新技术企业的创业投资企业，实行投资额按比例抵扣应纳税所得额的优惠政策。今后要强化这一政策的执行力，研究这一政策的执行效果，充分调动企业对研发投入的积极性。

④进一步提高创新企业计税工资的标准，调动企业吸引创新人才的积极性。高技术企业员工工资普遍偏高。但我国税法规定的计税工资标准过低，实际上就会造成高技术企业虚增应纳税所得额，增加了企业税收负担。因此，应允许高技术企业工资据实列支。浙江的民营企业反映，目前“计税工资”严重地阻碍了民营企业引进人才和提高自主创新能力。浙江的民营企业计税工资为每月960元，即对于实际超出960元的部分，都要计入应纳税所得额缴纳33%的企业所得税。如某民营企业为吸引某一人才，支付的工资为每月10000元，则企业每月为此要支付企业所得税2983.2元〔（10000－960）×33%〕，即企业实际负担12983.2元。国家税务总局规定，自2006年7月1日起，在缴纳企业所得税时，计税工资的扣除标准上调到1600元。但我们认为这一调整对于创新型企业仍然偏低。建议进一步调整创新企业的此类税收政策，以调动企业吸引创新人才的积极性。

⑤建立中小企业科技开发准备金制度，对中小企业创新予以扶持。中小企业特别是科技型中小企业，是科技创新的重要力量。许多国家的实践表明，中小企业发明新技术、新产品的效率远高于大企业。美国的中小企业创造的技术创新成果和新技术在数量上占全国的55%以上，中小企业人均技术创新量是大企业的2.5倍。欧盟的一项统计显示，中小企业R&D的单位投入所生产的新产品是大企业的3.5倍。[②] 可考虑建立科技开发准备金制度，允许企业特别是有科技发展前景的中小企业，按其销售收入一定比例提取科技开发基金，以弥补科技开发可能造成的损失。[③] 同时，加强对这一基金的规范管理，规定准备金必须在规定时间内用于研究开发、技术更新和技术培训等与科

① 于维栋等：《民营高新企业赋税重，影响自主创新》，《中国民营科技与经济》，2006年第4期，第24页～25页。

② 涂俊，李纪珍：《从三重螺旋模型看美国的中小企业创新政策——对美国SBIR计划和STTR计划的比较》，《科学学研究》，2006年第3期，第411页～416页。

③ 韩凤芹：《积极运用税收政策促进高技术产业发展》，载张晓强编：《中国高技术产业发展年鉴（2005）》，北京理工大学出版社，2005年，第22页～29页。

技进步有关的投入。

⑥完善政府采购配套措施和强化政府采购政策的执行力，引导政府采购向高技术产品倾斜。深圳中兴通讯董事长侯为贵有两个令他困惑已久的问题：第一，为什么能在国际市场竞争中击败强手的中兴通讯，在国内市场反而举步维艰，打不开市场呢？第二，为什么一些发达国家和地区都在纷纷想方设法阻止国外通讯设备提供商进入、使本土企业产品的市场占有率保持在70%以上的时候，拥有同样技术水平的中国企业在本土的市场占有率只有20%左右呢？侯为贵的困惑表明：我们需要加强对相关自主创新产品的政府采购。尽管目前国务院和有关部委对自主创新产品政府采购政策都有明确规定，但政府采购的国内产品多为低端产品，没有体现出对高新技术产品的倾斜。虽然对软件产业有“同等优先”的采购原则，但由于国产产品与外国产品的差距，在操作中很难体现对国内企业自主创新软件产品的优先采购。应完善政府采购政策的实施细则，并在政策出台后强化执行力和配套措施，以让政府采购的战略意图真正惠及自主创新产品的生产企业。

2. 完善风险分担机制，大力发展风险投资事业，加大对自主知识产权的保护与激励，营造良好的市场环境，让企业敢于创新

国际经验表明：在分担和规避高技术产业风险的问题上要有类似风险投资这类制度的建设。风险投资最重要的制度功能在于通过其特殊的运作机制，降低和分散高新技术产业所面临的技术创新风险，调动创业者的创业积极性和投资者的投资积极性。此外，完善的资本市场、政府对创新创业的扶持、健全的知识产权制度和鼓励创新的文化，对化解创新风险和激励企业创新冒险是非常必要的。针对民营企业创新的高风险和知识产权保护不力问题，政府需要从几个方面加强制度建设（见图7）。

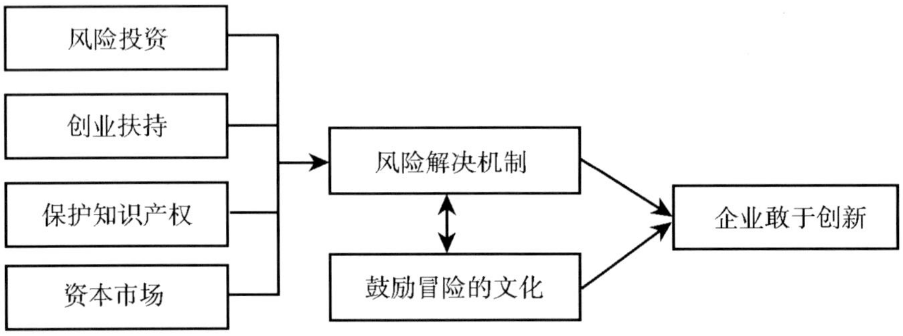

图7　激励冒险的风险解决机制

①建立风险投资的母基金，推进我国风险投资事业的大发展。据统计，美国90%的高技术企业都是按创业风险投资的模式得以发展。在我国，创业风险投资事业发展缺乏国家有效的政策扶持，高新技术企业种子期和起步期很难得到资本金的支持。发展高科技风险投资，有利于促进科技与经济的结合，使科技链与产业链之间“天堑变通途”。要积极探索建立国家级风险投资母基金（Fund of funds），可以设想新增一部分财政专项资金建立母基金，或者将现存科技投入中的一部分专项资金转化为母基金。为了扶持风险投资事业的发展，对主要投资于中小高新技术企业的创业风险投资企业，要实行投资收益税减免或投资额按比例抵扣应纳税所得额等税收优惠政策，对风险投资的发展实施有效支持。

②加大对中小民营企业的创业扶持，营造良好的创新创业环境。创业和创新是紧密联系的。小

企业一般通过创业来实现创新，政府对创业的扶持有利于减少企业创新的风险。在美国，小企业创新研究计划（SBIR），要求国防部、国立卫生研究院和国家科学基金会等10个部门，每年在R&D预算中安排2.5%的经费，对中小企业实施无偿资助。1983年~2003年的21年里，政府通过此计划给予小企业的资金约达154亿美元，共资助了76000多个项目。另外，政府也对企业开展战略高技术的研发及技术成果产业化给予大力支持。[①] 为了推进中小企业创新创业，迫切需要政府实施一系列创业创新扶持政策，一方面，要鼓励科技人员“下海”，去当“老板”，推进科研机构的企业化转制和科技人员创新创业，把科技成果转化为现实的生产力；另一方面，要推进民营企业家“上山”，实现民营经济同高科技的对接。另外，还要营造创新与创业的良好环境，培育创业孵化机制和创新机制，吸引创新要素集聚，形成良好的创新与创业环境。

③切实保护自主知识产权，使创新者的利益不受侵害。创新的风险还来自于创新者的知识产权得不到保护，大量模仿行为的出现，打击了民营企业的创新积极性。美国著名经济学家金德尔伯格说过，“模仿的花费远远少于发明和创新，是最廉价和划算的”。[②] 在一个仿造盛行的环境下，民营企业的首选是仿造而非创新。高科技产品创新周期越来越短，模仿行为分享了企业可能的垄断利润，企业巨额创新成本不能及时收回，会给企业经营状况带来风险。因此，自主知识产权保护是自主创新的重要环节，要形成尊重他人知识产权，保护创新的良好社会风气。可以借鉴国外经验，鼓励拥有知识产权的企业组建行业协会或联合组织，建立知识产权保护联盟、知识产权行业协会。政府要建立知识产权纠纷的仲裁、协调机制，严厉打击知识产权侵权案件，保护创新的利益不受侵害。

④营造宽容失败的文化氛围，支持冒险、鼓励冒尖。良好的人文环境有利于新思想的孕育和发展，支持冒险、鼓励冒尖的文化氛围，有利于激发人们的创新好奇心，从而进行探索性研究。民营企业自主创新需要有一种崇尚创新、宽容失败、支持冒险、鼓励冒尖的文化氛围，而且还要有宽容失败的制度保障。要在社会上营造崇尚自主创新、宽容创新失败的风气，使创新成为社会习惯，为民营企业自主创新提供文化支撑。同时，要在企业内部营造尊重知识，尊重人才的氛围，形成一套比较完善的创新人才选拔、吸引、培养、支持与组织管理的制度文化，从外部环境和内部文化两个方面形成对企业创新的文化推动力。

3. 健全创新合作机制，鼓励中小企业与大企业进行技术战略联盟，实施有效的产学研合作，推进开放创新，让企业在互惠共生的合作环境中提高创新能力，善于创新

研究表明：产学研合作对于提高创新效益十分重要。在美国，尽管大企业和小企业研发投资的回报率平均都在26%左右，但在没有研究机构参与的研发活动中，大企业和小企业的回报率平均只有14%；而在有研究机构（包括大学）参与的研发活动中，回报率分别约为30%和44%。这表明有研究机构参与的研发活动能大大提高技术创新的回报率。[③] 合作创新是指企业与企业之间、企业与研究院所之间、研究院所之间或中外研发机构之间的联合创新行为。研究表明，合作创新是当前企业降低风险和缩减成本的重要战略，还是企业获取外部知识和能力的重要途径。[④] 我们要通过合作创新，广泛地建立企业间及产学研紧密的合作创新机制。在企业间建立大企业和上下游中小企

---

① 徐冠华：《关于建设创新型国家的几个重要问题》，《中国软科学》，2006年第10期，第1页~14页。

② ［美］金德尔伯格，［美］赫里克著，张欣译：《经济发展》，上海译文出版社，1986年，第159页。

③ 涂俊，李纪珍：《从三重螺旋模型看美国的中小企业创新政策——对美国SBIR计划和STTR计划的比较》，《科学学研究》，2006年第3期，第411页~416页。

④ Badaracco J. L. The knowledge link: *How firms compete through strategic alliances* [M]. Boston: Harvard Business School Press, 1991: 3-5.

业之间的合作机制，国内企业和国外企业间的创新联动机制；在产学研合作上，建立由高等学校和研究机构负责研究开发，而由企业来负责生产和市场销售的创新模式，解决中小型民营企业创新能力不足的难题。从而形成支撑民营企业自主创新的企业、高校、科研院所的合作生态，使民营企业的创新能力在合作与开放中得到提高（见图8）。

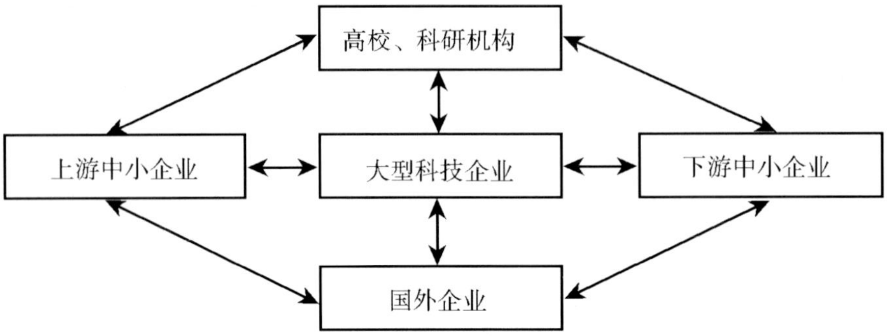

图8　民营企业合作创新的模式

①推进中小企业与大企业之间的战略技术联盟，让大企业与中小企业在创新合作中优势互补。国外一些学者的实证研究表明：中小企业由于体制的灵活以及竞争的压力，往往创新意识强，对新的技术机会非常敏感，而且由于对新的技术机会不存在太高的技术转换成本，反应更加迅速，具有明显的“行为优势”。但过度竞争以及其脆弱的经济、技术基础使中小企业的技术创新难以在一个合理的经济规模内实现；相反，大企业具备较充足的创新资源，具有技术创新的“资源优势”，能获得较高的技术创新规模经济收益。但市场垄断地位和企业组织刚性会阻碍创新的涌现，创新活力不足①。可见，对于不同规模企业的技术创新似乎总是存在一个“两难问题”，即创新规模经济性与创新活力不能两全——要么缺乏创新规模经济性，要么缺乏创新活力。为此，需要建立大企业和中小企业创新合作机制以应对这种“两难”困境。

中小企业对市场的反应灵敏、冒险精神较强；而大企业的市场网络完整、销售渠道众多、品牌认可度高（见表2）。推动大企业和中小企业建立战略技术联盟，企业间以分工合作的方式进行重大的技术创新的联合研发，可以实现资源共享和优势互补。同时，相互沟通、彼此信任和共担风险的合作创新，可以节约创新时间，分摊创新成本、分散创新风险。战略技术联盟可以是由小公司做前期的研发，当产品具有一定的发展前景时，大公司介入；也可以是大公司注入资金或者技术人员，与小公司共同做后期开发。

②推进企业与科研院所之间的产学研合作，使企业获得持续的创新能力。只有产学研结合，才能更有效地配置科技资源，激发科研机构的创新活力。产学研合作可以克服企业资源约束，突破自身界限，减少风险承担。企业是技术转化为直接生产力的主体；学校、科研院所是知识创新的源头，是产生大量技术成果的地方。注重产学研的合作，既可以克服企业在技术研发方面的劣势，也可以解决学校和科研机构在成果转化上的弱点。产学研合作的关键在于确定合作创新的风险分担和收益的共享机制。中小民营企业可以尝试建立合理的产权机制和创新收益分享机制，与科研院所开

① 罗艾·劳斯韦尔，马克·道格森：《创新和公司规模》，收入《创新聚集——产业创新手册》，清华大学出版社，2000年，第362页~378页。

展经常性的技术合作，使其成为民营企业的外部研发机构。

表 2　大企业和中小企业技术创新优劣势比较

	优　势	劣　势
大企业	●实力雄厚，能吸引人才、资金等 ●承担较大的风险，通过项目分摊容忍研发失败 ●有较大的市场优势、创新产品易于实现价值，市场风险较小 ●与政府、科研机构合作较多，对创新收益保护较强	●行政等级抑制创新倾向 ●对创新和市场变化的反应不够灵敏 ●组织层级多，创新决策慢 ●创新转换成本高
中小企业	●企业家有强烈的创新倾向和冒险精神 ●管理层级少，组织决策快 ●对市场变化的反应灵敏 ●倾向于小批量、多品种和周期短的创新	●创新实力弱，风险承担能力弱 ●市场开拓能力差 ●与外部交流信息弱，信息渠道不畅 ●对创新成果的保护能力不足

资料来源：参见祁军，何维达：《对大企业与中小企业技术创新优劣的探讨》，《财经问题研究》，2002 年第 5 期，第 60 页 ~64 页；俞建国：《中国中小型高技术企业发展情况》，《中国高技术产业发展年鉴》（2005），北京理工大学出版社，2005 年，第 64 页 ~70 页。

③强化引进吸收再创新，避免“引进、落后、再引进、再落后”的怪圈。日本、韩国走引进、消化再创新的道路的经验表明：在对外开放的环境下进行引进再创新是大有可为的。日本、韩国的技术引进和消化吸收投入之比达到了 1:5 到 1:8。相比之下，我国技术引进和消化吸收严重脱节，2004 年引进技术和消化吸收投入之比仅为 1:0.15①。要通过引进和消化技术，形成生产力、促进技术创新、完善创新机制、培养创新人才、更新创新理念。引进技术不等于引进技术创新能力，引进、消化吸收再创新的关键环节在于消化吸收，要加大对引进技术和合作技术的研发投入，在学习中提升技术创新能力，避免陷进“引进、落后、再引进、再落后”的循环怪圈。

④完善为合作创新服务的专业化服务体系。实施合作创新需要有一批服务专业化、发展规模化、运行规范化的科技中介机构和较高专业素质的科技中介服务队伍，为产学研合作和企业间的技术合作提供技术成果交易、成果转化、科技评估、创新资源配置、创新决策和管理咨询等专业化服务。

4. 重构为创新服务的金融体制，推进中小企业板向创新板市场过渡，发展各类技术产权交易，构建支持自主创新的多层次资本市场

技术创新是一个高投入、高风险的过程，需要完善的金融支撑体系。科技型企业从初创到成熟的成长过程，通常可分为种子期、创业期、成长期、扩张期和成熟期五个阶段。在每一发展阶段，企业的规模、盈利能力、发展目标、技术创新活跃程度、抵御市场风险能力都不相同，因此企业的资金需求强度、资金筹措能力等也存在较大的差异。不同成长阶段的企业适用不同的融资策略，需要多层次的金融市场体系提供融资支持。创新融资面临的矛盾首先是技术创新的高风险性与银行资

① 徐冠华：《关于建设创新型国家的几个重要问题》，《中国软科学》，2006 年第 10 期，第 1 页 ~14 页。

本追求安全稳定的矛盾。技术领先者承担失败的风险很大，而银行资本首先强调的就是资本的安全性。另外，创新融资多偏好直接融资。国际研究表明，资本市场发达的技术领先国多倾向于直接融资为主的金融支持模式，而资本市场不够发达的技术追赶国则多以银行间接融资为主[①]。因此，如何在金融制度安排上鼓励技术创新，建立创新的金融支撑体系是十分关键的。在我国，应当以完善多层次的资本市场体系作为解决民营企业自主创新融资的远期目标，推进创业板的开设，为风险投资提供蝉蜕资通道，拓宽直接融资渠道；同时，加大金融政策的扶持，推动民营企业在间接融资和政策性融资上有所突破。

①将中小企业板逐步改造为创业板，拓宽高技术企业的直接融资渠道。创业板市场为中小高新技术企业提供了一个适宜、公平的融资环境，使其既成为中小企业进入资本市场的“龙门”，又成为高新技术企业的“摇篮”。同时，还为中小高新技术企业和风险投资家提供了一个社会评价机制和选择机制，通过市场竞争的压力和优胜劣汰的作用，实现强者恒强和弱者变强的发展过程。此外，它为风险投资提供了一个蜕资“出口”，从而促进风险资本的有效循环。[②] 据统计，截至 2005 年年底，内地总共有 553 个风险投资项目退出，其中通过并购退出的为 55.9%，通过上市退出的为 33.1%。外资风险投资支持项目通过并购退出的为 35%，通过上市退出的为 58%。而内资风险投资项目通过并购退出的为 69%，通过上市退出的为 17%[③]。风险投资发展迫切需要创业板市场为风险投资设置退出通道。要研究和借鉴国外创业板开设的经验，在控制风险的情况下，将中小企业板市场逐步改造为创业板市场。根据不同类型、不同成长阶段的创新型企业的不同特点和风险特性，结合新《公司法》和《证券法》制定相应的上市条件，早日进行创业板试点，满足不同类型、不同成长阶段的创新型企业多样化的直接融资需求。

②继续推行技术产权交易市场和完善代办股份转让系统，构建支持自主创新的多层次资本市场。技术产权交易市场能够推动我国科技成果与资本市场的结合，并大幅度地推进我国高新技术成果的产业化进程。对于企业自主创新而言，通过技术产权交易市场的作用机制和代办股份转让系统，既能够解决技术拥有者和资本所有者在对接中的信息不对称，提高技术与资本两个市场的交易效率，也能为创新成果转化和大量暂时达不到上市门槛的高新技术企业提供融资安排。在落实《国家中长期科学和技术发展规划纲要》过程中，我国已启动中关村科技园区未上市高新技术企业进入证券公司代办系统进行股份转让试点工作。建议总结试点经验，允许具备条件的国家高新技术产业开发区内未上市高新技术企业进入代办系统进行股份转让。此外，进一步将代办系统建设成为全国性的、统一监管下的股份转让平台，加快三板市场建设。

5. 设立为满足创新型中小企业融资的中小企业专业银行，完善创新企业融资信用担保制度，切实解决高技术企业融资难问题

许多市场经济国家都有专门面向中小企业创新创业服务的金融机构和中小企业政策性银行，它们运行模式各不相同，在融资的运营机制、业务的开展等方面都值得我们借鉴。例如，韩国中小企业银行是韩国根据 1961 年 7 月制定的特别法《中小企业银行法》，以扶植和培育中小企业及对其进行金融支援为目的、由政府设立的专为中小企业提供服务的政策性银行。韩国 70% 以上的中小

---

① 吕光明，吕珊珊：《我国技术创新金融支持的模式分析与政策选择》，《投资研究》，2005 年第 12 期，第 8 页～10 页。

② 辜胜阻等：《民营经济与高技术产业发展战略研究》，科学出版社，2005 年，第 98 页～99 页。

③ 邹愚：《科技部关注中小企业板——徐冠华呼启动创业板 IPO 试点》，《21 世纪经济报道》，2006 年 4 月 10 日，第 9 版。

企业都与该行有融资业务往来，法律明文规定，中小企业在中小企业银行的贷款业务比率不能低于80%。[①] 法国中小企业发展银行是国家控股的投资银行，1996年创立，在全国各地设有37个分支机构，专门为中小企业提供信贷服务与担保业务。其股权结构是：国家财政部的股份占50.53%，国家信托银行股份占39.66%，法国人民银行（私人银行）股份占7.87%，国家发展署股份占1.94%。该银行下设两个子公司，中小企业设备贷款银行和中小企业担保银行[②]。我国台湾当局于1976年将“合会储蓄公司”改制成中小企业专业银行，该行开始公营，到1998年1月为顺应金融自由化、国际化环境，改制为民营银行。在20世纪80年代，台湾中小企业银行对中小企业的融资比率在75%以上，一般银行为30%；在中小企业银行与一般银行对中小企业融资总额中，前者约为25%，后者约为75%[③]。日本有5家专门面向中小企业的金融机构——中小企业金融公库、国民金融公库、工商组合中央公库、中小企业信用保险公库和中小企业投资扶持株式会社。这些金融机构以较有利的条件向中小企业直接贷款，或者建立使其他金融机构放心给中小企业贷款的信用保证制度，或者认购中小企业为充实自有资本而发行的股票和公司债券等。[④] 德国有以中小企业为主要服务对象的合作银行、大众银行和储蓄银行。

此外，要完善中小企业融资信用担保制度，让无形资产也能作为财产抵押。美国小企业创新投资计划、英国小企业信贷担保计划、德国新技术企业资本运作计划、新加坡天使基金等都是政府对中小企业的专项融资支持，为中小企业创新提供了完备的支持系统。当前，在完善中小企业融资信用担保制度方面，我们应在适度控制担保风险的基础上，合理扩大信用担保的覆盖面，特别是扩大对创新型中小企业融资担保服务。据近日国家发改委关于太原、长春、成都、台州、广州等五大城市中小企业融资现状的调查结果表明，抵押已经成为中小企业融资的重要条件，而很多银行在抵押物中甚至只认土地，其他一概不受。同时，抵押贷款的手续烦琐，一笔企业抵押贷款办完手续短则20天，长则几个月。企业把“有偿还能力，但缺少银行愿意接受的抵押或担保”列为获得贷款难的第一大原因。针对创新型中小企业，可以允许创新型企业按有关规定用知识产权和有效动产作为财产抵押向银行贷款，建立高效的贷款抵押管理体制，解决高新技术产业化过程中资金不足的问题。

6. 实施国家区域创新战略，选择几个产业集群基础较好的国家高新技术开发区，建设一批具有国际竞争力的创新集群，优化科技企业创新的“小环境”，同时在自主创新过程中对原始创新、集成创新和引进吸收再创新分类指导，防止各种误区

国家级高新技术开发区有利于产生一种集群式创新，应成为自主创新的先行区。高技术产业集群在创新方面有一种互惠共生性，产生功能互补，同时集群还有协同竞争性，集群中的企业是以专业化分工与协作为基础的，集群中的竞争使得企业个体始终保持足够的动力以及高度的警觉和灵敏性，并在竞争中发展壮大。众多的相互关联的企业聚集在一起，可以实现资源共享、优势互补，克服单个企业创新资源不足的缺陷。[⑤] 我国现存一大批国家级高新区为我国民企自主创新提供了良好的发展环境。2005年，53个国家高新技术产业开发区共有入驻企业4万多家，有上市企业354家，占全国上市企业总量的25.6%。就业人员已达521.2万人，其中硕士生14万人，博士生2.3万人，

---

① 《中小企业融资路在何方》，http://www.tt91.com/daxue_wenxhang_detail.asp?id=21887。

② 《法国的中小企业发展银行》，科技部网站，http://www.most.gov.cn/kjjr/jyjl/200308/t20030805_9607.htm。

③ 郎晟：《中小企业银行的台湾模本》，《中国金融家》，2004年第1期，第60页~61页。

④ 《中小企业融资问题质疑》，2004年6月14日，http://www.itbank.cn/DealIn/Finance/200461424633.asp。

⑤ 刘友金：《集群式创新：中小企业技术创新的有效组织模式》，《经济学动态》，2004年第5期，第40页~43页。

留学回国人员 2.1 万人。科技经费支出总额为 1338.9 亿元，R&D 经费支出为 806.2 亿元，占高新区营业收入总额的 2.3%。在高新技术产品销售收入方面，电子信息产品销售收入达到 8935.6 亿元，占全部产品销售收入的 40.3%；新材料领域产品销售收入达 3183.9 亿元，占 14.3%；光机电一体化领域产品销售收入 2664 亿元，占 12%；生物技术领域产品销售收入 1610.5 亿元，占 7.3%。高新区企业共上缴税额 1615.8 亿元①。

据统计，国家高新区科技活动经费支出总额已经超过了全国科技活动经费支出总额的 1/5，企业技术来源中 80% 是国内自主创新的技术，这在很大程度上弥补了我国企业研发投入不足的问题。逐步形成了以武汉长飞光纤光缆为代表的“引进消化、吸收创新”发展模式，以石家庄华北制药为代表的“产学研合作创新”发展模式，以清华同方为代表的“创新孵化器”发展模式等②。但我们也应看到，这些高新区“同构”现象严重，特色不明显，竞争力和自主创新能力不强。针对这一状况，我们建议国家坚持“有所为，有所不为”的方针，选择一批重点高新区，由中央和地方共建，力争在战略性高技术产业方面有所突破，打造成具有国际竞争力的高技术产业集群。把这些重点高新区建设成为对我国自主创新有重大影响的技术极和创新集群。成功的高技术园区不仅是产业集群，而且也是创新集群（innovation cluster）和国家的技术发展极（Tech pole）。国家“技术发展极”和创新集群的首要条件是要有知识和技术创新源。知识和技术创新源主要包括大学与科研机构、大公司的研究与开发机构以及工业综合体的开发与研究网络。由于高技术产业对技术创新的依赖，故其区位趋势是接近大学与科研机构以及各种研究与开发活动所在地。高技术企业往往在技术创新中心周围布局，并与作为知识创新源的大学以及研究机构结合形成“技术发展极”。硅谷的发展离不开该区域的斯坦福大学、加州大学伯克利分校等著名学府，英国剑桥大学城就是围绕剑桥大学周围而形成的，我国的中关村也是位于北京大学、清华大学和中国科学院等高校和科研院所密集区。当高技术产业集聚到一定程度后，企业在产业上的关联性就会引发在技术创新活动上的关联性，进而产生技术创新的集群效应，推动产业集群向创新集群转型。

在国家和地方的关系上，要明确国家创新体系和区域创新体系的职能分工，推进国家创新体系和区域创新体系的互动（见图 9）。国家创新体系重在“前”——前瞻性、基础性研究和共性技术研究：“高”——战略性高技术；“大”——大工程、大项目。区域创新体系重在“实”——考虑本地资源优势和针对发展实际的需求；“用”——强调技术推广和应用；“特”——依托本地资源优势形成少数特色的产业。在国家创新体系和区域创新体系的互动问题上，建议采取“地方为主，国家支持”的模式，充分发挥中央和地方的两个积极性。

推进民企自主创新，还需要坚持分类指导和分步实施的方针，防止各种误区和“一哄而起”的刮风倾向，一步一个脚印地把自主创新的“国家意志”变为“企业行为”。在原始创新、集成创新和引进消化吸收再创新三类创新模式实施过程中，一定要坚持分类指导和分步实施。原始性创新，是少数的关键，实施主体主要是实力雄厚的大公司。我国广大中小民营企业的创新战略选择应以消化吸收再创新和集成创新为主，逐步培养创新能力，形成“金字塔”型自主创新战略的三级递进路径。

推进自主创新战略，要在工作中防止认识上的各种误区：一是认为自主创新就是要重新回到自

---

① 科技部：《2005 年国家高新技术产业开发区企业经济发展情况》，科技部网站：http：//www.sts.org.cn/tjbg/gjscy/documents/2006/060824.htm。

② 徐冠华：《增强自主创新能力，加快国家高新区建设与发展》，《中国软科学》，2006 年第 8 期，第 1 页～8 页。

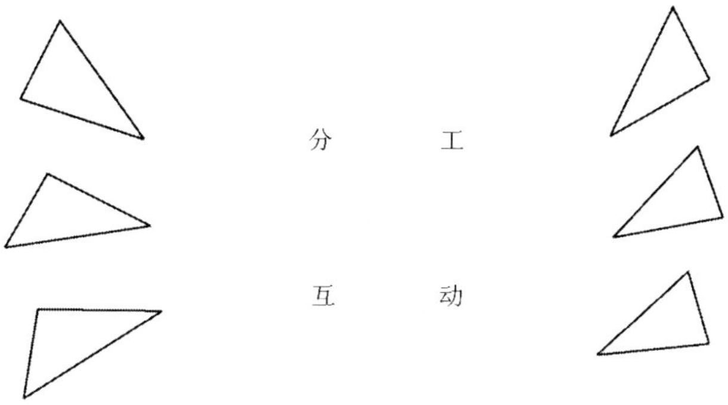

图9 国家和区域创新体系的分工与互动

力更生的轨道，完全排斥吸收引进。当年的自力更生是在帝国主义封锁的情况下，迫不得已的一种发展战略。在当今科技经济全球化的态势下，我们应当积极参与国际合作，通过合作创新，在引进吸收消化的基础上再创新。二是认为自主创新要一切从头再来，违背技术发展规律。创新本身具有自身的技术规律和市场规律。从技术轨道上讲，必须有一定的技术储备和技术基础，沿着技术轨道本身发展方向，进行开发研究。在创新中一切从头再来，必然是违背技术发展规律，脱离国际市场，浪费研发资源。三是认为自主创新完全靠自己创新，忽视合作与开放。现代技术的综合性与复杂性决定了企业不能靠单打独斗、自我封闭搞创新。通过合作创新，形成创新网络体系，能有效地降低研发风险和创新成本，提高创新效益。四是认为自主创新要独立率先，反对任何模仿和技术跟随。模仿创新战略就是在获取率先创新者的技术基础上，加以研究、改进，生产出富有竞争力的产品与率先创新者竞争，获取经济效益的创新战略。模仿创新和率先创新对于高技术企业的成长来说都是非常重要的。处于不同成长阶段的高技术企业应根据其实力特点，正确地把握和运用模仿与率先创新策略。当自主创新能力比较弱的时候，可以考虑模仿创新。

总之，针对民营企业创新动力不足、风险分担机制缺失、创新能力有限、融资渠道单一等问题，要让民企“愿意创新”、“敢于创新”、“有人力创新”、“有财力创新”，必须在国家政策层面上加强扶持和引导，通过利益补偿、风险分担、研发联盟、融资担保，推动企业创新能力的提升。同时，通过高技术产业集群建设，积极营造民企区域创新的良好“小环境”，对原始创新、集成创新和引进、消化吸收再创新进行分类指导，促进区域创新体系和国家创新体系的互动，全方位提升民营企业自主创新能力。

2.1.3　放宽市场准入，努力开拓非公有制经济发展新局面

欧新黔

改革开放以来，党中央、国务院制定了一系列方针政策，有力地促进了非公有制经济发展，增强了非公有制经济的生机和活力，使其成为社会主义市场经济的重要组成部分和促进社会生产力发展的重要力量。2005 年国务院下发了《关于鼓励支持和引导个体私营等非公有制经济发展的若干意见》（国发〔2005〕3 号，以下简称“非公经济 36 条”），回顾过去两年，我国非公有制经济继续保持了快速健康的发展势头，在贯彻落实科学发展观、构建和谐社会中迈出了新的步伐，做出了新的贡献，但是也面临着一些情况和问题，需要着力加以研究解决。

2.1.3.1　扩大非公有制经济市场准入的基本情况

“非公经济 36 条”颁布后，按照国务院领导同志指示精神，发展改革委会同有关部门牵头起草了《贯彻落实〈若干意见〉重要举措分工方案》，明确了各部门的职责、要求和完成时限，经国务院原则同意后，印发到 56 个相关部门和单位，各地区、各部门高度重视、积极宣传、认真贯彻落实。

1. 清理限制非公有制经济发展的法规规章文件

2005 年 12 月，经国务院同意，国务院法制办、国家发展改革委印发了《关于开展清理限制非公有制经济发展规定工作的通知》，对各级人民政府和部门制定的规章及其他文件，在市场准入、财税金融支持、社会服务、权益保护和政府监管等方面与《若干意见》不一致的，提出清理要求。目前，有关省市和各部门作了认真部署，不少省市专门在省级政府网站上征求公民、企业和其他组织的意见和建议，中国证监会在清理过程中废除了四个涉及对非公有制企业不公平待遇的部门规章。截止到 2006 年年底，共有中央有关部门和地方政府共审核规章文件 130 多万件，共清理出 5000 多件与“非公经济 36 条”不一致的规章和文件。根据清理情况，对主要内容与《若干意见》不一致的，将按法定权限和程序明令废止；个别条款与《若干意见》不一致的，按权限和程序予以修改。

2. 允许非公有资本进入电信、民航、铁路等行业和领域

吸引非公有资本进入电信领域。2005 年 10 月，信息产业部出台了更加便民的增值电信业务经营许可审批措施，改进了“跨地区增值电信业务经营许可证”申请材料的报送方式，提高了审批效率。截至 2005 年年底，全国共有 1.87 万家增值电信业务经营者，其中 1.76 万家是非公有制企业或含有非公有资本，占企业总数的 94%；在基础电信领域，有 300 多家含非公有资本的企业。

允许非公有资本投资铁路建设。2005 年 6 月，铁道部出台允许国内非公有资本进入铁路领域的政策规定。一是允许非公有资本以投资参股、项目融资以及合作、联营等方式，参与铁路干线、铁路支线、地方铁路及其桥梁、隧道、轮渡设施的建设和既有线路改造。二是允许非公有资本以合资、合作、联营及投资参股等方式，参与铁路客货运输经营。三是在铁路机车车辆及主要部件设计与制造领域，允许采取合资、独资、合作、联营等多种形式，没有股权比例限制。四是鼓励和支持

个体私营等非公有资本进入铁路多元化经营领域，不设股权比例限制。目前，石太客运专线、迁曹铁路等一批建设项目已吸引各类社会投资权益性资金达400多亿元。

允许非公有资本投资民航事业。民航总局于2005年4月1日制定发布了《国内投资民用航空业规定》，鼓励、支持各种投资主体以独资或参股形式投资经营航空运输、通用航空、航空维修、航空燃油供应、航空地面服务及其他民航相关项目；鼓励、支持各种投资主体以参股形式投资建设和经营机场。对于新成立的民营航空公司，在航线经营许可、航班安排、时刻管理等方面，与国有航空公司一视同仁。目前已有5家非公有制航空公司获得了经营许可，其中奥凯、春秋和鹰联等企业已开始运营；7家非公有制航空公司获得了筹建许可。此外，还有一些非公有制企业开办了或正在筹建飞机零部件维修企业、飞行员学校、乘务员学校等。

3. 积极吸引非公有资本投资交通基础设施建设

2006年全国交通工作会议提出进一步健全已经形成的多元化投融资机制，不断推进高速公路发展；进一步拓宽筹资渠道，鼓励和引导社会资本进入基础设施建设领域。交通部对吸引非公有资本进入交通基础设施领域进行了总体部署，进一步健全已经形成的多元化投融资机制，研究解决高速公路管理、特许经营、滚动发展等问题，鼓励和引导社会资本进入基础设施建设领域。目前，河南省在建的50个项目中，非公有制企业投资的有17个，占在建项目总投资的27%。杭州湾跨海大桥是世界上最长的特大型桥梁，非公有资本约占项目资本金的50%。为保证投资人的合法权益，四川、广东、河南等省市交通部门还开展了投资人招标工作，以公开招标的竞争手段公平和规范的引入社会资金，形成公平、公正、合理竞争的选择机制；签订特许经营合同，建立政府与投资人权责分明的合同关系，营造公平、有序的竞争环境。国家发展改革委等八部委下发了《关于进一步推进城镇供热体制改革的意见》，允许非公有资本参与热源厂、供热管网的投资、建设、改造和运营。

4. 推动非公有资本进入石油石化领域

允许非公有制企业进行商业性矿产资源勘查开发。按照法律规定，符合规定资质条件的非公有制企业，可通过申请取得探矿权、采矿权。非公有制企业取得矿产资源探矿权、采矿权后即成为探矿权人和采矿权人，享有法律规定的权利和义务。据国土资源部对6个省及有关地质勘查单位的调查，目前，投入商业性地质勘查开发的非公有资本的投入已占到80%左右。截至2005年年底，非公有制企业取得了煤层气探矿权总数的38%、采矿权总数的50%。另外，商务部公布的《成品油市场管理办法》和《原油市场管理办法》于2007年1月1日正式实施，有利于合理引导各类企业进入石油市场的积极性，培育多元化市场主体，逐步形成油源和经营主体多元化、品牌和服务差异化的市场格局。截止到2006年11月底，我国社会批发企业占国内成品油批发企业总数的33.4%，社会加油站占国内加油站总数的56.3%。非公有制企业已经进入我国成品油分销领域的各个环节，不仅企业数量多、分布区域广，而且在成品油市场中发挥着重要作用。

5. 允许非公有资本进入社会事业领域

2005年12月，文化部等配合中宣部出台了《关于鼓励发展民营文艺表演团体的意见》。据不完全统计，目前全国民营文艺表演团体已超过5000家，是国有表演团体的两倍多。广电总局出台了《电影企业经营资格准入暂行规定》等相关规定。截至2005年年底，已有13家非公有机构取得《摄制电影许可证》，137家非公有机构持《摄制电影片许可证（单片）》摄制或参与摄制了电影片，由非公有资本组建的国产影片发行公司也已达30余家。体育总局鼓励社会资本以独资、合资、合作、联营、参股、特许经营等国家允许的方式投资体育产业。河北、广东等地提出非公有制医院在市场准入、医保定点、职称评定等方面实行与公立医院一视同仁的政策。《民办教育促进法实施条例》从法律、法规上保证了民办学校和公办学校的同等地位。据 2005 年教育事业统计，全国共有各级各类民办学校（教育机构）8.6 万所，比《民办教育促进法》颁布的 2002 年增加了 2.5 万所；在校生 2168.1 万人，比 2002 年增加了 1020 万人。修改后的《出版物市场管理规定》出台，取消了设立出版物总发行单位及批发单位的所有制限制。目前，全国共有非公有制或非公有制经济控股的出版物发行网点近 11 万个，占出版物发行网点总数的 78% 以上。全国 57 家总发行单位中，民营或民营控股的单位有 12 家，约占 21%。

6. 允许非公有资本进入金融服务业

《商业银行法》没有禁止非公有资本参与商业银行的设立，也没有限制非公有资本进入非银行金融机构。对农村合作金融机构，《农村商业银行管理暂行规定》明确，农民、农村工商户、企业法人和其他经济组织都可以作为农村商业银行的发起人。据对我国 115 家城市商业银行的股权结构统计，国有控股企业法人股、地方财政股、外资股、民营资本股分别占比 41.66%、17.34%、4.17%、29.42%，民营资本所占比仅次于国有控股企业法人股。据对城市信用社的股权结构统计，国有控股企业法人股、民营股分别占比 29.17%、40.41%，民营资本所占比最高。我国农村金融机构试点今年 2 月启动，将设村镇银行。村镇银行注册资本门槛下降最低 100 万元。首批试点选择在四川、青海、甘肃、内蒙古、吉林和湖北 6 省（区）县及县以下区域开展。

7. 允许非公有资本参与国防科技工业建设领域

2005 年 5 月，国防科工委颁布了《武器装备科研生产许可实施办法》，将武器装备科研生产任务划分为一类许可和二类许可。同时，考虑到武器装备的重要性、保密性等因素，依据国家有关规定对一类许可实行数量限制，二类许可则面向社会开展资质审查和资格认证。按照该办法，具备相应技术力量、设备设施和经济实力，具有武器装备科研生产保密资格认证和完善的质量管理体系等条件的非公有制经济单位，都可以提出申请。目前，江西清华泰豪有限公司等一批企业已经参与了武器装备原材料、零部件、配套件及部分武器装备分系统的生产与研制。

2.1.3.2　“非公经济 36 条”市场准入方面在贯彻落实过程中存在的问题

从总体上看，“非公经济 36 条”贯彻落实的进展是顺利的，但目前仍面临一些障碍，需要加以着力解决。

1. 思想观念还不完全适应

党的十六大以后，各方面的思想认识基本上已经统一到中央关于促进非公有制经济发展的大政方针上来。但是，有的地区和部门的同志在鼓励、支持和引导非公有制经济发展时仍然有顾虑。比如，放宽非公有资本进入国防军工领域，就有一些会影响“国家安全”的意见，有些还提出设置较高条件的准入门槛。也有的地方和投资者对政策具体条款理解片面，如何按照科学发展观要求，全面统筹引导非公有制经济健康发展还有一定差距。

2. 法律法规体系还不健全

要全面确立非公有制企业平等的市场主体地位，必须从源头上消除所有制歧视。在石油等领域的市场准入方面，还没有形成一套科学的、完整的准入制度，《矿产资源法》、《电信法》等涉及市场准入的法律法规的修订还需要有一个过程。以《公司法》为主体的法律制度已基本建立，但按出资人性质设立的法律法规，如 1988 年颁布的《私营企业暂行条例》还没有及时废止。现行的《土地管理法》、《担保法》和《刑法》等法律法规中涉及保护私有财产方面的规定仍不完善，许多产权纠纷处置缺少法律支撑。

3. 垄断领域的改革有待深化

有的政府部门运用各种行政手段构筑壁垒，维护本系统企业的垄断地位，排斥和限制竞争等不符合市场经济原则的行为在一些领域仍较为严重。在基础设施、公用事业、社会事业等领域，政府特许经营制度尚处于试点阶段，法制建设滞后，与放宽准入相适应的监管体系还没有建立。如国有医院招收“护理工”，没有建立严格、规范的管理办法，“护理工”的合法权益没有得到保护。

4. 政府职能转变滞后，配套政策还没有及时跟上

部分企业已经开始进入到民航、军工领域，但政府主管部门对市场主体管理的方式和内容没有相应调整，致使企业经营自主权受到严重影响。如非公有制企业进入民航后，购买飞机的机型选择、数量等都必须经主管部门批准，若要变更还必须层层报批；再如，某民营企业进入了军工领域，每一个订单都要派军代表，最多时企业要同时接待100多个驻厂军代表。一些行业和领域在准入政策上虽无公开限制，但由于政策不配套，实际进入条件则限制颇多，这无疑加大了非公有制企业进入的难度。有的行政许可办理时间长，透明度不够高，使许多新办企业望而止步。有些人将这种“名义开放、实际限制”现象称为“玻璃门”，看着没门，实际一进就碰壁。内外资企业税制目前还不统一，非公有制企业税赋较重。政府部门在某些政策制定、资金分配等方面，缺乏应有的透明度，相当部分企业无从获得相关的信息。

5. 金融体制改革滞后，不适应非公有制企业特别是初创企业的发展

国有商业银行为防范金融风险实施“大企业、大城市、大项目”，上收贷款权限，撤消基层网点，降低基层行的贷款权限，股份制商业银行、城市信用社和农村信用社等中小金融机构信贷能力有限，国家金融资源分布与中小企业空间布局不相适应。特别是政府对银行开展中小企业贷款的激励机制有待创新，银行自身在金融产品设计、机构设置、信用评级、贷款管理等方面不能适应企业对金融服务的需求。如由于现有信贷制度限制，民营航空公司根本无法获得银行贷款支持；同时，由于金融租赁发展滞后，非公有制企业也无法在国内租赁到国产飞机。民间资本进入教育、医疗领域，按照现行金融体制，也无法从银行和资本市场获得资金支持。

6. 企业和劳动者合法权益遭受侵犯

一方面，国有企业与非公有制企业之间的经济纠纷，多按刑事案件处理，而非公有制企业间的经济纠纷则多按民事案件处理；侵占国有企业财产多按贪污罪论处，而侵占非公有制企业财产则多按盗窃罪判罚；国有企业合法权益受侵立案迅速，而涉及非公有制企业合法权益受侵则立案程序繁琐、司法介入缓慢。据反映，一些企业家（主）人身安全和名誉权不时受到侵犯，非公有制企业诉讼难，“不告不理，告了也不理”的现象突出。部分执法人员对非公有制企业不依法行政、有法不依的现象也屡有发生。

另一方面，劳动者合法权益受侵害现象较为普遍。主要表现是：劳动合同签订率低，内容不规范，履约率低；有意压低和拖欠工资比较普遍，延长工时现象经常发生；劳动安全与卫生条件普遍差，一些企业的生产环境相当恶劣，伤亡事故、职业病发生频繁；多数企业没有工会，劳动者缺乏利益代言人；基本社会保险缺乏，劳动者在治病、养老、失业、工伤等方面无社会保障；少数企业还有侵犯雇员基本人权的现象。据调查，同是医院中的“护工”，除进入难之外，侵权问题也很严重，护工每天工作12小时以上，甚至有的超长工作24小时，没有周六日，报酬每天仅30元，高的也仅有45元，吃、住、用一切费用自理，而病人交给医院的护工费用每天至少60元。近年来劳资纠纷案件呈日益上升趋势，劳资矛盾已成为当前一个突出的社会矛盾。

2. 1. 3. 3　完善政策，进一步消除发展非公有制经济的体制性障碍

为促进非公有制经济健康发展，各级政府应该正确履行职责，创造稳定的宏观经济环境、公平的制度环境和有序的市场环境。“非公经济 36 条”下发近两年来，各地区、各部门已经出台了不少配套文件和具体措施，贯彻落实工作是积极的，也有较大突破和进展，但是距离党中央、国务院的要求和非公有制企业的期望还有一定差距，要按照党中央、国务院对这项工作的总体要求，加大工作力度，进一步做好促进非公有制经济健康发展的各项工作：

一是完善配套法规和具体政策。抓紧制定和完善有关市场准入、技术创新、企业管理、人才培养、结构调整、产业集群、国际合作与交流等更有针对性的政策措施。按照市场化、专业化、社会化的方向，积极培育与完善社会化服务体系。加强服务机构能力建设，创新服务产品，提高服务质量。

二是完善行业准入配套政策。在若干重点领域要加快制定和完善行业准入配套政策，切实贯彻“平等准入、公平待遇”原则，进一步打破行政垄断及基于行政的经济垄断，推进行业准入政策与管理的公开化、公平化、程序化、规范化。

三是改革财税和金融体制。加快财税体制和金融体制改革，建立适合和满足各类企业需要的信贷体系，引导和鼓励金融机构改进金融服务，创新金融产品。调整信贷结构，增加对非公有制经济的贷款。建立和完善多层次的资本市场。统一各类企业税收制度，对创业型、就业型、科技型、服务型中小企业实行税收扶持。规范各类行政事业收费，切实制止摊派。

四是实施中小企业成长工程。“十一五”规划纲要提出要实施中小企业成长工程，国务院也列入了 2006 年工作要点。2006 年国务院召开了全国中小企业工作座谈会，曾培炎副总理发表了重要讲话。我们将通过实施中小企业成长工程，力争用五年的时间，使非公有制企业的发展环境明显改善，布局结构相对合理，管理和技术水平显著提高，自主创新和市场竞争力增强，安全生产、产品和服务质量明显改进，节能降耗和污染治理取得重要进展，就业规模继续扩大。

五是加强领导，搞好协调配合。进一步改进对非公有制经济发展的指导，加强政策协调，改进对非公有制经济的监督，形成促进非公有制经济发展的政策合力。有关部门之间要加强分工协作和密切合作，加强与企业、地方的沟通，经常听取非公有制经济的意见和建议。深入调查研究，结合实际，认真落实“非公经济 36 条”。

2.1.4 建立公平环境，促进非公有制经济又好又快发展

王黎明

公有制为主体、多种所有制经济共同发展是我国社会主义初级阶段的基本经济制度，是完善社会主义市场经济体制、建设中国特色社会主义的必然要求。2006年是“十一五”开局之年，回顾过去的一年，我国非公有制经济继续保持了快速健康的发展势头，在贯彻落实科学发展观、构建和谐社会中迈出了新的步伐，作出了新的贡献。

2.1.4.1 “非公经济36条”的贯彻落实情况

《国务院关于鼓励支持和引导个体私营等非公有制经济发展的若干意见》（国发〔2005〕3号，以下简称“非公经济36条”）下发后，发展改革委牵头起草了《贯彻落实〈若干意见〉重要举措分工方案》，经国务院同意后，印发到56个相关部门和单位，各地区、各部门高度重视、积极宣传、认真贯彻落实。

一是按照分工已经出台了文件。截至2006年年底，中央有关部门和单位在市场准入、财税金融、改善政府监督和管理、营造舆论环境等方面相继出台了24个配套文件，31个省区市已累计出台促进非公有制经济发展的法规政策性文件200多件。如铁道部《关于鼓励支持和引导非公有制经济参与铁路建设经营的实施意见》，国家民航总局《国内投资民用航空业规定（试行）》，国防科工委《武器装备科研生产许可实施办法》，银监会《银行开展小企业贷款业务指导意见》，人民银行《关于中小企业信用担保体系建设相关金融服务工作的指导意见》等。

二是已经按照分工采取了相关措施。不少部门在自己的职能范围内，进一步加大对非公有制经济发展的支持力度。如财政部已经设立并逐年加大了中小企业发展专项资金和中小企业服务体系建设资金，2005年预算安排2.5亿元，2006年安排3亿元，发展改革委2006年安排3000万元支持部分省市中小企业信息网建设项目，2007年起发展改革委将加大中央预算内投资支持建设一批中小企业公共服务基础设施项目。证监会积极推进中关村园区非上市股份公司进入系统进行交易的试点工作，逐步完善中小企业板块，积极推进创业板市场建设，鼓励中小企业到境外上市融资。开发银行会同发改委已在全国212个地区建立了中小企业贷款合作机制和183个贷款平台。“十五”以来，辽宁省中小企业新产品新增产值、新增利税分别比“九五”提高了6倍和7倍。“十五”期间，江苏省非公有制经济专利授权数量年均增长70%以上。目前，经省区市认定的企业技术中心，近70%是中小企业建立的，非公有制经济的发明和新产品分别占65%和80%，非公有制经济中小企业已成为技术与机制创新的主体。

三是部分配套文件正在研究制定过程中。不少部门和单位也正在积极研究制定有关政策措施，如国防科工委等正在研究制定关于推进军工企业股份制改造的指导意见，国务院振兴东北办正在研究制定非公有制资本参与东北老工业基地改组改造的政策措施，中央统战部、发展改革委、全国工商联、中央编办联合代拟了《国务院办公厅关于充分发挥各级工商联在政府管理非公有制经济方面助手作用的意见（送审稿）》等。

四是开展法律法规清理工作。清理的重点是现行规章、规范性文件及其他文件在市场准入、财税金融、社会服务、权益保护和政府监管等方面与《若干意见》不一致的规定。清理的范围是县级以上各级地方政府及其所属部门，国务院各部委、各直属机构及有关单位制定的规章、规范性文件以及其他文件。到 2006 年年底，各级地方政府、国务院各部委共清理规章、文件 139 万件，废止和修改 5200 多件。同时，抓紧制定和完善有关市场准入、技术创新、企业管理、人才培养、结构调整、产业集群发展、国际合作与交流等更有针对性的政策措施。按照市场化、专业化、社会化的方向，积极培育与完善社会化服务体系。加强服务机构能力建设，创新服务产品，提高服务质量。

从 2006 年非公有制经济运行的情况来看，有以下几个特点：一是生产快速增长，2006 年非公有制规模以上工业实现工业产值超过 20 万亿元，同比增长达 28%；二是固定资产投资增幅回落，但增幅仍高于全国平均水平 20 个百分点以上；三是上缴税收增长高于全国工业平均水平 5 个百分点；四是出口贸易增速高达 43.6%，在全社会出口中的比重进一步提高；五是新开办企业继续增加，2006 年 1 月 ~9 月末私营企业突破 450 万户，预计年末将达到 460 万户，较上年净增加 30 万户。同时，非公有制经济在贯彻落实科学发展观，建设创新型国家，加快转变经济增长方式，增强企业社会责任，构建和谐社会等方面都取得了可喜的成绩。

在肯定成绩的同时，也应该清醒地看到，“非公经济 36 条”下发近两年来，各地区、各部门已经出台了不少配套文件和具体措施，贯彻落实工作是积极的，也有较大突破和进展，但是距离党中央、国务院的要求和非公有制企业的期望还有一定差距，一些领域工作进展还不够快，力度还不够大，社会上还不够满意。部分分工涉及部门多，情况复杂，短期内出台政策有较大难度。非公经济在发展中还存在不少问题和困难，制约非公有制经济发展的体制性、政策性障碍尚未消除，影响了非公有制经济的健康发展。概括起来有以下几个方面：

一是与私有财产保护相关的法律法规还不健全，与市场主体有关的法律制度还不完善。一系列与私有财产保护有关的法律还比较滞后，对私有财产保护的法律法规仍不完善。以《公司法》为核心的较为完整的企业法律体系尚未建立。各类企业还没有完全成为地位平等、具有完全的行为能力和责任能力的市场主体。对各类财产权（包括国家所有权、集体所有权、企业法人财产权、土地承包经营权和个人财产所有权等）的保护还不够。一些地方以经营城市、美化环境、整顿秩序为名，损害非公有制企业和私人财产的情况时有发生。

二是市场准入中的歧视现象依然存在，某些领域的政策待遇还不一致。在许多基础产业领域，国有资本依然处于绝对控制地位，政企不分的问题还没有完全解决，排斥和限制竞争等不符合市场经济原则的行为在一些领域仍较严重。有的政府部门运用各种行政手段构筑准入壁垒，维护本系统企业的垄断地位，甚至用某些“法规”使其合法化，导致“名义开放、实际不开放”的“玻璃门”现象。在基础设施、公用事业、社会事业等领域，政府特许经营制度尚处于试点阶段，法制建设滞后，与放宽准入相适应的监管体系还没有建立。在注册登记环节，对经营范围和经营方式核定过严，在知识产权投资比例上限制过死等增加了创业的难度。与其他所有制企业相比，非公有制企业还面临前置性审批复杂等问题。允许非公有资本进入的行业和领域，在要素分配、投资融资、对外贸易和对外经济技术合作等方面，政策待遇还不平等。在司法实践中，非公有制企业受歧视的现象还一定程度存在。

三是公平的市场竞争环境尚未形成，市场竞争秩序还不完善。当前，商品市场还不完善，资本等要素市场建设依然滞后，由于地方保护主义的存在，市场竞争无序已成为制约我国经济发展和产业竞争力提升的重要因素之一，各类所有制经济发展中面临的统一、开放、公平的市场竞争环境尚未形成。政府职能转换和市场竞争的加剧，迫切要求为经济运行过程创造和保持长期有效的竞争秩序，要求政府和企业完善其行为规则。但部分企业滥用市场支配地位、有些政府部门过度管制的现象还大量存在。

四是非公有制企业在发展过程中增长方式粗放，结构不合理，整体素质不高，与科学发展观的要求相比，还存在着不少差距，有的问题还比较突出。企业发展过程中还受原材料、能源、战略物资和重要资源储备的影响（有些是企业自身的问题，有些是社会发展环境造成的），如一些企业过度依靠低价竞争，一味拼价格、拼劳力、拼资源、拼土地、拼环境，还有一些来自企业内部的问题，企业技术和管理水平低，特点不鲜明，可持续发展能力弱，经营管理不善、生产能力不高、技术含量较低、市场行为不规范。缺乏人才、缺乏良好的技术等，影响了非公经济的发展。

2.1.4.2 促进非公有制经济健康发展，是落实科学发展观的迫切需要

非公有制经济在繁荣经济、增强活力、扩大就业、推动创新、催生产业等方面发挥着越来越重要的作用，成为我国经济社会发展和构建和谐社会的重要力量。应该看到，“36条”贯彻落实尽管与广大非公有制企业的期望还有一定距离，但总体进展是比较顺利的，与此同时，我国经济体制改革也在不断深化和推进，法律法规也不断改进和制定，非公有制经济发展的外部环境正在不断完善。坚持以人为本，树立全面、协调、可持续的科学发展观，是以胡锦涛同志为总书记的党中央以邓小平理论和“三个代表”重要思想为指导，从新世纪新阶段党和国家事业发展全局出发提出的重大战略思想，是全面建设小康社会和加快推进社会主义现代化必须长期坚持的指导思想。包括非公有制经济在内的各种所有制经济在发展中，都应该贯彻落实科学发展观。

一是引导非公有制经济调整优化产业结构。产业结构不合理是我国经济发展的深层次矛盾，制约着我国经济质量和效益的提高，是经济增长代价过大和经济稳定性较差的深刻原因。调整和优化产业结构，是包括非公有制经济在内的各种所有制经济面临的共同课题。非公有制经济已占全国经济总量的半壁江山以上，没有非公有制经济的结构调整，就没有全国的结构优化。

二是引导非公有制经济提高自主创新能力。我国经济的快速增长在很大程度上是靠增加要素投入取得的，竞争优势在相当程度上是依靠廉价劳动力、廉价的资源、廉价的环境成本取得的，缺少自主知识产权，缺乏世界知名品牌，缺乏核心技术。因此，转变增长方式和调整结构，必须大力增加自主创新能力，提高技术进步对经济增长的贡献率。对此，非公有制经济应该而且能够肩负更重要的责任。

三是引导非公有制经济加强节约资源保护环境。我国人均资源短缺，生态环境脆弱，粗放型的增长方式进一步加剧了资源环境压力。实现能耗降低和污染物减排的目标，国有企业要增强社会责任感，非公有制经济同样要承担社会责任。促进非公有制经济健康发展，就要引导非公有制经济正确处理追求企业内部收益和合理负担外部成本的关系。任何企业追求利润都是正当的，应该依法得到保护，但不能以损害公共利益为代价，不能以浪费资源和污染环境为代价，不能削弱中华民族的可持续发展能力。

四是引导非公有制经济深化企业改革，提高企业管理水平，规范企业发展。推动非公有制经济依法经营，加强内部管理，向管理要效益，鼓励和支持非公有制经济参与国有企业改革，进入金融服务、公用事业、基础设施等领域。引导中小企业、非公有制经济的制度创新，加强和改进对中小企业、非公有制经济的服务和监管。鼓励和支持企业借鉴、吸收国内外先进的管理经验，实现企业

管理思想、管理体系、管理方式和管理手段的科学化和现代化。引导中小企业建立健全安全、劳动、财务、质量等各项管理制度。

五是引导非公有制经济注重促进社会和谐。构建社会主义和谐社会，是从中国特色社会主义事业总体布局和全面建设小康社会全局出发提出的重大战略任务。构建和谐社会，需要各级政府、各类企业、各类社会组织以及社会全体成员的共同努力。在非公有制经济就业规模相当大，而且今后还将继续扩大的情况下，要引导非公有制经济在构建和谐社会中切实履行应尽职责。促进非公有制经济健康发展，就要引导非公有制经济依法维护劳动者合法权益，积极发展和谐的劳动关系，完善工资随着企业效益提高不断增长的机制，足额缴纳社会保障资金，改善安全生产条件，加强职工培训，为构建和谐社会作出应有的贡献。

六是引导非公有制经济扩大对外开放，“走出去”、“请进来”。加强东部地区与中西部地区引导非公有制经济中小企业之间的合作交流，鼓励东部地区有实力的中小企业积极参与西部大开发、东北老工业基地振兴和中部地区崛起，通过收购、兼并、重组等形式，带动和帮助中西部地区中小企业提高市场竞争力。要引导非公有制经济转变外贸增长方式，加快加工贸易转型升级，提高出口产品的档次和技术含量。鼓励企业更多地引进先进技术、关键设备，积极承接国际服务业外包转移，提高利用外资质量。鼓励非公有制经济到境外投资兴业，发展产品加工、输出劳务、建立营销网点、开展合作研发。加强与外国政府和国际组织的交流，积极探索国际合作的新途径、新机制，办好中国国际中小企业博览会，为中小企业扩大开放搭建平台。

2. 1. 4. 3　完善政策，进一步消除发展非公有制经济的体制性障碍

为促进非公有制经济健康发展，各级政府应该正确履行职责，创造稳定的宏观经济环境、公平的制度环境和有序的市场环境。我们要按照党中央、国务院对这项工作的总体要求，加大工作力度，进一步做好促进非公有制经济健康发展的各项工作：

一是完善配套法规和具体政策。抓紧制定和完善有关市场准入、技术创新、企业管理、人才培养、结构调整、产业集群、国际合作与交流等更有针对性的政策措施。按照市场化、专业化、社会化的方向，积极培育与完善社会化服务体系。加强服务机构能力建设，创新服务产品，提高服务质量。

二是完善行业准入配套政策。在若干重点领域要加快制定和完善行业准入配套政策，切实贯彻“平等准入、公平待遇”原则，进一步打破行政垄断及基于行政的经济垄断，推进行业准入政策与管理的公开化、公平化、程序化、规范化。

三是改革财税和金融体制。加快财税体制和金融体制改革，建立适合和满足各类企业需要的信贷体系，引导和鼓励金融机构改进金融服务，创新金融产品。调整信贷结构，增加对非公有制经济的贷款。建立和完善多层次的资本市场。统一各类企业税收制度，对创业型、就业型、科技型、服务型中小企业实行税收扶持。规范各类行政事业收费，切实制止摊派。

四是培育中小企业社会化服务体系。坚持社会化、专业化、市场化以及突出服务性的原则，重点围绕信用担保、投资融资、创业辅导、技术支持、信息服务、管理咨询、市场开拓、经营管理、国际合作等领域培育中小企业社会化服务体系。鼓励综合服务组织和专业服务组织的发展，充分发挥行业协会、商会、大专院校、科研机构的作用。引导各类服务机构转变观念，改进服务作风，提高为中小企业服务的质量。加强对中小企业生产经营状况的监测与分析。健全中小企业、非公有制经济统计监测系统，及时掌握中小企业、非公有制经济生产经营状况和发展趋势，协调解决企业生

产经营中的困难和问题。

五是实施中小企业成长工程。“十一五”规划纲要提出要实施中小企业成长工程，国务院也列入了2006年工作要点。2006年国务院召开了全国中小企业工作座谈会，曾培炎副总理发表了重要讲话。我们将通过实施中小企业成长工程，力争用5年的时间，使非公有制企业的发展环境明显改善，布局结构相对合理，管理和技术水平显著提高，自主创新和市场竞争力增强，安全生产、产品和服务质量明显改进，节能降耗和污染治理取得重要进展，就业规模继续扩大。

六是搞好协调配合。进一步改进对非公有制经济发展的指导，加强政策协调，改进对非公有制经济的监督，形成促进非公有制经济发展的政策合力。加强与有关部门之间的分工协作和密切合作，加强与企业、地方的沟通，经常听取非公有制经济的意见和建议。

在党中央、国务院的正确领导下，随着促进中小企业和非公有制经济发展的政策环境逐步完善和非公有制经济发展理论不断创新，非公有制经济发展的良好氛围已经形成。我们要坚持以邓小平理论、“三个代表”重要思想以及党的十六大和十六届三中全会精神为指导，全面落实科学发展观，推动我国非公有制经济实现又好又快发展。

2.1.5　私营企业“原罪论”质疑

——关于私营企业“第一桶金”问题的若干思考

陈永杰

中国私营企业的“第一桶金”是否存在所谓“原罪”的问题，过去曾经有过较激烈的争论，最近再次引起了热烈讨论。[①] 由于贫富差别过大已经成为当前中国最严重的社会问题之一，由于近来不时暴露出少数私营企业主的违法犯罪行为，由于这些犯罪行为有的发生在近年、有的则发生在私营企业产生的早期，在部分群众的情绪影响下，一些社会舆论再次提出并要求追究私营企业“第一桶金”中的“原罪”问题。“原罪”一词从何而来？“原罪”的含义到底是什么？私营企业早期发展中“第一桶金”的获得是否存在“原罪”，这个“原罪”到底是指什么？它“是罪”还是“非罪”？对它应当采取什么样的态度，实行什么样的政策？面对这些问题，由于讨论的前提不同、含义不同、观念不同和指向不同，人们各持一端，社会众说纷纭。这个问题，不仅影响群众情绪，影响社会舆论，还影响政策，影响司法，更影响私营企业人士的心态。有鉴于此，有必要对此进行较深入的探讨。这种探讨必须是理性的而非感性的，是客观的而非主观的，是公平的而非偏颇的。下面，谈谈笔者对此问题的理解与认识，供人们参考与批评。

2.1.5.1　“原罪”一词的多个来源、多种含义

“原罪”一词有多个来源、多种含义和多类指向。以下是比较主要的四种：

①基督教的“原罪”。根据《圣经》的描述，由上帝创造的亚当与夏娃天真无邪、无思无欲，在伊甸园内生活无忧无虑、充满幸福，但由于受蛇的诱惑，违反了上帝的旨意，偷吃了智慧果，从此产生了知羞耻、辨善恶、懂情欲和求物欲之心。上帝为此发怒，将亚当与夏娃赶出伊甸园，落入凡间，从此必须以子子孙孙、世世代代的辛勤劳作、受苦受难为代价，才能逐步获得上帝的宽恕。人类始祖亚当与夏娃的最初犯罪，人类只有信仰上帝，并不断地进行恕罪，才能避免堕入地狱。《圣经》全文虽无“原罪”一词，但亚当与夏娃因偷吃智慧果而违背上帝旨意的行为，就被基督教信仰者视为“原罪”，作为亚当与夏娃子孙后代的人类，一生下来就是有罪的，有“原罪”。因此，“原罪”一词最初的产生是一个宗教概念。

关于“原罪”一词，《中国大百科全书·宗教卷》没有专门解释，但基督词典有对“原罪”（Oringinal Sin）的解释，其含义是：基督教教义。指人生下来所处的有罪状态；亦指这种状态的根源。谓人类的始祖亚当和夏娃受造之后被置于伊甸园，因受蛇诱惑违背上帝命令吃了禁果，这一罪过遗传给后人，成为整个人类的原始罪过，成为人类一切罪恶和灾祸的根源；即使是刚出世即死的婴儿，也有与生俱来的原罪，仍是罪人，需要基督的救赎。[②]

---

① 《南方周末》2006 年 11 月 23 日刊载了胡德平关于清算“第一桶金”是否定改革成绩的答记者问，随后在报刊和互联网等媒体上各类人士对民营企业所谓“原罪”的问题进行了较为广泛而热烈的讨论。

② 《基督教词典》，北京语言出版社，1994 年，第 616 页。

《中国大百科全书·哲学卷》对原罪的解释是：人类祖先亚当违背神的命令，无视精神生活，贪图物质享受，败坏本性，犯了“原罪”，贻害全人类。从此，人不能不犯罪。人类唯有依靠神才能恢复早先败坏了的本性。宗教提出原罪说，认为人生而有罪，人生的目的和意义，就在于通过承受人世苦难来赎罪，死后才能升入天堂。①

②资本主义的“原罪”。资本主义在其产生的初期，资本的原始积累，对内主要靠对工人劳动的严酷剥削与压榨、对外主要靠对殖民地人民的疯狂侵略与掠夺，如若当初没有这些行为，资本主义就难以兴起，更发展不到今天这样的水平。马克思时代之前，不少经济与社会学者对此就有大量的揭露与批评，马克思更是对此进行严厉批判。在马克思看来，资本主义的出现必须有两大条件，一是有大量的自由劳动者——无产阶级，一是有大量的货币财富作为资本积累。早期资本主义主要靠暴力，一方面剥夺农民的土地，使大量农民成为无产者，一方面殖民掠夺他国人民财产，从而形成货币财富。资本原始积累就是通过暴力对小生产者和殖民地人民进行掠夺的过程。马克思在《资本论》中义愤地批判说：“资本从头到脚，每个毛孔都流着血和肮脏的东西。”在马克思主义看来，资本原始积累的过程，就是犯罪的过程，资本原始积累，就是资本的“原罪”。马克思对资本原始积累的批判，对中国人至今有深刻影响。②

③中国传统文化中的“原罪”。中国传统文化中没有“原罪”一词，但有类似于“原罪”的认识。如儒家学说中有人之初是“性本善”还是“性本恶”的观念。认为“性本恶”的人认为，人生下来就是有“恶”的，只有经过后天的教化，才能变得善良。又如，佛教中有人天生“造业”一说，即人一生下来，其“身、口、意”随时都在造业。造业必然产生果报，造业生灭相续，果报相依反复，因此，人生来就苦，必然要在烦恼苦海中轮回。只有通过信佛修行，断欲念，止恶业，行善为，获正觉，才能最终脱离苦海轮回，得道成佛。传统文化中的人“性恶论”与“造业论”对当今的人们的思想意识影响很大。③

④中国私营企业“第一桶金”的“原罪”。中国的个体私营经济从改革开放之初占 GDP 的不足 1% 到现在达 40% 左右，增长速度之快令人惊异。一些早期只有几百、几千元本钱的个体户现在已经变成拥有几亿、几十亿资产的富翁，财富积累之快令人惊叹。个体私营企业在创业之初获得的资本积累被称为“第一桶金”，也可称之为中国私人资本的“原始积累”，它为后来更大的资本积累奠定了基础。由于私人经济在最初发展时是处于受限制、甚至是禁止的非合法合规状态，当时私人经济的出现都或多或少存在着一些违反或冲破当时的法律、政策、规章甚至道德的行为。私人企业“第一桶金”的获得的非正规、非规范甚至是非法行为，后来被社会一些人称之为个体私营经济的“原罪”。不少人认为，中国的个体私营经济普遍或多或少存在“原罪”，即在其创业之初、创业过程中都有过或多或少地违规、违矩、违德行为。④

2.1.5.2 “原罪”具有社会意义，不具有法律与司法意义

基于“原罪”一词的多种来源和多种含义，“原罪”是具有社会意义的，但不具有法律与司法意义。

---

① 《中国大百科全书·哲学卷》，第 352 和 795 页。

② 马克思《资本论》第 781、828、783 页。

③ 《哲学大百科全书》，第 1039 页，“性恶”，荀子提出“人之性恶，其善者伪也”的著名论点，即性恶论。

④ 《河北一号文件作突破性规定　不追究民企“原罪”》，《中国青年报》，2004 年 1 月 30 日。

1. “原罪”主要是一宗教、文化和社会概念

从上述关于“原罪”的几种来源看，“原罪”一词主要是作为一个宗教、文化和历史概念，具有一定的社会意义。由于“原罪”一词来源不同，各自的含义也不相同。实际上，还有更多种关于“原罪”的对象与含义。上述四种“原罪”，各自的含义与对象均大相径庭。私营企业“第一桶金”的“原罪”，既不同于基督教的人类始祖亚当与夏娃的“原罪”，也不同于中国传统文化中的“人之初，性本恶”和人生下来就在不断“造业”的“原罪”。即使与早期资本主义原始积累中的“原罪”相比较，也有根本的不同。因为，中国私营企业“第一桶金”的来源，既不是对内靠掠夺农民土地使其成为无产者、成为打工仔，也不是对外靠殖民地侵略抢夺他人财富，获得货币资本来源。总的来看，即使从宗教、社会和文化角度看，社会上并无关于“原罪”的统一看法，更无统一定义。

2. “原罪”不是一个法律和司法概念

因为，中外任何一个国家和地区，都没有关于“原罪”的法律与司法解释与定义。从法律与司法意义上看，根本无法界定“原罪”的内涵，因此，它不是一个法律或司法概念。法律可以、也只能确定什么行为犯了法、什么行为有“罪”，不能确定什么行为是“原罪”。司法只能按现行法律判定与追究现在和过去一定时限内（法定时限内）的违法行为。司法既不能追究已超过法定时限的违法行为，也不能追究当时认为违法但现在已经不属于违法的行为。因此，“原罪”不是一个法律与司法概念，在法律与司法上不能追“原罪”，更不能定“原罪”和判“原罪”。

3. 社会理解或人们心里认为的“原罪”

“原罪”虽然不是一个法律与司法概念，并且在宗教、社会和文化上有各自不同的含义，但也可以将人们关于“原罪”看法的某些共同特征进行归纳。其共同特征主要是指：某些人、某一社会群体或某一社会阶层，在过去、主要是在其兴起时和成功过程中的所作所为，出现了某些违规行为，如若当初没有这些违规行为，他们就可能难以兴起或成功。这些违规行为主要是指：或违犯法律法规，或违犯国家政策，或违犯党纪政纪，或违犯部门规章，或违犯社会公德，或兼具多种以上行为。

4. 违规行为成为“罪”者，只能是违犯法律法规的行为

因为，法律和司法意义上的“罪”，只与违法有关。只有违法才算犯罪，而且只有在相当程度上违法才够得上定罪，才能在司法上进行“定罪”与“判罪”。其他方面的违规、违矩、违德行为，只能说是犯有过错，受到党纪政纪和单位纪律的处理或惩罚，或受到社会的道德指责或谴责，但不能在法律与司法上进行定罪与判罪。即使当时犯有过错，其是否应当受到处理或处罚，是否应当受到道德指责，也要看现行的党纪政纪和单位规章，要看现行的社会道德要求。只有既违反当时，也违反现行的党纪政纪、单位规章和社会道德要求，应当受到处理、处罚或道德谴责。

5. 过去的违法行为现在如何判定

至于过去的违法行为，现在来看是不是有“罪”，更要依现行法律法规来判定，且要受现行法律法规的时限追溯的限制。即只有既违反当时法律法规，又违反现时法律法规，且属于现行法律追溯期内的行为，才能在法律上“定罪”，才能在司法上“判罪”。超过追溯期的违法行为，现在不能定罪，更不能判罪。虽然违反当时法律法规，但并不违反现行法律法规的行为，不能定为有罪，更不能“判罪”。因为，过去的有些法律法规，有的已经过时，有的是不合理之法，有的甚至是坏法、恶法。

从普世公认的法理上看，从现行宪法及基本法律的原则上看，坏法、恶法本身即是非法，本身

即是犯法；过时之法，不合理之法，本身是应该修改或停止执行之法。从历史发展与社会进步看，过去敢于冲破坏法、抵制恶法的行为，是革命行为、英雄行为；过去敢于冲破不合理之法、不合时宜之法的行为，是革新行为、改革行为。

2.1.5.3 从社会意义上讲，哪些人有“原罪”

1. 一般与抽象意义上的“原罪”

从理论上看，从社会现实的一般抽象意义上看，凡是拥有某种相对稀缺资源（如行政权力、司法权力、土地矿产、金钱资本、知识技能、个人美色等）的个人或人群，在其事业成功（升官晋级、发财致富、地位获取、名声取得等）的过程中，利用这种相对稀缺资源来谋取自身某种特殊利益，且在谋取特殊利益过程中存在某种违法（法律法规）、违规（政策规章）、违纪（党纪政纪）和违德（社会道德）的行为，如果当时没有这样的行为，他或他们的事业就很难成功，甚至根本就不能成功。从社会的普遍和抽象意义上看，这样的行为都可以称之为“原罪”。因此，从这种意义上讲，“原罪”是一个相当普遍的现象，并非只发生在某一特殊人群、集团和阶层之中。

2. 私营企业“第一桶金”中的“原罪”

成功的私营企业及企业主，其中有一部分人在其经营发展过程中获得第一桶金、甚至第二、三桶金时，可能或多或少存在着某种违法违规违纪和违德行为。因此，从上述的社会普遍意义上讲，他们是存在某种“原罪”的。

3. 官员晋级过程中的“原罪”

拥有某种权力（行政权、司法权、人事权）职位的官员，其中有一部分人在其职位谋取、职级晋升和权力扩大的过程中，可能或多或少存在某种违法违规违纪和违德行为。因此，从上述的社会普遍意义上讲，他们也是存在某种“原罪”的。

4. 国有企业发展过程中的“原罪”

拥有国有资产资源、特别是垄断性资源的国有企业，其中有一部分企业在其成功发展（资源获取、资产扩张、经营扩大和行政与资源垄断权更大占有）的过程中，也同样可能或多或少存在某种违法、违规、违纪和违德行为。因此，从上述的社会普遍意义上讲，他们同样也存在某种“原罪”。

5. 其他某些社会阶层人士的“原罪”

一些新的社会群体或阶层，如从事文化、教育、文学、艺术、体育、传媒、影视等职业的人群，其中也有一部分人在其个人事业发展成功（成才、成名、成家）的过程中，同样可能或多或少存在某种违法违规违纪和违德行为。因此，从上述的社会普遍意义上讲，他们同样也有某种“原罪”。

如果比较上述几种人群中存在的所谓“原罪”，恐怕私营企业中的“原罪”并不一定多过其他人群中的“原罪”。一个显著的例子是，从十多年来发生的贪腐违法案件数量及被处理的党政官员和国企高管数量来看，其占官员的比例明显超过私营企业主违法犯罪的数量比例。其中许多官员和国企高管的违法行为也是发生在其事业成功的早期或中期，即也是发生在其事业发展的“第一桶金”的过程之中。①

① 《2003中国铁腕治吏，每月处分一名省部级高官》，南方网，2003年12月29日转载《瞭望东方周刊》，《2003年部分省市政府官员职务犯罪一览》，SOHU网站2004年1月30日。

2.1.5.4　追究所谓“原罪”不具有可行性

对私营企业或其他社会群体、阶层在早期兴起或发展的过程中的违法、违规、违纪和违德的行为，即所谓“原罪”行为，是否“有罪”或“有错”或“失德”，是否应该追究，怎样追究？必须以现行的法律法规、政策规章、党纪政纪和社会道德要求来衡量，以改革开放与经济社会发展趋势的客观要求来衡量。

1. 什么是应当并且是可能追究的“原罪”

只违反当时法律法规，但并不违反现行法律法规的行为，不应，也不可能去追究所谓“原罪”。只有既违反当时法律法规、又违反现行法律法规的行为，且达到一定量刑标准者，才应当追究其罪，才可能追究其罪，才在司法上能够追究其罪。但此“罪”只是“过去所犯之罪”，并非“原罪”。

2. 怎样追究一般社会意义上的“原罪”

只违反当时的政策、规章、纪律，但并不违反现行政策、规章、纪律的行为，不应、也不可能去追究所谓“原罪”，即使是社会意义上的“原罪”。既违反当时，又违反现行政策、规章、纪律的行为，但并未违反现行法律法规者，只应也只能对其进行某种党纪、政纪处理或处罚。由于私营企业主多数既不在党也不在政，即使存在社会意义上的“原罪”，也无法进行党纪政纪处理，只能对他们进行某种行政处理或处罚。由国有企业、集体企业转制而成的私营企业，由国有机关、企业事业单位官员和干部下海而变成私营企业主或其他新社会阶层人物，如果存在上述行为，应当对他们进行某种党纪政纪处理。

只违反当时的道德要求，但并不违反现行的道德要求的行为，不应也不可能去追究所谓的“原罪”，即使只是在道德上进行追究。如果只是违反当时和现行道德要求，但并不违反现行法律法规的行为，应当而且只能对其进行道德上的指责或社会谴责，不能也无法追究其法律与司法责任，不能也无法追究其党纪、政纪责任。

3. 专门追究“原罪”不具有可行性，并且对社会有害

由于任何一个国家和地区的法律与司法均无关于“原罪”的规定，中国也是如此。因此，从法律与司法方面专门追究私营企业第一桶金中的所谓“原罪”，不具有可行性；同样，追究其他人群或阶层的“原罪”也不具有可行性。

即使从社会意义上看的私营企业“第一桶金”中的所谓“原罪”，或者其他社会人群、阶层中的所谓“原罪”，只能对其进行个案处理，即在处理其现行的违规、违章和违德行为时，如果同时也发现过去也存在既按当时、又按现行政策规章、党纪政纪的违反行为，则应依法对其进行处理。但不应也不可能采取一套专门的制度与措施对这一社会群体的同一行为进行专门处理。要采取专门的制度与措施行动对其进行追究并实施党纪政纪、单位纪律处理，基本上不具有实际操作上的可行性。因为，要在实际上衡量私营企业“第一桶金”或其他社会人群在成功之初是否有“原罪”行为是非常困难的。首先，要去查找和发现当时的某些行为并非易事，多数情况下是难以做到的。其次，要判断当时的行为是否违反了当时的党纪政纪和社会道德要求，以及违反的程度，也并非易事，多数情况下是做不到的。第三，要判断当时违反党纪政纪和社会道德要求的行为，是否也同样违反了现行的党纪政纪和社会道德要求，这就更难，更做不到，它将在观念与操作上引起难以理清的许多争议。第四，更重要的是，目前没有任何党政部门提出要专门追究历史上民营企业“第一桶金”中是否存在违规违纪的所谓“原罪”行为，更谈不上追究其他一些人群或阶层中的所谓

"原罪"行为。

从社会影响来看，如果要采取某种专门制度与措施行动追究历史上民营企业"第一桶金"中是否存在违规违纪的行为，它将带来一系列负面作用，甚至导致危害很大的影响。它将导致一场无谓的社会争论，将在多个方面扭曲人们的正常价值判断。它将使操作者陷入无穷的事实、观念与规则的混乱判断之中。它将给几百万私营企业主带来心理压力甚至恐慌，从而带来社会不稳定，严重制约经济发展。如果根据法律与政策面前人人平等的原则要求，进一步去追究其他社会人群或阶层在历史上的违规违纪行为的话，同样将给这些人群或阶层（他们大多已经成为现在的社会精英人士，包括部分国有企业和三资企业高管人员、部分党政领导干部、部分社会名人）带来心理压力甚至恐慌，这将引起更大社会混乱。这无异于再来一次文化大革命，大家都来"斗私批修"、追查个人"不良历史"、批判"资产阶级腐朽思想"等，这还不天下大乱？总之，采取专门制度与措施行动追究所谓"原罪"问题不仅无益，反而有害，最大的害处是，它将大大地动摇人们对中央改革开放政策的信心，以为又要回到改革开放以前。

2.1.5.5 "原罪"与"原功"

怎样看待历史上部分人群、阶层或有意或无意违反和冲破当时的法律政策、制度规章、官方意识和社会道德观念的行为？这主要看它是否有利于历史与社会进步，要看它是否符合现代人的价值观念。

1. 一切革命，都是对传统社会制度、统治意识和行为道德观念的根本否定与推翻

资本主义的兴起，彻底冲破了封建社会的规章制度、统治意识和道德准则，它带来了一场制度、意识和道德革命，建立起了资本主义的政治经济制度、统治意识和社会道德。资本主义的行为在封建主看来，是"原罪"，但在资本主义看来，是"原功"，从历史发展趋势看来，也的确在总体上是"原功"。当然，这并不排除后人对早期资本主义在原始积累过程中存在的不良甚至恶劣行为的"原罪"进行道义上的谴责。中国新民主主义革命和社会主义的兴起，彻底冲破了旧中国的半封建半殖民地的社会制度、统治意识和道德准则，给中国带来了一场制度、意识和道德革命，建立起了中国式社会主义的政治经济制度、统治意识和道德准则。共产党的行为，在国民党看来是"原罪"，但在共产党人看来，是"原功"，从历史发展趋势来看，也的确是"原功"。当然，共产党在新民主主义革命和社会主义革命、建设的早期过程中，也在党内党外行为上出现过一些错误，对此，共产党人应当进行反省和纠正，而实际上的确也进行了多次反省和纠正。

2. 一切改革，都是在现行社会制度的基本框架与根本原则内，对旧体制、旧法规、旧政策、旧规章和旧行为道德观念的冲击与突破

在一个经济转轨的社会，在一个改革开放的社会，普遍都是先有一部分人以他们的行为突破了当时的法律法规、规章制度和道德要求。这种行为突破，如果是合理的进步的，如果能够给社会带来益处，它就会为更多的人所接受，逐步成为社会的普遍行为，进而推动改变原有的法律法规、规章制度和道德要求，成为符合新规新矩和新道德观念的行为。这种行为在当时看来可能是"有错"的甚至是"有罪"的，但在后来看则是"正确"的甚至是"有功"的，有"原功"。中国的改革开放经历了同样的过程。从安徽凤阳县小岗村农民冒着坐牢风险进行土地承包的"违法"行动，到后来将土地承包制列入中央的基本方针政策和国家宪法；从早期个体户从事所谓"转手买卖"、"投机倒把"的"违法"经营活动，到后来宪法正式规定鼓励发展私营经济和私人合法财产不受侵犯；从当初极少数国有企业冲破观念与政策阻力搞股份制，到现在股份制成为国有企业改革的基本

方向和主要企业组织形式。这一切冲破旧规旧约的行为，是改革的先行行为，是创造新规新约的行为，不但无罪，而是有功，不但无“原罪”，而是有“原功”。当然，在这些改革过程中，推进改革的人们可能在某些行为上即使按现行行为规则和道德要求看，也是不当的甚至是错误的，对此，也应当进行反思和纠正，实际上，我国也在进行经常的反思与纠正。

2. 1. 5. 6　私营企业早期行为的“原罪”与“原功”

1. 私营企业早期违规行为的四种类型

私营企业在淘取“第一桶金”的过程中的某些违规行为，即所谓“原罪”行为，是“罪”还是“功”，要作具体分析。大致可以分为四种类型。

第一种是冲破旧的不合理之规矩的行为，是改革与进步行为，它不是“原罪”，而是“原功”。“原功”应当肯定、应当赞扬，是历史功绩，应当载入史册。

第二种是在当时看来不正常、不一般的行为，但现在看来很正常很一般的行为，它虽然可能无功，但也无过，更无罪。这种既无过又无罪的行为，也要予以肯定。因为它在后来得到社会的普遍认同，这也是一种社会进步。

第三类是违反了当时的法律法规、政策规章和社会道德，同时按现行政策规章和社会道德衡量也有冲突，但并不违反现行的法律法规，它虽然有错，有“原错”，但并无罪，它应当受到某种指责。但这种指责一般限于社会与道德方面，不涉及法律与司法处理。

第四类是既违反当时、也违反现行的法律法规的行为，如果发现，如果达到定罪程度，如果仍属法律追溯时限范围内的，应当予以追究、予以治罪。不追究就是执法不严。当然，这种追究必须按规范的法律与司法程序进行。不规范追究就是执法不公正。

从历史进步看，从改革开放的推进过程看，从私营经济发展的总体态势和趋势上看，在私营企业早期发展的违规违矩的行为中，第一、二类行为是主流，是“原功”。第三、四类行为是非主流，在某种意义上可能存在所谓的“原罪”。两相比较，从整体上判断，私营企业早期的违规行为，是“原功”大于“原罪”。

2. 前述第四类行为，应当适用公平法律与公正司法

任何人、任何群体和阶层，既包括私营企业，也包括政府官员、国企老板、社会名人等等，只要有上述第四类行为者，都应当予以追究，不应只追究私营企业。如果只追究私营企业而不追究其他人，就是法律与司法的不公平；如果只将私营企业的这种行为作为社会谴责对象，而不谴责其他人、其他人群和阶层的同样行为，就是观念和舆论的不公正与歧视。

3. 即使有前述第四类行为，也要看当时背景

有的是主动为之，有的是被迫为之，有的是主动与被动兼而有之。如果是单纯的主动为之，应当依法治罪。如果是被迫为之，比如迫于官员的某种或明或暗、或直接或间接的压力要求，或出于对某种不合理政策和某些不合理管理的规避，则应在依法的前提下依理从轻处理。如果是主动与被动兼有，则要视当时具体情况依法处理。

4. 一切朝前看——用邓小平处理“傻子瓜子”的政治智慧处理私营企业的所谓“原罪”问题

中国私营企业早期经营活动中的前述四类违法违规违纪和违德行为，即所谓“原罪”，其中第一、二类应归入“原功”，第三类可以归为“原错”，第四类也可在某种意义上称之为所谓“原罪”，即“原先所犯之罪”。即使面对这第三、四类行为，最好的处理方法是，学习当年邓小平处理“傻子瓜子”时的办法。1984 年，安徽芜湖的年广久——“傻子瓜子”实际雇佣员工超过 100

人，超过当时个体户雇工8人以下的界限，属违规行为，当时有人主张要追究和取缔。邓小平在中顾委三次全体会议上说："前些时候那个雇工问题，相当震动呀，大家担心得不得了。我的意见是放两年再看。那个能影响到我们的大局吗？如果你一动，群众就说政策变了，人心就不安。你解决了一个'傻子瓜子'，会牵动人心不安，没有益处。让'傻子瓜子'经营一段，怕什么？伤害了社会主义吗？"有小平同志的讲话，当地没有去动"傻子瓜子"。① 到1992年，"傻子瓜子"经营规模更大，在交税上存在某些不规范行为，被抓了起来。邓小平在著名的南方谈话中说："农村改革初期，安徽出了个'傻子瓜子'问题。当时许多人不舒服，说他赚了一百万，主张动他。我说不能动，一动人们就会说政策变了，得不偿失。像这一类的问题还有不少，如果处理不当，就很容易动摇我们的方针，影响改革的全局"。② 由于邓小平的谈话，当年3月年广久被无罪释放。邓小平对"傻子瓜子"的两次谈话及对类似问题的处理，是一种适应改革开放时代需要而产生的重要政治智慧。在新世纪新阶段的中国，在鼓励、支持发展非公有制经济已经成为党和国家重要方针政策和法律的今天，在民营经济已经成为经济发展的最大动力来源的今天，在提倡依法治国和以德治国的今天，在构建社会主义和谐社会的今天，我们仍然需要这种政治智慧。否则，很容易动摇党和国家的方针，影响改革的全局。

---

① 《邓小平文选》第三卷，人民出版社，1993年，第91页。

② 《邓小平文选》第三卷，人民出版社，1993年，第371页。

2. 1. 6　对当前非公有制经济发展的几点看法

陈全生

《国务院关于鼓励支持和引导个体私营等非公有制经济发展的若干意见》（以下简称“36 条”）颁发至今已有两年。对这一文件的执行情况，有褒有贬，议论不少。尽管在政策落实上仍有许多不尽如人意的地方，但总体看，落实得已“很不错”。虽只有短短的两年时间，但非公有制经济有了突破性的发展。

2. 1. 6. 1　在推动国民经济增长过程中，非公经济发挥了重要的作用

国民经济中有五大经济类型，即国有经济、集体经济、股份制经济、个体私营经济和外资经济。2003 年 ~ 2005 年全社会固定资产投资中，股份制经济从 2003 年的 52. 9% 下降到 2005 年的 33% ，下降了 19. 9 个百分点；外资经济（含港澳台经济）从 42. 3% 下降到 21. 9% ，下降了 20. 4 个百分点；集体经济从 33. 8% 下降到 2005 年的 20. 1% ，下降了 13. 7 个百分点。只有国有和个体私营两种经济在增长，国有经济从 2003 年的 14. 7% 增长到 2005 年的 18. 5% ，增长了 3. 8 个百分点；而个体私营经济则从 2003 年 18. 4% 提高到 2005 年的 40. 6% ，提高了 22. 2 个百分点。之所以个体私营经济有这么大的提高，原因有很多，但最根本的是国务院“36 条”的发表，让个体私营经济的大小“老板”们吃了定心丸，坚定了发展的信心。特别是“36 条”发表后，各省市、各部门纷纷制定配套文件，陆续出台了一系列鼓励、支持和引导非公经济发展的政策，民营企业备受鼓舞，有了长远打算，随之加大了固定资产投入的力度。

之所以非公有制经济发展速度很快，有一点需要指出，即受宏观调控影响，其他类型经济的投资在收缩，凸现了个体私营经济的发展，这也是其发展很快一个重要原因。同时，也需要指出，在宏观调控过程中还有不少地方需要完善和改善，比如宏观调控要对症下药，要有针对性地对投资动因进行调控，才会有明显成效。民营经济在选择投资领域的时候，主要不是看该领域的产能是否过剩，而是看该领域还有多少国有企业，甚至只要有国有企业就投资进入。因为民营企业认为，相对于国有企业自己有三条优势，一是机制灵活、决策快；二是自己既无人员包袱，又无历史债务，可轻装上阵参与竞争；三是新购置的机器设备现代化程度和技术工艺水平高于国有企业；竞争的结果是，国有企业被淘汰出局。所以，竞争性领域的宏观调控，要把项目审批与国有经济的“有进有退”、“有所为有所不为”相结合，支持非公有制经济的发展；垄断性领域的宏观调控，要把项目审批与“打破垄断，引入竞争机制”相结合，区别原有垄断者上的项目和新进入者上的项目，支持新进入者；在产品的市场方向上，应该支持那些以国际市场为主的项目，鼓励企业走出去，融入国际市场，占有更大的市场份额。

2. 1. 6. 2　在打破垄断、市场准入方面有了突破性的进展

允许非公有制经济进入国防科技工业建设领域，这是过去我们想都不敢想、更不敢做的事。现在不仅可以进入，《解放军报》还发表文章，要求民营经济破除军工神秘感，树立大有作为的观

念。相对于其他垄断行业，军工领域对民营经济的进入是最积极、最热情、最开放的，已经出台了两种许可证制度，划分了放开、限制和禁止三种进入的领域，颁发了四个相应的文件，以鼓励非公经济进入军工建设领域。除军工建设领域外，目前一大批非公有制企业已进入公用事业和基础设施领域进行投资、建设和运营；许多非公有制企业与其他类型企业一样可以平等取得矿产资源的探矿权和采矿权；还有一批非公有制企业或进入社会事业领域，或参与国有经济结构调整和国有企业重组等等。客观地说，“36 条”颁发以后，非公有制经济的地位比过去大大提高，进入的领域更多更广，在市场准入方面有了突破性的进展。当然，目前在市场准入方面确实存在“玻璃门”的现象，甚至还有比“玻璃门”更厉害的“玻璃小鞋”。撞了“玻璃门”，大不了不进去就是了，而被穿上“玻璃小鞋”，则不仅是进不去，还有苦说不出来或不敢说出来。这也正是目前一部分同志对“36 条”的落实情况有意见、有看法的原因。尽管如此，但“船头已调正，坚冰已打破”，前进是谁也阻挡不了的。

2.1.6.3 在市场竞争中，民营经济具有很强的威慑力

国际上对我国的反倾销，反的绝大部分都是民营经济生产的产品——纺织品、打火机、鞋帽、包箱等。从另一个角度看，这恰恰证明民营经济的活力、效率和竞争力，反映出民营经济的壮大和实力；或者说在国际市场上，对竞争对手构成威胁最大的是民营经济。当然，对反倾销我们要认真应对，对我们自身存在的问题也要认真整改。从国内看，越来越多的省市领导视民营经济为发展地方经济的一支重要力量，把发展民营经济作为“为官一任、造福一方”的重要措施。各地的实践证明，凡是非公有制经济发展的地方，都是经济发展较好、社会进步较快的区域，如江浙、广东、福建等地。当前，一些同志对“36 条”落实不到位很着急，心情可以理解，但是事情发展总是有过程的。回顾改革历程，“实践出真知”。几乎所有的改革突破都是从下至上，都是下面闯出一条路，上面来总结提高，然后再推广。非公经济发展也离不开这个轨迹。“36 条”是旗帜、是方向，客观地说，它只是一个指导性文件，给地方和部门留下一个很大的突破、创新空间。还有一点要提及的，“36 条”出台以后，马上有人在网络上发表公开信，要求党中央怎样，要求全国人大怎样，要求国务院怎样，总之是要求撤销“36 条”这个文件。在这种背景之下，各地方、各部门排除干扰，坚决贯彻落实“36 条”，大部分省市和部门都出台了配套的文件，所以说，两年来“36 条”贯彻落实得确实“很不错”。

2.1.6.4 如何评价“36 条”的历史意义

“36 条”全面、系统地阐述了新的历史时期国家关于非公有制经济发展的政策要求。文件的七个章节，涉及非公有制经济发展的七个主要方面；36 条具体政策，相互联系、配套组合成系统的政策框架；凡是能够突破的，都有创新性的亮点，暂时尚不能突破的，都明确提出了发展的方向或思路。可以说，“36 条”是一个里程碑性质的文件，具有非常重要的历史意义。但是，就大多数老百姓而言，让他们目前就理解其中的伟大意义还为之过早，非公有制经济还有个大发展的过程，人们对它的认识也有一个逐步深化的过程。1978 年，党中央召开十一届三中全会，提出了“改革开放”的伟大方针，最初的几年里，如 1979、1980、1981、1982 年，有谁能够想象到改革开放会给中国带来如此的沧桑巨变，有谁能够认识到改革开放会造就中国如此的繁荣昌盛。同理，若让人们完全理解“36 条”的伟大意义，需要过二三十年后再来评价，相信那时的人们会用当时的感受，感慨历史，感谢国务院做出“36 条”如此英明、正确的决策。

2.1.6.5　发展非公有制经济是中国国情决定的

中国最大的国情是什么？是人多；中国最大的优势是什么？是人力；中国最大的问题是什么？是就业。寻找既符合国情又发挥中国优势，还能解决就业问题的途径，就是大力发展劳动密集型的中小企业。在起草文件的过程中，一个始终在讨论的问题是，鼓励支持“中小企业”发展，还是鼓励支持“非公有制经济”发展。“中小企业”与“非公有制经济”这两个概念高度重合，中小企业中有 99% 是非公有制经济，非公有制经济中有 99% 是中小企业。鉴于阻碍企业发展的主要原因是人们对非公有制经济的种种歧视，所以用鼓励支持“非公有制经济”发展。现在到国外看，能够把别人的产品从超市货架上赶出去，摆上货架卖得好的那些产品都是劳动密集型产品。从这个意义上说，劳动密集型产品是中国当前最具竞争力的产品，可以说“打遍天下无敌手”。当然，我们不能满足于此，还要产业升级，要结构优化，要自主创新，要提高产品的科技含量和附加值，但劳动密集型产品和经过艰苦拼搏所占有的国际市场份额，我们绝不能轻易放弃，不仅要保持，要发展，还要继续扩大，否则怎么解决中国的就业问题。现在我国每年有上千万的新增劳动力要就业；除了现有一亿多的农民工外，农村还有上亿的剩余劳动力要分离出来；城市中还有大量的下岗失业要找工作。不发展非公有制经济就解决不了中国的就业问题，这已成为定论。

2.1.6.6　允许非公有制经济兴办地区性股份制小银行

中小企业本钱小、无财产可抵押，贷款风险大。所以，中小企业贷款难是世界性的难题。加之中国的银行是国有体制，对非公有制经济的认识还有误区，中国中小企业向银行贷款是难上加难。银行把钱贷给国有企业，国企赚钱，则是贷对了，如果国企赔钱，则是工作失误；贷给私营企业，企业赚钱，就怀疑信贷员收了“好处”，企业赔钱，则认定信贷员搞了“猫腻”。由此，银行信贷员就不愿意对非公有制企业放贷。从经济学的规律讲，大企业对大银行，小企业对小银行。银行贷出一亿元与贷出一万元的手续差不多，交易成本所差无几，而贷款效益相差悬殊，大银行当然不愿意给中小企业贷款。市场经济国家通过设立大量地方性的小银行解决小企业贷款难。美国就有一万多家小银行。目前，需要重点突破的一条：就是允许非公有制经济兴办地区性股份制小银行。我们不希望一下子在全国冒出来几千个、几万个小银行，但可以允许在某一两个地区，先搞三五个小银行进行试点。

允许设立地区性小银行在中国还有一层特别的意义。小企业没有资金，也没有资产可抵押，发达国家主要靠小企业的企业信用或小企业主的个人信用进行贷款。但目前中国的社会信用体系尚不健全，个人信用刚刚起步，小企业新创建，没有信用记录，也就没有信用可言。在这种情况下，不论谁把钱借给小企业都要承担很大的风险。怎么办？地区性的小银行可以靠“熟人社会”解决信用缺失问题。温州的钱庄之所以“野火烧不尽，春风催又生”，能够生存和发展，靠的就是“熟人社会”、“同乡经济”。亚洲银行到温州考察那里的钱庄，并培训他们正规地搞小银行，结果发现温州的钱庄比亚洲其他地方的小银行做得都好。因为温州钱庄对一个小企业贷款与否，首先是考察这个小企业主的人品，对这个小企业主的道德、品性和能力要熟知，对其家庭状况要熟悉，兄弟姐妹有几人，夫妻感情如何，孩子多大，在那里上学都一清二楚。甚至还要调查他的办公室摆设是否整齐，库房存货有多少，车间卫生如何等等。乡里乡亲地住着，亲戚套亲戚，打断骨头连着筋。这种“熟人社会”就是小银行贷款安全的保障。据全国经济普查的数据，全国法人单位 325 万个，个体户 3900 万个，全国个体户和企业法人共有 4250 万个。四千多万个法人或者个体户能够得到大银行贷款支持的只有2%，所以非常需要有利用“熟人社会”进行放贷的地方性小银行的出现，舍此，则不能解决中国如此庞大的小企业群体的贷款问题。

另外，小银行的建立对解决两极分化，缩小收入差距也有重要的作用。现在的大企业，无论是国有大企业还是私营大企业，都有条件到银行贷款，银行也愿意给其贷款。随之而来的问题是，越大越好的企业越有银行信贷支持，其发展就越快。越小，越没基础的小企业，就越得不到银行支持，也就越萎缩。大企业越来越快地发展，肯定是越来越富；越来越萎缩是小企业，肯定是越来越穷。实际上，这是在扩大收入差距，制造两极分化。如果我们把为中小企业贷款的小银行的问题解决了，会有效地加快中小企业发展，缩小收入之间的差距。

2.1.6.7 集中精力解决非公有制企业税费中的突出问题

企业所得税要实行两税合并，这已没有大问题。突出的问题：一是计税工资。非公有制企业按照人均960元在税前计提工资，国有企业按照1∶0.7比例（经济效益与工资总额增长之比）税前提取工资，外资企业则按照人均3000～5000元的水平计提工资。二是广告费用的计提。外资经济全部是据实扣除，国有经济有固定比例，对非公经济则限制很严。三是双重收税问题。从经济学的角度看，一笔收入应只缴纳一次税。在上缴企业所得税后，企业所有者上缴个人所得税应按比例抵扣。四是捐赠免税问题。从事慈善事业，向社会募捐国家应该支持。对民营企业的捐赠应是免税的。对国有企业的捐赠倒应该是上税，需要进行限制，因为企业财产是全国人民的，作为国有企业负责人是没有权利决定捐赠与否的。

对非公有制经济的税高费多，带来的是一种恶性循环。税高费多，企业就会“堤内损失堤外补”，偷、逃、漏税，打各种“擦边球”；违法违规的行为多起来，被查处的几率就高；具体执法过程中，执法人员有一定的自由裁量权；由此，各种公关公司都冒出来，破财免灾，个人得利，国家受损；查处可以获利，部分执法者就有意无意地欲擒故纵，偷、逃、漏税和各种“擦边球”自然就更多；至此，完成了一次恶性循环。所以，必须要扎扎实实地、逐一项目地将这些不平等的税费解决掉。其实，还有一些没有被认识的税收不平等。比如，分房子实质是分财产，体制内的人分房子是得到一笔不小的财产，但分到房子的人从来没纳过所得税。但是体制外的人，如非公有制企业里的人大都是用纳税以后的钱买房子，这实际也是不平等。类似这些问题都需要一个一个地逐步解决。

2.1.6.8 非公有制企业要不断提高自身素质

就非公有制经济自身而言，有两点要引起高度关注。一个是坚持主业不动摇。通俗讲，就是干自己懂行的，不要轻信多元化。改革初期，确实有不少企业靠“多元化”赚了钱，但那时是“短缺经济”，买东西不仅要钱，还要各种“票、证、券”，如布票、粮票、购货证、工业券等，加之改革初期有关的法律法规不健全，有许多漏洞，所以可以赚钱。现在，市场基本是供大于求，且竞争对手如林，市场经济的法律法规也在不断丰富、不断完善，已经没有什么“空子”可钻了。一个企业做起来不容易，刚有一点积累，看到别人干的行当挺赚钱，心就有些“活”，就想向那个行当投资，以为过去别人“多元化”能赚钱，现在自己也能赚钱；以为别人在那个行当能赚钱，自己在那个行当也能赚钱；结果，绝大多数都是亏本赔钱。因为进入自己不熟悉的行当就等于进入高风险区，相当于走进“地雷阵”，风险极大。不要轻信什么“东方不亮西方亮”，其实没有太阳哪里都不亮。太阳就是主业，太阳就是专业化，你把“太阳”搞亮了，夜里都会亮，因为月亮都是太阳折射的光。最赚钱的行当不一定是适应你的行当，最适应你的行当一定是你最赚钱的行当。

二是干自己能控制住的，控制不住是给别人赚钱。用句时尚的话，就是进行“公司制改造”。一个小企业刚开始可以靠自己来管，两三百万、四五百万都可以靠自己管，但当有了几千万资产时，靠自己管就有一定的困难了，要是企业有了上亿元的资产后，再靠自己个人管，可能就根本管不住。与国家的治理一样，靠人治不行的，要靠法制，靠《公司法》，靠法人治理结构。许多非公有制企业的名称也都叫公司，也都设有股东会、董事会、监事会和经理层，但却不得公司的真谛。作为所有者的股东成立公司，是所有权与经营权相分离，股东们将经营权让渡出去，不再行使经营权，但是绝不是让渡给一个部门，而是交给董事会、监事会两个部门，而且也绝不是撒手不管，股东会是公司的最高权力机关。这样，股东会决策，董事会执行，监事会监督，形成“三权分立”的格局。股东会、董事会、监事会相互独立，又相互制衡。我们现在很多企业进行公司制改革，企业名称变了，但还是一个人说了算，没弄清楚法人治理结构的实质。这种状况就好似在白马身上画黑道，以为白马变成斑马了。结果，公司还是控制不住，越控制不住就越要自己什么都管，最后就会出大问题。

2.1.7　非公经济市场准入问题研究及建议

唐海滨　孙卜雷

2.1.7.1　非公经济市场准入问题的一些主要特点

市场准入管制是一种政府管制，它主要是通过限制某一行业中的企业数量和类别来限制市场竞争或该行业的资源配置。我国由于还处于向社会主义市场经济体制转轨的过渡阶段，在很多领域都不同程度地存在着市场准入的管制。

而非公经济由于历史的原因和所有制转变的滞后，在市场准入管制中经常成为被限制或被管制的对象。因此在一定意义上可以说，市场准入已经成为阻碍非公经济健康发展的一个重要问题，同时也是各类非公企业人士在有关非公经济成长方面关心的首要问题。能否顺利有效地解决非公经济的市场准入问题？能否推进非公经济市场准入的深化？如何加快市场准入制度的改革？将对国家的经济、战略以及非公经济的健康成长产生深远的影响。

为了更清楚地认识非公经济的市场准入问题，通过研究分析我国非公有制市场准入问题的形成、发展和现状，可以总结出我国现阶段非公经济的市场准入问题的几个主要特点。并从这些主要特点出发，形成当前分析和看待非公经济市场准入问题的重要基础。

1. 非公经济市场准入问题是一个牵涉面广、层次角度众多的综合性问题

当前非公经济市场准入问题的核心表现还是行政管制和基于行政管制的经济垄断。分析这些事实上的垄断或者“玻璃门”现象背后的成因，既有政策本身的原因，也有政策执行方面的原因，还有政府职能等体制方面的，以及相关配套措施不健全的原因。总的来说，几类问题相互交叉叠加，造成了非公经济在市场进入方面的诸多障碍。即：由于成因上的牵涉面广、层次角度众多，使得非公经济的市场准入问题成为一个综合性的复杂问题。具体看待非公经济的市场准入问题成因的复杂性，可以从以下几个方面加以分析：

（1）由于历史的原因，我国在很多行业和领域投资办企业都需要获得许可或审批方可进入，也就是前置性审批过多。随着《国务院关于鼓励支持和引导个体私营等非公有制经济发展的若干意见》（国发〔2005〕3号，本文简称“非公经济36条”）的颁布，尽管可能很多审批项目已经允许非公经济进入，但过多过细过繁的审批环节依然存在，而且很多社会、经济活动都在依赖这些审批环节来进行。前置审批项目过多、过滥、收费过多，对非公企业的市场准入设置了障碍。之所以设立如此之多的审批项目，主要原因不外乎三个：①某些政府部门对经济管理缺乏创新意识，只能利用简单粗暴的前置审批办法；②某些政府部门利用前置审批制造寻租机会，为腐败打开方便之门；③中央政府对审批制度改革和审批项目范围缺乏整体规划和监督，导致审批项目随意设置，审批范围失控，为企业和经济的协调发展设置了障碍。

（2）由于政策本身不够明确或政策模糊所造成的非公经济市场准入的壁垒。目前很多重要领域依然保持对非公经济严格的市场准入，甚至低于外资的国民待遇，使得非公经济仍然面临不公平的政策环境。虽然目前中央及某些地方政府制定的促进民营经济发展文件中明确规定，除国家明令

禁止的特殊行业外，个体和私人企业都可从事生产和经营。但究竟哪些行业允许民营企业进入，没有一个切实可行、合理的目录清单，缺乏相关产业政策支持。甚至有很多政府部门，通过部门的规章管理制度或者已经过时但没有来得及修改的法规，给非公企业设置了实际上的准入障碍。

（3）政府部门的职能设置存在问题，各政府审批部门之间的职能交叉重叠且模糊，造成非公经济在审批的多个环节之间疲于奔命，使得非公企业无所适从。而一些与非公企业审批、管理、服务、协调有关的工作反而无人负责，涉及各部门权力范围之间的事情难以协调，这样使得非公企业在创办和发展的过程中经常被审批部门互相推诿，无所适从。

（4）准入审批的操作环节障碍重重。一些具体行业的准入审批，标准不公开、程序不透明，结果不公正。很多审批环节长年掌握在少数官员手中，如果深究，上至领导、中至同僚、下至企业，均不知其根据什么设置的审批标准，也不知其如何审批。并且由于准入审批程序不透明、标准不公开等执行环节障碍，使非公企业难以自主维权。进一步导致潜政策、潜规则的盛行。因此在审批执行环节，也同样给非公经济的市场进入造成障碍、提高了成本，阻碍了非公企业在很多重要产业的有效进入。此外在执行环节的其他障碍也不容忽视，主要表现为：审批缺少时间限制，轻诺不守信，政令缺乏延续性等。这些操作执行层面的暗箱操作大大降低了非公企业进入相应产业的效率，也使非公经济的市场准入的落实效果一直不理想。

（5）相关配套及保障机制落后，使得非公企业进入新市场的能力和意愿都很弱。非公经济在发展阶段必然要面临着各种配套保障的需求，例如人事、土地、环保、社保、基础设施、融资、技术扶持、税收，其中融资体制和税收制度改革是增强非公经济进行产业扩张与市场进入能力的最主要环节。此外，人才短缺是近几年非公经济反映较多的一个新的发展问题，这在很大程度上是与目前我国的各种人事制度和人才管理教育体系的严重滞后密切相关的。

（6）缺乏较有效的自主维权渠道或自律组织，使非公企业在遇到一些政府管理以外的问题和障碍时难以维护自身的合法权益，缺乏第三方力量。例如法律体系的滞后与重叠，地方或行业部门的朝令夕改、轻诺不守信，司法和执法部门的公正与效率涉及多部门的协调工作，企业自身在进入市场中的秩序和自律等都需要一定的自律组织加以协调、辅助。

2. 非公经济的市场准入问题是关系到非公经济能否健康发展的先导性问题

首先，非公经济的市场准入问题的解决和进展在很大程度上影响着各界非公经济人士的信心，能够显示国家推动非公经济健康发展的信号和决心。从 2005 年 2 月国务院颁布“非公经济 36 条”以来，非公经济的市场准入问题已经成为各界非公经济人士关心最重、满意度最低，而且是进展和标准最容易判断的标志性问题。能否在非公经济的市场准入问题上取得进展，直接关系到各界非公经济人士对党和国家鼓励、支持、引导非公经济发展决策的信心。

根据 2006 年年初的一项调查显示：受访的非公经济人士中 61% 将垄断行业改革缓慢看做贯彻“36 条”的主要障碍。而且受访者对中国非公经济发展前景的信心，较之 2005 年“36 条”刚发布时下降了近三成：2005 年对非公经济前景“非常有信心”的比例为 66.7%，而目前这一数字下降至 31.7%。受访者对于在行业准入和垄断行业的改革进展情况的满意度仅为 10.3%。不满意率达到 15%，超过满意度（只包括满意）。持有“一般”看法的占绝大多数，达到 67%。反映出行业准入和行业垄断的改革进展有限，行业准入和行业垄断问题没有得到尽快改观已经正在成为影响非公经济发展以及使非公经济人士信心波动徘徊的主要因素。而且据悉，在 2006 年的类似调查中“垄断行业改革进展缓慢”仍然将成为《若干意见》贯彻落实过程中的首要问题，且对非公经济发展的信心进一步下降。受访者普遍认为，目前行业准入总体上进展比较缓慢的前五位行业分别是电力、电信、石油、金融服务业、公用事业。民营经济进入上述领域遇到大量的“玻璃门”现象，即看得见、进不去。比较突出的是以资本实力、技术水平和从业资历等各种理由抬高民营企业的准入门槛。

其次，由于非公经济的市场准入问题牵涉面非常广，有关非公经济健康发展的各方面问题都与其有着若干关系，因此成为各类非公经济发展的核心问题。

非公经济健康发展中的一些主要问题，如融资难、财税歧视、服务体系滞后、司法执法不公正、劳动人事关系等问题，实际上都和市场准入问题有着千丝万缕的联系。而且市场准入问题是解决上述问题的核心和基础。解决了市场准入问题，其他大部分问题也就迎刃而解，或者程度大大减弱；而不解决市场准入问题，其他问题的解决将非常困难，即便解决也难以彻底，很可能出现反复。例如，在实践上可以看出，非公经济反映较大的另一个问题——融资困难问题。其问题的核心以及解决的根本出路主要在于允许民营资本进入银行或其他类型金融机构，有了民营的、中小型的银行或金融机构，民营企业的融资难问题就很大程度上得到了缓解。

3. 非公经济的市场准入问题是影响社会经济稳定和发展的基础性、全局性问题

市场准入管制属于政府管制中的前置监管。表面上，市场准入管制仅仅是限制了某一行业中的企业数量，并达到了降低竞争的目的。但是进一步看，“限制谁、限制什么行业”这样的问题实际上可以通过控制相关行业效率和资源分配影响到一国的整体经济结构和经济效率，进而涉及到国家的长期性发展战略和社会的所有制关系；关系着国家内部各利益主体的平衡关系乃至国家稳定；也关系着各行各业、千家万户的兴衰成败。

从非公经济的基础地位和作用来看，在社会主义市场经济条件下，非公经济作为我国劳动人口之主体，作为一国经济的主要支柱之一，作为吸纳绝大部分的就业经济类型，作为国家强盛的技术准备、物质准备和人力准备的主体和基础，理应获得与其地位相适应的参与经济建设的权利。而由于非公经济长期处于中国社会各所有制中相对边缘的位置，尽管已经成为国民经济的重要组成部分，但与非公经济市场准入有关的问题很少有机会受到重视，对非公经济进入各重要经济领域和垄断领域的排斥力依然存在。

认识了非公经济在经济与社会中的地位，就更能清楚地看出，对非公经济在市场准入方面的限制所可能导致的经济与社会的扭曲与失衡。在实践中，这种对经济主体的准入限制过多所造成的失衡可能会表现为：资金外流、投资过热、生产资料价格剧烈波动、资金持续流入地产领域等助长泡沫行为。

而从经济发展的稳定性和全局性来看，目前阶段中国经济潜在不稳定（包括投资过热），很大程度上是对非公经济投资方向（即投资行业）的限制过多引发的不平衡造成的。当前中国经济在宏观上潜在的主要问题是两个不平衡，即国际收支不平衡和投资消费不平衡。这两个不平衡分别对应的现象是：出口过热、内需不足，以及投资过热、消费不足。而造成这一过热兼不足的矛盾的背后根源在于投资方向的不平衡导致的。即众多符合国内居民消费升级趋势和方向的消费类产品还在尽可能地限制民间资本的进入，如电力、电信、金融服务、教育、医疗、航空、交通等都是居民生活水平提高之后的消费大项和消费主流。但几乎无一例外地在限制社会资本投入上述领域。从前面出口过热和内需不足的矛盾可以看出，促进消费、扩大内需的手段无非是两类，一类是增加居民收入，促进消费提高，但显然这是一个长期的工作；另一类就是适当降低这些符合居民消费趋势的服务产品的价格，使老百姓能够消费得

起。而在市场经济条件下，降低这类产品服务价格的手段就是增加这些方面的投资，使社会资本进入上述领域，增加供给、降低价格，从而促进消费与内需的增长。不仅能够使社会稳定、经济秩序健康良好，而且可以通过市场机制更好的满足人民的需求，提高社会福利。

4. 非公经济的市场准入问题影响国家竞争力的提高与和平发展战略的实现

从竞争力的角度看，一个国家的经济发展（即便是和平发展）将不可避免地面对国际竞争的压力和挑战。而这一挑战不会因为本国企业的所有制性质而发生任何改变。因此很显然，非公经济进入到垄断行业或战略行业将有助于行业竞争力的整体提高。因为一方面，适当的国内竞争有助于锻炼各参与主体的行业竞争力和各自的抗击外部竞争的能力；另一方面由于适当的竞争，国内各方主体将在竞争中形成各自的特色、各有所长，当面对国际竞争压力时，可以有更多的特长和手段参与国际竞争，即便一部分企业在国际竞争中落败，但另一部分还有其他可采取的手段，也相对提高了国际竞争的胜率。

从产业风险角度看，促进非公经济进入垄断行业或战略产业，既可以抵御突发的产业风险，如重要输油管道中断、电力电信中枢的故障等，多渠道多方位的保障国民经济命脉的安全；又可以制衡部分利益集团挟产业自重的风险。

从外交与和平发展的角度看，随着中国经济总量的增加和国家影响的提高，中国的和平发展越来越受到国际方面的压力和质疑。即便是一些经济扩张也会受到不同程度的阻力，如中海油并购优尼科案等。其重要原因之一是国际社会对国有背景垄断企业扩张的担忧和防范。而非公企业或民间性质的海外扩张期国际阻力就显然小得多了（可能德隆当年在国外就已经购买了不少重要战略产业）。因此优先让非公企业进入国内的垄断行业和战略产业，在锻炼其竞争力的同时，在培植壮大之后，完全可以作为经济对外扩张和发展的、灵活多样的排头兵。

5. 市场准入管制的放开和改革是具有国际普遍意义的问题

市场准入的开放和改革并非中国自己的新鲜事物和特例。英、美、德、日、澳等国在20世纪后半叶都实施过较大规模的市场准入开放的活动。从20世纪六七十年代起，西方兴起了第三次改革市场准入管制的浪潮，把有关理论和各国政府实行管制改革的实践都推到了一个新阶段。

在西方第三次市场准入管制改革的浪潮中，很多研究成果都显示，旧的政府准入管制措施难以有效遵循当初设计时的良好初衷，从避免“市场失灵”入手，到最后往往以“政府失灵”收场。很多发达国家不断出现政府对经济运行以缺乏效率和明显有悖公平原则的方式进行干预的现象。鉴于上述问题，理论上认为准入管制改革势在必行。西方管制改革的总目标是“将政府的准入管制随时维持在有效率、有效果和相对公正的状态之下”。

美国在1970年～1990年对各类受管制行业中的公有企业（Public Utilities）、私营企业（Private Utilities）之间有大量的研究对比，其中绝大多数证据（占所有研究成果的4/5以上）表明在这些行业中，国企不仅效率低，成本比私企高，收费也比私企高，而这些企业由于多数处于产业链的上端，因此很显然给中下游客户企业及消费者增加了额外的负担。

其他国家，如新加坡政府对于土地征用和转让的审批环节进行了梳理：土地局负责审批申请用地者的申请报告，但是要征求规划局的意见，并请财政部的估价师对土地进行估价，再报请律政部长审核价格、面积、用途和地权种类，最后还要呈报总统批准。澳大利亚在验证对比了私营企业效率和国营企业效率后，也积极推动私营企业进入航空、电力等垄断行业。英国则把中央政府各部门的审批权力转移到新的独立管制机构。自1979年以来，英国政府成立了包括电信业、金融业、煤气、自来水、电力和广播业方面的12家新的独立规制机构。即审批权和行业组织与监管权的分离。

2.1.7.2　非公经济市场准入改革的进展及仍然存在的问题

1. 非公经济市场准入的推进力度前所未有

2005年2月国务院颁布的指导非公经济发展的重要3号文件——《国务院关于鼓励支持和引导非公有制经济发展的若干意见》，是有关非公经济发展的历史性文件。在文件公布之后，政府正式拉开了放开市场准入的序幕。《若干意见》中明确提出“放宽非公有制经济市场准入”：“允许非公有资本进入法律法规未禁入的行业和领域。允许外资进入的行业和领域，也允许国内非公有资本进入……”截至2006年上半年，已有17个部门和单位在市场准入、金融财税、公共服务、改进监管等方面出台了22个配套文件，还有一部分配套措施正在研究制定中；各地区颁布实施了200多件促进非公有制经济发展的法规或政策文件。这些文件的出台，从时间、内容上，密度之高、力度之大都是前所未有的。而且2006年年初国务院还批准颁布了由国家发改委和国务院法制办制定的《关于清理限制非公有制资本市场准入及非公有制经济发展规定的通知》，这一切都充分表现了党和国家促进非公经济发展的决心。以下列举了一部分两年以来有关部委在放开市场准入方面的有关政策文件（见表1）。

表1　　近期出台的有关非公经济市场准入的部分政策

政策名称	出台时间	发布部门	有关内容
《关于非公有资本进入文化产业的若干决定》	2005年8月	国务院	明确了非公有资本进入文化产业的具体领域
《关于鼓励发展民营文艺表演团体的意见》	2005年8月	文化部、财政部、人事部、国税总局	在相关领域的市场准入、人才培养、对外交流、简化审批等方面提出了政策意见
《武器装备科研生产许可实施办法》		国防科工委	允许非公有制资本进入武器装备的一般分系统及其他专用配套产品科研生产领域，公平参与军工科研生产的招投标竞争
《成品油市场管理办法》、《原油管理办法》	2006年12月	商务部	对申请设立成品油企业的主体资格没有明确限制，为非公有制企业进入成品油、原油的流通领域提供了制度保障
《电力业务许可证管理规定》		电监会	明确了从项目核准、技术标准和经营资质三方面审核电力业务
《国内投资民用航空业规定（试行）》	2005年6月	国家民航总局	对非公资本在公共航空运输、通用航空、民用机场、空管系统等相关领域的市场准入作出明确规定。而且当年民航总局批准了7家营运或筹办的民营航空公司

续表

政策名称	出台时间	发布部门	有关内容
《调整和放宽银行类金融机构进入农村的若干意见》	2006 年 11 月	银监会	允许在农村由社会资金来设置金融机构。包括开办合作性的金融，民营经济如何进入现有的金融机构参与重组等
《关于加强市政公用事业监管的意见》		建设部	针对非公有制企业积极进入市政公用事业领域的现状，建设部健全了有关监管制度

2. 非公经济市场准入的满意程度仍然不高

但是应该看到，虽然在文件上和在国家的总体方针上，公用事业和基础设施领域、社会事业领域、金融服务业、国防科技工业建设领域等市场准入已经向非公经济放开了。但是和非公经济能够实际进入这些领域的要求和标准相比，还存在着一定的差距。与广大非公有制企业的发展需要相比，进展还不够快，力度还不够大，社会上还不够满意。

实际上，根据前面调查的结果可以看出，接受问卷调查的民营企业家认为，虽然在某些领域如基础设施、电信、公用事业和教育等领域，在贯彻平等准入、公平待遇原则上有不同程度地改善，但是金融服务业、石油领域和国防科技工业建设领域的准入壁垒受到了广泛质疑。在石油业领域，认为准入程度改善的受访者只有 13.2%。国防科技领域只有 7%。甚至一些非公经济认识认为，“非公 36 条”及市场准入的真正落实需要 3 年 ~5 年，充满困难。

3. 固有的运行机制是非公经济市场准入效果不佳的重要根源

探究这一改革效果不显著的原因，我们认为可能是由于历史原因和长期的所有制意识，造成了当前影响非公经济在市场准入方面的各种因素和障碍已经相对固定，在运行机制上形成了模式，没有足够的外力推动很难发生实质性的改观。单纯的放开市场或模糊地准许进入尚不足以让非公经济叩开垄断之门。要推动改革，矫枉必须过正。要促进非公经济进入垄断行业，必须制定相对更加明确的准入政策、更加细致的法律支持和更加有力的机构设置。

一些配套实施政策在执行中遭遇阻力。一些部门受传统的观念影响与习惯制约，在实际管理上对民营企业仍抱不太信任的态度，以致在具体工作上或有意或无意、或直接或间接地限制民营企业。

某些垄断企业在实际上更加排挤民营企业。部分垄断企业出于维护自身利益需要，通过长期维持垄断高价、影响政府部门抬高行业准入门槛等手段，排挤民营企业进入。

4. 充分认识推动非公经济市场准入的艰巨性是取得良好效果的重要条件

应该看到，尽管国家允许并一再强调让非公资本进入垄断行业，但是市场准入的真正实现无论是从国内的历史限制还是国外的改革经验看，都不是一件能短期内见效的任务。非公经济的市场准入一定是一件需要充分协调策划的系统工程，也是一个需要长期不懈努力的艰巨任务。充分了解困难、分析困难、解决困难是这一项改革取得良好效果的重要条件。

两年以来，我们欣喜地看到中央政府在推进“非公经济 36 条”和促进市场准入方面的工作正在不断深化、细化。一是加快清理限制非公有制经济发展的规定。凡不符合宪法及其相关法律中有关促进非公有制经济发展规定的法律法规，凡是不符合国务院“非公经济 36 条”的政策及部门规章和地方性法规政策，都要进行清理和修改。二是认真检查政策措施落实情况。各地区各部门，未制定“非公经济36条”配套实施政策的，都要及时制定；已经制定了的，要进行检查，推动切实执行。三是切实解决行业准入问题。垄断行业、重要领域准入政策的制定与实施，要按照民主化、公开化、科学化、程序化的要求，充分听取和尊重社会各方面特别是民营企业的意见，避免国家政策出现局部性的利益化。2005年3月21日国家工商总局下发的《关于发挥工商行政管理职能作用促进个体私营等非公有制经济发展的通知》；6月，国务院减负办下发《关于治理向个体私营等非公有制企业乱收费、乱罚款和各种摊派等问题的通知》。2006年5月，经国务院原则同意，《贯彻落实〈若干意见〉重要举措分工方案》已印发56个相关部门和单位。国务院减负办将非公有制企业治乱减负作为今年工作重点，到9月底取消涉及非公有制企业不合理收费2385项，查处“三乱”案件1885件。

2.1.7.3 政策性建议

首先，根据并参考国际市场准入改革和在打破垄断方面的经验，应该把市场准入开放当做一项系统工程来做，制定相应的指导原则来推动市场准入的实际进展。比如：在推进市场准入开放的过程中，应该坚持非公经济与国有经济一视同仁的原则；增强审批透明性原则；坚持减少审批总数，促进经济发展、提高效率的原则；坚持理顺管理体制、转变政府职能原则；坚持提高市场经济主体自主维权能力原则。

其次，在完善非公经济市场准入的具体政策方面，我们提出以下建议：

（1）设立独立于现有部委之外，并且享有准司法权力的公平交易调查署，来负责调查和查处各种为非公经济设置市场准入障碍的行政政策或行政部门和查处各种垄断企业的不正当竞争行为；

（2）起草政府信息公开法，责成各级政府的非保密信息应尽可能公开，降低非公经济企业信息获取的难度；

（3）加快建立和完善统一的市场准入招标制度，即在政府部门的统一协调下，通过招投标这种市场化机制来代替准入管制；

（4）进一步理清政府部门之间的职能划分，或者尽快成立有协调各个政府审批部门能力的创业服务局，为非公经济的发展进行引导或服务；

（5）扶持民间金融担保体系，提高非公经济的融资能力和市场参与能力；

（6）试点企业债券市场，开辟非公经济企业的直接融资渠道；

（7）改革税收配套体制与政策，改变现在多数非公企业税收负担高于外资企业和国有企业的不合理状况。

2.1.8 市场准入与打破垄断

晓 亮

2.1.8.1 现时要反对的主要是行业垄断

按照马克思主义的观点，垄断是必须反对的。因为垄断阻碍技术进步，不利于开展平等竞争，活跃经济生活，降低价格。在我国市场经济走到今天这个地步，企业和行业部门都已成了利益主体，垄断必然产生部门之间的分配不公。部门之间的平均工资水平差距已达到一两倍以上了，非常突出。[①] 所以，现在应当是到了考虑制定《反垄断法》的时候了。

但我国反垄断的对象主要是国家垄断、行政垄断、行业垄断。行业垄断与国家垄断实质是一回事，因为行业垄断往往是以国家名义出现的，国有大企业大半是垄断企业。而不是私人垄断，这是必须明确的。

私人垄断当然也是要反对的。现在，西方国家反对的就是这种垄断，像反卡特尔法，像前几年美国对比尔·盖茨是不是垄断，折腾了好久才解决，这都是反对私人垄断。而我国现时还根本不存在这样的问题，没有这种必要。我国现时的主要问题是民间资本、私人企业如何进入国家垄断行业的问题，即市场准入问题。进入了，才能打破垄断，开展平等竞争。不能进入或进入不了，就打不破垄断。所以，市场准入与打破垄断必然是一个问题的两个方面。要实现民间资本和民营企业的市场准入，就必须反对行业垄断、行政垄断、国家垄断。

2.1.8.2 打破垄断，必须国家立法

但要彻底打破垄断，必须由国家权威机构出面，站在全国人民的立场，制定大法，立法才行。不能只由行业、部门立法。经验证明，行业、部门自己立法，必然千方百计地维护自身的垄断地位，不费力气地获取垄断利润。例如，《邮政法》如果由邮政部门自己制定，它完全可以提出，邮政由国家专营。仅此定义，民间资本就很难进入了。而民间资本不进入，没有有效的竞争，国家专营是很难搞好的。我猜想，这大概是日本直到现在才提出邮政民营的原因所在。

但民营资本的市场准入，应当是可以独立进入，以企业法人的地位进入，才有可能打破垄断。而不仅仅是可以投资、入股。像国有铁路某些部门，它现在已经欢迎民间资本进入了。金融部门也开始欢迎民间资本进入。但只要国家控股，照样没有竞争，进入一点点起不了多大作用。所以，市场准入的概念，也可以区分广义和狭义的两种类型。广义的指入股、集资，只要有这种民间资本，就算进入了。而狭义的应指民营企业可以租赁、承包国有企业某一部分，或以独立的企业法人身份进入。

---

① 根据最新资料，我国行业间工资差距过大，已经到了惊人的程度。据国家统计局数字，电力、电信、金融、保险、水电气供应等行业的平均工资是其他行业平均工资的 2 倍 ~3 倍。如果再加上工资外收入和职工福利待遇上的差距，实际收入差距可能在 5 倍 ~10 倍之间（2006 年 5 月 16 日《中国经济时报》）。

2.1.8.3 国务院“非公经济36条”没有解决市场准入问题

对于2005年2月颁布的《国务院关于鼓励支持和引导个体私营等非公有制经济发展的若干意见》，我已写过文章，给以高度评价。这个文件所说的“积极发展个体、私营等非公有制经济，有利于繁荣城乡经济，增加财政收入，有利于扩大社会就业，改善人民生活，有利于优化经济结构，促进经济发展，对于全面建设小康社会和加快社会主义现代化进程具有重大战略意义。”就是说，发展非公有制经济，绝对不是权宜之计，而是长远的、根本的战略方针。整个社会主义时期都必须坚持公有、私有并存、并重的格局。但是，“非公经济36条”并没有解决市场准入问题。很多问题都是说得好听，但落实不了。一些私营企业家说它是“玻璃门”，看得见，进不去。一些垄断行业并未向民营经济全面开放。有些部门只是开了一个门缝。有的是大门打开了，但门槛又提高了。更有的是进入了，反遭到几个部门的联合围堵，或垄断企业的围堵。即使这样，这个文件还遭到极左势力的不满，联合七八十人写了“万言书”上告中央和人大，要求停止执行。看来改革开放到现在，每再前进一步，都有利益集团的阻挠，进展并不顺利。

说的具体一点，“非公经济36条”，之所以没有解决市场准入问题，就是因为“非公经济36条”是国务院各部门协调的产物。各有关部门都赞成了，才能通过。而各有关部门能自愿打破行业垄断吗？不可能。而只要不愿意打破垄断，什么“理由”都可以讲得出来。它有权、有势，你民营企业家能同它平等地辩论清楚吗？能不按它说的办吗！

可见要真正打破垄断，解决市场准入问题，是一个长期的使命，要不断地突破和推进才行。

此外，还有一个市场状况的问题，特别是地方政府的政策是否允许进入的问题。更何况突破的主体只能是民营企业。即使国家允许进入后，还有民营企业家自身素质适应不适应市场的问题，符合不符合行业管理的要求的问题，资本规模够不够的问题，本身的能量高不高的问题等。

2.1.8.4 打破垄断重在金融、电力、石油三个部门

这是我多年来形成的观点，已经不止一次地呼吁了，有的还多次写了文章论理，但就是打不破。

金融是第一个要突破的部门和行业。我始终不理解，其他产业部门和行业都是多种所有制并存和共同发展，而银行、金融业就不行呢？只能解释为国家要垄断，国家来控制。

只是现在想垄断也垄断不下去了。国外金融机构大举进来后，还不让国内的地方合作银行、中小银行、私人钱庄、民间的信贷等存在和发展行吗？我看是行不通了。

据中央财经大学的一项调查，现在国内中小企业、私营经济的融资、贷款，实际由民间渠道解决的占1/3左右了。但都是地下的，不合法的。

为什么不可以把地下的变为地上的呢？变成地上的，合法的，岂不就增加了透明度，更好管理、监督了吗？

电力行业主要是改革的问题。

近些年我国电力供应紧张，造成的损失太大了。但为什么供应紧张呢？我看主要是国家电力部门垄断经营。而在一些地方，放开由民间办电，包括由民间办小水电，就不紧张了。但如何放开，需要研究，因为这个行业的确有它的特殊性。

至于石油开采、冶炼，我的关注是从近些年来陕北油田开采事件引起来的。民间资本已经大量进入了，国家硬是要收购，实行国营。为此我们一些学者曾多次开会呼吁，甚至向全国人大委员长

写信，也解决不了。民营企业家要上诉，也不让。依法行政怎么有这么难呢？真是怪事。

除了以上三个部门以外，电信、铁路、民航、邮政等行业的垄断大门如何打破，也是一个有待研究和解决的问题，值得关注。

2.1.8.5 民企破门不能只靠反垄断法

现在要求国家出台《反垄断法》的呼声，已经开始高涨起来。包括一些经济学家和法学家都在公开提出，为破除体制性障碍，应该通过《反垄断法》的制定和出台，为非公经济向垄断行业的发展，保驾护航。预计明年“两会”期间还会有人提出这种要求和建议。在这种情况下，《反垄断法》的出台也许不会很久、很远了。

但是，话又得说回来，我国民营经济的市场准入问题，单靠《反垄断法》的制定是十分不够的。这只是法律层面上的突破。将来，即使《反垄断法》出台了，尽管这很重要，但也不过是从法律层面上限制垄断势力，从而在一定程度上保障民营经济发展的权利，然而这未必是解决问题的根本和全部。民营企业要真正地进入一切能够进入的市场，还得依靠更加深刻的经济体制改革，以及民营企业和民营企业家本身的顽强拼搏，靠它（他）的挤和闯，也要靠社会舆论的支持。因为垄断部门最怕揭露、监督和阳光。

回顾我国民营经济，特别是非公有制经济的出现和发展历程，它们从来都是在国有和集体经济包揽垄断一切行业的夹缝中，顽强地拼搏，一步一步地挤进来的，然后逐步扩大，站稳脚跟的。并不是先立法允许，才出现和发展起来。而是先挤进来，发展壮大以后，才一步一步获得法律承认，逐步创新，创业，创造，逐步壮大的。因此，今后民营经济、非公有制企业要进入国家垄断行业、行政垄断部门，还得依靠它的闯和挤。有了国家的立法、政策，只不过给了你以武器、武装。没有立法、政策时靠挤和闯，将来有了立法和政策时，还要靠挤和闯。这才是我们的特色。

2.1.9 跨国公司发展新趋势

王志乐

当我国经济正在转变增长方式，更多企业正在走向世界之时，如何与跨国公司合作竞争是一个令人关注的问题。为此，我们要了解跨国公司最新的发展趋势，不仅了解跨国公司在中国的变化，也要了解跨国公司在全球的变化。

2.1.9.1 跨国公司全球发展新趋势

1. 经济全球化潮流加速扩展

20世纪90年代以来，全球范围出现了一系列根本性的新变化。这些变化极大地改变了跨国公司经营的环境、条件和规则。冷战结束、信息技术革命和经济全球化发展成为这些变化中影响最大的三个方面。

首先，冷战结束扫除了经济全球化的政治障碍。冷战结束给世界政治经济形势带来了深远的影响：两个对立的阵营不复存在，市场经济在世界范围内得以发展；和平与发展成为时代的主题和主流；以经济为基础、以科技为核心的综合国力的竞争取代过去的军备竞赛。

其次，以信息技术为代表的科技革命促进了经济全球化发展。20世纪90年代中期，因特网开始大规模商业化，数字移动通讯技术开始广泛普及。在信息技术革命带动下，科学技术革命以前所未有的规模和力度，彼此呼应，推波助澜，呈现出一派加速发展的趋势。以信息技术为代表的科技革命成为经济全球化的技术支撑。

第三，经济全球化浪潮汹涌澎湃。经济全球化乃是一个不断发展的动态过程，它随着世界经济的不断发展而总是在不断扩展和深化。1995年WTO开始运行就是经济全球化深入发展的重要标志。经济全球化使得无国界竞争（“无限制竞争”）逐步形成，跨国经营和全球经营成为企业经营的常态。企业经营的市场已不再是政治疆域内的国内市场，而是一个全球一体化的市场。

目前正在影响全球的第三次经济全球化潮流肇始于1973年。这一年发生石油危机，发展中国家以石油为武器同发达国家展开经济斗争。美元汇价脱离金本位而自由浮动。以此为标志开始了第三次经济全球化。从1991年冷战结束后在短短的10年时间里，全球政治、经济和技术三个方面均发生了根本性变化，这样的情况在人类历史上史无前例。由于冷战结束、信息技术革命和经济全球化相互作用，因此，当三个方面的根本性变化集中在短短的10年时间中发生时，三个方面的力量相互激荡，极大地加速了全球化潮流发展，加速度地改变了世界的面貌。第三次经济全球化自此形成潮流。

2. 跨国投资急剧扩张

经济全球化迅猛发展的一个重要表现是跨国公司数量和跨国投资的增加。

按照联合国贸发会议（UNCTAD）的统计，20世纪90年代以来，跨国公司数量有了大幅度增加。1990年，跨国公司母公司3.5万个，这些跨国公司国外子公司15万家。到2000年，跨国公司母公司总量增加到 6 万个，这些跨国公司国外子公司数量增加到 80 万家。

1990 年以前，全球跨国投资总量每年不过 2000 亿美元左右，20 世纪 90 年代跨国投资数量逐年增加，到 2000 年达到 13 800 亿美元。

进入新世纪以来，经济全球化潮流在全球进一步迅猛扩张。越来越多的跨国公司在全球范围配置资源，从跨国经营上升为全球经营。2005 年跨国公司母公司数量增加到 7.7 万个，这些跨国公司海外子公司数量为 77 万家。

进入新世纪最初 3 年，全球跨国投资数量有所下降。在 2000 年达到有史以来最高峰以后，2001 年、2002 年和 2003 年跨国投资逐年下降。但是，2004 年和 2005 年跨国投资数量再次迅速增长。按照联合国贸发会议的统计，2005 年跨国投资流入量在 2004 年增长 27% 的基础上又增长了 29%，达到 9160 亿美元（见图 1）。

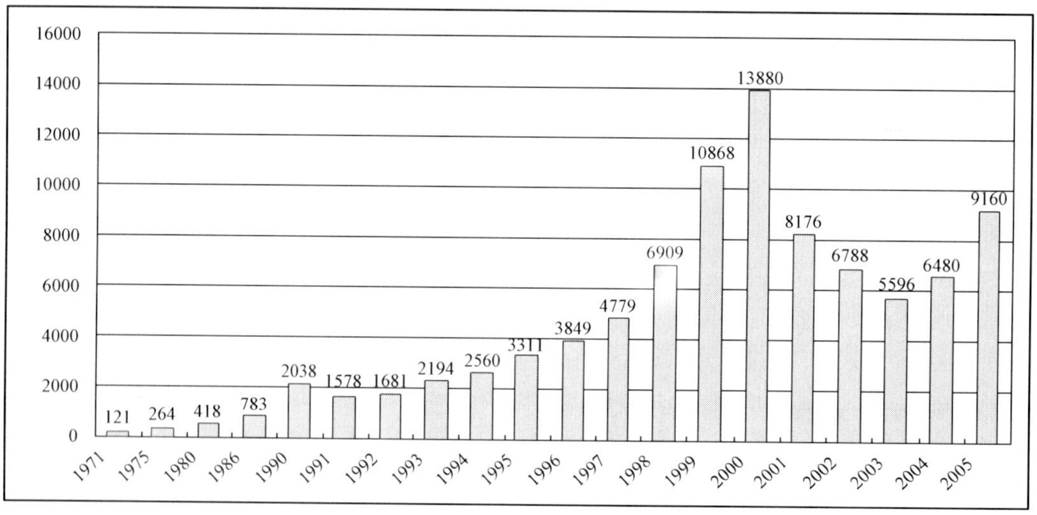

图 1　1971 年～2005 年全球跨国投资发展趋势

资料来源：根据 UNCTAD 历年世界投资报告整理，数字单位为亿美元。

3. 从跨国公司到全球公司

面对迅速形成的全球市场和迅速发展的全球化潮流，跨国公司原有的发展战略、管理结构以及经营理念均面临严峻挑战。越来越多的跨国公司迎接了挑战并且把挑战转变为发展的机遇。

随着经济全球化潮流形成，越来越多的跨国公司开始调整企业发展战略。它们从过去的跨国经营转向全球经营。它们吸纳或利用全球各地区的资源，参与全球市场的竞争。它们在全球最适宜的地点设置资源采购中心、制造加工中心、研究开发中心、营销服务中心等各个运营管理中心。跨国公司全球产业链形成，大大增强了竞争力。

为适应新的全球战略，跨国公司全面调整管理架构。如果说过去跨国公司是以母国为中心辐射若干国家的中心辐射管理模式，那么，现在是在全球不同地点设置采购、制造、销售、研发等多中心、多结点的网络管理模式。网络管理模式有利于全球公司管理边界扩展到全球，有利于对全球范围经营环境的变化作出更迅速的反应，达到更有效地利用和整合全球资源的目的。

为适应全球竞争与合作，跨国公司还调整了企业经营理念和企业文化。过去，跨国公司往往以母国文化为中心，以母国文化影响公司雇员。现在这些公司通过全球各地分支机构吸纳全球多种文明成果，形成能够吸纳多元文化的企业文化。在形成多元文化过程中，全球公司责任理念得到提升。这些公司从过去的股东价值最大化提升到强化包括股东、社会和环境责任在内的公司责任体系。在现代工商文明新时期，他们不仅为公司股东负责，而且为企业所处的社会和环境负责。全球公司被赋予了全球责任。从2000年联合国秘书长办公室推进全球契约算起，短短的五六年时间，公司责任体系的理念迅速得到全球众多公司的认可。

从20世纪90年代中期以来不过10年时间，经过战略、结构和理念三方面调整，许多跨国公司转型为全球公司。全球公司的出现，改变了市场竞争的条件，也改变了市场竞争的规则。

20世纪90年代中期以来，特别是进入新世纪以来，跨国公司在全球范围通过战略调整和组织管理架构的调整，经营状况大大改善，竞争实力大大增强（见表1）。

表1　1995年~2005年全球500大公司经营状况发展趋势

年度	营业收入额	利润	资产额	股东权益	员工
1995	11 378 387.0	323 338.8	32 136 549.7	3 347 788.8	35 119 851
1996	11 434 819.9	404 408.4	33 271 046.5	3 624 219.8	35 517 692
1997	11 453 516.5	452 032.6	34 187 773.2	3 724 138.3	36 770 153
1998	11 463 407.9	440 271.5	38 989 284.0	4 233 812.4	39 685 624
1999	12 695 951.1	554 011.8	44 002 770.7	5 010 578.0	43 955 988
2000	14 064 960.2	667 209.8	45 807 623.6	5 527 401.9	47 225 289
2001	14 009 959.8	306 092.3	48 664 505.9	5 643 920.8	47 810 635
2002	13 729 041.6	133 473.8	52 607 345.6	5 535 837.0	46 492 660
2003	14 873 027.5	731 159.4	60 814 536.2	6 782 352.4	45 908 637
2004	16 798 086.8	929 526.3	67 745 869.7	7 693 850.5	47 956 133
2005	18 929 360.4	1 214 929.1	72 769 483.1	8 281 710.9	50 538 508

资料来源：根据《财富》杂志历年全球500大公司统计整理。表中前4列数字单位为百万美元，员工人数为个人。

从上表数字我们可以看到，20世纪90年代中期到2005年，全球500大公司销售收入几乎增加了一倍，净利润增加了3倍。进入新世纪以来5年，500大公司利润先是减少到3060亿美元，而后增加到2005年创纪录的12 149亿美元。恰恰在2001年~2005年，全球跨国投资数量先大幅度下降，再大幅度上升。500大公司利润增减也同全球跨国投资数量的增减趋势一致。最近3年全球500大公司利润大幅度增长，意味着全球大企业再投资能力得到提高。显然，在可预见的未来若干年，全球跨国投资还会增加。

4. 跨国并购成为跨国投资的主要方式

20 世纪 90 年代中后期跨国投资大幅度增加的同时，跨国并购也急剧增加。事实上，恰恰是大规模跨国并购的增加带动了跨国投资的发展（见图 2）。

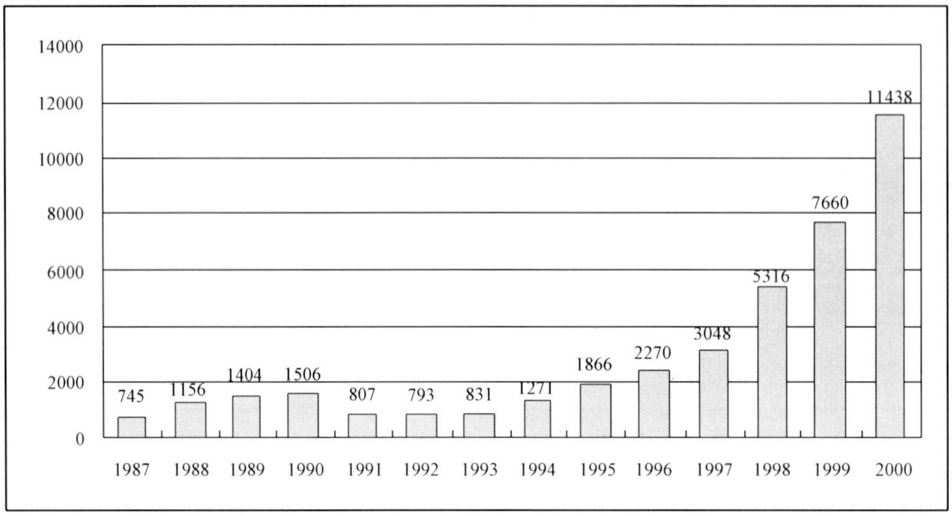

图 2　1987 年 ~ 2000 年全球跨国并购的发展

资料来源：图中数字为亿美元，根据联合国贸发会议资料整理。

如果把全球跨国并购数量与跨国投资数量进行比较，我们可以发现，跨国并购的数量一般占跨国投资数量的 80% 左右。

进入新世纪，由于 20 世纪 90 年代末金融危机以及 IT 产业泡沫的破灭，全球跨国投资总量急剧萎缩。与此相应，跨国并购数量也急剧下降。然而从 2004 年起，这个势头才扭转过来。值得注意的是，在近 3 年的跨国投资中，跨国并购扮演了极其重要的角色。正是跨国并购推动了跨国直接投资的增长。

按照联合国贸发会议的统计，2005 年全球跨国并购数量比 2004 年增加 88%，达到 7160 亿美元，占当年跨国投资总额的 78%。在这些跨国并购中价值 10 亿美元以上的特大交易有 141 起，交易价值 4540 亿美元，占当年跨国并购总额的 63%。显然，跨国并购，特别是特大型跨国并购已经成为跨国投资的主要方式。

2.1.9.2　跨国公司在中国发展新趋势

从长期看，跨国公司在中国发展趋势与全球跨国公司发展趋势基本一致。但是，在一定时期，跨国公司在华发展与全球趋势也会出现某些差异。进入新世纪最初 3 年，全球跨国投资急剧下降之时，跨国公司在华投资却急剧上升。这一事实表明，加入 WTO 以后，跨国公司对于中国市场的关注成为全球经营的一个重点。加入 WTO 对于中国融入经济全球化具有重大影响。中国全面融入经济全球化带来了跨国公司全面进入中国。

（这里需要说明的是，联合国贸发会议把中国外资统计的数字作为跨国公司在中国投资的数字。为行文方便，在本文中我们也把外资数量作为跨国公司在华投资的数量）

1. 扩大在华投资规模

1991 年冷战结束后经济全球化潮流加速形成之时，中国扩大开放，深化改革，跨国公司开始在中国比较大规模地投资。1992 年～2000 年间，我国吸收跨国投资 3233 亿美元。

进入新世纪，经济全球化潮流高速扩张之际，中国加入 WTO，迎来了跨国投资的新高峰。2001 年～2005 年我国处在加入 WTO 后的过渡期。中国按照加入 WTO 承诺，扩大对外开放。在这 5 年我国吸收跨国投资 2861 亿美元。5 年吸收跨国投资数量占改革开放 27 年吸收跨国投资总量的 45%（见图 3）。

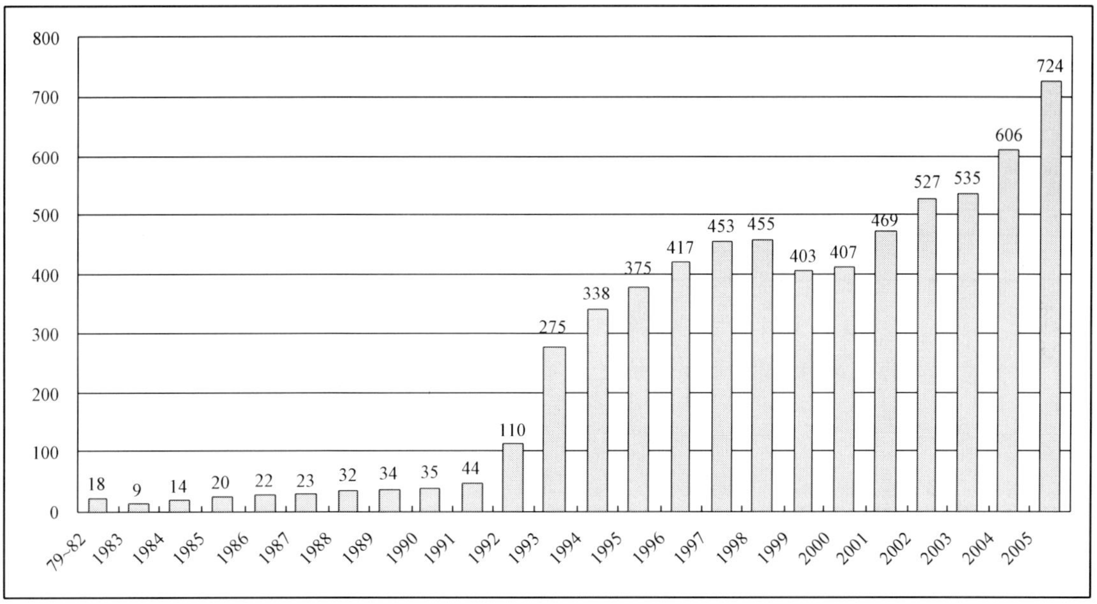

图 3　1979 年～2005 年我国吸收跨国投资发展趋势

资料来源：根据商务部历年外资统计数据整理。

从以上外资发展趋势图我们可以清楚地看到，外资在中国的三个发展阶段。从 1979 年～1991 年，外资数量不多，从 1992 年～2000 年外资数量出现第一个高峰，从 2001 年起，外资数量逐年攀升。

加入 WTO 5 年以来，中国投资环境进一步得到改善。经过 20 多年改革开放，中国不仅成为颇具竞争力的世界制造业加工基地，而且成为颇具吸引力的世界性市场。因此，中国成为全球跨国投资的热点。

2001 年以来，世界著名跨国公司纷纷调整中国在其全球战略中的地位，呈现了在华投资的新趋势：加大在华投资规模，延伸在华产业链条，整合在华企业集团。

2001 年～2005 年这 5 年恰恰是中国加入 WTO 以及加入 WTO 后过渡时期。与国际跨境投资发展逐年大幅度下降不同，外商在华投资逆势上扬。2005 年中国吸收外资总量达到 724 亿美元，成为改革开放以来吸收外资最多的一年。加入 WTO 5 年以来，外商在华投资数量达到前所未有的高峰。

进入新世纪，外资在华发展趋势与全球跨国公司投资趋势出现了差异（见图 4）。

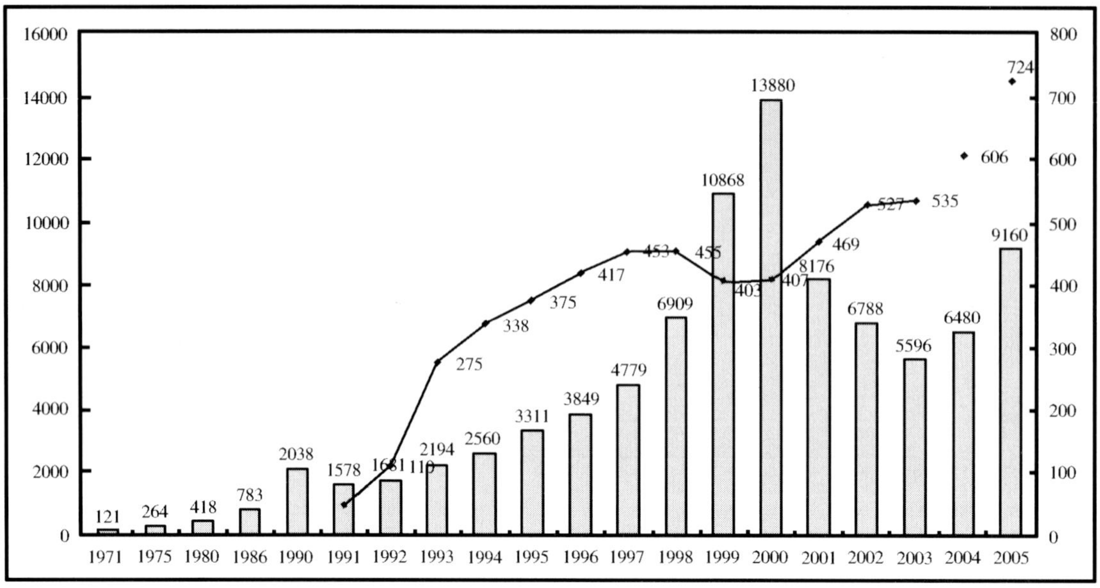

图 4　我国吸收外资与全球跨国投资趋势的比较

注：图中立柱表示全球跨国投资数量的发展趋势，曲线表示中国吸收外资数量的发展趋势。

资料来源：根据联合国贸发会议《世界投资报告》整理。

2. 投资项目系统化

20 世纪 90 年代以来，跨国公司开始在中国进行比较大规模的投资。由于劳动成本攀升，跨国公司在发达国家的企业从事组装加工环节业务只有微利，或者无利可图。在中国，由于劳动力成本低廉，而且可以长期保持低廉价格，因此，加工组装环节还有相当利润。这一时期跨国公司在华投资主要内容是把组装加工环节转移到劳动力成本低廉的中国。也就是微笑曲线中间、附加值最低的部分转移到中国。

中国加入 WTO 前后，跨国公司在中国投资战略进行了调整，不仅扩大投资，而且投资内容发生了明显的变化。

首先，许多跨国公司加大价值链两端的投资。中国加入 WTO 前后，跨国公司在中国加大了在价值链上游研究和开发环节的投资。迄今，跨国公司在华设立了约 750 家研究开发机构。跨国公司也加大了在价值链下游物流、营销、批发零售的投资。例如，汽车业巨头正在积极进入汽车租赁、汽车信贷等汽车金融业务领域。有的跨国公司正在积极申请建立金融或财务公司。近年来，也有一些跨国公司在中国建立了物流公司或销售企业。

第二，从产业发展看，跨国公司投资也出现了向上游产业和服务业产业发展的趋势。

如果跳出一个一个企业的范围，从产业的角度观察，我们可以发现，跨国公司在华投资已经向基本原材料和核心零部件等上游产业投资。中国加入 WTO 前夕，批准了位于南京的扬子巴斯夫、位于惠州的中海油壳牌和位于上海的 BP 公司等 4 个大型的石油化工一体化项目。

随着中国服务业的开放，跨国公司迅速加大了在服务业领域的投资。对于跨国公司在华制造业发展影响巨大的主要是生产服务业，例如银行、保险等金融行业、交通运输和物流以及批发、零售和外贸等行业。

跨国公司战略调整导致跨国公司在企业价值链结构、工业结构以及中国产业结构三个层面的投资都发生了深刻的变化。

随着加入 WTO 过渡期结束，中国的内贸、金融等领域纷纷开放，跨国公司在这些领域的投资急剧增加。

2001 年，外商投资服务业 120 亿美元，占当年吸收外资总数的 25.57%。2005 年，外商投资服务业 270 亿美元，占当年吸收外资总量的 37.28%。5 年中，外商投资服务业的绝对数量增加了一倍以上，在外资总额中的比重增加了近 12 个百分点。

根据商务部的资料，到 2005 年年底，共有 21 个国家 72 家外国银行在中国设立了 254 家营业机构。外资银行在华资产绝对额达到 872 亿美元。最近，有 9 家外国银行被中国银监会批准将境内分行改制筹建为法人银行，即渣打银行、东亚银行、汇丰银行、恒生银行、日本瑞穗实业银行、日本三菱东京日联银行、新加坡星展银行、花旗银行、荷兰银行。

商业领域跨国公司投资活跃。专业店、超级市场以及百货店等主要业态都有世界著名跨国公司进入。商业领域累计使用外资 50 亿美元。2005 年一年实际使用外资 11 亿美元。

我中心每年对世界 500 大公司在华投资项目进行统计。由于 500 大公司名录每年有变化，在华项目准确统计比较困难，有一些数据也有一些不可比性。即使如此，从我中心 2002 年统计与此次统计相比，我们还是可以发现一些变化趋势。2002 年我们的统计中，世界 500 大公司在华有 2266 家企业，5 年后此次增加到 3705 家企业。2002 年有 1523 家企业属于第二产业，298 家属于第三产业。5 年后的今天，第二产业企业增加到 2160 家，第三产业企业增加到 692 家。第三产业项目增加比例大大超过制造业。

其三，跨国公司还加大了在华研发机构的投资。加入 WTO 5 年来，跨国公司在科研技术服务方面的投资逐年增加（见表 2）。

表 2　　2000 年～2005 年外商对科研技术服务投资的发展

单位：亿美元

	项目	合同外资	实际使用
2000	100	2.5	0.57
2001	196	6.54	1.2
2002	227	5.34	1.98
2003	574	8.04	2.76
2004	629	10.06	2.94
2005	926	17.55	3.40

注：根据商务部外资统计整理。

目前跨国公司研发机构总数已经达到近 800 家。跨国公司研发机构的发展有力地支撑了跨国公司在华制造业竞争力提升，也为中国内资企业带来了示范与竞争淘汰效应。

3. 投资方式多样化

随着跨国投资增加的同时，跨国投资进入中国的方式也在发生变化。

（1）合资阶段。外商进入中国初期，直接投资主要是采取与中国当地企业合资方式进行。当时多数外商投资者对于中国投资环境不了解，需要中国当地伙伴协助与当地政府打交道，需要当地伙伴协助建立供应商和销售网络。因此，从 1979 年建立第一家外资企业开始，到 20 世纪 90 年代末，外商在华投资无论是项目数量还是资金数量多数是合资企业。

（2）独资阶段。20 世纪 90 年代末开始，外商在华直接投资方式中独资企业超过合资企业。按照商务部统计，1997 年开始，外商独资企业项目数量超过中外合资企业。从 2000 年开始，外商独资企业实际投资金额超过中外合资企业金额。这一年，外商独资企业投资金额 192.6 亿美元，中外合资企业投资金额 142.4 亿美元。截至 2005 年，中国吸收外资总量中外商独资企业占 44.47%，中外合资企业占 37.36%，中外合作企业占 14.43%，其他类型 3.23%。

与外商新建独资企业超过合资企业相适应，2000 年以来，跨国公司对过去已经建立的合资企业进行独资化改造。不少跨国公司整合在华各类经营机构，他们通过增资或者扩大原有合资企业中外方股份，或者收购中方股份实现独资。

20 世纪 90 年代末（1997 年 ~ 2000 年）以来外商独资化过程有着深刻的历史背景。经过近 20 年改革开放，中国投资硬环境有了根本改善。投资软环境包括行政环境、政策环境、市场环境、人才环境等也发生了显著的变化。与此同时，经过 20 世纪 80 年代试验性投资和 90 年代大规模投资实践，跨国公司已经积累了相当丰富的经验，他们已经可以在中国单独进行投资经营活动。

（3）并购阶段。加入 WTO 以来，外商越来越多地通过并购进行投资。并购增加反映了我国投资环境的改善，体现了我国境内企业的发展。其实，外商试图通过并购进入中国的尝试很早就出现了。早在 20 世纪 90 年代初期，外商就尝试通过整体收购中国一批企业然后海外上市获取资金。除了这种典型的并购，一些合资项目实际上也是变相的并购。至于外资企业之间转换资产的并购更不少见。中国加入 WTO 以来，外资并购案例越来越多地浮出水面。2001 年美国艾默生公司以 7.5 亿美元收购华为旗下的安圣电气使外资并购境内企业引起了人们高度兴趣。最近两年，跨国公司并购境内企业的案例越来越多。最近，国内舆论高度关注外资并购的一些案例，例如凯雷并购徐工、克虏伯通过入股进入天润曲轴，SEB 并购苏泊尔等。经过 20 多年的改革开放，外资在中国出现了新的发展趋势。过去外商在华多数以新建企业的方式投资，现在外商更愿意以并购或入股的方式投资。外商在华并购投资的目标已经从过去的追求低成本劳动力上升到追求中国企业的人才和管理团队。

跨国公司在中国投资最终发展趋势一定会与其全球趋势趋同。如前所述，跨国并购是跨国公司在全球投资的主要方式，那么，随着中国投资环境的完善和跨国公司全球配置资源的调整，跨国公司在华投资也一定会越来越多地通过并购方式实现。正如中国企业随着对外投资扩大需要展开海外并购一样，这是一种经济规律主导的企业商业行为，而不是某些人批评的是一种政治或意识形态行为。今后，随着我国投资环境进一步改善和并购法规的完善，随着我国企业进一步发展壮大，外资并购的数量会越来越多，规模会越来越大。外资并购将成为外商在华投资的常态。参与外资并购也将成为我国利用外资的主要方式之一。人们担心跨国公司并购影响产业或国家安全，其实，跨国公司并购多数情况下既有利于跨国公司进入中国市场，也有利于我国产业集中、升级，增强中国产业竞争力。我们吸收外资的心态以及政策应当适应这种新形势做积极调整。

4. 管理结构集团化

为了保证在华新战略的实施，跨国公司也把全球组织管理结构的调整延伸到中国，根据中国的实际情况调整在华组织管理结构。

中国加入 WTO 以来，许多跨国公司在调整在华战略同时也对在华管理结构进行了调整。

（1）在华管理结构的目标——集团化。

中国加入 WTO 使得跨国公司能够按照市场经济的规则和企业自身发展规律在中国投资和经营，可以不做过去不得不做的变通。跨国公司过去建立的经营管理体制在中国更加开放的新框架下需要而且可能得到调整。

跨国公司在华投资企业的管理有一个从微观到宏观，从分散到系统的发展过程。最初进行单个项目投资时，企业管理主要解决单个企业的微观管理问题，例如企业的财务、销售、质量、人事等方面的管理。

随着投资项目的迅速增加，跨国公司对于在华投资项目的管理变得越来越复杂。一方面，项目增加，涉及母公司的条条块块，内部协调工作急剧增加；另一方面，在华投资日益成为母公司全球战略的重要组成部分，在华战略管理任务加重。许多跨国公司面临如何整合在华各项资源，如何设立在中国的总部，从而协调在华各个经营机构成为一个整体参与竞争，如何通过若干运营中心开展各项业务。事实上，跨国公司面临把中国各个经营机构整合为一个企业集团的迫切问题。

建立企业集团，即把已经投资的若干企业联合起来，设立一个协调、管理中心，由集团公司负责制订这几个企业的发展战略，为这几个企业提供技术、生产、人力资源、销售等方面的服务。通过集团化增强各个企业的竞争力。

通过建立控股公司（投资性公司），在中国设立管理、服务和投资中心，将一部分母公司的职能转移到中国当地，从而大大增强了对在华企业的管理。

在华设立企业集团或控股公司使跨国公司在华投资管理当地化和系统化程度大大加强。跨国公司有可能把在华投资与其全球战略相连接，把在华投资项目纳入其全球经营网络，从而增强竞争力。

以下示意图说明了跨国公司在华管理结构的目标。跨国公司的目标是设立一个中国总部，由中国总部统一管理或协调在华各个企业或经营机构，各个企业和经营机构与中国总部整合为一个整体——企业集团。这个管理结构涉及三个层面。首先是在华总部。第二是若干在华运营中心。第三是将在华投资企业与在华总部一体化。其中，管理体制调整的关键是建立或加强中国地区总部（见图 5）。

跨国公司整合企业集团的方式呈现多样化。有的通过独资化改造，有的通过并购，有的通过联合或合并，有的以某一个企业为核心形成集团。

（2）设立或加强在华地区总部。

地区总部是跨国公司在全球经营网络中的一个节点。地区总部的出现，意味着跨国公司经营有了相当大的规模。开始，企业仅仅在一国之内经营。最初开展跨国经营时，设立一个国际业务部就可以了。随着跨国经营规模扩大，跨国公司必然在业务集中的地区设立当地的管理中心，即我们所说的地区总部。当跨国经营业务进一步扩大时，总公司的各个业务部门也可能在全球各个关键地区设立该事业部的地区管理中心。这时，跨国公司面临如何在各个地区协调各事业部在某一地区业务的问题。跨国公司往往在一些最重要或者投资环境最好的地方设立一个地区总部，为各个事业部在

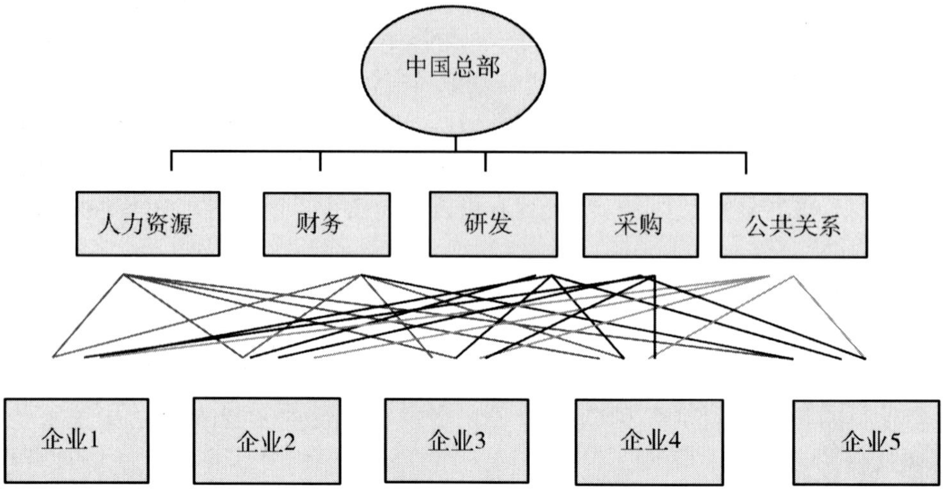

图 5　跨国公司在华管理结构图

当地业务部门提供协调、服务与管理。

在中国的地区总部处于不同的层级。有的跨国公司在全球范围内按照企业经营的跨国大地区设立地区总部，例如亚太地区总部、欧洲地区总部、美洲地区总部等。也有的跨国公司在次区域层面设立地区总部，例如北亚地区总部、南亚地区总部、大中华区总部等。还有的跨国公司考虑到中国市场的特别重要性，把中国地区升格到与美洲、欧洲等大区总部平行的层级。例如日本东芝公司就把中国区总部与美洲、欧洲平级。由于各个跨国公司全球经营网络布局不同，也由于中国在跨国公司全球网络中的位置不同，跨国公司在中国设立的地区总部呈现种种不同特点。

（3）整合在华企业与经营机构。

跨国公司在华企业为指挥地区总部之外的各个企业，经营结构包括在各地的分公司以及若干运营中心。

与其他多数市场相比，中国市场规模潜力大，而且地区差别和行业差别极大。仅有一个中国总部，跨国公司还是难以全面有效地调配资源，开展竞争。跨国公司往往在中国建立若干运营管理中心来协调中国总部在华业务。

事实上，一些跨国公司中国地区总部的业务部门已经在不同地区形成运营中心。跨国公司面临的挑战是如何合理有效地安排这些运营管理中心。

各个制造企业处在跨国公司在华管理体制的第三层。这个层面的企业如何与运营管理中心以及中国总部整合形成一体化？这也是许多跨国公司面临的问题。

一些跨国公司已经加快企业整合。有的公司加快内部股份的转让，把各个相关企业的股份转让和集中到中国总公司；有的公司对下属企业按照地域和行业重新调整，实施关停并转。

经过三个层面管理结构的调整，跨国公司在中国投资的各个企业或经营机构将逐步形成一个有机整体，换言之，将从过去分散的单打独斗的企业变成一个有统一目标、统一战略、统一品牌和统一协调的企业集团。跨国公司在中国的竞争力将大大加强。

5. 全球责任延伸到中国

近年来，跨国公司以及联合国等国际组织组织了多次有关公司责任的研讨会、报告会，介绍跨国公司最新的公司责任理念，探讨在中国推进公司责任的途径。通过这些会议和众多媒体的报道，越来越多的中国企业了解了正在全球推进的强化公司责任的潮流。

许多跨国公司把母公司的公司责任报告“汉化”，即译成中文，并且加入在华强化公司责任的内容。通过汉化的公司责任报告，跨国公司不仅直接向中国政府、企业和媒体报告了本公司强化公司责任的进展，更具重要意义的是这些报告推广了跨国公司全球范围发展的新理念，极大地推进了强化公司责任的潮流在中国的发展。

跨国公司主要通过以下途径把强化公司责任的潮流延伸到中国。

（1）从在华项目入手强化公司责任。

中海壳牌石油化工有限公司是壳牌与中国海洋石油公司合资的企业。双方一共投资43亿美元，在广东省大亚湾经济技术开发区兴建年产80万吨乙烯及230万吨产品的石化工厂，投产后年营业额可达17亿美元。

该项目建在美丽的大亚湾边，将给当地的环境、居民生活、经济模式和未来带来永久性的变化。那么企业如何避免对当地的不良影响，如何促进当地的可持续发展呢?

可持续发展是中海壳牌管理体制中不可或缺的组成部分，体现在项目设计、施工和运营阶段的所有商业决策中。中海壳牌制定了7项相互关联的原则来衡量可持续发展的业绩，包括使收益率最大化；实施的可行性；对环境的影响降至最低；有效地利用资源；尊重和维护公民利益；促进社区效益最大化；让项目利益相关者参与。总之，就是承担经济、环境和社会责任，实现公司和当地居民及其他利益相关者的共赢。中海壳牌南海石化项目严格遵循国际环保标准进行设计。在参照省级和国家标准的基础上，结合了世界银行、欧洲和壳牌的设计标准，以达到能效最大化、用水量最少化和废物最少化的原则。

（2）强化健康安全和环境管理（HSE）。

跨国公司理解的公司社会责任主要是为公司利益相关者负责，而利益相关者中企业员工又是最主要关注的对象。为员工负责首要的是安全健康。

杜邦公司在保障员工安全健康方面是一个楷模。杜邦将抽象的企业社会责任理念贯穿于经营实践活动的各个环节，形成了一个可操作、可衡量的完备体系。杜邦的著名口号“目标为零”就是这一体系的具体体现。“目标为零”指杜邦公司追求零伤害、零安全事故、零污染、零排放、零职业病的终极目标。

2004年7月27日，拥有400名员工的杜邦中国集团有限公司深圳厂已经创造了一个安全生产的里程碑——安全无伤害5000天。在杜邦全球所有的生产设施中，深圳厂是达到5000天安全无事故的三个厂之一；而且，如果以生产人工时计算，深圳厂更胜于其他两家。杜邦深圳工厂自1989年建厂以来，无论是工作时间之内还是以外，都一直保持着安全无伤害的出色记录。

（3）加强员工操守管理。

许多跨国公司高度重视员工的操守管理。它们把公司制定的业务行为准则推广到中国员工中。

埃克森美孚公司的《业务行为准则》构成了全球经营体系的框架，规定了每位员工在日常工作中需要遵守的原则。该准则规范了公司经营的各方面活动，其基本政策涵盖16个方面，即道德标准、利益冲突政策、公司资产、出任非关联公司/机构董事、礼品馈赠和款待、政治活动、国际业务、反垄断、健康、环境、安全、产品安全、客户关系和产品质量、酒精和药物的使用、平等雇佣机会、工作场所的骚扰。

其实，许多跨国公司都有类似行为准则或者道德规范。据我们调查，绝大多数跨国公司在华机构对于员工行为操守都有比较严格的要求。这些企业每年要求员工特别是高级管理者签署声明认可该公司的行为准则。

（4）积极承担环境责任。

跨国公司环境责任的深化表现在三个方面。首先，跨国公司实施清洁生产，减少排放，降低环境负担；其次，跨国公司积极节约资源，提高资源利用率；再次，推动资源再生利用，实施循环经济。

不少跨国公司在华积极推进循环经济。瑞典利乐公司就是一个相当典型的案例。

利乐无菌包由纸、塑料、铝等多层材料复合而成，其中利乐无菌砖含有 70% 以上的纸和 20% 的塑料，此前由于技术原因难以将其回收分离再造纸浆，因而只能当垃圾焚烧或填埋。近几年来，利乐公司一直致力于利乐包回收再利用的研发工作，旨在促进中国的循环经济。

通过技术支持和引导，利乐在上海、杭州、深圳、呼和浩特等地帮助建立了近十家回收再利用企业，这些企业拥有成熟的水力再制浆、挤塑加工等技术，可以对废弃复合纸包装进行循环再利用，生产再生纸、优质瓦楞纸、公园护栏、垃圾桶、课桌椅、室外地板、工业托盘、地板、衣架、乒乓球拍等一大批生活用品和工业用料，既有益于环保，又能产生良好的经济效益。目前这些丰富实用的环保产品，已经拥有较好的市场，一条覆盖华北、华东、华南的废弃牛奶包、饮料包的回收再利用产业链也已初步形成。

（5）积极参与社会公益事业。

良好的企业公民行为包括从事社会公益事业。跨国公司把自己视为企业公民，因此跨国公司在中国开展了大量公益活动。许多跨国公司都在中国公益事业中作出了自己的贡献。

过去，人们对于欧美跨国公司从事的公益事业比较了解，对于日本企业的公益活动往往不了解。其实，日本跨国公司在华也开展了大量公益事业。据日本中国商会对 74 家日本在华企业的调查，近年来这些企业共开展了 287 项公益事业活动。其中捐助中国教育有 109 项、文化交流 39 项、环境项目 36 项。这些项目共投入资金约 4 亿元人民币。

（6）强化供应商管理。

跨国公司强化公司责任的措施不仅施加于自身在华企业，而且延伸到在华供应商。过去，跨国公司对供应商要求的重点是供货质量、成本和交货期。近年来，跨国公司不仅要求供应商提供低成本高质量的产品，而且要求供应商按照企业社会责任标准和环境标准进行生产，换言之，在供应商业务流程中注入社会责任和环境责任标准。

沃尔玛公司就是强化供应商社会责任管理的一个很好的案例。

沃尔玛的供应商分为两类，一是美国本土供应商。美国本土供应商指向沃尔玛销售美国国产或已清关进口商品的实体或个人，须负责进口商品的清关事项。美国本土供应商可拥有提供商品来源的工厂或工厂网络。美国本土供应商的工厂由沃尔玛批准的第三方审核机构进行审核。直接进口供应商沃尔玛负责直接从供应商的工厂采购商品的清关事项。直接进口供应商的工厂由沃尔玛公司内部审核人员及/或沃尔玛的批准的第三方审核机构进行审核。

沃尔玛公司制定了新的《供应商标准》，该标准涵盖了卫生、安全、薪酬、工时、强迫劳工、童工、歧视、守法，以及沃尔玛或沃尔玛指定的第三方审核机构检查权等方面的规定。

按照上述规定，制造沃尔玛销售商品的工厂应该提供适当的医疗设施，并确保所有的生产和制造过程是在合乎工人健康、安全的条件下进行。沃尔玛不与任何提供不健康或危险工作环境，或利用精神或身体惩戒方法的供应商有业务来往。

所有为沃尔玛供货的工厂都必须接受检查，以确保产品是在符合沃尔玛公司《供应商标准》的条件下生产的。为了保证道德标准的实施，沃尔玛中国建立了100余人的查厂队伍。这支队伍负责2000个供应商，3700家工厂。这些审计人员不固定检查哪一个工厂，人员交叉变换。为防止审计员作弊，公司防损部负责对投诉进行核查。3年来，因职业操守问题已经解除了10多名审计人员。

近年来，许多跨国公司也如同沃尔玛一样强化了在华供应商社会和环境责任管理。

任何事情都是一分为二的。如前所述，多数跨国公司在中国强化公司责任方面不遗余力，成为在中国推进公司责任的积极力量和模范。但是我们也应当看到，在华外资企业中也存在一些外资企业公司责任弱化的问题。我们应当研究跨国公司在华公司责任方面存在的问题以及产生问题的原因，并且提出解决问题的方法。

综上所述，加入WTO 5年来，跨国公司在华投资规模急剧扩大，投资领域和投资方式多样化以及积极强化公司责任理念。通过这些努力，跨国公司把中国进一步纳入其全球经营网络，提升了在中国的竞争力。

2.1.9.3 进一步发挥跨国公司的积极作用

加入WTO 5年来，中国在加入时争取到的对一些产业过渡时期的保护已经完成，中国多数产业和绝大多数企业将直面全球竞争。与此同时，中国国内正在按照科学发展观指导调整发展思路，转变经济增长方式。跨国公司对中国融入经济全球化的过程以及转变增长方式的过程都具有巨大的影响。因此，中国国内有关学者、媒体以及相关机构，对于跨国公司在中国未来的发展中的影响给予高度关注。近年来人们对此展开了讨论。讨论集中在如何看待外资对于中国经济带来的影响，今后外资的规模以及如何调整外资战略与政策。

经过25年改革开放，中国经济社会发展进入一个新的发展阶段。对于跨国公司的行为以及外资工作中存在问题的讨论和批评，实际上反映了人们进一步改进外资工作以适应科学发展观，转变经济增长方式的要求。

1. 准确判断，充分肯定

改革开放20多年来的实践证明，跨国公司在中国经济社会高速发展中发挥了重大作用。

跨国公司投资对我国宏观经济发展，包括投资、税收、外贸和就业等主要方面发挥了越来越大的作用。目前，每年利用外资占全国固定资产投资的1/10左右。外资企业的出口与进口均占全国总量的50%以上。外资企业缴纳税收占全国税收20%以上。外资企业吸纳的就业人数达2400万左右。外资成为我国经济发展的引擎。

跨国公司对我国中观层面的行业/产业经济的发展也发挥了积极作用。最近，我研究中心对包装、物流与采购、家用电器、钢铁、食品、化工等9个行业吸收外资的情况进行了解。这些行业普遍反映，通过吸收外资极大地促进了我国各个经济产业/行业的发展。有的行业，例如家用电气、包装、物流等完全是改革开放后外资进入我国而带动发展起来的。没有外资进入，就没有这些新兴产业的发展。

在微观层面，跨国公司通过竞争与合作还促进了我国企业的发展。外资通过合资，或者通过技术转让和采购，把一大批中国企业纳入其产业链，并进而进入全球网络。在这个合作过程中，一大批中国企业通过向跨国公司学习而成长壮大，走向世界。与此同时，外资进入中国，也带来了竞争。外资企业的竞争，促使一大批中国企业懂得了现代企业管理体制，了解了市场经济运行机制，从而改变了计划经济体制下形成的“等、靠、要”的被动状况。跨国公司的竞争激活了这些企业，增强了竞争力。

20 多年来，外资对中国经济宏观、中观和微观三个层面带来积极影响的同时，还带来了更为深刻的社会与文化的影响。

20 多年来我国政府官员、企业管理者和企业员工全面地与跨国公司直接接触。中国人在跨国公司在华机构里与外国雇员共同工作、相互了解和相互促进。中国人从跨国公司学习了什么是现代公司组织，什么是公司治理结构和管理结构，了解了这些最有活力的企业组织竞争力的来源。通过跨国公司，中国人了解了什么是市场经济管理体制和运行机制，什么是不正当竞争，什么是垄断。正是这种学习促进了我国经济体制改革和企业市场经营机制的转换，促进了国有企业的改革和民营企业的成长。

跨国公司进入中国也深刻地影响了中国社会结构的变化，促进了人们思想观念的转变。20 多年来，中国社会结构处于急剧变化之中。由于现代制造业和现代服务业的发展，中国形成了现代产业工人和现代管理服务阶层。由于工业化，城乡结构也发生了重大变化。在急剧变化中，人们的眼界更加开阔，更加关注全球和国家的发展；人们的价值观也出现务实的和多样化的变化。在这些积极变化中，外资经济发挥了巨大的影响。

跨国公司投资是中国经济体制改革和经营机制转换以及人们观念更新的催化剂。世界上许多已经是市场经济国家吸收外资主要为促进经济发展。与它们不同，我国正处于改革发展的关键时期，吸收外资对于正在进行经济转型的中国具有极其深远作用。

跨国公司投资不仅深刻地影响了中国经济社会发展，而且有助于中国获得一个稳定和平的国际环境。随着中国经济全面融入世界以及跨国公司全面进入中国，跨国公司，尤其是那些拥有全球战略和全球管理结构的全球公司与中国发展的关系日益密切，它们往往充当了中国与世界各国相互沟通的桥梁。

显然，吸收跨国公司投资不仅有助于我国宏观经济、中观经济和微观经济三个层面的发展，而且也有助于我国社会主义市场经济体制的完善和企业经营机制的转换，有助于祖国的和平统一，有助于中国获得一个和平发展的环境，还有助于人们思想观念的更新。事实证明，如果我们引导得当，外商特别是著名跨国公司的投资能够成为我国经济社会发展的积极因素，能够为我国可持续发展发挥积极作用。

2. 积极引导，持续发展

中国正在以科学发展观统领经济建设各项工作，积极转变增长方式，从高投入、高消耗的粗放型增长转变为高效益、低消耗的集约型增长。跨国公司在中国投资项目多数情况下是集约型增长的模范。跨国公司投资是我国可持续增长的积极因素。

在 20 世纪 80 年代，通过销售产品转让技术，跨国公司把先进的产品和设备等硬件引进中国；在 20 世纪 90 年代，通过大规模建立制造企业，跨国公司把现代企业制度引进中国；在新世纪，通过强化公司责任，跨国公司应该而且能够把先进的企业理念和高尚的道德标准引进中国。通过引进企业硬件、制度和理念，跨国公司完全可以成为中国可持续发展的积极因素。

跨国公司如何真正融入中国经济，在促进中国经济发展同时取得自己的发展？跨国公司可以在更广阔的视野探讨自己在中国的作用。在中国经济从计划向市场经济转型过程中，在中国经济从非可持续向可持续增长方式转型时，跨国公司应该而且可以为中国经济转型贡献建设性而不是破坏性力量。

（1）促进中国市场经济健康转型。如前所述，有的公司的产品在中国市场份额已经超过50%以上，还在极力追求市场份额的扩大。这些公司注重自己企业市场份额的扩大和企业的经济利益，在市场经济条件下无可非议。但是，如果因追求企业的经济利益而限制竞争，从而忽略自己的社会责任则是不可取的。中国经济正处在转型过程中，中国市场竞争体制还很不健全。企业既面临过去形成的行政垄断，也面临一些领域正在出现的竞争垄断，还面临不正当竞争。无论竞争过度还是竞争不足，都会阻碍中国健康的市场竞争机制的形成。进入中国的跨国公司有责任促进中国健康的市场机制的形成，而不应片面追求自己的市场份额导致行业垄断。

（2）推进中国经济可持续发展。在中国经济发展现阶段，一些地方和一些部门往往缺乏长远和全局视野，追求局部和短期经济目标。跨国公司进入中国往往会卷入这些出于局部和短期利益的经济发展项目。例如，有的公司在中国圈占大量土地，造成中国土地资源浪费；有的公司通过毁坏现存自然林来建设人工速生林而破坏林木资源；有的公司按照中国低标准设立高排放企业，造成自然环境污染。

如果片面追求企业经营目标，跨国公司有可能成为促进中国粗放型增长的力量，而不是成为可持续增长的积极力量。在中国经济新的发展阶段，跨国公司应当严格按照国际标准开展在华投资与经营。

（3）尽可能与中国经济长远发展目标相协调。跨国公司是企业组织。企业运营的一条最基本的底线是赢利。跨国公司进入中国的经营目标当然也要赢利。跨国公司的企业目标与中国国民经济发展的长期目标不可能完全一致。跨国公司在中国发展战略往往会偏离中国宏观经济发展战略。我们不能要求跨国公司的发展目标与中国宏观经济发展目标完全一致。但是作为企业公民，跨国公司应当尽力把自己的发展战略与中国宏观经济发展战略相协调，尽力为中国可持续发展作出自己的贡献，从而达到双赢。

在经济全球化发展新阶段，中国开始了第11个五年规划的发展新时期。“十一五”时期是中国经济社会发展承前启后的关键时期。在“十一五”时期，中国将全面贯彻落实科学发展观，坚持以人为本，转变发展观念、创新发展模式，提高发展质量。在中国经济发展新时期，跨国公司应该而且可能作出自己的新贡献。

（4）学习合作竞争，促进我国企业发展。我们应当把跨国公司强化公司责任的潮流作为提升我国企业竞争力的一个转折点。长期以来，我国企业在发展中重视硬件，轻视或忽视软件；重视制度建设，轻视或忽视理念和道德提升。这种重硬轻软的倾向已经对我国企业的发展和成长带来实质性的损害。我们不仅不应当抵制跨国公司强化公司责任的潮流，反而应当借助跨国公司强化公司责任的潮流强化我国企业的公司责任，提升我国企业的软竞争力。

全球正在兴起和发展的强化公司责任的潮流，对我国企业是严峻的挑战。强化公司责任越来越成为企业参与全球竞争所必须面对的规则问题，越来越成为全球企业间一种刚性的制度约束。强化公司责任实际上关系到提升公司软竞争力的重大问题。因此，公司责任理念的提升应该引起我国企业高度重视和正确对待。

当跨国公司在中国积极推进公司责任理念时，我国企业应当因势利导，学习跨国公司，强化公司责任理念，提升企业软竞争力。

自20世纪90年代末以来，跨国公司强化公司责任在全球范围形成潮流。近年来，跨国公司强化公司责任的潮流延伸到中国。我国政府有关部门和我国企业应当研究这个潮流对我国企业深化改革和提升国际竞争力的积极影响，我们也应当研究这个潮流对于我国推进以人为本全面协调可持续发展战略的积极作用。在新的历史时期发挥跨国公司在华发展的积极作用，推进我国企业强化公司责任提升软竞争力，促进我国经济协调可持续发展。

2.2 通论

2.2.1 非公有制经济发展中的制度创新

徐善长

非公有制经济在整个国民经济中的重要地位与作用已得到普遍承认，普查数据显示：从企业数量看，2004 年私营企业法人单位 198.2 万个，占全国企业法人单位数的61%，加上个人资本占大比例的其他企业，比重达 72%；而个体经营户多达 3921.6 万户。从资本总量看，全国企业法人的个人实收资本为 5.1 万亿元，占全国企业实收资本的 28%。从就业人数看，私营企业就业人数约 7000 万人，加上个人资本占大比例的其他企业就业人员 3011 万人，共约 1 亿人；再加上个体户就业人数 9422.4 万人，个体、私营经济全部就业人数近 2 亿人。从经济总量看，全国 GDP 比原统计数多了 2.3 万亿元，总量多了 16.8%。其中，第三产业多了 2.13 万亿元，占多出量 93%；而第三产业多出量中绝大多数来自私营经济。根据以上最新数据基本可以推断，个体私营经济占 GDP 的比重可能已达 1/2，而原来普遍判断是 1/3。这些数据，既反映了中央关于非公有制经济发展方针政策的正确和成效，同时也表明了必须切实落实这一方针和进一步完善相关政策，以保证非公有制经济更快更好地发展。

应该说，目前非公有制经济的发展面临难得的机遇。从政治层面来看，党和政府十分重视非公有制经济的发展，2005 年年初国务院出台《关于鼓励支持和引导个体私营等非公有制经济发展的若干意见》（简称“非公经济 36 条”）。一年来，国务院有关部门和各个地方政府，按照国务院的要求，在制定相关的配套办法和实施细则、完善具体政策措施方面，取得了重大进展。国家发改委提出了贯彻落实“非公经济 36 条”分工方案；十多家政府部门或机构已经出台了相关的配套措施、办法；近 20 个省级政府已经制定了相关的具体实施意见。从经济方面来看，总的经济形势是趋好的，我国正进入新一轮的经济增长周期，投资、信贷、进出口保持较快增长，经济运行良好。各地也注重改善非公经济的发展环境，主要有：注重改善融资环境；注重改善政策法规环境；注重改善合作交流环境；注重改善社会服务环境；注重改善政府管理环境。从国际经济发展趋势来看，非公经济要充分认识并积极面对与国际资本的对接，一是经济全球化，生产要素的流动有其内在的规律性，资本作为最基本、最活跃的要素之一，必然呈现出在更大范围、更大程度上的流动性；二是随着引进外资政策，条件的进一步完善，现在外资进入的方式已发生改变，其更多关注的已不是建新企业，而是兼并或购并现有企业；三是在欧美发达国家，高科技等风险投资关注的热门领域已出现饱和，大量风险资金无法有效转化，这迫使大批风险投资商寻找具有高增长率和未来发展潜力的投资项目，为自身带来新的商业机会。

面对好的发展机遇，非公经济既要追求外部环境的进一步改善，更要练好内功，外因是通过内因而起作用的。就当前来说，制度创新不仅是非公经济进一步发展的关键，更是能否抓住机遇的键。现实地看，制度创新的关键内容有两个，一是金融制度创新，二是企业制度创新。

2. 2. 1. 1　金融制度创新

1. 非公经济融资难的困境

据中国人民银行有关方面统计，2005 年上半年国内非金融机构部门（包括住户、企业和政府部门）的间接融资（贷款，本外币合计）的比重高达 87. 8%，比 2004 年同期上升了 5. 1 个百分点（见表 1）。在直接融资中，国债融资比重有所下降。企业债（含短期融资券）融资比重增加了 1. 2 个百分点。

表 1 所反映的恰是我国金融体系中存在的一个突出问题，即：间接融资比例过高，企业融资过度依赖银行贷款，导致全社会的融资风险集中于银行体系。我国仍然是“银行主导型”金融体系。证券业发展滞后，保险业受国民保险意识和外部环境制约，规模过小。资本市场、保险市场在配置资源和分散金融风险中的作用发挥不充分。

即使在这样的信贷结构中，非公有制企业获得信贷支持也是有限的。根据国家发改委中小企业司《中国中小企业暨非公有制经济信息快报》（2005 年 12 月）披露，从 2005 年 1 月 ~ 12 月金融机构（含外资）人民币信贷收支情况来看，2005 年 12 月末私营企业及个体贷款余额 2180. 75 亿元，12 月末与上月末相比减少了 11. 43 亿元，与上年末相比增加额下降 1 倍以上（2004 年 285. 05 亿元，2005 年 124. 3 亿元）。2005 年一季度信贷投放增长较快，金融机构人民币贷款新增 1. 26 万亿元，同比多增 5193 亿元，新增贷款已占到全年 2. 5 万亿元预期目标的 50%，但突出的问题是贷款结构仍不合理，银行资金继续向大城市、大企业，大项目和垄断行业集中，对非公企业、中小企业的支持依然不够。

2005 年，中国人民银行研究局针对中小企业（实际上就是非公有制企业）融资难问题，在全国东、中、西部选择有代表性的 6 个城市的 1105 户中小企业进行入户问卷调查，形成《中国中小企业融资状况调查报告》。该报告在分析中小企业融资难时认为，中小企业投资欲望适中，投资规

表 1　　2005 年上半年国内非金融机构部门融资情况简表

	融资量（亿元）		比重（%）	
	2005 年上半年	2004 年上半年	2005 年上半年	2004 年上半年
国内非金融机构部门融资总量	18 089	18 872	100	100
贷　款	15 882	15 609	87. 8	82. 7
股　票	908	858	5. 0	4. 5
国　债	996	2320	5. 5	12. 3
企业债	303	85	1. 7	0. 5

资料来源：中国人民银行调查统计司。

模逐年增加，资金筹集渠道单一。无论是过去的投资还是新的投资，企业的资金来源主要依靠自筹和银行贷款两种方式。这既说明资本性融资与债务性融资在中小企业融资中的重要性，又说明

企业融资渠道过于单一。企业在加强管理，提高自我积累能力的同时，致力于拓宽融资渠道。在新的投资计划中，企业自筹资金比重有所增加。银行贷款所占比重呈下降趋势。

同时该报告也分析认为，中小企业的规模扩张普遍伴随着资金紧张的局面，并且受到国家宏观经济政策的直接影响。此时的银行贷款支持尤为关键。65.7%的样本企业有过资金紧张的情况，其中53%的企业在2003年出现资金紧张，27%的企业在2002年出现资金紧张，12%的企业在2001年出现资金紧张，8%的企业出现在2000年以前。这些企业之所以有一半以上在2003年出现资金紧张的局面，微观层面主要是由于企业内部的投资扩张与企业外部的原材料价格上涨以及货款被拖欠等因素所致，而从宏观层面来看，在2003年中央银行加大货币供应量的调控力度，防止在银行信贷规模过度增长的宏观背景下企业的资金链条尤为吃紧。当企业出现资金紧张情况时，样本企业均主要采取向银行借款的方式来缓解资金困难（占62%）。如果取得银行贷款较为困难，无法满足中小企业的资金需求，从而形成资金需求缺口，就会使得中小企业融资难问题极为突出和集中。此时，民间借贷成为银行贷款的一种补充机制。调查显示，当资金紧张时，23%的样本企业会采取向内部职工、亲友及其他企业借款等方式筹集资金。正规金融无法满足中小企业的资金需求，是民间借贷行为始终存在的一个基本原因。

2. 民间金融的现实情况

由于正规金融对非公经济、中小企业的支持不足，而非公经济、中小企业的发展又急需资金，有强烈的市场需求，于是便出现了大量的我们所说的体外循环资金，即不通过正规的金融机构进行金融活动的资金，包括民间借贷、非正规的跨地区的资金汇兑、标会、抬会、合会以及未经注册的私募基金等。

民间金融有多大的规模，这是一个现实而有趣的话题，但至今还无人能真正说清楚。有学者通过对20个省、市、自治区的调查，得出结论：民间金融规模平均指数为28.7，即20个省份民间金融规模与正规金融规模相比较比例接近三成，以此测算出民间信贷规模在8000亿元左右。2005年央行调查统计司根据对民间融资的调查推算，其规模大致在9500亿元，占GDP的5.92%左右。有一点是清楚的，无论从哪方面看，这个数字都是不甚准确的，因为：其一，目前尚未有对民间金融的正常的统计口径，其交易的不规范性、自发性很难由调查或推算来准确把握；其二，唯其如此，肯定也是低估的。

（1）民间融资的主要方式。

①直接借贷。此为最常见、最主要的方式。它只向特定个人借贷、只向特定企业借贷和面向社会公众（无特定对象）借贷。形成个人与个人之间，个人与企业之间以及企业与企业之间的借贷关系。民间借贷一般多发生在亲友间、同事间和生意伙伴间，具有亲缘性和地缘性。近年来也有开始转向社会公众进行借贷的。借贷手续也从一般只有口头协议向有书面协议和抵押担保等规范方向发展。

②集资。也占民间融资的相当规模。主要以股东的集资和职工的内部集资为主，社会集资较少。

③向非规范性的民间借贷机构借款。主要是标会、基金会、地下钱庄等，其融资的规模不算很大。

（2）民间融资的特点。

①民间融资的政策敏感度高，资金价格变化快。从交易量来看，宏观经济政策越紧，从正规金融机构获取融资的难度越大，民间借贷就越活跃。在所调查的地区，2004年民间融资比2003年增

长超过 50%，而同期银行贷款增速不足 20%，民间资金活跃度明显提高，呈现大幅度上升趋势。从资金价格来看，宏观经济政策尤其是货币政策的松紧程度直接影响民间资金的价格，2003 年以来，民间融资活动趋于活跃的同时，民间借贷的价格水平也呈稳中有升的态势。

②民间融资的借贷形式不规范。民间融资多为信用借款，没有担保。企业或家庭部门的民间融资主要基于信用担保。在某省对企业最近一笔融资调查发现，156 家最近有融资的企业中，110 家的借款 44 329.5 万元（占被调查金额的 72.9%）“仅凭信用，没有抵押担保”，25 家 6712 万元的借款有“财产抵押”（占被调查金额的 11.4%），21 家 9028 万元的借款有“第三方担保（保证）”（占被调查金额的 14.85%）。调查结果显示，87.9% 的家庭融资只凭口头约定或打借条。

③民间融资主要用于真实性消费和生产支出。民间融资用途因借贷主体的不同而异，企业和个体户的借入主要是用于生产资金周转，一般家庭主要用于消费。从企业来看，主要将融入的资金解决流动资金的不足，其次是购建固定资产及投资项目，再次是用于投资开发房地产，而后才是创办新企业及其他。从一般家庭来看，融通的资金主要用于消费支出，包括购建房屋和其他生活支出，其次是生产性支出，包括农业生产和商办企业。从个体工商户来看，借入资金主要用于商办企业，其次是购建房屋。

（3）民间融资规模迅速增长的原因。

①民间资金充裕而投资渠道相对狭窄。一方面，随着社会经济的快速发展，私人财富快速增长，部分从事个体经营、创办企业较早的个人更是积累了相当规模的资金。另一方面，私人财富投资渠道和资产增值途径相对狭窄，银行存款利率持续走低。2005 年前三季度，我国居民消费价格同比上涨 2.0%，这意味着一年期存款扣除利息实际上为 -0.2%，部分资金持有者感到在银行存款尽管无风险，但基本上无收益，并且每年在贬值。同时，由于股票、基金失常，风险较大；国债发行量较小，资金充裕者可选择的投资渠道十分有限。在此情势下，部分居民就选择了获利能力相对高的民间借贷。

②金融信贷政策的影响。近年来，商业银行将更多的金融资源投向了大城市、大项目、大企业，非公企业、中小企业获得信贷支持的门槛居高不下。一些商业银行设置了不尽合理的限制性指标，使发展初期的非公企业难以达到其规定的准入条件。加之，宏观调控政策实施以来，个体工商户、中小企业的银行融资渠道明显收窄，2005 年以来，大多数机构的信贷工作重点是调整贷款存量结构，压低不良信贷资产，信贷投向集中以中长期为主。各银行经营策略的转变和审核标准的趋严，无疑使资金短缺的中小民营企业筹资更难。

③市场需求。党的十六届三中全会以来，全国非公经济发展迅速，每年数以万计的中小民营企业的创办和发展带动了极大的资金需求，但它们很难通过正规渠道得到金融机构的融资，转而不得不通过提高利率的方式去取得民间资金。

④民间融资自身优势。其一是手续简便快捷，时效性强。手续烦琐、时效性较差，正是阻碍家庭居民向银行借贷资金的重要原因之一，通过民间融资渠道融通资金的企业和家庭通常存在资金需求迫切的情况。其二是门槛较低。民间融资活动通常建立在人情关系网络的信用基础之上，较少需要担保、抵押等复杂的融资条件。其三是民间融资信息对称，风险性较低。由于民间融资建立在借贷双方关系密切的基础之上，借款人受到舆论和道德观念等无形约束，还款意愿强烈。

（4）民间融资积极与消极影响。

积极影响：

①促进了民营经济的发展。一是缓解了民营企业融资难。民营企业由于资信条件、抵押担保等

方面的劣势，通常都只能利用民间融资解决资金不足问题；二是优化了资源配置，提高了资金的使用效率。民间融资加快了储蓄转化为投资的速度，拓宽了融资渠道，不仅促进了经济发展，而且有利于多元化融资格局的形成。

②弥补了正规金融服务的不足。在贷款涉及的范围、金额、利率及方便程度等方面，民间融资显示出独特的优势。在正规金融顾及不到的中小企业、非公经济等方面，民间融资起到补充作用，与正规金融形成了互补关系。

③带动了银行业服务水平不断提高。一是促使各家银行采取多种措施，提高资金筹措能力；二是促使银行简化贷款手续，加快业务创新。

消极影响：

①民间融资的不规范性和自发性。由于民间借贷的天生缺陷导致其存在供给不稳定、融资成本高、融资规模相对较小和附带人情债等诸多弊端，特别是其游离于金融监管体系之外也容易产生金融风险。同时，民间借贷由于随意性大、规范性差，不少属于君子协定，即便定有书面协议，往往也是要素不全，有效性差，有的甚至只有一张身份证作为质押，不可避免引发一些民事、经济纠纷甚至诉讼案件，对于社会经济生活仍有一定负面影响。并且，由于民间借贷资金运作存在一定的盲目性，容易流入一些国家限制或禁止进入的行业领域以及高风险企业，对金融调控政策的实施有所影响。

②影响了地区金融的和谐与稳定。由于民间资金利率高、诱惑力强，如被投资者利用，就会引发非法集资，致使部分社会资金被高利贷利用，扰乱金融秩序。同时，民间融资借贷手续不完备，缺乏担保，极易引发经济纠纷。

③削弱了国家宏观调控效果。由于民间资金未纳入国家统计范畴，金融监管部门、经济综合部门不能及时掌握其具体动向，容易影响国家对宏观经济、金融运行的准确判断，造成决策的偏差。尤其是，国家实施适度从紧的货币政策，一些受到宏观调控措施限制甚至禁止发展的企业、行业，从正规金融机构融资受阻时，仍然能通过民间融资的补充获得发展资金。从而削弱了宏观调控的政策效应。

（5）金融制度创新的政策取向。民间融资已成为社会资金融通的一个重要部分，已逐步融入社会信用体系，并随着经济的发展而不断扩张。一般人认为，地下金融长期存在削弱了金融宏观调控的力度，并且潜伏着不可预测的金融风险。

中国改革的成功经验之一在于不断地尊重实践、尊重群众的首创精神。针对民间融资的蓬勃发展，我们认为，①不能忽视、漠视民间金融的现实存在，正视之，对之进行客观的分析研究；②在客观分析研究的基础上，采取对策，“开正门，堵邪门”，以疏为主，因势利导。

毕竟，民间金融的发展关系到国家的金融产业政策取向，关系到金融改革和发展的总体安排。因此，应从现实出发，引导和促进民间资金的规范、健康、有序发展。

一是进一步完善法规体系建设。现有的法律法规体系对发展民间金融不具有普遍的约束力和强制力。因此：①建议以《合同法》、《公司法》等现有法律法规为基础，废除《非法金融机构和非法金融业务活动取缔办法》等法规中与正当民间融资发展不相适应的部分。②要从法律上明确界定正当融资与非法融资的界限，对具有真实的生产性或消费性支出背景、利率水平控制在合理范围内的融资可视为正当融资，而对以非法占有为目的进行的金融诈骗、高息揽存、高利贷、洗钱等融资活动应视为非法融资。③要对民间融资主体双方的权利义务、交易方式、契约要件、期限利率、税务征收、违约责任和权益保障等方面加以明确界定，通过法律手段使民间融资逐步走上契约化和规范化轨道。

二是深化金融体系改革。①适度调整金融机构市场准入规则，允许民间资金活跃地区由民营企业、民间资本创办民营金融组织，发展面向各类民间融资主体、功能互补、特色各异的专业化机构，把民间资金纳入正规金融或准正规金融渠道。②尽快制定民营资本进入金融业的实施细则，对民间金融组织的参股、控股、设立、市场退出、经营和监管等作出全面的制度安排。③适度调整银行股本金准入规则，鼓励民营资本参与城市商业银行、农村信用合作社的改组改制，允许并提高民间资金注资城市商业银行、农村信用社等地方性金融机构的比重。

三是加强金融生态建设。①建立健全全方位、多层次的服务体系，为民间资金发展提供必要的信息服务、担保服务和人力资源服务。②强化监管约束机制，将民间资金纳入到公开、透明的监督体系中来。建立监测通报系统，形成各部门齐抓共管的民间融资监管体系。加大对高利贷、地下钱庄等非法融资行为的惩处力度，净化民间融资市场。加快培育诚实守信的借贷文化，建立面向民间融资的征信系统，将信用观念淡漠、存在失信行为的企业或个人及时列入黑名单并向公众公布，加大失信和违约责任。

四是进一步开放金融市场，改革银行组织结构，加速利率市场化改革，强化银行业竞争，促使大银行逐步关注中小企业，为中小企业提供服务。①建立有利于中小企业融资发展的金融监管框架。了解掌握中小企业贷款的特点，建立中小企业贷款监管体系，增设中小企业监管部门，实行不同于大企业金融业务的监管；在合法与合理的范围内鼓励商业银行调整战略，根据自己的核心竞争力积极开展中小企业融资业务，增加中小企业融资服务。②完善商业银行，特别是四大国有商业银行的组织结构，改变目前以行政区域划分总分行关系的组织模式。以价值链为核心，按不同客户对象进行划分。建立专门的中小企业贷款机构。实现银行结构扁平化，使商业银行的服务更加贴近中小企业。③成立专门服务于中小企业融资的小额信贷机构，打破四人国有商业银行垄断的银行业格局，促使股份制商业银行以及城市商业银行等中小银行调整市场定位，增加金融市场的竞争压力。强化金融机构向中小企业提供服务的能力，促进中小企业金融服务的改善。④建立银企之间稳定的合作关系，实现金融机构信息共享。较好地解决金融机构与中小企业之间的信息不对称问题，对企业实行较好的监控。⑤根据中小企业的特点建立专门的中小企业信用评分系统，广泛收集企业各类信息，定量分析和定性分析相结合，综合全面地评估中小企业的信用状况。

五是由构建以中小企业政策性银行为核心，包括政策性担保机构、风险投资基金和证券市场在内的中小企业政策性金融体系。①成立中小企业政策性银行。在完成政府任务和目标的前提下，保证资产的流动性、安全性和效益最大化。政策性银行的稳健发展是有效实现为中小企业提供融资服务这一目的的前提条件。②加快关于中小企业信用担保机构的立法进程，认定信用担保机构的性质，确定信用担保机构的监管部门，规范信用担保机构的市场准入、业务开展、信息共享、税收优惠、风险值制、危机救助、市场退出等事项，高效防范行业风险，使之真正为扩大中小企业融资提供服务；建立全国性再担保机构，对政策性中小企业担保中心和民营担保公司提供再担保支持，降低地方各类担保机构的风险，促进中小企业信用担保业的健康、有序发展。③促进风险投资、股权投资、租赁、典当等非银行融资工具和市场的发展。为中小企业提供多渠道的融资服务。

2.2.1.2 企业制度创新

1. 对家族企业的再认识

在经济全球化的今天，在发达国家，家族企业仍非常普遍。美国的家族企业占美国企业总数的90%以上。在美国《财富》杂志列出的全球500强企业中，有1/3以上的企业是在家族的控制下。

家族企业在发达国家的经济和社会发展中发挥着重要的作用，具有重要的地位。家族企业也是资本市场的主体力量。据统计，在欧美发达国家的二级市场上有1/3以上的企业、初级市场上有2/3的企业均是家族企业。

家族式经营并不是落后的代名词。一些知名的跨国公司的发展史表明他们在建立现代企业制度的同时，并没有完全排斥家族式经营，甚至仍冠以家族名称，如杜邦公司、福特公司等。正如美国的著名管理学家德鲁克教授所指出的那样：世界范围大部分企业——包括美国和所有其他发达国家，都是由家族控制管理的。

2. 制度创新的现实需要

经济的发展决定企业的生产与组织形式。在社会经济发展的不同阶段，企业采取不同的生产与组织形式，并不断进化。例如，在农业经济阶段，企业采取小作坊形式；在工业经济阶段，企业采取以股份制为特征的社会化大生产形式；进入知识经济阶段后，企业组织形式向多元化发展。家族企业作为一种长盛不衰的企业类型，源远流长，称得上是企业的“鼻祖”。原始形态的企业就是家族企业。在农业经济的手工业时代和工业经济的机器大工业时代。这种形式获得了迅猛发展。同其他企业一样，家族企业的生产与组织形式也经历了多次变革。面对信息革命的冲击，对家族企业提出了新的挑战。关键的问题是家族企业的形式能否适应现代化社会？从目前来看，家族企业在各国经济中占有很大份额，如果保持原有方式，其前景如何尚难以作出判断。但可以肯定的是，家族企业必须作出相应的调整，即进行现代化改造，才能够在知识经济时代获得新的生命力。

中国家族企业现代化的内涵至少应当包括如下五个方面：一是企业制度的现代化，即建立现代企业制度和科学的公司治理结构；二是生产与管理方式现代化，即集约化的社会化大生产和信息化管理手段；三是产业现代化，主要是产品有机构成的提高、科技含量的增加，进入高科技行业等；四是营销方式现代化，即零库存生产与销售、现代化网络物流配送以及B to B、B to C等电子商务模式；五是组织形式现代化，如学习型组织，扁平、高效、灵活的网络组织等。

关于家族企业向现代企业制度的演进，国外学者进行了大量的研究。由于东西方政治、文化、市场经济发达程度的差异，国外学者对家族企业制度演进的结论并不完全适合中国国情。在目前我国市场经济尚不发达，社会信用基础还未完全建立的环境下，家族企业作为一种非正式经济组织形式的制度安排，有其存在的必然性。

关于家族企业制度演进的问题，国内学者普遍认为，随着企业规模的扩大，其产权制度和治理结构逐渐出现了弊端，企业必须进行制度变革。

家族企业向现代企业制度的演进，有的人主张直接演进，即家族企业直接转变为现代公众公司；有的人主张曲折演进，即家族企业先演进为家族成员持股的有限责任公司，然后演进为家族控股的股份有限公司。这两种主张其实都一样，家族企业最终将演进为公众公司。

家族企业向现代企业制度演进，是一个逐渐公众化和社会化的过程。家族企业的制度演进，理论上可以分为五个阶段，但事实上，每个家族企业如何演进，应根据企业的实际情况决定。大多数家族企业采取台阶式，即从初级阶段向高级阶段逐步演进。少数企业采取跨越式，从传统家族企业突飞猛进，演变为公众公司甚至是上市公司。每个企业如何演进，应因时、因地而异。不同行业、不同规模、不同发展阶段和不同背景的企业各有适合自己情况的企业制度。

家族企业制度演进必须具备一定的条件。发达的市场经济国家，企业从无限责任公司向有限公司演进，经历了一百多年的时间。在这漫长的历程中，有限公司生存的土壤逐渐发育成熟，包括市场信誉制度、经理人市场、法律法规和政府公共服务职能等方面。发达市场经济国家中家族企业演进的历史表明，企业所有权与经营权分离至少需要以下四个条件：企业需要达到相当的规模，超出了所有者直接管理的能力范围；企业股权需要高度分散且能毫无困难地转让；经理人市场发育成熟；有严格的产权保护法律及其相应的社会文化氛围。

我国的家族企业在制度演进方面出现了“早熟”现象，私营企业的组织形式的演进采取跨越式的做法，1993 年～2004 年的 11 年间，独资企业比例由 63.8% 下降到 22.59%，而有限责任公司比例由 16.5% 上升到 62.9%。

3. 制度创新的几种模式

在非公有制企业中，家族制企业占较高比例，从方向上来说，需要将非公经济体制机制优势与规范的法人治理结构有机结合起来，引导非公有制企业实行公司制改革，建立现代企业制度，在制度上保证非公有制经济的持续、健康发展。尤其是党的十四届三中全会以来，各地非公经济发展迅速，要求每一个非公有制企业马上建立现代公司制度，显然是不现实的。必须从实际出发，针对企业发展的客观情况和现实阶段，探索符合现代企业制度方向的制度创新模式。

（1）由分散的个体、私营家族企业将各自的资金、技术、房屋、设备等生产要素集聚起来，形成折价入股、合股经营、风险共担、利益共享的股份合作模式。

（2）由家族企业内部成员在清产核资的基础上，将存量资产按原始投资来源和增殖资产来源划分股权，再吸收职工、社区成员的资金入股，制定章程并建立以原创业家族为治理核心的新型有限责任公司模式。

（3）创业家族通过向其他社会法人（主要是企业主要客户或供货商）增资扩股，使其核心产业成为符合《公司法》要求，但却依然由家族直接（自然人控股）或间接（由家族控制的法人控股）控制的上市公众公司模式。

（4）专业化企业群落中的优势家族企业，利用自身在资金、品牌、技术、营销上的优势将地理空间布局相对集中的其他弱势家族企业整合为产权（索取权）独立，但统一经营、统一品牌或统一进货渠道的新型合作联盟模式，等等。

在经营者选拔机制上，更多地依靠职业经理人市场，引进社会人才为企业发展服务。在组织结构上，逐步推行所有权与经营权分离，股东与管理层分设，董事会、监事会、经理层之间相互制约，关系平衡。在激励机制上，进一步规范企业经营者薪酬制度，在着力解决好“企业创始人制度”问题的同时，解决好企业经营管理骨干与企业职工的薪酬安排问题。

（作者单位：国家发改委经济体制综合改革司）

2.2.2 政府审批制度改革与私营企业的市场准入

杨天宇

自改革开放以来，我国私营经济已经经历了20多年的高速增长，在国民经济中的地位日益提高。但是，与其他所有制的企业相比，私营企业在市场准入方面仍然受到明显的不公平待遇。据调查，在我国国有企业准许进入的80多个领域中，外资企业可以进入的有60多个，占75%，私营企业却只可以进入40个领域，不到50%①。2001年，我国有7个行业私营投资的比重不到20%②。私营投资只能局限在一些过度竞争的行业中。这种情况的出现，有多方面的原因。本文将讨论造成这种情况的一个重要方面：政府审批制对私营企业市场准入的阻碍作用，并提出具体的改革措施。

2.2.2.1 我国政府审批制度的性质和起源

我国的政府审批制度，在性质和起源上与西方有较大区别。它实际上脱胎于计划经济时期。在传统的集中计划体制下，整个社会经济体制是按照列宁的“国际辛迪加”模式组织起来的。宏观经济和微观经济的决策权，以及人力、财力、物力的支配权统统集中于中央：就业由政府统一分配，财政实行统收统支，物资实行统一调拨。这种体制赖以运行的基本调节方式，是国家借助于集中决策与指令性计划手段直接管理企业；赖以运行的组织保证，是以行政隶属关系为纽带的行政组织与行政层次。在这种情况下，企业完全成了政府的附属物，几乎没有自主权可言；政府的行政审批成了一切经济活动所必需的环节，几乎覆盖了全社会的方方面面。这种覆盖全社会的行政审批制度，排斥而不是保护了市场机制，与市场失灵是完全没有关系的；它的主要功能是保证计划的顺利实施。

改革开放以来，我国经济中的市场化程度不断提高，但政府的行政审批制度仍然存在；而且，市场化改革之后的政府行政审批制度，与计划经济时期的行政审批制度保持了相当大的连续性。以新建企业为例，目前新建企业所需行政审批事项与程序，尽管比计划经济时期有所减少，但基本框架几乎未发生变化。行政审批本身仍是市场化改革的必要条件之一。我国的经济体制改革在很大程度上是一种政府主导的强制性制度变迁，政府在催生市场、扫除市场化改革障碍方面的作用无可替代。有学者认为，“特许式改革”是广东市场化改革的特点。事实上，在“摸着石头过河”的指导思想下，“特许式改革”贯穿于经济体制改革的各个方面。事情常常是这样进行的：先由企业或改革项目的实施者向政府主管部门提出申请，再由地方政府向上一级政府及中央有关部门申请，得到政府有关部门的层层审批、特许后方可实施。这种以行政手段强制性推动改革的方式，客观上必然使大量本应由市场本身实现诱致性制度变迁的过程，如企业上市、市场准入等，仍需要通过层层的政府审查、批准程序方可实现。这样，在经济转轨过程中，政府的行政审批制度在形式上发生了变化，由计划经济时期直接指挥微观经济活动，转变为目前通过审批标准来控制微观经济运行中的融

---

① 田纪云：《放手发展民营经济，走富国强民之路》，《理论动态》，2002年5月30日。

② 国家计委宏观经济研究院课题组：《民营投资的进入政策体制环境研究》，《经济研究参考》，2002年第5期。

资、市场准入等关键性环节；然而，政府行政审批的实质仍与计划经济时期一样，是政府企图控制微观经济领域资源配置的工具。

我国脱胎于计划经济时期的行政审批制度，与西方国家的行政审批制度有本质区别。西方国家的行政审批制度，其目的是弥补市场失灵，保护市场机制；而我国的行政审批制度，其功能却是保持政府在微观经济领域资源配置的权力。换句话说，我国政府行政审批制度的起源，应被理解为保持政府的微观资源配置职能，不需要寻找“市场失灵”或“帕累托最优”方面的原因。

可见，我国的政府行政审批制度还带有计划经济的烙印。出现这种局面的原因，与政府的公共选择程序有关。具体说，目前在我国政府的公共选择程序方面，有三个问题使当前的政府行政审批制度长期延续：

第一，政府机构和政府官员的利益结构。正如布坎南所指出的，在行政领域或“政治市场”上，“个人是严格按经济人的方式行动的……当人们改变角色（即从市场交易主体变为公共选择主体——引者）时，并没有变为圣人”。[①] 也就是说，政府并不是公共利益的天然代表，而是独立的利益主体。在我国的行政审批制度下，政府部门在履行管理职责时可以运用行政权力收取各种管理费用，并与本部门的收入和个人利益发生了联系。这就在客观上推动行政机关和公职人员谋求更多收费项目，获取更多审批权力。正是由于政府官员的利益结构与审批所带来的收益有关，行政审批由政府的监督、管理职能演变为政府官员追求本部门利益以及个人奖金或福利的行为，形成政府本身不愿放弃行政审批的局面。如不久前广州市清理出的1050项审批项目中，各部门自报要求保留的有949项，占90.4%，自报取消审批的只有10项，仅占0.95%。[②]

第二，政府机构膨胀。公共选择学派认为，由于政府官员的名誉、地位、权利、酬金经常与其所在的政府机构的规模大小成正比，因此政府官员必然千方百计地扩大政府机构，争取更多的职能和预算。这就在两方面要求行政审批的加强：一是膨胀的政府规模需要更多的行政开支，在现有“吃饭财政”的状况下，财政难以满足政府机构膨胀的要求，导致相当多的地方政府因财政困难而发不出工资，迫使国家不得不默认行政机构审批收费。二是扩大政府规模必然要求为新增加的公职人员提供工作机会，扩充政府行政审批项目是“因人设事”的简便办法。自改革开放以来，我国政府规模持续膨胀，从1979年的505万人增长至2001年的1104万人，在国有单位职工总数中的比例由1979年的5.8%增至2001年的14.0%，[③] 对政府的行政审批造成较大刚性压力。

第三，政府官员的“设租”和“寻租”。如果说审批收费还是政府官员以合法的理由获取个人利益，那么“设租”就是以非法方式获得个人利益了。经济学中的租金是指要素所有者所获得的收入中超过该要素机会成本的剩余，而寻租理论中的租金则是指一种由政府官员带来的非生产性收益。租金的存在必然刺激人们“寻求租金”，就像利润的存在刺激人们“寻求利润”一样。政府通过行政审批制度在许多领域制造了垄断租金（即“设租”），而那些企图进入这些产业获取垄断租金的人就会通过游说、贿赂、雇用官员的亲属等方式去讨好、接近官员，以便通过行政审批。在这里，行政审批变成了权钱交易的工具，而那些有行政审批权力的政府岗位则成为人们心目中的肥缺

---

① 布坎南：《自由、市场与国家》，上海三联书店，1989年版，第347页。

② 李郁芳：《关于政府审批制度的思考》，《管理世界》，2001年第4期。

③ 参见《中国统计年鉴（2001）》。

和争夺对象。正如寻租理论的创始人克鲁格所说："人们为了获得政府职位在某种程度上是争夺租金"。[①] 这同样使行政审批制度形成长期持续的刚性。

我国的政府审批制度，通过某种机制可以转化为私营企业的产业进入壁垒，从而阻碍私营企业进入某些产业，抑制私营经济的发展。具体地说，政府审批制度可以通过两种途径转化为私营企业的进入壁垒，一种是政府为了保护产业内国有垄断性企业的利益，利用行政手段对有可能威胁国有垄断企业的私营企业实行进入阻挠；另一种则是通过行政审批收费、时间拖延和寻租等行为，增加私营企业的进入成本，而进入成本的增加又通过"逆向选择效应"阻碍私营企业的进入。我们通过以下的分析可以看到，这两种形式的进入壁垒，都造成了私营企业难以进入市场的后果，都需要通过改革政府审批制度而加以消除。

2.2.2.2 政府审批制度对私营企业的进入阻挠

首先我们看由政府审批制度对私营企业的进入阻挠。我国目前的现实是，尽管国有企业改革已经进行了 20 多年，但政企仍未真正分开。政府为了保护国有垄断性企业的利益，仍然在利用行政手段对有可能威胁国有垄断性企业的民营企业实行进入阻挠。例如，在以交通运输、邮电通信为代表的一批产业集中度较高的行业中，国有经济仍占据垄断地位。这些行业的原政府主管部门尽管已经改组成各类行业协会，但由于它们是直接从政府机关转化而来，不仅带有浓厚的行政特征，而且与政府其他部门有着千丝万缕的联系；更重要的是，这些行业协会的大量开支仍然要来源于国有垄断性企业的利润上缴，保护国有企业的垄断地位关系到行业协会成员的切身利益。因此，这些国有垄断性企业的行业协会完全具有通过游说等方式，来获得政府保护国有企业垄断的动机和可能性。此外，某些国有垄断性公司也代表了政府的利益，如对地方政府来说，国有垄断性行业的国有企业是地方税费、地方基础设施建设资金来源，地方就业和社会保障的主要承担者之一，具有明显的地方利益和保护价值。一旦私营企业试图进入上述产业，必将威胁到政府的上述利益。特别是改革进行到今天，仍然能够保持国有垄断地位的行业，一般都是自然垄断产业、基础产业及某些特殊且高利润的加工工业，政府在这些产业上的利益要比允许私营企业进入的一般制造业大得多。因此，政府对有可能威胁国有企业垄断地位的私营企业设置进入壁垒，是很自然的事情。

政府保护国有垄断性行业国有企业的主要手段，就是通过行政审批制度对私营企业实行进入阻挠。需要指出的是，政府的文件中并没有对私营企业的歧视性明文规定，进入阻挠仅仅是审批部门在把握审批尺度时所实际发生的行为。与市场经济中常见的那种进入阻挠相比，政府行政审批制对私营企业的进入阻挠有以下几个特点：①在正常的市场经济中，在位者要决定是否实行进入阻挠，需要考虑到反映本企业实力的某些经营指标。以价格竞争为例，在位企业要通过价格战对竞争者实行进入阻挠，需要以本企业的低成本为前提，高成本的企业也许只能默许竞争对手进入。而政府若想通过审批制对私营企业实行进入阻挠，根本不需要考虑成本之类的经济因素。②在正常的市场经济中，进入者若受到在位者的阻挠，也需要依据自身成本高低等条件决定是否迎战；进入者、在位者之间的博弈有可能重复进行。但在政府成为市场进入阻挠主体的情况下，凭借政府强制性的力量，进入者根本不可能考虑迎战，博弈也不可能重复进行。③在进入阻挠的形式上，政府不需要像企业那样以价格战等经济手段威胁进入者，而只需通过某些行政性手段。但由于国家并无歧视私营

---

① Kruger, A. O., 1974, "*The Political Economy of Rent Seeking Society*", American Economic Review, 64, June, pp. 291 -303.

企业的法规或文件，因此政府只能通过各种无形手段（如拖延时间、变相刁难、提高审批标准等），力图提高私营企业的进入成本，使其不愿进入。

在上述条件下，我们面临的是一个完全信息静态博弈。在这个博弈中，在位者是政府及其所要保护的国有垄断性企业，进入者是私营企业。私营企业只有两种战略可以选择：进入和不进入；政府也有两种战略可以选择：不限制和限制。假定私营企业进入之前国有垄断性企业的利润为 100，私营进入之后国有企业利润下降为 50，私营企业也得到 50 单位的利润。根据上述 3 个条件，我们这个模型最关键的假定是，政府可以通过审批制，一方面在政府选择限制的条件下，迫使私营企业的进入成本提高到与进入市场后所获利润相当的水平，即进入成本也等于 50；另一方面则在政府选择限制的条件下，可以使国有垄断性企业的利润不会因为限制而受任何损失。各种战略组合下的支付矩阵如表 1 所示。

表 1　政府审批制对私营企业的进入阻挠

		政府及国有垄断性企业	
		不限制	限制
私营	进入	50，50	-50，100
企业	不进入	0，100	0，100

显然，这个博弈只有一个纳什均衡（限制，不进入），即政府选择利用审批制对私营企业实行进入阻挠，而私营企业则选择不进入。这与不存在政府审批制度条件下的情况完全不同。张维迎提出了一个类似的有关两个企业之间进入阻挠的例子，在这个例子中，假定有一个在位的垄断企业和一个试图进入市场的企业，两个企业之间的信息集和支付均与表 1 中所示相同，但在位者不存在政府审批制度的保护。这时，各种战略组合下的支付矩阵如表 2 所示：

表 2　不存在政府审批制条件下的进入阻挠

		在位者	
		不限制	限制
进入者	进入	50，50	-10，0
	不进入	0，100	0，100

表 2 中所示的博弈有两个纳什均衡（不限制，进入）和（限制，不进入）。如果把这个博弈推广为动态博弈，则（不限制，进入）会成为子博弈精炼纳什均衡，从而为企业进入市场提供了机会。可见，政府审批制度的存在与否，将导致博弈结果有相当大的区别。以上述表 2 所示的情况为例，如果进入者选择进入，在位者选择限制，由于不存在政府审批制的阻碍，进入者的进入成本较低，仅为 10；而在位者也会因为选择限制而损失大量的垄断利润，使本企业利润下降为 0。在这些条件下，才会出现两个纳什均衡（不限制，进入）和（限制，不进入）以及一个子博弈精炼纳什均衡（不限制，进入）。也就是说，如果没有政府审批制度，在位者对进入者的进入阻挠是不成功的。但一旦我们在这种博弈中引入政府审批制的强制性因素，则就会出现表 1 所示的那种博弈结

果，私营企业的进入受到了政府有效的阻挠。

2.2.2.3 政府审批制度的逆向选择效应

这种进入壁垒的特点是，政府审批制度增加了私营企业的进入成本，从而通过逆向选择阻碍私营企业进入某个产业，但这种逆向选择与信息不对称无关。这是一种西方信息经济学理论尚无法解释的现象。常规的逆向选择，主要特点是当事人双方存在“信息不对称”，迫使信息劣势方对信息优势方采取一个武断的评价标准，低于此标准即停止交易；这使得高于此标准的信息劣势方因不合算而退出交易，从而形成类似于“劣币驱逐良币”的逆向选择效应。而政府审批制度的逆向选择效应，则与信息不对称关系不大；或者说，即使政府审批部门与申请进入市场的企业之间是信息对称的，同样会出现逆向选择现象。产生这种奇特现象的原因是，政府官员为寻求审批收费、租金等自身利益，无论政企之间是否存在信息不对称，也必须为企业制定一个武断的审批标准，以便从企业那里获得符合自己要求的收益。可见，政府所制定的审批标准的高低，主要应取决于政府官员本身的利益要求高低。

假定存在欲进入市场 A 的私营企业 i，它预期进入市场后将获得利润 R；但如果企业 i 选择进入其他市场，可获得平均利润 S，即企业 i 进入市场 A 的机会成本是 S。假定 S 是一个常数且 $R>S$，即企业 i 进入市场 A 后将获得高于平均利润的利润率。这一假定意味着，由于政府通过行政审批对市场 A 的进入管制，使市场 A 出现了高于平均利润的垄断租金 $R-S$，吸引新企业进入该市场。但企图进入该市场的企业未必就能够得到垄断租金 $R-S$，因为企业 i 在进入市场时必须接受政府有关部门的行政审批，这种行政审批将使企业 i 的成本增加 W 个单位，增加的成本包括三个方面：政府审批机构的收费；因行政审批而耗费的时间；寻租过程中的成本。由于这些成本纯粹是在进入过程中遭遇行政审批而产生的，因此可视为进入成本。政府审批机构为了自身利益，将选择一个符合自己收益的审批标准，这个标准将使企业 i 付出进入成本 W。在这种情况下，企业 i 是否选择进入市场 A，将取决于 $R-S$ 是否大于 W，即进入市场后获得的垄断租金是否足以抵偿进入成本而有余；如果 $R-S<W$，则企业 i 选择不进入；如果 $R-S>W$，则企业 i 选择进入。

不过，除上述垄断租金、机会成本和进入成本因素外，企业 i 是否进入市场 A，还需要考虑企业进入市场后成功的概率。如果成功概率过低，则企业将无法获得足够的垄断租金甚至亏损，它还是要选择不进入。而成功的概率则与企业的预期收益 R 有关，因为市场经济的普遍规律是，高收益的项目蕴涵着高风险（即低成功概率）。假定企业 i 存在连续多个投资项目，每个投资项目有两种可能的结果：成功或失败；成功的项目产生收益 $R_i>S$，其中 i 是项目的指数；失败的项目收益为0。再假定所有投资项目都具有相同的收益均值 T。那么，如果 p_i（R）是给定项目成功的概率，则 p_i（R）$R=T$，即成功时的收益 R 越高，成功的概率 p_i 越低。这个假定的含义是，高收益的投资项目意味着高风险。这时，企业 i 的期望利润为：

$$E(y) = p_i(R_i - W - S) + (1 - p_i)0 = p_i[R_i - (W + S)] \quad (1)$$

如果企业的投资项目失败，收益将为0。因此，存在一个临界值 $R^*=W+S$，当且仅当 $R \geqslant R^*$ 时，企业 i 才会选择进入市场。因为 p_i（R）$R=T$，上述结论意味着，存在一个临界成功概率，当且仅当 $p_i \geqslant p^*$ 时，企业 i 才会进入市场。p^* 定义为：

$$p^* = \frac{T}{R^*} = \frac{T}{W + S} \quad (2)$$

我们已经假定企业 i 进入市场的机会成本 S 是常数，因此在求企业 i 选择投资项目的平均成功概率时，可以仅仅把企业的进入成本 W（即政府行政审批标准的货币表现）视为变量。假定 p_i 在［0，1］区间上密度函数为 $f(p_i)$，分布函数为 $F(p_i)$，则所有企业 i 选择投资项目的平均成功概率为：

$$\bar{p}(w) = \frac{\int_0^{p^*} p_i f(p_i)\,dp_i}{\int_0^{p^*} f(p_i)\,dp_i} = \frac{\int_0^{p^*} p_i f(p_i)\,dp_i}{F(p^*)} \tag{3}$$

根据上述投资项目的平均成功概率，我们可通过对自变量 W 求偏导数，得出企业 i 的进入成本（即政府的行政审批标准）对企业投资项目平均成功概率的影响：

$$\frac{\partial \bar{p}}{\partial W} = \frac{\frac{\partial p^*}{\partial W} p^* f(p^*) F(p^*) - \frac{\partial F(p^*)}{\partial W} \int_0^{p^*} p_i f(p_i)\,dp_i}{F^2(p^*)} =$$

$$-\frac{f(p^*)}{F^2(p^*)} \frac{T}{(W+S)^2} \left(p^* F(p^*) - \int_0^{p^*} p_i f(p_i)\,dp_i\right) < 0 \tag{4}$$

从（4）式可以看出，政府的行政审批标准越高，企业 i 的进入成本越高，则企业 i 所选择的投资项目的平均成功概率越低。造成这种现象的原因是，随着政府审批标准的提高，企业要进入市场将不得不付出更多的审批收费和寻租成本，耗费更多的时间，这就要求企业在进入市场后能够获得更高的利润或垄断租金来加以补偿。也就是说，只有那些拥有高收益项目的私营企业才会进入市场。只有低收益项目的私营企业，随着审批标准的提高，将因为不合算而逐渐被淘汰出局，放弃进入市场的尝试。但在市场经济中，高收益就意味着高风险和较低的成功概率。行政审批标准的提高，实际效果将是越来越多的低风险私营企业选择不进入市场，而越来越多的高风险私营企业选择进入市场，从而企业投资项目的平均成功概率将因此而逐步下降。这就是 $\partial \bar{p}/\partial W < 0$ 的形成机制。可见，政府的行政审批标准在这里导致了“高风险的私营企业驱逐低风险的私营企业”，因此具有逆向选择效应。在这种体制下，优质私营企业有可能因为进入成本过高而不愿再与审批部门纠缠，放弃进入市场的努力；而只有那些拥有高风险项目的劣质私营企业才舍得花工夫和成本继续向行政审批部门“公关”。显然，政府行政审批制的这种效应，在提高了私营企业进入市场的难度的同时，也使进入市场的私营企业的质量发生了下降。从长期来看，这是极不利于经济发展的做法。

2.2.2.4　私营企业的市场准入与政府审批制度改革

从上述论述可以看出，要解决私营企业市场准入问题，改革政府审批制度是必要的。市场经济中的市场失灵是不可避免的，因此政府对微观经济的管制，即政府的行政审批制是不可缺少的。问题是我们目前的政府审批制不仅没有弥补市场失灵，反而转化为抑制私营企业发展的进入壁垒，实际上等于在制造市场失灵。可见，这种制度急需改革，以利于私营企业的市场准入。

1. 转变政府职能，消除政府对私营企业的“所有制歧视”

当前，政府在经济中身兼二职：既要承担微、宏观经济管理和调控职能，又要作为所有者保护国有垄断性行业的国有企业。这种集“运动员”和“裁判员”于一身的政府职能，必然导致政府对私营企业的“所有制歧视”。因此，解决私营企业产业准入问题的关键之一，在于转变政府职能，改变由政府直接干预资源配置的传统做法，把市场竞争和市场准入交给市场本身去做。应该看到，渐进式改革进行到今天，私营经济在国民经济产出中所占比重已大幅上升。通过发展私营经济，同样可以起到推动经济增长、增加财政收入、筹集基础设施建设资金、促进就业和社会保障等作用。所以，目前政府通过抑制私营企业来保护国有企业的做法，即“所有制歧视”，已经是不合时宜了。

2. 重塑政府机构及官员的利益结构

在现行政府审批制度下，政府部门在履行管理职责时可以运用行政权力收取各种管理费用，并与本部门的收入、个人利益产生了一定的联系。这就在客观上助长了政府公职人员谋取更多审批权力的冲动。因此，重塑政府机构和官员的利益结构至关重要。目前可从两方面着手：第一，大幅度减少审批收费，严格控制审批收费的项目，将收费标准控制在较小范围之内；使审批收费与政府官员的奖金福利脱钩，政府官员的收入只能来源于财政拨款，这样就可大大消除政府审批项目的内在冲动。第二，通过财政拨款适当提高政府工作人员的收入水平。不可讳言，审批收费制的建立与政府行政经费不足有着密切的联系。在现有的“吃饭财政”状况下，还有一些地方政府因财政困难而发不出工资。这就使得国家不得不默认行政机关的审批收费。因此，适当提高政府工作人员的收入，使其基本利益得到保证是必要的。

3. 缩减政府规模

如果政府规模持续膨胀，财政开支就难以满足提高政府官员收入水平的需要，“因人设事”的现象也难以避免。如果仅仅取消审批事项，而机构和人员编制不作相应调整，政府审批制度早晚会卷土重来。因此，消除机构重叠设置、官员膨胀，对于减少政府审批具有釜底抽薪的作用。

4. 建立制约政府行为的力量

改革政府审批制度，说到底是要约束政府行为，放松政府对市场的管制，使市场机制在更大范围内起配置资源的作用。但由于政府本身所具有的政治强制力和内在的扩张冲动，只靠政府自身改革难以奏效。所以，改革行政审批制还需要建立外部的制约机制，即建立超越于市场和政府之上的力量。这就是法治。只有把政府行政审批制纳入法治的轨道，真正做到依法审批，才能从根本上控制和遏止行政审批项目的扩张。因此，必须尽快建立健全相关的法律法规体系，实现政府行政审批的法制化，进而为实现法治社会创造条件。

（作者单位：中国人民大学经济学院）

参考文献

［1］丹尼尔·史坦博：《管制与市场》，上海三联书店、上海人民出版社，1999 年。

［2］李郁芳：《关于政府审批制度的思考》，《管理世界》，2001 年第 4 期，第 197 页 ~208 页。

［3］张维迎：《博弈论与信息经济学》，上海三联书店、上海人民出版社，1996 年。

［4］Baumol, W. J., and R. D. Willig, Fixed Costs, Sunk Cost, Entry Barriers and Sustainability of Monopoly［J］. *Quarterly Journal of Economics*, 95, August, 1981, pp. 405 – 431.

2.2.3　非公有制经济市场准入：人民法院的作用

李贤华

2.2.3.1　人民法院对非公有制经济市场准入负有重要责任

1. 鼓励和支持非公有制经济是人民法院的职能所在

改革开放以来，我国非公有制经济不断发展壮大，已成为社会主义市场经济的重要组成部分和促进社会生产力发展的重要力量。非公有制经济在国内生产总值中所占比重已从 1979 年的不足 1% 提高到目前的 1/3 左右。20 世纪 90 年代中期以来，城镇新增就业岗位的 70% 以上是由非公有制经济提供的，从农村转移出劳动力的 70% 以上也在非公有制经济组织就业。与此同时，人民法院受理的非公有制经济诉讼案也出现增多趋势。据宁波市法院统计，该院 2004 年受理的64 786件各类案件中，涉及非公有制企业或其从业人员的纠纷就占到了 1/3。

十届全国人大二次会议审议通过的宪法修正案，将宪法第 11 条第 2 款修改为："国家保护个体经济、私营经济等非公有制经济的合法的权利和利益。国家鼓励、支持和引导非公有制经济的发展，并对非公有制经济依法实行监督和管理。"宪法修正案在原来宪法所规定的国家对个体经济、私营经济实行引导、监督和管理的基础上，增加了国家鼓励、支持非公有制经济发展的规定，表明国家对非公有制经济发展不仅要引导、监督和管理，还要积极采取各种有效措施给予鼓励和支持。人民法院作为国家司法机关，理应从自身职能角度对非公有制经济给予鼓励和支持。在这方面，人民法院显然面临着十分繁重的任务。

2. 非公有制经济企业的法制环境仍不够宽松

当前，非公有制经济法制环境主要存在以下四个方面问题：①法律对非公有制经济的保护不配套。据天津市高院的专项调查，有 26.24% 的民营企业认为，立法不完善，很多时候无法可依是企业维权的主要困难。普遍的看法是，法律对不同经济成分的保护与制约还不够均衡与对称。公有产权和非公有产权的实际地位不完全平等。如《公司法》规定的市场进入，变相地把民营企业挡在外面。一些民营企业家认为，2005 年 2 月公布的《国务院关于鼓励支持和引导个体私营等非公有制经济发展的若干意见》等政策文件，尚不能从根本上解决民营企业在维权方面遇到的困难。②绝大多数民营企业还没有建立现代产权保护制度。表现在宪法所规定的保护私有财产权，公民私有财产权的原则受到侵害时，能直接引证的法律依据不多。③某些法律规定与宪法不符。由于我国并未建立起保护私有产权的完整法律体系和框架。如《国有资产法》、《物权法》、《税法》等与私有产权保护相关的法律尚未出台；且《土地管理法》、《全民所有制企业法》、《担保法》等法律，含有与宪法中保护产权规定不相符的规定。④社会对非公有制经济的认识仍有偏见。如有的政府职能部门以各种活动名义、各种形式向民营企业摊派费用，张手要钱等；行政执法部门对非公有制企业的侵权行为仍时有发生等。

3. 非公有制企业自身依法管理的经验不足

由于起步较晚及政策法律、体制等因素的影响，非公有制企业管理水平不够成熟，特别是依法管理的经验不足，也是妨碍它们自己进一步发展的一个原因。主要表现为：①一般不愿意诉诸法律。一些非公有制企业当其权益受到侵犯时，更愿上访而不愿诉讼，更愿找党委、政府而不愿找法院。②专业法律人才少。据天津高院调查，非公有制企业中有专职法务人员或法律顾问的只占29.70%，有兼职法律顾问的占34.65%。③对法律的相关规定不了解。据调查，近40%的企业对经营中涉及的法律法规不了解，多数企业在日常经营中不能依法规范合同的签订、履行，通常仅在纠纷非常严重时才想到求助于法院。有的企业不了解诉讼中需对自己的诉讼主张承担举证责任，经营中也缺乏保全证据的意识，不能自觉地保存证据材料，诉讼时往往不能提供有力的证据，诉讼请求得不到支持。有的企业不了解诉讼时效制度，诉讼请求时常因时效已经届满而不能获得法院的支持。④履行判决少。一些生效判决不能获得彻底执行，很多企业不理解，认为只要自己的合法权益受到侵害，人民法院就应当帮助彻底解决。⑤更有甚者，一些地方（如陕北）的非公有制企业因被侵权向司法部门诉讼，司法部门不受理。

4. 人民法院对非公有制经济的保护缺乏力度

我国保护非公有制经济的法制建设历史并不长，而提供给人民法院，由人民法院执行的法律制度时间较短，内容少，这自然就造成人民法院在执法力度上参差不齐。普遍表现为力度不够。主要是：①办案周期普遍过长。调查显示，在所有不愿通过诉讼解决纠纷的民营企业中，有41.58%担心诉讼时间过长，有31.68%担心诉讼成本过大，还有19.31%担心不能获得良好的诉讼效率。②个别法官在具体案件的审理上，侧重保护公有制经济，不能给非公有制经济平等的诉讼地位。在个案中还存在适用法律不统一、厚此薄彼的现象。少数法官审判案件存在冷、硬、横的现象。③上下级法院之间、同级法院之间的司法尺度不够统一。特别是法律没有明确规定、需要法官行使自由裁量权处理的案件，“同案不同判”的情况较突出。④行政案件审判能力较弱。法院精通行政审判的法官较少，行政案件质量不够高。⑤法制宣传不够。非公有制企业对法院职能和法院工作的了解不足，对法院制定颁布的司法解释也了解不够。普遍缺乏法律知识，订立合同条款不规范，商业风险大，迫切希望法院加强企业实用法律普法宣传。⑥执行不够有力。非公有制企业希望人民法院加强执行力度，确保案结事了。⑦法官的司法能力和司法水平需进一步提高。有的法官对国家鼓励支持和引导非公有制经济发展的政策缺乏了解，在审判中缺乏全局意识和大局观念。

2.2.3.2 运用刑事法律司法手段确保非公有制经济市场准入

1. 现有刑事法律制度在保护非公有制经济方面存在缺陷

非公有制经济主体由于拥有或管理着较多社会财富，容易成为各种犯罪，特别是有组织犯罪和侵犯财产犯罪的侵害对象。但是，现行《刑法》对非公有制财产的保护却不够有力。主要表现为侵犯非公有制财产量刑偏低。《刑法》规定的职务侵占罪和贪污罪、挪用资金罪和挪用公款罪，仅仅因为侵害的客体不同而在量刑上差别很大。主要集中在职务侵占罪、挪用资金罪、贪污罪等方面。我国《刑法》第93条第2款规定：“国有公司、企业、事业单位、人民团体中从事公务的人员和国家机关、国有公司、企业、事业单位委派到非国有公司、企业、事业单位、社会团体从事公务的人员，以及其他依照法律从事公务的人员，以国家工作人员论。”据此可知，企业人员要成为《刑法》上所指的国家工作人员需满足两个要件：一是企业属国有企业，二是该人员在从事公务。满足此二要件才能构成国家工作人员主体，针对国家工作人员的罪名，如贪污、受贿、挪用公款等罪名才能在这些人员身上得以适用。

2. 刑法规定的滞后制约着非公有制经济的发展

立法的不公正必然导致司法不公正。在司法实践中，已存在对侵犯非公有制财产的犯罪行为打击不力的问题。有的地方已经发生了民营企业因为管理人员的侵占、挪用资金等犯罪行为造成企业倒闭或者经营困难的案例。当非公有制企业雇员非法占有、挪用、卷逃资金时，有些地方只按民事纠纷立案，有时甚至不了了之。如果国企欠民企的钱，就认定为债务关系，按民事纠纷立案，有时甚至不立案，而如果民企欠国企的钱，却可能被戴上“侵占国有资产”的帽子，甚至是“盗窃国有资产”，按刑事案件办理。随着非公有制经济飞速发展，私有财产保护的入宪，《刑法》亦应体现出对私有财产的保护力度，在相等数额的情况下，对职务侵占罪和贪污罪、挪用资金罪和挪用公款罪同等量刑。

3. 以宪法精神指导对非公有制经济的刑事法律司法活动

宪法修正案将原第 11 条“在法律规定范围内的城乡劳动者个体经济，是社会主义公有制经济的补充。国家保护个体经济的合法的权利和利益”，修改为“在法律规定范围内的个体经济、私营经济等非公有制经济，是社会主义市场经济的重要组成部分。国家保护个体经济、私营经济的合法权利和利益。”人民法院应当在刑事司法中认真贯彻这一精神。刑事司法工作必须转变观念，在法律规范及其实务运作中积极保护多种所有制经济和多种分配制度，有效地惩治与防范形形色色的危害合法经济形式与经济活动的犯罪行为，创造良好的社会治安环境，保护非公有制经济主体人身、财产和经营活动的安全。

4. 严厉打击侵害非公有制经济合法权益的犯罪行为

打击侵害非公有制经济主体合法权益的犯罪行为，人民法院可从以下方面入手：①确立新的法治理念。当前，必须突破按所有制性质制定经济改革和法律法规的传统观念，确立国家必须为各种经济成分创造相同的政策环境、法制环境、社会环境和市场环境的新观念，为国家调整政策、鼓励平等竞争，制定保护私人财产不受侵犯的法律以及其他法律提供理论根据。要加强司法解释，维护法制统一。②运用刑事司法的“打击”功能，为非公有制企业创造良好的外部治安环境。要使非公有制企业安心经营，放手发展，就必须在打击刑事犯罪、维护治安秩序方面狠下功夫。特别是要做好以非公有制企业为直接侵害对象的犯罪案件的审理工作，依法严惩哄抢、盗窃、故意毁坏非公有制企业生产资料、设备，扰乱非公有制企业生产经营秩序，侵害非公有制企业主及相关从业人员人身安全的犯罪行为，并采取适当方式扩大打击的社会效果，提高非公有制企业主的安全感，维护非公有制企业正常的生产经营秩序。③打击非公有制企业中的违法犯罪，引导其在法律范围内健康发展。由于管理和政策落实不到位，在发展初期，许多非公有制企业经历了一个不良发展阶段，即采取打政策擦边球的手段增加积累。有的企业制售假冒伪劣商品，有的制造假账偷逃税款，有的为达目的拉拢腐蚀行政干部，有的与黑社会相互勾结，垄断一个地方的经济命脉。为此，要发挥刑事审判作用，打击非公有制企业在经营中的违法犯罪行为。人民法院在审理民事案件时发现因抽逃注册资金造成重大损失的或利用合同诈骗的，应当移送公安机关处理。同时，要积极审理影响非公有制企业经济发展的职务犯罪案件和破坏非公有制企业正常经营秩序和生产环境的刑事犯罪。

2.2.3.3　运用民商事法律司法手段确保非公有制经济的市场准入

1. 在民商法律司法保护中确立正确的指导思想

据天津市高院的专项调查，在民营企业中，曾与他人发生过民商事纠纷的占 73.27%。当前，非公有制企业发生民商事纠纷的数量较多且呈上升趋势。有的企业虽然只遇到一两个纠纷，但是因为数额较大，已威胁到企业的生存和发展。非公有制企业的民商事纠纷类型主要是合同类纠纷，对方当事人以民营企业和个人居多，个体私营企业多以原告的身份参加诉讼，案件管辖法院 80.70% 为基层法院。人民法院要依法保护非公有制企业及其职工的合法权益，进一步引导非公有制企业依法经营、诚实守信、健全管理，不断提高自身素质，促进非公有制经济持续健康发展。要彻底摒弃把非公有制经济作为一种外在于社会主义的“异己”力量来对待的错误认识，平等保护不同诉讼主体、不同地域当事人的合法权益，做到中立公正，不偏不倚。要提高办案质量，确保裁判公正、高效。加大简易程序的适用范围和民商事案件的调解力度，确保案件的法律效果与社会性效果的有机统一。

2. 认真审理好与国有企业改制和非公有制经济相关的民商事纠纷案件

人民法院要依法及时审理好民营企业参与国有、集体经济体制改革中股权转让纠纷等案件，支持和规范国有、集体经济的民营化改革，促进民营企业建立现代企业制度。要依法支持非公有制企业以收购、兼并、租赁、承包、控股等形式参与国有、集体企业的产权改革和资产重组。对涉及国有企业兼并、破产的案件，要严格依照有关法律、法规、规章、政策和司法解释，妥善处理。既要防止国有资产流失，防止逃废债务，又要促进企业增资减债，实现资产重组。对企业权益受到损害，有可能影响正常生产、经营，经企业申请并符合诉讼保全规定的，依法及时采取相应措施，最大限度降低损失。根据案件的具体情况，结合企业需要，可组织巡回法庭及时就地审理。要审理好涉及劳动和社会保障方面的案件，解决好非公有制企业收购、兼并国有、集体企业过程中涉及职工下岗、解除劳动关系等群体性劳动争议案件，支持企业加强和改善管理，同时努力化解矛盾，维护社会稳定。

3. 认真审理好非公有制企业中涉及稳定的民商事案件

人民法院要运用审判手段及时、公正地排解非公有制企业在经济交往过程中发生的纠纷，维护市场经济秩序和交易安全。少数经营者因经营理念和方向不当，造成资不抵债，而逃避责任，容易引发社会不稳定因素。人民法院对这类案件，要积极主动地配合地方政府做好说服教育工作，并依法提前介入，以最快的速度、最佳的方案、最高的效率、最满意的工作，做好当事人的工作，调解民事纠纷，维护社会稳定。提前介入操作程序和方式为：①收集政府已确定涉及社会稳定的民商事案件情况通报；②决定提前介入案件；③组织宣讲法律，做好员工的思想工作，稳定好局势；④协助政府依法处理好此事；⑤在案件进入诉讼程序后，做到急事急办，特事特办，在最短时间内完成评估、拍卖，及时把拖欠员工的工资发放到职工手中，确保员工的正当利益不受损失，妥善化解影响社会稳定和投资环境事件的发生。

4. 坚持调解原则，着力化解矛盾纠纷

据天津市高院调查，发生民商事纠纷后，58.42% 的企业通常选择协商解决，选择民间调解的为 18.81%，选择诉讼的只有 12.38%。工商联和各行业协会对所属企业与会员单位之间的商业往来活动积极进行协调和疏导，有效避免和化解了许多民商事纠纷。有的商会还专门建立了调解机构和调解工作制度。当一些纠纷不能自行协商解决时，商会调解就显现出省时、省力、不伤和气的优势，在解决民商事纠纷上效果非常好。多数个体私营企业出于时间成本和经济成本的考虑或其他顾虑，通常是在其他途径不能较好地解决纠纷时才会选择诉讼。人民法院既要注意发挥工商联等社会组织的调解作用，又要加强对人民调解工作的指导，充分发挥人民调解工作的作用。要经过实践的探索和积累，逐渐形成新型的非诉讼民间调解和诉讼调解相配合的社会矛盾纠纷解决新机制。人民法院对影响企业正常生产、职工权益的纠纷，要尽可能地进行调解，促使涉诉双方化解矛盾和误会，促进诚信经营，推动合作。要将调解工作贯穿于人民法院工作的全过程，在当事人起诉后，开庭审理前，就可以由调解法官进行庭前调解，在当事人自愿的基础上进行调解；在开庭后、判决前，可以由审判法官在开庭审理的基础上主持双方当事人进行庭上调解和庭后调解。

2.2.3.4　运用行政法律司法手段确保非公有制经济的市场准入

1. 运用行政审判手段支持社会主义市场经济体制的建立和完善

党的十六届三中全会提出了完善社会主义市场经济体制的任务。建立完善的社会主义市场经济体制的一项重要内容，就是要不断深化行政管理体制改革。在此过程中，必然会出现大量的行政纠纷和行政争议，这给人民法院行政审判工作提出了新的要求和新的任务。人民法院要加强对公司、证券、投融资、税收、土地使用权等领域行政案件的审理，对不同所有制企业给予平等保护，推动所有制结构和公有制实现形式的完善。要加强对企业登记、产权交易、产权界定等行政案件的审理，推进现代产权制度和现代企业制度的建立。要加强对垄断行业市场准入的行政案件的审理，推动非公有制经济进入法律法规未禁止进入的基础设施、公用事业及其他行业和领域，推进垄断行业改革和完善市场结构。要加强对工商行政管理、技术质量监督等行政案件的审理，强化市场监管，维护市场管理秩序。要加强土地承包经营权、农村税费改革等涉农行政案件的审理，推动农村经济改革，促进城乡二元经济结构的逐步改变。人民法院要通过行政案件的审理，既促进行政机关继续完善宏观调控、市场监管和社会保障体系，又为市场主体创造自由、平等、竞争的宽松市场环境。

2. 依法维护行政机关作出的正确决定

人民法院要支持行政机关依法行政，促进企业规范、守法经营。在行政审判中，要严格履行司法审查职责，保护公民的合法权益，维护行政机关依法行政，保障合法的具体行政行为得到实施。对于行政机关在国企改革和非公有制经济发展中依法作出的具体行政行为，要依法予以维护。对行政机关依法取缔无照经营、查处偷税漏税、制假售假、不正当竞争等行政行为，要坚决依法予以支持，为非公有制企业营造公平竞争、有序发展的平台。对非公有制企业提起的行政机关不予办理手续和不予审批许可等行政不作为的诉讼，要及时判决行政机关作出具体行政行为。

3. 依法纠正政府及其行政执法部门的违法行政行为

调查表明，某些政府行政执法部门对非公有制企业进行检查处罚时不规范，已成为非公有制企业发展的障碍。人民法院要纠正行政执法机关随意执法、执法不公、违法行政等行为，以优化企业发展所需要的行政法制环境。人民法院在行政审判中，对以各类企业为原告起诉的有关行政机关涉及行政收费、工商管理、质量监督、经营自主权等行政纠纷，要坚决保障各类企业法人和经营者合法的权益，制止向各类经营主体乱摊派、乱收费、乱罚款，以及使用行政手段干预企业自主经营的行为。对行政部门非法干预、阻挠非公有制经济正常生产的行政单位，要主动上门协调，对行政机关拒不改正的，应告知当事人到法院起诉，依法撤销或变更行政执法部门的裁决或决定。对于行政机关违法行政侵犯企业经营自主权的具体行政行为，人民法院应当判决予以撤销。对于行政机关申请对非公有制经济主体强制执行的案件，特别是对民营企业主及其从业人员进行人身处罚、经济处罚的案件，注意认真审查处罚的法律和行政法规依据，防止因执行错误或不当的处罚决定而损害民营企业的合法权益。要进一步宣传行政诉讼知识，让非公有制企业敢于“告官”。

2.2.3.5 运用司法执行手段确保非公有制经济的市场准入

1. 高度重视非公有制企业的债务执行

调查表明，在个体私营企业胜诉的民商事案件中，78.22%的当事人能够或一般能够自动履行判决。申请法院强制执行的案件，75.25%能够或一般能够获得顺利执结。在不能自动履行判决的对方当事人中，以个人居多，占40%，其余依次为个体私营企业、公有制企业、国家机关、事业单位和其他组织、外资企业。近60%的个体私营企业认为，对方当事人想尽办法逃避执行是影响法院执行工作的主要因素。此外，还有一些个体私营企业在诉前、诉中并没有采取有效措施，防止对方转移财产，当案件进入执行程序后又不能帮助法院的执行人员查找执行线索，这已成为影响案件执行的一个重要方面。人民法院必须切实解决非公有制企业债务的执行问题，克服地方保护主义，讲究执行艺术和执行方法，注意执行工作的法律效果和社会效果的统一。

2. 及时有效地保护非公有制经济组织的合法权益

人民法院要把涉及非公有制企业案件的执行工作作为解决“执行难”的重要内容，积极依靠党的领导、人大监督和支持，分类付诸执行。要不断推进和完善执行体制改革，积极采取各种有效的执行措施，加大执行力度，使非公有制经济组织的合法权益得到及时、有效的保护。在非公有制企业执行案较多的法院，可以建立“非公有制企业案件”执行组织机构，专门负责涉及非公有制企业案件执行工作。要坚持依法、文明、公正执行。对涉及非公有制经济主体债务的执行既要坚决，又要慎重，既要严格执法，又要“因案制宜”，防止因工作方法简单、态度粗暴、措施不当等原因影响非公有制企业正常的生产经营活动。要注意贯彻协商和调解原则，在案件的审理或执行过程中，鉴定、评估、拍卖机关的确定，首先由双方协商选择，协商不成的由法院确定。

3. 以科学的方法和策略，确保执行任务的完成

在确保非公有制权益的执行中，一些法院已创造出许多成功的经验。①立案执行时，申请人可不预交申请执行费。②对可能严重影响非公有制经济主体生产经营活动，或者影响非公有制企业职工就业的案件，对被执行人必需的生产生活资料和资金，一般不采取强制措施。③对于不遵守诚信、有履行能力而拒绝履行甚至逃避债务的非公有制企业，依法采取法定强制措施，促其履行义务。④被执行人的产品有一定市场，符合产业发展政策，有发展潜力的，采取“放水养鱼”的方式，以一定的资产作抵押，中止执行，待其经营好转后，再行收回债权。⑤尽量不查封企业生产设备、生产用机动车辆和工资存款账号。⑥积极运用财产保全、证据保全等多种手段，帮助非公有制企业及时锁定证据，努力挽回损失。⑦在城市拆迁、企业转制、破产、土地延包、高速公路建造等非诉行政案件的执行中，切实加大审执力度，维护非公有制企业和人员的合法权益。⑧采取债权转股、以物抵债、债权换租赁经营权等灵活多样的执行方法，促进案件执结。⑨为防止有些当事人在法律文书生效后采取躲、避、逃等方法，致使立案执行后通知书难以送达，可采用在送达调解书和判决书的同时送达执行通知书的办法，告知其在本法律文书生效后应自觉履行，否则根据当事人的申请可直接强制执行。既依法履行了告知义务，也事先代发了执行通知，提高了效率。⑩对有能力执行法院生效裁判文书而拒不执行的，移送公安机关，依法追究其刑事责任。

2.2.3.6　积极制定为非公有制经济服务的制度性措施

1. 转变思想观念，树立平等保护非公有制主体的意识

长期以来，社会舆论对非公有制企业的态度不够公正，夸大了某些负面的信息，使较多的人对非公有制业主存在偏见。人民法院的法官自然会受到一定的影响。人民法院要引导法官转变思想观念。组织法官学习马克思主义历史唯物论、政治经济学以及宪法和法律中关于保护非公有制经济的规定，牢固树立人民群众是社会财富的创造者，私人财富同时也是社会财富，发展非公有制经济就是发展生产力，为非公有制企业服务同样是为人民服务，审判工作应当为依法诚信致富提供司法保障等新理念，增强法官为非公有制经济发展服务的责任感和使命感。要教育法官及时转变在计划经济条件下形成的传统思想，确立保护公有制经济与非公有制经济并重、个案审判与环境营造并重、依法保护与规范引导并重的“三并重”原则和国有、集体企业与个体、私营企业起诉权利平等、诉讼地位平等、诉讼程序平等、适用法律平等的“四平等”观念，依法公正、高效地审理涉及非公有制企业的案件。

2. 改革审判方式，为非公有制经济发展提供良好的司法保障

人民法院审理非公有制企业主体案，在严格执行有关法律制度的前提下，仍然有很大的自主性空间。人民法院可以在不违背法律制度的情况下，尽可能多地给非公有制企业主体主诉讼提供更多的司法保障性措施。许多法院在这些方面已创造了成功的经验，且具有普遍推广的意义。①及时审理。人民法院可对涉及私营企业的经济纠纷案件在法律允许的范围内，实行优先立案、优先审理、优先执行。对简单案件双方到庭的，当即立案，当即调解结案；对企业与劳动者发生的工伤事故、劳动报酬等纠纷案件，坚持依法调解原则，既保护企业的正常生产经营活动，又保护劳动者的合法权益。②专门窗口服务。人民法院可在立案大厅设立“非公有制企业立案窗口”，实行收案登记、审查立案、收费、送达等柜台式一条龙服务。③司法救助。对确有困难的非公有制企业，落实司法救助的有关规定，对合法权益受到侵害，但因投资兴业阶段资金占压严重、负债经营困难的非公有制企业提起的诉讼，实行诉讼费缓、减、免交。④推广速裁审判方式，通过快捷、公正的审判程序审结案件。⑤公开公正审理。除法律不允许公开审理的案件外，每一起案件都必须公开开庭审理。

3. 走出法院，为非公有制经济提供全方位的司法服务

中共中央提出的执政为民理念，贯彻到人民法院，就是司法为民。这与照搬西方的模式，鼓吹法官高高在上，居高临下，坐堂办案观念是根本对立的。近期人民法院系统开展了以“依法治国、执法为民、公平正义、服务大局、党的领导”为主要内容的社会主义法治理念教育，从一个新高度肯定了人民法官走出法庭为非公有制经济服务必要性。人民法院可以更加主动地推出多项措施为发展非公有制经济服务。①制定相关的制度。人民法院可依据宪法的规定和精神，在政治上关心和爱护非公有制经济人士，切实保护他们的合法私有财产。要抓紧清理与完善个体、私营等非公有制经济在主体、产权、交易、税收、融资、投资、劳动、就业和社会保障等方面的司法解释及各种制度。要建立有效的内部协调机制，统筹研究、指导涉及民营企业案件的审判、执行工作。建立涉及非公有制企业的刑事、民事、行政案件的大要案报告与督办制度。②积极提出司法建议。人民法院要通过提出司法建议等形式，增强非公有制企业遵纪守法、依法经营的法律意识，促进这些企业不断健全各项规章制度，促进这些企业的体制创新和管理创新，加快建立现代企业制度。③深入非公有制企业宣传法制。对于非公有制企业内部的法律机构和法律服务人员，人民法院要进行多样化的教育培训，提高他们的专业素质。要派出法官深入非公有制企业向其提供法律服务和法律咨询，适

时采取讲授法律专题课、剖析典型案例等形式，进行普法教育，帮助企业了解最新发布的法律和法规。还可针对有的政府行政执法部门对私企进行检查处罚不规范，导致行政诉讼，影响了行政执法的权威的情况，与有关政府法制办公室联合举办行政执法培训班，邀请环保、土地、工商、税务、劳动等行政部门参加培训。

（作者单位：重庆市第三中级人民法院）

2.2.4　中国垄断行业改革的整体评价

肖兴志

2.2.4.1 我国垄断行业改革的现状描述

1. 我国垄断行业改革的总体评述

逐步打破行业垄断，引入竞争机制，加快推进和完善垄断行业的改革，是完善社会主义市场经济体制的重要内容之一，也是党和国家的一贯方针。我国对垄断行业改革的初始动因源自于对建设资金的需求，这便是20世纪80年代初中期第一轮改革热潮的出发点。电信业率先放松价格监管、增加收费项目以自筹资金，国家和地方政府共同建设、分层管理，这些措施促进了电信业的快速发展。电力工业实行集资办电、逐步放松价格监管和准入监管、中央和省两级管理、“电厂大家办、电网国家管”，因而较快地缓解了电力短缺矛盾。此后，民航也实行放松准入监管，调动地方积极性，一大批地方航空公司应运而生，一大批民用机场得以建设改造。同时，铁路等行业也有一些改革举措，如支持和鼓励地方筹资参与铁路建设、允许铁路部门发行建设债券和以提价方式筹资加快建设等，较快地缓解或消除了这些行业的资金供给瓶颈，但同时也暴露和加剧了长期存在的体制矛盾，市场垄断格局没有发生根本变化，而垄断利益则得以合法化和进一步强化，还出现了不平等竞争、侵蚀消费者剩余等新问题。

自20世纪90年代中后期以来，我国开始对一些垄断行业进行第二轮改革，触及到了较深层次的体制问题，力图从制度体制上削减垄断、引入竞争机制，调动各类投资者的积极性。其主要的改革办法是，自上而下地从管理体制框架上实行政企分开，即有步骤地撤并垄断行业的政府管理机构，对其所属的行业按其特性进行“拆分”，打破市场垄断格局，引入竞争机制，培育多个竞争主体。其中，对原来独家垄断的行业采取“横向分拆”的方式，例如对电信部门经过多次分拆和重组，最后形成了中国电信、中国网通、中国移动、中国联通、中国铁通和中国卫星通信等六大公司。对原来垂直一体化的电力行业进行“横切竖割”，“横切”是把发电企业拆分成华能、大唐、华电、国电和中国电投五大集团公司，把电网按区域拆分成国家电网公司和南方电网公司，进而又按区域再拆分为多个区域电网公司；“竖割”就是把电网、发电和辅业按业务切割，分别组建两大电网集团公司、五大发电集团公司和四大辅业集团公司，同时又设立“电监会”。这样，整个电力系统被拆分成“1+2+5+4”的基本格局。民航系统也有类似的改革举措。2002年十大民航公司被重组为国航、南航和东航三大集团公司，并与民航总局脱钩。通过第二轮改革，垄断行业初步实现了政企分开，在电信、电力和民航等部门初步引入了竞争机制，出现了垄断竞争的趋向，尤其是在垄断性行业中推进现代企业制度建设，初步培育了一批市场竞争主体，并重新设计了政府监管体制和机制。但是，以“拆分切割”为基本途径的第二轮改革显然还存在着不少局限性：仅仅靠国家强制拆分切割经营业务或区域范围，难以塑造出活力充沛和行为规范的市场主体，也不可能形成充分竞争和结构完善的市场格局。

表 1 垄断行业各项改革进展情况

行业	政企	行业重组	产权改革	对外开放
电信	分离	已初步完成	正在进行中	分阶段、分业务开放
电力	分离	已初步完成	正在进行中	部分开放
铁路	合一	无	无	无
航空	分离	已初步完成	有试点	有试点
邮政	合一	无	无	竞争环节已放开

经过“政企分开，引入市场竞争，推进垄断行业国有企业重组和产权改革，建立现代监管制度”等方面的有益的尝试和探索（垄断行业各项改革进展情况见表 1），我国垄断行业改革经过了市场化改革和行业开放的起步与探索阶段，取得了阶段性的进展，垄断行业改革已经初见成效：这些改革，推动了企业的技术进步，提高了企业生产效率与效益，促进了垄断行业的快速发展，改善了供需状况。电力、电信和交通运输等垄断行业的“瓶颈”制约问题已基本缓解。同时，保持了垄断行业价格的相对稳定，行业的服务质量也有所提高，给普通消费者带来实惠，也改善了其他行业的发展环境。但必须正视的是，我国对垄断行业的改革还集中在政企分开以及对原有国家垄断格局的分拆重组等基本问题上，深层次的体制矛盾仍未能根本性解决。

2. 我国垄断行业竞争制度的改革

垄断行业改革的主要目标是引入竞争。1998 年以来，借鉴在此之前的石油、军工和有色金属等特殊行业的改革思路，我国对电信、电力、民航等传统的垄断行业都采取了分拆的改革措施。行业重组改革的目标是将一体化经营的企业按照行业特性进行重组，为引入竞争和实施监管创造条件。具体分拆办法包括纵向分拆、横向分拆以及横纵双向分拆。其中，电信、电力是横纵双向分拆，属于最严厉的分拆措施。铁路主要是在系统内部实行纵向分拆；民航改革的思路主要是重组。应该说，这种旨在通过分拆来引入竞争机制的改革模式取得了一定成效。电信业已经过三次行业重组，电力、航空等行业的重组业已完成。通过重组和进一步引入竞争，多个市场主体平等参与市场竞争的格局初步形成。电信行业重组后，几大集团公司在拥有已有业务经营范围的基础上，可以在对方区域内建设本地电话网和经营本地固定电话等业务，并相互提供平等接入等互惠服务，基本形成分业务市场竞争的局面，价格高、服务质量低的问题得到一定改善。电力行业实行“厂网分开”，重组发电和电网企业，在竞争环境引入竞争机制，电价、电力投资及电务监管体制改革进展顺利，电力安全生产和电力建设稳步进行。民航业通过联合重组，形成了三大航空集团公司和三家民航服务保障企业集团，机场管理体制改革顺利进行，集中统一管理的空管体制改革基本完成。

但目前的垄断行业改革，对于引入竞争后如何依法维护竞争环境和规范竞争行为，尚未形成制度规范。尤其在我国加入 WTO 背景下，对垄断行业进行分割还应考虑所涉及行业的国际竞争力情况。对垄断行业进行改组的视野不能局限于国内竞争，应充分考虑国际竞争因素，积极消除外资和民间资本进入障碍，通过改革与重组增强企业的国际竞争力。

3. 我国垄断行业产权制度的改革

政企分离是垄断行业改革的第一步。政企分离将政府主管部门与企业分离，政府主管部门不再直接参与企业的经营管理，企业的所有者职能由政府相关部门行使，把垄断行业的政府管理职能集中到综合或专门经济部门，企业与政府脱钩。部分垄断行业初步实现了政企分开。电信、民航等行业实现了新组建公司与相应行业管理机构的脱钩，政府管理职能基本移交至政府相关部门，初步实现了政企分开、政资分开，重要垄断行业的行政性垄断问题初步得到解决。除铁路和邮政行业以外，其他行业已经完成政企分离改革。

产权改革要改变行业主导企业的国有独资的所有制结构，通过股权多元化改善企业的治理结构，增加企业的资本实力。产权改革通常是通过行业开放和改制、上市实现。一方面，行业开放包括两个方面，一是对国内的资本包括民营资本的开放，二是对外开放。对内开放一般没有明确的政策性限制，但是在市场重组和监管改革不完善的情况下，外部资本无法进入。部分行业在加入WTO后承诺了分阶段部分开放的时间表，如电信。部分行业对外资没有特殊限制。经过改革，垄断行业的行业结构形成了一种新的格局。企业的性质出现了多样化的局面，形成了国有、国有控股及三资企业等不同的所有制形式。另一方面，电信、民航、电力及石油石化等行业按照政企分开、政资分开的原则，组建了一批特大型公司或企业集团，其中电信、石油石化等行业的企业通过改制上市，引入多元股东，推动了现代企业制度的建立，在公司治理结构、运行机制、内部管理制度以及透明度等方面取得了一定进展。但与打破垄断、强化竞争机制的变革浪潮形成极不对称的是，垄断行业中的企业产权结构和法人治理结构建设仍严重滞后，影响了垄断行业的改革绩效。

4. 我国垄断行业监管制度的改革

引入竞争的关键是行业重组和合理监管。行业重组的目标是将垄断环节和非垄断环节分离并在此基础上建立合理的监管体系。为进一步提高垄断行业运营效率和政府监管效率，我国开展了较为广泛的监管体制改革活动。电力体制改革首发其端，组建了电力监管委员会，开创了我国垄断行业进行独立、专业化监管的先河，这对于形成市场开放条件下监管理念和监管手段，建立相适应的维持公平竞争的制度规则，实现政府政策制定职能与监管职能分离并相互制衡，改善和提高政府监管能力等，具有重要意义。尽管大多数垄断行业改进对价格和服务的政府监管，建立了价格听证会等制度，但实施监管和促进竞争是由同一主体进行的，即由握有实际权力的官僚机构进行实际控制和具体操作，在改革的过程中权力始终是集中的。同时，政府监管和调控机制建设也没有同步跟上。因此，我国垄断行业监管制度改革刚刚起步。如何树立现代监管观念、明确监管体制改革目标，如何调整政府监管机构的职能和方式以适应竞争性市场的需要，如何依法对自然垄断环节进行必要的监管以防止滥用市场权力等问题，还有待于进一步推进。

5. 我国垄断行业立法的进程

早在20世纪80年代初，我国的垄断问题就已经引起人们的关注，在邓小平同志主持工作时，国务院专门发文反对地方保护主义。1987年我国就已开始准备将《反垄断法》和《反不正当竞争法》作为一部法律来颁布，因时机不成熟，《反不正当竞争法》的制定遭遇延时。后来，随着不正当竞争和市场垄断逐渐成为社会关注的热点问题，我国于1993年颁布实施了《反不正当竞争法》，其中涉及了行政垄断行为。20世纪末我国经济中垄断行为的广泛出现，严重影响了经济发展并损害了消费者利益，加之我国即将加入WTO，打破行政垄断迫在眉睫，于是改革垄断行业已是大多数人的共识。在世纪之交，我国掀起了一场全国范围的、影响深远的“反垄断风暴”。2001年被称为中国“反垄断年”，该年3月，时任国务院总理的朱镕基同志在九届人大四次会议答记者问时指出：“某些行业或者由于历史的原因，或者由于垄断的优势，收入过高。中国政府将对垄断行业包括电力、电信、铁路和民航进行体制改革，改变它们的垄断地位。”同年3月30日国家工商局宣布：4月~9月，在全国范围内开展反垄断专项执法检查，对电力、铁路、邮政等垄断行业进行整治。与此同时，全国人大常委会将《反垄断法》列入重点立法项目，承担立法研究工作的有关部门也已完成《反垄断法》的征求意见稿。

总体上讲，我国垄断行业的法律体系还比较滞后。虽在某些领域取得一定的改革成效，如民航、电信等，但由于缺少总体法律框架，产生许多问题，诸如政企职责不分，部门互相扯皮，市场秩序混乱等。如1995年通过的《电力法》对监管权力的规定过于原则，加之缺乏配套法规和规章的支持，导致监管权力的行使缺乏可操作性。监管法规体系不健全还使得许多领域的监管职能没有得到法律和政策明确授权，监管机构无“规”可循，无法做到依法监管。同时在法律框架内部各层次法律规范的协调性较差，部分原有法规体系已经无法适应市场经济的要求，甚至有的现行法规和规章已成为改革的障碍。即使颁布了相应行业立法，也由于这些法律是由其主管部门牵头起草，因而仍具有较大的局限性。

2.2.4.2 我国垄断行业改革的主要经验

1. 垄断行业改革的首要任务是放宽市场准入条件，进一步开放，引入竞争机制

各垄断行业既有公益性的垄断产品，又有私利性的一般产品。随着技术特别是信息技术和管理方式的进步，过去许多属于垄断性的产品，现在有的已经进一步细化为一般产品和垄断产品两类。因此，垄断具有相对性。过去被认为是垄断性的行业，由于技术、市场、制度、管理等方面的变化，有的变成竞争性行业，有的在某些行业链上引入了竞争，其发展趋势是不断放松或者解除监管。我国的垄断行业改革也要顺应这个趋势，完成两个转变：一是由传统的行政垄断向放宽市场准入转变；二是由政府直接投资向以企业投资为主转变。垄断行业的投资和经营已经不再是政府的主要职能，政府的作用应是提供可靠的制度框架和良好的市场环境。

由于市场准入制度缺陷和相关政策障碍，至今民营资本投资在垄断行业的比重还很小。目前，我国民营资本已经具备在垄断行业投资和经营的条件。杭州湾跨海大桥是2003年开工的世界第一长桥，总投资高达118亿元，其中，浙江的民营资本占注册资本的一半以上。凡是向外商开放的各个垄断行业，都应该首先向民营资本开放。凡是法律法规未禁入的，都应该允许非公有资本进入。要清理和修订限制非公有制经济发展的法律法规和政策，消除体制性障碍。对垄断行业的各种业务要采取不同的市场准入政策，把行政性的准入管理转变为社会性监管和禁令性监管，实行市场准入的公平开放和公平接入政策，要根据垄断行业的技术经济特征和组织结构现状，有针对性地推行相关行业的适度重组。

2. 改革垄断行业的重点是改革行政垄断，转变政府在垄断行业中的作用

相对于一般竞争性领域，我国许多垄断行业虽然都程度不同地有民间资本的进入，但国有资本依然处于控制地位。在没有完全实现政企分开的情况下，对处于垄断地位的行业或企业，政府部门往往利用行政权力直接干预企业的经营活动，企业也往往借助于政府的权力，设置市场障碍，限制竞争，使自然垄断和行政垄断重合在一起。由行业壁垒和地方保护形成的行政垄断，严重影响到统一市场的建立和公平竞争的形成，企业之间缺乏竞争，导致了效率低下和资源的浪费。因此，打破垄断的重点应是打破行政性垄断。

从目前看，行政性垄断大致可分为区域性行政垄断和行业性行政垄断两种形式。经过20多年改革，尤其是在我国加入世贸组织后实行非歧视原则和国民待遇原则，清理现有法律法规使之与国际惯例接轨，区域性的行政垄断已经或将会大为削弱。产品生产与销售的地方封锁，尤其是竞争性产品的垄断与封锁逐步被打破，形成了生产要素的市场自由流动倾向。现在的垄断可以说主要是行业性的行政垄断，其借助于对本行业的管理特权和实际控制力量，掌握市场资源与销售份额。目前

我国垄断最主要的表现形式乃是行政垄断，而非经济垄断。而且，许多行业垄断的实质是行政垄断，当前垄断滥用情形和横向贸易限制情形，很多也都是来自于行政权力直接或间接的干涉。这种环境不利于真正有竞争力的企业的成长，从长远来说，恰恰遏制了创新和效率的提高。要建立一个公平、透明的竞争环境，反垄断重要的任务是反行政垄断。

3. 垄断行业需要国有资本继续参与但必须有效控制

按照对世界贸易组织的承诺，我国将逐步向国外企业开放国内的垄断行业。鼓励各种非国有资本投资垄断行业，通过优化重组，整合现有垄断企业，形成现代公司治理结构。但是垄断行业提供的产品和服务，关系国计民生，要求安全稳定，其中多数具有自然垄断性和公益性。国有资本可以逐步从市场化、营利性的竞争性行业中退出，但是不应该完全从低回报、低效益的垄断行业退出。作为转轨经济国家，推进垄断行业改革十分复杂，触及许多部门和个人的利益，关系到国民经济各种结构的调整，所以至少在网络环节通常还需要国有企业的经营。针对垄断行业产品和服务的特殊性，政府必须高度重视垄断行业的资本控制以及税收分配等方面的具体政策，制定必要的法律法规。

4. 垄断企业要继续推进股份制等产权改革

我国自 1994 年成立中国联通公司以来，拉开了中国在电信等传统垄断行业第二轮改革的序幕。时至今日，电信、电力、民航都不同程度地进行了以引入和强化竞争为主题的改革。然而，与打破垄断、强化竞争机制的改革浪潮形成极不对称的是，垄断型企业的产权结构和法人治理结构建设严重滞后，影响了垄断行业的改革绩效。如何进行垄断行业的改革，一条有效的途径是在垄断行业加快推进股份制改革，发展混合所有制经济。实践证明，不进行以产权结构和法人治理结构为核心的公司化再造，仅仅在分拆重组方面做文章，垄断行业改革断然没有出路。要尽快地把垄断行业的国有企业改革为国有控股或参股的股份公司；垄断行业应当对民营资本全面开放市场，尽快出台民营企业平等进入垄断行业的法规文件，消除市场准入障碍和体制性障碍；此外，积极财政政策也面临转型，应当由政府直接投资转向对企业投资和经营垄断行业提供补偿基金，有效地发挥财政政策在垄断行业股份制改革中的“乘数效应”，稳健财政政策的实施将会扭转这种局面。

5. 保持垄断行业改革的渐进性和连续性

我国垄断行业改革尽管进展缓慢，但在推进改革的过程中却具有相对的连续性。垄断行业改革之所以进展缓慢，主要是在长期保护、扶植的政策环境下所形成的政府内部和产业界利益集团的消极态度。另外，给缺乏竞争优势的企业以准备时间也会使垄断行业改革的速度放慢。但是，政府的相对集权结构，即把政策权限和决策过程都集中到政府各部门，却能使垄断行业改革保持连续性，并使之在周密的安排和有效的协调下顺利地进行成为可能。从这个意义上说，我国以市场取向的垄断行业改革具有一种渐进的性质。

近年来，我国垄断行业改革呈现出加速和深化的趋势。随着垄断行业中市场竞争功能的逐步恢复，市场价格机制的作用范围也随之扩大，调节程度也随之增大，这无疑从整体上推进了当前的市场取向的垄断行业改革，对国民经济运行产生了积极的影响。党的十六届三中全会通过的《中共中央关于完善社会主义市场经济体制若干问题的决定》明确提出，要加快推进和完善垄断行业改革。加入世贸组织之后，我国的电信、电力、铁路、民航及公用事业等行业将逐步实现对外开放，参与国际市场竞争。国家发展和改革委员会指出，推进电信、电力、民航等垄断行业的改革，要选择适宜的企业和业务范围，引入非公有资本，改善资本结构。

2.2.4.3 我国垄断行业改革存在的主要问题

从整体上看，我国垄断行业改革近些年取得了一定程度的进展，但同其他改革相比，还处于比较滞后的状态。我国垄断行业深层次的体制矛盾还相当突出，改革还处于“胶着”状态。从适应WTO规则以及完善我国市场经济体制的基本要求出发，我国垄断行业改革还存在一些明显的不足，推进垄断行业进一步改革具有很强的紧迫性。

1. 改革范围和层次还比较窄，有效竞争的市场环境尚未形成

我国垄断行业改革从整体上讲还不平衡。除了电信、电力行业改革进展较快之外，铁路、邮政、城市公用事业等行业仍然保持着政企不分、垄断经营的格局。虽然民航、电力、电信等行业进行了一定程度的分拆和重组，但基本上没有触及到产权制度的改革，仍然是在国有产权框架内的局部调整。各行业产权制度改革还远没有打破国有资本的一统天下。非国有资本公平进入垄断行业还有许多市场准入方面的障碍，大企业之间的竞争还十分有限。如对一些特殊商品（食盐）、满足国家财政收入需要的商品（烟草）实行专营，垄断特点比较突出，但相应的改革仍未深入进行。

我国在垄断行业有选择地促进竞争，但对市场准入仍实行较为严格的管理。由于制度惯性的作用，实施政府监管的各行政机构继续推行保护、扶植政策，即在推进竞争化的过程中，首先考虑的仍然是如何保证对国有企业有利，或者说至少把可能的负面影响降低到最低限度。换言之，政府对可能的竞争是有选择的，以是否对国有企业构成竞争性威胁为标准，这也是政府为什么在很多监管项目上，只肯“放松”而不肯废弃的原因之一。为了尽量避免国有企业受到竞争的冲击，政府有时会拖延某些受监管项目的实施。另一方面，我国垄断行业改革中还比较注重进行市场拆分，以此在垄断行业中引入竞争机制。事实证明，国有大企业之间的竞争比照过去是一个进步，但这仍是一个十分有限的竞争，不可能形成真正有效的市场环境。关键的问题还在于，由于尚未形成规范的准入制度，我国民间资本还不能真正参与垄断行业的公平竞争。对现阶段而言，准入制度改革可能比分拆既有垄断企业更为重要。

2. 行政垄断仍未完全打破

经过20多年的改革开放，社会主义市场经济体制已经确立，但市场经济发展的体制性障碍还存在不少。某些行业政企不分的瓶颈尚没有打通，政府职能部门既是比赛规则制定者，又是裁判员，又是运动员。一方面作为监管政策的制定者和监督者，同时又是具体业务的实际经营者，导致企业经营管理效率低下，实际运行成本较高，资源严重浪费；而且一些职能部门对市场化取向的改革、全面开放及市场竞争的大势缺乏应有的认识和实际行动，甚至以维护国家利益、整治市场秩序、实行行业监管为借口扩大垄断经营范围，制定垄断价格，设置市场进入壁垒，强化垄断地位；假借已经不合时宜的法律法规，运用行政手段阻止必要的市场竞争，与民争利，阻挠市场化进程。事实也表明，阻碍市场化进程的行政性垄断至今还大量存在。近来发生的邮政部门与非邮政速递企业关于速递业务专营和委托经营问题的争执即是一个典型的例证，它明显地暴露出行政性垄断的很多问题，应引起社会各界的广泛关注。

3. 国有垄断企业的产权制度改革滞后

目前，我国垄断行业中的经营企业大多数为特大型国有企业，这些企业虽然都不同程度地进行公司化改造，有些已在海外上市，但股权结构仍然以国家绝对控股为主，资产结构的不合理及现代产权制度的缺失使这些公司化了的企业存在着先天缺陷。同时又由于一些企业至今还保留着某些行政性职能，政企不分成为垄断行业的最大弊端。现有垄断行业中的企业基本上是国有企业和国有独

资公司。单一的产权关系导致政府主导的单边治理结构，而这种带有政府行政色彩的企业，使得企业的法人治理结构必定不规范。政府部门不仅直接向这类企业派董事、董事长，还要派总经理、副总经理，混淆了公司内部的权责关系，有的企业董事长、总经理一人兼，董事会不能有效监督经理，在避免企业“领导班子”内部矛盾的同时也相应失去了制衡。民主、科学的决策机制没有形成，各位董事对股东的信托责任没有落实。有的国有独资企业甚至只有董事长而没有董事会。另外，该类企业的主要领导人都是由国务院直接任命，属于准政府官员，很大一部分就是由部长、副部长直接转化而来。这类企业领导人更多的是对政府负责，而不是对市场和企业负责，导致企业行为更多的带有“官商”特征。

事实表明，国有企业的产权改革滞后，垄断行业中特大型国有企业改革明显滞后，已成为整个国有企业改革的重点和难点。由于垄断行业国有资产在我国经营性国有资产总量中占有很高比例，并在整个行业内占据绝对控制地位，如何有效实施国有经济的战略性调整，在一些领域逐步对社会资本开放等还需进一步研究。

4. 现代监管制度尚未建立

我国垄断行业改革是在原来体制的指导下进行的。这一点与欧美国家的垄断行业改革存在着很大的差异。在美国，垄断行业监管是由独立设置的政府专门机构实施，与原来的政府部门脱钩。英国在垄断行业改革过程中也设立新的独立监管机构。而在我国，实施监管和促进竞争是由同一主体进行的，即由握有实际权力的官僚机构进行实际控制和具体操作，在改革的过程中权力始终是集中的。因此，我国垄断行业监管制度改革刚刚起步，政府职能亟待转变，现代监管制度尚未真正建立。

一是除电力外，其他垄断行业如电信、民航、铁路、石油、天然气等领域均未建立明确、独立和专业化的监管机构，责任主体不明，职能分散，监管效果低。政府对相关监管机构缺乏有效的监督和制约，许多领域的监管职能没有得到法律和政策的明确授权，监管无规可循，人为因素大，决策过程透明度低。

二是政府监管职能并没有随着市场化改革而改变，政府职能缺位与越位问题仍很严重，突出表现在价格形成及监管机制上。目前，我国对垄断行业产品的价格大都由政府根据《价格法》直接定价。通常采用的原则是保证经营企业能获得正常利润，以企业上报的成本为主要依据。由于政府通常难以掌握企业成本的完全信息，企业上报的成本是其在特定地理范围内垄断经营的个别成本，而不是合理的社会平均成本，这样就使得企业缺乏足够的激励降低成本，导致企业缺乏创新的动力，却能凭借垄断权获取高额垄断利润。同时，价格监管缺乏有效的社会监督机制。广大的消费者处于弱势地位，缺乏利益“代言人”，即使是消费者协会也由于其自身的原因，并未能真正代表消费者的权益。现行的听证制度从实践效果来看，也存在着较为突出的缺陷，缺乏广泛性、代表性和反馈性，参加听证的人员一般都是由政府主管部门指定，实行封闭式听证，且一次听证就拍板定价，这样的听证根本无法起到监督的作用。同时，我国垄断行业的普遍服务政策等配套制度安排尚不到位。在目前市场竞争不充分和监管不到位的情况下，沿用传统的交叉补贴方式更加扭曲竞争，所以建立合理的普遍服务原则和补偿机制就变得非常急迫。

5. 立法滞后，不能有效约束各类市场主体的行为

立法先行是垄断行业改革的基础。当前在许多方面还存在着法律真空，或者现有的法律、法规已不适应我国垄断行业建立有效竞争市场的要求。我国反垄断立法存在的主要问题有：一是立法分散，且现有法律调整范围过于狭窄，层次较低，缺乏应有的权威性。我国反垄断立法存在着多头立

法的状况，缺乏专门法律调整，且立法不够规范、严谨，在法律实施力度上还有所欠缺。现行的反垄断方面的立法，除了《反不正当竞争法》等少数法律中有一些反垄断法律规范外，大多属于国务院行政法规、部门规章或地方性规章，有些只是政策。如 1988 年国务院发布的《重要生产资料和交通运输价格管理暂行规定》，1989 年国家体改委、国家计委等联合发布的《关于企业兼并的暂行办法》，1993 年国家工商行政管理局发布的《关于禁止公用企业限制竞争行为的若干规定》，各个部门的立法统一性就很成问题，而且这些法规的解释也缺少相应的标准。二是经济垄断与行政垄断不分。大量的法规都将经济垄断与行政垄断放在一起进行规定，这是有历史原因的。在传统的计划体制下，很难区分经济垄断与行政垄断。随着国有企业改革的不断深入和市场经济体制的不断完善，国有企业逐步成为脱离政府依附的独立经济实体，行政命令正在从传统经济领域中不断撤退。因此，反垄断法的制定将两者进行区分，恢复自身约束经济垄断的性质也势在必行。三是反垄断执行不力。对垄断实施主体的法律责任规定太轻，且欠缺强有力的监督机制。例如《反不正当竞争法》第 23 条规定：对有垄断行为的公用企业，工商部门可处以 5 万元 ~ 20 万元的罚款。如此处罚力度远远不够。对于一些大企业或者行业来说，20 万元无非是九牛一毛。现有机构设置及执法人员配备与反垄断法的要求差距较大。各市场监管机构之间仍存在着职能交叉、权责不明和政出多门的现象，并导致执法力度不一、相互推诿或重复干预等问题，严重影响了反垄断执法的统一性和公正性。

我们应当清楚地看到垄断行业改革滞后的现实，我国垄断行业改革更艰巨的任务还在后面。改革不进则退，在内外的压力之下，应当加快推进我国垄断行业改革。基于经济全球化背景下垄断行业改革与发展的总体趋势，以及我国经济社会发展新阶段的内在要求，应将推进垄断行业的进一步改革作为完善社会主义市场经济体制的重要内容和新时期改革新突破的攻坚焦点之一，凸显其重要性和紧迫性。

（作者单位：东北财经大学经济与社会发展研究院）

2.2.5　垄断行业改革如何走出僵局

于　立

到目前为止，石油、电信、电力、铁路等垄断行业改革取得了一些进展，也存在不少问题。

客观地说，我国石油、电信、电力等垄断行业经历 20 多年的改革，形式上的竞争格局似乎已经形成，但有效竞争的味道却很少，消费者面对的仍然是垄断的服务供给。究其因，竞争机制的引入还是停留在分拆原有垄断企业的层面，尚未形成规范的进入制度和退出制度。从市场份额或其他标准来看，这些行业可能不构成垄断，但从“进退障碍”的垄断判别标准来看，这些行业仍是十足的垄断行业。从这个角度来看，垄断行业改革实际上陷入了一种僵局。

垄断行业改革的实质是国有企业改革。国有企业改革至今已经经历了“扩大企业自主权”、“承包制”、“抓大放小”、“建立现代企业制度”、“股份制改造”等多种尝试。从法律角度看，国有企业改革自 20 世纪 90 年代初以来一直试图以《公司法》为主线。殊不知，对垄断行业来说，这很可能是个“南辕北辙”的思路。按照这个思路，“垄断行业改革的目的就是引入竞争”、“国企改革一定要政企分开”、“国有企业一定要自负盈亏、追求利润最大化”、“国有企业和民营企业应该公平竞争”等误解的产生与流传就不足为奇了。

最典型的例子就是目前社会上质疑最多的石油行业的垄断。如果按照普通公司法的框架去发展，中石油和中石化这样的垄断企业通过油价并轨、上下游一体化、享有充分的经营自主权等路子“改革”，很可能会形成更加垄断的格局。且不说这种结果在道理上是否正确，有一点可以肯定，它只能招致公众舆论更多的批评与不满。

所以，对于现实中垄断行业的国有企业，如果激励和规制措施不当，难免出现下面的情况，即它们一方面利用自然垄断地位限制竞争，同时钻规制政策的漏洞；另一方面以国有企业目标多元为借口，“上欺天子（政府）、下压百姓”。这不是靠“道德约束”就能解决的。“魔高一尺，道高一丈”，垄断行业的国企改革和规制需要高超的“降妖伏魔”之道。

8 年前，我同马骏（现任德意志银行大中华区首席经济学家）承担了福特基金与国家自然科学基金联合资助项目《中国国有企业改革与法人治理结构》，提出了“特殊法人企业是国有企业的典型形式”。我认为，这一观点直到今天还有很强的现实指导意义。

2.2.5.1　对垄断不能简单地一反了之

应该肯定的是，从行业（是否竞争）与企业（是否国企）的组合角度看，竞争性行业中的非国有企业（民营、外资等）自不必说，竞争性行业国企改革的成绩也是巨大的；进入垄断行业中的非国有企业（民营、外资等）发展状况也是良好的。问题较多的是垄断行业中的国有企业。这一点儿也不奇怪，世界各国大多遇到类似情况，只不过在仍处于转型时期的中国表现得更加典型而已。

如何看待垄断？如何看待国有企业的垄断？

首先，市场经济条件下，竞争起着配置资源的基础作用，而与竞争对立的是垄断。正如竞争不是“万能”的一样，垄断也不是“万恶”的。垄断分人为垄断和自然垄断。人为垄断又分经济垄断（如横向垄断协议、企业并购）、行政垄断（如行政许可、地区保护等）和法定垄断（如专利、商标等）。法定垄断一般是可取的，应予保护；行政垄断有好有坏，不能一概而论；自然垄断有利有弊，也不应一反了之。以电力为例，过去说整个电力行业是垄断，现在看显然过于笼统。用于火力发电的电煤是高度竞争的，发电厂（环节）是可以竞价上网的，因此只有电网环节才是自然垄断的。

对于电网的自然垄断，办法主要有两个：一是允许垄断，但加以规制；二是由国有企业承担，但不以利润最大化为目标。对后一条路径来说，这是由国有企业自身性质所决定的。如果同民营企业一样的使命，国有企业也就失去了存在的必要性。经常有人看不到国有企业的特殊性，直接比较国有企业与非国有企业的经济效率，就下似是而非的结论，这是思维简单化的直接表现。

2.2.5.2 国有企业具有“双重性”

垄断行业改革陷入僵局的重要原因之一就是没能真正弄清国有企业的性质，从而使垄断行业的国有企业陷入“名不正，言不顺”的困境。

事实上，我们一直都是把所有国有企业都当作“非营利组织”来看待的，因为从来就没要求国有企业“分红”。想法上是希望国有企业实现“政企分开”、“自负盈亏”、“产权清晰”，做法上又视其为“非营利组织”，这在逻辑上是矛盾的。

国有企业的性质可归结为我们所提出的“二重性”理论。

所谓“二重性”是指“公共性”与“企业性”的统一。该理论的要点是，如果用“国有比例”和“干预程度”这两个指标代表“公共性”，而用“自主权”和“营利性”这两个指标代表“企业性”，那么不同国企将有不同的组合，并可得出如下结论：一是“国有比例”与“干预程度”成正比。100%由国家控股的“国有独资公司”不可能真正实现政企分开。二是“自主权”与“营利性”成正比。完全“自负盈亏”的企业已失去保持为国有企业的必要性。三是“公共性”与“企业性”是互为替代或成反比关系。通常不能“同高同低”，也做不到“忠孝两全”。“公共性”越强，越不能政企分开，自负盈亏；反之，“企业性”越强（如国有股比重较低的股份公司），距“真正”的国有企业越远。四是不同国家、不同时期、不同行业的国有企业“二重性”组合有所不同。这就从根本上决定了国有企业的组织形式、任务使命、管理方法等都会大有不同。

国有企业“公共性”与“企业性”的不同组合可形成国有企业的多样性。从大类上看，可分为三种：

一是接近纯粹“公共性”特征的政府企业。这类企业政企合一，通常是由国家或政府所有并由政府机构经营的“非营利组织”，既不独立核算，也不自负盈亏，这类企业数量不多，不具有独立的法人地位，也没有规范的治理结构。在西方国家中多为军工企业、政府印刷出版机构等。从这个意义上说，要求政府部门“一刀切”地一律不办任何企业也是简单思维的结果。

二是主要表现为“企业性”特征的国有控股、参股的普通法人公司。这类企业，政企基本分开，具有普通法人地位，独立核算，自负盈亏，当然也必须同普通公司一样“分红”。主要分布于竞争性较强的行业，组织管理按标准的公司治理结构行事。值得重视的是，国有股份要学会搭小股东的“便车”。假设某公司的大股东（相当于中国的国资委）持有80%的股份，并出任董事长

(它同时控股或参股多个公司)。而该公司的经理只持有不到 20% 的股份，但这几乎是他的全部家当。显然，这个经理会比董事长更关心企业的生存与发展。

三是“公共性”与“企业性”共存的特殊法人企业。特殊法人企业完全不同于普通法人企业，其虽具有法人地位，但属特殊法人，政企适当分开，独立核算但不完全自负盈亏，有时可有必要的财政补贴或特种税收，是否“分红”不必统一规定。特殊法人企业主要从事自然垄断和行政垄断行业，以国家独资或国家投资为主。组织管理上模仿标准的公司治理结构，但应有所区别。特殊法人企业中的董事会不是真正意义上的董事会，独立董事的作用也有限。只有在这个意义上，总法律顾问制度、稽查特派员制度、总审计师制度等尝试才有意义。现有垄断行业（如石油、电信、电力、铁路）中的多数国有企业应属特殊法人企业。

基于以上分类，要让中国所有的国有企业，按照《公司法》的要求，做到政企完全分开是不可能的：能完全分开的则不再是真正的国有企业；不承担公共职能的企业理应独立核算、自负盈亏，而一旦到了这一步，也就失去继续保持为国有企业的必要性；简单地根据盈利情况评价国有企业的效率难免片面；直接比较国有企业与非国有企业的经济指标也会使人误解。没有“分红”压力的国有控股上市公司能与一般公司平等竞争吗？这样的公司一旦遭遇国外的“反倾销”或“反垄断”诉讼，能不败诉吗？

另外，根据经济情况的变化，国有经济有进有退，国有企业有增有减，这都是必然的，但国有经济应该有退出底线，而且在不同时期、不同行业也应有所不同。性质上不具有“二重性”的企业与国有企业无关，如何发展属另类问题。

2. 2. 5. 3　制定特殊法人法，纠正法律错置

认清了国有企业的性质与形式，就不难理解现有的《公司法》不能作为国企改革特别是垄断行业改革的风向标。

第一，公司法在世界各国均属“私法”范畴，用它来规范应属“公法”范畴的国有企业是不对路的。在上面我提到的三类国有企业中，只有第二类股份公司才适用《公司法》，但这类企业不是典型的国有企业。

公司法主要是针对股东众多、股权分散的普通法人的，将有关“国有独资公司”的条款放入《公司法》显得不伦不类。在我看来，正确的做法是取消现有《公司法》中有关“国有独资公司”的条款，再分门别类地建立（或修订）一系列的特殊法人法。

第二，垄断行业中的国有企业的典型形式是特殊法人，当务之急是制定的特殊法人法。

我们的立法思路不应是建立一个包罗万象的统一的《公司法》，而应是在现有“国有独资公司”法律条款的基础上，结合垄断行业（包括自然垄断和行政垄断）特点，单独立法。事实上，对有些行业（如铁路、电力）已有一些具体的特殊规定，不必完全推倒重来。另外，也可以借鉴“判例法”的惯例，以其作为普适成文法的辅助法。

第三，有人担心，出台《反垄断法》会对垄断行业造成困境，这种担心是根本不必要的。

《反垄断法》对真正的自然垄断和必要的行政垄断通常都是“豁免”的，即使已经判断为垄断，还要根据“合理推定原则”判定是否有害或是否害大于利。比如，根据“进退障碍标准”，可初步判断有关石油企业为垄断企业，但还要根据其他原则判定其是否违反《反垄断法》。既不能无视现实而否认垄断，也不能一概而论地加以反对。

第四，现有的《全民所有制工业企业法》尚未废止，还适用于未改制的国有企业，这部分国

有企业显然不适应市场经济环境。

当其改制完成之后，随着它们向政府企业、特殊法人、国有控股、参股或独资的普通公司的转变，或退出国有企业范畴，该法也应相应地废止。

（作者单位：东北财经大学产业组织与企业组织研究中心）

2.2.6　垄断行业：真问题与假改革

戚聿东

中国自 1998 年开始针对垄断行业进行以分拆为基本思路的改革重组以来，垄断行业曾一度焕发生机，但也一度陷入混乱。由于现行改革只是在市场结构方面做文章，现在看来局限性很大。经验证明，只有从产权结构、治理结构、市场结构、监管结构等方面进行系统设计，多管齐下，才能使垄断行业走向可持续发展的轨道。

2.2.6.1　产权结构：相对控股优于绝对控股

垄断行业直到今天基本都是国有企业一统天下，而且基本上是清一色的国有独资公司形式。垄断行业暴露出来的诸多问题基本上都是和传统企业制度相关的。所以把板子打在“垄断”上只是看到了问题的表层，并没有触及问题的实质。

统计表明，以效率指标、周转指标、技术创新投入、新产品开发指标以及各种盈利指标等 9 个典型指标来看，母公司为国有独资公司的企业集团的业绩表现几乎都是最差的：9 个指标中有 7 个指标表现最差，明显低于其他类型的企业集团，另外两个指标（研究与开发费用与主营业务收入比率、新产品销售收入与营业收入比率）排名倒数第二。而母公司为国有企业的企业集团，1 项指标（新产品销售收入与营业收入比率）排名倒数第一，有 5 个指标排名倒数第二，其他指标基本上居于中间。由此可以充分说明，母公司为国有企业和国有独资公司的企业集团，经济效益和财务业绩的综合表现是最差的，也充分说明了国有企业和国有独资公司在产权结构上的弊端。

国有企业和国有独资公司的产权结构从根本上决定了垄断行业的绩效。所以，垄断行业改革必须首先进行产权结构的改革，从集团母公司层面着手进行以混合所有制为目标的改制。混合所有制涉及控股权问题。在股权分散的条件下，即使是国有相对控股，也可以起到“四两拨千斤”的带动引导作用。而且，从对企业集团的实证考察结果看，国有相对控股的经济绩效从各方面指标都要比国有绝对控股优越得多。在北京市，国有相对控股比国有绝对控股的优越性要尤为明显（见表 1）。所以，我们提出，从国有独资走向国有相对控股的混合所有制是垄断行业企业改革的根本之路。

表 1　　北京市国有绝对控股企业与国有相对控股企业的经济绩效比较

类型	工业经济效益综合指数	全员劳动生产（元）	总资产贡献率（%）	资本保值增值率（%）	资产负债率（%）	流动资产周转率（次）	成本费用利润率（%）
国有绝对控股企业	136.77	90591	6.57	107.61	52.91	1.40	4.63
国有相对控股企业	291.66	242083	19.63	170.91	45.67	2.58	9.98

资料来源：《北京统计年鉴》(2004)，中国统计出版社，2004 年版。

2.2.6.2 理顺人事管理是完善法人治理结构的关键

产权结构的变化必然带来治理结构的变化。垄断行业的国有独资公司走向国有相对控股以后，垄断行业的企业治理结构将得以改进。在垄断行业，由于母公司几乎为清一色的国有企业和国有独资公司，其母公司负责人由上级行政部门任命和内部管理受上级行政部门干预的情况更要严重得多。有的政府部门既向企业派董事、董事长，还要管理经理、副经理，搞乱了公司内部的权责关系。有的企业董事长、总经理一人兼，董事会不能有效监督经理，在避免企业“领导班子”内部矛盾的同时失去了制衡；有的董事会成员与经理、副经理高度重合，虽然避免了“两张皮”的问题，却使董事会被经理班子控制，董事会形同虚设；有的董事会对集体决策、个人负责的议事规则不以为然，重大问题还是个人说了算。民主、科学的决策机制没有形成，各位董事对股东的信托责任没有落实。有的把公司分权制衡体制看成“董事会领导下的经理负责制”，未经董事会授权，董事长处处以“法人代表”和“一把手”自居，要事事“领导”总经理，扰乱了公司的责任体制；有的国有独资企业甚至只有董事长而没有董事会。另外，该类企业的主要领导人都是由国务院或国资委直接任命，属于准政府官员，很大一部分就是直接由部长、副部长直接转化而来。这类企业领导人更多的是对政府负责，而不是对市场和企业负责，导致企业行为更多地带有“官商”特征。诸如此类的不规范运作现象，可以说无一不是与政府主导的单边治理结构有关。

理顺人事管理是垄断行业建立规范的法人治理结构的一个关键。党的十五届四中全会通过的《中共中央关于国有企业改革和发展若干重大问题的决定》指出，要“积极探索适应现代企业制度要求的选人用人新机制，把组织考核推荐和引入市场机制、公开向社会招聘结合起来，把党管干部原则和董事会依法选择经营管理者以及经营管理者依法行使用人权结合起来”。

在这里，需要说明的是，市场对建立比较准确的经营者评价和筛选机制具有基础性的作用。因为有效的市场可以比较准确地传递有关企业及其经营者素质和能力的信息。如在资本市场上，并购活动将会促进董事会不断提高决策水平和决策效率，否则不断失误的决策和低效率的管理水平将会促使外部潜在投资者将并购的目标瞄准该类企业。而一旦并购成功，新的控股者首先就要改组董事会，进而重新聘任经理阶层。事关自己的信誉和人力资本市场价值，董事和经理哪有不努力的道理？所以，资本市场、劳动力市场能够对董事和经理起到比较客观的评价作用。

2.2.6.3 并不是一拆就灵

借鉴石油、军工、有色金属等特殊行业的改革思路，1998 年以来，我国对电信、电力、民航、铁路等传统的自然垄断产业主要采取了分拆的改革思路。具体分拆办法包括纵向分拆、横向分拆以及横纵双向分拆。其中，电信、电力是横纵双向分拆，属于最严厉的分拆措施。铁路主要是在系统内部实行纵向分拆，民航改革的思路主要是重组。这种旨在通过分拆来引入竞争机制的改革模式虽然有一定成效，但并没有从根本上达到有效竞争的目的。对不属于自然垄断业务的可竞争环节实行纵向分拆，剥离出去，是正确的。但对竞争性业务仅仅按照流程和环节进行“条条分解”，而且每种业务只切成一家独立企业，虽然有助于消除“交叉补贴”现象，但是分拆后的每个企业仍旧是垄断者，只不过由原来的一个“综合垄断商”变成了几家“专业垄断商”，因为各个“专业垄断商”分属不同的目标市场。所以，如果实行纵向分拆，必须在每个专业领域再拆成几家业务一致的厂商，才有助于竞争。我国对电信领域的纵向分拆的效果就是如此。

关于真正自然垄断业务的横向分拆，目前我国的思路就是按照地域进行分拆，如电信市话和电网的南北分拆法、石油行业“南北海”分拆法。这种分拆虽然有助于标尺竞争，但如果分拆后的厂商彼此不能互相进入，等于是“划江而治”，垄断依旧。所以，有必要重新审视检讨目前的分拆式改革思路，探讨塑造若干家彼此业务重合的综合运营商有效竞争模式。要动态地保持有效竞争格局，必须放松进入管制，特别是行政性和歧视性的进入管制，允许民营资本和外商资本进入自然垄断产业领域。而且，应该实质上取消对民营资本的“非国民待遇”和外商资本的“超国民待遇”做法，凡是对外商能够开放的产业领域应该首先对民营资本开放。

2. 2. 6. 4　警惕监管失效

在自然垄断产业领域，从政府干预走向政府监管是一大进步。“市场失效”使得政府监管成为必要。但同样要注意的是“监管失效”，即监管成本大于监管收益，使得监管得不偿失。监管中的“俘虏”理论和“利益集团”理论说的就是这个意思。西方发达国家一个多世纪的监管历史也充分展示了这一道理。

在向来崇尚“制度社会”的西方国家尚且如此，而在一向特别注重“乡土社会”和“人情社会”的中国，我们更不能指望政府监管比政府干预更能体现“三个代表”。而令人担忧的是，在政府机构精兵简政的同时，众多政府部门又以政府监管机构的身份再现。难道有一个特殊行业就需要一个特殊的监管机构吗?

在金融领域，银监会、证监会、保监会等监管机构一个接一个地成立；在电力领域，撤销了电力部，成立了电监会。更有人主张，要在现有有关政府部门的职能基础上分离并成立电信管制委员会、铁路管制委员会等。照这样改革的话，每一个行业，都既有一个主管部门，又有一个监管部门，政府部门岂不是越改越多? 自然垄断产业领域，国外的趋势是放松监管，我国似乎是加强监管的趋势，这样岂不是与改革的初衷背道而驰。

笔者在此建议：第一，尽可能少设立监管部门，能不监管就不监管。第二，在不得不监管的领域，最好成立综合性的监管部门，如能源监管委员会、运输监管委员会等，而不是在每一种能源领域和运输领域分别处理相应的专业监管委员会。第三，在监管内容上，重点加强社会性监管，减少经济性监管。第四，在经济性监管上，主要实行激励性监管，慎用非对称监管；主要实行秩序和接入价格监管，慎用歧视性进入壁垒监管。

总之，我国自然垄断产业改革还只能说是刚刚开始，而且进展不一，问题丛生。面对加入 WTO 后日益严峻的挑战，我国应该主动出击，加快和深化自然垄断产业改革，使自然垄断产业焕发生机活力，使之成为我国 21 世纪经济增长的新亮点。

（作者单位：首都经贸大学工商管理学院）

2.3 专论

2.3.1 非公有制合作金融组织及私营银行进入银行业的必然性和对策

潘 石

邓小平同志在谈到中国金融改革时明确指出："金融改革的步子要迈大一些。要把银行真正办成银行。我们过去的银行是货币发行公司，是金库，不是真正的银行"。① 我认为，要把我国的银行办成真正的银行，关键在于构建一个健全合理的银行体系。而直至目前为止，中国的银行体系仍是不健全、不合理的，其主要表现是国有银行及国有企业控股的股份制银行垄断了银行业，非公有制合作金融组织及私营银行被排斥在外。构建健全合理的银行体系，必须允许非公有制合作金融组织及私营银行进入银行业，这是社会主义市场经济发展的必然要求。

2.3.1.1 非公经济进入银行业的前提：打破国家垄断

国家对银行业的垄断，是非公有制经济进入银行业最大的障碍。不从根本上破除国家对银行业的垄断，非公有制经济要想进入银行业，从事各种金融活动，是根本不可能的。

众所周知，我国目前已形成了以工、农、中、建四大国有商业银行为主体，以交行、招行等股份制银行及福建兴业、上海浦发等地方银行为辅助的银行体系。表面上看，我国银行的数目不少，体系似乎也"健全"，但银行业的垄断程度是相当高的。其显著特点之一，就是国有四大商业银行在银行业占据垄断地位（见表1）。

表1 四大国有商业银行资产、存款、贷款及利润占全国银行业的比重（2002年）

单位:%

	资产	存款余额	贷款余额	利润总额
中国工商银行	26.03	28.14	28.22	20.82
中国农业银行	16.24	16.22	17.34	7.57
中国银行	17.93	20.86	20.76	25.67
中国建设银行	15.89	18.39	18.59	13.55
四行占全国银行业的比重	76.09	83.61	84.91	67.61

资料来源：杨大光：《中国银行业反垄断问题研究》，经济科学出版社，2004年，第16页。

① 《邓小平文选》第3卷，人民出版社，1993年，第193页。

从表 1 可见，四大国有商业银行的资产规模占全国银行业总资产的 76.09%，存款和贷款规模均占到了全国银行业的 83% 以上，利润总额也占到了全国银行业的 2/3。这说明我国的金融市场基本上被这四大国有商业银行所垄断。

除四大国有商业银行之外，其他一些股份制商业银行也直接或间接控制在国家或国有企业手里（见表 2）。

表 2　　我国部分股份制商业银行的股东构成（2002 年）

单位:%

	国有股份	企业股份	非流通股	流通股
交通银行	49.38	50.62	100	0
招商银行	39.13	34.59	73.32	26.28
深圳发展银行	6.44	21.13	27.59	72.43
福建兴业银行	80.48	20.32	100	0
华夏银行	88.24	11.76	100	0
上海浦东发展银行	10.74	72.67	83.4	16.6

资料来源：上市银行来自其年报，非上市银行的数据来自各行的网站。广发银行、中信实业、中国光大银行三家银行因未公开披露有关数据，故未包括在此表之内。

仅从以上部分股份制商业银行的股东构成看，交通银行、招商银行、福建兴业银行、华夏银行等 4 家银行完全是国家控股银行或国家与国有企业联合控股银行，只是深圳发展银行、上海浦东发展银行系非国家控股，但国有企业所占股份仍很高（深圳发展银行 21.13%；上海浦东发展银行占 72.67%）。

将表 2 与表 1 综合起来看，国家通过四大国有商业银行并通过直接控股或间接控股交通银行、招商银行、福建兴业银行、华夏银行、上海浦东发展银行等，几乎完全控制与垄断了中国的银行业。使得中国银行业的市场结构具有了国家独占或寡头垄断的特征。

银行业的国家垄断虽然给国家带来一些垄断利润，有利于国家行政机关对金融业的控制，但它所带来的负面效应要远远大于这些利益和好处。

从微观上看，其负面效应主要是：

（1）直接降低了银行的经济效益。就资产利润率、人均利润、人均资产、人均存款等效益指标看，国有四大商业银行低于公有制股份银行，而公有制股份银行又低于私营股份制银行（见表 3）。

表 3　　全国银行部分经济效益指标（2002 年）

单位：万元

	资产利润率（%）	人均利润	人均资产	人均存款
中国工商银行	14.45	1.7	1177.82	99.33
中国农业银行	9.8	0.61	618.92	51.55
中国银行	30.6	5.71	1867.27	95.34
中国建设银行	14.07	1.07	758.58	63.96
四行平均	17.29	2.27	1105.65	77.55
交通银行	88.62	12.1	1365.51	106.49
中信实业银行	66.68	24.23	3632.02	3186.07
中国光大银行	18.58	7.83	4213.89	3429.7
招商银行	69.15	18.49	2673.81	2189.17
深圳发展银行	37.19	10.59	2848.23	1965.92
广东发展银行	—	—	1847.93	1552.25
福建兴业银行	51.622	16.38	3173.94	2590.65
华夏银行	64.61	19.67	3044.19	2525.87
上海浦东发展银行	31.006	12.92	4169.9	3641.43
民生银行	50.03	28.65	5727.83	4389.63
10 行平均	53.53	16.76	3269.73	2657.7
全国银行平均	35.39	9.52	218.69	1367.63

资料来源：杨大光：《中国银行业反垄断问题研究》，经济科学出版社，2004 年，第 21 页～22 页。

从上表可以清晰地看出，四大国有商业银行平均资产利润率仅为 17.29%，人均利润为 2.27 万元，人均资产 1105.65 万元，人均存款 77.55 万元，远远低于 10 家股份制商业银行的平均水平，平均资产利润率仅为 10 家股份制商业银行的 1/3，人均利润、人均资产和人均存款也分别约为 10 家股份制商业银行的 1/7、1/3、1/34。尤其值得指出的是，私营企业联合组成的股份银行——民生银行，在上述 4 个方面的绩效，尤其是人均利润、人均资产及人均存款均明显好于公有股份制商业银行。

（2）引致巨额不良资产。在国家垄断银行的条件下，必然要动用银行资金力量来对国有企业施行支持与保护，即使是国有企业大量亏损、濒临破产，也能源源不断得到资金支持。国有企业在与银行同一个“父亲”，“不借白不借，借了也不用还”的机制作用下成了银行最大的“赖账户”、“呆账户”、“死账户”。银行的大量不良资产，几乎多半是国有企业与国有商业银行之间的不良信贷造成的。2002 年 3 月，时任央行行长戴相龙在全国人大新闻发布会讲，国有商业银行不良资产比率是 25.3%，总额为 1.3 万亿人民币。2004 年 3 月，温家宝总理讲，四家国有商业银行的不良资产高达 20%，总额接近 2 万亿元。①

（3）窒息、扼杀商业银行的自主创新能力。改革开放前，由于闭关锁国和计划经济体制束缚，我国银行业对世界金融创新风潮几乎是完全无所顾及甚至是排斥的。改革开放后，由于国门大开，银行业逐渐对外开放，因而也逐渐感受到西方发达国家银行业的金融创新成果，如银行电子网络交易系统、金融工具及衍生工具创新等。但商业银行的自主创新能力却很弱，主要表现为自主创新意识不强，创新规模小、水平低，不要说走在世界银行业创新前列，连世界银行业创新的潮流也跟不上，其主要原因在于我国银行业自主创新的动力不足，而这又源于银行业的垄断。不图进取，不用创新，单凭垄断地位便可获取高额垄断利润，这就是银行业长期停滞的根源所在。

从宏观上看，银行业垄断的负效应也是相当明显的，主要有：

（1）大大降低了金融资源的配置效率。国家垄断了银行业的绝大部分资源，又把绝大部分（75% 以上）的金融资源投向了国有企业，已占据国民经济半壁江山的非国有经济只得到 25% 的金融资源。国有企业经济效率低，甚至严重亏损或濒临破产却能得到金融资源支持，而非国有企业尤其是民营中小企业往往告贷无门。国家对金融资源的垄断，阻滞了金融资源的市场配置与合理流动，扭曲了合理的资源配置，降低了金融资源的配置效率，造成严重的资金浪费与损失。有专家估计，1992 年～1997 年间，我国因金融垄断所引致的资金漏损高达 25 795. 83 亿元，这个数字还不包括金融机构臃肿、管理不善等原因导致的低效率成本及部分固定资产贷款回扣，也不包括金融机构从事投机的得失，若加上后者，资金漏损将更大。②

（2）大大衰减了货币政策的传导效果。货币政策主要是通过利率机制传导来发挥作用的。而利率机制要正常发挥传导作用，就必须有健康的微观金融主体存在。健康的微观金融主体对金融市场利率变动信号作出灵敏正确的判断，并以此作出资金流向的决策。资金合理流动调节资金市场的供需平衡。然而，金融主体为垄断者所束缚及影响，使利率传导机制作用的正常发挥受到制约与限制，甚至出现扭曲现象，这就不可避免地衰减了货币政策的效力。

（3）抑制货币对经济增长的促进作用。货币的规模及使用效果是反映宏观金融效率的重要指标，它直接影响到一国的经济增长。同量的货币规模使用效果可带来更多的经济总量（GDP），则表明货币的宏观效率高，对经济增长的促进作用大；反之，则小。1993 年，美国用 3 275 亿美元的通货实现 63 779 亿美元的 GDP，通货与 GDP 之比为 1∶19. 5；而中国实现 41 381 亿人民币的 GDP 却用 35 864. 7 亿元人民币的流通量，通货与 GDP 之比为 1∶7. 06，这反映出中国货币对经济增长的促进作用与美元对美国经济增长促进作用，二者相差 2. 6 倍。这种货币宏观效率低下，很大程度上是由于国家金融垄断引致金融市场压抑所造成的。

综上所述，无论从微观上看还是从宏观上看，银行业垄断所付出的代价都是相当大的，按成本比较收益来讲，是得不偿失的。归结为一点就是因为垄断限制了银行业的竞争，扼制了市场机制的作用，使银行丧失了持久自主发展的动力与活力。列宁有一句名言：任何垄断都必然造成停滞腐朽的趋势。中国银行业的垄断也毫不例外，同样造成银行业的停滞腐朽趋势。垄断不除，这种趋势不可逆转，这是客观规律。

① 杨大光：《中国银行业反垄断问题研究》，经济科学出版社，2004 年，第 27 页。

② 周业安：《金融抑制对中国金融业融资能力影响的实证研究》，《经济研究》，1999 年第 2 期。

2.3.1.2 非公有制合作银行：非公经济进入银行业的根本路径

打破国有银行对银行业的垄断，仅仅依靠公有制企业组建股份制银行是不够的。从目前情况看，我国的股份制商业银行绝大部分由国有企业牵头并控股组建的，实际上相当于“第二国商行”，不仅没有对国有商业银行垄断银行业起瓦解作用，反而是国家对银行业垄断的一种扩展与延伸。在很大意义上扩大与加强了国家对银行业的控制与垄断。实践证明：依靠公有制企业组建股份制商业银行打破国家对银行业垄断是一个不小的误区。

打破国家对银行业垄断的根本路径在于建立非公有制合作银行。这种股份合作银行与公有制企业组建的股份银行最根本的不同点在于股东的性质不同。前者是一种私有性质股东的联合与合作，是私营资本的金融投资行为，而后者则是一种公有制特别是国有性质股东的联合与合作，是公有资本特别是国有资本的金融投资行为。正是因为股东性质及金融投资主体不同，决定两种股份合作银行在金融市场上的地位与作用根本不同。前者可以成为同国有商业银行利益完全独立的金融市场主体，可以同国有商业银行形成实质性的有效竞争，而后者由于它们从本质上说同属于一个所有者，并非严格意义上独立的金融市场主体，不能同国有商业银行形成实质性的有效竞争。因此，建立非公经有制合作银行，乃是构建独立的金融市场主体的需要，是打破国家对银行业垄断的必然选择。

非公有制合作银行，尽管其参与者都是非公经济成分，是私有性质的股东，但这种银行的性质并不都是私有性质的，而是合作性质的，是一种共有制银行，属合作金融性质。正像股份制不专属资本主义所有，不是资本主义性质的经济形式一样，这种股份合作银行的性质也不能认定为资本主义性质的。

合作金融始于19世纪40年代末的德国。当时，德国佛拉梅斯佛尔德市的市长雷发巽，在农村创立了储金合作社。其目的在于组织当地较富裕的人，将钱存入储金社，然后将钱贷放给贫困的需要资金的人，帮助他们发展生产，摆脱贫困，后来储金社又发展为信贷协会，主要致力于所有会员之间的金融互助合作。1895年，国际合作社联盟（International Cooperative Alliance，简称ICA）在英国伦敦成立后，对各国合作社组织进行总结与完善。以英国罗虚戴尔公平先锋合作章程为基础，制定出“罗虚戴尔原则”，即国际合作社组织的第一个原则。该原则的核心是强调合作社坚持公开、开放、自愿、独立、民主管理、成员互助等。

改革开放后，中国城乡随着经济的发展，尤其是适应城乡个体、私营经济发展的需要，各地自发涌现出一批合作金融组织。这些合作金融组织自主性强，机制灵活，适时地满足了农民及城镇工商业者对资金的需要，有力地支持与促进农村经济及城镇个体、私营经济的发展。它所起的作用，不仅是国有商业银行无可替代的，并且对国有商业银行的改革起到了积极促进作用。

在城镇，比较典型的案例是浙江台州的“银座”和“泰隆”。银座信用合作社成立于1988年6月，成立之初股本只有10万元，营业场所30多平方米。到2000年，存款余额达24.9亿元，贷款16.8亿元，实现利润2958万元，不良贷款率仅为1.0%。泰隆信用合作社成立于1993年6月，当时自有资本金仅100万元，由30余位私人股东按股份制形式组建起来。到2000年，存款余额达14.23亿元，贷款余额为9.31亿元，实现利润903万元，不良贷款率为3.0%。这两个由非公经济人员按股份制组建的合作金融组织，对当地的个体私营经济发展起到了重大的推进作用。它们所在的台州市路桥区，在改革开放初期是一个贫困落后地区，人均产值仅有全省平均水平的42.1%。改革开放后，乡镇企业异军突起，商品贸易迅猛增长，对资金的要求急剧扩大。国有商业银行及国有企业控股的股份银行，其信贷活动主要面向国有企业及公有制单位，个体私营企业主遭受“非国民待遇”，根本无法得到银行贷款。并且，依靠亲友之间的互助式借贷已无法满足日益增大的资金需求，还常常引发借贷纠纷。于是，在政府有关部门的协调帮助下，由非公经济人士自发组织的金融合作组织“银座”、“泰隆”便应运而生。可以说，台州乃至整个浙江个体、私营经济的长足发展，形成“浙江模式”，非公合作金融是功不可没的。中小合作金融组织及金融机构，对浙江的腾飞起到了重大的推动作用，这是不可争辩的事实。然而，令人十分遗憾的是，浙江关于非公有制合作金融组织及金融机构的经验，并没有在全国得到普遍推广，许多地区城镇至今很少有像“银座”、“泰隆”那样的合作金融组织，国有银行及国有企业控股的股份制银行垄断的局面没有什么实质性改变，银行业的有效竞争根本没有形成。

在农村，非公有制合作金融组织发展更为滞后。农业银行、农业发展银行是国有的商业银行和政策性银行，农民要直接从这两个银行获得贷款支持是十分困难的，甚至是不可能的。直接为农民服务的农村信用社，也是“公办”的金融机构，对农民来说，到农村信用社货款也是像进“金融衙门”一样，“脸难看，门难进，款难贷”。可以说，广大农村真正起主流金融作用的是民间“高利贷”。按法律规定，高出银行贷款利率4 倍以上者即为高利贷。实际上农村借款（“抬钱”）利息一般为二分利，高者达三分利，远远高出上述法定标准。正是由于农民从事生产经营活动得不到国有银行及公有制股份银行的贷款支持，无奈只好求助于高利贷。在农村，一些人依靠放高利贷而发家，相当一部分农民因高利贷缠身而陷入贫困，高利贷已成为当今中国农村重要非法金融活动，并有越来越猖獗的趋势。为什么会这样？一个重要原因在于，“公办”合作金融机构——农村信用社在许多地区经营状况不佳，或名存实亡，而非公有制合作金融组织又不允许存在与发展。因此，大力建设并发展非公有制合作金融组织，就成为完善并发展我国农村金融市场的一个必然抉择，是发展农村市场经济，建设社会主义新农村的迫切需要。

对全国城乡建立与发展非公有制合作金融组织与机构，各地应进一步落实中央政策，取消一些不必要的限制，大力加以推进。早在 2001 年 12 月国务院办公厅转发国家计委《关于“十五”期间加快发展服务业的意见》就明确指出：“国有经济比重较高的金融、保险等行业，要逐步放宽对非国有经济的准入限制和扩大对外开放”，这实际上就为非公经济进入金融业，创办非公有制合作金融组织与机构提供了政策支持与保障。从 2005 年开始，非公资本进入银行业的准入要求与限制条件更加明确、清晰。2006 年年初，银监会公布了《中资商业银行行政许可事项实施办法》和《外资商业银行行政许可事项实施办法》更进一步明确了国内设立商业银行的资格、条件以及商业银行合并、收购等一系列规则。目前正在制定的《商业银行法》对民、私营资本进入银行业，并未有任何歧视性的规定及不必要的限制。这说明，当今中国，非公有资本进入银行业，建设并发展非公有制合作金融组织与机构，并不存在政策与法律障碍，所以，各地应大力顺势推之。

2.3.1.3　规范“私人钱庄”，创办私营银行，是完善我国银行体系的必然要求与选择

举目世界，不难发现一条真谛：凡是市场经济发达的国家，必有发达的私营经济；与此相适应，必有发达的私营银行业，必有发达的金融市场。这完全符合马克思主义经济学的基本原理：只有有一个与商品流通相适应的发达的货币流通，商品经济才能真正发达起来。而发达的货币流通，仅有官办银行是不完整的，而必须有私营银行。创办私营银行，是发展市场经济绝对不可或缺的，更是完善社会主义金融体系和金融市场必不可少的组成部分。

美国建设与发展私营银行的经验，对我国有重要的启示与借鉴价值。美国地域广阔，人口众

多，各州经济发展很不平衡，经济财政体制的自由度与分散度均比较大，但美国的银行业却相对来讲集中度比较高，大银行与大金融机构在整个金融体系中起骨干作用。“大而有信”、“大而不倒”，是人们崇尚的银行理念。大银行和大金融机构不仅可以防止银行由于规模过小而缺乏规模效益及由于过于分散而引致恶性竞争，更重要是公众对大银行和大金融机构有更大的安全感与信心。但美国坚决反对金融寡头和银行巨头垄断，因为它会妨碍金融市场的自由竞争，不利于金融资源的优化配置，降低银行业营运效率。因此，在美国的金融体系中，中小私营银行占绝大多数。据资料显示，截止到1997年年底，美国商业银行数达9000多家，其中95%属于资产不足5亿美元的小银行。这些小银行通常设在社区，主要为中小企业和个人提供融资及信贷服务。可以说，美国是当今世界私营中小银行最发达的国家，也是金融自由化程度较高的国家。尽管在激烈的竞争中不可避免使一些中小银行破产倒闭，但并没有引发金融震荡和危机，美联储一直卓有成效地控制国家金融命脉，保持了国民经济的稳定持久增长。美国的经验告诉我们，中国作为一个发展中大国，必须牢牢控制金融命脉，把国有银行做大做强，使其在金融体系中充分发挥骨干主导作用；同时允许各种非公有制中小银行及金融机构存在与适当发展，完善金融市场结构，促进各类金融主体之间展开合理有效竞争。只有这样，才能真正使中国银行业摆脱垄断所造成的困境，走上健康良性发展的轨道。

在中国创办私营银行，必须正确认识与对待各地事实上已经存在的“私人钱庄”。改革开放以来，随着个体、私营经济的兴起与发展，首先在经济较发达的东南沿海地区出现了一些各种名目的“私人钱庄”。政府曾几度把它作为“非法金融组织”予以取缔并加以打击。就像当年打击个体商贩及“五小工业”一样，屡打不止，打重了便转入“地下”，照样存在与发展。为什么打不掉、止不住？事实告诉我们：它的存在具有客观必然性。它是市场经济发展的必然要求与必然产物，不依人们的主观意志为转移。科学的、正确的态度就是“依法加以确认和规范，不应再强行取缔”。[①]首先要确认它存在的合法性。由“地下”引到“地上”，由“非法”转为“合法”，不再叫“地下钱庄”，可确认为“地上”合法的私人钱庄或私营小银行。其次，要对它进行治理与规范。所谓治理，就是对现存所有的“私人钱庄”按照国家法定的私营银行的要求进行整治，建立各种必要的规章制度，纳入国家金融监控体系。所谓规范，就是对现存所有“私人钱庄”的借贷行为及其他金融活动，依法进行规范，坚决取缔和禁止从事各种高利贷及其他非法金融活动，如非法集资、高息揽储等，严格打击走私、洗钱等不法活动。我认为，将其放在地上，置于“阳光”之下，施行法制，实行舆论、公众、媒体等各种监督，总比在“地下活动”较为有利，禁莫如疏，止莫如导。

2.3.1.4 非公有制合作金融组织及私营银行进入银行业的风险及对策

任何经济行为与活动都存在风险，零风险的经济行为与活动是不存在的。同时，任何风险都有化解的对策及办法，因此，风险并不可怕。

应当承认，非公有制合作金融组织及私营银行进入我国银行业，确实存在一定的风险，甚至可以说风险还是很大的。但是我认为，经过改革开放20多年的建设与发展，国家监控市场的能力大为加强，非公有制合作金融组织及私营银行的进入条件已经基本成熟。国家外汇储备雄厚。不会发生金融危机。近些年来，我国加大了人民币汇率制度改革的力度，在人民币币值稳定并趋于走强的条件下，于2005年7月果断将人民币汇率浮动2%。可以说，当今是非公有制合作金融组织及私营银行进入我国银行业的最佳时期。我们一定要抓住这个有利时机，全力推动之。

---

① 参见拙著：《中国私营资本原始积累》，清华大学出版社，2005年，第205页。

在大力推进非公有制合作金融组织及私营银行进入银行业过程中，必须对可能产生的种种风险有充分的认识、估计，以便及时采取有效措施加以防范。银行业是一个高负债、高风险、高诚信度的行业。一旦诚信缺失，便会产生高道德风险。一个债务环节出现问题，就会殃及整个金融链条。一家银行倒闭，很可能引起公众对其他银行的信心发生动摇，进而引发“多米诺骨牌”效应，出现金融风波与金融危机，对整个经济社会发展造成巨大冲击与不良影响。再一个风险是，非公有制合作金融组织及私营银行内控机制不健全而引发种种问题，如经理人员窃款出逃、违规借贷等。还可能出现未知的潜在风险。因此，应采取如下风险防范对策与措施。

第一，非公有制合作金融组织及私营银行的进入，不可一哄而起，而一定要加强领导，有组织、有计划、合理有序地进行。

第二，要严格审查进入主体的资格及条件，坚决把好“进入关”，实行主审机构及主审人责任制，出了问题要追求相关责任人的责任。

第三，非公有制合作金融组织及私营银行一旦进入银行业，必须逐步建立与健全法人治理结构，完善内控机制与制度。私营家族企业可能是有效的企业组织形式，但非公有制合作金融组织及私营银行都绝不可采用家族模式。要真正实行所有权与经营权的分离，实现由真正的银行家及金融专家来经营与管理，处理好股东及银行家之间的矛盾及各种利益关系，使法人治理结构不断合理化。

第四，大力加强国家对非公有制合作金融组织及私营银行的依法监管。把对非公有制合作金融组织及私营银行的一切经营活动纳入国家的监控体系，依法进行全方位监控。银监会不只是国有银行及公有制股份银行的监管机构，也是非公有制合作金融组织及私营银行的监管机构。银监会要设立专门机构具体负责对非公有制合作金融组织及私营银行的监管，对其任何违法违规活动进行追究与查处。

第五，建立非公有制合作金融组织及私营银行进入银行业的风险基金。该基金可由非公有制合作金融组织及私营银行创办者以其总资本的一定比例提取和缴纳，由其推选出一个风险基金管理委员会专门负责管理。一旦非公有制合作金融组织及私营银行发生经营风险，可报请该委员会批准，动用该风险基金化解风险。

（作者单位：吉林大学中国国有经济研究中心）

2.3.2 民营企业进入金融领域的法律障碍及解围路径
——以河北大午农牧集团公司“非法吸收公众存款”案为例

刘光华

2.3.2.1 引 言

如果从法律制度层面来思考非公有制企业与金融市场准入制度这个话题，我们首先会看到，当前具有国家垄断性质的中国金融领域，事实上是以公有制经济、城市区域和主干企业为基本要素，并主要依照行政和民事两种对立的法律理念和规则来组织和运转的。也即中国金融运作及其管理体制具有“行政—民事”的双重属性。中国金融管理及运作体制的这种“行政—民事”的双重性，不仅揭示了中国社会包括金融市场领域转型的大背景，而且在中国社会转型的“共时性”背景下，又使得发生于此历史进程中的民间金融活动、金融制度创新及其法律调整，必然生存和发展在上述“行政—民事”两种体制、制度和观念的夹缝中。进而，这种“制度夹缝”在为“三农”现代化过程中应运而生的民营经济特别是民间金融创新活动提供了机会和土壤的同时，也造成了民间金融这种中国转型阶段行走于“国退民进”甚至“国进民进”交锋面的特定现象的“体制性障碍”。

中国社会的历史转型，既提出了非公有制经济准入金融领域的必要性问题、非公有制企业和公有制商业银行间的平等、公平竞争及有效监管的问题；同时也带来了改革主流金融运作和监管体制的内在要求。不仅如此，两者互相交织所带来的复杂性以及社会主义市场经济所规定的方向性，在对上述问题的认识和解决提出了基本的判定标准与原则后，更为如何填补金融实践领域中非公有制企业的金融市场准入与现行金融运营、监管制度之间的落差，提出了更高的政治和政策要求。

总之，我们只有正视上述复杂现实所带来的新问题，才可能为非公有制经济特别是民营企业进入金融领域的法律困境及其突围，找准方向和制度创新的可能。而且，如果说此前包括我们在内的相关研究大都侧重于宏观价值论评判和社会学分析的话，那么，这里我们将遵循严格的法条主义的实证分析路径，选定新近发生在转型中国背景下的一个非常具有社会影响力和法律分析价值的农村民间金融个案的研究，来探究“三农”转型背景下农村民间金融所面临的司法制度困境，特别是具体通过对分别代表私法（民法）和公法（刑法、行政法）两种立场的控、辩双方思路的仔细检视，来尝试性地思考与回答对于这个困境的经济法制度破解思路。

2.3.2.2　案情简介：徐水县检察院诉河北大午农牧集团公司“非法吸收公众存款”①

2003 年 7 月 5 日，河北省徐水县公安部门以涉嫌“非法吸收公众存款罪”为名逮捕了河北大午农牧集团公司董事长孙大午。

对此，徐水县有关部门认为，自 1993 年以来，河北大午农牧集团公司未经中国人民银行批准，违反《中华人民共和国银行法》和《非法金融机构和非法金融业务活动取缔办法》的有关规定，公开向内部及周边村镇群众变相吸收公众存款。其间，中国人民银行徐水支行曾多次警告甚至处罚过河北大午农牧集团公司，并责令停止吸储。但是，河北大午农牧集团公司照搞不误，致使所在地附近的几个营业网点几乎吸收不到存款，对当地信用社造成很大冲击，扰乱了金融秩序。

在此情况下，2003 年 5 月 29 日，公安机关对孙大午实施了刑事拘留，并于同年 7 月 5 日，徐水县检察机关以涉嫌“非法吸收公众存款罪”为名，正式批准逮捕了孙大午，并起诉了河北大午农牧集团公司及其法定代表人孙大午。

庭审中，作为公诉机关的河北省徐水县人民检察院指控，河北大午农牧集团公司为筹集资金，未经中国人民银行批准，于 2000 年 1 月至 2003 年 5 月间，通过在各村设立代办点，以高于银行同期存款利率、承诺不交利息税的方式，向社会公众变相吸收存款 1627 单，共计 1308 万余元，涉及 611 人。检察机关还举证说，河北大午农牧集团公司在吸收公众存款时，名义上出具的是借款凭证或借据，实质上却是存单制式凭证。根据《刑法》第 176 条规定，河北大午农牧集团公司的行为严重扰乱了金融秩序，已经构成非法吸收存款罪。另外，由于河北大午农牧集团公司在吸收公众存款过程中，将吸收资金的对象扩大到社会不特定的多数人，而使得这种行为与借贷对象特定的民间借贷产生了本质的区别。

针对控方的上述刑事起诉，被告河北大午农牧集团公司、其法定代表人孙大午及其辩护律师，从合法民间借贷的思路来论证上述被控行为的合法性。他们在辩论中认为，河北大午农牧集团公司吸收的资金并没有被挥霍浪费，也没有将借款转贷给他人赚取利息，而是用于本公司的生产经营以及兴办教育。不仅如此，孙大午被捕前一直住在河北大午农牧集团公司简陋的宿舍中，其父母也住在破旧的平房中。另外，河北大午农牧集团公司的成立不仅解决了当地 1500 多人的就业问题，每年给邻村发出工资 600 多万元，而且，还带动了该地其他产业的发展。再则，河北大午农牧集团公司的借款对象大部分来自公司员工沾亲带故的亲戚朋友，不属于公诉机关所称的“不特定社会公众”。并且，河北大午农牧集团公司的信用状况以及资产负债率远优于周边的信用社，也即河北大午农牧集团公司的集资行为，并没有造成社会危害，算不上扰乱金融秩序。

对此案件的审理，媒体和理论界人士给予了前所未有的广泛关注。最终，经徐水县人民法院公开审理后，以河北大午农牧集团公司“非法吸收公众存款罪”成立为基本判决结论，判处河北大午农牧集团公司罚金 30 万元，并同时判处其法定代表人孙大午有期徒刑 3 年，缓期 4 年执行，罚金 10 万元。

---

① 本案例是在田予冬《河北巨富孙大午“草根金融”覆灭》（http：//stock. 163. com/editor/030721/030721_ 151632. html）新闻稿的基础上，参考其他公开报道资料而改写成的。而且，不同于以孙大午为主角的整个“事件化”媒体叙事，在此尽可能规范还原到以“非法金融机构和非法金融行为”为主的“单位犯罪”案件；并仅仅从“双罚制”的角度来看待孙大午作为法定代表人的个人责任问题。

2.3.2.3 刑事控告和民事辩护：司法诉讼机制调整现代金融关系的困境

我们工作的第一步，将从较为严格的法律实证分析的路径，也即众所熟知的法条主义和司法操作技术角度，来分析本案中控方所持的刑事犯罪思路与辩方主张的合法民间借贷立场，并试图从中揭示出这两种法律论证思路与其论证对象、所欲达致的论证目的之间的内在冲突。

首先，我们来看本案控方检察机关所持的刑法犯罪思路及其论证逻辑。对于本案被告河北大午农牧集团公司（以下简称大午集团）及其法定代表人孙大午的行为及性质的认定，应该讲，控方徐水检察院是从非常规范的“犯罪构成要件”——即主体要件、客体要件、主观方面、客观方面来进行认识和论证的①。具体而言，公诉机关河北省徐水县人民检察院指控：由孙大午作为法定代表人的适格单位犯罪嫌疑人——河北大午农牧集团（主体要件），以筹集资金为目的，未经中国人民银行批准（主观方面），于2000年1月至2003年5月间，通过招收代办人、设立代办点，以高于银行同期存款利率、承诺不交利息税的方式，并制定和出具了名为“借款凭证或借据”实为“存单”的制式凭证，向社会不特定公众变相吸收存款1627单，共计1308万余元，涉及611人（客观方面）。大午集团公司的上述行为，已造成其所在地附近当地信用社几个营业网点几乎吸收不到存款，扰乱了金融秩序（客体要件和社会危害性）。综此，根据《中华人民共和国刑法》（以下简称《刑法》）第176条的规定，大午集团及其法定代表人孙大午的行为，共同构成“非法吸收公众存款罪”。

虽然上述刑事指控及其思路，通过法院的最终司法判决而得到了采纳与肯定。但是，不管是从其中辩方某些切中要害的辩护意见，还是最后社会对该案裁判结果的不同评价，抑或是类似司法活动对相关社会经济生活所带来的实际效果等诸多方面来评价，我们都可以认为，控方的刑事思路实际上并未达到其初衷。它所具有的更大意义可能在于：将民间草根金融及与其密切联系的过渡期中国金融管理体制的困境，“问题化”并“放大化”了！

但此处，比简单批评更需要我们仔细分析的是：为什么对类似的民间金融问题，我们会以更高的几率来选择类似控方的这种刑事犯罪立场②，而不是辩方或社会舆论的合法民事行为思路，甚或其他如我们即将提出的“第三条道路”呢？

对此，概括地说，它根源于转型中国特定语境下，社会利益结构的复杂化及日益严重与突出的个体利益与公共利益的互相纠缠，与整个法学理论认识特别是相关制度建设严重滞后间的不和谐状态。具体来说，它同转型中国目前的“主流话语”及其意识形态息息相关。因为，随着社会主义市场经济及与之相适应的法制“话语主导权”的确立，过去模糊混淆的司法权与行政权间的界限开始日渐趋向清晰。传统计划体制下的“行政优位”，开始转向市场经济新主流意识形态下的“司法自治”③。在面对转型中国公共利益保护和公共经济秩序维护问题时，原本可以通过传统行政强制和罚款而实现的制度功能及其合法性，开始受到质疑。而在司法实务界又无法立刻摆脱公私二元

---

① 但是，一定要注意：这种论证方式必然隐含着一个前提，通过这种论证或法律推理而得出的结果必然是排他和唯一的，不存在交叉或重叠的可能。即必须在“罪与非罪”、“此罪和彼罪”之间清晰地划清界限。否则，就应该“疑罪从无”。这既是“罪行法定主义原则”的必有之意，同时也是近代法制形式主义理念的基本要求。

② 这应该也是在全国各地发生的类似“非法集资案”被“非法吸收公众存款案”进行格式化相同处理的原因。《对德隆量刑拷问法律体制，学者称唐万新应判无期》。

③ 参见刘光华，赵忠龙：《转型期民间投资乡村公共物品的路径及其制度困局》，黄宗智主编：《中国乡村研究》（第四辑），社会科学文献出版社，2006年7月。

对立观念束缚的现实情形下，代表和行使国家权力的各种机关，就必然会立足于“非民事合法行为即刑事犯罪”或者“罪与非罪”的二分法立场与思路来看待、分析、解决现实问题。哪怕《非法金融机构和非法金融业务活动取缔办法》（以下简称《办法》）已经明确地赋予了作为中央银行的经济管理机关——中国人民银行相应的经济调处职权、程序和途径，它们也会舍弃或主动放弃。因为这样，可以有效地避免由于中国人民银行出面解决可能背上的“行政干预市场”或“政企不分”等的“恶名”与“骂名”。由此可见，市场经济及其主流法制话语赋予了本案控方的刑事犯罪立场更大的“合法性”！

如果再具体一点，甚至在“此罪与彼罪”的选取方面，控方检察机关之所以选择“非法吸收公众存款罪”而抛弃“非法集资/诈骗集资罪”等的动力，可能还在于：从司法控告技术出发，检察机关的实际选择，在证明责任的负担、错案的政治风险以及社会舆论的压力等各个方面都具有比较优势。因为，一旦选择“集资诈骗罪”，检察机关就需要证明被告的“主观诈骗故意”；而远不如选择前者，只需要证明“非法行为存在”那么简单！而且，设若对非法集资行为及其所涉及的不特定多数人的行为进行控告，还会因为集资者局部/单位范围内的“小社会利益”与其他层面的社会公共利益可能发生的冲突，而使得控告面临道德、民情上的障碍①。更不用说，由于直接受“非法吸收公众存款罪”所保护的利益主体——国家经济管理机关、国有商业银行、农村信用合作社及其分别代表的传统国家、集体利益，作为一种相对具有“确定性”的公共利益驱动，即使控告中可能存在错判或误判的风险，但在未来上级法院、党政部门、舆论乃至人大的“最终监督”中，控方却能找到更为有利的道德借口和“政治正确”的庇护！也就是说，即使风险发生，更多、更组织化、更具有社会资源支配力、社会影响力的主体可能加入到自己“错判/误判”行为辩护人的行列中，随时听候召唤！相反，如果在“非法集资”等案件中发生了判断和控告失误，即使再多的“不特定多数”且具有“确定”产权的主体，也都还是私人甚至农民的“乌合之众”。此时，控方想从中获得大体相似的保护都是不可想像的。

但是，无论我们怎样对控方的刑事立场及其现实合理性进行“理解地同情”，却也并不能掩盖这样一个最基本的事实：即从法律实证主义角度来观察，控方检察院，实际上是在把这场司法诉讼“工具化”的基础上，进行了“由果到因”的颠倒论证。它与上述主流市场经济及其严格“形式化法制”所要求的“由因到果”的法律推理，存有较大间隙。因为，如若控方检察院是根据《刑法》第 176 条而对本案大午集团及孙大午的行为进行“法律格式化”的话，那么，它所面对的法律适用大前提，就并非是单一和排他的。在适用《刑法》第 176 条关于非法吸收公众存款罪的规定之前，它还必须结合《办法》对于“非法吸收公众存款”的界定。而《办法》关于非法金融业务活动的相关规定，不仅很宽泛，而且内部相互交叉——满足同样构成要件或具有相似行为特征的非法金融业务行为，可能包括两种以上。也就是说，控方检察院作出“非法吸收公众存款罪”司法推理论证的大前体是非封闭的，这样，其最终的推理结果也就不会是确信无疑的了！

至此，如果可以作点小结的话，我们认为：对区别于传统财产型和人身型犯罪的经济犯罪（或者刑法学理论中的“行政犯”）的认定，仅仅依照《刑法》相关条文如 176 条，是无法准确而有效地进行的；作为经济立法的《办法》是一个无法绕开的前提。

---

① 恰如本案辩方意见所示，大午集团公司的“非法吸收公众存款”行为，不仅没有如传统盗窃、抢劫等犯罪行为一样危害一地，相反却（至少是）造富了一方。不仅如此，整个舆论还得出“法律制裁了好人”这样极为相反的结论。

接下来，我们再顺着被告辩护方主张的合法民间借贷思路来分析。针对控方的上述刑事起诉，被告及其辩护律师，从“民间借贷”的角度论证了自身行为的合法律性①。他们认为，从行为目的上看，被告的借款行为不是以非法占有为目的，没有挥霍浪费、吃喝嫖赌的动机，没有盲目投资、疏于管理从而使借款人产生危机的事实；从行为的对象、范围看，大午集团的借款行为主要限于与公司有相互信赖关系的职工和周围的乡亲，具有特定的范围，而不是针对不特定的一般社会大众；从行为的结果看，大午集团的借款在其优化运作下，获得了很大的增值，提供了地方就业并带动了其他产业的发展。总之，大午集团的行为，在性质上属于未产生社会危害性的合法经营行为。它不仅不构成“非法吸收公众存款罪”；相反，却是依照我国民法意义自治和诚实信用原则，而在大午集团与具有相互信任关系的职工和其他借款户间形成的“名副其实”的合法民间借贷行为。

从辩方的合法民间借贷行为辩护思路出发，按时间顺序，其主要的生效法律文件有：《中华人民共和国民法通则》（1986 年）②，最高人民法院《关于贯彻执行〈中华人民共和国民法通则〉若干问题的意见（试行）的通知》（1988 年）③，最高人民法院《关于人民法院审理借贷案件的若干意见》（1991 年）④，最高人民法院《关于如何确认公民与企业之间借贷行为效力问题的批复》

---

① 参见许志永：《孙大午案辩护词》（http://www.lawsh.com/printpage.asp? ArticleID = 1062）。注意，此处的“民间借贷”和“民事借款合同”语词及其叙述之间还有着精妙（fine）的差异。民间借贷的叙述，试图通过将行为归类为“非正式制度”来全面回避整个正式制度包括民事借款合同制度。果真如此，那它同时也就解构了其所参与辩论的整个形式化司法制度。也即，辩方更多地是以“理想型”法学研究者的解构身份，而非司法技术型律师的角色而出现的。

② 第 2 条中华人民共和国民法调整平等主体的公民之间、法人之间、公民和法人之间的财产关系和人身关系。第 90 条合法的借贷关系受法律保护。

③ 第 121 条公民之间的借贷，双方对返还期限有约定的，一般应按约定处理；没有约定的，出借人随时可以请求返还，借款方应当根据出借人的请求及时返还；暂时无力返还的，可以根据实际情况责令其分期返还。

第 122 条公民之间的生产经营性借贷的利率，可以适当高于生活性借贷利率。如因利率发生纠纷，应本着保护合法借贷关系，考虑当地实际情况，有利于生产和稳定经济秩序的原则处理。

第 123 条公民之间的无息借款，有约定偿还期限而借款人不按期偿还，或者未约定偿还期限但经出借人催告后，借款人仍不偿还的，出借人要求借款人偿付逾期利息，应当予以准许。

第 124 条借款双方因利率发生争议，如果约定不明，又不能证明的，可以比照银行同类贷款利率计息。

第 125 条公民之间的借贷，出借人将利息计入本金计算复利的，不予保护；在借款时将利息扣除的，应当按实际出借款数计息。

④ 第 1 条公民之间的借贷纠纷，公民与法人之间的借贷纠纷以及公民与其他组织之间的借贷纠纷，应作为借贷案件受理。

第 6 条民间借贷的利率可以适当高于银行的利率，各地人民法院可根据本地区的实际情况具体掌握，但最高不得超过银行同类贷款利率的四倍（包含利率本数）。超出此限度的，超出部分的利息不予保护。

(1999 年)①，以及《中华人民共和国合同法》（1999 年)②。而在前述法律依据中，由于包括“效力最高”的《民法通则》等在内的狭义法律的规定都过于原则，所以，即使辩护律师也主要根据最高人民法院《关于如何确认公民与企业之间借贷行为效力问题的批复》（以下简称《批复》）来进行辩护的。这样，本文下面的分析也主要围绕最高人民法院的这个司法《批复》进行。而且，我们的基本结论是：该司法《批复》本身不仅不能为被告辩方提供充足的理由，而且会导致“事与愿违”的结论。

仔细审视该司法《批复》的具体内容，我们会发现，虽然它的第一项内容非常清晰地依照民事“私法自治”理念而对民间借贷及其判定标准作出了规定。但是，不容忽略的是，该司法解释作为一个整体，它同时还存在着一个非常具体的并与本案有着直接关联性的“但书”条款。这样，本案被告及其辩护律师如果坚持以最高人民法院关于民间借贷的上述司法《批复》作为论证的大前提，那么，他们就必须将此司法《批复》作为一个整体来看待和适用。

让我们沿着被告辩方的思路继续前进，以最高人民法院的上述《批复》作为司法论证的大前提，承认被告的行为符合民间借贷的特征。但是，这一“合同成立”的事实，却还可能因为与其他法律规定的相悖，而导致“有效合同”与“无效合同”两种完全不同的法律后果。在《中华人民共和国银行法》和《办法》依然有效的前提下，我们看到：本案中，被告大午集团同其职工和其他村民间的“民间借贷”，性质上就属于明知国家关于金融集中于法定金融机构特别是国有商业银行和农村信用合作社的规定，并明知国家取缔非法金融业务行为的情况下，故意为之的一种非法金融业务行为；进而，如果严格地从当事人双方通过真实意思表示一致而达成合同的方式来实施这种非法金融业务行为的角度来讲，它们就可以被视为“恶意串通”③；再进一步，结合到它们的行为使得“大午集团公司所在地附近的几个营业网点几乎吸收不到存款”的事实，以及《办法》防范金融风险的立法目的，就可以将它定性为一种损害了国家和集体利益的无效“民间借款合同”。而且，本款规定不同于因过错导致合同无效情形的判定，它的有效实施无法通过“当事人”的举证和辩驳来完成的。换句话说，辩方既不能通过举证刑事被告（而不是民事当事人）无过错来推卸责任，也不能通过主张被告对相关法律规定的内容不了解来辩解豁免。(“恶意串通”同样作为一种外部性的判定标准，实际上只能通过当事人的行为——即“行为本身违法”

---

① 黑龙江省高级人民法院：

你院黑高法〔1998〕192 号《关于公民与企业之间借贷合同效力如何确认的请示》收悉。经研究，答复如下：

公民与非金融企业（以下简称企业）之间的借贷属于民间借贷。只要双方当事人意思表示真实即可认定有效。但是，具有下列情形之一的，应当认定无效：

（一）企业以借贷名义向职工非法集资；

（二）企业以借贷名义非法向社会集资；

（三）企业以借贷名义向社会公众发放贷款；

（四）其他违反法律、行政法规的行为。

借贷利率超过银行同期同类贷款利率 4 倍的，按照最高人民法院法（民）发〔1991〕21 号《关于人民法院审理借贷案件的若干意见》的有关规定办理。

② 《中华人民共和国合同法》第 12 章借款合同：

第 196 条规定“借款合同是借款人向贷款人借款，到期返还借款并支付利息的合同”。

第 197 条规定“借款合同采用书面形式，但自然人之间借款另有约定的除外。借款合同的内容包括借款种类、币种、用途、数额、利率、期限和还款方式等条款。”

第 202 条贷款人按照约定可以检查、监督借款的使用情况。借款人应当按照约定向贷款人定期提供有关财务会计报表等资料。

③ 因为，辩护律师的辩护意见中也清楚地指出：被告没有单方的欺诈故意，也没有非法占有的目的。所以，本案中当事人双方通过合同方式进行的非法金融行为，严格来讲就可以被视为“恶意串通”。

标准来判定）。关键的是，不管是根据本司法《批复》“企业以借贷名义向职工或向社会非法集资的，应当认定无效”的“但书”条款，还是根据《中华人民共和国合同法》“当事人订立、履行合同，应当遵守法律、行政法规。”（第7条），“当事人恶意串通，损害国家、集体或者第三人利益的，因此取得的财产收归国家所有或者返还集体、第三人”（第59条）的明确规定，对于大午集团与611名“储户”之间发生的“无效民间借款合同”，就需要将涉案所有财产（起诉金额共计1308万余元），全部收归国家或者返还集体。这样的推演结果可能是辩方律师永远无法想到也不愿看到的。

众所周知，近代法制特别是“通过当事人对过错的举证而获取裁判结果”的司法诉讼制度，是建立在哲学的本质主义和逻辑学的“真假”二值判断基础上的。也正是因此，所以我们认为：在一般意义上，实体法规定与程序制度之间存在着表里关系。当然，具体到司法诉讼程序内部的民事诉讼和刑事诉讼之间，又存在着如美国民事证据制度及其“盖然性原则”与其刑事证据制度中的“排除合理怀疑原则”的差异。结合到本案的具体诉辩，针对控方检察院“先”提出的“非法吸收公众存款罪”刑事控告，辩方律师的应然之举是提出证据反驳对方，否定对方的刑事主张，而非提出一项性质迥异的合法民事行为的辩解。辩方的目的应该在于论证对方“非”，而不是己方“是”。虽然，我们在日常认识和传统观念中都把刑事责任和民事责任视为一种对立存在物，但是，如同主流法理学对于刑法独立性的认识及刑事责任同民事责任间关系的界定所揭示，它们间存在的实际是社会危害性与惩罚程度的差异。因为，民事行为同样存在上述无效合同规则所揭示的违法情形与责任后果。也即逻辑上，刑事责任和民事责任之间，并非“是另一个”和“非这一个”的等值关系。这样，即使辩方的民事主张成立，未受反驳的控方刑事主张也依然成立。反之，如果驳倒了控方的刑事指控，整个诉讼程序无需证明民事行为合法就会自动结束。就如同著名的O.J.辛普森案件中，辩方首先针对的是警方的刑事指控，然后再应对原告的民事诉讼。并且，其在刑事无罪辩护中的胜利，也未能阻止原告在民事诉讼中的获胜。还如“法律（责任）竞合”所揭示的那样，同一行为在特殊情况下，可能同时侵犯不同层次的利益，并同时由不同法律规则来调整，来同时追究不同性质的法律责任，如刑事附带民事、行政附带民事等。这样，从司法辩论规则和论证技术的要求上来讲，被告辩方别出心裁地选择的合法民间借贷论证逻辑，与控方所指控的“非法吸收公众存款罪”之间就根本无法对接。控、辩双方之间展开的并非是“针锋相对”，而是“各唱各戏”和“自娱自乐”。

由此可见，即使辩方立场的核心——合法民间借贷或民事借款合同，其有效与否也依然不能仅仅依照《民法通则》、《合同法》甚至最高人民法院关于民间借款合同的司法解释来衡量；相反，《办法》及其关于非法集资、非法吸收公众存款等的相关规定与其密切相关，并构成因果前提①。

这样看来，控、辩双方思路的焦点实际上都围绕着一个（民法和刑法眼中）“拿不上桌面”但又无法躲过的——《办法》。那么，《办法》的性质和意义到底何在，《办法》又蕴涵着什么样新的法理念和法律调控机制（个中原由，留待下面具体分析）②。这里我们主要想指出的是，围绕大

① 有学者也看到和指出了《办法》与辩方民事立场之间的（矛盾）关系。参见乔新生：《东风不与周郎便——孙大午案件分析》，（http://www.people.com.cn/BIG5/guandian/1036/2104647.html）。

② 也有学者看到现行规则体系的内在矛盾，却也无法理解：为什么《办法》中一个似是而非的定义、一个“在刑事法律上没有丝毫效力的解释”，却成为近年来“非法吸收公众存款罪”在司法实践中被扩大化的一个重要“依据”。参见王怡：《从孙大午案看民间融资困境和金融垄断》。

午集团案件的处理，控方检察院的刑事思路与辩护律师民事思路之间所展开的这场非常有意思的“无锋之争”，非常集中地揭示了，作为它们司法辩论理论基础（同时也是目前法学理论界所通行）的“公私法分立”主流法治理念与司法制度设计，在现代金融关系调整中的内在困境。当然，它同时也在“左右为难”的民法、刑法调整边缘之处，为我们掀开了经济法律调控机制的面纱。

2.3.2.4　民间金融司法困境的突围与经济法对现代金融关系的调整

为什么控、辩双方在面对《办法》时都感到尴尬？为什么包括辩方在内的众多分析和评论，虽然都看到和承认其中存在着不同于刑事和民事的第三种（哪怕是行政违法）的可能，但却都不愿往前多迈一步？为什么舆论和辩方要求“审判金融管理体制”，但却不从具体并“缺席”的金融监管者入手，来思考本案的根源与可能的解决出路？那么，如果我们走出了这一步，又会是什么样的结局，它会将我们引入“豁然开朗”后的“桃花源”吗？

1. 从民事到商事：转型背景下的现代金融关系

为了理解本案的第三种可能——即经济法的介入思路，首先，我们有必要基于立法背景的分析思路追问：是否《民法通则》就是关于“民”事进而“商”事行为和商事关系的基本准则？具体而言，在《民法通则》颁布时，我们的现实经济生活中是否存在着或者我们的立法者能否想象今天本案例所讨论的草根金融（即使我们承认当时存在着“民间借款”）问题？因为，即使民法典在西欧也有其存在的特定历史语境和现实基础。同时，如果再结合学者关于《民法通则》历史局限性的讨论[①]，尤其是结合《民法典学者建议稿草案》包括《合同法》及其立法说明等对借款、借贷合同相关问题的不同规定等，我们就会看到，实际上，《民法通则》关于合法的借贷关系受法律保护（第 90 条），特别是最高人民法院《关于贯彻执行〈中华人民共和国民法通则〉若干问题的意见（试行）的通知》中关于公民之间“借贷”的规定，既借用了当时计划经济体制下国家主导金融的主流话语；同时也借用了当时民法教科书中的“一般原理”[②]。这样，从本案件所涉主要法律依据——《民法通则》和最高人民法院具体化的《关于人民法院审理借贷案件的若干意见》（以下简称《实施意见》），我们可以在学理上作如下推理：其所规定的“合法借贷关系”，主要是针对“公民特别是个体工商户之间的生活性借贷和生产经营性借贷关系”，甚至都不包括非金融企业及其与公民个人之间的民间借款。最高人民法院的《实施意见》只是对上述民法原理的一种连语词都没有变化的拷贝，而并非基于清晰的理论或实践认识。更不用说，就在同一份司法解释——即 1988 年最高人民法院《关于贯彻执行〈中华人民共和国民法通则〉若干问题的意见（试行）的通知》（以下简称《通知》）中，最高人民法院既使用了“借贷”还使用了“借款”、“出借人和借款人”等字眼，并与今天统一《合同法》“借款合同”规定中关于“借款人和贷款人”的规定形成了鲜明的对比。由此可见，基于当时的特定背景，《民法通则》及最高人民法院的《通知》，实际上更多地是在“民事”（或准确地“家事”）的意义，而非“商事”的角度上使用上述语汇的。因为，当时的金融机关还是具有行政管理属性的——国有专业银行，而非上个世纪 90 年代的市场化的商业银行（包括信用合作社）；而且，当时的国有专业银行也更多是利润全部上缴和资金计划调

---

① 孔祥俊：《民商法新问题与判解研究》，人民法院出版社，1996 年。朱晓喆：《自然人的隐喻》，《北大法律评论》第 4 卷第 2 辑，法律出版社，2002 年。

② 佟柔主编：《中国民法》，法律出版社，1990 年。而谁又能想象这两个“借用”——前者的本土当下实践知识与后者普适性的西方书面知识之间可能蕴涵的知识和实践两个方面的断层。

拨的国营企业，它们既无压力也无冲动去贷款，更无必要去吸收公众存款或者集资。这样，即使今天我们可以通过简单“类比”而得出当时的国营企业和国有专业银行之间的关系具有某种“商事”内涵，那也是计划经济的而非市场经济的。

2. 现代金融关系及经济法介入的逻辑前提

基于法律语词及其逻辑的分析思路，我们看到，一方面，从《民法通则》和最高人民法院《通知》中的“公民间借贷”、“无息借款”、“出借人和借款人”用语，到《合同法》中的“借款合同”、“借款人和贷款人”措辞，再到最高人民法院1999年司法《批复》中“公民和非金融企业间的借贷”、“民间借贷”、“双方当事人”、“意思表示一致”等包含了非常形式化和很成熟民商事理念的概念，这样一个历史的发展过程，非常生动地为我们展示了“商品交易实践”与“民事法律知识”的互动演进。但另一方面，如果我们将1999年最高人民法院司法《批复》作为一个整体，并对上下文两个“借贷”语词所指涉具体社会经济关系，做更进一步的还原分析，又会发现其存在着的不易为人觉察的内在错位。该司法《批复》第一项规定运用形式化的语词技术对民事借贷关系作出了“准立法规定”，并将其双方当事人界定为“公民”与“非金融企业”。由这一“准立法规则”的形式化类概念特性所决定，作为民间借贷主体的“公民”和“非金融企业”均可以在“借款人”和“贷款人”这两个位置上和身份间实现互换。虽然在情理上，人们可能更倾向于将“企业”作为借款人而“公民”作为贷款人，就如同我们在非法集资或非法吸收公众存款行为中所看到的那样。但是，对于“但书”中“非金融企业以‘借贷’名义”所为的各种非法行为，却又不能简单地依照上述形式化规则加以推理，需要更加具体的分析。如在“非法集资”行为中，“借款人”只能是“非金融企业”，而“内部职工及其他不特定社会成员”是“贷款人”；在“非法发放公众贷款”行为中，“非金融企业”又只能是“贷款人”，而“公民或者自然人及其他企业”则是“借款人”。而且，上述规定所共有的一个副词“向”字，同时就规定了上述身份和位置的固定性与非互通性。这样，还原分析的具体结果，却与《合同法》所规定的“借款合同”、本司法《批复》第一项内容所针对的“公民”与“非金融企业”间的“借贷合同”，特别是其中关于“贷款人”权利的规定——不相一致。

如此含混的法律规定，至少可以说明两个方面的问题：一是辩方不加细分地依此作为辩护根据，其逻辑证明力将非常可疑！二是，如上所述，现代金融关系本身的性质决定了，固守民事形式化规则的法律调整和法学研究思路，必然在面临概念的“能指”与“所指”相分离的状态时狼狈不堪！

这样，在目前法律框架内，无论从《办法》区分的三种非法金融活动衡量，还是从刑法区别的三个罪名出发；也不管法官守旧还是从新，即使从《办法》区分的三种非法金融活动来衡量，大午集团及孙大午的行为都不必然“有罪”。并且，基于经济法规《办法》来梳理《合同法》中的无效合同规则、最高人民法院的相关司法解释乃至关于非法金融活动罪的刑事规则，不管是在逻辑上还是法理上，都能较为容易地实现：通过否定法律推理大前体来否定推理结果的效果①。

3. 国家经济管理机关主导的经济法调整方式及通过《办法》的具体介入

如上所述，虽然我们基于控、辩双方司法论证及其困境的分析，所得出的基本论证结论是本案被告——大午集团和孙大午的行为“不必然构成犯罪”；但它同时也并不意味着就是一种被告辩护

① 因为从行为判定标准的角度来讲，作为经济法规的《非法金融机构和金融业务活动取缔办法》实际上是《刑法》关于“非法金融活动罪”及《合同法》关于“无效合同”的具体判定标准/原因。

代理人在“非刑即民”思路下所主张的合法民间借贷行为。而且，类似本案大午集团的这种金融行为的特殊性，使得国家利益、社会公共利益与市场竞争者个体利益的交错要更加突出和复杂。如果进行细致考察，不管是《合同法》关于“无效合同”处理后果的规定，还是最高人民法院上述司法《批复》的相关内容中，都共同包含了一种区别于“当事人内心意思表示”的、具有外在性和事先行政性的行为判定标准。它实际上已从法律规则的语词技术和司法调整机制层面上揭示了：转型中国的复杂语境下，金融关系所具有的“公私融合性”及国家权力介入的必然性！

这样，立足于金融关系及其法律调整的特殊性要求，我们来重点分析经济管理机关能够以何种更直接和更具合法性的方式介入金融关系的法律调整。

依照在本案处理中虽备受责难但却至今有效的《办法》的规定，大午集团及孙大午的行为，依然属于一种违反经济法规、需要国家经济管理机关介入调处，并可能导致经济法复合性责任后果的“非法金融业务行为”。而且，对此经济违法行为或金融违法行为，根据《办法》，应由作为央行的经济管理机关——中国人民银行依法定职权和程序予以查处[①]。

具体而言，《办法》明确规定非法金融机构和非法金融业务活动由中国人民银行予以取缔，任何单位和个人不得干涉，不得拒绝、阻挠。非法金融机构设立地或者非法金融业务活动发生地的地方人民政府，负责组织、协调、监督与取缔有关的工作。特别需要指出的是，相同于经济法律对于负责反不正当竞争法的工商机关、反倾销法的商务部职权的规定，《办法》专门规定了央行的“准司法性质”的取缔程序，并赋予中国人民银行对非法金融机构和非法金融业务活动“准司法调查权”：如对非法金融机构、非法吸收公众存款或者变相吸收公众存款以及非法集资行为，中国人民银行一经发现，应当立即调查、核实；被调查的单位和个人必须接受中国人民银行依法进行的调查，如实反映情况，提供有关资料，不得拒绝、隐瞒。对与案件有关的情况和资料，央行还可以采取记录、复制、录音等手段取得证据，并在证据可能灭失或者以后难以取得的情况下，依法先行登记保存，以防止有关人员销毁或者转移证据。最后，经中国人民银行调查认定，属于《办法》规范的非法金融行为的，再视不同情况作出不同性质的处理决定。

通览《办法》，我们就会发现，其中虽然基于现行国家机关权力划分原则和必要分工配合的格局，通过必要的妥协与变通方式规定了公安机关的某些协助职能。但是，整个《办法》的核心内容却是，在金融管理机关——中国人民银行的主导下，采取包括债权债务清理清退、追究行政责任乃至刑事责任在内的多种复合形态的处理方式，对依法认定的非法金融业务活动分不同情形进行调处。特别是其采取专章立法技术，优先于行政责任、刑事罚则而规定的“债权债务的清理清退”制度，直接把因非法金融业务活动所形成的后果界定为“债权债务”。与本案所呈现的矛盾状况相一致，这种表面上的“不伦不类”，实质上恰恰揭示了本案所涉非法金融行为的“公私交融性”。

具体而言，针对这种因非法金融业务活动形成的“公私融合”的法律关系，《办法》并非如同本案中的中国人民银行徐水支行，直接推给公安机关依照刑事案件处理了事。相反，它却规定了如下“公私交融”的解决途径：首先，由中国人民银行依职权查处并认定“非法金融业务活动”是否成立。在认定基础上作出取缔决定，宣布该金融业务活动为非法，责令当事人停止一切业务活动，并予公告。在此环节中，央行除了通过“禁止令”方式，责令为非法金融业务活动开立账户、办理结算和提供贷款的金融机构立即停止有关业务活动，并冻结有关资金外，其最为核心的内容则是，由从事非法金融业务活动的当事人，根据损失、债务和风险自行承担不得转嫁的基本原则，来

① 本案中中国人民银行的失职，实际上从此时就已经开始。

负责清理清退相关“债权债务”。当然，有批准部门、主管单位或者组建单位的，由批准部门、主管单位或者组建单位负责组织清理清退债权债务；没有批准部门、主管单位或者组建单位的，由所在地的地方人民政府负责组织清理清退债权债务。因清理清退发生纠纷的，由当事人协商解决；协商不成的，由当事人通过司法程序解决。但是，这样的诉讼无论如何也不可能是刑事诉讼！对于债权债务清理清退后的剩余非法财物（而非所有剩余财产），予以没收，就地上缴中央金库。最后，即使需要提请公安机关依法立案参与侦查，也是建立在央行依职权自主调查并对行为性质和后果初步认定基础上的。换句话说，即使需要提请公安机关介入或者需要考虑是否构成刑事控告，也是由经济管理机关在上述债权债务清理程序以及行政责任追究之后，根据行为性质和后果而自主判断又必然进行的。

因为，本案中的经济管理机关——中国人民银行，并非只是一个严格履行（executive）“法定必须作为行政职责”的，或者执行“具体明确的生效司法裁判文书”的——公安机关，它应超脱于包括国有商业银行、集体信用合作社和普通市场主体的大午集团在内的所有市场主体，从金融市场监管者和维护者的角色定位出发，从金融体制本身，特别是从对代表市场经济发展方向的民营经济及其健康有序发展的高度，通过自己的调查来决定和权衡，是否将大午集团的非法金融行为作为犯罪来告发。当然，更高的境界应该是超越此一案的经验得失，而“顺水推舟”地进行金融制度创新——“把信贷市场禁入改为准入加监管，开放信贷市场准入，允许大午集团这样的民间融资机构正式化，自然消减非正式金融的规模”。也即，随着市场经济的进一步发展、“三农”现代化进程的加快、金融体制改革的不断深化以及相关金融法律制度的适时完善，把类似本案大午集团这样的行为，更多地导入包括合法民事借贷在内的规范而灵活多样的金融制度创新中。而这恰是经济法的政策性、公益性特征的具体体现。

但是，事实是，面对执法和司法水平的要求远甚于立法的经济法，我们的经济管理机关由于自身缺乏正确的经济法理念，而无法分辨自己公共经济管理者、整个国有资产的所有者（总老板）、具体国有资产经营管理者（小老板）的身份与角色，进而混同公共经济管理、公有财产的一般性管理、公有财产的具体经营管理三种职能，面对社会转型而产生的“公私交融性”的新型经济关系与纠纷，仅仅站在国有资产所有者“一己私利”的立场，仅从保护农行、农信社这一特定“竞争者”（更确切地“金融垄断者”）的角度，来行使职权。这样，被我们奉为神明和经济法制发展依托的国家经济管理机关，最终堕落成了社会主义市场经济发展的阻碍者而非推动者！而这也才是从舆论及辩护律师角度提出的所谓“法律惩罚好人”以及“审判金融管理体制”的切入点。

由此可见，包括《办法》在内的经济法律给我们提供的实际上是一套复合性的法律调控与实现机制，一套不同性质法律调控手段层次递进的多元选择。这样的复合多元机制充满了更多的回旋余地与“语境化”可能：一种既是对当事人同时更是对国家法制（包括司法机关）、法律权威的回旋。而且，恰就是这样的递进与回旋，才能突破“非公即私”的逻辑障碍，并同时回应经济法“既可能是甲也可能是乙还可能是丙”的集合逻辑状态。如果本案的经济管理机关——中国人民银行从初始就能够依照《办法》的规定，从保障社会主义市场经济发展和“三农”现代转型的基本价值取向出发，从规范和引导民间金融市场的健康有序发展的理念和宗旨来积极行使职权，那么，根据本案的具体情况，经济管理机关的调处程序就可能在债权债务清理清退、行政处罚、刑事控告的任何阶段适时结束或深入递进，而绝非逼上今天“刑事司法诉讼一条道”。同时，经济法律制度在规范“公私交融性”法律关系方面的这种“游刃有余”，也就不会如同本案封闭性的司法诉讼程序中，即使各方当事人都认识到第三种可能的存在，但在已经启动的刑事司法诉讼中，却无法为其找到适当的起点。

2.3.2.5　余音：寻求新的历史条件下公共利益维护的新机制

行文至此，我们就应该看到，对于本案，不管是控方"下意识"的刑事犯罪立场，还是辩方合法民间借贷思路所遭遇的无效合同障碍，抑或是我们提出的"公私融合"的经济法进路，它们共同包含了这样一个基本问题：如何在中国社会转型这个新的历史背景下，为"公共利益"的维护寻找到适当的机制与方式。因为，如果不是一个极端法律虚无主义者的话，都应该承认：本案大午集团及其法定代表人孙大午的非法金融行为，确实对国家金融秩序乃至整体经济利益或者说"公共利益"造成了侵害（至少是威胁）①。而且，如果我们对控、辩双方争议焦点背后暗藏的密码进行破解的话，仍然是围绕着如何维护其中的"公共利益"！只不过基于控、辩双方的"公私对立"立场而无法实现二者的调和。而我们开出的经济法药方，正是立足于公私利益的平衡协调而对"公共利益"的寻求和维护。

这样，在中国社会转型这个新的历史语境中，对于类似本案的民间金融行为引发的"公共利益"维护问题，一方面，我们可能借助于（源自计划体制的）"民事问题的刑事化"或者行政处罚方法来实现。而且，其中的"行政处罚"既包括行政机关广泛的行政罚款权，也体现为人民法院处理"无效合同"中"司法权的行政化"。在"民事问题刑事化"和"行政化的司法权"之间，又由于"刑事化"策略所具有的责任后果的惩罚性和先天正统性②，再辅之以计划体制下包括罚款在内的商品价值的非主导性因素等，而在"公共利益"维护中始终充担着"排头兵"角色。

另一方面，中国社会的转型背景及其形成的"共时性"语境，又同时使得上述传统的"公共利益"发现与维护机制的合法性，开始面临挑战。结合到本案中不同法律调控机制及其现实表现，我们认为：

首先，不能再简单和直接地把"公共利益"维护推向"刑事化"。因为，我们关于本案控方司法论辩逻辑困境的分析揭示了：对于这些寄身于现代经济活动和经济关系中的违规行为及其引发的"公共利益"维护问题，刑事手段作为最后的防线虽然是必要和重要的，但把它作为"第一道防线"的中国实践，不仅无助于"公共利益"的维护，同时，还可能从根本上动摇国家法治的尊严和刑法及诉讼制度的合法性基础。更不用说，作为一个发展中国家，在 WTO 国际竞争的视角下，我们可能更应该关注国民财富的创造，关注对其主体——民营企业的保护而不是压制和打击，这样一个更加高远的时代主题了。

同时，我们也不能再重蹈《合同法》特别是《经济合同法》和最高人民法院相关司法解释关于"无效合同"的处理及其所隐含的"司法权行政化"思路，再逆社会发展的主流——社会主义市场经济的规律和基本法制要求，而由"行政化"的人民法院，通过裁判文书判处无效合同所涉金额收归国家或者返还集体的方式，来维护公共利益了。对此，虽然我们并不否认，在某些特定场合，最高人民法院关于无效合同的司法解释职能，可以变相地打通"公共利益"维护这一通道；

---

① 而且，我们需要再次强调，此处所谓的"公共利益"（public interests），是指存在于超越所有金融市场主体之上的，内涵于整个国家金融秩序和竞争环境中的、为非法金融行为所侵害的集合状态的利益。所以，对于微软公司（Microsoft）捆绑浏览器的行为，就可能存在联邦政府和多个州政府的共同起诉。只有集合状态的共利益才能给复数个"公共利益"的独立并且存提供合理解释。

② 这种正统性不仅表现在中国的民刑不分传统，而且还表现在至今的官方文件中都把社会基本调控手段——法律手段、行政手段和经济手段中的"法律手段"等同于刑事手段。

但是，在缺乏平等和主动的“公共利益”救济机制的目前司法体制中[①]，司法权的行政化无可避免地染上被动与武断的色彩。它只能消极地等待平等市场主体发动相关的诉讼，并视案件审理过程中“公共利益”被侵害的程度和发现的可能，来单方宣布（即武断地认定）为无效合同，并判决收归国家所有或者返还集体所有。而且，一旦这种方式和其他更具合法性的“公共利益”维护方式并存[②]，如本案在问题已经被“刑事化”的情形之下，法院的这种“行政化司法权”就会“哑火”，并会“共谋”推动案情结果向“刑事化”的纵深方向发展。而顺应社会主义市场经济及其法制建设的要求，司法机关及其司法权回归应然的中立性质和裁判者角色，才应该是未来发展的根本方向。

那么，我们是否因此就认为，目前通行于各种经济立法中的“行政责任”特别是行政罚款，如本案中的中国人民银行，也基于历史惯性或旧体制的惰性[③]，而在《办法》中作出的关于行政罚款的规定——设立非法金融机构或者从事非法金融业务活动，尚不构成犯罪的，由中国人民银行没收非法所得，并处非法所得1倍以上5倍以下的罚款；没有非法所得的，处10万元以上50万元以下的罚款（第22条）等等，就可以如人所愿地担此重任呢？对此，我们的观点是，基于“管辖”（jurisdiction）理论的最基本含义，如果说在计划体制下，面对具有行政身份和行政隶属性的国有专业银行及其金融行为，中国人民银行的上述规定可能具有实质意义和效果的话；那么，在今天面对没有任何行政隶属关系，也无实际管辖能力的民间金融行为时，中国人民银行至多能对行为人提出的“警告”；在自身缺乏实际的行政管辖和执行权，也缺乏行政权与司法权之间圆润配合机制的情形下，我们想象不出这种所谓的“行政处罚”应该如何落实。所以，本案中不戴“大盖帽”的央行，也就自知理亏地将案件推给了传统的行政执行机关——公安机关。这些事实情况，实际上已表明了：以行政隶属性为特征的传统行政管理方式在现代国家公共经济管理中“无所适从”的现实。同时，根据西方经济法制理论和实践经验，如果要想将央行塑造成真正的经济管理机关，集“准立法权、准司法权和行政执法权”于一身的第四种权力就必须赋予央行。否则，未来的经济管理机关只能蜕化为有名无实的存在。

这样，我们看到，虽然，就“公共利益”维护而言，上述不同的处理方式，可能都具有某种类似且在特定时空条件下各具合法性的制度功能。但是，社会主义市场经济及其法制体制建设的不可阻挡，使得它们在新的历史条件下的合法性基础已被动摇或者需要重新定位。为此，我们认为，不管是基于明晰司法权属性的目的，还是从有效维护“公共利益”的需要，上述过渡形态的公私分立基础上的“公共利益”维护制度，都需要借助于现代侵权法理论和制度，通过建立和健全我国的民事公诉制度来实现创新。

这样的制度创新和设计，还有诸多长处：

---

① 根据《刑法》第91条的定义，公共财产，是指下列财产：（1）国有财产；（2）劳动群众集体所有的财产；（3）用于扶贫和其他公益事业的社会捐助或者专项基金的财产。在国家机关、国有公司、企业、集体企业和人民团体管理、使用或者运输中的私人财产，以公共财产论。该规定本身实际上揭示的恰恰是公有财产的一种集合化存在状态。但需要我们反思的是，现实的司法实践中我们依然坚持的是一种计划体制观念和类概念知识角度的理解和运用。这样，它就导致本案中的央行将国有商业银行和集体信用合作社利益等同于其所代表的“公共利益”，换句话说，任何一个国有或集体组织的财产都等同于全民财产，并具有超越个体财产的有限性。这样，民间金融进而民间资本就无法获得司法的平等保护。正因此，包括史际春、崔之元等教授在内曾先后指出真正的国有企业产权制度实际上被曲解或者根本没有建立起来。

② 比之对单位的行政罚款来讲，即使在单位犯罪的情形下，刑事责任的追究更具有责任的“人格化”色彩，能更直接地触及刑罚的“该当”根基，也就更具正当性。

③ 计划体制下的行政罚款就是一种维护公共利益的方式。

首先，它能够真正实现从司法技术的角度来发现、鉴别和代表市场体制下超越于各方市场主体的“公共利益”。众所周知，在市场竞争的很多情形之下，虽然我们可以感到“公共利益”受到“实质性威胁或者损害”。但是，依据传统的民事诉讼理论和制度，却又常常无法找到适当的司法诉讼理由和适格司法诉讼主体。对此，我们在分析辩方的民间借贷思路特别是“无效合同”推演结果所造成的事与愿违的困境时，就已经暗含了这个问题。因为，即使我们将大午集团和孙大午的行为界定为一种草根金融的制度创新，或者事实上的民间金融者及其行为的话，那么，大午集团和当地国家商业银行及集体信用合作社之间，就是一种——平等和独立金融市场主体间事实上的竞争关系。如果因为不正当竞争行为而遭受利益损失，那么这种利益及损害本质上仍然还只是一种平等市场主体的利益，应该并只能通过民事诉讼程序加以解决。但是，又由于这种经济竞争关系所具有的不同于“对向性”商品交易关系的“共向性”特性，它使得民事司法诉讼及其所要求的“利害关系相对人”和“直接的法定利益”等，根本无法从司法诉讼技术层面上加以举证和确证。而此时，我们又绝不能因为民事司法诉讼技术障碍的存在，而否认市场竞争秩序中“公共利益”的存在和维护。为此，通过经济管理机关的专业裁处，再辅以之国家公诉机关的民事公诉/公益诉讼、甚至社会经济团体自治在内的综合制度创新，就为各国经济法制实践所证明是必然之举，同时也是有效之举。也正因此，所以，在美国包括早期的“ALCOA”案到最近的“微软公司案”等一系列著名有关经济竞争案例中，除了经济管理机关——联邦贸易委员会的裁处外，我们都可以看到代表美国联邦政府乃至各州的检察机关（DOJ）参与其间，对可能涉及的公共利益所造成的损害以本州居民监护人的身份提起民事诉讼加以救济。

与此同时，这种思路——通过引入检察机关提起国家民事公诉，而非仰仗实践中我们所熟悉的“行政化司法权”径行裁决，或通过（有点新瓶装旧酒式的）经济管理主体的变相罚款，来实现“公共利益”的维护，更有可能使得司法机关和行政机关之间、司法机关内部的人民法院和检察机关之间，在新的历史条件下，合理分配各自存在与运行的合法性依据。而是不仅仅把他们存在和运行的合法性依据依托于传统的政权强制力/国家暴力，并“自己做自己的法官”。这样，如果有了检察机关提起民事公诉要求经济违法当事人承担其行为对“公共利益”造成的损害的司法制度创新，本案或其他类似案件的司法论证，最低程度上也不至于落到“因言获罪”的政治层面上去。

（作者单位：兰州大学经济法研究所）

2.3.3 我国市政公用行业反垄断问题

陈拥军

在我国，市政公用行业是指由城市人民政府管理的，为城镇居民生产生活提供必需的普遍服务行业，主要由城市供水、排水和污水处理、燃气供应、集中供热、城市道路和桥梁隧道、公共交通、环境卫生和垃圾处理、园林绿化等行业组成。由于市政公用行业普遍具有投资额大、投资回报期长、资产专用性强、规模经济显著等特点，在一定的业务范围内，由一家企业提供产品或服务可能具有更大的生产效率，即具有自然垄断的经济属性。近年来，市政公用行业开始了大规模的以市场化为方向的改革，改革的重点是对内对外同时开放市场，引入市场竞争机制，打破政府垄断经营。但是，现行的改革理论和实践一般都没有顾及到市政公用行业自身的特点，往往与电信、电力、铁路、邮政等其他垄断行业相提并论，混为一谈，以至于开出的反垄断药方也基本相同。这种认识和做法，显然是不可取的。

2.3.3.1 市政公用行业垄断的特点

同基础领域的其他垄断行业一样，我国市政公用行业是国民经济基础领域的重要组成部分，在支持经济发展、提高人民生活水平方面发挥着重要作用。同时，市政公用行业也带有所有垄断行业先天不足的弊端，例如资源配置效率低下、市场供给短缺、容易诱发腐败等。但是，同其他基础领域的垄断行业相比，市政公用行业的垄断又具有特殊的行业特点。

第一，它以区域性垄断为主。我国基础领域内的垄断基本上都带有行政性垄断的色彩。这就是政府及其所属部门滥用行政权力，人为设置一些进入障碍，限制了竞争的作用。行政性垄断可区分为行业性垄断和区域性垄断两种形式。我国市政公用行业一般由城市政府投资，在一定行政区域范围内提供产品或服务，所以，和其他基础领域的行业性垄断不同，市政公用行业内的垄断主要是一种区域性垄断。

第二，它没有形成高额垄断利润。在很多其他基础领域，与垄断伴随着的往往是大量垄断利润，是政府的一项重要的财源，也是这些领域职工收入远远高于其他行业，从而造成行业间收入差距扩大的一个重要的原因。从国家统计局有关部门近几年公布的利润总额最大的10家企业集团来看，中国石油天然气集团公司、中国移动通信集团公司、中国石油化工集团公司、国家电力公司、中国电信集团公司等大型的行业性垄断企业一直稳居榜首。与此不同，市政公用行业内的垄断不仅没有带来丰厚的利润，反而不同程度地伴随着企业亏损，给地方政府造成巨大的财政压力，本行业职工的收入也普遍不高。

第三，反垄断能够得到广泛的支持。在我国其他基础领域，反垄断一般都会减少政府的财政收入，触及到部分既得利益集团的利益，改革面临着很大的阻力。与此不同，市政公用行业的反垄断却能得到广泛的支持。因为市政公用行业的垄断不仅没有给城市政府带来垄断利润，反而每年需要给予相当数量的财政补贴，结果是增加了政府的财政压力，影响了市政公用行业的长远发展和竞争力的提高，所以城市政府对这些行业的反垄断积极性高。因为市政公用行业的企业背负垄断之名，并没有得到丰厚垄断利润之实，通过反垄断改革之后，职工的收入不仅没有下降，反而还有所提高，所以企业职工普遍支持打破垄断。还因为和其他垄断行业一样，市政公用行业普遍存在着效率低下、损害消费者权益的情况，所以广大消费者也积极欢迎市政公用行业引入竞争机制、打破垄断。

2.3.3.2　市政公用行业反垄断的思路

我国市政公用行业打破垄断经营，全面开放市场，是深化经济体制改革的必然要求，也是我国加入 WTO 对国际社会的承诺。在市政公用行业市场结构重组的改革过程中，我们既要借鉴其他基础领域反垄断的经验，又要考虑市政公用行业垄断的特点，这样才能真正达到提高资源配置效率、增进社会福利水平的目的。

我国基础领域各行业市场化改革的最终目的，说到底都是为了提高资源配置效率、增进社会的整体福利水平，而不是反垄断本身，更不是为了引入竞争而简单地进行行业内拆分。在基础领域，有些行业的改革，例如电信、电力等行业，就曾出现过这种简单化的倾向，把行业一块切分成两块，再把两块切分成四块，改革思路始终局限在国家垄断经营的传统体制内。这样做的结果，是把完全垄断市场变成了寡头垄断市场，消费者的利益仍然受到损害，并且伴随着市场秩序混乱，出现了恶性竞争。市政公用行业的改革应该吸取这方面的教训，在培育和引入市场竞争主体的同时，还要注意对一些资源进行整合，以充分发挥其规模经济效应，增强行业竞争力，最终实现增加社会福利的目的。

现在，我国市政公用行业内的垄断现象基本上都是政府行政垄断和自然垄断的混合垄断。政府是企业的唯一投资主体，企业是政府的行政附属物。政府及其相关管理部门往往设置一些壁垒以阻止其他资本进入，还为企业设定了一些非经济目标，这样，导致了企业的非理性行为。企业没有受到降低成本、提高效率的激励，而且还往往利用与政府的特殊关系来维护自己的垄断地位。所以说，在政企不分、政资不分的市政公用行业，反垄断的第一步就是要斩断政府和企业之间的经济利益关系，实现政企分开，使企业成为真正的市场竞争主体，这样，政府才有可能真正代表社会公共利益对企业进行监管。

由于市政公用行业具有自然垄断的经济属性，即使通过市场化改革引入了一些新的竞争主体，经过一定时间的竞争之后，很可能还是只有一家企业能够生存下来。在政府监管不到位的情况下，追求利润最大化的垄断企业就会利用自己的垄断地位，制定垄断高价，损害消费者利益。而且，随着国际资本的进入，许多跨国公司将携带着资本、技术、管理等优势，抢占国内市场，这样形成的经济性垄断很可能会对我国经济造成被动和不利影响。因此，在市政公用行业打破原有垄断体制的同时，政府的监管尤其是相关的立法要及时到位，积极防范经济性垄断的出现。

2.3.3.3　市政公用行业反垄断的难点及对策分析

我国市政公用行业的反垄断改革不仅滞后于整个国民经济市场化的进程，而且比其他一些垄断行业的改革也要慢一些。其主要原因在于市政公用行业有其自身的行业特点，在打破垄断过程中遇到了某些理论和实际上的困难。

第一，关于垄断的传统认识制约着反垄断的进程。传统的经济学理论对市政公用行业的认识存在着两个明显的误区，严重影响了该行业的反垄断进程。一是传统的经济学理论认为，市政公用行业大多具有自然垄断的特点，这些行业的垄断本身就是市场竞争的必然结果，是一种最优的选择，如果出现竞争，反而是非经济的。二是传统的经济学理论认为，市政公用行业提供的主要是公共产品和准公共产品，是市场失灵的领域，这些产品的生产和供给属于政府的职责范围，从而为政府进行行政性垄断提供了依据。

关于垄断的这些传统认识，已经受到了来自实践的严峻挑战。国内外的实践充分证明，垄断不可避免地伴随着低效率现象，政府的行政性垄断更是如此。在事实面前，人们开始反思传统的垄断理论，并取得了很大的突破。首先，从理论上讲，垄断的确有产生规模效益和范围效益的可能，但在缺少竞争压力的情况下，垄断企业没有把这种可能变成现实的动力，所以说，这种垄断收益只是一种潜在的可能，并非现实。其次，如果在这些行业引入竞争，虽然从理论上分析，生产的规模效益可能会受到损失，但是，国内外的改革实践充分证明，竞争带来的收益足以抵消这部分损失还有剩余，原因是通过竞争机制的作用，企业普遍产生了降低生产成本、提高服务效率的动力，消费者也因此得到了更大的好处。最后，一个行业是否属于自然垄断，与该行业的技术进步、市场范围大小等因素有关系，而不是绝对不变的。随着技术的进步，相关替代品的出现，或者是由于通讯交通等条件的改善，市场的范围发生了变化，都可能改变行业的垄断性质。总之，一方面，关于垄断的一些传统认识仍在制约着我国市政公用行业的反垄断改革，是改革的一大障碍，需要进行理论突破。另一方面，实践和理论的发展已经为突破这些传统观念提供了可能，准备了条件。

第二，市政公用行业领域引入市场竞争有困难。从理论上分析，市政公用行业普遍存在着成本弱增性的经济技术特征，在特定的业务范围内，一个行业只能容纳一个企业，即存在着自然垄断的经济属性，自发竞争的可能性不大；但是，反垄断改革就是要通过市场竞争机制的作用来提高整体的资源配置效率。如何在传统的自然垄断领域引入市场竞争机制，发挥市场竞争的作用，就成了改革的一个难点问题。

现代经济学理论和各国改革实践在这方面作了大量的探索，认为在自然垄断行业引入竞争还是有可能的，只是竞争表现出来的形式不同，同时还要积极发挥政府的作用。特许投标竞争理论认为，政府可以通过拍卖的形式，让多家企业竞争在某行业中的特许经营权，在一定的质量要求下，由提供最低报价的那家企业获得特许经营权。采用这种方式，如果投标阶段有比较充分的竞争，那么，价格就有可能达到平均成本水平，获得特许经营权的企业也只能得到正常利润。特许经营理论实际是企图通过政府作用的发挥，让投标者之间的竞争代替企业生产过程中的竞争，从而达到引入竞争机制、提高生产效率的目的。

区域间比较竞争理论是一种借助政府管制机制，促进不同地区的垄断企业间竞争的模型。在这个模型中，政府可以通过比较不同区域性垄断企业的经营绩效，以经营绩效较高的企业的经营成本为基准，并考虑各地区的经营环境差异，在此基础上制定管制价格，促使各区域性垄断企业为降低成本、增加利润而开展竞争。目前，我国市政公用行业主要是由区域性企业垄断经营的，这些企业不仅在本地区范围内垄断了产品和服务，也垄断了经营成本等方面的信息，相互之间不存在任何竞争。区域间比较竞争理论可以被政府用来发现区域性垄断企业的真实成本和降低成本的潜力，进而引导不同地区间的垄断企业开展竞争提供依据，具有相当可观的应用前景。

还有学者认为，只要政府打破行政垄断，放开市场，积极培育市场竞争力量，在传统的自然垄断领域开展直接竞争也是完全可能的。而且，消费者在竞争性市场能够得到更好的服务质量，因为竞争性企业具有很强的降低成本、提高效率的动力，它们比垄断企业更关心消费者福利，从而消费者能得到更大的满足。

第三，政府反垄断的手段和能力有限。我国传统的市政公用行业管理体制是高度政企合一的，政府主要通过行政协调来对企业和行业进行管理，规范企业行为的法律法规不仅数量少，而且主要是以部门法规或地方法规的形式发挥作用，法律效力很有限；市政公用行业的监管人员大多不具备相关的经济学、管理学以及法律方面的知识，并且没有专门独立的监管部门。这样，政府反垄断的手段和能力都受到了很大的限制。

根据 WTO 有关协议的规定，我国的市政公用行业将全面地对内对外同时开放，这就要求相关的国家法律法规、政府的监管手段和方式与国际规则接轨，传统的管理体制将受到严峻的挑战。为了保护消费者的权益，防止垄断者滥用垄断权力，需要政府尽快修改和完善有关的法律法规，严格规范垄断行为，促进市场的公平竞争，保证反垄断工作的法制化、规范化。同时，还要抓紧建立适应新的市场条件的监管机构，吸纳一批懂技术、善管理的人员，提高政府反垄断的能力。

（作者单位：中共中央党校研究生院）

2.3.4 公用事业民营化的行政法思考

郭 朋

城市公用事业主要包括城市供水、供电、供热、供气、公共交通等与城市居民生活休戚相关的城市基础设施。在现代社会，个人对国家、社会的依赖加重，政府公共行政的范围日益扩展，行政任务完全由国家承担并且已超出其承受能力。根据弗雷德里克森的“新公共行政”理论，政府应该积极寻求公众的基本需求，尽力追求产品和服务的品质，并通过不断发展的组织体系与能力稳定地改进服务品质。① 在“新公共行政”理论的影响下，西方各国政府积极探索政府管理的新模式。② 表现在公用事业领域，各国普遍采用了将公用事业交由民间资本进行经营，政府进行间接的调控和管理的做法。实践表明，公用事业民营化不仅有助于缩小政府规模，降低政府成本，而且能极大改善政府公共服务输出的质量和水平。同时，公用事业民营化意味着政府公权力在一定领域的退出。公权力范围的缩小，可以减少权力寻租的机会，有助于防止行政腐败行为的发生。另外，公用事业民营化还能为广大社会公众参与公共行政管理提供更广阔的空间，促进政府与民间的对话与合作。目前，在我国以政府为主导的传统公用事业运作机制由于缺少竞争和充足资金的支持，导致了在公用事业项目投资和运营上的低效率和亏损现象的长期存在，不仅政府背上了沉重的财政和管理的包袱，社会公众对许多城市公用事业服务的低质量和低效率的不满情绪也是随处可见，我国的公用事业经营急需变革。在这种背景下，建设部于2002年12月发布了《关于加快市政公用行业市场化进程的意见》，宣布从2003年开始对各类资本全面开放公用事业行业。一些地区也纷纷开放或部分开放公用事业经营领域，允许民营企业进入。我国的公用事业民营化改革是政府公共行政改革的一个重要方面，深入研究公用事业民营化中涉及的行政法律问题，审慎构建符合我国国情的政府管制框架体制，是支撑我国公用事业民营化制度合理构建的基础和逻辑中轴。

2.3.4.1 公用事业管制改革——公用事业民营化的背景

公用事业民营化源于第二次世界大战后西方各国的公共行政改革运动。20世纪80年代后，随着全球经济一体化的进程加剧，各国政府普遍面临财政危机、管理危机和信任危机，面对来自国内外的双重压力，各国政府普遍接受了“新公共行政”这一理念，借用私营部门的管理技术来大力推进政府职能市场化。从整个社会角度出发，对公共行政管理体系进行重新设计和改革，如转变政府的行政观念，扩大公众对政府公共行政管理的参与程度，提高公共服务质量等等。

西方各国的公用事业管制改革。在美国，自罗斯福新政后，由于政府经济职能的广泛扩张，政府财政负担日益严重，表现在公共服务领域，公用事业经营不佳，生产效率低下，社会公众对政府的管制政策猛烈抨击。美国政府随后对传统的管制体制作出了重大调整，坚持在包括天然气、电力、公路运输以及电话等行业部分解除管制。放松管制运动对于美国公用事业行业的竞争机制产生

---

① 丁煌：《西方行政学说史》，武汉大学出版社，1999年。

② 石佑启：《论公共行政与行政法学范式转换》，北京大学出版社，2003年。

了强有力的推动作用，降低了社会总成本，提高了消费者的市场选择权利。[①] 在英国，以撒切尔首相上台执政为标志，英国开始其在公共行政领域的改革运动。伴随这场公共行政改革运动，英国在电信、电力、煤气和自来水供应等城市公用事业行业转向民营化政策。英国的民营化政策主要采取三种主要形式：一是出售国有资产，主要形式是向社会公众发行股票以出售国有资产，实现国有资产从公共部门向私人部门的转移；二是放松政府管制，打破国家对公用事业的产业垄断的格局，取消新企业进入产业的行政法规壁垒；三是通过特许投标、合同承包、鼓励私人部门提供可市场化的产品或服务。在欧洲国家，尤其是德国，目前有很强烈地减少管制的倾向和趋势，其原因：一方面是政府财政问题。政府在更新公用事业设施方面存在市政资金不足的问题，需要到私人资本市场上去融资。另一个方面涉及由于国际市场的自由化而引发的公用事业领域的服务和贸易的自由化趋势。20 世纪 80 年代中期到 90 年代中期，德国铁路和通讯分别实行私有化，近年来这种私营化的趋势进一步向垃圾处理、公路交通等城市基础设施推进。

政府在公用事业民营化中的角色、功能定位。由于公用事业不能自由定价，但却被期望赚取利润，公用事业是被许可的垄断性经营行业。与其他竞争性的行业相比，公用事业具有以下特点：①公益性。城市公用事业所提供的产品（或服务），是一种介于公共物品和私人物品之间的准公共物品，其与居民的消费费用、消费的便捷性直接紧密地联系在一起。②垄断性。城市公用事业的生产经营过程必须依赖网络（自来水、煤气管网，公交线路）才能得以完成，具有垄断性特征。③地域性。城市公用事业的管理和经营只能在某一限定的区域之内，区域差别性使其经营管理方式和水平不可能完全一致，因此，地方政府对城市公用事业的发展有着更直接的积极性和责任。由于公用事业的公益性和垄断性的特点，各国对于公用事业的行业准入普遍设立了严格的限制和行业服务标准。

政府在公用事业民营化中主要是充当管制者的角色。所谓政府管制，是指政府行政机构依据法律授权，通过制定规章、设定许可、监督检查、行政处罚和行政裁决等行政处理行为对社会经济个体的行为实施直接控制。政府管制实际上是针对私人行为的公共行政政策，是政府从维护公共利益角度出发而制定的规则，目的是为了防止和控制受管制的企业对价格进行垄断或者对消费者滥用权力，具体措施包括控制市场进入标准、限定服务价格、确定服务条件和质量以及规定在合理条件下企业服务所有客户时应尽的义务等。政府管制实际上是社会治理的一个方面。整个社会活动的协调，实际上是不同的治理机制融合在一起，共同协调社会活动，将其导向秩序化的轨道。政府在对公用事业企业进行管制中，首先，应该遵循合理性原则，即政府管制与企业竞争要有一个合理的边界，要在所有可能允许存在市场竞争的地方引入竞争机制，政府管制只在垄断现象不可避免发生的地方实行管制。比如电力行业，实行发电与输电业务的分离。为了实现电力生产的最大化，要在发电方面实现企业间的充分竞争，而在电力传输业务方面，为了避免垄断和歧视消费者权利行为的发生，政府则要实行管制。其次，政府管制还应该遵循独立性原则，即实现政府与企业的分离，管制机构与政府的其他部门也应该相对分离。政府应该通过合法的监管机构与企业发生管制关系。最后，政府管制还要遵循公正性原则，即政府的管制行为要遵循正当的行政程序，同时政府要对其管制行为独立承担相关法律责任。

城市公用事业民营化的制度安排与政府的功能定位。在城市公共服务生产和输出过程中有三个基本的参与者：消费者、生产者和服务提供者。公共服务的生产者直接组织生产，或者直接向消费

---

① 周林军：《公用事业管制要论》，人民法院出版社，2004 年。

者提供服务。公共服务的安排者（或提供者）指派消费者给生产者，或选择服务的生产者，安排者通常是政府单位。服务提供与服务生产之间的区别是十分重要的，它是整个民营化概念的核心，是政府角色和功能定位的基础。正如莱昂·狄骥所说的那样："一项事业要成为公用事业，该事业应由统治者组织，并由统治者控制其运转。但这并不一定意味着负责该事业的人员与该事业涉及的资源应由统治者直接支配。"① 对许多公共物品来说，政府本质上是一个服务的安排者，是一种社会工具，主要决定什么应该通过集体去做，做到什么程度或什么水平，消费者怎样付费等问题。城市公用事业的民营化，对政府的治理结构产生了重要的影响。它意味着政府并不是公共产品的唯一提供者，在政府之外还存在着其他的公共产品的供给形式。在现代社会中，政府组织在合法地使用暴力，决定重大的公共资源分配方面和维护公民基本权利，实现公平价值等方面发挥着不可替代的作用，但是它不再是实施社会管理的唯一权力核心。这意味着，通过合同承包、特许经营、志愿服务、公私伙伴关系等民营化途径，以多种多样的组织形式生产和提供公共物品与公共服务，使非政府组织、非营利组织、社区组织、公民自治组织等第三部门和私营机构与政府一起共同承担起管理公共事务，提供公共服务的责任。

2.3.4.2 公用事业民营化与政府法治

公用事业民营化是政府公共行政改革的一个重要方面。行政法的研究对象是公共行政，故其理论研究必须对政府的公共行政改革作出回应。

行政法的发展与政府公共行政改革存在良性互动关系。行政法的调整对象主要是政府的公共行政活动。公共行政以国家公权力的行使为权力基础并指向一个国家内部的公共事务，目的是实现国家和社会的公共利益。行政法的发展和完善与政府公共行政活动存在良性的互动关系。一方面，现代意义上的行政法是国家行政管理法治化的产物。莫里斯·奥里乌指出："只有存在足够发达的行政制度时，才能有真正的行政法，从整个意义上来说，行政法与国家的行政制度之间存在必要的关系。"② 从现代行政法产生和发展历史考察，正是由于政府行政权力的扩张，对市民社会的介入越来越深，催生了现代行政法学思想和行政法律体系的构建。同时，一国政府每一次行政管理模式的改变都要求该国行政法律制度作出相应的回应。另一方面，现代法治国家的一个很重要的要求是，政府的公共行政活动要受制于该国宪法、行政法以及其他法律制度的调整，实行严格的依法行政。现代政府的公共行政活动承担着将大量抽象的宪法和法律规范具体化的任务，它将法律的条文规定与社会生活的实际联系起来，有效地调整社会关系，维护着公共利益和社会秩序，推动社会发展。为了防范行政权的任意行使和扩张，必须通过法的理性来制约公共行政活动的随意性，使行政朝着维护公益，保障民权的方向发展，这是各国依法行政理论与实践的共同点。现代社会中，公民权利的保障和实现越来越依赖于政府积极主动地行使权力，没有政府的积极保障，公民权利就不能有效行使。与此相适应，现代福利国家摒弃了传统消极行政法治的理念，主张积极的控权思想，主张通过完善民主制度和消除公民与政府之间权力关系的对立状态来实现全社会福利的增长，同时强调政府在增进社会公共福利，增加社会财富方面应该有所作为。政府公共行政要兼顾公共利益和个人利益，要以实现公益和私益的最大化为宗旨，充分发挥其能动作用，并推动行政法律制度向更加健全和完善的方向发展，为自己的有效运作奠定合法性基础。

---

① ［法］莱昂·狄骥，王文利译：《宪法学教程》，辽海出版社、春风文艺出版社，1999 年。

② ［法］莫里斯·奥里乌，龚觅译：《行政法与公法精要》，辽海出版社、春风文艺出版社，1999 年。

公用事业民营化的行政法理依托——政府法治论。现代行政法的变迁本身就是行政权力与公民权利关系的演变史，在我国，行政法的兴起也是与行政机关与公民关系的改变密切相关，其中最重要的是法治精神在政府行政过程中的贯彻。政府法治论的主要观点可以概括为：政府由法律产生、政府依法律管理、政府由法律控制（支配）、政府行为负法律责任、政府与人民（公民）的法律关系逐步实现平等化等五个方面。政府法治论主张需要对政府权力的来源和行使进行合法有效的法律监控，使行政权力的行使最终为社会公共利益服务，同时要强化行政违法需承担行政法律责任的观念。[①] 对中国来说，目前最为需要的是有限政府、法治政府、分权政府和民主政府的制度构建，这些制度构成了现代政府的制度平台。经过 20 多年的政府行政改革，中国政府职能转变的改革已经进行到了一个相当深入的地步，体现在城市公用事业经营方面，各地陆续开展的公用事业民营化改革就是政府在转变公共行政管理职能方面的一个大胆和有益的尝试。由于城市公用事业具有较其他行业特殊的特征，其民营化改革的成败直接关系到社会公众利益，关系到政府下阶段公共行政改革的进程。这其中，政府对公用事业的合理管制机制的建立和运行至关重要。这就需要在公用事业民营化过程中，遵循政府法治这一根本理论原则的指导，将政府的管制活动和其他行政权力的行使纳入法制轨道，确保社会公共利益的实现。

公用事业民营化改革对我国宪政制度建设具有良性的推动作用。西方国家的公共行政改革大都在其现行宪政制度框架内进行，同时对该国的宪政制度建设产生强有力的推动作用。具体到公用事业领域，一个国家通过管制对个人和企业的经济活动进行干预的程度，取决于该国宪法明示或默示的原则和精神。在西方宪政理论家眼中，如何正确合理地行使权力是实现社会价值的关键，“他们所关心的是这样一个问题，即要保证政府的权力行使受到控制，以便政府的权力行使不致摧毁政府的权力有意促进的价值。”[②] 城市公用事业民营化的制度构建，意味着过去以政府高度介入社会经济运行为特征的某种制度安排向较少政府介入的另一种制度安排的转变。西方宪政发展史表明，国家与市民社会的关系经历了一个从相对分离到相对融合的过程。国家对市民社会的干预要受到一国宪制的约束。现代法治模式的一个构建渠道是，通过认可国家权力的积极作用，加强国家与市民社会的沟通，从而为市民社会争取更多的自主的、影响国家权力运行的政治性权利。公用事业民营化在促使政府职能转变的同时，使行政权力的行使分散化，这一点更为重要社会，实现多中心治理，通过加强社会自治，强化了中国市民社会的建构和完善，从而对国家公权力与市民私权利的冲突解决提供了合理的渠道。因此，公用事业民营化改革必然会对我国的宪政权力配置框架产生深刻影响。此外，政府对公用事业进行管制需要设立独立的管制机构，政府管制要通过一系列相关制度的建设实现法治化，如强化和完善政府信息公开和公共财政制度的建设和完善，强化和贯彻政府责任观念等，这些制度、措施的建立和实行必将对我国的宪政制度建设起到巨大的推动作用。

2. 3. 4. 3　公用事业民营化中政府管制的法治化途径

设立独立的管制机构，真正实现政企分离。公用事业的经营需要专业、灵活和持续性的管制模式。西方国家关于公用事业民营化改革的一个首要前提，便是实现真正意义上的政企分离，即建立独立公正的管制机构。在美国，政府通过制定法律来设立各种专门管制机构并且规定了所管辖的行业范围，同时对管制法律适用的行业作出了详细解释。美国的各级独立管制委员会传统上被认为是

---

① 杨海坤：《中国行政法基本理论》，南京大学出版社，1992 年。

② ［英］M. J. C·维尔，苏力译：《宪政与分权》，三联书店，1997 年。

一种介于司法、立法和行政之间的独特机构，在某些方面发挥着类似立法和司法的职能，以确保管制活动的公正和高效。[①] 英国在为城市公用事业制定的法规中，都建立了一个法定的政府管制机构。实践表明，政企分离在城市公用事业民营化改革中的关键作用表现在：在政企分离的管制体制下，企业才能形成作为市场主体所需的经营机制；政府则从城市公用事业的垄断经营者转变为竞争性经营的组织者，从而提高政府管制的效率。

我国的公用事业企业长期实行政府直接管理经营的"政企合一"体制，这种事实上的行政垄断束缚了我国公用事业产业的发展，公用事业的服务效率和服务质量也亟待提高。可以说，通过立法设立独立的管制机构已经是我国公用事业民营化改革的必由之路。应该看到，政企分开并不意味着政府对公用企业完全自由放任，许多城市公用事业和业务领域具有自然垄断的性质，这些企业有可能利用其市场垄断力量，通过制定垄断价格，降低服务质量等途径谋取垄断利润。这就在客观上需要政府采取必要的管制措施，以规范企业的市场行为。在城市公用事业实行政企分离的政府管制体制后，政府并不是让企业放任自流，而是通过重新界定政府管制的新职能，以间接控制企业的主要经营活动。

完善政府管制程序，落实政府信息公开和听证制度。现代法治国家在关注行政权合理配置和正当运行的同时，对行政权运行程序的正当性问题，即行政程序的正义问题也同样给予了相当关注。我国行政法治建设应当重视对行政程序的规范，行政法治是实体公正和程序公正的统一体。在处理政府对公用事业的管制问题上，应该特别重视政府管制正当程序的完善，特别是行政公开和听证程序的构建和完善。

行政公开主要指行政信息的公开，是指除涉及国家机密、商业秘密或者个人隐私外，政府的行政活动和关系到公民切身利益的事项应当一律向社会公开。社会公众可以通过公开的行政程序，监督行政机关依法行使行政权力。政府在对公用事业管制过程中，应当公开下列内容：①管制机构行使行政权的依据应该公开。如果行使行政权的依据是抽象的，必须事先以法定形式向社会公布。如果行使行政权的依据是具体的，必须在作出决定以前将该依据以法定形式告知被管制者等相关的行政相对人。②管制信息公开。政府根据公民的申请，应当及时、迅速地提供其所需要的关于民营企业招投标规定、价格制定以及其他相关信息，除非法律有不得公开的禁止性规定。③行政决定公开。政府作出的任何影响公用事业经营的决定，必须向被管制者和社会公众公开，从而使被管制企业不服决定时及时行使行政救济权。应当公开的行政决定不公开，该行政决定不能产生法律效力，不具有行政执行力。

公用事业特许经营中的核心问题就是定价。我国的公用事业一直由政府垄断经营。由于公用事业被认为是福利事业，且与旧体制下的低工资政策相适应，公用事业服务长期实行低价政策，政府在投资建设时极少考虑成本甚至不计成本。民营化后，经营风险转嫁到了企业，服务的价格成了核心问题。在公用事业民营化过程中，在公用事业经营和社会公共利益保护之间存在矛盾。公用事业企业要获取利润和维护他们的资产。同时，公用事业的公益性特征决定了它以维护公共利益、满足社会大众的需要为最终目的。实践中，这种矛盾冲突集中表现在定价机制上，如果政府进行严格的价格管理，企业的利润就会受到限制，服务水平又会回到政府垄断时的状态；反之，如价格管制松懈的话，企业就可能不断提高价格，被服务者又难以接受，那么经营的风险就转嫁给了社会大众，这需要在两者间找到平衡点，既要维护公共事业的公共性特点，又要允许企业合理利润的存在。我

① 周林军：《公用事业管制要论》，人民法院出版社，2004 年。

国在公用事业的定价问题上，虽然上有《价格法》，下有价格听证程序，但很不完善。要完善我国公用事业定价机制和价格监管，就必须加强公用事业价格听证程序的公开性和公正性。

完善公共财政制度建设，规范政府对公用事业领域的财政支出行为。公用事业民营化需要健全完善的公共财政制度为支撑，同时，民营化能够推动政府公共财政制度的改革进程。财政是以政府为主体的经济活动和分配活动，直接牵涉到明确政府经济权力的边界问题。我国目前的公共财政制度改革主要应该从以下几个方面着手进行：一是明确界定政府公共财政的支出范围，合理界定政府经济权力的边界。我国作为一个转轨中的发展中国家，市场发育程度低，市场调节功能不健全，需要政府介入的领域和范围比发达国家广泛得多，如能源开发、原材料工业以及铁道、航空、电讯等公用事业领域，这种由经济发展水平导致的市场失灵构成了我国公共财政支出特殊性的一个方面。伴随着我国公用事业民营化战略目标的确立和实施，需要对我国传统的公共财政支出领域做进一步的调整，即逐步缩小政府在公用事业领域的政府投资，通过民间资本的介入，缓解政府公共财政支出过于庞大的困境。二是完善公共财政预算制度，增加公共预算的透明度。公共财政制度的建立的核心问题是政府预算制度。西方公共财政制度是在几百年来市场经济形成的过程中逐步自发地形成的，它直接的建立手段和依据是政府预算制度的建立。西方国家的政府预算制度具有计划性、归一性、公开性和法律性等主要特征。[①] 结合西方的先进管理经验，目前完善我国公共财政预算的途径是：首先，要深化政府“收支两条线”管理改革。即按照公共管理的要求，将全部财政性收支逐步纳入财政预算管理。其次，推行部门预算改革。在全部财政性资金通过深化“收支两条线”管理改革，统一纳入预算管理后，通过科学编制部门预算进行公平、公正、公开的分配和管理。最后，进行国库集中支付制度改革。通过上述措施，增强政府财政预算的透明度，使政府对公用事业领域的投资暴露在社会公众的监督之下，明确每一笔财政资金的流向和用途，减少计划外资金的使用，从而减少和杜绝违法腐败行为的发生。

强化和完善政府管制责任。各国公用事业民营化大都采用特许经营和行政合同的形式，由政府将公用事业交给民营企业去经营。公用事业民营化之后，政府和经营者、运营商之间就形成一种合约关系。在这种合同关系中，政府的行政权力处于强势地位，因此，政府能否真正信守承诺，做到言而守信，是民营化改革能否成功的关键步骤。政府要严格履行合同，但同时政府应谨慎行使管制手段。滥用管制手段，实质就是毁弃和约。“保证执法者有积极性守法也需要两个机制：一是法律机制；二是信誉机制。”“政府政策的多变，使得人们难以形成稳定的预期……当人们没有稳定的预期的时候，是不可能讲信誉的。”[②] 政府失信于民，表面上是政府威望的丧失，而本质上是对公共责任的猥亵和对公共利益的侵害。要完善政府的管制责任，可以从下列途径着手：首先，政府要树立正确的经营风险意识，使管制程序透明化。在公用事业特许经营中，政府相对于企业，其优势地位十分明显，因而风险意识淡漠，对潜在风险估计不足。往往会出现因政府自身决策失误造成的设计更改等原因引起的“成本超出风险”，这类风险与政府行为有关，理应由政府承担。政府要注意充分发挥审计部门等中介机构的作用，使项目避免过多的商业风险。同时，要创造良好、透明、宽松的公用事业管制环境。政府可以通过向企业提供经济利益补偿、给予适当特许权利、控制关键

---

① 计划性是指在预算年度内，所有的政府收支活动都要在政府的预算计划中体现出来。归一性是指政府的所有收支行为都要纳入政府的预算中，不应该有预算外收支。公开性是指除了少量涉及国家机密的政府收支项目外，其他所有的政府预算情况都应该向社会公众公开。法律性是指政府预算一旦由议会通过，就成为国家的法律，这意味着，如果官员违反了政府预算，他也就违反了国家的法律，要受到法律追究。

② 张维迎：《信息信任与法律》，三联书店，2003 年。

商品和服务的价格审核权以及保留必要的惩处手段等，加强政府在维护社会公正和公平方面的宏观调控能力。其次，要完善对政府管制行为的司法审查机制。司法审查制度的核心精神是以审判式的程序解决行政争议，监督行政活动。[①] 在公用事业民营化中，为了保证司法权对政府行政权行使的有效制约，应该扩大司法权对行政权的制约范围，即扩大我国行政诉讼的受案范围，将政府的抽象行政行为也纳入到可诉领域，防止政府利用出台政策规范性文件的途径来规避行政责任。同时，应该将行政指导和行政合同等弱权力行政行为也纳入到行政诉讼受案范围之中，使当事人能够对政府在市场准入、价格制定等方面的行政裁决起诉到法院，要求司法审查，达到平衡政府、民营企业以及消费者三方利益的目的。

（作者单位：苏州大学法学院）

① 泉峰：《司法审查制度初探》，《江海学刊》，2001 年第 6 期。

2.3.5　中国快递业务市场准入和行业管理

张洪斌

快递企业的市场准入和行业监管，是制约我国快递业发展的主要因素。本文对此问题进行研究论述。

2.3.5.1　快递业务市场准入限制过严，邮政专营范围界定过于宽泛

快递业务市场准入与邮政专营密切相关。邮政专营是指政府依照法律法规赋予邮政部门或企业垄断经营一定范围内的邮政业务。邮政专营实质上是一种行政垄断或法定垄断权力，专营范围之内的业务只能由指定的邮政单位经营。邮政专营源于保证邮政普遍服务的需要，是国家对邮政企业承担普遍服务义务的一种补偿措施，其目的是增强邮政普遍服务能力，并提供一定范围的垄断利润，以便在一定程度上弥补邮政企业因实施普遍服务造成的亏损。为保证邮政普遍服务的有效提供，世界上大多数国家都规定了邮政专营的范围。

我国目前的邮政专营制度，在《邮政法》中进行了界定，并在相关的行政法规和部门规章中予以具体细化。按《邮政法》及其《实施细则》的规定，信件和具有信件性质的物品的寄递业务由邮政企业专营，国务院另有规定除外。其他企业经营邮政专营业务需要接受邮政委托。1995 年，经国务院批准的原外经贸部 5 号令对此作出了例外规定，即国际货代企业可以经营私人信函以外的国际快递业务。因此，邮政专营范围方面的法律规定实际上存在两种情况：一是国际货代企业可以经营私人信函以外的其他国际快递业务；二是信件和具有信件性质的物品的国内寄递业务，仍由邮政企业专营。由此看来，快递业务市场准入限制主要与邮政专营范围和邮政委托密切相关。

现行法律法规对邮政专营业务的规定过于含糊和宽泛，是影响快递业务准入的重要原因。在实践中，“信件和具有信件性质的物品”不容易区分和把握，不利于法律的执行。随着社会的不断进步，物流配送、快递等竞争性业务（或商业性业务）越来越多，由于专营范围界定的模糊性，导致了邮政部门从企业利益出发，利用法律赋予的解释权和委托权，借维护通信安全和承担普遍服务之名，扩张行政垄断能力，将专营权延伸到了快递市场。原外经贸部 5 号令关于邮政专营的例外规定，使国际快递业务部分放开，引起了国家邮政局的不满，双方就快递业开展的合法性展开了争论。美国“9·11”恐怖袭击事件之后，国家邮政局发布的 64 号文，提出了“一委托四不准”，强化了邮政专营和委托要求，这意味着邮政 EMS 将部分甚至完全垄断快递市场，并将快递企业纳入邮政局的管辖范围之内。一些省市出台的有关邮政专营的规定中，也对快递市场准入设置了一些带有地方色彩的壁垒。然而，商务部又在《行政许可法》实施以后，将快递业务由行政许可改为了备案制，进一步开放了这一市场。因此，邮政部门不但将部分竞争性快递业务划为邮政专营业务，而且事实上让邮政委托成为了严格的快递业市场准入限制制度。

快递业与邮政业属于两种不同的服务类型，1994 年关贸总协定乌拉圭回合达成的《服务贸易总协定》（GATS）已经将邮政服务（Postal services）和信使服务（Courier services）作为两个不同的服务类型加以对待，这里的信使服务就是我们所称的快递业务。快递业务与邮政业务的服务性

质、服务原则、服务对象、服务范围、服务方式、服务标准、价格体系均有所不同，属于竞争性业务。因此，邮政可以经营快递，但不能专营快递，这也是世界各国的普遍做法。市场经济无法回避竞争，专营业务范围不适当的扩大，不但会引起竞争性业务与普遍服务业务、快递企业与邮政企业的冲突越来越激烈，不利于邮政服务质量的提高，更容易加大社会交易成本和快递市场的不确定性，最后转嫁到消费者的头上，使消费者的权益受到侵害。也会强化邮政的行业垄断经营体制，不利于行业自身的发展，不利于邮政企业效率的提高；将损害竞争者的权益，过多限制快递业的发展，不利于形成公平竞争的市场秩序，不利于邮政市场的开放与竞争；还会缩小广大消费者对寄递业务的选择权，不利于扩大就业、促进社会稳定和经济发展。专营业务属于行政垄断业务，一般来说专营业务效率较低，难以满足消费者的多样性需求，因此在保证普遍服务的前提下，邮政专营业务范围要严格限制，逐步缩小甚至取消专营范围，扩大竞争性业务的范围。

现行邮政专营制度已无法适应进一步改革开放的形势和市场经济的发展，不利于行业管理，在《邮政法》修改和邮政专营调整中，适当借鉴国际经验是非常必要的。从各国邮政改革的情况来看，缩小专营范围甚至取消专营、鼓励竞争是大势所趋。不仅如此，许多国家在快递领域已向国外开放，形成了国内企业与跨国快递公司之间的竞争格局。例如，美国邮政早期曾经试图对快递进行专营，但在长达三年的辩论后，1979 年终于承认信函（账单、证明、商函）及 2 倍于一类邮件资费或 3 美元以下邮件的寄递由美国邮政专营。日本《邮局法》规定邮政的专营权仅限于 50 克以下的平信以及明信片。欧共体在 1985 年作出决定，认为快递不属于邮政部门专营范围，并在 1989 年 12 月关于荷兰快递服务的决定中，明确了基本邮政服务和快递服务是两个不同的服务市场。目前，欧盟各国的快递市场都是放开的。这种情况不仅出现在发达国家，发展中国家也是如此。根据世界银行“再造与发展”课题组的研究，在哥斯达黎加、印度尼西亚、坦桑尼亚以及特里尼达—多巴哥等许多国家，快递市场也都是开放的。印度尼西亚政府承诺于 2007 年全部开放本国邮政市场。正是由于快递业形成了开放局面，跨国私营快递企业才得以在世界各国开展业务。例如，DHL 在世界 230 多个国家和地区设有 800 多个办事机构，传递范围近 6 万多个城市。TNT 的业务范围也覆盖了全球近 200 个国家。

2.3.5.2 行业管理体制不顺，监管主体有待明确

从国际快递业 1979 年登陆中国以来，国际快递业务主要由商务部（及其前身外经贸部）主管，而不属于邮政部门管辖。1986 年国家邮政部门成立的速递公司（EMS），也是经外经贸部批准经营快递业务的，并与其他快递公司在同一市场中形成了竞争对手关系。关于快递存在的合法性和管辖权，在邮政电信分家之前，就已经在邮电部与商务部、民航总局等部门之间存在着争论，都曾经发布了一系列文件规定并实施管理，这种行业多头管理的局面至今也未能完全改变。但是，在 2001 年~2002 年的“快递风波”中，邮政部门要求强化邮政专营和邮政委托，国家邮政局就成了参与快递业管理的主要部门。

快递业务究竟由什么部门管理，应该取决于谁能正确引导快递业的健康持续发展和营造企业公平竞争的环境。我国现在的邮政部门政企合一，既是《邮政法》（原邮电部起草）的主要制定者，又是法律的执行者，还是行业管理者与经营者，还有相关法律的解释权，既是一个行政监管机构，又是一个经营型的公用企业；既提供非营利性的普遍服务，又经营商业性的多项业务，不具备独立于市场主体的条件，容易不适当地将管理权限扩大到竞争性服务领域，导致竞争性市场被扭曲，因此难以承担这一功能。目前，快递业界普遍坚持认为商务部应该是快递行业的政府主管部门。我们

认为无论是由商务部还是由国家邮政局或者其他综合部门来监管，都有一定的可行性，最重要的是，它们都必须是独立的监管机构，只有这样才有利于形成速递业统一、开放、竞争、有序的市场秩序。因此，有必要尽快澄清快递业务的主管部门。

快递业的重要特征之一是提供“门到门”服务，主要依托于高速交通运输工具。从这一点看，快递业务也可以说是运输服务的延伸，具有增值服务业务的性质，是一种竞争性业务，不同于邮政普遍服务业务。要为客户提供这种便捷的服务，就需要汽车、火车及飞机等多种不同的运输方式。在国际间的递送服务中，还会涉及海关清关。我国目前的运输管理体制是按不同运输方式划定的、条块分割的管理方式，形成了铁道部、交通部、民航总局、海关总署、商务部、国家发改委等相关部门，它们根据与本行业有关的法律、法规和规章不同程度地介入快递管理的框架，造成了对快递行业管理职能的分散。遵循市场经济国家的惯例，国家已经将职能相近的部委或部委中职能相近的部分加以合并、整合，组建成一个新的综合性部委。比如商务部，就是将原分散于国家计委、经贸委和外经贸部的主管流通的职能合并，实现内外贸统一管理。交通运输业的管理目前尚未合并，还分属交通部、民航总局和铁道部。这就容易造成各自为政，各种相关的部门规章、行政命令、通知之间沟通和衔接不紧密，系统性、协调性、规范性、完整性较差，导致了一定程度的不公平竞争和无序竞争状态，在不同程度上制约了快递业的健康发展。

2.3.5.3　邮政执法不够规范，侧重用行政手段管理市场

目前，国家还没有统一的快递市场管理办法，对快递行业的行政执法主体是邮政主管部门。邮政执法的目的是依照法律的规定对侵犯邮政工作正常秩序，扰乱邮政市场的行为给予处罚，以达到法律的预期。邮政执法主要是根据《邮政法》、《邮政法实施细则》、《中华人民共和国刑法》、邮电部《邮政行业监督检查办法（试行）》（1995 年 9 月 18 日发布）和国务院办公厅《关于印发国家邮政局职能配置内设机构和人员编制规定的通知》的有关条文。《邮政法》第 40 条规定：“违反本法第 8 条规定，经营信件和其他具有信件性质的物品的寄递业务的，由工商行政管理部门责令其将收寄的信件和其他具有信件性质的物品及收取的资费退还寄件人，处以罚款。”按照这项规定，如果快递企业经营了信件和其他具有信件性质的物品，应该由工商管理部门来履行行政职能，所以邮政主管部门要行使执法权，必须有法定授权。除此之外，《邮政法》和《实施细则》对邮政主管部门的邮政通信市场监督检查权都未做具体规定。邮电部在 1995 年发布的《邮政行业监督检查办法（试行）》中，要求配备“邮政督察员”，对邮政通信市场进行检查。为适应通信市场改革和邮政市场管理的需要，1998 年 6 月 25 日，国务院办公厅《关于印发国家邮政局职能配置内设机构和人员编制规定的通知》赋予了邮政部门监督检查邮政市场、集邮市场，维护邮政网络和通信设施安全，维护国家利益和用户权益的管理职责。

邮政执法依据的上述法规，只有一些禁止性规定，而对一般违法行为处理，没有规定邮政部门有任何处罚权。由于执法依据不足，邮政部门对通信市场进行有效管理有一定的难度。为此，邮政需要联合工商、公安、物价、安全等部门综合执法，同时在一些省市出台的地方性的管理规定中，赋予了邮政一定的查处权。邮政执法对保护邮政专营权，制止侵犯邮政专营行为，打击“黑速递”（主要指未经授权而擅自经营邮政专营范围内物品或不能很好履行承诺的组织）等非法组织，维护通信市场秩序，保障《邮政法》的实施起到了积极的作用。但是，也出现了一些相当严重的执法不规范的现象，在我们走访的不同地域的 11 家企业中，他们对邮政执法反映的带有共性的问题主要有：一是邮政执法队伍不健全，执法人员水平参差不齐，在执法中常常越权执法，甚至滥用行政

权利。二是对执法部门及其工作人员的考核本应当是依法行政的条件和规范市场的前提，由于市场执法职能与邮政经营职能无法分开，一些邮局将企业经营业绩考核办法套用到执法活动中。三是一些地方局所将邮政速递承包给个人，邮政速递车辆租给他人使用，加剧了不规范和不公平竞争。四是在由工商、公安、物价等部门协调组成的综合执法中，由于部门工作性质的不同，其他部门常常是“缺席”的，并没有参与执法，邮政执法大队是实际上的处罚主角。五是各地没有统一的处罚、量罚的标准，难以对违法行为准确定性，罚款随意性很大。六是一些邮政执法人员借助行政地位，与一些快递企业私下交易，或故意刁难快递企业，甚至引起一些恶性事件。

市场经济无法回避竞争，独立、公正、规范的执法是快递业健康发展、公平竞争的基本保证。监督检查中的矫枉过正或者不规范的执法，既影响了《邮政法》的实施效果，也对合法快递企业的正常经营造成了较大的干扰，严重影响了快递市场的公平竞争。

我国的《行政处罚法》第 16 条规定：“国务院或经国务院授权的省、自治区、直辖市人民政府可以决定一个行政机关行使有关的行政处罚权，但限制人身自由的行政处罚权只能由公安机关行使。”第 17 条规定：“法律、法规授权的具有管理公共事务的组织可以在法定授权范围内实施行政处罚。”从以上规定可以看出，快递行业的行政执法主体应是政府部门确定的行政机关或具有管理公共事务职能的组织。在以往的实践中，同时作为经营者的邮政企业充当快递企业的行政执法主体和行政处罚主体，这种做法的确欠妥。邮政部门的执法权与处罚权在法律上并不明确。许多地方性邮政法规中规定，邮政企业履行行业监管职能，可以实施行政处罚，这也与行政处罚法相冲突。

2.3.5.4 市场主体面临不同的政策待遇，缺乏公平透明的竞争环境

按照所有制的形式和性质，国内快递企业可以划分为国营、民营和外资三类，这三类企业所享受的政策待遇是有所区别的。国营快递公司主要有邮政速递（EMS）、民航快递、中铁快运、扬子江快运、报刊发行公司等。邮政速递（EMS）附属中国邮政，经营国内外快递业务，能享受到与邮政相当的国家优惠政策。其他国营快递是分别依托民航总局、铁道部、海南航空等组建的，主要经营国内快递，与政府和社会各界有比较好的公共关系，能背靠行业或争取到一些特殊优惠和许可。民营快递公司主要有宅急送、申通、顺丰速运、小红马等，数量最多，约占国内快递企业总数的95%左右，基本上没什么特殊政策优惠，只有通过一定的渠道从邮政得到委托，才能合法经营。国际四大快递公司目前主要经营国际业务，他们主要依照原外经贸部“5 号令”和中国加入 WTO 承诺经营。

不同政策待遇的两个极端，分别是邮政 EMS 和民营快递。中国邮政所享有的对普遍邮政服务的专营权，延伸到了快递市场，为 EMS 提供了广阔的政策环境，使 EMS 拥有了诸多特权。国家邮政局开展 EMS 业务的地方一般同时挂着两块牌子：“国家邮政局速递局”和“中国速递服务公司”，前者具有行政性质，后者则是企业。EMS 可以《邮政法》第 44 条规定的“运输单位承运的邮件应当先于货物发送”，可以使用遍布全国的邮政网络和网点，不需要额外投资和为固定投资提供市场水平的回报，在强调全网协作的前提下无法结算，企业边界模糊，实质上是在免费使用财政投入的邮政网点。在航空舱位上有绝对保证，海关派员现场监管查验 EMS 快件，有的海关快件监管部门还在 EMS 业务场所设点，海关对邮政特快的抽查比例远低于其他快递公司，保证了快速全面的通关能力。EMS 车辆不受交通管制限制，可以随时出入大街小巷。EMS 进口设备享有税费减免。EMS 可以使用邮政的品牌，并在车身印有统一醒目的标识，EMS 借邮政品牌就能获得很大的优势。有人调查后认为，在安全性和速度相当的情况下，即使 EMS 的价格比其他公司高，80% 的

客户会首先选择 EMS。丢失补偿方面，EMS 可以采取限额赔偿的方法或采取补救措施。绝大多数省市区还出台了邮政管理办法，给予了邮政在基础设施、车辆运行、车辆停放、消防规范等方面的优先和优惠政策，为邮政 EMS 降低运营成本创造了政策环境。

由于邮政专营范围的模糊性，民营快递的合法性一直存在争议，常常被列在要查处的“黑名单”上，被称为“黑速递”，并限制一切对外宣传行为。民营企业经常面临邮政的查抄和罚款。在笔者走访的民营快递企业中，客户基本上都是各类工商企业，个人用户极少，所从事的快递业务仅仅是对邮政服务能力不够和普遍服务不足的有益补充。

业内人士认为，通过邮政寄信目前有三种不同的方式和资费，即平信、挂号信和 EMS（特快专递），其中 EMS 每件资费为 22 元，是平信（国内的 0. 8 元）的 27. 5 倍。根据国家发布的信息，我国贫困人口的人均年收入是 650 元以下，以其上限 650 元为标准，月收入仅为 54. 17 元。而 EMS 每件资费是 650 元的 3. 38%，是月收入的 40. 6%。显然，对贫困人群，EMS 的资费确实过于昂贵，不应属于邮政普遍服务的范畴。

2. 3. 5. 5　社会配送环境协调性差，企业经营管理水平需要提升

快递业是最讲究速度和效率的行业。尽管中国的快递业已进入规模发展时期，但很少有快递企业能不借助其他社会运输体系，仅靠自己的能力就能全程全网快速完成所有的递送业务。因此，快件的递送是一种联合运输，衔接与协作是快速递送的关键。快递企业和其他社会承运主体之间、不同运输方式、运输系统和不同地区运输系统之间的有效衔接和协调，极大地影响着快件寄递效率和质量的提高。

在干线运输方式上，快递企业一般采用航空与公路运输相结合的方式，有的也使用铁路运输，然而包括 EMS 在内的各大快递公司均没有自己完整的干线运输网络。虽然我国近年来在民用航空、道路运输、仓储设施、信息通讯等基础设施方面取得了长足发展，但总体来看，现有设施还较落后，规模较小。目前，国内的快递公司中，只有 EMS 拥有为数不多的飞机和航线，另有个别快递公司包用了专用的货机，其他快递企业都没有自己的飞机或航线。一些规模较大的国内快递公司，一般都会在主要机场附近设立几个转运中心，承担快件的分拣、转运安排，但要依赖于各机场的安排和航空公司的客运航线，即使拥有自己的飞机或航线，仍会受到机场运作时间和航班时间及其运作效率的影响。这些无法控制的环节，以及在国内航空规模和航班密度都还偏小的情况下，势必对快递业务的时效性造成一定的影响。在公路运输方面，近年来我国公路运输网络建设得到了迅速发展，2004 年年底，全国公路通车总里程达 185. 6 万公里，其中高速公路里程达 3. 42 万公里。但按国土面积和人口量计算的运输网络密度，还远远落后于欧美等发达国家，甚至与一些发展中国家也存在较大差距。道路基础设施相对落后，不同区域、城市或枢纽间的道路设施供需矛盾还比较突出；不同省市间的公路运营许可审批复杂，运输管制严格，甚至关卡密集，地方保护主义严重。在铁路运输方面，铁路提速和服务质量的改善，促使一些快递企业部分地选择铁路运输，但对讲求速度的快递业务来说，一些致命问题依然存在。例如，货物在途时间长，难以确保运期；托运手续环节过多；与其他运输方式的协调相对困难等。

对终端客户的递送速度和能力是快递公司区别于快运等其他物流企业的核心所在，因此，在快递业务的“最后一公里”上，各大快递公司都非常重视，着力加大地面网络覆盖。目前情况下，国际快递公司主要使用汽车运送，国内其他快递公司都不同程度地综合使用了汽车、摩托车和自行车作为运送工具。但是，除了自行车和 EMS 的速递车，其他公司的其他交通工具都不可能在所有

的城市无障碍行驶。随着城市机动化的高速发展，交通拥挤问题越来越突出，特别是在北京、上海、广州等特大型城市，交通管制非常严格。一个城市的运输车辆在另一个城市，从早晨到深夜的黄金递送时间里可能是被禁止运营的。一些城市在一定区域或时间范围内对运输车辆采取限制运行的规定，即使许可运行，但对运输车辆的外观、封闭形式、排放标准、技术状况等进行严格限制。在拥挤的市中心或商业区，快递车辆和司机的生产率又比较低，企业除了提高每次运送的数量或将送取货时间改在早晚交通高峰之外等措施，很难有别的方法来降低成本，这就必然牺牲递送效率和质量。

除了上述各种运输方式本身对快递业务产生了不同程度的限制外，各种运输方式的关联配合，长途运输与短途配送的连接，仓储功能与运输功能的协调，各运输方式间装备标准的衔接，各体系间的信息化和自动化程度以及通讯的畅通，国际快件的清关速度等，都会在很大程度上影响操作速度和成本，协调过程中出现的问题不能及时解决，制约运转效率和运送质量。另外，快件迟到、丢失和意外伤害的补偿依据、保险费率、人才政策、用工制度、税率、贷款政策、各种行政收费和罚款等，也成为快递企业的隐性成本，对行业的健康运行形成一定的阻碍。

我国快递企业经营管理方面存在的另外一些主要问题有：

一是机械化、自动化程度普遍不高。多数企业的技术装备和设施落后，运输工具转载率、装卸设备荷载率及仓储设施空间利用率都不高。快件的自动分拣率低，自动分拣设备仅用于部分环节，大部分快件的封装仍采用手工作业，致使处理速度缓慢，甚至使一些港口、海关配置的科技设备很难发挥应有的作用。

二是信息化水平低。企业内部的信息管理和技术手段较低，大部分快递企业没有统一集中的信息管理系统，不具备运用现代信息技术处理快递信息的能力，无法及时准确地为客户提供快件的全程在线跟踪和随时解答顾客查询等，信息管理水平和处理手段落后。在拥有信息系统的快递公司中，其信息系统的业务功能和系统也还不够完善，远程通信能力和决策能力功能不强，信息资源的整合能力差。缺乏必要的公共信息平台，客户企业、快递企业、合作伙伴、海关等之间的系统缺少有效衔接，严重制约了运行效率和服务质量的提高。

三是网络覆盖和递送质量不稳定。许多快递企业在发展初期采取了承包、加盟等充分放权的模式，因成本低、业务灵活，在本地迅速壮大了起来，但在外地至今许多企业还只是依靠协议的货代完成送件工作。

四是经营理念和管理体制不适应市场发展的要求。沿袭传统的组织模式和管理体制，组织层级多，流程复杂烦琐，绩效考核体系不健全，不能主动挖掘客户资源，运作效率较低。

五是从业人员素质不高。从业人员文化水平等自身素质比较低，多数企业又不注重对员工的培训，致使员工专业技能差，服务意识不强，服务态度差，导致包装、装卸、运输、保管不善，差错率、丢件率等也难以降低。

2. 3. 6　部门立法急需改革

——从《邮政法》修改稿第七稿谈起

单　东

部门立法，即国务院所属部门依法制定和变动行政规章以及从事其他立法性的活动，是宪法和《立法法》赋予国务院相关行政部门的权力。国务院的部门立法在中国立法体制中占有重要地位，法律特别是行政法规，在很大程度上有赖于部门规章使其具体化。但近年来，部门立法出现的“行政权力部门化，部门权力利益化，部门利益法制化”的现象值得关注。部门的立法过程被强势利益集团控制，所制定的规章非但不利于创造和维护公平的市场竞争环境，反而成为维持垄断、限制竞争、制造市场机会不公平的工具。《邮政法》修改稿第七稿即为一例。

修改《邮政法》是我国邮政体制改革的重要环节。自 2002 年开始，《邮政法》修改已经七易其稿。2006 年年初，《邮政法》修改稿第七稿因有“350 克以下信件邮政专营”的内容引发了一系列争论。由于 350 克以下的信件寄递占目前民营快递公司日常业务的 90% 以上，如果上述规定通过，会给社会造成许多不安定因素。笔者认为，《邮政法》及其他部门立法需改革，要开门立法，不宜再设置禁入门槛来保护垄断，而应在立法中体现邮政等垄断行业走向国有民营的导向，并就此谈几点看法。

2. 3. 6. 1　对《邮政法》修改稿“350 克以下信件邮政专营”规定的评析

笔者认为，“350 克以下信件邮政专营”的规定不妥，理由如下：

第一，“350 克以下信件邮政专营”的规定，实质上是邮政部凭借行政权力保护部门垄断利益，目的是把竞争对手民营快递从邮政业中排挤掉。

长期以来，基于国有邮政服务价格高、服务态度差等原因，很多消费者特别是商业机构选择了由民营快递公司提供的服务，邮政部门对民营快递公司十分不满。《邮政法》修改稿并未划分邮政普遍服务和邮政商业服务的范围，而将 350 克以下信件的寄递服务统一纳入邮政专营业务范围。显然，其实质就是邮政部门利用自己的行政地位和起草法律的权力，设置高门槛把竞争对手民营快递赶走，不让民营快递涉足，从而继续保护邮政部门的垄断地位。

笔者读了《邮政法》修改稿第七稿，最明显的感觉是，它背离了公开、公平、公正的社会主义市场经济的竞争原则。我国二十多年来市场经济的发展历史证明，只有打破垄断、引入竞争机制才能有利于市场经济的完善。特别是改革开放后一大批民营企业的涌现，为我国市场经济的建设和完善注入了新的活力。然而，民营企业所能享受的待遇远不及它们对国民经济和社会的贡献。民营企业不仅因为所有制问题受到歧视，同时在与邮政业等国家垄断企业竞争过程中，也遭遇各种不公正的限制或制裁。虽然近年来，国家逐渐提高了民营经济和民营企业的地位，在 2004 年修宪时将民营经济纳入保护范畴，并于 2005 年公布了国务院“非公经济 36 条”，规定要放宽民营经济的市场准入，要进一步加大对民营经济的财税金融支持。但实际上，民营企业若要进入垄断领域，总是遇到国有部门的限制，政府的许多有关部门出于本部门利益，往往给民营企业明松暗紧地设置种种障碍，此次民营企业参与邮政寄递业的遭遇仅是诸多案例中的一个典型而已。邮政部门的这种行政立法干预，不符合市场经济“呼唤竞争、消除垄断”的原则，对减轻政府财政负担、控制邮资上涨、提高邮政寄递效率有弊无益，也不利于国有邮政的改革和发展。

我国正处于社会主义市场经济不断完善的大潮中，民营快递业是在市场需求的哺育下发展起来的，在极大程度上符合社会主义市场经济的发展规律，但“350克以下信件邮政专营”的规定欲将其置于死地。《邮政法》的改革非但不与市场经济改革相适应，反而背道而驰。为什么有“邮政专营”的规定，其实质恐怕不像某些邮政部门人员说的那样：民营快递会损害邮政部门提供普遍服务的质量。如此说来难道民营快递就不能提供高质量的社会普遍服务？就只能损害社会普遍服务的质量？只有邮政部门才能提供高质量的社会普遍服务？据笔者所在单位工作人员反映，民营快递比邮政要安全，上门服务的效率更高，他们对邮局的衙门服务不感兴趣。谁服务得好，不是由邮政部门说了算，而是由客户来评定的。民营快递那优质价廉的服务、那灵活有效的经营方式正是邮政部门应该学习的。难道被许多消费者认为的邮政部门的那种低效率、高价格导致企业生产成本大大增加，生产效率大大降低的服务反而称得上是高质量的社会普遍服务？在提高经济运行效率方面，民营快递完全有资格与邮政部门平起平坐。

民营经济作为社会主义市场经济的重要组成部分，理所当然地包括民营快递业。从这个层面上说，民营快递企业与我国邮政部门在快递行业中是两个独立平等的市场竞争实体。但是，长期以来邮政部门同时兼有行政管辖权和经营权，在快递业中邮政部门既是“裁判员”，又是“运动员”。在民营快递业发达的地区，邮政部门利用职权随意处置民营快递公司、遏制其发展的案例层出不穷。据报道，申通公司南京分公司每年被当地邮政部门处以罚款500万元左右，仅镇江地区就被罚不少于10万元。2005年3月份，江苏盐城市交警和邮政“联合检查”，以超范围经营为由两次扣押申通37件快递件，要求申通缴纳罚款1.4万元。在多年委曲求全后，申通公司终于提起行政诉讼，将盐城邮政局告上法庭。若依法断案，盐城邮政必输无疑。但申通最后还是以撤诉了结此事。申通坦言，打官司还不只是法律问题，关键要给邮政局留足面子，否则要面临更严厉的查处。而事实上，在官司不了了之的第二天，盐城邮政又对申通开始了新的查处。比查处更侵犯民营快递公司群体利益的是，“350克以下信件邮政专营”的规定，此规定不但限制了邮政业市场竞争的空间，也限制了消费者的选择空间，是对消费者选择权的剥夺，完全是垄断者的“强权主义”，实际上是邮政部门在自己处于下风的情况下利用自己手中的行政管辖权铲除异己。而且，如果立法被通过，则邮政部门的规章即便错误，也无法通过行政诉讼或行政复议方式解决。从此，相对人再没有救济途径来维护自己的权益。

第二，“350克以下信件邮政专营”的规定若通过，将引发一系列问题。

“350克以下信件邮政专营”的规定若通过，最直接的影响是全国3万多家民营快递公司将无法生存，而这些企业的数百万员工也将失业。在就业形势十分严峻的情况下，安排这些低技术水准的职工再就业很难。如此一来，势必影响构建和谐社会。在市场经济条件下，在宪法的基础上，通过任何一项法律法规的最终目的都是要能够使尽量多的社会成员获得更多的利益以及获得更高的效率。但“350克以下信件邮政专营”的规定只是满足邮政部门的独家垄断的需要，受到利益损失的将是全社会的多数成员。而且邮政部门的垄断经营所造成的直接或间接的全社会的经济损失将是难以估量的。

2005年，国务院“非公经济36条”明确指出，要放宽市场准入，允许非公有资本进入法律法规未禁止的基础设施、公用事业和其他行业和领域。这一政策的出台是对非公有制经济发展的一个重大突破，但如果在当前国有企业改革处于攻坚阶段的关键时刻通过这部《邮政法》，不仅对民营企业的进一步发展会起到严重的阻碍作用，而且还会造成政府与民争利的不良影响。在民营快递企业已经存在若干年并且为解决就业，提供税收，提高市场经济运行效率作出很大贡献的情况下修改法律来毁灭这个行业，可以预见，那些正在或者将要进入这些行业的民营企业将会畏惧不前，这样就会使促进非公经济发展的建议成了一纸空文，严重削弱国务院“非公经济 36 条”的权威性。

此外，这一规定也不符合我国邮政体制改革的取向。我国邮政体制改革的一大目标，就是要顺应市场化潮流，通过改革来激活国有邮政业。要实现这一目标，国有邮政必须通过改善服务态度、提高服务质量、拓宽服务领域来占有市场；企图通过行政手段打压对手是对市场经济平等竞争原则的破坏。根据我国加入 WTO 协议，我国的邮政领域将对外资开放，DHL、TNT、UPS 等国际大型快递公司已为进军中国市场做好充分准备。在这一大背景下，如果 350 克以下信件寄递业务禁止民营快递公司介入，显然有违内、外资公司平等待遇原则，也违反了 WTO 的基本原则。

第三，邮政部门关于“350 克以下信件邮政专营”的规定有许多解释，笔者认为其辩解是站不住脚的。

邮政部门提出，“350 克以下信件邮政专营”的规定是为了便于监督检查和保密工作的需要。笔者认为，这是邮政部门为垄断经营而推出的一个借口。邮件安全的检查和邮件保密完全可以不依赖邮政专营的方式达到预期效果。如国外专门设置邮政警察负责对邮件的抽查监督。此外，各国对邮件寄递经营的参与者资格都有一定规定，防止邮政经营者良莠不齐。就我国而言，也可以考虑借鉴国外的方法，在公安、海关系统配备专门的邮政督察人员；并且，如果邮件涉及保密需要，可以依《保密法》的规定实行保密邮件专营、专寄。客户也会根据自己需要保密与否来选择民营快递或邮局专递，用不着邮政部门代为劳心和越俎代庖。

邮政部门有关负责人认为，目前邮政业务普遍亏损，需要通过盈利良好的快递业弥补亏损，因此要保证快递业由邮政部门专营。笔者认为，这是典型的与民争利的强权逻辑。以此推理，政府的职能部门或者国有企业为弥补亏损岂不都可以堂而皇之地采用行政垄断来解决亏损吗？比方说，若石化行业亏损则国家石油批发、零售只准由中石化、中石油经营；若纺织行业亏损则民营纺织企业就需关闭，如此等等。这样一来，我们不是要回到改革开放前的计划经济时代了吗？

笔者认为，《邮政法》第七稿“350 克以下信件邮政专营”的规定是要强化邮政业的垄断地位，如果它被通过则是市场经济改革的倒退。第七稿是邮政部门为自己制定的保护自身垄断利益的法律草案，但国家立法是为保护绝大多数公民的利益的，而不是仅仅为了保护某个部门的利益。邮政体制的改革绝不能将民营快递排斥在外，更不能置其死活于不顾！立法不能蜕变成为谋取部门或集团私利的工具，变成为部门或集团利益保驾护航的秘密武器，成为服务于少数利益集团的“私人物品”。如果邮政部门坚持第七稿，那么，即使第七稿邮政垄断法侥幸被通过，那也是短命的。因为中国的市场化改革是不可逆转的，一切逆历史潮流的“部门立法”都将被历史所抛弃。

2.3.6.2　邮政改革应探索国有民营

笔者认为，我国邮政体制改革以及《邮政法》修改应尝试国有民营，原因是：

其一，国有邮政部门的衙门作风是邮政部门亏损的根源，必须引进民营机制来激活其活力。

和许多未进行改制前的国有国营企业出现大面积亏损情况一样，国有国营的邮政部门没有实行市场化改革，导致亏损毫不为奇。解决扭亏为盈的根本途径是深化邮政部门的市场化改革，而不是垄断，垄断只解决一时，而不会永久。邮政部门把亏损的缘由归咎于民营快递公司，认为民营快递专门从事同城和城际间的利润丰厚的快递业务，而将偏远地区的业务甩给邮政部门，由此造成了国有邮政企业的连年亏损。邮政部门的这种看法是错误的。市场主体多元化和竞争主体多元化是发展市场经济的必需条件，有市场就有竞争。事实上，各行各业都面临着竞争的环境，又何止邮政部门一家呢？竞争是市场经济的天然法则。邮政部门不从改变机制、改进服务、增加服务品种上下功夫，而把眼睛盯住竞争者，想通过垄断经营来排斥竞争以弥补亏损局面，这显然是下下策。邮政部门说民营快递公司唯利是图。其实，逐利性是现代企业的最本质的特征，就逐利性而言，邮政部门与民营快递公司相比，则有过之而无不及。仅以目前350克以下的信件快递为例，民营公司每件收费只8元~10元，而国有邮政每件收费22元，可见，邮政部门的逐利之欲远远超过民营快递，邮政部门又怎能以此来指责民营快递企业呢？

国有邮政企业之所以亏损，衙门作风是其根源。国有邮政企业奉行机关办公时间，早八晚五，不上门揽业务，而且中午大部分窗口都挂出“暂停服务”的牌子。笔者曾遇到过这一情况，某日中午，一位国家工作人员在政府附近的一家邮局针对“暂停服务”这一现象而对营业员指出：“如果对面有家民营的‘邮局’，你们就不会暂停服务了”。更令老百姓不满的是，不少邮政单位把国家提供的邮政场所出租给卡拉OK厅、饮食店和服装店等搞创收，使服务窗口越来越窄，到邮局办一点事如取款、寄挂号、订报纸等都要排队。另外，顾客寄快件必须到相应的邮政服务点才能办理，要是迟于下班时间，快件就只能隔天办理。而与之相比，民营快递公司往往一个电话就会主动上门服务。在递送速度上，比如在江苏，同样一件从浙江省内发出的快递信件，民营公司隔天就到达江苏省，而邮政部门至少要3天。民营快递公司还将包裹送上门，邮局则是通知客户到营业网点领取。无论是价格，速度，方便群众，邮政部门的快递业务都不及民营快递公司。在市场经济条件下，消费者对成本高低，服务质量好坏，速度快慢非常重视。由此可见，邮政部门竞争不过民营快递公司及其亏损的真正原因在于端惯了铁饭碗，吃惯了大锅饭，缺乏活力，疏于对提高服务效率和服务品种及质量的考虑，在市场竞争的情况下，邮政部门作为国有企业像改制前的其他国有企业一样，怎么会不亏损呢？而要扭亏为盈，则必须如同其他国有企业一样，打破铁饭碗、大锅饭，深化体制改革，鼓励民营企业参与邮政行业的改革，转变机制，强化服务意识、提高运作效率，从而激活国有邮政。

其二，世界各国邮政改革的经验表明，公平竞争、国有民营是邮政业改革的必然趋势。

自20世纪60年代开始，世界上绝大部分国家陆续进行邮政体制改革。这些国家的改革大都是放宽了邮政业市场进入的限制，缩小或取消邮政专营权，以使邮政市场日趋开放。如瑞典作为欧洲第一个废除邮政专营的国家，自1993年起宣布2千克以下信函实行经营许可证制度；而英国不仅于2001年决定对申请经营重量350克以下或资费在1英镑以内的邮件经营者颁发经营许可证，并废除了延续300多年的邮政信件专营制度，邮局通过包裹送上门、代缴水电煤气费等特色服务吸引消费者；日本的邮政体制改革虽然面临重重阻力，但小泉纯一郎仍冒着巨大的政治风险，最终还是通过了邮政民营化改革方案。上述国家在邮政业通过引入竞争机制，提高了邮政行业效率和效益，使邮政业不再亏损，并使之成为一个盈利的部门。从各国实践经验来看，发展邮政是靠竞争而不是靠保护，西方国家邮政民营化改革的成功经验值得我国邮政部认真借鉴。我国的民营经济为国有企业的改革提供了动力源，民营经济和国有经济相互融合，共同发展，已是大势所趋。我国的邮政也不应排斥民营企业，而是应该充分接纳民企，并让民企在国有邮政业的改革中充分发挥作用。

如何对待竞争对手？笔者认为，邮政部门应该从与竞争对手比服务态度、服务品种、服务质量、投递速度、价格合理等方向入手，谁有优势，谁就会占有市场份额。邮政部门若能把以民为本作为改革的出发点和落脚点，转变机制，实行国有民营，专心、贴心地为民服务，真正做到“人民邮政为人民”，那么，邮政部门就能够搞活，利润也会随之而来。

事实上，不仅是邮政部门，其他垄断部门或多或少都面临效率低下、利润增长率不高的困境。据2006年国家统计局的数据显示，在规模以上工业企业中，国有及国有控股企业的利润增长率最低，仅比去年同期增长18.6%；而私营企业则增长52.9%。但是，国有垄断企业不从自身寻找原因，而是一味竭力排斥民营企业的进入。如在成品油批发领域，《成品油批发企业管理技术规范》征求意见稿即规定成品油批发企业的资格是“必须从事两年以上成品油零售经营业务，并拥有30座以上自有或控股加油站”。若该征求意见稿一旦通过，将意味着全国绝大多数民营企业无法再涉足成品油市场。在钢铁、电力、燃气、电信、公交、供水、铁路、民航等垄断行业，也存在通过部门立法遏制民营企业进入的情形。

法律是对各种利益和诉求的权衡。立法的公正性评判标准就取决于试图影响立法的各个群体能否有制度化的渠道表达自己的诉求；在于立法机构本身是否方便这些群体接近；立法制度设计是否便于各个群体参与；是否给各群体提供了平等的参与渠道。很显然，部门立法急需改革。除了呼吁立法部门提高法制意识外，更重要的是，要推行开门立法、阳光立法，对立法过程从立项、起草、审议都要向社会公开，尤其是一些与人民群众利益密切的法规草案都要向社会公布，广泛征求人民群众的意见。这样，才能不断加强立法程序上的科学性与透明度，使各方面的利益都得到表达和保障，而不至于使法律成为某些部门和集团的牟利工具。部门立法的公开化是形成统一、开放、公平、公正、竞争有序的社会主义市场法制体系的基础，是民营经济能够获得平等发展的重要法律保障。

（作者单位：浙江省民营经济研究中心，浙江财经学院）

2.3.7 非公有制经济进入公共水利服务领域的对策与思考

张 健

水资源特有的自然属性、经济属性和社会属性决定了水利属于公共服务领域的范畴。在建立和完善市场经济体制，特别是水利基础设施建设资金存在巨大缺口的情况下，应当大力发展和积极引导非公有制经济参与公共水利基础设施的建设与经营管理。

2.3.7.1 非公有制经济组织进入公共水利服务领域的作用、条件和障碍

1. 非公有制经济组织进入公共水利服务领域的作用

国内外的非公有制经济投资公共水利服务领域，参与建设和运营管理的作用至少有三：一是有利于进一步加快水利基础设施建设。以外资、企业、集团和民营资本为主的非公有制经济参与公共水利基础设施建设与管理，特别是参与城乡供水、污水处理、水保生态和“四荒”（荒山、荒坡、荒滩、荒沟）治理，使一大批投资数额大、公共服务功能显著的水利工程能够提早建成运营，群众提前受益。二是有利于缓解各级政府水利投入的压力。就全国水利规划而言，2001 年～2010 年水利建设需要投入 1 万亿元左右的巨额资金。其中仅中央水利投资就需要约 5000 亿元。如果没有其他有效的资金供给，必将对水利建设和国民经济发展带来较大压力。三是有利于发挥市场在资源配置中的积极作用。宁夏回族自治区采取由企业投资进行灌区节水改造，提高了水的利用效率，把通过节水改造工程节省出来的水作为企业用水。这种有偿转让水权，通过市场配置水资源的方式预计可筹集资金 8.4 亿元。不仅解决了当地经济社会发展中水资源短缺的难题，而且促进了区域水资源优化配置和可持续利用。

2. 非公有制经济组织进入公共水利服务领域的有利条件

一是稳定的政治环境。我国生产力快速发展和综合国力不断增强，各项社会事业取得长足发展，为非公有制经济组织进入公共水利服务领域提供了良好的发展环境。二是市场经济更加健全。我国加入 WTO 以后，已经逐步按照国际规范形成了一整套市场经济体制框架，并建立和完善了与其相适应的法律和制度体系。加之公共管理在理论创新与实践探索上内涵日趋丰富，在顾客取向、社会化取向、权力主体多元化以及各主体之间的权力依赖关系上都有较大差别。政府必须改变传统的对公共水利服务大包大揽的做法，充分运用市场机制，将一些政府职能通过向社会转移，或用委托代理等方式，转移给非公有制经济组织，为非公有制经济进入公共水利服务领域提供有效载体。

3. 非公有制经济组织进入公共水利服务领域有一定的障碍

一是公共服务责任模糊。由于公共服务责任不明和过分地注重盈利，可能导致某些非公有制经济组织忽视就会责任和公共利益，导致公共服务责任模糊。二是水资源及水利工程的基础性、公益性、系统性、天然垄断性等特性，如保障粮食、防洪、供水和生态安全的供水、蓄水、防洪等水利基础设施难以完全走向市场。目前大多数只能停留在“准市场”阶段运作。三是思想观念不够解放。水利行业往往习惯于计划经济体制下依靠行政权力配置资源的方式；政府对水利项目进行资金补贴时，对“大锅水”可以补贴，对个体就很难；对民间资本存在误解或偏见，认为水利是公益

项目，完全或只能依靠公共财政投入，即使政府允许民间资本进入，也对其市场准入和资金比例要求过高，影响了非公有制经济进入公共水利服务领域。

2.3.7.2　大力发展和积极引导非公有制经济进入公共水利服务领域，全面提升社会公共服务能力和水平

1. 实行科学规划，规范准入程序

各级政府和水行政主管部门，应分出主次，排定次序，在规划中明确非公有制经济可以在某些水利基础设施领域进行投资并开展经营。如对农村饮水、农业灌溉、“四荒”开发等小型水利水保工程，可按照“明晰所有权、放开建设权、搞活经营权”的方式，鼓励和引导农民群众自办、自建、自管和自用；对城市供水、工业供水和防洪、水保、水电等中型工程的建设和管理，应按照市场经济运作规则，能交给市场办的就交给市场，同时也可以以产权换资金、以水权换资金、以卖水换资金等方式，对所建工程进行股份制改造，逐步建立现代企业制度；对具有经营性和公益性的准公益性大型水源工程建设项目，要在争取国家投资的基础上，积极利用外资、贷款等市场运作机制，实行国家控股、民间资本参与的建设和管理模式。

与此同时，应尽快制定市场运营规则，明确非公有制经济的市场主体平等地位，把非公有制经济的发展与国民经济的战略性调整有机地结合起来。严格界定“关系国家安全和国民经济命脉的水利工程等关键领域”的范围，除此之外的领域均应向非公有制经济开放。

2. 转变政府职能，优化发展环境

一是要清理和修订限制非公有制经济进入公共水利服务领域的法律法规，并在法律上保证与公有制经济享受同等待遇，为社会资本投资水利创造一个公平的竞争环境，尽快消除体制性障碍。二是要降低各种非公有制经济组织投资水利领域的准入门槛，在税收上要减免，电价上要优惠，服务上要保障。明确规定非公有制经济既可以独资、联合投资，也可以与政府部门、国有企业进行股份合作、合资、联营、参股合作等进行水利基础设施项目的投融资建设和经营活动。三是要通过竞标使非公有制经济获取项目的建设权和特许经营权，允许经营权、所有权转化；允许并鼓励以个人资本（经营才能、技术专才）、智力成果（专利发明技术成果）以及品牌、资信等无形资产要素作价投资水利建设和经营管理。四是要切实保护个体经济、私营经济在建设和管理经营水利工程时的私有财产和合法权益，从政治上关心和爱护非公有制经济人士，使他们放心大胆地搞经营、谋发展，为其解决后顾之忧。

3. 拓宽投入渠道，实行重点扶持

一是要在进一步加强水利建设基金筹集力度的基础上，体现对非公有制经济进入公共水利服务领域的优惠政策和扶持政策。比如对民营水利大户、荒山治理大户等个体经济，要求对其公益性部分和非公益性部分进行合理划分，对公益性部分的投资，政府实行直接补贴、奖励给个人；对非公益性部分投资，则由私营经济承担。二是要积极利用资本市场，筹集水利建设资金。对那些投资大、收益高的水利建设项目可以通过成立股份公司的形式，在水利行业内部或面向社会筹集资金。三是通过发行水利金融证券筹集水利建设资金，也可以考虑利用股票市场、建立规范的水利基金等来扩大水利资金的来源。四是要依靠市场运作机制筹集资金。要按照“放开建设权、明晰所有权、搞好经营权”的办法，加快现有水利工程设施产权制度改革，落实工程维修及养护资金，不断建立机制灵活、开放有序、良性运行的管理体制。同时，还可以依靠水权交易、水市场交易等手段获取资金，加快水利基础设施建设。五是各级政府在制定经济政策和社会发展规划时，要优先考虑水

利。各级财政对水利建设的投入应按照财政增加的比例逐年增加。

4. 组建行业协会，聚集民间合力

在非公有制经济融入水利基础设施领域过程中，组建行业协会等中介机构，承接政府职能转变退出领域的一些具体工作，通过市场运作机制来聚集民间合力。从目前所组建的水利行业协会来看，比较成功的就是灌区用水者协会和农村供水工程农民用水户协会。据统计，目前山西省以用水户协会形式参与管理的组织逾700个。

此外，还应进一步发展城市供水和用水者协会、民营水利协会及水利建筑工程协会等相应组织。并在积极鼓励和发展行业协会的同时，逐步加强和规范协会的组织管理与行为，通过多种措施促使协会组织向规范化、利学化和法制化迈进。

2.3.7.3 几点思考

1. 在认识上，必须毫不动摇地大胆引入非公有制经济

非公有制经济进入公共水利基础设施领域，不仅能有效地解决了政府部门对水资源的社会管理和公共服务“缺位”问题，而且能加快新形势下公共水利基础设施建设找到了一条行之有效的路子。因此，大力发展和积极引导非公有制经济参与公共水利服务领域不是权宜之计，而是我们必须长期坚持的一个根本战略。我们在主观认识上必须毫不动摇地坚持，在发展方向上不容置疑，应该大胆引入和大力提倡。

2. 在指导思想上，要坚持全面、协调、可持续发展方针

全面，就是立足长远、着眼当前，大力发展和积极引导多种经济组织共同参与公共水利基础设施领域建设和经营管理，逐步形成防洪保安、水保生态、城乡供水等公共水利基础设施相互促进、共同发展的格局。协调，就是统筹城乡水利协调发展、区域水利协调促进、开源节流协调推进、建设与管理协调并举，人与水环境和谐共处。可持续发展，就是坚持以人为本，正确处理好公有制经济和非公有制经济共同进入公共水利基础设施领域的若干关系，实现经济、社会、环境等方面的健康长足发展。

3. 在实施过程中，要实行依法监督和管理

目前，在参与水利建设和管理中，一些私营经济为了追求暴利，往往在竞争中采取不正当的手段，如擅自提高水价、垄断水资源、随意变更服务内容等。这些经营行为不规范等问题的存在，既损害了用水者权益，破坏了市场秩序，又降低了公共服务水平。因此，作为各级政府和水行政主管部门，一定要以贯彻实施《行政许可法》为契机，转变政府职能，增强服务意识，建立健全监督管理制度，把工作的重点放在制订规划、水资源管理、法制教育、资金扶持、技术指导服务等方面，为市场主体营造良好的发展空间。

（作者单位：山西省水利厅）

2.3.8　公用事业特许与政府规制
——中国水务民营化实践的初步观察

宋华琳

2.3.8.1　序　言

网络型公用事业是一种需要固定网络来传输服务的基础设施，例如煤气、电力、自来水、铁路和固定电话等。在中国，网络型公用事业在市民生活中占据了重要的地位，传统上都是由国家直接投资的，由国有企业采用垂直一体化的生产方式进行独家运营。网络型公用事业运营因其所有制形式的安排，因其固有的自然垄断和规模经济特征，以及相应的定价机制和管制框架上的掣肘，从而引发了资金短缺、技术落后、效率低下、投资成本攀升等一系列问题①。

在此背景下，网络型公用事业的民营化正在拉开帷幕。相伴而生的是公用事业特许制度的兴起，公用事业特许顺应了新公共管理运动的趋势，也是契约型规制（contractual regulation）在行政法中兴起的缩影②。而在公用事业特许过程中，应采取怎样的法律形式和程序？如何设计所缔结特许合约中的实体内容、明晰缔约方的权利与义务，对产品和服务的标准、价格和收费的确定方法、回报率的设计、特许经营权的终止与变更等实体问题给出怎样的安排？如何确保民营化后公用事业的“公共性”因素？如何使公众继续参与公用事业决策成为可能？如何实现政府对公用事业特许的后续规制？这些应当成为转型时期行政法学者不容回避的课题。本文力图以一个行政法学研习者的视角，立足于中国水务民营化的制度实践，通过对其中蕴涵的相关个别法律问题的整理和检讨，从中或许可得出某些更为一般化的结论，进而能够对我国当下的公用事业特许与政府规制实践，以及行政法学理论有所贡献。

2.3.8.2　水务民营化的模式选择

水务民营化，是指为了不断改善水服务质量，在政府与供水服务企业之间，通过特许经营合同、联合投资、控股、独立经营等方式确立合作关系，在此基础上，明确权利义务关系及其适用原则③。城市水务行业的运营一般包括供水、管道网络输送及排水三个环节。供水环节的载体是自来水厂；管道网络输送环节的载体是城市自来水管道和下水管道；排水环节的载体是污水处理厂。长期以来，我国的城市水务行业一直由国家和地方政府包办，从投资决策、资金筹集、施工建设到经营管理等诸环节，都是在行政系统的内部闭环展开的。在城市化进程日趋加快，环保和水质要求日益提高的情况下，水务部门也遭遇到资源、资金、技术、服务等多方面的难题，这些也构成了城市

---

① 肖兴志：《公用事业的民营化改革：理论与中国实证》；黄继忠主编：《自然垄断与规制：理论与经验》，经济科学出版社，2004 年，第 185 页 ~ 186 页

② ［英］卡罗尔·哈洛、理查德·罗林斯，杨伟东、李凌波、石红心、晏坤译：《法律与行政》（上卷），商务印书馆，2005 年。

③ 高家伟，喻文光：《水务民营化中的政府角色》，《法制日报》，2004 年 10 月 27 日。

水务民营化的制度动因。

水务民营化，某种意义上是在构筑基础设施领域的“公私伙伴关系”（Public Private Partnership，简称 PPP）。水务民营化可以有多种不同的形式，并没有某种形式或结构能够适应所有的情况，能成为应对水务市场资金、技术和管理等问题的万灵丹。选择不同的模式，其民营化程度与受管制的程度也不同，所缔结合约的权利义务配置也有差异，从而给监管机构、水务企业和消费者带来不同的影响。因此，本文将城市水务民营化实践中出现的几种模式，分别予以介绍讨论。

1. BOT 模式

BOT 模式是建设—运营—移交（Build - Operate - Transfer）模式的简称，政府特许权协议是政府或代表政府的授权机构与私人主体签订的，关于由政府授权许可私人主体在一定期限内建设经营政府专属的公共基础设施并获得合理收益，特许期满后，将项目设施无偿移交给政府的契约文件或特许权合同[①]。在特许期内，政府对水务企业的资产不具有所有权，只能在协议约定的范围内对项目进行管理，而水务公司对基础设施的所有权也不是完整意义上的所有权，不能用以抵押和转让。

在我国，1995 年国家计委等发出的《关于试办外商投资特许权经营项目审批管理有关问题的通知》中明确规定了 BOT 方式试点包括了城市供水厂项目，此后民营资本也渐次利用 BOT 模式进入水务市场。BOT 模式是一种有效的直接投资模式，政府对项目的支付不再是一次性的巨额投入，而是通过出让“特许经营权”，用水费和污水处理费以及少量财政预算来支付给投资者。对企业而言，由于有水费和污水处理费担保，因此具有风险低、投资回报稳定的优势。BOT 水务项目所可能遭遇到的风险包括由于建设超期、费用超支等引起的项目无法按期完工的风险；由于技术、原料和经营方面造成的运营风险；由于可能的水价和用水量变化以及水资源费用变化引起的市场风险；金融风险以及因政策改变所带来的风险。因此，必须审慎地对企业的运营收益、设施的利用期限以及租税和财务状况加以评判[②]。

2. TOT 模式

TOT 是移交——运营——移交（Transfer - Operate - Transfer）模式的简称。指政府部门或国有企业将建设好的项目的一定期限的产权和经营权，有偿转让给投资人，由其进行运营管理；投资人在约定时间内通过经营收回全部投资并得到合理回报，并在合约期满后，再交回政府部门或原单位的一种融资方式。TOT 项目是将已建成甚至投入使用的水务设施的转让，是存量资产或现有资产的转让，因此，成功地避开了 BOT 方式在建设过程中面临的风险和矛盾。它和 BOT 项目一样，都属于水务特许经营模式，都是将管网设施以及收费权保留给政府，而将水业设施的某一单元，一般是水厂，在限期内转让给企业。

3. 合资模式

合资模式也是中国水务民营化普遍采用的形式之一。通常针对某一特定水务项目成立专门的项目公司，然后由该城市的国有单位与专门项目公司合作成立合资公司。通常情况下，民营方向合资公司出资金，国有方出资产，合资公司负责经营[③]。在合同期满后，如果双方协议不再延长，那么合资公司的固定资产即为国有方所有。这多见于外资水务企业对中国的投资。

---

① 于安：《外商投资特许权项目协议（BOT 与行政合同法）》，法律出版社，1998 年，第 20 页。

② 程明修：《经济行政法中“公私协力”行为形式的发展》，《月旦法学》，2000 年第 5 期。

③ 周继秀：《民营企业的“未来水世界”》，《财经界》，2003 年第 11 期。

4. 直接购并模式

由外资或者民营资本直接收购原有水厂的部分股份，对水厂进行改造和运营，也是成功的民营化模式之一。例如 1997 年威望迪和天津市合作兴建天津凌庄水厂，2002 年 5 月上海浦东自来水公司 50% 国有股股权溢价转让予威望迪，都是直接购并的例证。

5. 运营和维护模式

运营和维护（Operation & Maintenance）模式是指政府部门通过与私营机构签订合同的方式，将水务设施的经营和维护工作交由民营部门全权负责，政府保留对该设施的资产所有权，资产所有者负责资产投资决策和责任，并享有该部分投资所带来的增量经营收益。这类模式在美国、墨西哥、澳大利亚等国家得到了普遍的应用，例如美国威斯康星州东南部港口城市密尔沃基选择该模式为其污水系统签订了为期 10 年的长期合同，使运营成本降低了 16%。

6. 纯民营模式

这种模式是政府将包括管网在内的所有水业设施在有限期限内完全委托给企业经营管理，这种形式也被视为是水务系统的整体特许经营模式。《北京市城市基础设施特许经营办法》第 3 条第 3 项也规定，在一定期限内，可以将公共服务委托给特许经营者，由他们来经营城市基础设施。而在重庆江北、马鞍山、天津塘沽等地的供水也是采取的这种形式。

2.3.8.3 公用事业特许和水务民营化过程

对于水务行业而言，生产企业必须借助供水管网和污水处理系统等传输网络才能将用水传递给用户，排水网络的建设维护运营都需要极其高昂的沉淀成本，因此在生产配送方面都有着巨大的规模经济效益和范围经济效益。而且水是公众所需要的最基本普遍服务，商品和服务的需求弹性较小，所以水务行业具有网络型公用事业的一系列典型技术特征。但与此同时，水务行业承担着向公众生活提供不可缺少的稳定持续高质量普遍服务的任务，其所具有的高度公益性，决定了这类营业活动不应当然地归属于私人拥有的自由，而应获得国家的特别批准并在实施过程中接受国家的业务监督①。

根据我国《行政许可法》第 12 条第 2 项的规定，对于有限自然资源开发利用、公共资源配置以及直接关系公共利益的特定行业的市场准入等需要赋予特定权利的事项，可以设定行政许可。近年来，建设部逐渐推行确立了包括城市供水和污水处理行业在内的市政公用事业特许经营制度，该制度是指政府按照有关法律、法规规定，通过市场竞争机制选择市政公用事业投资者或者经营者，明确其在一定期限和范围内经营某项市政公用事业产品或者提供某项服务的制度。因此，水务行业的特许经营制度的性质是公用事业特许，而非对一般性禁止的解除的一般许可。

由于水务行业在特定地区内的规模经济效应和自然垄断特征，因此无法在水务行业内部展开有效的“该领域内”（with in the field）的缔约后竞争，此在具有稀缺性有限公共资源配置中，面对相互竞争的申请人，面对“僧多粥少”的情境时，政府如何履行契约前阶段（pre - contractual stage）的权力，依据怎样的标准，赋予哪个申请人以特许经营权，从而确保获得公用事业特许的水务企业能提供更好地服务，并且获得最佳的经济收益②，这就成为必须要面对的课题。根据经济学家德姆塞茨于 1968 年提出的特许招标（franchise bidding）理论，有必要通过特许合同缔结中的

① 朱芒：《日本的行政许可——基本理论和制度》，《中外法学》，1999 年第 3 期，第 204 页。

② 余凌云：《行政契约论》，中国人民大学出版社，2000 年，第 204 页。

招标投标过程，来展开“面向该领域”（competition for the field）的缔约前的竞争[①]。

在我国，根据《行政许可法》第12条第2项和第53条的规定，对于有限自然资源开发利用、公共资源配置以及直接关系公共利益的特定行业的市场准入等需要赋予特定权利的事项，应当通过招标、拍卖等公平竞争的方式作出决定。根据我国《招标投标法》第3条的规定，对于大型基础设施、公用事业等关系社会公共利益、公众安全项目的工程建设，必须进行招标。以下笔者将按照制度发展过程的脉络，对水务民营化特许协议的缔结以及延展、终止和变更加以概括的探讨。

1. 水务民营化特许协议的缔结过程

根据《招标投标法》、市政公用事业特许经营管理办法等法律、法规、规章的规定，水务民营化特许协议的缔结过程大致可以分为以下几个环节[②]：

（1）招标。由政府主管部门提出水务民营化特许经营项目，报直辖市、市、县人民政府批准后，向社会公开发布特许经营项目的内容、时限、市场准入条件、招标程序及办法。公布的招标文件一般包括投标人须知、特许权协议草案以及项目的技术、经济和法律资料，招标文件要将投标人必须遵守的强制性要求和可以由投标人建议的可协商要求区分开来。在这个阶段，值得注意的两点要素在于，首先，招标文件中规定的评标标准应尽可能明确详尽，以便投标人设计出最符合政府要求的方案。其次，招标人要尽可能地借助报刊、信息网络以及其他媒介，公平地向所有可能的投标人披露所掌握的相关信息，防止因信息不充分带来特许投标中竞争不足的问题[③]。

（2）资格预审和投标。在投标者正式投标之前，首先要邀请对项目有兴趣的公司参加资格预审，参加资格预审的公司应提交包括技术力量、工程经验、财务状况、履约记录等方面的资料，招标委员会应该组织资格预审专家组进行资格审查和方案预审，对所提交的文件进行比较分析，推荐出符合条件的投标候选人。然后向这些候选人发出投标邀请书，列入备选名单的被邀请者不少于3个，但一般不会多于6个。获得书面邀请后，投标者将按照招标文件的要求提出详细的投标书，就所有关键事项加以说明。

（3）评标。评标由招标人依法组建的评标委员会负责，评标委员会由招标人的代表和有关技术、经济等方面的专家组成，成员人数为5人以上单数，其中技术、经济等方面的专家不得少于成员总数的2/3。评标委员会应当按照招标文件确定的评标标准和方法，对投标文件进行评审和比较，然后向招标人提出书面评标报告，并推荐合格的中标候选人。招标人根据评标委员会的书面报告和推荐意见来确定特许经营权授予对象。特许经营权授予对象应符合以下两个条件之一：或者能够最大限度地满足招标文件中规定的各项综合评价标准；或者能够满足招标文件的实质性要求，并且经评审的投标价格最低。

（4）公示与签订协议。确定特许经营权授予对象后，应公示中标结果，公示时间不少于20天。公示期满，对中标者无异议的，经直辖市、市、县人民政府批准，与获得特许经营权的企业签订特许经营协议。

2. 水务民营化特许协议的延展、终止与变更

（1）特许协议的延展。特许经营期限的确定，一般由留任行政机关根据行业特点、规模、经营方式等因素予以裁量，确定最佳期限是重要的，但也是困难的。较短的特许经营期限会挫伤投标

① 王俊豪，周小梅：《中国自然垄断产业民营化改革与政府管制政策》，经济管理出版社，2004年，第191页。

② 大岳咨询有限公司编著：《公用事业特许经营与产业化运作》，机械工业出版社，2004年，第1页~16页。

③ 王俊豪：《特许投标理论及其应用》，《数量经济技术经济研究》，2003年第1期。

人投标的积极性，使得特许经营者无法获得合理的回报率，优点在于契约内容可以有更强的专属性，更易于执行。如果特许经营期限过长，那么可以让特许经营者在知识和经验上获得足够的优势，获得合理的回报率，但是有可能使得他们有滥用垄断权力的危险，而且契约内容的设计上要具有更大的弹性，以保证行政机关和获得特许经营权的企业能够适应变化的情境。目前为了提高特许招标和准入竞争的实际效果，在合理的区间内，应该尽量缩短特许协议的期限。

根据规定，新建城市水务设施项目的特许经营期限不超过 30 年，而承担已有城市水务设施项目的特许经营期限一般不超过 8 年。特许期限届满前 1 年，项目公司可以向城市基础设施行业主管部门提出延长申请，经主管部门组织评审同意并报城市人民政府批准，可以延长。

（2）特许协议的终止。在公用事业特许过程中，特许协议不仅是政府和被赋予特许经营权人之间签订的协议，更是政府为了实现公用事业民营化之后公共性的确保而使用的一种管制工具。而且当被赋予特许经营权人不履行契约义务时，它可能不能有效地提供公共物品和公共服务，这时候给消费者而非政府带来了更大的损失。因此传统私法上的损害赔偿不足以实现对项目公司违约的充分救济，政府还要保留采取最为严苛的措施，直接终止特许协议的权力。

当项目公司未按照要求履行合同，产品和服务质量不符合标准，并未按照主管部门要求进行限期整改时；当未经批准，擅自转让或变更特许经营权时；当未经批准擅自停业、歇业影响到社会公共利益和安全时；当发生重大质量事故、安全生产事故或企业法人有重大违规违纪行为时；当违反申请时所作的承诺时，政府有权终止特许协议，收回特许经营权。但这样的管制措施过于严苛，且在收回特许经营权后，短期内往往又很难找到合适的替代者，因此这往往成为一种“备而不用”的威慑措施。同时在特许协议终止后，应对原特许经营者为了维持水务设施运营所投资建设的固定资产净值部分，给予合理补偿。

（3）特许协议的解除和变更。在水务民营化特许协议中，被赋予特许权的企业获得的是一种特权，并不具有类似于一般许可中所获得的自由权那样强有力的地位。在情势变迁时，为了公共利益需要，行政机关有单方解除和变更公用事业特许协议的权力。这已从比较法的角度得到印证。在法国行政法中，认为在公用事业特许协议中，为了处于变动中的公共利益的需要，行政机关有权重新界定所提供公共服务的性质和内容，有单方面变更公务特许合同条款和中止合同的权力①。在英国，当法院处理涉及政府合同的案件时，最重要的一项原则就是“契约不能束缚行政裁量权”，认为政府可以在遵守法定条件的前提下，以公共利益需要的理由主张其参与签订的合同或者合同条款无效，不再履行合同义务②。在德国，行政法的通说在吸纳了法国行政法上的“不可预见”原则和普通法的合同落空学说基础上，认为公共利益具有优越于契约的拘束力，根据德国《联邦行政程序法》第 60 条第 1 款第 2 项的规定，为了预防和免除公共利益遭受严重损失，行政机关可以单方面解除公法合同③。

中国的水务民营化进程中，已经存在若干具有典型意义的解除和变更公用特许协议的实例。在 20 世纪 90 年代以来，我国水务民营化进程是以地方政府为主导的，当时城市自来水管网未曾对外商开放，而且水价有一定的上限，因此外国投资方提出了固定回报率的要求，而我国地方政府对公用事业市场化运作机制的认识当时还非常有限，加之对基础设施产业融资的渴求，特许协议中就往

---

① ［法］古斯塔夫·佩泽尔，廖坤明、周洁译：《法国行政法》，国家行政学院出版社，2002 年，第 91 页。

② 于安：《外商投资特许权项目协议（BOT 与行政合同法）》，法律出版社，1998 年，第 157 页。

③ 于安编著：《德国行政法》，清华大学出版社，1999 年，第 149 页。

往规定了高额的固定回报率①。但是由于缔结协议后，水价、用水量以及其他无法预见因素的变更，往往导致地方政府的巨额亏空，因此在2002年9月10日颁布的《国务院办公厅关于妥善处理现有保证外方投资固定回报项目有关问题的通知》中指出："保证外方投资固定回报不符合中外投资者利益共享、风险共担的原则，违反了中外合资、合作经营有关法律和法规的规定。"因此在国内资金相对充裕、融资成本较低、吸引外资总体形势良好的有利条件下，各级地方政府应采取"改"、"购"、"转"、"撤"等方式处理保证外方固定回报的项目。在该文件出台后，各地政府大多充当了违约方的角色，而取消固定回报率之后，诸多跨国公司在"抢滩"中国的过程中遭遇到了一道"政策门"，于是乎悻悻然铩羽而归②。

中国的水务民营化过程之所以引发了公用事业特许协议的解除和变更，这是因为一方面，在缔约后契约执行的实质条件，如水价、用水量等因素发生了当事人在缔约时不曾料想到的事实上的变化，这些变化对协议的履行带来了实质性的影响，使得难以预期让政府机关再去恪守原先的契约③；另一方面，更是由于固定回报率政策变化造成的，应该承认在公共政策形成的实体领域，行政机关本身才是首要的设计师，行政机关有着对政策的优劣和是非曲直进行判断的实体裁量权，而固定回报率政策的改变，也恰恰合乎了公共利益和公共服务的要求。

但是，公用事业特许协议的解除和变更，给特许经营者带来了不利的影响，并使得他们对原有的正当期待落空，信赖利益受损，因此应该对他们提供相应的程序性保护和补偿性保护。在特许协议的解除和变更过程中，政府应以书面的形式告知特许经营者，并召开一定形式的听证会，以充分听取特许经营者的意见。同时应充分考虑原获特许经营权企业的合理利益，当特许期间因政策改变严重影响企业预期利益的，企业应该可以向城市基础设施行业主管部门提出补偿申请，获得相应的补偿。

2.3.8.4 公用事业特许后的政府规制

在水务民营化的案例里，通过公用事业特许经营制度的引入，将本来由政府部门执掌的对水务设施加以建设、运营和维护的公共职责，转移到了私人部门之手。这也意味着国家和社会责任的重新分配，但并不意味着政府规制责任的解除，因为在民营化时代里，政府有义务保护公民的基本权利，使其免受以私法形式实现公共任务的私人部门的侵害，于是政府由此前在第一线"冲锋陷阵"地"履行责任"，变成了对私人部门提供公共物品加以监督和规制的"保障责任"④。在水务市场上，私人部门所要提供的是品质良好、价格公平、具有持续性的不间断的普遍供水服务。出于公共性的确保和维护公共福祉的需要，政府还要在诸多方面担当起"后民营化"（AfterPrivatization）时代的规制职责。

在一些西方国家，政府选择采用独立管制机构或委员会的形式，通过将经济性规制职能与社会性规制职能相分离的方式，来进行对水务民营化的后续监管。例如在英国，根据1989年《自来水法》成立了水务（管制）办公室（OFWAT），进行价格和投资规制。而自来水质量规制

---

① 柳剑能：《中央政府清理洋水务的背后》，《南方周末》，2004年7月29日。

② 林凡：《泰晤士水务遭遇"政策门"上海"触礁"》，《经济观察报》，2004月6日14日。

③ 余凌云：《行政契约论》，中国人民大学出版社，2000年，第131页~132页。

④ 詹镇荣：《民营化后国家影响与管制义务之理论与实践——以组织私法化与任务私人化之基本型为中心》，《东吴大学法律学报》，2003年第1期。

的职责，则交由环境保护署（EA）履行[①]。在美国，水价是由各州公共设施委员会制定的，水质则是由环保部门负责监管。而在中国，水务民营化之后的政府规制，主要是由价格、环保、城建、水利等部门共同展开，尚缺乏一个权威、高效的水务规制体制，而目前“后民营化”阶段的规制事项主要包括价格规制、质量规制、普遍服务义务、公众参与和知情权保障的要求等四个方面。

1. 水价规制

水价规制属于经济性规制。虽然私人部门投资水务行业，其很大程度上是希冀通过挖掘水价的上涨空间来获利，但是作为一种相对缺少商品供求弹性的公共产品，水价应该做到公平合理，且以公众所承受的范围为限。在我国，目前城市水价的形成机制只是主要考虑了净水成本补偿，对供排水管网和污水处理成本补偿不足，也没有建立根据市场供求和成本变化及时调整的水价形成机制。因此，应尽快建立节水型水价机制，建立由供水成本、水资源费和污水处理费三部分组成的城市水费体系，并将同时改革现行水价计费方式，逐步实行计量收费、超定额用水加价和两部制水价制度。

水是一类特殊的商品，作为商品，获得授权的特许经营企业在所经营的范围内，对水费的收取额应足以覆盖企业的运营管理成本以及税金和合理利润的总和。但作为必需品，水价又不能超过政府所设定的价格范围。应该看到，在我国水价不仅是城市供水价格改革的“基础工程”，而且还是维护广大用户利益的“民心工程”。因此，有必要在价格形成过程中引入公众参与机制，就水价的形成制定过程召开由不同行业、阶层代表参加的听证会，让多元利益的冲突与妥协得以在规范化、有序化的框架中进行，让不同的异议声音得以有效地表达。

2. 水质规制

在水务行业中，消费者一般会对水质等因素给予更高的估量。在我国的城市水质规制中，最具重要意义的手段就是通过标准制定（standard - setting）来确立控制城市水质的质量标准体系。标准制定已经成为现代行政国家下规制过程中最为重要的一环，而标准制定作为一种政府中度的规制形式，尤其适合应用于品质管制领域。而对于从事水务特许经营的企业来说，水质标准并不一定是越严越好，因为所规定的水质标准水平，不仅要取决于当时的技术水平，还取决于企业为达到该标准所愿意支付的执行成本，过高的水质标准，将使得特许企业为了符合标准所支付的增量成本不断攀升，从而阻碍了企业实施标准的激励和标准的实施效果。

在我国，建设部于 2005 年 4 月颁布了《城市供水水质标准》，这项标准中对项目的限值有着更严格的要求，针对工业废水和农药污染的趋势，增加了对有机污染物和农药的检测项目；针对水处理中消毒剂使用状况，增加了对消毒副产物检测项目；出于对水质安全的严格要求，增加了对原虫类病毒体的检测项目。同时还对供水水质保障的系统性作出了明确规定。

3. 提供不中断普遍服务义务的要求

在特定区域内的特许经营水务企业运营着具有垄断性的公共服务，而作为生命之源的水，又和每个公民休戚相关。因此要确保水务特许经营企业能不中断地提供公共产品和普遍服务，对实施特许经营的水务措施予以维护，保持设施的良好运转。同时政府还要制定保证不会因特许经营企业擅自停业、歇业而影响公共利益和公共安全的临时接管应急预案，并保留在必要时收回自己经营的权力和能力。

---

① 金海，孙笑春编译：《英国水行业私有化案例研究》，《中国水利》，2003 年第 7 期。

4. 对公众参与和知情权保障的要求

在公用事业民营化之前，是由政府相关部门以及国有企业在从事水务设施的建设、维护和运营，它们事实上在履行着公务职能，因此应该遵守行政程序法的要求。而民营化之后的、具有市场上自然垄断地位的特许经营企业，相当于是在以私人团体的角色来履行公共职能，为了防止垄断权力的滥用，在水务特许经营过程中，依然应该引入公众参与机制，让公众享有知情权和建议权，保证公众能够对特许经营的实施情况予以监督。

2.3.8.5 结 语

本文以中国城市水务民营化实践为背景，尝试性地对我国公用事业特许协议缔结过程以及后续的政府规制加以粗线条的勾勒与研讨。应该看到，在公用事业民营化的浪潮下，我国也开始逐渐以特许协议的形式，将行政任务转由私人部门担当，其中的关键要旨，并不在于政府从既有任务的全面退却，而是政府活动方式的转变，政府通过将公共任务民营化，将自己的角色由实际行政任务的履行者，转变为实现特定行政目的的规制者和担保者。但是私人部门如何履行公共职能？应该选择怎样的方式来规制民营化之后的私人部门？这些，不仅是政府、特许企业以及消费者三者之间法律关系的深刻变革，也摹绘出一幅现代行政法学崭新的河川地脉。

（作者单位：浙江大学公法与比较法研究所）

2.3.9　自来水产业规制改革中的困惑

刘伟伟

2.3.9.1　自来水是“公共品”吗

纯公共品具有非竞争性和非排他性，即“供给的连带性，以及排除他人消费的不可能性或无效率。对公共物品的一个可选择的定义是：能以零的边际成本给所有社会成员提供同等数量的物品。这意味着排他性是可能的。”[①]

但是，自来水的消费既有竞争性，又有非竞争性；既有排他性，又有非排他性：①竞争性。自来水公司的边际生产成本为正，在用水高峰期，消费者数量的增加会导致水压不足、用水紧张。②非竞争性。总供应量不变时，生产成本固定，只要用水不超过临界值，消费者用水互不影响。③排他性。消费者必须购买、安装和维护水管等设施，并按期缴纳水费。未经公共品的主人同意，他人不能用水。不缴水费就会被停水。④非排他性。除非消费者的水管完全独立于公共管道，自来水公司不能停供公共水管的水以惩罚其中一两个不缴水费的消费者。

或许，“把‘公共性’看作一个程度问题是有益的，非纯公共品的消费在一定程度上是竞争的或排他的”。[②] 自来水可以算作“非纯公共品”。这里所谓“非纯公共品”仅指“不是纯公共品”，至于“非纯公共品”是否“本质上仍是公共品”，或者“非纯公共品”是否包括“私用品”，这里不作深入探究。

其实，政府之所以对自来水产业进行规制，尤其是设置进入壁垒，主要是因为它被视为所谓的“自然垄断产业”，而不是因为自来水是公共品。

2.3.9.2　私人提供效率高于公共提供

不论公共品、私用品，抑或“非纯公共品”，都既可以由公共提供，又可以由私人提供。不过，人们一般认为私人提供效率高于公共提供。缪勒（Dennis C. Muller）指出：“在40多项研究中，发现公共企业显著地不如提供同一种服务的私人企业有效率。”其中，在美国的“供水公用事业”，公共提供的成本远高于私人提供，产出却低得多。[③]

在中国，城市水务行业大多是亏损的。中国水务行业的龙头深圳水务集团也在2002年不得不忍受8800万元的亏损。长期以来，政府对自来水行业采取的是低价格、高补贴的机制。尽管政府曾多次调升水价，但被计入水价中的排污收费仍远远低于其成本。由于行政垄断，各地水务企业机构臃肿，人员“只进不出”，加重了企业负担。“按照国际上通常供应1万吨水配置8名员工的标准，中国水务行业的员工可以减少一半。管理效率普遍低下，对成本监控不严。不少企业通过反复

---

① ［美］丹尼斯·缪勒（Dennis C. Muller），杨春学译：《公共选择理论》，中国社会科学出版社，1999年，第16页~17页。

② ［美］哈维·S·罗森（Harvey S. Rosen），赵志耘译：《财政学》（第六版），中国人民大学出版社，2003年，第54页。

③ ［美］丹尼斯·缪勒（Dennis C. Muller），杨春学译：《公共选择理论》，中国社会科学出版社，1999年，第320页~325页。

计提设备折旧费将部分利润转移至企业内部小金库，造成大量亏损的‘假象’，以达到逃避税收和向财政要钱的目的。”①

为了改变自来水产业的长期亏损局面，政府决定开放自来水市场。2002 年 12 月 27 日，建设部发布《关于加快市政公用行业市场化进程的意见》，明确提出“鼓励社会资金、外国资本采取独资、合资、合作等多种形式，参与市政公用设施的建设，形成多元化的投资结构”。②

目前，自来水产业的开放竞争主要有以下几种形式：①BOT 模式③。2002 年 6 月 5 日，总投资 8.7 亿元的上海竹园第一污水处理厂项目签约，民间资本占有较大比例的上海友联联合体成为该项目的投资人，并专营 20 年。②合资模式。2001 年，法国昭和水务公司与奉贤自来水公司第三水厂成立了上海首家中外合资的昭和自来水公司。③直接购并模式。2003 年 12 月 23 日，法国威立雅（VeoliaWater）和北京首创集团出资 33.1 亿元人民币，联合收购深圳水务集团 45% 的股份，被列为全球第二大水务并购案。④纯民营模式。⑤TOT 模式。政府投资建设的项目，在一定时期内有偿转让给非政府投资主体经营④。

外资在中国经营的自来水厂，其利润和成本比率为 24.48%，是外资投资项目中最高的⑤。在国家废除对外资承诺高额回报率的有关条款后，自来水产业的投资收益率为 8% ~10%。民间资本方面，已开始有以首创股份为代表的众多公司涉足水务行业。2002 年前三季度，沪深股市包括水务在内的公用事业行业板块以每股收益 0.185 元位居所有行业之首⑥。

为什么自来水产业开放竞争后居然成了收益率最高的行业呢？一般情况下，公共提供的效率可能低于私人提供，但也不是绝对的⑦。“对加拿大国家铁路公司的研究表明，公司的成本是可以和私人企业进行对比的。和相应的私人企业相比，法国的好几家国有企业也获得了富有效率的好名声。”⑧ 而且，“私有部门占主导地位是硬预算约束的必要条件，而不是充分条件”，因为“资本主义同样会染上软预算约束综合征”⑨。

或许，“决定由公共生产还是由私人生产更有效率，一个关键因素是市场环境……私人垄断企业的生产，从社会角度看可能效率很低，而处于激烈竞争环境的公共企业也可能效率很高”。⑩ 也就是说，“问题的实质不在于公营还是私营，而在于垄断还是竞争。在提供低成本、高质量的物品和服务方面，竞争往往优于垄断”。⑪ 这涉及到“开放竞争”与“产权改革”之争，后文将作进一

---

① 王瑗：《33 亿水务盛宴的背后》，《南方周末》，2004 年 1 月 8 日。

② 雷剑峤：《公用事业破题水务先行》，《南方周末》，2003 年 5 月 1 日。

③ BOT（Build - Operate - Transfer）模式，即建设、运营、移交，城市市政公用事业特许经营制度的一种典型形式。政府通过签订特许权协议，将由政府投资经营的市政公用基础设施，授予通过招投标选中的企业来投资、建设、运营、维护等；特许权期限内，项目公司向用户收取费用，来抵偿投资和经营成本，并获得合理回报，政府则拥有对项目的监督权、调控权；特许期满，项目公司把基础设施移交给政府。

④ 尹之：《公用事业：大门打开以后》，《财经》，2004 年第 2 期。

⑤ 华威，陈俊：《外资突破上海水务市场》，《经济观察报》，2002 年 6 月 3 日。

⑥ 王瑗：《33 亿水务盛宴的背后》，《南方周末》，2004 年 1 月 8 日。

⑦ 这里不谈“社会福利损失”和“垄断租金”，因为不论是公共垄断还是私人垄断，都会有这种问题。

⑧ 斯蒂格利茨（Stiglitz），郑秉文译：《政府为什么干预经济：政府在市场经济中的角色》，中国物资出版社，1998 年，第 63 页。

⑨ 软预算约束指一种状态：国有企业即便亏损也能生存下来，因为国家总是不断地、仓促地给予救助。它有五种类型：财政补贴；软税收；软银行信贷；软商业信用；工资拖欠。［匈］雅诺什·科尔奈（Janas Kornai），肖梦译：《后社会主义转轨的思索》. 吉林人民出版社，2003 年，第 163 页 ~172 页，第 179 页 ~180 页。

⑩ ［美］哈维·S·罗森（Harvey S. Rosen），赵志耘译：《财政学》（第六版），中国人民大学出版社，2003 年，第 64 页 ~69 页。

⑪ ［美］E. S. 萨瓦斯（E. S. Savas），周志忍译：《民营化与公私部门的伙伴关系》，中国人民大学出版社，2002 年，第 161 页。

步探讨。

2. 3. 9. 3　自来水产业是“自然垄断产业”吗

“自然垄断通常是指这样一种生产技术特征：面对一定规模的市场需求，与两家或更多的企业相比，某单个企业能够以更低的成本供应市场。自然垄断起因于规模经济或多样产品生产经济。自然垄断一般出现在公用事业产业（电力、电信、天然气和供水）以及运输业（铁路、管道）。在这些产业中，过多地进入可能导致传送网络和其他设施（如电缆、输油管和铁轨等）的高成本的重复投资”。①

但是，“沉淀成本本身并不足以导致价格和进入规制。在许多竞争性市场上（汽车、钢铁、化工）就必须承受巨大的沉淀成本，但仍有多个企业提供市场服务并不时发生竞争性的进入和退出。真正的问题在于与沉淀成本相关的技术特性。以传输线路和管道为基础的分配体系涉及交易特殊性投资，它不但不可再生，重复建设的成本也很大。这类投资将特定的用户和特定的企业相互联接。正是这种对称性的约束关系制造出所谓的瓶颈，并将垄断权赋予供应方。”②

在自来水产业，“沉淀成本”也不能作为设置进入壁垒的理由。民资、外资的资金实力、运作能力都很强。管道的重复铺设固然会造成资源浪费，但这一问题可以通过“允许插入经营”和“订立公共管道使用协议”加以解决，这在英国已付诸实践③。虽然自来水作为一种特殊商品，其消费具有不可替代性，或者说“需求弹性小”，但自来水的生产和供应完全可以多元化。新进入企业可以通过提供更优质的水和服务来打破垄断。“需求弹性小”只构成价格规制和质量规制的必要条件，并不能推导出“自然垄断”的必然。

2. 3. 9. 4　垂直分离还是垂直一体化

中国自来水产业主要有管道网络等基础设施建设与维护、自来水生产、管网输送和供应这四大类业务，其中，自来水管网输送是自然垄断性业务，而自来水管网等基础设施建设、自来水生产和供应业务是非自然垄断业务。目前，在中国许多城市，自来水经营企业对这四类业务都实行垂直一体化经营。管网输送业务具有自然垄断性，为保证规模经济效益，应该由一家企业经营，政府把它作为规制的重点，设计模拟竞争机制的规制机制，以刺激企业提高生产效率，增进社会福利。而自来水管网等基础设施建设、自来水生产和供应业务属于非自然垄断业务，可以放开进入规制，允许一部分新企业进入，形成由若干家企业竞争性经营的格局④。而且“在不断壮大的产业中，典型的情况应是垂直非一体化，而垂直一体化倒是落后产业的特征”。⑤ 垂直分离代表着高度的专业化分工，是产业发达的表现。

垂直一体化有它的优点：“它能使负外部性内部化……也有利于实现范围经济，减少企业成

---

① ［美］丹尼尔·F·史普博（Daniel F. Spulber），余晖译：《管制与市场》，上海人民出版社、上海三联书店，1999 年，第 4 页。

② ［美］丹尼尔·F·史普博（Daniel F. Spulber），余晖译：《管制与市场》，上海人民出版社、上海三联书店，1999 年，第 791 页。

③ 王俊豪：《政府管制经济学导论：基本理论及其在政府管制实践中的应用》，商务印书馆，2001 年，第 290 页 ~ 293 页。

④ 同上，第 323 页 ~ 324 页。

⑤ ［美］G. J. 施蒂格勒（George Joseph Stigler），潘振民译：《产业组织和政府管制》，上海三联书店，1989 年，第 29 页。

本”。[1] 上海市水务局局长张嘉毅指出：“调研发现，水厂与管网分离对市场化经营不利，产供销一体化是趋势。”中外合资上海自来水浦东——威望迪有限公司则成为中国第一家集生产、输配、销售于一体的中外合资自来水有限公司。威立雅中国区公关、政府事务部经理黄晓军称这种模式便于管理，同时能降低运营费用，从而增加企业的利润空间。完整授权的模式也是目前国际上比较流行的做法。[2] 究竟孰优孰劣，只有实践才能看得出来。

2.3.9.5 产权改革走向何方

由于产权问题具有一定的敏感性，自来水产业的规制改革，过去是一直绕着走的，一般不加触动。20 世纪 80 年代末期开始了城市第一阶段水业投资改革，城市政府通过直接或间接担保，获得政府间接贷款或国际金融组织贷款，引资并未涉及产权关系。90 年代中期开始了第二阶段投资探索，外资开始以合作经营并且保证固定回报的形式投资城市水业的水厂项目，同样回避了产权关系的明晰问题。20 世纪 90 年代后期城市水业开始以大量的 BOT 方式为代表的第三阶段探索，首次将触角探进了城市水业的产权领域，放开了一定期限的有限产权。十六大以后，产权改革真正拉开帷幕。上海、深圳、合肥、济南、焦作等城市水业企业的部分股权转让，已经完成或正在进行。

有学者指出，“制约水业发展的产业结构问题、投资不足问题、政企不分问题、效率低下问题等，根本点都在于产权关系的理顺……只有多元持股，才能真正明确股东会、董事会、监事会和经理层的职责，形成各负其责、协调运转、有效制衡的公司法人治理结构……有力地约束企业内部成本，提高效率”。[3]

英国是国际上水业私有化的代表。20 世纪初期，以地方政府为主导的市政债券的出现，使地方政府逐渐成为水业投资的主体。1973 年，国会批准对英国水业进行产业重组，整合成了 10 个区域水务集团，并在 1989 年进行了全面的私有化。[4] 但是，英国经济学家马丁和帕克（Martin & Parker）对英国各类企业私有化后的经营成效做了综合广泛的比较后发现：在竞争比较充分的市场上，企业私有化后的平均收益显著提高；在垄断市场上，企业私有化后的平均效益改善并不明显。[5]

因此，又有学者指出，“‘开放市场与产权改革’必须并举……所谓产权改革，就是变清一色的国有公司为股份化公司，国家不但有必要出让、转售一部分国有股权，而且要考虑出售控股权，甚至全部股权，主动变成小股东或者全面退出”。[6]

开放竞争是没有争议的，问题是产权改革该如何进行，走向何方？产权改革中，如何避免国有资产流失是个大问题。2003 年，经理层收购（Management Buy - outs，MBO）红火了好一阵，但一度被国资委叫停，就是考虑到这个问题。中南财经政法大学乔新生教授对此忧心忡忡：“国有企业投资主体是虚拟的，而交易的程序也缺乏透明度。管理层收购只会导致国有资产流失……国企实行管理层收购是一种既不合理也不合法的制度设计……这虽然符合某些制度设计者的愿望，但却不符

---

① 王俊豪：《政府管制经济学导论：基本理论及其在政府管制实践中的应用》. 商务印书馆，2001 年，第 284 页。

② 徐亚岚，陈雅亭：《首创股份水务扩容》，《经济观察报》，2003 年 8 月 18 日。

③ 傅涛：《城市水业的产权问题和产业化》，http：//www. h2o - china. com/report/shalong_ 20031122/book. htm，2003 - 11 - 22。

④ 清华大学环境系：《城市水业的认识误区与政府角色》，http：//www. h2o - china. com/report/shalong_ 20030902/book_ all. htm，2003 - 09 - 02。

⑤ 肖兴志：《自然垄断产业规制改革模式研究》，东北财经大学出版社，2003 年，第 141 ~ 142 页。

⑥ 周其仁：《竞争、垄断和管制——“反垄断”政策的背景报告》，http：//www. blogchina. com/new/display/10185. html，2003 年 6 月 30 日，第 4 页 ~5 页。

合公众的利益”。[①] 这为我们敲响了警钟。

2.3.9.6 发行地方市政债券，行吗

西方国家城市水业基础设施的投资建设有100多年的历史，主要资金由城市政府通过市政债券等方式筹集。据世界银行的统计，仅美国和加拿大，地方市政债券至今已总共筹集了超过74 000亿美元的资金。[②] 为了切实解决中国城市公用事业资金短缺的问题，许多人主张发行地方市政债券，认为“这样不仅可以为城市供水系统建设和管理融资，也可以为城市所有公用事业提供资金支持。从长期看，（地方）市政债券终将被证明是缓解城市现代化与基础设施落后之间矛盾的最有效手段”。[③]

有学者进一步分析：“一直以来，地方政府具有发展经济、干预经济的强烈冲动和内在需要，但在财力紧张的情况下，客观上缺乏发行公债这一相对而言较为稳定、规范的筹资渠道。为规避制度限制，许多地方政府采取了种种预算外的手段筹集资金，如不规范的借债、担保等，加之资金借、用、还关系不够规范的各种债务，造成政府或有负债[④]的大量增加。允许有条件的地方发行公债，改变现行由中央发行公债再转借地方的做法，可以加强对地方政府的硬约束，减少长期以来地方与中央‘博弈’中，地方政府普遍存在的要求上级政府豁免债务的预期，提高资金使用率。其次，通过使地方政府债务显性化，可以减少因不规范融资而产生的或有负债，更利于评估债务风险”。[⑤]

但是，“地方政府债发达的美国频频出现地方政府财政危机，甚至出现地方政府破产的危险”。[⑥] 在中国，地方政府债务危机也已“浮出水面”。国务院发展研究中心的报告指出，“地方政府债务具有五大特点：规模庞大，结构分散；隐蔽性强，透明度差；缺乏统一口径，缺少预警机制；违约率高，副作用大；缺乏统一管理，呈现加速倾向”[⑦]。最要命的是“违约率高”。政府不讲信用，还谈什么发债?

“不允许地方政府发债”与“地方政府债务危机”二者之间是否存在因果关系还有待探讨。现在的问题是，地方政府实际上已经在变相发行地方债，地方政府“不仅以企业债券的名义发行实际上的市政债券，突破了地方政府不得打预算赤字的禁令，又以各类投资建设公司吸收委托贷款的方式绕过了中央政府对企业债券发行的审批制度”[⑧]。国家发展和改革委员会财金司的官员指出：“地方水务公司发企业债的通道是畅通的，最近（2003年）就正在审批重庆水务集团发债额度。”地处北京的上市公司——首创股份则“申请企业债历时太久”[⑨]。这样看来，尽管不允许地方政府

---

① 乔新生：《我为什么反对国企实行管理层收购》，《南方周末》，2004年5月20日。

② 清华大学环境系：《城市水业的认识误区与政府角色》，http：//www. h2o－china. com/report/shalong_ 20030902/book_all. htm，2003年9月2日。

③ 《破解水务玄机》. http：//www. cass. net. cn/webnew/show_ News. asp？ id＝8509&key＝规制，2003年9月2日。

④ 地方政府或有负债的一般构成：①显性或有负债，包括：地方企事业单位使用的外国政府贷款；国债转贷资金；地方政府担保；核实的粮食企业亏损挂账；公益性国有企业的救助；社会保障资金收支缺口；地方政府成立的为政府融资服务的金融公司的不良资产。②隐性或有负债，包括：地方金融机构的不良资产；下级政府的财政收支缺口和债务；一般竞争性国有企业亏损和债务的最后清偿；对非公共部门债务的清偿。

⑤ 刘尚希，于国安：《地方政府或有负债：隐匿的财政风险》，中国财政经济出版社，2002年。

⑥ 《破解水务玄机》，http：//www. cass. net. cn/webnew/show_ News. asp？ id＝8509&key＝规制，2003年9月2日。

⑦ 于小松，崔荣会：《为债所困：地方政府遭遇债务危机》，《财经界》，2004年第4期，第33页。

⑧ 于小松，崔荣会：《为债所困：地方政府遭遇债务危机》，《财经界》，2004年第4期，第34页。

⑨ 《破解水务玄机》，http：//www. cass. net. cn/webnew/show_ News. asp？ id＝8509&key＝规制，2003年9月2日。

发债，但自来水公司可以通过发行企业债融资。而且，企业债也不是唯一的融资渠道。

地方市政债券可以作为一个考虑的方向，但必须慎之又慎。襄樊市财政局预算科科长陈四季忧心忡忡地指出："赞同搞地方公债的肯定都是地方上的一二把手。他们在一个地方干上一任，乱开口子乱投资，留下烂摊子，他可以拍屁股走人。留下的各种债务，比如世行贷款、以国有资产担保抵押，现在都要财政来买单。所以，没有一个负责任的投资机制，预算约束没有硬起来之前，只提增加财源，是不可能从根本上解决地方财政问题的。如果限定地方债只能在本地发行，那实际上是把资金从民间抽到政府手中，政府的投资效率未必比民间投资高。急于发债的省区往往是财政困难的地方，它们很可能用高息的办法来吸引资金，最后还是需要中央来买单"。①

以上就自来水产业规制改革中存在的主要问题，笔者广泛借鉴、引用了各方的观点，提出一些"困惑"，以期能引起多方面的注意。

（作者单位：南开大学政治学系）

① 《襄樊地方财政债务危机调查》，《经济》，2004 年第 3 期。

2.3.10　城市管道供气设施建设亟待打破行业垄断

陈　力

2.3.10.1　管道供气设施具有自然垄断性

随着社会和经济的不断发展，管道供气设施已成为现代城市市政公用基础设施的重要组成部分，其建设、营运和管理直接关系到社会公众的利益和人民群众的生活质量。

城市管道供气设施具有自然垄断性，主要表现在三个方面：①沉淀大量的资本。在供气设施建设初始阶段，供气商投资费用巨大，不仅要建设气源厂（门站）、调压站，还要建设相当长度的市政干、支线管道等。建设的时间越长，沉淀的资本就越多，相对于后来进入者的障碍也就越大，即使没有政府管制，不具有雄厚资金实力的竞争者也很难进入。②服务有其特定的区域。供气商将燃气输送给某一区域用户依赖于自己所拥有的管线，其他的供气商因为在该区域内没有管线，也就无法进入，不能形成竞争性经营。③规模经济性。管道设施的供气量越接近设计规模，服务的成本就越低，经济效益就越好。居民、商业和工业用气在时间上有很强的互补性，共用同一管线能充分提高设施的使用效率。另外，管道供气还具有排除性，用户的燃具（设备）如果不与所在地供气商的管道相接就被排除在服务范围之外，而无法选择另外的供气商。

2.3.10.2　建设资金的主要来源及合理性

管道供气设施建设资金的来源主要有四种：第一种是使用收费，按照用户实际使用气量收取费用。单位气价由购入（生产）气源价、输配价和税金构成，输配价中包含供气设施的建设成本。第二种是开发商出资，开发商承担新建居民小区管道供气设施以及小区与市政管网连接管道的建设费，开发商的出资以房产加价形式最终由购房人承担，开发商的出资实质上是购房人为城市管道供气设施作出的贡献，因为燃气表前供气设施的产权属供气商，而不归房屋业主所有。第三种是接口费，用户管道与供气商管道首次连接时供气商收取的费用，即用户为了获得管道气使用权的出资。第四种是政府投资和补贴，计划经济年代，国有供气企业在建设气源厂和市政管网时，政府以财政拨款方式直接对项目投资，对供气实行政策性补贴，弥补企业经营和建设资金的不足。

从建设资金的四种主要来源分析，使用收费作为建设资金的主要来源最为合理，它体现了谁使用，谁付费，谁受益，多使用，多付费的公平原则，供气商在供气设施的建设投资成本通过销售燃气收回，符合商品经济价值转换规律，应作为建设资金的主要来源；开发商出资能及时弥补供气商在初始阶段巨额建设资金的不足，不仅能加速城市供气设施建设发展，而且有利于自己开发房屋的销售，尽管出资不完全公平，但能使房屋业主及时用上管道气，这部分资金分摊在房屋单位建筑面积成本中所占比例很小，开发商和购房人能够接受；收取接口费与前两种收费方式相比最不合理，随着城市住宅配套设施水平的不断提高，管道供气与供水、供电一样，已成为市民居家生活必需的服务，用户不仅承担了小区供气设施的直接建设费，而且还要向供气商无偿支付市政供气设施的建设费，公众对此难以认同；计划经济时期政府对市政供气设施的投资在资金运用过程中效率低下，

浪费现象十分严重，投资基本上得不到回报，投资结果造成资源浪费。改革开放以后，国有供气企业进行重组或股份制改造，所有制形式开始发生改变，企业按市场机制自行筹集资金建设和经营。政府不再作为投资主体对市政供气设施进行直接投资，对供气的补贴也逐年减少直至取消。

2.3.10.3 建设垄断行为及相应的弊端

管道供气设施由气源厂（门站）、市政输配管网、小区庭院及户内管道几部分组成，各部分相互联系、互为依存条件，缺一不可。供气能力形成后，供气量要达到盈利的规模取决于用户的发展，而用户的发展则依赖于管网的延伸。供气商便需要不断地筹集资金建设管网，为追求企业自身的最大利益，实行行业垄断建设的现象还依然存在，所产生的缺陷显而易见。

（1）建设收费不合理。居民报装管道气时交纳开户费，开户费执行政府物价部门定价。全国各地的标准不同，一般是在2000元~4000元。2004年12月川气进汉后，武汉市出台天然气开户费标准：电子表2300元/户，机械表2100元/户。

现行的开户费中实际上包含两部分费用：一部分是工程安装的直接费，指用于居民小区内中低压庭院管道至户内表尾阀所需的设备、材料、勘察、设计和施工等费用。各小区实际发生的工程直接费与建筑的密度、房屋的布局和居民户数有关。通常情况下，新建小区管道安装工程直接费不到开户费的一半；余下部分实际上是接口费（并网费），归供气商所有，用于市政供气管网建设。

武汉市收取开户费始于20世纪80年代，居民户为2100元，当时的人工煤气价为0.18元/m^3。气价低于供气成本，地方财政每年补贴上千万元资金扶持企业供气，市民使用的管道气带有福利性质。市政管网设施主要依靠政府投资，同时收取开户费弥补建设资金的不足。经过20多年的建设，市政管网已基本覆盖中心城区，管道气用户60多万户，而使用瓶装液化石油气的用户却有100多万户，虽然管道气价格明显低于瓶装气价格，使用更为方便，但制约管道气用户发展的“瓶颈”主要是由于开户费“门槛”太高。天然气到汉后，开户费再度成为市民关注的焦点。不少市民提出质疑，燃气管网已经敷设到家门口，管道气的使用权还要市民出资购买？

除开户费外，如果新建的小区与市政管网有一定距离，供气商还会要求开发商承担小区与市政管网连接的建设费。费用多少与管道长度和管径有关，工程竣工据实结算。如果开发商不出资，报装就不会被受理。供气商收取开户费又另外收取小区外市政管道的建设费，没有相关收费依据，属于不合理的重复收费。

（2）代建小区管道供气设施。居民小区管道供气设施是指小区规划红线内用于输送燃气的干线、支线、庭院、户内管道及为其配套的调压设备设施。长期以来，新建居民小区管道供气设施一直实行的是代建制，即房屋建筑开工后，开发商向供气商报装燃气设施和缴纳开户费。双方除签订供气合同外，还要签订燃气工程代建合同。合同规定，开发商委托供气商为工程的代理建设人，负责办理工程报建手续、委托设计、施工和监理，组织工程竣工验收，对建成的燃气设施维护、管理和供气。由于供气商收取的报装费中包括有工程建设直接费，所以必须要代建小区管道的供气设施。对于开发商自行发包建设的工程，供气商不能收取工程建设直接费，而收取接口费又没有相应的依据和标准。收不到接口费，供气商就不接收工程和对其供气，于是出现拒绝交易。拒绝交易指企业在没有正当理由的情况下，拒绝出售商品和提供服务。在市场经济的条件下，依照合同自由原则，企业有权决定与某个企业交易，或者与某个企业不交易。但拒绝交易不适用于在市场上占有支配地位的企业，尤其不适用于具有自然垄断性的公用事业，这一方面是因为公用企业提供的产品和服务与国计民生息息相关；另一方面是除了这些企业的产品或服务外，市场上没有相同的产品或服务供用户（消费者）选择。为保证企业的正常生产和人民的生活，公用企业不得凭借其垄断地位在市场上以拒绝交易的方式来排除或选择用户。为提高城市新建住宅建筑整体功能，方便市民使用管道气，《城市燃气管理办法》（建设部令［1997］第62号）要求，新建居民小区配套建设管道燃气设施应与建筑主体工程同时设计、同时施工、同时验收。通常简称为“三同时”。代建制不利于“三同时”的协调实施。首先，工程设计不协调。开发商委托房屋建筑设计，供气商委托燃气设计，由于建筑和燃气设计单位不同，设计难以协调，室内管位无法做到合理布置，厨房空间得不到最有效地利用。有些房屋四周地下因已布满各类管线，楼栋前燃气管道无法埋地，只得沿房屋四周外墙架空敷设，给建筑物打上了一道管箍，不仅影响建筑整体立面装饰美观，造成视觉污染，而且成为小偷入室盗窃攀登的脚手架，引起住户不满和投诉。其次，施工不协调，房屋建筑和燃气工程不是由同一单位承包，施工不能相互配合，地下燃气管与给排水、热力、电力、电信管线以及井室等纵横交错，反复开挖争抢管位，相邻的安全间距很难保证，隐蔽后留下事故隐患。户内燃气立管穿楼板打孔破坏厨房上下楼层防水，引入管穿墙打洞损坏房屋外墙装饰，开发商尽管不满却无可奈何。最后，竣工验收不协调，开发商组织房屋验收不包括燃气设施，房屋验收后，业主入户装修时擅自私改户内燃气管道现象比较普遍，直接影响了管道的严密性以及燃气工程竣工验收。

（3）向同体设计、施工单位直接发包工程。计划经济时期成立的国有供气企业，集管道的建设、设计、施工、供气为一体，企业内部设有设计院（所）、工程公司。在自建或代建工程的发包过程中，以尽可能肢解或划小单位工程，减少单项工程合同金额来规避公开招标，将工程直接发包给同体企业，为其生存和发展提供保护空间，社会上其他具有燃气工程承包资质的单位则难以接到工程。

由于设计、施工单位不是以市场竞争的方式来取得承包权，则必然缺乏保证质量的外在动力和要求。特别是小区管道工程，通常由供气商提供主材，工程安装合同价款不大，需与建筑配套施工，地点相对分散，施工单位作业人员以民工为主，质量意识薄弱，偷工减料，以次充好的现象屡禁不止，一个项目部同时承担多个在建项目，质检员对工序质量难以检查到位，施工技术标准和规范得不到严格地执行，质量保证体系不能有效发挥作用，施工组织设计、质量计划和责任制只是写在纸上，或挂在墙上，或放在抽屉里，很难得到真正的落实。燃气专业设计院（所）长期垄断设计业务，设计和审核缺乏责任约束，单位内部三级（主任工程师一级、校核工程师二级、总工程师三级）审核制度得不到落实，以所、室为单位的内部承包各自为政，把设计费收入作为首要完成目标，越过二级、三级审核，直接由所、室对外提供施工图文件，设计相关的勘察和地形资料不齐全或不准确，施工图设计深度达不到要求，设计方式上墨守成规，缺乏创新动力，不能满足开发商和房屋业主（用户）对燃气管道合理布置的基本要求。

同体建设的工程很少实行监理，而是由建设单位派出员工对工程质量进行跟踪、检查和验收。由于发包方和承包方同属一个上级主管单位，不能完全以承包合同约束双方的质量权利和义务。受企业内部多种因素干扰影响，发包方管理人员难以独立行使质量检查验收的否决权。在质量、工期和费用发生矛盾的时候往往是弃质量而不顾。另外，如果派到现场的人员不是专业技术人员，不懂燃气设计或燃气施工基本知识，对工程质量检查验收实际上流于形式。

2.3.10.4　管道供气设施建设的行政管理

由于管道供气设施的垄断性和排除性使工程建设方式不能按市场机制形成，有可能损害或影响社会公众利益，政府对燃气行业建设的管理监督是完全必要的，如用进入管制限制城市管道供气商的数量；实行项目审查和工程施工许可，避免多方竞争进入同一区域重复建设造成效率损失；用价格管制禁止供气商获取高额开户费和高额垄断经营利润；用签订特许经营协议规定供气商的服务范围和质量，防止供气商以拒绝交易来排除用户或对用户不负责任行为的发生。

（1）政府对项目建设的管理。政府通过制订城市燃气发展专项规划对管道供气设施建设提供科学的指导和约束，防止建设的盲目性，使管道供气设施的发展既不因为供给不足导致需求受限，又不因为重复建设造成资源浪费；既保证了效率，又保证了公平。

同一城市如果存在两家以上的管道供气商，在供气管网相邻或未覆盖的区域，竞争发展用户的现象不可避免，政府采用特许经营方式来阻止供气商之间的非效率竞争。城市管道供气特许经营制度是指在管道供气行业中，由政府授予供气商在一定时间和范围对管道供气进行经营的权力，即特许经营权，政府运用合同协议或其他的方式明确政府与获取特许经营权企业之间的权利和义务。在特许经营协议中，制订开发商建设燃气设施义务的相应条款，规定供气商在经营期内，根据城市规划和燃气发展专项规划，编制中长期建设投资计划，承担市政管道的投资建设，包括管网敷设的长度和覆盖的范围、发展用户的数量，防止供气商从自身利益出发，减少对市政管网的建设投入，或在许可的供气范围内，排斥或选择用户的报装，故意使用户过多地承担市政燃气管道的建设费用。政府对供气商建设目标进行考核和检查，制订奖励和处罚规定，督促供气商按期完成建设目标。目前，特许经营制度仅有少数大城市实行，尚处于起步阶段。

有的城市在燃气专项发展规划中，对管道设施建设提出了统一的技术要求。如果一个城市内管道供气的种类较多，如有液化石油气、空混气、人工煤气、天然气等，早期工程建设的管径、压力和管材差异过大，将来进行燃气转换并网时就很难做到连接兼容。燃气管理部门规定供气商按当地的统一技术标准建设管道供气设施，能避免整个城市燃气管道在未来并网时出现大规模的改造。

（2）政府对工程质量的管理。我国近年来制定了一些工程质量管理规定，如《国务院关于加强基础设施工程质量管理的通知》、《工程质量管理条例》等。按建设管理有关规定，投资额在30万元以上的供气工程必须办理施工许可证；施工单项合同估算价在200万元（有些省市规定50万元）以上，勘察、设计、监理等服务的采购单项合同估算价在100万元以上的必须进行公开招投标；建设单位在工程开工前应办理工程质量（安全）监督手续；工程竣工验收合格后向政府管理部门备案等。但这些规定目前还未得到很好地贯彻落实，仍存在执法不严、违法未究的现象。

政府对工程质量的监督自20世纪80年代开始，经过20多年的努力，已在全国形成了可观的监督力量，地级以上城市都设有建筑工程质监站，有些城市设立了市政工程质监站，少数城市还设立燃气工程专业质监站。由于燃气单项工程投资额不大，工程地点比较分散，专业性较强，安全责任大，质监收费率很低，监督成本较高，仅靠行政事业收费很难保障工作的正常开展。另外，与燃气工程相关的设计、施工技术规范和标准涉及建筑、给排水、电气、材料、焊接、防腐和设备安装等专业，对质量监督员的技术素质要求较高。一些地方的建设行政管理部门还未将燃气工程，特别是小区庭院和户内管道工程纳入建设工程质监的范围。

政府对燃气工程建设的监管体系有待理顺。燃气工程属线路管道和设备安装工程，建设管理部门依照国务院《建设工程质量管理条例》和地方燃气管理法规对工程进行质量监督。燃气管道又属于压力管道，质量技术监督部门根据《压力管道安装安全质量监督检验规则》（国质监锅［2002］83号）和地方规章对管道及附属设施和安全保护装置安装进行安全监察。建设工程质量监督机构和质量技术监督检验机构在质量监管上存在许多重复内容，未形成有机互补的监督机制，政府管理部门的多头监督以及缺乏相互之间的协调，不仅造成监管矛盾和行政管理资源的浪费，而且使承建单位无所适从，监督费和检验费用的重复收取无疑增加了企业的经济负担。2003 年 6 月 1 日起施行的国务院《特种设备安全监察条例》第 89 条中提出：压力管道设计、安装、使用的安全监督管理办法由国务院另行制定。但相关管理办法至今尚未出台。

（3）政府对行业价格的管理。燃气服务价格的形成有三种方式：一是实行政府定价，如城市管道燃气使用费、报装费，企业必须严格按定价标准执行；二是实行政府指导价，如小区管道液化石油气使用费，企业按政府规定的基准价在允许的范围内浮动；三是实行市场调节价，如瓶装液化石油气价格，天然气转换的器具改造费，由企业通过市场竞争形成价格。市场机制形成的价格偏重于效率，而政府定价则偏重于公平。

对于管道气使用费、报装费，政府审批的价格以企业上报成本为基础，加上一定的利润形成，即采取“成本加成定价法”。由于行政审批部门不可能在短时间内准确获取企业实际成本的所有信息，因而对企业成本的掌握和审核就有可能是片面和不真实的，广大用户作为松散的弱势消费群体更不可能了解企业成本的真实情况。企业出于赢利的目的，有可能高报成本。当供气商利用行业垄断获取高额建设费或经营利润时，政府对企业服务价格的监管和干预就显得尤为必要。

按《价格法》，制定关系群众切身利益的公用行业价格必须进行听证，但目前听证代表的广泛性、公正性不够，有些听证会的质量不高，致使出台的价格政策缺乏公允性。听证会被群众称为“涨价会”。听证过程中，往往是将听证的价格与其他城市较高价格进行对比，忽视当地与其他城市人均可支配收入存在的差距，更没有从行业的角度对企业之间经营成本和盈利水平作出横向的分析比较。因此，通过听证会制定的价格并不能保证市场的认同和定价的合理。按现行规定，燃气开户费不实行听证，使用费实行听证。使用费定价直接决定着供气商的投资利润率的高低和投资回收期的长短。目前，国内城市民用天然气最高定价为 2.40 元/m^3，听证时往往参考最高价来制订当地价格。瓶装液化石油气终端市场已基本放开，气价由市场调节形成。2005 年末，各地液化石油气价格大幅上扬，不少城市每瓶（14.5kg）气价升至 90 元以上，单位热值价格超过天然气的 1.7 倍；电力可作为燃气的替代品，电磁炉、微波炉、电饭锅等因电热转换效率较高而得到广泛使用，但电力单位热值价格约为天然气的 2 倍。除管道气、瓶装气和电力之外，居民对燃料消费选择范围很小。相对于瓶装气和电力，天然气价格还有一定的上涨空间，国家发改委 2005 年 12 月批准提高天然气出厂价，地方物价部门将逐步理顺天然气与其他燃料的比价关系，如果民用天然气价格调高，最终还是由广大居民用户来支付。

燃气管理部门熟悉和掌握供气企业生产经营状况，承担着对燃气企业成本监管的责任，有义务准确地核定行业生产成本，规定燃气购入价和售出价的差价率，控制企业相邻两次调价的时间间隔，防止气价频繁异常波动，督促企业降低成本。目前，核定管道供气企业的成本定额和标准不全，区域内行业成本的比较和绩效评价工作没有开展，成本定期监审制度没有建立，管理部门对行业成本的监管作用还未充分发挥出来。

2.3.10.5　加快城市供气设施建设市场化进程

（1）改革国有企业同体建设经营体制。

计划经济年代设立的国有供气企业，集管道建设、设计、施工、供气为一体，是形成行业垄断建设的根源所在。因此，应当加快国企产权改革步伐，让外资、民资、管理层等各类资本参与到国企管理和发展中来，将国有独资企业改造成混合所有制企业，构造出相互制衡的多元投资主体。企业改制后，实行主业和辅业的分离，将企业内部的工程设计、施工、监理从供气主业中剥离出来，使其成为具有独立法人地位的工程承包企业，从经营体制上消除供气企业与工程承包企业之间直接经济利益关系，改制后的供气企业为提高投资效益和工程质量，就会从建设市场中去择优选择承包商。另外，对新建的城市燃气设施，政府以招标方式选择投资主体，取消行业和地区限制，让各种经济成分（民营）的投资主体都可以通过公平竞争获取项目的建设权，打破供气企业长期垄断工程建设局面。

（2）工程实行公开招投标。

城市燃气工程是关系社会公共利益和公众安全的市政公用基础项目。根据《招标法》和国家发展计划委员会《工程建设项目招标范围和规模标准的规定》，项目的勘察、设计、施工、监理以及工程有关的重要设备、材料采购的合同估算价达到规定数额的，必须进行招标，全部使用国有资金投资或国有资金投资占控股的，应公开招标。政府应将燃气工程纳入建设工程招投标管理范围，明确工程招标监管机构，对未按规定进行招标的工程不予颁发施工许可证，对违法单位和相关人员进行查处和追究责任。最终从建设行政管理体制上破除行业垄断，促使燃气行业内的施工企业尽快走向市场，与社会上其他承包企业进行公平竞争。

武汉市燃气管理部门从1999年开始对工程招投标实施监管，大型厂（站）、天然气高压管道工程的设计、施工、监理和重要设备材料采购实行公开招标，打破了地区和行业的限制。中石油、中石化系统施工企业、外省市的市政公用和设备安装企业、设计和监理单位通过投标，先后获得工程项目承包权。2005年起，燃气工程招投标纳入全市建设工程统一管理，进入市建设工程交易中心运作，通过“中国武汉建设网”发布招标公告，从交易中心的专家评委库抽取评委评标，网上公布中标候选人，招投标以及行政监管行为不断规范，开放、有序、公平竞争的建设格局初步形成。武汉市还通过对天然气汽车加气站项目建设投资主体实行公开招标，面向全社会择优选取建设单位，由外地一家非燃气企业中标投资的武汉首座天然气汽车加气母站和子站竣工投产，其产生的经济效益和社会效益开始显现。

（3）取消开户费。

我国经过20多年的经济改革，城市燃气设施得到较快发展和普及，管道供气与供水、供电一样已成为市民日常生活所必需的服务。市场化经营的格局初步形成，国有独资企业、股份制企业、民营企业等多元化投资主体实行自主经营、自负盈亏，以销售燃气获取利润，理所当然地应投资相应的供气设施，就像运输公司为客户运送货物要购置车辆一样。消费者花钱购买的是商品或服务，没有义务直接为经营者投资固定资产和生产设施。城市住宅电话从2001年7月起已取消城市地区固定电话的初装费。此前，一部住宅电话初装费需3000元~4000元，现在只收几百元材料费和安装费。但多年来市民一直希望政府取消管道气开户费。

管道气报装取消开户费后，小区内管道以及小区与市政管道连接设施的建设费用由开发商承担，供气商在市政管道上的建设投资从用户的燃气使用费中收回，供水设施建设早已实行这种筹资方式。

（4）由开发商自行选择建设方式。

小区管道供气工程并非一定要由供气企业所属或关联的设计、施工单位承包。开发商作为小区管道供气设施投资主体，有自行选择建设方式的权力，既可以委托供气商代建，也可以自行从市场中选择有资质的设计、监理、施工等承包商建设。无论采取哪一种建设方式，供气商都应与开发商签订供气协议，工程竣工验收合格后，供气商接收供气设施并对用户挂表通气。对开发商自行发包建设质量合格的燃气工程，供气商无正当理由不得拒绝接收，燃气法规和特许经营制度上应作出相应规定，燃气管理部门应依法依规实施监管。

开发商自建小区管道供气工程有国家和地方相关的规章为依据。《城市燃气管理办法》（建设部令第62号）规定，住宅小区的燃气工程施工可以由负责小区施工的具有相应资质的单位承担。因此，承建房屋建筑施工单位如果取得市政公用工程总承包企业资质或管道工程专业承包企业资质，同样可以从事小区内管道供气设施的施工。按照《建设工程勘察设计企业资质管理规定》（建设部令第93号），承接新建小区房屋工程的建筑设计院可以设计小区红线范围内燃气管道及设施。

工业生产、商业用气设备安装工程也同样可由用户选择设计、施工和监理单位，有些地方的供气商已经不再强制为工商业用户指定工程承包单位或强行为其代建工程。

（5）以市场机制保证小区供气工程质量。

供气商对开发商自行建设小区管道供气设施的质量存在着担心，工程竣工验收交付使用后，由供气商承担管道设施维护和保障居民的安全用气，与承建各方已无直接的利害关系。在缺乏商业诚信和质量意识现实社会中，如何防止承建各方为获取自身的最大利益，而采取减少投入成本，偷工减料，以次充好行为的发生？

管道供气设施建设质量由直接建设者、社会中介机构、政府的质量监督三个层面进行控制，但质量最终是靠直接建设者来保证的。市场机制以价值规律为轴心，以利益最大化为动力，诱导和促使设计、施工企业展开市场竞争，优胜劣汰的自然法则使质量过硬信誉良好的承包单位赢得市场，而管理落后、质量低下、不讲信誉的承包商则会被市场所淘汰。市场竞争是工程质量保证的最大动力，市场竞争必将推动工程质量水平的提高。

发挥社会中介机构对工程质量的监控作用。国家规定成片开发建设的住宅小区工程必须实行监理，小区管道供气设施建设也应尽快引入监理制度。工程施工阶段，监理专业人员通过旁站、巡视和平行检测等手段对质量进行控制，对分项、分部和单位工程的质量进行验收，监理机构除代表建设单位对工程质量负责外，还须按照国家法律、法规、设计文件和合同规定，独立、公正地行使自己的职责，对社会（供气商和用户）负责。此外，小区供气设施设计施工图的审查、钢管焊接的无损检测，钢管防腐的完整性检测、管道回填土密实度检测、设备和材料的检测等，都是由中介机构从第三方的专业角度科学地审查、评价和检验工程，其出具的检测报告是工程质量评判的重要依据。

政府的监管并不能直接保证工程的质量，监督的目的在于督促建设主体发挥自身的质量管理体系的作用去保证工程质量。城市燃气工程中，小区管道供气设施建设项目占多数，单位工程投资金额小，地点分散，同时开工项目较多，工期不易确定，因此政府的质量监督只能采取巡查方式，质监人员到现场后不是验收工程质量或是对质量把关，而是发现责任单位的违法行为，并责令其整改或加以处罚。目前，在政府质量监督力度有限、社会信誉和企业质量意识缺失的情况下，亟须在燃气行业内构建一个诚信的市场约束机制，使建设各方用信誉维持彼此关系。质量监督机构通过实施《建设工程质量责任主体和有关机构不良记录管理办法》，将企业违法违规的质量行为记录在案，通过媒体向社会公示，对不讲质量信誉的企业进行曝光，让它出现生存危机。这是政府督促参建各方履行质量责任的一种行之有效的方法。

建设各方的质量责任还可用制度来加以约束，如推行工程保修制度，以落实工程在缺陷责任期的维修责任。根据《建设工程质量保修金管理暂行办法》（建质［2005］7号），开发商从承包商的工程款中预留质量保证金，用于供气商在接受小区管道供气设施后对工程出现的质量缺陷的维修，供气商和开发商在签订供气协议时，可对质量保修的具体时间、方式等内容作出明确的规定。

另外，试行工程保险制度，对小区供气设施建设工程进行质量保险，工程交付供气商管理后，即使开发商和承包商都不存在了，保险公司仍然对工程质量承担责任。

供气商还可依据与开发商签订的供气协议，参加管道的试压和管道隐蔽验收，核查工程实体质量和竣工资料，通过对质量的事后控制来防止不合格工程的交付使用。

（作者单位：武汉市燃气热力管理办公室）

2.3.11　公共事业民营化与当代中国政府治道改革

——杭州湾大桥现象的实证分析

周　燕　杨惠荣

2.3.11.1　公共事业民营化的概念与背景

公共事业是指对包括供水、节水、供热、供气、公共交通、排水、污水处理、道路与桥梁等在内的社会公共设施的投资建设、维护和经营。所谓公共事业民营化，就是将国有、公营的公共事业的所有权或经营权转移到民间，引入真正的市场机制，实行由民间供给公共产品或服务的新模式。在当前，之所以要进行公共事业的民营化改革，是具有深刻的理论和现实原因的。

首先，长期以来我国对公共事业采取的是低价格、高财政补贴的机制，价格基本上不受供求关系和成本变动的影响。尽管从20世纪90年代以来，我国各地城市对公共事业的这一传统体制进行了一系列改革，如减少或取消财政补贴，实行以成本为基础的定价制度等。但是，从总体上看，城市公共事业是20年来改革幅度和变化都较小的一个领域。全国城市公共事业绝大多数都实行政企合一的垄断经营。各城市几乎都设有公共事业局或相类似的政府机构，对公用企业进行集中统一管理。政府既是政策制定者和监督者，又是具体业务的实际经营者，这导致我国公共事业具有经济性垄断与行政性垄断的双重特征。造成目前我国的公共事业普遍面临以下困境：

①亏损经营，财政补贴沉重。

②企业缺乏自主权和积极性。

③生产效率低，服务质量差。

④缺乏稳定、规范的建设资金来源渠道。

然而，这些问题本身并不是因为公共事业是一个亏损的行业。事实上，公用性事业多具有收费或成本补偿机制，经营者可以通过这个机制获得一定的预期收益，并且在相当程度上减少投资和经营风险。并且由于对基础设施项目的服务需求属于城市生产和生活的基本需求，且需求规模庞大而稳定，故而对投资者或经营者都有较大的吸引力。此外，经过20多年来的改革开放，非公共事业的民营化进程迅速，民间投资已遍布国民经济16大行业，在绝大多数竞争性行业，民营企业已经取代国企成为经济建设的主力军。从资产规模上看，民间投资已经超过国有投资，经营公共事业的资本规模要求对民间资本来说已经不是什么难以跨越的障碍。

其次，考察西方发达国家曾经发生的民营化，对解释中国的民营化改革也具有借鉴意义。英国的公共事业民营化是一个典型。在20世纪70年代末，英国的意识形态领域发生了变化，这突出地反映在政府干预的认识上。在市场经济中，政府干预的经济合理性是建立在效率标准上的。政府干预的必要性在于它能否补偿市场失败所造成的效率损失。效率与平等之间的替代关系意味着公共部门的增长是以牺牲经济增长为代价的。因此，公共部门的增长会最终导致生活水平增长缓慢。进一步说，如果存在一个庞大的政府，并按照自己的（而不是公众的）利益行动，那么，经济就会失去发展潜力。这种政府干预理论为英国政府采取“缩小政府边界”政策提供了基本理论。人们对“福利国家”失败的检讨，不仅在社会思想上结束了“政府是进步的事业”这样一个普遍的认识，同时英国撒切尔夫人的私有化运动也在政府退出经济方面提供了实践的样板。① 1979 年底到 1993 年初，英国共有 36 家公共事业实行了民营化，政府从中获得的收入高达 541.5 亿英镑，民营化收入占英国中央政府财政支出的比率维持在 3% ~5% 之间②。

由此可见，公共事业民营化改变了传统意义上公共服务的供给模式，改善了社会福利状态。而这种使公共利益最大化的社会管理过程就是“善治”的治道理念③。“善治”的本质特征就在于它是政府与公民对公共生活的合作管理，是国家与公民社会的一种新颖关系，深刻体现了当代世界范围内政府治道变革的发展方向④。

2.3.11.2 善治之路：公共事业民营化——杭州湾大桥的实证分析

在当前中国政府改革的进程中，公共事业领域的改革也已经逐步展开，并取得了较好的经济社会效果，显示出良好的发展前景。尤其是在举世瞩目的杭州湾大桥工程中，政府主动搭台，让民间资本唱主角，充分显示了政府在公共事业领域改革的决心。

从实践过程来看，杭州湾大桥工程运作中全面体现了公共事业民营化中的“善治”理念，给我国公共事业治理变革带来了新的思路。具体来说，它的民间参与、市场化管理和政府规制的做法，体现了高效管理，让利于民的“善治”模式特点。

1. 民间参与机制

基础设施行业一直是民间投资的禁区，原国家计委宏观经济研究院 2005 年的一份研究报告认为，非公经济在近 30 个产业领域存在“限进”情况，这些产业主要分布在基础设施行业、新型服务业和大型制造业等 3 个领域。而杭州湾大桥作为国务院批准立项的国家特大型公共建设建设项目，政府除了完成前期工程验证、立项之外，完全将运作工程向全社会开放。此次 118 亿元投资中，以宋城集团为首的 5 家民营企业占到 50.26% 的股份，占控股地位⑤。这样的资本结构表明，过去由国有资本唱主角的稀缺领域和传统的垄断行业，现在正式向民营资本敞开了大门。另外，杭州湾大桥向民间资本开放，表面上是政府给了民营经济一个新投资渠道与发展的机会，而实质上是政府向民间开放原有的公共治理空间：把公共事业作为一项有回报的投资，允许民营资本参与分享。过去，民营企业多投资于传统的“短平快”项目，一方面固然有实力不强的原因，另一方面也跟它面临较高的体制门槛有关。政府在杭州湾大桥建设中，让民间资本通过联合、联营、集资、入股等方式投资，并通过引导、补贴等方式有效地激发民间资本，使其释放出来活力。不仅对经济发展起到巨大的推动作用，而且促成中国的一批民营企业在市场的竞争和锤炼中成长和壮大，民间投资将在未来公共事业领域异军突起⑥。政府逐渐走向“掌舵者”的角色本位，能够更多地依靠民间机构，更少地依赖政府来满足公众需求，在公共产品和服务的生产和财产拥有方面减少政府作用，增加社会其他机构作用的行动，达到社会福利最大化的状态。

---

① 于军：《英国地方行政改革研究》，国家行政学院出版社，1999 年。

② 陈家明：《国有企业之路——英国》，兰州大学出版社，1999 年。

③ 俞可平：《治理与善治》，社会科学文献出版社，2000 年。

④ 布鲁斯·莫利，魏红译：《市场机制与政府监管》，公用事业民营化高级论坛上的致辞。

⑤ 《经济参考报》，2003 年 6 月 9 日。

⑥ “九五”期间，浙江非国有投资达 5900 亿元，占同期全社会投资的 63.8%。在全省已建的 83 个特色工业园区中，约 2/3 的投资来自民间；总投资额达 100 多亿元的 5 个高教园区中，各种民间资本和市场化运作投入占 83% 以上。活跃而充裕的民间资本，已成为浙江基础设施建设资金的主渠道。

2. 市场化管理机制

民间资本大规模进入公共事业领域，不仅解决了建设资金的来源问题，更重要的是将在很大程度上促进公共事业供给中市场机制的形成和完善，有助于解决公共事业领域长期存在的投资效率低下的顽症。实践已经证明，由国家完全投资的公共事业，会带上传统国有体制的许多弊端。因为由国家完全投资的公共事业，或是一个事业单位，或是一个国有企业，它们并非真正意义上的现代企业，总难免有国有企业的痼疾——官场化管理、效率低下。比如，现在的高速公路收费过高多半就与此有关。而杭州湾大桥完全实行市场化投资机制，相应地实行现代企业管理模式，其管理机构为各个出资企业派遣的代表所组成的董事会，将基本消除这种弊端。因此，在公共产品和服务领域引入市场竞争机制，有利于打破企业管理和政府管理的隔阂，使成本—效益分析、战略管理、目标管理、合同雇佣制、绩效工资制等行之有效的企业管理经验在公共政策领域中得以应用。民营资本的股东制，也有利于建立合理的公司治理结构，进行高效率的市场化经营，提高经营的效率，优化资源配置，对提高项目本身的投资效率和运营质量具有重要意义，这无疑是公共事业管理的一大进步。

3. 政府的保护机制

计划体制下，在公共事业领域，政府主管部门的权力和利益还紧密结合在一起，由于利益刚性所在，政府主管部门总是不肯痛痛快快地把该放弃的权力放弃，往往产生滥用权力、权钱交换、以权谋私的现象。因此，在市场经济条件下实行公共事业的治理模式，政府应把职能转到主要为市场主体服务和创造良好发展环境上来，集中力量搞好统筹规划，制定政策，信息引导，组织协调，提供服务和检查监督。建立和完善公平竞争、规范有序的市场体系，这是政府所要充当的角色。

在杭州湾大桥工程中，主管工程的浙江各级政府，都实行了积极的保障机制。在政策、组织和工程协调上给予民营企业帮助。例如宁波市专门成立了大桥工程指挥部，为建设大桥指挥协调，直接对大桥公司董事会、监事会负责。并由宁波市委常委王勇担任大桥工程指挥部总指挥，指挥部的总指挥、副总指挥等都由宁波市政府直接任命，并且不在大桥公司领取工资；浙江还充分发挥财政“四两拨千斤”的作用，在全国率先运作财政贴息政策，通过对建设项目银行贷款给予财政贴息补助的方式，鼓励民间企业对大桥工程的参与。在大桥投资中，为不影响参与投资的民营企业本身正常的生产经营，国家开发银行承诺贷款 40 亿元，中国工商银行 20 亿元，中国银行和浦发银行各 5 亿元。① 另外，为了最大限度地转移大桥工程风险，切实保障投资者和债权人的利益，杭州湾大桥指挥部分别与人保宁波分公司、太保宁波分公司、平安杭州分公司、华泰北京分公司和大众宁波分公司等 5 家保险公司签订了保险协议，这 5 家保险公司联合为大桥提供保险金额为 90 亿元的建设工程一切险。此外，浙江省政府还通过政策文件明确规定了民营企业的经营期限长达 30 年，有效地保障了企业的收益水平。② 这些措施，都积极地调动了民间企业的积极性，确保了大桥工程的顺利进行。

总之，在杭州湾大桥工程中，浙江省社会各界的积极互动，尝试建立以促进经济社会全面协调发展，创建与市场经济发展相适应的、具有实际可操作性的多极公共服务提供机制。因此，建设公共服务的有效治理模式，不是简单地对现有体制的修修补补，而是建立一个与经济转型、社会转型相适应的，以社会福利最大化出发点的多中心状态。从这个意义上说，加快建立一个适应社会主义

---

① 《经济参考报》，2003 年 6 月 9 日。

② 杭州湾大桥实行 BOT 的经营模式，政府给予负责建设的企业特定的经营年限，以保障收益率。年限越久，收益率越有保障。

市场经济体制的公共事业治理模式，具有重大的现实意义和深远的历史意义。

2.3.11.3 对发展完善我国公共事业民营化进程，加快政府治道改革的几点建议

各国的实践表明，公共服务市场化改革对于实现政府从无限政府走向有限政府的治道变革，是非常重要的。没有这一领域的改革，就不可能真正实现政府职能的治道变革，也不可能改善公共服务的质量。研究公共事业民营化的目的就在于促成政府"规模和职能适度，但有充足的能力提供法律、经济和集体物品生产的制度基础，从而使私营部门充分发挥其潜力"①。因此提供制度供给，保障公共事业民营化的顺利进行，是完善公共事业治理模式的重要思路。

1. 加强和完善立法，坚持依法管理

从国外民营化的经验来看，以法律制度作为公共事业改革的准则，以立法为先导，依法行政，可以减少改革的盲目性。如英国政府根据电信产业规制体制改革的需要，在1981年制定了《电信法》，1984年制定了新《电信法》，在电力、煤气和自来水供应产业也分别制定了《电力法》（1989）、《煤气法》（1986）和《自来水法》（1989）。② 这些法规由立法机构制定，它们确定了新的政府管理体制的基本框架，实际上就是政府管理体制改革的纲领性文件。有鉴于此，目前我国应当以促进有效竞争为导向修改《铁路法》、《电力法》、《航空法》，制定《电信法》。在这些部门行政法中，应以促进有效竞争，保护消费者利益为根本指导思想，进而规定行政管理机构的设置、责权划分、市场结构等等；其次，还应抓紧修改和制定城市公共交通管理、城市排水和污水处理管理、城市燃气管理、城市供热管理、城市园林管理、风景名胜区管理等方面的行政法规、规章；再次，可以借鉴我国台湾地区制定的《公共事业民营化条例》和香港特区的《公营部门改革方案》，作为对公共事业民营化的指导性法律。在此条例中应重点解决公共事业民营化的范围，建立公共事业民营化后各行业提供服务的技术标准，以及民营化方式的规范问题。

2. 以政企分开为民营化的关键，建立独立性强的政府管理机构

所谓政企分开，就是要求管理机构与管理对象分离，保持独立性。我国新近一轮的政府机构改革所设立的电监会正是在此思路下成立的。借鉴国外的经验，可以成立公共事业监管委员会作为政府管理的主要机构。首先，在结构上要使其与政府政策部门分开，可以独立地执行监管政策而不受利益相关方的干扰，特别是作为现有公司股东的政府政策部门不必要的干涉。其次，由一个合议机构来集体领导，从人员构成来讲，该机构应当由行业管理专家、技术专家、经济学家、法学家组成，这些委员具有固定的、得到保证的、任命时间与政府的行政领导错开的任职年限，这种安排既可以保证监管的专业性也可以保证政策的连续性。第三，公共事业监管委员会需有足够的经费与人事支配权，能在政府与公共事业之间形成行政指导与行政合同并存的法律关系。

在对公共事业运营模式的管理中，政府应从整个行业角度出发对所在行业的公共事业进行必要的行政指导，以促使其向预定目标靠拢。具体来说，政府可以通过指导性立法来规范行业竞争，预先防止处于垄断地位公共事业的滥用行为；通过指导性政策、计划，引导整个行业的发展方向；通过信息指导，引导民间投资的流向，启发产品的开发；运用舆论工具，对公共事业进行弹性监督等。此外，还需与公共事业订立行政合同，对某些具体事务作出权利、义务方面的规定。这是政企

① 毛寿龙：《西方政府治道变革》，中国人民大学出版社，1998年。

② 宋世明：《工业化国家公共服务市场化对于中国行政改革的启示》，《政治学研究》，2000年第2期。

分开后，政府实现其公共目标的有效手段。在建立行政合同关系过程中，政府的信用问题也是要特别注意的。政府一定要严格履行合同、合理行使规制手段。在规制的过程中不得以公共利益需要等理由而无视个体利益的实现，政府必须遵循信赖保护原则。

3. 强调被管理者的参与，保障民营化程序的公正

在我国的公共事业里，国际社会公认的几项消费者权利——安全权、知情权、建议权与索赔权等均较难实现。因此未来的政府管理体制必须强调公众参与，在民营化过程中，所有程序都应该公开透明，让民众所有的意见都能得到合理表达，保障程序正义。以下三项制度尤为值得关注：

第一，公开招标制度。以公开招标的方式进行公共事业民营化，无疑可以减少不正当交易和腐败现象的发生，应该根据《中华人民共和国招标投标法》制订公共事业民营化公开招标投标制度。

第二，价格听证制度。公共事业民营化后，价格问题十分重要。应该根据《价格法》的规定，进一步完善公共事业的价格听证制度，并保证消费者有获取充分定价信息与参与制定价格的权利，逐步完善听证程序和价格公示制度。

第三，谈判制度。民营化政策的出台应当通过规制当事人的协商谈判程序。该程序要求行政机关在拟议规章前，先设立协商谈判委员会。该委员会成员由管理者和被管理者以及其他利害关系人和公众代表组成。协商谈判委员会的会议必须公开举行。管理机构的规章制定必须依据协商谈判达成的合意。

4. 强化政府信用，规制管理者

政府作用是以法律和与此有关的政令、命令、规章为基础来实施的，而法律、政令、命令、规章本身并非完全与现实一致，因而规制制定者拥有一定的行政裁量权。同时，规制者也是“法定垄断者”，在以规制法律作后盾的权限之外，还具有自我强化法律权限的机制。行政裁量权和自我强化法律权限机制的存在，使规制者在经济规制活动中可能滥用职权，牟取私利，不按经济福利最大化原则规范自己的行动，或出于某一目的维护某些集团利益，或单凭主观意志行事。因此，必须加强和完善对规制者的规制和监督，使它们把消费者和企业双方的利益最大化作为行动基准，公正廉明，依法规制，当好“裁判员”而不做“运动员”。

2.3.11.4　结　论

我国政府改革和发展的重点是重新确定政府自身在公共事业的功能和作用，进一步明确和理顺政府与企业、政府与市场、政府与社会、政府与中介机构的关系，把政府不该管的事都交给企业、交给市场、交给社会组织、交给中介组织。发挥民间的积极性、创造性，让民间更多、更深入地参与到社会治理结构中去。笔者相信，公共事业的民营化改革，正适应了这一治道发展的趋势，它是培育社会资本的有效方式，将为我国公民社会的建立和社会自我治理能力的发展，提供可靠的途径。

（作者单位：浙江大学公共管理学院，中国人民银行舟山市中心支行）

2.3.12 公用事业民营化：以东营清风湖项目为例的分析

刘平青 谭 论 于 洋

公用事业是一个集合概念，不同类型的公用事业有着不同的特征。区域性公用事业率先开始了民营化的探讨。本文以山东省东营市清风湖公园项目开发为例，分析了公用事业民营化过程中的动力机制和带动效果及其顺利推进的背景条件。该项目民间参与、市场化运作和政府规制的做法，体现了管理高效、政企双赢的特点，给公用事业民营化治理变革带来了新的思路。

2.3.12.1 公用事业的分类与特征

公用事业是一个集合概念，其基本特征主要表现为公用事业部门提供的产品或服务具有普遍性和长期性，其价格的形成和调整涉及大多数居民的利益，不能随行就市，完全按供求规律行事，因而有别于一般竞争性商品，其产品或服务被经济学家称之为公共产品或准公共产品。依照特征的不同，可大致将公用事业划分为不同的类型。

（1）按产品或服务作用范围的大小，可分为局部性公用事业和全局性公用事业。局部性公用事业主要指城市公用事业，即市政工程、城市绿化、城市供水、供气、供热、公共交通和环境卫生等方面，其服务对象只限于城市中的居民。全局性公用事业主要指产品或服务作用范围超出一个局部性区域，甚至覆盖全国，如电力、通讯、民航和铁路等。无论是局部性公用事业还是全局性公用事业，其生产都需要巨额的一次性固定投入，并且只有通过销售数额足够巨大的产出品，才能分摊全部固定投资，进而其投资回收期也与常规投资不一样，短期内不可能收回投资。

（2）按垄断特质可分为自然垄断公用事业和行政垄断公用事业。这里所谓“自然”，是指没有禁止竞争，而是竞争过程中形成一个垄断结果。而行政垄断地位来自于政府部门以规章制度、行政命令的形式维持着对这些行业的垄断地位。简言之，自然垄断的竞争过程“只剩一个卖者”，而行政垄断是“只准一个卖者”。我国现行的公用事业既具有自然垄断的特性，又是一种典型的行政性垄断。政府既是政策制定者和监督者，又是具体业务的实际经营者。

（3）按产品或服务的消费特性，可分为商品性公用事业和公益性公用事业。前者指公用事业提供的产出品与一般商品的生产和消费特征相同，都具有生产环节的可分性、消费的排他性和公平性等特征，因而这部分公用事业的生产与消费具备进入市场的必要条件，商业企业可以盈利为目的生产或提供商品。与之对应，另外一些公用事业提供的产出品不仅具有经济效用，还具有社会效益、生态效益以及国防安全性，因而在消费环节上具有不可分割性，并且社会效益、生态效益和国防安全性是长期的，很难确切地计算它到底产生了多少收益。在公益性公用事业产品或服务的价格难以准确计量时，市场失灵不可避免，因而这类公用事业政府有义务进行提供。当然，除国防安全以外的其他一般公益性公用事业，由民间机构出资兴建甚至捐赠也是可能的，应当受到鼓励。

2.3.12.2　公用事业民营化的动力

所谓公用事业民营化，就是将国有、公营的公共事业的所有权或经营权转移到民间，引入真正的市场机制，实行由民间供给公共产品或服务的新模式。在当前，之所以要进行公共事业的民营化改革，是具有深刻的理论和现实原因的。

新中国成立后，国家选择了建立国有企业，走高度集中的计划经济道路。在几十年的计划体制下，如果说在竞争性领域，非公有制经济还可以在狭缝中艰难地求生存，而在公用事业领域，则被丝毫不留地排挤出去。然而，中央政府并无力建立大一统的公用事业计划供给体系，必须把中央政权的地方分支机构——地方政府特别是城市政府也纳入到这一体系之中。中央政府除了直接控制电力、通讯、民航和铁路等全国性公用事业外，城市供水、供热、供气、公共交通等地方性公用事业大都交由地方政府自己“操办”。为分析简便起见，我们把公用事业简单地划分为城市公用事业和全国型垄断行业。总体上看，无论是城市公用事业还是全国型垄断行业，其初建和扩建资金都由政府提供，经营者由政府指派，产品或服务价格由政府决定。与长期以来的低工资政策相适应，公用事业采取的是低价格、高财政补贴的机制，价格基本不受供求关系和成本变动的影响。

如果说在改革开放前，在“高积累、低消费”的政策鼓动下以国有为特征的公用事业体制还能简单地维持和运营，而改革开放打碎了束缚生产力的桎梏，各项生产经济活动得到了迅速的发展，居民生活也极大的提高，对通讯、供电、供水、供气、交通等公用事业提出了巨大的需求，单纯依靠政府投资无法满足市场高速增长的需要。为了解决供给短缺和投资的不足，放松价格管制和吸引社会资金就成为一种合乎逻辑的选择。

对于城市公用事业，城市化步伐加快对其需求急剧增加，不少城市公用事业供给严重短缺。分析原因，除公用事业企业的设施随着使用年限的增加，设备老化，管网失修，亟待更新改造，特别是随着改革的深入，竞争的加剧，国有公用事业企业的弊端日益暴露，成本高、效率低、亏损大、服务差等表面上的原因之外，更深层次的原因是，城市化过程中公用事业供给的国有体制与市场化需求之间的矛盾。为缓解这一矛盾，地方政府虽然左冲右突，但还是不得不为公用事业背上了沉重的财政包袱。

如果说国有经济在退出一般竞争性领域之后再逐步从自然垄断领域退出，对于中央政府尚有意识形态方面的顾虑，地方政府则没有这一思想负担。特别是面临着分税制与财政包干的硬约束，地方政府有动力推动公用事业民营化，以减轻财政压力，是很自然的。

随着非公有制经济的普遍兴起，特别是产品市场由供不应求向供过于求逆转之后，一般竞争性行业的资本投资回报率已越来越低，而且投资风险不断攀升，寻求新的投资领域是当前民间资本面临的最大问题之一。用企业家自己的话说，“现在钱好找，难就难在选择一个好的投资项目”。这也是为什么近年来“行业准入”呼声一浪高过一浪的原因之所在。公用事业行业具有良好的现金流，回报稳定，受到了非公有制企业的青睐。

地方政府减轻财政压力与企业寻找新投资的动力结合起来，形成并推动了公用事业民营化的重要力量。山东东营市清风湖项目的建设，就是一个双赢的典型案例。

2.3.12.3　清风湖项目开发背景与历程

1. 盐碱地上“以油兴市”的东营

东营市是开采石油的“伴生品”。中国第二大油田胜利油田工作区域主要分布在山东省的东营、滨州、德州等8个市的28个县（区），主体位于东营境内黄河入海口两侧，东营市地处济阳坳陷石油天然气最富集地区。因此，东营市因油田发现而产生、发展和壮大，油田自然而然地成了东营的重要经济命脉，油田生活区也成了东营城市的重要组成部分。从东营建市的发展历史来看，其城镇体系主要由两大类组成：一类是以农业经济为基础长期自然发展而成的地方城镇；另一类是20世纪60年代石油开发以来依托油田形成的石油矿区城镇。油区城镇的居民点散而杂，随矿区建设零星分布多达200多个点，这些石油矿区城镇和居民点，水、电、路、迅、气、暖及其他基础设施虽具备，但分布并没有由点连成网络，亦工亦农，亦城亦乡，城市基础设施不够网络化，功能不够完善化。

东营东城的建城之“喜”孕育在盐碱地上绿化生态的“痛”上。1983年正式建市时，在坚持资源型城市建设地上服从地下原则的基础之上，几经商榷最后确定沙营东地带、总面积约100平方公里的地区作为东营市中心城城址，新城址总体不影响地下石油的开采，且北有辛安水库，东有广利河港和广南水库，广利河从市区穿过，水陆交通便利，地域开阔，人口密度相对集中，可开发性强，具备建市的基本条件。但这里地处黄河三角洲，地势偏低，平均海拔只有3.6米~4米，内涝和海潮不时侵袭这片低洼地，土地盐碱化严重，居民的日常生活受到自然条件影响严重。为了保证市区居民的生命财产安全，在东城建设时，采取人工取土垫高方法，从周边地区移土，将东城地基普遍增高了1米~1.5米以上。即使是这样，盐碱地所导致的生态依然脆弱，环境保护对人工的依赖性强，绿树花草种养十分困难，必须深挖树坑，设立隔离层，然后再从别的地方移土栽培，绿化成本之高居于全国前列。尽管如此，东营市政府也没有停下前进发展的脚步，坚定不移地提出了“改造生态环境，建设花园式城市”的目标。从1993年以后，市政府每年投入城市绿化资金多达2000万元，并从社会各方面筹资3000多万元，先后实施了东城水系工程与环境工程，开挖并衬砌了5条人工河，建设了11座仿中外世界名桥，形成了独特的城市水系景观。水系景观的建设不仅美化了城市，更为城市绿化提供了空间、改善了土质。沿水系形成了44.3万平方米的绿地，绿草坪、组团乔木、大色块花卉等先进园林艺术，使水系工程真正成了城市的形象工程。目前，中心城市绿化覆盖率已达到23.4%，人均占有公共绿地10.99平方米。向花园式城市跨出了战略性的一步。在严重的盐碱地上，把绿化和生态工作做得如此到位很不易，但建东城时因取土而形成的5个裸露的大土坑静静地躺在那里，成为生态城市的“老大难”。

2. 臭水坑如何变成公园

人见人愁的臭水坑在巨大反差中尴尬存在。在东城中心城的建设中，市政府采用了人工移土垫高的形式来提高城市的海拔以防御可能的内涝和海潮。在不规则的挖土过程中，在东城的周边形成了5个大坑，大坑连小坑，总面积达几千亩，经过长年的风雨，积水成塘。1988年开始任东营市市长并有诗人气质的李殿魁，将几个水塘以“清风湖”、“明月湖”、“丽日湖”等名字命名，颇有诗意。其中，清风湖是最大的一个水塘。但由于生产生活垃圾随城市化而增多，清风湖等几个水塘周围被作为垃圾堆放地，污水横流，垃圾成堆，蚊虫滋生，臭气熏天，环境恶劣，成了新城区的“大疮疤”，群众反映强烈，纷纷要求治理这个人见人愁的“大臭水坑”。从城市功能的角度来说，城市建设完善程度的一个重要指标是居民休闲娱乐的方式和场所，东城没有一个城市公园，居民的休闲生活单调，如何让工作之余的人们娱乐多元化显得尤其重要；从生态环境保护的角度来说，建东城人为形成的5个大坑，如果长期成为垃圾堆放处，不仅对周边脆弱的环境造成毁灭性的影响，更给人民群众的生命健康埋下隐患；从城市发展进程的角度来看，对城市的再发展和吸引外来投资造成长远的影响。

成年积水形成的水塘，具有成为水上城市公园的优先条件，占地面积大并且闲置多年，水资源丰富。同时，与清风湖近在咫尺的新世纪广场，由于规划合理，建筑风格别具一格，以宏伟壮观的气势和一流的施工质量在 1999 年 8 月山东省城市详细规划试点项目评选中脱颖而出，获得唯一金奖。而清风湖城市公园是东营市上上下下期盼多年的项目，事关整个东城的城市面貌，人见人愁的"臭水坑"不可能长期闲置在气势宏伟的新世纪广场旁。同年，东营市委、市政府发布《关于进一步改善投资软环境实施意见》大力推进黄河三角洲的开发和建设，并定位为"高效生态经济"。这样，如何在一个亮点上再造一个新的亮点，扫除城市建设硬环境中的脏乱差的"死角"；如何把清风湖规划为东营市第一个与蓝天绿树碧水相衬映的城市公园，似乎已到箭在弦上，不得不发了。

3. 生态城市建设的资金从何而来

以传统的建园和管园方式，保守估算，清风湖 2600 多亩的水塘，要治理、建设成城市公园，至少要投入 3 亿元人民币的资金。根据东营市的财政状况，从静态角度看，即使每年挤出 3000 万元，全部建成竣工，也要 10 年时间。即使公园建起来了，其结果也未必乐观：公园极有可能成为东营市财政的一个永远卸不掉的沉重包袱。因为根据一般的原则，2600 多亩地这么大一个城市公园，至少要设一个处级管理单位，要配车，要配管理干部，要有维护、管理工人，要拨付维护费用和人员工资。根据其他公用事业单位的情况，肯定是经营困顿，需要年年贴济。初步估算，按传统模式经营管理清风湖公园，仅维护费加人头费，每年少说也要八九百万元。长期亏损的结果，等于是花钱建了一个"烂机制"。这样的一个可能的"烂机制"值不值得财政去拨款？有没有更好的方式替代？东营市政府在不停地思考和探索。

既然东营市自己建清风湖存在着财政压力，是否可以用经济发展和城市建设中行之有效的办法——招商引资、借助外力呢？在开放思想的指导下，东营市规定，除国家法律法规规定的外，进一步放宽城市基础设施和市政公用设施投资限制，按照"谁投资，谁经营，谁受益，谁承担风险"的原则，鼓励以公用民营、民办公助、股份制等多种方式，吸引国内外投资者参与城市基础设施和无形资产建设经营。因此，东营市决策者坚定了一个信念：清风湖公园必须走市场化之路！在经营城市思想指导下，清风湖公园开始踏上招商路。经过集中论证和认真的分析，金瀚集团作出了建设清风湖公园的决定，并正式向东营市提出了建设清风湖公园的想法。在东营市人民政府和金瀚集团签订的《东营市清风湖公园委托建设、管理、经营合同》中，双方明确规定，东营市人民政府将公园 2600 多亩的土地及现有设施委托金瀚集团建设和经营管理，建设管理经营期限自 2001 年 5 月 1 日起，合同有效期 50 年。同时，金瀚集团必须按照东营市人民政府审查批准的规划、设计方案进行设计和开发建设；保证投资额达 2 亿元以上。但金瀚集团主动增加了公益性项目，追加投资，公园建成后总投资将达 4.8 亿元左右。清风湖公园总面积 2690 亩，分三期建设，一期工程概算投资就高达 6000 万元，对于一个新生的非公有制企业——金瀚集团也有很大的资金压力。在这种情况下，金瀚集团采取了独特的项目运作模式：先以少量资金启动清风湖项目规划工作，先建公园，造景增值；其次是通过招商、包装转让经营使用权、吸收资本金等方式，有效吸纳了 4000 多万元的资金用于清风湖一期工程的建设。2002 年 9 月，中国建设银行东营市分行主管信贷的副行长王广升带着建行东营分行房地产信贷部主任，主动找到金瀚集团商谈合作事宜，一度困扰金瀚集团的资金压力从此迎刃而解，清风湖公园的项目资金短缺巧妙解决了。

4. 清风湖项目的内容

在资金等问题解决后，清风湖项目高水准、高要求地开始启动。在建设风格上，吸收借鉴了西方园林和中国古典园林的设计手法，力求中西合璧；在形式风格上，集文化、商业、旅游、休闲、度假于一体；文化定位上，突出黄河文化，包括：清风湖文化广场、黄河水体纪念碑、黄河微缩景观、九曲十八湾、孙武广场等；商业、休闲主要在第五大街；度假主要在五星级别墅式度假酒店、高尔夫俱乐部；旅游即在清风湖公园。除了住宅，清风湖社区总投资已达4.8亿元，其中相关项目和配套包括180万平方米的清风湖、4.8万平方米的清风湖商业步行街、2.4万平方米的儿童城及青少年活动中心、2.2万平方米的金瀚艺术中心、2.5万平方米五星级别墅式度假酒店、高尔夫俱乐部。

5. 清风湖项目的效果

清风湖公园的建成，亮了城市，满足了居民休闲、居住的需要，为广大东营市民提供了一个难得的休闲、娱乐、锻炼场所。在清风湖公园漫步，不仅能领略到公园的绿化美、生态美、建筑美、创意美，更可体味黄河三角洲古老而又年轻的历史文化。清风湖公园的建成大大改善了东城的消费环境、消费设施。清风湖公园不但使东营市没有大型城市公园的历史一去不复返了，而且使东营市民有了山东省最大的城市公园。不设围墙、不收门票的清风湖公园如今已经成了东营市民旅游、休闲、娱乐的好去处。公园里还有一个总面积近10000多平方米、全部免费的清风湖健身广场，这是全省最大的户外健身路径工程。

清风湖公园的造景成功不仅满足了广大市民的审美需求，更活了企业，启动了东营多元化发展的效益杠杆。坐落于美丽的清风湖畔的“乐得家·金瀚家园”共占地337亩，总建筑面积18.75万平方米，其中多层住宅14.9万平方米，别墅2.77万平方米，公建1.08万平方米，靠着造景增值的绝妙手笔，“乐得家·金瀚家园”成为东营地区第一个高档智能化、绿色生态居住小区，被誉为“湖畔的家”和“水边的香格里拉”，成为东营市高档住宅小区的代名词和最抢手的住宅小区。东营建市20年来，从没有出现过如此火暴的购房场面，更没有哪个居住小区赢得过消费者如此青睐。借着清风湖公园的美景和“乐得家·金瀚家园”的开发，东营市东城特别是清风湖周边土地出让金大幅上涨，由两三年前的每亩10多万元，增加到目前的每亩20万元~30万元。清风湖公园的造景成功完美地提升了东营房地产的发展。

作为清风湖项目亮点之一的步行街——“第五大街”公开招商吸引了很多人的关注。完善的娱乐、休闲、购物、餐饮设施，高档的消费品位和人性化、多样化的定位，吸引了大量消费人群，激发东营的消费热潮。由于第三产业的发展，必然需要大量的从业人员，有部分相对富裕的农民看到商机在“第五大街”上租门面或买门面成了老板，有部分相对困难的富足农村劳动力，进入城镇，从事第三产业的服务，大大提高了农民的收入，打破了城乡“二元”结构的壁垒。通过清风湖项目积极调整产业结构，加快发展现代流通、旅游、金融保险、房地产、社区服务、中介服务等新型服务产业，服务领域不断拓宽，服务水平不断提高。这样就加快了城市化的进程，抓住了城市和农村融合的契机，形成了产业链，更提高了城市的聚集效应、规模经济和辐射功能。

清风湖项目的效应是多方面的，对东营市政府来说，闯出了公益事业市场化运作的路子，提高了城市的品位，改善了投资环境，带动了周边地价升值，特别是坚定了大家用市场经济手段解决发展中问题的信心和决心。这是无法用金钱来衡量的。同时，活了企业，带动了相关产业的发展，金瀚集团由于清风湖项目的成功，从一个名不见经传的小企业，成长为全省同行业的佼佼者，取得了骄人业绩。

2.3.12.4 清风湖项目开发的经验

1. 政府观念更新是城市公用事业民营化的前提

东营市是依靠石油发展起来的城市，是典型的计划型城市。城市发展完全靠国家投入，国家投入多少决定城市发展的进程、方向和规模。在传统计划经济条件下，人们已经习惯了城市公园由政府规划投资、建设管理，为公众提供休闲、观赏、娱乐和健身等服务。尽管国内许多地方的城市公园在优化经营机制、开辟增收门路等方面作了大量的探索和努力，使城市公园经营不善的局面有所缓解，但总体上并没有走出城市公园负债累累、举步维艰、恶性循环的怪圈，缺乏永葆生机的活力，使城市公园在巨大的社会效益、生态效益和地位的经济效益中形成巨大的反差，以至于有些人大胆断言：公园的公益性决定了其不盈利性，建公园必然是花钱买“风光”，赔本赚“吆喝”。尤其是东营，当地城市人口少，居民商品消费水平虽然较高，但文化消费水平较低，外来消费人群稀少，公园要靠自身生存和发展，面临的困难和压力会更大。因此，在新形势下建设东营市需要的城市公园，不但要用市场化办法解决建设的问题，更主要的是通过一个成功的公园建设案例探索市场化经营、管理问题。从清风湖项目的实施来看，正是东营市政府看到了清风湖地段的潜在价值，通过金瀚集团的努力，利用原有的自然条件造景增值，不仅成功地开发了房地产，更重要的是建成了公共设施，使全城老百姓直接受益。

东营市政府大胆决策，对构成城市地域空间和城市功能载体的自然资源、物质资源、人力资源、人文资源、金融资源及其相关的资源，进行市场化运作，聚集、辐射城市功能，最终建立符合市场经济要求的城市功功能导向的城市建设投融资新体制，实现城市经济的可持续发展。在这种思想的指导下，东营市把城市绿化养护、环境卫生保洁、市政设施维护等城市管理工作相机推向市场，用招标、拍卖等方式，选择专业公司进行运营。与此同时，又将现有承担这些任务的事业单位逐步改组为企业性质的专业公司，形成了投资主体多元化、项目运营企业化、设施享有社会化、管理维护规范化的城市经营格局。在清风湖公园建设上，东营市政府更具开放性视野，更加注重市场化原则，切实实现了职能转变，由传统的项目直接承担者转变为项目建设的领导者、组织者，实现了政府职能由“缺位”、“越位”、“错位”向“到位”的转变。这不仅使政府更容易从宏观上控制项目管理和进度，通过规划审批、对项目提出建议和创意等，政府可以为项目建设确定科学合理的框架，可以更加高瞻远瞩地审视和安排项目的整体和全局问题，还可以通过项目法人这个媒介有效的集中“民智”，节省政府的开发成本。

2. 企业市场运作是城市公用事业民营化的基础

城市公园属于公共产品，本应当由政府部门来免费提供。尽管东营市委、市政府根据东营市财政状况实际，遵循市场经济原则来经营城市战略的要求，大胆创新，采取 BOT 模式，由金瀚集团来建设，但如果建成的城市公园一味地高收费，将普通市民拒之千里之外，就失去了城市公园公共物品的基本属性，这是市政府所不能接受也不愿看到的，所以注定了金瀚集团在建设清风湖项目时不能以盈利为根本目的。金瀚集团在考察论证清风湖公园项目时，充分认识到它所面临的困难和问题，以创新的思路和方法来运作项目，最终走出了投资建设公园只有社会和生态效益，没有经济效益的定律，闯出了三个效益共同实现的新路子。

金瀚集团与东营市政府签订合同，享有 50 年的经营管理和收益权。除整体规划需要政府把关、总投资额有一个基本要求外，其间，如何建设、经营、管理，政府完全放权，没有条条框框的限制。金瀚集团认为，虽然从整体上看，清风湖公园是公益性项目，但仍然可以根据市场的需要和变化，对园区的部分项目进行适当的增减和调整，切割出大量商业或经营开发性的内容，这不但没有影响公园的整体性，反而拓展了公园的盈利空间。

在清风湖公园建设过程中，金瀚集团走了先造景增值、后开发房地产的路子，通过建设清风湖公园，清风湖公园的环境大大改善，使昔日的荒洼地变成了风景秀美的“水上香格里拉”，极大挖掘出了清风湖公园周边的房地产价值。在此基础上，金瀚集团以公园带家园，借势开发建设了“乐得家·金瀚家园”，使金瀚家园与清风湖公园有机互动、相得益彰，完美地实现了“利润合理化”和“效益最大化”的结合，在清风湖公园项目上，金瀚集团不计较赚多少钱，只要能够最终实现“以园养园”就行了，但成功建设清风湖公园，将在东营市树立起金瀚集团诚信、奉献的良好的企业形象，进而打造出金瀚集团的无形资产。

3. 政企合作，探索公用事业民营化的有效模式

近年来，东营市委、市政府以“要把经济建设、生态建设和社会发展结合起来，实现可持续发展”为目标，把东营的发展模式定位为高效生态经济。2001 年，“发展黄河三角洲高效生态经济”被列入国家“十五”计划纲要，使区域经济发展规划得到了国家的肯定和支持。同年，联合国工业发展组织中国投资促进处确定东营市为“国际绿色产业示范区”，使东营高效生态经济建设融入了国际大环境。

对于东营市政府来说，清风湖公园项目是个有关生态建设的大项目，但也同时是城市规划开发的新探索。东营市所在的黄河三角洲既有丰富的石油和盐卤资源，又有大面积的可供开发利用的土地、滩涂、草场、森林和极具价值的湿地，开发潜力巨大，但生态脆弱，绿化成本很高，易遭破坏。因此，城市建设应充分研究自然环境，城市规划应因形就势，建筑设计应适应气候要求，从而使城市与自然形成和谐共存的局面。“依水而居、拥绿柳红花”，“先建环境、后建住宅”，“公园变社区，人居公园中”，是清风湖社区整体开发建设和经营管理的崭新理念和实践创新。建成的清风湖社区清风徐来，波光粼粼，依湖而居，绿树环绕，被人称为“水边的香格里拉”，是东营乃至山东不可多得的典范。

2.3.12.5 小 结

在当前中国政府改革的进程中，公用事业民营化已经逐步展开，并取得了较好的经济社会效果，显示出良好的发展前景。东营市充分运用市场化手段，采取土地置换、出售开发经营权及“借壳上市”、“招商引资”等措施，有效地解决了城市公用事业基础设施建设、绿化、美化、景物建设资金不足的难题，投资者通过买断经营、“适地适树”、联营联建等，换来了长期的经济效益。是市场，让双方实现了“共赢”，所不同的是，政府赢得的是生态效益和社会效益，而投资者、企业赢得的是经济效益。在公用事业建设过程中，政府主动搭台，让民间资本唱主角，充分显示了政府在城市公用事业领域改革的决心，项目开发过程中的“双赢理念”，给其他城市公用事业治理变革带来了新的思路。

但不得不指出的是，广泛吸纳社会资金，巧用市场机制，借助外力，启动内力，形成的还只是“众星捧月”的生态景观建设格局。在这些生态景观初步建设完成后，后续的经营与管理问题提上了议程。国内不少城市的“主题公园”，由于后续管理不善，资金短缺，景观长期没有更新，活动越来越少，又为城市公用事业建设埋下新的“隐患”。清风湖公园能否在市场开发、营销手法、产品包装、管理制度等方面不断地进行创新，既取决于企业的经营能力，更离不开政府的政策支持和创新的城市管理思路。

（作者单位：北京理工大学管理与经济学院）

2. 3. 13　铁路财务制度建设促进非公有制经济参与铁路建设经营的若干问题

于　川

2. 3. 13. 1　落实非公有制经济参与铁路建设经营，必须做好对现行铁路财务有关制度的宣传解释和进一步完善建设的工作

2005 年 2 月，国务院发布了《关于鼓励支持和引导个体私营等非公有制经济发展的若干意见》（国发［2005］3 号）。这个文件对推动非公有制经济改革发展、推动公有制经济改革发展、推动国有企业改革发展都具有十分重要的意义，是落实建立社会主义市场经济体制的必要而具体的措施，是在被称为“改革年”的 2005 年之初党中央国务院作出的又一重大决策。

铁道部为落实这一文件的精神，在推动铁路跨越式发展的关键时刻，2005 年 7 月，发布了《关于鼓励支持和引导非公有制经济参与铁路建设经营的实施意见》（铁政法［2005］127 号，以下简称《实施意见》）。这个文件是一部宣言书，它向国内和国际社会明确宣布，根据 2004 年国家修订发布的《外商投资产业指导目录》及我国加入世贸组织的承诺，按照平等准入、公平待遇的原则，考虑维护路网完整和保持运输集中统一指挥的需要，铁路对国内非公有资本开放铁路建设、铁路客货运输、铁路运输设备制造、多元经营这四个领域，并提出了为非公有制经济参与铁路建设经营创造良好环境等七个方面的政策性意见。这个文件是一篇欢迎辞，它向国内和国际的一切非公有资本打开了进入中国铁路的大门，鼓励非公有资本参与铁路干线、铁路支线、地方铁路的建设和改造，允许非公有资本参与铁路货物运输经营、铁路旅客运输经营、行李车、行包专列及行邮专列经营，鼓励非公有资本参与铁路机车车辆、线路设备、高速铁路技术设备、通信信号和运输安全监测设备、电气化铁路设备的设计与制造，鼓励非公有资本参与多元经营企业的重组改制。这个文件是一个动员令，它向铁路内部的所有部门、企业单位及其员工提出了严格的要求，要开展深入细致的工作，研究建立适应《实施意见》要求的规章制度，改革完善现行规章制度中不适应、不匹配的一切内容，研究提出并协调争取国家综合部门出台相关的政策，并抓紧时间出台和落实。

在推进落实《实施意见》的工作中，财务部门对铁路财务制度的建设工作是必不可少的。具体来说，那就是对现行铁路财务有关制度的宣传解释和进一步完善建设的工作。一篇《外资为何不买山东铁路》的文章，其中涉及了铁路运输财务的若干重要问题。文中提出：“目前我国铁路都存在大面积亏损的现实”；“地方铁路被交织在国有铁路当中，单纯一次列车成本如何核算？营运中火车跨越地方支线，进入其他支线、干线时收益如何分配……事实上，我国铁路的单纯核算目前很难一一明晰”；“单条铁路的盈利测算较为复杂，不同的测算方式可出现亏损或盈利不同的经营结余，这也被认为是外资提出固定回报的原因之一”；“铁路不同于一般行业，进入者面对的不是一个单纯的企业合作和旅客、货物运输。由于全国铁路网是一个整体，由铁道部集中调度，采用‘统一调度，统一核算’的运营机制，而运量分配直接决定线路的经济效益”；“铁路尚未政企分开，铁路运输企业基本没有经营自主权，外资进入参与运营铁路也将会丧失对自己财产行使完整法

人权利”；“外资企业不约而同地开出只投资，不参与经营管理，铁路建成后收取固定回报的条件”，“外资企业提出铁路运营管理的成本较高，而项目预期收益较低，投资回报期太长”。另外，有的文章认为，铁路实行铁道部统一核算，企业的运输收入全部上交铁道部，这样就进入了“财务黑洞”。

《外资为何不买山东铁路》一文，虽然尖锐地反映了山东省国资委赴香港招商以及前两三年山东省铁路建设项目与外资谈判一直没有得到实质性进展这一情况，但是在研究分析其中原因时，所提出的上述若干看法既有中肯的、确实需要考虑的意见，也有可能是由于不了解情况而产生的并不确切、未能如实反映现行铁路运输财务有关制度的意见，所以本文将对这两方面的情况进行阐释和提出建议。

2.3.13.2 现行铁路运输财务体制的有关办法

事实上，铁道部经过较长时间的认真研究和准备，从2001年起，就已经改变了所谓“收支两条线、收入全部上交铁道部、运输企业从铁道部取得收入而不是从市场取得收入”的办法。所谓的“财务黑洞”是不存在的。现行的铁路运输财务体制的有关办法是以适应铁路运输体制改革为宗旨的，是以市场化原则为制定依据的。经过5年来的实施、完善，已经初步形成了可以满足运输体制改革和投融资体制改革要求的基础制度。实践证明，从2001年以来实行的财务办法，没有拖铁路近年来推进各项改革的后腿，而正是适应了、支持了有关各项改革的推进。

现行铁路运输财务体制有关办法的基本内容主要有以下几个要点。

（1）铁路旅客运输已按市场化的原则实行清算和核算，实现了收入来自于市场（即来自于所服务的旅客），支出体现了企业之间在市场上的经济关系。因此，可以如实地计算和核算每一趟旅客列车在财务报告时段上的收入、支出和盈亏。铁路客运财务体制有关办法规定，谁担当旅客列车收入归谁，谁提供服务向谁付费。

“谁担当旅客列车收入归谁”是指一个运输企业，无论是国家铁路、合资铁路，还是地方铁路，甚至将来可能有的非公资本投资参股或联营、合作的运输企业用自行购买或租赁来的客车完成了旅客运送这一产品，那么，被运送旅客购票的收入就完完全全地属于该完成产品的企业，而不必先交给铁道部，再由铁道部分配给该企业。这种办法与公路运输公司用汽车运送旅客取得运输收入，与民航公司用飞机运送旅客取得运输收入的办法是完全一致的，是市场化的办法，没有任何人为和计划的因素。现在以及5年来，国家铁路的各铁路局、集团公司，各合资铁路公司，各地方铁路公司就是用这种办法来确定实现自己的客运营业收入的。

“谁提供服务向谁付费”是指铁路运输企业在旅客运输过程中所发生的服务和被服务的经济关系是用付费的办法，用市场的办法来处理和反映的，而不是用安排成本计划的办法，更不是无偿提供服务的办法。例如，A运输企业的旅客列车经过了B运输企业的线路，那么，A企业就要按规定的价格向B企业付线路使用费；如果C运输企业的旅客列车在D运输企业范围内运行使用了D运输企业的机车来牵引，那么C企业要向D企业按规定的价格付机车牵引费。类似的付费项目还有电力牵引接触网使用费、车站旅客服务费、旅客列车上水费。以上付费项目的付费价格是由铁道部根据对有关成本的测算确定后统一公布的，也是可以根据重要情况变化再进行调整的，价格是公开的，所有运输企业都必须执行，没有个别的、暗箱的调整和优惠。计算付费所使用的工作量是铁路统计部门或运输部门统计的，并不是由有关运输企业自行确定的。基于上述办法和结果，再加上与旅客列车直接相关或间接相关的支出，就可以完成对每一趟旅客列车的收入、支出、盈亏在任何一个财务报告时段上的计算和核算。

（2）铁路专业运输（集装箱、特种货物、行李包裹三种运输）也已按市场化的原则实行清算，也实现了收入来自于市场（即来自于所服务的货主），支出也体现了运输企业之间在市场上的经济关系。铁路专业运输财务体制有关办法规定用谁的车运货则收入归谁，谁提供服务向谁付费。

与上述客运财务清算办法的区别在“用谁的车运货则收入归谁”。只要是用中铁集装箱公司的平车运送货物，那么，相应的货运收入就完全归集装箱公司。同理，对中铁特货公司、中铁快运公司也是如此。也就是说，三个专业运输公司只要是用自己的车，即自己的资产完成货运产品，即货物的位移，那么，货主所付的运费就属于该完成货物运输的专业运输公司。如果有一天，在 2006 年以后，某外国资本所投资，甚至控股、全资的集装箱运输公司在中国铁路范围内从事货物运输经营，那么它们的货物运输经营的营业收入也是按这种办法取得，完全地来自市场，来自所服务的货主，而绝不是来自铁道部的分配，甚至还要经过铁道部用系数进行调整。

“谁提供服务向谁付费”基本原则与上述客运的清算办法是一致的，只是付费项目的名称不完全一致，付费项目的数量比客运要多。主要项目有，线路使用费、机车牵引费、电力牵引接触网使用费、编组站调车作业费、加冰加盐服务费、货车修理费、货车使用费等。

同样，在上述办法的基础上，各专业运输公司都可以按市场化的原则来计算和核算各自在财务报告的不同时段上的营业收入和营业支出（其中包括付费支出、直接支出和间接支出），从而产生各公司的盈亏。

（3）在一般货物运输方面实现了部分货物按市场化的原则实行清算。在除了专业货物运输以外的一般货物运输方面，现行财务制度的有关办法实现了管内货物运输按市场化原则实行清算，而直通货物运输则仍按老办法，即由铁道部按国铁运输企业完成的直通货物周转量和铁道部公布的统一清算单价来向各企业清算，各企业据此得到直通货物运输的营业收入。

所谓的管内货物运输，是指在任何一个运输企业管辖的范围内，由该运输企业独立完成的，从承运装车开始，到完成运送，到卸车并交付的全部货物运输过程。现行清算办法规定，在这种情况下，货主所付的货物运费及有关杂费是完全属于该运输企业的，不必上交铁道部，铁道部不可能进行系数调整和再分配给运输企业。因此，在这方面，清算办法已经是市场化的了。当然，在管内运输过程中所发生的支出就是与营业收入配比的成本费用，因此，相应的管内货物运输的盈亏也是可以计算的。

所谓的直通货物运输，是指某一项货物运输是由两个以上铁路运输企业联合完成的。现行清算办法对直通货物运输的规定仍然是老办法，仍然是计划的办法，仍然是由铁道部来统一组织实施的，也是所谓分配给各国铁运输企业的。但是，需要说明的有两点，一是国铁股份制运输企业，如广深铁路公司、大秦铁路股份公司以及合资铁路公司、地方铁路公司，虽然也都有直通货物运输问题，但是由于采用了直通货物运输的分段计算办法，所以不存在非市场化的清算办法问题；二是铁道部经过多年的研究已经形成对国铁直通货物运输按车清算、按票清算的完整办法，实际上和上述专业运输公司的清算办法是原则一致的，只不过由于各方面条件尚不成熟，因而还没有付诸实施，而绝不是没有办法。

（4）在客运和专业运输按市场化原则清算的情况下，由一个准中介机构——铁道部资金清算中心按铁道部确定的办法实行资金的轧差清算，以保证各运输企业应得的收入和应支出的付费的兑现。

2.3.13.3 为创造非公有制经济参与铁路建设经营的有利环境，还需要进一步研究解决的铁路财务有关制度办法问题

为推动铁路投融资体制改革的进展，为创造非公有制经济参与铁路建设经营的有利环境，促成更多非公资本投资于铁路建设经营，首先需要在铁路财务制度层面创造条件，创造非公资本进入前，可以看到完整的、符合市场化要求的、公平公正的有关制度办法，不存在制度空缺，不存在暗箱操作和偏向歧视，可以依据所公布的制度办法进行可行性研究，包括收支利的计算，从而完成是否投资于铁路的决策研究的方便、有利的环境；也创造非公资本决定进入铁路后，正常的运作经营，无障碍地准确地实现收入，完成付费，公平地取得效益、进行利润分配。为此，笔者着重地思考了目前需要先行解决的非公资本进入前的铁路财务制度建设问题，现提出几点建议如下：

（1）还需要对现行的以客运和专业运输为对象的铁路财务清算办法进一步地完善，完善成熟后以部门规章的形式发布执行。对现行的以国铁为主要对象，也适用于合资铁路、地方铁路的清算办法进行完善，研究完善的主要内容是否可以有：付费项目的确定，付费价格的形式、内涵和水平，付费水平的测定办法，付费政策，部分收入项目的清算办法等。经过研究完善实施再完善，成熟后可以部门规章的形式公布。

（2）在条件成熟时，公布对目前尚未实行市场化原则的货物运输的市场化的清算办法。在铁路跨越式发展的未来时间，在必要条件和充分条件都具备的情况下，对铁路货物运输实行市场化原则的清算办法。在收入清算方面，实现按票清算，按车清算，实现谁承运则收入归谁的办法。在付费支出方面，依然实行谁提供服务向谁付费，确定必要且适当的付费项目，相应指定其付费单价。

（3）研究发布按铁路线的运营收支核算办法。在现行的财务制度办法中，尚没有专门的独立的按铁路线的运营收支核算办法。尽管按现行办法也可以进行一条线收支利的测算工作，但是终究缺少一个完善的、专门的核算办法，使人们感到制度层面的缺失，所以建议以现行办法为基础研究发布这样一个办法。

（4）在深化运输体制改革的进程中逐步改革铁路运价体制。铁路运价体制需要改革，铁路运价结构需要调整，铁路运价水平需要提高，但是，改革、调整、提高将是一个过程，需要伴随着铁路运输体制改革的逐步进行而展开。当然，铁路运价体制改革的方向应该是在逐步市场化的同时加强政府部门的监管；铁路运价结构调整的方向应该是合理化的同时适度简化；铁路价格水平的提高当然不是盲目的、随意的，而是应该以科学、规范的成本水平为基础，与国家整体物价变动，与重要生产资料价格重大变化相适应，保证铁路运输企业的简单再生产和扩大再生产。由于本文不是专题讨论运价问题，所以仅就框架性问题、方向性问题谈一些不成熟的意见，作为推动非公有经济参与铁路建设经营与财务有关的重要问题做些原则性的讨论。

（作者单位：中国铁道财务会计学会）

2.3.14　国际港口民营化经验及其启示

李　南　刘文忠

2.3.14.1　席卷世界的港口民营化浪潮

基础设施服务的供给一般具有自然垄断特征，同时对一国具有重要的战略和经济意义，其产权结构问题一直是经济理论和实证研究的一个重要课题。20世纪70年代以来，一场席卷整个世界的以基础设施部门和私有化为主要内容的制度变革，彻底改变了其传统的供给方式。在理论界，一些新的经济研究成果，特别是产权理论的发展，为私人机构参与基础设施服务的供给提供了新的理论依据。

港口作为国家重要的基础设施，长期以来一直以公共部门提供为主，并且实施严格的政府规制。但随着基础设施自由化和私有化浪潮的到来，以及港口自身技术经济特征的变化，港口业的产权结构也开始发生变化，即公共部门和私人部门相互结合。

民营化浪潮冲击着世界上许多国家港口。法国、意大利、葡萄牙、澳大利亚和新西兰等纷纷卷入，巴西、阿根廷、智利和巴拿马等美洲国家也都热衷于此。美国也首先在弗吉尼亚国际码头和马里兰国际码头的经营中加强商业化因素，更多地引入竞争机制。在加拿大全国548个港口中，除极少数边远港口和客运轮渡外，其他港口都逐步实现了民营化。新加坡港作为公共港口的代表，也已开始组织重构和公司化改造。1997年10月，新加坡港务局改制为海运与港口管理局（MPA）和PSA港口有限公司，可以看成民营化改革的第一步。

德鲁里航运咨询公司的年报显示，2002年全球处理量超过100万TEU的集装箱港口中，国有码头所控制的处理量不到总量的10%。伊朗南部港口实行民营化3年以后，船舶平均待泊时间从4.3天减少到2.2天；船舶在港周转时间由9.4天减少到7.7天；滞期费支出由每年706万美元降至210万美元。哥伦比亚港口实施民营化政策以来也取得了十分显著的成效，干散货、杂货和集装箱的装卸能力分别提高400%、127%和88%，进口和出口货物的港口费率分别降低了39%和64%。在民营化之前的1992年~1993年处于亏损状态的哥伦比亚港口，于1995年~1998年达到了19.83%的平均投资收益率。

2.3.14.2　港口民营化不同方式比较

在过去的20多年中，许多国家在港口产业进行了制度变革以增进效率。港口部门的制度重构包括各种不同的具体方式，但却拥有一个共同的目标，即迅速对市场做出反应以满足客户要求。通过放松规制、商业化和民营化，政府和公共部门的作用被削弱，而私人力量更积极地参与到港口活动中，私人部门在港口事务中的扩张已成为当今港口产业最重要的特征之一。由于意识形态和政治上的约束，各个国家对民营化要求不同，其港口民营化的方式也各不相同，比较常见的形式有：

1. 管理合同

港口当局把港口的经营管理权通过合同的形式委托给民营业主，并通过支付管理费的方式对该企业进行补偿，管理费通常是根据某些绩效指标而定。港口当局仍享有资产所有权并负责后续投资，民营企业不承担投资和商业风险。该方式主要流行于中东地区，合同期限一般在5年以上。

2. 租赁

港口当局把一些港口资产的使用权通过合同的形式转移给民营业主，但与上述管理合同不同的是，租赁方式是通过对基础设施的使用者收费。港口租赁设备的所有权仍属港口当局，民营企业须承担企业运营的商业风险和必要的设备维护，但不具有投资义务。

3. 特许经营

这是目前比较流行的港口民营化方式。民营企业在一定的时间内获得许可，提供码头装卸等经营性服务，期满后可续签。与租赁相比，该方式要求获准特许经营的民营企业承担商业风险和重要的投资义务。特许经营在授权双方确立了明晰的法律关系，港口当局在吸引私人投资的同时可以保留对重要港口设施的长期控制。

4. 市场准入

即私人企业被允许与现有的公共企业进行竞争，但是不必在未来时期将资产所有权转交港口当局。比如BOO（建设—运营—拥有）合同等，这属于增量意义上的港口民营化。

5. 资产出售

这是港口民营化程度最高的形式。通过投标等方式将港口土地及附属设施的所有权，全部转移给民营部门。作为存量意义上的民营化，这种方式已成为1983年以后英国政府在实行港口民营化时的首选。

2.3.14.3 国际上港口民营化的实践

1. 英国港口民营化的经验

实际上，港口民营化政策起源于英国，并且取得了很大进展，因此英国港口业提供了丰富的港口产权结构，值得研究。由独特的地理特征所决定，英国拥有数量众多的港口，并且在国民经济中起到非常重要的作用，尤其是在对外贸易方面。在20世纪70年代中期，英国共有超过250家的港口当局或公共运营商，同时大约有1400家从事装卸、拖轮及仓储等港口业务的相关企业。

英国港口所有权有4种不同类型：公共港、信托港、市政港和公司港，而各港口类型的相对重要性在近年已发生很大变化。从1948年到20世纪80年代初，公共港在英国港口的管理和运营中扮演着重要角色，当时大约有1/3的港口属于这种类型。这些公共港由运输委员会（BTC）控制，直到《1962年运输法》撤销了BTC，并将其资产移交给新组建的运输码头局（BTDB）。信托港是一种自治性的法律实体，集中出现于19世纪末至20世纪初，当时主要是为了接管一些无法开发和维护港口设施的私人码头公司。信托港的优势包括：可以独立管理而不受政治力量的干预；适合于当地条件的组织结构，更好地服务于当地的商业需求。市政港由市政当局拥有和控制，这些港口在当地相关法律框架下进行管理，并最终通过地方议员向纳税人负责。公司港是指资本股份化，由股东参与董事会任命的港口。1979年以前这种模式的港口很少，主要有利物浦、曼彻斯特和费利克斯托港。

与别的国家不同，英国的公共港需保持财务独立，没有来自政府部门的补贴援助。因此公共港可完全依据客户需求来设定费率标准和经营目标，从而在运作方式上与公司港一致。表 1 对英国公司港、信托港和市政港的主要特征进行了对比分析。

表 1　英国主要港口类型的特征对比

特征	公司港	信托港	市政港
所有权	股东	公共信托	地方当局
管理层	股东选举	部长任命	地方当局任命
经营目标	利润最大化	公共利益	地方利益
融资	发行股票及借贷	固定利率贷款	固定利率贷款

不理想的财务表现是促使英国推行港口民营化政策的主要动因。到 20 世纪 80 年代初，港航产业中多式联运及专业化的发展趋势已很明显，英国港口所面临的问题变得更加严重。于是英国政府决心通过削减对港口业的财政支持来放松对港口运营的控制，使其更多地遵循市场规律。英国的港口民营化安排经历了两个不同阶段。

第一阶段开始于《1981 年运输法》生效以后，该法确定了运输码头局（BTDB）的民营化框架，成立了作为控股公司的英国港口联合会（ABP）来经营 BTDB 管理的公共港口。ABP 由政府成立另一家称作英国港口联合会 PLC 的公司控制，1983 年政府将英国港口联合会 PLC 公司 49% 的股份出售给了私人投资者，一年后其余股份也被售出。1989 年，国家港口劳工计划（NDLS）被废止，以进一步在港口业增加竞争。这项始于 1947 年的劳工计划旨在禁止各码头的临时用工行为，但长期以来港口企业往往认为该计划影响了劳工资源的有效利用。有关研究表明，终止 NDLS 的结果包括：就业人数下降、劳动生产率提高、劳工市场的灵活性增加等。

1991 年英国颁布了港口法，从而标志着港口民营化进入第二阶段，也就是把当时的 100 多家信托港转变为有限公司。信托港不追求利润目标，不发行股票，但受到公共借贷额度的限制，信托港的独特性使其并不属于严格意义上的公共或私人实体。实际上，1991 年颁布的港口法并不是针对信托港的强制性措施。对于 14 家年营业额在 500 万英镑以上的主要信托港，需要制定在以后两年内逐渐实行民营化的计划，而其他港口则可以自愿制定民营化方案。

对港口民营化后的效率提高进行识别和量化并不容易，特别是在近些年实行民营化的港口，而且实际上影响经营效率的因素非常复杂。迄今为止，英国政府认为其港口民营化政策是成功的，商业化经营有利于提高服务质量，并降低收费标准。

2. 发展中国家港口民营化的典范：布宜诺斯艾利斯港

阿根廷政府从 1990 年开始进行港口改革，其核心内容是权力下放、放松规制，以及在民营化的同时引入竞争。放松规制的内容包括：废除大部分关于港口、船舶方面的限制性劳动条例，解除与装卸公司的固定合约以及放松引航、拖轮等的规制并给予服务提供商一定的定价权。民营化的方式是出让各港口的特许经营权给不同的私人部门，以便引入竞争。布宜诺斯艾利斯港的“Puerto Nuevo”被划分为 6 个独立的码头，分别以特许经营的方式由 6 家不同的私人企业经营。由于充分的事前（招标中）和事后（港口市场上）竞争、放松规制和民营化三者有机结合以及政府政策的透明度和连贯性，布宜诺斯艾利斯的港口业绩明显上升，成为发展中国家港口改革的典范。

2.3.14.4 港口民营化的国际经验对中国的启示

1. 制度创新的实际需要

当今时代，港口产业由政府垄断经营的传统做法正面临严峻挑战，传统意义上的社会公益型港口正向经济效益型港口过渡。日渐扩大的港口服务需求和相对紧张的财政资金约束，必然提出制度创新的要求。民间资本的参与可以为港口服务机制注入新的活力，并在缓解资金约束的同时显著提高企业效率。港口民营化的国际经验表明，要提高中国港口服务的有效性和竞争力，必须进行制度创新，引入不同的投资主体和经营形式，培育有效的竞争机制。

2. 引入竞争与民营化同步进行

港口民营化是实现港口改革目标的基本手段，但很多研究表明，港口民营化后产生的诸多收益主要来源于产权分散化后的竞争压力，而不是产权转换本身。所以竞争越充分的港口区域和业务环节，就越应该深入进行民营化，对垄断程度较高的经营环节应该尽量提高其可竞争性。

3. 以完善的相关法律作为制度保障

各国在港口民营化和规制改革的过程中，一般都制定了较为完善细致的法律法规，使整个港口民营化和规制改革有法可依。如波兰 1996 年颁布的《港口法》，其主旨是港口管理权力下放，实行属地化管理。阿根廷依照 1993 年《港口法》，允许集装箱码头的特许经营权公开拍卖。巴拿马在 1995 年的法令中，明确了特许经营商在开发、建设和经营集装箱码头方面的具体规定，及政府在价格等方面的规制政策。

（作者单位：河北理工大学，唐山新通泰储运有限公司）

2.3.15　台州高速公路民营化的实践探索

应巧蓓

2.3.15.1　台州高速公路民营化发展概况

台州高速公路是交通部规划建设的国道主干线黑龙江同江至海南三亚中的一段。该工程起自三门麻岙岭，止于温岭大溪岭，全长 82.8 公里，工程概算造价 38 亿元。工程分两期建设，一期工程于 1994 年开工，1999 年全线建成通车；二期工程于 1998 年开工，2001 年底全线建成通车。

20 世纪 90 年代初期，台州经济虽然有了长足的发展，但台州地区的交通建设仍然大大滞后于经济发展，严重影响台州地区经济发展和人民生活需求。1993 年，国家提出了兴建国道主干线宏观计划，布局为“五纵七横”共 12 条，沿海大通道黑龙江同江至海南三亚是“五纵”中的一条。台州市政府不等不靠，利用当地股份制盛行的优势，采用股份制形式兴建台州高速公路，这在浙江省尚属首例。公司股份总额为 2 亿元。1993 年 11 月 28 日，浙江台州高速公路建设开发股份有限公司诞生。台州高速公路股份公司的 7 家发起单位中，有 5 家是国有企业。建设中，地方政府的政治优势、行政优势和企业优势在台州高速公路的建设中有机地结合起来，为工程建设的顺利展开提供了保证。

2.3.15.2　高速公路民营化的意义

1. 实现高速公路的跨越式发展

为加快台州高速公路建设，台州市政府充分发挥当地民间拥有大量闲散资金和股份制盛行的优势，突破国家管制，在省内率先对高速公路实行民营化，以股份制形式建设高速公路，从而在政府资金不足的情况下，提前 5 年使台州高速公路列入国家和省政府议事日程，并开工建设。

民营化带来了我国高速公路的快速发展，总体上经历了两个阶段：1988 年 ~ 1997 年，我国高速公路开始起步，10 年中，相继建成了沈大、京津塘、成渝等一大批具有重要区域性影响的高速公路工程。1998 年至今，我国的高速公路步入高速发展阶段，年均通车里程超过 4000 公里。尤其是在“十五”期间，5 年建成高速公路 2.47 万公里，是“八五”和“九五”时期建成高速公路总和的 1.5 倍，总里程达到 4.1 万公里。

2. 高速公路推动了地区经济的发展

高速公路的建设，对区域经济发展有明显的促进作用。它的建成，一方面提高了运输效率，另一方面改变了人流、物流的组织方式。两方面的作用使沿线的一些“敏感”产业，如农产品、工业制品等，快速发生变化。沿线经济欠发达地区各“敏感”产业的发展可快速得到资金技术支援。经过一段时间后，沿线经济的整体实力有所提高，产业结构获得一定的改善。

台州高速公路的建成，改善了台州交通的“瓶颈”制约，完善了台州市的交通网络，促进了经济和社会的发展。第一，使沿线地区高新技术产业发展迅速。与台州高速公路建设、发展几乎是同步进行的沿线各种不同层次的工业园区、科技园区纷纷建立和发展起来；第二，促进了沿线商业贸易的繁荣。沿线各类市场因路而兴，建设步伐加快，规模档次明显提高；第三，促进了沿线旅游业的发展；第四，带动了沿线经济的腾飞和产业结构的优化。

3. 高速公路民营化的高效率

（1）台州高速公路仅用了1个月时间募集了2亿元股本金，并成立了股份公司；台州高速公路工程项目从报批到开工仅用了一年时间，完成了按常规需两三年才能完成的工作；在征用土地和建设中，把政府优势和民营化项目法人优势有机结合，降低了征地成本，创造了良好的施工环境，促进了建设进度。

（2）台州高速公路建设中积极采用新设计、新工艺、新技术，促进了建设的高效率和高质量；同时取得了许多新成果，有的被交通部、省交通厅在全国、全省范围推广应用。

实践证明，民营经济在利用社会资本的效益方面一般高于国有经济，民营经济仅用1/3的社会资源，就对国民经济增长作出2/3的贡献①。

2.3.15.3 高速公路民营化的问题与矛盾

1. 公路供给中的效率与公平的矛盾

作为公共物品的公路供给，本应具有共享性，但民营化后在提高公路供给效率的同时，肯定会由于通过收费而导致排他性，从而损害政府作为社会公平实现机制的基本功能，制造了一个“两极体系”②。

台州高速公路的民营化，是以政府既要提高公路供给效率，财政又无力负担巨额建设资金为前提，以政府特许的50年经营收费权及未来可观的预测投资回报率为基础的。台州高速公路建成开通后，为收回成本、回报股东，公司必须对高速公路的使用者进行收费。使用者如要享受高质量、快速、高效的公路服务，就必须付费；使用者如因贫穷或节省费用等原因，无力或不愿付费，就只能使用质量低劣、与其平行的、低等级的免费公路104国道。可以看出台州高速公路民营化虽然改善了当地的交通状况，改善了政府的公路供给，但却有违社会公平。

2. 政府公共目标与企业目标的冲突

追求利润最大化是企业经营目标，而政府只能在保障公共目标最优化的前提下，追求经济利益的较大化。因此，在公共事业民营化中，必然会产生政府公共目标与企业目标的冲突。而这种冲突在台州高速公路的民营化中反应更为强烈。

台州高速公路的建成通车，离不开台州市政府和广大股民的大力支持。通车后，公司征费收入逐年攀升，2002年为1.6亿元，2003年为2.1亿元，2004年为2.84亿元，公司实力不断壮大，从2亿元股本金起家发展到目前拥有近20亿元资产的台州大公司。

鉴于此，一方面，6万多股东盼望早日分红，取得稳定的股票收益。另一方面，政府要求公司为当地经济和社会发展再作贡献，并出于政治需要、公共责任、社会公平等原因，2003年要求公司投资当地其他经济预测不佳的2条高速公路。盼望早日分红的股东对此反映强烈，通过各种方式极力反对。最后，政府只好另找途径落实建设所需资金。

① 王俊豪，周小梅：《中国自然垄断产业民营化改革与政府管制政策》，经济管理出版社，2004年。

② 约翰·R·迈耶，约瑟.A. 戈曼兹－伊伯尼兹，曹钟勇译：《走向民营化——交通运输业民营化的国际经验》，中国铁道出版社，2000年。

3. 公路立法滞后

从中国的改革开放实践看，似乎有一种先改革后立法的传统，公路民营化改革也是如此。由于公路投资资本沉淀大、时间长，这无疑增大了投资的风险。虽然 1997 年国家颁布了《公路法》、2004 年 11 月 1 日实行了《收费公路管理条例》，对收费公路作出了一些规定，但对公路民营的投资人、债权人的合法权益还缺乏明确的法律保护。比如政策风险问题。台州高速公路股份公司成立时，台州政府在国家没有明确的高速公路经营年限的情况下，许诺给台州高速公路公司 50 年的经营年限，并在税收等方面给予了政策优惠。这些税收的优惠政策大部分已兑现，但 2004 年国家颁布的《公路收费管理条例》却规定经营性公路的收费期限最长不得超过 25 年，因此台州政府无法兑现原 50 年收费年限的承诺，使投资者预期收益无法达到。再如，工程建设风险问题，公路建设征地、拆迁、赔偿等成本性开支，因时间、地区不同而差别很大。

4. 管理体制混乱

目前，我国高速公路建设业还没有一种统一的管理模式，这就使得多种管理体制并存。既有归属高速公路公司等公司式的企业管理，又有归属高速公路管理局等实行自收自支的事业单位管理，还有归属事业单位企业化经营的单位管理，这就使得对高速公路的管理比较混乱。

在台州，除台州高速公路股份公司之外，还有两家高速公路管理单位，分属台州市政府、浙江省交通投资公司管理。此外，台州高速公路的公路交通安全由高速公路交警大队负责，其归属浙江省高速公路交警支队；而公路路产、路权维护又由高速公路路政大队负责，其归属台州市路政大队管理。只是一个地级市的台州，目前仅拥有两条高速公路，其中一条已通车，一条还在建，而高速公路的管理单位却是如此之多，且政企不分，这种混乱的管理体制，带来的直接结果就是高速公路管理政出多门、机构重复、人员冗杂、各自为政、资源严重浪费、成本大大增加等种种弊端，同时因政企不分而使企业的权责利不分，经营机制缺乏活力。

台州尚且如此，全省、全国更是混乱，这造成各地在高速公路政策的制定、管理方式、财务核算等方面的不一致，并将对高速公路的建设、管理和发展造成很大的负面效应。

2. 3. 15. 4　对策与展望

1. 回归公正性

对于公路民营化带来的政府目标和企业目标的冲突，笔者认为，我国高速公路民营化改革，在相当长时期内，应实行政府投资为主，多种投资形式并存的格局。随着中国经济实力不断增强，公共资金不断增加，政府应对高速公路建设承担更大的责任。其主要理由：一是供给公路这一公共品是政府应承担的责任；二是高速公路属于关系到国计民生的重要基础设施，政府需要掌握对其的控制力；三是政府已有一定的经济实力承担高速公路建设。因此，目前对有些区位条件差、盈利能力弱的公路线路，可采取分离建设的方式，即政府承担起修建那些民营企业不愿意修建的公路的责任；或采取政府补贴方式，如政府在此类公路项目中加大股本金，提高政府所占股本金的比例，分担建设经营风险；通过政府干预，调整收费限价、降低税赋和征地拆迁成本，尽可能延长收费经营期以作补偿；对沿线房地产开发给予更加优惠的政策，提高企业营利能力。而今后，政府应逐渐加大对高速公路的投入，更多地承担起公路这一公共品供给的责任，使高速公路回归公共性。这是解决高速公路民营化各种矛盾和问题的根本途径。

2. 完善竞争机制

高速公路具有很高的沉淀成本，为此它被视为自然垄断行业。因此，高速公路建设更有必要充分引进竞争机制，包括公营与民营之间的合法、合理竞争。笔者认为，一方面可以在事前即获得垄断性经营权上引入竞争，如公开招标；另一方面可以在事中即高速公路经营管理中合理引入一些平行公路进行竞争或对价格进行管制等。通过事前有竞争、事中有压力的竞争机制，提高公路的供给效率，避免企业“坐地收租”[①]，获得高于社会平均利润的特权收益，损害公共利益；同时，避免企业因自然垄断而产生的内部动力不足，生产效率和服务质量下降。

3. 规范政府管制

E. S. 萨瓦斯认为，在任何情况下，民营化的基础设施特许权都需要有效的政府管制[②]。高速公路民营化只有采取必要的、有效的管制，才能取得长效发展。

首先，理顺现行的高速公路管理体制。我国未来的高速公路管理体制应走政企分开、企业化经营的道路。一个省组建一个高速公路总公司（集团），负责全省高速公路的建设和经营；每一条高速公路或同一地区的若干条高速公路组建一个高速公路公司，负责所辖区域高速公路的经营管理。而各地高速公路的行政主管部门对高速公路的建设、运营实行行业管理，以国有资产代表者身份监督高速公路公司经营管理，不应进行行政干预。各级政府采用执法委派或派驻方式，对高速公路的路政、交通安全进行统一管理。

其次，制定和实施一系列相互联系的管制政策。①进入管制政策。主要是通过放松进入管制，对特许经营权的获得进行公开招投标，将高速公路由垄断性市场结构转变为竞争性市场结构；②价格管制政策。价格管制政策是高速公路民营化改革的政府管制政策的核心内容。政府要制定科学的价格管制政策，必须明确价格管制的基本目标，选择合适的定价方式，并应以科学的价格管制模型作为定价的重要依据；③质量管制政策。因此，为维护并不断增进消费者利益，政府对高速公路产业实行价格管制的同时，还应该对其质量实行管制；④投资管制政策。政府应通过制定与实施投资管制政策，刺激高速公路产业经营企业的投资积极性。“投资管制政策必须是有限度、透明的、公平的和连续的。同时政府必须信守自己的承诺。”

（作者单位：浙江台州高速公路建设开发股份有限公司）

---

① 余南平：《如何看待公共事业民营化》，《长江建设》，2003 年第 3 期，第 32 页。

② E. S. 萨瓦斯，周志忍译：《民营化与公私部门的伙伴关系》，中国人民大学出版社，2002 年。

2.3.16　民营化：民用机场改革的新趋势

张永莉　张晓全

2.3.16.1　世界机场的民营化浪潮

1. 欧洲机场的民营化

1965 年，英国政府成立了“英国机场管理局”（British Airports Authority，简称 BAA），授权它代表政府管理和运营希思罗、盖特威克、斯坦斯特德和普勒斯威克等 4 个机场。5 年后，英国政府又将爱丁堡、阿伯丁和格拉斯哥等 3 个机场交给 BAA 管理和运营，开始了机场的商业化运营。

然而，由于国有企业固有的弊病，BAA 的运营效果并不令人满意。1986 年，英国政府通过了旨在进行机场民营化改革的《1986 年机场法案》。根据这一法案，英国政府于 1987 年通过伦敦股票交易市场以原始股公开发行（Initial Public Offering，简称 IPO）的方式将 BAA 的所有产权公开出售，获得资金 12.25 亿英镑，成为历史上第一个有影响力的机场民营化案例。随后的 10 年间，英国政府又进行了一系列的机场民营化改革，相继出售了利物浦、贝尔法斯特等机场的部分或全部产权。如今，英国的绝大多数机场都已经通过类似的方式实现了民营化。

英国机场民营化的成功，极大地激励了欧洲的其他国家。意大利、德国、丹麦、法国等纷纷效仿。截至 2001 年，已经有 12 个欧洲国家的 37 个机场实现了民营化。其中英国 20 个，德国 4 个，意大利 4 个，奥地利、丹麦、瑞士、希腊、比利时、法国、瑞典、挪威和土耳其各 1 个。这 37 个机场中，有 14 个是通过 IPO 的方式实现民营化的，其余机场则通过拍卖的方式全部或部分地出售给了国际战略投资者。这些机场包括了欧洲客运量前 25 位机场中的 13 个，占 2000 年欧洲旅客运输周转量的 35.1%。

不管是从所涉及机场的重要性和数量，还是从所涉及机场运营商的重要性和数量来看，欧洲在这场机场民营化的浪潮中都处于领先的地位。

2. 美国机场的民营化

美国拥有世界上最发达的航空运输体系，全国有超过 3300 个大小不同的机场，年旅客周转量和货邮吞吐量占世界总量的 1/3，而且放松管制和天空开放都源自美国。但是，美国并没有像欧洲国家那样通过大规模出售国有机场实现民营化，而是采取签订机场管理和运营合同，或者把不同的服务外包给不同服务商的方式引入民营管理。这样，虽然机场的所有权仍然属于联邦或州政府，但机场的运营服务却是由民营机构提供和管理的。美国机场的民营化程度在世界机场中也是最高的。

美国为什么没有采取欧洲国家的方式实现机场的民营化呢？原因主要有三个方面：首先，美国联邦税法体制在国有机场发行债券上给予很大的税务优惠。这些优惠使得美国机场能够以很优惠的条件筹集到它们所需要的资金。这样一来，和欧洲国家机场相比，美国机场就缺少寻求其他融资渠道的经济驱动力；第二，多数美国大型商业机场都和航空公司签订有长期的特许经营协议，通过这些协议美国机场已经实现了民营化；第三，由于出售机场所获得的收益不能用于机场建设之外的其他用途，联邦政府和市政当局对出售机场不感兴趣。

另外，美国航空运输业已经进入成熟期，年均增长率只有3.1%左右，与发展缓慢的运输需求相比，美国机场建设已经十分超前，现代化程度已经很高，改建和扩建的需求并不迫切。加上美国机场实行的“单屉”收费体制，在一定程度上限制了机场追求非航空收入发展其他商业活动的积极性。这些都使得美国的机场民营化与欧洲相比有很大的不同。

除了前面说过的欧美国家以外，亚洲、非洲和南美洲的许多国家也在积极进行机场民营化的尝试。至2001年，世界上已经有36个国家的198个机场借鉴欧洲模式实现了机场民营化。其中，南美洲86个，亚洲56个，欧洲37个，非洲和中东63个。这198个机场2000年完成旅客周转量57 800万人，占世界总周转量的32.9%。

2.3.16.2 机场民营化的理论基础

世界机场的民营化浪潮，不仅有着广泛的实践基础，而且有着强有力的理论支持。传统理论认为，机场属于典型的自然垄断产业。自然垄断产业具有投资规模大，投资回收期长，资产专用性强，沉没成本大，规模经济和范围经济非常显著等特点。因此，自然垄断产业只能由独家企业或极少数企业垄断经营才能保证企业的经济效益。但由于垄断经营企业具有相当大的市场垄断力量，如果由私人企业经营，在利润最大化的商业原则下，它们就必然会通过制定垄断高价，把一部分消费者剩余转化为生产者剩余，以获取垄断利润，从而损害消费者利益。因此，自然垄断产业应该由国有企业垄断经营，以对付这种市场失灵。

20世纪70年代以来，随着政府管制经济理论的形成与发展，许多学者从理论上证明，国有企业垄断经营往往使现实的生产效率大大低于在现代科学技术支持下可能达到的最大生产效率，从而造成巨大的效率损失，具体表现为自然垄断产业的成本与价格高，产品或服务质量低。要改变这种低效率状况，就必须打破国有企业垄断经营的格局，尽可能运用市场竞争机制。因此，应该把自然垄断产业中原有的国有企业改造成为股份制民营企业，同时，对自然垄断产业实行放松管制政策，允许民营经济进入自然垄断产业，逐步使民营企业成为自然垄断产业的经营主体，在特定自然垄断产业形成多家企业竞争经营的格局，从而实现自然垄断产业的成本、价格不断下降，产品与服务质量不断提高，最终提高企业的国际竞争能力。

2.3.16.3 我国机场民营化的重要意义

第一，民营经济的创新性、灵活性和高效率能够为机场的建设和发展带来生机。民营经济和创新、灵活以及高效率通常有着较高的关联度。民营经济介入机场的运营管理有助于提高机场的运营效率，降低运营成本，提高竞争能力。

第二，民营资本的介入有利于吸引世界水平的高素质管理人员，迎接激烈的国际竞争。当前，国际航空运输自由化已被世界大多数国家所接受，成为不可逆转的发展趋势。同时，我国已加入世界贸易组织，必须履行加入WTO中关于航空运输方面的承诺。我国民航将以国家整体对外开放的需要和顺应全球航空运输自由化的大趋势为出发点，进一步扩大对外开放。世界航空运输自由化和“天空开放”，必然导致国际航空运输的一体化，我国航空运输业必将面临日趋激烈的国际竞争。在世界航空运输发展预测中，亚太地区是发展最快的地区，因此，亚太地区也是激烈竞争的重点地区。目前我国正处在竞争国际航空运输中枢地位的关键时期，日本东京成田机场、韩国仁川机场以及东南亚的几大机场都对北京、上海、广州等国际航空运输中枢地位形成严峻挑战。我国主要大机场在基础设施条件、经营管理模式和理念、空管水平及空域管理等方面，还不能适应国际航空枢纽运营的需要。我们必须认真研究存在的问题，抓住机遇，规划建设好北京、上海、广州三大国际航空中枢，不断提高我国大型机场参与国际竞争的能力。民营经济的介入有利于建立灵活的机制吸引世界级的高水平管理人才，提高我国机场的整体管理水平和国际竞争能力。

第三，民营化可以缓解我国机场建设中的资金压力。多年来，我国航空运输业一直保持了较快的发展速度。1978 年，我国民航运输总周转量、旅客运输量、货邮运输量分别为 2. 99 亿吨公里、231 万人和 6. 4 万吨，到 2003 年，分别达到 170. 8 亿吨公里、8759. 2 万人和 219 万吨，25 年间平均增长 17. 5%、15. 6%、15. 2%。增长率是同期国内生产总值增长率的 1. 8 倍和世界民航平均增长率的 3. 8 倍。2004 年，运输生产三项指标与上年同期相比，分别增长 40%、39. 3% 和 37. 7%。可以预见，随着我国经济的持续增长，民航又进入了一个高速发展的新阶段。据有关部门的预测，我国民航“十一五”期间的平均增长速度将达到 12% ~16%。要想满足民航发展的需要，今后一段时间内，机场改扩建的任务将十分繁重，需要巨额的资金支持。如果单靠地方和中央政府的财政资金，势必有一定困难。借鉴欧洲国家的经验，通过民营化改革，适量吸引民间资本不啻为解决这一问题的良好途径。

对民营投资者来说，涉足机场运营和管理风险低、现金回报稳定，具有相当的诱惑力。从政府角度来讲，实施民营化以后，可以提高机场的运营和管理水平，为社会公众提供高质量的航空运输服务，满足人们日益提高的航空运输需求。另外，民间资本的介入，对于减轻财政压力，及时筹集资金加速机场建设，提高地方政府政绩都将起到积极作用。因此，我们可以说，机场的民营化改革是一项利国利民的大好事。机场的民营化改革势在必行。

2. 3. 16. 4　我国机场民营化改革面临的主要问题

目前，我国机场民营化的探索已经开始。北京首都机场、厦门高崎机场的成功上市，以及东北人王文学自筹经费建设绥芬河机场、温州人王均瑶控股宜昌机场都是机场民营化的积极尝试。然而，资本是以盈利为追求目标的，民营经济介入机场运营管理改变了机场作为社会公用事业提供者的经济特性。怎样保证民营机场在满足投资者利益的同时确保为社会公众提供优质、高效的服务成为摆在我们面前的一道难题。这一难题的解决可以从以下三个方面着手：

第一，建立专门性的规制机构。我国目前的机场规制体系仍然带有强烈的计划经济色彩：在中央一级，主要由民航总局和国家发展改革委负责全国公用事业的发展计划、价格统筹和投资管理；各省、自治区和直辖市等行政机构负责当地机场的规划发展和经营管理。这种政企不分的管理模式所带来的种种弊端早已不言而喻，在客观上也形成了民营化进程的一种阻碍。因此，有必要尽早地组建独立于政府部门的专门的机场规制机构，设计出具体、详尽且承诺度高的规制规则，同时加强行业协会和中介组织的建设，为公用事业的规制提供有力的支撑。

第二，强化市场监管，防止运营者滥用垄断优势。机场的运营和管理具有强烈的自然垄断特性，允许民间资本进入该环节，无疑加大了垄断企业利用其垄断优势限制竞争的可能性。如何确保居于垄断地位的机场运营管理机构不会与个别航空公司签订特殊合同，阻止其他航空公司进入该市场，以及如何阻止机场运营管理者利用其垄断地位垄断地面服务、机务维修等相关产品获取垄断利润等问题，关系到民间资本进入机场运营管理后市场秩序的维持，应予以足够重视。

第三，保证社会义务的履行。机场收费最终会通过机票价格转嫁到社会公众身上。而航空运输服务属公用事业，具有消费的公平性和必需性等特征，其价格水平对人民生活水平有着直接的影响。长期以来，政府通过指令性的价格控制来维持机场的低价运营，而民营化改革以后，价格的形成将以市场为导向，多元投资主体的参与也必定要以一定的回报机制为前提。这样，就形成了机场运营管理者既要“实现利润最大化”，又必须“履行特殊社会义务”的目标选择上的矛盾。事实上，“履行社会义务”是民间资本进入机场运营管理的前提之一，这是由机场自身的公用事业特点决定的，而“追求利润最大化”又是资本的天性。为调和上述矛盾，相关规制机构应积极探索新型的定价模式，以适度的激励原则稳步推进机场收费体制改革，以实现企业与社会利益的“双赢”。

2. 3. 17　国有医院民营化的模式选择与现实风险

周向红

目前，政府希望借助民营化改革提高医疗行业效率和规模、缓解政府财政压力、减轻地方政府负担，同时为民间企业拓宽发展空间。但由于民营化固有的局限性和适应性以及国有医院内在的特殊属性在具体的运作过程中，必将涉及一些问题和风险。如何对此进行防范和控制？这显然是正确推进现阶段国有医院民营化过程中一个具有重要实践和理论价值的问题。

2. 3. 17. 1　六大民营化模式

1. 特许经营模式

该模式是我国国有医院民营化进程中较为常见的模式。它是指政府部门通过特许合同给予合同持有人在一定期限内自主经营和管理某一医院或项目并从经营中获利的排他性权利。如一些医院为解决资金紧张，将细胞刀、γ 刀等大型仪器交由私人或企业购买并经营。该模式特点是拥有权和经营权的混合方式多种多样，如 BOT、TOT、BOOT、BTO、BOO 等。在此类模式中私营参与者一般被要求对项目提供融资上的支持，并拥有全部的经营决策权，因此也承担一定的经营风险。运营商往往需要从政府、医院那里获得或明或暗的承诺。有些医院为了获得资金的注入会对运营商给予一些最低投资回报率、业务量、税收等方面的承诺。这些承诺既可能导致一些运营商利用医院急于引资的心理漫天要价，为民营化带来一些不必要的风险，也可能由于市场规范的不完全、法制的不健全产生官商勾结，引发新一轮的腐败。同时固定回报率等承诺将使运营商对经营效率和效益的追求热情下降，从而与民营化最初的目的背道而驰。因此在运用此种模式时必须以健全的法律或规范的市场为前提，否则很难达到预想的效果。而这一点恰恰是我国目前民营化过程中的短板。由于我国目前的一些政策条文尚处于暂行状态，如 2000 年 5 月 15 日，卫生部、外经贸部联合发出《中外合资、合作医疗机构管理暂行办法》，有些规定还只是一些原则，可操作性不强，难免给实际工作带来了一些问题。

2. 企业私有化模式

目前呼声较高的国有医院民营化模式还有“企业私有化”模式，即通常所说的拍卖。直接购并、纯民营模式等都属于此类模式的变体。该模式实质是企业所有权的私有化。即将现有国有医院的单一所有权通过股份化改组为混合所有权或私营企业。这种模式对企业的最终约束机制为破产制度。由于医疗行业在人民生活中的特殊作用，国有医院的破产无论是对政府还是对公众都是无法接受的局面。因此必须有一定的法律限制，并具备其他的约束手段。如西方国家对涉及公共事业申请破产进行了严格的限制，对其制裁通常是实行一定期限内的整顿。

3. 经营业绩协议模式

除了以上两种比较常见的民营化模式，目前在国有医院民营化过程中还出现了经营业绩协议模式。这种所有权与经营权适度分离的模式表现为：卫生行政部门将医院委托给医院领导集团进行经营管理，并与医院法人代表签订医疗服务、资产经营委托管理目标责任合同，即所谓的“托管制”；也表现为服务外包、运营和维护的外包或租赁等。在此类模式中政府作为医院所有者同管理者之间签订有关经营业绩标准以及如何分配经营所得协议。该模式的特点是公共部门不仅拥有全部的所有权，而且还保留了全部的决策权，因此往往是民营化过程的过渡阶段。它主要适应于经营性程度很低的国有医院中的一些非营利性医院。政府补贴往往是这些项目能够得以运行和发展的基础。在运行过程中，对企业的选择更强调社会效益，而不是经济效益。

4. 租赁模式

指政府或其授权机构将国有医院出租给民营企业，民营企业在特许权下经营并追求适当的利润。在这种模式中，政府或其授权机构首先承担国有医院的建设投资和建设责任，而运营商则在项目建成后向政府支付一定的租借费用，以取得该国有医院排他性的经营权，并承担此后的经营责任。该模式的主要特点是所有权和经营权完全分离，主要适用于一些经营性程度比较高的营利性医院。在民营化过程中政府对其经营应予以关注和控制，但不应干涉其正常经营。

5. 管理合同模式

政府部门或其授权机构通过与运营商签订合同的方式，将国有医院的所有设施交由其经营和管理，并按照合同支付管理费用。主要适应一些可经营性程度不高的非营利性医院，在具体实践中必须选择那些具有良好背景的公司。

6. PPP 模式

国际上新近兴起一种新型的政府与私人合作公共事业的模式，称为国家私人合营公司 Private Public Partnership 简称 PPP，其典型的结构为：政府部门或地方政府通过政府采购形式与中标单位组成的特殊目的公司，签订特许合同的特殊目的公司一般是由中标的公司或对项目进行投资的第三方组成的股份有限公司，由特殊的项目公司负责筹资、建设及经营。PPP 模式突破了目前的引入私人企业参与公共事业组织机构的多种限制，比较适用于大型的、一次性的项目，如医院以及学校等等。由于该模式实质是多种模式的变体和再组合，因此具有一定的优越性，应用范围十分广泛。PPP 模式可以在运作的初始阶段较早确定可以融资的项目，进而分担项目的风险。此外，参与项目融资的私人企业可以在项目的前期就参与进来，也有利于导入民营企业的先进技术和管理经验。公共部门和私人企业共同参与国有医院的建设和运营，有利于双方形成互利的长期目标，更好地为社会和公众提供服务。但这种模式运作时间过长，其中涉及政府的信用、政府与企业之间关系的磨合，在有些大型项目中还可能涉及不同的行政主体，如中央与地方之间的关系。因此该模式需要非常高的管理技巧，以及各方对各自角色的清醒认识。这一点对于现阶段政府而言尤其重要。政府有所为和有所不为是该模式成败的关键。

2.3.17.2 民营化的现实风险

1. 监管风险

在制度经济学的框架下，医疗卫生服务可细分为三类：其一是公共物品。如卫生监督执法、重大疾病的控制与预防、健康教育部分等；其二是准公共物品。如计划免疫、传染病预防、地方病防治与管理、妇幼保健与计划生育、从业人员健康教育和一些基本的医疗服务等；其三是个人物品。如牙齿整形、皮肤、美容等。

虽然公共物品、个人物品、准公共物品的区分并不是绝对的、一成不变的，而是依据环境和操作方案变化的。如科斯著名的“灯塔”案例，可以通过巧妙的设计将灯塔的无偿使用与港口的有偿收费或船只保险附加收费有机地结合起来，使灯塔的运营从公共物品转变为准公共物品，从而提高灯塔的运营效率。但是在每一个特定的情景中，物品的属性是可以确定的。政府可以根据这些物品的不同属性，明确自己的职能范围，采取不同的措施，使国有医院民营化切实可行。如属于公共物品的医疗卫生服务应由政府承担全部拨款，在具体运作中不宜采取特许经营等方式。而那些属于准公共物品的医疗卫生服务在采用经营业绩协议模式、管理合同模式时，应加以必要的控制和协调，进一步提高其效率。至于那些属于个人物品的医疗卫生服务，政府应在严格规划的前提下，充分放开，鼓励社会各方参与。在这个过程中，政府如何划分物品种类，如何更好地导入市场化机制，如何进行监管是一个具有现实意义的问题。

2. 发展与均衡问题

国有医院的覆盖范围和固有的地域特点使其在民营化过程中首先遇到发展和均衡的问题。民营化虽然能通过市场的价格机制、供求机制、竞争机制优化资源配置，充分调动各方面的积极性，提高国有医院的效率。但是在借助市场化手段实现公益目的的过程中，也会遇到一些困难。目前国有医院民营化热点大多在北京、上海、天津、南京、青岛、广州和深圳等经济较发达的地区或一些利润相对较高的科室和项目，而一些急需资金，亟待发展国有医院的西部或其他一些经济欠发达地区，利润稀薄的科室和项目却乏人问津。如果任由国有医院民营化自由发展，贫困区域的发展潜力将被进一步抑制。因此，如何解决此类问题，是在我国国有医院民营化过程中值得关注的方面。

3. 公平与效率的问题

国有医院具有的公共产品与私人物品混合的属性使其民营化过程将遭遇一个非常敏感又十分棘手的问题，即公平和效率。这个问题的核心是价格。如何定价，如何收费成为中国国有医院民营化进程中一个极具挑战的问题。越是贫穷的人对价格越敏感，因为价格而延缓的医疗需求，很可能会导致更重的医疗负担。建立一个符合市场规律的价格体系使城市国有医院进入市场轨道，并直接向受益者收费是一个迫在眉睫的问题，也是国有医院民营化正常发展的前提。但是，如果完全按照自由市场竞争的机制，将价格与边际成本完全对应，在实际操作中将遇到许多困难。如有些项目无法确定具体的受益者，如卫生监督执法、重大传染性疾病的预防和控制。有些项目虽然能够确定受益者，如疫苗接种等但如果价格完全市场化，将极大地影响市民的生活质量，一些中低收入阶层的福利和生活质量将得不到保证，这是对公共利益的一种侵害。此外，私营市场不会使穷人充分获得基本临床服务，也不会使穷人获得向这种服务付费所必需的保险，因此政府必须进行公共融资为穷人提供保健及基本临床服务，促进穷人对其最重要资产劳动力的使用，使穷人获得基本的医疗保健、教育和营养，这样能提高他们的可教育性和生产率，赋予了穷人脱离贫困所需人力资本，赋予了他们免受身体之苦的直接福利收益。这种投资既减少了贫困，又减轻了贫困后果，能达到效率与公平的高度统一。

（作者单位：上海同济大学）

2.3.18 医疗价格政策与行业准入

周其仁

2.3.18.1 医改思路的观察评论

医疗卫生行业具有比其他很多部门更为复杂的经济属性，因而需要通过观察分析使得其中涉及的基本因素和变量变得简化和清晰，然后才可能找到比较正确的解决办法。

第一，应该将愿望与事实分开，将医疗现状与如何评价、怎么办等问题分开，如果将这两方面混同会使问题变得更加复杂。对一些基本事实应给予足够关注，例如，我国医疗卫生开支占 GDP 将近 6%，在全球范围内算低还是高？好像并不算低。电信这么大的行业占 GDP 也不到 4%。在人均产值 1000 美元的条件下，占 GDP 比重 6% 是较大的量，这说明我们投入的资源不少。另一事实是，国家对公立医院实际上没什么投资。全国医疗机构平均的政府投入不到 5%。叫做“公立、国有医院”，却无国家投资，因此这些医院实际上是从市场上赚钱发展的。而市场上的钱又是怎么来的？中国的卫生总费用中个人支付了将近 60%。国家强制性的保险机制只包括了 1.5 亿人，在整个医疗费用中只是较少一部分。改革的建议、方案都应建立在这些基本的事实基础上。

第二，向国际经验学习，要把中国的今天与发达国家的今天分开。中国在开放中很注意学习国际经验、国际惯例，这固然是重要的。不过也有可能因此导致问题的复杂化。我们会挑选发达国家中我们认为最理想的模式进行参照，但这样也会带来大量问题。中国有自身的特色，国际经验不是不要学，而是要看怎么学。例如，我们感兴趣的应该是美国在人均产值 1000 美元的时候医疗是怎样的状况，私人、社保、政府各支付多少，因为发达国家也是从发展中国家发展起来的。对我们来说，应学习的是别人如何从低变到高的过程。当然，很多的情况是无法进行比较的。比如香港地区人均 GDP 为 2 万多美元，其财政补贴力度是我们无法比拟的。我们要比较的还有同等水平发展中国家的经验，看它们在医疗费用、医疗结构上是怎样的。这对于分解、简化问题是有帮助的。

第三，医疗领域中牵涉到政府、市场、医生、患者、个人等多方面的利益主体。中国的特点在于国家很大，政府本身就是个很复杂的系统。有些学者的思路，是只要讲到政府需要解决什么问题，就认为应该立法。但如果立了法还不行，怎么办？总需要找到一个实际机制来推动这个复杂问题的解决。根据中国改革的经验，地方之间的竞争是个非常现实的情况，是解决医疗市场问题，让中国医疗水平不断提高的机制。现在医疗资源消耗很大，但产出、服务质量都未能让人满意，不能满足人民群众的需求。解决问题的过程中要注意城市之间、不同地区之间的差异以及互相推动。例如，在环境卫生领域，近几年发生了明显变化。地方政府之间，为了改善环境、招商引资、扩大城市吸引力，有很大的动力去互相学习、互相竞争。我认为在医疗领域上同样要注意地方政府间的竞争，当然不是指中央或中央政府中的几个部门的竞争。一件事情如果同时由几个部门管，通常都管不好。像城市建设之所以办得好，原因之一是其主管部门只有一个建设部；再者，地方政府之间有互动，推动就会比较快。

2.3.18.2　低价管制的社会成本

医疗卫生体制改革中，价格政策确实是很大的问题。目前价格基本是管死的，而且看来现行价格管制已经很不合理、很扭曲了。原国家计委审定的、国家行政明码标示的医疗价格很低。在我看来，只要看哪个地方排队，就是这个地方的价格偏低。经过 7 年的通货紧缩，只有三甲医院还在“持续排队”，竟然还有替人排队倒票的，这个现象说明价格偏低很厉害。从管制的社会成本角度观察，低价政策存在多方面弊端和问题。

首先是价格管制并不能改变供求规律作用，因而难以实现低价管制政策背后的设计目标。价格低，需求自然就大，因此明面的价格低，那么就暗地里来。我个人认为不应该一概反对红包，因为红包是老百姓的需要，他们着急的是没有地方去送这个红包。对于这个需求很多人未加注意。因为看病价格低，大家排队也怕找不到好医生。红包就是那个被歪曲了的价格的表达方式。用行政手段去反，“抓红包”，抓没了这个包还会从别的地方冒出来。所以价格不是由于你有意图，就能达到你想要的效果，效果是会转移的。现在价格低，价格的歪曲相对就大，用平常理发的价格和明码标价的开刀价格相比就可知。

医院的钱来自于“灰色收入”，从药品、器械上来，还允许医生完成本职工作外“走穴”，到市场上去拿钱。所以这里管死了，就从那里冒出来。而从那里冒出来的代价是什么？是整个医生队伍的人格都搞得很猥琐，不能大大方方地拿钱，最后连好的医生也讲不清楚。例如开药时病人会说，为什么会开这个药？是不是有回扣？这样对医生的信任下降会在将来产生很恶劣的影响。连带的效果是社会还要支付一个代价：社会上有很多人变成了医疗专家。大家都有很多医疗知识，报纸、电视台、广播都在讲医疗知识，真的是在耗费社会资源。所以，一个低价格要带着很多其他东西投进去。

其次用低价管制目标本身存在问题。从政府角度讲，进行低价管制是因为穷人看不起病。比如在上海，有人在医院门口连夜排队。为什么？因为挂号费低，结果是凭时间来竞争。既然价格不能竞争就凭时间来竞争，时间成本低的人就可以用更多的时间去排队，就先得到服务。问题在于，只要走市场经济道路，收入总会有差距，所以今天的医疗市场不能光按一个市场来考虑。如果光想低收入人群看不起病，由此来解决问题，那么出路就只能是财政加大投资，财政替穷人来付这个钱。如果政府付不起，又把价格压到穷人看得起病的水平，那么医疗市场就会出现很大问题。我认为现在讨论医疗改革要兼顾两个问题。低收入人群看不起病是一个重要问题。还有一个问题是一部分人需要看病，也出得起钱，但这块医疗消费被抑制了，而这块人群也是中国很重要的生产力要素。这里指的不是大款和有权力的人，这些人群没有看病难的问题。现在有相当一部分知识分子、中产阶级、白领，在医疗服务需求上是被抑制的。道理在哪里？就是价格定得偏低后，大家比时间、比排队，由于他们的时间成本贵，他们就会输。

再次是如何看待医疗卫生行业的营利与非营利问题。现在一讨论价格，往往就想到营利、非营利，其中有误导因素。营利、非营利是从西方引入的词。非营利的理念是，很多对社会有益的、具有公益性的事情，不一定非要由政府去做，民间也可以做。政府的做法，是抽税获得资源然后去做；既然可以由民间用非营利方式做，政府就不应当抽税。这个制度出现后派生的一个激励作用，就是很多商业活动转到非营利性领域去。这个词要不要从西方引进来？可能还是要。但是西方的非营利性机构里面也有很多漏洞，美国国会举行了多次听证，包括讨论大学、研究机构这类非营利机构运行的问题。非营利性机构不是说内部不分钱，只不过是投资没有回报，但可以把成本打到很高，高到可以大把发钱。所以非营利性机构在中国现在财政税收条件下，要达到怎样的比例，是要很好想清楚的问题。

我个人觉得在医疗卫生行业中也可以发展营利性机构，但应该把税负适当降下来，因为这些营利性机构在紧急条件下仍要承担公共服务职能，比如防治SARS。所以对这类机构确定税负要考虑有所区别。设定一个妥当的税，然后就可以交给营利性的机构去处理。现在硬性地规定非营利不交税、营利交税，下面改制和投资活动就会化装，宁愿注册为非营利，那么利润怎么来？有些做法就是收取管理费，而管理费实际就是利润，只是换个说法。这种技巧很多，只要市场上通过管理、服务能赚到钱，那么怎么规定不许它赢利也没有用，反而只是增加社会的管制成本。还不如痛痛快快把价格放宽，把准入相对地放宽。

2.3.18.3 行业准入的分层讨论

无论如何界定营利、非营利，界定医疗究竟应该干什么？市场化的程度实际上在加快。比如外部资源愿意投到这个市场。当然也存在问题，比如投资后如何拿回报？但仍有很多资本在不断涌入，而且数量每年都在增长。如何来理解这个现象？首先看好的是这个行业上升趋势。医疗卫生行业的收入弹性很高。随着收入的上升，人们对医疗服务的需求也会增加。其次，看好的是这个行业一定会变。不会一直维持过去的体制，也不会维持现在这种中间状态。最后，因为这个领域改革很艰难，所以这个领域一旦改出来，其潜力会很大。这是市场上的人看问题的角度。由于医疗市场的独特性，所以医疗改革会比其他战线的改革慢并且晚。但恰恰由于这个特点，这个领域中积聚了大量的资源，包括新的设备、建国以来培养的大量医生，护士等宝贵的人力资源，也包括市场上的需求。这些都预示着投资的回报潜力很大。

关键问题是政府在这种现实情况面前还有没有改善的余地。现在卫生部已经说要鼓励更多的资源进入医疗卫生行业。因为政府本身没有很多的资源投入医疗，而医疗又是社会和百姓的需要。政府不给钱就要放宽政策。政府应扩大投资，而且确实投资也在上升，但政府应该干的事情永远比它能够干的事情多，这是永远的矛盾。用哪个模式去改？应该由实践去检验。区域性的医疗集团也好，托管管理也好，医院自主去找外资也好，都在试，都是好的研究对象。

现在明确了“鼓励”的态度，但光有卫生部的鼓励是不够的，还需要其他部门的配合，比如要在价格管制方面进行改革。而就大家比较集中建议的放松行业准入问题，可以考虑不同层面有所区别的改革思路。

第一是农村市场上的行医执照准入要降低，价格管制要松动。低收入人口的医疗服务当然有重要性，要适当解决。解决办法在于要承认一个有差别的市场。现在中低收入人口的医疗问题，根据我自己的研究，在于医疗市场的准入门槛偏高。例如在很多县城、镇，看到很多贴在电线杆上的小广告，相当一批是医疗服务的广告。很多是巫医神汉、黑医的广告，他们打广告是因为有人看广告去买那个服务。当然出了很多医疗事故，我们要去打击。但对这个现象我们要从根本上加以思考。我的看法是我们对这个低端市场的合法准入门槛定得偏高。

中国人口的平均期望寿命在20世纪80年代以后基本上没有大的变化，上升最快的是1964年到1980年。那段时间一个关键因素是毛主席提出的“赤脚医生”。一个知青经过两三个礼拜的训练后就可以去扎针治病了。当时毛主席说过去农村农民没办法看病，就会去求神拜佛，拿土地庙里的香灰，吃了就镇静了，也管一点用，很多病是需要镇静的。赤脚医生总比这些要好。毛主席降低了农村医疗服务的门槛，显著改善了中国低收入人口的医疗服务。赤脚医生是有问题的，但总比没有好。针对中国这么大的国家、这么多的农村人口，农村行医最起码的合法条件要适度调低。要不调低，农民得不到起码的医疗服务，就会有两个结果：一个是很多病得不到基本治疗，身体状况非常差；另一种结果就是得了大病，倾家荡产坐火车到北京、上海来看病。

很多私人医生、中医，虽然不是正规训练，但还是管用。一个受过初级训练的人可以做很多医疗服务工作，这种门槛太高没有好处，结果是逆向淘汰。规规矩矩的人都不敢去做，胆大的会去做，非法的去赚钱，导致大量社会问题。政府一看又会去打击。打击固然很重要，但另一条路要放开。中国有 8 亿农村人口，怎么样才可以有执照在农村合法行医，这个问题应该让医学专家讨论和确定，并有清清楚楚的规定。分层的问题要解决，并且应当与价格体制改革联系考虑。基本原则应当是价格与医疗服务质量对应，也要有很大差别和弹性。价格合适后，很多资源都会被利用起来。因此，解决农村医疗服务的关键，一个是降低准入门槛，一个是放松价格管制。

第二个，准入是高端医疗市场的准入。为什么不准有全资的外资医院呢？为什么医院一定要合资呢？实际上，合资会有麻烦。医院服务的复合程度很高，其中涉及理念、道德的标准，很多问题不容易讲清楚，因此合作的谈判很麻烦。现在很多外资公司都可以独资在中国经营，为什么医疗领域不可以？我们不应该单单从政治层面讨论这个问题。中国近代有很多教会医院非常优秀。我们有很多优秀的医务人员就是从这些外资医院中培养出来的。中国人的很多性命也是这些医院救下来的。今天我们主权这么强大，为什么不敢放这一块？我们只是到国外去看别人的经验是不够的，要让国外好的医院到中国来做，看它们怎么搞内部管理、怎么聘用人员，等等。中国各行业的进步都离不开改革开放。因此在医疗高端服务层面应该研究全资的外资医院问题。包括香港、台湾地区的医院，只要它们愿意把资源放进来，就可以考虑让它们进来，这个准入要打开。

第三个准入是涉及中等和中等以上收入人群医疗服务供给。这些服务对象是现今中国非常重要的生产力。不能一讲中国医疗卫生问题就只讲低收入人群。中等以上收入人群也很重要，他们是国家发展的主干部分。知识分子的平均寿命据调查是下降的。压力大是一个原因，还有一个原因在于医疗服务的不及时、不方便。因此私人诊所、为中高层这些繁忙的人服务的医疗机构应该鼓励出现。现在很多高级白领愿意去上海，其中一个原因就是上海相比而言可以方便地获得优质的医疗服务。

有个相关问题需要研究：医疗服务具有很强的经验性，医生越老越值钱，但现在却像党政干部一样，一到年龄界限就统统退休。这是巨大的资源浪费。这些人为什么不能开私人诊所？香港地区的商业区中有很多诊所，因为那里的消费者时间成本很贵，需要包括医疗机构提供近便的服务。现在国内已经有一些私人诊所，比如牙医开在商业区，但很多还没有。原因主要有两点：一是签订合同很麻烦，私人诊所与医疗机构要签合同，因为私人诊所后面要有支持系统，一旦遇到需要开刀的患者，就不能在诊所进行，要去大医院。所以要发展大医院与私人诊所、个体医生之间的合约联系，然后来共同承担责任和分享利益。

另一个是税收政策有欠缺。医疗机构有经营性、非经营性之分。应尽快调整税收政策，降低税收门槛，然后普遍地让它们去营利，变成营利性资源。不是说为了质量、为了安全一定要非营利才好。生活中吃饭很重要，但吃饭让很多人营利。天下真正可靠的服务，就是让人挣钱的服务。不在于营利、非营利，而在于对营利、非营利的限制条件，特别是相应法律、法规、章程等制度条件。

总之，现在要针对性地解决几个问题：低端市场，要用到改革开放前“赤脚医生”的经验，降低行医门槛，同时价格要浮动，使得价格能够体现服务的质量。高端市场上，中等收入以上很忙的一群人，他们现在被压抑的医疗需求需要得到释放，这就要放开这块市场的价格和准入，同时调整税收政策。政府的管制应该由一个部门来做，才能推动医疗市场的发展。

（作者单位：北京大学）

2. 3. 19　台湾地区民营医院集团化及其启示

刘家桂　丰根凤

2. 3. 19. 1　台湾地区民营医院发展的概况

台湾地区的中小型医院一般都是民营医院。自 1995 年 3 月 1 日全民健康保险正式开办以来，这些中小型医院面临着前所未有的冲击。这时，保险公司成了医院收入最重要的支付者，对于医院医疗服务的各项给付标准更是不断降低，从而使医院经营面临着前所未有的成本压力。同时由于转诊制度未落实，多数病人只要愿意多付钱，就可以在大型医院或医学中心看普通疾病，造成中小型医院一方面失去自主调价的能力，另一方面还要面临大型医院及无数私人诊所的竞争。所以，如何让品质优良的中小型医院继续在社区中提供优质的基层保健服务，成了有关部门、学者和医院管理人员十分关注的一项重要课题。

台湾地区的中小型医院有着独特的经营历史与环境，在其发展过程中形成了如下特点：一是数量较多，密度较高。台湾地区的医院约有 800 多家，其中中小型医院约有 600 多家，遍布于全台湾地区的社区中，数量之多可以与大陆中小城市中的便利商店或连锁药店的数量相比。二是规模偏小。多数中小医院的规模在 100 床位以下，约有 80% 是在 50～80 个床位左右，这样的营运规模在全民健保强调成本控制的要求下，非常不具有竞争力。三是科室众多。一般中小型医院为了要抢占门诊市场，都会为方便社区民众开设许多门诊服务，特别是夜间门诊，都市型的中小型医院的夜间门诊服务量与早上的门诊服务量几乎一样多。开设的科室一般除了内科、外科之外，以次专科服务为竞争主力，例如神经内科、胸腔内科、肝胆肠胃内科等。四是医师素质高。由于各家医疗机构都面临生存竞争，所以纷纷以高薪聘请医学中心的主任医师到基层服务，甚至少数医院还打出医师均来自于某些特定大型医学中心的诉求，以期在患者心中竖立起“医学中心的服务，社区医院的方便”新形象。五是竞争力度强。从上述几方面的特点可知，台湾地区的基层医疗面临着一种密度高、专业强、市场有限的竞争，这种竞争给各家医院带来非常大的经营压力。中小型医院管理的重要性在台湾地区受到相当高的重视。为此，进行了民营医院集团化的探索，获得了很大成功。

2. 3. 19. 2　台湾地区民营医院集团化的成功探索过程

1. 台湾地区民营医院集团化的发展

早在 20 世纪 90 年代初期，台湾地区的中小型民营医院就进行了民营医院集团化的探索。台湾地区民营医院集团化的发展大致经历了三个阶段：

第一阶段为经营摸索期。一是成立管理团队。对于民营医院集团而言，组织一个强而有力的管理团队是当务之急，但是当时接受过医院管理完整训练而又有实务经验的管理人员非常有限。集团于是与台湾地区几个医院管理研究所进行友好联谊活动，几年后培养了一批医院管理人员，组成了管理团队，为集团的下一步发展打下了稳固的基础。二是建立经营典型。在有限的资金及管理团队的努力下，集团的第一家医院开始对外经营基层社区医疗服务，由于医师均是来自于医学中心的主任医师，再加上坚持提供优质进口药品，所以很快受到社区民众的肯定。三是发展区域连锁。在第一家医院成功树立经营典范后，集团开始在同一县市中拓展区域连锁经营，共享管理人员及统一管理制度，并进行联合采购与共同进行社区行销，一个地区性的医院连锁经营品牌产生了。

第二阶段是大胆扩张期。为了证明医院连锁经营的制度确实可行，集团决定大胆向南部市场发展，并在一年内连续建立多家医院，成功的经营实绩再度证实医院的连锁经营是必要的，而且具有很强的可行性。经营成功经验给了集团很大的信心，于是决定打开重要的台湾地区中部市场。在众多医院经营经验的累积下，中部医院的服务再次获得民众的好评，一个集合众多管理经验与优良医疗服务的医疗集团在台湾地区的社区民众、医疗同行、政府管理单位均受到极高的评价。

第三阶段是精致发展。在集团努力经营下的医院虽然都属于提供基层医疗的机构，但依照其营运规模仍然可以分为100床位以下的地区医院和300～600床位的区域医院，两种医院的经营策略与模式仍有显著不同。集团为了长远经营的考虑，决定建立一套标准的管理制度来提升医院的经营与服务品质，ISO9002国际品质管理系统成为当时的首选。两年后，集团的某家大型医院成功地通过验证，成为当时亚洲第一家整体管理体制通过ISO9002验证的医院。随后集团其他医院亦纷纷照此行事。

2. 台湾地区民营医院集团化发展的成功经验

由于集团医院的规模从30床位到600床位不等，所以除了建立起标准化的管理制度外，发展具有地方特色的服务文化与做法，更显得格外重要。综观集团医院的发展历史与经验，可以归纳出如下特色：

一是因地制宜的经营策略。台湾地区北部医院处于都会区，社区民众的收入高、生活节奏比较快，家庭结构多属文于小家庭，提供足够的次专科服务科别、检查项目及就医的方便性，就显得特别重要。中南部的医院处于中老年民众居多的社区之中，应凸显慢性病科别与人际温馨的服务。针对社区民众的不同需求特性而开设不同的服务与调整服务方式，成为每家医院开设之初的一项重点工作。

二是适当的改造资金。几乎每家医院都需要大规模地改造，才能符合集团医院的经营标准；几乎每家医院都需要集团提供大量的改造经费，才能以新的面貌在社区中再现，社区民众才能在精致温馨的服务环境中充分感受到新医院所提供的优质服务。所以，资金投入是改造医院的必要条件。

三是正确的经营与管理模式。传统优良医师升任为科室主任、优良科室主任再升为院长的模式已经不符合现代医院管理的需要。一位优良的院长除了优异的医术之外，还需要很多的管理专长，才能建立起现代化的医院服务。集团通过医院管理专家与各家医院院长充分配合，在集团整体领导而各家医院发挥专项特长的管理模式下，不仅发挥了整体管理系统的效益，更可以发挥各家医院的服务特色，达到最佳的整体管理效能。除此之外，对于重要的医疗团队及管理团队人员，集团亦提供员工入股的机会与财务协助计划，让员工把医院的经营当作是自己的事业来经营，这往往可以让很多的医师愿意投入医院的长久经营之中，无形中降低了医师流动率，提高了医疗服务水准。

四是重视医疗行销。医疗行销的范围包含医疗广告、公共关系、事件行销、CIS（Corporate Identification System）、企业识别系统、市场行销、促销等等不同领域的整合运用。集团医院通过分析每一家医院在所处社区中的竞争地位及优劣势，都会严谨地进行医疗行销的市场分析工作，并结合社区民众特性与医院的医疗专长，作出一系列的医疗行销规划。当然最重要的是社区民众也在一连串的行销活动中与医院建立起非常良好的医患关系，让民众知道当他有医疗需要的时候，集团医院的医疗团队是他们的第一咨询选择。

五是坚持优质服务。优良的服务来自于专业的医疗团队与人性化的服务设计，从了解社区民众需要，一直到优化服务流程的设计，所有的考虑都是为了能够满足社区民众的需要。不论是推动ISO、微笑运动、流程改善（Process Reengineering）、品管圈（Quality Circle）、重要绩效指标管理等等管理活动，或是在每一楼层都摆设优美的画及艺术品、在医院内设立便利店、快餐店等等设计，都是希望民众可以确实感受到集团医院的用心经营。不论各家医院规模的大小，坚持优质服务都是集团医院一直不变的承诺。

2. 3. 19. 3　台湾地区民营医院集团化的启示

自20世纪90年代初，我国民营医院开设以来，各地的民营医院如雨后春笋般迅速发展。但在发展过程中也存在不少问题：比如资金投入不足，部分设备陈旧、设施简陋等问题，导致服务范围受到了一定的限制；部分民营医院的经营者缺乏必备的专业理论和实践经验，对医院缺乏科学、严格的管理制度和规范，致使经验管理处于主导地位；在人才方面，许多民营医院都存在一种短视行为，更多地是考虑人力成本，聘用的医师退休专家和年轻者居多，无法形成人才梯队，不利于医院的发展。从某种程度上说，这些问题制约着民营医院今后的大发展。我们认为集团化是民营医院进一步发展的必由之路。为此，台湾地区民营医院集团化的成功经验将给我们一些重要的启示。

1. 统一管理是民营医院集团化的根本特征

统一管理是指医院集团的管理机构对集团所属成员医院的经营管理活动实行统一指挥、指导和协调，这种管理具有强制性，并非任意选择，集团所属成员医院负有服从管理的义务。虽然由于医院的规模不一，经营策略与模式可以不一，统一管理的松紧程度，可能有所区分，但是必须建立一套规范标准的管理制度，以不断提升集团内医院的经营与服务品质。

2. 股权关系纽带是联结医院集团的最重要方式

实行股份制、统一经营、分级管理、按资本份额分担风险、享受收益、机会均等，这样的经营管理模式，可以使医院集团统一管理更稳定化、持久化。这是被台湾地区民营医院集团化的实践证明了的。在我国可以以法人医院互相参股，或以一些有实力的医院对其他医院控股，或者以一些有实力的相关企业集团对其他医院控股，以资产—利益作为纽带，形成利益共同体，组建民营医院集团。可以根据核心医院对其他医院参股额的多少，在医院集团内部形成紧密层、半紧密层和松散层的多层次的组织结构，便于医院集团内部资产、医疗服务、经营管理的一体化，以利于形成在医院规划投资建设、技术开发与教育培训、医疗技术会诊、市场开发与保护上的统一功能。以资产—利益为纽带组成的医院集团，无论在医疗技术服务上、内部管理上和经济收益上均会高于以服务产品纽带、合同契约纽带等联结方式形成的医院集团。因此，在我国民营医院集团化的过程中，应以积极态度创造条件，使以资产—利益为纽带的医院集团尽快发育，这是医院集团走向未来的关键。

3. 合同式联结是建立医院集团的简便方式

合同式联结是医院集团采用的另一种联结方式，是以不触及医院原来财产权为前提，在合同基础上形成与医院集团的管理关系。这是医院管理从医院经营机构向集团管理机构的转移，通过统一管理，创造规模效应，减少费用，降低成本，提高医院的管理水平，增加医院的盈利。更重要的是可以提高竞争力和抗御风险的能力。在目前条件还不是十分成熟的前提下，以这种方式进行民营医院集团化的探索，也不失为一种尝试。

（作者单位：中国井冈山干部学院，井冈山学院）

2.3.20 中国新闻传媒准入制度初探

景朝阳

准入制度是指国家机关根据自然人、法人或者其他经济组织的申请，经依法审查，决定是否准许其从事特定活动、确认其资格资质的政府行为。传媒业的市场准入是国家管制或者监管传媒业的重要措施之一，也是区别不同国家传媒管理体制的重要要素之一。各国因对传媒业的指导思想不同，而对传媒业的准入制度各具特色，有的是自由准入。如法国法律允许所有公民可以自由地办报，其指导思想是新闻出版自由的原则。法国未严格规定新闻企业创业资本的最低额。法国法律规定，报刊出版企业的创办和经营是自由的，年满18岁的法国公民都可以自由办报，无须事先批准。禁止新闻检查和保证金的管制方法。[①] 有的是核准制，如意大利规定只有获得新闻记者职业资格的公民才能获准创办报纸。我国的新闻传媒业的准入制度具有自己的特点，主要是主体资格的限定性和程序上的审批制。改革开放以来，新闻传媒与其他行业一样，出现了许多变化。在新闻传媒高投资回报率的吸引下，国内的民间资本以及国外的资本采取了一些迂回的办法规避我国对新闻传媒进行管制的准入制度。面对由此产生的问题，能否兴利除弊，对我国的新闻传媒的准入制度适时适当地进行完善呢？笔者不揣浅陋，从法律角度对改革我国新闻传媒准入制度提出了一些思考，以就教于学界。

2.3.20.1 目前我国新闻传媒业准入的现状

1. 报纸的审批

报纸，是指有固定名称、刊期、开版，以新闻报道为主要内容，每周至少出版一期的散页连续出版物。[②] 凡经新闻出版行政管理部门审核批准，履行登记注册手续，领取“报刊登记证”（由新闻出版署统一印制），编入“国内统一刊号”（CN××——××××）的报纸，即为“正式报纸”。正式报纸的发行分为“公开”和“内部”两种。公开发行的，可以在全国或以某个地域为主的范围内公开征订、陈列、销售；经新闻出版总署批准后可向国外征订、陈列、销售。内部发行的，只能在国内指定范围内征订、陈列、销售，不得在社会上公开发行。

（1）报纸审批的条件。根据《报纸管理条例》第10条的规定，创办正式报纸应当具备下列条件：有符合宪法规定的、为社会主义精神文明和物质文明建设服务的宗旨；有确定的并与主办单位、主管部门的工作业务一致的专业分工范围和编辑方针；有确定的、能切实担负领导责任的主办单位和主管部门。主管部门在中央应为部级以上（含副部级）单位；在省为厅（局）级以上（含副厅级）单位；在地（市）、县（市）为县级以上（含县级）单位；有能坚持四项基本原则、符合专业要求、具有相应专业技术职务的专职总编辑和一定数量的专职编辑、记者组成的编辑部；有与所办报纸规模相适应的创办资金、办公场所、出版与印刷条件和维持正常出版所需的正当可靠的

① 徐耀魁主编：《世界传媒概览》，重庆出版社，2000年，第289页。

② 《报纸管理条例》第2条。

资金来源。

（2）报纸的创办主体以及审批程序。根据《报纸管理条例》第 11 条规定，中央单位（即中央和国务院各部委、直属机构，各民主党派和全国性群众团体及其直属单位）创办正式报纸，由报纸主管部门审核同意后，报新闻出版总署审批。解放军系统创办报纸，由解放军总政治部审核同意后，报新闻出版总署审批。

地方单位创办正式报纸，由报纸主管部门向所在地新闻出版行政管理部门（暂未建立的，可直接向省级新闻出版行政管理部门）提出申请，经核准并报省级新闻出版行政管理部门审核同意后，报新闻出版总署审批。

可见，报社不能作为一个准法人自己申请创办报纸，只能由其主管单位去申请。公民、其他社会单位也不能创办报纸。

主管单位制度构成了我国报刊准入制度的特色。该条例第 23 条规定，报纸的主管部门和主办单位应当认真按照国家有关法律、法规，切实对所办的报纸进行管理，在报纸的政治方向上要加强领导和监督，在报纸的资金、人员编制等方面要给予必要的保证，并承担相应的政治、法律、行政和经济等方面的责任。新闻出版总署在 1993 年发布的《关于出版单位的主办单位和主管单位职责的暂行规定》规定，主办单位是指出版单位的上级领导部门，而主管单位是出版单位主办单位的上级主管部门，还规定了主管单位的行政级别：中央是部级以上，省是厅级以上，地、县是县级以上或县级。社委会、编委会、管委会等机构都不能成为出版单位的主办单位。这就表明，主管机关级别低的或无主管机关的单位（特别是民营企业）或者其他集体、个人都不能成为出版单位。

1999 年对报刊机构又做了新的调整，规定中央国家机关各部门原则上不办机关报，有些报纸可划归《人民日报》等报社或集团，司、局所办报纸一律撤消，省、地级以下的局不办报，原有报纸可划归当地党报主办，党报吸纳不了的要撤消。有关人士指出这是为了适应转变政府职能的要求，政府机关原则上退出办报。

2. 期刊的审批

所谓期刊，是指有固定名称，用卷、期或年、月顺序编号，成册的连续出版物。凡经新闻出版行政管理部门审核批准、履行登记注册手续，领取“报刊登记证”，编入“国内统一刊号”的期刊，即视为正式期刊。正式期刊的发行分为“公开”和“内部”两种。

（1）期刊审批的条件。《期刊管理暂行条例》第 7 条规定，创办正式期刊，应当具备下列条件：有符合宪法规定的、为社会主义精神文明和物质文明建设服务的宗旨；有确定的主办单位和明确的专业范围和编辑方针；有切实担负领导责任的上级主管部门；有健全的编辑部、有符合本专业要求的专职主编及一定数量的专职编辑。有必需的资金、固定的办公场所、承印单位。

（2）期刊的创办主体以及审批程序。中央和国务院各部委、各直属机构、各民主党派、人民团体及其所属单位创办正式期刊（含委托地方单位办的期刊），经主管部委、直属机构、民主党派、人民团体领导机构审核同意后，按期刊的学科分类，属社会科学的报新闻出版总署审批；属自然科学、技术类的报国家科委，在新闻出版总署与国家科委商定的数额内，由国家科委核准，报新闻出版总署备案；解放军系统创办正式期刊，由解放军总政治部核准后，报新闻出版总署备案，其中属自然科学、技术类的还须报国家科委备案。

地方单位创办正式期刊，属社会科学的由主管部门向省级新闻出版局提出申请，在新闻出版总署确定的指标内核批；属自然科学、技术类的由主管部门向省级科委和新闻出版局提出申请，经共同审核后，在新闻出版总署确定的指标内核批。核批前均须向新闻出版总署期刊局进行刊名查重，并报新闻出版总署备案；自然科学、技术类的并须报国家科委备案。

3. 广播电台、电视台的审批

广播电台、电视台是指采编、制作并通过有线或者无线的方式播放广播电视节目的机构。

（1）广播电台、电视台的审批条件。《广播电视条例》第9条规定：设立广播电台、电视台，应当具备下列条件：有符合国家规定的广播电视专业人员；有符合国家规定的广播电视技术设备；有必要的基本建设资金和稳定的资金保障；有必要的场所。

（2）广播电台、电视台的创办主体。我国的广播电视创办制度要比报刊业的创办更严格，实行政府主办广播电视制度，政府是唯一的合法主办主体。《广播电视条例》第10条规定：广播电台、电视台由县、不设区的市以上人民政府广播电视行政部门设立，其中教育电视台可以由设区的市、自治州以上人民政府教育行政部门设立。其他任何单位和个人不得设立广播电台、电视台。国家禁止设立外资经营、中外合资经营和中外合作经营的广播电台、电视台。该条例第11条还规定：中央的广播电台、电视台由国务院广播电视行政部门设立。地方设立广播电台、电视台的，由县、不设区的市以上地方人民政府广播电视行政部门提出申请，本级人民政府审查同意后，逐级上报，经国务院广播电视行政部门审查批准后，方可筹建。中央的教育电视台由国务院教育行政部门设立，报国务院广播电视行政部门审查批准。地方设立教育电视台的，由设区的市、自治州以上地方人民政府教育行政部门提出申请，征得同级广播电视行政部门同意并经本级人民政府审查同意后，逐级上报，经国务院教育行政部门审核，由国务院广播电视行政部门审查批准后，方可筹建。

《广播电视条例》第18条针对无线广播电台、电视台的频率分配作了规定：国务院广播电视行政部门负责指配广播电视专用频段的频率，并核发频率专用指配证明。

2.3.20.2 传媒业的外资准入法律问题

1. 外资进入我国传媒业的表现

1990年，国务院批准公布的《外资企业法实施细则》把新闻、出版、广播、电视、电影列为禁止设立外资企业的行业。1991年，经国务院批准，新闻出版总署发出通知，申明新闻出版行业禁止设立外资企业，原则上不搞在华中外合资、中外合作企业，也不与港、澳、台建立合资、合作企业。1994年，新闻出版总署再次发布《关于禁止在我境内与外资合办报纸期刊出版社的通知》，重申原则上禁止创办中外合作传媒。然而由于欧美传媒市场基本饱和，面对发展迅猛的中国传媒业市场，域外资本觊觎已久，其媒介机构面对我国大众传播业的制度约束，纷纷采取迂回的战术方式，主要采取以下几种方式渗透到我国的传媒业。

（1）品牌渗透。如道琼斯公司在北京设立分支机构，免费为我国传媒提供其研究结果及数据。以此方式在我国大陆地区推广其品牌形象，具有明显的品牌资源战略扩张意图。如《财富》在上海举办“财富论坛”，换取了在中国出版中文版的权利，并获得了广泛的知名度。有的在我国的国际航班、高档商务场所免费赠阅刊物。可以预见，一俟条件成熟，这些跨国传媒集团就会重拳出击我国传媒市场。

（2）经有关部门特批合资办报。1980年，电子工业部科技情报研究所与美国国际数据集团（以下简称IDG集团）共同创办了中方控股的《计算机世界》，这是迄今为止国内唯一一家经国家新闻出版总署批准的中外合资报纸。这是特批的产物，这样的做法应该被公开的、稳定的相关法律所替代。一方面，我国法规明文禁止外资办报纸，另一方面，极少数外资获得特许经营权，攫取垄断利润。这样的制度设计成为垄断利益的保护伞，应该加以改革。

（3）以提供信息、版权等形式合办传媒。主要集中在 IT 传媒和时尚传媒领域，如 1992 年南京大学出版社开始主办《个人电脑》，由美国 ZIFF－DAVIS 出版公司的《PC MAGAZING》与 ZD 实验室提供信息资源，ZD 集团成为实际意义上的出资方；1993 年、1998 年，中国科技信息研究所与 IDG 集团先后合作创办了《电子产品世界》、《互联网世界》；1994 年，电子工业出版社购买和出版了 ZD 集团的《PC COMPUTING》中文版《电子电脑》；1997 年，中国电子学会引进了 ZD 集团的《PC WEEK》版权，出版了《每周电脑报》；实际上，一些高档的“白领”杂志如《追求》、《时尚》等也多采用了引进国外的信息资源等方式。

2. 加入 WTO 后外资对我国新闻传媒业的影响

我国在加入 WTO 协议中没有提到新闻传播业，[①] 但并不是说加入 WTO 不对新闻传播业产生影响。中国广播影视集团在中国加入 WTO 前后成立，推动传媒集团化、放宽传媒融资限制的中办 17 号文件在加入 WTO 前后下发，这一系列事件应该不是偶然的，有着传媒业积极应对 WTO 的浓重意味。世贸组织的三大贸易货物——贸易、知识产权贸易、服务贸易中，后两项关系到传媒业。这些影响包括：

（1）相邻行业开放对传媒业的影响。虽然我国没有承诺开放新闻传播业，但对其邻近行业的广告业、发行业、会务服务业承诺对外资开放。外国服务提供商可以在中国设立广告企业，形式限定为合营，外资不得超过 49%。加入 WTO 后两年内，外商可以控股；加入 WTO 后 4 年内，可设立外商独资分支机构。由于广告是传媒业的血液，有外资背景的广告公司和广告客户将要对我国的新闻传播业产生间接的影响。外资发行公司通过版权交易形式，会把境外书报刊引进国内传媒市场。《中国入世议定书》中没有限制会务服务的跨境提供，并允许以合营形式的商业存在，外资还可以控股。[②] 这样，境外传媒公司便利用这种方式在中国举办了类似美国《财富》杂志在上海的“财富论坛”，美国《商业周刊》（Business Weekly）在天津举办的论坛，[③] 还有《华尔街日报》、《远东经济评论》与北京大学中国经济研究中心也举办过类似的活动。这既是一种盈利方式，更是一种传媒品牌战略渗透。除此之外，还有计算机增值服务的开放、影视节目制作的开放，以及承诺每年进口一定数量的外国影片。这些都会对我国的传媒业产生影响。[④]

（2）我国承诺开放其他领域对传媒业的影响。当我们大多数贸易领域逐步进入世贸组织，由于社会的各个方面是相互联系着的，特别是在当代信息社会，大众传播与社会各个领域的联系已经密不可分，我国的新闻传媒业定会受到 WTO 多方面的影响。

（3）世贸组织的运作规则对传媒业的影响。世贸组织的原则有非歧视原则、国民待遇原则、对成员国政策法律的透明度等，从长远看会影响到新闻传媒业。我国允许默多克新闻集团的星空卫视落地中国的交换条件之一是中央电视台国际频道在美国有线电视网播出。我国的湖南卫视在欧洲开始办自己的电视台。其他世贸组织成员国如果提出按照国民待遇原则也要在我国办新闻传媒，那么我国虽可以用发展中国家幼稚产业等理由拒绝，但从长远看，必定要受到影响。

3. 对于传媒业引进国外资本的法律对策

（1）加强立法。应尽快制定法律，为外资进入设置明确的范围，如可以将其涉足领域限制在

---

① 原外经贸部部长石广生在中国社会科学院作演讲时对听众的答复，参见中国社会科学院网站。

② 《中国入世议定书》，上海人民出版社，2001 年，第 196 页。

③ 中央人民广播电台 2002 年 5 月 10 日《全国新闻联播》节目。

④ 参见中国社会科学院 2002 届新闻学博士段永刚学位论文《大众传播媒介资源配置》。

专业性较强、对新闻舆论导向无大碍的传媒。例如技术性报刊、学术性报刊、时尚类报刊等，禁止或者限制外资传媒进入新闻舆论主流传媒；防止西方的文化、意识形态的渗透，例如规定境外电视节目播出时间的比例上限，保证外资背景传媒服务于我国的“两个文明”建设，提供高质量的多元化文化产品；确定稳定的、公开的准入原则和准入程序，防止出现政策与现实矛盾的情况。[①]

（2）严格控制。明确中资的控股地位，谨防国外资本在某一领域的传媒中形成垄断地位。如ZD与IDG对多家IT传媒的信息资源控制，在我国内地地区已逐步形成系列ZD或系列IDG报刊的局面，其进一步的发展势头值得关注。而国际传媒巨头也已经开始有所动作，如默多克的新闻集团曾与原大连万达足球俱乐部接触，试图收购或参与俱乐部的经营，以此为突破口进军中国媒介市场，后因故未果。中外合资、合作的传媒，应当以合营为主，并立法确保中方的控股权。

2.3.20.3 对我国传媒业准入制度的改革

1. 我国传媒业准入制度改革的必要性

改革开放以来，国家计划、指标逐渐淡出历史舞台，昔日抢手的各种依靠特权、关系方能搞到的批条、票证、指标许多成为明日黄花，这是社会主义市场经济发展完善的必然结果，是市场作为资源配置基础性手段发挥作用的表现。然而在现阶段，仍然有一些领域的资源配置仍以计划指标作为重要手段，新闻传媒业的刊号、频道就是这样一种炙手可热的资源，一定程度上扭曲了市场供求关系，并由此形成行政壁垒的市场垄断，政府管制的刊号资源事实上也产生了权力寻租现象。刊号成了买卖的标的，成为寻租的客体。

现在对于审批的条件的一些规定过于弹性化，行政权力拥有很大的自由裁量权，时而还有“特批”的做法。随着传媒进入资本市场，有些做法不符合公平竞争原则和透明原则，又缺乏行政复议和行政诉讼机制的约束，弄得不好，就会成为孳生腐败的温床。有关审批制度要进一步规范化、法制化，并对某些项目可以考虑有控制地实行核准制、注册制，尽量用法制化的手段核准新传媒的准入。

（1）刊号资源的迂回现象。为了避开刊号的限制，报刊业出现了许多耐人寻味的现象：①内部刊物外部化现象。像《经济学消息报》在全国经济学界、高等院校很有影响力，甚至国家图书馆都有它的踪迹，发行的区域早已经超出了“内部刊号”的范围。但就是这样一份报纸，居然没有全国统一刊号，其合法身份只是“四川省新闻出版局准印证第01－026号”的批文；②报中有报、刊里带刊现象。如《人民日报》海外版的《体育与健康周刊》，经济日报报业集团主办的《证券日报》有报中报《创业板周刊》；《体坛周报》的报中报《扣篮杂志》；《北京晚报》的《楼宇周刊》等，不一而足。这些所谓的“子报”，并没有独立的刊号，却具备报纸的特征；③图书期刊化现象。例如《民商法论丛》、[②]《法学家茶座》[③] 连续出版多年，有固定的名称，有固定的主编，有期号，俨然是一本期刊，但却是以图书的形式出版。这些情况的出现一定程度上是为了规避目前的报刊准入的管制所采取的变通行为，某种意义上说明报刊准入制度的滞后性以及改革的迫切性和现实性。

---

① 如中办17号文件明确规定新闻传媒不吸收外资，却仍有如默多克新闻集团的星空卫视、阳光卫视等近20个境外电视频道经过特批程序落地中国（珠江三角洲）。这有待于立法确定。

② 梁慧星教授任该书主编。

③ 何家弘教授任该书主编。

（2）广播、电视准入的迂回现象。对于广电传媒，虽然国家规定主办主体只能是政府部门，但近年在利益的驱使下，少数电台、电视台开始暗中接受业外资本。例如长沙一个老板居然获准出资几百万元来支撑长沙电视台“政法频道”的创办。[①] 这种行为违反了《广播电视管理条例》[②] 第10条的规定：“广播电台、电视台由县、不设区的市以上人民政府广播电视行政部门设立，其中教育电视台可以由设区的市、自治州以上人民政府教育行政部门设立。其他任何单位和个人不得设立广播电台、电视台”。“国家禁止设立外资经营、中外合资经营和中外合作经营的广播电台、电视台。”另外，近年已有近20家外资电视频道经特批程序获准落地我国珠江三角洲地区。

（3）业外资本的迂回投资传媒现象。现在，业外资本涌入传媒业是一个不争的事实。尽管与现行政策不符，但应该看到，随着社会主义市场经济的发展，新闻传媒的政治意识形态功能相对弱化，而社会服务功能则面临着巨大的需求。国家有义务满足人民不断增长的物质文化生活需要。原来在计划经济条件下形成的新闻传媒“官商”做派，依赖对于信息资源的垄断优势，实现自己部门利益的最大化，人为地形成了森严的“行政壁垒”。其他主体被禁止进入这个行业。按照西方经济学的供求关系理论，有需求必然有供给。所以，这几年来，各种业外资本进入传媒业的案例越来越多，有的还得到有关部门的首肯，形成一股业外资金创办或者与传媒合作的暗流。而且已经被发现的，并没有得到什么处罚，顶多是“按借贷或者赠与来认定”，[③] 或者“收、转、退”。[④] 在传媒业“暴利”的驱使下，在风险相对较小的情况下，大量闲置的业外资本进入传媒业的浪潮很难看到退潮的迹象。[⑤]

2. 我国传媒业准入制度改革的对策

笔者认为，与其这样“欲抱琵琶还遮面”，投资传媒没有明确的法律保障，倒不如给其合法的投资主体地位，并在市场结构、内容传播上予以宏观调控和监管，保证舆论导向。这样对于增强资本的安全性，减少社会资源浪费都是有益的。从步骤上，可以先放开国有大型企事业单位的传媒业投资主体资格，待条件成熟以后，可以再对非国有主体放开没有意识形态色彩的报刊业，例如专业性报刊、研究性报刊、娱乐性报刊、纯粹信息服务性报刊，让这些竞争性的报刊进入市场，独立经营，自负盈亏，自我发展。至于传播国家机构、政府机构等公权力部门信息的少量党报党刊、国家电视台、国家电台，则采取“养起来、管起来”的办法，一切投入由国家财政支出，退出竞争领域，不与民争利，不登商业广告，准确定位，履行好担负的职能。过多的商业广告不能说不对宣传效果产生影响。有的广播电台甚至把一个节目的时间都做了医疗服务广告，很难想象这是政府台的做法。因为没有商业传媒，客户要想做广告只能找政府传媒。政府传媒偏重于商业经营，势必影响到喉舌功能的发挥。

---

① 刘宏：《中国传媒的市场对策》，北京广播学院出版社，第156页～157页。

② 1997年8月1日国务院第61次常务会议通过，1997年8月1日施行。

③ 1999年9月27日，国务院机关事务管理局、新闻出版署和财政部关于《中国经营报》和《精品购物指南》报社产权争议的批复中指出：“我国的报刊均为全民所有制单位……报社创办时，如有个人、集体自筹资金的，不能认定为对报刊的投资，应按债权债务关系或者赠与来处理，由主办单位参照银行同期贷款利率予以退还。”参见孙燕君：《报业中国》，中国三峡出版社，2002年，第353页。

④ “据了解，对于已经违规进入国内传媒的外资和私人资本，将以‘收、转、退’等方式进行处理，即由国内报业集团、广电集团将这部分资金以收购的方式收回；或将这部分资金转让给符合条件的国有大型企业事业单位；或由外资及私人资本采取其他方式主动退出这一领域”。参见周松林：《传媒类公司面临新机遇》，《中国证券报》，2002年2月9日。

⑤ 于是，我们看到了许多业外资本投资传媒的案例：北大青鸟投资《京华时报》，昆明网城投资《北京娱乐信报》，山东三联投资《经济观察报》，投资有线电视的上市公司更是举不胜举。

（1）对传媒业进行分类管理。为了既保证党报党刊及若干中央级新闻传媒喉舌功能的发挥，又充分发挥传媒的信息传递、社会服务、产业经营功能，我国可以借鉴其他国家通行的做法和国内其他行业的分类管理经验，采用分类传媒管理模式，似可解决好现存的许多问题。所谓对传媒进行分类管理，即把新闻传媒划分为两类：公共性传媒和商业性传媒。公共性传媒，是指由国家财政支持，干部由国家任命，承担公共宣传喉舌功能的非竞争性传媒；营利性传媒，是指由社会资本投资，以广告收入为主要经费来源，不占用事业单位编制的市场竞争性传媒。

（2）适当放松对传媒业的规制。在对传媒业进行分类管理的基础上，改革现有传媒准入制度可以解决现实中的许多矛盾。通过立法，规定创办商业传媒的条件，允许业外资本创办传媒，并用法律手段规范商业传媒的经营行为。我国传媒业放松准入规制的合理性在于：

①从丰富精神文明生活层面上分析。改革开放以来，我国人民的经济生活水平有了很大的提高，人民对于精神文化的需求也在增长，文化消费所占的比重越来越大。这种需求形成了一个很大的市场。新闻传媒业门槛的降低可以更好地满足人民精神文化生活需要，促进社会文明进步；报刊的信息传播功能、知识普及功能可以很好地满足公民这方面的需要。百花齐放、各显其能的繁荣的报刊业对于抵制邪教等不健康的东西是有益无害的。

②从促进国民经济发展层面上分析。投资传媒业一般具有较高的回报率。著名的《摩根斯坦利全球投资报告》（1998）经过对11种产业建立起世界级竞争能力的大企业所需年限的统计分析后得出结论说，传媒业所需年限仅为8年，远远快于医药、银行、电力、能源等其他产业。中国从1988年～1998年的报业投资回报率大致在17%～50%之间，远远高于同期其他行业。如果允许社会资本创办营利性传媒，那么会开辟国民经济新的增长点，吸收大量的社会闲散资金，减少财政负担，增加税收收入，[①] 缓解就业压力，还可以起到拉动内需的作用；而且教育、医疗等传统国有事业单位正在进行的企业化、产业化的改革实践说明了国家适时有限制地对内开放传媒业，是利大于弊的。

③从应对境外传媒层面上分析。要把能给外资的政策同样给本国的投资主体，给国人以国民待遇。现在已经有境外的传媒如时代华纳、阳光卫视、华娱卫视、凤凰卫视落地中国内地，也有美国的《财富》杂志中文版的发行，美国IDG集团参与合资的《计算机世界》，美国迪斯尼公司出版的《米老鼠周刊》等等，北京市宣武区甚至已经在准备建设国际传媒大道。[②] 广东准备搞“传媒特区”。这些境外传媒已经在与国内地传媒争夺市场。政策上不允许国内资本进入的领域，国外大型传媒集团却屡屡能长驱直入，这是一个超国民待遇的问题，也不符合逻辑。这种情况的持续，必然制约民族传媒业的发展，反而有利于境外传媒集团抢滩登陆。所以，从应对境外传媒大举进入、增强民族传媒业竞争力层面上看，我国应逐渐放开传媒领域，给本国传媒业的自主发展创造一个制度空间。

④从强化舆论监督层面上分析。我国漫长的封建社会一直高压限制言论表达，秦始皇的焚书坑儒，清朝的文字狱无不如此。孙中山的《临时约法》才正式以宪法形式赋予中国人以言论表达自由。我国现行的宪法也赋予公民言论自由的权利。公民有知情权，有表达权——这些权利的行使恰恰可以由传媒来担当。这就是为什么传媒被称为独立于立法、司法、行政的“第四种权力”的原因。我认为，将来的《新闻法》应该明确授权传媒的报道权、舆论监督权，避免新闻传媒动辄因为舆论监督而频频涉诉的现象。从长远和国外经验看，对于社会的良性发展，还是利大于弊的，也当然是社会进步的标尺之一。例如2001年传媒对足球黑哨的报道深入、细

---

① 国家对文化服务业的营业税税率为3%，对销售图书报纸杂志，征收13%的增值税。

② 《中国书报刊博览》2001年10月27日，第2版。

致而持续,[①] 直接推动了中国足球事业的发展，这种现象本身就说明了社会的进步，又如《焦点访谈》报道了一些社会问题之后，往往能引起地方政府的高度重视等等。据《中国日报》2002年3月29日报道，2001年绝大部分安全事故是由传媒先披露然后才得以处理的。广西南丹“7·17”特大矿难如果不是传媒的披露，公众和政府可能还会相信事故发生后半个月广西经贸委、安全生产委员会办公室在传真给国家安全生产监督局的文件中所称的“没有发现重大透水伤亡事故的情况，传闻严重失实”。难怪国家安全生产监督局新闻发言人黄毅对《南方周末》记者说，“进一步看到了舆论监督在安全生产监督中不可替代的作用，非常感激新闻传媒在披露南丹事故中发挥大作用”。[②] 最高人民检察院要求各级检察部门与新闻机构建立联系制度，最高人民法院院长肖扬在与16家中央主要新闻单位负责人的座谈会上，也表示支持舆论监督，为新闻单位提供司法保护。[③] 虽然传媒监督由于会触及一些利益集团的既得利益，在现实中还会遇到这样那样的阻力,[④] 但是舆论监督定会在社会进步中起到越来越大的作用。如果所有的社会领域都如足球报道那样透明公开，舆论监督在法律所许可的范围内发挥作用，那么必将推动我们的社会文明进步。

我们看到，国家有关部门已经开始适当放松传媒业规制的改革，例如，广电总局2004年2月20日发布的《关于促进广播影视产业发展的意见》中指出：“区别广播影视公益性事业与经营性产业，面向市场，按照现代产权制度、现代企业制度的要求，深化经营性产业体制机制改革。广播电视要把允许经营的资产、资源和业务从目前的事业体制中分离出来，面向市场进行企业转制和重组，与事业部分分别管理、分别运营。具体来说，可以把电台、电视台、广电集团（总台）的除新闻宣传以外的社会服务类、大众娱乐类节目，特别是影视剧的制作经营从现有体制中逐步分离出来，按照产业发展的方向和现代产权制度、现代企业制度的要求组建公司，实行所有权与经营权分离，自主经营、自负盈亏、依法纳税。对于产业经营前景比较好、具备企业化运作条件的如体育、交通、影视、综艺、音乐、生活、财经、科教等频道频率，在确保频道频率作为国家专有资源不得出售，确保节目终审权和播出权牢牢掌握在电台电视台手中的前提下，经批准可以组建公司，探索进行频道频率的企业化经营。电影要加快实现整体从计划事业型向产业经营型的转变，严格按照现代企业制度的要求，建立完善公司法人治理结构，重塑市场主体，加快面向市场的步伐，进一步搞活经营。”[⑤]

（作者单位：中国人民大学法学院）

---

① 据《体坛周报》报道，第一位涉嫌黑哨的足球裁判龚建平已被公安机关收审。可见传媒舆论监督的力量。

② 《财经》2001年9月号，总第44期，第20页。

③ 孙正一，柳婷婷：《2001：中国新闻业回望》，载《新闻与传播》2001年第2期，第4页。

④ 例如2002年的“3·15”晚会面对众多记者的要求，没有发给记者们一张门票。在一个呼吁“诚信为本”的节目制作中，记者遭到的诚信危机多少让人感到有些啼笑皆非。参见《北京晚报》2002年3月15日第10版。更有甚者，《山西青年报》的一名记者高勤荣由于报道运城地区搞虚假的水利渗灌形象工程，竟被运城市人民法院快审快结，被判处12年有期徒刑。参见北大法律网王怡：《第四种权力的上下限度》。

⑤ 国家广播电影电视总局新闻发言人朱虹答英国《金融时报》记者问时披露：广电总局将逐步加大广播影视市场的开放力度，逐步放宽市场准入，吸引、鼓励国内外各类资本广泛参与广播影视产业发展，不断提高广播影视产业的社会化程度。允许各类所有制机构作为经营主体进入除新闻宣传外的广播电视节目制作业。我们要充分调动各方面的积极因素，汇天下之精华，集各方之优势，吸纳各种资源、资金，调动各种力量，做大做强广播影视业，更好地满足人民群众的文化需求，逐步建立起广播影视对外开放的新格局。参见广电总局网站。

2.3.21 有线网络行业垄断性的改变及竞争形势分析

高 巍 杨凯峰

2.3.21.1 引 言

从经济学上讲，垄断（monopoly）大致可分为三种类型：一是由生产上的规模经济导致的“自然垄断”；二是由少数厂商合谋行为导致的“行为垄断”；三是由政府限制竞争的法令和政策导致的“行政垄断”，也可将之直接称为“政府垄断”。而在我国，很多行业既存在自然垄断，又存在行政垄断，如电信、铁路、电力、自来水、城市燃气等，而城市有线网络行业也是一个典型的“自然垄断+行政垄断”的行业。但近些年来，随着技术进步和国家打破垄断、放松管制的政策的推进，城市有线网络行业的垄断性发生了很大的改变。本文拟对有线网络行业垄断性质的改变及目前的竞争形势作详细分析。

2.3.21.2 有线网络行业垄断性质的改变——行政垄断的打破和自然垄断的削弱

1. 有线网络行业的特点

（1）属于城市公用事业。在现代社会，有线电视已经成为人们日常生活中不可或缺的文化娱乐来源之一，成为人们的基本生活需求。另一方面，有线网络同电信网络一样，是IT行业基础网络之一，有利于整个城市投资环境的改善，有利于带动其他行业乃至整体经济的发展。为此，有线网络已经成为城市重要的公用事业之一。

（2）属于区域性自然垄断行业。有线电视网络具有自然垄断的一些基本特性，如拥有某种物理网络，巨大的资本沉没性，具有规模经济性和范围经济性，提供人们生活所必需的产品等。

但是，不同于电信、铁路等全国性垄断企业，有线网络企业是区域性垄断企业，各地的有线网络互不隶属，各自独立。

（3）属于行政垄断性行业。由于有线电视是宣传舆论工具，涉及意识形态和国家政治安全。因此，有线网络企业既是自然垄断，又是行政垄断，地方政府一般授权地方有线网络企业，对当地行政区域内电视节目的传输进行独家垄断经营。

总之，有线网络行业兼具城市公用事业、文化宣传行业、IT行业的特点，既具有自然垄断性。又具有行政垄断性。政府对其实行严格管制，以确保其实现社会效益与经济效益，这是有线网络行业的主要特点。

2. 三网融合和数字技术的发展对有线网络行业自然垄断性的影响

某行业的自然垄断性是一个动态的概念，随着内外环境的改变，特别是随着技术进步，其自然垄断性可能发生很大变化。典型的如电信行业，随着通信技术、新材料技术等的发展，现在已经基本不被认为是自然垄断行业。对于有线网络行业而言，随着技术进步，主要是三网融合、数字技术的进步，同样也存在其自然垄断性逐步削弱的情况。

三网融合，即原先独立设计运营且面向特定业务的传统电信网、计算机互联网和有线电视网的相互渗透和相互融合。相应地，三类不同的业务、市场和产业也将相互渗透和相互融合，逐渐形成一个统一的网络系统，并以全数字化的网络设施来支持所有业务。

数字技术和三网融合实质上是前因后果的关系。在数字技术下，电信网传输的音频、有线电视网传输的视频和计算机网传输的数据，都成为了数字信号，它们实质上是一回事，都是比特流。简言之，数字技术模糊了电信网、广电网、计算机网的边界，促使了三网融合。

由于数字技术的应用，三网融合，人们可以在有线网络之外，通过电信网络、Internet、无线通信网络、直播卫星等享受传统电视服务，表 1 列出了不同的视频服务提供方式。

表 1　　不同的视频提供方式

接收方式 / 服务方式	传输途径	信号	收看终端	受众
模拟有线电视	有线网络	模拟	电视机	家庭
数字有线电视	有线网络	数字	电视机 + 机顶盒	家庭
移动电视	无线	数字	电视机 + 机顶盒	公交车、出租车乘客
手机电视	无线	数字	手机	手机个人
IPTV	电信网络 计算机网络	数字	电视机 + 网络机顶盒 计算机	家庭、个人
直播卫星	无线	数字	电视机 + 机顶盒	家庭

从理论上说，基于网络电视（IPTV）、直播卫星等有线电视的替代性产品的出现，使得用户对有线电视的需求曲线更加平坦、更富有弹性。富有弹性的需求曲线和边际成本需求交点所决定的市场容量，大于相对刚性的需求曲线所对应的市场容量，这种变化动摇了有线电视网络行业自然垄断的市场结构，使得有线网络行业的自然垄断性大为削弱。

事实上，数字技术和三网融合使得视频传输不再依赖于有线网络，有线网络垄断电视播放通道的时代已经过去，其自然垄断性已基本被瓦解。

3. 国家政策对有线网络行业的行政垄断性的影响

国家对有线电视网络实行严格管制、授权有线网络企业行政垄断的目的主要是基于对电视舆论导向的管制，占领电视节目宣传的阵地。而这主要是通过对电视节目制作和播出两个环节的控制实现的。按我国政策，电视节目制作主体是电视台、节目制作公司，而电视节目播出主体也是电视台，有线网络企业只负责传输。因此可以看出，对电视这个宣传舆论工具的管制主要应通过电视台这个环节。而自国务院 82 号文件提出网台分家后，有线电视台网分离，有线网络企业只承担电视节目传输的任务，其所承担的宣传舆论导向的政治任务已经很微弱了，这就为国家在适当时候打破有线网络行业的行政垄断创造了条件。

2005 年 4 月 13 日，国务院下发了《国务院关于非公有资本进入文化产业若干决定》（国发［2005］10 号文件），明确提出“非公有资本可以建设和经营有线电视接入网，参与有线电视接收端数字化改造，从事上述业务的文化企业国有资本必须控股51%以上。非公有资本可以控股从事有线电视接入网社区部分业务的企业”。虽然该文件还强调了该事项“还须经有关行政主管部门批准”，以及“非公有资本不得投资设立和经营有线电视传输骨干网，不得利用信息网络开展视听节目服务”。但鉴于有线电视分配网的重要性，对于有线网络行业而言，这个文件意味着各地有线网络企业的行政垄断地位的动摇，大势已不可逆转，有线网络行业已逐渐步入竞争时代。

通过上述分析可知，原先有线网络是“行政垄断+自然垄断”的双重垄断行业。现在，随着数字技术、三网融合的发展，有线网络行业的自然垄断性已被极大削弱；而随着国务院一系列文件的出台，有线网络行业的行政垄断也正在被打破。由此，有线网络行业的垄断性已逐步削弱，正处于从垄断性行业向竞争性行业转变的过程中。

2.3.21.3 有线网络行业竞争形势分析

虽然目前我国的有线电视传输市场基本上还处于各地的有线网络企业的独家垄断之中，但各方力量已经有了试探性举动，有线网络行业的市场竞争形势已初见端倪。

笔者认为，原先垄断市场的有线网络企业（经济学上称在位者）主要将面临着两个层面的竞争：

一是基于不同视频传输方式的竞争。包括表1中所列的直播卫星、移动电视、手机电视、IPTV等。其中主要是直播卫星和IPTV。直播卫星方式的运营主体一般是节目集成商。IPTV的运营主体一般是电信运营商+节目集成商。

关于直播卫星、IPTV和有线网络的优劣分析，有很多文章论述，这里不再赘述。其实，直播卫星也罢，IPTV也罢，对有线网络企业而言都是不同视频传输方式间的竞争，双方的产品不尽相同，目标用户市场也不完全相同，既有重叠之处，也是各自不同之处。至少在短期内，这种竞争是间接的、相对温和的，只要有线网络企业应对得当，双方甚至可以达到“竞合”的效果。

二是同为有线网络传输方式的竞争。随着原先行政垄断的有线网络分配网市场的放开，其他企业会陆续进入，大家各自“跑马圈地”，争夺已有和新建的小区有线电视分配网。当然，限于政策，新进入者不大可能作为独立的竞争者出现，而是联合节目商，采取“节目商+独立的有线电视分配网运营商”的方式与在位者竞争。这样的话，双方的网络结构、目标用户都完全一样，竞争将是最直接的、最残酷的，不存在“双赢”。

这种竞争具体又分为几种：一是原来就存在的市网、区县网、乡网之间的竞争；二是新进入者对于在位者的现有用户的争夺；三是双方对于新建小区市场的竞争。下面我们对此进行详细讨论。

1. 各级有线网络企业之间的竞争

各级有线网络企业之间的竞争在20世纪90年代很常见，随着以省为单位的有线网络的整合，情况有所好转，但是各级有线网络企业诸侯割据的局面依然存在。

而随着国发［2005］10号文件的出台，为争夺用户，各级有线网络企业之间的竞争将不可避免，甚至可能再度激化。不过，双方争夺激烈的往往是区域交界处的用户，又同属于广电系统，其竞争应该是局部和可控的。

2. 新进入者对于在位者的现有用户的竞争

作为依然具有一定自然垄断性的有线网络企业，之所以会存在着现有用户被新进入者夺取的情况，主要和有线电视分配网的产权问题有关。

在有线电视发展早期，很多单位，包括高校、军队、厂矿等大单位接入有线电视采取了“带网入网”的方式，有线网络企业并没有出资建设单位的分配网。即使在现在，也存在着一些由于种种原因没有向有线网络运营商交纳入网费用而直接纳入运营商日常管理的小区。对于上述情况，很难说这些单位（小区）的分配网产权是属于运营商的。

其实，产权的问题长期都存在，但以前有线网络企业是行政垄断的，没有第二家单位有权经营有线电视网络，所以不管产权归谁，只能接入运营商的大网，向运营商交钱，问题因而被掩盖。而现在，随着国发［2005］10 号文件的出台，对于有线网络分配网的经营逐步放开，别的单位也可以经营有线电视分配网，于是，产权的问题便凸现出来。

首当其冲的是自有产权的大单位网。有了国发［2005］10 号文件，再加上可以通过诸如中数传媒等节目商解决节目源问题，大单位自己经营有线电视网的主要障碍已经消除，有些大单位已开始行动。比如在北京，2005 年底，航天数字电视正式成立，开始独立经营自己的有线网络，现在已经将航天系统内的几万户改造完毕，并利用其境外节目优势以及更低廉的接入费用，积极向周边小区扩张。

此外，对于一些产权不清晰的小区网络，往往是由工程单位建设该网络，接入运营商大网，而有线网络运营商则委托其对该小区的有线电视进行维护，造成工程单位对于其管片内的分配网有实际的控制权。国发［2005］10 号文件出台后，原先与在位的运营商合作的工程单位也会有新的想法，可能出现两种情况：一种是不接入在位运营商大网，而是待价而沽，将网络以最高的价格卖给某一运营商，接入其电视信号；另一种是工程单位干脆自己经营该网络，自己向用户收费，而只支付给有线网络运营商电视信号使用费。但不管是哪种情况，该小区用户将不再属于在位的运营商。

最后，对于现有用户的争夺还有一种极端的情况，即使在位者在某小区有产权清晰、严格控制的分配网，也可能有新进入者完全再建一套有线电视分配网到用户家门口，以争夺用户。采取这种方式的只可能是实力庞大的系统外资本或巨头，包括外国资本、国内大的国有或民营企业集团。事实上，在 20 世纪 90 年代，曾有一阵子系统外投资有线网络的热潮，但基于广电行业对于参股比例等的限制，以及投资收益不如预期等，这股投资热已经退潮。现在，国家对于有线网络行业刚刚从完全垄断打开了一条缝，但市场放开到什么程度，在短期内形势仍不会太明朗，因此，系统外的巨头们暂时不会轻举妄动。但是，在形势明朗后，其一旦出手，将不会小打小闹，而会以巨大的资本优势，大规模地收购现有的网络，或者干脆新建有线电视分配网，展开与当地在位运营商的全面竞争。

3. 对于新建小区的竞争

基于国发［2005］10 号文件，对于新建小区的有线网络分配网的建设和经营基本放开，未来是完全市场竞争的。如果说，对于有线网络的现有用户市场的竞争，在位的有线网络企业将占有极大的优势，竞争不会很激烈的话，那么，在新建小区市场，双方的竞争将更加残酷、更为激烈。

竞争对手最可能还是上述几种单位：一是有线电视工程单位；二是一些拥有有线网络的单位，如大单位网、区县（乡）网等；三是系统外资本或巨头。而其竞争方式将依然是“节目商 + 独立的有线电视分配网运营商”的方式。

此外，电信和节目集成商也可能染指新建小区的有线电视分配网市场。但是，电信本身就拥有入户网络，完全可以充分利用自己的网络推出视频业务，没有必要另花一笔钱建设一套有线电视分配网。理论上节目商也可直接建设经营有线电视分配网市场，但可能性不大，节目商最有可能的还是通过扶持新的运营商以间接地与在位的有线网络运营商竞争。

以上分析了对于在位的有线网络运营商，来自各层面、各个角度、不同对手的可能的竞争。我们对于在位者和新进入者进行优势、劣势、机会和风险（SWOT）分析，如表2所列。

表2　竞争环境下提供视频产品的不同运营商的SWOT分析

单位＼SWOT	优势	劣势	机会	风险
有线网络运营商（在位者）	(1)在位优势,拥有的有线网络具有一定的自然垄断性,拥有规模庞大的用户 (2)实力、资金、技术力量较雄厚 (3)拥有长期的品牌优势 (4)当地政府、电视台的支持	(1)部分分配网的产权不清,控制力不强 (2)机制僵化,效率较低 (3)产品线单一,过于依赖有线网络的垄断	(1)发展有线数字电视 (2)各级、各地有线网络的整合	(1)国家逐步取消对有线网络行业的垄断保护政策 (2)技术进步造成的有线网络的自然垄断性削弱和新的视频传输方式的威胁
自有产权的大单位网/区、县(乡)网	(1)对自有分配网的完全控制 (2)利用节目监管上的盲区,往往拥有境外卫星节目 (3)可以依托大单位(区、县、乡政府)的优势,采取更为灵活的商业促销措施(如免费入网,收视费优惠等)	(1)控制下的网络规模太小 (2)所依托的单位未必有兴趣深入搞有线电视,有很多限制 (3)实力、资金不足	(1)国家放松管制可以经营有线电视分配网,也可以待价而沽,出售网络 (2)数字电视时代可直接与节目商合作,绕过有线网络运营商	(1)关于有线电视传输的政策仍不明朗,存在政策风险 (2)无法单独上数字电视系统,未来仍可能被整合

续表

SWOT / 单位	优势	劣势	机会	风险
控制部分分配网的工程单位	(1)对管片内分配网的控制 (2)熟悉有线电视工程及用户管理 (3)机制灵活,有市场运营经验可以采取更为灵活的商业促销措施(如免费入费,收视费优惠等)	(1)控制下的网络规模太小 (2)整体实力差 (3)为民营企业,用户接受程度低	(1)国家放松管制可以经营有线电视分配网,也可以待价而沽,出售网络 (2)数字电视时代可直接于节目商合作,绕过有线网络运营商	(1)关于有线电视传输的政策仍不明朗,存在政策风险 (2)可能被有线网络运营商完全踢出当地有线电视市场,失去拥有的利益 (3)无法单独上数字电视系统,未来的可能被整合
系统外巨头	(1)实力强大,资金充足,人才优势 (2)有成熟的市场运营经验	(1)不熟悉行业情况,一无节目,二无网络 (2)不熟悉当地情况,为外来户	(1)国家放松管制,可以直接收购、新建并经营有线电视分配网络	(1)国家政策风险,外资的政策风险更大 (2)面临着当地政府的地方保护 (3)网络投资回报期很长,财务风险
电信	(1)实力、资金雄厚 (2)拥有电信网络 (3)拥有强大的品牌优势	(1)国家的政策限制 (2)由于电信网络的窄带特性,基于电信网络的视频业务在技术上没有优势 (3)机制比较僵化,效率较低	(1)国家放松管制,可以直接投资收购或新建有线网络 (2)随着技术进步,通过新技术(IPTV、手机电视、移动电视)进入视频传输领域,有后发优势	(1)面临着当地政府的地方保护 (2)实力扩张太快,国家可能的反垄断政策
节目商	(1)拥有数字电视节目源 (2)同属于广电系统,具有行业优势	(1)没有分配网,也就没有直属的用户 (2)相比于原先的模拟电视节目,节目的优势不明显	(1)国家放松管制,可以绕过有线网络运管商,与拥有分配网的单位合作,将节目传到户 (2)随着技术进步,可通过新技术(直播卫星)将节目直接入户	(1)国家对节目市场的放开,境外节目的进入 (2)面临着当地政府的地方保护 (3)用户规模不足的导致财务风险

总之，在未来的视频业务市场，应该是卫星、有线、无线、IP 几家共处的局面，谁也吃不掉谁。对于在位的有线网络企业而言，更应防备的是来自同属有线网络的新进入者的竞争。其中，有

两种情况值得注意：一是“节目商 + 独立的分配网运营商”这样的组合型竞争对手，两者优势互补，对在位者造成了极大的威胁；二是当政策障碍彻底消失后，系统外巨头全力进军有线网络市场，将采取包括新建、收购、控股等种种方式与在位的有线网络运营商展开直接的竞争。第一种情况是现实的威胁，而第二种情况则是潜在的、却更致命的威胁。

2.3.21.4 竞争形势下在位的有线网络运营商的应对思路

上面我们逐个分析了在位的有线网络运营商现实的和可能的竞争对手，形势确实严峻。笔者认为，有线网络企业为迎接已经到来的竞争，除了应加强内部管理，理顺内部流程，通过整合做大做强，加快推进数字电视，以及进军移动电视、IPTV 等新兴市场外，还应抓住以下几个关键环节。

1. 明晰分配网产权，牢固控制分配网

对于有线网络行业而言，竞争的核心是市场、是用户，其实就是分配网。因此，为了将竞争消弭于无形，在位者一定要抓住分配网的产权和控制权。

具体而言，对于在位者现有的分配网，应尽量明晰产权，产权不清晰的，则一定要确保对分配网的控制权，特别是要彻底改变原先对分配网委托维护的方式，改为直管。而对于新建小区，在位者应主动出击，从“坐商”转变为“行商”，要主动放低身价，政策要具有灵活性，最好能实现运营商投资建设分配网，以确保分配网的产权和控制权。

毕竟，在现阶段，有线网络还具有一定的自然垄断性，先有了分配网，基本就意味着你拥有了用户。在位的运营商通过明晰分配网产权，将能排他性地拒绝其他电视信号接入，维持最大的市场份额。

2. 以“双赢”的思路，抓住大客户

对于网络运营商而言，从来大客户都是优质客户，每用户平均收入（ARPU）值远远高于一般散户。并且，相对于一般散户，大客户对于选择运营商具有更大的话语权。

因此，对于有线网络行业而言，当出现竞争时，新进入者，不管是节目商，还是电信企业，还是其他资本，无疑都会主攻自有网络的大客户，这样事半功倍。反之，对于在位的有线网络运营商而言，必须采取相应措施，对大客户让利，大力提升大客户服务水平，以“双赢”的思路稳住大客户，确保大客户不流失，以避免大客户“独立”或“转投其他运营商”的局面发生。只要稳住了大客户，在位者的“市场保卫战”就赢了一大半！

3. 抓住节目源，以好的节目吸引和巩固市场

在位的有线网络运营商与新进入者的竞争，说到底是不同视频产品的竞争，因此，有线网络运营商要想在竞争中取胜，一定要有好的、独特的电视节目。

而在数字电视时代，电视节目除了境外节目因国家政策，短期不可能放开外，节目大致可以分为四类：（1）央视节目；（2）外省卫视落地节目；（3）本地台节目；（4）数字电视专业频道。其中，（1）和（2）的资源应该是几乎所有运营商都能得到的。而“本地台节目”对于当地百姓来说，报道身边的事，吸引力还是相当大的，电视节目中没有本地台是不可想象的。而基于本地电视台和有线网络运营商的密切关系，有线网络运营商对于这部分节目源必须牢牢控制，在本地实行排他性传输，同时应排他地引入一些有吸引力的数字电视专业频道，以丰富节目种类，适应不同用户的需求。

（作者单位：北京理工大学管理与经济学院，西安理工大学计算机学院）

2.3.22 民营化，我国职业技术教育的必然选择

孙 山

民营化应该成为我国职业技术教育发展的必然选择，职业技术教育应该成为我国民办教育的主体。

2.3.22.1 原 因

1. 民营经济的蓬勃发展，为职业技术教育民营化提供了经济基础

近年来，我国民营经济发展迅速，已经成为国民经济的重要组成部分。相关统计表明，1996年～2001年，我国私营企业经济实力迅速扩大，资本金从3043亿元增加到14 068亿元，年均增长35.8%，占全部企业资本金的10.3%。到2002年年底，按可比口径计算，扣除民营企业中的国有、公有、外资和港澳台股份，民间资本对我国GDP增长贡献率约为62.3%。2002年，民营经济在国内生产总值中所占比重约为48.5%，民营经济上缴税收比重接近37%。

民营经济的蓬勃发展，民间资本的不断累积，为职业技术教育民营化提供了坚实的经济基础。2002年，我国民间投资（不含外资）达到1.7万亿元，同比增长22.4%，占全社会投资的40.3%。同时，民间投资出现了多元化的态势，已经涉及教育、文化、金融、新闻出版等第三产业领域。

2. 民办教育的不断崛起，为职业技术教育民营化积累了丰富经验

伴随着风靡全球的教育民营化浪潮，我国民办教育迅速崛起。根据教育部的统计，2003年，全国共有民办普通高等学校173所，在校生81万人；民办的其他高等教育机构1104所，各类注册学生100.40万人。民办普通高中2679所，在校生141.37万人；民办中等职业学校1382所，在校生79.38万人。民办普通初中3651所，在校生256.57万人；民办职业初中53所，在校生2.28万人。民办普通小学5676所，在校生274.93万人。民办幼儿园5.55万所，在校生480.23万人。

民办教育的崛起，不仅反映在民办学校数量及在校学生的不断增加，而且反映在民办教育质量的不断提升。近年来，全国出现了一批影响大、知名度高、深受社会欢迎的民办名校。

民办教育的不断发展，为职业技术教育的民营化奠定了两大基础：

一是观念基础。民办教育得到社会认可，“教育民办”的观念越来越被人们接受。职业技术教育民营化的“观念”障碍基本上不存在了。

二是理论与实践基础。民办教育的深入发展，在学校的设立、办学模式、教育教学、师资、招生与就业、管理、融资等方面都积累了丰富的经验，这就为职业技术教育民营化的健康发展奠定了基础。

3. 相关的法律法规日益完善，为职业技术教育民营化提供了法律保障

近年来，我国相继出台了系列法律法规，鼓励、支持民办教育的发展。1997年，国务院颁布了新中国第一个规范民办教育的行政法规《社会力量办学条例》；2003年9月1日，《中华人

民共和国民办教育促进法》正式实施；2004 年 4 月 1 日，《中华人民共和国民办教育促进法实施条例》颁布实施。同时，各省、自治区、直辖市也纷纷制定各种规章制度，支持、鼓励民办教育的发展。

4. 专业技术人才的短缺，为职业技术教育民营化开辟了广阔的“市场”

随着我国经济的快速增长，劳动力市场对各级各类技术人才的需求也日益旺盛。劳动和社会保障部的调查表明：在电子信息、环保工程、工艺美术、服装等技术产业，平均每 100 名高级蓝领就有 102 个职位供其挑选，而软件行业的缺口更加惊人。目前我国对工厂技术人员的需求为 60 万，而缺口高达 42 万。

另外，民营经济的蓬勃发展，吸纳了大量的农村剩余劳动力，促成了大批下岗职工再就业。2002 年，民营经济吸纳农业劳动力 3.66 亿人。民营经济在第二、三产业的就业比重达 84%，在城镇中的就业比重已经超过 70%。

技术人才的培养、农村剩余劳动力的培训、下岗职工的转岗教育，形成了职业技术教育的庞大市场，显示出职业技术教育良好的发展前景。这也为职业技术教育民营化开辟了广阔的市场空间，提供了不竭动力。

5. 职业技术教育的特殊性，为其民营化提供了“切入口”

职业技术教育的根本目的就是培养一大批具有必要的理论知识和较强实践能力，并且是生产、建设、管理、服务第一线和农村急需的各类职业技术人才，直接为经济建设服务。现代职业技术教育具有灵活性、创新性、短周期等特点，其教育效果具有较强的直接性与外显性，能够迅速适应经济结构的不断调整和劳动力市场的不断变换。职业技术教育属于非义务教育，其投资回报也是较为直接与外显的。

民间资本的最大特点就是以灵活的投资方式寻求投资回报的最大化。周期短、成本低、风险小、回报高的投资项目，最受民间资本欢迎。职业技术教育在一定程度上满足了“民间资本”的投资要求。同时，民营资本直接进入职业技术教育，也有利于形成“订单式”的职业技术教育新模式。

6. 公办职业技术教育发展不足，为职业技术教育民营化提供了“契机”

我国经济总量与国民生产总值决定了政府投资教育的有限性，无论是教育投资的总额还是教育支出在国民生产总值中所占比例均不可能无限地增长。在相当长的时期内，我国政府的教育投资还会“紧缩银根”，而且是有重点地投向义务教育等重点教育工程。因而，职业技术教育要想获得政府的“巨额财政支持”基本上是不可能的。

2003 年，全国中等职业教育（包括普通中专、职业高中、技工学校和成人中专）共有学校 1.47 万所，比上年减少 1137 所。招生 515.75 万人，比上年增加 42.21 万人；在校生 1256.73 万人，比上年增加 65.92 万人。全国职业高中 0.58 万所，比上年减少 0.06 万所，职业高中专任教师 25.79 万人，比上年减少 1.48 万人。全国技工学校 2970 所，比上年减少 105 所，技工学校教职工 20.22 万人，比上年减少 0.12 万人。全国成人中等专业学校 2823 所，比上年减少 650 所，招生 42.98 万人，比上年减少 14.57 万人；在校生 105.45 万人，比上年减少 47.89 万人；毕业生 40.03 万人，比上年减少 28.83 万人。

以上数据表明，职业技术教育机构的数量和教职工人数在不同程度地减少，招生却在不断增加。这在一定程度上反映出现有的公立职业技术教育机构发展不足。

2.3.22.2 目　标

1. 民营化——职业技术教育发展的基本形式

民营经济的蓬勃发展，民间资本的日益壮大，民办教育的不断崛起，民办教育政策法律法规的逐步完善，职业技术教育广阔的市场空间，这一切均为职业技术教育民营化提供了可能性。

职业技术教育在整个教育系统中的地位与作用决定了其只能分享政府教育投资的一小部分。而职业技术教育发展滞后与民众日益增长的教育需求之间的矛盾在相当长时期内仍然存在，并且极有可能越来越突出。于是，依靠“短、平、快、活”的优势，职业技术教育便自然而然地凭借民间资本来发展自身，缓解甚至解决“矛盾”，满足民众的需要。因此，民营化就成了我国职业技术教育发展的必然选择。

但是，职业技术教育民营化又有别于普通教育的民营化，也有别于公用事业的民营化，其最大的差别在于：职业技术教育的民营化不是“公私并存”或“以公为主，以民为辅”，而是“以民为主”甚至是“完全民营”。因此，民营化是我国职业技术教育发展的基本形式，民营化应成为我国职业技术教育发展的一项长期稳定的基本政策。

2. 职业技术教育——民办教育的主体

从我国民办教育发展的实际情况来看，义务教育是不可能“民营”的，普通中等教育与普通高等教育虽然可以“民营”，但在相当长一段时期内只能服从“以公为主，公私并存”的发展格局，只有职业技术教育才可以“完全民营”。因此，职业技术教育就应该成为我国民办教育的主体。

但是，民办职业技术教育在我国民办教育中的份额却少得可怜。根据教育部的统计，2003 年全国中等职业教育（包括普通中专、职业高中、技工学校和成人中专）共有学校 1.47 万所，在校生 1256.73 万人；但民办中等职业学校只有 1382 所，在校生只有 79.38 万人，分别占 9.4% 和 6.3%。民办普通初中 3651 所，在校生 256.57 万人；民办职业初中只有 53 所，在校生只有 2.28 万人。其比例分别约为 69:1 和 113:1。

综上所述，职业技术教育民营化的目标是：全部职业技术教育的完全民营并成为民办教育的主体。

2.3.22.3 模　式

职业技术教育民营化的模式，应根据不同情况，实行多种模式并举。根据我国民办教育的实践经验，职业技术教育民营化可采用的模式主要有以下几种：

1. 股份制模式

民间资本以一定的股份直接进入国有的职业技术教育机构（学校），实现民间资本与国有资本合资，形成股份制办学模式。

2. 民营独资模式

民间资本直接创办职业技术教育机构（学校），并拥有全部产权与经营权，独立办学。

政府在政策、税收、融资等方面予以支持。

3. 民建——民营——国有模式

由民间投资建设职业技术教育机构（学校），并在一定的期限内享有经营权，独立办学。但职业技术教育机构（学校）的所有权归政府，同时，超过规定经营期限后，职业技术教育机构（学校）的经营权也由政府收回。

4. 国建——民营——国有模式

由政府建设的职业技术教育机构（学校），在一定时期内以有偿的形式转让、托付或租赁给民间资本的主体，独立办学。政府拥有所有权，在转让期或租赁期内收取一定资金，超过转让期或租赁期，则收回经营权。

5. 依附模式

在公立大学内设立民营职业技术教育机构（学校）。主要的形式有：由民间资本直接进入公立大学创办职业技术教育机构（学校）；由私立大学与公立大学联合创办职业技术教育机构（学校）等。

6. 转制模式

将公立的职业技术教育机构（学校）转制为民营职业技术教育机构（学校）。主要有两种方式：一是保留公立职业技术教育机构（学校）的国有性质，并保留政府的所有权，将办学权交由民间资本的主体。二是民间资本以“直接购买”的方式，从政府手中取得公立职业技术教育机构（学校）的全部产权与经营权，独立办学。

上述职业技术教育民营化的模式，不是孤立与绝对的，而是相互联系密不可分。职业技术教育的民营化，往往是一种甚至几种模式的综合或交融。只要遵循市场经济原则，符合教育规律，适应我国国情，无论什么样的模式，都应该予以支持、鼓励。

2.3.22.4 政　策

既然民营化是我国职业技术教育的必然选择，是我国职业技术教育未来可持续发展的主渠道，那么就需要从法律、政策、规章制度等方面给予支持与鼓励，为其提供良好的政策环境。

1. 完善法律法规体系

《民办教育促进法》与《民办教育促进法实施条例》是目前我国民办教育的基础性法规，也是职业技术教育民营化的根本依据。但是，《民办教育促进法》的根本立足点是“促进”民办教育。这与职业技术教育的全部“完全民营化”存在着相当大的差距。因此，制定职业技术教育民营化的专门性法律法规势在必行。

根据我国职业技术教育发展的实际情况，结合已有的教育法规，本着系统、完善、配套的原则，逐步构建完善的有关职业技术教育民营化的法律法规体系。

职业技术教育民营化是一项复杂的系统工程，涉及社会的政治、经济、文化、教育等诸多领域。因此，必须制定相应的配套法规，才能保证职业技术教育民营化的顺利实施。特别是在市场准入、权益保护、产权政策等方面，要制定出切实可行的法律法规，为民办职业技术教育的可持续发展营造良好的政策环境。

2. 制定积极的财政政策

要激活民间资本对职业技术教育的极大“热情”，就必须对职业技术教育的民营化实施积极的财政政策。

建立多元化的投资体制。要采取多种措施，吸纳民间资本投资民办职业技术教育。特别是要降低民间资本进入民办职业技术教育的门槛，扫清各种政策限制与壁垒，为民办职业技术教育提供宽松的政策环境。一方面积极支持民间资本以多种灵活的方式直接进入民办职业技术教育市场，另一方面也大力鼓励民间资本横向联合，以“集团资本”的形式进入民办职业技术教育市场。

建立灵活的融资渠道。在金融与信贷方面要给予民办职业技术教育优惠政策，降低贷款门槛，减少投资风险，形成多渠道的融资机制。要为民办职业技术教育提供更多、更便捷的金融服务，要解决民办职业技术教育贷款担保难的问题。

制定合理的回报政策。民间资本的典型特点就是寻求投资回报的最大化。给予民间资本合理回报，是提高其投资积极性的最佳方法。要明确民办职业技术教育是一种营利性的民办教育，要允许进入民办职业技术教育的民间资本取得合理“回报”；要制定税收优惠或免税政策，减轻民办职业技术教育的负担，降低民办职业技术教育的成本，提高民间资本的投资回报率。

3. 规范的管理制度

职业技术教育的民营化是一项全新的创造性工程，必须要有规范的管理制度才能保证民办职业技术教育的健康发展。

第一，完善政府管理民办职业技术教育的规章制度。坚持政府主导的原则，明确政府在职业技术教育民营化中的组织、指导、规范、监督、管理、服务的职能，防止政府管理的“缺位与越位”。

第二，规范民办职业技术教育发展的管理制度。完善民办职业技术教育机构设置的规章制度，切实保障民办职业技术教育的办学条件；制定相关政策，保护民办职业技术教育机构教职工、学生的合法权益；出台系列制度，保证民办职业技术教育的质量；实施相关政策，规范民办职业技术教育的招生、教学、收费、就业等环节，促进民办职业技术教育健康、有序的发展。

（作者单位：四川理工学院）

2.3.23 教育“民营化”现象与民办教育发展策略

谈松华

在教育界，民办教育的发展预期与发展现实之间存在着较大的反差，尤其是在人们期盼的《民办教育促进法》实施后，民办教育尽管有了新的发展，但是并没有出现原先期望的那种民办教育加速发展的势头，而是遇到了许多新的政策与制度性问题。与此同时，公办学校举办民办学校或运用市场（民办）机制做大做强公办教育，即所谓教育“民营化”的现象却迅速蔓延。这样，中国的民办教育实际上正沿着两条平行的路径在发展，于是我们现在面临着这样的问题：中国的民办教育是否存在着独特的发展道路？如何从制度创新上规范和推进民办教育的新发展？本文不可能对这些问题作全面的探讨，只是从建设学习型社会的供给模式的角度发表一点关于民办教育发展的想法。

2.3.23.1 中国民办教育发展的背景：供给约束型的教育供求关系

在未来，中国将建设世界上最大的学习型社会，面临着超大规模的学习需求。除了庞大的人口规模决定中国需要构建巨型的教育体系外，中国处在社会转型期，经济的快速持续发展、产业升级、城市化以及人口结构的转化，也提出了各种新的学习需求。教育系统正承受着越来越沉重的需求压力，供给不足成为制约教育发展的主要瓶颈。举一个教育债务上升的例子说明教育供给不足的问题：普及义务教育过程中，全国初步统计，教育的欠债是500亿元~600亿元，这笔债务到现在还未还清。近几年高校扩招以及建设示范性高中等举措又形成了新的债务，并且远远高于这个数额。所以，有人说中国银行业的第一批坏账主要是由国有企业造成的，如果教育债务照现在这样发展下去，第二批坏账很有可能是由公立学校形成的。这种说法不一定准确，但是，公办学校在教育大发展背景下形成的巨额银行债务，从一个侧面反映了现阶段教育供给的现状。

教育供给上既有总量短缺的问题，又有体制性供给不足的问题，集中表现就是对于过于庞大的公办教育系统，政府难以支撑其规模的迅速扩张；而如此庞大的公办教育系统，又使民办教育机构处于竞争的不利地位，不易做大做强，在一定程度上限制了民间资源进入教育领域。教育的市场空间受到了庞大公办教育系统的挤压，加重了教育供求的矛盾。以高等学校扩招为例，1999年以来，高校的在校生从780万人增加到了2000万人，但民办高校仅占了不到200万人。同期政府对高等教育投入占全部政府教育经费的比例从1998年的20%提高到了2002年的24%，就是说政府对高等教育的投资比例也提高了，这种提高在一定程度上加重了义务教育经费的困难。不过即使政府增加了高等教育的财政投入，但高等教育的经费仍然严重不足。其间公办高校通过举办二级学院和提高学费标准使非财政经费占高等教育经费的比例提高到45%左右，其中学费占到26%以上，就是用了一些民办机制来解决扩招带来的经费不足问题。另一个例证是基础教育阶段的名校办民校，在短期内许多地区优质教育资源的名校，为了满足社会对优质教育日益增长的需求，举办了以民办机制运作的分校，有的还以教育集团的组织形式，以公办名校为核心，发展了一批民办学校，出现了公办学校进入民办教育领域，挤占民办教育市场的现象。这两种现象说明，我国过于单一的公办教育体制无法满足不断增长的社会教育需求，教育发展的客观要求正在突破这种体制束缚。但是，这种变化还是属于体制内的调整，是政策调整引起的变化，还不能说是制度性的变革。现在学界讨论的独立学院的制度设计以及公办学校收费标准等问题，说明实践正呼唤着教育改革的制度创新。

总之，如果维持这样垄断的公办教育体制，使高中教育的基本普及、高等教育毛入学率的进一步提高乃至各种教育培训和继续教育的发展，政府将如何支撑呢？这就是现在要进一步发展和建设终身教育体系和学习型社会必然面临的一种选择：摆脱体制和供给约束，从中国的国情出发，采取多种模式发展民办教育。

所谓多种模式发展民办教育，第一，扩大市场准入，扩展民办教育的生存空间；第二，利用公办教育资源发展民办教育；第三，发展多种主体合作办学的新模式。

2. 3. 23. 2　拓宽教育供给：扩展民办教育的发展空间

1. 中国各级各类民办教育的发展现状

以 2002 年底《民办教育促进法》颁布为标志，2003 年，民办教育在数量上有明显增加，2002 年底各级各类民办学校 6. 12 万所，在校生总规模已达 1115. 97 万人；到 2003 年全国各级各类民办学校、教育机构 7 万余所，占全国学校总数的 9. 6%。在校学生 1416 万人，占全国在校生总数的 5. 5%，但应注意在 7 万多所机构中间，幼儿园占了 5 万多，培训机构占了 1 万多，实际上大中小学加起来不到 1 万家，所以学校的数量和学生的数量是非常少的（见图 1）。

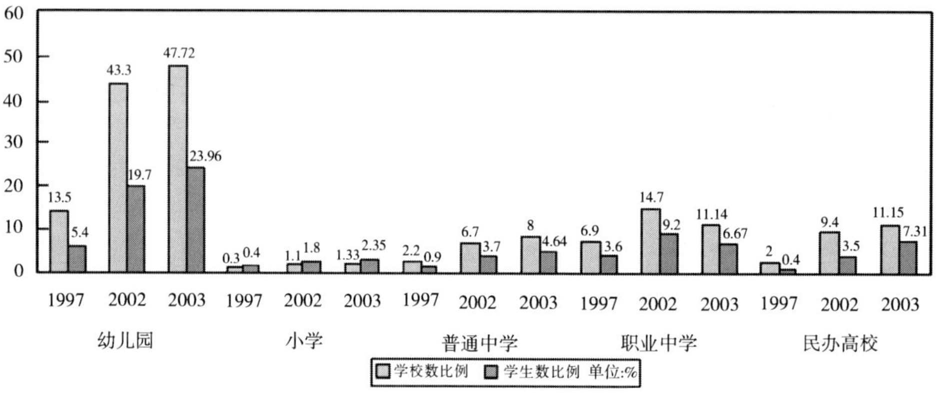

图 1　1997 年～2003 年中国各级各类教育中民办教育所占比例

上述情况说明：尽管政府对民办教育从限制、提倡，到鼓励支持并且实行优惠政策，民办教育有所发展；但是民办教育的发展仍是举步维艰，所占比例一直很小，有些困难反而加重了。究其原因，从客观上讲，近几年公办学校运用民办教育机制，占有两种体制的优势，形成不公平竞争，挤占民办教育的发展空间；而民办学校自身，也有先天不足，后天失调的问题，在走过了铺摊子的粗放型发展阶段之后，实际上经历着一次“洗牌”过程。“适者生存”这个规律同样也适用于民办教育的发展：凡是能按照教育规律办学和育人的学校，一般能不断地调整并逐步适应内部和外部环境的变化；而凡不是或不能按照教育规律的要求去规划和运筹学校的发展的学校，就难以适应教育发展的客观要求。因此，分析中国民办教育发展的独特的主客观因素，是探讨其发展走向的必要前提。

2. 影响民办教育发展的因素分析

民办教育的发展受诸多因素的影响，这些因素主要包括：

（1）社会因素。一是庞大的公办教育系统集中了优质教育资源，民办教育缺乏竞争优势；二是中国缺少兴办捐助性、慈善性的教育事业的社会机构和社会基础，在发达国家慈善事业的经费一般占 GDP 的4% ~5%，而我国则只占0.01%，社会捐赠经费占教育经费总量的1%；三是，民营企业处于资本积累的初级阶段，投资教育的主要目的是寻求新的投资机会，不是出于捐赠公益事业的目的，绝大多数要求回报，这是中国现阶段民办教育发展具有直接影响作用的社会因素。

（2）政策因素。教育政策长期只限于公办学校，政府习惯于用公办学校的管理办法与政策规章管理民办学校，导致政策法规与操作层次的衔接有问题，法律规定的优惠政策难以落实。政府管理部门把公办学校作为扶持单位，把它的发展纳入政府规划的范围，使之无形中享受着政策优惠，而民办学校处于不公平竞争的弱势地位。同时，适应市场经济体制的政策和法规还不完善，尚未形成鼓励社会各方面捐赠和举办公益事业和慈善事业的法律和政策环境。

（3）民办教育自身因素。从先期发展起来的民办学校的相关利益主体看：民办教育的投资者期望在短期内获得回报，其中包括有的投资者期望教育投资的收益率能高于一般行业，这种利益驱动的动力会直接或间接地影响办学行为，包括发布承诺过高的带商业性的广告等，也常常造成投资者与办学者之间的矛盾甚至冲突；

民办教育的求学者多数是能够支付较高学费和生活费的较富裕的家庭，他们以为高投入一定会有高回报，即使自己的孩子基础不好，也期望通过缴高额学费享受优质教育，获得高学历，考上名牌学校，这种期望容易给学校增加压力；

民办教育的办学者，开始时主体是退休的校长和教师、从公办学校跳槽或兼职的教学和管理人员，其身份和待遇不同于公办学校，缺乏安全感，队伍不稳定。由此产生的问题是：这三方面利益主体都有比较强的功利目的，容易滋生急功近利的短期行为，难以持续发展。正是这三个因素的相互作用使得中国的民办教育的发展一直处在比较艰难的境地。

3. 民办教育发展的策略选择

民办教育的发展，从根本上说，还是要从不同地区的教育供求关系的实际出发确定发展的重点。学校也要按照社会需求和自身的条件合理定位。国际上认为私立学校的发展大概有两种类型，一种是“过度需求”模型，一种是“差异需求”模型。“过度需求”模型指公办教育供给不足，教育的个人收益较高，民办教育满足社会迅速增长带来的公办教育无法满足的需求。超过公办教育能够提供的这方面的教育需求由民办教育来承担。“差异需求”模型，即指公办教育无法满足各种不同需求的教育，民办教育满足一部分人的选择性教育需求。

一般来讲，“过度需求”型的民办教育主要是满足数量扩张过程中政府一时无法满足的教育需求，例如，在义务教育阶段，城市中满足部分外来人口子女的教育需求，普及高中阶段教育和推进高等教育大众化进程中政府难以满足的这样一些需求。而“差异需求”型的民办教育主要是满足有较强支付能力的人群或者有特殊发展潜能的人群的教育需求，例如，寄宿制学校；外语（双语）学校、艺术学校，或以外语、艺术为特长的学校；获得国内证书和国际证书的国际合作办学的学校。这种差异性需求的学校也包括在条件成熟时由民间举办的高质量、高水平的学校。所以，民办教育要按照不同的服务对象进行定位，避免目标模式单一，盲目追求和承诺不切实际的目标。一些学校没能很好地发展下去，和它的目标定位是很有关系的。而政府对这两种不同类型的民办教育也应当有不同的政策安排，比如说对“过度需求”型学校要适当补贴，或者购买学位，而对于选择性教育中的贫困学生设立奖学金予以支持。

在民办教育发展的新阶段，需要在以下三个方面做进一步的探索：

(1) 政府的政策层面。政府对民办教育政策的基点，在于界定政府与市场作用的边界，现在的问题是政府过多地介人选择性教育和竞争性教育的领域，挤占了民办学校发展的空间。而必须由政府保证的基本公共教育领域却不能保证基本的教育需求。前者是政府职能的越位，后者是缺位。解决现存的政府的越位和缺位是调整政府政策的主要内容。因此，一方面政府要适当退出选择性和竞争性教育领域，给民办教育以更大的发展空间；另一方面，政府要保证政策的公平性，提供公办教育和民办教育，以及民办教育和民办教育之间的公平竞争的政策环境，取消一切对民办教育的歧视性政策，如税收、学校设置、招生计划、学历资格等等。

(2) 学校制度层面。首先，公益性和合理回报制度问题，这里涉及学校的定性分类，因为中国现行的政策里面，在学校制度安排方面有一个最大的问题没有解决，即一方面承认民办学校是公益性学校，但又允许有合理的回报，这样就使得学校很难定性。第二，产权制度问题，产权制度上现在没有区分营利和非营利的问题，法律规定了有合理回报，那么出资者就要考虑，能否在一定时间回收初期的出资款并得到相应回报。第三，学校管理制度，政府、学校、社会、受教育者的决策、执行、监督的制度安排等。

(3) 社会文化层面。民办教育的发展受制于社会文化和价值观念。就现状而言，一是教育服务的公益性观念，既鼓励社会教育投资，更鼓励民间对教育的捐赠，或者由民间举办不求回报的公益性学校。近年来，内地开始出现了由民营企业家举办的全免费的学校，例如广东顺德碧桂园集团举办的国华中学，学生在校三年不仅学费、书本费全免，还给生活费、假期探亲交通费，家庭特别困难的学生还能得到家庭困难补助。这当然还只是个案，但它有着极其重要的象征意义，说明我国的民营企业家经过资本积累的初始阶段后，正在努力回报社会。这种义举的意义不仅在于增加了教育资源和教育机会，更在于它倡导了一种文化，即企业家或其他成功的人士应该具有回报社会、帮助困难人群的社会责任感。这种文化不仅是发展民办教育的精神动力，也是建设和谐社会的精神纽带。

二是教育服务多样性的观念，因材施教，人尽其才，改变家庭期望目标和学校服务目标单一化的定势，给学校更广阔、更宽松的发展环境。早期一批民办学校难以为继的原因之一是家庭对孩子进而对学校的期望过高，而这种期望又集中在考试成绩这个单一目标上，这就给学校造成了要在短期内迅速提升学生考试成绩的无形压力，难以全面开发学生各具特色的潜能。所以，民办学校不仅要对学校发展合理定位，还要对不同基础、特长和个性的学生的发展潜能做合理的分析，并同家长共同设计其发展定位。这个过程也可以说是一种文化（观念）的交流、碰撞乃至融合的过程，只有在学校文化、家庭文化和社会文化相互沟通并协同一致的条件下，民办学校才可能有自由发展的天地。

2. 3. 23. 3　寻求新的发展模式：利用公办教育资源发展民办教育

1. 现状分析

中国的教育存在着小的非公共部门、大的非公共财政的现状，即中国的民办教育部门数量不多，但在教育投资中，非政府的投资比例非常大，这实际上反映了公办教育存在着“民营化”的倾向。例如，2002 年民办学校在校生的比例：小学为 1. 86%，中学为 3. 68%，高校为 2% 左右。可见民办学校占学校的比例非常小。但教育经费方面，政府只占全部教育经费的 56. 83%，而 40% 多是非政府财政，按照北京大学承担的世界银行和国家发展改革委员会委托课题的数据，政府教育经费在各级学校中所占的比例：小学 74.51%，初中 68.28%，高中 38.63%，高校 44.64%。按照我们的核算，政府教育经费所占比例要高于这个数据，但这个比例连年下降是明显的事实。

近几年来，公办学校纷纷运用民办学校运作形式。主要有这样几种形式：第一，名校办民校，主要发生在基础教育阶段；第二，公办高等学校举办二级学院，又叫独立学院，全国的二级学院原来是300多所，现在经教育部批准的独立学院有249所；第三，以公办学校为核心的教育集团，教育集团的大多参与者是民办学校；第四，公办民助型的转制，即产权不变，以民办机制运作；第五，资产转让型的转制，即这两年出现的有形资产或无形资产转让的学校；第六，政府出资（包括土地）、吸纳民间资金举办的“股份制”学校；第七，地方政府新办（多数用贷款）的学校，用民营办法经营；第八，部分地方发放教育券，公办与民办教育资源共享；第九，采取委托管理，利用企业管理经验管理学校；第十，优质学校采取择校收费。

以上多种机制说明公办学校正在积极探索如何运用民办机制改革原有的公办学校办学机制。这种现象的出现，一方面反映了教育供求的客观需要，政府无力承担如此庞大的公办教育的财政供给，势必需要通过民办机制的改革扩大教育供给。另一方面也反映了目前处于体制转轨的过渡期，现有改革举措缺乏系统的制度设计，尤其是某些地方的教育行政部门直接介入转制学校运作，既造成与民办学校之间的不公平竞争，又让公权进入私营领域，为腐败行为提供了体制保证。

2. 公办学校体制改革的制度选择

首先要研究办学体制改革的范围和重点，要在确保公办教育主体地位，确立公共教育公平性的前提下，推进公办学校的办学体制改革。改革的范围主要是非义务教育阶段，重点是选择性、竞争性领域。主要涉及三类：一是政府公共教育经费无法提供的部分，主要是高等教育中超过政府所能提供教育经费的部分；二是超出公共教育所能提供的基本需求的特殊的、具有选择性的部分，主要是基础教育中特殊需要的部分；三是具有较强私人性、与劳动力市场联系较直接的部分，主要是职业教育与培训部分。

在改革的策略与制度选择方面，目前主要有以下几种：①转制，即公办学校整体转为民办学校。现行的两类：公办民助，需明确产权关系和人员身份；资产转让，缺少法律依据和运作程序，但可以选择前者试验成功的学校进行整体转制试验。②存量公办，增量民办。这是比较稳妥的一种转制办法。一是名校办民校；二是公办学校保持政府派位的学额，扩大部分民办机制。这两者都是过渡形式，其发展是两者合二为一，政府在这类学校中保留为贫困学生提供资助的额度，并在财力许可条件下扩大其份额。③多主体合作办学，包括地方政府与名牌学校合作、企业与学校合作、中外合作等。这类学校的制度和组织形式多数采取“股份制”形式，有待结合教育系统的规律和特点探讨。④委托代理、政府采购。公办学校委托民营教育管理公司经营管理，这一类学校是政府对公办学校管理制度和方式的一种改革。现在美国和其他一些国家正在出现的民营教育公司管理公办学校的做法也是解决公办学校长期以来效率和质量不高的一种措施。

3. 相关政策问题讨论

首先，学校转制和企业转制的不同点是：一般不采取出售、转让产权的做法，而是转让经营权，也就是实行所有权和经营权的分离。需要明确的是，只要是非营利性的学校，即使是私立学校，它的产权还是为社会所有的，而不是出资者所有，这就不像民营资本购买企业后，产权属购买者所有。所以，这就需要有社团法人和财团法人举办社会公共事业的相关法规，同时还需要对相关的人事制度、社会保障制度以及招生、就业等作出相应的规定，取消与独立举办的民办学校之间不公平竞争的歧视性政策和制度。现在转制学校里的最大的一个问题就是它还保留了公办学校的很多优势，所以民办学校认为这是一个不公平的竞争。

第二，公办学校转制大多通过多种过渡形式，例如名校办民校、独立学院、合作办学等，这些形式中有多方面投资进入，而产权关系不甚清晰。现在所采取的“股份制”是借用企业的组织形式，如何适应学校的特点明确多方投资者的利益关系，如何评估各方资产所占比例，如何评估无形资产等需要深入探索。

第三，转制学校（包括民办学校）如何处理自主与责任、市场运作与公益原则、效率与公平、自主办学与承担社会责任、市场标准与学术标准之间的关系，直接影响体制改革根本目的和基本原则的实现。

第四，政府在公办学校转制中，既是规则的制定者，又是运作过程的当事人和利益主体，需要制定法定程序和组织中介机构，公开、公正、公平地实施运作。转制确认的国有的资产产权，也要有相应的机构和制度加以监管，保证保值增值。政府部门不能直接参与学校的市场运作，更不得从中获取利益。

第五，政府管理从面对单一公办学校转向面对公办学校、转制学校、民办学校等多种类型学校，迫切需要转变管理职能和管理方式。一是要营造不同类型学校公平竞争、共同发展的政策和制度环境；二是从公共服务直接提供者的角色转变为公共服务体系构建者和监管者的角色；三是采取新的措施，引导公办学校运用市场机制提高效率和质量，引导民办学校提高公益服务水平，发展公私合作伙伴关系，实现教育公平、质量、效率全面提升的目标。

以上讨论主要涉及现阶段民办教育发展的若干策略性问题，如果从建设学习型社会的制度设计而言，这些举措还是过渡性的，主要也是从教育供求关系的现状出发的，而深入地探讨学习型社会的教育供给模式及其相应的制度设计，则需要对市场经济条件下的政府与市场的关系、政府与市场的作用边界、教育的公益性与产业性的相互关系、公共组织与私人组织的相互关系乃至半公共半私人的混合型组织等问题进行比较系统的理论和实证的研究，尤其是国际上正在讨论的教育“民营化”以及公私合作的伙伴关系等方面的问题，值得联系我国教育改革的现实进程，进行深入的探讨。

（作者单位：中国教育学会）

2.3.24 民营企业进入军工领域的障碍与对策研究

王海佼

2005年2月24日颁布的《国务院关于鼓励支持和引导个体私营等非公有制经济发展的若干意见》（即“非公经济36条”，以下简称《若干意见》）规定，“允许非公有资本进入国防科技工业建设领域。坚持军民结合、寓军于民的方针，发挥市场机制的作用，允许非公有制企业按有关规定参与军工科研生产任务的竞争以及军工企业的改组改制。鼓励非公有制企业参与军民两用高技术开发及其产业化。”[①] 2005年5月18日，国防科技工业委员会颁布了《武器装备科研生产许可实施办法》（以下简称《实施办法》），自2005年6月15日起施行，允许取得武器装备科研生产许可证（以下简称许可证）的民营企业从事武器装备科研生产。紧接着2005年10月27日修订的《中华人民共和国公司法》在国有独资公司特别规定里取消了“国务院确定的生产特殊产品的公司或属于特定行业的公司应该采取国有独资公司形式”的规定。[②] 为民营企业进入军工领域扫清了政策上的障碍。但迄今为止，民营企业进入军工领域在国内尚无成熟模式，仍然存在思想观念、自身条件、政策、体制、机制等多方面的障碍，民营企业“参军”仍待破题。

2.3.24.1 民营企业进入军工领域是大势所趋

1. 民营企业进入军工领域是其发展到一定阶段的必然结果

（1）从民营企业的GDP贡献率看，需要民营企业进入军工领域。据统计，在40个传统行业中，已有27个行业民营经济所占的比重超过50%，在部分行业已经占到70%以上。[③] 据中国社会科学院民营经济研究中心主任刘迎秋研究员透露，从民营经济对GDP的贡献率来看，2000年年底到2001年已占30%左右，2003年则升至50%以上。在我国急需资金、技术、人力来实现装备建设跨越式发展的时期，把民营企业排除在军工领域之外是对社会资源的巨大浪费。

（2）民营企业已经具备了进入军工领域的技术实力。据2003年对20个省市的了解，在认定的高新技术企业中，民营科技企业占70%以上。北京的1.6万余家民营科技企业，绝大多数是高新技术企业。在广东，经认定的民营高科技企业达到5920户，拥有高新技术产品3000多个，占全省的80%以上。（资料来源：科技部软科学研究课题《加入WTO新形势下民营科技企业发展战略研究》）[④] 民营科技企业与国有企业相比，也拥有更多的科技人员、投入更多的资金，在专利申请、科技创新方面明显比国有企业更有活力。

（3）民营企业拥有比较灵活的机制。首先，民营企业没有军工企业退休员工之类的包袱，因此间接成本相对较低。其次，在用人机制上采取了市场化运作，既能降低用人成本，又能够吸引优

---

① 王海佼，张涵：《民营企业应该进入武器装备生产核心领域》，《军事经济研究》，2006年第10期，第32页。

② 果增明，曾维荣，丁德科：《装备经济学》，中国统计出版社，2006年，第192页。

③ 谢伯阳：《“十一五”民营经济将获大发展》，《经济日报》，2006年8月26日。

④ 中国民营科技促进会：《民营科技企业成为区域高新技术产业发展的主力军》，《中国科技产业》，2003年第1期，第33页~34页。

秀的人才。再次，经过多年的发展和市场规范化，民营企业，特别是股份制民营企业，大多建立了现代企业制度，成为社会主义市场经济中最具活力的一部分。最后，整合资源的方法比较灵活，对于人、财、物均采用了市场化运作。如果政府投资引导得当，能更好地调动和发挥民营企业的积极性，实现军用和民用领域的“双赢”。

（4）民营企业易于与外部进行合作。由于目前西方发达国家仍对我国实行武器禁运，国有军工企业不可能从欧美国家获得先进的技术和加工设备。而民营企业不存在这种身份障碍，可以方便地与国外机构展开交流合作，能顺利地引进国外先进技术和产品应用于国防建设事业。如北京旋极信息技术公司先后与美国十多家高技术公司建立了紧密的合作伙伴关系，充分利用本行业的全球高科技优势资源，为我国军品生产提供了大量具有先进水平的零部件①。

2. 完善我国国防工业体系需要民营企业进入军工领域

江泽民同志指出，国防科技工业要建立“哑铃型”军工科研生产结构，在加强高新武器装备开发设计能力和加强系统集成、总装与检测能力的基础上，使原材料、零部件的科研生产以及中间加工尽可能面向市场、面向社会，走出一条投入少、效益高的武器装备发展道路②。

事实上，很多优秀的民营企业早就开始为我国国防工业体系的完善贡献自己的力量。据统计，截至 2004 年年底，光浙江一省参与军品研制的民营工业企业就有 50 多家③。“神舟”飞船的胜利发射，就是一个民营企业进入军工领域的成功典范。在数量对比上，民营企业已经占据了军品生产的“半壁江山”④。

3. 是实现我军装备跨越式发展的需要

国务院新闻办公室 2004 年 12 月发布的《2004 年中国的国防》白皮书明确提出“为适应国际战略形势和国家安全环境的变化，迎接世界新军事变革的挑战，中国坚持积极防御的军事战略方针，加速推进中国特色军事变革”。其中对装备建设明确提出了两条要求，一是要“走复合式、跨越式发展道路”，要“把信息化作为现代化建设的发展方向”；二是要“实施科技强军”，“加强高新技术武器装备的发展”。但我国现有的军工企业在长期的封闭和垄断中，部分军工技术与世界科学技术的最新发展严重脱节。加上一段时间以来国家在国防科技工业中大力推进“军转民”战略，一些军工生产企业在进行技术改造、调整生产线布局和考虑测试监控投入时多偏重于民品，形成了“洋枪洋炮搞民品、土枪土炮搞军品”的不正常局面⑤。无法满足装备“跨越式发展”的需要。一个重要的表现就是，我国每年必须花费巨额资金从俄罗斯购买先进的作战飞机和舰艇来应对反台独斗争的需要⑥。解决这一问题的有效途径之一就是利用民营企业的资金和技术实力，让他们进入军工领域。

4. 西方发达国家的经验表明，民营企业应该进入军工领域

美国的国防科技工业一直是军民兼容，以军带民。大约 80% 的航空航天工业、70% 的原子能

---

① 刘明：《北京积极参与国防建设的体会》，《中国民用工业企业技术与产品参与国防建设研讨会论文集》，2004 年，第 133 页。

② 张士宝，马向晖：《调整军工配套产品财税政策的探讨》，《中国民用工业企业技术与产品参与国防建设研讨会论文集》，2004 年，第 72 页。

③ 穆春荣：《“民参军”的潜力和风险规避》，《中国军转民》，2006 年第 1 期，第 94 页。

④ 曹海东，任一龙：《中国民营企业垂涎军火市场》，《经济》，2005 年第 7 期，第 46 页。

⑤ 王建明，陆浩：《电子元器件产品进入军品市场的几个问题》，《中国民用工业企业技术与产品参与国防建设研讨会论文集》，2004 年，第 147 页 ~ 148 页。

⑥ 薛亚波：《民用企业参与军品科研生产的机遇与风险分析》，《高科技与产业化》，2004 年第 11 期，第 4 页。

工业、60%的船舶工业、40%的电子工业、34%的电机工业、30%的机械工业、10%的钢铁和石油工业，都从事有关军品生产。武器装备研制生产几乎全部为民营企业把持，虽然也出现一些弊端，但美国的武器装备的科技含量使所有国家都无法望其项背。德国国防工业体系中，民营企业在整个军事研究开发、采办和维修等方面占了85%。法国和英国的武器装备科研生产也相当大一部分掌握在民营企业手中。日本国防工业采用了“以民掩军”的发展模式，确立了主要依靠民营企业发展武器装备的基本方针。由于没有设立专门的国有军工企业，日本军工生产活动全部由民营企业进行。

5. 提高装备采办效益的需要

我国的军工企业长期以来由于体制等方面的原因，形成了一种“大而全、小而全”的条块分割的局面，几乎所有的零部件都由自己生产，成本畸高，我国新式武器装备生产已经出现了“造得起，买不起”的现象。把零部件及子系统承包给具有相关实力的民营企业进行生产，能够更好地利用军、民两种技术和资金资源，最大程度地发挥军、民两种资源的优势，降低生产成本，加速推进装备采办中的“经济可承受战略”，使国防科技工业走出一个投入少、效益高的路子，提高装备采办效益。

2.3.24.2 民营企业进入军工领域的障碍分析

1. 思想观念上的障碍

不少军工企业一是害怕民营企业抢“饭碗”，军品订货量本不大，市场空间较小，且军企还要“转民”，担心民企进入后，增加竞争对手；二是担心民营企业介入，不了解军工企业用血换来的经验教训，管理不严格，民企产品质量与可靠性差；三是担忧民营企业的队伍不稳定，供货时间难保证，执行合同任务不持久；四是怕国家机密难以控制；五是片面地认为民营企业无高技术，片面地认为国防科技含量均高于民企科技含量；六是部分民营企业和军工企业均对军民结合、寓军于民的战略方针理解不深，担心民转军是权宜之计，担心政策会变。与此同时，部分民营企业对“民进军”也留有计划经济的思维模式。

2. 民营企业自身条件的障碍

尽管我国民营企业已经取得长足的进步，但是由于社会主义市场经济体制还不太完善，多数民营企业规模小，且家族企业背景十分突出。部分民营企业缺乏长远的战略眼光和切实可行的企业发展规划，导致企业自身发展不成熟，企业生命周期过短，一般不超过10年[①]。而相对应的，军用装备需要持续的服务与保障。20世纪90年代以来的武器系统，寿命期已达到25年~30年，预计本世纪寿命期将延长至35年~40年，其使用保障费（美国武器装备的使用保障在国防预算中归为使用维修费）占全寿命费用（Life Cycle Cost，缩写LCC）的比例也越来越大。以美军为例，20世纪90年代使用保障费占LCC的67%~70%，历年均占国防费的27%~37%[②]，参与军品生产的民营企业一旦关闭，军方要重新寻找装备维修保障单位，并且建立和维持新的备件生产线，这无疑会大幅度增加我国武器装备的全寿命费用，浪费我国极其有限的军费开支。此外，部分民营企业“捞一把就走”的心理十分严重。因而允许民营企业参与军品任务发生风险的可能性要远远大于军

---

① 应育周：《民营企业进入国防科技工业建设领域的障碍及对策》，《中国军转民》，2005年第5期，第52页~53页。

② 中国国防科技信息中心某部：《美国武器装备寿命期各项费用投资比例浅析》，总装备部某研究所，2000年，第42页~47页。

工集团，包括军方在内的社会各界对民营企业能否参与军品科研生产仍存在很大的疑问。

3. 政策上的障碍

虽然国务院和国防科工委颁布了《若干意见》和《实施办法》，但其配套措施和规定尚不完备，民营企业若进入军工领域，在实际操作中仍将存在一定的难度和不确定性因素。一是执行规则缺乏。《实施办法》仅列明了申办许可证的主要条件，至于各项主要条件的具体标准，还没有具体规范，民营企业进入军工领域目前尚停留在政策层面。二是各政府部门的审批备案问题。民营企业进入军工领域，涉及工商行政管理、发改委、税务等其他政府部门，国防科工委许可民营企业进入军工领域能否与上述政府部门进行有效的沟通和协调，会影响民营企业申办过程的顺利进展。三是第一类许可证数量控制。与以前的《武器装备科研生产许可证管理暂行办法》及其实施细则不同，《实施办法》的一个突出特点是武器装备科研生产许可的分类管理制度。国防科工委并没有将《武器装备科研生产许可专业（产品）目录》公布，即第一类军品和第二类军品具体名称从公开的文件中暂时无法得到有关信息。据国防科工委有关人员介绍，民营企业若投资枪支、弹药等轻武器领域则属于第一类。而对于第一类的许可证，国防科工委一般只向核心国有军工企业发放。

4. 制度上的障碍

（1）军代表制度上的障碍

目前我军军代表是由总装备部和各兵种分别派驻，“一厂多室”现象普遍，不便于统一管理。军代表及其家属子女的生活、工作、入学等都由所驻企业解决，不能形成一种清晰的委托－代理关系，军代表很可能会维护现有军工企业的利益而排斥民营企业进入。

（2）税收制度的障碍

军品税收制度是以“隶属关系”或出身确定是否免税，民营企业参与军品任务时，往往得不到这种免税待遇。而且有可能造成民营企业的军工配套产品缴纳双重增值税。例如，北京开关厂为某军品配套生产控制设备，每套产品销售额为 1223 万元，上缴增值税 177.7 万元，其中控制设备的部分配套产品来自军工企业。由于军工企业军品生产免缴增值税，因此提供的 730.1 万元的配套产品无增值税发票，造成北京开关厂无法抵扣增值税，多上缴 106.08 万元税款，企业相当于缴纳了双重增值税①。

（3）知识产权保护制度不健全

长期以来，军品研制项目所有的技术图样和技术文件资料都要提供给军方。在计划经济体制下，所有项目的知识产权都属于国家，不存在什么问题。但在市场经济时代，民营企业花费了大量的人、财、物研究出的技术图样、技术文件应该是该企业的知识产权，但在为军方提供产品时，仍必须提供完全的技术资料，使企业的知识产权难以得到保护②。

5. 机制上的障碍

首先，竞争机制不健全。在计划经济体制下，国家对国防工业进行统一计划，军工企业享受众多优惠政策，现在这些优惠政策在军工企业仍然普遍存在。相反，民营企业在进入军工领域过程

---

① 张士宝，马向晖：《调整军工配套产品财税政策的探讨》，《中国民用工业企业技术与产品参与国防建设研讨会论文集》，2004 年，第 71 页～72 页。

② 曾智杰：《改制创新发展积极参与国防建设》，《中国民用工业企业技术与产品参与国防建设研讨会论文集》，2004 年，第 158 页～159 页。

中，相关部门过分强调了民营企业的义务，而没有为民营企业提供与军工企业相同的优惠政策，使民营企业在竞争中处于不利地位。

其次，激励机制不健全。民营企业进入军工领域，缺乏相应的成果奖励机制，容易出现民营企业"啃骨头、拿零头"的现象，这会打消民营企业的积极性，导致在军工领域存在"进度拖、质量降、价格涨"的问题重演。

再次，评价机制不健全。在产品质量与价格的评价过程中，由于军用标准的陈旧，以及现实军品采办过程中过于强调价格因素，对民营企业的先进产品极为不利。况且民营企业的对手往往是庞大的盘根错节的利益集团，在人脉关系和客户认可度上优势明显，民营企业只能靠质量、价格以及适当的妥协来弥补。

最后，监督机制不健全。军品生产由于保密性等原因，相对封闭，难以窥其全貌，这也导致军工领域监督的缺位。此外，在对于生产许可证的管理、生产单位保密资格审查认定和有关许可证的发放等方面，缺乏足够的透明性①。

6. 信息渠道上的障碍

军企与民企从上到下都缺乏沟通渠道，军、民之间存在信息不对称的障碍，"信息孤岛"现象严重②。这一点在民营企业中表现得特别明显，由于对军品市场需求信息掌握很少，使得民营企业在参与军品科研生产任务的竞争中丧失很多机会。很多产品由于需求牵引不明确，民营企业花了很大力气作出来了，但不一定满足军方的需要。如在"中国民用工业企业技术和产品参与国防建设展览会"上展出的某民营企业研制的一架直升机，总体较先进，但没有隐身功能，作战时，很容易受到攻击，缺乏生存能力。这不是他们没有这个能力，而是研制时候没有得到明确引导。由于保密、安全等原因，民营企业无法了解军工企业所拥有的产品和技术，民营企业研制的项目可能已经存在，花费了大量的资源和时间，造成不必要的浪费③。同时，军工企业和军方也不了解哪些民营企业有其需要的产品和技术，也成为民营企业进入军工领域的障碍。

7. 技术壁垒的障碍

军用标准成为阻碍民营企业进入军工领域的"绿色壁垒"，很难实现真正的军民技术融合。首先，我国尚未建立定期对各种失去先进性的军用标准进行修订的制度④。我国目前的军用标准，虽然是随着经济发展、技术进步在不断改进，但有的还在采用旧规范。例如有些通讯部件的备件，至今还要求按十几年前的电子电路装配生产，军品采购时，仍要求按原标准把旧的生产线恢复起来，去复制"古董"。这种标准和规范的阻隔，不仅直接影响着高新技术在武器装备建设上的应用，而且也成了排斥民营企业进入军品市场的"门槛"⑤。

其次，进入军工领域的民营企业很难参与军用标准的制定。如南京才华科技有限公司在一项项目研制中，针对国内众多研制单位的众多方案，为了实现降低成本、提高性能、可生产性、可维护

---

① 崔英杰，苏卫林：《浅谈国防工业进入和退出的制度性障碍》，《"科学发展观与中国国防经济"主题年会论文集》，2006年，第133页。

② 闫莉：《关于民用企业参与军品科研生产任务的分析和看法》，《中国民用工业企业技术与产品参与国防建设研讨会论文集》，2004年，第48页。

③ 应育周：《民营企业进入国防科技工业建设领域的障碍及对策》，《中国军转民》，2005年第5期，第52页。

④ 吴鸣，邹小军：《科学发展观与国防科技工业的"寓军于民"战略》，《"科学发展观与中国国防经济"主题年会论文集》，2006年。

⑤ 梁清文：《对军民结合有关问题的认识和建议》，《航空工业管理》，2004年第2期，第9页。

性和可互换性而制定了标准，总装备部电子信息基础部电子局、元器件合同办、航天局、测绘局等部门都非常支持，但一些研制单位为保护自己的利益，非常反对①。

8. 经费支持障碍

民营企业进入军工领域的主要动力是利润，所以进入军工领域的经费支持问题是民营企业最关心的，也是最亟待解决的问题。虽然民营企业进入国家科委“863”计划而得到资金投入已有先例，但目前民营企业进入军工领域所需的资金基本上是自筹。军品的研制周期长、投入高、风险大，一旦失败，对一个民营企业来说打击是毁灭性的。所以民营企业在进入军工领域之前，往往是“三思而不行”，或者只是在零部件等通用品上小打小闹，这不利于充分吸收社会资源。军品生产又有极端周期性，采购间隔长、批量小，民营企业在短期内不能收回成本，产品的更新换代资金不能及时筹措，不利于民营企业的正常发展。

9. 法律法规上的障碍

尽管在 2005 年 2 月 24 日出台的《若干意见》中允许非公有资本进入国防科技工业建设领域，但在两会上，已有企业代表建言，希望尽快出台“非公经济 36 条”关于国防科技工业的“游戏规则”。目前的“非公经济 36 条”属于政府的框架性文件，对于民营企业只是一张“入场券”，缺乏配套措施，在现实环境下，如果不积极推进，无疑又会流于空谈。

2.3.24.3　对吸纳民营企业进入军工领域的对策建议

1. 转变思想观念

政府管理部门转变观念和职能，一要树立大国防的观念，国防科技工业应该是全社会从事国防科学技术研究和武器装备研制生产的设施、技术和人才的总和，是动态的、开放的，而不是静态的、封闭的；二要正确理解“小核心、大协作”，既要坚持“大协作”，更不能忽视“小核心”，既要积极推动民营企业进入军工领域，也要避免一哄而上，各自为政，重复建设。

2. 建立民营企业“信用评估”制度

军方采购部门及军工企业对民营企业存在的疑虑很大部分来源于民营企业的信用问题。由于社会主义市场经济体制仍不完善，民营企业发展良莠不齐，造成民营企业在人们的脑海中还是小打小闹、信誉差的代名词。这严重影响民营企业进入军工领域的环境，也影响军队采购部门的决策②。建议建立信用制度，对取得武器装备科研生产许可证的民营企业进行信用评估，授予相应的信用等级。信用等级较高的民营企业，优先作为军品采购的来源。并对历次军品科研生产合同履行情况的好坏进行量化记录，根据记录的结果对该企业的信用等级进行相应的浮动，信用等级过低的民营企业吊销其武器装备科研生产许可证。

3. 完善政策制度

首先针对政策上存在的细节不明确等缺陷，加紧制定《实施办法》的配套措施和规定，明确申办许可证的具体标准。国防科工委应主动与工商行政、税收等其他政府部门建立起畅通的沟通渠道，减少民营企业进入军工领域的阻力。此外，还要从以下三个方面加快相应的制度改革：

---

① 恽才华：《在市场经济中发展国防工业》，《中国民用工业企业技术与产品参与国防建设研讨会论文集》，2004 年，第 114 页。

② 黄启华：《民用企业参与国防建设的优势和建议》，《中国民用工业企业技术与产品参与国防建设研讨会论文集》，2004 年，第 137 页。

(1) 改革现有军代表制度。把采购权统一收归总装备部，由总装备部统一派驻、管理驻厂代表，切断军代表与所驻工厂的利益关系，划清委托—代理双方的界线。

(2) 改革现有税收制度。在享受国家减免增值税和流转税的优惠上，变“出生证”制为“户口本”制。不再按照企业性质而是按照生产的产品来计算税收，具有国防科工委颁发的武器装备科研生产许可证的民营企业，取得当年军工配套产品科研生产任务后，只要产品与军品产品目录所列范围相符，在通过了国防科工委或其授权、委托部门的审核鉴证，加盖了武器装备科研生产合同鉴章后，各单位即可以此为依据向地方税务部门申请免缴产品增值税。在国家民用单位承担军工配套任务相关财税政策未出台前，由国防科工委、国家税务总局先拟定一个针对目前承担重点工程的民用单位的税收优惠政策的暂行规定①。

(3) 改革军品知识产权制度，实行军品技术所有权与使用权适当分离的制度。在保证军品技术所有权属于投资者的前提下，允许民营企业使用它去开发民品或者将它转变为军民两用技术。在保证国家安全和投资者合法权益的前提下，允许民营企业将它推向市场。同时，改革国防专利查阅制度，在保证国家安全的前提下，对非军工企业一视同仁②。

4. 完善相关机制

建立健全“四个机制”，是党中央对国防科技工业如何进一步深化改革、加快发展而提出的一项重要战略主张，是国防科技工业深化改革的重要举措。一要建立公平竞争机制，给予进入武器装备生产核心领域的民营企业在税收、经营等方面与在位军工集团同等的待遇，同时打破国防采办中的“品牌依赖”心理，完善招标制度和合同制，给予民营企业公平的机会；二要完善激励机制。充分发挥激励机制的作用，营造良好的知识产权保护、成果评审、奖励等环境；三要健全评价制度，使民营企业的成果能得到客观公正的评价；四要建立监督机制，在民营企业进入许可证、保密资格、安全生产资格的审查过程中采取公开透明的方式。“四个机制”是有机的统一体，竞争是核心，评价是关键，监督是保障，激励是动力。它们相互联系，密不可分，必须统筹规划，整体推进。在加快机制建设的过程中，应该尽力避免把“四个机制”割裂开来的倾向，不能顾此失彼③。

5. 建立信息平台

在政府部门的指导支持下，设立支撑民营企业进入军工领域的信息平台，形成常设工作渠道，使民营企业进入军工领域规范化、正常化、有序化。此平台应以政府为核心，中介机构为桥梁，在比较完善的政策法规规范下，把有实力的民营企业吸纳到武器装备生产和新领域中来。

中介机构应负责以下事务：一是沟通信息。将民营企业的优势技术和军方需要及时通报，了解军方的需求信息。然后定期发布配套专业目录、行业标准等公共信息，同时向用户提供有关企事业单位生产能力的信息，为企业和用户牵线搭桥，为民营企业了解国防建设领域的需求，更快更好地参与国防科技工业建设创造方便条件。二是规范和引导民营参与国防科研生产。对民企优势进行整合、提炼和重组，从而更适应国防工业的要求。三是管理培训。对民营企业进行国家安全、保密、

---

① 张士宝，马向晖：《调整军工配套产品财税政策的探讨》，《中国民用工业企业技术与产品参与国防建设研讨会论文集》，2004年，第73页~74页。

② 叶卫平：《关于建立国防科技工业寓军于民新体制问题的初步认识》，《中国民用工业企业技术与产品参与国防建设研讨会论文集》，2004年，第87页。

③ 黄瑞成：《结合军工电子谈建立寓军于民的国防科技工业体制》，《中国民用工业企业技术与产品参与国防建设研讨会论文集》，2004年，第37页~38页。

质量等方面的引导、培训、教育和资质认证等，为军方提供更可靠的保证。此外，还可以帮助民营企业维持其合法权益，提供内部交流和融资服务①。

6. 改革军用标准，建立军民一体化的标准体系

（1）建立定期对军用标准进行更新的制度，尽量引入民用标准。这样做不仅有利于降低民营企业的进入壁垒，而且有利于降低军品的全寿命费用。如美国国防部于 1994 年放弃了制造武器系统长期使用的 31 000 个军用标准，转而利用国家和国际商业市场的标准和管理，使美国空军的“天基红外系统”所用的军用标准由 104 个减少到 6 个；海军斯拉姆（SLAM）导弹所用的军用标准从 104 个减少到 6 个。有人估计，这项措施可节约 50% 的费用②。

（2）在制定军用标准的过程中引入竞争机制，鼓励民营企业参与军用标准的制定。现阶段军用标准的制定基本为国有军工集团所把持，民营企业基本没有话语权，只能被动地接受。应该修改现有的军工标准制定方法，鼓励全国范围内的企业参与制定，选最先进的标准为军用标准。军用标准一旦制定，相关企业可以根据自身技术的发展情况申请按自己的技术标准修改新的军用标准。

（3）对于那些暂时不能使用的陈旧的军用标准，可以先代之以性能规格，从而使民用科研机构和企业在军品设计上放开手脚，大量引入成本低、升级快的民用技术和工艺。

7. 国家设立专用于民营企业的国防研究基金

针对民营企业获得资金困难的问题，在民营企业进入军工领域的过程中，可以设立专项基金。民营企业中正在研发的或计划研发的具有国防应用前景的项目，可以向基金委员会申请该基金。并且设立专门的基金委员会负责基金的评估与管理，这能在一定程度上解决民营企业研发资金不足的问题。

基金委员会主要从事的工作有：（1）负责审查民营企业提出的资助申请。基金委员会组织专家根据国防现代化建设的需要，对民营企业的申请进行评估，并确定资助的金额。（2）对民营企业使用资金的情况进行监督，纠正使用资金中的违约行为，并代表国家对侵犯国家利益的民营企业进行索赔。（3）发布科研计划指导书。针对国防现代化建设中急需解决的问题，面向民营企业发布科研计划指导书，引导民营企业更好地为国防现代化建设服务。（4）组织专家组对资金资助项目进行结题审查，对民营企业项目的完成情况进行评估，并根据评估结果作出适当的奖励和惩罚。

8. 制定相应的法规

（1）尽快给予民营企业参与军品科研和生产的合法身份，制定符合社会主义市场经济的《国防采购法》和《国防科研生产法》。

（2）制定与《实施办法》相应的具体管理办法、规则和实施细则，如武器装备研制合同、生产合同、质量监督及配套管理程序等。

（3）制定“利用民用高技术提升国防科技工业基础能力”的相关法规或管理条例，使民用高技术进入军工研制与生产领域的途径正常化和法制化，为更多更广的民用高技术纳入军工研制生产提供开放的、正式的渠道铺平道路。

---

① 应育周：《民营企业进入国防科技工业建设领域的障碍及对策》，《中国军转民》，2005 年第 5 期，第 54 页。

② 中国国防科技信息中心某部：《美国国防科技发展战略和重点计划跟踪研究》，中国国防科技信息中心，1999 年，第 9 页。

（4）修改现有的军品知识产权保护法规，允许涉及军品的知识产权所有权和使用权适当分离，充分保护民营企业的知识产权所有权。

（5）修订阻碍民营企业进入军工领域的其他法规。

（作者单位：军事经济学院国防经济系）

2.3.25　民营企业准入国防科技工业领域的双层进入壁垒模型
——基于我国军用高性能纤维产业的探索性研究

周宏　康俊　刘永虹

2.3.25.1　问题提出与研究背景

2005 年 2 月，国务院发布了《关于鼓励支持和引导个体私营等非公有制经济发展的若干意见》（以下简称《意见》），对非公有制经济市场准入的领域进行了具体的界定。《意见》特别指出：允许非公有资本进入国防科技工业建设领域。坚持军民结合、寓军于民的方针，发挥市场机制的作用，允许非公有制企业按有关规定参与军工科研生产任务的竞争以及军工企业的改组改制。鼓励非公有制企业参与军民两用高技术开发及其产业化。此前关于民营企业进入国防科技工业领域的研究还只处于探索其可行性阶段①。《意见》发布以来，民营企业在进入国防科工领域方面取得了很大的发展，但在实践中也遇到了不少困难②。其原因一方面在于国防科工领域市场的特殊性，另一方面在于准入初期，相关政策、产业环境以及民营企业自身都尚未为进入这一特殊领域做好充分准备。本文将以民营企业进入军用高性能纤维产业（即军民两用高技术开发及其产业化）为背景，从微观角度探索民营企业准入国防科工领域所面临的进入壁垒及其影响因素，并提出一个综合性的国防科工领域的双层进入壁垒模型，为宏观政策制定与企业的进入决策提供参考。

发展高性能纤维是现代国防和尖端技术的需要，是诸多产业尤其是国家的支柱性产业更新换代的需要，也是健身器材以及医疗器材发展的需要。高性能纤维产业是我国优先发展的产业之一。迈入新世纪后，我国才真正意识到发展高性能纤维的重要意义，开始对其重点品种投巨资加以开发，以求促进其在国内的产业化③。正是由于高性能纤维在军用和民用领域都有着广泛的应用，一些民营企业已较早地进入到民用高性能纤维的研发与生产领域，经过几年的摸索与发展，已经出现了一批优秀的民营高技术企业。但这些民营企业仍较少涉及高性能纤维在军用领域的应用，这是由多方面因素共同作用而造成的。如何突破军用领域的应用，将企业提升为国防科技工业中的一员，成为了诸多民营企业所关注的重点问题之一。

2.3.25.2　文献综述

1. 关于国防工业方面

国防工业是为国防建设服务，并直接为部队提供武器装备的工业部门④。基于我国民营企业涉

① 张戬，刘怡：《向民营企业开放军品市场的战略分析》，《军事经济研究》2004 年第 12 期，第 16 页～19 页。
② 范斌：《非公有制经济参与国防科技工业建设的思考》，《中国国防经济》2005 年第 3 期，第 58 页～60 页。
③ 陈一博：《关于民营企业进入国防科技工业的思考》，《国防技术基础》2006 年第 4 期，第 20 页～23 页。
④ 罗益锋：《特种合成纤维》，见《中国新材料产业发展报告（2005）》，化学工业出版社，2005 年，第 152 页～181 页。

及国防科工领域的现实，从这个定义的角度来理解我国民营企业可进入的国防科工领域的范围显得有些狭隘。从国防产品的角度对国防科工领域进行描述可使我们对该领域有更清晰的认识，这也是目前国际上通行的一种方式[①]。沃克等人（1988）、斯科菲尔德（1993）从技术角度划分的等级是：军事战略与思想、综合武器与信息系统、大型武器平台与信息系统，武器与通信装备的完整整体、子系统、部件和材料[②]。而我国民营企业目前准入国防科工领域的基本政策是在确保国家安全的前提下，引入社会资本，推进军工行业投资主体多元化。将社会投资领域分为放开类、限制类和禁止类，有步骤、有秩序地扩大社会投资领域；放开类，鼓励社会资本进入，不限投资比例；限制类，允许社会资本进入，重要领域国家控股；禁止类，实行国有全资[③]。由此可以发现，在部件与材料级别上的技术多是军民两用的技术，这也正是民营企业易于进入的领域，是民营企业进入国防科工领域的突破口。

军用产品的采购项目一般分为设计、唯一厂商选择和生产三个阶段。整个过程具有以下特性：不确定性，即技术与需求方面的不确定性；政府是唯一购买者，即政府一方面在购买最终产品的同时也购买“研究与开发”这一中间产品，另一方面会制定政策与配套措施支持厂商的投资；上述的三个阶段具有内在关联性，即采购政策会对三个阶段的行为进行考察[④]。

关于民营企业进入国防科工领域的障碍的研究主要集中于2006年以来的文献中，这些文献从不同的角度对民营企业进入国防科工领域可能遇到的障碍进行了理论上的推论，并没有运用大量的实际数据加以论证。这些文献启迪了本文的研究思路，同时也为本文的数据收集指明了方向。

2. 关于进入壁垒方面

所谓“进入”是指一个厂商进入新的业务领域，即开始生产或提供某一特定市场上原有产品或服务的充分替代品。进入壁垒是产业组织理论中的一部分，它是指厂商进入某一市场时所遇到的困难和障碍[⑤]。哈佛学派的琼·贝恩（Joe Bain，1956）将市场结构作为产业组织理论的分析重点，把进入壁垒的来源归结为三类：在位厂商相对于潜在进入者所具有的产品差别化优势、绝对成本优势以及规模经济优势[⑥]。芝加哥学派的代表人物施蒂格勒（George J. Stigler，1968）认为，进入壁垒是指在每一产量或部分产量中必须由寻求进入的厂商承受、而在位厂商却不必承担的成本。所以，如果没有市场条件的不对称，在位厂商和新进入厂商所面临的需求和经营成本条件相同，那么就不会存在行业的进入壁垒。因此，规模经济就不是进入壁垒，因为它对于在位者与进入者来说都是相同的[⑦]。在此基础上，德姆塞茨（Harold Demsetz，1982）认为，进入壁垒产生于政府对市场经济活动的干预；只有政府拥有充分的法律权威方可构筑产业市场进入壁垒；市场自身尽管会产生进入壁垒，但在没有政府参与的情况下，它只会在短期内存在[⑧]。总之，绝大多数进入壁垒都是由政府对市场行为的强行限制所引起的，如果排除了这些行为，那么厂商进入就是相当容易的[⑨]。新产业组织学派主要研究在位厂商为了减少未来的竞争而如何通过影响市场结构和设置人为的进入壁

---

① 杜为公：《西方国防经济学研究》，军事科学出版社，2005年，第98页。

② J·保罗·杜恩：《国防工业基础》，见《国防经济学手册》，经济科学出版社，2001年，第401页~434页。

③ 喻春来：《国防工业投资将逐步对中小企业放开》，见《上海证券报》，2006年10月24日，第12版。

④ 威廉·P·罗杰森：《国防采购过程的激励模型》，见《国防经济学手册》，经济科学出版社，2001年，第305页~344页。

⑤ 杨蕙馨：《企业的进入退出与产业组织政策》，上海三联书店，上海人民出版社，2000年，第37页。

⑥ Bain, J. *Barriers to New Competition* [M]. Cambridge: Harvard University Press, 1956年。

⑦ 〔美〕乔治·施蒂格勒：《产业组织和政府管制》，上海三联书店，1996年。

⑧ Harold Demsetz. *Barriers to Entry* [J]. The American Economic Review, Vol. 72, No.1, 47-57。

⑨ 江伟，史晋川：《进入壁垒与民营企业的成长》，《管理世界》2005年第4期。

垒以阻止潜在进入者的进入。李太勇（2002）将市场进入壁垒分类为结构性壁垒与战略性壁垒。结构性壁垒是指厂商自身无法支配的，外生的，由产业产品技术特点、自然资源环境、社会法律制度、政府行为以及消费者偏好所形成的壁垒；战略性壁垒是指在位厂商为了保持在市场上的主导地位，为了获取垄断利润，利用在位者的优势所进行的一系列有意识的战略行为以构筑起阻止潜在进入者进入的高高的壁垒①。Harry G. Broadman（2000）在研究俄罗斯工业的进入壁垒时，区分了经济性的进入壁垒（Economic Barriers to Entry）和制度与行政性的进入壁垒（Institutional and Administrative Barriers to Entry），并分别描述了在俄罗斯经济转型过程中，这两种进入壁垒对民营企业的重要影响②。江伟、史晋川则依据这种分类，将中国转型经济中民营企业成长所面临的进入壁垒分为市场性壁垒（market barriers to entry）和管制性壁垒（administrative barriers to entry）两类③。已有的关于进入壁垒的文献，给出了形成进入壁垒的各个因素，但并没有对各因素之间的关系、各因素综合作用的过程与效应进行详细分析。当然这与它们的研究目的有关，但是这些已有的文献为本文设计可能的进入壁垒因素提供了思考框架。

3. 政府管制理论及其在中国的深化

施蒂格勒、德姆塞茨和佩尔兹曼（S. Peltzman）等人曾指出政府管制在很多产业中并未收到预期效果，反而产生了显著的不良影响，并对政府介入的正当性提出了质疑④。虽然市场经济主要依靠价格机制对资源进行配置，但是在现实经济中，由于信息的不完全和不对称，以及竞争的不充分和规模经济与外部经济等因素的影响，市场对资源的配置往往被扭曲，政府的管制就成为调节经济的必要手段。在中国经济的转型过程中，由于政府的干预和市场的不完备，不同所有制的企业在市场中进行着不公平的竞争。对于企业进入某一行业的“资质认定”、“资格认证”以及层层审批和限制，都体现了制度和政策上的进入障碍。这种壁垒的设立就明显阻碍了其他类型企业的进入⑤。政府管制理论使本文对国防科工领域的准入环境有更深刻的认识，能从产业发展的角度正确审视当前和将来政府管制的作用。

2.3.25.3　研究方法与数据收集

本文研究的目的是以军用高性能纤维产业为背景，对民营企业所遭遇的进入壁垒进行全面考察，以获得民营企业准入国防科工领域的进入壁垒的概念性模型。在这种探索性研究中，采用深度访谈法是合适的。因为在对国防科工领域的进入壁垒模型的特征没有把握之前，深度访谈法有利于收集到探索性研究中所必需的数据。所有的访谈均采用非结构化的访谈形式。

高性能纤维可以分为传统型高性能纤维（如碳纤维、芳纶纤维以及高强高模聚乙烯纤维）与新型高性能纤维（如 PPS、PBO 纤维等）。目前，我国正式研发与生产民用高性能纤维的民营企业有 10 余家。2006 年 3 月 ~9 月期间，研究人员选择了其中 7 家在研发与生产方面取得了一定进步的企业进行了调查。调查主要以深度访谈的形式进行，访谈对象为企业的高层管理人员与总工程师。根据被访企业目前是否已经进入军用高性能纤维领域，这 7 家企业被分为两类。此外，研究人

---

① 李太勇：《市场进入壁垒》，上海财经大学出版社，2002 年。

② Harry G. Broadman. *Reducing Structural Dominance and Entry Barriers in Russian Industry* [J]. World Bank, Working Paper, 2000。

③ 江伟，史晋川：《进入壁垒与民营企业的成长》，《管理世界》，2005 年第 4 期。

④ 夏大慰：《产业组织与公共政策，芝加哥学派》，《外国经济与管理》1999 年第 9 期。

⑤ 刘小玄：《中国转轨经济中的产权结构和市场结构——产业绩效水平的决定因素》，《经济研究》，2003 年第 1 期。

员还对多名高性能纤维方面的技术专家与管理专家进行了访谈。因此，本文中所利用的一手数据来源主要为：

（1）S1：能提供产品，未进入军用高性能纤维领域（5家）。

（2）S2：能提供产品，已进入军用高性能纤维领域（2家）。

（3）S3：高性能纤维技术专家与管理专家（5位）。

企业访谈中的问题围绕进入军用高性能纤维领域的障碍而展开，主要涉及：

- 企业历史与目前状况；
- 企业研发/生产该品种高性能纤维的历史与现状；
- 企业的经营环境；
- 该品种高性能纤维的行业发展现状；
- 企业研发/生产军用高性能纤维所遇到的困难（技术/政策/市场等方面）；
- 企业未来的发展规划。

本文下面部分所进行的数据分析是基于上述三类数据而得到的，并对所引用访谈记录进行了归类编码，即S1、S2与S3。

2.3.25.4 数据分析与解释

下面是对于本研究中所进行的系列深度访谈的分析。这里所分析的各个主题中，有些是在访谈之前就已考虑到，有些是在访谈过程中临时出现的。正如研究所预期的，来自政府、采购方和竞争者这三个方面的壁垒因素都获得了大量的数据支持，企业自身这个因素也很明显，但获得的数据相对较少些，这可能与民营企业的管理者对管理水平的认识有关。产品/技术本身这个因素也得到了较多的数据支持，超出了研究最初的预期，这与我国高性能纤维产业目前整体发展水平不高有关。

下面将对本定性研究中的主要发现进行归纳，每一小点都分别归入了大的组别。鉴于有些资料涉及企业经营与技术秘密，故在此未加引用或进行省略处理。

1. 政府

从来自三方面的数据来看，政府这一因素被广泛提到，这与本研究的预期是一致的。具体来说，政府这一因素主要包括了：法律法规、项目立项与政策。

（1）法律法规。法律法规是研究进入壁垒时所经常提及的因素。在访谈过程中，限制行业进入的法律法规并没有引起企业极大的注意力。但是应该注意到的是，与产业发展相关的其他法律法规（如关于专利保护的法律）却被广泛提到了。如：

……的知识产权保护问题、企业核心技术人才流动问题都是我们最为关注的，现在挖人现象很严重。（S1）

……我们成果出来了，有些会去申请专利，但是有些是不会的，我们国家对专利的保护并不完善……（S1）

……另外就是希望国家能够从公共立法的角度，扶植……这一新兴产业的发展。（S1）

严格知识产权保护应该是我们要重点关注的一个问题。（S3）

企业已经假定了目前的经营是合法的，这也是符合现实情况的，如2006年1月起施行的新公司法已删去了老公司法中“国务院确定的生产特殊产品的公司或者属于特定行业的公司，应当采取国有独资公司形式”的规定。其他关于准入的法律在《意见》的指导下，也处于修订之中。

（2）项目立项。项目立项是民营企业获得初期研发资金的重要来源之一，因而在访谈过程中引起了企业的极大关注。如：

项目的管理、评比机制有问题，在国家管理政策层面就存在问题……我国的科研申请体制也很成问题。(S1)

……在新厂房建好后，我们有信心实现500吨，但要实现年产2000吨，还需要国家支持……国家给民营企业的钱，可以百分之百地监管，我们不愿意浪费国家的钱……我们也不是完全为了挣钱，我们真地很想为国家把……作出来。(S1)

……纤维的发展必须要走民养军、军转民的路子，才可降低费用。(S3)

关于项目立项，主要包括两类，一是科技部门的立项，一是产业部门的立项。目前，我国在立项上对民营企业的支持显得不足。如科技部安排了“863”碳纤维专项，由北京化工大学、吉林化学工业公司、吉林碳素厂、山西煤化所、山东大学和威海拓展纤维公司六家单位承担①。而这六家单位中，只有一家是民营企业，并且是在项目后期才被吸收进去的。

（3）政策。政策通常是政府用来对一个行业进行管制的手段，政策也是政府给市场上各厂家的一个讯号。在访谈中，企业在政策方面提及最多的就是关于税收支持。如：

……希望国家在税收方面，引进技术免税、引进设备免税、投厂免税…… (S1)

……在经费上给予支持，对一些专项，从各个渠道给予支持，目前没有任何支持，完全是自己的投资…… (S1)

海关的免税目录中，……的关键设备享受不到政府的免税政策。如……，非常昂贵，而国内也无法供应，希望进口关税能够结合具体的科技项目对免税政策进行调整。(S1)

在国防产业的税收政策中，通常以企业的“身份”来确定是否免税。尽管一些民营企业事实上已经承担了部分武器装备的科研和生产，但在土地税、流转税和增值税等方面仍和过去一样，并没有得到应有的减免，使得他们同军工企业竞争者相比，处于相对劣势的地位。

2. 军方采购

在访谈中，民营企业对进入国防科工领域的一个最大困惑是来自于军品采购方。对于在这方面所遭遇的困难，民营企业往往是感到不解与无奈。在某种程度上，民营企业把军方采购方面遇到的问题视为其进入国防科工领域的最大障碍。从访谈数据来看，军方采购方面的壁垒因素主要包含三层含义：采购者偏好、需求信息与采购程序。

（1）采购者偏好。采购者偏好主要是指国防采购方在进行军品采购、项目立项时，对供应方的某些特性呈现出特殊的偏好。这种偏好使得很多科研与产业化的支持项目都偏向于国有企业。这种偏好往往招来民营企业的抱怨。如：

……它们在项目立项上不支持民营企业……，今年它们在……纤维上选了两家定点单位进行研发与生产，这两家都是国有的。(S1)

……小企业机制活，但会因市场波动而退却；大企业赔得起，经得起风险，应该作为主力，尤其是在技术开发阶段……还是应该由国家牵头，由大的国家企业来承担，而不能由民营企业来承担，由国家建研发中心。(S3)

……国有大企业有诸多比较优势，雄厚的实力、几十年的……开发生产实践经验、丰富的工程

---

① 陈一博：《关于民营企业进入国防科技工业的思考》，《国防技术基础》2006 年第 4 期，第 20 页 ~23 页。

化产业化经验、掌握了研究开发和技术创新上的集成方法……（S3）

当前，不合时宜的思想观念在一定范围内不同程度地存在[①]，如“国有制偏好论”、“宁国勿民论”。现行的国防科研生产常用法规涉及承担军品任务问题的文件中，都没有提及非公有制企业能否承担军品任务问题。非公有制企业没有正常的军品项目计划和经费渠道[②]。军品采购方在采购过程中偏向大型国有军工企业，而不信任民营企业，这就给民营企业真正进入国防科工领域设置了坚实的壁垒。

（2）需求信息。非军工性质的民营企业不了解进入军工的渠道，对国防建设的新领域更是难以知晓。而掌握武器装备科研生产需求的采购方，受到各种条件的约束，大量的信息也只在一定的圈内传递。信息的不对称，对民营企业参与军品科研生产任务及实施“民技军用”，构成了直接或间接的限制。在访谈中，多家企业都谈到：

……对于军方的需求，我们也只有一个大数，具体的也还不是很了解。要准确获得这些数据，目前对于我们来说还是有一定的困难的。（S1）

……由于保密性的原因，用户需求信息不畅，希望由国家牵头，对重点生产企业开放需求信息共享平台。为项目提供正确的效益、生产品种等的支持。（S1）

民营企业缺乏规范的信息沟通渠道，对装备市场的需求信息掌握很少，使得民营企业在参与装备科研生产任务的竞争时，丧失很多机会。许多产品由于需求牵引不明确，民营企业花很大力气作出来的产品，却不一定能满足军方的需要。这并不是民营企业没有能力，而是缺乏了解必要的信息造成的。同时军品的采购方和科研方不能有效地了解哪些民营企业拥有其需要的产品和技术，也成了民营企业参与装备市场的障碍[③]。

（3）采购（订合同）程序。程序方面的障碍是指民营企业要想完全掌握国防产品的订货程序、规则和计价习惯很困难。关于这个方面的障碍，在访谈中，企业提及的并不是很多，如：

……所需要的社会费用很高……我们也想到过和军方联合搞开发，可不是很清楚这个过程。（S1）

……企业在宏观方面做得还不够，比如说，你有好产品，你现在是行业内产量最大的，可国家政策部门谁认识你？……企业能够埋头做……的工程化、产业化，这是很好的，但是也应该有一个专门的机构来与外界联系，可以共同探讨问题，获取信息，提高自身的水平。（S3）

有些国防产品为获得政府颁发的安全许可证需要付出高成本。军品生产面临着“资格认证”的问题。从2000年起，国防科工委逐步对所有参与军品生产的企业进行“认证”，即所谓的“三证”：军品科研生产许可证、保密认证和质量认证。其中，军品科研生产许可证是最关键的。可是截止到2005年5月，还没有一家民营企业同时通过这三项认证[④]。民营企业无从知道当前军品科研生产是否需要它们手中的技术和产品，更不知道技术产品开发是否适应军品发展的需要，不了解办理军品项目的各项复杂程序和特殊规定。当前非公有制企业参与军品科研生产是在一种无序的、偶然的状态下进行的，主要靠这些企业的原军工背景及其熟人关系，相互了解有关需求信息，尝试开发适应性产品和技术。这种靠熟人、老关系构成的信息渠道是难以长久的、不规范的，并且常常

---

① 陈全生主编：《2004－2005中国非公有制经济发展前沿问题研究》，机械工业出版社，2004年。

② 张戡，刘怡：《向民营企业开放军品市场的战略分析》，《军事经济研究》2004年第12期，第16页～19页。

③ 范斌：《非公有制经济参与国防科技工业建设的思考》，《中国国防经济》2005年第3期，第58页～60页。

④ 应育周：《民营企业进入国防科技工业建设领域的障碍及对策》，《中国军转民》2005年第5期，第51页～54页。

为得到过时的信息而付出高昂的代价[①]。这都深深阻碍了民营企业顺利进入国防科工领域。

3. 竞争者

国防科工领域在准许民营企业的同时，也准许了外资企业的进入。相对于我国民营企业而言，外资高性能纤维企业在高性能纤维技术研发与产业化方面具有巨大的优势，无论是在产品质量、性能方面，还是在经济规模方面。这些优势使得它们在很长一段时间内成为了我国部分军用高性能纤维的主要供应商，它们属于高性能纤维产业的在位厂商，是产业发展的主导者。访谈的企业在谈到这些竞争者时，既有担忧，又充满着自信。从访谈获得的数据来看，民营企业认为这些外资企业对它们的阻碍行为主要有两类：定价和敌意合作，来自于国内同行之间的主要是信息封锁。从军用高性能纤维产业来看，我国的民营企业在起步阶段就已经面临着与国际高性能纤维巨头的竞争。

（1）定价行为。在经济学中，限制性定价是指在位厂商将其价格和产出定在某一水平上，以致进入厂商进入市场之后发现所剩下的需求不足以使自己盈利[②]。在这点上，民营企业认为：

……我们现在的竞争就是在与日本竞争，主要就是日本。……它们目前产品性能比我们稳定，但我们在某些方面也超过了它们……我们也在考虑将来等我们产品稳定后，日本的厂家利用价格优势来打压我们，我们也在思考对策……（S1）

……我们把价格定得比外国品牌还低一些，这样我们才有吸引力。(S2)

这些能利用价格因素来影响民营企业发展的外资企业，多已拥有具备优越性能的产品和大规模的稳定生产能力，而这两点又正是军品采购中所看重的。因此，民营企业要顶住外资企业的压力，还有很长的路要走。

（2）敌意合作。敌意合作是指具有优势的外资企业利用自己现有的强大资金实力尝试与民营企业合作，从而控制民营企业在该领域的发展。这已成为民营企业必须关注的问题。如：

……它们来我们这里看过，……昨天还来了一批，听说我们这里能生产了，老有人来看，看了之后也谈合作问题……（S1）

……美国的……对我国的高技术进行控制，它看到你的产品要出来了，就来跟你谈合作，说它不生产了，全部由我们来生产，你想这可能吗？核心技术还是在它们手里，所以肯定是会拒绝。合作不成，它就可能威胁说利用侵权去告我们，再就是它们对人才控制很严格……（S2）

由于我国对高性能纤维的大量需求与供应不足的现状，目前拥有高性能纤维产品的外资企业在我国军用与民用市场上都赚取了丰厚的利润。正是这种利润的诱惑，民营企业也在努力进入这个行业，而外资企业为了谋求其长期的垄断地位，敌意合作策略往往成为它们对付国内民营企业的第一选择。

（3）信息封锁

科学技术的限制性交流与专利的保护，往往导致了行业间沟通不畅、信息封锁严重[③]。国内同行间在信息方面的严格封锁，让各家高性能纤维民营企业都感到不可思议，如：

……纤维整个行业要想实现技术突破，必须要各单位联合起来，摒弃各单位的利益……纤维现在从事国家 863 项目的 6 家单位，其实技术路线都是一样的，但是却互不通气，谁也不知道谁现在在做什么，做到什么程度了。(S1)

---

① 张戬，刘怡：《向民营企业开放军品市场的战略分析》，《军事经济研究》2004 年第 12 期，第 16 页 ~ 19 页。

② 李太勇：《市场进入壁垒》，上海财经大学出版社，2002 年。

③ 库桂生：《排除各种障碍，加快军民融合》，《中国军转民》。

它们的生产线从来不让我们看的……各企业之间的封闭性使得我们与同行交流很少，以至于有些事情我们需要化很多的时间，跑上千公里，去外地找合作……（S1）

军用高性能纤维产业作为一个尚未完全实现国内产业化的行业，目前面临的一个首要任务就是要实现规模化地产出高性能的产品。而每家民营企业都想成为该产品唯一供应商的愿望使得它们相互之间封锁信息，这一方面阻碍了该产业的技术突破，另一方面也相对减缓了它们企业自身进入军用高性能纤维领域的进程。

4. 企业

在访谈中，民营企业很少将企业自身视为其进入军用高性能纤维领域的一个障碍，往往将这种障碍的形成归因于外部因素。当然，由于我国经济发展的现实，相对于国有企业而言，民营企业具有很多天生的弱点。这些弱点使得民营企业在进入国防科工领域时遭遇了很多意想不到的障碍。关于企业自身也是形成民营企业进入军用高性能纤维领域的壁垒因素之一的观点，访谈的专家有着较多的论述。归结起来，企业自身因素主要表现在：企业规模、研发队伍和筹资能力三个方面。

（1）企业规模。企业规模已成为采购方进行选择的一个重要依据。因为在市场中，企业规模在某种程度上体现了企业的实力，是构建双方信任的基础。访谈的专家和企业虽没有直接论及企业规模的影响，但是与其紧密相关的其他现象却被多次提到。

我们与原材料供应商关系方面也还存在着问题，它们达不到我们的要求，而国外的厂家原材料都是它们自家生产的，因此在稳定性上优于我们……（S2）

企业认真与否在很大程度上也影响到纤维的质量……纤维的质量不稳定与单位的质量有关。（S3）

生产线还可以，但是从厂房、工人素质、机器、管理规范程度多方面看，还是比国有企业差些……（S3）

目前，我国的民营企业总体规模相对较小，企业管理不够完善，多数民营企业发育不够成熟，生命周期过短，这对军品的持续采购与稳定的供给保障造成了很大困难。因此，若将较大型的装备项目交给民营企业研发生产，对国家和军队来说，是存在很大风险的。这也是客观上造成军品采购方对民营企业缺乏信任的重要原因之一。

（2）研发队伍。军用高性能纤维属于高技术新材料，具有较高的科技含量，其研发与生产也是一个系统工程，需要集合多方面的人才进行联合攻关。对此，访谈的企业与专家都表示了深切的赞同。

工厂和理论研究脱节，工厂的方法不一定正确。（S1）

我们员工共有150多人，其中研发团队就有60多人……我们希望能集中一些科技人员到企业中来。（S1）

我们比较注意团队的构建，注意各专业人才的组合，如设备、工艺、控制、电气等方面的人才。（S1）

技术工人的素质也影响到产品质量的稳定性……需要多学科、多背景……的组织，按照应用的需求……来组织研发。（S3）

我国在高性能纤维领域探索了几十年，至今仍未能取得令人满意的成果，这足见其研发之复杂性。而民营企业在基础知识、技术积累、工程力量等方面的不足成为了其进入军用高性能纤维领域的重要障碍。而这种准备不足的突出表现就是研发队伍的不齐全。相对来说，国有企业在这方面具有更强的竞争优势。

（3）筹资能力。企业进入新的产业所需要的最低必须投入资本，称为必要资本量。必要资本量越大，筹资越不容易，企业进入的难度也就越大，这就形成了资本壁垒①。几乎在世界各国，民营企业要想获得银行或其他金融机构的支持都是极为困难的②。因此，在访谈中，资金问题成为了被提及最多的重要壁垒因素之一。

……投融资体制也有问题，自筹、工业界、金融界、政府还是 IPO，都有困难。（S1）

……研发阶段还是需要国家的投入，因为这种项目投资大、风险也大……国家在资金方面对民营企业的支持还是不够，主要是经费支持不连续，再就是经费给的太散乱……对于……这样的项目，国家一次性的支持是不行的，应该是连续性的支持。（S1）

到现在为止……的前期投入完全是我们自己的投资，没有向银行贷款……（S1）

……要有持续的经费投入。（S3）

在我国，中小企业融资就面临着获得信贷支持少、直接融资渠道窄、自有资金缺乏等诸多问题。正如上面提到的，军用高性能纤维属于新材料领域，目前在我国大多还处于技术研发阶段，因而大量的研发资金的投入是必需的。更为重要的是，这种资金投入的回报并不明显，因为这是研发费用，企业并不能保证其收益是可观的。持续的资金投入是研发连续性的保证，而来自国家的科研经费是远远不能满足各家民营企业的需求的。

5. 产品/技术

产品/技术因素作为最后一个壁垒因素被提出来，并不是因为它不重要。相反，在访谈过程中，被访者在不同问题上都会对产品/技术本身进行评论，这足见产品/技术本身与其他壁垒因素的相互联系。从另一个角度来看，产品/技术所形成的壁垒与上面提到的四个方面的壁垒因素并不处于同一个层面上。换句话说，上面提到的四个方面的壁垒因素可能会随着产品/技术的不同而不同。这也就是说，企业选择了什么样的产品/技术，上述四个方面的壁垒因素就可能形成不同的阻碍状态。在访谈中，关于产品/技术描述较多的是产品/技术的复杂性与产品差异化。

（1）产品/技术的复杂性。国防高科技产品具有研发风险大、周期长、前期投入大的属性。即使项目预研了，也有可能不被采用③。此外，由于军品对于“稳定性”的要求远远高过民品，军民通用品的技术标准要做到相互融通，还有很多工作要做。如：

在……的聚合方面出问题，这一方面和我们的前期处理有关，另一方面也和现有的基础理论研究有关。理论研究也未能解决这样的问题。再有如出现了凝胶怎么处理？……企业拥有现代化的生产装置，可是我们却很难进入……材料的微观研究领域。（S1）

民用企业采用很多非我国自主研发的核心技术。民用企业所生产的产品往往是组装品，核心元器件依赖进口，关键技术也尚未消化吸收，不仅缺乏科技创新，容易受制于人，而且由于增加了对国外的依赖程度，军事作战中容易受外国中止供应产品的影响④。这些因产品/技术自身的复杂性形成的进入壁垒也不容忽视。

（2）产品差异化。产品差异化是指消费者对某一产品（品牌）的偏好，以及在位者已占领的

---

① 张书云，王万宾，王坤：《新型产业的进入壁垒及竞争分析》，《经济问题探索》，2002 年第 10 期。

② Harry G. Broadman. *Reducing Structural Dominance and Entry Barriers in Russian Industry* [J]. World Bank, Working Paper, 2000。

③ 林华：《浙江民企勇闯军事禁地》，《管理与财富》2005 年第 6 期。

④ 黄薇：《民用企业参与国防科技工业建设的初步思考》，《中国国防经济》，2005 年第 6 期，第 47 页 ~51 页。

合适的市场位置和产品空间，使得新进入企业在竞争中处于不利地位①。当在位厂商已经在顾客中享有品牌忠诚度时，产品差异化就成为了一项进入壁垒②。如：

……的民用标准对军用标准并没有什么意义。(S3)

国外在……的指标上是这样的，可是我们始终做不到和它们的一样。要完全一样也是很困难的。但是现在的情况是，你做不到这样的标准，你就进不了军品领域，因为采购标准就是依照长期使用国外产品而建立起来的。(S3)

就军用高性能纤维而言，目前我国在很大程度上还依靠进口。因此，在长期的使用中，相关的应用标准也都是参照国外的产品性能指标建立起来的，实际上就是无形中给国内企业设置了障碍。

2.3.25.5 讨论与模型

基于上面的访谈，本文设计了一个如图1所示的综合性的国防科工领域的双层进入壁垒模型。之所以称之为“双层进入壁垒模型”，是因为在访谈中发现，这个简单的模型中构成进入壁垒的各因素所发挥的综合性壁垒效应实则可以归结为两个层次，即两层障碍。从企业行为的角度来看，它们之间有一个先后顺序。如模型中所描述的，影响民营企业进入国防科工领域的壁垒因素来自五个方面：产品/技术、政府、采购方、竞争者与企业自身。从本文的探索性研究和所构建的模型来看，这五个方面的因素形成了两道进入壁垒，一是“产品圈”——民营企业要实现从民用产品向军用产品的延伸，则必须改变产品/技术不达标的局面；一是“市场圈”——拥有军用产品/技术的民营企业必须要有优秀的市场开拓与运作能力，才能真正进入军品销售市场。同时我们注意到，在访谈中，关于产品/技术的论述非常多，这实际上反映了这是民营企业要想进入国防科工领域必须突破的一道非常关键的壁垒，而其形成是上述五种因素共同发挥效应的结果，绝不仅仅是由产品/技术因素单方面作用的结果。在访谈中，企业和专家并没有大量直接论及“市场障碍”，这一方面是由于军用高性能纤维产业的特殊性，即其供不应求的现状；另一方面，民营企业对于市场开拓障碍的考虑实则已包含在对其他因素的描述中，如对产品/技术差异性的关注、对军方采购需求信息的关注、对外资同行企业市场行为的关注以及对政府政策性支持措施的关注等都反映出了其对产品/技术能否顺利进入军用市场的担忧。因而，本研究将这几种因素共同作用的另一种效应提炼为另一道关键性壁垒，即市场圈。

应当看到，产品/技术、政府、采购方、竞争者和企业自身这五个因素彼此之间是存在着交互作用的，这种交互作用使两道壁垒作用的强弱呈现出动态的变化。如竞争者的行为使得采购方对其形成更强的偏好，采购方的应用历史影响到产品/技术的差异化，产品/技术的复杂性也影响到政府的项目立项等支持性政策，政府的行为可以影响到采购方需求信息的公开程度等。这种交互作用是很明显的。这种强的交互作用，使得它们所构建的两道壁垒显得难以突破。而企业自身与其他四个因素的交互作用效应表现在：正向交互作用越强，企业越能突破壁垒；而负向交互作用越强，企业则越难突破壁垒。上面提到的双层进入壁垒模型是基于军用高性能纤维产业的研究而提出的，考虑到我国民营企业发展的实际情况和国防科工领域的准入程度，该模型在其他军用新材料产业领域也具有一定的应用价值。

---

① 江伟，史晋川：《进入壁垒与民营企业的成长》，《管理世界》2005年第4期。

② Harry G. Broadman. *Reducing Structural Dominance and Entry Barriers in Russian Industry* [J]. World Bank, Working Paper, 2000。

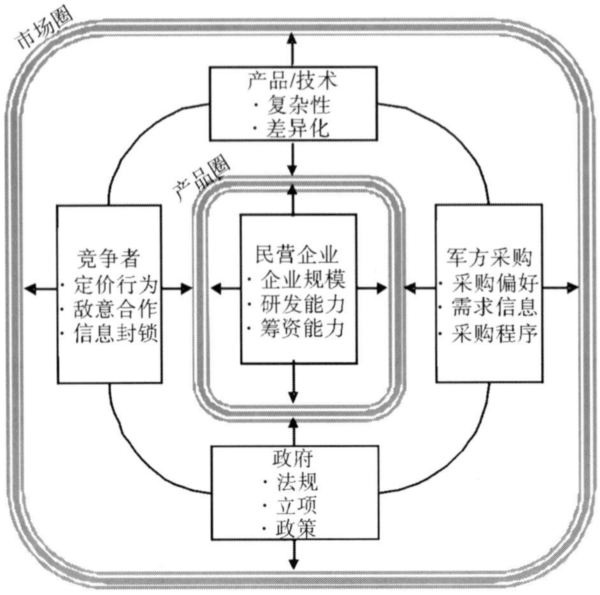

图 1　双层进入壁垒模型

2.3.25.6　研究结论、政策建议与研究展望

本研究首次尝试对民营企业准入国防科工领域的进入壁垒提出一个探索性的综合模型，以识别阻碍民营企业进入国防科工领域的若干壁垒因素，并对它们的作用机理进行讨论。文中所提出的模型并不一定是最全面的模型，但是它可被看作是试图了解民营企业进入军用高性能纤维领域这一特殊领域时所遇到的障碍的分析框架。

利用文中所提出的双层进入壁垒模型，从企业的角度来看，可以分析其进入军品市场的路径与障碍；从政府的角度来看，可以分析在鼓励民营企业进入军品市场时的政策取向。本研究认为：

①建立立足于国内的国防体系，在国防科工领域准入问题上，政府应当注意扶植国内企业的发展。要在准入的同时注意保护本国企业的利益，因为这关系到国防安全。因此，政府要把握好市场准入的程度与速度，要在国内企业发展起来的同时逐步放开，以免一开始就让具有相对优势的外资企业垄断了市场。

②对于国防急需的或具有重大影响的"民转军"类项目，国家应当制定相应的扶持政策。尤其是在科研项目申请、产业项目立项、市场需求引导、税费减免、产业控制等方面给予支持，做到国有企业和民营企业一视同仁。在条件成熟时，还应制定出台《国防科研生产法》、《武器装备采购法》、《装备动员法》、《军民两用技术促进法》和《军品研制、承制单位资格审查认证办法》等，并加紧修改《专利法》、《保密法》和《科技进步法》等法律法规，为军民两用技术健康发展创造良好的法制环境[①]。

③构建国防建设以企业为主体的自主创新体系，实施"寓军于民"的国防建设战略，要求政

① 任民：《全面贯彻落实科学发展观，推动国防科技与民用科技协调发展》，《中国国防经济》，2006 年第 3 期，第 12 页～16 页。

府在联结军品采购方与军品供给方方面面发挥积极作用。针对民营企业目前面临的军品市场信息缺乏、研发生产技术积累不够等问题，政府应鼓励成立一批信息中介组织和技术咨询机构，以促进二者的有效沟通、推进产业的技术的发展。

④民营企业要想突破双层进入壁垒，成功实现技术更新与产品升级，进入国防科工领域，可以选择三条策略：一是以增强企业内部力量为重心，争取技术/产品的突破，在市场上做技术/产品的领导者；二是以与国防采购方合作为重心，建立研、产、销的一体化合作模式，从联合开发入手，逐步切入军品市场；三是以投资重心，与已进入国防科工领域的企业合作开发、生产，这种投资可以是资金的，也可以是技术的。这三个策略各有侧重，但并不是说只选择一条就可突破双层壁垒，因为正如前面讲到的形成壁垒的各因素有着交互作用，因而企业应综合这三个策略，并根据企业自身的优势来决策。

显然，本文的研究还存在着缺陷。虽然研究中所使用的数据来自国防科工领域中基础领域的多家企业，但是本研究毕竟还只是局限于一个领域。因而，研究民营企业进入国防科工领域的进入壁垒，还必须研究进入其他军用产品领域的壁垒。另一方面，上面提到了形成双层壁垒的各因素之间存在着交互作用，而本文对这种交互作用的机理并未进行深入探讨。

（作者单位：中国人民大学商学院）

2. 3. 26　试析我国石化行业的管制俘虏现象

——从茂化实华停产风波看石化行业垄断的维持

黎　霆

随着市场化改革的深入，我国目前仅存的几个垄断行业越来越引起人们的关注。2004 年 12 月 23 日，茂名石化实华股份有限公司（000637，简称茂化实华）发布公告称，由于与原料主要供应商中石化茂名炼油化工股份有限公司（简称茂炼股份）在原料定价上出现分歧，茂化实华主要业务陷入停顿。因原料供应中断而导致停产。这在上市公司中尚属罕见现象。事实上，这一事件还有中石化集团试图整合业务的背景。2005 年 2 月 27 日，盛洪等多位经济学者参与举办了“茂化实华停产风波学术研讨会”，更把人们的目光引向了整个石化行业的垄断和管制。

本文基于管制俘虏理论，对我国石化行业的垄断和茂化实华停产风波进行了分析，认为我国的石化行业正处于逐步脱离自然垄断的阶段，但由于存在管制俘虏，我国石化垄断企业又在设法维持本行业的垄断局面。

2. 3. 26. 1　管制俘虏理论文献综述

根据经济学原理，一个行业的长期平均成本曲线呈现先降后升的趋势。如果平均成本处在递减状态，意味着生产成本是次可加的（Subadditivity），即由一家企业提供整个市场产量的成本，将低于由多家企业共同提供相同产量的成本，此时可以认为该行业具有自然垄断的特征①。由于竞争将带来效率损失，这时就应该由政府出面进行干预，让一家或少数几家企业垄断市场。基于这样的原理，在很长一段时期内，“政府管制公共利益理论”一直在政府管制经济学中居统治地位，它主张通过进入管制来保证垄断结构以实现生产效率，并通过价格管制或报酬率管制限制垄断力量，实现配置效率。

但在 20 世纪 70 年代初，西方国家出现了管制俘虏理论，对政府管制公共利益理论提出了挑战。企业作为一种利益集团对政府管制有着特殊的影响力，而政府管制者也有各种利己的动机，这两者相结合便为管制俘虏现象的产生提供了可能性。政府管制俘虏理论认为，政府管制是为满足产业对管制的需要而产生的，而管制机构最终会被产业所控制。这一理论的最大贡献者是曾获得诺贝尔经济学奖的乔治·施蒂格勒（George Stigler），他在 1971 年发表的《经济管制理论》一文中指出：“经济管制理论的中心任务是解释谁是管制的受益者或受害者，政府管制采取什么形式和政府管制对资源分配的影响。”他通过实证研究得出的结论是：受管制产业并不比无管制产业具有更高的效率、较低的价格②。

1976 年，另一位芝加哥学派的经济学家佩尔兹曼（S. Peltzman）进一步发展了这一理论，他把管制与市场失灵相联系。被管制产业有一种经济激励，试图影响政府，以尽可能建立对本产业有利

① 平新乔：《微观经济学十八讲》，北京大学出版社，2001 年。

② 王俊豪，鲁桐，王永利：《西方国家的政府管制俘虏理论及其评价》，《世界经济》，1998 年第 4 期，第 27 页。

的管制制度。出于同样的目的，被管制企业会尽最大努力去影响政府管制者，政府管制者通常会被受管制企业所“俘虏”①。

就管制俘虏问题，国内学者也有不少研究。如孙永峰基于对我国自然垄断行业价格管制的分析，认为某些行业的定价中存在“倒逼政府”的现象，即经营者利用垄断地位倒逼政府进行高定价，采取价外加价、价外收费，变相提高价格或延伸经营范围、附加不合理的交易条件，赚取不正当收益②。谢臣英则从管制者、被管制企业和消费者间的博弈关系来解释了管制俘虏的成因，认为消费者由于人数多、组织性差，从而在博弈中处于劣势地位，利益容易遭到侵害③。

2.3.26.2 我国石化行业垄断现状简述

对照自然垄断概念，石化行业在一定阶段也具有规模经济效应④，其生产成本是次可加的，因而也就具有自然垄断的特征，这时引入政府管制可以增进社会福利。事实上，我国的石化行业确实遵循了政府管制公共利益理论，存在较严格的政府管制。该行业长期由中石油、中石化和中海油三大国有集团居于垄断地位，虽然市场上也有民营的加油站和炼油厂，但油源一直由国有石油集团控制。从 1999 年起，民营石油企业在国有石油集团发起整顿全国成品油市场的号令下捉襟见肘，据有关机构的不完全统计，到 2003 年中期，持续的市场整顿已让全国 80% 以上的民营石油企业处于停业、倒闭或半停业的状态。2005 年 6 月 29 日，民营性质的“长联石油控股有限公司”成立，然而由于种种原因，长联开展石油业务所必需的主要许可证却仍未拿到⑤。

经济学理论进一步认为，自然垄断是一种客观存在的特性，但这一特性也并非是永久的。一个垄断产业可以通过技术基础的改变成为竞争性产业。同样，如果需求不断增长，一个产业可以从自然垄断状况脱离出来⑥。

近年来，我国的石化行业发展迅速，据中国石油和化学工业协会发布的数据，2004 年我国石化行业的销售收入和利润均创历史最高水平，全年实现工业总产值约 2.43 万亿元，销售收入约 2.33 万亿元，利润约 2700 亿元。在上述判断的基础上，石化协会预计，2005 年石化行业工业总产值（现价）将增长 10% 至 15%⑦。而前些年该行业的产值增长率更是一直保持在 20% 以上。由此可以推断，随着我国石化产品需求和产值的迅速增长，该行业走出自然垄断是迟早的事。在这样一个脱离自然垄断的过程中，业内原有的国有石化企业会有何举动呢？通过对茂化实华停产这一案例的分析，本文发现，石化垄断企业会通过各种办法，竭力维持原先的垄断状态，即石化行业中存在管制俘虏现象。

---

① 王俊豪，鲁桐，王永利：《西方国家的政府管制俘虏理论及其评价》，《世界经济》，1998 年第 4 期，第 27 页

② 孙永峰：《有关我国自然垄断经营行业价格管制的简要分析》，《经济论坛》，2004 年，第 21 期，第 8 页。

③ 谢臣英：《政府管制俘虏理论的启示》，《商业时代》，2005 年第 15 期，第 57 页。

④ 比如业界观点普遍认为，我国乙烯装置的经济规模应在 60 万吨/年左右，而 2002 年乙烯二轮改造前扬子石化、上海石化、齐鲁石化的乙烯装置均未达到规模经济。

⑤ 勾新雨，欧阳晓红：《无证试水长联石油脚步匆匆》，《经济观察报》，2005 年 7 月 4 日。

⑥ 于立，肖兴志：《自然垄断理论演进综述》，《经济学动态》，2000 年第 6 期，第 73 页。

⑦ 中国石化协会：《2005 年石化行业工业总产值将增长 10% ~15%》，2005 年 2 月 18 日，http://www.51bxg.com/Information/013165/2005-02/200502180068.html.

2.3.26.3　茂化实华停产风波的启示

根据媒体的报道，茂炼股份停供原料的直接原因，是茂化实华拖欠巨额货款不还。2005 年 1 月，茂炼股份有关人士表示，他们曾十多次向茂化实华催收欠款，但茂化实华所欠货款仍有 2 亿多元人民币。既然是欠款不还，茂炼股份就有充分的理由停供原料，这是保护公司合法的商业利益和投资者利益的正常商业行为。

但是，拖欠货款的茂化实华也有自己的说法，那就是原料定价过高。2002 年 5 月，中石化集团曾对茂炼股份供给茂化实华原料的价格公式作出规定，此公式一直得到茂化实华大股东认同。2003 年 9 月后，中石化数度改变这一价格公式，事实上调高了原料供应价格。2004 年 5 月，大股东北京泰跃作出了向茂炼股份暂停付款的决定；9 月，茂化实华主动支付了对茂炼股份的原料欠款，但依据的价格是 2002 年的价格公式。之所以说原料定价过高，是因为中石化对系统内的公司并未提价，茂化实华总经理姚志方在接受媒体采访时说："据我了解，中石化系统的其他供货对象岳阳兴长等公司，即使在取消价格统一规则之后，都没有调高价格。"

综合以上说法，可以发现原料供应价格是双方争执的一个焦点问题。同时也不难发现，在定价问题上，由于中石化的"不合作"，茂化实华方面几乎没有谈判能力，只好采取拖欠货款这样消极的应对方式。同时，因茂炼股份历年供应的原料占茂化实华采购总量的 90% 左右，同时原料供应很难由其他厂商替代，最终茂化实华因被停供原料而停产。

从这次停产风波中可以得出的第一个结论是，由于能控制供给，像中石化这样的垄断厂商完全可以控制产品的价格，随时决定将产品提价。正如经济学家盛洪在"茂化实华停产风波学术研讨会"上提出的，此次定价冲突的一方是具有行政性垄断优势的国有企业，另一方则"没有任何讨价还价能力"，所以应从此案例更多探讨"我国石油化工业反映的体制上的问题"。

从茂化实华的案例来看，作为垄断国企的中石化还具有通过市场手段阻止其他主体进入该行业的倾向。例如，茂化实华是由中国石化集团茂名石油化工公司在 1988 年发起成立的二级子公司，1996 年在深圳上市。2002 年 11 月，北京泰跃房地产开发有限责任公司以 2.8 亿元受让境内法人股的方式成为茂化实华第一大股东，持股 29.5%；而原控股股东茂名石化变成了持股 17.8% 的第二大股东。

既然直接进入石化行业受政府的管制，那么通过股权受让、间接进入该行业应为一个不错的替代路径。但北京泰跃在入主茂化实华时，曾被要求承诺"促使茂化实华通过再融资，将主业逐渐转为房地产及教育产业，并促使上市公司将其石化类资产以当时净资产值，出售给中国石化集团或其指定公司"。可是后来茂化实华总经理姚志方又表示："一旦这块主业（石化类）资产卖给了中石化，上市公司就相当于被掏空了，公司很可能就会退市。"由此可见，即使北京泰跃入主时作过退出石化业务的承诺，也是出于不情愿的。值得一提的是，泰跃是以 60% 溢价强购茂化实华职工股的。就此国内反垄断法研究专家王晓晔指出，合同自由原则和保护所有权原则固然非常重要，但在市场经济国家，"这两个原则之外还必须加一个竞争自由的原则"，"如果强调合同自由原则，这样的合同肯定是不公平的"①。

中石化提出收购茂化实华的液化气和聚丙烯两块资产，此举目的是中石化希望把分散的炼油业务整合在一起，形成完整的产业链，获得更高额的利润收入。但是，作为上市公司的茂化实华并不

---

① 何禹欣:《茂化实华停产风波》,2005 年 3 月 21 日. http://finance.sina.com.cn/stock/s/20050321/11231446210.shtml.

想转让这两块主要盈利资产，这在后来表现为收购价格上出现了分歧。就在此时，中石化发挥了垄断油源的优势，多次提高原料供应价格，直至最终停供原料，迫使茂化实华停产。与此同时，在2004年12月传出中石化集团拟投资4亿元，在茂名重新建设与茂化实华相同石化生产设备的消息。国家计委和经贸委曾授权中石化在一定程度上拥有自主的项目审批权，因此中石化要复制一个“茂化实华”并非难事。

综上可知，新主体进入石化行业存在相当大的障碍。除了直接进入在许可证方面要受政府管制外，通过受让股权参与石化业务，也会受到原有垄断企业的排挤。而从中石化使出停供原料这一“撒手锏”来看，业内垄断企业有意无意地使用了控制供给的方法。

2.3.26.4 维持垄断的途径：提高价格和限制供给

通过茂化实华停产案例可发现，我国的石化行业的管制权力已在很大程度上为垄断企业所掌控。目前，我国三大石油公司既是行业垄断者，又行使政府职能，一定程度上仍存在政企不分的情况。例如国内成品油（汽、柴油）价格并未与国际市场直接挂钩，其零售中间标准价格由国家发改委核准公布，而出厂价格、批发价格和实际零售价格均由中石油和中石化根据市场交易实际情况自主决定。并且如前所述，国有石油企业还拥有一定的项目审批权。我国石化行业依然存有的政企不分现象实际上是管制俘虏的高级形式，即管制者与被管制企业在某种程度上已合二为一，那么要对本行业进行干预就更是轻而易举了。

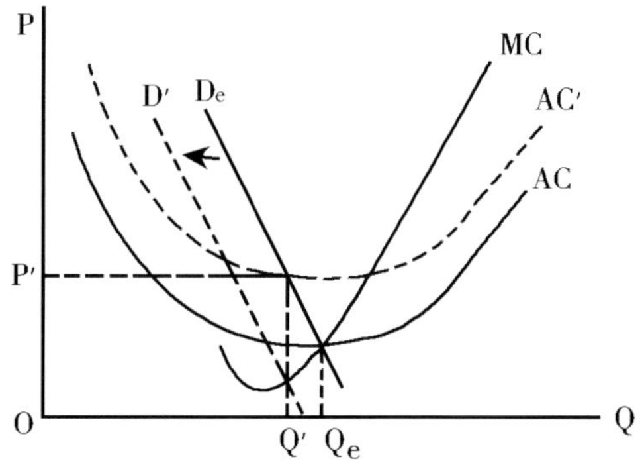

图1

站在国有石油企业的角度来看，他们所面临的形势一方面是已达成管制俘虏状态、可在较大程度上干预本行业；另一方面却是随着规模扩大，行业正在逐渐脱离自然垄断性质，各种新主体不断地试图进入本行业。采取什么办法维持原有的垄断，是国有石油企业所要面对的问题。本文认为，业内企业是通过提高价格和限制供给两条途径来维持自然垄断状态的。如图1所示，当需求曲线在 D_e 的位置时，行业处于自然垄断和非自然垄断的分界点，为了保持自然垄断状态，业内企业应想办法把生产控制在 Q_e 以左。显然，一个可行的方法是提高价格，如把价格定为 P′（作为已获得管制俘虏状态的企业，对外界能保持信息不对称，可以声称自己的成本为 AC′，从而为高价提供合理解释），这时产量就降至 Q′，即处在平均成本递减阶段。而另一个办法是限制供给，在不提高价格的情况下，将供给量减少，直接使生产处于 Q_e 以左。这还可能带来一种需求受抑的效应，即需求曲线被迫左移至 D′，同样会使生产点移至平均成本递减的阶段，从而维持自然垄断状态。

观察茂化实华停产风波及现实中的情况，可以发现我国的石化垄断企业正在不自觉地遵循了这两种方法。如中石化曾数度提高对茂化实华的原料供应价格，并且提价是通过改变价格公式实现的，具有一定的随意性和隐蔽性。而从成品油零售价格看，据测算考虑到养路费因素之后，2004年9月成都实际油价约为4.92元/升，而纽约油价换算之后为4.30元/升，中国的油价要比美国高出0.62元/升①。另外，从利润的角度来看，中石油公布的2005年上半年利润是616.24亿元，增长36.1%，所创造的利润相当于中国所有国有及国有控股企业上半年净利润的1/5；中石化公布的上半年净利润为180.87亿元人民币，同比增长20%。这样的高利润在很大程度上可以反映出国有石化企业采用了“提高价格”的策略。

而在限制供给方面，中石化对茂化实华停供原料就是一个典型案例。另外，2005年在广东等地出现的“油荒”也是一个例子，“油荒”期间境内许多加油站都无油供应，但海关统计表明2005年1~7月，广东口岸进口的成品油为974万吨，比去年同期下降19.1%；而出口成品油则为117.3万吨，比去年同期增长39.2%。也就是说，广东一边在闹油荒，一边石化企业还在大量地把油卖到境外去②。在垄断企业减少供应时，由于需求方被迫减少用油，即使不提高价格，事实上也起到了抑制需求的效果。

2.3.26.5　结论与建议

本文通过分析认为，随着行业规模的扩张，我国的石化行业正在脱离自然垄断阶段。但由于存在管制俘虏现象，业内的垄断企业又可通过提高价格和限制供给两种方法，尽力维持垄断局面。这两种维持方法直接侵占了需求方和消费者的利益，显然是有损社会整体福利的。

如何改变石化企业中的管制俘虏状态，本文认为，首先应尽快改变石化行业中依然存在的政企不分局面，消除管制者和被管制企业合一的现象。其次，应设法对石化行业脱离自然垄断的临界规模进行估算，如果发现目前我国石化行业的规模已经超出了自然垄断范围，则应放松政府管制，鼓励各种主体进入。在新主体进入的过程中，可有针对性地防范业内企业“提高价格”和“限制供给”这两种维持垄断的方法，以提高石化行业的竞争效率。

（作者单位：华南农业大学经济管理学院）

① 郑作时：《石油利润的畸形流向》，2005年9月10日. http://www.nfcmag.com/ReadNews.asp? NewsID=3189.

② 范大中：《从油荒看垄断恶果》，2005年8月18日. http://zqb.cyol.com/gb/zqb/2005-08/18/content_50528.htm.

2.3.27 构建我国民营农场制度的若干问题

李尚红

2.3.27.1 构建我国民营农场制度的必要性分析

在我国构建民营农场制度具有极其重要的价值，主要表现为：

1. 土地使用权更加长期化，有利于调动生产积极性

产权问题长期以来一直是困扰我国经济发展的瓶颈，在农业生产的发展方面也是如此。在推行家庭联产承包责任制背景下，农民仅仅取得了土地的使用权，而在土地的处置、流转等方面缺乏根本的权利。伴随农村经济发展的多元化，加之政府缺乏合理有效的土地处置和流转等引导政策，农业生产的投入与产出非等比关系，致使许多农民在不能合理处置土地的情况下，只好选择弃耕，从而出现大面积的土地抛荒现象。构建我国民营农场制度，确立合理高效的土地资源配置及流转制度，将充分有效地使用有限的土地资源，做到土地资源的集约化经营。同时以现代企业制度的要求来规范和约束民营农场的生产与经营行为，使民营农场所有者在对其财产的使用方面拥有所有权，长期有效地拥有土地使用权，这将在更大程度上调动生产经营者进行农业生产的积极和主动性。

2. 权责关系更加明确

民营农场制度建立后，可以贴近和符合现代企业制度的要求，出资者与经营者之间做到权责关系脉络清晰，使民营农场的所有者权利和义务关系更加明确。农场主以利益为导向，在农场的经营管理活动中会更加规范所有者和生产者之间的行为准则，使各主要农场生产活动的参与者更加明确自己的权利和责任。

3. 管理更加科学

在以家庭联产承包责任制为背景的生产组织方式下，农业生产活动基本上是松散型的，各农户之间不存在任何必然性联系与分工和协作关系，他们各自为政，随意组织生产，生产什么，如何生产，产品如何流通等问题会使得各自独立生产的农户没有统一的、规范型的行为规则进行运行，导致整个生产活动缺乏统一的社会调控和管理。构建民营农场制度可以引入先进的管理经验，统一协调和组织生产活动，包括在种植产品的品种、规模等方面更加科学化，更能适应现代化大生产的分工与协作功能。

4. 政企关系更加协调

在传统经营模式下，由于生产活动过于分散，政府对最基本的生产单位——农户实行管理过程中耗费了大量的人力和物力，造成管理成本增大，从而出现在农村基层政府机构改革中越改人员越多的尴尬局面，而为了维持政府的正常运转，又不得不向农民增加费用收取落入恶性循环境地。建立民营农场制度后，农场以企业化形式出现，政府面对的生产组织单位在数量上减少，加之农场按现代企业制度要求进行生产组织活动，政府在整个农业生产活动中，只要把握和贯彻方针、政策的落实情况，而无需像过去那样整天忙碌于每个农户之间，可以使政府由过去单纯的管理型转变为服务型。

2. 3. 27. 2　我国民营农场的基本构建模式

众所周知，我国是一个农业大国，农业人口占比重大，有人可能会担心建立民营农场后会导致更多的农民失业，事实上担心是多余的，我认为构建我国的民营农场应该区别于私有制国家的私人农庄，因为在资本主义国家土地可以私有，而我国法律则不予支持。那么究竟如何构建我国民营农场的框架呢？笔者认为我国的民营农场在现阶段应以股份制为基本形式。民营农场在股本构成上应该包括以下内容：

1. 土地入股

土地作为不可再生资源得到各国政府的重视，同时土地作为最原始的生产要素也得到农民的青睐。尽管长期以来国家非常关注"三农"问题，也非常保护这一弱势产业，但农业对整个社会的贡献率依然没有多大的提高，农民的收入水平仍然维持在较低的水平，许多农民为了获取较高的利益回报，纷纷到城市谋求生存和发展。目前在中国的许多农村，剩下的仅仅是老人和孩子，从而导致和出现了民工潮以及在农村土地抛荒的现象。通过构建民营农场，农民以土地形式加入股份，并获取一定的分红，可以使更多的农民脱离土地，安心在外务工，同时又不担心土地的耕种问题。

2. 资金入股

近年来，出现的资金回流农村现象就是很好的证明。许多投资者为了谋求资金的更大回报，纷纷到农村去投资，但由于政策的限制，许多投资者只能在承包荒山、养殖业方面谋求发展。建立民营农场以后可以吸收更多的资金加入到该行列，从而可以缓解农业发展过程中建设资金不足的局面；对于农民来说，除使用土地进行入股以外，还可以通过资金入股方式，成为农场的股东，并获取相应的利益回报。

3. 设备入股

在传统的联产承包责任制经营方式下，农户独立进行生产作业，各个家庭均不同程度地购置了农业生产设备，在我国的许多农村，有许多农户拥有自己的固定资产（拖拉机等）。由于土地面积的有限性和农业生产的季节性导致农户农业机械设备投资重复和浪费以及闲置现象极为严重。据我们调查显示，绝大多数农村的农业生产设备投入浪费 80%，闲置期限在 10 个月以上。建立民营农场后，农民可以将自己的资产折合成一定数额的股份，农业生产机械由农场统一管理使用，农民凭其股份获得分红。

4. 技术入股

千百年来，我国的农民凭借自己的辛勤耕耘和劳作，在长期的生产实践中，归纳和总结出了许多先进的农业生产经验，生产技术作为无形资产参与股份已经得到了国际公认，对于那些拥有知识产权的农民来说可以以自己所拥有的知识产权投资入股，同时也可以吸收科技人员的知识产权投资入股。

5. 农业工人

农场的发展离不开农业工人，农民在以土地、资金、生产设备以及知识产权入股后，可以到城市谋求发展，也可以转变为农业工人，改变千百年来农民没有工资收入的局面。由于在我国农村商品化程度极低，农民在农产品的生产过程中，在计算产品成本时，是从来没有列入劳动力工资一项的，实行农场制度后可以使我国农产品生产在成本核算方面更加科学合理，并有利于参与国际竞争。随着农民身份的转变以及流向的转移，有助于推动农村小城镇建设和第二、三产业的发展，加速我国城市化建设的进程。

2.3.27.3 构建我国民营农场的积极效应

在我国建立民营农场已经不是什么新生事物，在一些经济发达地区已经出现了民营农场这一生产组织形式，但由于理论上的匮乏，使得这一科学合理的生产组织形式难以发挥更加有效的作用。面对我国农业生产中不断出现的新情况、新问题，我们必须在农业生产的组织方式上作出重大变革，以适应不断变化的社会发展的需要。现阶段在我国构建民营农场制度具有极其重要的现实意义和理论意义。

（1）构建民营农场制度可以解决现行土地分散经营产生的土地资源浪费现象，实现土地集约化经营，走规模经济道路。在以家庭为基本经济单位的生产方式下，土地被分割细化，浪费严重。分散经营的边际效益已经接近于分散经营的边际成本，难以发挥规模效应，这可以从大部分的农户弃田抛荒看出。在农村，不管是土地，还是其他资源都存在一个集中的趋势。土地向会种田、想种田的农户集中，资源向大户集中也不能脱离这一大趋势。通过建立民营农场可以从根本上解决规模不经济问题。同时由于农场生产规模较大，在农业生产资料的采购中可以实现批量购买，降低生产成本，即使是在同等价格条件下，仍可以获取较高利润。

（2）构建民营农场制度可以有利于农业产业结构调整，走与国际农业接轨之路。在以家庭为生产单位的生产模式下，农户受到自身知识水平的限制，对现代农业发展的趋势，国际市场的走向缺乏了解和把握，一般农户都是靠经验组织生产活动，加之农户在生产中各自为政，具有极强的随意性，不利于新产品的推广和应用，更不利于农业产业结构的调整。通过农场制可以以市场为导向并顺应市场的变化，不断更新和实现农业产业结构的升级和转变。

（3）构建民营农场制度可以提高农业商品化水平，推动商品经济的发展。尽管社会主义商品经济在我国已经发展了多年，但在我国广大农村，商品化程度仍然较低，基本维持在小农经济状态。实物分配仍占据相当大的比重，劳动力的劳动付出从来没有得到货币承认和回报，农户在计算农产品的生产成本时也从未考虑过劳动力费用概念。建立民营农场制度后，农户转变为农业工人，其收入也必然实行货币化分配。随着劳动力收入的货币化必然带动相关领域的商品化进程，在根本上改变我国农村的小农经济状态，使得这块维持在商品经济边缘的产业及早进入商品经济行列。

（4）构建民营农场制度可以转移农村富余劳动力，提高我国工业化水平。

（5）构建民营农场制度有利于吸引资金向农业领域流动，解决农业发展中资金不足问题。长期以来，作为弱势产业的农业一直受到政府政策的倾斜与呵护，无论是农业发展银行的设立还是农业专项资金的运用都不难看出政府的良苦用心，但困扰我国农业发展的资金缺口始终未能有效解决。资金具有趋利性，这是商品经济的一般常识，通过建立民营农场，可以吸收社会富余资金，缓解农业发展资金的不足，同时民营农场是按照企业化模式进行运作的，投资者可以成为农场的股东，投资必然会获得回报，我相信民营农场一定会成为投资者投资的乐园。

（6）构建民营农场制度可以起到示范作用，便于在全国推广。

（7）构建民营农场制度可以提高和实现农业生产的专业化水平。现代社会化大生产理论更加强调社会的分工与协作功能，民营农场制度建立后，可以实现生产组织专业化、销售组织专业化、管理队伍的专业化，只有不断提升农业生产的专业化水平才能使我国农业生产在国际市场具有竞争力。

（8）构建民营农场制度可以实现农业生产组织方式在理论上的重大突破。

（作者单位：安徽财经大学成人教育学院）

2.3.28　我国非公有制林业经济发展研究

周经纬　文　冰

非公有制林业的理论研究在我国起步较晚，并且一直滞后于非公有制林业的发展实践。真正意义上对非公有制林业的研究大约从1998年开始，国家林业局党组2001年提出“放手发展非公有制林业”后，学术界开始将目光投向非公有制林业的研究[①]。为了解和掌握目前的研究现状，为进一步深入研究符合中国国情的非公有制林业的发展方向，作者查阅了1998年~2004年6年间共60余篇有关非公有制林业经济的论文和调查报告，经整理分述如下，以供参考。

2.3.28.1　关于公有制林业和非公有制林业的界定

公有制林业是指对国家和集体所有的森林的经营管理方式[②]，主要包括国有林场、国有森工企业、农村集体直接经营的森林资源，以及以股份制等方式从事林业活动的其他组织形式中的国有和集体林业经济成分。非公有制林业是指在国家所有和集体所有的土地上，由个人、私营和外资经济利用森林和林木，依法获取收益，并依法自主处分资产的一种林业经营方式[③]，主要包括个体林业、私营林业和外资林业。

2.3.28.2　发展非公有制林业经济的必要性

1. 能够调动社会各方面的积极性

国家林业局局长周生贤指出，私有制林业的最大优点在于产权关系清楚，明确了经营者的责、权、利关系，利益比较直接，让百姓有实实在在的拥有感，最能调动人的积极性。

2. 有利于实现林业投资主体多元化

辽宁省的研究表明发展非公有制林业能激活林业经营体制，调整造林绿化投资方向，把社会上的闲散资金吸引到林业发展上，还能把先进的林业技术、现代企业管理方式、风险投资理念等无形的东西逐步输入传统林业领域，使林业工作发生深刻变化[④]。

3. 有利于加快农村经济结构调整

由于传统的林业体制和结构束缚了林业生产力，阻碍了农村经济的发展，大力发展非公有制林业正是冲破这些条条框框，转变经营机制，解决束缚林业发展的好办法。因此发展非公有制林业是加快农村经济结构调整的重要措施。

4. 有利于保护森林资源，实现林业可持续发展

非公有制林业有利于更好地经营、管理和保护森林资源。在利益的驱使下，经营者会真正把林

---

① 周少舟，缪光平：《中国非公有制林业研究综述》，《林业经济》，2002年第8期，第38页~40页。

② 巴连柱，李淑新：《关于非公有制林业的法律思考》，《林业经济》，2003年第1期，第44页~46页。

③ 同上。

④ 陈天民：《辽宁省非公有制林业存在问题与对策建议》，《林业经济》，2002年第9期，第43页~45页。

木和林地当做自己的资产经营和管理，从而有利于保持林地稳定，保护造林成果和实现林业可持续发展。

2.3.28.3 关于产权问题的研究

1. 研究产权的意义

周生贤在全国林业厅局长会议上指出："要给非公有制林业发展创造一个宽松的大环境，一要充分尊重经营者的自主权，放手让其发展；二要深化林地产权制度改革，实行'两权'分离，稳定所有权，放活使用权，为非公有制林业发展提供基本条件。"然而，长期以来，我国非公有制林业缺乏应有的法律地位，经营者的合法权益经常遭受侵害，现行的林木采伐管理机制严重限制和削弱了私有林主对其经营成果合法占有、使用和自主处分的权利，极大地挫伤了广大群众植树造林热情，不利于非公有制林业健康发展。

2. 解决非公有制林业产权问题的对策

目前《森林法》还存在许多缺陷，非公有制林业的法律地位没有明确的规定，因此要修改《森林法》，建立与非公有制林业相关的林业法规。此外，在国家制定的有关财产权保护的法律制度中，应结合林木的特点，明确规定林木所有权的形式及保障措施，以法律形式保障非公有制林业经营主体的合法权益。巴连柱认为将非公有制林业经营主体所经营的林木视为一种财产权利，国家放松对非公有制林业的管制是促进非公有制林业发展的主要措施之一[①]。解决非公有制林业产权问题可采用多种形式，归纳起来主要有：租赁、拍卖、转让、股份合作制、无偿划拨转制。

2.3.28.4 关于非公有制林业产业化的研究

1. 制约非公有制林业产业发展的原因分析

首先，思想观念落后。管理者对非公有制林业发展的认识严重滞后，有关扶持非公有制林产业发展的政策措施未能真正落实到位。

其次，林业行业中存在的不平等待遇。林业行业主要存在两个方面的不平等待遇问题，一是非公有制林业与公有制林业之间存在不平等待遇；二是非公有制林业内部的不平等待遇。前者主要表现在国有林场、国有森工企业仍然享受着特殊待遇，比如享受农林特产税、育林基金等方面的优惠待遇。后者表现在现行法律（政策）对外商投资造林给予特殊优惠待遇，例如我国有关外资企业的法律规定，外资企业投资的林业，国家不实行国有化和征收，如出于公共利益需要必须实行国有化和征收，则要给予相应的补偿，而对国内个体林业、私营林业则没有这方面的法律规定。

第三，现有的一些政策法规与发展非公有制林业不相适应，突出表现在林业限额政策上。非公有制林业投资者绝大多数是发展商品林，而目前我国分类经营政策严重滞后，商品林采伐计划管得过死，极大地制约了投资者从事林业的发展。如私营企业为解决木材原料瓶颈营造的自用原料林在采伐上也受到限额管制的约束，影响了企业生产经营过程。

第四，林业税赋过重。林业生产相对于其他行业而言有其特殊性，投资周期较长，国家应给予税收优待。但目前各种林业税费并不低，以木材为例，一般木材交到工厂的销售成本中，各种税费约占售价的40% ~50%，加上林业生产中人、财、物的投入期较长，使得造林企业基本无利可图，难以调动非公有制经济主体发展林业的积极性。

---

① 巴连柱，李淑新：《关于非公有制林业的法律思考》，《林业经济》，2003年第1期，第44页~46页。

第五，融资途径有限，发展资金不足。由于非公有制林业企业规模小，自有资金非常有限，银行的贷款条件非常严格而且贷款利息高、周期短，因而许多私营林业企业严重缺乏发展资金，很难扩大再生产，只能维持现状。

2. 促进非公有制林业产业发展对策研究

首先，提高认识，更新观念。管理者应从战略高度上理解非公有制林产业的发展对我国生态环境建设和市场经济建设的巨大作用，把发展非公有制林产业作为一件大事来抓。

其次，制定优惠政策，放宽非公有制林业经济发展的环境。（1）改革林业限额采伐政策，赋予非公有林经营者自主处置权；（2）改革林业经营管理制度，为非公有制林产业创造一个公平竞争环境；（3）各部门在减少林产企业收费项目的同时，应进一步降低收费标准，切实减轻林业投资经营者的税费负担；（4）金融机构应采取有效措施，拓宽向林业经营者的贷款渠道；（5）对特定地区的林业活动给予特殊的补贴，对遭受意外灾害的经营者给予临时的补贴。

第三，实施产业化经营，发挥林业龙头企业的辐射带动作用。对符合林业产业政策、发展前景好的非公有制林业企业，应从金融、财政、税收等方面重点扶持，促使其走上集约经营的轨道。要努力组建和培育一批具有市场开发能力、规模大、效益好的林业龙头企业，充分发挥其带动作用和规模效应。

2.3.28.5　关于非公有制林业的实践研究

改革开放后许多省区对非公有制林业的发展都进行了实践探索，总结了不少经验。

1. 海南省非公有制林业实践研究

海南省非公有制林业迅速发展，无论是非公有制林业企业数量、企业资产总值还是从业人员都占全省林业的很大比例。促使海南省非公有制林业发展的因素主要在三方面：首先是海南自然条件优越，为发展热带经济林、速生丰产林、生态公益林创造了条件；其次是 20 世纪 90 年代海南作为经济特区，吸引了大量资金，一部分资本投向林业；再次是海南政府放松经营权、稳定使用权以及有效的政策支持，鼓励了社会各界广泛参与林业建设。

2. 浙江省非公有制林业实践研究

浙江省森林蓄积量只有 1.38 亿立方米，是林业资源小省。但近年来，浙江非公有制林业经济迅速发展，一批大中型企业迅速崛起，成为林业经济的重要组成部分，其经验是：（1）坚持“广泛筹资、多元投入”的方针，政府在加大对林业投资力度的同时，积极鼓励非公有制经济投资林业，逐步形成多元化投资机制；（2）坚持“谁有能力谁当头”的原则，不管是国有、集体、股份合作制还是个体、私营林业企业，政府都一视同仁，积极培植；（3）实施“五个一”工程，大力发展优高林业，“九五”期间，通过实施 100 万亩速生丰产林、100 万亩笋竹两用林等“五个一”工程，使全省以竹木为原料的非公有制人造板加工业、装饰材料业以及非公有制经济林特色基地快速发展起来。

3. 云南省非公有制林业实践研究

云南是全国重点林区省份，近年来云南非公有制林业有所发展，“九五”期间云南非公有制造林占全省同期造林总面积的 30%，比“八五”期间增加 10 个百分点。云南非公有制林业的主要经营形式有：家庭承包、个体承包和租赁经营、联合经营、“公司 + 农户 + 基地”经营、非公有制林产品加工企业、外资开发。但是非公有制林业发展的速度和对全省国民经济建设的贡献仍然有限，与林业资源大省的地位极不相符。目前存在的主要问题有：观念陈旧、政策不配套、木材税费重、资金短缺、管理乏力、服务不足。

2.3.28.6 关于非公有制林业管理政策的研究

1. 林木采伐政策的研究

一是结合森林分类经营改革，对不同林种实行不同管理措施的观点。陈天民提出在实施林业分类经营的前提下，应放开商品林的采伐限制，由造林者自由决定是否采伐①。对于一般用材林实行采伐限额和年度木材生产计划双控制；对于外商和个人投资营造的具有一定规模的速生丰产林及工业原料基地林，在其采伐限额范围内，允许投资者根据需要自主安排林木采伐；对于非林业用地上营造的用材林，不受采伐限额控制。中国农林工会调查组提出，林业主管部门在推行林业分类经营改革的同时，要适当放宽对商品林采伐的限额控制，营林者只要不使林地荒弃，就可根据自己的意愿和市场需要，决定是否采伐②。张蕾认为用材林既具有经济效益又具有生态效益，其采伐应受到采伐限额的制约，生产者因此造成的损失，国家可采用低息长期贷款政策予以补偿③。

二是从制度上鼓励投资主体可持续地利用森林资源的观点。延长林地使用期限，通过延长使用权期限，迫使投资者在进行第一个轮伐期利用时，会兼顾到第二个轮伐期，只有这样经营者才会有长期经营的思想，才会考虑土地改良措施。

2. 税费政策改革研究

首先，以立法形式保证林业税费体系，杜绝林业乱收费现象。当前许多地方政府为提高地方财政收入，巧立名目，摊派、借调林业专项资金，抬高木材计税价格，变相增加林业收费，导致林业税费负担进一步加重，政府应以立法形式将林业部门负担的税费形式和比例确定下来，真正做到有法可依、有法必依。其次，按森林分类经营对不同林种采用不同税制。余学友认为，生态林应免除一切税费，商品林采用低税制④。宋恩华也认为，民营林经营主体在“四荒”地上营造生态林可免交所有税费；营造商品林，除按国家规定提取育林基金外，应免除其余一切费用⑤。

3. 信贷政策研究

针对非公有制林业经营者贷款难、贷款成本高的问题，专家们提出各种建设性意见，要求银行采取切实有效的措施，拓宽向林业经营者的贷款渠道。韩剑准建议银行适当放宽贷款、担保和抵押物，让非公有制投资主体有能力获得贷款⑥。宰步龙也认为在经营者向有关林业管理部门办理抵押物登记手续的前提下，银行应允许经营者以土地使用权或培育出的林木、果木作为抵押物发放贷款，或按经营者已投资数额的一定比例发放贷款⑦。陈天民提议银行尤其是农村信用社应该建立为非公有制林业发展服务的信用担保和风险投资基金，建立长期稳定的投资渠道，把非公有制林业作为加快农村经济发展的主要服务对象，加以重点扶持⑧。

---

① 陈天民：《辽宁省非公有制林业存在问题与对策建议》，《林业经济》，2002 年第 9 期，第 43 页 ~ 45 页。

② 中国农林水利工会调查组：《辽闽皖宁非公有林情况调查报告》，《林业经济》，2002 年第 1 期，第 43 页 ~ 45 页。

③ 张蕾：《南方集体林产权问题研究》，《林业经济》，2002 年第 3 期，第 37 页 ~ 40 页。

④ 余学友：《非公有制林业新时期林业跨越式发展的重要动力》，《中国林业》，2002 年第 12 期，第 13 页 ~ 15 页。

⑤ 宋恩华：《引入民间资本发展民营林业》，《河北林业》，2002 年第 5 期，第 5 页 ~ 7 页。

⑥ 韩剑准：《海南省非公有制林业问题的调查报告》，《林业经济》，2002 年第 3 期，第 28 页 ~ 29 页。

⑦ 宰步龙：《浅论我国私有林的发展》，《林业经济》，2001 年第 11 期，第 35 页 ~ 36 页。

⑧ 陈天民：《辽宁省非公有制林业存在问题与对策建议》，《林业经济》，2002 年第 9 期，第 43 页 ~ 45 页。

4. 生态效益补偿制度研究

我国森林生态效益补偿基金，主要用于生态公益林的保护和管理。目前，我国非公有制林业单位和个人从事生态林建设的数量不多，他们一般得不到或只能得到为数极少的补偿。政府一方面要建立森林生态社会价值评估体系，确定科学的核算标准和统计方法，对多种所有制尤其是非公有制企业、个人营造的生态林进行生态补偿。另一方面，应对依靠森林环境资源从事生产经营活动有直接收入的项目进行生态效益补偿的征收。

2.3.28.7 结　论

目前，我国关于非公有制林业的研究主要集中在非公有制林业发展现状，非公有制林业主要经营形式，非公有制林业发展中存在的问题，以及探索解决问题的建议或政策措施等方面[①]。在实践中仍然存在如下问题，急需进一步研究探索。

1. 多为定性分析，定量分析不足，也缺乏分析的技术手段

根据检索到的全部文献分析归纳，认为当前研究工作多为定性分析，定量分析不足，且缺乏相应的分析技术手段。比如关于林业税费政策的研究，专家们一致认为目前税费过高应该减免，但并未提出具体减到多少较为合理，即便提出了减税比例，也没能提出依据或进行量化分析。

2. 非公有制林业与非公有制农业的关系研究较少

林业与农业既相联系又相区别。改革开放以后我国非公有制农业取得了长足的发展，有许多成功的经验可以在林业发展中借鉴，然而这方面的研究明显不够。关于非公有制林业与非公有制农业的关系，如农民在农业用地上种植经济林，所获取的收入是属林业收入还是农业收入等问题还需要在统计上予以界定，在理论和实践上做更深入的总结和研究。

3. 对考察区内的实践研究不够深入

当前迫切需要广泛开展非公有制林业在不同地区的实践模式研究，并将考察区所取得的成果和知识向条件相似或相近的其他地区推广和传授，对考察区非公有制林业发展所存在的问题予以剖析，逐步解决，供其他地区借鉴。

（作者单位：西南林学院经济管理学院）

---

① 周少舟，缪光平：《中国非公有制林业研究综述》，《林业经济》，2002 年第 8 期，第 38 页 ~ 40 页。

2.3.29 放手发展民营经济，推动山西在中部地区率先崛起

——山西民营经济发展深层障碍及对策研究

姜艳生 王纪山 白凤铮

党的十六大以来，实施中部地区崛起战略，成为国家发展的重要战略之一。作为中部地区的山西，民营经济发展纵向比，成绩斐然，发展很快；横向比，差距明显，发展不足。对这一现象进行深入细致的分析，特别是对山西与中、东部民营经济发展轨迹的差异进行研究，分析山西民营经济发展相对滞后的根源，探究解决的思路和措施，是新阶段全面推进山西在中部地区实现率先崛起的一个重要课题。

2.3.29.1 当前山西民营经济发展中存在的主要问题

在2000年经济结构战略性调整以前，山西民营经济的发展速度和水平，不仅低于全国平均水平，而且低于山西周边省份。山西私营企业主要发展指标长期徘徊在全国15位~22位，落后于周边省份河北、河南、陕西；个体工商户主要发展指标居全国15位~22位，落后于周边的河北、河南、陕西和内蒙古。

从2000年经济结构战略性调整开始以来，山西省委、省政府把发展民营经济摆上了重要位置，积极推进体制和机制创新，使全省民营经济呈现出迅猛发展的势头。近几年，山西民营经济发展速度超过了全国平均水平，已形成了“千帆竞发、百舸争流”的良好局面，民营经济开始成为拉动全省经济增长和推动经济结构调整的重要力量。2002年，山西资产达亿元以上的民营企业有86家，16户进入全国民营企业500强，纳税在亿元以上的企业有2户。2003年，全省民营经济完成增加值1205亿元，比上年增长29.6%，占到全省GDP的49.3%；2004年一季度，民营经济继续快速发展，增速为19.3%，增加值占到全省GDP的51%，成为山西省经济的“半壁江山”。不仅如此，山西民营经济产业比例也逐步趋于合理，企业素质明显提高。一、二、三产业的比重由1999年的1∶80.7∶18.3调整为2002年1∶72.9∶26.1，二产比重下降近8个百分点，三产比重上升了近8个百分点，传统产业得到提升。

但是，我们也要看到，山西民营经济发展无论是规模和速度，还是质量和效益，仍然与发达地区存在非常大的差距。

一是规模较小。2002年山西省乡镇（民营）经济完成增加值在全国位于14位，相当于山东的1/7、浙江的1/6、江苏的1/5，也不及周边省份的河北和河南。山西民营企业整体规模较小，缺乏一批主业突出、发展后劲足、辐射带动作用强的大企业、大集团，上市民营企业也只有安泰集团一家，民营企业户均注册资本、平均年产值或销售收入等都远远低于沿海发达地区，甚至低于全国平均水平。据统计，截至2003年年底，山西省营业收入亿元以上的民营企业达到160个，10亿元以上企业达到8个，最大的海鑫钢铁公司资产及营业收入均突破50亿元，但是，与沿海发达地区相比还有很大差距，广东、江苏、浙江等省，每个省都有十多家规模在百亿元以上的民营企业集团。2003年，全国民营企业500强中浙江省就占了170多家，仅杭州市就有43家，而山西却仅有13

家。民营经济规模偏小，强势民营企业和上市民营企业过少，是造成山西经济发展落后于沿海发达地区的重要原因之一。

二是质量较差。山西民营经济产业产品结构初级化的问题还没有从根本上改变，很大程度上还停留在煤、焦、铁、建材等传统产业，新兴产业的发展步伐缓慢，经营管理方式落后。山西民营经济产业趋同现象比较严重。民营经济中第一产业比例很小；第二产业力量薄弱，主要从事初级产品、粗加工产品、低附加值产品的生产经营，缺少科技含量高、附加值大、充分发挥比较优势、有一定知名度的优势产品和名牌产品。私营企业集中在采掘业、以资源初级加工为主的原材料业，科技含量低、高污染、低效益，同业竞争激烈；第三产业也大多是从事餐饮、零售等传统服务业，现代基础设施、现代中介服务业比例过少。在生产方式上，山西民营企业档次较低，小打小闹、技术设备落后、手工作坊式的粗放型增长方式占大多数；在管理方式上，以家长制管理、家庭经营为主；在发展战略上，以本土化、封闭式的保守性战略为主。这些因素导致了山西民营经济发展质量较差，效益较低，缺乏竞争力，容易被市场淘汰。

三是外向度较低。山西是一个内陆省份，对外开放不够，经济外向度仅为 10% 左右，比全国低 40 多个百分点；累计实际利用外资不到全国的 1/500，远远低于占全国 GDP1/50 的比重。目前，山西省“三资”企业仅占规模以上工业总产值的 7% 左右；而全国的比例却高达 30%，上海、广东高达 60% 左右。在这样的大环境下，山西民营经济对外开放程度较之发达地区有着很大差距。2003 年，山西非国有企业出口 6.91 亿美元，与上年同期相比增长 72.29%，进口 2.83 亿美元，增长 105.6%。其中，外商投资企业、集体企业、个体企业出口增速分别高达 64.02%、59.09% 和 92.5%，远远高于国有企业 24.92% 的出口增速，显示出强劲活力和巨大潜力。但由于山西民营经济出口基数小，还远远没有形成对全省外贸出口的强力拉动。而 2002 年广东、浙江等地区的民营经济出口增长速度就达到 100% 以上，宁波市甚至提高了 5 倍。另外，山西全省非国有企业出口额仅占全省出口总量的 30%，山西国有企业在对外贸易中仍居主导地位，占全省出口总值的 70%，而同期浙江省出口总量的 70% 以上由民企创造，温州更是高达 95%。

2.3.29.2　制约山西民营经济发展提高的深层障碍

上述山西民营经济发展存在的主要问题，突出反映了当前山西民营经济发展还存在许多深层的障碍，主要是：

1. 思想观念障碍

近几年来，山西虽然在发展民营经济的认识上有了长足的进步，但与沿海发达地区相比仍然有着巨大的差距，突出体现在对民营经济潜意识的歧视、过分依赖政府权威、缺乏大市场观念、自恋式的比较优势观念等方面。对民营经济潜意识的歧视，是指无论是政府官员还是经济管理人员，甚至包括民营经济从业人员本身，都在自觉或不自觉地把民营经济挂在另册上看待，虽然“谈资色变”已不像以往那么严重，但还远远达不到国有企业那么高的认同感。有知识、有技术的人才首选职业是政府机关，其次是外企，实在没办法才到私营企业。过分依赖政府的权威，是指政府对市场经济的干预程度远远高于东部地区，许多重大民营经济活动的主角几乎都是政府，而企业只能唱配角。比如各种经贸洽谈会、交易会以及打着各种文化节的旗子从事的经贸活动等，从策划、组织、执行，完全是政府行为，很少能够看到专业公司的影子。缺乏大市场的观念，指山西民营企业绝大多数还走不出本地狭窄的市场范围，往往希望通过与当地政府的某种特殊关系来建立交换机制，并不想在更广阔的市场中寻找生存与发展的空间，政府在鼓励企业走出本地狭窄的市场过程中，也没有更多有效作为，甚至对本地企业采取计划经济时代的办法来确保企业生存。另外，山西民营经济从业人员的封建保守观念比较突出，“不求富甲一方，但求富甲一村”的封闭的观念严重阻碍着他们向外扩张的冲动。企业管理者实行“世袭制”，深怕企业的经营管理大权不落入旁人之手。这些封建思想在他们的头脑中根深蒂固。自恋式的比较优势观念，指山西民营经济在发展方向、发展模式选择上，思维上总是陷于对本地所谓资源比较优势的迷恋，致使民营经济发展的思维触角蜷缩在狭小的螺蛳壳般的地域范围内、低层次的产业领域和企业管理方式中。

2. 服务环境障碍

首先，山西民营经济发展的政策环境还不够宽松。政府经济主管部门仍受传统计划经济体制影响，在短期内难以将思维方式和行为规则由原来为国有经济服务转变到为民营经济服务上来。民营经济的发展存在政策体制上的制约。一是政府部门出于自身利益的考虑，对民营经济仍沿袭“依权监管”的模式，难以过渡到“依法监管”上来。政府有关部门对民营经济投资资格的认定、注册资本的方式、用地指标的落实、经营范围的划分、投资项目的许可、贸易渠道的开放、产权转移与企业兼并等诸多环节依然实行更多的前置审批，导致民间投资的关卡多、手续杂、费时长，增大了民营经济发展的交易成本。二是在“市场准入”上民营经济仍未享有公平待遇。目前，许多领域对民营投资虽没有明文规定的限制，但是民营经济在市场准入方面与国有经济甚至外资经济仍然存在着很大的政策差异。一些收益稳定、利润较高的行业尚未对民营资本开放，同时，行业垄断行为的存在也使得民营企业不能平等地参与市场竞争。在电力、水利、铁路、公路、机场、公共工程、城市改造方面，山西民营企业介入很少，在电讯、邮政、金融、社会保障、教育、卫生、医疗、文化、体育等行业的介入上也受到许多不应有的限制。对于内资性质的民营经济在行业准入上有些还不如三资企业，有些对外已经放开的行业，对内却依然限制。民营经济在投资立项、能源供应、贷款支持、征用土地、人才使用等方面与国有经济、外商经济享受同等待遇的相关政策还不完善或难以落实，极大地制约了民营经济的生存和发展空间。三是财税政策不平等。民营经济已成为国家和地方财政的重要来源，但民营企业往往无法享受三资企业的税收优惠待遇，以及国有企业的财政贴息、财政补贴等。作为同等市场竞争主体的民营企业遭受政府财税政策的不平等对待，而且还面临众多权力部门名目众多的“乱罚款、乱摊派、乱收费”。四是政策可操作性差。

其次，民营经济发展缺乏政府有效的行政服务。主要表现在：一是多头管理体制导致政出多门，民营经济发展难以得到政府有效的行政服务。目前，山西省对民营企业的管理，特别是对个体私营企业的管理涉及工商、税务、物价等数十个单位，但却缺乏一个权威性的具有综合管理职能的组织机构，缺乏统一领导和协调。面对民营经济发展需要解决的难题，各部门相互推诿，难以为民营企业提供有效、及时的服务。“有利争着管，没利没人管”的现象比较严重。另外，民营企业在投资信息服务、产业指导方向、技术支持等方面得不到政府应有的服务，存在渠道不畅、信息不通的问题，使其在项目投资选择上往往带有较大的盲目性和投机性，从而导致投资风险加大和经济损失。在民营企业的人才引进上，政府也缺乏有效的管理和战略规划，支持和服务力度不够。二是政府行政审批和行政服务仍然不规范。审批标准不统一、条件不公开，个别部门存在对一般违章行为简单处罚现象；检查过多过滥，企业疲于应付，影响正常生产经营；门难进、脸难看、话难听、事难办的现象仍旧存在。三是“三乱问题”尚未彻底解决。各职能部门对民营经济依然是管理职能大于服务职能，而且在监督管理过程中“吃、拿、卡、要”等现象还比较多。“三乱”行为成为民营企业反映最多的问题，大部分民营企业要应付许多个部门，上缴几十种税费，其中大部分是各种收费项目，相当一部分属于不合理收费，收费负担重，甚至费重于税，且收费标准不统一、依据不公开。

再次，民营经济发展缺乏通畅的融资渠道。近年来，随着民营经济的迅速发展，山西民营企业融资难的问题也越来越突出，“融资难”成为制约民营企业做大做强的主要瓶颈。一是民营企业直接融资渠道狭窄。民营企业融资主要依靠银行信贷支持。由于民营规模小，企业管理不规范，财务制度不健全，抗风险能力弱，再加上贷款担保主要以土地、房产作为抵押，但因为国家政策或者历史遗留问题等原因，办理土地证、房产证困难，使得金融机构对民营企业的资信存有疑虑，对其贷款的审查、发放非常严格、慎重，民营企业难以获得银行信贷服务。山西民营企业贷款占金融机构全部贷款余额的比重，远远低于国有大型企业的比重，也远远低于发达地区金融机构对非国有企业的贷款比重。二是民营企业间接融资难。由于我国资本市场起步较晚，为尽量避免资本市场的风险，保护资本市场的稳健运营，对民营企业向社会公开发行债券限制较多，能够进入证券市场的多是国有企业，民营和中小企业的上市困难重重。从山西第一只股票上市十多年以来，目前山西已有24 家企业 25 只股票在国内外上市，但上市的民营企业只有 1 家。这种情况远远滞后于沿海发达地区，也滞后于周边省市。三是不正常的融资加大了民营企业的风险。有的民营企业靠供应商、代理商为其融资，形成一定程度的利益共同体，但资金成本高、风险大，并且这种方式存在法律上的障碍。中国人民银行发布的《贷款通则》第 61 条规定：“企业之间不得违反国家规定办理借贷或者变相借贷融资业务。”另外，民营企业向个人借贷有非法集资、非法吸收公众存款之嫌疑。民营企业在吸收外来资金中，很大部分靠民间借款，这种半明半暗的借贷关系缺乏法律保护，引起了相当数量的民事纠纷。四是山西民营企业吸收外来直接投资少。山西是内陆省份之一，投资环境较差，外来资金很少注入山西，也不属于西部地区，没能很好地利用国家的优惠投资政策。这一点山西与沿海发达地区有着巨大的差距。

最后，民营经济缺乏有效的专业化市场服务。市场是民营经济赖以生存的环境，成熟的市场体系有助于抵御市场风险能力弱的民营经济成功走向市场。从浙江发展民营经济的成功经验来看，加快市场化建设，大力发展多类型的专业市场、综合市场是一条最根本的措施。浙江温州原有十大专业市场，现已发展到 500 多个各类商品市场；浙江台州目前共有各类市场 843 个，2000 年成交额达 500 亿元，上亿元市场 50 多个，其中台州市路桥区各类市场的年成交额达到 200 亿元，支撑了 250 个专业村的生产。这种专业市场的兴起，对周围地区的经济渗透作用相当强，尤其对民营经济，起到了极大的推动和扩张作用。浙江这种专业市场的发展，目前已形成了“块状区域特色经济”，形成了一定地域范围内活动较强的“增长极”，支撑这些“块状经济”的是大量的小规模的民营经济实体。民营经济已经和市场紧密融合在一起。山西市场化建设进程缓慢，各个要素市场不健全，使市场经济的优势没有完全发挥，与市场经济具有天然联系的民营经济显得无所适从，市场化进程已经落后于民营经济扩张的需要。山西的区域特色产品很多，而且完全能够形成一定的区域规模优势，但没有与之相适应的市场进入渠道。由于经济信息闭塞，这些具有地方比较优势的产业、产品，其市场优势仅靠分散的、小规模的个体私营经济盲目地发展，很难做大，很难形成从比较优势向经济优势的转变。总之，因缺乏相应的市场化建设，导致山西的一些特色产业、产品和从事这些产业、产品的民营经济停留在低层次的简单再生产的水平。表面上看是我们的民营经济落后，但实质上是我们的市场环境的落后，市场化水平低，市场经济发育程度低造成的。

3. 民营企业自身障碍

首先，单一、封闭的产权结构，制约民营企业发展。山西省大部分民营企业实行的是家族式管理，企业的产权是单一、封闭的。这种单一、封闭的产权在创业阶段具有一定的成本优势、竞争优势和效率优势，但随着市场竞争的日益激烈，特别是随着企业规模的逐渐扩大，技术的逐渐升级，产权的单一性和封闭性越来越不利于民营企业吸引和留住高素质的人才。同时，产权的单一性和封闭性不利于民营企业吸引金融资本。单一、封闭的产权也使得民营企业无法从根本上形成有效的制度体系，从而难以建立符合现代企业制度要求的公司治理结构。因此，单一、封闭的产权特征越来越阻碍民营企业自身的发展，成为民营企业向更高层次扩张的主要障碍。

其次，企业社会保障机制缺失，人才问题比较突出，制约民营经济发展。许多民营企业由于单一、封闭的产权，特别是社会保障机制不健全，吸引不来也留不住企业所需人才。除少数规模企业及企业高层管理人员外，山西省大部分民营企业均没有按规定足额缴纳养老保险金、医疗保险金、工伤保险金、失业保险金、生育保险金。从对山西省人才市场择业人员进行的抽样调查看，绝大多数人表示，到民营企业最担心的是没有保障，80%以上的求职者择业首选的不是民营企业。民营企业的社会保障制度和机制不健全，从业人员的合法权益得不到保障，已成为制约民营企业引进人才，企业发展的一个重要问题。

最后，企业经营者自身素质不高，制约民营经济发展。山西民营企业中高素质的经营者是少数，大多数的经营者在政治觉悟、知识水平、管理能力、人格素养、法律意识及道德修养方面都存在不足。有相当一部分民营企业主文化程度低，不注重学习，缺乏经营现代企业的知识，更缺乏企业经营的长期发展战略和规划；少数民营企业主的产业与权钱分不开，信奉权力不信奉市场，一些钻营者与一些腐败官员相互勾结，侵吞国有资产，从银行获得巨额贷款，再进行反复抵押融资操作，利用“滚雪球”的方式将巨额社会财富据为己有。这不仅践踏了社会公德和市场秩序，损害了公平竞争的市场经济基本价值，也直接危害到国家和社会的经济安全。

2.3.29.3 加快山西民营经济发展的对策建议

上述制约山西民营经济发展的深层障碍，既有民营经济外部方面的因素，又有民营经济主体自身的原因。目前，山西民营经济和全国民营经济一样，正面临加快发展的有利时机：党的十六大及十六届三中全会为民营经济的进一步发展创造了新机遇；我国加入WTO后市场的更大开放为民营经济的发展提供了新空间；国有经济的战略性调整与国企改革为民营经济的发展提供了新契机；山西实体经济持续向好，经济结构调整正进入行业结构调整的关键时期。要抓住机遇，迎接挑战，加快山西民营经济发展提高，就必须采取有力措施，真抓实干，有效解决和克服制约山西民营经济发展的深层障碍。

1. 要进一步转变观念，解放思想，把继续加快民营经济发展摆上全省经济发展全局工作的重要地位

山西民营经济发展与沿海发达地区的差距，从根本上讲是思想观念上的差距，关键是各级领导干部对发展民营经济的认识还没有完全到位。因此，要推动山西民营经济的大发展，首先要进一步解放思想，转变观念，进一步提高各级领导干部对发展民营经济战略意义的认识。要充分认识加快民营经济发展是宪法赋予的重要责任；是山西加快发展、崛起振兴的必然选择；是落实科学发展观、深化经济结构调整的现实需要；是缓解就业压力、解决民生问题的根本举措；是壮大县域经济、解决“三农”问题的重要途径。进一步解放思想，转变观念，就是要不折不扣地以党的十六大精神为指导，以“三个有利于”为标准，按照“政治平等、政策公平、法律保障、放手发展、引导规范”的方针，更好地营造有利于民营经济发展的氛围和环境。要继续按照思想上放心、放胆，工作上放手、放开和政策上放宽、放活的“六放”要求，把发展民营经济摆上全局的重要位

置，进一步冲破思想束缚和体制性障碍，正确处理公有制经济和非公有制经济互相联系、互相推动的关系，正确对待资源优势和市场经济优势的关系，毫不动摇地继续鼓励、支持和引导民营经济发展，毫不动摇地以大市场的观念和做法引导推动民营经济发展，让一切劳动、知识、技术、管理和资本等创造财富的源泉充分涌流。要在指导思想和政策制定执行上，真正消除对民营经济的不公平待遇，在融通资金、土地使用、资质评定、引进人才、取得进出口权等方面，民营经济应该和其他性质的经济一样对待。

2. 真正改进和转变政府职能，优化民营经济政策、政务、法制和社会服务环境，加大金融和财政的扶持力度，推进体制创新

2004 年，山西省出台了《关于进一步加快非公有制经济发展的决定》，在民营经济市场准入、注册登记、投资融资、财政扶持、技术创新、优化结构、加强服务等多方面有突破和创新之处。关键是要切实转变政府职能，创新发展环境，使促进民营经济发展的各项政策落到实处。

第一，要真正全面放宽民营经济投资领域和市场准入条件。取消对民营企业发展的限制性、歧视性规定；降低民间投资的产业门槛，破除地区分割、行业壁垒，在税收、土地使用、企业开办、进出口等方面，取消一切不利于民营经济发展的限制。在市场准入方面，要坚持“不禁止，则允许”的原则，凡法律、行政法规无明令禁止的领域，均允许民营经济进入。政府部门鼓励民营经济以独资、参股、控股、合作、联营和特许等方式参与水利、交通、能源、公交、旅游、供水、供气、供热、垃圾处理、污水处理等城乡基础设施和公益事业建设。支持民营经济进入教育、文化、卫生、医疗、体育等领域。可以通过招投标方式公开选择业主，引导民营企业参与投资、建设和经营；已建成的项目，可以向民营企业出让股份，也可以通过实行特许经营权招标等方式，选择和变更项目法人。允许民营经济按照区域卫生规划，投资创办营利性医疗机构。支持民营投资者参与公立医院的改制、改组和改造。鼓励民间资本投资非义务教育以及学生公寓、食堂等教育后勤设施，投资文化、体育产业化项目和科普、旅游、民政社会福利设施。继续积极支持民营企业、个体工商户和个人以参股、购买、租赁、承包等形式，参与国有、集体企业和事业单位改革转制、资产重组，发展混合所有制经济，并同等享受国有企业改革的相关优惠政策。要扩大创业者范围。除法规、规章和政纪规定的不得向各类企业出资入股的人员外，其他在职人员，包括外省市自然人都可以在山西地区向各类企业出资入股。党政机关和事业单位工作人员辞职创办民营企业或到民营企业就业的，不但允许，还应给予合理补偿和鼓励。

在民营企业设立方面，要真正放宽对民营经济注册资本的限制条件和企业登记冠名条件。对新设立的民营企业注册资本，从事高新技术、进出口、农产品加工和吸纳安置下岗失业人员超过 50 人的有限责任公司，从事研究、开发、转化、咨询及服务的民营科技企业，要参照发达地区的做法有效降低注册条件。创办科技型有限责任公司，以高新技术成果或专有技术出资的，经专门机构评估认定，其占企业注册资本比例可由投资各方协商约定。驰名商标、著名商标、知名字号等经认定评估，可以作为无形资产作价入股。对于民营企业集团和民营企业冠名，也要按照一定条件，参照发达地区做法在冠省市县名以及体现行业大类和有明确含义的新行业特点上放宽条件。要鼓励科技人员、下岗失业人员和无业人员举办各类企业。对申请设立非公司制企业过程中条件尚有欠缺，但一年之内能够予以完善的筹办企业，可由工商行政管理部门先行核发营业执照，同时加盖“预备期企业”印章，实行预备期企业管理。预备期企业享受新设立企业应有的各项优惠政策，并在一年内视为非正规劳动组织，享受社会保险过渡性政策。

第二，要真正按照政府审批职能改革要求，切实转变政府职能，简化企业设立过程中的审批环

节，缩短审批期限，提高办事效率和服务质量。对现有执行许可项目进行全面清理，依法保留的，要向社会公布，不在公布之列的，一律暂停执行。除国家法律法规规定的以外，对民营企业的各类前置行政许可一律取消。对依法设立的前置行政许可项目，必须向社会明文公布，公开办事指南、办证条件、审办顺序和办事时限。各有关部门应进一步简化各种年检手续，对符合条件的民营企业年检实行免实质性审查制度。国有、集体企业改制为民营企业的，可使用原名称、字号。改制为公司制企业的，企业可选择变更登记程序直接办理变更登记。改制企业经营范围中属于法律、法规限制的项目，原审批文书在有效期内，可直接变更登记，不再重新办理审批手续。对合法经营的农村流动性小商小贩，除国家另有规定外，免于工商登记和收取有关税费。要依法行政，加强执法监督，进一步规范政府行为，对“三乱”行为设立举报电话，加大处罚力度，切实加强对民营企业合法私有财产和利益的保护。

第三，要切实加强对民营经济的资金支持力度，拓宽民营经济的融资渠道，改善民营经济融资环境。

一是协调鼓励商业银行支持民营企业融资。我国金融体系主体是四大国有商业银行，其信贷份额占全部份额的75%以上。所以，国有商业银行在解决民营企业融资问题上仍是关键环节。政府要协调支持商业银行不断改善内控机制，提高风险管理技术，在此基础上简化审批环节，开发信贷品种，提高服务水平，引导推动中小企业多渠道、多方式筹集资金，以满足中小企业合理的资金需求。特别是要鼓励商业银行和地方金融机构对效益好、科技含量高和市场前景好、技术含量高的中小企业，加大信贷支持力度。

二是建立中小企业良好的信用环境。针对民营中小企业社会信用淡薄的问题，政府要采取措施，推动民营中小企业信用体系的建设。要建立私营企业信用评估机制，保证信贷资金安全和效益最大化。以信用创建为载体，实行信用等级评定制度。坚持“标本兼治、重在治本”的原则，整合税务、工商、银行、海关等部门业务信息，建立企业信用档案，建立“红、黑、灰名单”，利用信息平台定期向社会公示，弘扬诚实守信的信用观念。要充分发挥好会计师事务所、审计师事务所等中介组织的信用评估功能，密切银企联系和借贷对接。以此培育民营企业良好的信用环境。为民营企业从金融机构获得担保贷款和信用贷款建立信用基础。

三是继续进一步完善担保体系。政府出资组建的各级贷款担保机构要逐步建立规范的公司制，按照市场化方式运作，进一步简化手续，强化服务，提高效率；要建立信贷担保基金，按照自愿原则，通过入股形式，由民营企业集资，建立民营企业担保基金；要充分运用保证、抵押、质押等担保方式，或运用企业互保、联保、贷款保险等形式，优化担保结构，解决民营企业的贷款担保问题。

四是推动中小企业上市直接融资。借国家在深交所开设中小企业板块的机遇，要积极组织培育民营中小企业上市后备资源，着手筹划开展山西省民营中小企业赴深交所中小企业板以及境外上市工作。对符合条件的私营企业，允许其发行企业债券。

五是加大风险投资政策扶持力度，发展风险投资。对于一些有发展潜力和有市场前景的民营中小企业尤其是科技型企业，省政府在直接投资、财政补贴、贷款贴息、贷款担保、政府直接收购等财政政策方面，要加大支持的力度；在所得税、增值税、营业税等税收政策方面给予一定的优惠等。

第四，加快专业化市场建设步伐，为民营经济发展创造赖以生存的土壤。加强生产要素市场的培育和完善。民营经济经营生产的资料、信息、人才、资金主要是通过各个要素市场获得，从市场中来，到市场中去，没有各个要素市场的完善，就不可能有发达的民营经济。要依据现有生产力布局状况，重点建设几个大型的专业交易中心。山西在原材料产品、建材产品、小杂粮、干鲜果品、陈醋、中药材等方面具有明显的成本资源优势，而且总量规模并不小。只是生产较分散，个体经营户没有能力进入市场。“政府搭台，企业唱戏”在许多地方已经搞得如火如荼，山西却没有大的动作。我们必须着力加快这方面的步伐，为民营经济轻松交易铺平道路。

通过互联网，构筑服务山西民营经济的商务服务平台。在当今日新月异的信息时代，无形商品市场的建设和有形商品市场同样重要。中国加入 WTO 后，面对的是全球市场，通过互联网交易会越来越多，因此，在网上为民营经济提供一片展示自己的天空，有助于让世界了解山西，有助于山西民营经济走向世界。

引导民营企业科技创新，调整自身的产业产品结构。鼓励民营企业引进国内外新项目、新工艺、新品种；鼓励民营经济投资新项目、新领域，更新生产工艺，采纳新方法；鼓励民营经济进行技术创新，促进科技成果的转化，与大专院校、科研院所结合，走“产学研”的一体化道路；鼓励和支持科技人员兴办科技型民营企业，并允许技术成果以入股的形式与民营企业结合；鼓励科技型民营企业进入高新技术开发区，为它们的发展创造良好的环境，吸引在国外工作的科技人员及留学归国人员，回晋创办、领办科技型民营企业，也要鼓励他们来山西自己办市场。

3. 在提高民营企业自身整体素质上下功夫，大力完善社会服务体系，推进民营企业做大做强，进入结构调整主战场

加快民营企业制度创新和机制创新。以推行现代企业制度、实现产权多元化为目标，有重点、分层次地引导民营企业跳出家庭经营、家族式管理的束缚，加快实施企业股份制和股份合作制改革，通过控股、参股、兼并、联合和产业协作组建企业集团，探索走产权多元化和资本社会化的路子，引导企业建立和完善企业法人治理机构，推进企业由速度型向效益型，粗放型向集约型转变。要深化社会保障体制改革，推进民营企业建立健全社会保障制度，促进民营经济发展。要加强民营企业园区建设和民营企业文化建设，及时帮助其建立党工团组织，推动两个文明建设一起上，实现企业的可持续发展。

提高民营企业的技术创新和管理水平。要根据不同发展阶段、不同规模的民营企业，特别是投资者选择不同的财产组合形式，选择适宜的企业制度进行规范；突出主业，培育核心竞争力，即持续开发独特产品的能力、持续发明专有技术的能力和持续创造先进营销手段的能力；保持创新锐气，在管理、技术、营销手段上进行创新。持续的技术创新、管理创新，是民营企业特别是民营中小企业克服弱势，在市场竞争中取胜的法宝。一个企业一旦规模成倍扩张，管理能力又跟不上，就会出现失控，蕴藏着巨大的经营风险。近年来，经营环境的变革必然推动民营企业的管理革命。民营企业要通过管理变革，不断超越自己，不断提高企业核心竞争力，实现持续发展壮大。

加强民营企业家队伍建设。关键是提高民营企业决策者的水平。一是知识水平。要大力创造条件，组织民营企业家参加有关企业经营管理、外贸、法律等知识讲座或培训班，组织企业家到外地参观考察，开阔眼界，增长见识，寻找差距，在提高他们知识水平的同时激发其事业心和责任感。二是管理水平。要增强民营企业家的爱才、用才意识，实现由家族式管理向现代企业制度转变。靠完善的制度约束人，有效的机制激励人，丰富的文化凝聚人，调动广大员工的工作积极性、主动性和创造性，提高民营经济竞争力。三是经营水平。尤其是骨干企业，应当关注其资产经营、资本经营决策，对明显不符合市场运行规律的决策应尽量劝阻，对可行的决策应积极联系专家进行缜密的论证，项目一旦上马要尽最大努力进行扶持，确保项目成功。通过加强民营企业家队伍建设，培育

一支志存高远、永不自满、高瞻远瞩、兢兢业业的高素质民营企业家队伍。

大力抓好民营经济园区建设和外向型企业培育发展，壮大民营经济发展规模，提高民营经济产业素质和发展质量。要完善规划、强化功能、打造品牌、招商引资。对省内现有和规划筹建的各类民营经济园区建立台账，实施动态管理，有针对性地强化分类指导，通过政策引导、招商引资和产业协作，促进民营经济发展和民营企业质量规模的提升。通过民营经济园区发展带动上游、下游产品，关联配套产业，推动企业做大、做强。要进一步完善各级民营经济园区功能，认真兑现招商引资时承诺的各项优惠政策。要强化服务意识，为民营经济依托园区发展创造良好的环境。要大力培育外向型私营企业。要鼓励有条件的私营企业“走出去”、“引进来”，充分利用国内外、海内外两个市场、两种资源，到国际市场上去经风雨、见世面、求发展。要进一步加大帮助私营企业申办外贸经营权的服务力度，放宽民营企业外贸经营权条件，指导帮助其尽快创造条件获权。要抓好民营外贸企业队伍、贸易方式、出口市场和出口产品结构调整，努力实现民营经济外贸出口量的显著增长。通过抓好民营经济园区建设和外向型企业培育发展，紧紧抓住国际产业转移特别是沿海地区加工业向内地转移的机遇，大招商、大引资，加快形成一批具有国际竞争力的大型企业和企业集团，发展一批专、特、新、优的“小巨人”企业，努力形成集合规模优势和整体竞争优势，在民营企业规模质量、产业水平和产业层次上实现新突破。当前，要特别注意防止和控制焦炭、普钢、生铁等领域的盲目投资和低水平重复建设，引导民营企业进军新兴产业和高科技产业领域。这既是国家宏观调控和山西行业经济结构深化调整提高的要求，也是民营经济自身健康发展的需要。

为民营企业发展壮大创建专业化的社会服务体系。应成立民营经济行业协会或民营经济服务中心，并带动社会专业服务和民间中介服务，共同构筑多主体、多层次、全方位的服务体系，为民营经济提供创业辅导、法律法规和政策咨询、管理诊断、市场信息、投融资和贷款担保、投资指南、资产评估、技术援助、招商引资和市场开拓、展览展销和对外合作、科技教育等方面的服务。亚太经济合作组织部长级会议确定为中小企业优先提供五种服务，即市场准人、信息共享、技术援助、人才开发和资金融通，就是对中小企业发展提供服务内容的最好概括。

4. 设立民营经济办公室，进一步优化对民营经济发展的协调、管理与服务

设立民营经济办公室的必要性。当前民营经济已成为山西经济发展的重要经济增长点、扩大就业的重要渠道和结构调整的重要力量，在推进民营经济发展进程中政府负有重要的管理协调和服务的责任。山西对民营企业的管理，特别是对个体私营企业的管理涉及工商、税务、物价等数十个单位，缺乏一个权威性的具有综合管理职能的组织机构，缺乏统一领导和协调，在很大程度上加大了政府协调管理服务的成本，降低了协调管理服务效率。因此，需要设立一个民营经济办公室，作为省人民政府综合协调办事机构，负责协调一些民营经济发展的综合性问题。这是行业部门不能替代和无法替代的。

成立民营经济办公室的可能性。民营经济办公室可依托中小企业局、经贸委的中小企业科、工商行政管理局的个体、私营企业管理科以及工商联的部分科室等组成。这样既不需增加财政负担又可对现有行政资源进行整合，发挥其人力管理优势。

民营经济办公室的主要职责。宣传发展民营经济的法律、政策；负责对辖区内民营企业的计划申报、监督管理、指导和服务；协调有关部门的关系，指导民营企业产业结构、产品结构和组织的调整；指导民营企业开展科技进步、新产品开发和技术改造工作；指导民营企业对外贸易、出口基地建设和申报自营出口经营权工作；帮助民营企业找准产品、找准市场，提高其市场应变能力。

民营经济办公室开展工作应注意的问题。首先是正确区分政府管理行为与民营企业的市场行

为，重新明确在建设社会主义市场经济条件下，管理者与行政管理相对人的关系；第二是转变观念，依法行政，依规行事，切实尊重和维护民营企业的经营自主权，减少行政直接干预；第三是民营经济办公室的工作规则与程序应力求透明、高效，给民营经济发展创造一个宽松、自由、民主、透明、高效的活动空间；第四是民营经济办公室应加强与有关部门的协调与配合，主动加强对民营经济的规划、组织、协调，为民营经济的进一步发展科学决策、提高管理效率提供优质服务。

（作者单位：山西省太原市社科院）

3

国外情况介绍篇

3.1 对中小企业的扶持与保护

范亭亭 高振宇

3.1.1 美 国

美国对企业的界定仅有大小两类，没有中型的标准。中小企业，在美国统称为“小企业”。目前，美国小企业界定标准简单明了，即雇工人数不超过500人的企业为小企业，实践中有些部门可以变通，如服务业中雇工人数不超过100人的企业为小企业，以符合服务业的行业特征。

美国20世纪末期出现的持续经济增长就是伴随着一大批小企业的出现和成长而形成的，甚至有人认为，美国的小企业才是美国经济发展的真正助推器。据统计，2000年美国共有企业2500万家，2001年虽然美国经济不景气，小企业减少到2240万家，但仍然占整个企业总数的99%。从历史和现实来看，美国小企业对于国民生产总值的贡献一直在40%~50%之间，基本上与大企业所发挥的作用持平；而在一些小企业占优势地位的行业，小企业对国民生产总值的贡献则要大得多，如建筑业、部分服务业，小企业的产出比重能够达到80%左右。从销售额来看，小企业占全部企业销售额的比例也一直维持在40%~50%，在其占优势的部门可以达到更高。小企业对就业的贡献也不可低估，1990年~1995年，美国76%的新就业机会是由小企业创造的，小企业雇工人数占美国工人总数的52%。小企业在创新方面的贡献也很大，投入产出比较高，在20世纪的重大技术进步中占到一半以上，而其研究开发费用却不到大企业的5%；美国小企业管理局收集的20世纪对美国和世界有重大影响的65项发明和创新，都是由小企业创造的。美国小企业在增加出口中的作用也在不断增强，据统计，美国经济增长的70%源于出口贸易，其中97%的出口增长来自于小企业。

3.1.1.1 美国中小企业立法

美国早在1890年通过的《谢尔曼法》(Sherman Antitrust Act of 1890)就为中小企业对抗大型托拉斯组织的垄断提供了法律基础和保障。随后，相继通过的《联邦贸易委员会法》(Federal Trade Commission Act)、《克莱顿法》(the Clayton Act of 1914)、《米勒—泰丁法》(Miller-Tydings Act of 1937)等法案，不断完善了反托拉斯法。第二次世界大战后，美国针对小企业的立法进一步发展，立法精神也从间接地通过反垄断来保护小企业的利益转向直接向小企业提供帮助。

为了促进小企业的发展，美国自20世纪50年代后期开始以专门立法的形式扶持和保护小企业的发展。从近代历史上看，美国政府小企业立法可以分为以下几个阶段：

(1) 20世纪50年代的初步立法阶段。1953年，美国国会通过了《小企业法》，奠定了美国小企业政策的基础，确定了小企业的法律地位、管理和基本政策，美国也是制定中小企业基本法最早的国家。该法规定了联邦政府与小企业之间的关系，确立了美国小企业管理局的职能，指令小企业管理局在国会授权范围内向小企业发放各种形式的贷款，帮助小企业获得政府采购合同以及技术和管理方面的支持等。该法规定，自由竞争是美国私营企业经济制度的精髓，只有通过彻底的自由竞争，才能保证自由贸易、企业自由渗透以及个人创造和发明的机会。这种竞争的维持和发展，不仅是经济福利的基础也是国家安全的基础。不振兴小企业现实的和潜在的能力，这一福利和安全是无法实现的。《小企业法》表明了美国国会的政策，政府应当尽可能地帮助、劝导、扶持和保护小企业，保护自由竞争，并且保证国家经济的健康发展。

为了给小企业发展创造条件，1958 年颁发的《小企业投资法》规定，鼓励建立向小企业提供风险资金的投资公司，小企业管理局与地方开发公司和金融机构共同向小企业提供贷款，包括地方开发公司贷款、小建设承包商贷款、季节性贷款、能源贷款、自然灾害贷款、控制污染物贷款。另外，小企业管理局还通过特许和资助私营的小企业投资公司，向从事较高风险行业而从一般投资渠道难以得到投资支持的小企业提供投资和长期贷款。

1964 年颁发的《机会均等法》，计划向小企业以及寻求创建这种小企业的个人提供资金援助。

（2）20 世纪 80 年代，美国小企业立法的健全。1980 年，美国国会通过了《小企业经济政策法》，要求协调和改善与小企业经济利益有关的联邦机构的工作，规定总统每年要向国会递交有关联邦法规和政策对小企业及其竞争情况影响的评估报告，提供不同来源的数据，反映小企业劳动生产率、竞争、经济发展趋势、技术创新和提供新就业机会等方面的情况。

1982 年通过的《准时付款法》敦促联邦机构及时将贷款付给小企业。

为了提高小企业的研究开发能力，充分调动小企业科技创新和转让技术的积极性，1982 年美国颁布实施了《小企业创新开发法》，该法明确规定，凡是联邦政府主管部门研究开发经费超过 1 亿美元的，均要将超额部分按法定比例给予小企业技术创新经费资助，以鼓励小企业开发新技术，联合建立研究开发机构。

此外，《精简文件法》是授权管理和预算办公控制政府机构拟定和颁发的文书，小企业是此法的主要受惠者。《管理灵活法》要求联邦政府机构对正在草拟和现行的规章制度中可能对大多数小企业产生负面影响的部分进行分析，并采取措施以减轻小企业的负担。《平等执行法》旨在使小企业在与联邦机构进行行政诉讼时能得到诉讼费的补贴。

1983 年，国会通过了《小企业出口扩大法》，鼓励小企业开展对外贸易和扩大出口，小企业因此可获得高达 50 万美元的贷款，对小企业的成长和发展发挥了比较重要的作用。

（3）20 世纪 90 年代，美国小企业立法的完善和加速发展。1992 年，联邦政府颁布了《加强小企业研究与发展法案》和《减税法》，1997 年颁布实施了《新税法》，1996 年还颁布了《公平执行中小企业法案》。这些法律法规对推动小企业技术创新具有明显的作用，而新的税法给小企业创新开发以较大的减税空间和机会。

此外，还颁发了《小企业资助法》、《小企业投资奖励法》、《技术竞争力法》等。[①]

美国政府的小企业立法有以下作用：

第一，通过立法帮助小企业在联邦政府采购中获得公平份额。

美国联邦政府是美国最大的商品和劳务消费者，每年的政府财政预算中都有相当大的比例用于向私人企业购买商品和劳务。1953 年《小企业法》规定，政府应该保证“在政府财产和劳务的购置和各种合同中给小企业以公平的比例……”联邦小企业管理局的一项重要任务就是帮助小企业在联邦政府采购中占有相应的份额。在第二次世界大战和朝鲜战争中，小军火工厂管理公司和小兵工厂管理局都曾帮助小企业从联邦政府得到军事订货，从而得到相应的资金、技术和原材料。小企

---

① 郑之杰、吴振国、刘学信：《中小企业法研究》，法律出版社，2002 年，第 79 页～80 页。

业管理局成立以后，更加强了这一方面的工作，帮助小企业尽可能地得到政府合同，主要是采取“搁置购买”、“拆散购买”和“颁发能力证书”等方式。“搁置购买”是指小企业管理局选出合适的合同项目让小企业参加投标；“拆散购买”是指小企业管理局把一个合同分成若干个小合同，让小企业参与竞争；“颁发能力证书”是指合同招标方面对小企业实现合同的能力或信用有怀疑，小企业管理局要给予小企业帮助，表明其实现合同的能力，颁发能力证书。总之，小企业管理局积极推动政府部门和大企业向小企业采购或订货。

为了解决政府部门拖欠小企业货款的问题，1982 年通过的《准时付款法》规定政府应及时将货款付给小企业。联邦政府每年要审查 7.5 万个承包商的 3000 多万张发票，其中有许多是资金有限的小企业，它们急切需要及时收回货款，但根据审计总署 1978 年调查，39% 的联邦机构账款要过了期才予以支付，该法规定，对过期付款的联邦机构要处以利息罚款。此外，还通过政府的自动采购信息系统帮助小企业接受政府的采购合同，这个系统设在小企业管理局的地区办事处、100 多个主要的联邦政府采购机构和私营的总承包商处。1996 年，在联邦政府 2000 亿美元的采购合同中，小企业所接合同金额为 411 亿美元，占 20% 以上。另外，还有约 250 亿美元（大约占 12% ~ 14%）是作为接受政府订货的大企业的分包企业给小企业的。

第二，通过立法保障和促进小企业的技术创新。

1980 年，美国国会通过了《小企业经济政策法》，规定总统每年要向国会递交有关小企业技术创新和提供新就业机会等方面的情况。1982 年，美国颁布了《小企业技术创新发展法》，规定凡是研究开发经费超过 1 亿元的联邦政府部门都要将超额部分按法定比例用于资助小企业的技术创新研究。目前，美国有十几个联邦政府部门根据此法设立了小企业创新研究计划，到 1995 年已经有 1.3 万多个小企业共 2.6 万多个研究项目获得了资助。小企业创新研究计划的经费 1992 年为 5 亿美元，1993 年为 7 亿美元，1995 年达到了 9 亿美元。合格的小企业均可以向该计划申请经费，将其创新思想变成现实。1992 年，联邦政府颁发了《加强小企业研究与发展法案》和《减税法》，1997 年又颁布了《新税法》。这些法律对推进小企业的技术创新具有明显的作用，新的税法给小企业技术创新开发以较大减税空间和机会。

第三，通过立法为小企业提供贷款。

根据 1958 年《小企业投资法》的规定，小企业管理局与地方发展公司和金融机构共同为经济发展或创新计划提供各种特别贷款。1964 年美国国会通过的《机会均等法》规定要制定一项新计划，向小企业以及寻求创建这种小企业的个人提供资金援助。这项新计划称为“机会均等贷款”，由小企业管理局向生活贫困者以及在社会上和经济上处于不利地位者经营的小企业提供只需间接担保的小额贷款，额度为 2.5 万美元；由小企业管理局提供 100% 担保的私人金融机构借款，期限最长可达 15 年。

3.1.1.2 美国政府扶持中小企业的政策

美国对于小企业的保护和扶持从 19 世纪末反垄断法制定开始。但是真正形成政策体系，则是在 20 世纪 40 年代以后的事情。第二次世界大战后，美国政府认识到小企业在增加就业、稳定经济和技术创新上的重大作用，便在继续对大企业的垄断进行限制的同时，更强调对小企业的具体扶持和帮助，逐步推行对小企业实行扶持的政策。

（1）大力推进科技型小企业技术创新。在新技术革命的浪潮中，美国率先倡导大力扶持科技型小企业的发展，科技型小企业发展迅猛，业绩斐然。1996 年，全美技术创新成果的 55% 是小企业提供的。在高科技企业中，小企业占 93%，其中 70% 的企业雇员少于 20 人。1990 年 ~ 1996 年，小企业在美国 GDP 中的比重由 40% 上升到 45%。在美国大约 50% 的科技发明是由小企业完成的。美国小企业的快速发展除了有其客观因素外，关键在于美国政府重视小企业在科技创新中的战略地位，采取务实的措施加以引导和扶持。

①设立小企业技术创新奖励项目。联邦政府在 1983 年和 1984 年分别设立了小企业技术创新项目和小企业技术转让奖励项目，支持小企业的技术进步。首先，由联邦有关机构对小企业技术创新项目的构想和可行性进行评估，如被认可，则在 6 个月之内可获得最高额为 10 万美元的资助奖金。其次，对进入批量生产阶段的项目给予最高额为 75 万美元的资助奖金。最后，技术创新成果进入批量生产实现商业化，可以由商业贷款支持。小企业技术转让奖励项目由国家科学基金会等 5 个部门负责，旨在推动非营利性科研机构向科技型小企业转让科技成果。项目分为三个阶段，分别为论证、认可、成果市场化阶段，相应奖励为 10 万美元、50 万美元。小企业技术转让奖励项目从 1994 年 ~ 1997 年期间共支出 1.08 亿美元。[①]

②提供技术创新资金支持。美国政府根据小企业的不同需求以及特定对象，向小企业提供贷款担保、投资等方面的支持。主要有：第一，为小企业提供创业投资和经营资金的长期贷款担保，10 万美元以内提供 80% 的担保，10 万 ~ 75 万美元提供 75% 的担保。简化手续贷款担保、季节性贷款担保、流动资金贷款担保及微型贷款担保，等等，分别为 2.5 万美元、10 万美元、75 万美元不等。小企业管理局提供风险资金，由 1958 年建立的小企业投资公司提供，到 1995 年共有 7 万多个小企业得到总共 110 多亿美元的投资。第二，为小企业提供国际贸易贷款担保、出口风险贷款担保及向购买美国产品的外国进口商提供多种贷款等。第三，鼓励私营机构向小企业贷款、投资和向全国 27 个从事小企业投资的私营公司提供贷款担保等。小企业通过政府担保，不仅可以获得贷款，而且在贷款期限、利率等方面也有优惠。1996 年，美国政府向 50 700 家小企业提供了 102 亿美元的贷款担保，累计贷款担保金额超过 300 亿美元。科技型小企业还可以获得风险投资的支持，目前美国有 4000 多家风险投资公司，每年为 1 万多家科技型小企业提供资金支持。1997 年，美国的风险投资商向 1848 家公司投入 114 亿美元的风险资本。

（2）提供管理指导和信息咨询服务。美国小企业可以通过下面渠道获得信息服务：一是电脑电话咨询台，由联邦小企业管理局在 1983 年创设，是一个免费服务的信息中心；二是公共读物，联邦小企业管理局及其分支机构对小企业开放图书馆，免费提供政府支持小企业发展的有关项目和服务资料；三是通过小企业管理局的互联网向小企业提供各种信息；四是向小企业提供法律法规、商业活动和管理资料；五是建立小企业导航网，主要向小企业提供企业宣传、产品广告、销售信息及政府采购合同信息等。

（3）强化金融机构对小企业的信贷扶持，帮助小企业解决融资困难的问题。美国《小企业投资法》规定，国会向联邦小企业管理局提供资本金，并授权小企业管理局向中小企业提供贷款资助，帮助小企业解决资金不足的问题。[②] 主要的贷款形式有三种：一是直接贷款，这种贷款比重很小，由小企业管理局直接拨付，贷款条件好、利率低；二是特别贷款，根据 1958 年《小企业投资法》的规定，小企业管理局与地方发展公司和金融机构共同为经济发展或创新计划提供各种特别贷款；三是担保贷款，小企业管理局为小企业贷款提供担保，通常是向商业银行提供担保，最高担

① 孙晓芹：《美国推进科技型小企业技术创新》，《中国中小企业》，1999 年第 10 期。

② 赵海英，王敏：《美国中小企业政策的借鉴与启示》，《中国市场》，2006 年第 2 期。

保额是50万美元。如果贷款逾期不还，由小企业管理局保证支付90%的未偿还债务，贷款的期限最长可达25年。[①] 1957年~1965年，特别贷款占全部贷款的50%~70%，1969年以后担保贷款占到50%以上。由于这些措施的出台，使小企业贷款的增长速度很快，1959年~1964年，年增长率为20.1%；1964年~1969年为16.3%；1969年~1974年为26.4%；1974年~1979年为22.1%，大大超过了联邦政府对任何部门信贷支持的增长速度。小企业管理局自1953年成立到80年代中期共向50万家小企业发放了400多亿美元的贷款。[②] 在美国几乎所有的联邦机构都把自己预算的2%用来支持小企业的革新活动；美国国家预算每年拨出100亿美元来保证小企业计划的实施。此外，小企业管理局还通过特许和资助私营的小企业投资公司，向具有较高风险而难以从一般渠道得到投资支持的小企业（很多属于高新技术企业）提供投资和长期贷款。1995年，小企业管理局与金融机构合作向小企业贷款5.5万笔，总金额达78亿美元。银行是小企业外部融资的主要供应者，37%的小企业得到商业银行的融资。截至1996年6月，商业银行向美国小企业提供的贷款余额为1720亿美元，占各个银行发放给企业贷款总额的20.3%。

据1993年对美国小企业融资情况的调查，在所有500人以下的小企业中，61%使用贸易信贷；56%使用透支、抵押贷款或租赁等各种融资来源，其中26%使用透支，9%使用金融性租赁，6%使用抵押贷款，14%使用设备贷款，还有24%使用汽车贷款。在100人~499人的较大的小企业中，60%使用透支，30%使用金融性租赁，19%使用抵押贷款，29%使用设备贷款，还有26%使用汽车贷款。[③]

（4）采取措施，鼓励小企业出口。1989年，美国自营出口的24.3万家公司中，88%是500人以下的小企业。通过经纪人和贸易公司出口的企业中，至少有一半是小企业。也有小企业在海外建立了生产基地，成立了独资和合资企业。出口扩大法使小企业能够获得高达50万美元的贷款，进出口银行向出口型小企业提供贷款，并向它们提供信用和风险担保，同时，向购买美国产品的进口商提供贷款，以促进美国小企业的出口。为了鼓励小企业扩大出口，美国政府还采取了以下措施，如定期向小企业提供国际市场方面的信息、组织交易会等，降低小企业的信息费用和交易成本；帮助小企业开拓国际市场，设立了出口援助中心和小企业海外资讯数据库，利用互联网向海外进行宣传；政府积极开展经济外交，为小企业出口排除各种贸易和非贸易壁垒；等等。小企业管理局还在小企业集中的地区设立出口服务中心，帮助小企业寻找出口项目、设计出口战略、制定出口计划、评估出口可行性报告、帮助申请出口信贷等。[④]

（5）便捷的中小企业社会化服务系统。中小企业社会化服务体系是社会对中小企业生存和发展提供全方位系统服务的集中表现，也是市场经济条件下社会化分工协作的表现形式。美国在支持小企业技术创新和创业服务等方面积累了丰富的经验。其政策措施通常有：一是制定小企业创新发展计划，要求有关政府机构每年向该计划拨出经费，支援小企业从事科研开发。1987年~1993年，联邦政府部门共为该计划提供了约25亿美元的资助，现在该计划每年可用的资金已达到12亿美元。二是向小企业传播技术，在前总统克林顿旨在振兴美国经济的一揽子政策中就提出要建立数十个制造技术扩展中心，在小企业间扩展技术知识和新的制造技术。三是提供税收优惠，如向新工厂

---

① 陈宝森：《美国经济与政府政策——从罗斯福到里根》，世界知识出版社，1988年，第592页。

② 林珏：《美国市场经济体制》，兰州大学出版社，1994年，第53页。

③ 唐菊裳：《国外小企业——融资、管理、创新、模式》，中国计划出版社，1999年，第93页~94页。

④ 郑之杰，吴振国，刘学信：《中小企业法研究》，法律出版社，2002年，第98页~107页。

新设备投资的小企业提供用于研究和开发的长期税款减免。

在创业服务方面，美国政府对个人创业精神给予高度关注，形成了支持个人创业的制度。美国拥有旨在促进个人创业的机构——商业信息中心，其设备和资料可供创业者随时使用；美国各州还建立了业务培养室，重点培育风险企业，支持小企业进行风险投资，拓展业务范围。美国政府还在1958年就全资成立了小企业投资公司，专门对小企业提供商业银行不愿贷款的风险投资。

3.1.1.3 美国政府扶持中小企业的机构

美国政府为了更好地促进中小企业的发展建立了许多组织管理机构，并逐渐完善。在克林顿任主席的美国国家经济委员会中为小企业局保留了一个席位，美国联邦政府的内阁会议也邀请小企业管理局的负责人参加，目的是随时听取来自小企业的意见和建议。

（1）1940年，美国参议院设立了小企业委员会。1941年，众议院也设立了小企业委员会，并在商务部和司法部附设了有关小企业的机构。20世纪40年代还建立了隶属于白宫的小企业会议。

（2）1942年，美国建立了小军火工厂管理公司，负责向参与战争生产活动的小企业发放贷款或为银行贷款提供担保。1951年，美国政府设立了小兵工厂管理局，促进复兴金融公司向小企业贷款，这个机构成为美国管理小企业事务、为企业提供资金援助的最初的联邦机构。

（3）为了帮助小企业，美国国会于1953年通过了《小企业法》，并专门成立了小企业管理局，负责处理小企业事务。这一政府职能部门几经变更，最终在1958年上升为政府的固定机构。局长由总统任免，并需经参议院认可。美国小企业管理局（SBA）约有5000人，总部设在华盛顿，在美国各地设有10个分局，再下设100多个地方机构；每一个分局管辖几个州，指导隶属该地区的各地方机构的工作。为了向小企业提供及时快速的服务，它把执行其任务的大多数决策权下放给各个地方机构，让其就地作出决定。国会对小企业管理局的授权是：向小企业贷款；与联邦政府机构签订采购合同，然后转包给小企业；向联邦政府采购官员证明小企业承担联邦政府某一采购合同的能力和信用；向小企业提供技术和管理援助。[①] 此外，小企业管理局还负责在军工订货方面协助政府合理和充分利用小企业的生产能力。具体来说，小企业管理局对小企业的扶持措施主要是向小企业提供资金和贷款援助，帮助小企业联系政府的采购事宜以及提供管理培训和咨询。

小企业管理局的任务是帮助有意于经营小企业的人创办自己的企业并使其能持久地经营下去，其具体工作主要以下几个方面：一是反映小企业的要求，维护小企业的利益。为此，小企业管理局设有称为小企业代言人的专门机构，该机构与全国的小企业保持直接的联系，在国会和其他联邦机构里反映小企业的困难和需要，维护小企业的利益。二是提供资金帮助。主要有三种形式：第一种是提供担保贷款，由小企业担保，期限最长为25年；第二种是直接贷款，小企业管理局按优惠利率向小企业贷款；第三种是特别贷款，小企业管理局与地方发展公司和金融机构为那些促进本地区经济发展以及由于季节性资金短缺的小企业提供各种贷款。三是提供管理技术和信息援助。组织企业中有经验的经理服务团，向需要援助的小企业提供各种咨询和指导。小企业管理局通过商会、大学、协会和成人教育小组等向小企业提供技术、经销及决策等方面的培训，并提供有助于小企业发展的各种信息。四是帮助小企业联系政府采购的有关事宜。美国政府是美国最大的消费者，每年要同私人企业签订上千亿美元的采购合同，购买市场上的各种商品和劳务。小企业管理局采取各种措施帮助小企业获得尽可能多的份额。五是减轻小企业的负担，鼓励小企业创新。这些法律和措施的

---

① 吴德庆，邓荣霖等：《美国企业经营管理学》，中国人民大学出版社，1996年。

执行，保护了小企业的利益，促进了小企业的发展和壮大。今后，小企业在美国经济发展中将发挥更加重要的作用。

（4）建立了一些半官方的民间组织，为小企业提供支持。一是创办小企业发展中心，为已开办和拟开办的小企业提供管理培训和信息、技术帮助，通过联邦政府、州政府、地方政府和私营机构、社区教育部门的合作，全国建立了57个指导性的小企业发展中心和950多个服务点。二是建立商业信息中心，向小企业提供最新的企业硬件、软件和资讯方面的技术信息。三是组织退休经营服务队。全国已经有388个分会和800个服务点，有成员1.3万人，以义务或低费用的形式帮助小企业制定经营计划，提供咨询服务，对运营中的企业进行诊断，对拟开办的企业进行可行性分析。四是管理培训，通过商会、大专院校、贸易协会和成年教育小组等向小企业提供技术、经销及决策等管理方面的培训，开办讲座和讨论会，并发行各种出版物。1996年，美国政府通过小企业发展中心和退休经营服务队向100万家小企业提供了管理和技术帮助。美国还有专门为年轻人、少数民族或妇女开办新的小型企业提供服务的机构。如洛杉矶的一个妇女企业发展中心（全美国这类中心有80家），成立于1991年，帮助对象主要是中低收入的妇女，目的是帮助她们创业。服务的内容有语言培训、财务咨询、创业咨询、管理咨询。目前，可用的经费有120万~150万美元，其中25%由热心这项工作的基金会投入，其余由政府投入。中心已培训了10万人，有10%得到创业帮助。[①]

3.1.2 欧 盟

1996年4月，欧盟委员会通过一项建议，就各个成员国的中小企业如何界定做了若干具体规定。中型企业标准主要是三项：雇员不超过250名；年营业额在4000万欧元以下，或年资产负债总额不超过2700万欧元；不得由一个或多个非中型企业控制该企业25%以上的资本，或对该企业拥有25%以上的表决权。小企业的定义为：雇员不超过50名；营业额不得超过700万欧元或年资产负债总额不得超过500万欧元。欧盟委员会把不超过10名雇员的企业称为微型企业。

根据这个定义，1997年年底，欧盟对中小企业的经济评估结果是：欧盟15国共约有1800万个中小企业，占企业总数的99.8%，容纳了66%的私营劳动力，其营业额占欧盟企业营业总额的56.2%。

3.1.2.1 欧盟中小企业立法

欧盟一方面从自身做起，高度重视共同体法律对中小企业的不利影响，改进共同体立法程序，提高立法质量。另一方面，大力呼吁成员国修改过时的规章制度，并为此提出大量合理化建议。在欧盟第三个中小企业长期计划中，明确提出要简化和改进立法，进一步简化开办新公司的手续，取消或降低有关费用；改善新企业税收待遇，简化中小企业增值税征收环节；在起草新的法律时，加大中小企业的参与力度，同时对立法可能给中小企业带来的影响进行系统的分析和评价：改进跨国纠纷的解决程序，在法律上采用适合中小企业的跨国企业模式。

鉴于在欧洲开办一企业，其手续远比美、日等国家的繁琐困难，委员会已建议成员国使用统一注册表格，同一鉴定号码，在跑种种手续时和每个有关部门一次接触就能解决问题，加速批准手续的时间。按委员会设想，简化立法分两阶段实施，第一阶段集中在如下四个部门：欧盟内贸统计的

---

① 陈先平：《美国中小企业发展的政策措施及启示》，《安徽科技》，2002年第11期。

搜集体系、建筑材料业、资格认证和企业规模；第二阶段拓展到如何缴纳增值税、银行服务、废物处理等领域。简化是为了提高效率，这是一项内部市场建设的战略措施，在有价证券、通信、海关规定和程序、公司权利、为消费者服务等方面都能完成简化的立法工作。为了保护中小企业的权益和市场地位，欧盟的共同竞争政策对中小企业给予了特殊照顾。对于中小企业之间达成的一些有关共同研究开发、实施企业财务、使用生产设备、进行广告宣传和产品促销等协议，绝大多数都予以豁免，不受该政策的限制。如中小企业间订立的专业化分工协议，凡参加者市场份额总和不超过20%、销售总额不超过5亿欧元都予以豁免。而在合并控制方面，共同竞争政策规定只有企业联合体在世界范围内年销售额超过500亿欧元，且在欧盟范围内年销售额超过215亿欧元才会被禁止。因此，中小企业之间的大量兼并活动可以完全不受规定约束。

欧盟现有的立法与中小企业紧密相关的主要是《内部市场法》。当初制定该法时对中小企业这一块考虑较少，委员会如今提出"首先想到中小企业"，将这一精神逐步落实到欧盟各种政策和法令当中。1995年5月，委员会正式提出简化内部市场的立法。一些简化立法手续的建议有的已被理事会和议会采纳。

3.1.2.2 欧盟扶持中小企业的政策

自20世纪80年代以来，随着欧盟中小企业在解决劳动就业和技术创新方面的作用日趋明显，欧盟各成员国纷纷出台了一系列扶持中小企业的政策。在此背景下，共同体于1985年在卢森堡欧洲理事会上，决定创建一套评估方法来衡量共同体提案对中小企业的影响。1986年，共同体成立了"中小企业特别行动小组"（the SME Task Force），专门起草有关扶持中小企业的提案与计划，在此基础上于1989年创建了第十三总局（Directorate General XXIII），专门负责执行中小企业政策。其政策的目标在于：营造公平的市场环境以充分发挥中小企业独特的功能和优势，促进经济增长、缓解失业压力和保持社会稳定，并能在日益激烈的国际竞争中立于不败之地。

从总体上看，欧盟中小企业政策具有明显的非强制性特点，绝大数是以建议、计划等形式提出，成员国政府是否接受由其自行决定，同时也不干预成员国中小企业政策的制订和实施。

（1）融资支持。中小企业发展面临的最大困难是自有资金不足及融资渠道不畅。对此，欧盟一方面作为中间人协调银行与中小企业之间的关系，鼓励银行更好地为中小企业服务，另一方面增加资金投入，并利用共同体的政策金融工具向其提供贷款。同时，欧盟还利用其自身特殊地位，积极推动欧洲中小企业资本市场的建设。

第一，加大金融机构对中小企业的贷款力度。1993年专门创立了"圆桌会议"，1994年它向委员会提交的报告中提出了以下建议：①加强银行与中小企业的紧密联系，措施包括推出为中小企业量身定做的金融产品与服务，增加中小企业贷款担保基金，大力发展种子基金和创业投资公司，进一步发展互保计划模式等；②拓宽中小企业资金来源，其措施包括大量投放次级贷款（如无附属担保品的贷款）；③确保遵守协定的付款期限，其措施包括成员国的法律手段和诸如代理与信用保险等金融工具。

第二，直接增加资金投入。作为欧盟的政策性银行，欧洲投资银行（EIB）积极向中小企业的投资活动进行融资。从1990年以来，已有近45%的工业与服务业援助资金提供给了中小企业。在1997年，欧洲投资银行引入一项10亿欧元的阿姆斯特丹特别行动方案（ASAP），相当部分用于支持高新技术中小企业。欧洲投资银行利用其"风险分担的全球贷款"和必要时风险资本的引入，可望为技术型企业提供50亿~80亿欧元资金。

同时，欧洲投资银行还投资1125亿欧元，设立了新的欧洲技术融资便利专项（European Technology Facility），目的是为高成长新技术中小企业提供风险资本和股权资本。此外，欧洲结构基金中的欧洲区域发展基金，每年也将其10%的支出用于支持中小企业进行国际化经营。

第三，开辟中小企业直接融资渠道。欧盟专门成立了欧洲风险投资协会。该协会是一个非营利性的机构，主旨是促进欧洲风险投资市场的建设，协助中小企业寻找资金。在它的大力推动下，巴黎证交所开设了一个拥有完全自主权的附属市场NM（Nouveau March），其宗旨是为新生企业提供股票筹资。它的上市标准比现有市场更为灵活。该市场于1996年3月开始交易，现在已经联合了布鲁塞尔和荷兰的NM市场，形成了一个欧洲范围内的股权市场，称作Euro—NM。德国与比利时也在筹划加入。同时，欧盟还专为高速成长的小公司设立了EASDAQ股票市场，已于1996年9月运作，并计划在5年内有500家公司注册。

欧盟内各个国家也针对中小企业市场融资难，抗风险能力弱的特点，积极采取措施，加大对中小企业的资金扶持力度。一方面，欧盟为使中小企业投资更有成效，设定了不同程度、不同项目的投资计划，资金额度从几千万欧元到几十亿欧元不等。资料表明，欧洲投资银行1998年向1万家中小企业发放了27亿欧元贷款。德国则以政府系统的银行为依托，向中小企业提供风险资本，同时规定营业额在1亿马克以下的企业，可得到总投资60%的低息贷款。法国在中小企业全部投资中，国家补贴占10%，国家和银行贷款占60%，自有资金只有30%。另一方面，欧盟为方便中小企业获得资金，进行牵线搭桥，与信贷银行展开合作。从1995年开始，以欧盟委员会牵头，每年举行一次中小企业与银行的圆桌会议，探讨最佳贷款方式，以提供最佳的金融服务。[①]

（2）促使信息技术与互联网成为中小企业发展的桥梁。为向中小企业提供信息，促进他们的创新意识，欧盟最近已在互联网上开通了“企业之窗”网站，让中小企业了解欧盟和国际市场的变化。与此同时，企业也可通过这一网址向欧盟委员会反映他们在市场操作中遇到的困难和问题，欧盟还投入4400万欧元，启动了“进入信息社会计划”，帮助中小企业利用“信息高速公路”融入国际市场。

（3）鼓励技术创新。面对不断高涨的科技浪潮，欧盟启动和制定了10多个与中小企业科研活动有关的项目，投入高达数百亿欧元。这些项目优先帮助中小企业进行新产品、新工艺和新技术的研制和获取，建立跨地区、跨国界科研合作伙伴关系。

欧盟在1983年推出了第一个促进企业技术创新的规划，1989年发展成为SPRINT计划。该计划旨在促进成员国在信息网、企业技术创新等方面的交流与合作。1989年，欧盟又实施了旨在加强工业企业技术开发和使用科研成果的VALUE计划。在此计划中，为了鼓励中小企业利用科研成果，特设立两项奖励：探索奖和技术交流奖。探索奖约为7000欧元，主要鼓励那些积极与研究单位取得联系，并签订伙伴关系或合作关系的中小企业；技术交流奖最高为10万欧元，主要补贴中小企业使用科研成果进行技术创新。1994年，欧盟将上述两大计划纳入到第四个总体研究规划（1994年~1998年）。该规划总预算高达130亿欧元。为鼓励和支持中小企业参与，欧盟专门制订两类支持措施：一是对两个中小企业之间的合作，在起草项目建议书时进行市场调查、项目可行性研究、合作伙伴寻找等所需费用，欧盟提供部分补贴，最高可达45 000欧元或全部费用的75%；二是建立一种全新的研究机制，使那些研究能力欠缺的中小企业能依靠其他研究机构、大学完成部分或全部研究工作。在欧盟第三个中小企业计划（1997年~2000年）中，包含了许多支持中小企

---

① 戴宾：《欧盟中小企业政策的主要内容及其启示》，《天府新论》，2001年第2期。

业技术创新的措施。包括支持有发展潜力的中小企业，重点是企业的战略管理培训和企业的国际化；支持高新技术企业的发展，鼓励和促进私人资本投向高新技术企业；通过鼓励中小企业参加欧盟的研究开发和创新计划，重点促进信息技术在中小企业中的应用。资助的方式是直接的，如中小企业购买专利、生产许可证和关键技术及相应设备，中小企业可获 15% 的费用资助。对于人员少于 50 人的小企业，在贷款额低于 2500 万欧元时，欧洲投资基金可提供 50% 的担保，如果贷款是由多国银行联合提供，基金可提供 75% 的担保。

（4）鼓励出口。为了促进中小企业产品出口，欧盟十分重视行业协会的作用。法国、意大利等发达国家的中小企业的出口产品，由行业协会提供出口渠道和代办出口业务的占 80%。意大利的产品出口中，纺织行业有 1/3 是中小企业提供的，机床行业有一半是中小企业提供的，电子行业比例高达 60%。欧盟中小企业认为，进军海外市场比争夺国内市场的风险要小，这是因为国内市场趋于饱和，竞争对手增多，而许多海外市场急需欧盟产品，在海外拥有生产基地可获得低成本和高盈利。如德国成功的中小企业平均每家拥有 9.6 个国外分支机构，90% 以上中小企业在美国市场上有分支机构，一半以上在日本建立了自己的全国性服务网络。

（5）为中小企业间的合作创造条件。欧盟推出了“合作技术研究行动”（Cooperative Research Action for Technology）计划，其目的是使缺乏足够研究和技术开发能力的中小企业从官方的欧盟补贴中获益。欧盟在 1994 年推出第四个总体研究规划（1994 年 ~ 1998 年），该规划总预算高达 130 亿欧元，为鼓励和支持中小企业的参与，欧盟专门制定的一项措施是：对两个中小企业之间的合作，在起草项目建议书时进行市场调查、项目可行性研究、合作伙伴寻找等所需费用，欧盟提供部分补贴，最高可达 45 000 欧元或全部费用的 75%。欧盟各国也采取多种措施鼓励中小企业之间的合作。例如，德国的一些州政府认为中小企业之间的合作是消除或减少与中小企业规模有关的多种劣势的契机，而外部采购、联合市场研究和联合市场开拓（德国和国外）、联合联络和联合顾问中心，以及销售合作关系的建立，是达到这个目的的途径。法国的 IRATT 计划，鼓励研究实验室与制造业和工业服务业中的中小企业之间的合作。①

（6）鼓励妇女参与中小企业管理。在中小企业的领导和管理上，妇女作用极大。在欧盟 1800 万家中小企业里，20% ~30% 是妇女管理的。新开张的中小企业，25% ~30% 是妇女创办的。在 60% 的中小企业中，副手是女性，主管行政。据统计，在企业中，妇女参与管理的程度越高，该企业维持生机的可能性越大。因而欧盟委员会积极推动她们参加地区发展，鼓励她们跨国传授知识和经验，专门对妇女创办的企业给予诸多方便。②

3.1.2.3　欧盟扶持中小企业的机构

面对信息化和国际化的挑战，欧盟通过建立多个泛欧信息网络，向中小企业提供全方位的信息资料。

欧洲信息中心（EICS）作为中小企业的“首选信息服务窗口”，现已形成了覆盖整个欧洲经济区以及中东欧、地中海沿岸，拥有 294 个分支机构的信息网络。它为中小企业通报有关欧盟活动和议案，包括研究与开发技术的信息及技术转让计划。同时，它通过“征求合作伙伴网”和实施“合作伙伴计划”，帮助中小企业寻找跨国合作伙伴，为其提供相互间的直接交流、建立合作关系

---

① 郭子雪：《欧盟对中小企业的扶持及其借鉴》，《河北大学学报（哲学社会科学版）》，2004 年第 6 期。

② 李善同，刘勇：《欧盟的中小企业政策》，《科学决策》，2001 年第 6 期。

的机会；鼓励中小企业建立国际分包合同；国际合作计划将更多地面对中小企业，鼓励中小企业建立跨国合作和创办国际性合资企业；研究中小企业进入国际市场的有效手段，资助中小企业参与国际商务活动，如国际贸易展览等。

共同体研究与开发信息服务机构（CORDIS）负责为中小企业提供有关欧盟研究和创新活动的全面信息（包括计划的执行、结论等），同时还帮助中小企业寻找合作研究伙伴，寻求研究活动的潜在资金来源等。

创新传播中心（IRCS）负责向中小企业提供技术和创新方面的帮助，协助它们确认技术要求和合理技术，帮助它们参与欧盟科研开发计划。两个企业合作网络（BC—NET 与 BRE）专门负责帮助中小企业在地区、成员国、欧盟及至全世界寻求合作伙伴。

为了更好地满足中小企业贷款需要，欧盟理事会于 1994 年设立了欧洲投资支出专项（EIF），其主要任务是为中小企业提供中长期贷款担保，通常担保金额限于投资费用的 50%。EIF 的运作一般是由其管理部门与金融中介机构签订协议，为一组中小企业提供担保，而不是直接向个别中小企业担保。针对中小企业经常遇到的贷款难问题，欧盟委员会于 1993 年专门创立了“圆桌会议”，会员由金融机构资深代表和中小企业代表团组成，目的是探讨中小企业面临的融资问题，并提出双方均可接受的解决方案。

为了鼓励欧洲研究成果的交流和促进创新咨询与培训支持，欧盟设立了“中转中心”（Relay Centers），到 1995 年，欧盟与冰岛、挪威已设立了 52 个中转中心。

3.1.3 德　国

在德国，中小企业是指年营业额低于 5000 万欧元、员工人数少于 500 人的企业。德国有中小企业约 330 万家，广泛分布于工业、贸易、旅游和服务等行业。德国的中小企业是德国经济的支柱，是社会市场经济的心脏，是经济增长和就业的发动机。这主要表现在以下几个方面：中小企业占企业总数的 99.7%；占需纳税的销售额的 43.2%；占企业总产值的 48.8%；占全部就业岗位的 69.7%；提供了 80% 的培训岗位。

3.1.3.1 德国中小企业立法

德国在第二次世界大战后采取了一系列法律手段，从各个角度保护和促进中小企业的发展。

德国没有专门的中小企业单行法，有关中小企业的立法是分散在其他经济立法中。虽然联邦政府没有专门的中小企业法，但是，各州几乎都有中小企业促进法。如巴伐利亚州在 1974 年颁布了《中小企业促进法》。该法案本是一部纲领性法律文件，中小企业不能据此向法院起诉。该法的基本结构和主要内容如下：第一章主要规定了立法宗旨，中小企业促进原则，政府、公共机构、社会组织等在促进中小企业方面的合作及其行为应当符合国家促进中小企业的基本原则；第二章规定了如何提高中小企业的效率，包括内部管理、对外合作、技术开发和应用等；第三章规定了为中小企业融资方面的措施；第四章规定了其他促进中小企业发展的措施，包括政府采购应当向中小企业倾斜等。从该法的实践效果看，尽管它是一部纲领性的法律文件，但是，实践表明，它在促进该州中小企业发展方面发挥了重要作用，尤其在 20 世纪 80 年代，作用十分突出。随后，其他州也纷纷效仿。为此，巴伐利亚州在1994年还专门为此法颁发实施20周年举行纪念活动。①

德国政府中小企业立法的作用：

（1）规定中小企业的机构设置及其职能。如复兴银行是根据1948年颁布的《复兴银行法》设立的；平衡银行是根据1954年颁发的《平衡银行法》设立的；德国工商大会是根据1956年颁发的《德国工商会议》成立的；联邦卡特尔局是根据1957年颁发的《反对限制竞争法》成立的；经济部则是根据《政府组织法》成立的。这些法律对其职能及其行为都做了明确规定，几乎每一项具体做法都有相应的法律规定，如欧洲复兴计划基金的使用，就有专门的法律规定。

（2）为中小企业发展创造良好的法律环境。

①反垄断：德国联邦政府于1957年颁发了《反对限制竞争法》，它是联邦政府扶持中小企业最主要的法律，对中小企业所做的特殊规定，具有特别重要的意义。德国《反对限制竞争法》于1958年生效，已经做了六次修改，现在适用的是1999年经过第六次修改生效的文本。该法的立法宗旨是禁止或限制企业从事限制竞争的行为，保证市场上存在合理有效的竞争，以维持自由公平的竞争秩序，促进国民经济的发展和繁荣。首先，该法禁止企业与企业之间为实现共同目的而订立旨在限制竞争的卡特尔协议，禁止企业约束和限制对方当事人的订约自由和内容自由，禁止企业向对方当事人提供价格建议，禁止企业采取协调一致的行为实现限制竞争的目的。但是，可以免除某些卡特尔禁令，如中小企业之间订立的卡特尔协议，如果有利于经济过程的合理化，有利于提高中小企业的生产效率，并且不会导致市场上竞争关系受到重大损害，则不在禁止之列。中小企业订立的共同采购卡特尔也不在禁止之列。其次，禁止企业从事可以产生或加强其市场支配地位的合并行为。规定年销售额在5亿马克以上的大企业与其他企业合并要经过批准，对年销售不足5亿马克的中小企业则鼓励联合，以促进其管理现代化，增强其同大企业竞争的能力。最后，禁止企业滥用其市场支配地位。该法规定禁止控制市场的企业以及其他具有市场优势地位的企业阻碍其他企业竞争，不允许有优势地位的企业采用压价或提价等手段，打击或压制中小企业，不公正地对待中小企业。《反对限制竞争法》的规定，为中小企业在整体上处于比较有利的竞争地位提供了法律保障。

②保护、扶持。1967年，联邦政府颁布了《经济稳定增长法》，后来通过了产业部门与区域经济政策原则等法律，规范了政府对中小企业的法律行为，同时提供了各种减免税的办法。1976年，联邦政府又制定了“中小企业促进计划”，确定从税收、经济和社会政策等方面减轻中小企业的负担。1960年的《税收修正法》废黜了对任何企业减税或免税的特权，规定不论国营、私营，也不论是大企业或是中小企业，在纳税方面一律平等，取消了原来对国营企业的某些优待。1968年，联邦政府决定将产品流转税改为商品增值税，使在纳税问题上原来吃亏很大的中小企业变得较为平等。所得税法为了鼓励中小企业购置资产、更新设备、扩大经营规模，规定了两项优惠政策：一是中小企业购置固定资产或设备并完全用于企业经营的，前4年每年的折旧率为所购费用的20%，但总数不得超过30万马克。二是企业准备在4年后购置新设备的，可以先立预提购置科目，预提购置费用摊入当期成本，但最高不得超过30万马克。同时，该法对适用这些优惠政策的中小企业做了专门界定，即仅适用于资产额不超过一定数额的个人业主制企业、合伙制企业。增值税法规定，一般企业应当在订立销售合同时缴纳增值税，但中小企业可以收到销售货款时缴纳，以增加中小企业的流动资金。工商税法为减轻中小企业的税负，规定收入在4.8万马克以下的个人业主制企业和合伙制企业，可以免交工商税；收入在4.8万~7.2万马克的，工商税提高一个百分点；收入

① 郑之杰、吴振国、刘学信：《中小企业法研究》，法律出版社，2002年，第117页~121页。

在7.2万~9.6万马克的，工商税再提高一个百分点；收入达到9.6万马克以上的，方可适用统一的工商税。这一规定对中小企业有利，因为大企业的收入都会超过9.6万马克，都要交工商税，而中小企业收入在9.6万马克以下就可以享受税收优惠。此外，在遗产继承方面，有关遗产税的规定对中小企业的发展也非常有利。

（3）为中小企业的发展提供了广阔的法律空间。德国民商法、社会立法、经济立法比较健全完善，不同时期制定的公司法、合同法、担保法、劳动法、社会保险法等基本法律，不仅为中小企业的行为提供了基本规范，而且在创立公平竞争机制、优化中小企业的外部环境方面，也为中小企业的发展提供了广阔的法律空间。

3.1.3.2 德国政府扶持中小企业的政策

德国政府的政策目标是：确保中小企业在经济社会中的活力和竞争力，提高中小企业的效率，并使之适应市场变化。其目的在于，使中小企业在生产、流通、革新、劳动市场以及职业培训方面，充分发挥其作用，从而为促进经济增长和社会稳定作出贡献。

德国的中小企业扶持政策分为直接扶持和间接扶持两种。间接扶持主要是政府投资兴建社会公共基础设施，让中小企业免费使用。直接扶持内容丰富、形式多样，主要有提供低息贷款和投资担保，帮助中小企业提高自有资本比例，资助中小企业的发展咨询、经理培训、科研开发和技术创新、组织参观示范企业、支持销售和对外经贸投资以及减轻税负等。对经济结构落后的东部地区实行重点倾斜政策，并在2004年以前保持不变。以下是德国政府扶持中小企业的主要政策。

（1）为中小企业营造良好的市场环境。

①编制规划，合理布局。德国政府非常重视建设规划和生产力的合理布局。企业生产什么，经营什么，政府从不干预。但企业新建厂房或从事其他经营，必须符合总体规划，工厂必须建在规划的工厂区内。建设规划4年讨论一次，讨论通过后就必须按规划建设和布局。

②社会保障。联邦政府在追求充分就业的同时，也对失业和低收入者采取了一系列福利政策：一是规定了就业者的最低收入标准；二是规定了最低生活标准；三是对失业者进行培训和免费提供职业介绍与工作咨询服务；四是政府办公益性事业项目为失业者提供临时性就业过渡机会。

（2）运用投资政策扶持和引导中小企业发展。德国政府为了促进中小企业的发展，帮助中小企业克服资金、人才和技术困难，促进中小企业技术进步，设立了中小企业开发促进资金，并通过银行贷款、政府补贴、减免税收等多种形式进行扶持和引导。

德国的投资政策倾向性强，不同行业、不同地区的投资是不一样的。从行业上看，德国政府重点扶持的是农业、能源和环保三个方面。从地区看，重点扶持贫困地区，并将其划分为三种类型：即发达地区、落后地区、原东德地区。从资助的项目看，一是新建企业，能提供就业岗位；二是节约能源及环境保护项目，如废水处理、空气净化、垃圾处理等；三是研究开发新产品和生产新科技产品；四是有潜能的产品，能跨地区销售或能促进出口的项目；五是交通、水利等公共设施、基础设施建设；六是新建或扩建的中小企业科技中心；七是对咨询、培训予以资助。

投资的主要方式有：

①财政补贴。财政补贴的形式：主要是直接投资和贷款贴息。凡是符合政府补贴的中小企业，均可以提出申请。资助的金额根据不同地区、不同项目，有不同的规定限额。最低的补助为总投资的5%，最高的不超过50%。据德国统计资料，1993年德国政府共为中小企业提供补贴32.23亿马克。此外，联邦政府为支持中小企业咨询和企业之间的合作，提供资助4624万马克。

②银行贷款。银行贷款是中小企业投资的主要来源。年营业额在 1 亿马克以下的可得到总投资 60% 的低息贷款，年利率 7%，还款期为 10 年；超过 1 亿马克的，贷款额度更高些。用于购买土地、房屋的还款期可延长到 20 年；对增加就业岗位项目，贷款份额占投资额的 75%，政府给予占投资额 10% 的补贴，还款期为 8 年；对改善环境的环保示范项目，可得到 70% 的贷款额度，还款期 30 年，宽限期 5 年，并可向环保局申请咨询资助。联邦政府为促进中小企业发展，专门设立了“欧洲复兴计划特殊产业基金”，新成立的中小企业可以以银行贷款方式获得自有资金援助，贷款金额为 4 万马克，前 2 年免付利息，从第 3 年开始利息为 2%，第 4 年利息为 3%，第 5 年利息为 5%，5 年后按市场利率计算。据统计，此项贷款 1990 年 ~ 1994 年共 126 亿马克，其中 1994 年批准新建中小企业贷款 31 亿马克。

③政府担保。对有风险的项目和落后地区新建项目，政府可以提供担保。为此，联邦政府各个州都成立了担保银行，最高可提供贷款总额 8% 的担保。据统计，1993 年，担保的贷款达 172. 64 亿马克。缺少自有资金是德国中小企业的突出弱点，因此，德国政府把提供资金扶持作为扶持政策的主要环节来抓。1999 年，德国用于帮助中小企业融资的资金总额达 110 亿马克，另外，还有 12 亿马克用于支持技术创新和开拓国际市场。与此相适应，在欧洲复兴计划基金中设立了创业、自有资本赞助、地区发展、创新、环保、清偿帮助、流动资金等专门项目，为中小企业的发展创造了良好的环境。

（3）减免税收。减免税收也是德国政府资助中小企业，引导中小企业投资的一种强有力的手段。为了吸引和帮助在落后地区新建中小企业，促进落后地区的经济发展，联邦政府规定：第一，在落后地区新建企业，5 年免交营业税；第二，对新建企业可以消耗完的动产投资，免征 50% 的所得税；第三，对中小企业盈利用于再投资的部分免交财产税。1994 年，将中小企业免交营业税界限从 2. 5 万马克提高到 3. 25 万马克；对德国东部采取临时性鼓励措施，将免交营业税的界限从 25 万马克提高到 100 万马克；实行特殊折旧，4 年内，按新购置或生产的设备资产成本的 20% 进行折旧，降低中小企业所得税。

（4）扶持落后地区的中小企业，促进地区平衡发展。东西德统一后，东德地区被列为经济薄弱地区。国家对东德地区兴办中小企业给予了税收、补助、贷款等方面更为优惠的政策，以促进东西部平衡发展。给中小企业提供的低息贷款，最高可占投资的 80%。西德地区最高为 66%，宽限期西德为 2 年，而东德为 5 年或时间更长一些。国家对东德地区中小企业申请银行贷款还提供 80% 的担保，以帮助企业争取资金。此外，联邦政府成立了一些机构专门研究东德地区的问题，还为东德地区建立了专项补贴，即在中小企业成立时，由国家财政给予一定的投资补贴。特别对公益性项目，补助额最高可达到项目投资的 50%。

（5）促进中小企业合作与科研开发。德国 2/3 的专利技术是由中小企业申请的。约有 1/3 的开发研究项目在商业上得到应用。为帮助中小企业克服资金、人才和技术的困难，促进中小企业技术进步，国家给予了必要的扶持。首先，国家研究技术部、经济部等部门设立了中小企业开发促进资金，对中小企业科研发人员费用和技术项目，给予补助。经立项批准的，每人每天最高补贴额可达到 3000 马克；其次，国家给予长期低息贷款，一是鼓励企业自身开发项目，职工 250 人以下的可得到占总投资 35% 的贷款支持；职工 250 人以上的可得到 25% 的贷款支持。二是鼓励企业加强国际、国内科研合作开发，与国外合作开发项目最高能得到 50 万马克贷款支持，与国内合作开发项目最高能得到 30 万马克的贷款支持。三是鼓励企业与科研机构联合开发项目，一般可申请到占投资 40% 的贷款支持。促进了企业技术水平的提高和产品质量改善，以适应不断变化的市场需要。

德国政府为中小企业制定技术政策，如 1977 年颁布的《联邦政府中小企业研究与技术政策方案》，1978 年颁布的《中小企业研究和发展工作设想》等。为了提高中小企业科研、技术开发和技术革新的能力，使现代化的先进技术尽快投入生产，使产品尽快达到国际市场要求的技术水平，全国建立了 160 个技术研究会。联邦政府科技部设立了每年 6 亿马克的“小技术企业参与基金”，为中小企业提供高新技术研究和新产品开发贷款。同时，联邦政府对中小企业与研究机构合作开发技术和产品给予补贴，1994 年大约有 13 亿马克。

（6）加强就业培训，提高中小企业人员素质。为提供足够的就业机会，德国采取了缩短工作时间、提前退休等措施。这些措施的实施又需要劳动者的高素质和高效率做保证。大部分人的培训是在企业实践培训与职业学校理论培训的“双轨制”下进行的，培训费用由企业与国家共同负担。联邦经济部每年的预算都有培训方面的经费，并通过德国工商大会、手工业公会等进行。培训都有严格的期限和通过考试领取技术证书的规定。德国 80% 的就业者都经过专业培训；80% 以上的中小企业管理者受过高等教育；90% 以上的技术人员受过大专以上教育，90% 以上的职工都接受过培训。从 1994 年～1998 年，德国由政府出资对 100 多万企业经营管理人员进行了培训，主要内容是创业思路和计划、经营管理能力、新技术、产品、市场、成本、销售等。同时，德国政府重视对劳动力的职业技术培训，较高的企业职工素质是德国中小企业保持较强活力的重要因素。为中小企业承担培训任务，可以从国家得到补贴，1994 年中小企业培训学徒工 73 万人，办训练班 6.5 万个，共获得国家补贴 1.47 亿马克。在手工业、贸易、农业和家庭经济方面培训年轻人，还可以得到优惠贷款。到 1995 年 5 月，此项贷款项目 15 966 个，贷款金额为 2.488 亿马克。

（7）鼓励创业。由大学和研究机构中的人员成立企业是科研成果转化为新产品的一种重要方式。对创业者的要求主要有两点，即科学技术专业知识和企业专门知识。联邦教研部主要通过改善大学和科研机构的创业氛围来支持创业。其中通过 EXIT 大学《创业者计划》改善大学的创业氛围并提高新成立企业数量，通过 EEF 基金帮助校外研究机构的人员成立企业，通过制定“研究机构参与企业建立指导方针”鼓励校外机构的科研人员加入到新成立的高技术企业中，通过制定专业计划支持创业和创新。例如《医学技术创业帮助计划》资助有关医学方面的新创意变成实际的产品；《生物机遇计划》资助新成立的生物技术企业风险大的研发计划；《生物未来计划》资助有经验的科学家在德国通过其科研小组进行独立的新生物科学研究，提高其队伍的科研素质，并间接地成立一些新的生物技术企业。联邦教研部为鼓励研究机构创业，还设立了校外研究机构“创业者奖”，奖金 20 万欧元。德国四大科研机构弗朗霍夫学会、马普学会、蓝名单研究机构和大研究中心都各自制定了相应的支持计划。①

（8）为中小企业提供信息、咨询和展览支持。德国经济部规定，针对不同的行业，如工业企业年销售额在 1000 万马克以下、商业企业年销售额在 500 万马克以下的中小企业，每年均可以申请免费咨询，由联邦经济部委托咨询公司向中小企业提供咨询。咨询内容包括环境保护、节约能源、经营管理、技术改造、人员培训等。1994 年～1998 年，联邦经济部共向 32 万家中小企业提供了咨询。一些社会团体法人把提供咨询作为为中小企业服务的主要方式，如向中小企业提供对外贸易信息、税务、如何取得资金和法律服务等方面的咨询，并利用互联网向会员、中小企业和政府提供咨询服务。

根据欧盟的倡议，德国建立了信息中心网络，中小企业可以在欧盟范围内得到各方面的生产和

---

① 赵长根：《德国政府促进中小企业发展的主要做法》，《全球科技经济瞭望》，2002 年第 3 期。

市场信息。巴登—符腾堡州、巴伐利亚州、莱茵兰—法耳茨州和萨克森州也设有自己的信息中心。联邦政府和各州政府通过各种咨询机构举办各种投资研讨会、信息交流会，为中小企业提供各种国内外市场信息咨询，并提供补贴。联邦政府承担咨询费用的 1/2，最高不超过 4000 马克，每个企业 5 年内可以得到 8000 马克的咨询补贴。1994 年举办各种活动 3900 次，参加人数 5.25 万人，政府的资助金额达 540 万马克。

中小企业管理人员、技术人员定期接受培训和进修，以提高中小企业的机构管理水平和技术水平。联邦政府和州政府为促进培训工作的开展，1994 年支出补贴 3.2 亿马克，其中联邦政府支出 1.2 亿马克，州政府支出 2 亿马克。如中小企业参加 4 天以内的培训，可以申请每天 720 马克，最高不超过 2800 马克的补贴。

中小企业由于规模小，资金紧张，往往缺乏必要的广告宣传资金。因此，德国政府以及有关服务机构为中小企业参加展览提供支持，并给予补贴，鼓励中小企业利用各种场合宣传其技术、产品，以增加出口。组织中小企业参加国内外各种博览会和交易会，既可以帮助中小企业推销产品，又可以帮助中小企业获得生产和市场信息。同时，中小企业可以从政府获得补贴，一般为每平方米补贴 250 马克，并规定一整套标准和程序。对雇员人数在 250 人以下、年销售额在 8000 万马克或资产总额在 4000 万马克以下的企业，政府可以为其提供 40 平方米的展览补贴优惠。1998 年，德国经济部就安排了 1350 万马克的资金，支持 2115 家中小企业参加了 130 次展览。根据中小企业研究机构的调查，提供展览补贴的方式对德国中小企业的发展起到了很大的作用，通过展览方式促进德国产品出口占到德国出口总额的 25%，并且，每年为德国创造了 1.5 万个就业机会。①

3.1.3.3　德国政府扶持中小企业的机构

（1）设立政府机构。

①中小企业局。联邦德国政府在经济部设立了专门促进中小企业发展的管理机构中小企业局，专门负责制定中小企业的促进政策和扶持措施。中小企业局共 200 人，按行业和职能分设手工业、自由职业、旅游业、职业培训、中小企业等八个处。中小企业局在各州设有分局，负责所在州的中小企业事务。同时，在州一级也有负责促进中小企业发展的相应政府机构，如巴伐利亚州的交通和科技部负责执行州议会和政府制定的中小企业政策。中小企业局的职能是：负责研究中小企业政策，观察不同企业、不同行业工人对政策的承受能力，为中小企业的发展创造比较有利的条件；提出扶持和资助中小企业的计划；负责中小企业包括自由职业者和律师、医生等的职业培训；负责质量标准，保护消费者利益；促进地区合作与科研开发；监督法律和政策的实施。德国政府对中小企业的管理主要包括市场秩序、产品质量、安全性能；同时，对环境是否会造成污染进行监测。只有合格的产品，才允许进入市场，只有对环境不造成污染的企业才能从事生产经营活动。

此外，联邦政府财政部、科技部等也设有专门负责中小企业的机构，经济部在波恩设有中小企业研究所，在欧盟和驻外使团内设有中小企业促进机构。联邦卡特尔局负责制止大企业对中小企业的吞并等限制竞争的活动。

②工业研究协会工作联合会。工业研究协会工作联合会成立于 1954 年，目前有 106 个遍布各个技术领域的工业研究协会，包括了 5 万家中小企业和 54 所研究机构。工作联合会的中心任务是资助中小企业进行应用性研究和开发，资助经费主要来自联邦经济部。工作联合会作为经济部的项

---

① 郑之杰，吴振国，刘学信：《中小企业法研究》，法律出版社，2002 年，第 153 页～160 页。

目管理单位，负责经济部资助的《中小企业创新能力计划》、《资助东部中小企业研究、开发以及创新活动计划》等，同时还负责联邦教研部的《应用技术——大学面向应用的研究与开发计划》，加强大学与中小企业间的合作。工业研究协会工作联合会在德国政府促进中小企业发展的一揽子计划中扮演着重要角色。[①]

（2）设立与中小企业有关的法人机构。

①政策性银行。在德国，复兴银行和平衡银行是联邦政府的政策性银行，其重要职能就是贯彻国家扶持中小企业发展的金融政策，运用欧洲复兴计划基金和联邦财政拨款，推动中小企业开拓国内外业务，协助中小企业融通资金，为中小企业提供投资及金融业务的咨询服务。

②德国工商大会。它是根据《德国工商会法》设立的，为中小企业的发展提供各种服务。德国工商大会设有 82 个分支机构，业务覆盖全国，主要是提供信息、咨询、培训、服务等，每年预算为 5 亿马克。此外，还设立了中小企业研究所，由经济部组建，主要任务是向政府提供咨询和建议。

③社会中介组织。如德国独立工作者联合会、独立企业工作者联合会、德国工商经营业联合会、德国工商联合会中小企业分会等，它们是非营利的社会团体法人，活动经费主要来源于会员企业缴纳的会费，代表会员企业的利益，为中小企业提供各种服务。

3.1.4 英 国

目前，英国对中小企业的法定表述，分别来自贸工部、欧盟有关法律和英国现行公司法的规定。后两者所确定的中小企业，年营业额上限有所不同（贸工部对中小企业无营业额规定；欧盟法律还明确了对个人拥有公司资产比率的上限），但三者对不同类型企业的雇员人数的规定是基本一致的。现在，比较通行的做法是按三方规定的上限来确定企业大小类型：

同时满足下列条件的被认定为小型企业：年营业额不超过 480 万英镑、资产不超过 240 万英镑、雇员人数不超过 50 人。

同时满足下列条件的被认定为中型企业：年营业额不超过 1920 万英镑、资产不超过 960 万英镑、雇员人数不超过 250 人。

据英国中小企业服务局统计，截至 2003 年年底，英国有 400 万企业，其中 350 万在英格兰。在所有企业中，大型企业（雇用人数在 250 人以上的）不超过 0.2%，在小企业占 98.9% 中的中型企业仅仅占 0.5% ~0.9%。中小企业中就业人数（包括雇工和业主）占全部在私人部门就业人数的 58%，创造的新就业岗位占全国所有新就业岗位的 66%；其营业额大约为 11 730 亿英镑，占全国企业营业额总数的 52%。从上述数据可以看出，中小企业在英国经济中具有非常重要的地位。

3.1.4.1 英国中小企业立法

英国中小企业的政策措施大多是通过立法来贯彻执行，以保证政策的稳定性和连续性。目前，英国已出台了 11 项有关中小企业的法案，内容主要包括以下几个方面：第一，防止大企业过度并吞中小企业而形成行业垄断，保护小企业的发明专利；第二，鼓励与促进政府实验室和大学的科研技术成果向中小企业转让；第三，解决企业之间债务拖欠和任意违约的问题，以确保中小企业资金

---

① 赵长根：《德国政府促进中小企业发展的主要做法》，《全球科技经济瞭望》，2002 年第 3 期。

正常周转。根据 1997 年 7 月 28 日颁布的《改善付款状况》蓝皮书，以及同年 12 月 11 日颁布的《迟延支付商业债务法案》，被拖欠债务的企业有权向迟延或拖欠一方（包括公共事业单位和大公司）提出偿付利息的要求。①

3.1.4.2　英国政府扶持中小企业的政策

（1）财政支持。英国政府特别鼓励落后地区中小企业的发展。政府规定，对在自然条件较差，经济发展相对落后的苏格兰、威尔士和北爱尔兰等地区投资建厂的中小企业提供财政赠款或地区发展补贴，免税三年、产品进出口不受政策限制。英国政府自 20 世纪 70 年代以来，一直对中小企业实行税收减免和优惠。从 20 世纪 80 年代中期开始，英国政府免掉了中小企业的投资收入附加税和国民保险附加税。从 1997 年开始，政府在税收上采取进一步的措施支持，鼓励中小企业的创业发展。规定年营业额少于 2500 万镑的中小企业，每年投资研发超过 5 万英镑时，可享受减免税 50% 的优惠待遇。这样，投资研发的中小企业可减少相当于研发投资 30% 的费用。尚未盈利的中小企业投资研发，可获得相当于研发投资 24% 的资金返还。

除此之外，英国政府还对中小企业雇员持股给予税收优惠，目的在于积极鼓励雇员向所在企业进行长期投资。

（2）融资政策。近几年，英国政府采取了各种途径来解决中小企业的融资难问题。截至目前，仅英国政府本身就投资了 8000 亿英镑用来对中小企业提供服务和支持。目前，英国政府针对中小企业融资难题所采取的主要措施有：

①中小企业贷款担保体系（the Small Firms Loan Guarantee）。SFLG 创立于 1981 年，是为那些具有商业计划，但由于缺乏担保而无法从银行或其他金融机构获得贷款的中小企业提供担保。该担保体系是全国性的，由政府为主导。该方案运行以来共提供了 8 万笔共计 30 多亿英镑的贷款担保。从 2005 年开始，英国政府提高了最低担保金额。

②英格兰地区风险资本基金（English Regional Venture Capital Funds）。该基金始于 2002 年 1 月在英格兰中部和东北部地区建立的基金，至 2003 年 7 月完成。主要对英格兰地区范围内具有明显增长潜力但又缺乏资金的中小企业提供最大额为 50 万英镑的短期和长期融资。该基金由富有经验的风险资本专家以公私合伙方式运作，具有商业性质，以盈利为目的。该基金在英格兰地区有 9 个基金分会，现总共有基金 215 亿英镑。截至 2003 年 5 月，该基金共资助 48 个项目，资助资金达 900 多万英镑。

③英国高科技基金（the UK High Technology Fund）。该基金是由英国政府于 2000 年指定英国 Westport 私人证券经营有限公司（Wes tport Private Equity Ltd）建立的，主要目的是鼓励更多的社会机构向英国处于初始增长阶段的高科技企业进行投资。该基金首先由政府贸工部投入基础资金 2000万英镑，用来吸引私人部门的机构投资者。该基金计划将为处于初始增长阶段的英国高科技企业筹集到总量为 1126 亿英镑的风险资金。

④商业孵化基金（SBSBusiness Incubation Fund）。该基金始建于 2001 年 10 月，计划运行 4 个财政年度，于 2004 年～2005 年财政年度终止。该基金是英国政府为了帮助处于刚开业阶段的企业，提高它们的生存和发展能力，克服资金不足障碍而设立的基金。在四年中，英国政府提供了 7500 万英镑的资金。有资格获得此资金的组织是：包括商业支持组织在内的非营利或慈善组织机

---

① 李善同，刘勇：《英国中小企业及政府政策》，《科学决策》，2001 年第 8 期。

构、涉及社区或企业发展的基于非营利行为的高等教育机构以及地方政府。

⑤早期成长基金（Early Growth Funding）。该基金由英国政府创立于2002年，主要是鼓励对那些处于刚起步和增长的企业提供风险资金。目标是为所有的创新型、知识密集型以及其他增长型的中小企业提供平均每笔为5万英镑的小额风险基金。基金以盈利为目的，要求基金管理者必须能够为每笔基金带来利润。基金的最大初始投资申请额度不超过10万英镑。大部分基金的使用要求企业配套不少于基金投资额数量。该基金的使用不限部门，为地区和国家的混合基金。

⑥凤凰基金（Phoenix Fund）。1999年11月，英国政府宣布在贸工部创立的基金。该基金主要服务于弱势群体中的老人、妇女和少数民族人群创办企业。该基金是一个综合性基金，自1999年11月~2008年3月计划执行期间，政府将为其提供1177亿英镑的资金。

（3）技术革新。政府对技术创新企业必须给予特别的财务支持。在英国，银行不介入创办阶段的小企业，也不入股。小企业的主要资金来源是个人储蓄，各种拨款和奖励基金，专家孵化基金。这些小企业在初始阶段可能不需大量的资金，但需要连续的资金支持。[①] 因此，政府对技术创新企业的各种支持是必不可少的。

政府有关部门会同银行等投资部门，设立各种资助小企业发展的专项政府优惠贷款，如教育就业部的“小企业培训贷款”，用于支持企业的雇员培训。为帮助中小企业技术进步，产品更新换代，英国政府正在执行一项中小企业技术改造12年长期计划，准备拨款84亿英镑用以帮助企业更新设备、培训技术骨干和从事高新技术开发。

（4）人力资源与培训。如何克服影响中小企业投资于职工培训和发展的障碍是英国政府制定公共政策的一个重要方面，对中小企业职工培训是支持中小企业发展的基本策略。

全国企业培训计划。在20世纪80年代后期，英国政府制订了全国统一的企业家培训计划。据统计，目前英国的大多数中小企业的经营者都接受过英国政府统一举办的免费培训课程。英国企业培训分两个层次，政府培训企业经营者，然后再由企业培训自己的职工。

“中小学企业活动”计划（Enterprise activities in schools）。英国的“中小学企业活动”开始于2002年，是英国政府对《戴维斯关于企业与教育机构经济状况的评估报告》所作出的反应。该报告建议，英国政府必须在中小学建立一个更广更深的了解企业的文化氛围，中小学企业活动可以给缺乏经验的学生提供了解商务知识的各种机会，开发他们的技能和帮助培养他们将来从事商务活动的自信心。它建议所有的青年人在求学过程中，应该有到企业实习和了解企业运作的机会。英国政府及时采纳了该报告的建议，给英国教育和技能部划拨了7500万英镑，在2002年~2004年的三年时间进行“中小学企业活动”计划。学习内容涵盖企业创新、创造、风险管理和风险承担以及融资等内容。

庞大而广泛的企业顾问队伍。目前，在英国各地主要城镇，建立了相应的中小企业管理和服务的机构和组织，它们由政府出资设立，专门为中小企业提供各种免费咨询、服务。

资助中小企业加快信息化建设。为帮助广大中小企业迎接信息化浪潮的挑战，提高电子商务应用水平和信息化程度，政府投资6000万英镑帮助中小企业搞网络建设，并帮助其培训管理人才，同时对中小企业的信息技术投资实施税收优惠政策。

（5）鼓励中小企业与大企业的联合。在英国，许多中小企业与大企业建立了稳定协作关系，成为大企业的“卫星工厂”。如为著名的英国罗尔斯—罗伊斯航空发动机公司提供产品配套协作服

① 史蒂芬·帕金逊，陈顺龙：《英国技术创新型中小企业的发展及启示》，《发展研究》，2001年第11期。

务的国内外中小企业多达3000多家。中小企业与大企业的协作关系主要是通过承包方式来实现的。中小企业可承包大企业的零部件，也还可承包大企业生产过程中的某个工序。据英国工业联合会的调查，在中小企业与大企业的协作关系中，95%的中小企业可从其协作的大企业获得技术指导与帮助；60%可获得资金援助，解决自己资金不足的困难；80%以上可以获得企业管理活动方面的指导与培训；75%可以从大企业庞大的销售网络、服务中心和市场调研机构获得与自己产品有关的信息。虽然中小企业能从与大企业的协作中获得很多好处，但这种协作关系是紧张而有压力的，中小企业的生存与发展最终还得靠自己，完全依赖大企业是危险的。为此，英国小企业管理局根据企业的生产能力和特点，以及不同行业的情况，对小企业和大企业之间签订的承包合同有明确规定：一般的中小企业其承包合同不应超过该企业生产能力的30%；汽车和航空航天工业的承包合同不宜超过其生产能力的60%。①

3.1.4.3　英国政府扶持中小企业的机构

（1）中小企业服务局。20世纪70年代初，由英国贸工部牵头成立了中小企业服务局（The Small Business Service，SBS）。这是英国政府支持中小企业发展在政府管理上的创新，它的运行横跨政府的各个部门，专门负责英国中小企业的管理和服务，并对政府有关支持中小企业政策的一致性和效率进行评估。1979年，英国首相撒切尔夫人执政后，大力推行非国有化改革，为中小企业的发展提供了巨大的空间。1997年，布莱尔任首相后继续贯彻撒切尔主义，更加重视中小企业的发展。从法制、投资、税收、金融政策以及社会环境等全方面加大了对中小企业的扶持，为中小企业的发展提供了一个更为宽松、和谐的环境。为进一步搞好政府对中小企业的服务工作，1997年9月成立了“进一步完善小企业管理工作领导小组”。

中小企业服务局的一个主要职能是在政府政策制定和执行层面上，能反映中小企业的需求。为此专门设立了SBS首席执行官，首席执行官须在尽可能了解企业需求的基础上，评估现行制度与政策的合理性，并有权向贸工大臣、议会乃至首相提出相应的改进建议。同时，还设立了名为“企业理事会”的独立咨询机构，为该局提供有关的咨询建议；提高政府对中小企业支持的连贯性水平。如，取消、修改不利于中小企业发展的各种制度和法律；提供出口和人员培训方面的服务；负责“企业基金”、“小企业贷款担保计划”的管理，为中小企业提供资金支持；对中小企业提供政策、法律和信息等方面的咨询服务。②

（2）小企业委员会。2000年5月，成立了非部门化的公共机构———小企业委员会（Small Business Council，SBC），负责向政府有关部门反映小企业的各种要求和建议，并对政府的各项针对小企业的工作和政策进行评价，提出建议或报告。在2004年1月，SBC制定了一个《政府关于小企业的行动计划》，针对政府对小企业（包括中型企业）的扶持，具体提出了建设中小企业文化，鼓励更具有活力的创业市场、提高小企业的增长能力，鼓励经济欠发达地区和弱势人群的企业发展，提高政府对企业的服务效率。近年来，英国政府各部门更加简化了登记注册程序，大力开展十分方便的“网上注册业务”。目前，大约有74%的有限责任公司可以通过政府主办的“直接通向政府”网页办理各种注册登记手续。同时在网上向企业提供各种政府监管企业的相关文件，指导企业经营行为。

---

① 林军：《英国政府扶持中小企业发展的政策及其启示》，《甘肃省经济管理干部学院学报》，2006年第6期。

② 沈中棠：《英国中小企业的发展状况及政府的作用》，《全球经济瞭望》，2000年9期。

(3) 中小企业人员培训中心。在全国12所大学设立“中小企业人员培训中心”，按企业性质划分制定各行业的培训大纲。全国各地成立相应的中小企业管理和咨询机构，组织数以万计的由政府支薪的退休工程技术人员、专家为中小企业服务。

(4)“工商链接”网络。英国贸工部还出资在英格兰地区建立了由3000多个地区中小企业管理和服务机构及组织共同组成的“工商链接”网络（Business link），该网络始成立于1994年，目前已发展为一全国性的咨询机构，专门为中小企业提供各类有偿服务。内容包括：信息与建议、企业发展、销售与市场、人员素质的提高、如何开展国际业务、创新与技术、生产和商品质量保证、信息通信技术与电子商务、资金与金融管理、法律法规和如何创建企业。该网络还为中小企业提供企业开业、财政、金融、税务、雇工、健康和安全及财产、IT和电子商务、市场营销、国际贸易以及企业并购和成长等方面的法规政策查询、申请和办理执照指导、企业培训以及服务机构的查寻等服务，企业在此网络上可以轻易地获得各种相关服务。到2000年注册的企业数目已超过200万家；平均每周为超过8400家企业提供咨询服务。在苏格兰、威尔士及北爱尔兰也逐渐建立了这样的商业服务网络系统。

3.1.5 法　国

法国中小企业的划分有严格的界定标准：第一，不是大型企业投资的分支或再生企业；第二，产值不超过2亿法郎；第三，雇工不超过500人，100人以上500人以下为中型企业，100人以下为小型企业。当局认为这样划分，清晰透明，尺度易量，若依据固定资产总额或税利总额划分，则情况复杂，不易掌握。

法国现有250万家以上的中小企业，全部为私营企业，占全国工商企业总数的73%，占国民生产总值60%以上，出口总额占50%左右，全国67%的劳动力受雇于其中。法国中小企业在国民经济中占有十分重要的位置。

法国的中小企业政策在西方发达国家中有其独特性，经历了从保护到淘汰，再从淘汰到保护的演变过程。在20世纪50年代中期以前，法国政府一直推行保护中小企业的发展政策，50年代中期至70年代初期转而采取淘汰中小企业的政策，70年代中期以后，又回到了保护中小企业政策的轨道上。

法国实行以市场调节为主、国家干预为辅的混合经济体制，在着力推动生产和资本集中的同时，却没有忽视中小企业的存在和发展，并始终把中小企业作为平衡的因素。第二次世界大战后，20世纪50年代中期以前，法国政府采取扶持中小企业、促进竞争的产业政策，但当时也出现了小企业合并和大企业吞并小企业的现象，主要集中在劳动密集程度高的少数产业部门。1958年，法国加入欧洲经济共同体后，随着市场竞争的加剧，政府开始强调发挥规模经济的作用，并把建立和发展具有国际规模的法国企业作为目标，为此，政府鼓励企业实行大规模重组，1958年和1965年相继出现了两次企业合并的浪潮，生产和资本集中的程度显著提高。与此相关联，中小企业则受到了极大的打击，中小企业的数量和从业人员急剧减少。70年代以后，随着经济形势的变化，石油危机和滞胀奇症以及产业结构转换，法国经济结构不能适应新技术革命的要求，法国政府又开始强调中小企业的作用及扶持其发展的必要性，开始采取扶持中小企业发展的政策，以改变因集中和垄断而造成的技术进步减慢、劳动生产率下降、企业缺乏活力的状况。

3.1.5.1 法国中小企业立法

（1）政府对中小企业进行政策扶持的原则是立足于发挥市场配置资源的作用，为中小企业提供服务，创造公开、公平、公正的外部条件。比如，长期以来，法国企业间的竞争日益激烈，中小企业无法面对实力强大的大企业，因此政府就对《竞争法》进行修改，以更好地维护中小企业在竞争中的合法权益，为中小企业营造良好的生存和发展空间。又如，中小企业在商业中占有较大的比重，然而，由于超级市场的迅猛发展，几乎垄断了商业零售部门，导致大批中小商业企业倒闭，为此，法国政府对国内发展超级市场给予严格限制，以保证中小商业企业在零售领域的生存和发展。

（2）为了促进中小企业在国际上的发展，为其提供足够的资金，法国中小发展银行制定了对中小企业国际化经营支持计划。该计划的担保对象是成立 3 年以内、营业额 8000 万欧元以下的企业，尤其是小企业和转产企业。担保的投资项目包括：在国外设立机构（设立子公司或分公司、股权投资）；对国外分支机构进行无形资产、有形资产、不动产投资或满足其流动资金需求的项目；法国企业为增加出口所进行的无形资产、有形资产、不动产投资或流动资金需求的项目；开拓国外出口市场的投资项目。该计划对中小企业的支持方式是：直接或间接给予企业用作资本金的贷款；股东贷款；中长期贷款；动产和不动产租赁；以及各种形式的保函（投标、预付款、履约、竣工、分包保函等）。对某一企业的保函担保可以针对其特定项目发放，也可以年度担保额度的形式发放。

为了帮助中小企业防范在国外投资可能面临的风险，该计划还为企业提供国外投资商业风险保险（Fasep - garantie）。为解除法国中小企业在新兴国家投资的后顾之忧，法国政府通过对外贸易保险公司和中小企业发展银行为企业的投资提供经济风险保险。该险种适用于对外投资的法国母公司、风险资本公司或风险投资基金，但须满足以下几个条件：事先取得经济部同意；法国母公司营业额不超过 4.6 亿欧元且不直接或间接为非欧盟利益单位控股；国外子公司为法国公司控股（如果当地法律禁止除外）；投资地域不属于撒哈拉以南非洲（南非除外）、加勒比和太平洋国家，以及经合组织成员国（墨西哥和亚洲成员国除外）。在下列情况下，投资损失可以得到赔偿：国外投资企业因失去清偿能力而进入司法程序；国外投资企业资本金损失过半，投资人不得不出售所持证券；国外投资企业因项目经营失败而主动停业。

3.1.5.2 法国政府扶持中小企业的政策

（1）创立良好的外部条件，改善中小企业生存环境。一般说来，法国政府不干预企业的生产和经营，主要是发挥中介和桥梁作用。比如，为了鼓励创建中小企业，政府不断简化办事程序，采用联合办公的办法，有关部门集中在一起办公。1998 年年底，政府颁布了简化行政手续的 37 项措施，新创立中小企业可以在 24 小时内办完一切申报手续，还包括简化工资单据的申报程序，协助企业利用计算机网络完成各项必需的手续，合并和简化税收申报项目等。

（2）实施税收优惠政策，减轻中小企业税务负担。为了帮助中小企业在激烈的市场竞争中求得生存和发展，在发挥市场机制作用的基础上，政府也对中小企业实行税收优惠政策。如对 1983 年以后建立的中小企业，免征 3 年地方税、企业或公司税和所得税，期满后仍可以享受 50% 的减税优惠待遇 2 年。在洛林和加莱重点改革区投资建厂，3 年内免征所有捐税和社会分摊，同时，按新创造的就业岗位为新建企业提供就业奖金。为了帮助中小企业筹措资金进行新的投资，银行专门为企业开立“企业储蓄存折”，免征其利息税，到期还可以获得一笔投资所需的优惠贷款，贷款所获利润减税。此外，对企业转让、工人认购股票、公司承包等，政府也提供不同程度的税收优惠。1995年12月，法国政府在《振兴中小企业计划》中把向中小企业征收的所得税税率从33.3%降为19%，以鼓励中小企业投资扩大再生产。同时，对企业的注册税、公司税等也相应下调。1998年，法国政府为了弥补财政赤字，决定提高企业所得税。但同时，规定不对中小企业增税。又如，在税收政策上，对所有从事建筑业的中小企业，增值税从20.6%减少到5%。居民收入用于厂房维修或设备维护，减免所得税。企业的纳税余额，每创造1个就业机会减免1万元的所得税，封顶是5个就业机会。使用生产性资本，企业的地方税也可以减免。地方税税基按职工工资总额计算。当企业发生继承问题时，65岁之前交出企业，可以减免继承税50%，65岁~75岁交出企业的减免继承税30%，75岁以上不再减免。对于已经创立的中小企业，如果能够盈利，投资者可以将其股份卖掉，所得收入如用于创建新企业，尽管不减税，但可以在较长时间内分期支付。同时，法国政府还对扩大招聘雇员的中小企业在社会福利税收方面给予减免优惠。

1988年，法国政府规定企业集团参与出资95%以上的中小型子公司可以作为独立法人纳税，也可以与集团企业的收入合计由母公司纳税。这样可避免二重课税或二重减免，有利于企业的合并和转让。为了扶持新建的中小企业，政府规定：新建中小企业3年内免交核定的税额；最初4次的税金可以不做事前纳税；根据各地不同的情况，最多可以免除5年的事业税；企业成立后5年内如果仍然处于无力纳税状况时，对相当于出资额的损失部分免除交税等。1989年，法国财政法规定对新建企业的所得税及法人税可以免除，最初的2年免除100%，第3年减免75%，第5年减免25%。同时规定对专门投资于中小企业的风险投资公司所获得的非上市企业的红利和资本所得免除法人税。

（3）帮助中小企业拓展海外市场，扩大出口。法国政府把帮助中小企业出口作为一个重要的政策目标。一是提供信息服务。如法国对外贸易中心收集和处理各种市场信息，进行行情分析，推荐专家，给予技术指导。又如，法国政府采取措施，鼓励法国工商会组织其所属中小企业信息联网，提供国际市场信息。二是政府拨出一定资金，与私营保险机构合作，对中小企业出口提供保险，包括提供政治风险担保。三是设立一种专门资助中小企业的保险业务，法国政府予以扶持。1997年有2000个中小企业受到此保险的资助。四是减免出口企业的增值税，减交的税款可以用于支付在国外建立代表处的费用。此外，法国还设立了“鼓励合资基金”，主要用于对中小企业在国外投资的担保。与法国政府采取的鼓励措施相适应，大致有40%的中小企业可以进入国际市场。如法国中小企业在1990年制造业的出口中占24.9%，出口金额比1985年增长39.8%，而同期大企业仅增长30.8%。

（4）设立专门金融机构，帮助中小企业融资。1974年~1975年经济危机以前，中小企业的短期融资大都是由商业银行以变动利息提供。而用于设备投资的长期资金则由国立信用银行等政府金融机构提供贷款。危机以后，法国政府开始重视扶持中小企业的发展，专门制定了扶持中小企业的“行动计划”，对中小企业增加贷款特别是长期低息贷款。与此同时，在地方建立了各种相应的财政资助机构，如地区开发公司，专门为新建中小企业提供资助；建立投资公司，为中小企业筹集资金；为中小企业科研和革新以及产品出口提供补贴；为确保中小企业获得银行贷款，建立了全国信贷担保基金。据统计，在中小企业的全部投资中，国家补贴约占10%，国家和银行贷款占60%，自有资金只有30%。法国政府每年从财政预算中拨出10亿法郎作为风险担保基金。此外，政府还设立了“周转金贷款”，作为中小企业的周转金或科研费用，而不需要以企业资产或个人财产抵押。

（5）鼓励中小企业进行技术创新，增强竞争力。法国政府为了鼓励中小企业进行技术创新和发明，规定财政部地区工作及中小企业司和科研成果价值化中心对中小企业投资新技术项目提供50%的贷款。如果项目失败，贷款由价值化中心承担。同时设立了一个28亿法郎的基金，鼓励中小企业在高新技术方面的风险投资。法国财政部确定人寿保险金的5%用于风险基金，投资于风险基金，所有的收益免税。法国政府还设立了新技术促进总署，代表国家负责向高新技术中小企业提供无息资金。同时法国工业部和各大区也要向高技术企业提供投资额10%～20%的无偿资金补贴。为了鼓励中小企业发展高新技术，政府专门设立了技术信息传播网络，组织研究机构，为中小企业提供新思路，介绍新技术。帮助中小企业进行技术评估和鉴定，开发新产品和新工艺，介绍技术人员，进行技术和管理人员的更新，密切科研机构与中小企业的联系。

（6）鼓励中小企业与大企业开展专业化协作。中小企业的存在和发展关系到整个社会化大生产和专业化分工体系能否正常运转，也关系到大企业的利益。大企业往往通过签订协作合同把一定数量的中小企业聚集到自己的周围，从而形成以大企业为核心的专业化协作网。为了推动有秩序的竞争，法国政府鼓励中小企业与大企业签署专业化承包合同。一方面，中小企业在大企业的保护下可以得以生存和发展；另一方面，大企业依靠中小企业可以取得优质的零部件和良好的配套服务。据1979年法国官方统计数字，雇佣20人～100人的中小企业中，平均每20家中小企业就有1家同大企业建立协作关系；在雇佣100人～500人的中小企业中，平均每5家就有1家与大企业建立协作关系。法国大约有40%的中小企业为大企业从事加工活动，其中有近一半企业的加工活动占其营业额的60%以上。①

3.1.5.3　法国政府扶持中小企业的机构

（1）政府机构。为了加强对中小企业的统一管理，1969年，法国政府设立了中小企业商业和手工业国务秘书。它隶属于法国政府财经与工业部，是政府管理中小企业的一个综合部门，它的功能就是"负责企业的一切方面"。"一切方面"包括：研究中小企业的运行情况和出现的问题，依此为政府制定政策提供咨询；分析研究中小企业发展的财政制度，制定投资计划，并在下一年度国家作预算时代表中小企业提供相关咨询意见；为创建企业的人提供专业性的帮助和建议，根据其能力、财力和物力，帮助设计、修改创业方案并实行跟踪指导；简化行政申办手续，实行一次性申办；为中小企业提供培训和信息；制定行业性政策、法规，鼓励和扶持那些有助于改善地区经济结构、有利于开辟就业岗位的中小企业的发展；加强对企业产品质量的监督；帮助中小企业寻找和评估国外合作伙伴，进行有目的的国际贸易；等等。总之，该机构的重要职能就是在政府制定有关国民经济发展的规划与政策时，为中小企业说话，使国家政策与法规对中小企业的发展不会产生不利影响。②

同时该机构还负责中小企业主和企业雇员的培训。由该机构负责管理的培训中心分为继续培训和职业培训两类，培训中心的开支来自于每年由企业缴税组成的基金，一个小企业家如果通过了这个基金委员会的批准，就可以按照他本人的意愿进行相关的职业技术、法律法规或市场行情的培训

---

① 郑之杰，吴振国，刘学信：《中小企业法研究》，法律出版社，2002年，第187页～194页。

② http：//211.81.31.53：88/index/showdoc.asp？blockcode＝zjab&filename＝200104175926。

了，这种培训并不受时间、人数、内容的限制，非常方便和实用。①

（2）中小企业联合会。法国中小企业联合会（CGPME）成立于1954年，是一个带有雇主会性质、专为保护中小企业行业利益的民间机构，会员为来自全法国工业、商业和服务业领域的中小企业。联合会核心机构由1名主席和9名副主席组成，下设350个不同行业的工会组织，350个工会联盟又在各大区、省、县设有3000个不同的工会，由此负责各中小企业的日常事务。目前CGPME拥有会员160万人，主席和副主席均由选举产生。这样组织起来的最大好处在于可以有效地维护企业的基本权益，并且加强盈利的可能性。CGPME的作用不只在劝导政府和议会重修法律。如果一个小企业主想去国外考察生产项目，想出口自己的产品，想寻求特别项目的贷款，都可以通过CGPME获得帮助和指导。为了确保中小企业投资所需资金，促进对高风险事业的投资，20世纪80年代初，法国先后成立了由国家、地方公共团体、中小企业协会、金融团体等出资成立的专门为中小企业服务的金融机构，如中小企业投资团、中小企业设备信用金库、法国中小企业投资保证公司等。②

（3）金融机构。为了向中小企业提供资金支持，1996年，法国成立了中小企业发展银行。它是国有的专业投资银行，在全国有40个办事机构，政府出资的国家股占51%，法国国家信托局股份占41%，法国国家银行股份占8%，总部下设两个子公司，分管全国中小企业的信贷和投资担保。投资担保子公司每年可获国家10亿法郎的财政预算，作为担保基金，此外，欧盟也提供一部分。其宗旨是巩固和扩大中小企业的资金来源，使中小企业在贷款方面得到更为方便和优惠的条件。中小企业申请担保时，考虑到各企业投资水平的差异，发展银行投资担保公司一般会向企业提供60%～70%的信贷保证，其余的则由其他银行担保，实行投资风险共担。③

该银行提供的金融服务项目有：提供中长期投资贷款、动产和不动产租赁、中小企业流动资金贷款、投资风险业务。包括已经成立的有一定基础的高新技术企业以及创立高新技术企业，1998年，共向4万个中小企业提供了融资服务，融资达470亿法郎，约占中小企业全部融资的25%；其最重要的业务是为中小企业贷款提供担保，主要是对新企业的创立、企业的继承或转让、企业发展阶段新技术和国际业务开发、风险投资的增资以及那些不是由于本身状况不好而是因为资金短缺改变资本结构的中小企业贷款给予担保。业务种类包括中短期贷款、长期贷款、租赁、风险投资保险新建企业短期贷款、进出口业务付款担保。新建企业银行贷款部分可得到70%担保。1998年，有4.2万个中小企业得到担保，金额约140亿法郎。

中小企业发展银行还通过其资本投资部门参与风险资本公司对企业的投资，投资领域不限，内部扩张型和外部扩张型项目均可。投资方式包括购买金额在10万～230万欧元之间的公司股票和可转换债券。

（4）其他机构。为了鼓励民间投资，1995年政府从电信私有化收入中拨出6亿法郎，设立了“存押款银行”。每年存押款银行用7亿法郎，通过设立担保基金，化解民间投资风险，帮助中小企业发展，增强中小企业的活力。主要做法是对于法国中小企业发展银行给投资者提供的贷款进行担保，5年内如果贷款企业能够盈利，就由企业偿还；如果企业发生亏损，就由担保基金承担风险。此外，存押款银行还向赠与性借贷协会提供资金。该协会是一个非营利机构，由大企业和社会

① http：//211.81.31.53：88/index/showdoc.asp？blockcode = zjab&filename = 200104175926。

② http：//211.81.31.53：88/index/showdoc.asp？blockcode = zjab&filename = 200104175597。

③ http：//211.81.31.53：88/index/showdoc.asp？blockcode = zjab&filename = 200104175597。

各界捐资，向中小企业提供赠与性借贷。前提是该中小企业在其他商业银行贷款，赠与性借贷与商业银行借贷之间的比例是 1∶3。每年大约有三四千个中小企业得到赠与性贷款。

为了鼓励中小企业向中国出口产品和投资，法国工商会成立了法中交流委员会，专门承担向中小企业提供中国市场信息。此外，法国还有税务委托管理中心等机构对中小企业的管理进行必要的监督和咨询，提供各类的信息服务。

3. 1. 6　意大利

在意大利，雇员在 500 人以上的企业视为大企业，100 人 ~499 人的企业为中型企业，99 人以下的为小企业。20 世纪 90 年代初，意大利的中小企业数量占了企业总数的 99. 8% 左右；中小企业就业人口占总就业人口的 78. 2%；在经济增加总量中，比重超过 60%；在出口总额中，也占了 50% 左右的份额。以中小企业为主的地区占据了意大利 90% 的广大地域。中小企业在促进国民经济发展和工业化进程中起到了举足轻重的作用。

3. 1. 6. 1　意大利中小企业立法

意大利对中小企业的立法支持经历了从全面到有选择，再到重点扶持的漫长历程，先后颁布了几十部法律，为中小企业的发展打下了坚实的制度基础。其中，1991 年的《扶持中小企业创新与发展法》充分总结了以前中小企业扶持政策的经验和教训，全面阐述了政府对中小企业的指导方针，使国家对中小企业的扶持进入制度化阶段，在意大利中小企业发展史上具有划时代的意义。该法从五个方面对中小企业给予扶持：第一，鼓励新的中小企业的创立发展；第二，鼓励中小企业组成的联营企业和联合公司的发展；第三，鼓励金融机构为中小企业服务；第四，在出现危机的工业地区，在欧共体确定的萧条地区，鼓励创建、发展中小企业并使之现代化；第五，支持为中小企业创新而投资。此外，各级地方政府也按照国家法律相应出台了有关扶持中小企业发展的地方性法规。这些法律的颁布和执行对意大利中小企业，特别是中小企业群、中小企业专业区的发展，起到了极为重要的推动作用。①

为鼓励本国中小企业开拓海外市场，意大利还制定了偏重中小企业的出口法规。如 1981 年 7 月 29 日第 394 号法规提到，对出口企业以税收优惠的方式进行贷款补贴，优先考虑的受益者包括：农业方面的中小企业及其联合体，以及公共资金占大多数、经营南部地区中小企业产品的对外贸易的公司。② 再如，1990 年 4 月 24 日第 100 号法规授权对外贸易部部长设立“意大利对外投资促进公司”。该公司总部设在罗马，目的是对参与国际投资和贸易的意大利公司，尤其是在商业、手工业和旅游业领域的中小企业在资金、信息等方面提供帮助和支持。

意大利立法建立了有效的监督和约束机制，保证扶持资金能够用在刀刃上。为了防止部分企业骗取政府优惠或将优惠款挪作他用，意大利法律对受惠企业做了限制性的规定：如不可在国内重复受惠；防止“冒名顶替”；必须遵守通用的会计法则；受惠企业必须在享受补贴后三年内完成预定项目；享受优惠款后连续三年中，不得转让、转卖或挪用以优惠款购买的资产等，否则一经查实，不仅要退还优惠款及其利息，还要处以 2 倍 ~4 倍的罚款。如果在核查过程中有人提供伪证和欺骗

---

① 王磊：《意大利中小企业的成功之道》，《中外企业文化》，2006 年第 4 期。
② 对外经济贸易大学中小企业研究中心等：《国外中小企业开拓国际市场》，第 6 页。

性的鉴定材料，则会被处以 6 个月至 4 年的监禁和 1000 万至 1 亿里拉的罚款。

3.1.6.2 意大利政府扶持中小企业的政策

（1）企业融资。意大利政府与银行共同出资组建了私营中小企业基金，为中小企业特别是风险适中、市场前景较好的创新私营中小企业提供融资支持。目前，中小企业基金分为四类：技术创新滚动基金、互助信贷基金、补贴基金和购买高技术产品基金。其次，意大利的手工业和行业工会以及国家银行联合组成中小企业信贷担保机构，为符合条件的中小企业提供贷款担保。另外，意大利政府允许中小企业利用资本市场直接融资，尤其是针对那些高成长、高科技、高风险的中小企业，这一措施有效地解决了中小企业发展的市场融资及风险分散问题。

（2）技术创新。20 世纪 80 年代以前，意大利的小企业主要集中在食品、烟草、纺织、皮革、制鞋、木材加工、服装等领域，生产规模小，经营方式以家庭式为主，工艺技术大多是家族代代相传的“绝活”，不太注重技术创新。20 世纪 80 年代初，这些传统产业的中小企业在意大利技术、能源和环境委员会的组织和帮助下，开始将微电子、信息等高新技术引入生产过程，变革传统的生产工艺，进行工艺创新。现在，大部分企业早已改变了手工作业、体力劳动、破旧机器的老朽现象。在产品或生产技术上，许多中小企业都有自己的“诀窍”，而且在不断创新。

意大利政府在鼓励中小企业技术创新方面，大致采取了如下措施：一是建立应用研究基金和创新基金，支持中小企业的技术引进、技术创新、技术转移和科技成果转化活动；二是以资金资助的方式鼓励中小企业购、租用高技术设备；三是制定税收优惠政策，对企业技术创新、吸收科技人员、开展合作研究实行“税收信用”优惠；四是科研机构的支持。众多的国立和私立研究机构参与中小企业的技术引进、吸收和消化，帮助中小企业发展；五是各类中介服务机构对中小企业的技术创新活动的支持。这些服务机构向中小企业传播技术信息和技术知识，促进中小企业间的技术合作和企业网络的发展，为中小企业技术创新提供质检、认证、技术培训等多方面的服务；六是中小企业专业区对技术的创新和推广。中小企业专业区由大学或专业研究机构牵头，专业化程度比较高，是高科技集中的地方。专业区内还设有专为中小企业推广革新技术的服务网络，可以直接为中小企业培训专门人才。

（3）中小企业专业区。地域集群是意大利中小企业的一大特色，其表现为中小企业专业区的大量出现和飞速发展。一系列调查结果显示：意大利的中小企业专业区的数量从 20 世纪 60 年代到目前一直处于增长中；意大利中小企业专业区企业的利润率连续 13 年比非中小企业专业区同类企业高出两个百分点。

中小企业专业区是由地区内高度密集的中小企业组成的，这些企业参与同类产品生产过程的不同阶段。也就是说，同类产品的生产过程被分割为一系列专业化的环节，从而构成了企业间商业和生产内在联系的网络。专业区的发展，不仅可以提高区内中小企业的工艺水平，便于实行产品的标准化和降低成本，还可以实现规模经济效益，使区内的中小企业有能力参与日益激烈的全球市场竞争。

3.1.6.3 意大利政府扶持中小企业的机构

（1）意大利设立了统一的管理组织和协调机构。对中小企业的扶持，统一由工商手工业部具体组织实施，工商手工业部长每年需就《扶持小企业创新与发展法》的实施情况，向经济规划部际委员会和议会提出报告。经济规划部际委员会是由相关部长组成的一种机构，可根据工商手工业部长的报告及建议，对中小企业的扶持政策、举措予以统一协调。

（2）中小企业要实行专业化生产，离不开健全有效的社会化服务体系的支持。社会化服务体系为中小企业提供全天候、全方位的服务，服务内容涉及技术、融资、税收、咨询培训等方面，是一个遍布中小企业生产的上、中、下游的保障系统。意大利的中小企业社会化服务体系主要分为以下几个方面。

一是行业协会。意大利的协会组织十分发达，遍布全国，不仅向中小企业提供各种帮助，同时还起到沟通政府与企业的桥梁作用。有影响力的协会包括工业联合会、小企业联合会、手工业联合会、商业联合会、服务业联合会以及它们的地区协会，还有对外贸易协会、各地商会。

二是各种私营服务机构。它们很多是跨行业的专门服务机构，如专门为中小企业革新服务的机构，专门为中小企业出口服务的咨询机构及融资机构。1992 年意大利成立的“进军欧洲”协会，就是为了适应欧洲统一市场的建立，为本国中小企业进入其他成员国公共采购和公共工程市场提供服务的专门机构。它们的出现和发展，完全是为迎合中小企业的需要，是市场经济演化的产物。它们本身也是中小企业，其数量占到意大利整个社会化服务单位总数的 90% 以上。由于意大利雇员不足 20 人的小企业比重非常大，它们在经营上遇到的困难更多，因此，由多家小企业联营自办的服务机构，如联合采购合作社、销售联合体融资担保合作组织等便应运而生。

三是公共服务机构和非营利服务机构。它们包括各级政府所属的为中小企业提供服务的机构，以及大学、研究机构、基金会等为中小企业技术开发、经营管理提供技术、咨询和人员培训以及融资服务的机构。

四是由多家中小企业联营自办的服务机构，如联合采购合作社、联合销售合作社。以上这些社会化服务机构的服务领域非常广阔，包括生产、技术、资金、市场、科研、人才培训、行政及法律咨询、国外商情信息等各个方面。[①]

3.1.7 加拿大

加拿大对中小企业并没有一致的定义，不同的机构根据它们自己的需要对中小企业下定义。对于小企业，加拿大银行家协会定义为贷款低于 25 万美元的企业；而出口发展协会则定义出口销售低于 25 万美元的企业。工业部则基于雇佣者的人数，如生产企业的雇佣人数少于 100 人则称为小企业，而服务行业的区分点则是 50 人。当人数达到 500 人时，则称为中型企业。

加拿大的中小企业对推动加拿大经济持续发展起着重要作用，全加拿大共有 260 万家中小企业，其雇佣人数占私人企业 60%，产出占私人企业的 43%。

3.1.7.1 加拿大中小企业立法

加拿大没有专门的中小企业的法律，但是针对融资的法律却早在 1961 年就已经颁布。1961 年，《小企业贷款法》颁布实施，为小企业的建立、发展和改进的资金需求提供了法律保障。其主要机制是通过联邦政府的贷款担保，以鼓励金融机构给小企业提供贷款。1998 年颁布的《小企业融资法》作为原来《小企业贷款法》的替代，于 1999 年正式开始执行，其核心机制仍然没有改变——政府给予损失担保，鼓励各种金融机构给小企业以融资支持。

---

① 徐萍平：《意大利中小企业发展的经验及启示》，《经济纵横》，1999 年第 2 期。

3.1.7.2 加拿大政府扶持中小企业的政策

（1）融资支持。为了支持中小企业融资，设立了相应的融资支持机构，加拿大商业发展银行和其他金融机构对中小企业提供必要的融资支持。加拿大中小企业担保体系呈现“层递”状，主要解决中小企业在融资过程中信誉不高难以取得金融机构信任的问题。担保体系由三部分组成：一是1961年经议会批准由联邦工业部发起组织的全国性、政策性的中小企业贷款担保体系，目的是帮助中小企业以较低的成本获得银行贷款，保证银行在不能收回贷款时得到适当补偿；二是促进区域经济发展的中小企业区域担保体系。为帮助中小企业特别是新办中小企业解决贷款问题，政府区域经济发展部实施了包括特定行业中小企业贷款担保计划、微型企业贷款担保计划和社区创办小企业贷款担保计划在内的中小企业区域担保计划；三是促进中小企业对外出口的出口信用保险体系。加拿大政府成立了政策性的加拿大出口发展公司，为企业提供出口信用保险。[①]

（2）税收的减免。加拿大是世界上实行高税负国家之一，其税收占联邦国家GDP的40%，由于高税负使企业尤其是中小企业负担重，削弱了企业的竞争力。部分省根据企业的强烈要求，逐步调低了企业税负的地方性部分。如安大略省将个人投资企业的资产税从原来的75%减少到50%，拟将现行个人企业所得税调低30%，还将减免企业上缴的教育附加税、雇主健康税和小企业财产税等。新斯科舍省则对1986年4月18日后成立或合并的新小企业免征前两年的所得税，而1992年4月24日成立或合并的小企业免征前3年的所得税。

（3）推动科技创新。加拿大国家研究委员会是加拿大最主要的科学与技术研究机构，是加拿大科研上的“国家队”，它所进行的研究都是对加拿大科技和经济发展起重要作用的大项目。“工业研究辅助计划”是加拿大国家研究委员会专门设立的帮助中小企业技术创新的项目，也可以说是一个机构，它的使命就是提高加拿大中小企业的创新能力，使企业内的好点子能尽快商业化。只要企业是以盈利为目标的公司，雇员少于500人，具有增强创新能力的欲望，都可以寻求“工业研究辅助计划”的帮助。

企业的创新活动是一个技术、资金、人才及市场、法规各种要素相互作用的复杂过程，其中任何一个环节上的不足，都可能给企业带来失败。“工业研究辅助计划”就是在企业的成长过程中，通过以下四种主要服务形式，为企业提供全方位帮助的。

一是咨询服务。“工业研究捕助计划”的工业技术顾问可以为中小企业的创新活动提供各方面的咨询，目前，在加拿大全国50个地方共有260多名工业技术顾问对产品设计、原材料选择、生产方式到项目管理等方面提出专业性的建议。另外，在开发研究的每一个阶段，工业技术顾问都可以帮助企业分析当前面临的主要问题，以及从哪里可以获得帮助。此外，“工业研究辅助计划”还可以通过“加拿大技术网络”为中小企业提供诸如营销、金融及生产方面的咨询服务。

二是研发资助。“工业研究辅助计划”可为企业的研发及产品进入市场前的技术开发提供资助，以减少中小企业的研发成本。它提供的研发资助有两种，一种是小型项目。根据项目的性质和所在地区，“工业研究辅助计划”为项目研究承担40%～50%的合理成本。经费的最大额度为1.5万加元。另一种是较为复杂和研发时间较长的大型项目。“工业研究辅助计划”也可为项目研究承担40%～50%的合理成本。但根据地区和持续时间的长短，“工业研究辅助计划”的最大资助额为20万～35万加元。

---

① 刘众，宋蔚蔚：《加拿大中小企业的融资支持》，《特区经济》，2005年第11期。

三是商品化前资助。这是“工业研究辅助计划”和“加拿大技术伙伴项目”共同进行的资助项目，它专门帮助中小企业发展重大的技术、产品、生产工艺或服务，它的资助金额可以达到150万加元。但与“工业研究辅助计划”其他形式的资助不同，该项资助可能要求企业今后偿还部分资金。

四是就业资助。青年创业项目每年帮助500多名大学刚毕业未找到工作的或未充分就业的年轻人到中小企业工作。“工业研究辅助计划”为他们提供半年的工资，其他方面的费用由企业承担。通过这种方式，企业获得了人才，年轻人得到了锻炼。此外，“工业研究辅助计划”通过本身或与其他机构合作，还设立了多种国际合作项目。其目的是帮助加拿大的中小企业能获得其他国家的知识、技术和人才。①

3.1.7.3 加拿大政府扶持中小企业的机构

加拿大政府设立一系列的机构以鼓励中小企业的健康发展。

加拿大设立了全国性的信息服务机构，主要有：

（1）加拿大商业服务中心：主要提供信息服务，建立了覆盖全国的商业信息数据库，全加拿大共有12个服务中心，通过电话、传真、电子邮件或面对面方式提供咨询。

（2）统计局提供各方面的统计数据服务，从比较普遍的诸如人口趋势、消费模式、生活模式的调查到更加细致的个性化定制信息，统计局会提供很多的形式的标准化产品：印刷物、CD、磁盘、胶片，也可以通过网络获得所需信息。

（3）加拿大标准委员会提供各种行业的国内和国际标准。

同时还设有地方性服务机构，主要有四个：北安大略省的联邦经济发展处、加拿大大西洋地区风险投资处、加拿大魁北克经济发展处和加拿大经济多样化投资处。

3.1.8 日　本

日本划分中小企业的标准主要依据从业人员和资本金额数。目前，其大体范围为：在工矿业、运输业及其他行业中，资本额3亿日元以下及平时雇员300人以下；在零售业中，资本额5000万日元以下及平时雇员50人以下；在服务业中，资本额5000万日元以下及平时雇员100人以下；在批发业中，资本额1亿日元以下及平时雇员100人以下；在旅馆业中，资本额5000万日元以下及平时雇员200人以下。

到2003年年底，日本有中小企业650万家，约占全国企业总数的99%。中小企业就业人员约占全国企业从业人员的80%。日本能够做到全民就业，主要原因是中小企业异常发达。为数众多的中小企业与现代化大企业同时并存，形成了独特的“双重经济”结构，对日本的经济发展起了极其重要的作用，也为解决就业和社会的稳定作出了巨大的贡献。

3.1.8.1 日本中小企业立法

中小企业构成了日本企业的主体，是日本经济的重要支柱。在不同的经济发展时期，政府对中

---

① 《加拿大中小企业科技创新的守护神——工业研究辅助计划》，《安徽科技》，2002年第8期。

小企业的法律调整也有所不同。[①] 日本的中小企业立法在世界各国中是最为完备的，有关中小企业的立法既有基本法，又有单行法规相配套；既包括了组织法的内容，也包括了促进法和行为法的内容。截至 1998 年，日本已经颁布实施中小企业方面的立法 30 余件，基本覆盖了中小企业发展的各个方面。由此可见，日本的中小企业立法是一个相对独立、系统的法律体系。[②]

（1）战后日本经济恢复时期的中小企业立法。战后初期，是日本中小企业发展的起步期，中小企业在这个时期的发展极为困难。为了促进生产的恢复，日本政府采取了把物资和资金集中投向重要行业的大企业的倾斜生产方式，大企业的生产很快得到恢复，而小企业却没有生产资金和必需的物资。1946 年 11 月，日本政府制定了《商工协同组合法》，对第二次世界大战时期的中小企业商工组合制度进行改造。依照该法，全国各地很快成立了商工协同组合 13 933 个，会员总数达 136 万人。为了纠正与大企业进行市场交易时中小企业的相对不利地位，1947 年，日本国会通过了《禁止私人垄断和确保公平交易的法律》，明确提出，禁止私人垄断，防止经济实力过度集中，确保中小企业有公平的事业活动机会，允许中小企业中的卡特尔行为可以例外，为中小企业的生产经营活动创造条件。这部法律反映了日本政府通过发展中小企业防止经济实力的过度集中、反垄断的产业组织政策，也提出了国家鼓励和扶持中小企业的发展政策。[③]

随着朝鲜战争的结束，日本经济又转入萧条阶段，中小企业又一次陷入严重的经营困境。日本政府为了帮助中小企业摆脱经营困难，对中小企业提供金融上的支持，积极推行低息信贷政策，增强中小企业抗风险能力。1950 年 12 月，日本政府通过立法对中小企业的融资等债务担保进行保险，颁布了《中小企业保险公库法》，并依据该法成立了中小企业信用保险公库，建立了中小企业信用保险制度。1951 年，日本政府颁布了《中小企业协同组合法》、《信用金库法》、《互助银行法》，依法成立了互助银行和中小企业信用金库，以解决中小企业短期流动资金短缺的问题。1952 年，颁布了《稳定中小企业临时措施法》和《中小企业安定法》，为了进一步解决振兴中小企业所需要的长期设备资金贷款，1953 年 8 月，日本政府颁布了《中小企业金融公库法》，作为专门解决中小企业融资问题的立法，同时与原有的《国民金融公库法》（1949）、《商工组合中央金融公库法》（1936）等形成了较为完整的融资立法体系，并成立了向中小企业提供长期贷款的中小企业金融公库。该法在 1978 年做了修改，共有 7 章 38 条。第一章总则规定了设立中小企业金融公库的目的、中小企业的含义、中小企业金融公库的法律地位、公库资金来源等；第二章规定了干部的职务及其任职资格等；第三章规定了公库的业务范围、业务方案的制定等；第四章规定了公司要依法办理公库的预决算、财务管理、债券发行等；第五章规定了主管大臣负责监督管理公库；第六章则规定了公库从日本开发银行继承有关对中小企业贷款的债权；第七章罚则规定了违反金融公库管理的法律责任。由于中小企业的规模小、信誉低，筹措资金的能力有限，为了提高中小企业的信用能力，建立规范的信用保证协会制度，担保中小企业从银行和其他金融机构获得贷款，促进中小企业资金的正常运转，日本政府于 1953 年制定了《信用保证协会法》，依法成立了信用保证协会。这些面向中小企业的金融机构，为中小企业的发展作出了较大的贡献。

（2）日本国民经济高速增长时期的中小企业立法。20 世纪 50 年代中期，日本经济全面恢复到

---

① 日本通商产业省中小企业厅计划部长高桥晴树：《日本中小企业的发展状况和中小企业立法的基本概况》，日中中小企业发展政策研讨会。

② 郑之杰，吴振国，刘学信：《中小企业法研究》，法律出版社，2002 年，第 206 页 ~ 214 页。

③ 中国社会科学院外事局：《世界经济发展考察与研究》，经济管理出版社，1997 年，第 202 页。

战前水平，开始进入经济高速增长时期。这个时期的中小企业立法主要有：1956 年，日本政府颁布了《中小企业现代化资金资助法》。该法规定，通过有选择的贷款促进特定行业的中小企业的设备现代化，日本政府提供 50% 的补助金，都道府县提供 50% 的特别经费，作为中小企业设备现代化事业资金，向中小企业购置设备和中小企业协同组合修建共同设施提供长期无息贷款，从而建立了日本中小企业设备现代化资金融资制度，促进了中小企业的设备现代化和结构改善。针对中小企业的设备陈旧、技术落后，严重地阻碍着整个工业现代化进程的状况，1956 年，日本政府颁布了《机械工业振兴临时措施法》和《纤维工业设备临时措施法》，通过法律手段来促进机械工业和纤维工业设备的更新和结构调整，不断提高它们的技术水平和产品竞争力。1956 年，日本政府还颁布实施了《承包价款延付防止法》和《百货商店法》以协调中小企业与大企业的事业领域。

为了克服中小企业间的过度竞争，1957 年，日本政府通过了《中小企业团体组织法》，对中小企业协同合作、商工组合、商工组合联合会等中小企业组织作出了规定。1958 年，日本政府颁布了《中小企业信用保险公库法》，规定立法目的是为中小企业的债务保证办理保险，为信用保证协会通融其业务所需要的资金，以解决中小企业的事业资金。该法在 1968 年又作了修改。1959 年，颁布了《中小企业振兴临时措施法》和《零售商业调整特别措施法》。1960 年，颁布了《关于组织商工会的法律》，开始对小规模企业的经营改善给予指导。

进入 20 世纪 60 年代以后，随着对外贸易的发展和外国资本进入日本，要实现产业结构的优化，提高产品的国际竞争力，必须加快发展中小企业。1963 年 7 月，日本国会通过了《中小企业基本法》，最后修改于 1983 年。1999 年 10 月，日本通商产业省确定了旨在搞活中小企业的中小企业基本法修正案，从根本上改变过去那种带有保护弱者色彩的中小企业政策体系，实行各企业进行自助努力的方针。修正案还提出要将新的创业者作为实行上述政策的对象，而且要把支援的重点放在企业创业的风险方面。另外，还决定扩大中小企业的范围，即制造业的资本金从原来的 1 亿日元提高到 3 亿日元。这是《中小企业法》从 1963 年颁布以来首次从根本上进行修改。该法由序言、总则、中小企业结构的高度化、事业活动不利的补救、小规模企业、金融税制、行政机关及中小企业团体、中小企业政策审议会等构成。该法在日本中小企业的政策法律中居于核心地位，其他有关中小企业的立法都是依照该法的基本精神和宗旨制定的。从这个意义上说，它是日本中小企业的根本大法。该法不仅明确了中小企业政策的一般含义，而且确定了中小企业政策的基本体系，内容非常丰富。主要有：政策目标是适应国民经济增长与发展，积极扶持和引导中小企业，克服对中小企业发展的经济、社会等方面的限制，提高中小企业的生产效率；改善中小企业的交易条件，提高中小企业职工的经济和社会地位。为了实现这一政策目标，国家必须采取综合性的措施，增加中小企业设备现代化的投资，谋求中小企业设备的现代化；加强对中小企业的技术指导，培训中小企业的职工，提高中小企业的技术水平；加强对中小企业经营管理的指导和经营管理人员的培训工作，提高中小企业的经营管理水平；改善中小企业的经营规模，促使其经营规模合理化，促进其工厂、店铺集团化和事业共同化；适应流通产业改革的需要，使中小零售商业经营方式现代化；振兴中小企业的出口，提高中小企业出口产品的竞争力，建立出口贸易秩序，开拓海外市场，促进中小企业的国际化；促进中小企业劳资关系正常化，提高职工的福利，为中小企业提供职业培训等。政府每年听取中小企业政策审议会的意见，向国会提出关于中小企业发展情况及政府对中小企业所采取政策的报告。同时，为了帮助中小企业改善事业活动，政府要加强对中小企业信贷工作，调整中小企业的税赋；中央政府和地方政府要加强对中小企业行政管理机构和中小企业团体组织的建设，改善这些组织的运营。

为了促进中小企业的发展，早日实现现代化，1963 年 3 月颁布了《中小企业现代化促进法》。该法规定，要按照中小企业的实际情况，制定中小企业现代化计划，通过推行中小企业的结构调整促进中小企业的现代化。主要内容是：政府通过政令指定实行现代化的中小企业；规定了现代化计划的内容；主管大臣对中小企业或其团体进行指导；指定结构改善计划在推行现代化计划的过程中，日本政府在资金、税收等方面都给予优惠，有力地保障了现代化计划的实施。1963 年，日本政府还颁布了《中小企业指导法》，1973 年对该法又作了修改，其目的在于有计划、切实有效地推进国家和都道府县政府以及中小企业振兴事业团举办的指导事业，为中小企业提供指导和诊断，帮助中小企业培训有关管理人员与职工，促进中小企业发展。1965 年颁布了《小规模企业共济法》，为小规模企业经营者建立事业储备的资金提成制度。1966 年颁布了《中小企业现代化资金资助法》，为中小企业建立设备贷款制度。1966 年还颁布了《关于确保中小企业接受政府和公共团体订货的法律》，以保证中小企业能够在与大企业的竞争中，获得国家、地方政府和公共事业团体的订货机会。该法规定，国家、地方政府在签订工程、作业及提供劳务等合同时，在同等条件下，应当优先考虑中小企业。

1967 年，日本政府制定了《中小企业振兴事业团法》，1978 年对该法进行了修改。该法规定，设立中小企业振兴事业团的目的是为中小企业经营管理的合理化和提高技术水平等，举办资金贷款事业，促进中小企业发展。与《纺织工业结构改善临时措施法》类似，1970 年颁布的《承包中小企业振兴法》，目的是为了实现承包企业的现代化。这些立法分别对中小企业的政策目标、现代化促进等方面作了规定。20 世纪 60 年代后半期，日本经济进一步实现高速发展，人均国民收入达到了与发达国家相当的水平，进出口扩大，资本自由化发展，经济国际化有所进展。在这种状况下，大企业和中小企业都加大了加工行业的比重，中小企业在它的基层领域扩大了活动空间。由于中小企业的现代化加深了与大企业的互补关系，中小企业的机械化得到了迅速发展，技术水平不断提高，企业规模的差距逐步缩小。

（3）日本国民经济低速增长时期的中小企业立法。进入 20 世纪 70 年代后，日本所面临的国内外经济环境发生了重大变化。从 1973 年石油危机开始，日本经济进入了低速增长时期，实力弱小的中小企业因为石油危机陷入了不景气。这个时期的中小企业立法主要是围绕中小企业的结构调整、限制大企业的经营活动领域、保护中小企业的经营范围进行的。

石油危机以前，中小企业的发展主要是以改善结构、追求规模扩大为主导。随着外部经济环境的变化和技术立国方针的确立，政府对中小企业的政策开始向提高中小企业市场应变能力的方向转变，鼓励中小企业实施知识密集化发展战略。1973 年，对《中小企业现代化促进法》进行了修改，加入了有关“知识密集化”的条款，并设立了知识密集化融资制度。1973 年，颁布了《关于调整大规模零售店铺的零售业事业活动的法律》和《中小零售商业振兴法》，以缓解大型店铺的扩张给当地中小商店带来的影响。同时，为缺乏担保而筹资困难的小规模企业创立了同经营改善挂钩的无担保、无保证融资制度，即《小企业等经营改善资金融资制度》。1974 年，颁布了《关于振兴传统工艺品产业的法律》。

石油危机后，传统产业中的一些中小企业陷入了结构性危机，经营非常困难。政府为了支持陷入结构性危机的中小企业摆脱危机，出台了一系列法律。如 1978 年颁布的《特定萧条地区中小企业对策临时措施法》，1979 年颁布的《产地中小企业特惠对策临时措施法》等。

1976 年，日本政府为了帮助由于产品出口减少而陷入困境的中小企业，颁布实施了《中小企业转产对策临时措施法》。该法规定了转产的行业以及政府对进行转产的中小企业在资金和税收上的优惠措施。1977 年，为了防止大企业侵犯中小企业的事业活动机会，确保中小企业的利益，日本政府制定了《关于为确保中小企业活动机会，调整大企业事业活动的法律》。该法对大企业的经营活动加以限制，保护中小企业的经营领域，以利于国民经济的健全发展。为了防止中小企业因其他企业破产而陷入危机，根据中小企业互助的要求，日本政府决定建立企业破产防止共济制度，并于 1977 年 12 月颁布了《防止中小企业破产共济法》，目的在于稳定中小企业的经营。

（4）产业结构调整时期的中小企业立法。1985 年开始，日元不断升值，给日本的出口带来严重打击，迫使日本改变出口导向型经济发展战略，转为扩大内需。日本中小企业的产品出口总量在日本工业品出口总额中占有相当比重，最高峰时曾达到 60%。因此，中小企业同大企业一样，也面临着产业结构调整问题。日本政府适应中小企业转变的需要，在 1985 年及时地制定了《中小企业技术开发促进临时措施法》。该法的立法目的是，针对最近技术革新迅速发展及需求结构的显著变化，促进中小企业的技术开发。

为了解决日元升值给中小企业带来的结构性影响或经营活动造成的困难，帮助中小企业转产或稳定经营，1986 年，日本政府制定了《特定中小企业转产对策临时措施法》和《特定地区中小企业临时措置法》。该法规定，由于日元升值给中小企业的出口带来不利影响，造成中小企业出口减少，经营困难，主管大臣应当在听取中小企业政策审议会或都道府县知事意见的基础上，指定转产的特定行业，包括全国性特定行业和地区性特定行业。同时要求制定转产计划。中小企业的紧急稳定经济对策应当得到都道府县知事的批准。据统计，到 1987 年为止，共有 201 个行业被指定为转产行业，其中属于全国性行业的有 184 个，属于地区性行业的有 17 个；被指定为制定紧急经营稳定对策的有 151 个行业，其中属于全国性行业的有 139 个，属于地区性行业的有 12 个。① 1988 年颁布了《关于融合跨领域的中小企业者的知识、促进开拓新领域的临时措置法》。1933 年颁布了《中小企业进入新领域顺利化法》，支持符合一定条件的中小企业进行对外投资。为了支持中小企业的创业及技术研究开发，1995 年颁布了《关于促进中小企业创造性事业活动的临时措置法》，1997 年颁布了《关于搞活特定产业集成的临时措置法》，1998 年颁布了《中小企业借贷对策大纲》；为了支持个人或分公司的创业，建立日本版 SBIR，资助新兴企业，颁布实施了《新事业创出促进法》；与此同时，为了提高无担保保证等的限额，促进金融机构融资，颁布了《关于部分修改中小企业信用保险法的法律》。由上可见，日本的中小企业立法与经济发展密切相关，与经济发展政策密切相关，而且法律体系完善，内容健全，可以说基本覆盖了中小企业发展的各个方面。

3.1.8.2　日本政府扶持中小企业的政策

日本的中小企业政策起源于第二次世界大战以前。明治维新后，日本开始了工业化的进程，但由于产品质量问题和金融危机的影响，大量的中小企业陷入了困境。日本政府为了拯救陷入困境的中小企业，开始建立以金融扶持为主体的促进中小企业发展政策。第二次世界大战后，中小企业得到了更大的发展。随着中小企业的发展壮大，中小企业政策经历了从保护性政策向现代化政策转化的过程，形成了日本独特的注重中小企业与大企业相互合作和并行发展、重视科技开发应用、重视产品开发和产品质量的中小企业发展政策，使日本中小企业发展达到了一个很高的水平。②

（1）建立中小企业诊断制度，为中小企业发展提供服务。诊断制度是日本中小企业的支柱，

---

① 吕文忠：《战后日本中小企业立法经历及特点》。

② 郑之杰，吴振国，刘学信：《中小企业法研究》，法律出版社，2002 年，第 234 页～242 页。

在世界上也是首创。企业诊断一般是由企业提出诊断目的的申请，负责诊断的人经过实地调查后提出诊断或指导意见。中小企业综合指导所是设立在县政府商工部下的，对中小企业进行诊断、指导的组织。中小企业综合指导所负责的诊断内容主要有：一是低息融资；二是新兴企业的补助金；三是企业的组织化；四是加强经营体制；五是技术指导。诊断分为一般诊断、现代化促进诊断、经营环境对应诊断以及简易诊断等。为了适应诊断制度的需要，日本还设有“企业诊断士”职称，取得该资格的人必须通过国家组织的考试，考试分三次进行，有笔试、口试和实地考试，一般通过考试的人只占参加考试的10%。如爱知县中小企业综合指导所有50人，其中20人拥有“诊断士”资格。

（2）设立专门的金融机构，提供多种融资服务，帮助中小企业解决资金困难。为了支持中小企业，使中小企业的发展得到资金保障，解决中小企业不能从民间金融机构得到贷款的问题，《中小企业基本法》明确规定，在中小企业实现现代化的过程中，为了弥补资金的不足，国家要强化政府金融机构的职能，充实信用事业，加强对民间金融机构的指导，使中小企业在获得资金方面尽可能得到优惠条件。为此，日本政府专门成立了对中小企业优惠贷款的金融机构，如中小企业金融公库和国民金融公库，中小企业投资育成公司和中小企业振兴事业团，信用保证协会等。

创立面向中小企业的特别贷款制度主要有五个方面的作用：一是推动地区中小企业的活性化，上述两个金融公库都有这一功能；二是支援中小企业提高流通业务效率，两种金融公库都有这一功能；三是支持中小企业的国际化，由中小企业金融公库实施；四是振兴新的传统工艺产业，两种金融公库都有这一功能；五是其他特别贷款的扩充，如产业安全贷款等。中小企业金融公库向中小企业提供设备和长期经营所需的资金和贷款；中小企业事业团运用政府财政拨款，以无息或低息形式向中小企业提供资金；中小企业投资扶持株式会社向中小企业进行技术和经营的投资；中小企业信用保险金库主要为信用保证协会担保的债务施加保险。

（3）实行税收优惠政策，鼓励和促进中小企业发展。为了促进中小企业的发展，日本政府对中小企业实行税收优惠政策。一是降低中小企业的法人税率。资本金在1亿日元以上的普通法人税的税率为37.5%，而对资本金在1亿日元以下的中小企业法人的年度所得，分两步征税：所得800万日元以下的部分按28%的税率征税；超过800万日元的部分按37.5%的税率征税。此外，对具有公益法人性质的中小企业的年度所得按27%税率征税。二是规定中小企业债务准备金并进行特别处理，而不必按债务比例每年提取债务准备金。三是为了促进创业、促进高新技术发展，对于新开业所购入的机器设备（需经认定）和既存企业为提高技术能力而购入或租借的机器设备，在第一个年度里或做30%的特别折旧，或免交7%的税金。四是对中小企业的固定资产免征固定资产税，对中小企业共同利用的机械装置，在3年内减半征收固定资产税。此外，在消费税纳税、取得不动产、继承事业、促进研究开发、环境保护、节约能源、废物利用等方面都规定了优惠的税收政策。

（4）提供信息情报和培训服务。日本大企业往往拥有自己的信息情报系统，但中小企业由于人员和资金有限，很难建立自己的信息情报组织。因此，日本政府非常重视为中小企业提供情报信息服务。如爱知县中小企业综合指导所的一项重要业务就是为中小企业提供信息情报。1993年度用于情报信息业务的预算就达1381万日元。名古屋市还设有中小企业情报中心，向中小企业提供了大量的信息情报。日本政府加快网络建设的步伐，加强和完善支援中小企业机构的跨区域合作，实现经营、技术信息共享。通产省提供资金，帮助这些机构通过建立内部网络以及利用互联网，构筑广泛的信息发布和接受系统，将各国立和公立的研究机构的研究成果、新技术以及各种经营信息通过网络提供给中小企业，实现信息资源共享。

各都道府县的支援中小企业机构利用跨区域信息网络和共享的各种数据，向中小企业提供经营、技术和信息等各种咨询服务。调查和分析企业经营动向、进行企业诊断，并根据具体情况制定出具体的指导计划。各都道府县还聘请优秀的专家做顾问，帮助中小企业解决生产技术以及面临的各种难题。

通产省还帮助为大企业生产零部件的中小企业建立同大企业联系的信息通信网络，提高签订承包合同的速度和效率。近年来，日本跨区域订购零部件的大企业增加，通产省在全国零部件承包企业协会内建立了计算机网络系统，订货企业只要向计算机中输入订购计划，定单就可以出现在承包企业的计算机屏幕上，承包企业就可以准确及时地实施承包合同。同时，通产省还指导中小企业通过互联网推销产品。

日本建立了地区、省和国家三级培训体系，系统地训练和提高中小企业员工的技术水平。教学中心的费用由国家财政拨给，只有少部分费用由学员支付。中小企业事业团、日本商工会议所、中小企业协会等负责为中小企业提供职业培训、技能考核等培训服务。

（5）鼓励中小企业技术创新，增强中小企业发展后劲。日本政府建立了各种咨询机构，帮助中小企业提高技术和管理水平，在都道府县均设立了中小企业综合指导所、工业技术中心或工业试验场，负责对中小企业进行技术指导、分析和试验，培训人才。根据《中小企业现代化促进法》的规定，增加对创造性小企业的技术开发费用的补助，在资金方面支持中小企业对基础和应用阶段的技术进行开发。同时，减免税赋，提供低息贷款，支持中小企业从事技术开发。对研究开发型中小企业给予特别的税收优惠政策，减免法人税和所得税。企业因技术开发造成亏损，其亏损资金可以转到下一年度决算。政府系统的金融机构向中小企业提供低息优惠贷款，或采用低价租赁设备的方法，鼓励企业进行必要的设备投资。

促进中小企业与政府系统研究机构、各个大学的共同研究和技术交流。为了增强中小企业的活力，创造出新的产业，通产省拨出资金，鼓励中小企业与政府系统的研究机构、大学等进行联合研究，并向中小企业普及研究成果。由国家出资的新能源产业技术综合开发机构和中小企业事业团提出研究课题，委托中小企业开发实用性技术，帮助中小企业提高技术开发能力。此外，日本政府拨款 20 多亿日元，设立知识产权中心，促进专利技术的流通和中小企业引进专利技术，为专利发明者和中小企业牵线搭桥，提供专利技术查阅服务。日本中小企业的发展，与其重视技术开发密不可分。

（6）重视中小企业与大企业的分工协作关系。日本通过合同承包方式按原料加工系列体制、商业流通系列体制、专业化服务系列体制等把中小企业有机地结合起来，形成良好的大企业与中小企业分工协作网络体系，改善了大企业与中小企业间的关系，提高了国民经济的整体效益。目前，日本有 60% 的中小企业加入了大企业与中小企业的分工协作体系，而其他国家远远低于这一水平。事业协同组合是日本中小企业间联合的主要形式，充分体现了日本崇尚团队精神的民族特性。

3.1.8.3　日本政府扶持中小企业的机构

日本政府非常强调加强对本国中小企业的组织领导，设置了众多的管理和促进中小企业发展的官方和民间机构，形成了以政府中小企业厅为主导、地方政府为基础，民间团体为补充的官民结合的扶持机构体系。

（1）政府部门。中小企业厅是日本政府管理中小企业的最高行政机关，成立于 1948 年，设在内阁通商产业省。类似于我国的国务院部委管理的国家局，并在各级地方政府商工科内设置中小企业指导科，形成了全国性的中小企业行政组织网。中小企业厅下设各种各样的审议会，并在全国8个地区设立派出机构。中小企业厅的主要任务：一是制定旨在谋求扶持、发展中小企业的基本方针政策；二是根据有关法律，对中小企业的经营管理、资金、技术发展方向给予指导和扶持；三是对国会和政府部门制定的有关中小企业的方针政策提出意见；四是反映中小企业的要求和希望，保证中小企业得到政府订货机会；五是调解大企业和中小企业之间的矛盾；六是帮助解决中小企业的资金困难，调查和指导企业经营管理等。中小企业厅并不直接对中小企业进行直接的领导和管理，只是根据政策和法律，对中小企业进行管理、资金、技术开发等方面进行指导和扶持。中小企业厅设长官官房、计划部、指导部、小规模企业部，共200人。长官官房下设总务课；计划部下设计划课、金融课、振兴课、协作企业课；指导部下设指导课、组织课、技术课、交易流通课；小规模企业部下设小规模企业政策课、零售商业课。

（2）金融机构。日本政府系统金融机构有2行9公库1金库，其中作为中小企业专门银行的有国民金融公库、中小企业金融公库、环境卫生金融公库和商工组合中央金库，共计4所。[①]

①国民金融公库设立于1949年，目的在于给那些难以从商业银行等金融机构得到贷款的中小企业，提供必要的事业资金，且以中小企业中规模较小的企业为主要融资对象。其资本金260亿日元。

②中小企业金融公库设立于1953年，目的在于促进中小企业的成长、发展，为难以从普通金融机构得到设备资金和长期流动资金贷款的中小企业提供金融服务，且以中小企业中规模稍大的企业为主要融资对象。其资本金为372.1亿日元，全额由政府出资，支店数53个。

③环境卫生金融公库设立于1967年，目的在于提高与环境卫生相关产业的卫生水准，促进饮食、理发、洗涤等行业中小企业的现代化水平，其资本金为10亿日元，全额由政府出资。

④商工组合中央金库设立于1936年，目的在于促进中小企业等协会团体及其成员的企业金融顺畅运行。金库由政府和中小企业等协会团体共同出资组成，对团体所属成员提供无担保贷款贴现票据。政府在设立时出资为77.021亿日元，现增资为1 459.02亿日元。团体出资额为609.98亿日元，有83个支店。

除了这四个专门机构外，还有一个对中小企业不直接融资，但也作为政府系统的金融机构，即在1958年设立的中小企业信用保险公库，资本金为4916亿日元，全额由政府出资。其业务是对信用保证协会所承担的保证债务给予保险和贷款。所谓信用保险协会是对中小企业向民间或政府金融机构借款时发生的债务实行担保的公营机构。

此外，一般在市一级行政级别，政府都设有小规模事业金融公社，目的是为中小企业融资。以名古屋市为例，名古屋市小规模事业金融公社是半官半民的组织，与名古屋市经济局保持密切联系，受市政府委托，帮助中小企业借款，并扶持其发展。

（3）民间机构。民间机构包括：中小企业政策审议会（日本中小企业的政策咨询机构）、中小企业事业团、商工会、中小企业协会、信用协同组合、商店街振兴组合等。

日本政府全额出资（1.016 4亿日元）的中小企业事业团，其主要职责为促进高新技术的发展，建立工业、批发专门小区；设立中小企业大学校，培养对中小企业进行指导、诊断的专家；建立情报信息网；防止破产而进行资金援助等。在地方上则有以都道府县为主体的公共团体，如中小

---

① 傅建华：《上海中小企业发展战略研究》，上海财经大学出版社，1998年7月，第45页。

企业地域情报中心、综合指导所等。

中小企业诊断协会是民间团体，但政府赋予其一些政府职能，代替政府行使一部分权力。诊断协会是公益法人，由日本通商产业省认可，每年要向通产省报告工作。目前，在日本通产省备案的中小企业“诊断士”有14 000人，参加协会的有7500人，没有参加协会的是获得“诊断士”资格的政府公务员、法人团体人员、银行机构的人员。

据不完全统计，1994年，日本全国有各种中小企业组合、联合会（类似于我国的中小企业协会）48个和162个。47个都道府县都有一定数量的中小企业组合及联合会。拥有中小企业组合和联合会最多的是东京都，共有4279个，即使最少的冲绳县也有310个。这些机构和组合在维护中小企业的合法权益，调动中小企业的生产积极性，促进中小企业的现代化，保障中小企业的健康发展方面，起到了非常重要的作用。

3.1.9　韩　国

韩国对中小企业的界定标准有两个：一是雇员人数少于300人；二是资产总量少于800亿韩元（也有的韩国文献说资本总量少于6600万美元），但是对中小企业的界定标准并不是绝对的，例如在一些劳动密集型企业里，即使雇员超过了小企业标准，也会将他们包括在小企业中。而在一些资本密集型企业里，即使按雇员人数算属于小企业，也可以将他们归为中型企业。韩国对不同行业中型企业和小型企业以雇员人数进行了进一步的划分。

韩国中小企业的数量总计约为267万个，占韩国企业总数的99.1%，雇员人数达到826万人，占全国雇员总数的74.3%，中小企业产品出口占韩国总出口量的41.8%，在所有中小企业的出口总量中，电器和电子产品占29.0%，纺织品占23.8%，机器和运输设备占15.8%，塑料、橡胶和皮货占6.9%，钢铁产品占6.2%，其他占18.3%。韩国中小企业在韩国经济成长腾飞中发挥了举足轻重的作用。

3.1.9.1　韩国中小企业立法

韩国的中小企业立法在20世纪50年代以保护为主。60年代初，韩国确立了以出口为导向的经济发展战略，开始了工业化的进程。1960年，韩国商工部设立中小企业课，并在1961年建立了为中小企业提供金融支持的中小银行，随后制定了促进中小企业发展的《中小企业协同组合法》。

20世纪70年代，韩国开始集中培育以重化学工业为主的产业结构，因而出现了产业部门之间、企业之间和地区间的不均衡发展。为了解决这一矛盾，政府加强了对中小企业产业分布和专业化的指导，于1975年制定了《中小企业系列化促进法》。为了防止中小企业间不正当竞争，1978年12月颁布了《中小企业事业调整法》，并于1982年12月、1986年5月对该法进行了修订。

进入20世纪80年代后，韩国政府开始通过投资结构的调整和合理化政策调整产业结构，大企业的中心地位受到某种程度的削弱，中小企业在就业人数、生产额以及附加价值构成比重等方面都有明显的上升。这一时期的中小企业政策以促进中小企业现代化为主导。1982年12月，为了实施中小企业的现代化、协同化事业，谋求中小企业的振兴，韩国政府颁布了《中小企业振兴法》，并建立中小企业振兴公团，规定了优先扶持的业种、事业转换、创业支援、振兴基金等，以稳定中小企业的经营。1982年，政府还制定了《中小企业振兴长期计划》，进一步明确了中小企业发展的基本目标、中小企业政策的基本方向、政策实行的手段和计划等。80年代末期以后，韩国经济环境开始趋向恶化，中小企业随着韩国经济结构调整，也进入了调整期。这一时期的中小企业政策以取消各种行政性限制规定，促进中小企业扩大出口（国际化）、创业支援、中小企业经营稳定等为主导，强调大企业与中小企业之间的协作关系，中小企业发展问题得到政府和社会各界的高度重视。

进入20世纪90年代后，中小企业的政策由过去的保护和支持，开始转向有选择地重点支持有发展前景的中小企业，加强大企业与中小企业之间的协作关系，促进中小企业技术高度化和自律、竞争能力的提高。

总之，韩国的中小企业发展得益于多种因素，政府有关中小企业的立法，也对韩国中小企业的发展具有不可忽视的促进作用。韩国有关中小企业的立法，既有关于中小企业的基本法，又有关于中小企业的单项立法；既有关于中小企业组织的立法，又有关于促进中小企业立法的内容；既与韩国的整个经济立法融为一体，又自成体系。韩国中小企业立法以其扶持型政策的实践在世界各国中独树一帜。

（1）《中小企业基本法》。[①] 韩国在1966年12月6日颁布实施了《中小企业基本法》，并在以后随着经济形势的发展变化对其做了三次修订。该法共35条，自发布之日施行。其立法宗旨与目的是，规定中小企业的发展方向和基本政策，促进中小企业成长发展，谋求中小企业的结构改善，提高其国际竞争力，为韩国国民经济的发展做贡献。

首先，该法对中小企业的范围与标准做了界定，主要以行业特点、从业人数、资产规模等标准来划分。

其次，该法对中小企业、政府、中小企业团体等的权利与义务做了明确规定。

最后，该法主要是规定政府对中小企业的基本扶持政策，规定了采取扶持政策的原则性措施：

①规定政府应当设置专门负责中小企业事务的行政机关（第28条），以贯彻实施中小企业基本法规定的政策。同时规定设立中小企业政策审议会（第29条），隶属于总统，负责调查审议有关中小企业的政策（第30条）。

②规定促进中小企业经营管理的合理化（第10条、12条），要求政府对中小企业的经营管理合理化进行诊断与指导，设置经营指导机关，采取扶持民间运营的专门技术和经营指导机关、团体和业体的措施，加强对中小企业以及经营管理者的培训。

③规定提高中小企业的技术水平，要求政府增加和扩大中小企业的技术研究开发机构，制定对新技术的应用、技术引进、技术人员的培训等方面的措施（第11条）。

④规定中小企业设备的现代化，要求政府采取必要措施，让中小企业补充资金、装备等，使中小企业设备现代化（第14条）。

⑤鼓励中小企业之间的协作，规定政府应当采取措施促进中小企业的集团化与共同化（第15条）；促进中小企业的专业化分工，与大企业形成有效的分工协作（第18条）；建立中小企业共济制度，促进中小企业相互扶持，防止破产，促进中小企业共同采购与销售等（第20条第2款）；鼓励中小企业成立协同组合等组织（第27条）。

⑥鼓励中小企业规模的适度，确保中小企业经营的领域。该法规定政府应当为中小企业规模的适度化采取必要的措施，明确中小企业经营的业种，限制非中小企业进入该事业领域（第16、20条）。

⑦规定保证中小企业融资，要求政府改善中小企业的融资条件，建立中小企业信用保证制度，

① 《外国经济法——南朝鲜卷》，吉林人民出版社、中国经济法制音像出版社，1992年，第229页~231页。

增加财政及金融资金的供给，设置中小企业周转资金，设立中小企业专门的融资机构（第25条）。

⑧确定政府机关、地方自治团体、公共团体和政府投资机关优先购买中小企业产品的制度，保证中小企业销售的稳定（第23条）。

⑨为提高中小企业的国际竞争力，鼓励中小企业开拓国际市场，扩大出口，并建立进口秩序，在必要时限制中小企业生产的物品进口（第22条、24条）。

⑩规定政府应当采取必要措施，提供市场信息，防止中小企业之间过度竞争（第17条）。

⑪规定为了充实中小企业的资金和改善中小企业的经营条件，政府应当采取必要措施，减轻中小企业的税收负担（第26条）。由于《中小企业基本法》规定过于原则，为了明确该法规定的一些事项，1983年韩国总统发布了《中小企业基本法施行细则》。

（2）《中小企业振兴法》。[①] 1982年12月31日，韩国又颁布实施了《中小企业振兴法》。该法共7章70条加一附则，分别为总则、中小企业振兴计划、中小企业振兴基金、中小企业振兴公团、监督、补则和附则。该法在第一章总则中明确规定了其立法宗旨为通过实施中小企业的现代化、协同化事业和加强对中小企业指导研修事业，谋求中小企业的振兴和促进韩国国民经济的发展。第二章中小企业振兴计划共七节，分别规定了优先扶持的行业、事业转换、协同化事业、指导及研修事业、地方中小企业与民俗工艺产业的扶持等。商工部要根据产业结构的优化、加强国际竞争力以及促进国民经济发展的需要，确定在中小企业中优先扶持的行业，并在制定中小企业振兴政策和产业扶持政策时要特别重视应优先扶持的行业。商工部要制定促进中小企业设施现代化、经营合理化和提高技术水平的中小企业现代化计划，制定促进中小企业设立的创业支援计划和有关中小企业的经营及技术指导计划。商工部应当根据经济情况的变化，选择有利于中小企业发展的行业领域，指导中小企业进行事业转换，并采取必要措施，指导进行事业转换的中小企业从业人员再就业。该法还规定，商工部应当根据《工业配置法》促进中小企业向地方转移，制定地方工业扶持计划，扶持地方中小企业和民俗工艺产业的发展。

该法为了确保中小企业振兴所需的资金，规定设立中小企业振兴基金，1989年改为中小企业结构调整基金，并扩大了规模。基金主要由政府和非政府的捐款、国外借款或引进的物资、运营基金产生的收益以及总统令规定的其他收益金等组成。基金主要用于中小企业的现代化事业、支援企业的工程改造、技术开发及促进情报化、事业转换、闲置设备向海外转移、大企业向中小企业的事业转让、扶持地方中小企业及民俗工艺产业、援助中小企业的创业以及中小企业振兴公团设施的设置及运营和为稳定经营的紧急支援、促进中小企业的协同以及培植农渔村工业等方面。因贷款利率低，仅为6.5%（研究开发资金）～9%（工程改造、创业等）之间；期限长，设备资金8年，流动资金3年；支援限额为2亿韩元（流动资金）和5亿韩元（设备资金），成为中小企业解决资金的主要途径，对中小企业的发展起了很大作用。

为了有效地推进振兴中小企业的事业，该法规定成立中小企业振兴公团，公团为法人，事务所设在汉城市，其他地方设有研修院、支部、支所等。振兴公团设运营委员会，由经济企划院、内务部、财务部、科学技术处指定人员和中小企业协同组合中央会常务副会长、中小企业银行国民银行和信用保证基金的常务理事、商工部部长委派的人员构成。公团主要业务有14项：①促进中小企业现代化事业；②促进事业转换；③促进协同化事业；④对中小企业经营、技术进行诊断和指导；⑤扶持脆弱行业，促进企业新技术开发；⑥对中小企业从业人员和有关机关工作人员进行培训；

① 《外国经济法——南朝鲜卷》，吉林人民出版社、中国经济法制音像出版社，1992年，第235页～254页。

⑦扶持地方中小企业和民俗工艺产业；⑧承兑中小企业股份或社债；⑨扶持《中小企业系列化促进法》规定的承包企业；⑩支援中小企业创业活动；⑪运营及管理有关基金；⑫借贷现代化事业、地方中小企业和民俗工艺产业企业、承包企业和中小企业创业所需资金；⑬商工部部长委办的振兴中小企业事业；⑭其他有关事业和情报的搜集、普及和调查研究等。

归纳起来主要有四项：对中小企业进行经营指导；对中小企业进行技术指导；借贷中小企业所需资金；为中小企业培养人才和提供情报。同时规定了公团的设立条件、章程、组织机构与负责人及职员的选任、经费来源等，商工部负责指导和监督振兴公团的业务。中小企业振兴公团是在为中小企业进行经营、技术指导、培养人才、提供直接服务等方面的最为主要的机构。1980 年～1990 年 6 月间，中小企业振兴公团对中小企业经营、技术指导件数达 20 217 件，其中，经营指导 6204 件，占 30.7%，技术指导 14 013 件，占 69.3%，指导企业数为 18 695 家，接受指导人员达 70 976 人。

（3）《中小企业系列化促进法》。[①] 为了增进母企业与承包企业之间的系列化，确定和规范母企业与承包企业之间的分工协作关系，增进相互利益，防止延付承包金，保护中小企业的利益，促进韩国经济发展，1975 年 12 月 31 日，韩国颁布实施了《中小企业系列化促进法》，共 20 条。该法对母企业、承包企业、系列化等做了定义，母企业是指制造、加工、贩卖、修理业的委托人；承包企业是指受委托的中小企业；系列化是指制造业、加工业、贩卖业或修理业的母企业将物品、部件、半制品、附件和原料的制造、加工或修理委托给中小企业，受委托的中小企业专门制造物品等，双方形成的一种稳定的相互分工协作的关系。该法还规定了政府主管部门如商工部、经济企划院等在促进中小企业系列化方面的职责：①规定了商工部要制定母企业与承包企业系列化的基本条件，包括母企业明确订货部门、订货方法、中小企业设备的现代化、提高技术与质量以及双方关于业务往来的条件、规则等；②规定商工部要对母企业和承包企业进行系列化的指导，依据承包依存度大、有利于中小企业的振兴、增强其国际竞争力的原则，确定“指定系列化目录”；③母企业和中小企业协同组合应当根据指定系列化目录，制定有关系列化的订货方法、品质改善、中小企业规模的适度化、设备的现代化、提高技术、事业协同等振兴中小企业的计划，并取得商工部长官的认可；④为了促进中小企业系列化，政府应当对中小企业提高长期低息融资以及行政上的支援；⑤为了促进系列化，设置中小企业系列化促进会，以调停母企业与承包企业之间的纠纷。

（4）《中小企业事业调整法》。[②] 为了公正调整中小企业之间的过分竞争，调整因大企业的过分渗透而发生中小企业事业萎缩的纠纷，以保证中小企业的活动机会，促进国民经济的健全发展，1978 年 12 月 31 日，韩国颁布实施了《中小企业事业调整法》，共 15 条。该法规定政府应当指定适合中小企业经营发展，并能促进国民经济健康发展和产业结构优化的行业为中小企业固有的行业，大企业一般不得进入这些行业。为了促进中小企业事业调整的顺利进行，规定在商工部下设立中小企业事业调整审议会，其成员由政府主管机关官员和中小企业事务专家担任。如果依据《中小企业协同组合法》成立的中小企业协同组合、协同小组合、协同组合联合会等认为在一定地区内经营某个行业的中小企业之间因过分竞争，造成大部分中小企业的经营状况恶化，并会给国民经济的健全发展带来影响时，可以经协同组合中央会向商工部申请事业调整；中小企业协同组合认为由于大企业的开办中小企业固有行业以外的事业而导致中小企业原材料和劳务的不足，给中小企业的安定经营带来显著不利的影响或可能带来显著不利的影响时，可以通过中小企业协同组合中央会

---

① 《外国经济法——南朝鲜卷》，吉林人民出版社、中国经济法制音像出版社，1992 年，第 273 页～278 页。

② 同①，第 278 页～282 页。

向商工部申请事业调整。目前，禁止大企业进入的行业有135种，对不属于中小企业固有行业的部门，如果因为大企业的参与而明显造成中小企业销售额下降时，政府可根据中小企业协同组合提出的要求，对大企业在相应领域的经营活动进行限制或禁止。1991年～1995年5月间，中小企业协同组合向政府提出了244件事业调整申请提案，其中在有关行业领域禁止和限制了大企业活动的申请，分别有59件和133件被政府接受并责令大企业执行。

（5）《中小企业制品购买促进法》。为了促进公共机关在公共采购中优先购买中小企业生产的产品，以增加中小企业的订货机会，稳定中小企业的开工，保证中小企业的销售稳定，1981年12月31日，韩国颁布实施了《中小企业制品购买促进法》。该法规定的政府公共机构包括政府机关、地方自治团体、政府投资机关以及按照特别法设立的特别法人等。公共机构要优先采购中小企业生产的物品，并可同中小企业协同组合签订团体购买契约，由组合将契约在有关中小企业间分配。各个公共机构应当根据预算和事业计划拟定购买中小企业产品的计划，并在每个会计年度向政府主管机关报告购买中小企业产品的情况。当公共机构对中小企业产品的购买量不足或在购买过程中采取了对中小企业不利的方式时，政府主管机关有权要求其采取必要的措施，增加或改进采购。为了保证中小企业有足够的订货机会和落实公共机构的采购计划，该法还规定设立中小企业制品购买促进审议会。1996年，政府机构购买的中小企业产品额，占政府机构购买物品总量的60.1%。

（6）《中小企业创业支援法》。为了促进中小企业的设立，特别是鼓励和促进制造业中小企业的创建和发展，促进渔村地区中小企业的创立，通过中小企业在地区间的均衡发展，优化产业结构，1986年5月12日，韩国颁布实施了《中小企业创业支援法》。该法的适用范围是制造业及总统令规定的业种的创业。政府可以对中小企业的创业者创业所需资金进行投资或融资，或进行其他方面的支援。韩国主要是从资金（设立中小企业创业投资组合、中小企业创业投资会社、中小企业创业基金等）、组织（中小企业相谈会社、创业支援审议会、中小企业创业民愿室等）、派遣专业人员、简化设立程序、提供稀少或贵重装备器材以及制定优惠的财政税收政策等方面扶持中小企业的创建。

为了保证中小企业创业所需财源，该法规定设立中小企业创业支援基金；基金经费来源主要有：政府拨款、非政府组织捐款、基金运营的收益、其他收入。基金主要用于：对中小企业创业投资会社的投资或融资，对中小企业创业投资组合的出资，对中小企业相关会社的资金支援，通过创业支援审议会的审议，商工部长官认为是必要的事业。该基金主要由商工部长官管理，通过中小企业投资会社实现对中小企业的创业支援，对技术密集型的中小企业可以依据有关法律减免法人税、所得税、财产税及注册税。为了加速中小企业的产业升级，韩国政府对技术密集型中小企业的创业，实行积极的支持政策。主要包括资金、税收、咨询服务和资源配置方面的支持。在资金方面，中小企业成立两年后，可通过地方政府的“地方中小企业培育基金”，以年息7%、期限8年的条件，获得7亿韩元的创业资金支持。在税收方面，政府规定，对农渔村及首都以外地区和首都地区的新创立的技术密集型中小企业，分别减免6年和4年的所得税、法人税的50%，并且减免2年内取得的事业用财产的地方财产税、综合土地税的50%。在咨询服务方面，为创业中小企业提供可行性分析、经营及技术指导和代行创业程序等服务，并规定了中小企业在接受有关部门提供的创业咨询服务时，可以享受免除50%咨询服务费的原则。在资源分配方面，政府主要通过中小企业银行为中小企业提供社会间接资本，并给予经营和技术方面的指导。

为了综合审议关于创业支援的政策，法律规定在商工部内设立中小企业创业支援审议会，委员长为商工部长官，委员为政府主管机关高级公务员和中小企业专家。创业审议会主要审议有关创业支援的政策、创业程序的简化方案、商工部长官要求审议的有关创业的事项。为了有效地运营创业审议会，又在该会下设置创业支援实务委员会，具体负责审议会的日常工作。

（7）《促进中小企业经营稳定及结构调整特别措施法》。随着韩国经济形势的变化和市场竞争的日趋激烈，中小企业的经营状况日益恶化，为了保证中小企业的经营稳定，积极推进其技术开发和情报信息交流，促进中小企业结构调整，提高中小企业的竞争力，1989 年 3 月 26 日韩国颁布实施了《促进中小企业经营稳定及结构调整特别实施法》。该法共 7 章 40 条，分别为总则、中小企业结构调整基金、中小企业的经济安定支援、中小企业技术开发的促进、促进大企业向中小企业的转让、补则及附则。

为了稳定中小企业的经营，支援中小企业的事业转换，促进中小企业的结构调整和技术开发，该法决定设置中小企业结构调整基金。基金主要由政府或地方自治团体的捐款或融资、社会捐款、中小企业振兴公团发行的债券、基金运营收入以及其他方面的收入构成。基金主要用于中小企业转产、技术开发、技术引进、新产品开发、中小企业经济安定支援、职业培训以及信息情报收集等。

为了解决中小企业经营上的困难或可能发生的困难，政府主管机关应当根据国家进出口形势、原材料供应情况、劳资纠纷引发的中小企业停业等情形，制定中小企业紧急经营安定计划、事业转换计划等，为中小企业提供融资、工厂用地、经营技术指导以及教育培训等优惠。为了促进中小企业的技术开发、技术创新，规定中小企业主管机关应当会同科技部门共同制定中小企业技术开发计划，建立中小企业技术情报事业，设立生产技术研究院等。为了促进中小企业与大企业间的产业分工和协作关系，鼓励大企业向中小企业的事业转让，并给予政策优惠。此外，为了使中小企业在转让中保持经营稳定，还规定政府应当对中小企业提供税收减免和金融支持等。

3.1.9.2 韩国政府扶持中小企业的政策

韩国政府从 20 世纪 70 年代末开始改变以前对中小企业的忽视或轻视的政策，寻求为中小企业的发展提供平等竞争的政策基础，并开始为中小企业提供优惠政策。由于韩国政府对中小企业实行积极的支援政策，使中小企业在较短时间内实现了技术水平、产品结构、经营管理等方面的迅速升级，从而促进了整个产业结构的优化。①

（1）取消对中小企业的限制性与歧视性规定，为中小企业创造公平的竞争环境。在韩国经济起飞阶段，由于政府的“重大轻小”政策，使中小企业在竞争中处于不利的地位。金泳三上台后，改变“重大轻小”的政策，在扶持中小企业的同时，逐步取消了以前对中小企业的限制性规定，其中包括：取消对中小企业的歧视性信用管理，准许对中小企业办理第三者担保及不动产担保的贷款；取消商业银行对中小企业放款的比例限制，准许中小企业发行公司债券以及到海外发行债券，准许商业银行办理中小企业外币贷款；逐步给予中小企业进出口经营权，简化进出口通关手续及分段废止外销品检验制度；税负平等，减轻中小企业的税赋负担；放宽对中小企业海外直接投资的限制以及外汇出入管制；取消在土地批租转让中对中小企业的限制性规定，甚至在价格上给予优惠照顾。这些政策措施，为中小企业发展提供了良好的环境，使得中小企业能够在平等的基础上与大企业竞争。

（2）调整结构，促进中小企业结构高度化。20 世纪 80 年代，韩国的中小企业在质和量两个方面都得到了明显的发展，但是，中小企业的劳动密集型企业比重高、技术水平低、竞争力差等问题也暴露出来。因此，韩国政府从 20 世纪 80 年代后期开始实施结构调整，促进中小企业结构转变。

---

① 徐剑峰，朴姬福：《韩国中小企业》，东方出版社，1995 年，第 74 页～79 页、第 80 页～93 页、第 104 页～106 页。

韩国政府主要致力于提高中小企业的技术水平。1992 年，韩国政府将技术开发资金增加到 610 亿韩元，选定了 800 多个课题，指定培养 116 个技术先进化企业，并通过中小企业振兴公团、生产技术研究院等，对 3300 多个企业进行指导。1996 年后，韩国经济出现了发展的低潮，中小企业的经营环境也出现了前所未有的恶化情况。为此，韩国更进一步加强了对技术密集型中小企业风险创业的支持，进一步扩大对中小企业技术开发的人力、资金支持政策，加强对占中小企业多数的小企业的支持政策等。这些政策反映了进一步强调提高中小企业技术水平的内容，包括保证中小企业技术开发的专门性金融支持的扩大，如技术信用担保机构，对中小企业技术开发提供 80% 的融资担保；扩大中小企业技术研究人力的支援，如政府对中小企业研究所的技术研究人员提供一定期间的工资；为减少中小企业新开发技术产品的风险，建立新技术产业化保险制度，即对新技术产品提供经营保险等。培育技术密集型的中小企业，已经是韩国 21 世纪中小企业政策的核心内容。这项政策能否有效实施，将对今后韩国中小企业的发展产生重要影响。

（3）实施加强中小企业经营安定的政策，促进中小企业的稳定经营。进入 20 世纪 80 年代以后，韩国经济进入了不景气阶段，亏损企业由 1988 年的 3573 家增加到 1992 年的 9500 家，破产企业在 1993 年达到了 10 000 家，出口下降，投资不足。为了控制情况的恶化，韩国政府在促进中小企业进行结构调整的同时，采取了金融、税收等方面的支持中小企业发展的措施。

①强化金融、税收方面的支援。一是提高金融机构对中小企业的贷款比例，增加结构调整基金、共济事业基金，积极支援有发展潜力但资金困难的企业。如 1993 年，中小企业银行、国民银行等中小企业专业银行贷款规模比 1992 年增加 1 万亿韩元，结构调整基金增加了 300 多亿韩元，共济事业基金增加了 500 亿韩元。二是提高政府拨款数额，扩大信用保证机构资金，提高对中小企业的担保力度。三是对中小企业实行税收优惠政策，减轻法人税或个人所得税，延长纳税期限。

②缓和人才供需矛盾。政府通过职业教育等增加技术人员、技术工人供应，通过中小企业振兴公团、生产技术研究院研修事业等培养中小企业人才，加强就业协调机关的作用等措施缓解人力供需矛盾。

③帮助中小企业拓展市场，支持中小企业销售产品。主要措施是扩大政府机关采购中小企业产品的份额，促进优先购买中小企业的新产品。1996 年，政府机关购买的中小企业产品，占政府机关购买物品总额的 60.1%。通过中小企业协作，共同销售产品；推进产品流通的现代化等。

④通过固定中小企业固有行业和调整非固有行业事业，保证规定中小企业的经营领域，即将适合中小企业经营的有利于国民经济发展和产业结构优化的一些行业规定为禁止大企业进入的领域。

⑤促进中小企业的组织化，形成中小企业利益共同体。

⑥由中央政府、地方政府和企业共同出资，建立防止因个别中小企业资金危机，如因关联企业破产而不能收回债务，或因赊销货款回收期限被对方延期而造成企业无法保证正常资金循环等，可能引起连锁倒闭破产的危险。为此，制定了《中小企业共同事业基金制度》，为中小企业整体经营的稳定提供了保证。

（4）实施金融扶持政策，促进中小企业发展。金融支持主要是通过中小企业银行、国民银行、外汇银行、地方银行等所提供的金融支持和通过第二金融圈提供的金融支持来体现，旨在降低中小企业的融资成本，充实其财务内涵，以期建立稳固的企业根基。韩国政府主要通过扩大各种补助金和政策资金，提高银行贷款比例及贷款规模来支持中小企业。补助金包括特定研究开发事业补助金、工业基础技术开发事业补助金、优秀发明试制品补助金等三种。其中工业基础技术开发补助金规模最大，对中小企业来说也最重要，支持中小企业数的 94.4%，金额占 92.5%。政策资金包括中小企业结构调整基金、工业发展基金、国民投资基金、产业技术改进范围；扩大进口设备关税减免的对象范围；增加自动化研修人员的数量等。

（5）支援情报化。提高电脑普及率、建立中小企业情报交流体系以及技术情报交流体系；在中小企业振兴公团内设立中小企业情报银行，综合支援情报化事业，为信息情报力量不足的中小企业提供必要的信息情报，并从资金上支持中小企业建立现代化的信息情报系统，如对有关企业信息情报系统建设所需的设备和运行投资，提供年利息7%、期限8年的贷款。

（6）促进事业转换。为了促进中小企业的结构调整，政府强化了对中小企业事业转换资金的支持，实行减免所得税等税收优惠政策，支持中小企业向海外转移设备、进行投资等。在产业领域方面，对从低附加值产业向高附加值产业转移的中小企业，通过“中小企业结构高度化基金”和“地方中小企业培育基金”给予资金支持，并减免有关的转让所得税、所得税和法人税，以及提供工厂用地和经营、技术指导以及教育训练优惠等。

在技术革新方面，从1994年下半年开始到1997年，通过中小企业振兴公团筹集4万亿韩元，以年利率7%、8年期限的条件为中小企业的工厂自动化提供资金支援，同时设立了自动化推进中央本部和12个自动化推进地域本部，为中小企业的工厂自动化提供技术指导、培育技术人才以及提供技术信息等。

（7）扩大中小企业的共同事业，加强大、中小企业间协作。根据《中小企业系列化促进制度》和《大企业向中小企业转移事业制度》等法规，以大企业带动中小企业的产业升级。如大企业对提供原材料或半成品的中小企业提供技术支持，享受减免15%所得税的优惠；大中小企业共同开发大企业所需产品时，开发项目可以以6.5%的年利率、5年期限的条件，享受“工业发展基金”和“试验品开发支援资金”的贷款等。大企业向中小企业转移事业制度，是韩国政府通过规定中小企业的固有行业种类、产品种类，并促使大企业向中小企业转移此类生产和经营领域的制度，禁止大企业从事中小企业固有的生产和经营领域，同时对向中小企业转移此类行业或产品生产的大企业提供金融、税收的支持。这一制度反映了韩国政府通过调整大中小企业的产业分布，促进产业间合理的横向分工和产业结构均衡发展的政策导向。

通过同行业中小企业的协作，联合建设和使用生产、防止公害和试验检测等措施，以降低成本和投资费用，提高产品质量和竞争力。政府规定，三个以上的中小企业结成的协作关系如果获得中小企业振兴公团的承认，不仅可以得到“中小企业结构高度化基金”的支持，而且可以享受免除因协作事业而发生的房地产取得税和注册税，以及5年以内减免50%的财产税和综合土地税等优惠。此外，通过建立不同行业企业的协作组织，强化企业间技术、经营经验的交流和销售的合作；政府给予资金、人力、信息情报等方面的支持，扩大中小企业产品的共同销售，共同采购原材料；采取税收等优惠政策，引导中小企业合并，实现中小企业的规模化经营。

（8）鼓励中小企业扩大出口，促进中小企业国际化。韩国政府鼓励中小企业扩大出口的主要措施有：一是扩大出口支持。简化进出口手续，改善出口检查制度；增加对出口企业的资金援助，如1996年政府提供了500亿韩元的海外市场开拓资金，鼓励多品种、小批量的高附加值产品出口，强化海外市场开拓活动，支持中小企业参加国际博览会、展示会，政府向中小企业提供出口情报等。二是促进中小企业向海外投资，开展国际经济技术合作。政府大力加强中小企业国际化事业团（隶属于中小企业振兴公团）的职能，支持对海外市场、海外投资的调查活动，鼓励中小企业将闲置设备转移到海外，促进中小企业与中国、美国、俄罗斯等国家进行技术合作等。在这些措施支持下，中小企业的出口增加。从1980年～1990年6月间，6项政策资金对中小企业支持总额为

20 480亿韩元，1989 年以后，政策资金规模又大幅度增加，中小企业资金难的问题得到了一定程度的缓解。为了加速中小企业的产业升级，韩国政府对技术密集型中小企业的创业，实行积极的支持政策，在资金方面，中小企业成立两年后，可以通过地方政府的“地方中小企业培育基金”，以年利息 7%、期限 8 年的条件，获得 7 亿元的创业资金支持。

同时，韩国政府又着手解决中小企业的信用担保问题。从 1976 年开始，政府设立中小企业信用保证基金，此后，又设立一般信用保证和技术信用保证基金，专门对中小企业提供贷款信用担保。从 1983 年起，到 1989 年止，99.1% 信用保证给予中小企业。1990 年 6 月，利用信用保证的中小企业达到了 30 502 家，占 5 人以上中小企业总数的 47.3%。技术信用保证基金是专门为支持中小企业技术开发事业而设立的，到 1990 年 6 月止，3111 家企业利用了技术信用保证基金，共计 5111 亿元。信用保证支持制度是中小企业利用效率最高、效果最佳的一种金融支持制度。

（9）实施税收优惠政策，扶持中小企业发展。韩国政府实行的中小企业税收支持制度分直接支持和间接支持两种方式。直接支持包括减免税、扣除所得和扣除税额；间接支持包括准备金及特别奖赏制度。在税制方面，政府规定，对农渔村及首都以外地区和首都地区的新创立的技术密集型中小企业，分别减免 6 年和 4 年的国税部分的所得税及法人税的 50%；并且减免 2 年内取得的事业用资产地方税部分的注册税、取得税的 50%；同时减免 5 年的事业用财产地方税部分的财产税、综合土地税的 50%。

3.1.9.3 韩国政府扶持中小企业的机构[①]

（1）政府机构：韩国政府为了保护、扶持、引导中小企业发展，1960 年就在政府商工部内部设立了专门负责中小企业事务的中小企业课。1996 年，韩国政府在商工部设立了中小企业局，同时，在各市、道、郡设立了相应的管理机关。中小企业局是韩国最高的中小企业行政管理机关，内设中小企业政策课、振兴课、指导课、创业支援课、地方中小企业课等。中小企业局虽然不直接参与或领导中小企业的具体事务，但根据法律规定对中小企业的经营管理、资金、技术、发展方向给予指导和扶持。同时，对国会和政府有关部门制定的中小企业方针政策提出意见，反映中小企业的要求和愿望，保证中小企业得到政府订货的机会，调解大企业和中小企业之间的矛盾以及中小企业之间的矛盾，在一定程度上对中小企业的发展方向发挥干预和调节作用。

根据《中小企业基本法》等有关法律的规定，韩国政府还设有咨询、审议机构，如根据 1966 年颁布实施的《中小企业基本法》设立的中小企业政策审议会；根据 1975 年制定的《中小企业系列化促进法》设立的中小企业系列化促进会；根据 1978 年制定的《中小企业事业调整法》设立的中小企业事业调整审议会；根据 1981 年制定的《中小企业制品购买促进法》设立的中小企业制品购买促进会；根据 1986 年制定的《中小企业创业支援法》设立的创业支援审议会等。其中中小企业政策审议会属于总统的咨询机构，其余均设在商工部内。这些机构由行政机关、群众团体、金融机构的负责人及有学识的中小企业专家组成，在法律规定的权限范围内，调查审议有关中小企业政策的利弊，对中小企业经营稳定、行业调整、创业支援、结构优化等问题进行调查和检查，并答复政府有关机关的咨询。他们既是政府制定中小企业政策的顾问，也是中小企业主向国会、政府等反映意见、施加影响的代言人。

（2）协同组织：为使中小企业能够相互扶助，帮助其获得均等市场机会和进行自主的经济活

---

① 郑之杰，吴振国，刘学信：《中小企业法研究》，法律出版社，2002 年，第 271 页～294 页。

动，韩国政府于1961年12月27日颁布实施了《中小企业协同组合法》。协同组合按行业和地域分为协同组合、协同小组合、协同组合联合会和协同组合中央会四种，协同组合一般以行政区域划分，协同小组合不受行政区域的限制，协同组合联合会和中央会以全国为业务区域。组合、小组合、联合会可以按地域、行业设立多个，而中央会只能设立一个，就是中小企业协同组合中央会。它们的性质是不以营利为目的，只以特定的组合员或会员的利益为目的的法人，不得经营事业，亦不得涉及政治。

协同组合、协同小组合、协同组合联合会的职能和业务基本相同，其事业主要有：生产、加工、销售、保管、运输等共同事业及其协调；借贷组合成员需要的事业资金；对经营、技术和质量管理进行指导，提供情报；缔结旨在谋求组合成员或会员经济利益的契约；出口组合成员生产的产品，进口组合成员生产所需的原材料；有关组合成员的福利事业；规划有关会员之间事业调整，及向主管长官申请调整非中小企业者侵害该组合成员事业等事项；调查研究有关组合事业和国家或地方自治团体委托的事业。

协同组合中央会与上述三种组合比较，业务对象更多，业务范围也更广。其主要业务有：负责组织协同组合、协同小组合和协同组合联合会，并对其事业进行指导和联络；保护会员的正当权益，负责与政府的联系；对会员的事业、经营、技术和质量管理进行指导、教育、提供情报；对中小企业的问题进行调查研究；负责发放会员的补助金及协调；借贷旨在中央会事业发展的资金；运营和管理中小企业共济事业基金；其他有关会员的共同事业；服务于中小企业的进出口业务；设置并管理会员的共用设施；其他必要的事业。

中小企业协同组合是韩国中小企业最重要的，也是覆盖面最广的组织，现已有协同组合500多个，组合成员近5万人。韩国政府通过协同组合实现了中小企业的组织化，并通过协同组合贯彻落实有关中小企业的方针政策，以达到振兴中小企业、发展国民经济的目的。而中小企业通过参加协同组合也达到了改善经营环境，解决资金困难，接受经营、技术指导，扩大销售，扩大出口，得到有关信息情报，提高经济效益的目的。协同组合在中小企业发展中起着极为重要的作用。

3.1.10 俄罗斯

根据俄罗斯联邦《关于国家支持小企业联邦法》，视经营范围不同，小企业的员工人数不得超过下列标准：工业、建筑业和交通运输业100人；农业和科技类60人；零售和居民日常服务业30人；批发贸易和其他50人。

3.1.10.1 俄罗斯中小企业立法

为了规范中小企业的发展，给其创造良好的经营环境，俄罗斯国家杜马通过了一系列法规，如《政府支持俄联邦小企业基本法》、《国家注册法》、《许可证法》、《破产法》、《俄联邦土地法》、《应纳税收入税法》、《在进口商品时实行保护，反倾销和补贴专项措施》等，旨在减少行政干预，简化注册审批程序，降低中小企业市场进入门槛。

1998年2月，俄罗斯政府批准了有关支持小企业的纲领，同时，还在国家支持小企业活动规划的基础上建立了小企业活动中心，并注意开展小企业间国际合作。卡西亚诺夫总理在一次全俄小企业家代表会议上指出：为了加快小企业发展必须对行政干预过多、税负过重和融资困难三大难题提出解决办法。普京总统责成有关部门制定减少对企业干预的一揽子法案，政府也采取一系列措施帮助中小企业获得贷款。①

3.1.10.2　俄罗斯政府扶持中小企业的政策

（1）减轻税负，简化税制。早在1999年，俄罗斯税务机关就规定小企业可选择按简化办法纳税。2002年4月初，俄罗斯政府又召开专门会议，讨论小企业发展问题并提出进一步简化纳税方式和减轻税负的方案。5月在普京总统的要求下，俄罗斯政府起草了简化小企业纳税手续和减轻小企业税负的草案。不久，该草案被国家杜马通过。根据该法案的规定，把利润税、销售税、财产税、社会税和增值税合并为小企业统一税，分两种方式征收，业主可自愿选择其一。据说，此举使小企业的纳税额大大减少，同时也限制了地方税务部门确定税额的随意性。

俄罗斯在规范纳税标准，降低税负等方面作出了一系列新的规定，如通过减免各项税收，使小企业的税负减轻1倍多。对从事轻工、食品、医疗器械和药品等产品生产，住宅建设和环保等的小企业给予特别税收优惠。对营业额不足3.5万美元的小企业免征增值税，还将免除科技创新企业、军人小企业和残疾人企业的税负。政府放宽了与资本流动有关的外汇业务的限制，将企业必须向国家出售的出口收汇额由75%降低到50%，取消外汇购买税，允许企业和个人在国外银行设立外汇账户等。②

（2）融资扶持。俄罗斯联邦政府积极鼓励俄罗斯储蓄银行和其他商业银行支持中小企业，采取有效措施简化银行贷款手续。政府鼓励外国金融机构进入俄罗斯和为小企业提供贷款服务。欧洲复兴开发银行俄罗斯分行等金融机构也愿意为中小企业提供必要的资金支持。

另外，俄罗斯政府也鼓励中小企业和个体企业建立信贷合作社、互助会或者信贷同盟。资金和外汇短缺是制约俄罗斯经济发展的一个重要因素，为了利用外国资金发展本国经济，俄政府已开始积极鼓励外国金融机构进入俄罗斯为中小企业提供贷款服务。另外，俄罗斯对有关外汇业务限制的放松，客观上也起到了鼓励中小企业发展的作用。

（3）减少行政审批手续，提高政府办事效率。普京总统签署命令，减少企业在申请营业执照过程中的环节，简化企业注册程序，保护企业在审查过程中的权利。有关法律还规定企业注册时间和注册费用限制，意在降低企业注册成本。政府希望企业在进行注册登记时只需要与一个政府部门打交道，即建立一种所谓的“一个窗口”制度。有关法律还规定了政府部门对企业计划检查的次数限制，以便减少对企业的行政干预，放松对企业的管制。

（4）确保避免不正当竞争。寡头和黑社会性质的腐败集团为了打败竞争对手或控制其他企业的财产，常常是先收买司法和行政管理部门，然后三方一道出击，令竞争对手就范。俄罗斯中小企业的处境相对艰难，它们既无力影响经济活动的游戏规则，还常常成为大资本打压的对象。

为了彻底扭转这种局面，俄罗斯政府在采取专项整治行动的同时，更重视从源头上治理腐败，决心建立一套有效的预防体系。俄罗斯政府前不久宣布，禁止各级权力机构在预算法和税收法之外安排任何国家和市政项目。一些重大经济项目还将通过招标的方式增加透明度，加强社会监督。俄罗斯政府还准备吸取某些国家高薪养廉的经验，大幅度提高官员的工资标准。工业企业家联盟等社会组织也积极支持政府打击腐败。目前，俄罗斯企业界正准备签署一项诚信经营、公平竞争的公约。

---

① 付岱山，宋海冰：《俄罗斯中小企业发展的政策措施对我国的启示》，《商业经济》，2004年第5期。

② 熊玉珍：《俄罗斯中小企业发展状况及其对经济改革的影响》，《辽东学院学报》，2005年第3期。

（5）允许中小企业优惠使用国家和地方的不动产。俄罗斯政府还以高等院校或大型科研生产联合体为基础建立了技术园区，推动小型创新企业的发展。迄今，俄境内的技术园区共计47个，其中一部分园区是在军工集团的军转民企业基础上组建的。在很大程度上，技术园区为小企业提供优惠的土地和其他设施使用条件，园区实际上起到企业孵化器的作用。①

3.1.10.3 俄罗斯政府扶持中小企业的机构

俄罗斯设立了国家发展和扶持小企业委员会、扶持小企业联邦基金和联邦主体基金，颁发了发展小企业纲要，并建立了支援小企业的制度。在几乎所有各邦，建立了由企业培训点、实业教学中心、租赁公司、技术站，区域支援代办处和信息中心等组成的支援小企业基础设施网。

俄罗斯国家反垄断政策委员会1994年建立了扶持小企业的联邦基金，1995年6月成立了国家发展和扶持小企业委员会。发展小企业联邦基金、地方基金和国际金融机构合作，建立跨地区保障基金，为小企业贷款提供担保。

附：中国香港

在中国香港，中小企业是指“任何从事制造业而雇用少于100人的企业，或任何从事非制造业而雇用少于50人的企业。截至2000年12月，香港共有约29万家中小企业，占企业总数的98%。香港中小企业为近140万人提供了就业机会，约占香港就业总人数（公务员除外）的六成。与其他地区相比，香港中小企业有两个显著特点：一是企业规模比较小，接近90%的企业是微型企业，就业人数在10人以下；二是大部分中小企业主要从事进出口贸易以及批发、零售和餐饮业务，这两大类中小企业数目占全港中小企业的六成以上，雇员总数达中小企业就业人数的一半以上。中小企业在促进香港经济发展、提供就业、推动创意、创造财富以及开拓商机等方面作出了重要贡献。

1. 香港中小企业立法

香港没有专门的保护和支持中小企业发展的法律。由于香港特区政府一贯采取“积极不干预”的经济政策，只有在市场机制受到阻碍或破坏的时候，特区政府才会主动地为中小企业创造有利的发展条件，保证自由竞争能够正常进行。香港主要通过政策手段和设立负责中小企业事务的行政机构来促进中小企业的成长。香港特区政府制定一系列旨在支持中小企业发展的计划，如政府工商服务业推广处专责统筹和支持各政府机构全力推展“方便营商计划”及“推广服务业计划”，目标就是维持香港作为全球最佳营商地方和区内卓越服务中心的地位。特区政府已通过上述计划实施了300多项措施，其中不少有利于中小企业的营运和发展。贸发局的“中小型企业培训计划”每年筹办140多项为中小企业而设的训练课程，内容以出口推广实务及国际市场营销为主，目的是增强他们的出口能力及商业知识和专业技巧。②

2. 香港特区政府扶持中小企业的政策

（1）创造良好经营环境。首先，特区政府致力于为中小企业创造有利的经营环境，尽量减少市场的阻碍。特区政府充分认识到，对市场的过分管制和官僚作风，是企业发展的最大障碍，对于以较低成本经营和以灵活取胜的中小型企业尤为不利。因此，特区政府致力维持简单而明确的低税

---

① 方卓舟：《俄罗斯的中小企业》，《全球科技经济瞭望》，2001年第2期。

② 黄立军，林敏：《香港的中小企业》，《海峡科技与产业》，2001年第6期。

制，尽量让企业保留资金作为发展及提升竞争力之用。正如周德熙局长在立法会上指出，特区政府把很多影响企业经营成本的公共收费尽量维持在低水平，这对于资金比较匮乏的中小型企业来说，是莫大的帮助。另一方面，特区政府通过工商服务业推广署与私营机构紧密合作，力求减少繁琐的政府程序，减轻管制措施造成的成本负担。此外，职业训练局的“创业发展中心”，为创业阶段的中小企业提供设备完善的工作环境，以便筹备及发展新业务，并协助它们发掘新的商业意念、孕育企业精神及推行业务计划。

（2）协助企业融资。在自由经济的大前提下，特区政府从不干预银行的商业借贷活动。亚洲金融危机发生后，许多中小企业因银行及财务机构收紧借贷因而出现资金紧缺，特区政府在 1998 年 8 月拨款 25 亿港元，推出了“中小型企业特别信贷计划”。由特区政府作为中小企业的信贷担保人，为成功获得银行及财务机构批出贷款的每家公司提供高达 200 万港元或批出的贷款额的 7% 的保证额。计划自设立至 2000 年 4 月，共有 9912 家中小企业参与了计划，获得银行及财务机构贷款累计 91. 6 亿港元，所涉及的特区政府保证额为 58. 1 亿港元。工贸署及各支持机构也通过举办专题研讨会及讲座，加强中小企业对财务管理的认知及技巧，以协助中小企业达到金融机构的放款要求。特区行政长官在 1997 年发表的施政报告中已表示，支持联交所研究设立第二板市场。1999 年 11 月，被称为“创业板市场”的第二板市场已经成立，在协助小型科技公司进行集资、发展和扩充业务方面发挥着重要作用。

（3）促进人力资源发展。人才缺乏制约中小企业发展。在人才培训方面，香港特区政府致力于推动教育改革，通过各教育机构、大专院校为中小企业培训人才，并协助它们开发、培育和发展新的人力资源。例如，在 2000 年 ~2001 年度，特区政府投入经常开支约 287 亿港元于基础教育及 142 亿港元于大专教育，占特区政府经常开支的 23%。职业训练局在同年度获政府拨款 21. 1 亿港元，为各行各业培训各级人才。雇员再培训局先后获特区政府注资 16 亿港元，该局目前通过 50 多家培训机构，在超过 100 家培训中心提供多项再培训课程。生产力促进局的“中小型企业中心”每年举办超过 100 个为中小企业而设的信息科技、商业管理、生产管理及品质管理课程、工作坊及研讨会。在 2000 年 ~2001 年度，生产力促进局举办了超过 1500 个训练课程，共有超过 30 000 人参加，其中大部分学员均来自中小企业。

特区政府除了培训香港人才外，还要致力吸纳世界各地方的最优秀人才，包括内地的人才，目前正在实施“输入内地专业人才计划”。特区政府已成立专责小组，检讨现行的入境政策，目的是让香港可以从世界各地，包括内地，引进香港缺乏的优秀人才，从而提高其作为制造业及服务业中心的竞争力。①

（4）推动科技应用。香港特区政府积极推动企业应用科技及向高增值产业转型。特区政府推行了多项措施，推广科技的应用及高增值的工商业活动，主要的受惠者都是中小型企业。这些措施包括：①设立 7. 5 亿港元的应用研究基金，向科技为主的公司直接提供股本资金。②1999 年推出了 50 亿港元的“创新及科技基金”，资助有助产业创新或提升技术水平的项目。③通过香港工业科技中心公司举办“企业培育计划”，为新成立的科技公司提供低成本的办公场所以及在管理、市场推广、财政、基本设施和技术方面提供协助，帮助这些公司度过最初几年的创业期。④在创新科技署设立专利申请资助计划，鼓励拥有新发明的公司及个人为其产品的知识产权做专利注册申请。每家公司或申请人的最高获资助额为 10 万港元或专利申请费用总额的 90%。

---

① 欧江波：《香港中小企业政策及启示》，《广东经济》，2002 年 11 月号。

香港特区政府很重视电子贸易为中小型企业带来的商业机会。为加强各行业认识电子贸易的好处，信息科技及广播局、信息科技署与支持机构合作，向各中小企业推广电子商务。推广工作包括：举办研讨会及以探访及电话形式向企业推广数码证书的知识及应用，确保他们掌握电子商务和信息保安的最新信息；举办大型展览、印发宣传小册子及制作宣传短片及声带，在电视台及电台播放，以推动各企业广泛应用电子商务；印制并免费派发有关信息科技及电子商贸的资料锦囊及光盘，并在有关的政府网站提供服务的信息等。生产力促进局的“数码21广场”还为企业提供最新的信息科技应用方案，包括“香港网上产品”及“香港网上工业”系统，协助生产商、供货商及零售商获取最新信息，电子数据联通的培训课程与顾问服务。为了协助中小企业应用信息科技，特区政府致力为工商企业提供完善的基础设施，包括通过“电子交易条例”为电子交易建立明确的法律架构；建立香港的公共电子核证机关为电子交易提供安全稳妥的环境；推出“公共服务电子化计划”，为产业界及市民提供商业登记、缴交政府费用等的电子公共服务，从而提高工商界的营运效率和减低运作成本，并提高其竞争力。

（5）协调拓展市场。香港是开放型的经济体系，香港市场狭小而竞争激烈。再加上全球的经济及贸易逐渐一体化，更迫切需要特区政府协助企业积极开拓外地市场。就此，香港贸易发展局不断增拨资源，加强贸易拓展活动，为港商争取更多市场机会。在这些活动当中，有不少是特别针对中小企业的需要而设的。这些措施包括：①出版名为《中小企业通讯》的月刊，向中小企业提供市场信息；②在互联网上设立“贸发局”系统，专门为中小企业介绍海外买家，搜寻政府采购合约及招商信息等；③推出《中国商情快讯》，简介内地最新的商务法规，各类经营手法及行业发展，并就个别专题邀请内地官员及专家来港介绍情况，协助中小企业了解内地商贸形势；④由中小企业服务中心提供个别咨询服务，邀请专家为中小企业解答有关融资、出口风险、内地市场法规等具体问题。

特区政府为加快中小型企业争取内地市场，财政司已经成立了一个工作小组，专门研究中国加入世贸组织可能会为港商，尤其是中小型企业带来的影响和商机。特区政府在与中央政府和有关部门的探讨中，也强调香港中小型企业对香港经济的重要性及它们的长处。其目的是为港商，包括中小型企业，提供最新的有关中国加入世贸组织的情况，以协助它们考虑如何尽快进入内地市场。①

3. 香港特区政府扶持中小企业的机构

扶持中小企业的发展是特区政府经济政策的重要组成部分。为了制定和执行符合香港实际的中小企业支持政策，香港特区政府成立了中小型企业咨询委员会，成员包括中小型企业的经营者、工商团体代表、工业支持组织及政府有关部门，负责就影响中小型企业发展的事宜向行政长官提出意见，并建议所需采取的措施。为了加强对香港中小型企业支持服务的协调及发展，工业署在2000年4月1日成立了中小型企业办公室，其目的是确保政府制定有关增强中小型企业竞争力的新政策既全面又有连贯性。

对中小型企业而言，由于本身人力上的局限，在获取信息上可能比较困难。有鉴于此，特区政府非常重视为中小型企业提供一系列服务、活动和设施，以“一站式”的概念提供有关资料。例如，工业贸易署作为特区政府服务中小企业的前线部门，设立了“中小型企业信息中心”、“中小型企业网上信息中心”等，中小企业及创业人士可以从这些信息中心获取经营不同行业所须申领的牌照资料及申请表格，各支持机构提供的中小企业支持服务和设施的资料，以及贸易伙伴关税税

① 许先国：《香港中小企业发展的政府行为分析》，《湖北社会科学》，2002年第7期。

率等资料。香港生产力促进局设立的“中小型企业中心”，则是中小企业的业务智囊网，提供免费顾问服务、专家热线咨询、业务成长方案、管理人员培训、信息科技应用及企业联系等服务，并进行中小企业调查，每三个月公布一次中小企业经营环境指数，协助中小企业主了解业界的整体经营状况，从而制订更佳的业务发展计划。香港贸易发展局设有“客户服务中心”、“商贸信息中心”及“中小企业服务站”，为中小企业提供全面而切合其需要的服务，包括商贸咨询、市场信息、业务联系、市场研讨会及工作坊等。该局的商贸信息中心藏有齐备的商贸资料，包括全球各地的市场及贸易信息。

附：中国台湾

在中国台湾，中小企业系指依法办理公司登记或商业登记，并符合下列标准的事业：制造业、营运业、矿业及土石采取业实收资本额在新台币 50 00 万元以下者，或经常雇用员工数未满 200 人者；农林渔牧业、水电燃气业、商业、运输仓储及通信业、金融保险不动产业、工商服务业、社会服务及个人服务业前一年营业额在新台币 1 亿元以下者，或经常雇用员工数 50 人以下者。

中小企业在台湾占有重要的地位。据 2000 年统计，台湾共有中小企业 107 万余家，占企业总数的 98.08%；就业人数为 740 万人，占全体就业人数的 78.06%；出口值达 576 亿美元，约占企业总出口量的 50%。甚至台湾当局也公开声称：“台湾能安然渡过亚洲金融危机就是靠台湾雄厚的中小企业实力。”台湾中小企业在促进经济发展，扩大就业，拓展对外贸易等方面起着举足轻重的作用。台湾中小企业的成功不仅得益于自身的特点和优势，而且得益于台湾当局对中小企业的辅导。

1. 中国台湾中小企业立法

台湾当局通过制定详细的法律，为中小企业发展创造了公平、合理、高效的经济环境。1982 年，台湾“经济部”制定了《辅导中小企业发展方案》，帮助中小企业向专业化方向发展。1987 年，台湾“经济部”制定了《中小企业辅导准则》，对中小企业予以各方面援助。1991 年 2 月，公布实施《中小企业发展条例》，这是辅导中小企业的法源依据。其立法宗旨是协助中小企业改善经营环境，推动相互合作，促进中小企业健康发展。1999 年初，“行政院”通过了《强化经济体质方案》，增扩中小企业发展基金，协助中小企业研发新产品和使生产合理化。①

目前，台湾形成了《中小企业发展条例》和相关法规为依托的全面服务中小企业的完整的辅导体系，从融资、租税、用地、国际市场开拓、公共工程采购、人力资源等方面对中小企业提供法律保障，协助中小企业充分利用外部所提供的资源，从而全面提高竞争力。

2. 台湾当局扶持中小企业的政策

（1）融资支持措施。中小企业由于规模小，自有资金有限，内部财务管理制度不完善，缺乏充足的担保抵押等因素，银行信誉度低，难于贷到款。资金不足已成为制约中小企业经济转型和技术提升的重要原因，为此台湾当局采取多项举措帮助中小企业融资。

①小企业专业银行。1976 年，民营台湾中小企业银行成立，这是第一家以中小企业为对象的公营专业银行，1977 年～1979 年又相继成立了 7 家区域性民营中小企业银行，成立中小企业银行

① 王丰：《台湾中小企业的辅导政策及其启示》，《经济论坛》，2004 年第 18 期。

的主要目的，是从政策上扶持中小企业发展，弥补一般商业银行偏重大企业的不足，其对中小企业的融资比例达到70%以上。台湾当局的“财政部”已将中小企业融资列为银行考核绩效与优劣之一，台湾约有33家公民银行也参与办理中小企业融资，1983年～1993年10年间对中小企业的融资比例，最低年份为34.76%，最高为41.79%。台湾当局规定，中小企业银行放贷总额中，对中小企业放贷比例不得低于70%，对大企业放贷比例不得超过总额的5%。

②中小企业信用保证基金和互助保证基金。中小企业信用保证基金成立于1974年，基金来源主要为台湾当局与有关金融机构，其功能在于协助具有发展潜力而担保品不足的中小企业获得金融机构的融资，通过分担银行承贷风险，鼓励银行向中小企业贷款，以此增加中小企业获得融资的机会，该项措施深得承贷银行与中小企业的欢迎。如1974年成立的中小企业信用保证基金，它为中小企业融资提供担保，至1998年年底，获得保证的中小企业已达10.7万家。[①]

③设立中小企业专案贷款制度。如中小企业开发基金就是为帮助中小企业实现生产自动化、管理现代化所需要的电脑设备和引进新技术，促进产业升级而资助的中长期贷款。

（2）鼓励技术创新。

①制定科技发展的宏观政策。根据《产业升级条例》，对投资自动化生产设备、研究开发等项目的中小企业在5%～20%的限度内可抵减当年所得税税额，不足以抵减的可在以后的4年内抵减。至1998年，中小企业在高科技企业中的比重除航空器及其零件占80%外，其他产业均占90%以上。

②推动企业联合，增强整体竞争力。台湾当局重视“中卫体系”（中心卫星工厂制度），规定中心工厂选定卫星工厂后要签订至少5年的合同，提供技术和资金等资助；卫星工厂按合同接受中心工厂的指导。

③建立创新育成中心。创新育成中心主要为中小企业提供新产品、新技术，培育科技型中小企业，同时改造传统产业。至1999年年底，共成立48家育成中心，进驻厂商多达300余家。

④实施“中小企业升级转型计划”。该计划的宗旨是建构技术交易市场，提供专业促成服务，推动技术事业化。至2001年，该计划建立了700多项技术供需数据库，举办了12期企业培训等。

⑤推动中小企业创新育成（孵化）支持机制。在鼓励中小企业创新发展的同时，针对一些具有创新及专业技术能力，且又有助于促进经济成长与提升产业结构的创业者，提供各项支持。例如，鼓励公民营机构设置中小企业创新育成中心；推动台南科学园区中小企业创新育成中心；推动南港软件育成中心；投资中小企业开发公司。

⑥台湾于1980年成立了新竹科学工业园区，凡是在区内投资建厂者均享受土地及财税、金融的优惠条件，其中多数为中小企业，这有力地促进了中小企业技术层次的提高和产业升级。台湾当局在已筹建了10个科学园区基础上，又规划了台湾的“新科技园区蓝图”：主要建立科学工业园区、软体工业区、科技工业区。台湾还将把各类科技园区发展为科技岛，从而继续推动科学工业园区的建设和发展。科学工业园区的发展，孵化出一批又一批高科技企业，带动了整个台湾产业的转型升级。台湾还设置了政治大学、东海大学、中山大学三区中小企业研训，设立了30多个小企业创新育成中心，辅导6万家中小企业升级转型。

（3）鼓励和引导中小企业改变经营形态。[②] 为实现台湾经济的结构调整，升级发展为资本技术

① 《台湾的中小企业政策》，《经济导刊》，2000年第2期。

② 《台湾的中小企业政策》，《经济导刊》，2000年第2期。

密集型的产业，台湾当局协助中小企业改变经营形态，以适应国际竞争的需要。

①促进中小企业的转型与产业升级。台湾地方当局相继出台了一系列政策措施，如重新修订奖励投资条款，增订了投资抵减办法，对民营企业购置全新的自动化机器设备或防污染设备，金额达新台币 60 万元以上者给予抵减所得税奖励；为鼓励生产事业扩大投资，改良生产设备，增订了放宽生产事业保留盈余限制条款等。实施策略性工业方案，在资金上为策略工业提供中长期低息贷款。1982 年，台湾根据奖励投资条例规定，指定机械工业（机械、汽车、电机）和电子信息业（电子计算机、电子零件、计算机软件）为策略工业，共提出 151 项优先开发项目。

②建立分工合作体系。面对经济结构转变，产业升级的挑战，以及来自国际不断加剧的竞争压力，鼓励企业间的合作尤其与大企业间的分工合作，被视为解决中小企业资金、技术不足及外销困境、寻求突破发展的又一项重要策略。1996 年，台湾“经济研究院”的调查资料显示，有 51.44% 的中小制造业与其他公司保持长期的合作关系。由政府介入推动的合作模式主要有：一是中心卫星工厂体系。将为数众多的中小企业（卫星厂）纳入大企业（中心厂）的产销卫星体系中，形成金字塔式的产业体系。目前中心卫星体系已有 159 个，包括 2 261 家企业，涵盖 23 个产业。其中以信息电子业的 44 个体系最大，其次为汽车业 21 个体系，机械业 19 个体系，金属加工业 14 个体系。二是策略联盟。厂商之间以策略联盟方式共同开发新产品或新技术，以降低研究成本和风险，近年来台湾岛内推动的策略联盟主要涉及高科技或资本密集产业，研究单位与产业公会主导进行联合开发。自 1993 年起，台湾当局又与跨国企业签署策略联盟，以争取世界级的跨国企业来台投资，借此与中小企业建立起合作关系，促进产业转型和技术升级。三是跨行业交流。企业通过与不同产业或行业的负责人的聚会，开展交流活动，将各行业的信息、技术、经验、人才、设备及商情与资源进行交流，以此降低中小企业技术开发信息获取成本，提供创造新事业和新商品的机会。

（4）人力资源培训。建立中小企业经营管理辅导体系，帮助中小企业培训人才。人力资源是推动经济发展的原动力。而台湾中小企业就业人数的学历构成以高中（职）以下为主。因此，中小企业要保持经济活力，必须加强中小企业人才培训。为此，台湾当局在大学设置了中小企业咨讯中心，编写中小企业培训教材；经常举办中小企业问题研讨会，帮助解决遇到的问题；在北、中、南各设一套远距离教学视讯设备，进行远距离教学，以培训中小企业的经营管理、财务会计、生产技术等专业人才。①

3. 台湾当局扶持中小企业的机构②

由于众多的中小企业在市场竞争中常处于弱势地位，客观上要求政府对它们的发展予以适当的保护。1996 年，台湾当局成立了“中小企业辅导工作小组”，1998 年改组并成立了“中小企业辅导处”。目前，台湾建立了自上而下、集中统一的中小企业辅导机构，主要包括六方面：①台湾“行政院”设立“中小企业政策审议委员会”，主要职责是对中小企业进行政策性辅导，如审议有关中小企业的议定标准、融资、税制及其他有关事项。②在“经济部”设立“中小企业处”，具体负责中小企业的辅导工作。③有关部门专门成立了为中小企业服务的机构或设立基金。④成立中小企业联合辅导中心，对融资困难的中小企业提供诊断与辅导。中小企业辅导中心成立于 1982 年，

---

① 王丰：《台湾中小企业的辅导政策及其启示》，《经济论坛》，2004 年第 18 期。

② 郑之杰，吴振国，刘学信：《中小企业法研究》，法律出版社，2002 年，第 449 页～450 页。

由省属 7 家行库共同捐助新台币 1 亿元，主要针对在省属行库申请融资遇到困难的中小企业，对其进行财务调查诊断与辅导，协助其取得融资。⑤成立中小企业银行、省属行库和工业银行。⑥各县市设立中小企业服务中心，它们为中小企业提供经营诊断、技术改进、市场销售及相关业务的服务。

（作者单位：北京大学）

3.2　欧美市场准入制度

周　雷

3.2.1　市场准入的概念[①]

市场准入（Market Access）最早出现在我国正式法律文件中是1992年的《中美市场准入谅解备忘录》。但是，“市场准入”的意义在使用的过程中却多有发展变化，其使用范围不再局限于与WTO有关的法律文件和内容，而成为一种“市场准入制度”或“市场准入机制”的简称，被广泛运用于法律界和经济学界。“市场准入”一词有两种基本含义：

其一，它是在世界贸易组织（WTO）法律框架下确立的一种特殊的国际贸易法原则，其含义基本等同于“市场自由开放”。即“贸易主体或交易对象可自由地进入某国市场”，相当于英文中的“Free market Access rule”。[②] 在这里，市场准入不仅是抽象的准许进入一国市场的原则，而且是具体的准入程度的义务。“准入”在这里体现了国家法律上的一种含义，是国家通过实施各种法律和规章制度将本国市场对外开放，并对开放程度进行宏观掌握和控制。[③]

其二，“市场准入”是指调控或规制市场主体和交易对象进入市场的有关法律规范的总称。它是政府对市场和国内经济进行调控的一种制度安排，主要涉及市场运行和管理方面的制度，属于经济法和行政法、国际经济法等领域交叉部分的课题。它既包括国内市场准入的内容，也包括一国对外市场准入的内容，其最终目的是要实现一国市场的健康稳定发展。

综上所述，“市场准入”是准许进入市场的范围和程度，“市场准入制度”是指规制市场主体和交易对象进入市场的有关法律规范的总称。

3.2.2　北美市场准入制度

3.2.2.1　概述

北美自由贸易区（NAFTA）由美国、加拿大和墨西哥三国组成，三国于1992年8月12日就《北美自由贸易协定》达成一致意见，并于同年12月17日由三国领导人分别在各自国家正式签

① 侯茜：《WTO市场准入制度》，《商业研究》，2004/16。

② 详见GATT《临时适用议定书》第1条（B）款：（各缔约方）在最大限度地与现行立法不相抵触的条件下，临时适用本议定书（GATT）第二部分实体法规则。

③ 即weak law，指这样一种规则，因缺乏监狱、警察、军队等强制手段，而其遵守和义务的履行在很大程度上要靠道义维持或舆论压力。

署。1994 年 1 月 1 日协定正式生效，北美自由贸易区宣布成立。

为了自由贸易区内的贸易更加顺利的进行，美国、加拿大、墨西哥在市场准入、技术标准等方面进行了协调。在北美，UL 与墨西哥国家电子部标准化、认证协会和加拿大标准协会（CSA）合作发行出版了北美协调化标准。

另外，统一产品合格评定程序和产品认证标志也是消除贸易屏障的重要举措。为此，美加在产品技术标准充分协调的基础上，推出了以美国 UL 标志和加拿大 CSA 标志为基础的联合认证标志。同时，UL 也是唯一与墨西哥认证机构签约以帮助厂商获得墨西哥认证标志的国际认证机构。

3.2.2.2 技术法规要求①

美国、加拿大和墨西哥在产品市场准入中均没有采用法规形式的强制性规定，在美国和加拿大，由各个州/省对产品的合格评定要求作出具体规定。另外，一些联邦或地方的管理机构如 FCC 等也可以就产品某一方面的技术要求作出规定。这些规定要求主要集中在产品的安全和电磁兼容性能上。在能耗方面，美国主要有以下几种措施：①加利福尼亚州将能源之星标准定为强制性最低标准；②电力公司对节能产品提供补贴；③2001 年 7 月，美国颁布 13221 号总统令，要求联邦政府采购待机能耗 1W 或以下的产品。

（1）标准要求。

①电气安全。美国 UL 有着一百多年的历史，经过多年在基础安全领域内的研究与实际应用，UL 标准无论是基础安全标准还是专业产品安全标准均已形成了自己的标准体系，与国际电工委员会 IEC 安全标准体系一样并称为目前国际上最具权威性的两大标准体系之一。但是，随着近年来国际贸易全球化的趋势不断发展，UL 标准也“与时俱进”，逐步向国际标准靠拢。尤其是在计算机类信息技术安全标准上，UL 不仅加入了 IECCB 体系下的信息技术设备的 CB 实验室，而且，还将该类产品的 UL 标准与 IEC 标准进行了协调，协调后的 UL 信息技术设备安全标准为 UL1950（基于 IEC60950 第 2 版）/UL60950（基于 IEC60950 第 3 版）；协调后的 UL 音视频产品安全标准为 UL6500（基于 IEC60065 第 6 版）。

对于计算机类信息技术产品的电气安全要求，目前美国与加拿大采用了单一的双重国家标准，CAN/CSA C22.2No.60950/UL60950 第 3 版，该标准是基于 IEC60950 第 3 版加入国家偏离后编写而成。该标准与国际标准（IEC 标准）的偏离主要是根据美国国家电气法规（National Electrical Code——NEC）和加拿大电气法规（Canadian Electrical Code——CEC）以及建筑安装要求等其他规定而形成的。

加拿大关于音视频产品的安全标准为 CAN/CSA－E60065－99，该标准修改采用了 IEC60065：1998（第 6 版），与 UL 标准一样，加拿大 CSA 标准也与 IEC 标准有较多的偏离。

②电磁兼容。与其他国家相比，美国的 EMC② 标准具有相对的独立性。IT 设备和音视频设备具体的测量布置和测量步骤均由 FCC CFR 47：Part 15 所引用的美标 ANSI C63.4 规定。但为了与国际标准尽可能地一致，美国修改了它的 FCC CFR 47：Part 15 法规，使其对数字设备的发射要求更接近 CISPR 标准。如在 1000MHz 以下，数字设备的电磁发射测量直接引用了 CISPR 22 的规定，而 1000MHz 以上还是保留了 Part 15 规定的限值，但允许以 CISPR 22 中规定的测量距离来进行测量。

---

① 北美及下文欧盟的技术法规要求，来自国际标准化信息网 http：//www.ies.cesi.cn/。

② EMC 是 Electro Magnetic Compatibility 的缩写，即电磁兼容。在我国，CCC 认证标志后带 EMC 字母的才表示电磁兼容认证。

ANSI C63.4 与 CISPR 13，CISPR 16－1 和 CISPR 22 部分等效，该标准规定了有意和无意发射器产生的射频信号和噪声的测量方法，辐射和交流电源线传导噪声的测量方法，针对某一特定设备（如 IT 和音视频设备）未规定限值。

（2）认证标志。

①美国 UL 标志。UL 是英文保险商试验室（Underwriter Laboratories Inc.）的缩写。UL 安全试验室是美国最有权威的，也是世界上从事安全试验和鉴定的较大的民间机构。它是一个独立的、非营利的、为公共安全做试验的专业机构。UL 始建于 1894 年，初始阶段 UL 主要靠防火保险部门提供资金维持运作，直到 1916 年，UL 才完全自立。经过近百年的发展，UL 已成为具有世界知名度的认证机构，其自身具有一整套严密的组织管理体制、标准开发和产品认证程序。UL 标志是证明产品符合美国安全规定的广受认可的标志。该标志也为加拿大各省及地区官方认可。申请 UL 标志包括五个步骤：

A. 申请人递交有关公司及产品资料，认证工程师审查提供的产品资料，作出样品数量、时间、费用估算的初步判定；

B. 申请公司汇款、寄申请表及样品；

C. 产品检测；

D. 首次工厂审查；

E. 申请人签署跟踪检验协议，获得授权使用 UL 标志。

②加拿大 CSA 标志。CSA 是加拿大标准协会（Canadian Standards Association）的简称，成立于 1919 年，是加拿大首家专业制定工业标准的非营利性机构。目前，CSA 是加拿大最大的安全认证机构，也是世界上最著名的安全认证机构之一。它能对机械、建材、电器、电脑设备、办公设备、环保、医疗防火安全、运动及娱乐等方面的所有类型的产品提供安全认证。

经 CSA 国际测试和认证的产品，被确定为完全符合标准规定，可以销往美国和加拿大两国市场。申请 CSA 认证与申请 UL 认证的程序类似，主要有以下步骤：

A. 将初步申请表填妥，连同一切有关产品（包括全部电器部件和塑胶材料）的说明书和技术数据一并交给 CSA；

B. CSA 将根据产品的具体情况确定认证费用，经申请公司确认后，将寄上正式申请表和通知书；

C. 指定实验室将依时进行认证检测工作；

D. 认证测试完毕之后，将会发给申请公司一份初步报告书，在对申请公司的答复进行评估后，CSA 将会编写一份用作产品生产参考和跟踪检验用的认证报告；

E. 首次工厂评估；

F. 发一份合格证书授权申请公司在其产品上加上 CSA 的认证标志；

G. 申请公司要和 CSA 签订一份服务协议，以表示双方同意 CSA 到工厂做产品跟踪检验。

③美国 FCC 标志。FCC（Federal Communications Commission，美国联邦通讯委员会）于 1934 年由 COMMUNICATIONACT 建立，是美国政府的一个独立机构，直接对国会负责。联邦通讯委员会（FCC）管理进口和使用无线电频率装置，包括电脑、传真机、电子装置、无线电接收和传输设备、无线电遥控玩具、电话、个人电脑以及其他可能伤害人身安全的产品。这些产品如果想出口到美国，必须通过由政府授权的实验室根据 FCC 技术标准来进行的检测和批准。进口商和海关代理人要申报每个无线电频率装置符合 FCC 标准，即 FCC 许可证。

根据美国联邦通讯法规相关部分（CFR 47 部分）中规定，凡进入美国的电子类产品都需要进行电磁兼容认证（一些有关条款特别规定的产品除外），其中比较常见的认证方式有三种：认证、符合性宣告、确认。这三种产品的认证方式和程序有较大的差异，不同的产品可选择的认证方式在 FCC 中有相关的规定。

以不同的认证方式通过认证所获得的认证标志不同。每种认证方式均有三种不同的标志：第一类 DoC 标志，主要适用于 B 类 IT 设备；第二类认证标志除了适用于第一类标志适用的产品外，还适用于音视频设备。这类标志没有图案，只有字母和 FCC 标志；第三类为适用于其他产品的确认标志，无须 FCC 签发文件。

3.2.2.3 美国市场标准更新①

美国是标准化强国之一，标准更新及制定修订周期较短，截至 2005 年 3 月，由于技术进步等原因，美国市场准入措施发生了一定的变化，现将其中的重要内容提示如下，供相关企业和行业参考：

（1）家用和类似家用电器。受 IEC②60335 -2《家用和类似用途电器第 2 部分：安全》系列标准修订的影响，洗碗机、固定烹调炉灶、灶架、烘箱，商用电烹饪灶、商用烘箱、商用炉架和炉架元件，冷藏箱、冰激凌机和制冰机，这些产品的安全性能要求有所改变。

（2）低压开关设备和控制设备。受 IEC 60947 -5《低压开关设备和控制设备第 5 部分：控制电路器件和切换元件》系列标准修订的影响，对电路控制器件和开关元件的要求有所改变。

（3）水果和蔬菜。美国于 2005 年 1 月 17 日公布了两项关于修改噻嗪酮（Bruprofezin）、残留限量的法规。法规分别对以下农产品内或表面的杀虫剂噻嗪酮制定了限量标准：莴苣（包括莴苣头和莴苣叶）；蔬菜用葫芦；柑橘（包括柑橘的干果肉和柑橘油）。

（4）食品和药物。2005 年 1 月 6 日，美国食品和药物管理局（FDA）宣布：大众消费食品和动物食物的制造商、供应商都必须记录其产品的来源和流向，以便食品和药物管理局追踪食品的连锁污染来源。

3.2.3 欧洲市场准入制度

欧洲是世界三大市场之一，拥有 3.7 亿之众的消费者，它不仅包含了由法国、英国、德国和意大利等 15 个国家组成的欧盟，而且还包含了冰岛、列支敦士登和挪威三个国家在内的欧洲经济区域（EEA③）。此外，还有大约 11 个中欧和东欧国家如捷克和波兰等，将会成为欧盟的成员国，这些国家也正在迅速地采用欧盟的法律、标准、合格评定程序和加贴 CE 标志。

因此，欧洲这样一个不断发展、非常有价值的市场，它的标准化活动对世界贸易有着直接的影响，对于出口商和企业来讲，了解它的标准化体系和合格评定机制是非常有必要的。

3.2.3.1 欧洲标准化体制介绍④

在欧盟组成之前，每个国家都有自己的技术要求，不同的标准和合格评定程序只能使得出口商

---

① 上海标准化信息服务网 http：//www. cnsis. info/，6 月 10 日更新，白冰编辑整理。

② IEC 即国际电工委员会（International Electrical Commission），是由各国电工委员会组成的世界性标准化组织，其目的是为了促进世界电工电子领域的标准化。1906 年成立，是世界上最早的标准化国际机构。

③ EEA 即为 The European Economic Area 。

④ 李海波：《欧洲市场准入研究》，《海外纵横》，2003 年第 1 期，第 75 页 ~78 页。

进入一两个国家。随着欧盟的形成，欧洲作为一个整体市场使得它对技术的要求简化了，欧洲标准、欧洲合作评定方法和欧洲指令构成了欧洲统一大市场的三大支柱。

（1）欧盟指令。欧盟指令是指欧盟议会有关产品基本要求、检验和合格评定程序方面的法律条文。这些基本要求对保护公共利益所必须达到的基本要求，特别是保护用户的健康和安全、动植物的安全和环境的基本要求作出了规定。欧共体要求各成员国将这些指令列入规定的法律，而且进入欧洲的产品必须符合这些指令的基本要求。到目前为止，欧盟已公布了 300 多个指令，大致分为基本指令（如通用产品安全指令、缺陷产品的责任、CE 标志规则和符合性评估）、通用指令（如低电压电气设备指令、电磁兼容指令）、特定产品指令（如玩具指令、建筑产品指令等）。

需要注意的是：指令中的基本要求规定了要达到的结果或涉及的危险程度，但并没有指明或预测技术解决方案，这种灵活性给制造商提供了自由选择满足基本要求的方法，使制造商充分选择适合技术进步的材料或产品进行设计。

（2）欧洲标准。符合指令基本要求的具体条款与标准即协调标准，是按欧盟委员会的要求，由欧洲各标准化组织［欧洲标准化委员会（CEN）、欧洲电工技术标准化委员会（CENELEC）和欧洲电信标准学会（ETSI）］制定的，成员国必须将其转化为本国国家标准，这一点是强制的，但欧洲协调标准的采用是自愿的。

从技术上来讲，制造商可以采用协调标准，也可以选择非协调标准（如美国的国家标准）而符合指令的基本要求。当采用非协调标准时，对制造商就会有额外的附加责任，如制造商必须提供技术证明和通过第三方认证机构的参与。

（3）合格评定方法。欧盟理事会 1985 年批准的《技术协调和标准化新方法》决议中要求："所有指令都必须符合所有合格评定政策。"其目的不仅要消除成员国之间的贸易技术壁垒，同时还要提高投放市场产品的质量。而合格评定程序则是保证产品质量的重要手段。

合格评定可细分为八种基本模式及其变型模式：即 A——生产内部控制、B——EC 型式检验、C——符合型式要求、D——生产质量保证、E——产品质量保证、F——产品验证、G——单件验证及 H——完全质量保证。这些模式涉及产品的设计阶段和生产阶段。每个指令中都给制造商提供了两或三种可供选择的模式。制造商如果自我声明可采用模式 A，则模式 B 和模式 C、D、E、F 呈可选择性配对的关系。注意在选择模式 H、D、E 时，企业必须建立相应的质量保证体系。

（4）CE 标志。CE 标志是进入欧洲市场的通行证。指令中规定符合指令要求的且加贴 CE 标志的所有产品必须加贴这一标志。所有制造商，无论是欧洲、美国、日本或其他国家，在新方法指令范围中的产品必须加贴 CE 标志，加贴 CE 标志的产品表明产品符合指令的健康和安全的要求。同时各成员国有义务采取措施保护 CE 标志，不得阻碍加贴 CE 标志的产品进入市场，除非有证据能表明它不符合要求。

3.2.3.2　产品进入欧洲市场应符合的要求

（1）确定产品所适用的指令。制造商首先要确定产品符合一个还是几个指令。如机械明显的符合机械安全指令，但机械要有电力供电，必须符合低电压指令的要求，由于电类产品涉及电磁干扰的危险，所以，它要符合电磁兼容指令的要求，如果这个机械设备中包含了压力容器，那它还必须符合简单压力容器指令。

（2）应用合适的标准。欧盟不要求进口的产品一定要按欧盟的标准生产，只要产品符合欧盟技术法规附件中对该产品制定的基本要求就可以进入欧盟市场。但在这种情况下（包括未采用或部分采用欧洲标准及尚无有此标准)，该装置一旦投放市场，制造商或其在共同体内的授权代表应立即向成员国主管部门提交技术文件对该装置进行说明，并阐明为保证该装置符合所适用指令的保护要求所使用的程序，还应包括第三方机构签发的技术报告和证书。

(3) 确定产品的风险级别。针对产品的使用环境和使用范围（正常或非正常使用状况下可能出现的情况）及产品的安装、维护等进行风险分析，以便在产品设计和制造时采取相应的防护手段。风险分析可参考的欧洲协调标准是 EN 1050、EN 1441D 等。

(4) 选择合适的合格评定方法。

①自我声明：新方法指令中的大部分产品可以由制造商自我声明而不需要第三方的介入，为了自我保证，制造商必须评定产品符合指令的要求和所应用的标准（即有关的技术文件)，这样就可以在产品上加贴 CE 标志，这就是模式 A。这种情况一般适用于没有危险的或危险系数很低的产品。

②一些有危险的产品不能自我声明，如一些医疗设备必须要有欧盟指定机构进行 EC 型式检查，通过这些机构的检验，制造商可依据这些机构出具的合格证明，在产品上加贴 CE 标志。

(5) 认证程序。

①样品检验。

②准备技术文件（产品说明书、安全涉及文件、产品技术条件或标准说明、产品线路图、产品测试报告或型式认可证书）——是合格评定活动的文件化表述形式，是进入欧盟海关时必须出具的材料，它是表明产品符合指令基本要求的详细技术报告。这个技术文件由制造商提供，旨在提供产品有关设计、生产和使用的信息。

③质量保证体系的建立和审核——当涉及模式 D、E、F、H 时，要建立相应的质量保证体系。

④签署符合性声明（涉及法律责任的问题)。

⑤加贴 CE 标志。

3.2.3.3 注意事项

(1) CE 标志适用于欧盟内外的新产品，以及从第三国进口到欧盟的二手设备，设备中涉及安全的主要部件要加贴 CE 标志。

(2) 贴有 CE 标志的产品并不一定是按照欧洲的标准来生产的，只代表该产品符合欧盟指令的要求。

(3) 在欧盟，并不是所有的产品都要求加贴 CE 标志，只有当有相应的指令要求，并且在该指令生效后才能实施，没有指令覆盖的产品是不能加贴 CE 标志，否则弄巧成拙，反倒出不去。

(4) CE 标志只适用于整机，而不适用于元器件。

(5) CE 标志与制造商和欧洲境内的授权代理机构。授权代理机构是由制造商指定的，代表制造商负责处理与 CE 标志有关事宜。授权机构的职能不同于进口商和批发商，授权代理机构在欧盟有一个即可，而进口商和批发商可以有若干。

欧盟法律要求非欧盟国家的产品必须在包装上/产品铭牌上说明授权代理机构名称、地址和联系方式，以便随时就有关 CE 标志的产品的问题与授权代理机构联系。

其他类产品如果在欧盟没有制造商和代理商，则由当地的进口商承担责任。

(6) 欧盟的市场监督。欧盟的产品安全基础指令约束每一个成员国采取法律、法规手段和管理措施确保投放到市场上的产品是安全的。每个国家可以自己的方式进行管理。通常市场监督活动包含两项内容：即由成员国的主管当局监督投放市场的产品，检查这些产品是否符合所适用的新方法指令中相关条款的要求和采取必要的措施（如：在正常的情况下参观商业、工业或贮货仓库，组织随机的检查，抽取样品并对产品进行检查和测试等）。多数国家是派人员到市场对产品贯彻指令情况进行监察，以及对投诉进行调查；也采用问题产品退回制度和经济惩罚制度。以英国为例，对违反 CE 标志所采取的惩罚措施有：扣留、罚没；5000 英镑罚款；3 个月监禁；撤出市场或回收所有在用的产品；追究刑事责任；通报欧盟使产品在整个欧洲市场消失。欧盟法律要求进口商对其进口的产品，包括为其雇员提供的工作机械和设施承担责任。其结果是，无论商业利益是多么吸引人，欧盟的进口商都不会冒承担法律责任的风险而进口不符合指令（无 CE 标志）的产品。

此外，为使市场监督工作更有效地运作，欧盟还采取了大量的、行之有效的办法，诸如为消费品建立信息快速交换系统、为医疗设备建立警戒系统、为收集伤害数据建立数据收集和信息交换系统。

3.2.3.4 CE 标志认证

CE 标志证明符合欧盟指令的要求；

CE 标志为欧盟市场准入强制要求；

CE 标志不要求必须由第三方进行认证；

CE 标志为自我声明原则（制造商采取用自我声明时必须要有技术文件的支持），个别产品除外；

CE 标志不需进行工厂审查或质量体系审核；

CE 标志可由制造商根据指令的规定自己印制和加贴，但是一定要注意，如果指定机构参与了产品的生产阶段，一定要将指定机构的识别代码加贴在 CE 标志旁；

CE 标志的使用由市场监督方式进行控制管理。

3.2.3.5 欧盟市场准入制度的发展

在 2006 年 11 月 6 日于成都召开的“第 5 届中国欧盟商会——亚洲投资论坛”上，欧洲委员会贸易总司市场准入与出口贸易司司长艾米海特（Pierre Amilhat）表示，一份新的关于欧盟市场准入策略的政策文件，将在 2007 年上半年发布（见表 1）。

欧洲委员会有关“欧洲全球化”的政策文件核心内容是拒绝在欧洲实行保护主义，并且积极开放对外市场。欧洲将从“帮助欧洲出口商解决海外贸易壁垒”、“帮助发展中国家进入欧盟市场”两个主要政策方向上，积极维护和加大开放程度。

欧洲委员会已经努力为贸易政策制定竞争力日程安排。这些计划是：对中国进行贸易的新策略；保护知识产权，确定欧洲优先展开工作和合作的国家；实施市场准入的新策略。

欧洲委员会欧洲援助合作办公室亚洲总运营主管皮凯特（Vincent Piket）表示，欧洲委员会、欧洲议会和欧洲理事会正在考虑决定一个新的亚洲发展合作项目的细节，他所领导的亚洲分部专门召开了 4 个专题研讨会，听取亚洲投资项目参与者关于创建合作伙伴关系项目。

欧盟将专注于欧盟出口至第三国市场的准入制度，并且建立出口欧盟的服务平台，“帮助发展中国家的出口商从我们的特惠贸易项目中获益”，“推动欧盟与亚洲中小企业的一体化”。

表 1 欧盟 2006 年 9 月发布的最新标准

标准号	英文标题	中文标题	技术机构	出版日期
EN 61747 – 3：2006	Liquid crystal display devices – Part 3：Liquid crystal diplay（LCD）cells – Sectional specification	液晶显示器——第 3 部分：液晶显示器（LCD）电池——分规范	CLC/SR 110	2006 – 09 – 29
EN 60335 – 2 – 14：2006	Household and similar electrical appliances – Safety – Part 2 – 14：Particular requirements for kitchen machines	家用和类似电器——安全性——第 2 ~ 14 部分：炊饮机专门要求	CLC/TC 61	2006 – 09 – 29
EN 61189 – 5：2006	Test methods for electrical materials, interconnection structures and assemblies – Part 5：Test methods for printed board assemblies	电子材料、互连结构和组装件——第 5 部分：印制板组装件试验方法	CLC/SR 91	2006 – 09 – 29
EN 55022：2006	Information technology equipment – Radio disturbance characteristics – Limits and methods of measurement	信息技术设备——无线电干扰特性——测量范围和方法	CLC/TC 210	2006 – 09 – 29
EN 60335 – 2 – 102：2006	Household and similar electrical appliances – Safety – Part 2 – 102：Particular requirements for gas, oil and solid – fuel burning appliances having electrical connections	家用和类似电器——安全性——第 2 ~ 102 部分：有电连接的煤气、油和固体燃料燃烧器专门要求	CLC/TC 61	2006 – 09 – 29
EN 61189 – 2：2006	Test methods for electrical materials, printed boards and other interconnection structures and assemblies – Part 2：Test methods for materials for interconnection structures	电子材料、印制板和其他互连结构和组装件的实验方法——第 2 部分：互连结构试验方法	CLC/SR 91	2006 – 09 – 29
EN 60335 – 2 – 25：2002/A2：2006	Household and similar electrical appliances – Safety – Part 2 – 25：Particular requirements for microwave ovens, including combination microwave ovens	家用和类似电器——安全性——第 2 ~ 25 部分：包括微波炉化合物的微波炉专门要求	CLC/TC 61	2006 – 09 – 29
EN 60318 – 5：2006	Electroacoustics – Simulators of human head and ear – Part 5：2 cm^3 coupler for the measurement of hearing aids and earphones coupled to the ear by means of ear inserts	电声学——人体头部和耳朵模拟器——第 5 部分：借助耳塞测量连接到耳朵的助听器和耳机的 2cm^3 耦合器	CLC/SR 29	2006 – 09 – 29

续表

标准号	英文标题	中文标题	技术机构	出版日期
EN 62384：2006	DC or AC supplied electronic control gear for LED modules – Performance requirements	LED 模块的 DC 或 AC 供电控制——性能要求	CLC/TC 34Z	2006 – 09 – 27
EN 62395 – 1：2006	Electrical resistance trace heating systems for industrial and commercial applications – Part 1：General and testing requirements	工业和商用电阻微加热系统——第 1 部分：总则和试验要求	CLC/SR 27	2006 – 09 – 22
EN 60519 – 2：2006	Safety in electroheat installations – Part 2：Particular requirements for resistance heating equipment	电加热中的安全性——第 2 部分：电阻加热设备专门要求	CLC/SR 27	2006 – 09 – 22
EN 60519 – 4：2006	Safety in electroheat installations – Part 4：Particular requirements for arc furnace installations	电加热中的安全性——第 4 部分：电弧炉的专门要求	CLC/SR 27	2006 – 09 – 22

来源：CENELEC；翻译整理：中国电子技术标准化研究所　童晓明

3.2.4　贸易新壁垒[①]

所谓国际贸易新壁垒是指以技术壁垒为核心，以保护人类健康和劳动者权利、保护自然环境、减少对动植物的危害为借口，以保护国内市场为目的而设置的所有阻碍国际商品自由流动的新型非关税壁垒。国际贸易新壁垒与传统贸易壁垒的根本区别是：传统贸易壁垒是从商品数量和价格上限制，更多地体现在商业利益上，大多数是采取边境措施；新贸易壁垒则着眼于商品数量和价格以外的东西，更多地考虑商品对于人类健康安全以及环境的影响，体现的是社会利益，所采取的措施主要是国内政策和法规，更加难以突破。目前，国际上新出现的贸易壁垒形式有很多种。

3.2.4.1　技术性贸易壁垒（TBT）[②]

技术性质易壁垒是非关税壁垒的重要组成部分。WTO 有关技术性贸易壁垒协议中并没有给出明确的定义，一般认为，技术性贸易壁垒是指一国以维护国家安全或保障人类健康和安全，保护动植物的生命及健康、保护生态环境、或防止欺诈行为、保证产品质量等为由而采取的一些强制性或非强制性的技术性措施，如技术法规和标准、合格评定程序、产品检验检疫、包装标签要求等，这些措施主观或客观地成为限制外国商品自由进入的壁垒。进口国通常通过颁布法律、条例、规定，建立技术标准、认证制度、检验检疫制度等方式制定对外国进口商品的技术、卫生检疫、商品包装和标签等措施，这些措施会形成对进口产品的贸易壁垒，从而提高进口产品要求，增加进口难度。

技术性贸易壁垒主要有以下几种：技术法规；标准；合格评定程序；绿色贸易壁垒；信息技术

① 吴汉嵩：《国际贸易新壁垒及其应对》，《商业时代》，2006 年第 29 期，第 29 页 ~ 30 页。

② 刘胡纲：《比反倾销更可怕的“技术壁垒”》，《中国经贸》，2003 年第 5 期。

壁垒。

3.2.4.2 绿色或生态标准壁垒

20世纪90年代以来，随着环境保护运动在全世界的兴起，出现了一种新的非关税壁垒——绿色贸易壁垒。它是进口国以保护自然环境、生态资源以及人类和动植物的健康为由，制定一系列苛刻的环境标准对来自外国的产品或服务加以限制。其实质是利用环境保护措施来进行贸易保护。它的名目繁多，包括绿色技术标准、绿色环保标志、绿色关税、绿色卫生检疫制度、绿色包装制度等，且隐蔽性很强，成为国际贸易保护主义又一突出的特征，给国际贸易的发展造成很大的影响，对发展中国家出口的影响尤为显著。因为目前许多发达国家制定的某些保护标准过分苛刻，其限制多为发展中国家的主要出口产品，如初级产品、粗加工产品和劳动密集型产品等。像欧共体1992年5月正式实施的"生态标签"制度，优选的26种产品主要是发展中国家具有比较优势的纺织品、纸制品、鞋类等产品。

3.2.4.3 社会壁垒

社会贸易壁垒是指以劳动者劳动环境和生存权利为借口，而采取的贸易保护措施。社会壁垒的核心是劳工标准问题，它是由各种国际公约的社会条款构成，而社会条款并不是单独的法律文件，而是由国际公约各种有关社会保障、劳动者待遇、劳动权利、劳动技术标准等条款构成的，它与公民权利和政治权利相辅相成。发展中国家的产品因劳动报酬低廉，工作条件简陋，将是社会壁垒最大受害者。我国有些中小企业的生产条件很差，受社会壁垒影响很大，如农产品、纺织品、轻工产品等劳动密集型产品。

3.2.4.4 道德壁垒①

道德壁垒也称动物福利壁垒。动物福利是指为了使动物能够康乐而采取的一系列行为或措施，给动物提供各种舒适的外部条件。目前，许多发达国家已开始对动物福利进行立法，要求保证动物享有不受饥饿，生活舒适，避免肉体疼痛和精神恐惧以及享有表达天性等方面的自由权利。如2003年1月，欧盟理事会明确提出，欧盟成员在进口第三国动物产品之前，应将动物福利作为考虑的一个因素。由于WTO在规制技术性贸易壁垒方面发挥了很大作用，世界各国为了突破外国的技术壁垒，不断提高科技水平，加深产品的技术含量，使技术壁垒对国际贸易的限制作用有所减弱。道德壁垒具有成本低、操作容易的特点，可能成为未来限制农产品贸易特别是禽畜产品贸易的主要壁垒。如果进口动物不符合这些福利标准，就被拒绝进口。一个典型的例子是乌克兰向法国出口活猪受阻，几位乌克兰农场主根据合同，向法国出口活猪，经过60多个小时的长距离运输后，猪被法国有关部门拒之门外。原因是：乌克兰农场主在长途运输中没有考虑活猪的福利问题，即这批活猪没有按照法国有关动物福利法规在途中得到充分休息，因违反动物福利法而被拒绝入境。

3.2.4.5 物种壁垒

物种壁垒主要是来自2004年4月日本开始实施的《种苗法修正案》的一些规定。该《修正案》规定了种苗品种登记制度，即对于培育开发的新品种，在向日本政府"农林水产省水产局种

① 翁鸣：《不可低估的道德壁垒》，《国际贸易》，2003年。

苗课”申请登记，并经审查确认后，即可获得相当于工业产品专利权的“培育者权利”，并受到政府的保护。尽管日本的《种苗法修正案》不是直接针对从我国进口的农产品，但该法案对我国农产品出口日本影响极大。因为日本是我国农产品出口的主要市场，在我国出口的蔬菜中，不少种苗是从日本直接引进或由日本品种改良而来的。近几年来，日本不少企业向我国提供种子、资金、技术等，利用我国廉价的劳动力和土地生产各种蔬菜和食用菌，然后销往日本。《种苗法修正案》实质上是一种主要针对农产品的新贸易壁垒，对农产品贸易将造成很大影响。目前，世界上不少国家效仿日本的做法，以保护知识产权为借口，设置了更加复杂的新贸易壁垒。

3. 2. 4. 6 舆论壁垒

舆论壁垒或传媒壁垒，也是近几年兴起的一种“软贸易壁垒”，是指由于信息的不对称或传媒有意的负面宣传报道，贬低竞争对手的产品，使竞争对手及其产品声誉受损，从而达到削弱竞争对手产品竞争力或阻拦外国产品流入以保护本国市场的目的。这种贸易壁垒对出口国的伤害甚至超过其他贸易壁垒。实际上，技术壁垒、绿色壁垒和社会壁垒等都是可克服的贸易壁垒，如通过对产品采取一定技术措施，可以消除或减轻这些壁垒的影响。但舆论壁垒是一种难以消除的新贸易壁垒，它影响范围广，时间长，可造成竞争对手的产品完全失去市场，而且出口国往往“欲诉无门”。我国产品出口受其影响越来越大，造成严重损失，如 2003 年日本通过各种媒体大肆宣传中国蔬菜农药残留超标，结果日本主要超市宣布暂停对中国蔬菜乃至所有中国农产品的采购。又如 2004 年，越南河内市媒体有意在报纸宣传报道中国果菜产品农药残留不合格，水果有“毒”，使我国果菜产品几乎无人问津，无法在越南市场立足。

3. 2. 5 美、日、欧食品安全壁垒对我国食品出口的影响

食品安全壁垒是绿色壁垒的组成部分，因而也是技术贸易壁垒的组成部分。据调查，对我国实施食品安全壁垒最多的国家是欧盟、美国、日本，几乎占 95% 以上，其中欧盟占 41%，日本占 30%，美国占 24%。

3. 2. 5. 1 发达国家实施食品安全壁垒的主要表现

（1）繁琐的检验检疫制度与程序。

①美国。美国农业部所属的“食品安全检验署”（FSIS）和卫生部所属的“食品及药物管理局”（FDA）负责进口食品的检验检疫工作。FSIS 负责检验检疫进口的肉、禽和大多数蛋产品，其他食品的进口则由 FDA 负责检验。FSIS 使用包括文书审查、现场稽查、到岸再检验三项措施来保障进口肉、禽、蛋产品的安全。所有打算向美国出口肉、禽、蛋产品的公司必须向已经获得出口资格的本国政府提出申请，由该国政府审核其资格，该国政府必须保证已经获得出口资格的公司能够满足 FSIS 的进口要求。

FDA 采取“企业注册”、“进口预报”和“到岸检验”三项措施来保障进口食品的安全性。美国要求所有对美出口的外国食品及饲料生产、加工、包装、仓储企业必须在 FDA 进行登记注册，并建立和保持能够确定食品来源和去向的记录。未登记的外国食品及饲料将在入境港口遭到扣留。而且，所有食品、饲料的进口必须提前通报。进口食品到岸后要经过 FDA 的抽检。如果抽检不合格，则进入行政扣留程序。

②欧盟。欧盟将食品分为三类，实行不同的进口管理制度。对“动物产品和动物源产品”的进口管理与美国类似，出口国及其公司必须获得资格认定。动物产品进入欧盟前必须接受边境检查站的检查，如果检查过程中出现问题，边境检查站将对此后来自该产地的货物实行更为严格的检查。对“非动物源产品”，设在欧盟各国边境检查站将对其进行抽查，而且进入欧盟领土之后在销售和其他环节都有可能再被检查。对“动植物合成产品”，欧盟要求必须确保该产品所含经过加工的动物源产品成分符合动物源产品卫生要求，并且能够提供相关证明。

③日本。日本对所有进口食品必须通过厚生劳动省管辖的食品检疫所（全国有32个检疫所）的检查和海关手续之后才能够进入日本国内市场流通。其中新鲜蔬菜、水果、谷物、大豆等和畜产品，先要经过农林水产省管辖的植物检疫所和动物检疫所的检疫，不合格的将被拒收或销毁，合格的才可以进入市场。这种多部门重复检验的制度会延长检验检疫时间，增加检验检疫费用，降低进口食品的竞争力。日本对进口食品的行政性检查包括“监测检查”和“命令检查”。“监测检查”是对一般进口食品进行的一种日常抽检，“命令检查”则是强制性逐批进行100%的检验。如果来自同一制造商或加工商的进口食品在以往“监测检查”中发现一次违规，则抽检率提高50%，发现第二次违规则启动命令检查。某种食品一旦列入“命令检查”，实际上就等于禁止该食品的进口。[①]

（2）苛刻的质量安全标准。世贸组织的“实施卫生与植物卫生措施协定”（SPS协定）要求，“各成员的卫生与植物卫生措施应根据现有的国际标准、指南或建议制定，不得构成在情形相同的成员之间进行任意或不合理歧视的手段，或构成对国际贸易的变相限制”。这体现了世贸组织的公平性和非歧视原则，也是广大发展中国家的共同愿望。然而，SPS协定同时规定，如存在科学理由，“各成员可采用或维持比根据有关国际标准、指南或建议制定的措施所可能达到的保护水平更高的卫生与植物卫生措施”。这为发达国家实施食品安全壁垒埋下了伏笔。

在世界食品贸易中，制定苛刻的农药（兽药）最高残留限量标准（MBL）是发达国家实施食品安全壁垒的主要手段。欧盟至2003年年底仅对农药就发布过37个MBL的指令，制定了194种农药在190种食品共28 689项农药MBL标准；2006年1月1日起又对没有设定限量标准的执行“默认标准”（0.01mg/kg）。日本从2006年6月起施行“肯定列表制度”，[②] 该制度禁止使用15种农药、兽药，对797种农药、兽药及饲料添加剂设定了53 862个残留限量标准；对没有设定限量标准的执行“一律标准”（0.01mg/kg）。例如，我国制定的“百菌清”农药在蔬菜中残留限量是1mg/kg，虽然与国际标准（对胡萝卜）一致，但仍然不能满足欧盟和日本的进口要求。

3.2.5.2 对我国食品出口的影响[③]

发达国家食品安全壁垒对我国农产品及食品的出口造成很大影响。据商务部调查显示，我国有90%的农业及食品出口企业受到国外技术性贸易壁垒的影响，每年造成的损失约90亿美元。出口受阻的产品从蔬菜、水果、茶叶、蜂蜜，扩展到畜产品和水产品，其中欧盟对我国出口冻虾、水产品、茶叶、禽肉、果汁等产品设限，美国对我国出口禽肉、水产品、蜂蜜等产品设限，日本对我国

---

① 商务部《日本的进口检疫与食品卫生制度》，2003年11月，http：//jp. mofcom. gov. cn/ddfg/ddfg. html。

② “肯定列表制度”（Positive list system）是日本为加强食品（包括可食用农产品）中农业化学品（包括农药、兽药和饲料添加剂）残留管理而制定的一项新制度。该制度要求：对于未制订最大残留限量标准的农业化学品，其在食品中的含量不得超过“一律标准”，即0.01毫克/公斤。该制度将于2006年5月29日起执行。

③ 成跃萍：《绿色贸易壁垒对我国外贸出口的影响及应对措施》，《山西财经大学学报》，2004年4月，第65页~66页。

出口蔬菜、蜂蜜、贝类产品等设限。

欧盟对“动物产品和动物源产品”的进口管理非常严格。欧盟认为，我国是各种动物疾病比如口蹄疫的流行区，因此，我国的猪肉、牛肉和乳制品从未获准进入欧盟市场。欧盟对我国其他动物产品和动物源产品也设置非常多的障碍。直到 2001 年 5 月 25 日，欧盟才解除对上海和山东等地区的 14 家企业禁令。不但得到解禁的企业少，而且欧盟只认可北京和上海 2 家检测实验室，即使满负荷运转也难以完成检测任务。更为严重的是，检测费用很高（每次约 3000 美元），检测周期较长（需要 30 天），致使出口成本大幅度增加。受欧盟全面禁止进口我国动物源性食品的影响，2002 年 1 月 ~11 月我国畜产品出口 25.5 亿美元，同比下降 4.4%。此外，我国的非动物源食品也经常因农药限量超标而被欧盟拒绝入关。

美国将我国内地视为畜禽疫病区，对我国的肉、禽、蛋产品（罐头午餐肉等除外）封关。目前世界上有 35 个国家或地区（多数是发达国家）约 1058 个公司（工厂）获得向美国出口肉、禽、蛋产品的资格。我国内地不在出口资格列表之中，这意味着我国内地的肉、禽、蛋产品不能向美国出口。我国出口到美国的水产品、蔬菜、蜂蜜等农产品和其他食品在入关时又经常遭受行政扣留和拒收。日本视我国为家畜口蹄疫的非清洁地区，拒绝进口我国的生鲜肉类产品。我国的生鲜肉类产品只有经过指定设备加热、消毒处理后才被允许进口。而且，日本对热加工食品企业的注册要求十分苛刻，必须经日本官方派员现场考核后才能决定是否认可。因而使我国获得出口资格的热加工企业很少。而且一有疫情发生，日本立刻取消我国相关热加工企业的出口资格。日本还经常运用“命令检查”措施来限制我国食品的进口。纳入“命令检查”的食品需要检查许多指标，同时大大延长了通关时间。由于日本不断加严对我国农产品、食品的检验，甚至实施了超出正常范围的歧视性检验标准及措施，使得来自我国的食品、农产品检验不合格率明显高于其他国家。

3.2.5.3　我国中小企业的对策

（1）加强农产品、食品的标准化建设。我国农产品、食品系列技术标准体系不健全，特别是出口农产品、食品的化学残留标准的制定严重滞后或无法对接。我国已颁布的国家标准中规定的农药 MRL 标准仅有 386 项，而欧盟多达 28 689 项、美国 7400 项，国际食品法典委员会（CAC）也有 2522 项 MRL 标准。与日本比较，日本的“肯定列表”对 516 种农药制定了具体的限量标准，而其中 405 种农药（占总量 78%）我国没有制定任何限量标准，涉及 187 种（类）农产品和 32 061 条限量标准。我国在农产品、食品的标准化建设方面还有很多工作要做。

（2）全面推进农产品、食品质量安全管理。应该承认，我国的食品安全状况存在许多问题，从源头上看，环境污染、生态失衡、滥施农药是造成食品不安全的顽症。为了保证出口食品质量，必须全面推进农产品、食品质量安全管理。它包括两个方面：一是要建立“从农场到餐桌”的食品安全监管体制，为了解决多头管理不协调的现象，应该尽快建立“食品安全委员会”这样的总监督、总协调机构。二是要把出口食品质量管理和国内食品安全监管这两项工作放在同等重要的位置，不能重出口轻国内。

（3）加强出口原料供应链的质量监控。我国加工食品出口因农药残留超标而受阻，往往是加工企业采用了分散式农户采购和直接从市场采购原料所致。为了从根本上解决农药残留问题，当务之急是要推动和扩大原料供应链阶段的产业化经营，采用订单农业方式将加工企业和农场（户）、中间商联系起来，尽量避免直接在市场采购。同时应尽快建立原料来源的身份识别、追索体系。

（4）积极应对食品安全壁垒。发达国家对我国实施食品安全壁垒常有不合理和歧视成分，我们应该在确保食品质量安全的前提下积极应对。一项重要的工作就是要加强农产品、食品促销活动，及时掌握国际农产品质量标准，并迅速作出反应。我国在这方面已经积累了一定的经验。但是，我国农产品、食品促销仍处于就事论事、被动促销阶段，今后应该努力做到长年化促销和主动促销，通过正面宣传，消除负面影响，突破食品安全壁垒，进一步扩大我国农产品、食品的出口。

3.2.6 典型案例

3.2.6.1 蜂蜜出口遭遇绿色壁垒

我国一直是蜂产品出口大国，但2002年年初，欧盟以我国产蜂蜜含有氯霉素等抗生素超标为由，中止进口中国的蜂蜜。欧盟国家的许多商场陆续将中国产蜂蜜撤下柜台，停止出售。已运抵欧盟国家的中国蜂蜜被执行退运，甚至有的国家宣布销毁到岸的中国蜂蜜。目前，日本、加拿大、美国等国家也加强对中国蜂蜜的检验。

（1）事件回放。[①] 每年5、6月间，大连正值槐树花开季节，往年向欧盟国家出口几百吨槐花蜜的辽宁省土产进出口公司，2002年却没有签订一单新合同，也没有收购一吨新蜜。蜂产品部经理陈卓正忙着处理来自欧洲的退货。

欧盟的决定很突然，在禁令发出前，公司出口到德国的150吨蜂蜜和正在运往欧洲途中的蜜蜂都被退回，甚至包括已经进入欧洲国家零售商货架上的蜜蜂也被要求退货。新蜜也没法收，因为害怕不符合欧盟提出抗生素含量标准。据大连海关统计，2002年1月～5月，遭欧洲退运的大连出口蜂蜜达800多吨，价值70多万美元。

欧洲市场一直是我国蜂蜜出口的主要市场。2002年年初，欧盟调查组作出对华残留监控体系的考察报告，于1月23日提交给中方，25日即作出暂停进口包括蜂蜜在内的中国动物源产品的决议。欧盟提出，蜂蜜中氯霉素检出量不得超过0.1PPB，即10万吨蜂蜜中含有1克氯霉素，这个标准比原先严格了100倍。随后，英国食品标准局在市场抽样检测中查出我国蜂蜜含欧盟禁用药物——氯霉素残留。2月底，欧盟通知其各成员国，对所有工厂、仓库及以包装上市的中国蜂蜜进行强行检查。针对欧盟的决定，1月31日，我国外经贸部部长石广生在与欧委会贸易委员拉米共同接受记者采访时指出：中国政府十分重视食品安全，重视人民的身体健康。对此，中国已建立了比较完善的质量监督检验检疫监管体系。最近，欧盟单方面作出的考察报告，是片面的和不准确的。欧方未按正常程序，充分听取中方意见，中方是不能接受的。

就在英国食品标准局发布公告，建议商店停止销售所有含有中国蜂蜜的混合蜜同时，又发布了特别说明，每天食用8瓶（454克/瓶）蜂蜜，才有抗生素危害人体健康的可能，考虑到含有微量氯霉素的蜂蜜对人体危害不大，消费者可继续食用已经购买的中国蜂蜜。

我国蜂产品行业专家说，英国的这一说明互相矛盾，表明欧盟制定的抗生素含量标准是苛刻的，即便是大气粉尘中氯霉素的含量也要超过这一标准。可以看出，有关组织和国家对我国农产品设置绿色技术壁垒，已经成为出口受阻的主要因素。我国蜂蜜在国际市场上的竞争力主要依靠价格优势和以量取胜，由于“抗生素超标”，这一竞争优势丧失殆尽。

正当我国蜂蜜出口受到“抗生素标准”干扰时，4月19日，有关部门从荷兰进口的肠衣中检

---

① 新华社消息，2002年7月8日，摘编。

测出了氯霉素残留。可见所谓“抗生素含量”技术标准的执行，在某些欧盟国家也不是十分严格。

（2）我国蜂蜜出口的特点和不足。[①]

①出口主要集中在美国、日本等国，过分集中可能刺激其提高进口标准。2005 年，出口美国的蜂蜜有 2. 8 万吨，贸易额 2391 万美元；出口日本的蜂蜜有 4. 14 万吨，贸易额 4369 万美元，出口到上述两个国家蜂蜜的数量和出口金额分别占我国全部出口的 78. 7% 和 77. 1%。随着对美国市场的进一步集中，贸易风险也在不断加大，早在 2005 年 5 月，美国食品药品监督管理局宣布对中国出口的蜂蜜氯霉素残留检测标准为 0. 3PPB，并随时有可能将标准提高到 0. 1PPB。因此，有关专家指出，如果蜂蜜对美国出口过猛、量升价跌、市场份额过分集中等情况进一步加剧，可能会刺激美国提高蜂蜜进口标准，设置新的贸易壁垒。

②对欧盟等传统市场恢复缓慢。长期以来欧洲市场一直是中国蜂蜜出口的主要市场。2001 年，我国蜂蜜出口 10. 67 万吨，其中对欧盟出口蜂蜜 4. 33 万吨，占我国出口总量的 41%。但 2002 年欧盟以氯霉素含量超标为由，中止从中国进口蜂蜜，2004 年 10 月才解除禁令。2005 年，我国对欧盟出口蜂蜜 6645 吨，仅占出口总量的 7. 5%。主要有两点原因使我国对欧盟出口恢复缓慢：一是关于进口蜂蜜中氯霉素残留。欧盟近乎苛刻的检测标准，令众多蜂产品出口企业不敢轻易接订单。二是欧盟成员国对我国蜂蜜的排斥心理。如意大利当地媒体及机构对欧盟解除禁令表示担忧，意大利国内蜂蜜产业最重要的节日“蒙塔奇诺蜂蜜节”（Montalcino Honey Week）于每年 9 月举办，而专家和生产厂商研讨的一个重要议题就是中国进口蜂蜜和蜂王浆的潜在风险。

③整体产业化程度较低，竞争力不强。目前，我国蜂蜜生产和市场脱节现象较为突出，基地产业化生产未成气候；加工厂、出口企业众多，但经营规模普遍较小；中间环节多，行业总体实力不强，真正能起到带动大批蜂农致富、提升产业水平的龙头企业不多。质检部门的检查结果显示，多数加工厂、出口企业与蜂农、养蜂联合体和基地尚未形成紧密型的利益共同体机制，对源头管理的必要性认识不足，仍过分依赖以检验设备控制质量。同时，我国蜂蜜因生产方式等原因先天不足，内、外销的品质要求不一，标准不一，为搀杂使假和劣质蜜、假蜜创造了生存空间，使得我国蜂蜜屡屡成为国外市场进口安全标准提高的直接牺牲品。人民币的升值也弱化了我国蜂蜜出口的价格优势。

另外，我国出口蜂蜜还具有品种单一，加工程度简单，附加值低，洋槐、紫云英、橡树等单花种蜜所占比重低等特点，均对我国蜂蜜产业的健康可持续发展和做大做强出口构成不利影响。

以质取胜，树立“中国蜂蜜”品牌养蜂业作为一项保护自然资源、改善生态环境、提高农业生产综合效益、提供人类优质保健产品的绿色产业，已得到国内外的普遍公认，蜂蜜出口对农作物授粉和农民致富起到了不可替代的积极作用，对于增加农民收入、带动农村就业、推动农业产业结构调整、提高我国农产品竞争力意义重大。

（3）专家建议。

①正视药检，完善标准，加快我国蜂蜜生产产业化进程，实施以质取胜战略。通过培育、扶持蜂蜜出口龙头企业和加强蜂蜜出口基地建设，在各级行业组织的有效服务和带动下，推行“出口企业 + 行业组织 + 蜂农、养蜂联合体和基地”模式，有效整合我国蜂蜜出口力量，积极发展产供销一体化经营，形成生产、加工、销售有机结合和相互促进的机制，推进我国蜂业向专业化、集约化、规范化、市场化、国际化转变，提高我国蜂蜜生产和出口的整体实力。同时，强化蜂蜜生产、

① 钟馨：产经网，《中国贸易报》，2006 年 3 月 24 日。

出口质量安全管理，全面提升出口蜂蜜质量，逐步培养和树立“中国蜂蜜”产品形象和出口行业、企业的诚信度。

②加大出口蜂蜜的加工度，增加附加值。在我国出口的蜂蜜当中，以桶装为主，其出口依靠“低价量大”取胜，高科技含量和高附加值的产品很少。为增加我国产品的竞争能力，应在出口深加工和产品多样化上下功夫，这样不但可以提高产品附加值，也可规避外国对初级农产品过于苛刻的检验标准。如英国是蜂蜜进口国，却出口蜂蜜酒。目前国外已有14个国家在认真进行蜂蜜酒的酿造研究。我国可引进并改良蜂蜜酿酒技术，以出口蜂蜜酒代替出口蜂蜜，增加产品出口附加值，减少蜂蜜出口风险。

③政府进一步积极采取措施支持蜂蜜出口。如完善蜂蜜出口促进政策，设立促进蜂蜜出口专项资金，为企业通过相关行业组织认定、评估后获得国际认证、建立蜂蜜生产基地等产品溯源体系等提供资金支持；鼓励企业开拓新兴市场、扩大出口，对组织企业开拓、扩大蜂蜜出口活动给予资金支持；针对蜂蜜出口风险高、出口企业抗风险能力弱等特点，推广和完善农产品出口政策性信用保险制度，为蜂蜜出口服务，降低蜂蜜出口的风险；继续在出口退税等方面给以优先安排等。

④重点市场开拓和市场多元化战略并重。我国蜂蜜出口应实施市场多元化战略，在巩固、开发传统市场的同时，努力开拓其他市场。2005年，我国出口拉丁美洲的蜂蜜为61吨，贸易额为5.6万美元，分别占出口总量的0.07%和0.06%；出口大洋洲的蜂蜜为359.4吨，贸易额为32.5万美元，分别占出口总量的0.4%和0.37%；出口非洲的蜂蜜为818.3吨，贸易额为91.9万美元，分别占出口总量的0.94%和1.05%。以上三个地区占我国出口份额非常有限，还有相当大的潜力可挖。

⑤建立进出口监测预警体系。中国加入WTO以后，一些国家已利用卫生与检疫方面的各种技术壁垒取代传统的关税壁垒，并想方设法提高“门槛”，以此限制我国农产品出口。我国出口企业又由于信息不畅，各自为政，以至接二连三地遭遇退运。为减少出口企业因不知情而造成损失，应在海关、商检等环节建立农产品出口预警机制，在发现农产品出口遭退运增多的情况下，迅速向企业反馈信息，发出预警，以便企业及时应对，避免更大损失。

3.2.6.2 温州企业有效应对国际贸易壁垒[①]

（1）温州中小企业的战绩。较早实施“走出去”战略的浙江省温州市，出口额从加入世贸组织时的20亿美元迅速增加到2005年的60亿美元。但在同时，也先后有眼镜、打火机、鞋类、水产品、低压电器等20多种产品遭遇国际贸易壁垒，案件共计32起。在应诉的18起案件中，已结案14起，胜诉11起，胜率为79%。

近80%的胜率，是温州企业在教训中思考、在实践中摸索，以积极主动的态度争取来的。而且，他们还逐步形成了具有地方特色、可操作性强的工作机制，尽可能地减少贸易摩擦的产生。

（2）给国内其他企业的启示。

①建预警机制，变“消极等待”为“未雨绸缪”。早在2003年6月，温州市就开通了进出口公平贸易网[②]，向企业和社会介绍公平贸易基本知识，指导企业利用世贸组织规则保护产业安全。

同时，温州在预警信息交流方面下了一番功夫。一是全力加强与国外进口商协会的合作，携手

---

① 摘编自沈锡权，裘立华，汪林义：新华网，2006年3月23日。

② http：//www.fairtrade.gov.cn/。

应对贸易壁垒。如温州打火机企业在应对欧盟贸易壁垒案中，积极与欧洲打火机进口商协会进行沟通与配合，了解最新信息，选择最佳应对方案，把工作做在前面。二是利用温州华侨遍布世界各地的优势，及早了解商业信息，“西班牙烧鞋事件”就是华侨在第一时间告知的。三是建立产品预警信息资料库和海外市场准入信息数据库，供出口企业参考。一些知名的温州企业在海外设立了营销窗口，及时为企业发回最新的预警信息。

②多方联动，变“单打独斗”为“协同作战”。突破贸易壁垒首先要发挥政府的作用，温州市较早在外经贸部门设立专门的进出口公平贸易机构，配备专业人员从事应诉指导工作。

近几年来，温州市先后召集了眼镜、鞋类、圆珠笔、拉链、打火机等五个全国性的反倾销应诉协调会，研究应对方案。针对不少企业“怕麻烦、怕花钱”的思想顾虑，以及实际困难，有意识地加强对专业律师的培养，既可降低企业的应诉成本，又使得律师在实践中不断积累经验。此外，还通过举办业务培训会、案例分析会、专题研讨会等形式，邀请国内外专家进行业务培训和指导。

温州市现有行业协会110多个，在近几年连续发生的贸易壁垒事件中，这些协会发挥了不可替代的化解作用。如在2002年应对欧盟打火机CR法案时，温州市烟具协会组成“中国民间第一团”，随同政府部门出访，在欧盟辗转18天，进行了十多次多边会谈和交涉，促使欧盟原本定于2004年6月19日起强制执行的CR法案搁置。

上海市社会科学院副研究员孙东方说：“行业协会在提起反倾销案件诉讼、组织企业应诉、参与预警信息建立等方面，有着政府和企业无法替代的作用。”

企业也积极参与，充分发挥主体作用。如在美国337调查案件中，面对来自美国电子电线行业龙头企业LEVITON公司的控告，乐清万盛电器和乐清华美电气等企业挺身而出，主动应对。

③及时规避，变“被动应付”为“主动出击”。主动防范、化解各类贸易摩擦，是温州市的一项重要工作经验。2004年“西班牙烧鞋事件”后，温州有12个鞋类商务团前往西班牙考察和沟通，随后，西班牙鞋料配件协会和埃尔切市鞋业协会分别回访，并带来了许多“十分可行”的项目，已经和温州的东艺、康奈等企业进行了洽谈。目前，一个年产450吨再生革的中西合资企业正在运作之中。中国鞋出口到西班牙的数量从事件前的20万双增加到现在的30万双，这是主动沟通化解贸易摩擦的结果。

同时，温州还鼓励企业在境外投资，合法规避贸易壁垒。如2001年土耳其设置了眼镜贸易保护壁垒后，温州明明光学有限公司主动到土耳其投资建厂，建立了该国第三大眼镜生产企业，带动出口400万美元。还有温州哈杉鞋业有限公司2004年8月收购了意大利威尔逊制鞋有限公司，以应对新的贸易摩擦。

此外，温州还鼓励企业技术创新，创立自己的品牌，走出低档低价的数量扩张型发展模式。如以德力西为代表的乐清低压电器企业通过不断的技术创新，在某些领域占据技术领先地位，从而夺得了国际贸易的先机。

（作者单位：北京大学）

3.3 反倾销及实践

丁 瑛

所谓倾销，是指“在正常贸易中一国向另一国出口的某一产品的价格，低于其正常价值的价格”，常表现为一个出口企业在某一个国外市场上以低于它在其他市场上（通常是本国）的要价出售商品。

反倾销是指某个贸易国家/地区根据反倾销法规（可以是国内法，如果是世贸成员，其国内法必须与世贸反倾销规则相一致）采取的一系列法律行为的总和，包括但不限于对倾销行为发起的调查和反倾销措施的实施，以及反倾销期间（最长五年）的各种审查和期满时的“日落审查”等。

反倾销法是随着国际贸易的发展和国际贸易中倾销现象日益严重而产生和发展起来的。反倾销最早源于20世纪初期的一些欧洲国家，早期的反倾销表现为单个国家的行为，因而反倾销法也是以国内立法的形式出现的。自1904年加拿大颁布世界上第一部反倾销法以来，至今已有30个国家制定了本国的反倾销法。除了欧美发达国家之外，一些发展中国家以及一些新兴的工业化国家和地区也相继颁布了反倾销法。

WTO反倾销协议是自1947年产生的GATT（美贸总协定）第6条有关反倾销的规定以来，经过20世纪60年代的“肯尼迪回合”、70年代的“东京回合”以及80年代的“乌拉圭回合”等多次谈判，逐步完善而形成的。WTO最终于1994年达成《关于实施关税与贸易总协定第6条的协议》，简称为《反倾销协议》或《反倾销守则》。现已成为WTO一揽子协定的组成部分，是其成员国必须遵守和执行的国际反倾销基本法。它对各国的国内反倾销立法具有指导意义和规范作用，而各国反倾销立法又可以在一定程度上促进国际反倾销的进一步完善。正因为如此，国际反倾销法的建立和完善过程在很大程度上又体现为从国内法到统一法，又从统一法到国内法的不断循环与发展之过程。并且作为统一法基础的国内法在不断影响着统一法的发展，反过来，统一法也在约束国内法的解释与适用，共同推进反倾销法的不断完善。

3.3.1 WTO的反倾销规定

倾销（Dumping）是国际贸易中一种经济行为，WTO《关于履行1994年关税与贸易总协定第6条的协议》（简称反倾销协议）将其界定为，“一项产品从一国出口到另一国，该产品的出口价格在正常的贸易过程中，低于出口国旨在本国消费的同类产品的可比价格，也即以低于其正常价值进入另一国的商业”。而反倾销（Anti－dumping）则是一种政府行为，主要是指进口国为了保护本国经济利益或者本国生产企业的利益，采取增加关税等措施对进口国的倾销行为进行限制。[①]

从目前国际贸易的情况看，欧美国家对中国众多出口产品和企业采取反倾销措施、征收反倾销税，从各类生活用品到各式各样小商品，等等，而这些正是中国企业的“优势产品”。但在中国，反倾销案件却寥寥无几，由于行政部门采取或者不采取反倾销措施而引起司法审查的案件还未出现。我国加入 WTO 后，国际贸易将急剧增加，如何遵循 WTO 反倾销协议，确立司法审查的规则体系，充分发挥司法审查在保护本国经济利益和国际贸易自由方面的作用，是一个日趋重要的问题。

WTO 反倾销协议第 13 条（司法审查）规定：“各成员，其国内立法包括有关反倾销措施的规定，根据本协议第 11 条的内容规定，对最终裁决和复审决定的行政行为可特别要求司法、仲裁或行政法庭或者通过诉讼程序，迅速进行审议，该法庭或诉讼程序应完全独立于负责作出该裁决或复审决定的当局。”WTO 除了在反倾销协议中规定了司法审查，还在补贴与反补贴措施协议第 23 条、服务贸易总协定（GATS）第 6 条、与贸易有关的知识产权协定（TRIPS）第 32 条、装船前检验协议第 4 条中作了大致相同的规定，这些规定主要是源于关贸总协定（GATT）的规定。GATT 第 10 条第 3 款（乙）项规定：“为了能够特别对于有关海关事项的行政行为迅速进行检查和纠正，缔约各国应维持或尽快建立司法的、仲裁的或行政的法庭或程序。这种法庭或程序应独立于负责行政实施的机构之外，而它们的决定，除进口商于规定上诉期间向上级法院或法庭提出申诉之外，应由这些机构予以执行，并作为今后实施的准则；但是，如果这些机构的中央主管机关有充分理由认为它们的决定与法律的既定原则有抵触或与事实不符，它可以采取步骤使这个问题经由另一程序加以检查。”从字面上看，WTO 规定了三个司法审查的主体：司法的、仲裁的、行政的法庭。由于 WTO 反倾销协议对司法审查的主体及其司法审查权的规定不是十分明确，有的学者认为，在我国，不应当由法院行使司法审查权，而由其他行政机关对反倾销行为进行最终审议或者由作出反倾销行为的行政机关进行最终审议。

反倾销行为是一种具体行政行为。根据 WTO 反倾销协议的规定，一国的反倾销主管行政机关接到国内产业的申请后，应当对外国进口产品进行调查，确定国内产业的损害程度，并决定是否对外国产业采取反倾销措施。反倾销的调查程序包括申诉、立案、调查、裁决等。主管行政机关的三种行为可能受到司法审查。一是不发起调查的决定。反倾销调查的发起一般是基于国内声称受到倾销行为损害的产业提出反倾销申请。根据 WTO 反倾销协议的规定，反倾销申请应当具备一定的条件，例如，“表示支持申请的国内生产的产量不足国内产业同类产品全部生产量的 25% 的，则调查不应发起”。二是中止或者终止调查的决定。根据 WTO 反倾销协议的规定，主管行政机关在调查开始后，一旦确认没有充分的倾销或者损害证据以证明有理由继续对案件进行调查的，应当驳回申请，并尽快终止调查。三是作出初步行政裁决和最终行政裁决。根据 WTO 反倾销协议的规定，主管行政机关在调查的基础上可以作出肯定或者否定有关倾销或者损害的初步行政裁决。在初步裁决的基础上，主管行政机关可以采取临时措施和价格承诺措施。最终行政裁决则是指主管行政机关最终确认进口产品倾销并造成损害而作出征收反倾销税的裁决。这三种行为无论从内容上还是从形式上看，都符合具体行政行为的基本特征。

反倾销行为涉及的利害关系人具备诉讼主体资格。WTO 反倾销协议中规定的反倾销行为一般涉及两个主体：一是提出反倾销申请的国内产业或者其代表；二是被指控倾销的出口国产业。在特

① 仇澄：《WTO 反倾销规则与我国反倾销法的完善》，《山东行政学院山东省经济管理干部学院学报》，2006 年 8 月第 4 期，第 50 页～52 页。

定条件下，诉讼主体还可能是受到倾销行为损害的第三国企业。通常请求司法审查的是被指控倾销的出口国产业。WTO 反倾销协议规定当事人可以寻求司法审查，对于保障当事人特别是被征收反倾销税的当事人的利益，防止反倾销行政当局滥用权力十分重要，这是国际反倾销立法史上一次具有重大意义的突破。在我国，允许进口国产业拥有诉讼主体资格，也符合行政诉讼法的规定。我国行政诉讼法规定，外国人、无国籍人、外国组织在中国进行行政诉讼，同中国公民、组织有同等的诉讼权利和义务。由于 WTO 反倾销协议属于国际条约，有关司法审查的规定，主要适用于出口国寻求司法救济的程序。国内产业对反倾销主管行政机关不调查、中止调查或者终止调查的决定不服，则可以根据行政诉讼法寻求司法救济。

当然，反倾销行为还可能涉及其他有法律上利害关系的人，根据最高法院《关于执行〈中华人民共和国行政诉讼法〉若干问题的解释》第 12 条的规定，这些当事人可以依法提起行政诉讼。WTO 反倾销协议第 6 条第 11 款规定，“本协议所称‘有利害关系的当事人’应包括：（a）受调查的出口商或外国生产者或产品的进口商，或其大多数成员是该产品的生产者、出口商或进口商的商会或同业公会；（b）出口国成员政府；（c）进口成员的同类产品的生产商，或者其成员的大多数是进口成员地域内生产同类产品的商会和同业公会。[①] 除上述列举的名单之外，这个名单并不排除将国内或国外的当事人包括在有利害关系的当事人之列。”WTO 反倾销协议规定的反倾销行为的利害关系人，与最高法院司法解释规定的“有法律上利害关系的当事人”基本一致，只是出口国成员政府是否可以成为行政诉讼的原告，这是一个值得研究的新问题。我国行政诉讼法规定公民、法人或者其他组织可以提起行政诉讼，没有排斥与具体行政行为有法律上利害关系的国内政府或者行政机关。在行政诉讼案件中，地方政府和行政机关作为原告参加诉讼是常有的。WTO 反倾销协议中“出口国成员政府”，在反倾销司法审查的案件中，代表的是出口国产业的经济利益，因此，也可以作为诉讼代表人而成为行政诉讼的原告，请求进口国法院司法审查。

法院行使司法审查权不存在立法上的障碍。WTO 规则和国内立法的关系，是一个十分复杂的问题，在有关 WTO 反倾销协议与国内立法关系上，存在同样的冲突与选择的问题。国内立法排除法院行使对反倾销行为的司法审查权，往往被有的学者作为支持其主张的一个重要理由。我国国务院 1997 年曾经发布《中华人民共和国反倾销和反补贴条例》（以下简称《条例》）[②]，《条例》规定，我国有关主管行政机关可以初步裁定倾销成立和最终裁定倾销成立，“最终裁定倾销存在并由此对国内产业造成损害的，可以按照规定程序征收反倾销税，并由对外贸易经济合作部予以公告。征收反倾销税，由对外贸易经济合作部提出建议，由国务院关税税则委员会决定，由海关执行”。例如，2000 年 8 月，我国对外贸易经济合作部和国家经济贸易委员会作出的《关于对原产于韩国的进口聚酯薄膜反倾销调查的最终裁定》，用的就是“最终裁定”的概念。但我们不能据此得出“最终裁定”排除了法院的司法审查的结论。值得注意的是，WTO 反倾销协议用英文 final determination（直译为最终的决定）表述最终行政裁决，但这只是行政程序中的最终裁决，WTO 反倾销协议还规定了利害关系人对反倾销行为可以请求司法审查。

《条例》与 WTO 反倾销协议不同的是，没有规定利害关系人可以提起行政诉讼。行政诉讼法

① 仇澄：《WTO 反倾销规则与我国反倾销法的完善》，《山东行政学院山东省经济管理干部学院学报》，2006 年 8 月第 4 期，第 50 页～52 页。

② 仇澄：《WTO 反倾销规则与我国反倾销法的完善》，《山东行政学院山东省经济管理干部学院学报》，2006 年 8 月第 4 期，第 50 页～52 页。

也没有明确规定，对于反倾销行为可以提起行政诉讼。有人据此认为，《条例》排除了法院的司法审查。我们认为，这种观点缺乏法律依据。理由有二：第一，行政诉讼法第 11 条第 1 款规定了公民、法人或者其他组织可以对八项具体行政行为提起行政诉讼，尽管反倾销行为不包括在第（一）项至第（七）项内，但该款第（八）项规定，公民、法人或者其他组织“认为行政机关侵犯其他人身权、财产权的”，可以提起行政诉讼。因此，不能因为行政诉讼法有关受案范围的规定中没有列举反倾销行为而否定这类行为的可诉性。第二，即使《条例》规定的“最终裁定”不是指行政程序的最终裁定，也不能排除司法审查。根据行政诉讼法第 12 条的规定，由行政机关最终裁决的具体行政行为必须是法律规定的。而这里的“法律”是一个狭义的概念，仅指全国人大或者全国人大常委会制定、通过的规范性文件。最高法院的司法解释对此也作过明确规定。最高法院的这一解释是符合行政诉讼法的基本原则的。排除司法审查只能由立法机关通过立法来决定，若允许行政机关（国务院也是一个行政机关）通过制定行政法规或者行政规章排除司法审查，则不符合权力制约原则和法治的精神。

法院的司法审查具有不可替代性。我们在讨论司法审查的主体的时候，应当明确，WTO 反倾销协议规定行政的、仲裁的机构可以作为司法审查的主体的前提是，某个特定国家的法院不具有司法审查权。但是，目前仍有观点认为，在中国也应当由独立的行政机构来进行司法审查。这种观点的存在，与我国法院司法审查的权威性和信任度的低下有一定的关联。但是，与法治程度相当的法院的尊严不是通过放弃权力而可以取得的。这是我国法院的司法审查具有不可替代性的第一个重要理由。第二个理由是，在中国是否存在一个独立的行政的裁决机构是一个值得质疑的问题。如果我们排除法院的司法审查，但为了遵循 WTO 的规定，应当由独立的行政的裁决机构对反倾销的最终裁决进行审查。国务院或者国务院的法制工作部门都不可能成为合格的机构。其一，国务院是作出反倾销最终裁定的上级行政机关而不是与之相独立的机构。其二，国务院的实际审查机构是国务院法制工作部门，而这些机构只能通过复议程序进行审查。而我国的复议程序，很显然不是 WTO 所称的司法审查的程序。第三个理由是，法院有充分的能力进行司法审查。尽管反倾销行为是一种特殊的行政行为，但这不能成为排除法院司法审查的理由。因为，任何行政行为对于法院来说，都具有行政专业性，但都是可以审查的。这关键不在于法院的法官具有很强的相关行政专业知识，而是在于司法程序的中立性和法官的法律判断能力。法院的司法审查权不能因为行政的专业性而被放弃。我国新的专利法赋予法院对专利行政行为的司法审查权，正是法院的司法审查的价值重新得到承认的重要标志。

3.3.2　美国的反倾销制度

3.3.2.1　美国反倾销调查程序

在美国，负责反倾销的机关有两个：一个是美国国际贸易委员会，另一个是美国商务部。国际贸易委员会负责调查和裁决外来的倾销产品是否对本国同类工业造成了损害；商务部负责调查和裁决外来的进口产品是否低于公平价值在美国市场上倾销，并计算出倾销的幅度。①

① 杨宏，许宗毅：《欧美反倾销政策简介》，《冶金管理》，2001 年第 4 期，第 14 页 ~ 15 页。

3.3.2.2 美国的反倾销程序：

（1）起诉及立案调查。根据美国反倾销法规定，对倾销提出申诉分为反倾销机构提起和申诉人提起两种。前者是指商务部自己提起，不过这种情况非常少见；后者是指由申诉人以申诉书的形式向反倾销机构提出反倾销调查。起诉书必须同时递交给商务部和国际贸易委员会。商务部在接到申诉书后20天内要作出是否立案调查的决定。国际贸易委员会收到申诉书后并不审核申诉理由是否充分，在7天内开始调查，如果商务部对申诉案件决定不受理，则国际贸易委员会的调查应自动终止。在商务部决定立案调查后，通常要在宣布后的一两周内向有关出口商和进口商发出调查问卷，国际贸易委员会在开始调查时，也同样要发出调查问卷。

（2）初裁。首先是国际贸易委员会的初裁。国际贸易委员会在45天内必须作出是否损害的初裁。如果初裁的结果是肯定的，案件继续进行。商务部的初裁，在国际贸易委员会初裁之后进行。该部在接到申诉书后的160天内必须作出进口产品是否低于公平价值销售的初裁（如果情况复杂可延长50天）。如果国际贸易委员会的裁决是肯定的，案件继续进行；如果是否定的，国际贸易委员会和商务部都要终止调查，诉讼程序结束。

（3）核查及终裁。商务部和国际贸易委员会在收回调查问卷后，将进行核查，并举行听证会，以便作出最后裁决。通常的情况是，商务部要派人到出口国进行实地核查。在核查和举行听证会的基础上，商务部和国际贸易委员会分别作出各自的最终裁决。商务部的终裁，通常在初裁后的75天内作出（情况复杂，可延长60天）。如果商务部的终裁是肯定的，应载明具体的倾销幅度；如果终裁是否定的，调查即告结束。国际贸易委员会的终裁，应在商务部作出肯定性终裁的45天内作出。如果商务部和国际贸易委员会的终裁都是否定的，反倾销程序就终止。如果它们的终裁都是肯定的，则商务部在收到国际贸易委员会终裁后的7天内发出征收反倾销税的命令。

（4）行政审查及日落审查过程。根据美国法律规定，当某种商品被征收反倾销税满1年开始，每年都对上一年度的被征税商品的倾销幅度进行行政审查，若在连续3年的审查中达到最低倾销幅度（低于0.5%）或没有倾销幅度，则可由美国商务部撤消反倾销税命令。另外，当被征收反倾销税的商品在反倾销税命令满5年时可以进行日落审查过程。

（5）上诉。在美国负责处理上诉的部门有两级：一个是美国国际贸易法院，另一个是美国海关与专利上诉法院。上诉的单位和人员包括：外国厂商、政府、国内进口商和贸易商、工商贸易团体和协会等。如对反倾销案的仲裁不服，可以先上诉美国国际贸易法院。如仍不服，再上诉美国海关与专利法院。上诉的期限一般为30天，即起诉在该项商品仲裁决定在联邦公报上公布后30天内提出。法院在其判决后10天内在联邦公报上公布最终判决。

3.3.3 欧盟的反倾销制度

3.3.3.1 启动反倾销措施，必须同时符合三个条件

一是确定构成倾销：指被调查产品出口到欧盟的价格低于其在国内市场的销售价格；二是确定对欧盟相关产业造成实质性损害：指上述第一项的出口行为已经造成或很可能造成对欧盟的相关产业的实质性损害；三是确定符合欧盟利益：指采取反倾销措施的成本与由此得到的利益必须成比例。

3.3.3.2　实施反倾销的机构及程序

接受反倾销调查申请并对申请进行评估确认的机构是欧盟委员会（有权对煤炭和钢产品决定征收反倾销最终税），决定征收反倾销最终税的机构是欧盟理事会。

实施反倾销的主要程序大致可分三步①：①欧盟生产商或产业协会直接或通过该国政府向欧盟委员会提交反倾销调查申请（申请者所代表的该种产品数量不得低于欧盟总产量的 25%）；②欧盟委员会在 45 天内审查申请。若判定申请有效后，即围绕倾销是否实际发生、倾销行为是否对欧盟相关产业造成了实质性损害等问题展开正式调查。整个调查过程一般不超过 1 年，最多不超过 15 个月。在欧盟委员会开始调查后 2 ~ 9 个月的期间内，被调查产品将被征收反倾销临时税；③欧盟委员会完成调查过程，若判定倾销成立，则对被调查产品征收 5 年的反倾销最终税。5 年期满，如果申请者再次证明取消反倾销税将可能导致新的倾销后果，欧盟委员会将重新开始反倾销调查。

3.3.3.3　确定倾销行为及计算倾销数额的方法

欧盟确定倾销行为的方法简单概括就是：经过合理比较，被调查产品的出口价格低于它的正常价值，就构成倾销。倾销数额就是正常价格与出口价格的差额。正常价值通常是指国内销售价格（即：在出口国的国内市场上，通过正常的销售过程，独立的消费者为该产品支付的价格）。欧盟对产品的正常价值有许多规定，当正常价值不能通过国内销售价格直接确定时，正常价值将由产品的推定构成价格（即：由产品成本、合理的销售与管理费用、合理利润推定构成的价格）确定。对于“非市场经济国家”的产品，欧盟则采用“市场经济”第三国（包括欧盟自身）的相同产品销售价格或推定构成价格作为正常价值。

出口价格通常是指产品由出口国到达欧盟，欧盟进口商实际支付或应当支付的价格。计算出正常价值和出口价格后，还要通过合理比较（即：对产品的进口费用和间接税、折扣和退款、外汇汇率等 10 个项目进行调整）。② 被调查产品在过合理比较后的正常价值仍高于出口价格，欧盟就认定倾销成立，二者的差额就是倾销数额。

3.3.3.4　关于“特殊市场经济待遇”

欧盟将反倾销的对象大致分为“市场经济国家”、“非市场经济国家”两类，在计算被调查商品的正常价值时给予截然不同的待遇。1998 年 4 月，欧盟理事会通过决议，将中国和俄罗斯暂定为“特殊市场经济国家”。对于“特殊市场经济国家”的企业，如果能充分证明其受调查产品的生产和销售完全符合市场经济条件（必须同时具备 5 项标准：①企业的各种决策不受国家干涉而完全取决于市场供求关系，并能反映出合理的市场价值；②企业财务账目按照国家会计标准进行独立审计；③企业产品成本和资本状况，特别是资产折旧、易货贸易、债务补偿或减免等方面，没有受到非市场经济体系的干扰或优惠；④企业受到破产法和财产法的约束，保证企业行为的法律确定性和稳定性；⑤外汇调换按照国际市场汇率进行，该企业就可以用自己的产品销售价格或成本作为被调查产品的正常价值），否则，就将适用“非市场经济国家”待遇。

---

① 杨宏，许宗毅：《欧美反倾销政策简介》，《冶金管理》，第 14 页 ~ 15 页，2001 年第 4 期。

② 同①。

3.3.4 日本的反倾销制度

日本的反倾销法是在20世纪50年代中期为适应“入关”和贸易自由化的开放形势而制定的。在1954年全面修订的《关税定率法》(明治四十三年四月十五日法律)第54号第9条“不正当廉价销售税”的规定，就是日本反倾销法的雏形。到了1980年，该法经过多次修改，其内容由最初的2项发展到13项之多，同时，日本政府又以政令的形式作了更详细的说明与规定，内容多达14项。1986年又通过了《关于反倾销反补贴程序的说明》，对如何实施关税定率法第9条以及关于反倾销税的内阁令作了更全面、更具体的规定。这一有关调查程序的说明，实质上已具有反倾销法实施细则的性质。[①] 20世纪90年代以后，日本政府依据WTO的原则，对关税定率法中反倾销的内容作了修改，其内阁令也做了相应的改动。日本反倾销法没有涉及的事项，则适用WTO的反倾销协议。另外，在日本，政府除了制定反倾销的基本法规、条例、命令之外，还制定了与此配套的相关法律，如《关于禁止私人垄断及确保公正交易的法律》、《不正当竞争防止法》等。

3.3.4.1 正常价格和出口价格

倾销的存在幅度是通过正常价格与出口价格的比较来确定的，因此，确定正常价格与出口价格非常重要。

(1) 所谓“正常价格”，是指正常交易过程中供国内消费的同类产品之价格。一般有两种：一是出口国向除日本之外的任何国家销售同类产品之价格；二是包括进口产品的生产成本加合理的利润以及生产国生产相同产品之一般费用在内的价格。

为了使正常价格与出口价格可能在同一贸易水平上进行比较，因此要求正常价格必须是经过调整后所获得的价格。也就是说，正常价格应当是经过对不同商业水平或数量或影响正常价格，以及有关产品销售的出口价格之间可比性的任何其他条件所导致的价格差别，进行必要调整之后所获得的价格。本法的“任何其他条件”，是指产品的质量差别、支付条件、质量保险、售后服务以及税收等可能影响出口国市场价格的销售条件。另外，本法还规定，在下述情况下应被认为非“正常交易过程中”的销售，有关产品的正常价格，应该是在排除这类销售产品价格的情况下予以确定。这就是：价格低于生产成本加一般支出费用的销售；超过了延长期限和实质数的销售；价格与回收该产品的生产成本加正常交易过程中，合理时期内的一般支出费用不等的销售；另外，出口国两个有关系的当事人之间的销售，其价格也不宜做正常价格来使用；如果上述情况造成所有国内销售被排除，则第三国的价格做正常价格。

(2) 所谓“出口价格”，是指产品的正常出口价格。如果没有产品的出口价格，或者由于产品出口商与进口商有联系而认为应用其出口价格不适当，则销售该产品的出口价格，应当以其首次向与产品出口无关的任何人销售的价格作为依据进行计算；另外，如果产品经过加工制造后当做原材料销售给一个独立的买主，该产品的出口价格，应当以扣除其加工过程中的增值价格为基础计算。确认正常价格与出口价格就是确定倾销的基础，这是因为构成倾销的要件有三个：一是产品出口价格低于正常价格；二是给有关国家同类产品的产业造成重大损害；三是低于正常价值的价格及其买卖与进口国产业所受的损害之间存在因果关系，这三项缺一不可。

---

① 麦丽臣：《日本反倾销的法律规定与我国的应对措施》，《日本研究》，2002年第2期，第19页~23页。

3.3.4.2 反倾销调查的基本程序

反倾销调查程序，是指一国反倾销行政主管部门根据国内国外进口产品倾销而遭受损害之相关产业的申诉，对被指控倾销产品进行调查所应遵循的程序。日本反倾销调查的基本程序有：

（1）投诉。本法规定[①]：与日本产业有利害关系的任何日本人，都可以要求政府加征反倾销税。但是应以日本产业整体的名义提出申诉（生产商、生产商组成的行业协会以及工会）。“日本产业”，是指与倾销进口货物同种类产品的产量占该产品总量主要部分（50%以上）的日本生产商，或者不属于与进出口商有利害关系的生产商，或者兼营倾销货物进口的生产商。具有上述资格的申请人在投诉时提交的材料，必须具备充分的证据，即有倾销货物的进口事实（价格条件）和该进口对本国产业造成实质性重大损害的事实（损害条件）。

（2）证据审核。这是反倾销调查的核心内容，以确定倾销、损害及因果关系是否存在。主要包括调查开始、调查问卷、答辩等。调查对象是直接利害关系人和利害关系人。“直接利害关系人”是指有关的进出口商和生产商、申请方及有关的协会和商会；“利害关系人”是指国外的生产商以及相关的出口商和商会、协会。调查期限原则上自调查开始之日算起的一年之内。但因特殊理由有必要延长一定时间者，经大藏大臣允许并及时向申请方通告。日本没有专门的反倾销机构，当投诉人提起申诉之后，由大藏省、通产省以及管辖本国产业的主管省共同协商，决定是否开始调查。在日本，即使没有人投诉的情况下，当政府认为有必要调查时，也可以自行决定调查取证。调查开始的决定，要在受理投诉后两个月内作出，并同时在官方公报上告示。调查问卷是调查取证的一种方法，是向有关的出口商和生产商寄发的调查问卷。答卷时间规定为接到问卷后 30 天以内，必要时也可延长。在调查中，直接关系人和利害关系人都可以提交证据和提供证言。利害关系人也可以阅览包括申请书在内的证据，但保密证据是不公开的。直接利害关系人也可以向大藏大臣要求对方答辩以弄清事实，当大藏大臣确认对方是否答辩后，以书面形式通知双方当事人。

（3）临时性反倾销措施。它是指在调查期间，当倾销货物的进口事实被认定，并有足够的证据推断该商品进口对日本产业造成实质性损害，为防止该产品继续对日本产业的损害或消除其损害而采取的临时性措施。主要包括征收倾销率范围之内的反倾销税，以及命令其提交相当于征收关税之金额的担保金。临时性反倾销措施必须在开始调查之日起的 6 个月之内作出，其有效期为 4 个月，必要时可延长 2 个月。[②] 这项措施不影响调查的继续，也不是最终裁决。另外，当被查产品在反倾销的压力下主动或被动提高售价，事实上减轻了对进口国同类产业的竞争压力或者说消除了“损害或损害威胁”，按 WTO 反倾销协议规定也可实施价格承诺。如果价格承诺被日本政府接受的话，可以中止反倾销调查；如果日本政府接到出口国停止出口的承诺，其调查也可以停止。

（4）裁决与复审。当调查结束后，构成倾销的三个要件均成立时，大藏大臣在向关税税率审议会咨询和报告后，可以征收倾销范围内的关税。终裁决定形成后将在官方公报上告示，并直接通知利害剩余人。终裁的期限在日本法律上没有明确规定，在复审宣布废止终裁之前，该终裁始终有效。另外，日本可以不做初裁而直接终裁。根据日本法律的规定，当“情势变迁”

① 麦丽臣：《日本反倾销的法律规定与我国的应对措施》，《日本研究》，第 19 页～23 页，2002 年第 2 期。

② 同①。

时，利害关系人依据“情势变迁”原则，认为没有必要维持终裁决定时，可以向大藏大臣提交申请和有关证据材料。日本政府在复审后认为没有必要执行终裁决定时，可以决定停止终裁的效力，并通知直接利害关系人。依据规定，复审必须在反倾销调查终结之日起一年以后方可进行。

3.3.5 国外反倾销对我国民营企业的影响

3.3.5.1 综述

在过去10年中，中国出口产品遭受了411起反倾销调查，被实施了297起反倾销措施，分别占同期世界反倾销调查总量和反倾销措施总量的15.53%和17.93%，是此间遭到反倾销调查和被实施反倾销措施数量最多的国家。在过去25年中，美国对中国产品发起了111起反倾销调查调查，至今仍然有效的反倾销税令就有61条。

世界贸易组织秘书处在日内瓦公布了一组发人深省的数字：2005年下半年，全球发起的反倾销调查和实施的反倾销措施分别为82起和76项，均大大低于2004年同期的106起和93项。但与之形成鲜明对比的是，中国商品遭受的反倾销却不降反升，依然保持反倾销“最大受害国”的地位。

2005年下半年，中国出口产品遭受的反倾销调查居全球之冠，共有33起，远高于2004年同期的24起；中国出口产品被施加的反倾销措施也最多，共有22项，略低于2004年同期的25项。

为何在全球反倾销案件总体下降的情况下，中国产品却屡遭反倾销大棒呢？这其中的原因很多。全球反倾销的降温，是近年来世界经济形势总体好转和国际贸易高速增长的一种体现。但是，中国的情况比较复杂。一方面，确实存在某些中国企业盲目出口和低价出口的情况，授人以柄。但更重要的是，中国经济和对外贸易的增长都远超过了世界平均水平，因此对现有的国际贸易体系造成一定的冲击。特别是欧盟和美国为了保护自身竞争力较弱的产业，往往会采取简单实用的反倾销措施。还有一个不容忽视的因素，即中国尚未被欧美等主要贸易伙伴承认为“市场经济地位”国家，这既使得中国相关企业应诉困难，也使欧美在采取反倾销措施时顾忌减少。

3.3.5.2 对华反倾销案的特点

（1）倾销指控的次数多、频率快。自1979年欧共体对第一期反倾销调查案以来，我国受到越来越多的反倾销指控，截至2002年12月20日，我国产品共遭遇外国反倾销调查509起，遭遇保障措施46起，两者共高达555起，涉案金额超过500亿美元，国外对我国的反倾销给我国带来的直接损失达160亿美元，导致我国50万人潜在失业。从2002年下半年以来，共有17个世贸组织成员发起了104项反倾销调查，其中针对我国的就有18项。我国已成为2002年下半年遭受反倾销调查最多的国家。

（2）提起反倾销的国家由发达国家拓展至发展中国家。至2000年年底，共有29个国家和地区对我国商品提出反倾销调查，涉案数412起，其中欧盟99起，美国78起，印度更是后来者居上，对华反倾销指控达38起，名列第三，澳大利亚、阿根廷、南非、墨西哥4国对华反倾销均超过20亿美元。到目前为止，曾对我国出口商品提出反倾销的国家近40个，其中80%的案件均由发达国家提起，以美国和欧盟最多。近几年来，一些发展中国家如智利、泰国、印度、尼日利亚等也加入了对华反倾销的行列，并有愈演愈烈之势。

（3）中国商品被认定的倾销幅度和被征收的反倾销税明显偏高。自 1980 年到 1994 年 12 月 31 日，美国对华反倾销案终裁决定征收反倾销税共计 27 起，税率在 100% 以上的有 10 件，占 1/3 强。从 20 世纪 90 年代开始针对中国反倾销的拉美国家，其确定的反倾销税率相当一部分为 300% ~600% 。1993 年，墨西哥工商部长于 4 月 14 日召开记者招待会，并于 4 月 15 日在墨西哥官方日报上公布，对我国 10 大类 400 多种商品进行反倾销调查，与此同时征收高额临时反倾销税，各类商品的税率为：玩具 351%；鞋类 1105%；纺织品：植物纤维 331%，合成纤维 501%，纱布 54%；纺织制品：服装 533%；其他成品 379%；有机化学品 673%；自行车：内外胎 594%，整车 144%；家用电器 129%；工具 312%；铁制接头 33%；氟石 16%。墨西哥方宣布这批商品约占中国对墨西哥出口的 75%，包括我国对墨西哥出口的主要商品。如此大规模的反倾销调查及如此高的反倾销税率在国际上也是极为罕见的。

3.3.5.3　中国企业频繁遭遇反倾销的原因

（1）世界经济下滑，贸易保护主义抬头。20 世纪 80 年代以后，由于第五次经济危机的加深和蔓延，主要资本主义国家相继进入了经济“滞胀”阶段，导致国内经济萎靡不振，失业率居高不下。各国都希望通过扩大出口刺激本国经济，推动产业发展，同时保护国内市场，因而采取一系列贸易保护措施。

（2）外国对中国的歧视性政策。长期以来，西方一些国家将中国认定为非市场经济国家或市场经济转型国家，对我国的出口商品在进行反倾销调查时，不是以我国国内的价格为依据，而往往由进口国采用“替代国”标准计算倾销幅度，并且在选择替代国时一度故意选择与中国实际情况相差甚巨的国家。其结果是我国被认定为高幅倾销，征收高额反倾销税，我国商品不得不退出该市场。近年来，市场经济待遇问题及与之相关的种种问题已经成为国外对华反倾销中最重要最核心的问题。值得注意的是，替代国标准的确立，不仅影响我国商品的出口，而且也制约我国外资的引进，外资企业对其出口商品无法得到市场经济待遇，甚至被征收巨额反倾销税，直接影响了我国的投资环境。

（3）中国企业的出口策略。中国经济体制转型期间，各行业生产水平得到飞速发展，但大部分仍集中在投入少、见效快、科技含量较低的劳动密集型的产品。由于我国资源相对丰富，劳动力价格低廉，具有比较优势，因此产品成本价格相对较低，较易进入国际市场，但由于国家政策指引不够，重复生产现象突出，造成国内企业之间的恶性竞争，低价竞销现象普遍存在。并且由于长期以来我国商品出口主要集中在西欧和北美，市场过于集中，导致一旦被提起反倾销，商品便又集中涌向另一个国家，因而造成该商品连续被提起反倾销。

（4）我国企业应诉不利。在对我国的反倾销案中，约有 50% 的案件无企业应诉，对方即可采用“最佳可获得信息原则”，利用对其更有利的数据判定我国反倾销成立，迫使我国退出该市场。在 1974 年国家外经贸部就颁布了《关于中国出口产品在国外反倾销案件的应诉规定》，规定了出口商与生产商应积极应诉，不参加国外的反倾销案件的要通报批评，取消其部分或全部的外贸经营权并处以罚款。而且，鉴于应诉情况并不理想，1997 年外经贸部又颁布了《关于加强中国出口产品反倾销应诉的通知》，但中国企业仍不乏不应诉的情况。而造成这一现象的原因是由于反倾销诉讼成本较高，一个企业无法独自承担 20 万元 ~50 万元的诉讼费用。所以，我国反倾销案 80% 以失败告终，这样的结果更使国外的企业对中国的反倾销指控有增无减。

（5）其他原因。我国对反倾销的预警机制不够完善，通常是外国在进行反倾销调查时才意识到并匆忙应对。其原因在于我们信息太闭塞，不注意收集外国的市场行情及政府政策指向。我国企业本身组织机构对倾销与反倾销理解不够，一旦遭到反倾销指控则无所适从。我国企业与进口商合作不够。外国反倾销虽然针对我国但对其个别企业来说是很不利的，我国在对外贸易中形成了一批稳定的贸易伙伴，但并未对这些关系加以进一步巩固，造成了我国产品在受到不合理制裁时，进口商“爱莫能助”的情况。另外，我国反倾销法律人才奇缺也是一个不可忽视的现实。

3.3.5.4 反倾销对我国经济的危害

从长远来看，国外反倾销给中国经济和贸易发展带来的负面影响是不容忽视的。这些影响主要体现在以下几个方面：

（1）阻碍中国产业结构的调整和技术改造。近年来，中国将吸收和引进发达国家的先进技术设备、推动国内产业的技术更新和改造视为一项重要任务，并取得了一定进展，发达国家向中国转让技术方面也开始实行较为宽松的政策。但中国引进项目的数量取决于出口创汇的能力。国外的反倾销不仅削弱了中国商品出口创汇的能力，同时也进一步妨碍了中国吸收国外先进技术、促进产业结构调整的步伐。

（2）危害中国新兴产业的健康发展。各国针对中国的反倾销调查一般集中在新兴的、出口潜力巨大的产业和产品。如果我们出口导向型的产业长期受到国外反倾销措施的制约，则产业的发展毫无疑问会受到严重影响。欧盟对中国出口彩电的反倾销就是一个典型的例证。1988 年，欧盟首次对中国的彩电进行反倾销调查，当年我们的出口额为 1.02 亿美元，但已拥有上亿美元对欧盟的出口能力。自 1988 年起，彩电在欧盟遭到反倾销调查和征税已经长达 14 年，这 14 年给我们的出口带来了极大的影响。

（3）中国产品出口受到巨大损失。据有关专家的保守估计，反倾销已给中国造成的直接损失达 160 亿美元。如果按照反倾销税征收 5 年的规定计算，我们现在按照 160 亿美元按当年的出口额计算的，中国因国外反倾销的出口损失高达 800 亿美元。国外对中国反倾销使中国外汇收入减少，直接影响到中国的国际收支平衡，并进一步影响中国制造业及相关行业的发展。仅外国对中国出口旅行包反倾销指控成立这一项，就使中国失去 6 亿美元的市场。

（4）中国一些产品的国际市场份额萎缩。倾销指控一旦成立，对中国同类产品出口危害极大。前几年，欧盟对中国企业进行反倾销起诉，几乎使中国一些产品在欧洲市场被扫荡一空。这是因为对中国某种产品倾销的指控一旦确定，则所有来自中国的同类产品就将被征收高额反倾销税，最后导致中国企业不得不退出这一市场的严重后果。而且在国际上，很容易引起其他国家效仿，带来连锁反应。如 1993 年以前，中国每年向欧盟出口彩电 100 万台以上，但被反倾销之后，到 1999 年仅出口 3 万多台；1991 年中国对欧盟出口自行车达 200 多万辆，近 2 亿美元，1993 年被征 30.6% 的反倾销税后，到 1999 年仅出口 23.9 万辆，566.3 万美元；1994 年美国对中国大蒜征收 376.67% 的高额反倾销税后，中国大蒜彻底退出了美国市场。

（5）出口受阻产品连带冲击国内市场。中国出口商品被征收反倾销税后，受阻于国外市场，在一时来不及转移市场或因反倾销的连锁反应而转移市场无望的情况下，势必返销国内市场。这些商品严重冲击国内市场，造成国内市场供求失衡及物价非正常波动，影响国内经济的发展。

（6）影响中国吸引和利用外资的质量。由于许多国家对中国产品进行反倾销调查时拒绝将中国视为“市场经济国家”，不给企业分别税率，从而使部分生产相关产品的外商投资企业也陷入困境。该产品所属行业对外商将失去投资吸引力，因而也将影响外资的引入。在外国对中国反倾销的剧烈冲击下，中国三资企业的经济效益不同程度地受到损害，部分三资企业甚至被迫减产、停产或转产，从而使外商在中国投资的信心受挫，大大恶化了中国的投资环境，其影响深远而持久。

3.3.5.5　针对国外反倾销，我国政府和民营企业的对策

据日本通产省的统计，20 世纪 50 年代和 60 年代国际反倾销案件年均为 30 件；70 年代为 40 件；80 年代急剧增加到 174 件；从 1990 年 ~ 1998 年则高达 240 件。到 1999 年年底，全球反倾销案件逾 4100 件，从 1990 年 ~ 1999 年共有 2483 起，超过前 41 年（1948 年 ~ 1989 年）的总和。80 年代经常采取反倾销的国家还不到 10 个，而现在则超过 20 个。由此可见，反倾销的范围越来越大，次数越来越频繁。而我国则成为国际反倾销的“重灾区”，从 1979 年欧共体对我国发动的第一次反倾销以来，到 2000 年年底，国外对华反倾销案件已达 418 件，涉案的国家和地区有 31 个，被诉倾销的产品达 4000 多种。其中欧盟最多，高达 90 件，美国虽然少于欧盟（75 件），但是美国又狠又硬。美国坚持认为中国是非市场经济国家，因此，经常按替代国标准裁定中国的倾销行为。从 1980 年 1 月到 1994 年 6 月，美国对日本、欧洲、加拿大和中国的反倾销案分别为 554 起、104 起、28 起和 53 起，而平均反倾销税的税率却分别为 48.3%、37.6%、15% 和 64.8%，由此可见，中国遭受的反倾销税税率明显高于其他国家和地区。另外，20 世纪 90 年代以后，发展中国家对我国发起的反倾销案也急剧增加。目前，我国已完全取代 20 世纪 50 年代 ~ 60 年代韩国、日本等国，成为国际反倾销的主要目标。对此，我国必须拿起反倾销这一合法的武器，进行针锋相对的斗争。

（1）从政府宏观调控角度。

第一，制定并正确运用反倾销法。虽然我国对外经济贸易法规和反倾销条例对倾销行为有所规范，但是随着国际竞争的日益加剧，特别是某些国家利用反倾销的合法外衣，使贸易保护的不正当行为愈演愈烈。我们只有按照国际惯例行事，以反倾销的规范措施保护国内产业；只有以市场经济工作方式和法律手段，才能加速社会主义市场经济体制的建立。因此，在遵循 WTO 开放市场和自由贸易原则的同时，在国际贸易中必须正确运用反倾销法及其规范的调查程序，不能滥用反倾销手段。为此，制定更加完善、具有更高法律地位的反倾销法以及与此相配套的法律、政策和制度等势在必行。同时要加强执法力度和机构建设，只有这样，才能为我国营造一个良好的国际反倾销法律环境。

第二，政府应加强对外宣传使我国尽快摆脱非市场经济国家的待遇。改革开放 20 多年，我国已基本上实现了大部分行业的市场化运营，然而有些国家却无视客观现实，妄加臆断中国为非市场经济国家，以不确定的“替代国”标准对中国提起反倾销诉讼。市场经济地位这个先决条件不解决，中国多数出口企业就将仍旧处于被动地位。因此，中国政府应利用国内外媒体加强宣传攻势，大力宣传我国市场化进程，并可以委托国内外有关专家或权威机构对我国市场经济转轨程度进行鉴定，增强说服力，避免歧视性待遇。

（2）从企业角度。

第一，尽快培养一批反倾销的专业人才。反倾销是一项专业性很强的工作。比如，在提起反倾销申请时，必须在申请书中列明进口产品的倾销事实和国内产业受到损失的情况。仅损害情况就包括倾销产品的绝对数量；倾销产品价格对国内相同或类似产品价格的影响；该产品对国内生产相同的或类似产品产业的综合影响，国内产业受到损害的种类及其程度估计等多方面内容。显然，对上述内容的确定与指认绝非简单容易的事情。而对发起反倾销国家提出的问题进行抗辩申诉就更困难

了，不仅需要从纷繁复杂的社会经济生活中获取证据和材料，而且还需要以证据材料为出发点进行精密的计算和分析，才能挫败对方的倾销指控，达到应诉目的。在我国真正精通反倾销工作的专业人才相当缺乏，不仅政府部门负责此项工作的人员远远少于欧美，律师也相当少。在企业应诉反倾销案件中国内也很难找到能够代理国外应诉反倾销案的律师，只好花巨额资金去欧美聘请。因此，无论是应对国家反倾销案，还是对外国在华产品倾销进行反倾销，都必须有相应的法律和人才做保障。建立机构、制定法规不容易，而快速培养一支队伍更难。必须在干中学，学中干；既普及又提高；将专业队伍与经营者、生产者结合起来，人人都会申请、会搜集信息、会保存证据、会打官司，让倾销与不公平的反倾销行为不敢轻易冒犯中国。

第二，努力提高企业的国际竞争力，这是最根本的一条应对措施。要提高企业的国际竞争力，就我国目前的基础来看，一方面，要积极利用高新技术改造传统产业，通过产品的升级换代带动产业的结构优化，提高出口产品的质量和档次。出口要从过去那种“以廉取胜”，进而转变成“以质取胜”。另一方面，要发展高新技术产业。将主导经济发展的信息技术、生物工程、材料与制导技术等高新技术尽快明确攻关方向和项目，组织科研力量和企业共同攻关。并且要以国际市场为导向，在我国优势技术领域和高新技术渗透较多的领域，选择和培育并扶持一批风险企业，使之按照国际惯例运作，尽量减少与国外企业的摩擦。只有这样，才能增强我国外贸发展的后劲，才能从根本上消除反倾销发起的缘由。

第三，要认真研究国外动态。首先，要研究 WTO 及各国反倾销法律制度和规定，既能有效地避免来自国外的指控，又能有针对性地采取必要的策略与措施。其次，要及时准确地收集进口信息，认真分析研究，以确定自己的行动方案，争取主动。如果我们能掌握该进口国的商业信息，了解何种产业陷于不景气的状况，而有可能对低价进口的该种产业的产品采取行动时，就提前采取措施，避免因低价出口或增加出口数量而遭反倾销指控的危险。最后，要努力争取外援。这就是要争取进口方或进口代理商的积极支持，协助我们应诉。因为他们对原告及本国相同产品之产业的情况比较了解，在出庭作证和对进口国相同产业造成损害的抗辩中能发挥很大作用。

第四，要加强与进口国的信息沟通。信息不对称是引发反倾销案的重要原因之一。中国的有关企业、行业协会包括政府，都应当采取多种途径和手段，组织做好相关的宣传、推介工作，让进口国的制造商、政府比较透明地了解中国企业的生产经营状况及真实的产品成本，以免引起误会。

第五，中国的企业要了解世贸组织的游戏规则，按国际贸易的法规办事。一是要灵活运用价格竞争策略。根据目标市场的价格状况确定并及时调整出口价格，使其与进口国国内市场同类产品价格相当或略低一点。因为国际反倾销法律将进口倾销幅度不超过 2% 视为“可忽略不计”，不足以发起反倾销调查。出口产品价格不能明显低于国内市场同类产品的价格水平。因为国内价格是为确定倾销而进行比较的因素之一，特别是现行欧盟和澳大利亚等国家或地区已经有条件将我国看做市场经济或“转型市场经济”国家的情况下，国内价格将更能成为比较的因素。在确定出口价格时，与进口商商定的将一般计在进口商头上的无形要素费用划入出口价格。这些费用包括：为最终客户提供的售后服务费，在当地的营销、知识产权、运输等费用。同时，要服从有关商业行会或协会协调，不能因为眼前利益盲目压价，应联合对外。否则，很易招致反倾销调查，最终失去巨大的国际市场。二是要积极开拓新兴市场。吸取出口市场过于集中的教训，根据自身实际情况，积极开拓新兴市场。即使无法分散产品至美国、西欧以外的国家，也应避免对某一地区集中销售的现象。

第六，中国的企业要发挥行业协会作用，积极应对反倾销调查。中国的中小企业在遇到贸易保护主义的调查时要充分发挥行业协会的作用，积极应对，但对于国内中小企业而言，受到资金、人才等方面的限制比较突出，仅凭企业自身的力量单打独斗难以取得胜利。因此，行业协会的作用显得尤为重要。它可以有计划、有系统、有步骤地组织各个分散的中小企业联合以来，协调企业之间，企业群与进口商的关系。此外，建立品牌联盟、行业联盟也是可行之策。要有效避免遭遇倾销案，很重要的一点，是要变单一价格竞争优势为产品品牌竞争优势。针对单个中小企业能力有限的情况，区域企业可以适时建立品牌联盟、行业联盟，推行资源整合，在国际竞争中主打同一个强势品牌，来赢得与国际品牌竞争的立足之地，改变单一地以低价作为企业竞争优势的现状，用产品品牌本身去吸引顾客。

第七，中国企业要完善财务体系，实现与国际会计准则的接轨。在应诉反倾销案的过程中，企业往往需要出具财务状况。加强对会计档案的管理，建立会计档案的立卷、归档、保管和查阅的管理制度，派专人进行统一管理，保证会计档案妥善管理、有序存放、方便查阅。

3.3.6　典型案例

3.3.6.1　温州打火机胜诉欧盟反倾销案——行业联合彰显中国民企力量

（1）行业背景介绍。温州打火机行业起步于20世纪80年代末。在政府部门的引导和企业的奋力拼搏下，现已拥有打火机生产企业700余家，年产打火机8.5亿只，产值20亿元的规模。生产的金属外壳打火机以质量、价格、品种的优势，迅速占据95%的国内市场份额和70%的国际市场份额，促成日本等国和地区的打火机生产企业相继与温州企业合作，或转来温州定牌生产，使温州打火机声名远播。2001年年底，温州市被中国五金制品协会授予“中国金属外壳打火机生产基地”。

温州打火机企业通过技术改造、招才引智和强化科学管理，产品档次不断提升，产业规模不断扩大。年出口值在1000万元以上的打火机生产企业就有20余家，形成了以“多、快、好、省、畅”为特征的行业优势：品种多，每家打火机生产厂家都有数十个以上品种；设计生产时间快，开发一个新产品从定样、开模、生产到投放市场只需15天，而日本、韩国等国同类生产厂家则需要80天左右；质量较好，该行业中有28家企业获得ISO9000质量体系认证，205家企业达到国家检验检疫局出口检验标准，部分商品已达到世界先进水平；成本低，一个普通打火机至少有28个零部件，而每一个零部件都有专业的工厂生产，降低了生产成本；销售渠道通畅，温州有许多侨胞在国外经商，他们为温州建立了便捷开阔的营销渠道。

2001年，温州打火机出口7162万美元，分别占浙江省和我国打火机出口总值的95%和27%，出口国家为68个，其中出口值在100万美元以上的有13个国家。出口排名前5位的国家和地区分别是美国、日本、德国、中国香港和荷兰。向欧盟国家共出口2530万美元，同比增长3.62%。据统计，1997年~2000年分别向欧盟国家出口1293万美元、1785万美元、2271万美元、2442万美元。从历年的数据看，对欧盟出口已经从高速增长期过渡到稳步增长期，市场规模基本形成。

（2）应诉反倾销过程。2001年9月，欧盟就对温州打火机启动技术壁垒的CR程序，规定2欧元以下的打火机要设置防止儿童开启的安全装置。2002年6月27日，欧盟正式立案对中国生产的打火机进行反倾销调查。[①]

① 许磊：《从温州打火机事件看中国中小企业应对反倾销策略》，《现代企业研究》。

当地的烟具行业协会得到消息后，立即组织打火机企业，共同应诉欧盟的反倾销诉讼。温州市烟具行业协会会长李中坚说："假如说这次我们不敢打，或者说谁也不去应诉的话，那给我们的也就是说根据他们的要求，就定下来是150%的高税额的比例。"2002年7月，温州烟具协会组织大虎打火机有限公司等打火机行业15家龙头企业积极应诉，并聘请了比利时和法国有经验的律师事务所，进行"产业无损害抗辩"，另有1家企业——东方打火机有限公司申请市场经济地位。

中方企业的抗辩理由是，温州出口欧盟的打火机与BIC等公司生产的打火机有着本质上的区别。前者是金属可充气打火机，而后者是一次性塑料打火机，两者的材料、工艺、结构、档次和价位大相径庭，中方根本就不存在对欧洲打火机造成产业损害。而且，中国打火机产业均属民营企业，不存在政府补贴问题，构成低成本的主要因素之一，是实行专业化生产、社会化协作。因此，其产品不属于"低于成本销售"的倾销范畴。

2002年9月~12月，欧盟官员多次来温州，对中方应诉企业的财务、销售、成本等所有账目进行详细调查，最终对应诉企业提出的意见和事实予以理解和认可，表示将如实向欧盟报告。2002年10月上旬，欧盟宣布包括温州"东方"等在内的5家申请市场经济地位的中国打火机企业，其申请目标全部获得通过。这一重大成果为中国企业打赢这场"洋官司"打下了一定的基础。2003年7月17日，欧盟方面决定终止反倾销调查程序，无条件撤诉，中国打火机企业的应诉取得实质性胜诉。而日前发来的欧盟官方的这一公报，则标志着这场官司的终结。

2003年9月13日，温州市烟具协会接到代理律师转来的欧盟正式终止对中国打火机反倾销调查的官方公报。这意味着历时一年多的中国打火机行业应对欧盟反倾销一案已取得彻底胜利。

温州打火机企业打赢欧盟反倾销第一案，标志着民营企业开始运用国际贸易规则保护自身利益。

对于此次的胜利，温州烟具行业协会会长周大虎表示，这是中国加入世贸组织后，中国民营企业打赢欧盟反倾销的第一案。这标志着国内中小民营企业正在经历着从怕打洋官司、不懂打洋官司到运用国际贸易规则来从容应对国际贸易壁垒、保护自身利益、打赢洋官司的过程。

"遭遇反倾销，并不可怕。"据介绍，在刚刚接到欧盟反倾销立案的消息时，由于不懂国外贸易法律规则，缺乏应诉资金、精力和时间，众多温州打火机企业一时陷入惊慌，不知如何应对。但在行业协会的组织下，很快统一了意见，并开始积极应对，最终取得胜利。

对于此次胜诉，周大虎说："我们从中初步学会了WTO和国际贸易游戏规则。"他表示企业今后要成为应对反倾销的赢家，首先是按国际贸易规则办事，这样才能有应诉的资格，才能得到国际贸易法则的保护。

同时他建议，国内各行业最好建立行业预警机制，学会如何避免贸易摩擦，并能够在产生摩擦时集中全行业力量多方位地进行应对。

3.3.6.2 中美彩电反倾销案——厦华的反思

此案源于2003年5月2日，美国一家名叫五河电子公司（Five Rivers Electronic Innovations）与电子工人国际兄弟会、电子产品工会两家劳工组织向美国商务部和美国国际贸易委员会提出了针对中国和马来西亚的反倾销调查的申请。五河公司要求对中国产品征收84%的关税，对马来西亚产品征收46%的关税。5月7日，该申诉获得了美国国际贸易委员会的立案。2003年11月25日，美国商务部初步裁定中国的一些电视机生产商向美国市场倾销其产品，倾销价差高达27.94%~45.87%。2003年年底，美国官员来到中国，对4家中国企业进行核查，2004年4月13日美国商务部公布了对华彩电反倾销调查的终裁结果，认定中国彩电在美构成倾销。[①]

（1）背景介绍。近几年来，国内彩电生产企业面临着国内中低端市场基本饱和、高端市场技术尚未成熟的状况，在这种背景下，许多企业认识到彩电产品在产品生命周期中已经处于较为成熟的阶段，因此积极扩展海外市场。为了能够和国外知名品牌竞争，甚至是为了能够和中国其他出口企业竞争，利用各种手段将价格一再降价。早在 1988 年，中国彩电出口就遭到欧盟的反倾销调查和处理。经过漫长的 15 年反控诉，2002 年中国彩电在重返欧洲的同时，出口增长幅度达到 100%。

近几年来，厦华彩电对美出口逐年稳步增加，到 2003 年达到近 20 万台左右，虽然厦华彩电在美国市场占有的比例还很小，但是相比国内市场和其他海外市场而言，利润率是最高的。此外，从厦华的发展战略考虑，美国既是全球最大的市场之一，又引领了彩电市场未来的发展方向。厦华计划以高技术为依托，以数字高清晰电视、数字高清晰液晶电视等产品为龙头来为今后的发展开拓空间，就必须打入美国主流市场。继 2003 年 4 月份 1.8 万台厦华大屏幕数字高清晰电视运往美国最大的家电连锁企业 BestBuy 之后，厦华公司又被美国政府选定为长期供货商，并签订了第一份合同，首批 5000 台数字高清电视已于 5 月发往美国。这是中国数字高清电视第一次进入美国政府采购系统。

（2）反倾销案结果。2004 年 5 月 14 日，美国国际贸易委员会（ITC）就中国对美出口彩电反倾销进行终裁投票，以 5∶0 的投票结果一致认定中国彩电确实对美国产业造成了实质性的损害。至此，在这起迄今针对中国出口机电产品涉案金额最大的反倾销案，中国彩电企业以应诉失败而告结束。5 月 27 日，美国国际贸易委员会对中国彩电企业最终裁定并发布的反倾销幅度为：厦华 5.22%，康佳 9.69%，TCL21.25%，长虹 26.37%，其他应诉的 5 家企业海尔、海信、创维、苏州菲利浦、上广电等平均倾销幅度为 22.94%，未应诉的企业继续维持在 78.45%；除了厦华和康佳，其他所有彩电品牌在征收反倾销税后全部面临出口亏损。6 月 4 日，美国贸易委员会正式签署对中国彩电征收反倾销税。此征税令基本上扼杀了我国 21 英寸以上传统显像管彩电出口美国的可能性。今后 5 年内，美国进口中国彩电的税率将按倾销税率征收。5 年之后，美国将再进行一次“日落审”来决定反倾销税是否再延续 5 年。而且美国政府对中国彩电企业征收反倾销税将从初裁结果公布之日前 90 天起算，中国彩电企业也将为此补交大笔反倾销税。

（3）厦华积极应对反倾销诉讼的启示。首先，在海外有较大市场的出口企业应该建立反倾销方面的预警机制，争取在国外进行反倾销调查之前就有所察觉，提前关注，积极准备。早在 2002 年下半年，厦华公司在美国的信息反馈系统就察觉美国可能有人要对中国的彩电提出反倾销诉讼，因此就提前做了部署。

其次，企业还应该进一步了解和熟悉 WTO 反倾销法的有关规定，遇到应诉问题时求助于专门的法律服务机构。比如，厦华设有反倾销应诉专职机构，从 1999 年开始，厦华就在公司内部组织了应对国际贸易诉讼的团队，并赋予该团队随时搜集相关情报并作出快速反应的职责。厦华公司还在 2002 年年底就聘请了著名的北京柴傅律师事务所作为应对反倾销案件的专职法律顾问，对美国著名的反倾销案件办理最成功的一些律师事务所进行甄别和筛选，最终选中了美国 Willkie Farr & Gallaghe 律师事务所，作为厦华的本案代理。

再次，对待反倾销诉讼要快速作出反应。厦华在应诉美国反倾销的行动中，留下了一连串的脚印：第一个聘请美国著名律师所代理本案，第一个登陆对方商务部的网站，第一个下载有

① 刘丽霞：《中美彩电反倾销大战后的反思》，《安徽职业技术学院学报》，2004 年第 3 卷第 4 期，第 29 页～30 页。

关反倾销文件，第一个登记，第一个主动提出申请要求接受单独调查，等等。快速反应、积极行动不仅能为己方赢得宝贵的申诉机会，而且能够抓住时机充分了解事件的方方面面，避免陷入被动的境地。

最后，还要注重公司制度的国际化。在应诉反倾销的过程中，作为出口方需要出具一些公司财务方面的资料和数据。厦华这几年来通过强化内部改革管理，实现了与国际接轨的财务报表体系，所有的财务数据不但真实可信，而且完全符合国际通行的会计准则，能够满足 WTO 规则下的国际贸易的各种需要（包括应对反倾销调查的需要）。

（作者单位：北京大学）

3.4　反垄断及实践

魏博文

3.4.1　反垄断法的历史演变

反垄断法究竟起源于哪个国家、哪个年代，学术界对此争议很大。据说，古巴比伦和印度就已经试图运用法律反对私人垄断。但一般认为，大陆法系中有关反对垄断、保护自由竞争的立法，可以追溯到古罗马时期。古罗马曾颁布过两部比较重要的法律，一部是公元前后罗马皇帝颁布的关于粮食商业的法律，禁止粮行阴谋提高价格；另一部是公元482年颁布的古罗马宪法，禁止包括提高价格在内的所有市场垄断行为，连国家批准的垄断行为也不例外。古罗马的这两部法律对中世纪欧洲国家的反垄断法产生了很大影响。我国早在《唐律》中就有反对垄断的法律规定："诸买卖不和而较固取者（较谓专略其利，固为障固其市）。及更出开闭其限一价（谓卖物以贱为贵，买物以贵为贱），若参市（谓人其所买卖，在傍高下其价，以相惑乱）而规自人杖者杖八十。已得赃重者，计利准盗论。"[①] 它不仅保护公平价格，而且禁止倚势霸市，直接禁止对市场竞争秩序的干扰和破坏。

在近代欧洲，英国的普通法对于反垄断法的发展所作的贡献也是不容忽视的。竞争法源自英国以契约为基础的私有财产的习惯法。习惯法中所包含的有关限制贸易行为的规则，早在1266年就有记载，按照当时的法律规定，中间商在货物投放市场之前预先抢购、大量收购少量卖出、庄稼成熟之前在地里收购或在粮食上市前的收购等行为，都被视为犯罪加以惩罚。英国普通法之所以把垄断纳入法律的轨道，有两个方面的原因：一是贸易具有地方性，比较容易形成垄断；二是由于君王每年通过垄断特许权的授予可以获得大量的财政收入，因而君王时常对未经批准而擅自形成的垄断加以禁止并宣布其非法。随着贸易的发展，在16世纪，皇家特权阶层地位下降，一个新兴商业阶层开始出现，君王对垄断的特许权越来越受到挑战。在"戴茜诉艾伦"（1602年）一案中，普通法否认了这一特许权。在这一案例中，一个扑克牌制造商被授予的垄断权被侵害，于是提出赔偿要求。法院判定这种特许行为无效。这一普通法原则后来在1642年通过的《垄断法》中得以确立，《垄断法》规定，除了专利和新发明外，其他所有垄断都是无效的。这一原则对于近、现代反垄断法产生了深远的影响。

现代反垄断法产生于19世纪末。1889年，加拿大制定了《预防和禁止限制贸易合并法》，开创了竞争立法的先河，是世界上最早的现代反垄断立法，但美国的《谢尔曼法》却被称为世界各国反垄断法之母。这是因为《预防和禁止限制贸易合并法》规定比较简单，所起作用不够显著，

① 《宋刑统》卷26《杂律》。

所以，人们一般把在其后边通过的美国《谢尔曼法》视为人类历史上第一部反垄断法。19 世纪中叶以后，由于新的工艺技术被应用于制造业，制造业的规模发生了很大的变化和发展。随着制造业的发展，产生了限制、排斥市场竞争的协议和垄断组织。垄断组织的出现及其力量的加强，遭到了美国社会各界的强烈反对。不信任垄断、反对垄断的观念深深根植于美国的民主文化之中。美国的农场主们是第一个联合起来要求强化有关反垄断和限制性贸易行为法律的利益集团。他们组织成保护农业社运动，在国会两院进行游说活动。他们反对制造业，尤其是铁路运输业中普遍存在的联合以及约束价格的卡特尔，使他们的经济利益受到损害。其他中小企业主也抱怨垄断组织采取各种手段攫取高额利润，剥夺了中小企业主的生存基础。1865 年，美国南北战争结束后，随着全国铁路网的建立和扩大，原来地方性和区域性的市场迅速融为全国统一的大市场。大市场的建立一方面推动了美国经济的迅速发展，另一方面也推动了垄断组织即托拉斯的产生和发展。1879 年，美孚石油公司即美国石油业第一个托拉斯的建立，标志着美国历史上第一次企业兼并浪潮的开始，托拉斯从而在美国成为不受控制的经济势力。过度的经济集中不仅使社会中下层人士饱受垄断组织滥用市场势力之苦，而且也使市场普遍失去了活力。在这种背景下，美国在 19 世纪 80 年代爆发了抵制托拉斯的大规模群众运动，这种反垄断思潮导致 1890 年《谢尔曼法》（Sherman Act）的诞生。在这种背景下，美国国会 1890 年通过了《保护贸易及商业不受非法限制与垄断危害的法案》，以阻止垄断组织的膨胀，保护自由竞争。由于该法案是参议员谢尔曼提出的，因此，又称为《谢尔曼法》。《谢尔曼法》的颁布，标志着现代反垄断法的产生。美国最高法院在其一个判决中指出了《谢尔曼法》的意义，即“谢尔曼法依据的前提是，自由竞争将产生最经济的资源配置，最低的价格，最高的质量和最大的物质进步，同时创造一个有助于维护民主的政治和社会制度的环境”。

《谢尔曼法》不仅在美国反托拉斯立法史上占有重要地位，而且对西方资本主义国家的反垄断立法产生了广泛而深远的影响，成为其后市场经济国家反垄断立法的样板。世界各国竞相效仿，纷纷制定出类似的法律。德国在 1896 年制定了《反不正当竞争法》。其中最具特色的是两个一般条款，一是用非常笼统的措词规定，所有的与诚实惯例相悖的行为都必须予以纠正；二是禁止作令人误解的广告。此外，该法还包括一系列针对具体的不正当竞争行为的特别规定。1923 年，德国又颁布了《卡特尔条例》，对卡特尔加以限制。这是因为第一次世界大战前德国采用卡特尔组织经济，支持战争，从而加强了卡特尔的实力，大型卡特尔组织对国家经济的影响和对竞争构成了威胁。日本于 1934 年按照《保护工业产权巴黎公约》的规定要求，制定了《不正当竞争防止法》，但因该法规定的范围比较狭窄，未能产生重大影响。

总之，从《谢尔曼法》问世到第二次世界大战结束，这期间除美国在 1914 年颁布了《克莱顿法》和《联邦贸易委员会法》作为对《谢尔曼法》的补充外，其他国家的反垄断立法几乎是空白。而且初创时期的反垄断法在各国的实施情况并不理想。美国反托拉斯法在颁布实施后的一段时间内收效甚微，依法提起诉讼的案件寥寥无几。据统计，1890 年以前美国工业托拉斯只有 24 个，名义资本 4.4 亿美元。到《谢尔曼法》颁布实施后的 10 年间，成立的工业托拉斯竟然达到 157 个，拥有资本 31.5 亿美元。1904 年，美国工业托拉斯剧增至 318 个，其中有 26 个托拉斯控制各自部门 80% 以上的资产，有 57 个在 60% 以上。此外，由于受到 1929 年世界性经济危机的影响，美国开始加强政府对经济的干预，实行经济统制政策，如扩大国家资本主义，强制实行卡特尔化政策，加强资本积聚，通过立法来确定本行业的生产规模、价格水平、信贷条件等，其实质是进一步牺牲中小企业的利益，满足垄断贪欲。结果是反托拉斯法成为一纸空文。德国希特勒上台后，为发动战争做准备，很快制定了《强制性卡特尔法》，通过卡特尔等垄断组织，将国民经济变为统一的“有机体”，原来的《卡特尔条例》被废止。总之，在第二次世界大战前，制定反垄断法的国家屈指可数，日本著名经济法学家金泽良雄说：“除了英国习惯法以及加拿大刑法，美国的反托拉斯法引人注目外，在澳大利亚、新西兰以及其他一些国家，也只有初具规模的朴素形态的禁止垄断法而已。”反垄断法在各国遭遇冷落，是与当时各国特定的政治、经济和社会历史条件分不开的。

然而，第二次世界大战后，形势产生了很大的变化，两个最主要的战败国日本和德国在美国的强大压力之下，于20世纪四五十年代先后制定了反垄断法，并结合本国国情予以实施，打破高度集中的战争经济体制，实行自由开放的市场经济体制。

首先，在美国的督促和引导下，日本在1947年颁布了《禁止私人垄断和维护公平交易法》，德国于1957年颁布了《反对限制竞争法》。1958年生效的《欧洲经济共同体条约》第85条至第90条是欧共体重要的竞争法渊源。此外，欧共体理事会1989年还颁布了《欧共体企业合并控制条例》，把控制企业合并作为欧共体竞争法的重要内容。此外，美国在1950年也颁布了《赛勒—凯弗维尔法》，1968年又颁布了《威廉斯法》。英国国会于1948年通过了《垄断和限制性行为调查与管制法》，现行的是经过修订的1976年《限制性贸易行为法》和1998年制定的《竞争法》。

美国、日本、德国的经济迅速发展以及其有效实施反垄断法，防止垄断与促进竞争的经验，极大地影响了各国的反垄断立法。20世纪六七十年代，各市场经济国家相继制定并实施了反垄断法。这些国家主要有澳大利亚、新西兰、加拿大、希腊、爱尔兰、芬兰、丹麦、瑞典、法国、挪威、西班牙等。意大利在1990年颁布了反垄断法，它是发达国家中颁布反垄断法最晚的国家。现在，经济合作与发展组织（OECD）的所有成员国都制定了反垄断法。

发展中国家反垄断立法的步伐比较缓慢。印度和巴基斯坦是颁布反垄断法最早的发展中国家，它们在20世纪60年代就颁布了反垄断法。此后是希腊于1977年、泰国和南非于1979年制定了反垄断法。直到20世纪80年代，韩国、葡萄牙、肯尼亚和斯里兰卡等国才颁布了反垄断法。尽管有联合国大会的号召，联合国贸发会还就管制限制性商业实践提供了技术援助，但是，颁布了反垄断法的发展中国家仍然不足12个，绝大多数发展中国家还是没有兴趣制定反垄断法。发展中国家当时对反垄断法普遍不感兴趣的原因是，这些国家的许多产业部门或者主要产业部门是国有性质的。为了维护国有企业的利益，国家自然就会在这些部门排除竞争。此外，当时所有的社会主义国家实行计划经济体制，不允许企业间开展竞争，这些国家自然也没有制定反垄断法的必要性。我国也是这种情况。因为我们当时认为计划经济是最好的经济制度，把竞争视为资本主义制度下的生产无政府状态，认为竞争对社会生产力会造成严重的浪费和破坏，在这种情况下不可能建立一种崇尚竞争和反对垄断的法律制度。

20世纪80年代以来，各国反垄断立法的步伐大大加快了。在发达国家的影响和带动下，一大批发展中国家在向市场经济转轨过程中，也相继制定了本国的反垄断法。这一方面表现在亚洲、非洲和拉丁美洲的许多发展中国家纷纷制定或者强化了它们的反垄断法，如非洲的津巴布韦、赞比亚、加纳等，拉丁美洲的秘鲁、巴西、委内瑞拉等；另一方面表现在原苏联和东欧集团的国家也都积极进行这方面的立法。到1991年，中欧和东欧地区的绝大多数国家包括保加利亚、乌克兰、罗马尼亚、克罗地亚、爱沙尼亚、哈萨克斯坦、立陶宛、波兰、俄罗斯、匈牙利等都颁布了反垄断法。近年来，随着这些地区的许多国家积极地申请加入欧盟，它们又都根据欧共体竞争法进一步强化自己的反垄断法。据统计，世界上目前颁布了反垄断法的国家大约有100个。发展中国家以及原苏联和东欧国家现在之所以积极制定和颁布反垄断法，主要的原因是国有垄断企业的经济效益普遍不能令人满意。因此，除了一些特殊的行业，这些国家都已经开始在原先国家垄断经营的部门注入私人资本，甚至在电信、电力、煤气等传统上被视为自然垄断的行业引入了竞争机制。现在，世界各国都已经普遍地认识到，垄断不仅会损害企业的效率，损害消费者的利益，而且还会遏制一个国家或者民族的竞争精神，而这种竞争精神才是一个国家经济和技术发展的真正动力。

通过对反垄断立法的历史考察，纵观一百多年来反垄断法在各国的发展历程，我们可以归纳出以下特点：

3.4.1.1 反垄断立法由个别到一般

19 世纪末叶，反垄断立法仅仅存在于个别国家，表现为个别法规。随着经济的不断发展，竞争日趋激烈和重要，许多国家开始制定反垄断法。进入 20 世纪以后，反垄断立法开始成为西方市场经济发达国家的共同现象，反垄断法开始蔚然成风，朝着专门化、群体化、系列化方向发展。

3.4.1.2 反垄断立法由市场经济发达国家扩展到发展中国家和经济转轨国家

西方发达的市场经济国家如美国、德国、日本、英国等在 20 世纪初期或中期大力加强和完善反垄断立法，形成了各具特色的反垄断法体系。当时可以说反垄断立法是发达国家的专有物。但是从 20 世纪 60 年代开始，发展中国家也开始了制定反垄断法的历程，如印度、菲律宾、韩国、阿根廷、巴西等国的反垄断立法都取得了一定的成效。原苏联及东欧等社会主义国家在向市场经济转轨过程中，纷纷制定了反垄断法。

3.4.1.3 反垄断立法由国内法扩展到国际法

随着世界经济朝着一体化方向发展，竞争已经突破一个国家的范围，愈来愈成为一个国际性的问题。因此，在各国进行国内立法的同时，国际领域的反垄断法律制度也得到了不断发展。1948 年，《哈瓦那国际贸易宪章》就提到反垄断问题，但因各国意见不一致而未果。1980 年，联合国《控制限制性商业惯例的多边协定的公平原则和规则》，构成了国际统一反垄断立法的基础。从国际组织的角度来看，无论联合国贸发会议（UNCTAD）、世贸组织还是经合组织（OECD），对竞争法和竞争政策问题十分关注，并成立拟定竞争政策的专门机构，推动竞争法和竞争政策的国际合作。例如，贸发会议秘书处每年都组织政府间竞争政策专家组会议，研究和通报各国竞争法的发展状况和热点问题；世贸组织已成立竞争政策工作组，负责竞争法和竞争政策的协调和对策研究；经合组织和亚太经合组织等重要国际组织都设有推动竞争法和竞争政策发展的专门机构。

此外，世贸组织、经合组织等多边国际组织越来越重视竞争法、竞争政策的协调和发展，并向转型国家和发展中国家提供立法、教育、培训等协助，对于推进竞争法的国际化发挥着越来越大的作用。

3.4.2 WTO 与国际反垄断

随着经济全球化的发展，国际市场上竞争越来越激烈，垄断与反垄断问题非常突出，现有的各国反垄断机制已不能满足国际反垄断的需要。国际社会的实践表明，将国际竞争规则纳入 WTO 框架是解决国际反垄断问题最有效的方法。WTO 框架下目前已有一些国际竞争规则，但存在重大缺陷，要完善 WTO 的反垄断机制，最重要的就是在 WTO 协议内建立多边反垄断框架，把在国际反垄断领域已经达成普遍共识的、至关重要的一些基本原则、基本内容在框架中确立下来。

3.4.2.1 国际反垄断现状要求将国际竞争规则纳入 WTO 框架

随着经济全球化的发展，国际市场上竞争越来越激烈，垄断现象十分突出，如少数生产者在它们之间分配特定产品的国际市场、出口卡特尔对出口商品固定价格、大型的国际合并损害及几个国家的国内竞争、跨国公司滥用国际市场优势地位，等等。20 世纪 90 年代以后，国际反垄断的刑事案件特别是那些具有重大国际影响的垄断案件迅速增加。1999 年，美国司法部调查的国际反垄断案件涉及 20 多个国家。2000 年，美国司法部反垄断局处理的刑事案件中近 1/3 是针对国际卡特尔的。① 可见国际卡特尔的广泛性和严重性。欧盟竞争法执行机构也遇到同样的情况，他们调查的企业合并案例中，很多企业的资产都在国外，影响到不少主权国家的利益。2001 年，欧盟对参与国际卡特尔的 56 个公司共计征收了 18 136 亿欧元的罚款，其中 18 个公司来自非欧共体国家，这给各国的反垄断机构提出了严峻挑战。

从国际反垄断的发展现状来看，目前在发达国家间已就许多方面达成共识，如建立竞争法制、协调竞争政策、维护竞争的基本规则等。但仅有发达国家间的共识并不足以稳定国际竞争秩序，因为发展中国家已经越来越多地在国际经济领域扮演着重要角色。由于历史原因，许多发展中国家的竞争法制尚属初建，还不是很健全。在过去较长的时期内，大多数发展中国家并无参与制定国际竞争规则的机会和能力。发展中国家需参与国际竞争，同时又不愿被动适应现有规则，因此竞争法的协调不仅是发达国家间的协调，也包括发达国家与发展中国家间以及发展中国家相互间的协调。这种内容如此广泛的协调，只有 WTO 才能承担。因此，实践表明，将国际竞争规则纳入 WTO 框架是解决国际反垄断问题最有效的方法。

3.4.2.2 WTO 框架下的国际竞争规则

尽管在现有的 WTO 文本中尚没有关于国际反垄断的协议，但是在 WTO 多边贸易体制下，对贸易自由的倡导和要求与对公平竞争的倡导和要求是同步的，贸易自由和公平竞争是维持国际经济秩序相辅相成的两个方面。根据竞争法的基本原理，禁止滥用市场支配力、禁止卡特尔、审查企业合并是竞争法的三大支柱。其中，前两类制度在 WTO 现有体制中已初现雏形。

（1）WTO 规则中关于禁止滥用市场支配力的规定。

①禁止经办国家垄断贸易的企业滥用市场支配力。在对外贸易中，政府授权企业对某一领域如烟草、石油等进行垄断经营的情形很多，这种做法被称为国家垄断贸易（State trading）。与竞争法对待垄断经营者的态度一样，“GATT 并不想禁止设立经办国家垄断贸易的企业或单位，仅为了限制其滥用的机会……”②。由于国家垄断贸易与关税、海关手续、数量限制、国家补贴等手段被视为阻碍国际贸易的重要障碍，WTO 为防止经办国家垄断贸易的企业滥用支配地位做了详细的规定。限制经办国家垄断贸易的企业对进口产品在国内市场销售时进行加价，要求其仅依照商业因素进行垄断产品的购买或销售。禁止歧视性的商业行为，在货物向哪个国家地区出口、从哪个国家进口的问题上，必须依市场导向，而不能考虑其他因素作出歧视性的选择。

②禁止服务贸易垄断企业滥用市场支配力。在任何一个国家，都存在垄断和专营服务，而且在

① 王晓晔：《美国反垄断法域外适用评析》，《安徽大学法学评论》，2002 年第 1 期。

② 赵维田：《国家垄断贸易经营规则》，《国际贸易》，2002 年第 3 期。

有些部门垄断或专营是必要的。因此，WTO 并不禁止成员垄断与专营的存在，只是为了尽量避免、减少因垄断、专营可能给服务贸易造成的障碍，规定了一些约束性义务。不仅在 1994 年达成的《服务贸易总协定》中有关于竞争问题的一般性规定，在金融与电信产业还做了进一步的要求，成为 WTO 体制中竞争规则较为完善的一个领域。这些要求均着眼于防止在服务业居于垄断地位的经营者滥用市场支配力，阻碍服务贸易市场的自由进入。如要求每一成员应确保在其境内的任何垄断服务提供者，在向市场提供垄断服务时，不得违反最惠国待遇原则和该成员所作的具体承诺。如果某一成员国的垄断服务提供者，直接或通过附属公司参与其垄断权范围之外的服务供应领域的竞争，则该成员国应确保该垄断服务提供者不滥用其垄断地位和以与该成员国的承诺不一致的方式进行活动。但是，WTO 对竞争政策的范围和实施没有规定义务，只要求各成员国在其他成员国提出要求时，提供涉及竞争的非保密信息。

③禁止知识产权领域滥用市场支配力。WTO 下的《保护知识产权公约》对知识产权协议许可合同中存在的限制性商业惯例作出了规定。其第 40 条要求各成员国，“采取适当措施，以防止知识产权权利持有人滥用知识产权，或采取不合理地限制贸易或对国际技术转让造成不利影响的做法。”协定详细确立了对知识产权协议许可中限制竞争行为进行控制的规则，还特别列举了可以明确禁止的三种滥用知识产权的做法：一是片面回授条件；二是禁止对知识产权的有效性提出质疑的条件；三是强制性一揽子许可。

（2）WTO 规则针对卡特尔的规定。进出口卡特尔是数家国内厂商针对国外市场控制其生产、销售、价格的联合行为，由于它有利于本国利益，往往为各国竞争法所豁免。但这种“损人利己”、“以邻为壑”的做法，危害了国际贸易的自由、公平竞争。

对于进出口卡特尔行为，WTO 现行规则有两个地方作了规定：当这种行为是政府支持下的进出口数量限制手段，或属于《保障措施协定》禁止的“灰色区域措施”时将受到禁止（灰色区域措施指的是，在进口国的压力下，出口国政府在一定时期内对其出口货物的价格或数量进行限制所采取的措施）。

首先，依原关贸总协定第 11 条第 1 款，“任何缔约方不得对任何其他缔约方领土产品的进口或向其他任何缔约方领土出口或销售供出口的产品设立或维持除关税、国内税或其他费用外的禁止或限制，无论此类禁止或限制通过配额、进出口许可证或其他措施实施。”从该条的文字表述看，该条主要针对政府采取的限制进出口数量的措施，并不单纯适用于企业之间的行为。但是，如果旨在限制进出口数量的企业卡特尔得到了政府的支持，则这种卡特尔因为具有政府行为的性质，即属于该条禁止的行为。

其次，《保障措施协定》第 11 条第 1 款规定，成员国不得在进出口方面寻求、采取或维持任何自愿出口限制、有序销售安排或其他任何类似措施。这些措施包括单个成员国采取的措施以及根据两个或两个以上成员国达成的协议、安排和谅解所采取的措施。所谓类似措施，包括出口节制、出口价或进口价监控体制、出口或进口监督、强制进口卡特尔以及酌情发放进出口许可证的方案等。这些措施名义上是出口国自愿承担的单方面行为，其实都是在进口国的压力下作出的，是政府贸易部门或有关企业在政府的支持、劝导下在多边贸易体制之外私下达成的，规避了多边贸易体制的非歧视规定。根据《保障措施协定》第 11 条第 3 款规定，各成员国不得鼓励或支持公私企业采用或维护等同于第 1 款所指措施的非政府措施。可见，如果企业的进出口卡特尔被当作一种“灰色区域措施”，则这种行为违反了该规定。[①]

因此，在 WTO 体制下，贸易并非完全自由，它是在公平竞争的基础上倡导贸易自由，是一个致力于公平、公开、公正和无扭曲竞争的规则体系。但是，WTO 目前的反垄断机制存在一个重大缺陷：GATT 的历次谈判结果和 WTO 协议主要对与政府有关的限制贸易行为进行规制，而对各国私人主体的限制竞争行为规制不够。实际上，当 WTO 对政府的行为进行严厉的审查后，各国政府限制贸易的行为明显减少，各国私人经济主体限制竞争的行为却越来越多。这对 WTO 所倡导的自由、公平竞争产生了严重的破坏，贸易自由化带来的利益面临着被私人经济主体实施的垄断行为产生的市场排斥效果所抵消的危险。要完善 WTO 的反垄断机制，最重要的就是在 WTO 协议内建立多边反垄断框架，要求各成员国都承担起对政府和私人经济主体限制竞争的行为进行有效规制的义务。

3.4.2.3　WTO 协议中多边反垄断框架应有的基本内容

由于在国际反垄断领域的认识、实践分歧客观存在，为使世界上的大多数国家能够在竞争政策方面进行有效的合作，WTO 协议中建立多边反垄断框架不宜提出太高的标准，也不宜规定太细，否则很难得到大多数国家的认同。在目前的情况下，WTO 的多边反垄断框架应以纲领性的规定为主。

（1）WTO 应督促各成员国建立国内反垄断立法和执法机构。各国反垄断法的有无和差异是国际反垄断领域产生矛盾和冲突的重要原因。随着经济全球化的发展、关贸壁垒的减少和贸易自由化，实行市场经济的国家都越来越重视反垄断法的作用。这一方面表现在亚洲、非洲和拉丁美洲的许多国家纷纷制定或者强化了它们的反垄断法，另一方面，表现在前苏联和东欧集团的国家也都积极进行这方面的立法。到 1991 年，中欧和东欧的绝大多数国家包括保加利亚、罗马尼亚、克罗地亚、波兰、匈牙利、俄罗斯等都颁布了反垄断法。近年来，随着这些地区的许多国家积极地申请加入欧盟，它们又都根据欧盟竞争法进一步强化了自己的反垄断法。英国、德国、日本等一些发达国家也对其竞争法作出了迎合时代发展的重大修改，强化了反垄断执法。现在，世界各国已经普遍认识到，垄断不仅会损害企业的效率，损害消费者的利益，而且还会遏制一个国家或者民族的竞争精神。因此 WTO 要求各成员进行基本的反垄断立法，应当能得到较普遍的认同。

当然，WTO 也要考虑到各国立法水平和经济发展水平的实际差异，在要求各成员建立反垄断法制度时有必要规定一定的过渡期，这可以在多边会谈中与具体国家作具体协商。同时，对积极准备制定反垄断法的国家，可依其申请给予相关的立法协助。

（2）WTO 中的多边反垄断框架应贯彻的基本原则。

①最低标准原则。WTO 的多边框架内应提供给各成员进行反垄断立法的参考标准。所有世贸组织成员应保证在其国内法中拥有基本的竞争规则，保证反垄断立法基本组成的一致，即至少要包括禁止卡特尔、控制企业合并、禁止滥用市场支配地位这三大反垄断法支柱。成员国虽然在立法上有一定的自主权，但不得放弃竞争法上被视为本质的内容，即参考标准中的实体法规则。按照这个原则，成员国除了执行最低标准外，还可执行更严格的竞争政策。执行宽松竞争政策的国家，必须接受这个最低标准的约束，从而保证各成员国对于国际竞争能给予相同的最低标准的保护。

②国民待遇原则。即 WTO 成员国对单纯国内卡特尔所适用的规则和原则应立即且无条件地适

---

① 钟立国：《中国：WTO 法律制度的适用》，吉林人民出版社，2001 年版，第 374 页。

用于所有的跨国案件，从而使其国内反垄断法国际化。各成员国就同一限制竞争的行为，不得对外国竞争者采取较国内企业更严厉的制裁；国内企业的某些行为若被视为有利于竞争，外国竞争者的相同行为就不得被视为限制竞争。

③透明度原则。透明度原则要求各成员国有义务及时公布其反垄断立法和执法情况、有关产业的竞争政策的变化、同别的国家签订的反垄断协议等相关内容，以便 WTO 和其他成员国都可以对该国的立法和反垄断进展有所了解，从而发挥一定的监督作用。这有利于消除成员国之间对他国反垄断法能否有效、公正地予以执行的怀疑，同时便于其他成员国通过司法途径或行政救济，顺利地得到他国反垄断机构的协助，以确保对国际贸易有不良影响的垄断行为能及时地在当地得到有效的处理。

（3）多边反垄断框架应提供各国反垄断机构的合作程序。相对于实体法的难于协调，各成员国在进行反垄断的程序合作方面却容易达成共识，这一点可以从已订立的一些双边协定大都是程序性规定得以证明。WTO 的多边反垄断框架应规范国际性合作的措施，包括国际范围内的与反垄断有关的通知、合作、咨询和监督措施、非机密性的信息交换，以及“消极礼让”和“积极礼让”义务，等等，以减少各成员国之间由于反垄断法域外适用所引起的冲突。

（4）多边反垄断框架中的纠纷解决要适用 WTO 争端解决机制。虽然学界目前对 WTO 争端解决机制性质的认识并不统一，但大多认为它是一种司法性的程序，或至少是一种准司法性的程序[①]。它确立了对乌拉圭回合有关协议下产生的所有争端的强制管辖权。这套机制采用了“反向协商一致原则”，即对有关问题的决议，如果争端解决机构经协商一致决定不通过，则该决议不能生效，但只要有一方同意，即获通过。这就使得从专家组到上诉机构的报告，均采用自动通过的办法，并对当事方具有约束力。此外，WTO 争端解决机制还包含详尽的执行程序，以确保生效的报告能得到执行。让各成员之间的反垄断纠纷适用 WTO 争端解决机制，一方面是为了同 WTO 框架内的其他协议的争端解决保持司法适用的统一，另一方面可确保各成员国的反垄断立法和执法符合其在 WTO 中自愿承担的义务，确保纠纷能够得到及时、有效地解决，维护受损方的利益。同时也是对争端解决机构这一司法资源的充分利用，避免重复设置机构所造成的不经济和无效率。各成员国因此应保证国内反垄断立法和执法体制与多边协议达成的措施相一致。

WTO 兼具国际组织、国际条约、国际谈判场所和协议执行机构四大功能，在其中建立多边反垄断框架、完善 WTO 的反垄断机制，对国际经济贸易的发展具有极其重要的意义。有关国家和组织已经认识到这个问题，为此提出了各种草案、建议，并试图纳入 WTO 机制内。如 1993 年由专家、学者制作了一部国际反垄断法典草案；2001 年 WTO 第四届部长会议通过的《多哈宣言》第 23 节指出，WTO 已认识到竞争政策多边框架对国际贸易和发展的积极意义，第 27 节还提及在该领域加强技术援助和能力建设的必要性，并决定 WTO 成员方将在 2003 年 9 月的墨西哥部长级会议上就制定一个竞争政策多边协议进行谈判。尽管最终未能达成一个多边国际反垄断协议，但在 WTO 中完善反垄断机制是不可避免的，因为贸易自由和竞争公平已经成为国际经济贸易发展的不可分割的两个方面。

① 李小年：《WTO 规则与争端解决机制》，上海财经大学出版社，2000 年版，第 124 页。

3. 4. 3　美国和德国反垄断法比较

19 世纪末以来，西方发达国家普遍制定了旨在保护竞争、反对限制贸易自由和反对垄断的法律——反垄断法，其中最具典型性和代表性的是美国和德国的反垄断法。由于垄断本身是一个极为复杂的经济现象，在阻碍竞争的同时，也会带来规模经济效益。因此，各国的反垄断法的原则总是游离于限制与禁止之间，对于垄断的分析方法也在结构主义与行为主义之间徘徊。美国反托拉斯法和德国卡特尔法分别作为结构主义政策和行为主义政策的典型代表，对世界反垄断法产生深远影响。两个国家的反垄断法在立法模式、限制贸易行为、垄断、合并、域外适用、诉讼和制裁等方面都有着明显的差异，体现了禁止性和限制性原则的不同特色。

3. 4. 3. 1　立法模式

反垄断法与反不正当竞争法关系密切，同属竞争法范畴，然而两者又是不同的。所谓不正当竞争，狭义上是指以欺诈或其他违反诚实信用原则的方式进行竞争的不法行为，其本质特征在于违反诚实信用原则，如窃取他人的商业秘密、诽谤其他竞争者等，均属不正当竞争。垄断的本质特征是反竞争，垄断不允许其他竞争主体与其竞争，哪怕是不正当竞争。垄断行为可能并不违反诚实信用原则，但其后果造成对竞争的遏制，从而损害正常的市场经济秩序。反垄断法与反不正当竞争法分开立法，抑或兼容一体，美国与德国采用了不同做法。

美国反垄断法与反不正当竞争法并非截然分开，而是互有包容的。美国的反托拉斯法，是由以《谢尔曼法》（1890 年颁行）、《克莱顿法》（1914 年颁行）及《联邦贸易委员会法》（1914 年颁行）为基础的一系列单行法规和判例所组成的，其功能是防止垄断对贸易的限制，促进竞争，基本属反垄断法，但是也包含了部分反不正当竞争的内容。其中《谢尔曼法》、《克莱顿法》主要侧重于对垄断的规制。《联邦贸易委员会法》首先涉及不正当竞争问题，该法第 5 条规定，商业活动中的各种不正当竞争方法均为非法。这里“不正当竞争”是广义的范畴，涵盖了垄断和不正当竞争两方面的内容，因此该条不仅成为联邦贸易委员会查处不正当竞争行为的法律依据，而且该条同样也适用于任何违反《谢尔曼法》等反托拉斯法所规制的垄断及限制贸易行为。美国至今仍无单行的联邦反不正当竞争成文法，对不正当竞争，除反托拉斯法作了原则规定外，有关版权、专利、商标和虚假广告的联邦成文法及相关判例也作了规定。

德国采取了反不正当竞争法与反垄断法分别立法、独立并存的立法模式。1896 年，德国率先制定了《反不正当竞争法》，它是世界上最早作为特别法来禁止不正当竞争的法律。该法的制定标志着不正当竞争立法的开始，对德国本国和其他国家的立法均产生了深远影响。德国反垄断法由于历史的原因命运多舛，第一次世界大战前，卡特尔协议在德国特别盛行，几乎遍及各个经济领域，成了企业从事限制竞争行为的主要方式。1923 年，德国颁布《卡特尔条例》，允许对“滥用经济强权”的卡特尔向法院起诉，“卡特尔法”这一名称也一直沿用至今。1933 年纳粹上台后，开始推行国家统治经济政策，正式废止了《卡特尔条例》，把德国所有的公司和企业纳入为战争服务的轨道，从而使德国企业的卡特尔组织得到了空前的发展。第二次世界大战后，德国以美国反托拉斯法为蓝本，制定了有关禁止卡特尔协议的法律。随着德国经济的恢复和发展，为了进一步规范市场，1957 年议会通过《禁止限制竞争法》，后来又经过多次修改，形成了由一个单行法规专门规定的不同于美国的反垄断立法模式。

美国反托拉斯法多为一般性的规定，没有对垄断和限制贸易行为作出明确的定义或界定，而是笼统地以“托拉斯”来概括各种限制竞争行为和垄断行为。尤其是《谢尔曼法》，其含义是用比美国通常立法更广泛更一般的措辞来表达的，对限制贸易及垄断行为作了原则性规定。而《克莱顿法》则进一步分别列举和描述了各种具体的限制贸易行为，但仍然没有准确的概念。反托拉斯法成文法的这一不精确性，使司法机关在有关案件的判决中具有决定性的作用。美国在一百多年的反托拉斯法实践中，积累了大量丰富的判例。这些判例是根据成文法的原则规定结合具体案件的实际情况作出的，某些典型判例充实了成文法的规定，并成为其后来运用的基础。相比之下，德国反垄断法的规定较具体和明确，既含有关于反垄断的一般规定，又对部分限制竞争的垄断行为作了明确的界定和具体的分类，这样司法机关在审判实践中的作用就不及美国的司法机关。

3.4.3.2 限制贸易行为

《谢尔曼法》第1条规定：“任何以托拉斯或其他方式限制州际贸易或对外贸易的合同、联合或共谋为非法。”这是一项严格禁止的条款，没有规定任何例外。美国在立法和司法实践中对各种限制贸易行为的态度是十分严厉的，尤其是竞争者之间固定价格、划分市场、串通投标、联合抵制等都属禁止之列。1927年，最高法院在川通陶瓷案中首次提出了所谓“本身违法”原则，法院认为，竞争者之间的固定价格协议往往会对竞争造成恶劣影响，不论固定的价格是否合理，也不论企业的意向优劣，竞争者之间固定价格的协议或共谋本身就是非法的。本身违法原则的逐步确立和适用，使得那些严重限制贸易行为的违法性进一步明确，它意味着法院对于此类协议的违法性推定是不可以推翻的。不论是有关固定价格、划分市场、串通投标，还是联合抵制，竞争者之间的限制贸易协议通常本身就违反了反托拉斯法。在追究这类行为的责任时，不必再证明这些行为是否合理，也不必证明造成多大的损害，这种行为的存在本身就意味着不合理和非法。一旦被认定实施了本身违法的行为，就有可能被指控为刑事犯罪，面临刑事监禁和巨额罚金的严厉处罚。本身违法原则反映了美国反托拉斯法适用的严格性，同时也的确方便了对此类案件的审理，避免了繁琐而冗长的而且往往是毫无成效的调查。

一般来说，美国联邦最高法院对于反托拉斯诉讼倾向于首先适用本身违法原则进行分析，通过审查相关事实及其影响来确定该行为的目的和性质，诸如固定价格及限制产量的协议，特别是竞争对手之间的限制性协议毫无疑问会被推定为本身违法，会受到极为严厉的制裁。如果涉案的限制性行为或协议并无反竞争的明显效果，不能归入本身违法，就会进一步要求对该行为或协议的所有后果做详尽的调查，进行复杂深奥的经济分析，以确定该行为或协议是否会有不合理限制竞争的后果。换句话说，需要考察该行为或协议对贸易的限制是否合理，这就是所谓的“合理原则”（1911年美国标准石油公司案首次推出）。可见，如果某一行为被认为本身违法，法院就不再适用合理原则。结果就使大部分竞争者之间的限制性协议及其他限制行为和合并都在本身违法之列，充分体现了美国反托拉斯法的禁止性原则。

德国卡特尔法一定程度上体现了反垄断法的禁止原则，明确规定某些明显的反竞争协议非法，如企业间固定价格的卡特尔协议。不过与美国立法明确禁止缔结各种形式的限制竞争协议的规定不同，德国法在用语上并不禁止此类协议的缔结，而是制止这些协议的执行。相对而言，限制性原则在德国的适用更为广泛和突出。德国法虽然规定卡特尔协议无效，但是《禁止限制竞争法》本身规定了许多例外，使其比美国法显得更宽缓。按照该法第2条至第7条规定的卡特尔，虽然有限制竞争作用，但对市场不一定产生明显影响，相反可能会产生有利于经济的合理后果，因而是合法的和可以批准成立的。主要包括：合同条件卡特尔、回扣卡特尔、经济结构危机卡特尔、合理化卡特尔、专门化卡特尔、中小企业卡特尔、出口卡特尔、进口卡特尔，等等。德国对大多数限制竞争行为同样进行权衡分析，要对行为的目的、竞争后果、对市场的影响等方面进行考察和分析。不同的是，美国对于合理原则的适用只限于分析纯竞争方面的影响，一旦某个具体行为产生了限制甚至摧毁竞争的效果，那么就不会再去考虑这种行为对其他方面产生的积极影响，而德国法除了考虑行为的竞争后果以外，还要考虑诸如合理化的后果及公共利益。如《禁止限制竞争法》第 8 条规定，出于整体经济和公共利益的考虑，企业间限制竞争的卡特尔协议可以得到批准。另外，美国法院在合理原则的适用中，一般作违法性推定，由被告对主张其行为合理的依据负举证责任，德国的做法则相反，它推定卡特尔协议的合法性，由政府对其违法性负举证责任。

总的来说，德国法在形式上是限制性的，并不严格禁止卡特尔，制裁也不严厉，它的许多例外规定使它不像美国法那样严峻。美国近年来对反托拉斯法的适用有所放松，本身违法原则的适用范围有所减少，但美国法在总的形式上一直是禁止性的，例外规定极少，制裁也十分严厉。

3.4.3.3　垄断

垄断是限制竞争行为的一种特殊形式，是指一个企业在某种产品的市场上有控制和独占的权力，没有任何竞争者能与之竞争。垄断有两个基本要素，垄断地位和垄断行为。拥有垄断地位是指企业在相关市场享有支配和独占的地位，具有控制价格或排除竞争的能力，企业所占市场份额是判断企业是否具有垄断地位的重要标志。垄断行为包括试图获得或维持垄断地位及对垄断地位的滥用。垄断地位与垄断行为两者在法律性质上是有差别的。针对垄断，世界各国目前采取的政策可以分为两种，一种是结构主义政策，一种是行为主义政策。前者倾向于认为垄断是危害经济发展的一个主要因素，只会造成低产出、高价格，导致资源和财富的不合理分配，而不会带来相当的好处，应当以市场结构为出发点，禁止垄断，解散垄断企业。后者倾向于认为垄断并非总是给消费者和整体经济带来危害，企业达到一定规模，占有一定比例的市场份额是有利于经济发展的，因此，应当允许垄断的存在。垄断政策的调整对象是垄断企业的垄断行为，也就是看企业是如何去获得垄断地位的，是否实施了对垄断地位的滥用行为，而不是去调整实际存在的市场结构。无论是结构主义政策还是行为主义政策，对于垄断行为的禁止性原则是一致的，其差别在于对于垄断地位的规制问题。

美国《谢尔曼法》第 2 条规定："任何人垄断或企图垄断，或与他人联合或共谋垄断州际贸易或对外贸易，是严重犯罪。"这是一项严格禁止的规定，从条文本身规定来看，它所禁止的是垄断行为，而不是垄断地位本身。然而从美国反托拉斯法的司法实践来看，对于垄断地位的态度并不稳定。在 1920 年的美国钢铁公司案中，法院认为企业具有大型规模本身并不违法，因为企业可能会由于改进技术、良好效率、商业技巧等原因得到发展或增长，获得规模经济效益，从而在市场上拥有垄断地位。只有当企业存在谋求垄断的企图，并通过不属于"工业发展的正常方法"实现其目的，造成对竞争的实质性限制的情况下，其行为才构成违法。1945 年的美国铝公司案的判决首次确定，反托拉斯法制裁的对象应当包括拥有垄断地位本身，而不仅仅是单纯的取得或滥用这一地位的垄断行为。法院认为，如果一个企业控制这么大量的市场份额（该公司当时占有 90% 的市场份额），它必定凭借着自己的特殊地位以一个垄断者的身份进行活动，从合法的拥有垄断地位到违法滥用垄断地位这个过渡很容易，没有明确界限。而且，企业也不可能占有优势而不去利用。由于拥有垄断地位和取得或滥用这一地位实际上很难分开，因此，只要企业在市场上拥有垄断地位就是非法的。这个判决意义深远。整个20世纪70年代，由司法部反托拉斯局与联邦贸易委员会所提起的所有965个案件中，只有26个是完全针对垄断行为的。然而需要注意的是，在几个著名案件的判决中（国际商用机器公司案、四家谷类熟食品制造公司、八大石油公司案、美国电报电话公司案等），对于大型企业的反托拉斯指控所强调的是垄断行为而不是市场份额，近来备受关注的微软公司案也是如此。这似乎表明，法院更着重对于垄断行为的追究。但是不可否认的是，被指控的行为与市场份额有一定关系，而且这些非法行为具有非常不明显的性质。可以说，对这些大型企业的追究往往源于其占有的高市场份额，企业在市场上享有市场份额是推定垄断行为是否存在的重要依据。市场份额越高，推定垄断行为存在的效力越大，企业被判非法的可能性也就越大。因此，尽管时而有反复，但从美国反托拉斯法的整个实践来看，它是禁止性的，注重对市场结构的考察，基本采取了结构主义政策。至于占有多大的市场份额能够构成垄断地位，美国反托拉斯法未作明确规定，由法院在审判实践中灵活掌握。

德国法将企业的垄断地位称为企业“优势地位”。根据《禁止限制竞争法》的规定，当作为某种特定商品或劳务的供应者或需求：①没有竞争者或者竞争者很少，或者②相对竞争者，它具有一个突出的市场地位时，就构成了企业的优势地位。德国法无论在立法上或审判实践中，都不禁止一个或一个以上的企业在市场上占有优势地位，而是禁止企业滥用优势地位，这一点非常明确。企业滥用行为须以优势地位的存在为先决条件，德国对构成市场优势地位的市场份额作了预先的法律上的明文规定。根据第22条，只要单个企业在相关市场上占有1/3或1/3以上的市场份额；两个或三个企业共同占有1/2或1/2以上的市场份额；三个以上五个以下企业共同占有2/3或2/3以上的市场份额，就可以认定存在着市场优势地位。德国法不禁止垄断企业的存在，而是对垄断企业滥用优势地位的行为加以控制和监督。显然，德国法的规制对象主要是垄断行为，而不是垄断地位，采取的是典型的行为主义政策，体现了反垄断法的限制性原则，与美国法形成鲜明对比。

3.4.3.4 合并

合并与垄断一样，对于整体经济和公共利益的影响具有复杂的两面性。适当的合并可以达到规模经济的目的，但是不当的合并显然会减少甚至消灭竞争，对合并采取的政策往往是对垄断采取的政策的再现和延续。

在美国最先提到合并的是《克莱顿法》第7条，但是判例证实《谢尔曼法》第1条也适用于对合并的监督。后来的《塞勒——凯弗维尔法》、《哈罗——司科特——罗蒂诺法》及《反托拉斯诉讼程序改进法》等又作了补充性的规定，但是总的来说成文法主要是一般性条款，弹性较大，需要通过相关判例进一步明确化、具体化。从国会颁布的法律来看，目的在于事先预防合并的出现。最高法院在确定合并的评判标准时，曾深受国会颁布的法律所表现出来的“反大企业”的心态影响，认为市场结构对于市场行为和市场结果有决定性作用。1962年布朗皮鞋公司案中，法院发现该行业有一个日趋集中的倾向，因此判决强调了国会欲将不断增长的企业集中进行遏制的意图。由于最高法院持这种“早期预防的”态度，因此占有1/10以下的市场份额的企业合并也被看作是非法的。1966年食品公司案就是一个明显的例子。合并后的企业只占有7.5%的市场份额，但是由于食品公司的市场集中程度明显加强，而法律的任务之一就是通过在商业中保持大量的小型竞争者，来防止美国经济的集中，因而判定该合并违法。1963年弗莱德福银行案中，最高法院又推出了所谓“非法推定法”，参与合并的企业只要占有一定的市场份额，合并就推定为非法。该案中30%的市场份额被认为足以确定非法推定。1968年司法部通过了一个合并准则，列举了市场份额的界限以及其他结构标准，同时认为，除了特殊情况外，取得规模经济不得作为对合并的辩解。可见，法院对于企业合并采取的是结构主义的分析方法，以参与合并的企业以及合并后的企业所占有的市场份额为出发点，同时对相关市场的集中趋势，合并后其他中小企业被排挤的可能性及其可能获得的利益加以综合考察。但是，1974 年最高法院在通用电力公司案中认为，仅凭市场份额和集中化程度本身还不足以有说服力地推测企业合并会产生限制竞争的后果，只有对具体市场、市场结构及其发展进行深入细致的分析，才能够对限制竞争的效果作出进一步的说明。该案被合并的企业将来的竞争力是有限的，因此合并不会实质性地削弱竞争。1982 年和 1984 年司法部先后颁布了两个新的合并准则，对合并采取了相对宽容和灵活的政策，表明美国对于合并的严厉态度有所松动，在对合并继续适用结构主义政策的同时，注意以具体的市场事实为依据，区分有利于竞争和反竞争的合并。

德国法对合并的控制有具体的规定，而不像美国法那么较多地适用一般性规定。德国法开宗明义地规定取得财产或股份、董事兼任，以及其他任何形式，包括订立合同达到控制和影响另一企业，都是合并的形式，法律用较多篇幅对企业合并登记事项作了具体规定。德国早期对于合并的监督主要针对已完成的合并事实，直到 1980 年第三次修改《禁止限制竞争法》时加入了第 24 条，规定了合并计划的申请登记，扩大了对合并可以采取的预防性措施，这一发展与美国的合并政策有些相似。根据法律，卡特尔当局禁止合并的前提是企业合并会导致产生或加强控制市场的地位，如果参与合并的企业能够证明合并也能改善竞争条件，而且合并带来的成效超过了控制市场所带来的弊端，那么卡特尔当局就不得禁止合并，显然德国对合并适用了行为主义的分析方法。

3.4.3.5　域外适用

美国反托拉斯法的一个重要特征是它具有域外效力。《谢尔曼法》第 1 条、第 2 条明文规定适用于对外贸易。法院在 1945 年阿尔科案中确立了影响原则，只要限制竞争行为对美国的贸易及市场产生了影响，不论行为发生在什么地方，美国法院都有域外管辖权，可以适用美国的反托拉斯法。所以，反托拉斯法不仅适用于国内企业，而且也适用于外国企业。此后，考虑到其他国家的合法利益和国际礼让原则，法院在相关判例中作了进一步的限定，只有对国内市场竞争产生了重大的、直接的而且是可以预见的影响时，才会受到追究。由于美国对外国企业适用影响原则的态度十分强硬，实际执行的力度也比较大，不断导致美国与有关企业所在国家之间的贸易摩擦，甚至由此而引发的政治冲突也频繁发生。美国法院也意识到它们对于反托拉斯法域外效力的广义解释，有把美国法律强加于他国的倾向，因此 1982 年《域外反托拉斯法修正法令》已对域外效力作了相对狭义的解释。但出于维护美国国内的市场竞争秩序，保护国内企业利益的需要，影响原则仍然会得到执行。

德国《禁止限制竞争法》第 98 条第 2 款规定，该法适用于所有的影响德国国内竞争的行为，包括源于国外的由国外企业实施的限制竞争行为。一般认为，必须从具体情况出发，以相关的实体规范及其保护对象为标准，来确定影响程度。如果有一家国内企业参与了源于国外的限制竞争行为，只要这种行为可以影响竞争关系，即可适用德国法，而在其他情形下，影响必须是实质的、可感觉的或是直接的。德国法在理论上和实践上都比美国法谨慎得多，德国法在实践中尽量避免直接适用域外管辖权，更多地吸收了欧共体竞争法的适用原则，即“单一企业论”观点。这一观点认为，基于母公司对子公司在股份、财政、组织等方面的控制，将子公司和母公司看作是一个单一的企业，从而通过对设在本国境内的子公司或母公司取得对设在本国境外的母公司或子公司的管辖权。这种“单一企业论”的观点，似乎比美国影响原则更为合理，在实践中也更可行，克服了域外执行方面面临的困难。虽然在管辖上具有域外性，但执行在本质上则是域内的，即以域内所控制的子公司或母公司财产作为执行的对象。

3.4.3.6 诉讼与制裁

美国反托拉斯法的实施机构有司法部反托拉斯局和联邦贸易委员会。除了《联邦贸易委员会法》由联邦贸易委员会专门执行以外，反托拉斯局负责执行包括《谢尔曼法》、《克莱顿法》在内的所有反托拉斯法规。反托拉斯局可以提起刑事和民事诉讼，当被指控的行为属严重违法行为，即被称为本身违法行为，一般适用刑事诉讼，只有反托拉斯局才能提起刑事诉讼。如果法院认为被告有罪，可以根据《谢尔曼法》判处犯罪公司100万美元以下罚金，犯罪人10万美元以下罚金或3年以下监禁，或罚金与监禁并处。如果在民事诉讼中胜诉，法院则颁布禁止令或发出其他改变或影响企业结构的命令，如果企业违法行为直接损害美国利益，反托拉斯局可以提出损害赔偿之诉。司法实践中，反托拉斯局提起的民事诉讼很少进入审判程序，最常见的是司法部长与被告达成一项协议，根据协议，被告将停止进行政府所指控的违法活动，或进行拆分或重组。联邦贸易委员会是隶属于国会的具有准司法性质的行政执法机构，兼有反垄断、反不正当竞争及保护消费者权益的多项职能。对违反反托拉斯法的行为，可以进行实质性的调查，作出独立有效的裁决，包括发布停止违法行为令、处以罚金和命令企业解散。反托拉斯局和联邦贸易委员会在许多领域享有共同的管辖权，职能交叉，因此，双方必须就由谁处理某一具体案件达成一致。在长期的实践中，双方已经形成了某种事实上的分工。此外，受到损害的私人也可以提起民事诉讼，一般可以获得损害的3倍赔偿以及诉讼费和合理的律师费。实践中，私人提起的损害赔偿之诉占了反托拉斯法民事诉讼的绝大部分。

德国实施反垄断法的主要机构是各级卡特尔局，权限清晰、职能明确。卡特尔局专司《禁止限制竞争法》，是一个独立的行政机关，拥有实质性的调查权和行政执法权。有权对违法者处以罚金或发布禁令，有权作出对有关合同或决议豁免适用卡特尔禁止的裁定，当事人对卡特尔局的裁定不服，可以要求法院进行司法审查。联邦经济部长领导联邦卡特尔局，有权批准成立卡特尔或企业合并，这些措施往往带有鲜明的政治性和政策性，政治方面的考虑优先于竞争关系的考虑。德国法也允许私人提起损害赔偿诉讼，但其私人诉讼的意义远不及美国。实际上，官方提起的诉讼更多也更具有意义。需要特别指出的是，与美国不同，德国法没有规定刑事制裁方式。

3.4.4 近年来美国反垄断法执行的特点

20世纪90年代以来，美国的反垄断法执行呈现出以下几个特点：

3.4.4.1 注重查处国际卡特尔

随着经济全球化和市场一体化，美国反垄断当局越来越注重调查和制裁国际卡特尔，以维护美国消费者的利益。据统计，美国司法部在1997年和1998年征收的反垄断罚金的90%以上，以及1999年征收的全部罚金都是来自国际卡特尔案件，且最大的罚金也是来自外国企业。例如，1999年对瑞士的F. Hoffmann – La Roche公司征收了5亿美元的罚金。这个金额不仅超过了以往反垄断案件所征收的全部罚金，而且也是美国司法部迄今依法征收的最大数额罚金。1997年和1998年美国反垄断刑事案件的一半被告是外国公司。在罚金达到或者超过 1000 万美元的 26 家公司中，其中一半公司也是外国公司。在克林顿政府向布什政府的过渡期间，情况仍是这样。2000 年，司法部反垄断局大约 1/3 的刑事案件涉及国际卡特尔。在这一年，日本三菱公司因被指控参与了固定石墨电极价格的国际卡特尔，被征收的罚金高达 1. 34 亿美元。这个案件中的德国 SGL 炭精电极股份公司被征收的罚金达到 1. 35 亿美元。在 2001 年，总部设在意大利的 ABB 公司（Asea Brown Boveri）在瑞士的子公司（ABB Middle East & Africa Participations AG）因被指控在美国国际发展局(USAID)在埃及的工程承包招投标活动中有串通投标行为，被美国司法部征收了 5300 万美元的罚金。受到美国反垄断法刑事制裁的还有外国的自然人。如英国著名的拍卖行克里斯蒂（Christie）的总裁因和美国著名的拍卖行索斯比（Sotheby）总裁共谋固定拍卖品佣金的价格，2000 年，他们被指控违反了美国的托拉斯法。这两个拍卖行不仅得支付受害人提出的高达 5 亿美元的 3 倍损害赔偿，它们的总裁还面临着 3 年以下的刑事监禁。此外，4 名日本化学公司的职员在 2001 年因涉嫌参与了一个涉及食品添加剂山梨酸酯的价格卡特尔，也面临着美国反垄断法的刑事制裁。[①]

3. 4. 4. 2　注重高科技领域的限制竞争活动

随着科学技术的发展，知识产权越来越成为企业取得市场优势地位的手段，但随之也越来越多地出现了滥用知识产权限制竞争的情况。因此，近年来美国当局的反垄断调查有许多是针对高科技企业。这方面最重要的案例是 1997 年美国司法部对计算机软件业巨头——微软公司提起了反垄断诉讼，在这个案件中，司法部指控微软公司捆绑销售互联网浏览器，排斥其他企业进入软件市场，从而减少了美国消费者选择产品的机会。对微软公司提出的反垄断诉讼是美国反垄断法执行中的一个重要教材，这个案件的重要意义是，凭借知识产权取得市场优势地位甚至垄断地位的企业不能滥用这个地位，特别是不能将它在某个产品市场上的优势地位通过“捆绑销售”扩大到其他相关的产品市场上。然而，微软公司一案也给人们提出了很多问题，即当一个限制竞争涉及高科技的时候，如何才能合理地识别合法与非法的限制竞争。正是因为微软公司是一个运用高科技而蓬勃发展起来的大企业，人们担心对微软公司的拆散一方面可能会推动市场竞争，同时也可能被视为对运用高科技而取得市场优势企业的惩罚，从而损害这些企业开展创造和革新活动的积极性。

3. 4. 4. 3　反垄断法分析中越来越注重消费者的利益

在 20 世纪 80 年代，随着里根政府将芝加哥学派几个重要人物任命为联邦法院的法官，芝加哥学派的思想在美国反垄断政策中曾经起过重要的作用。例如，这个期间的反垄断判决基本上都是以经济效率为导向，政府几乎仅是干预企业间的横向价格限制和横向合并。然而，1992 年美国联邦最高法院关于柯达公司一案的判决说明，美国法学界和经济学界对于芝加哥学派的观点开始了新的评价。从 20 世纪 90 年代以来，随着加利福尼亚大学的经济学教授提出了“单方效果”（unilateral effects doctrine）的理论，这种只注重企业的经济效率而反对政府一切干预的芝加哥学派已经变得越来越不重要。根据这种“单方效果”的理论，即便是小企业间的合并，如果从经济学的角度分析，这个合并将会导致企业的涨价行为，从而使消费者的利益受到损害，政府对这个合并也应当进行干预。这说明，美国 20 世纪 90 年代后期以来的竞争政策与其 80 年代的政策相比，更加注重维护市场上的有效竞争。

---

① 王晓晔：《紧盯国际卡特尔——美国反托拉斯法及其新发展》，《国际贸易》，2002 年第 3 期。

3.4.5 典型案例

一百多年来，反垄断法在美国也带来了许多的争议，美联储主席格林斯潘甚至曾批评整个反托拉斯领域充满了混乱和自相矛盾。这里选取有代表性的5个案例，来探讨美国法院对反垄断法的使用。美国的反垄断立法与执法有着较长的历史，由此取得的经验也值得我们在建立社会主义市场经济法律体系的过程中借鉴。

3.4.5.1 标准石油公司垄断案[①]

最具影响力的第一个反垄断案就是标准石油公司垄断案。1870年，洛克菲勒家族创建了标准石油公司，通过各种商业安排，仅仅10年的时间就掌控了当时全美国90%的石油供应。洛克菲勒更是在1882年将所有的企业合并，成立了标准石油集团。其后，政府指控标准石油公司以不正当的低价排挤竞争对手，然后再以高价获取掠夺性利润，形成垄断。这一诉讼进行了好多年，美国最高法院最终于1911年确认标准石油公司违反了反垄断法并将其解散。最高法院大法官怀特在判词中指出：标准石油公司获得的市场垄断地位不是通过正常的商业发展达到的，而是通过新的合并的手段完成的。有充分的证据显示，标准石油公司具有限制竞争和进行行业垄断的行为。美国最高法院最后支持了下级法院的判决，将标准石油公司拆分为30多个小公司。这一判决在当时虽然也颇有争议，但却得到了广泛的支持。

关于垄断的构成要素，法官解释《谢尔曼法》第二条关于违法的垄断行为包含两个方面：一是在相关市场上拥有垄断力；二是通过反竞争或排他性的手段或者出于限制竞争或排除竞争对手的目的而故意地获取、维持或者使用这种垄断力。

在反垄断法的适用上，美国法院一般认为：在考虑手段和目的是否是反竞争的或排他性的时候，必须区分那些旨在限制竞争的行为和企业通过优良的产品、高效的管理或者运气而取得的成功。如果这一能力的取得是通过诚实的企业行为，或者说是由于较高的商业实力和效率而获得的，被告即使在某一相关市场拥有垄断力，也不违反《谢尔曼法》。

3.4.5.2 AT&T与柯达胶片冲印一体化案的比较[②]

如何区别反竞争的一体化和竞争性一体化，AT&T与柯达公司的案例是一个很好的说明。在1982年AT&T解体以前，AT&T公司实行包括提供长途、市话服务，以及通讯设备制造和研究开发在内的一体化经营。AT&T通过设计专门的技术标准，并保守网络标准信息，以排除其他制造企业。当司法部反垄断处受理此案时，AT&T在申述中举出柯达公司的例子。柯达公司开发出一种新的胶卷，这种胶卷只能用柯达公司自己制造的设备才能冲印，而且柯达公司对冲印其照片使用的化学试剂进行保密，从而形成胶卷生产和冲洗上下游一体化。最终，司法部判AT&T的行为是反竞争的，并未判柯达的行为是反竞争。

AT&T和柯达的一体化的主要区别：一是行业特点不同。1982年以前的电讯设备下游市场几乎都被AT&T垄断，可以说AT&T是电讯设备的垄断买主。而胶卷行业的用户是分散的竞争性买主。

---

① 卢承灏：《从案例看美国的反垄断法》，《交通企业管理》，2004年第1期。

② 欧美同学商会2005委员会：《美国反垄断法的几个典型案例》，http：//blog. sina. com. cn/u/4935cee801000347。

二是柯达公司开发了一个新的产品，尽管柯达产品的开发导致其他厂商（主要是 Berkey）的成本增加，但是，它们仍然可以生产新的产品。实际上，柯达的行为促进了其他胶片生产厂商的进一步研究开发和技术进步；而 AT&T 是按其设备标准设计公共网络的标准，如果其他制造商不采用 AT&T 的标准，其设备就无法与公共网络连接。

因此，可以说柯达公司是利用竞争优势，而 AT&T 公司是滥用市场力量，其一体化和保密是反竞争的。由此可见，一体化行为是否违反反垄断法，主要判据是一体化企业是否滥用市场力量，关键要分清滥用市场力量和发挥竞争优势的区别。

3.4.5.3 ASPEN 滑雪公司垄断案[①]

1985 年，美国最高法院判决的滑雪公司垄断案，不是由政府提起的，而是由竞争对手提起诉讼的垄断案。原告 ASPENHIGHLANDS 滑雪公司拥有 ASPEN 地区 4 家滑雪场中的 1 家，被告ASPEN 滑雪公司拥有另外的 3 家滑雪场。直到 1978 年 ~ 1979 年滑雪季之前，两家公司一直共同提供可调换的 6 天全 ASPEN 通票。在 1978 年 ~ 1979 年滑雪季，被告借故停止这种通票的销售并拒绝同原告继续合作，同时还采取了一系列措施排挤竞争对手。于是原告提起诉讼，声称被告违反了《谢尔曼法》，要求被告给予 3 倍的损害赔偿，科罗拉多地区法院判决被告违反了《谢尔曼法》第二条，应给予原告赔偿。美国联邦第 10 巡回上诉法庭维持地区法院的判决。被告申请最高法院的案件调取令。

这一案件针对的是地区性的垄断行为，其焦点在于竞争方之间的“拒绝交易行为”。这一案件在当时曾引起了很大的争议。ASPEN 滑雪公司认为有法律上的义务拒绝同 HI GHLAND 参与共同的市场安排。它应当进行竞争，但也有义务作出独立的决定，自己去定价其产品，自己决定销售什么票和不销售什么票。同时认为：即使一个拥有垄断力的公司也没有义务同一个竞争对手合作进行市场开发，在不存在实质性的排他性的行为的时候，就不能证明违反《谢尔曼法》第二条。

最高法院法官指出，《谢尔曼法》的主旨是一个企业应当通过自身的扩张而增加利润，即通过成功的竞争而不是通过同对手建立同盟，因此认为即使一个拥有垄断力的公司也没有一项一般性的义务去同竞争对手建立一个联合的市场行动是完全正确的。然而法官又指出：不存在一项绝对的合作义务，并不意味着在任何时候一个公司拒绝参加一种合作时，这一决定不会有任何证据上的意义，或是不会在某些情况下引起责任。一个公司不同其他公司进行合作的权力不是在任何情况下都是毫无限制的。最高法院最后还是从行为对消费者影响的角度出发，认为顾客受到的消极影响更加证明了被告的行为缺少合理性，且不利于保护消费者的利益，这同《谢尔曼法》保护竞争、维护消费者利益的要求是相违背的。最高法院判决认为，有足够的证据显示，被告的行为没有合理的商业上的理由，并损害了消费者的利益，其行为违反了《谢尔曼法》第二条有关禁止垄断和垄断企图的规定。

本案的判决反映了法院对垄断行为的认定。法官在判决中的主要理由是被告拒绝交易的行为没有合理的商业上的理由，并给原告和消费者造成了损害。然而不能否认的是，这种标准本身就有不确定性，很容易引起争议。事实上，本案法官的判决在很大程度上受到了被告所采取的其他不正当竞争行为的影响，包括误导消费者的广告宣传及在经营中采取的其他排挤竞争对手的措施。如果不存在其他的限制竞争的行为，法官也许不会单单因为拒绝延续合作而判决被告违反了《谢尔曼

---

① 卢承灏：《从案例看美国的反垄断法》，《交通企业管理》，2004 年第 1 期。

法》。本案的判决，与其说是法官认为被告的行为没有合理的商业上的理由，倒不如说是法官将可能出现的更集中的垄断扼杀在了萌芽状态，被告的拒绝交易行为只是其谋求最终垄断的一个步骤。

3.4.5.4 波音与麦道的合并案[①]

波音和麦道公司分别是美国航空制造业的老大和老二，是世界航空制造业的第1位和第3位。1996年年底，波音公司用166亿美元兼并了麦道公司。在干线客机市场上，合并后的波音不仅成为全球最大的制造商，而且是美国市场唯一的供应商，占美国国内市场的份额几乎达百分之百。但是，美国政府不仅没有阻止波音兼并麦道，而且利用政府采购等措施促成了这一兼并活动。其主要原因是：首先，民用干线飞机制造业是全球性寡头垄断行业，虽然波音公司在美国国内市场保持垄断，但在全球市场上受到来自欧洲空中客车公司的越来越强劲的挑战。面对空中客车公司的激烈竞争，波音与麦道的合并有利于维护美国的航空工业大国地位；其次，尽管美国只有波音公司一家干线民用飞机制造企业，但由于存在来自势均力敌的欧洲空中客车的竞争，波音公司不可能在开放的美国和世界市场上形成绝对垄断地位。如果波音滥用市场地位提高价格，就相当于把市场拱手让给空中客车。

由此可见，美国政府在监管企业购并时，不仅仅根据国内市场占有率来判断是否垄断，还要考虑在整个市场范围内是否能够形成垄断。对全球寡占垄断行业，需要分析全球市场的条件，而不局限于本国市场范围。同时，还要考虑国家整体产业竞争力。因此，在执行反垄断法时，美国政府还是以国家利益为重，以提高美国企业在全球的竞争力，支持大型企业的重组和并购。

3.4.5.5 微软公司垄断案[②]

微软公司从1998年起在视窗操作系统中捆绑网络浏览器软件，向用户免费赠送。由此其浏览器I E软件的市场占有率大增，仅仅2年时间，市场占有率就从20%升至60%。1998年5月，美国司法部和20个州向哥伦比亚特区联邦地方法院提出起诉，指控微软滥用市场垄断地位，限制竞争。2000年6月，联邦地区法院法官裁决微软通过捆绑销售视窗操作系统和浏览器排斥竞争对手，存在垄断行为，并下令将微软一分为二。一家公司主营个人电脑的操作系统，另一家经营I E浏览器、办公应用软件等。微软公司提出了上诉。2001年6月，美国哥伦比亚特区联邦上诉法院驳回上述判决，微软躲过了被分割的命运。但同时上诉法院维持了一审判决中所认定的“微软公司实施了搭售行为，是对著作权的滥用，违反了反垄断法”。2001年11月，微软和美国司法部达成和解，并得到部分州的认可。和解协议的主要内容包括：要求微软提前向竞争对手提供敏感技术；阻止微软进行损害对手的排他性交易；要求微软与电脑制造商签订统一的合同条款；允许制造商和客户去除微软的标志图符；要求微软公布部分技术数据等。2002年11月，美国华盛顿地区法院作出裁决，批准了微软与美国司法部2001年达成的反垄断协议的大部分条款，同时驳回了另外9个州要求对微软进行更严厉处罚的请求。

初审判决认为：微软以反竞争的手段维持其垄断势力，并企图垄断互联网浏览器市场，且非法地将其互联网浏览器与其操作系统相捆绑，从而违反了《谢尔曼法案》。一些人对此大声喝彩，而另有一些经济学家则认为：一些日子越来越难过的竞争对手，不是去寻找发展的动力，而是转而向政府寻求行政帮助。反垄断法有可能走向当初立法宗旨的反面，在事实上损害消费者的利益。

---

① 欧美同学商会2005委员会：《美国反垄断法的几个典型案例》，http：//blog. sina. com. cn/u/4935cee801000347。

② 卢承灏：《从案例看美国的反垄断法》，《交通企业管理》，2004年第1期。

不只是经济学家，许多人对反垄断法都有着诸多的疑问。在微软案开始后不久，2000 年 6 月 16 日的《纽约时报》有一篇专栏评论这样写道：利用在竞争性的比赛中获得胜利的一种努力究竟何时会演变成为其对市场力的一种滥用？没有人给出过清楚的答案。在微软案中，微软不只一次地指出：将浏览器和视窗操作系统结合在一起代表了一种技术上的进步，而这种进步给消费者带来了益处。比尔·盖茨更是指出，拆分微软将使电脑操作系统倒退 10 年。不知道他的这些言论是否影响了法院和美国政府，不过最后各方还是选择了和解之路。毫无疑问，微软案给反垄断法带来了更新的挑战，这些挑战主要体现在以下几个方面。

一是像微软所处的这种行业属于一种特殊的、高科技的行业，在这个行业中充斥的是标准和集成的概念，垄断的产生有其规律性和不可避免性。

二是在这样一种特殊的高科技行业中，无论是法学家、经济学家，还是普通的消费者都很难判断出什么是真正的垄断以及某一“垄断行为”究竟是更有益还是更有害？这是看起来非常简单但却很难找到答案的问题。

三是反垄断法的立法宗旨是通过确保自由竞争来确保消费者的利益以及技术的进步和资源的节约。然而对于一些行业，特别是高科技行业来说，反垄断法的滥用会不会起到适得其反的效果呢？这正是目前人们面对反垄断法所思考的。

（作者单位：北京大学）

3.5 税收政策与借鉴

肖增弈

一般来讲，国际上对中小企业的界定基本采用定量、定性两种方法。所谓定量就是根据企业生产要素、经营结果的客观指标来衡量企业的规模，如根据企业雇用人数、企业资产、企业的营业额等区分企业是否属于中小企业。所谓定性就是从企业的性质上提出中小企业的界定标准，因而又称质量或地位界定标准，其主要标准也有三条：独立所有、自主经营、较小的市场份额。

中小企业在一国的经济中发挥着特别重要的作用。正因为如此，无论是发达国家还是发展中国家无一例外制定一系列的法律与政策鼓励中小企业的发展。其中，税收减免或优惠构成这类鼓励政策的非常重要的内容。

国外支持中小企业发展的税收政策主要体现在税收政策制定的思路、税收的具体优惠、税收支出管理、税收征管和纳税服务等五个方面。

3.5.1 制定中小企业税收优惠政策的思路

国外中小企业税收优惠政策的基本思路都是以一定的税收损失来带动长远的经济发展。

如英国政府于1983年制定了《企业扩展计划》，该计划对新创办的小企业免征100%的资本税；公司税自1983年起由原来的38%降为30%；印花税由2%降为1%，起征点由2.5万英镑提高到3万英镑；小企业投资者收入的60%可以免税，同时取消投资收入附加税和国民保险附加税，并对资本按企业类型采取了不同程度的减免政策。1999年3月，为了给低利润的小企业更大的生存和发展空间，年利润低于30万英镑的小企业公司税率为20%，比大企业适用税率30%低了10个百分点。从2000年4月起，年利润不足1万英镑的公司将适用10%的优惠税率，这在西方国家中是最低的，有27万家小企业可以从中受益；同时将中小企业利润的纳税起征点由原来的4万英镑提高到5万英镑，税率则再次下调至10%，并提高固定资产折旧率，使中小企业税负水平相当于大企业的一半。

加拿大政府对于由加拿大人控制的资产少于1500万加元的公司，其第一笔20万加元以下的收入，联邦政府的所得税税率由29.12%下降为13.12%，降低16个百分点，以帮助企业积蓄创业初期的经济实力，而联邦政府每年却因此减少10亿加元的所得税收入，加拿大全国至今已有30万家中小企业享受了这项优惠，占应税企业数的80%。

东南亚金融危机以后，泰国政府取消了对年利润超过60万~120万株的公司另征1.5%所得税的规定，2000年少征所得税2亿株，2001年少征4.7亿铢，此举虽然减少了税收收入，但更重要的是使企业减轻了负担，刺激了经济的复苏。①

韩国对创业初期的中小企业，减征财产登记税、财产获得税、财产税和土地税等。对技术密集型中小企业，从获得收益日算起，企业所得税前 3 年按 50%、后 3 年按 70% 征收。②

以上这一系列措施都较好地改善了中小企业自我发展的能力，推动了中小企业较快地发展。

3.5.2　中小企业税收优惠政策的具体内容

国外税收优惠政策的一个重要特征是针对性非常强，这种优惠方式既保证了财政收入不受大的影响，同时又确保了政策能真正发挥促进中小企业发展的实效。

3.5.2.1　在中小企业初创阶段（1 年～3 年不等）给予企业一定的减免优惠

如法国对新建中小企业给予 3 年所得税免除。韩国对创业初期的中小企业，减征财产登记税、财产获得税、财产税和土地税等。对技术密集型中小企业，从获得收益日算起，企业所得税前 3 年按 50%、后 3 年按 70% 征收。

除了这类减轻中小企业创业初期税收负担的常用方法以外，美国允许小企业灵活选择纳税方式来减轻企业税收负担的做法独具匠心，也非常值得我们关注。美国所得税法第 S 章规定，从法律的定义上讲，S 章中所指的公司是公司而不是合伙企业，因此在纳税待遇上，可以选择两种纳税方式：缴纳一般的公司所得税或选择“合伙企业”的纳税方式，对于那些由小股东组成的公司，选择“合伙企业”纳税方式比较有利，因为小股东对股利支付较低的等级税率，并有较高的股利支付率；而对那些由少数富人拥有的公司来说，选择缴纳一般的公司所得税比较有利，因为虽然富人受制于较高的个人等级税率，但可以通过较低的股利支付率来避税，这种规定既减轻了由低所得股东组成的小公司的税负，又不会使小企业丧失“有限责任”的好处。

3.5.2.2　提高企业融资能力的优惠

在这方面各国政府大量采用的也是优惠税率、减免税的做法。

韩国政府从 1998 年起对中小企业增加 5% 以上的资本，允许其在资本额的 10% 范围内减少所得税。

日本设立的中小企业特别准备金制度是另一种独特而有效的间接优惠方式，一是法人债务准备金，日本法人税法规定，中小企业可按债务比例每年积累的债务准备金所得做当年的坏账，次年所得，企业在次年不必全部清账，还可提取 16% 作为积累。二是改善结构准备金，对于提取的准备金款项，不计入当年的应税所得，年度终了使用有结余时缴回再提，这种提取准备金的做法可以减少纳税量，充裕企业掌握的自有资本。

3.5.2.3　鼓励企业增加投资的优惠

各国在鼓励中小企业增加投资方面基本采用加速折旧、投资抵免、盈亏互抵等几种方式。

---

① 钱亮：《国外促进中小企业发展的税收政策分析与启示》，《中国矿业大学学报》，2006 年第 1 期。

② 郭永利：《借鉴国际经验建立适应我国中小企业发展的税收政策体系》，《税务研究》，2002 年第 11 期。

如美国，对中小企业投资实行减免税政策开始于1962年，中间经历过多次修改，1981年的《经济复兴税法》（Economic Recovery Tax Act ERTA）进行的修改规定，把资本收益税的最高税率从28%降至20%，后又对创新型小企业减至14%，刺激资本流向中小企业。在1993年~1994年度向小企业提供120亿美元的税额减免。克林顿政府在20世纪90年代施政之初，也为中小企业的发展采取了一系列减免税的政策。如中小企业投资税的长期减免政策，对促进中小企业投资发挥了重要作用。1997年，通过了一系列新的政策，随着这些政策的实施，在10年内会为小企业提供几十亿美元的税额减免。具体政策措施包括：（1）投资抵免。凡新购买的设备，若法定使用年限在5年以上者，其购入价格的10%可直接抵扣当年的应付税款；若法定使用年限为3年者，抵免额为购入价格的6%。小型企业的应纳税款如果少于2500美元，这部分应纳税款可百分之百用于投资抵免。对于超过2500美元的应缴税款部分，最高抵免额限于超过部分的85%；如果企业当年的应缴税额不足以抵免时，可以比照亏损处理的办法，不足部分可向前转回3年，向后结转7年，也就是说，可将前后11年的应缴税额用于投资抵免。美国前总统克林顿在1993年2月17日向美国国会提出他上台后的第一个经济计划，其中制定的对中小企业更新设备提供税收减免的措施，创造了大约500万个新的就业机会，减少约900万美国失业人口。①（2）亏损结转。中小企业的股东从公司得到的损失可以用来抵减从别的来源所得到的收入，如从别的公司所得到的工资收入。对中小企业的股东从公司分摊的损失，扣除数额不能超过股东的基值，超过部分要结转到以后年份；结转的期限没有限制。对损失数额超过股东基值的部分，按比例从股东其他收入项目中进行损失扣除。（3）投资免税。美国对年经营收入不足500万美元的最小企业实行长期投资税减免；对投资500万美元以下的小企业永久性减免投资税；对投入符合一定条件的小企业的股本所获得资本收益实行为期至少5年豁免5%的税收；在1993年~1994年度向小企业提供税额减免120亿美元，以缓解小企业的筹资困难；在2005年又进一步完善了政策措施，在10年内为小企业再一次提供几十亿美元的税额减免，同时减少资本收益税。（4）关于资本损失。美国税法规定，个人投资于小规模企业的股份，因出售或交换所导致的资本损失，在5万美元额度内准予以普通损失处理。但投资小规模企业的股份收益，仍视为资本利得处理，以降低投资小型企业的风险，鼓励社会大众投资小型企业。②

英国政府在1983年的财政法案中提出企业扩充计划，通过对投资者大幅度的减税鼓励人们投资创办中小企业。计划规定，凡投资创办中小企业者，其投资额的60%可以免税，每年免税的最高投资限额为4万英镑。这对投资者是很有吸引力的。为了吸引私人投资，政府允许非挂牌证券市场的投资者在保持5年股权的条件下，申请免税优惠。由于这一政策，1983年~1984年有2万个投资者在500家公司投入1亿英镑，其中有一半以上投入新企业。英国对新建中小企业的减税措施还有以下一些方面：1983年以前，政府规定对新创办的中小企业，全部豁免资本税。在1984年预算中，财政大臣劳森对今后几年的资本税率作了如下的修改：第一年免税额削减到75%，立即生效；从1985年3月31日起削减到50%，以后每年的免税额为25%。英国为了鼓励中小企业的投资热情，增强其创新优势，从2005年7月起，将中小企业用于厂房、机器设备等固定资产投资的税前资本扣除由原先的25%提高到40%，仅此一项措施就会在未来5年内为中小企业增加约100亿英镑的现金流量。为了给低利润的小企业更大的生存和发展空间，年利润低于30万英镑的小企

---

① Internal Revenue Service. Tax Information for Business [EB/ OL]. http://www.IRS.gov/businesses/display/。

② 李强：《西方国家支持中小企业的税收政策及借鉴》，《税务研究》，2006年第7期。

业公司税率为 20%，比大企业适用税率 30% 低了 10 个百分点，从 2000 年 4 月起，年利润不足 1 万英镑的公司将适用 10% 的优惠税率，这在西方国家中是最低的，有 27 万家小企业可从中受益。①

德国针对中小企业的税收优惠政策主要有：一是在落后地区成立的中小企业可以免缴营业税 5 年；二是对新建的中小企业所耗完的动产投资，免缴 50% 的所得税；三是对中小企业使用内部留存资金进行投资的部分免缴财产税。

加拿大主要通过降低税率、减免税收、返还税收和延长税收宽限期对中小企业提供支持。

韩国国民大会于 1998 年 9 月通过的《外商投资促进法》，给外商投资者更多的优惠措施，新法案为了更进一步支持高新技术企业的发展，将税收减免的优惠措施扩展到 436 种，另外还为提高国内企业的国际竞争能力设立了 97 种税收优惠政策。因此，现在企业可以得到比原来的 265 种增加 1 倍的减税优惠。②

日本对企业协会、医院或诊疗所等所拥有的固定资产，以及环保设施中的特定固定资产、免征固定资产税。对中小企业共同利用的机械装置，3 年内减半征收固定资产税。对能促进中小企业发展的工业用自动机械、数控机器等，提供两种优惠选择，一种是给予相当于购买价 30% 的首次特别折旧；另一种是给予相当于购买价 7% 的税收抵免优惠，但可抵免金额最高不超过当年应纳税额的 20%。③

3.5.2.4　促进企业科技进步的税收优惠

通过税收政策来促进企业科技进步是各国改善中小企业产业结构，提高产业技术水平的通行做法，这方面发达国家有许多非常值得我国借鉴的做法。

美国 20 世纪 80 年代开始先后颁布了《小企业技术创新发展法》、《加强小企业研究与开发法》、《联邦技术转让法》、《减税法》等一系列法律，为中小企业的创新投资活动奠定了法律基础。美国的"小企业创新研究计划"要求年研究与开发经费在 1 亿美元以上的联邦政府机构要按一定比例拨出专款用于资助小企业的创新研究；另根据美国的《经济复兴税法》的规定：（1）中小企业可把与贸易或商业活动有关的研究、实验支出，直接作为可扣除费用予以扣除，而不必作为计提折旧的资本性支出；（2）对通常的研究开发费用给予 20% 的税收抵免，通常的研究开发费用如果在课税年度超过过去 3 年平均发生额，其超过部分的 25% 给予免税；（3）在从事基础研究时，把各税收年的研究开发费的 65% 作为非课税对象。同时，还实行企业科研费用增长额税收冲减。美国政府为促进中小企业发展电子商务，确立了电子商务免税原则。美国众议院商业委员会 1998 年 6 月全票批准因特网免税法案，3 年内禁止州和地方政府对因特网访问征税，禁止向网上交易双方课征新税种，认定联邦通讯委员会无权规定因特网访问和在线服务费用，并禁止向因特网访问和在线服务收取管理费。

英国政府的企业投资者计划旨在通过运用税收优惠政策，鼓励投资者向未上市的中小企业投资，以促进中小企业技术创新。英国政府在 2004 年 ~2005 年度预算报告中还同时宣布，对企业的科研和开发投入实行税收减免，延长对企业生产性投资的税收减免期。英国政府多次修改研发税收

---

① Investing in Innovation, a strategy for science , engineering and technology , 2006。http: //www. hm - treasury. gorv. uk。

② 苑新丽：《发达国家扶持中小企业发展的税收政策及借鉴》，《财经问题研究》，2001 年第 9 期。

③ 谢颖：《运用财税政策扶持中小企业发展的国际比较与借鉴》，《山西财政税务专科学校学报》，2003 年第 2 期，第 48 页 ~52 页。

激励政策，逐步加大激励力度。英国政府最近几年制定并实施了企业“研究与开发税收减免”方案，这项减税方案每年约为1.5亿英镑，相当于小企业研发费用的1/3。英国政府从2000年开始，还实行针对中小企业的税务信贷，将现行的研究与开发税务津贴从100%提高到150%，并将免税对象扩大到尚未盈利的企业允许小公司职员用税前工资购买公司股票。年利润低于30万英镑的公司税税率为20%，年利润高于30万英镑的公司税税率为20%～30%，成为欧盟国家中最优惠的公司税。2000年4月1日实行的税收政策规定，中小企业可以将研发投入中符合要求的经常性支出按照150%的折扣率抵扣当年的应纳税所得，研发中的资本性支出实行100%的折扣率。2002年4月1日，政府又把额外费用抵扣政策扩展到大型企业。政策规定：大型企业可以将研发投入中符合要求的经常性支出按照125%的折扣率抵扣当年的应纳税所得。2004年4月1日起，英国实行新的研发税务指导纲领，强调税收政策适用于研发活动、新的或改进的工艺流程及新产品。英国政府为鼓励中小企业加速实现信息化，规定在2000年4月1日至2003年3月31日之间，中小企业用于信息化建设的投资免交商品增值税。政府还将投资6000万英镑帮助中小企业上网。

法国运用加速折旧和税收抵免的方式来鼓励企业加大对科技的投入与开发，典型的像“技术开发投资税收优惠”，具体做法是当年R&D专业费用高于前两年平均数（经通货膨胀调整）的中小企业，经批准后可免缴相当于R&D费用增加额25%的所得税，1985年以后这一比例增加到50%，但同时也规定了最高抵免额；对中小企业用于研究开发的新设备、新工具，则允许有条件地实行余额递减法等加速折旧方式；鼓励中小企业以专利形式向创新企业投资，从1997年起，实行在预定的产权转让尚未发生的情况下，对以专利和可获专利的发明或工业生产方式等无形资产向创新企业投资的，其所获利润增值部分可延期5年交税。

德国对手工业行业的中小企业免征营业税；中小企业凡是购置设备或者建造大楼，只要1/3是用于科研开发的，可以享受一定的税收减免优惠。

意大利对中小企业技术革新给予的税收优惠：意大利政府规定，对于法律规定的技术创新投资，提供相当于投资额25%或20%的税收优惠（增值税除外）。对于为提高劳动生产率、引进技术、开发质量系统和寻找小市场而购买的劳务，可享受50%（对雇员在1100人以下的企业）或40%（雇员在101人～200人的企业）的减税。对于中小企业将一部分利润用于研究开发方面的投资，可享受免税优惠，免税额相当于投资额的30%。

加拿大联邦政府为鼓励个人和企业进行科学研究与技术开发，提供投资减免税收政策。对中小企业科学研究与技术开发支出的第一个200万加元，可以有35%的额度来抵扣应缴税款，每年经常性支出的第一个200万加元，通过投资减免税收政策全部返还，其他经常性支出和资本性支出则返还40%。在对部分中小及微型企业实行单一税制方面，主要是简化纳税手续，适当降低税额，从而减轻中小企业的税收负担。

韩国税法规定企业可按销售收入的3%（技术密集型企业为4%，生产资料产业为5%）提取技术开发准备金，并允许在3年内用于技术开发费、技术信息和培训费及有关技术革新计划资金等方面。

日本为鼓励中小企业的研究与开发投资，日本政府对研究开发型中小企业给予特别的税赋政策，减免法人税和所得税，企业因技术开发而造成亏损，其亏损金额可转移到下一年度的财务决算。为改善中小企业的管理状况，提高其管理水平和效率，日本等国对中小企业购买的现代化办公设备允许其提高折旧率，部分投资额还可以抵免应缴税额。主要包括：技术开发税费减免制度；对用于技术开发的原材料、试验研究费等，以当年所得税额的15%为限，抵免所得税；对经营革新企业给予设备投资减税，或是给予相当于购置价 30% 的首次特别折旧，或是免缴相当于购置价 7% 的法人税；对由此造成生产额减少导致亏损的，可按一定比例返还上一年度税金，对用于经营革新的土地不纳入特别土地保有税的课税对象等。对中小企业试验研究费减收 6% 的法人税。允许中小企业实验研究经费享有 10% 的税额抵扣。1967 年制定的《增加试验研究费税额扣除制度》，规定当试验研究开发经费的增加部分超过以往的最高水平时，则对增加部分免征 20% 的税金。对于从事计算机制造的厂商，可享受四种专门的减税待遇，包括增加 25% 的科研税务贷款；扣除 50% 的软件提供方面的收入，作为用于软件开发费用的免税储备金；扣除相当培训软件工程师开支的金额和相当于售价的 2.5% 用作意外损失储备金。1985 年，日本制定的《促进基础技术开发税制》，对购置基础技术开发的资产免征 7% 的税金。此外，在消费、取得不动产、继承事业、促进研究开发、环境保护、节约能源、废物利用等许多方面都采取了优惠税制：比上年增加研究与开发经费的，免 20% 公司所得税；计算机制造企业有 4 种减税措施。

3.5.2.5　鼓励中小企业开展协作的税收优惠政策

采用企业集群模式发展经济的积极意义不但在国外，而且在当今我国沿海经济发达地区都得到了验证，通过中小企业之间或与大企业之间在生产、经营方面的相互协作、参与组成产业经济带，从而带动一个地区或一个行业经济的高速发展。正是鉴于这样一种优点，许多国家都制定一系列相应政策支持这种协作。

韩国为了实现通过协作降低成本和投资费用，提高产品质量和竞争力的目的，政府规定：3 年以上的中小企业结成协作关系的，如获得中小企业振兴工业国“协作化实践计划”的承认，不仅可以得到“中小企业结构高度化”基金的支持，享受免除因协作事业而发生的房地产取得税和注册税，而且还可以享受 5 年内减免 50% 的财产税和综合土地来带动小企业的发展，这方面的相关优惠政策主要有：大企业对提供原材料、半成品的中小企业提供技术援助的，享受销售额减免 15% 所得税的优惠；制定“大企业向中小企业转移事业”制度，禁止大企业从事中小企业固有行业的生产和经营，同时对向中小企业转移此类行业或产品生产的大企业提供金融和税制的支持，如规定对向中小企业转移固有行业的大企业无偿提供给中小企业的设备仍可继续提取固定资产折旧费，以这种方式来调整大、小企业之间的产业分布，促进产业间合理的横向分工和产业结构的均衡发展。

3.5.3　国外税收支出管理的经验与借鉴

国外税收政策的制定在紧扣所在国中小企业发展实际情况的同时，还都非常注重支出政策的实施效率，从总体思路和具体实施看有以下这些特点。

3.5.3.1　从总体思路看

（1）支出政策目的明确，与一国的经济形势、经济政策紧密结合。可以看到，凡成功运用税收支出促进中小企业发展的国家，其政策的制定上都力求与本国国情相适应，确保与不同的经济发展阶段相吻合，以达到政策与所在国经济发展目标、产业导向能有效配合的目的。如美国的政策偏重于通过高新技术类中小企业的发展推动“新经济”的发展，意大利则注重通过政策的实施来改造传统产业，实现产业的升级换代。

（2）支出形式灵活多变。在支出政策的具体实施过程中，许多国家采用了多种灵活多变的具体形式，既有税率型的税收支出：如按优惠税率或零税率征收等；又有税额型税收支出，如税收豁免、优惠退税、税收减免等。还有税基型税收支出：如纳税扣除、盈亏互抵等；时间型税收支出，如加速折旧也是许多国家采用的重要方式。这种多元化政策手段的相互配合，较好地避免了政策目标的模糊性和调节对象的单一化，实现了政策目标的制定意图。

（3）支出政策具有法制性。许多国家在税收支出政策的制定上有明确的法律依据，如美国为经济复苏制定了《经济复兴税法》，并以此为依据，制定相应的税收支出政策，使各项税收支出具有明确的法律依据。其次，税收支出政策本身具有法制性，国外制定税收支出政策一般都通过法律程序，以法的形式出现，因此在实施时具有较强的法制性，如新加坡在《经济鼓励法》中规定了税收优惠的措施；韩国在20世纪70年代颁布了《免税及降低管制法》，后在1982年又实施了新的《税收减免控制法》。这一系列以法的形式制定的税收支出政策，为支出政策的有效运作奠定了坚实的法律基础。

3.5.3.2 从具体实施上看

（1）税收支出以所得税为主。在许多国家的税收支出中，由于所得税具有较强的调控功能，经济影响弹性大，符合政府“内在稳定器”和“相机抉择”的税收政策要求，不易转嫁，支出的直接受益人就是最终受益者，归宿明确，同时所得计算与会计核算方式相关度高，因此，所得税的税收支出占了很大比例。相反间接税的优惠减免由于会扭曲资源配置和市场运行机制，用的相对很少，即使在以增值税为主要税种的法国，增值税的减免也不具生产调节性，所用范围仅限于食品住房、医疗药品、文教娱乐、农林渔业等类，起到一般的宽免作用。

（2）支出形式以间接优惠为主。纵观各国尤其是发达国家在促进中小企业发展税收优惠的形式选择上，其支出形式采用税款直接减免和免税期的较少，大量采用的是投资抵免、加速折旧、税前列支、延期纳税等间接优惠形式。从两者的比较可以看出直接税额式减免虽然操作简单、明了，但它减少了税基，带来的税收收入损失大，而且减免后的税款难以确保专款专用，无法有效地控制纳税人不把款项用于消费和集体福利，较难实现支出政策制定的初衷。相比之下，间接优惠带来的税收收入损失小，有的只是延期入库而已，最多损失资金的时间价值（利息），如加速折旧、延期纳税等；不影响税基大小（如投资抵免），或者只是减少了部分税基如税前列支，而且对优惠税款的用途可以有效地进行控制如投资抵免。因此，虽然间接优惠在设计和具体征管上稍嫌复杂，但它实施成本小、更有效，非常值得我国在今后的支出政策制定上多加考虑。

（3）支出政策都辅以一些限制和惩罚措施。对促进中小企业发展的优惠政策辅以一些限制和惩罚措施以杜绝政策实施后出现的骗取或滥用优惠的现象，是一些支出管理比较完备国家的普遍做法。如在意大利，一些中小企业往往把逃税或骗取政府优惠或补贴作为赖以生存的重要辅助手段，为此意大利政府除了在企业的规模和投资方面作了规定以外，还在其他方面作了许多相应的限制：①限制违反规定重复享受优惠，例如规定享受创新优惠的中小企业，不得同时享受同一部法律中的其他优惠，也不得同时享受国家、地区以及某些自治区法律所规定的其他优惠。②防止“冒名顶替”，相关法律规定，只有在购置电子工作系统、一体系统的同时，再购买相应的软件、专利、许可证，并进行相应的人员培训，才能享受优惠，而购买与此无关的软件、专利、许可证，或进行与此无关人员的培训，则不属于优惠范围，同时规定对于购买软件、专利、许可证或进行人员培训的优惠，分别不得超过购买法律所规定的电子系统费用的40%、30%、15%和20%。③限制优惠收入的使用范围，如中小企业在技术创新方面享受的减税优惠，按照法律规定，在企业收支中，因被视为所在税收期内的额外收入，但是如果这笔收入被企业用来弥补亏损，或用于购买业主本人、家属或合伙人使用的物品，则不能被列为额外收入，应作为营业收入处理。此外，对虚报、谎报冒领优惠或违反其他相关规定的中小企业，法律还规定撤销优惠、退还优惠款和罚款的办法，追回的优惠款及其利息和罚款重新列入流动基金中用于扶持中小企业。

3.5.4　国外税收征管的经验与借鉴

征管是税收政策的具体实施，是税务机关与纳税人的直接接触，通过高效、便捷的征管方式，优良的纳税服务，来提供一个公平的纳税环境，消除中小企业在征纳中的弱势地位，是许多国家促进中小企业发展财税政策的重要组成部分，也是我国今后在制定相关政策时值得重点关注的部分。

3.5.4.1　日本的蓝色申报制度

实行申报纳税制度的前提条件是纳税人自发的纳税热情和纳税人正确的记账。对于日本来说，申报纳税也是从美国引进的舶来品，其实施之初曾遇到相当大的阻力，但经过半个多世纪的努力，申报纳税制度在日本已得到了完全的贯彻落实，这主要得益于日本制定了一套符合本国国情的“蓝色申报制度”。1950 年，日本政府根据“肖普”建议设立了用蓝色格式纸申报纳税的制度，凡是那些账证齐全，记账正确，一贯守法申报纳税的纳税人可使用蓝色申报表进行申报，而对那些会计制度不健全，纳税不正常的纳税人则使用白色申报表。蓝色申报表使用者可享受一系列税收优惠待遇，以鼓励广大纳税人建立健全的会计制度，进行正确的纳税申报，同时日本政府还通过税理士、蓝色申报协会积极开展税收扶助，协助、指导广大纳税人进行正确的建账建制和纳税申报，促使更多的纳税人加入“蓝色申报”之列。

“蓝色申报”的重要意义在于它培育了纳税人正确建账建制、主动申报纳税的意识。事实上，在税收管理日趋完备的今天，大多数纳税人都选择了从长远角度看对自己生产经营更为有利的“蓝色申报”。对我国来讲中小企业建账建制难一直是困扰着税务机关征管的难题，一方面中小企业在税收政策待遇上处于弱者地位，但另一方面我国的中小企业由于素质普遍不高，绝大多数中小企业在生产经营中都有意无意地存在着偷逃税的意识，不愿真实地建账申报纳税，成了现实征管中税案的高发领域，而这种情形反过来又使得各种针对中小企业税收管理的规定不断增加，进一步恶化了中小企业的生存发展环境，这一怪圈的形成以及如何突破是今后我国在制定促进中小企业发展财税政策中的一个重要问题，日本的“蓝色申报”制度应该说为这个问题的解决提供了十分有意义的借鉴。

3.5.4.2　巴西对中小企业简化征收方式，提供权力救济

20 世纪 90 年代以来，巴西政府为了发展本国经济非常注重招商引资工作，积极采取各项措施鼓励各州、市培育、发展中小企业，以增加州、市的财政收入，其中在税收征管方面有这样几条做法很有借鉴意义。

（1）对年收入不超过一定营业额的小型、微型企业，把应征收的所有税种都核算为单一税率，一并征收，而后再由税务机关分税种分别入库，以便于中小企业核算成本、预测利润；

（2）在商业零售类中小企业中大力推广税控收款装置，并在商业资金流动中积极推行税控收

款装置，通过税控收款装置正确掌握纳税人的经营实况，加强对商业类中小企业的监控，防止税款的流失，同时由于税务机关正确掌握了经营情况，纳税人的建账核算成本也大为降低；

(3) 积极开展对中小企业的税收权力救济，中小企业纳税人对税务机关作出的行政处罚不服的，可向高一层税务机关提出复议，并且在复议人员的组成中税务机关人员占50%，工商界人士和律师占50%，以确保复议的公正性。

3.5.4.3 法国对中小企业重服务、轻处罚

法国在对中小企业的征管中注重落实“重服务、轻处罚”的思想，通过完善的税收服务来提高企业的会计税收业务水平，减少企业非主观性涉税问题的发生，同时对中小企业的善意违规采取轻处罚的措施，努力为中小企业提供一个较为宽松的征管环境。在服务方面主要体现在：早在1974年，法国政府就批准设立“中小企业税务委托管理中心”，这个类似于“监护人”的中介机构，是一个依法成立的社会组织，其成员就是中小企业，该中心的成员可享受20%的个人所得税优惠，中心有三项主要工作：

(1) 负责中小企业的税收服务，对企业开展会计核算、纳税申报等一系列事宜的日常业务培训、监督以及特殊突发问题的处理；

(2) 帮助企业进行管理；

(3) 协助税务部门做好工作。

据统计，近年来法国已有托管中心350余个，近58%的中小企业加入了托管中心，通过托管中心的努力，法国中小企业的偷税数额明显减少。在轻处罚方面：法国税务局规定，中小企业在营业后的4年中善意所犯错误，可从轻处理并给予支付时间；法国税收程序法规定，税务机关对一般企业进行税务检查时，最长期限不得超过3个月，否则企业的纳税义务将自动免除。法国这种对中小企业“重服务、轻处罚”的征管思路对我国长久以来对企业“重处罚、轻服务”的税收习惯思维有着非常积极的借鉴意义。

3.5.4.4 加拿大在征管上给予中小企业的优惠措施

加拿大政府在税收征管上通过延期纳税、简化办税程序等措施为中小企业提供较为宽松的税收征管环境，尽量减少税收征管给中小企业生产经营带来的影响。加拿大政府对年收入20万加元的中小企业提供较一般企业更长期的缴税宽限期，如每年结束后的3个月而不是2个月；对特别小的企业，不需要按月交纳税款，可以1年合并汇总申报缴纳；简化中小企业纳税手续，设立企业统一税号，串联企业所得税、关税、增值税等各种税目的资料；简化各种税表及退税手续；合并征收联邦税和地方税，等等。通过大量的措施来减少中小企业的纳税成本。

3.5.4.5 智利在征管中对大小纳税户同等注重的做法[①]

许多国家尤其是在发展中国家和新兴工业国的日常税收征管中，往往喜欢把大部分征管力量配备在对纳税大户即所谓重点税源的管理上，理由是管住了大户也就抓住了税收征管工作的重点，应该说这个管理思路总体不错，但是也应该看到这种思路容易导致了两个消极后果：

(1) 收入分布的不平衡导致了税源结构的极端化，如果一个国家绝大多数税收来源于10%或

---

① 谢颖：《运用财税政策扶持中小企业发展的国际比较与借鉴》，《山西财政税务专科学校学报》，2003年第2期。

比例更小一些的纳税人，而日常的征管工作也随之集中到这一小部分纳税人身上，而对其余大部分纳税人采取“放”的政策，那么很可能形成这一小部分纳税人所缴纳的税款最终占到税收收入100%的格局，这种畸形税源结构的抗风险能力非常差，由于没有注重潜在税源的培育，一旦大户纳税人的生产经营遇到不可预见因素的影响，则必然会导致税收收入的急剧下降。

（2）忽视了对中小企业的管理，必然会产生管理上的漏洞，不但从中小纳税人那里得到的收入会减少，更为严重的是中小企业易变成税案的高发领域。正因为如此，在提供给中小企业宽松环境的同时也应对其加强管理，使其在规范、法制的轨道上健康发展。

这一点智利改变只“集中审计大户纳税人”战略，从而提高整体税收管理效率的做法给我们提供了有益的借鉴：智利从 20 世纪 70 年代中旬开始改革“集中审计大户纳税人”的征管模式，而采用同等重视的精细化管理模式，在 1979 年~1982 年，增值税的收入实际增加了 55.5%，其中来自纳税大户的税收收入增加了 16.5%，来自中等纳税人的税收收入增加了 86.9%，来自小型纳税人的税收收入增加了 185.6%；在增值税收入的分布结构上，大户纳税人的收入百分比由 63.4%降为 47.5%，中户由 23.2%升为 27.8%，小户由 13.4%升为 24.6%，通过加强对中小企业的管理不但增加了整体的税收收入，而且税收征管的质量得到了提高。

3.5.5 纳税服务的经验与借鉴

3.5.5.1 树立服务优先的治税思想

20 世纪 80 年代随着“新经济”的发展，企业形态的两极化发展不断加重，中小企业的数量急剧增加，为了满足相对于大企业更加强调生存环境的中小企业发展的需要，许多国家在强调税收“强制性”的同时，开始注重把征管工作从“监督打击型”向“管理服务型”转化，把通过优良纳税服务来创造公平纳税环境作为税收征管工作的主要内容和进行征管改革所要达到的基本目标。如美国明确指出征管工作的任务就是“通过帮助纳税人了解和履行纳税义务，以及通过公正、公平地将税法适用于全体纳税人，来为美国纳税人提供最优质的服务”；征管工作的指导思想是“从纳税人的角度理解和解决问题；使管理者能对自己的知识、责任、权威和行动负责，统一各级机关的工作业绩评估标准；倡导公开、诚实的沟通；坚持整体的公平”。

征管工作的目标有两个：一是为每一个纳税人服务，使申报更简单，对每个在申报或者会计方面需要帮助的纳税人提供一流的服务；二是对全体纳税人服务，提高奉行税法的公平程度。与此相对应，美国联邦税务局的内部机构设置也不是按区域或税种设置，而是按照便于实施纳税服务的原则针对不同类型和规模的纳税人设立了工资与投资收益局、小企业与自雇业主局、大中型企业局、免税单位与政府单位局四大系列，在以服务为中心设计征管模式与方法的同时，美国还把纳税服务的质量作为对各级税务部门业绩考核的重点（见表 1），以纳税服务质量的好坏来检验征管模式的合理、征管工作质量的好坏、税收管理实施得是否有效，通过纳税服务来建立一个对所有纳税人都公正、公平的征纳环境，消除中小企业在征纳中的弱势地位。这对于我国今后该如何进一步完善税收征管工作具有十分有益的启发意义。

表 1 美国税务系统业绩评估表①

目标	战略性的管理层次	业务管理	一线员工
为每个纳税人提供的服务 ·纳税申报更容易 ·对每个需要帮助的纳税人在申报表和账户方面提供第一流的服务 ·对于附加税可能到期的纳税人提供快速、专业化和有用的帮助	·对服务/待遇的整体满意度 ·客户的不满意度（抱怨） ·与其他组织相比客户的满意度	·对特定服务的满意度 ·对特定服务的不满意度	·把对纳税人的服务和纳税人受到的待遇综合起来，作为基本要素
对所有纳税人的服务 ·提高税法奉行的公平度 ·提高整体税法奉行度	·整体税法奉行百分比 ·提高税法奉行度 ·税法奉行的一致性 ·税法奉行资源的分配——美元与资源	·特定案例/事件的性质（EQMS/CAMS） ·特定案例/事件上的数量	·包含关键因素时案例的性质和时间管理

3.5.5.2 健全对纳税人的权利保障

20 世纪 70 年代以后，许多发达国家开始重视纳税人尤其是财资薄弱的中小纳税人税收权力的维护这个问题，建立了一系列税收权力援助制度，以确保不同的纳税人在征纳中都能够享受到公平的待遇。美国在 1998 年颁布了《纳税人权力法案》，制定了“纳税人援助制度”，要求税务机关征收、稽查以及纳税人服务部的官员必须全面掌握、理解《纳税人权力法案》条款并接收纳税服务的专门培训，承诺公正、公平地对待每一位纳税人，联邦税务局还专门设立了纳税人辩护律师服务中心，每个州也至少设立一名纳税人辩护律师并独立于地方税务局以外，以帮助纳税人处理通常渠道不能解决的纳税问题，找出问题根源，提交管理层注意。法国各省都设立了独立的税务委员会，成员由税务机关和纳税人共同组成，委员会主席由普通法院院长或院长指定的法官担任，委员会接受纳税人的申诉，并对案件进行独立评判，提出意见供税务机关以及纳税人参考，同时法国各级税务机关还都专门设有一名调解员专门与纳税人对话，下级对话解决不了的问题，纳税人可以向上一级调解员申请救助。此外，许多其他国家也都设有类似机构，如西班牙税务局的纳税人权力保护办公室、新加坡税务局的纳税人服务办公室、韩国税务局的纳税人律师服务中心，等等。

3.5.5.3 按便利原则减少纳税人遵从成本

专业财会办税人员少、信息获取不灵导致税收遵从成本高是中小企业纳税人在征纳中的另一个弱势方面。近年来，许多国家在税收征管中积极依托现代科学技术，遵照便利和节省的原则，努力减少纳税人在征纳过程中的税收遵循成本，取得了较好的效果。新加坡在 1994 年就采用电话申报，1998 年实行网上申报，电子报税的无纸化操作取代了大量的纸质申报系统，取消了许多与纸质有关的相关手续，加快了办税过程，降低了纳税人的遵从成本，据新加坡税务部门测算，进行电子申

① 曾国祥：《税收管理学》，中国财政经济出版社，2003 年，第 255 页。

报的纳税人每次可节约 27 新元；英国税务局量化统一全国服务标准，规定所有打给税务局的电话 20 秒内接通率必须达到 90%，80% 的电子邮件在 15 个工作日内必须回复，对没有事先预约的纳税人咨询，95% 的人必须在 15 分钟内给予接待，错扣的税款 20 个工作日内必须退还；韩国国税厅则把以前分散的咨询窗口进行归口管理，由国家预算拨款建立国家税务呼叫服务中心，以全国的电信网为载体，免费为纳税人提供网上顾问、信函传真顾问、电话顾问、纳税申报介绍、热点新闻窗口等多项服务，同时还建立全国申报网，纳税人可以不受管辖地约束在全国任何区级税务局纳税，并获得纳税证明。

3.5.5.4 积极发挥社会中介机构和社会组织的作用

通过中介机构和社会组织帮助中小企业解决核算、申报等税收问题，提高企业税收业务水平，减少非主观性涉税违规问题的发生是又一种在许多国家受到纳税人欢迎的方法。在日本由税理士主导的税务代理制已有一百多年的历史，目前日本已有税理士学会 14 所，支部 500 多个，从业人员 7 万多人，比税务系统人员还多 2 万人。税理士作为独立的税法专家负责向纳税人提供最新的涉税信息，进行纳税辅导，一方面帮助纳税人按照国家的法令正确地履行纳税义务，并提高纳税人的纳税意识，另一方面接受纳税人委托，在法律允许的范围内，最大限度地帮助纳税人采取节税措施。由于代理制发展得比较成熟，同时相对于聘请专门的会计人员费用或涉税违规所受的处罚成本，代理制收费比较低，日本许多中小企业都聘请税理士作顾问。

法国的中小企业税收协会则是社会组织的典型代表，是经国家税务局批准成立的不以营利为目的的社会组织，它是德斯坦政府时期的产物，其目的是为了避免和预防税收风险，履行两大职能，一是为中小企业代理税务职能，二是非税务方面的综合服务职能，如帮助中小企业进行经营情况分析、会计方面的记账业务培训等，协会的建立较好地解决了 20 世纪五六十年代法国中小企业由于经营困难所产生的社会对抗问题。

3.5.6 促进我国中小企业技术创新的税收政策建议

在目前，我国大部分中小企业正处于产品结构调整的关键时期，吸收新技术的能力相对薄弱，技术研究开发的硬件和软件相对不足。在激烈的国内外竞争面前，一些中小企业开始意识到技术创新的重要性，但由于自身条件的不足和国家缺乏相应的扶持政策而使技术创新受阻。在当前各国政府纷纷加大对中小企业技术创新扶持力度的情况下，我国政府也要转变观念，加大对我国中小企业技术创新的支持。在制定财税政策时，要根据中小企业的经营特点，在适用一般性促进企业技术创新的税收政策的基础上，还需制定一些专项的财税政策。

我国促进中小企业技术创新税收优惠政策的重点和走向应该是：从对高新技术产品和成果实行科技税收优惠为主，转向重点鼓励中小企业特别是高科技企业，加大科技创新研究和开发投入为主。科技税收政策实行产业性优惠与区域性优惠相结合，以产业性优惠为主；科技税收政策实行直接优惠与间接优惠相结合，以间接优惠为主；科技税收优惠方式实行税基减免、税额减免、税率优惠相结合，以税基减免优惠为主。同时，进一步深化税收制度和管理体制改革，调整现行税收政策。具体主要有以下一些方面：

3.5.6.1 调整和改革现行增值税制度

针对“生产型”增值税所存在的弊端及我国中小企业技术创新的迫切要求，我们可以在高新技术企业和高科技产业，率先推行消费型增值税，允许抵扣外购的专利权和非专利技术等无形资产和技术设备的固定资产进项税金。对中小企业的研究开发费、技术转让费，可以按产品实际摊销数额，从产品销售收入中据实扣除，不计增值税。高新技术产品中所含折旧部分的增值税，允许在计算增值税税基时予以扣除。这样，既可以减轻中小企业税收负担，促进中小企业加大科技研究与开发投入，又不会过多地增加各级政府财政压力。

3.5.6.2 规范所得税制

第一，针对中小企业发展的不同阶段，调整优惠力度。如在中小企业创业初期注重于扶持、鼓励，在企业的成长期侧重于企业收益的优惠。使政策的连续性、稳定性与必要的政策微调相结合。第二，税收优惠的重点从对中小企业优惠转向对具体研究开发项目的优惠，优惠政策保持一致性。根据国家产业政策和科技发展现状，统一内外资企业所得税，统一高新技术开发区内、区外的企业税收优惠政策，不论区内、区外，企业只要采用先进技术的，该项目所得都享受在一定期限内免征企业所得税的优惠。第三，完善税收优惠方式。考虑中小企业科技开发活动的风险性，改变目前单一的税收优惠方式，逐步确立以税基式减免为主，并与税额式减免有机结合的优惠机制，塑造中小企业技术创新主体地位。如对高新技术企业全方位实行加速折旧，缩短无形资产摊销年限，对中小企业支付给相关科研机构或高等院校用于企业研发的费用按规定标准予以税前扣除等。

3.5.6.3 加大对人力资本开发的税收优惠

针对当前实际问题，我们可以采取以下措施：

（1）提高企业职工教育经费的计提比例，以鼓励中小企业加大对人力资本的投资；

（2）适当放宽应税工资的扣除项目。对高科技人才的薪金收入，在交纳个人所得税时，除了享受一般性的1600元费用扣除外，还可享有一定数额教育支出扣除，以利于高科技人才提高自身素质；

（3）对高科技人才在技术创新成果转让和技术服务等方面的收入可比照稿酬所得，按应纳所得税额减征30%；

（4）高科技人才以自己的技术创新发明作为对中小企业的入股资本，而因此获得的股息免征个人所得税3年~5年。

3.5.6.4 建立鼓励风险投资税收优惠政策体系

在美国，80%以上的风险投资组织形式是有限责任合伙制。有限合伙风险投资企业的所有利润或亏损，都被直接计入投资者个人名下，不征收公司税，而适用较低的个人所得税税率，并且避免了公司盈利股息分红情况下的双重纳税问题。有限合伙人以证券形式获得股权收益时，不用缴纳个人所得税。这种风险投资组织形式和相应的税收政策，值得我国借鉴。此外，各类创业投资公司和风险投资公司，应与高科技企业享受同等税收优惠待遇。参与创业投资、风险投资的企业、单位和个人，该项资本收益可以免征所得税。企业购买高新技术企业的股权支出，应视为企业的科技开发投入，这部分支出可以抵免企业所得税。

3.5.6.5　制定鼓励企业加大科技研究与开发投入的税收优惠政策

第一，扩大研究与开发费用扣除适用范围。不论内、外资企业，也不论新、老企业，也不论企业是否盈利，对各类企业的研究与开发费用，在初始年度，均可实行据实税前列支。在后续年度，只要投入比上年增长 10% 以上，均可按一定的比例扣除。

第二，放宽费用列支标准。在增值税方面，允许从高新技术产品的应税销售收入中扣除准予提取的技术开发费。允许企业对技术转让费、研究开发费、新产品研制和广告宣传费等，按一定比率的扣除率，计算扣除增值税进项税额。在所得税方面，允许企业在税前列支一定比例（比如 3% ~ 6%）的高新技术研究与开发风险投资准备金。对于企业用于科技开发和研究的费用年增长幅度在 10% 以上的，可按实际发生额的一定比例予以抵扣企业所得税税额，允许企业在税前按营业收入或销售收入的一定比例计提技术开发基金，用于企业产品开发和科技创新。

第三，参照外商投资企业的税收优惠政策，凡企业把未分配利润转为投资，用于研究开发和扩大再生产，这部分利润应允许抵免企业所得税。

第四，对高新技术企业的固定资产实行加速折旧或特别折旧，允许某些特殊产业实行自由折旧，并可以不扣除残值。对企业加速折旧和提取的坏账准备金，不作纳税调整。

（作者单位：对外经济贸易大学）

3.6 对外资的鼓励与管理

苏雪梅

3.6.1 全球国际资本流动概况

3.6.1.1 国际资本流动的含义和分类

国际资本流动是指资本从一个国家或地区向其他国家或地区的流动或者转移。这种资本在全球范围内的流动，自第二次世界大战以来，发展迅速。在没有出现全球范围内严重的经济同步下滑的情况下，资本流动一般都保持着稳定的增长。

国际资本流动在长期的发展过程中，形成了不同的种类。按照资本使用时间的长短来分，可以分为长期资本与短期资本两大类。

（1）长期资本流动。长期资本是指在国际间流动的使用期限在一年以上，或没有使用期限的资本。按资本的转移方式不同，又可分为直接投资、间接投资和国际信贷三种形式。

①直接投资。这是一个国家的政府、企业或居民在另一个国家采用各种形式，包括对工矿、商业、金融服务业等企业进行全部或部分投资，并拥有被投资企业的全部或部分管理控制的投资方式。又可以细分为官方对外直接投资和私人对外直接投资，其中最为普遍的、对世界经济影响最大的，是私人对外直接投资。私人对外直接投资通常是以跨国公司为载体的。所谓跨国公司是指任何在外国几个地方经营、拥有或控制生产设施的公司。

②证券投资，也可以叫做间接投资。它是投资者在国际金融市场上购买外国政府和企业发行的中长期债券，或是购买外国企业发行的仅参加分红的股票所进行的投资活动。

间接投资与直接投资的根本区别在于，间接投资只能获得债券、股票等投资证券所得到的股息红利，不涉及真实资本的流动，也不对投资企业的经营进行控制。直接投资则不同，投资者除了直接承担被投资企业的风险盈亏外，还必须对该企业拥有管理控制权。

③国际借贷。主要是指期限在一年以上的政府贷款，国际金融机构贷款和国际商业银行贷款、中长期出口信贷以及国家租赁信贷等。

（2）短期资本流动。这是指使用期在一年以内的或即期支付的资本流动。按照资本流动的原因或特征不同，主要表现为国际贸易中发生的资金流动、各国银行之间的资本流动、保值性的资本流动和投机性资本流动。

国际资本的流动方式，从各国国内角度看，就构成了本国外资的各种流动和存在形式。利用外资或者对外资的管理、优惠、控制政策也针对于上述这些形式。由于每个国家的历史和现实情况有所不同，各国的经济发展水平、发展阶段和经济规模不同，各国的开放程度不同、各国的经济体制不同，这样不同国家在利用外资形式的选择上也有所不同。可以粗略分为三种类型：一是综合利用各种形式的外资，通过直接投资和间接投资两种方式利用外资；二是以直接投资作为利用外资的主要手段；三是以间接投资作为利用外资的主要方式。

各国在利用外资形式选择上的不同，也产生了对外资的利用、吸引、限制、保护等管理政策和制度的不同，这也是本文所要介绍的最为核心内容，下文会进行国别的个案分析，在此不作赘述。

3.6.1.2 国际资本流动现状

19 世纪末 20 世纪初，由于第二次科技革命带来的生产力巨大发展，再加上资本主义由自由竞争过渡到垄断阶段，资本的趋利性促使发达国家开始向国外输出资本。此后，国际投资在各国经济中的地位日益重要。从第二次世界大战以来，一直呈现出不断活跃和加强的趋势，到 1980 年，世界对外直接投资总额达到 5000 亿美元以上，到 1998 年国际直接投资和国际资本市场的累计总额达 13.8 亿美元。《1999 年世界投资报告》表明，全球外国直接投资流入额增长近 40%，达到 6440 亿美元，流出额增长 36%，达 6490 亿美元。①

联合国贸易和发展会议发布的《2006 年世界投资报告》显示，2005 年全球的国外直接投资（FDI）上涨了 29%，总额达到 9160 亿美元。同时，根据国际经济增长的趋势和表现不俗的股票市场，联合国贸易发展委员会也预测在 2006 年，全球对外直接投资也会有很大的增长。

当前国际资本流动的特点可以从以下几个方面分析：

（1）发达国家在国际直接投资中占有重要的地位。发达国家既是对外直接投资的主体也是资本流入的主体。1998 年，发达国家跨国公司对外直接投资总额达 5974 亿美元，占全球对外直接投资总额的 86%。同期发达国家吸收的国际内接投资达到 4664 亿美元，引进外资比重占全球的 72%，体现了全球经济实力向发达国家高度集中。发达国家之间的交叉直接投资，在国际投资中的地位日益重要。其中美国、欧盟、日本又是发达国家中的主要投资主体和被投资主体，它们之间的交叉投资占发达国家总资本输出的 90% 和总资本输入的 93%。②

根据联合国贸易和发展会议在投资趋势年度报告中称，2005 年多数国外投资流向发达国家。与荷兰皇家壳牌并购交易相关的资本流入让英国尤其获益匪浅，令其成为 2005 年外资流入最多的国家。报告显示，美国是外资第二大流入国，其次是中国。2005 年，其他吸引外资较多的新兴经济体包括新加坡、墨西哥和巴西。

（2）发展中国家积极吸引外国资本。发展中国家由于资本市场的发育程度和开放程度、信息技术的发展水平、服务业的发展状况与发达国家有一定的差距，因此提供优惠政策和开放市场成为它们吸引直接投资的主要手段。发达国家对发展中国家的投资集中在经济潜力较大、增长速度较快的新兴工业化国家和地区。特别是亚洲和拉美的一些国家，持续高速的经济增长、对外国投资者开放的私营化计划、对投资管理政策的自由化是发达国家对发展中国家投资规模扩大的主要原因。在发展中国家中，中国是吸引外资最多的国家，累计吸引外来直接投资 3000 亿美元。亚洲发展中国家吸收的直接投资占发展中国家总量的 2/3。③

同时，发展中国家对外的直接投资也有一定的增长。1985 年，发展中国家的对外投资总额仅

---

① 王玉梁：《经济全球化与国际投资——趋势及对策》，《国际经济合作》，1999 年第 11 期。

② 宿静：《论全球国际直接投资的新格局》，《临沂师范学院学报》，2001 年第 11 期。

③ 宿静：《论全球国际直接投资的新格局》，《临沂师范学院学报》，2001 年第 10 期。

占全世界的5%，到1995年，所有发展中国家对外直接投资总额510亿美元，占全球投资总额的14.7%。①

（3）现代服务业成为吸引国际资本的重要产业。国际投资的重点逐步由资源开发和劳动密集型产业，向资本、知识密集型产业转移，由制造业向高新技术产业和服务业转移。据联合国贸发会议《世界投资报告》研究分析，目前服务业FDI的流动已占全球对外直接投资流量的一半以上，2001年和2002年都约占年流量的50%～55%，其中70%以上投向金融业、保险业和销售业。2001年，美国吸收的外国直接投资有1/3投向了金融保险领域；欧盟吸收的外国直接投资主要在公共服务、媒体、金融等领域；日本跨国公司在英国的投资50%以上集中在金融保险部门。

从全球范围看，服务业中的旅游业和电信业是最能吸引外国直接投资的领域，近年来也更多地向银行业、房地产业集中。但在过去一年中（2005年），涌入自然资源业的国际直接投资增幅最大，尤为突出的是石油产业。2005年，海外投资者对中东经济体的投资增加了85%，主要由于油价的攀升促进该地区经济快速增长。

（4）跨国并购空前增长。据全球金融数据供应商Dealogic的数据，2005年全球并购总额达2.9万亿美元，比上年增长40%，成为2000年以来并购交易额最高的一年。从地区看，美国市场继续强劲，发生并购案9045件，交易金额可能突破1万亿美元，继续居于世界首位；随着日本经济逐渐走出低谷和中国、印度等发展中国家经济连续多年快速增长，亚太地区企业并购空前活跃，其中日本企业参与并购活动2552件，居世界第二位；欧洲地区结构调整加快，企业并购也明显增多，其中英国以2425件列世界第三位。从产业看，金融、电信等依然是资金交易最多的领域，传媒、钢铁、能源、医疗保健和高技术领域交易活动也很活跃。发展中国家银行业成为新的收购热点，投资银行从并购活动中获得巨大收入。②

3.6.2 发达国家外资政策与管理

发达国家不仅是主要的资本提供国，也是主要的外国资本流入国，其对外资利用的历史开始于资本主义自由竞争阶段，此后伴随着贸易国际化、生产国际化和金融国际化的发展，利用外资的实践也进一步发展。发达国家在外资利用方面积累了丰厚的经验，对后发新兴工业国家和发展中国家的外资利用提供了重要的借鉴。

3.6.2.1 美国对外国投资的政策和管理

（1）美国利用外资的概况。作为世界最大的经济体和奉行开放型外资政策的国家，美国曾连续多年成为吸收外国直接投资最多的国家。按美国政府2003年所做的统计，外资企业占美国私营部门总产值的5.8%，其雇员占美国雇工总数的约5%，对GDP贡献额达4863亿美元。至2004年年底，外国资本共投入1.7万亿美元用于收购美国资产，这些资产市值已增至2.7万亿美元，占美国公司总净值的约1/5。近年来，受多种因素影响，外资流入速度下降，但每年仍保持数百亿美元的规模。③

外资在美国增长的主要原因包括美国具有世界规模的最大市场，生产有较大增长潜力，美国有

---

① 宿静：《论全球国际直接投资的新格局》，《临沂师范学院学报》，2001年第10期。

② 《2005年世界经济回顾和2006年展望》，来源：http：//www.sndrc.gov.cn。

③ 《外国对美直接投资审核政策分析》，文章来源：中国驻美使馆经商处。

最先进技术、管理科学及熟练工人，投资环境比较稳定等经济因素外，主要是由于美国对外资实行开放政策的结果。美国对外资流入的限制有限，外资进入有较大自由。

外国对美国投资主要来源于欧洲，其中英国占总额的20%，高居榜首。日本、德国各占13%，分列二三位。外资投入的领域主要是制造业，占46.8%，批发零售业也占有相当比重。从美国国内地区分布来看，南部吸引外资最多，占32%，东北部27%，中西部23%，西部19%。①

（2）美国对外国投资的基本政策。美国对利用外资的重视，由来已久，早在建国初期，第一任财政部长汉密尔顿就强调：外资是“最有价值的辅助手段，有利于大大提高劳动生产力，增加大量的有利企业”。② 1975 年，参院审议《外国投资法》法案时，美国全国商会代表再次强调：“外国投资在美国，无论现在或将来，都有利于美国经济”，这也代表了美国官方的一般倾向。所以，美国对外国私人直接投资，一贯采取开放政策，对外国的投资者给予国民待遇。③

所谓国民待遇就是外国投资者享受与美国公民相同的待遇，即在同样的条件下，外国投资者与美国公民享有同样的民事权利和义务，但不包括政治权利。在对投资的管理、使用、处分以及享有收益等权利方面，外国投资者所享受的法律待遇和保护，既不能高于美国公民，也不能低于美国公民。同样，外国企业的经济活动中也享有与美国企业同等的民事权利和地位。

美国有着完整和发达的公司法，美国对外国投资的法律规定是以公司法为基础和核心的，只有在某些需要对外国投资加以限制或有特殊要求的领域，才制定单独的法律加以规定。美国的公司法是所有在美国注册的公司都要遵循的，无论公司的投资者是美国投资者还是外国投资者。

美国也有许多其他法律规范着企业的活动和行为，但是这些法律的大部分对美国公司和外国公司都是同样适用的。

（3）对外国直接投资的审批程序。美国对外国直接投资没有专门的审批程序。外国直接投资的设立事宜参照适用所有公司的法律法规进行。但是，美国存在大量的影响投资的联邦政府、州政府及地方的法律，这些法律的大部分适用于任何国籍的投资者，其中包括管辖反垄断、购并、工资和社会保障、出口控制、环保和健康安全方面的内容。④

关于国家安全保障的“防御法案埃克松—弗洛里奥修正案”规定在一定情况下，如确认对国家安全构成威胁的可信证据，且其他的法律法规不足以进行保护，可对外国人收购美国公司进行审查、中止或禁止。该法律提供了对所提交交易进行为期最多90天的审查时间。

此外，美国还有保护机密情报的“工业安全计划”，使外国公司难以获取为实施涉及机密的合同而必需的安全许可。

（4）美国对外资的鼓励政策。

①联邦税收奖励措施：在税收问题上，美联邦政府对外资没有特别的优惠鼓励规定。但根据美国收入来源原则却常向内陆投资提供优惠。例如，从美国银行、储贷机构和保险公司获得的收入和股票与证券交易所得与美国商业无关可以免税。美政府为了履行双边条约的义务，在红利和利息的预扣所得方面也提供减免的优惠。

联邦政府对落后地区实行税收优惠，主要是鼓励外资流向这些地区，帮助这些落后地区增加就

① 《外国对美直接投资审核政策分析》，文章来源：中国驻美使馆经商处。
② 威尔逊（Donald T, Wilson）:《国际商业交往》（international Business Transaction）（1981）第31页。
③ 姚梅镇:《美国的外资政策和外资立法》,《法学评论》,1983 年第2 期。
④ 《美国外资政策》，中国驻美国使馆经商处。

业与收入。

美国国内收入法（LRC）中规定了许多旨在鼓励外资的条款。这些条款有一特殊的鼓励外资投向基础设施的刺激措施，有些条款也允许全部减免外国投资者的资产收益税。还有些条款允许某些资产加速折旧以鼓励基础设施投资。除此之外，利息和某些税收以及研究与开发费用在现行基础上也普遍获得全部减免，而且建设期间产生的利息和税收扣除并资本化。

②其他非税收鼓励措施：税收之外其他诸如交通通讯便利、良好的融资环境等方面的优惠鼓励措施。联邦政府向国内外投资者在非歧视的基础上制定援助方案。例如，外国投资者可以从联邦政府对地方交通、水资源利用和污水处理、医疗、教育和住房开发的资助中受益。

（5）对外国投资的限制政策。美国的外国投资者从事经营活动及兴办企业，主要受到两个不同层次的法律和政府规章的约束，即受联邦政府法律制约和州乃至县等地方政府法律的制约。州法通常是关于各州企业实行的一般法律规则，至于对跨州的商业活动及对外贸易进行调整，则属联邦政府的权限。

在涉及国家安全的领域，如通讯、交通运输、金融及国防工业等方面，美国对外国直接投资主要有以下限制：

在通讯方面，美国《联邦通讯法》规定，禁止外国经营或控制的公司获得从事通讯传输的许可，同时严格限制外国企业在电话、电报、电台、电视等通讯领域的投资。

在航空方面，美国《联邦航空运输法》限制外国对航空营运进行直接投资，飞机注册只限于美国公司；合伙公司，且外方合伙人不是法人的；在美国成立的公司，且公司总裁必须是美国公民，2/3 以上的公司董事会成员及高级职员是美国公民，并且其股本中有 75% 由美国公民所有或控制；获得美移民局“A”类编号侨民；非美国公司拥有的公司，但 60% 的飞行时间要用于美国境内两地之间的飞行。[①]

在秘密政府合同方面，美国国防部限制外国公司参与美国政府的秘密合同或其他涉密项目的竞争。在沿海和内河航运方面，除指定的国际航线外，只有美国公司才能从事沿海和内河航运；在美国境内的航运船只必须是美国制造、在美国注册并由美国公司所有。

在水电方面，只有美国公司或其他合伙公司才能在可通航的河流从事水电开发，但也不禁止外国控制的美国国内公司从事此类开发。禁止外国公司或外国控制的公司拥有使用或生产原子能的设施。

在土地方面，依照法律，美联邦政府土地管理局所持有的土地不出售给外国人；一半以上的州都限制外国人拥有美国的土地，但限制程度不同。在不动产方面，美政府限制外国人对联邦不动产有直接所有权，但许多州对外国人购买不动产都没有限制或要求履行报告的制度。

在银行方面，只有在美国设立的银行，才属于联邦储备系统或成为联邦储蓄保险公司的成员。外国在美国的分支银行有时也适合这一规定。但对外国人在一个银行享有所有权的比例，则无限制性规定。任何外国个人或外国公司在美国建立分支机构，或取得对美国国内银行的控制权，须经联邦储备局批准。

此外，其他特别法律对外国投资的限制部门，还包括输油管线、沿海商用渔业、地下水利用，国防工事，等等。

对外资除了上述联邦立法限制外，美国许多州对外国人参加银行业、保险业、不动产业有一定

---

① 《美国外资政策》，中国驻美国使馆经商处。

限制，有 30 个州限制外国人享有对土地的所有权。美国还通过《国际投资调查法》、《反托拉斯法》和《外国代理注册法》等一系列法规，对外国投资进行监督和控制。

美国虽然对外国投资的干预和控制较少，但却有着完善的监测体系，以收集和分析外国在美国投资的各种情况，并适时作出政策反应和调整。法律要求美国商务部对外国在美国经济中直接投资的范围、性质和影响进行调查，财政部对外国在美国间接证券投资的情况进行调查，每隔 5 年还要对外国在美国的直接和间接投资状况进行综合研究。

美国定义 10% 为外国所有权的临界值，如果一个美国企业 10% 以上的股份被外国投资者所购买，这个外国投资的企业必须在收购交易后的 15 天内向美国商务部提交报告，并且以后每季度和每年度都要向商务部提交资料报告。报告的数据包括外国投资者在美国附属公司中的资产账面价值、对附属公司的净贷款余额、公司的费用开支、税前收入、税后盈利、投资回报率和再投资等情况。如果非美国居民的个人和外国公司拥有一个美国公司 10% 以上的股份，这个公司必须向联邦和州政府申报该外国股东的有关资料，否则就会面临处罚。当然，外国投资企业的这些信息资料除个别行政部门有权获得之外，任何其他政府机构和个人均不得分享。

3.6.2.2　欧盟国家对外国投资的政策和管理

根据欧盟统计局在 2006 年 7 月 18 日公布的“欧盟 25 国 2005 年对外投资及吸引外资数据”显示：2005 年，欧盟 25 国对外投资引资共 2230 亿欧元，同比增长 20%，其中，对外直接投资为 1530 亿欧元，增长 19%；吸引外资 700 亿欧元，增长 23%；美国和加拿大是欧盟对外投资引资增长的主要来源，2005 年，欧盟对美国和加拿大的直接投资大幅增长，分别达到 260 亿欧元和 90 亿欧元（2004 年为 70 亿欧元和 20 亿欧元），与此同时，美国和加拿大对欧盟的投资额也快速增长，分别为 180 亿欧元和 70 亿欧元（2004 年为 150 亿欧元和 30 亿欧元）；英国、法国、卢森堡在对外投资及引资方面扮演了主要角色，对外投资方面，英国是欧盟 25 国中对外直接投资最多的国家，2005 年英国对外直接投资 560 亿欧元，占欧盟对外直接投资总量的 37%；法国排名第二，190 亿欧元，占比 12%。卢森堡排名第三，160 亿欧元，占比 10%。引资方面，英国也是欧盟最大的引资国，2005 年吸收外资 170 亿欧元，占欧盟引资总额的 24%；排名其后的是卢森堡 140 亿欧元，占比 20%；法国 130 亿欧元，占比 19%。卢森堡在对外投资引资方面的突出表现源于卢森堡的金融中介服务行业。欧盟对外投资额大大高于引资额，2005 年，欧盟对外投资额比引资额高出 830 亿欧元，占欧盟 GDP 的 0.8%。

从欧盟内部各成员国之间的相互投资来看，欧盟内部各成员国是欧盟国际投资重要来源和去向，欧盟内部各国间的投资占其吸收投资的一半以上。其中，服务业的内部投资要高于制造业，这主要是由于服务业如通讯、交通过去是由欧洲各国政府管制的，为了提高效率需要拆除壁垒实行一体化。同时，服务业的民营化和放松管制也鼓励了欧盟各国之间的相互投资。在制造业，欧盟内部跨国投资在劳动密集的行业有增强趋势，主要是为了实行技术改造和产业升级。这样，在纺织、木材加工、运输工具等方面欧盟内部的相互投资都占有很大比例。此外，对标准化生产线的投资也是欧盟内部投资的重点，其目的是实行大量生产，降低交易成本，以适应统一大市场扩大了的需求。

我们选择欧盟的两个主要成员国英国和德国做进一步详细介绍。

（1）英国的外资政策和管理。

①英国利用外资的概况。近年来，英国吸引外资持续增长，据联合国贸发会议数据，2004 年，英国吸引外国直接投资（FDI）780 亿美元，居世界第二，仅次于美国。2005 年，英国 FDI 达 2190

亿美元，即便扣除因跨国并购产生的近1000亿美元，英国引资额仍居全球首位。目前，英国累计接纳外资仅次于美国，人均引资水平居世界第一。① 根据世界经合组织（OECD）对其28个成员国的研究发现，英国是引进外国直接投资过程中障碍最低的国家。

大型并购活动是英国近两年来吸引外国直接投资飞速增长的主要原因，并占据着主导地位。最新的数字显示，2005年海外公司斥资大约883亿美元并购英国的公司，大大高于2004年的530亿美元，成为2000年以来海外并购英国公司之最。② 英国公司在并购活动中如此吸引外国公司的原因大致也是因为英国的经济更加开放，外国直接投资受到的障碍很低，英国的监管比欧洲大陆相对更松一些，比欧洲大陆的兼并费用负担也小一些。

②外商投资管理制度及有关审批程序。英国政府历来十分重视引进外资。为了鼓励海外投资者来英国开展业务，政府相继出台了一系列优惠的政策，使其成为全球商业投资环境最好的国家之一（据经济学情报部门对60个国家的调查评比结果，荷兰第一，英国第二，美国第三）。英国政府允许在英外资企业享有与英资企业完全相同的国民待遇，规定除进入国防、核能领域，收购重要英企业以及设立外资银行和保险公司外，其他外资活动均毋须政府批准；政府对投资设限极少、除特殊领域外（涉及国家安全等），投资者一般可以自由选择项目、投资方式和出资比例。政府根据各地经济发展的状况，将全国划分为几个不同的地区，对部分（相对落后）地区的投资项目予以资金支持。

为了引入外资来促进英国的经济发展，英国政府鼓励外商投资于制造业、研究开发及服务行业，如研发（R&D）、电子、软件、电子商务、电信、制药及生物技术、创意产业、金融服务、化工、汽车、环保技术和可再生能源、医疗设备以及电话中心和共享服务中心等。

外国人在英国可以自由进行直接或间接投资，但是根据1973年《公平贸易法》的规定，有关接收现有英国公司的事项要接受监督。属于这种范围以内的有接收的总资产超过1500万英镑的公司合并，以及引起或加强垄断的公司合并（指将占市场份额的25%以上）。英国商业大臣可以将合并事项提交垄断与合并委员会，就其是否违反公共利益进行调查。另外，政府也有权禁止不合要求的外国人接收重要的制造企业，不过迄今尚未行使过这一权力。外国公司与本国公司地位相等，建立新企业无须特别许可。工业部负责制定投资政策，实施政府对投资赋予的鼓励措施。③

英国无汇兑管制，对汇出的利润并无限制。

③对外资的鼓励政策。

A. 税收政策④。英国没有为海外投资制定特殊的优惠财税制度，它是通过对整体投资环境的改善，提高在英国经营企业的竞争力来吸引海外投资的。其采取的优惠措施包括：

降低税率：为了有效地吸引外资，英国政府一再降低公司税。目前公司税主要有两种：利润为30万英镑的小公司，其公司税为20%；利润超过150万英镑的大企业，其公司税为30%。中等规模的公司，其公司税介于20%～30%之间。从2000年4月开始，对那些利润仅为1万英镑的公司，将实行新的税率，其公司税将为10%。利润在1万～5万英镑的公司，其税率介于10%～20%之间。这些税率均低于美国、日本、加拿大及欧盟较大国家的税率水平。

---

① 《英国吸引外资经验探析》，中华人民共和国外交部。

② 马建国：《“海外军团”哄抢英国本土企业》，http：//finance. sina. com. cn。

③ 黄海：《英国有关外国投资的法律规定》，《国际经济合作》，1990年第1期。

④ 《英国政府鼓励海外投资措施》，www. taxchina. cn。

2000 年 3 月 21 日，布朗财相发表了 2000 年政府预算报告。在该报告中，财相宣布了对跨国公司将实行重要的减税措施，其中包括：允许外国集团所属任何英国公司之间申报损失，目的是获得集团或联合企业减税待遇。同时将第二次向集团所属驻英分支机构实行减税政策；对资本收益实行减税措施，资本资产可以在任何英国公司，或外国集团所属驻英分支之间任意转让，无须纳税；政府考虑实行一项新的迟延减税措施，对交易公司出售 30% 以上股份的资本收益实行减税。同时，其他大规模股票投资或商业资产投资也获得减税待遇；公司税分期缴纳付款不足时，企业负担的利率也由原先的高于基本利率两个百分点下调到高于基本利率一个百分点；公司税的其他重大改革还有：对双重征税抵免体系进行重大的改革以及对外资分支机构改革。

采取“集团优惠”：凡隶属同一关系企业的两家公司，课税前可将两者盈亏相抵以减轻赋税。“集团优惠”措施适用于集团持股在 75% 以上、且设立于英国境内的公司，即使该集团公司仅为外资在英国的子公司亦享受此优惠。

实行资金支出抵扣：投资者可享受“资金抵扣”的赋税优惠措施，包括与贸易有关的研究和开发费用及在企业特区（Enterprise Zone）内商用厂房等经费开支均可享受 100% 的抵扣。对于工厂及机器设备的投资每年亦有 25% 的抵扣额，设于企业特区以外的工业厂房则有 4% 的抵扣额。

不限制利润转移：英国无汇兑管制，对汇出的利润并无限制。同时，为避免双重征税，英国根据不同的国家已制定出了多达百种的课税协定。

B. 其他鼓励措施[①]。英国政府为鼓励高新技术的发展，采取了相关的税收政策，其中最主要的是鼓励研究与开发投资的税贴（Capital Allowance）。税贴是英政府对企业支出的免税补贴，也是英政府引导投资、支持高新技术产业发展的重要手段。目前，与高新技术企业相关的税贴有：研究与开发；生产知识产权支出；购买知识产权支出。

虽然，在各种税贴中，企业的研究与开发投入所享受的税贴是最优惠的，高新技术企业与低技术传统企业的最大区别就在于研究与开发投入上，高新技术企业研究与开发的投入远高于传统企业，因此政府给予企业研究与开发的优惠税贴无疑是对高新技术企业发展的一种有效激励。

近年来，英国政府提出了“坚持吸引外资政策，但工作重点将放在含有未来技术的投资项目上”的发展方向。政府不仅重视近期投资增长，更着眼于投资的长期持续发展。

目前，英国在研究及发展方面的平均支出高居欧盟国家第三位，许多美国、日本及德国公司均在英国设立研究开发基地。

C. 地区援助计划[②]。所谓“地区选择援助”，即针对那些在经济协助区内创业的投资者，重点是那些计划扩大规模、进行改革及合理化建设的公司，第一次在英国投资的外国公司，以及那些从事服务业及制造业的公司，政府选择性地给予一定的奖助及其他形式的财务补助。

“资助计划”（Project Grant）是“地区选择援助”的核心，通常分 3 次付款。能否获得资助与新创就业机会、投资金额及项目进展密切相关。通常资助的范围不仅涉及购买土地、场地、建筑物、工厂、机器等，还有包括专利权、专业性费用、机器的安装/再安装等费用。

通常，在经济协助区内的投资项目如雇员少于 25 人可申请相当于固定资产投资总额 15% 的补贴，但补贴数额不超过 15 000 英镑；或可申请相当于项目技术改造费用 50% 的补贴，但总补贴额不超过 25 000 英镑。在区内 50 人以下的企业，政府将考虑提供技术改造项目费用的 50%，但补贴

---

① 《英国政府鼓励海外投资措施》，www. taxchina. cn。

② 《英政府进一步加大对“经济协助区”的引资力度》，中国驻英国使馆经商处。

额度不超过25 000英镑。

与此同时，英国政府还实施针对企业区（Enterprise Zone）的优惠待遇。所谓企业区，即那些处于闲置及萧条中的老工业区。多年来，英国政府通过在各地设立企业区、实施企业区优惠待遇，进一步加大对当地的引资力度，从而带动当地经济的发展。

目前，英国境内共有40个企业特区。在这些经济较萧条的所谓企业区中，政府通常给予较为优惠的减税待遇：每个企业区的优惠期限为10年；在企业区内，免除工业和商业房地产开发投资税，而且相关的机械设备和厂房设施也可纳入免税范围；免除工业和商业房地产地皮税；免除企业用于职业培训开支的有关税收；同时，通过简化各项行政手续积极吸引投资。

此外，在北爱尔兰地区，英国政府所给予的优惠待遇及补助始终位居全国之首。主要有：

工业发展奖励金：对投资工厂建筑、机器等方面给予高达50%的资金补助，在企业初建时期，对其所新创的就业机会给予雇佣奖金，企业如租赁厂房，可在5年内免付租金；

利息减免奖助金：旨在帮助投资者偿还贷款利息，一般为期7年，前3年免计利息，后4年的利息率较一般利息率低3%。

④对外资的限制。英国对外资没有过多的限制，但外国及英国投资者必须同样遵循有关垄断与合并的规定。外国投资者如收购任何大型或经济上有重要影响的英国企业，必须获得政府批准。银行与保险公司在英国开业之前，必须获得金融服务局政府的批准。

公共卫生立法条例对改建或兴建建筑设施的方式有相关规定。

（2）德国的外资管理和政策。

①德国的外资利用概况。第二次世界大战后的德国在其国民经济恢复阶段，输入资本的形式主要是利用马歇尔计划的援助。在20世纪五六十年代经济迅速增长阶段，主要是吸引外商直接投资。1950年~1973年，共利用私人长期投资896.64亿马克，其中直接投资430.06马克，占48.19%，外商证券投资269.74亿马克，占30.08%，外国贷款232.3亿马克，占25.91%。1974年年底，德国经济进入低速增长，1974年~1982年，利用外资的主要形式改为对外借款，外商直接投资降到21.7%。1982年以后，证券投资成为这一阶段外资利用的主要形式。1986年，利用外资的规模达最高峰值，共利用外资892.15亿马克。其中，外国证券投资达332.15亿马克，占37.23%，居第1位。①

据联合国贸发会议日前公布的《2006年世界投资报告》，2005年德国吸引外资额近330亿美元，在全球各国与地区中，位于英国、美国、中国、法国、荷兰、中国香港、加拿大之后，居第八位，占全球总额3.6%。

由于德国与欧洲各国的地缘关系及历史文化的认同感，特别是德国经济与欧洲经济的长期融合，欧洲一直是德国外资的最重要来源地区，截至1995年年底欧洲在德国投资共为1692.48亿马克。其中欧盟国家对德国投资为1208.57亿马克，占德国吸引外资总额的45.9%。随着欧洲经济一体化进程的深入，欧盟国家在德国吸引外资格局中所占的地位越来越重要。②

②基本外资管理政策。德国政府努力为外国投资者创造较完备的宏观法律框架，主要有避免双重征税协定等。德国目前已与70余个国家签订了避免双重征税协定，其内容基本符合经合组织的示范协定，旨在限制所在国的征税权。实行“免除征税原则”，即对外资来源国有权征税的收入和

---

① 蒋宏宾：《世界各国不同利用外资方式的选择》，《徐州师范学院学报（哲学社会科学版）》，1996年第3期。

② 商晴：《德国对外投资与吸引外资状况分析》，《国际经济合作》，1998年第2期。

财产免除税收。除此之外，设有专门的外国投资法，外国投资企业享有与德国本国企业相同的、广泛的国民待遇，同时从成立、经营管理到社会保险、纳税等各方面，需遵守德国相关法律。

德国没有针对外资企业制定的专门法规，也没有专司外资企业管理的特设机构。德国对外资的市场准入条件基本与德国内资企业一样，外国投资者与国内所有企业一样享受同等的国民待遇，也接受同样的制约，对外国投资者的审查和监督主要由州一级政府进行，内容包括申报许可和特许等。允许德国投资者进入的领域一般对外国投资者也不限制。随着德国私有化进程的发展，原来禁止投资者进入的领域如水电供应、基础设施、能源、医药等领域现在也已对境内外投资者放开，但须对投资者个人的能力、经济实力和技术能力等方面进行调查，对投资项目进行审批。目前，德国明确禁止投资者进入的领域只有建设和经营核电站和核垃圾处理项目（根据德国《和平利用核能及核能风险保护法》）。即使是投资武器生产项目，德国的《武器法》也只是规定，如果不是德国籍投资者，项目有可能不被批准。

在德国，从事某些行业和经营项目需要向有关部门（大多为当地的工商管理部门）提出申请，以获得经营许可或者生产许可。这些审批制度的目的在于，根据不同行业的不同要求，保证企业有足够的人员、技术、建设或者经济实力，以及企业拥有必需的可信度、必要的专业知识和经验。需要审批的行业包括：银行、保险业；拍卖业；出售含酒精饮料的餐饮业；武器、弹药、药品、植物保护剂的生产及其销售；炼油和蒸馏设备的生产和销售；发电和供暖厂；动物的批发和零售；运输和出租公司；等等。《联邦排放保护法》对企业的各种排放制定了严格的审核规定。还有在《药品法》、《武器法》、《旅店法》、《监理法》等法规中也都制定了不同的审批规定。再如德国的《反限制竞争法》规定，对企业进行超过25%的收购要得到卡特尔局的批准。需要审批的理由很多，涉及不同行业、不同的领域和不同层次的管理，在此不能一一列举。

③鼓励外国投资的政策。德国吸引外资的政策主要有以下几项：

A. 为消除地区经济发展不平衡，德国政府制定了“改善地区经济结构”共同任务，积极鼓励在西部一些相对不发达地区和东部各州进行投资。如投资项目产品可跨地区销售或改善当地基础设施条件，则有权申请共同任务的投资补贴。1991 年～1996 年，德国政府共从联邦预算中拨款223.5 亿马克（其中东部 193.5 亿马克，西部 30 亿马克）作为执行该计划专用款项。在这些地区成立、扩建或改建企业时，还可申请欧洲复兴计划贷款，最高贷款额为 100 万马克，偿款期 10 年（建设性项目可达 15 年），利率 5.25%。

B. 制定了各种各样的投资促进方法（多针对工商业领域投资）。主要有以下几种：

特别折旧：在德投资企业可获得特别折旧。其中西部投资当年和之后 4 年特别折旧率为投资总额的 20%，在新联邦州投资第一年固定资产特别折旧率为 40%，之后 5 年中每年为 10%。

投资补贴：西部地区补贴额最高可达投资额的 12%～18%，每创造一个资本密集型工作岗位还可得到 2 万马克额外补贴。东部各州（包括东柏林）投资补贴为投资额的 35%，由联邦和所在州各承担一半。

投资担保：在西部投资，联邦和所在州各承担担保额的 50%。对一个项目年担保额不超过2000 万马克。在东部成立新公司或中小企业，可在各州的担保银行申请担保，担保为贷款额的80%（最高 150 万马克），还款期为 15 年，建设性项目为 23 年。

优惠贷款：主要有德国清算银行的“成立新企业计划”（最高贷款额为 400 万马克）和复兴信贷银行的“中小企业计划”，最高贷款为 1000 万马克。

C. 为改善环境质量、促进环境保护，德国金融机构向污水处理、空气净化、垃圾处理、减轻噪声、节能等项目提供贷款。其中复兴信贷银行的环保计划侧重于治理，贷款上限为1000万马克，分10年期和20年期两种，年利率分别为4.5%和5.00%。德国清算银行则侧重于预防性项目，贷款额最高为投资额的75%，不超过1000万马克。欧洲复兴计划的环境与节能方案向年销售额5亿马克以下的企业提供10年期限的贷款（建筑性项目15年），宽限期为2年，年利率为5.25%，最高贷款额100万马克。

④对外资的限制。德国没有对外资进入的领域制定限制政策和采取措施，只是在审批过程中按有关规定对不允许的项目不予受理。

德国对外国投资领域没有明文规定，但出于国家利益方面的考虑，政府实际上控制了某些重要行业，主要包括国有铁路、公共设施、邮电业和广播电视业。在这些领域，外国投资者是被排除在外的。

3.6.2.3 日本的外国投资政策和管理

（1）日本外国投资的基本状况。就总体而言，第二次世界大战后，日本对引进直接投资不像对引进技术那样热心。但是也很重视国外经营资源与国内经营资源的结合，以及外资进入日本对促进竞争、广集世界之资本与人才、促进地区经济发展等的作用。

近几年，外国向日本的直接投资持续快速增长。据大藏省统计，1998年度外国向日本的直接投资额为1.3404万亿日元，比上一年度增长了97.6%，历史上首次突破1万亿日元大关；1999年度达到2.3993万亿日元，增长了79%；2000年度上半期为1.8901万亿日元，同比增长了42.1%。伴随着对日本直接投资的急速增长，日本对外资直接投资额与其吸收的直接投资额的差距也在缩小。[①]

从1950年~1965年，日本引进外资46.43亿美元，其中外国直接投资仅占5.88%，而外债达94.12%。1968年开始，日本以证券投资方式引进外资增长较快，外国直接投资仍增长缓慢。到1997年，日本的外国直接投资额仅32亿美元。

在1998年度对日本直接投资的行业分布中，非制造业占76.7%，制造业占23.3%，非制造业占有绝对优势。在非制造业领域中，金融和保险业占有的比例最高，达到34.1%；信息通信和零售业等服务业居第二位为23.7%。从新设立外资企业的件数来看，投资集中于非制造业的情况更为明显，而在1999年度该情况有所变化，外国直接投资在制造业中的总额从1998年度的3126亿日元增加到9797亿日元，增加了3.13倍，其所占比例也增加到了40.8%，其中机械行业（包括汽车业）的投资由2129亿日元激增至8652亿日元，增长了4倍多。[②]

从向日本进行直接投资的国别分布来看，1998年度美国占60.3%，欧洲占22.6%（以投资额为标准），发达国家的投资占有绝对优势。如果不考虑投资额，亚洲国家近几年在日本新设外资企业的件数持续高水平增加，在1998年、1999年两个年度里每年都超过200件。其中约60%集中在商业贸易领域，这表明亚洲企业进入日本市场的愿望很强烈。[③]

（2）日本对外国投资的基本管理和审批制度。战后初期，日本急需大量资金重建经济，依据改善国际收支、有利于重要产业和公共事业及技术援助三个标准，在《外资法》中对外资政策加

---

① 日本贸易振兴会特集：《急速增长的对日直接投资》，2000年2月。

② 崔健：《日本外资企业的现状及其效果分析》，《日本研究》，2001年第4期。

③ 同②。

以规定。但日本政府担心大量外资涌入会冲垮本国中小企业，控制和垄断国内市场，主导日本经济技术，影响经济稳定和政策效果，对外资采取了严格的限制措施，几乎没有外资企业能够获得投资许可。

20 世纪 60 年代中期，被迫开放资本市场后，日本政府在从 1967 年 ~ 1976 年将近 10 年的时间里，分阶段、渐进式地推进资本自由化，并且慎重选择对外资开放的部门，从多方面规定了选择标准，使受冲击较小的部门最先开放，其中最重要的标准是该部门是否具备同外资企业竞争的综合竞争力。同时，严格审批外资项目，规定合资企业中日方持股额占 50% 以上，在合资企业的组织中规定董事、董事长的日方比例，而且新建成合资企业的经营决策，必须得到特定管理人员或全体股东同意，从而在资产所有权、组织和经营决策中确定了日方的控制地位。在引进外资的方式上，以吸收外债为主，既弥补了国内资金不足，缓解了企业自有资金少、国际收支逆差、外汇短缺等困难，又防止了外资对本国企业的控制。[①]

外资企业的审批权限，自 1998 年 6 月起，改由各地区的通产局接受申请，从而将审批权限由中央下放到地方。而此前，《进口、对内投资法》第 2 条第 6 项规定，“特定对内投资事业者”的申请由通产大臣批准；接受申请的主管课室在确认申请文件符合规定后，即可发给主管大臣的认定书。[②]

日本开发银行设立于 1984 年的低息融资制度，规定有效期最多为一年，其后仍想享受优惠政策者可再次申请。之后融资对象与比例的要求逐年放宽，从 1996 年度起，融资对象扩大到所有行业；开发银行为促进对日投资，规定超低利率融资制度适用于所有实际的投资。1997 年 4 月，日本开发银行对外资企业中所占比例的要求由 50% 以上改为只需 1/3 以上。

2000 年 4 月，基于《进口、对内投资法》的有关规定，对面向外资企业的优惠税收措施——亏损金的操作期由 10 年调整为 7 年。

1997 年 5 月，修正《外汇及外国贸易管理法》，更名为《外汇及外国贸易法》。同时规定，矿业（原油、天然气、核原料等除外）由外汇事前申报行业改为事后报告行业；企业或分公司要变更经营目的时，如果不涉及事前申报行业，则不需要申报与报告。[③]

（3）日本对外国投资的鼓励措施。在引资的保障条件上，日本除了对美国等少数国境给予在外资持股方面实行所谓“国民待遇”外，在税收政策上对外资没有任何优惠。

日本虽然是资本主义市场经济体制，但一直以来，医疗卫生、教育、建筑和交通运输等许多市场都相当封闭。日本市场的封闭导致在日本进行直接投资的外国企业数量少，投资金额小。另外，日本人对外商收购本国企业有抵触情绪，当地缺少积极引进外资的优惠措施和机制，这些也阻碍了外资进入日本市场。在当今世界各国、各地区、各城市、各工业团地相互激烈竞争、积极吸引外资的情况下，日本没有制定足够的吸引外资的政策，在利用外资方面没有足够的吸引力。

当然，这也是由日本民族的历史和思想特点决定的。

但随着日本经济形势的恶化，这种局面逐渐出现了改变。从 20 世纪 90 年代开始，泡沫经济的破灭使日本经济一蹶不振，国内需求萎缩，出口竞争加剧，日本一些拥有良好技术的企业，包括部分研究开发型高新技术企业都陷入了经营困境。为了生存和发展，这些企业摒弃了排斥外资的做

① 金戈、杨柳勇：《不同国家和地区利用外资政策的比较与启示》，《国际贸易问题》，2001 年第 6 期。

② 《日本吸收外商投资政策》，中国驻日本使馆经商处。

③ 同上。

法，纷纷向外寻找合作伙伴。同时，日本政府为了吸引外资，也逐步开放市场，放宽了对大部分经济活动的各种限制，并制定了一些吸引外资的措施。

从税收角度看，外商投资企业与日本本国企业在税收方面基本上享受同等待遇，另外还有如下优惠：

①根据现行税制，对于提出纳税申请的法人，其各年度所欠税款最长可以延长 5 年缴纳。但如属于特定对日本投资事业者，从设立之日起，其 5 年内发生的所欠税款可以延长到 7 年缴纳。

②在地方税方面，免征特别土地保有税。

税收以外的其他鼓励措施：低息融资制度，外商投资企业可享受日本政策投资银行提供的低息融资优惠措施；债务保证、信用保证，特定对日本投资事业者从银行贷款时，完善产业基础基金可对其贷款的 95% 实行债务担保。日本中小企业如果和特定对日本投资事业者有一定金额以上的交易，如商品和劳务交易，或者向特定对日本投资事业者出资，包括租赁设备等，经认定，该中小企业借入必需的业务资金时，可获得信用保证协会的信用担保。

（4）日本对外国投资的限制政策。日本 20 世纪 70 年代以来逐步实行资本自由化政策，但在许多部门仍然禁止外国人投资。目前，日本只有 4 个工业部门准许外国投资者拥有 100% 的股权。一切外国投资的建议，包括现有外国投资的增加和技术合同，仍需经政府“宣布合法”才能进入。外国公司接管日本企业必须经过逐项审查。[①]

日本把国内产业分为三类：第一类包括钢铁、房地产、中小零售商业等 160 种行业，外国投资者在所投资企业中可拥有 100% 的股份；第二类产业包括电子计算机处理设备、医药、钟表、机车、无线电、电视机、合成纤维等 77 种行业，外国投资者在所投资企业中可拥有 50% 的股份；第三类产业包括农林水产业、矿业、石油业、皮革业等，对外商投资实行严格限制。日本禁止外资投向的部门为：原子能、矿业、公用事业、电力、天然气、交通、银行、广播、飞机制造、武器、弹药。[②]

《外资法》对日本外来资本做了制度性的限制，如下两条具有实质性内容的规定：其一，外资持股比例不得高于 50%；其二，对日本直接投资必须是合资形式并且能在合资时带来新技术。

与《外资法》相呼应，《外汇法》第 22 条也对外资审批做了专门规定，所不同的是，对于可能给国际收支带来不良影响，可能给国民经济的复兴带来不良影响，有资本逃避或逃避有关法令限制的意图，不符合其外币资金状况等 4 种情况不予以批准。[③]

除了《外资法》和《外汇法》等法规中所明确的规制条件外，具体的审批条件是由各主管省厅制定和掌握，并且不予公开发表，从而给政策当局的运营留下了很大的自由定夺余地，实际上对外资的规制要比法律上的明文规定严得多。[④]

---

① 肖金林：《外资并购国有企业初探》，《中南财经大学学报》，2001 年第 5 期。

② 吴正龙：《发达国家强化外资管理的做法及启示》，《亚太经济》，1997 年第 1 期。

③ 通产省编：《商工政策史》第 10 卷《产业合理化（战后编）》，《商工政策史刊行会》，1972 年，第 240 页。

④ 小宫隆太郎等编：《日本的产业政策》，东京大学出版会，1991 年，第 142 页。

3.6.3 新兴工业化国家外资政策与管理

3.6.3.1 新加坡对外国投资的政策和管理

（1）新加坡利用外国投资的基本状况。新加坡政府始终将利用外资作为一项重要国策，从自治后对外资的态度就非常开放，欢迎多方面的投资，对外资很少做强制性规定，也没有制订特殊的外资法令，而是根据经济发展的不同阶段，按产业政策的要求灵活制定和实施优惠和奖励政策。而大量外资的涌入，极大地促进了新加坡经济结构的调整和对外贸易的发展。从国土面积上讲，新加坡是一个小国，然而却发展成为东南亚的强国，成为亚洲“四小龙”，这在很大程度上得益于其对外国直接投资的利用。

1959 年 ~ 1965 年是新加坡大力引入外国直接投资的阶段。期间，政府颁布了对外来投资者的全面激励、补贴、关税保护政策。1965 年以后，新加坡更把创造条件吸引外资作为推动经济增长的重要战略。按 1999 年的统计数字，新加坡已累计引进外资 751 亿美元左右，超过同期流入东南亚的外国直接投资总额的 40%，当年仅制造业利用外资就占到新加坡 GDP 的 7.78%。到 2000 年年底，外资在新加坡社会总投资中的比重达到 1/3 左右，制造业的外商独资企业占年出口额的 75%，占制造业新增附加值的 60%。新加坡经济增长平均达到 8.69%，国内生产总值（GDP）增长了 54 倍，人均 GDP 增长了 25 倍。到 2002 年，新加坡 GDP 达到 1557 亿美元，人均 3.7 万美元。目前，到新加坡落户的外资企业达 6000 多家，全球 500 强企业中已有很多企业将总部或区域性总部设在了新加坡。①

（2）新加坡对外国投资的基本管理和审批制度。新加坡政府注重营造良好的投资和经商环境，其外资政策的突出特点是限制少、鼓励多。新加坡的法律对内资与外资给予相同待遇，其经济法规，如《经济扩展奖励法》、《新兴工业法》、《投资法》、《制造业限制法》等，对内资、外资都同等适用。除公用事业、国内航空运输和某些军工生产不对外资开放外，其他限制很少。

新加坡设有专门代办政府进行对外招商的部门，即贸工部下属的法定机构——经济发展局，该局在欧美主要城市均设代表处，根据政府产业发展的目标确定具体的招商项目，其中多数项目是由跨国公司投资的大型生产项目和区域运营总部，其特点如下：

①经济发展局根据国家产业发展的方向，吸引国际著名企业来新加坡投资，并有针对性地建设有关产业发展的配套设施。目前，正在发展的将石油炼制、化学加工等石化工业上下游相结合的裕廊化工岛就是一例。

②经济发展局拥有统一集中的权利，代表政府提供“一站式”服务，在对外招商中可就投资项目涉及的配套服务的各方面问题与外商商定，如在税收优惠、土地租金、供水、供电等方面。

③对于重要行业的大型项目，经济发展局可出资参股外商投资企业，同时，在外商投资企业所需专业人才的招聘、雇员工作准证的申领、投资企业所需的配套设施等方面提供特别协助。②

一般企业利用外资和外国企业前来投资，由投资者根据市场状况自行决策。在新加坡成立任何新公司，都必须在公司和商行注册局登记。外资公司经贸易发展局批准，可以设立代表处。

---

① 《新加坡利用外资发展经济的启示》，中国驻新加坡大使馆，http：//sg. mofcom. gov. cn/。

② 《新加坡吸引外资情况与政策分析》，http：//www. jjbk. net/。

（3）新加坡对外国投资的鼓励措施的演进。新加坡对企业税收采取的低税制，只征收所得税一个税种，税率为20%。为鼓励企业研发，还实行了研发费用双重扣除，以减轻企业的纳税负担。对于经营先导型产业的技术企业，免税期可多达10年。为鼓励跨国公司地区总部设在新加坡，对公司总部的税收减免在0%～15%。①

20世纪中期，新加坡主要运用财政激励吸引外资，包括名目繁多的税法规定，其总体目标是降低外来投资者的税收负担，其中以所得税的减免为主。1959年，新加坡政府颁布了“新工业法”，规定凡获得新兴工业资格的工厂，可免缴40%的所得税；投资额在25万新元以上的项目可享受2年免税期；年出口额超过10万新元、出口额占销售额20%以上的出口企业，可在5年免税期满后，继续享受10年所得税优惠；等等。

20世纪60年代，新加坡外资政策转向鼓励出口导向型直接投资以后，激励政策也随之转变，转向以运用金融工具为主，它涉及优惠信贷和政府控制下的金融市场的利用。1967年，新政府颁布了《经济扩展鼓励法令》，进一步提出了奖励出口的办法，包括对出口商提供优惠贷款、出口信贷保险（最高保额达贷款额的85%）。

20世纪70年代中后期，新加坡进入提升投资阶段，政府坚决地实施促进其工业部门升级换代的政策，大力引导跨国公司向高附加值领域投资。政府选择制造业和服务业的特定领域作为有限发展产业，并将激励性补贴或保护措施与获取特定利益（如高技术、资本密集型、使用当地人才等业绩要求）相结合，由此吸引了众多小型研究密集型产业的跨国公司。

20世纪80年代中，新加坡为了吸引“进行产品开发，管理其财务活动，并向了公司提供行政、技术和管理服务”的营运总部，政府着重在信贷提供、人力资源开发和基础设施现代化方面。经过多年的努力，新加坡成功地成为跨国公司在亚太地区所建功能性总部最集中的地区。②

新加坡对外资实现鼓励时，对行业的选择性也非常强，为了促进那些与发展总战略相适应工业的发展，引导外资的合理投向，使利用外资的重点同国内经济发展目标相一致。如1959年颁布《新兴工业（豁免所得税）法令》及《工业扩展法令》，在发展“进口替代”工业的同时，又重在引导外资发展劳动密集轻工业，以解决国内严惩的失业问题。1967年颁布《经济扩展鼓励（减免所在地所得税）法》，鼓励外国投资重点发展技术和知识密集型工业，并对出口工业给予优惠，促进了电子电器、炼油业、精密设备等高科技企业的发展。对开创性先驱企业所在地获利润的免税期为5年～10年，对新科学技术项目、国际咨询服务项目等均有减免税收的鼓励。此外，对飞机部件、半导体设计、计算机软件等项目，实行资本援助制度，可享受低利长期融资；对产品开发，如新产品，新制造方法的开发和既存产品和制造方法的改良等项目，实行补助制度，其直接费用由政府补助50%（最高额为20万新加坡元），但这项制度适用的企业，其股东必须半数以上是新加坡公司或永住者。

另外，新加坡政府公布的至2010年的长期策略性产业发展政策基本方针中，把电子、石化、生命科学、工程、物流等9个产业部门列为奖励投资的产业。另外，信息通信21计划及基因工程计划将信息通信、遗传因子相关产业也列为鼓励投资对象。新加坡政府已承诺在未来5年内向生物技术产业拨款30亿新元，用于鼓励跨国企业来此设立研发中心、赞助研究计划、协助本地新创企业与学术机构从事基因组、生物资讯、生物工程、纳米科技、分子与细胞生物学、癌症治疗等方面

① 申会水：《新加坡发展模式和创新政策浅析》，《全球科技经济瞭望》，2005年第10期。

② 李俊：《新加坡利用外资发展经济的思路带来的思考》，《经济问题探索》，2003年第7期。

的研究。

（4）新加坡对外国投资的限制。新加坡外贸厅立法对外资的限制性规定相比东南亚其他国家来说要宽松得多。法律没有关于聘用当地人的一般要求，但是，对于外籍人员在新加坡就业，要求必须取得聘用许可证。这一政策的目的是尽量引进外国高级人员，尽快提高本国技术水平和管理水平。

新加坡法律对外资投向的部门没有特别限制，但外国投资者向交通、通信、电力及新闻等少数公共事业部门投资，行政审批上控制极严。另外，对外国投资投向金融和保险业实行许可证制度。关于外资投资比例的限制，除商业企业要求外资不超过 40% 以外，其他企业则规定得比较宽松。高技术或资本密集型出口企业，外资可全资；一般产业虽然鼓励合营，但对外资股份比例并未加以限制。

新加坡《制造业限制投资法》规定了限制外资进入的产业，但数量较少，主要包括纤维纺织制品（雇佣职工人数在 100 人以上者）、啤酒、海上运输、薄木板、三合板、木料制材、水泥、洗衣粉、肥皂、烟花、铸铁、铁制品、锌、钛、汽车、电池、电视机、飞机、冷藏车、空调机、日光灯、半导体制品、香烟、光学透镜、照相用品、安全救生用具、火柴。上述这些产业都是属于关系国计民生的行业，法律对外资限制的目的在于保护这些行业的民族工业，促进新加坡经济的健康发展。

新加坡对银行管制和监督较严，将国内和岸外银行业务严格分开，本资银行受政府保护，外国银行大多只能做岸外业务。为了提高本资银行的管理水平，1999 年 5 月，新加坡金融管理局公布了金融业五年开放计划。开放后，外资银行分为五类：特准全面性银行、一般合成性银行、限制性银行、特准岸外银行和一般岸外银行。新加坡金融管理局的指导原则是：以开放态度对待风险，从管制转变为监管，注重金融体制面临的风险。

2000 年 3 月，新加坡金融管理局宣布进一步开放普通直接保险业，主要内容是：市场准入自由化，对审批数目无固定限制，取消对外资持有本地保险公司最高 49% 股份的限制，但是，本资或外资对本地保险公司增持股份至 5% 或 20% 时，均需经金融管理局同意。

商业、外贸、租赁、直销广告已经完全对外开放，外商可自由申请设立企业，但在审批时亦要求外商所属国政府给予新加坡企业同等的市场准入机会。此外，广告内容须报新闻艺术部审批。①

3.6.3.2　韩国对外国投资的政策和管理

（1）韩国外国投资的阶段性和现状。韩国利用外资的方式主要有三种：外国无偿援助、外国贷款和外国直接投资。在亚洲金融危机之前，韩国引进的外资主要是外国贷款、公共贷款，外国直接投资所占比重很小。

韩国利用外资大致分为以下几个阶段：②

第一阶段为 20 世纪 50 年代，韩国的外资主要为外国的无偿援助。无偿援助的总额约为 30 亿美元，其中绝大部分来源于美国，正是由于这些援助，使韩国经济有了迅速发展。在 1953 年 ~ 1960 年期间，韩国工业总产值的年平均增长率为 10.8%。

第二阶段从 20 世纪 60 年代至金融危机爆发前。20 世纪 60 年代至 80 年代是韩国经济腾飞的阶

① 《新加坡吸引外资情况与政策分析》，http://www.jjbk.net/。

② 熊涓：《韩国利用外资的特点及启示》，《商业研究》，2003 年第 9 期。

段，也是它引进外资的重要阶段。20 世纪 60 年代韩国开始实行外向型经济发展战略，到 1979 年年底，引进外资总额为 160.84 亿美元，其中公共借款占 35.60%，商业借款占 57.30%，外商直接投资占 6.50%。从这里我们可以看出，这一阶段韩国利用的外资是以借款为主的。同样，外商直接投资也主要集中在工业部门，这对韩国的工业化起到了很大的作用。

第三阶段为金融危机后。由于金融危机的爆发，韩国政府看到虽然利用外资解决了发展经济所需的资金，实现了经济的高速增长，但同时也使韩国外债高筑，出现还贷危机。因此，金融危机后，韩国政府迫于国际货币基金组织开放市场的压力，扩大行业开放，并且改善投资环境，把积极吸引外国直接投资作为引资的重要方式。据韩国银行的统计，1998 年韩国利用外商直接投资额为 88.5 亿美元，项目 1398 项，同比增加了 32.50%。外商投资的方式主要有：控股、收购、兼并等。

1998 年，韩国实行新制定的《外国人投资促进法》，允许外国企业对韩国企业进行敌对性并购，大幅放宽投资领域限制，对外商在韩国直接投资实行全面自由化和鼓励政策。1997 年韩国吸收外商直接投资 30.88 亿美元、1998 年为 52.15 亿美元、1999 年为 103.40 亿美元、2000 年为 156.9 亿美元。截至 2000 年年底，外商对韩直接投资达到 647.3 亿美元。欧洲、美国和日本是韩国外资的主要来源。

韩国产业资源部的资料显示，2005 年海外直接投资比 2004 年的 128 亿美元下降了 9.6%，降至 116 亿美元。另外，预计 2006 年海外直接投资大概在 110 亿美元左右。

（2）韩国对外国投资的基本管理和审批制度。韩国外资政策的核心内容为“促进、支援”。[①] 外商出资形式除现金、机器设备和产业财产权外，也包括外商持有的知识产权、在韩国国内的不动产和股份等。外商对所投资企业的出资完了之前，如已符合《外国人投资促进法》规定的外资企业标准，则该企业就可以进行外商投资企业登记，并享受韩国政府赋予外商投资企业的一系列优惠政策。

目前，韩国除国防和文化保护等极少数项目之外，其余领域一律对外开放，允许外商经营的项目已占韩国全部业种的 98.5%；取消了外国人对上市股票投资的限制，允许外国人自由购买韩国金融机构在国内外发行的各种金融债券、短期金融商品以及各种期票；允许外资银行及证券公司在韩国设立分支机构及雇佣韩国职员；允许外国人在韩国自由购置土地、兼并企业以及在韩国发行外汇证券；在韩国经营满一年以上的外资企业可以从韩国银行获取贷款等。

简化外商投资的申报和有关审批程序，加快政府处理有关业务的速度，外商在办理投资申报、取得建厂许可等有关手续时须提交的文件比外商投资自由化以前减少一半；政府处理有关审批业务的最长时间缩短至 30 天，超过这一时限视为自动许可。

赋予大韩投资贸易振兴公社（KOTRA）下属的投资支援中心（KISC）法律权限，使其能够协调与外商投资有关的各部门业务，切实向外国投资者提供从投资咨询到事后管理的一条龙综合服务。[②]

（3）韩国对外国投资的鼓励措施。

①税收政策。在韩国，外商投资企业所得税（韩国称为法人税）税率和内资企业一样，为 15%，但当法人所得超过 1 亿韩元时，对超过部分征收 27% 的法人税，2005 年开始分别下调 2 个百分点。

---

① 《韩国外资政策概要》，中国驻韩国使馆经商参处。

② 同上。

对符合条件的外商直接投资企业实行减免税优惠，对外商投资436种高新技术产业及“能够对高附加值制造业等的发展提供巨大帮助”的97种服务业和“外商投资区”内的企业实行税收减免。外商符合上述条件，前7年免交法人税、所得税和红利所得税（均为国税），后3年减半；所得税、财产税、综合土地税和登录税（均为地方税）减免期限至少8年（前5年全免，后3年减半），地方政府可视具体情况在8年～15年的范围内调整减免期限。

对增资部分的减免税适用与最初投资相同的减免税标准；但因建立准备金而发生的增资，其减免期限为原投资剩余减免期限，减免比率同原投资。

对于从事“加强国际竞争力所急需的产业支持服务业及高科技产业”而设立或经营工厂的外国投资企业和被认可“外国人投资区域”的企业所使用的生产设备才可以免除关税、特别消费税和增值税（10%），适用期限为自外国投资企业申告日起3年。此外，在经济自由区域内的上述外资企业进口生产设备时，只免征关税，而无增值税免征。

②其他鼓励措施。鼓励外商购买和租赁国、公有土地。外商租赁土地的期限为50年，期满后可以再延长50年；外商租赁的土地如为国、公有财产，根据投资规模和行业，可获得减免50%～100%租金的优惠；外商购买国有土地，可分期20年付款，并有一定宽限期。

中央政府鼓励各级地方政府吸引外资。中央政府为地方政府引进外资的各项工作提供资金援助，包括建立外商投资区、购买土地租赁给外资企业使用、减免外资企业土地使用费、为外资企业提供职业培训补贴所需的资金。中央政府同意各级地方政府根据实际情况，向外商投资企业提供雇佣补贴。

建立外商投资地区制度。确定“外商投资地区”的标准是：投资额超过1亿美元；外资比例超过50%，且新雇佣的正式员工超过1000人；外资金额超过5000万美元，且新雇佣的正式员工超过500人；在现有工业园区中，外资金额超过3000万美元，且新雇佣的正式员工超过300人；在旅游饭店业和国际会议设施业中，外商投资额超过3000万美元；在综合休养业中，外商投资额超过5000万美元，符合上述条件任何一项的企业，如提出申请，其所在地区即可被确定为“外商投资地区”。对该地区内的外资企业，实行前述的“国税7免3减、地税5免3减”的税收优惠政策，免除其租赁国有土地的租金和其他行政收费，并为其兴建医疗、教育、住宅等生活环境设施提供支持。

为鼓励外资设立高科技企业及设立R&D中心，韩国引入“CASH GRANT”即现金支持制度，即向投资者以现金返还10%投资额的制度，支持对象限于高科技企业及其相关支持性企业投资额在1000万美元以上、R&D中心投资额在500万美元且雇佣硕士在20人以上的企业（如R&D中心雇佣硕士在10名以上，可视为“外国人投资区域”）。①

（4）韩国对外国投资的限制。目前，按韩国标准产业分类（共1121个行业），韩国将邮递、中央银行、共济基金、证券交易所等金融管理、学术研究、国家行政管理、教育、艺术、社会团体、宗教团体等63个行业列在外商投资对象之外；其余适合外资投资的行业中只有电视传播、无线电广播业2个行业尚未开放，禁止外商投资；其余行业中，报纸发行、定期刊物发行、近海、沿岸渔业、普通作物栽培、肉牛饲养业、发电、送电、配电及销售、肉类批发、内港客运、内港货运、定期航空运输、不定期航空运输、有线电信电话、无线电信电话、电信线路设备租赁业、其他电信、无线传呼等其他无线通信业、国内银行、信托公司、利用视听渠道播放节目业、综合有线及

① 《韩国外资政策概要》，中国驻韩国使馆经商参处。

其他有线传播业、卫星传播业、新闻提供、放射性废料处理业等27个行业部分限制外商投资；其他行业外资可自由进入。

据韩国主管外资政策的产业资源部称，韩国名义开放度很高，已达到发达国家水平，适合外资投入的各行业的投资自由化指数高达99.8%，对外商投资的准入基本上采取申报制管理。对于上述部分限制外商投资的行业，韩国基本上以规定外商持股的比率上限为主要限制手段。此外，政府各行政部门对部分需保护的产业和国家垄断行业的外商直接投资仍采取限制对国有企业的持股比率、通过审批制度掌握资本进出的动向、限制市场准入等措施，这些限制政策由产业资源部每年汇总后通过外商投资统合公告发表。

为防止外资对本国企业的恶意收购，韩国财经部日前表示，韩国已经出台帮助国内企业抵御外资恶意收购的新规则。新规则规定，持有公司股份超过5%的投资者，在公开控制公司经营权的意向后，5日内不得行使投票权且不得继续购入股票。韩国公司成为收购目标后，可以增发股票或发行债券以对抗恶意收购。如果投资者在柜台市场公开收购某公司5%以上股份，目标公司可以发行可转换债券或其他证券以进行自我保护。①

近年来，外国投资者几次收购韩国金融机构，已令韩国担忧海外投资者的影响力会越来越大，韩国政府对金融业的外资控股也开始采取措施，对金融机构的外国投资进行逐步限制。

3.6.4 发展中国家外资政策与管理

根据前述利用外资的理论基础，发展中国家吸引外资的主要作用是填补储蓄与外汇缺口。由于发展中国家收入水平低，因而储蓄率较低，同时资本—产出率较高。为达到一定的经济增长率，发展中国家目前的储蓄率显得过低，约束了经济增长，这样储蓄缺口就需要外国资本来填补。直接投资就起着这种填补缺口的作用。达到经济增长的另外一条途径是降低资本—产出率，但降低的办法是提高技术和管理水平，而发展中国家自身的技术和管理水平都过低，难以内部提高，而通过国际直接投资伴随的技术和管理向发展中国家的流入，可能会起到技术和管理水平提高的作用。发展中国家由于存在外汇缺口，难以满足进口投资设备的需要，这样也需要直接投资来填补这一缺口。

从20世纪80年代开始，发展中国家对外资采取自由化管理态度，对外资采取保护和鼓励的政策倾向，尤其是90年代之后，发展中国家外资立法的自由化程度更深。这样形成了对外资给予国民待遇和超国民待遇并行的政策取向。

对外资的优惠主要体现在税收立法，一般对外资采取优惠税率或者免除或减少税基。

市场准入基本态度的改变，包括对外资给予市场准入的国民待遇；取消市场准入的“履行要求”；外资准入领域拓宽，20世纪80年代之前发展中国家普遍禁止或限制开放的服务市场，如金融业、电信、交通运输等行业的市场开放率正逐年提高。

3.6.4.1 印度对外国投资的管理和政策

（1）印度外国投资的基本状况。印度自1947年独立后从没中断过利用外国直接投资（FDI），但其真正意义上扩大利用外资是从1991年实施经济改革开始的。印度改革的方向是从国家主导型

① 《韩国限制外资恶意收购企业》，中国驻韩国使馆经商参处。

经济模式转向市场经济模式，从而提高经济效率，促进经济发展。改革所包括的内容是放宽工业生产管制、更广泛开放外国对印度的直接投资领域、实行自由贸易、重整社会公共部门和金融部门。由于吸引外资并不是印度改革的主要方面，也就使得印度利用外资改革的力度和步伐，各项吸收外资政策的制定和实施显得比较缓慢。①

这样，一方面由于对外资吸引政策的制定和实施缓慢，另一方面由于印度的基础设施并不完善，两方面原因制约了印度利用外资的进程。

据印度媒体报道，2005 年，印度实际利用外资 65 亿美元，全年协议利用外资 300 亿美元。2005 年，印度主要增加了房地产和电信领域的外国直接投资比重。2006 年，印度零售业在第一季度向外资开放，允许外国直接投资在零售业的比重上升至 51%，从而将在 2006 年为印度带来 10 亿美元的外国直接投资。②

除直接投资外，印度也把吸收国际组织的贷款作为重要的利用外资形式。在印度政府实行经济自由化的改革之后，世界银行和西方主要发达国家组成的援印财团每年要给印度 60 多亿美元的贷款，成为印度外汇储备的主要来源之一。国际货币基金组织于 1991 年提供了 6.35 亿美元补充融资，另外提供 2.2 亿美元的备用信用安排。世界银行还向印度提供了结构调整贷款，在 1992 年 ~ 1993 年度给予 30 亿美元的发展基金。1992 年，援印财团的贷款增加了 5 亿美元，达 72 亿美元。1993 年 ~ 1994 年印度得到的双边及多边援助，包括无息贷款和赠款在内为 72 亿美元，1994 年 ~ 1995 年度为 60 亿美元。印度虽为发展中国家第三大债务国，但其债务构成的优惠程度较高。然而，印度对外资的使用存在问题，有的外援款从具体项目的设计到施工整个过程极为不畅，项目投资不畅通，造成巨额外援款搁置，导致外资利用率低下。③

（2）印度对外国投资的基本管理和审批制度。

①印度对外国直接投资的基本政策。外国直接投资（FDI）项目在印度一些行业可以是 100% 外国独资企业。除特殊规定的经营范围或投资领域，项目可以经自动获准程序获得印度政府批准。需要经印度政府有关部门批准的外资项目如下：需要工业生产许可的经营活动或项目；外国投资者在印度该领域或相关领域曾经有过投资项目，需要再建的新的项目；外国投资者或印度非常驻居民取得现有印度公司股票；印度现行政策允许的投资领域以外，或禁止外资进入的领域里的项目。

②外国直接投资项目在印度自动获准的程序。印度政府有关部门允许外国投资者或非印度常驻居民在很多领域在没有事先批准的情况下设立控股达 100% 的独资企业。只要项目符合现行法律或政策的规定，外国投资者无须首先得到印度政府或印度央行（RBI）的批准，投资者所要履行的义务是在收到外国投资者汇入投资资金 30 天内通知印度央行设在当地有关机构；或在将股票出售给外国投资者后 30 天内把有关文件交印度央行设在当地有关机构备案即可。

③政府审批外国直接投资的程序。④ 按照印度现行政策不能实行自动获准程序获得批准的外资项目，包括外国投资者和印度非常驻居民须报请印度政府有关部门批准设立外资企业。

现行政策规定可以实行自定生效程序批准的项目也可报请印度政府有关部门批准。

印度政府负责审批外资项目的机构是外国投资促进局（FIPB），外国技术合作项目也归该局批

---

① 《印度吸收外资的现行政策及其演变过程》，中国驻印度使馆经商参处。

② 《2005 年印度实际利用外资 65 亿美元》，新华网。

③ 何济川：《中国与印度利用外资比较》，《亚太经济》，1997 年第 3 期。

④ 《印度吸收外资的现行政策及其演变过程》，中国驻印度使馆经商参处。

准。除非印度常驻居民的投资项目，或产品完全出口企业项目，以外国合作项目和需要工业生产许可证报批的外资项目要报印度财政部经济事务司。

非印度常驻居民投资项目和产品完全出口企业只须报印度商务部工业政策与促进司备案即可。

作为英联邦成员国，印度法律机构健全，各项法律规定比较完善，公司经营除要遵循印度《公司法》的各项规定外，还要受到《工业和劳工法》、《保护工业知识产权法》、《工厂管理法》、《环保法》和《税法》等很多法律的制约，整个公司注册登记的过程要提交证明不违反这些相关法律规定的各种表格等，使得注册登记的手续显得比较繁琐而已。

印度历来以世界上最大的民主国家自居，中央政府和地方政府制定和修改各项法律的程序比较繁琐，政府各部门相互制约和相互牵制，任何一项新政策的提出到最后付诸实施时间和过程都很长，往往妨碍利用外资政策的出台。

印度对本国经济和民族工业保护的力度很大，特别是各政党要在大选中取悦于选民，力求维护中小企业的生存，解决广大民众的就业和谋生问题，成为政府获得选票的最有效竞选口号和手段，大量吸引外资和扩大和开放外国投资领域和深度在一定程度上损害一些人的近期利益，所以，印度吸引外资各项政策的制定历来有很大阻力。

印度还是世界贸易组织（WTO）的创始国，不像中国有加入世界贸易组织和与国际惯例接轨等过程。外资在印度还没有取得与本国或当地企业完全相同的国民待遇，更没有像中国那样给予外资企业许多超国民待遇和优惠政策。

综合上述各方面的原因，印度吸引外资政策的演变基本上没有突出的过程或阶段，印度现行的吸引外资政策可以说是随着世界经济发展的进程，为适应本国经济发展的需要，或在各种压力下自然演进的过程。

（3）印度对外国投资的吸引和鼓励政策。

①税收优惠和利息优惠：对投资于优先发展的部门和落后地区的外资企业，减收所得税35%，降低贷款利率20%；对某些特定落后地区的投资，政府还给予其他奖励，其中包括给予相当于投资额的15%、总金额不超过150万卢比的补贴，合资企业可以申请免征所得税5年，收益不足股本75%的新兴工业企业免征所得税5年，不足额在免税期满后3年的应交税中扣除。[①]

出口企业生产出口产品所需的进口原材料，免纳进口税及国内税；同时为鼓励开发新产品，对新产品实施补助制度，补助的额度相当于离岸价的5%～30%。另外，对特定产品的出口者，发给进口许可证，保证供给进口原材料。

②加速折旧：规定商业和工业企业使用的建筑物、备件和机械，分别准许用一般折旧率折旧、使用折旧和从头折旧。

进入21世纪以来，印度政府进一步加大了吸引外资的力度。在2001年～2002年财年预算报告中，又推出一些吸引外资的新政策。[②] 新政策包括：外商可独立经营因特网服务的电子商务；把外资对宽带服务投资比例从49%提高到74%；取消对22种消费品工业外资分红比例；取消对外资电力、电力传输和销售项目（原子能发电项目除外）投资数额的限制，并放宽了对外资在炼油项目的自动审批手续，投资比例的上限也由49%提高到100%。在政府批准成立的经济特区，除个别情况外，外商在制造业领域投资的比例均可达到100%。在保险业方面，政府允许外商在取得印度

① 许心礼，杨志林：《发展中国家外资政策的比较及借鉴》，《世界经济研究》，1994年第4期。

② 荣鹰：《印度十年经济改革回顾与展望》，《国际问题研究》，2001年第6期。

保险管制发展局颁发的许可证的条件下，对保险公司的投资比例可达 26%。对印度侨民的投资则采取更加优惠的政策。

为了实现每年吸引外资 100 亿美元的目标，印度政府在实行上述政策之后，又进一步对外资开放了电信、医药制造业、银行，乃至国防工业等领域。在电信业方面，政府允许外商在一些项目的直接投资比例可达到 74%。在机场建设、旅游业、城镇交通建设方面，外商直接投资比例可达 100%。在一定的条件下，医药制造业的外国直接投资比例也可达到 100%。在银行方面，外国直接投资比例的上限由 20% 提高到 49%。印度政府首次将国防工业向外商开放，在取得许可证的条件下，在国防工业项目的外国直接投资比例可以达到 26%。

另外，印度政府还放宽了外资对印度证券市场一级市场和二级市场投资的限制。外商对印度上市公司的证券投资比例由原来 24% 的上限，提高到 40%。政府还允许外商在非银行金融公司的证券投资比例可达到 18%，外商在这些公司的最低资本总额不得低于 50 万美元。

为了拓宽利用外资渠道，印度政府鼓励有条件的印度公司到海外融资，特别是放宽了对印度信息技术公司在海外上市融资的限制。为了加速印度风险投资基金的发展，印度政府还允许外国风险投资基金公司通过自动审批程序在印度进行投资。

（4）印度对外国投资的限制。

①印度禁止外资进入的领域：赌博业、博彩业、风险基金、病源地公司、房地产开发、可转让开发权交易、零售业、核能、农业种植活动（不包括栽培花卉、园艺、种子开发、畜牧业、养鱼业、培养植物和蘑菇等）、种植业（种茶除外）。

但作为世界贸易组织成员国家，印度对外资的市场准入限制也趋于放松，2006 年已经开始允许外资进入零售业。

②限制外资进入的领域及其主要限制方式。

A. 印度限制外国投资进入的领域：用于社会或公共事业的工业生产部门，包括军队和军火及相关国防装备，军用飞机和军舰；原子能技术；铁路运输。①

B. 强制实行生产许可证的领域：包括酒饮料蒸馏和酿造业；雪茄和香烟制造业，生产烟草替代品；太空和国防电子产品及相关产业；工业爆炸品，含起爆剂雷管、安全引芯、枪药、硝化纤维和机器；危险化学品；毒品和医药品（由 1994 年年底颁布的毒品政策界定）。②

尽管印度逐步放松了对外资的限制，但总体看印度对外资的限制仍然偏紧。对于大部分行业都有外资投资限额的规定，批准手续也并非承诺的那样是“自动”的，仍然存在外汇管制，外资的利润汇回受到一定的限制。

3.6.4.2　墨西哥对外国投资的管理和政策

（1）墨西哥外国投资的基本状况。据墨西哥央行和经济部统计，2005 年墨西哥吸收外资 178.05 亿美元（2004 年 182.44 亿美元），其中新投资 96.336 亿美元，占 54%；跨国公司利润再投资约 28.06 亿美元，占 15.8%；公司间转移 25.43 亿美元，占 14.3%；客户工业固定资产投资 28.217 亿美元，占 15.8%。按行业划分：制造业投资额达 102.72 亿美元，占 57.7%；商业贸易领域投资 31.51 亿美元，占 17.7%；服务业 19.76 亿美元，占 11.1%；交通通讯 17.62 亿美元，占

---

① 《印度吸收外资的现行政策及其演变过程》，中国驻印度使馆经商参处。

② 同上。

9.9%。从投资国别看，美国、西班牙、荷兰占前三位。其中美国仍为外资最大来源国，投资总额达 122.49 亿美元，约占总量的 70%；西班牙公司投入了 17.84 亿美元，占 10.1%；荷兰公司投入了 16.73 亿美元，占 9.4%。

2005 年，墨西哥证券市场吸收外国投资 66.99 亿美元，其中股票市场 33.53 亿美元，货币市场 33.64 亿美元。

据墨西哥央行统计，2005 年墨西哥侨汇收入 200.35 亿美元，同比增长 20.6%，仅次于石油出口创汇（2005 年达 282.85 亿美元），为墨西哥第二大外汇来源。

从外资风险度评估来看，墨西哥 1998 年～2003 年之间是吸引外资风险较小的前 10 个国家/地区之一。2003 年曾达到世界第三位。[①]

（2）墨西哥对外国投资的基本管理和审批制度[②]。根据 1993 年 12 月颁布实施的《外国投资法》，墨西哥允许外国投资者从事墨西哥境内绝大多数行业，甚至可让外资 100% 参与经营。国外投资者也可任意添购固定资产、扩充或迁移公司/厂房、同时投资其他新的产业或新生产线等，但某些保留及特殊规定的行业不在此限。

墨西哥境内共有 45 种保留及特殊规定的行业为外资不得参与或限制其参与股份，因为有些是国营产业、有些只开放给墨西哥公民和具有外国特殊条款的公司经营、或特殊法令规定限制外资股份。

欲赴墨西哥投资的外国人须先向经济部外资司申请核准公司投资方案。申请后，若在 45 天内未收到通知，公司投资方案即自动被视同核准通过。

当外资公司的固定资产总额超过 3.94 亿比索（约 4147 万美元）或外商欲投资指定 12 种行业之一并参与股份超过 49% 时，须经经济部核准。

依照法律规定，外国投资人不得从事部分特定行业，因为这是保留给墨西哥公民或具有外国人特例条款的公司经营或限制外国人参与比例。

为克服对外国投资人的上述限制，墨西哥投资法允许外国人从事一种所谓的“中性投资/股票买卖”（Neutral Investment）。按规定，经济部授权当地银行、证券经纪人、财政控股公司等发行中性投资文件（如参与证明书），赋予投资人某些经济上的利益。但此类中性投资的投资人在股东会上不具投票权。

按外资法规定，一般外资公司可在距边界 100 公里以内和距海滩 50 公里以内的管制区购买土地，但必须先向外交部登记且所购买的土地不可供居住使用。外国人如拟于管制区内购买供居住土地使用时，要以信托方式进行。受信托人须为信用机构，受益人可为公司或个人。依信托方式取得的土地，只有使用权而无产权；使用年限最长为 50 年，期满可申请延期。

外资公司可将公司利润、权利金、股利、利息和资本自由汇出。公司可在墨西哥境内任何一家合法银行开立美元支票及存款账户，开户最低额度由各银行制定。而个人也可在北部边界内开立美元支票账户。

公司和自然人所得税均为 33%，2005 年公司所得税将降至 32%。若公司将所得税再投资，只须缴纳 30% 的所得税，并确实登记再投资所运用的金额。这项减税优惠措施主要是鼓励投资在科技开发领域上及其他对墨西哥有利的计划。

---

① 《2005 年墨西哥吸收外资情况》，中国驻墨西哥使馆经商参处。

② 《墨西哥投资环境》，中国驻墨西哥使馆经商参处。

在墨西哥境内的外国机构、公司或个人如因买卖或投资而获取利息，将被征收利息所得税，其税率如下：①10%：外国政府投资的财务金融机构、外商银行、投资银行，参与美国资本的机构（其资金来自于海外机构）；②21%：从信用机构获得的利息（有别于上述金融机构），外国机械设备供应商因买方分期付款而获得的利息，贷款给外国人购买上述机械设备而获得的利息；③40%：非由上述两项方式而获得的利息；④15%：再保险公司因客户保费而赚取的利息。

墨西哥境内的产品买卖和服务以及从事进出口业务均须缴纳 15% 的增值税。

墨西哥劳工法规定，在外资企业中，外籍人员与墨籍人员比例不得低于 1:8，目的在于创造更多的就业机会。

（3）墨西哥对外国投资的鼓励措施[①]。

①机械设备、原料、零组件免关税进口。若公司临时进口机械设备、原料和零组件，用来生产或组装外销品至其他国家，在墨西哥境内可享免进口关税及增值税。

根据北美自由贸易协定及世界贸易组织规定，墨西哥经济部针对禁止非北美自由贸易协定国家享受优惠关税和双重征税等议题，已调整了保税加工计划，并分为两个阶段实施：

第一阶段：1994 年 ~2000 年

公司可无限期地保留进口的机械设备，且无须付进口税，但该设备须用来加工外销品。若公司想把外销品变更为内销，则需付机械设备的折旧费作为进口税。

第二阶段：2001 年以后（包括 2001 年）

自 2001 年 1 月 1 日起，墨西哥征收临时进口的机械设备关税，其税率与一般非 NAFTA 国家产品关税一样。为避免从非 NAFTA 国家进口原料在墨西哥被征关税，之后成品外销至美国或加拿大，又被其中一国征收成品进口税的双重征税问题，新的法令规定将从两国的进口关税中采取最低额为减免关税。但北美自由贸易协定附件 2.4 或附件 300. B 第 6 条所规定的产品不在此限（纺织品及女性成衣）。尽管如此，出口制造商仍可享有产业优先发展计划所提供的优惠条件。

②产业优先发展计划。产业优先发展计划将为产业出口制造商进口原料或机械设备提供优惠条件，电机和电子业于 2000 年 11 月 1 日起适用于该计划。这两种产业的公司在加入保税加工计划之后，可享受 0% ~5% 的优惠关税。

③银行的分担投资开发风险方案。墨西哥国家外贸银行（Bancomext）将可以参与当地公司的股份，最高可达 25% 以促进国内或外资公司的发展并加强其财务。

④联邦及州政府的员工训练计划。墨西哥联邦政府提供多项特别赞助以发展劳工技能训练计划，其中“劳工素质提高及现代化（CIMO）”是劳动部提高资金及技能帮助的训练计划之一，其目的是提高民间各种产业以支持中小型企业发展人力资源、改善工作条件及增加工作机会等。

另外，墨西哥各州的职业技能学校也纷纷与民间开展合作，以培训学员具备劳务市场所需的技能。

⑤州政府鼓励投资方案。部分州政府会提供其他鼓励投资措施以吸引更多的外资，如土地价格低廉、劳工训练计划赞助经费或发展工业区设施等多项方案。

⑥双边避免双重征税协定。墨西哥迄今共与 17 个国家签订了避免双重征税协定，这些国家分别为：比利时、加拿大、丹麦、法国、德国、爱尔兰、意大利、日本、韩国、挪威、荷兰、新加坡、西班牙、瑞典 、瑞士、英国和美国。同时，双方的借贷利息也从 21% 减至 3%，以及获得利

---

① 《墨西哥投资环境》，中国驻墨西哥使馆经商参处。

息所应缴的税率也降低至 10%。

（4）墨西哥对外国投资的限制①。

①墨西哥国家控制产业：石油和其他碳氢化合物；基础石化工业；电力核能发电；放射性矿物；电报；无线电报；邮政服务；货币发行；铸币；港口、机场、直升机场管制及监督。

②允许墨西哥公民和具有外国人特例条款的公司经营的产业：国内陆上客货运及旅游运输（不包括信件及包裹运输）；汽油和液化气零售；无线电传及有别于有线电视的广播、电视业；信贷联合体；根据相关法律设立的开发银行机构；根据相关法律条文规定所提供的专业及技术服务。

虽然外资法只开放国内陆上客货运和旅游运输，及客运巴士车站和相关服务管理等行业，给墨西哥公民和具有外国人特别条款的公司经营，但一般外国投资者仍可依下列规定参与部分投资：

自 2001 年 1 月 1 日起，最高可参与 51% 的股份；

自 2004 年 1 月 1 日起，最高可参与 100% 的股份，且无须向投资委员会申请。

至于汽车工业，自 1999 年 1 月 1 日起，外国人可 100% 投资汽车零配件、配件的组装和制造。

③特殊法令规定限制外资股份的产业：

最高可参与 10% 的股份：社团；

最高可参与 25% 的股份：国内航空运输、驻机场出租车公司、特种航空运输；

最高可参与 49% 的股份：财团控股公司；合作银行；经纪公司；债券交易专业公司；保险公司；债券买卖公司；外币兑换公司；发货仓库；融资公司；票据贴现公司；特种财务公司；债券交易法第二条规定的公司；物产基金；基金经理人；退休金经营公司；一般炸药、枪炮、弹药、氨及烟火贸易制造商（但工业用炸药及化合物的买卖不在此限）；国内报纸印刷及发行；农业、畜牧业及林业的 T 类股；淡水、沿海及特定区渔业（不包括水产养殖业）；港口管理公司；具有合法内陆航行权船只的特定停靠港港口管理公司；具有内海与沿海航线的船务公司（不包括观光邮轮、捕捞船只及其他用在工程、保护和港口服务的装卸船只设备）；船只、飞机与铁路设施用燃料及润滑油供应商；具有联邦电信法第 11 条、12 条合法执照的公司。

④如果外资欲参与下列任一种行业超过 49% 的股份，须经外资司核准：内陆航行船只、拖船、渡船停靠港和下锚地的港口服务公司；外海船只作业的船务公司；具有航空站管理服务执照的公司；私立幼儿园、小学、中学、高中、高等教育和综合学校；法律服务公司；信用咨询公司；安全鉴定机构；保险公司；移动电话公司；油管埋设石油及天然气井钻探公司；铁路及公路建设公司。

（作者单位：中国人民大学）

① 《墨西哥投资环境》，中国驻墨西哥使馆经商参处。

4

统计数据篇

简 要 说 明

一、数据来源和统计范围

本篇中“全国非公有制经济发展情况”部分数据来源于国家工商行政管理总局，“全国非公有制企业运营情况”部分数据来源于国家统计局。

国家工商行政管理总局的数据按照注册登记类型划分，统计范围为全国具有法人资格的“三资”企业、私营企业和个体工商户，主要包括了反映基本情况的指标，如企业户数、从业人数、注册资本和投资总额等；同时，私营和个体部分还包括了反映经营情况的指标，如总产值、销售总额和社会消费品零售额等。此外，还列示了一部分反映个体劳动者协会和私营企业协会发展现状的指标。

国家统计局的数据包括固定资产投资以及工业和商贸流通服务业两个重点行业的运营情况。固定资产投资的统计范围包括：城乡建设项目投资、房地产开发投资、城镇和工矿区私人建房投资及国防、人防建设项目投资。工业的统计范围为全国规模以上的私营、“三资”工业企业，主要包括了反映企业运营情况的指标，如工业增加值、资产总计、主营业务收入和利润总额等；商贸流通服务业的统计范围为限额以上的私营、澳港台商投资、外商投资企业（包括批发业、零售业、餐饮业和住宿业），列示了企业的资产负债和主要财务指标等。

二、概念解释

本篇中涉及的概念解释如下：

个体经济：是指生产资料归劳动者个人所有，以个人劳动为基础，劳动成果由劳动者个人占有和支配的一种经济形式。

个体工商户：公民在法律允许的范围内，依法经核准登记，从事工商业经营的，为个体工商户。其特征是劳动者以本人或家庭的生产资料和木人及家庭成员的劳动从事经营活动。

私营经济：是存在雇佣劳动关系的私有制经济。在我国现阶段，私营经济的存在形式就是私营企业。

私营企业：指由自然人投资设立或由自然人控股，以雇佣劳动为基础的营利性经济组织。包括按照《公司法》、《合伙企业法》、《私营企业暂行条例》规定登记注册的私营有限责任公司、私营股份有限公司、私营合伙企业和私营独资企业。

港、澳、台商投资企业：指企业注册登记类型中的港、澳、台资合资、合作、独资经营企业和股份有限公司之和。

外商投资企业：指企业注册登记类型中的中外合资、合作经营企业、外资企业和外商投资股份有限公司之和。

“三资”企业：指港、澳、台商投资企业和外商投资企业的合称。

个体劳动者协会：简称个协，是在中国共产党和人民政府领导下，由全国城乡个体工商业户（个体劳动者）组成的群众团体。个体劳动者协会会员均为个人会员。

私营企业协会：简称私协，是由私营企业联合组成的、依法在民政部门登记的社团组织。私营企业协会可以有团体会员和个人会员。

三、其他说明

1. 本篇中数据若无特殊说明，均为 2005 年数据。

2. 本篇中所涉及的全国性统计数据，均未包括香港、澳门特别行政区和台湾省数据。

3. 本年鉴中部分数据合计数或相对数由于单位取舍不同而产生的计算误差，均未作机械调整。

4. 符号使用说明：本篇各表中的“空格”表示该项统计指标数据不足本表最小单位数、数据不详或无该项数据；“#”表示其中的主要项。

非公有制经济的历史形成

在新中国的历史上，非公有制经济成分跻身社会主义经济制度的主体地位，非公有制经济规模实现真正的崛起，整整经历了半个多世纪极不平常的发展过程。

新中国成立之初，经过没收官僚资本、土地改革和对农业、手工业、资本主义工商业的社会主义改造，到1956年，基本形成了以全民和集体所有制为主体，公有制、公私合营、私营和个体经济相结合的社会主义公有制经济制度。在此基础上，新中国第一个五年计划顺利完成，国民经济得到较快发展。此时，在整个经济中，非公经济所占比重达到10%。但是，由于“左”的思想影响，公有制被迅速推向极端和片面，特别是1958年3月中共中央通过《关于在农村建立人民公社问题的决议》以后，全国掀起人民公社化运动，绝大多数地区建立了集体化程度更高的人民公社，并在公社内部实行基本工资制、供给制，统一分配，大刮“共产风”。文革开始后，“左”倾政策进一步得到发展，形成了所有制形式非公莫属，流通领域统一分配，分配领域吃“大锅饭”的高度集中的计划经济体制。截止到1978年年底，全国已持续多年没有一家私营企业，个体经济仅存14万户。

1978年年底召开的中共十一届三中全会，从根本上冲破了长期“左”倾错误的严重束缚，端正了党的指导思想，重新确立了党的马克思主义的正确路线。中国经济体制的改革，非公经济的发展从此拉开序幕。

1979年2月，中共中央和国务院批准转发了国家工商行政管理局提出的“各地可以根据当地市场需要，在取得有关业务主管部门同意后批准一些有正式户口的闲散劳动力从事修理、服务和手工业者个体劳动”等意见的报告，公开为个体经济发展开了绿灯。

此后，党和政府相继出台了一系列政策措施，从逐步放宽对个体经济的限制，到把个体经济作为“社会主义经济必要的有益的补充”；从“不准（个体经济）雇工”，到“允许经营者请两个以内的帮手，有特殊技艺的可以带五个以内的学徒”，并最终将个体经济的合法地位纳入国家根本大法，明确提出“为个体经济的发展扫除障碍，创造条件，并给予法律保护”，有力地促进了个体经济的发展。到1987年年底，全国个体工商户已达1373万户，从业人员2158万人，注册资本金236亿元。其中，个体经济的从业人员比1978年增长153倍，平均每年递增75%。

1986年9月，中共十二届六中全会通过的《关于社会主义精神文明建设指导方针的决定》进一步指出：“我国还处在社会主义的初级阶段，不但必须实行按劳分配，发展社会主义的商品经济和竞争，而且在相当长的历史时期内，还要在公有制为主体的前提下发展多种经济成分，在共同富裕的目标下鼓励一部分人先富起来”。这是在中央文件中首次提到“多种经济成分”，而不仅是个体经济。紧接着，1987年10月，在中共十三大的报告中进一步明确指出：“社会主义初级阶段的所有制结构应以公有制为主体。目前，全民所有制以外的其他经济成分，不是发展得太多了，而是很不够。对于城乡合作经济、个体经济和私营经济，都要继续鼓励它们发展。在不同的经济领域，不同的地区，各种所有制经济所占的比重应当允许有所不同”，“私营经济是存在雇佣劳动关系的经济成分。但在社会主义条件下，它必然同占优势的公有制经济相联系，并受公有制经济的巨大影响。实践证明，私营经济一定程度的发展有利于促进生产，活跃市场，扩大就业，更好地满足人民多方面的生活需求，是公有制经济必要的和有益的补充”。这是十一届三中全会以来党的代表大会上首次承认并允许私营经济发展，为私营经济发展正式开了绿灯。

1988 年 4 月召开的第七届全国人大第一次会议通过了宪法修正案，增加了如下内容：“国家允许私营经济在法律规定的范围内存在和发展。私营经济是社会主义公有制经济的补充。国家保护私营经济的合法权利和利益，对私营经济实行引导、监督和管理”。同年 6 月，国务院发布的《中华人民共和国私营企业暂行条例》明确规定，“私营企业是指企业资产属于私人所有、雇工 8 人以上的营利性的经济组织”。这使得私营经济从法律层面上在新的历史条件下也得到确定。在国家政策和法律的鼓舞下，1988 年年底，私营企业发展到90 581户，从业人员 164 万人，注册资本 84 亿元；个体工商户 1453 万户，从业人员 2305 万人，注册资本 312 亿元。据统计，此时的其他经济类型①工业总产值达 494. 9 万元，占全部工业总产值的 2. 7%，城乡个体工业总产值达到 787. 2 万元，占全部工业总产值的 4. 3%。

然而，1989 年春夏之交的国内政治风波，使得中国个体、私营经济的发展陷入低潮，这一年年底，从事个体私营经济的人数和户数都有明显下降。对此，党和政府及时重申依据社会主义初级阶段理论制定的所有制结构方针不变，明确指出：“对现在的私营企业主不应和过去的工商业者简单类比和等同，更不要像五十年代那样对他们进行社会主义改造”。中央的表态，在一定程度上打消了人们的思想顾虑，扭转了个体、私营企业下降和停滞的发展趋势。到 1991 年年底，个体私营经济的从业人员数稳步回升，个体工商户为 1414. 5 万户，从业人员 2246 万人，均比上年有所增长。紧接着，1992 年邓小平同志的南方谈话公开发表，他在讲话中关于党“对非公有制经济发展的政策不能变”的论述给社会各界带来巨大鼓舞，从根本上扭转了 1989 年政治风波后非公经济徘徊不前的局面，中国个体、私营等非公有制经济从此进入迅速、持续、稳步发展的新阶段。

从 1992 年到 2005 年这 14 年间，党和国家随着改革的不断深入和认识的不断深化，进一步连续出台了一系列政策、法律、措施，从在指导思想上承认“个体经济、私营经济、外资经济”为公有制经济的“补充”地位，到在宪法中确认“在法律规定范围内的个体经济、私营经济等非公有制经济，是社会主义市场经济的重要组成部分”，并明确规定“国家保护个体经济、私营经济的合法的权利和利益”，从根本上为中国的非公经济迅速、持续、稳步发展扫清了障碍，创造了条件。

这期间，全国个体工商户从 1992 年年底的 1533. 9 万户，发展到 2005 年的 2463. 9 万户，从业人员由 2467. 7 万人增加到 4900. 5 万人，分别增长了 61. 0% 和 98. 6%；登记注册的私营企业从 14 万家，增加到 430 万家，从业人员由 231. 8 万人，增加到 5824. 1 万人，分别增长了近 30 倍和 24 倍多，非公经济得到长足发展。

今天，正在崛起的非公经济，已成为国民经济新的增长点，成为社会主义经济增长的重要推动力量。据相关资料显示，自改革开放以来，我国国民经济平均每年增长 9. 5%，而个体、私营经济年增长速度超过 20%，其创造的社会财富已超过国内生产总值（GDP）的 1/3。

---

① 其他经济类型包括全民与集体合营、全民与私人合营、集体与私人合营、中外合营、华侨与港澳工商业者合营、外资经营企业。

据统计，2005 年全国限额以上批发零售业[①]商品销售额共计93 151.3亿元，其中，仅纯私营企业（未包括股份合作企业、联营企业、有限责任公司、股份有限公司及港澳台和外商投资企业）的销售额就达17 129.5亿元，占到 18.4% 的份额。如果将统计口径扩大到全行业，把遍及全国每一个角落的规模以下私营企业和个体商业网点包括进去，非公经济所占比重还要大幅度增加。

据 2005 年全国工业普查数据显示，2004 年全国全部工业企业工业总产值为222 315.9亿元，其中，仅纯私营企业、港澳台商投资企业和外商投资企业中的外资企业及外商投资股份有限公司所占比重就达 42.8%，几乎占了整个工业总量的半壁江山。

非公经济在积极参与社会财富创造的同时，也为社会主义社会的和谐发展作出积极贡献。特别是非公经济自身的发展壮大，为增加国家税收，缓解社会就业压力，促进社会稳定起到了极其重要的作用。据统计，2005 年全国共有城镇就业人员27 331万人，其中，仅纯私营企业、城镇个体、港澳台商和外商投资单位的就业人员就达7 481万人，占城镇就业人员总数的 27.4%。有资料显示，自改革开放以来，非公经济平均每年为社会增加了 600 万个工作岗位。从这个意义上讲，非公经济不断发展壮大的过程，就是新中国社会主义市场经济体系不断建立和完善的过程，非公经济的崛起，就是中国改革开放的胜利。

我们相信，在以胡锦涛同志为总书记的中共中央的正确领导下，在全面落实科学发展观、构建社会主义和谐社会、推进中国特色社会主义事业发展的过程中，非公经济作为社会主义市场经济的重要组成部分必将发挥更大的作用，得到更大的发展，实现更大的崛起。

---

① 限额以上批发零售业是指年末从业人员 20 人及以上、年销售额 2000 万元及以上的批发企业和年末从业人员 60 人及以上、年销售额 500 万元及以上的零售企业。

2005 年非公有制经济状况

一、个体私营经济发展概况

2005 年，我国个体私营企业发展保持了强劲的势头，其市场主体地位更加突出。其中，个体私营企业实有户数由 2004 年的 2715.6 万户增加到2894万户，总产值由31 048.1亿元增加到37 239.6亿元。个体私营企业上缴税收由2004 年的3207 亿元增加到4101.6 亿元，成为地方财政的重要来源。与此同时，个体私营企业吸纳就业的能力增强，创造了大量的就业机会，从业人数持续增长，有效缓解了就业压力，促进了社会的和谐发展。2005 年，个体私营企业新增就业人数1120.2 万人，增长率高达 11.7%，全年安置下岗职工 120.7 万人，吸纳高校毕业生 35.6 万人。

在个体私营企业中，从事第一产业的有 33.3 万户，占总数的 1.2%；从事第二产业的有 396.2 万户，占总数的 13.7%；从事第三产业的有 2463.4 万户，占总数的 85.2%（见图 1）。个体私营企业在与群众生活密切相关的第三产业中发展迅速，产业结构进一步优化，不仅繁荣了城乡市场，而且创造出显著的经济效益，为国民经济发展作出了积极的贡献。

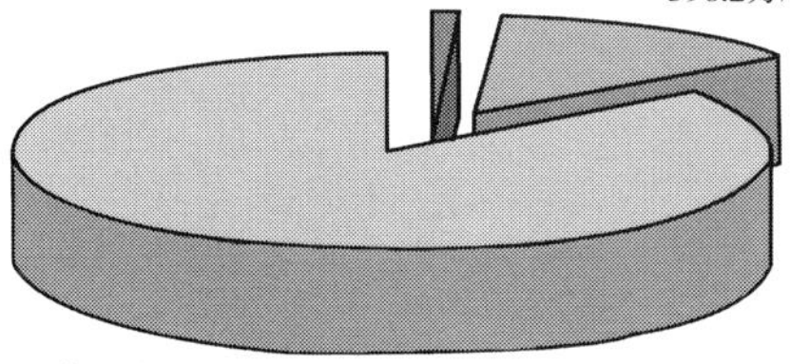

图 1　2005 年按三次产业分布的个体私营企业从业人数

按东中西部地区划分，目前东部地区个体私营企业数量最多，而西部内陆省份个体私营企业的增速最快。个体私营企业户数排名前十位的省市分别是：广东省 227.4 万户，江苏省 226 万户，浙江省 208.6 万户，山东省 200.2 万户，北京市 91.2 万户，江西省 67.5 万户，上海市 47.4 万户，四川省 17.9 万户，辽宁省 16.5 万户，青海省 14.5 万户。

从行业分布角度分析，个体私营企业整体增长迅速，在私营企业中发展速度最快的三个行业分别是：文体娱乐业、租赁和商务服务业以及房地产业。而在个体工商业中发展速度最快的三个行业分别是：房地产业、卫生社会保障和社会福利业以及信息传输计算机服务和软件业。比较而言，2005 年，私营企业在各个行业的增长速度均明显高于个体工商户的增长速度，尤其私营企业中的文体娱乐业，增长速度达到了 88.5%，在其他行业的增长速度也普遍达到 20% 左右。而在个体工商业中，制造业和交通运输仓储邮政业的增速呈下降的趋势，与2004年相比，分别下降了0.1个和4个百分点。

从城乡分布来看，2005年，农村个体私营企业户数达1184.6万户，占41%；城镇个体私营企业户数达1709.4万户，占59%。农村个体私营经济的发展有利于农村剩余劳动力得到有效转移，对农业发展、农民增收、农村繁荣和农村社会稳定都起到了积极的作用，加速了农村经济的整体发展和产业结构的调整。

二、"三资"企业的发展状况

吸收外商直接投资（FDI）是中国扩大对外开放和加快市场经济建设的重要组成部分，也是中国顺应经济全球化潮流、主动参与和利用国际分工的重要举措。2005年，中国作为世界上仅次于美国和英国的第三大FDI流入国，成为最具吸引力的发展中国家。

在全球经济复苏、国际直接投资继续回升的背景下，2005年，中国吸收外商直接投资保持平稳发展，利用外资的质量和水平进一步得到提高，外资对中国国民经济和社会发展的推动作用得到进一步增强，外商投资企业数量持续增长。截至2005年年底，全国实有外商投资企业26万户，比上年增加1.8万户，增长7.3%。国（境）外投资者对我国的投资信心继续增强，实有外商投资企业注册资本为8120.3亿美元，增加835.5亿美元，增长11.5%。

随着我国加入WTO承诺的进一步兑现，"三资"企业产业结构调整速度明显加快。从实有户数看，外商投资的重点仍在第二产业，为18.7万户，占实有总户数的71.8%；第三产业实有6.8万户，占实有总户数的26%；第一产业实有0.58万户，占实有户数的2.2%（见图2）。

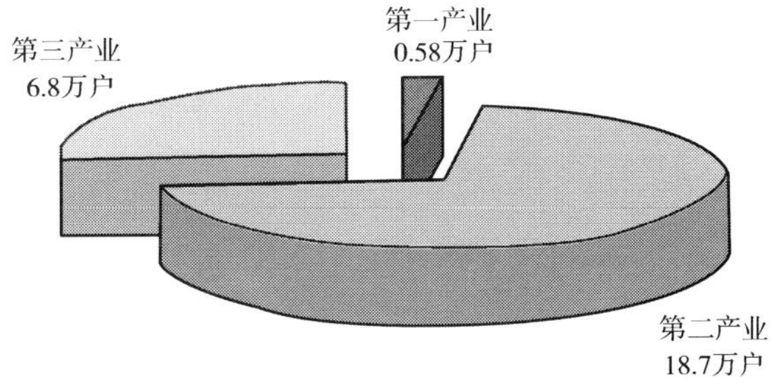

图2　2005年按三次产业分布的"三资"企业实有户数

从企业控股权的情况来看，2005年，外方控股企业实有19.5万户，占"三资"企业总户数的75%，较2004年增长了2.7个百分点；中方控股企业5.6万户，占"三资"企业总户数的21.4%，较2004年下降1.1个百分点；中外股份持平企业9496户，占"三资"企业总户数的3.6%，较2004年下降5.4%。

从企业登记注册类型上来看，外商独资企业比重继续上升，由2004年的53.8%上升到57.1%，增长3.3个百分点；中外合资企业比重有所下降，由2004年的38.4%下降到36%；中外合作企业比重下降约1个百分点；中外股份企业比重变化不大，与2004年的水平基本持平。

三、重点行业的运营状况

我国规模以上私营和“三资”工业企业总体上增势明显。2001 年以来，私营和“三资”工业企业在产值、资产和利税等方面涨势迅猛，各项主要指标占全部国有及规模以上非国有工业企业的份额基本处于逐年上升的趋势。到2005 年，私营和“三资”工业企业的工业总产值和工业增加值的比重已分别达到50.7%和46.2%，总资产的比重为38.7%，主营业务收入和利润总额的比重分别达到50.0%和42.3%，当年应交增值税的比重为36.9%，私营和“三资”工业企业已经成为全部国有及规模以上非国有工业企业中非常重要的组成部分。但是，2005 年受到国家宏观调控政策的作用，主要经济指标的增长速度均明显放缓。

比较私营工业企业与“三资”工业企业的主要经济指标占全部国有及规模以上非国有的比重可以发现，“三资”工业企业与税收相关指标的比重明显偏低（见图3）。2005 年规模以上私营工业企业的工业总产值为47 778.2亿元，占全部国有和规模以上非国有工业企业总产值的18.99%；而规模以上“三资”工业企业的工业总产值为79 860.23亿元，占到全部国有和规模以上非国有工业企业总产值的31.74%，但其主营业务税金及附加与本年应交增值税所占比重却远低于该数值，分别为10.91%和21.26%。

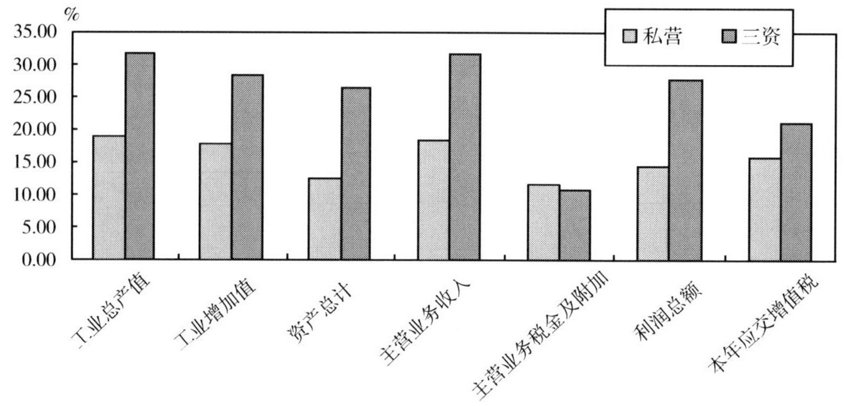

图3　2005 年规模以上私营与“三资”工业企业主要经济指标占全部国有及规模以上非国有的比重

在全国限额以上餐饮企业中，私营、港澳台和外商投资的餐饮企业占绝大多数，其总资产占到全国限额以上餐饮业的60.9%，主营业务效益指标所占份额接近全国的3/4。而限额以上私营、港澳台和外商投资批发业的主要指标占全国限额以上批发业的比重均低于30%，与之相比，限额以上私营、港澳台、外商投资零售业占全国零售业的比重略高一些，但各个指标所占比重仍不超过40%。

全国非公有制经济发展情况

4.1　"三资"、私营、个体的总体发展情况

4.1.1　2001 年～2005 年全国内资、"三资"、私营企业以及个体工商户户数

单位：户

项目	年份	企业							个体工商户
		合计	内资企业		"三资"企业		私营企业		
			户数	比重(%)	户数	比重(%)	户数	比重(%)	
期末实有	2001	7063210	4832356	68.42	202306	2.86	2028548	28.72	24329997
	2002	7088411	4445073	62.71	208056	2.94	2435282	34.36	23774852
	2003	7355517	4123620	56.06	226373	3.08	3005524	40.86	23531857
	2004	7690573	3797619	49.38	242284	3.15	3650670	47.47	23504911
	2005	8057403	3496487	43.39	260000	3.23	4300916	53.38	24638934
当年登记	2001	946724	392757	41.49	24591	2.60	529376	55.92	4344557
	2002	1047323	372240	35.54	31063	2.97	644020	61.49	4089779
	2003	1192688	352696	29.57	34853	2.92	805139	67.51	4588004
	2004	1286541	311798	24.24	36430	2.83	938313	72.93	5360500
	2005	1233152	266788	21.63	35160	2.85	931204	75.51	5342656

注：①本表内资企业中不含私营企业。
②比重为各年三种企业类型的户数分别占企业户数合计的比重。

4.1.2 2001年~2005年按三次产业分全国内资、“三资”、私营企业以及个体工商户实有户数

单位：户

年份	产业	企业							个体工商户
		合计	内资企业		“三资”企业		私营企业		
			实有户数	比重(%)	实有户数	比重(%)	实有户数	比重(%)	
2001	第一产业	141462	99372	70.25	4752	3.36	37338	26.39	906784
	第二产业	2143958	1227553	57.26	149122	6.96	767283	35.79	2852388
	第三产业	4777790	3505431	73.37	48432	1.01	1223927	25.62	20570825
2002	第一产业	144818	97294	67.18	4640	3.20	42884	29.61	700941
	第二产业	2145598	1105225	51.51	152854	7.12	887519	41.36	2749244
	第三产业	4797995	3242554	67.58	50562	1.05	1504879	31.36	20324667
2003	第一产业	153471	94663	61.68	4957	3.23	53851	35.09	419374
	第二产业	2225594	992480	44.59	166139	7.46	1066975	47.94	2636123
	第三产业	4976452	3036477	61.02	55277	1.11	1884698	37.87	20476360
2004	第一产业	161604	89078	55.12	5310	3.29	67216	41.59	254901
	第二产业	2318157	889043	38.35	177020	7.64	1252094	54.01	2529658
	第三产业	5210812	2819498	54.11	59954	1.15	2331360	44.74	20720352
2005	第一产业	169464	81934	48.35	5752	3.39	81778	48.26	252406
	第二产业	2412423	798565	33.10	186675	7.74	1427183	59.16	2534718
	第三产业	5465816	2615988	47.86	67573	1.24	2782255	50.90	21852621

注：①本表内资企业中不含私营企业。

②比重为各年各产业中三种企业类型的实有户数分别占企业户数合计的比重。

4.1.3　2001 年~2005 年全国内资、“三资”、私营企业以及个体工商户注册资本（金）

单位：亿元

年　份	企　　业							个　体
	合　计	内资企业		“三资”企业		私营企业		
		注册资本(金)	比重(%)	注册资本	比重(%)	注册资本(金)	比重(%)	工商户
2001	175012.0	116336.4	66.47	40463.4	23.12	18212.2	10.41	3435.8
2002	206739.8	127814.0	61.82	44169.5	21.36	34756.2	16.81	3782.3
2003	232437.5	147321.4	63.38	49811.2	21.43	35304.9	15.19	4187.0
2004	263435.6	157220.8	59.68	58278.9	22.12	47936.0	18.20	5057.9
2005	289742.9	163449.1	56.41	64962.7	22.42	61331.1	21.17	5809.5

注：①本表内资企业中不含私营企业。
②比重为各年三种企业类型的注册资本（金）分别占注册资本（金）合计的比重。

4.1.4　历年全国城乡从业人员数

单位：万人

年份	合计	城镇					乡村		
		小计	#私营企业	#港澳台商投资单位	#外商投资单位	#个体	小计	#私营企业	#个体
1978	40152	9514				15	30638		
1980	42361	10525				81	31836		
1985	49873	12808			6	450	37065		
1989	55329	14390		4	43	648	40939		
1990	64749	17041	57	4	62	614	47708	113	1491
1991	65491	17465	68	69	96	692	48026	116	1616
1992	66152	17861	98	83	138	740	48291	134	1728
1993	66808	18262	186	155	133	930	48546	187	2010
1994	67455	18653	332	211	195	1225	48802	316	2551
1995	68065	19040	485	272	241	1560	49025	471	3054
1996	68950	19922	620	265	275	1709	49028	551	3308
1997	69820	20781	750	281	300	1919	49039	600	3522
1998	70637	21616	973	294	293	2259	49021	737	3855
1999	71394	22412	1053	306	306	2414	48982	969	3827
2000	72085	23151	1268	310	332	2136	48934	1139	2934
2001	73025	23940	1527	326	345	2131	49085	1187	2629
2002	73740	24780	1999	367	391	2269	48960	1411	2474
2003	74432	25639	2545	409	454	2377	48793	1754	2260
2004	75200	26476	2994	470	563	2521	48724	2024	2066
2005	75825	27331	3458	557	688	2778	48494	2366	2123

4.1.5　按地区分全国城乡从业人员数

单位：万人

地　区	合　计	城　镇					乡　村		
		小　计	#私营企业	#港澳台商投资单位	#外商投资单　位	#个　体	小　计	#私营企业	#个　体
全国总计	**75825**	**27331**	**3458**	**557**	**688**	**2778**	**48494**	**2366**	**2123**
北　京	920.4	736.3	173.5	21.7	49.6	57.2	184.0	121.0	27.5
天　津	426.9	248.4	44.5	9.9	41.2	9.8	178.5	44.2	15.7
河　北	3467.3	661.3	72.3	8.5	12.1	93.4	2805.9	169.4	176.5
山　西	1476.4	440.6	39.0	1.6	2.6	41.1	1035.7	43.3	41.2
内蒙古	1041.1	350.3	47.1	1.6	2.5	60.2	690.8	21.1	22.1
辽　宁	1978.6	865.1	189.5	9.8	39.3	178.4	1113.5	62.7	104.2
吉　林	1099.4	414.2	77.2	2.6	7.2	75.2	685.2	10.8	13.8
黑龙江	1625.8	676.9	77.5	3.1	4.3	109.0	948.9	17.7	46.6
上　海	855.9	612.4	256.7	28.6	61.2	22.4	243.5	209.1	11.9
江　苏	3877.7	1215.2	397.2	50.4	79.7	189.2	2662.5	400.0	132.0
浙　江	3202.9	904.3	218.5	46.4	53.4	154.8	2298.5	316.4	165.3
安　徽	3484.7	545.5	86.5	3.7	6.7	123.6	2939.2	79.2	143.2
福　建	1868.5	555.5	100.8	99.4	64.0	54.7	1313.0	33.9	35.2
江　西	2107.5	468.7	89.1	7.0	3.1	104.1	1638.8	45.2	63.6
山　东	5110.8	1328.6	262.9	25.9	98.2	174.7	3782.2	181.3	190.2
河　南	5662.4	910.0	72.9	7.3	8.4	136.6	4752.4	65.7	137.6
湖　北	2676.3	743.5	89.7	8.8	13.3	142.0	1932.8	32.9	86.8
湖　南	3658.3	682.9	150.8	7.9	6.4	125.8	2975.4	49.6	70.8
广　东	4702.1	1612.6	402.0	194.1	108.1	306.3	3089.5	124.1	183.3
广　西	2703.1	427.7	54.3	5.5	6.2	89.8	2275.4	29.2	73.8
海　南	377.7	121.7	31.8	1.7	1.7	15.1	256.0	4.2	6.9
重　庆	1720.8	353.9	78.5	2.3	4.9	59.9	1366.9	27.0	31.0
四　川	4603.5	802.0	153.2	3.4	6.4	136.2	3801.5	84.8	114.4
贵　州	2215.8	281.7	37.4	0.8	1.7	33.7	1934.2	13.2	26.0
云　南	2461.3	410.4	76.1	1.6	1.7	87.3	2050.9	33.1	58.6
西　藏	140.4	31.5	4.1			9.2	108.8	0.8	2.4
陕　西	1882.9	445.8	49.2	1.6	1.8	62.4	1437.0	105.3	87.1
甘　肃	1347.6	263.3	34.3	0.6	0.6	34.7	1084.3	13.8	21.3
青　海	267.6	81.5	19.2	0.2		19.7	186.0	8.7	10.5
宁　夏	299.6	87.6	14.0		1.0	13.9	212.0	9.4	4.7
新　疆	764.3	360.4	58.6	0.7	0.9	57.1	403.9	8.5	18.8

4.2 “三资”企业部分

4.2.1 1990年~2005年全国“三资”企业户数、投资总额及注册资本

年 份	年末实有				本年登记			
	户数(户)	投资总额(亿美元)	注册资本(亿美元)	外方认缴(亿美元)	户数(户)	投资总额(亿美元)	注册资本(亿美元)	外方认缴(亿美元)
1990	25389	2114.1	1235.9	718.9	7072			
1991	37215	717.8	446.6	257.7	8183	167.9	123.1	74.9
1992	84371	1784.5	1159.9	686.6	47891	1025.0	676.9	404.4
1993	167507	3823.9	2456.3	1501.8	57348	2002.4	1268.8	801.5
1994	206096	4907.2	3122.8	1963.1	42409	1031.4	645.5	435.5
1995	233564	6390.1	3991.2	2568.8	35969	1281.5	771.4	529.6
1996	240447	7153.2	4414.9	2898.0	22402	824.2	476.4	325.5
1997	235681	7534.7	4598.1	3030.0	19298	645.0	369.4	250.4
1998	227807	7742.3	4672.9	3137.1	18674	557.1	319.3	239.5
1999	212436	7785.7	4635.5	3166.8	15687	477.1	259.0	193.7
2000	203208	8246.8	4839.5	3372.0	20727	699.7	398.9	319.9
2001	202306	8750.1	5057.9	3596.8	24591	774.6	431.1	351.3
2002	208056	9818.9	5521.2	4020.0	31063	1193.1	643.6	520.8
2003	226373	11173.5	6226.4	4657.8	34853	1548.2	856.1	684.1
2004	242284	13111.8	7284.9	5579.9	36430	1814.7	1049.4	876.2
2005	260000	14640.0	8120.0	6319.0	35160	1830.0	1060.0	906.0

4.2.2 按三次产业分全国“三资”企业实有户数、投资总额及注册资本

产 业	户 数		投资总额		注册资本	
	绝对数(户)	比重(%)	绝对数(亿美元)	比重(%)	绝对数(亿美元)	比重(%)
全国总计	**260000**	**100.0**	**14639.9**	**100.0**	**8120.3**	**100.0**
第一产业	5752	2.2	234.6	1.6	115.4	1.4
第二产业	186675	71.8	10059.6	68.7	5615.9	69.2
第三产业	67573	26.0	4345.7	29.7	2389.0	29.4

4.2.3　按行业分全国“三资”企业户数、投资总额及注册资本

项　目	期末实有					
	户　数（户）	#投资总额1000万~3000万美元	#投资总额3000万美元以上	投资总额（亿美元）	注册资本（亿美元）	#外　方
全国总计	**260000**	**24878**	**6063**	**14639.9**	**8120.3**	**6319.4**
农、林、牧、渔业	5752	399	60	234.6	115.4	94.7
采矿业	979	103	24	63.9	42.0	27.9
制造业	179949	15874	3338	8955.1	5116.8	4031.3
电力、燃气及水的生产和供应业	1820	614	279	759.5	298.7	179.5
建筑业	3927	506	118	281.1	158.4	108.0
交通运输、仓储和邮政业	4339	600	190	459.1	247.2	149.4
信息传输、计算机服务和软件业	6183	324	64	297.9	171.9	157.7
批发和零售业	12084	497	131	285.1	167.0	131.4
住宿和餐饮业	6013	559	163	275.7	152.0	109.5
金融业	175	49	38	46.8	37.6	24.9
房地产业	13265	3508	1106	1851.7	905.6	722.0
租赁和商务服务业	9075	471	150	247.3	166.9	138.3
科学研究、技术服务和地质勘查业	5622	422	81	257.0	149.6	125.7
水利、环境和公共设施管理业	793	158	38	99.8	59.9	40.8
居民服务和其他服务业	3318	227	43	97.1	61.3	46.6
教育	209	16	2	7.0	5.0	3.2
卫生、社会保障和社会福利业	225	38	13	20.0	10.6	7.5
文化、体育和娱乐业	2316	289	60	150.6	82.0	66.7
其他	3956	224	165	250.8	172.2	154.3

4.2.3　续表

项　目	本期登记					
	户　数（户）	#投资总额1000万~3000万美元	#投资总额3000万美元以上	投资总额（亿美元）	注册资本（亿美元）	#外　方
全国总计	**35160**	**4076**	**788**	**1829.8**	**1060.4**	**906.0**
农、林、牧、渔业	792	84	11	34.7	22.6	19.5
采矿业	144	19	4	9.7	5.8	3.9
制造业	21280	2570	404	1064.1	610.2	526.1
电力、燃气及水的生产和供应业	299	93	46	95.0	39.0	29.1
建筑业	403	74	16	34.3	21.5	18.8
交通运输、仓储和邮政业	418	82	30	51.4	29.9	22.0
信息传输、计算机服务和软件业	987	66	6	23.3	16.1	14.2
批发和零售业	2151	79	19	42.1	24.6	21.2
住宿和餐饮业	934	85	6	27.5	16.5	14.7
金融业	30	5	7	9.0	5.8	3.2
房地产业	1553	505	120	227.1	131.2	115.5
租赁和商务服务业	2241	133	53	73.6	52.0	44.2
科学研究、技术服务和地质勘查业	1350	126	17	46.8	30.5	26.6
水利、环境和公共设施管理业	140	41	8	17.6	9.3	7.7
居民服务和其他服务业	438	28	3	10.2	6.4	5.5
教育	31	1		0.4	0.3	0.2
卫生、社会保障和社会福利业	18	6	1	3.2	1.7	1.3
文化、体育和娱乐业	252	34	5	12.1	7.7	6.8
其他	1699	45	32	47.6	29.3	25.4

4.2.4　按地区分全国“三资”企业户数、投资总额及注册资本

地　区	年末实有					
	户　数（户）	#投资总额1000万~3000万美元	#投资总额3000万美元以上	投资总额（亿美元）	注册资本（亿美元）	#外　方
全国总计	**260000**	**24878**	**6063**	**14639.9**	**8120.3**	**6319.4**
北　京	10980	831	385	606.8	324.5	238.3
天　津	10933	909	255	567.7	332.9	268.7
河　北	3637	417	82	219.4	124.6	82.2
山　西	776	114	35	77.1	40.3	23.3
内蒙古	914	98	59	126.5	62.7	40.7
辽　宁	16542	1596	290	815.1	495.3	361.7
吉　林	2488	157	34	207.1	69.3	47.3
黑龙江	2288	174	56	109.9	68.9	44.9
上　海	28978	2153	1102	2006.8	1086.1	854.4
江　苏	33321	5307	963	2657.3	1321.3	1124.1
浙　江	19009	2458	303	1019.1	564.6	414.4
安　徽	2165	283	57	154.9	89.0	59.3
福　建	17854	1422	285	753.3	430.7	377.9
江　西	3980	360	38	184.9	114.0	92.7
山　东	20153	1730	240	786.3	470.8	338.6
河　南	2877	324	85	206.4	112.3	75.3
湖　北	4284	376	89	257.8	151.4	100.0
湖　南	2712	294	44	158.2	94.8	70.8
广　东	58762	4390	1337	2889.3	1677.3	1367.1
广　西	2441	288	60	147.1	82.6	61.0
海　南	2456	103	41	92.0	58.0	45.4
重　庆	1315	136	29	80.3	42.3	28.5
四　川	4075	339	50	166.1	108.7	66.3
贵　州	649	52	5	23.4	15.0	10.3
云　南	1817	175	36	84.3	47.0	29.1
西　藏	100	3	4	3.5	2.3	1.5
陕　西	2890	241	52	137.1	78.1	55.8
甘　肃	658	50	15	31.7	19.9	13.7
青　海	138	14	4	7.5	4.0	2.8
宁　夏	463	34	18	44.6	20.2	15.5
新　疆	345	50	10	18.5	11.5	7.5

4.2.4　续表

地　区	本年登记					
	户　数（户）	#投资总额1000万~3000万美元	#投资总额3000万美元以上	投资总额（亿美元）	注册资本（亿美元）	#外　方
全国总计	**35160**	**4076**	**788**	**1829.8**	**1060.4**	**906.0**
北　京	2014	120	28	60.8	35.2	27.8
天　津	1104	103	63	74.7	41.8	32.7
河　北	541	89	13	37.8	21.8	16.7
山　西	55	9	10	7.5	3.4	3.0
内蒙古	164	25	26	29.2	11.8	8.3
辽　宁	1992	322	32	112.5	85.7	76.9
吉　林	311	29	9	16.6	10.2	6.8
黑龙江	224	24	13	19.4	10.9	9.2
上　海	4043	216	81	143.6	77.6	67.4
江　苏	5108	1090	115	397.0	221.1	200.0
浙　江	2745	543	54	177.7	98.3	81.2
安　徽	399	71	11	32.2	16.9	13.9
福　建	1748	140	28	75.5	44.2	40.6
江　西	773	112	12	43.3	28.7	25.8
山　东	3612	419	65	166.9	103.3	86.1
河　南	420	64	25	40.1	20.2	15.3
湖　北	471	70	24	34.7	19.6	15.8
湖　南	449	74	11	39.9	24.4	18.9
广　东	7451	359	99	211.2	127.1	114.4
广　西	322	45	9	26.4	12.9	9.5
海　南	172	13	3	6.2	3.4	3.0
重　庆	158	26	8	11.7	6.1	4.7
四　川	350	47	20	27.6	15.7	12.7
贵　州	52	6	1	2.4	1.7	1.3
云　南	135	12	7	8.0	3.7	2.7
西　藏	16		1	0.4	0.1	0.1
陕　西	180	22	10	13.9	7.8	5.9
甘　肃	32	5	1	2.3	1.3	1.0
青　海	27	4		1.2	0.6	0.6
宁　夏	26	4	4	3.5	1.7	1.2
新　疆	66	13	5	5.9	3.4	2.5

4.2.5　按企业类别分全国“三资”企业户数、投资总额及注册资本

指　标	期末实有				本期登记			
	户　数(户)	投资总额(亿美元)	注册资本(亿美元)	#外　方	户　数(户)	投资总额(亿美元)	注册资本(亿美元)	#外　方
全国总计	**260000**	**14639.9**	**8120.3**	**6319.4**	**35160**	**1829.8**	**1060.4**	**906.0**
中外合资	93495	5624.5	3047.5	1625.4	8832	578.2	317.9	178.5
中外合作	17486	1651.7	841.1	617.6	973	116.1	69.0	56.6
外资企业	148572	7079.1	3974.6	3974.6	25322	1130.4	668.9	668.9
中外股份企业	447	284.6	257.1	101.7	33	5.1	4.5	1.8

4.2.6　按投资来源地分全国“三资”企业户数、投资总额及注册资本

国别(地区)	期末实有						
	户　数		投资总额		注册资本		
	绝对数(户)	比重(%)	绝对数(亿美元)	比重(%)	绝对数(亿美元)	#外　方	比重(%)
全国合计	**260000**	**100.00**	**14639.9**	**100.00**	**8120.3**	**6319.4**	**100.00**
香港地区	99919	38.43	5585.3	38.15	3164.0	2369.3	38.96
日本	21586	8.30	1088.1	7.43	622.2	477.2	7.66
新加坡	7698	2.96	638.2	4.36	312.7	259.2	3.85
韩国	21062	8.10	577.0	3.94	331.8	277.5	4.09
台湾地区	27947	10.75	598.0	4.08	378.1	318.5	4.66
英国	2955	1.14	280.8	1.92	154.6	115.2	1.90
德国	3164	1.22	397.1	2.71	190.7	135.9	2.35
法国	1623	0.62	162.1	1.11	87.3	59.1	1.08
英属维尔京群岛	10815	4.16	1526.9	10.43	804.0	665.6	9.90
美国	23649	9.10	1134.7	7.75	650.9	497.2	8.02
其他国家和地区	39582	15.22	2651.8	18.11	1423.9	1144.5	17.54

注：本表比重为各指标按投资来源地分占全国合计数的比重。

4.2.6　续表

国别(地区)	本期登记						
	户　数		投资总额		注册资本		
	绝对数(户)	比重(%)	绝对数(亿美元)	比重(%)	绝对数(亿美元)	#外　方	比重(%)
全国合计	**35160**	**100.00**	**1829.8**	**100.00**	**1060.4**	**906.0**	**100.00**
香港地区	11950	33.99	682.2	37.28	404.3	349.5	38.13
日本	2680	7.62	97.0	5.30	54.7	47.2	5.16
新加坡	951	2.70	64.6	3.53	32.3	27.9	3.05
韩国	3858	10.97	105.2	5.75	65.9	60.6	6.22
台湾地区	2871	8.17	73.7	4.03	46.6	42.4	4.39
英国	438	1.25	23.8	1.30	15.2	11.3	1.43
德国	540	1.54	35.0	1.92	18.4	14.9	1.74
法国	280	0.80	14.6	0.80	7.7	6.4	0.73
英属维尔京群岛	1857	5.28	228.1	12.47	118.8	97.1	11.20
美国	2983	8.48	144.3	7.89	88.2	72.8	8.32
其他国家和地区	6752	19.20	361.4	19.75	208.3	176.0	19.64

注：本表比重为各指标按投资来源地分占全国合计数的比重。

4.3　私营企业部分

4.3.1　1990 年 ~2005 年全国私营企业发展基本情况

年　份	户　数（户）	从业人员（万人）	投资者人数	雇工人数	注册资本(金)（亿元）	总产值（亿元）	销售总额或营业收入(亿元)	社会消费品零售额(亿元)
1990	98141	170.2	22.4	147.8	95.2	121.8	51.5	43.0
1991	107843	183.9	24.1	159.8	123.2	146.6	68.0	57.6
1992	139633	231.8	30.3	201.5	221.2	205.1	113.6	90.7
1993	237919	372.6	51.4	321.3	680.5	421.7	309.2	190.5
1994	432240	648.4	88.9	559.4	1447.8	1154.0	758.5	512.6
1995	654531	956.0	134.0	822.0	2621.7	2295.2	1499.2	1006.4
1996	819252	1171.1	170.5	1000.7	3752.4	3226.6	2276.7	1458.6
1997	960726	1349.3	204.2	1145.1	5140.1	3922.5	3096.7	1854.7
1998	1200978	1709.1	263.8	1445.3	7198.1	5853.3	5323.7	3059.3
1999	1508857	2021.5	322.4	1699.2	10287.3	7686.0	7149.4	4191.4
2000	1761769	2406.5	395.3	2011.1	13307.7	10739.8	9884.1	5813.5
2001	2028548	2713.9	460.8	2253.0	18212.2	12317.0	11484.2	6245.0
2002	2435282	3409.3	622.8	2786.5	34756.2	15338.0	14369.2	7929.4
2003	3005524	4299.1	772.8	3526.3	35304.9	20082.9	18652.4	10602.7
2004	3650670	5017.3	948.6	4068.6	47936.0	23050.4	25930.9	13141.9
2005	4300916	5824.1	1109.9	4714.1	61331.1	27434.1	30373.6	15489.0

4.3.2　按三次产业分全国私营企业实有户数、从业人员及注册资本（金）

产　业	户　数		从业人员		注册资本(金)	
	绝对数(户)	比重(%)	绝对数(万人)	比重(%)	绝对数(亿元)	比重(%)
全国总计	**4300916**	**100.0**	**5824.1**	**100.0**	**61331.1**	**100.0**
第一产业	81778	1.9	113.5	1.9	1144.0	1.9
第二产业	1427183	33.2	2718.6	46.7	20130.6	32.8
第三产业	2791955	64.9	2992.0	51.4	40056.5	65.3

4.3.3 按行业分全国私营企业户数、从业人员及注册资本（金）

项目	期末实有					
	户数（户）	#城镇	投资者人数（万人）	#城镇	雇工人数（万人）	#城镇
全国总计	**4300916**	**2800068**	**1109.9**	**721.0**	**4714.1**	**2737.4**
农、林、牧、渔业	**81778**	**33994**	**21.3**	**8.9**	**92.2**	**34.0**
#农业	32312	15117	7.8	3.6	38.5	13.6
畜牧业	18644	5649	4.2	1.4	18.6	5.5
渔业	7639	2518	1.7	0.6	7.8	3.1
农林牧渔服务业	6783	3340	1.8	0.9	6.0	2.6
采矿业	**40180**	**9462**	**9.3**	**2.6**	**77.3**	**17.6**
#煤炭开采和洗选业	11309	2542	2.6	0.5	21.2	4.0
制造业	**1196675**	**572409**	**284.8**	**141.7**	**1952.0**	**871.6**
#农副产品加工业	54787	24410	14.1	6.3	81.7	36.8
纺织服装、鞋、帽制造业	96172	41946	19.4	9.2	191.0	85.0
印刷业和记录媒介的复制	33797	18467	7.2	4.1	38.9	20.8
电器机械及器材制造业	77209	37607	17.6	9.0	106.1	52.5
电力燃气水的生产和供应业	**18125**	**7063**	**8.3**	**3.4**	**24.1**	**9.7**
建筑业	**172203**	**118486**	**51.4**	**35.7**	**311.4**	**198.2**
交通运输、仓储和邮政业	**87455**	**58692**	**25.5**	**17.3**	**89.3**	**60.0**
#公路旅客运输	6680	3984	2.6	1.7	8.1	5.2
道路货物运输	20231	13117	5.6	3.7	18.6	12.1
出租业客运	2230	1690	0.8	0.6	4.4	3.4
信息传输、计算机服务和软件业	**138864**	**104553**	**28.6**	**22.3**	**82.1**	**61.5**
#互联网信息服务	42171	29596	5.6	4.0	21.6	15.2
批发和零售业	**1502420**	**1074548**	**397.1**	**264.7**	**1183.8**	**796.5**
#批发业	955271	700215	233.0	174.2	661.8	476.8
住宿和餐饮业	**94320**	**71781**	**22.6**	**17.3**	**117.9**	**86.1**
#餐饮业	61112	47849	14.0	11.1	74.8	56.8
房地产业	**103130**	**81405**	**32.2**	**25.6**	**119.3**	**92.3**
#房地产开发经营	43967	33380	14.5	11.0	65.4	50.0
租赁和商务服务业	**326609**	**248311**	**83.2**	**64.1**	**257.0**	**205.8**
#咨询与调查	114554	87359	29.0	22.5	63.8	47.5
广告业	70692	55438	16.9	13.3	41.9	32.2
居民服务和其他服务业	**158579**	**116166**	**36.5**	**26.9**	**125.3**	**86.7**
#理发及美容保健服务	16569	13671	3.1	2.5	11.3	9.4
洗浴服务	6254	4688	1.2	0.9	6.0	4.4
卫生、社会保障和社会福利业	**6967**	**5814**	**1.5**	**1.2**	**7.1**	**5.6**
#卫生	4589	3754	1.0	0.8	5.1	3.9
文化、体育和娱乐业	**49213**	**37403**	**10.5**	**8.1**	**29.1**	**21.5**
#娱乐业	17058	12966	3.1	2.4	12.1	9.1
其他行业	**324398**	**259981**	**97.1**	**81.2**	**246.1**	**190.2**

4.3.3 续表

项　　目	期末实有		本期开业			
	注册资本(金)(亿元)	#城　镇	户　数(户)	投资者人数(万人)	雇工人数(万人)	注册资本(金)(亿元)
全国总计	**61331.1**	**40587.6**	**940904**	**223.8**	**723.9**	**11027.7**
农、林、牧、渔业	**1144.0**	**609.9**	**20172**	**4.4**	**19.0**	**233.7**
#农业	470.2	275.4	5960	1.5	6.1	75.8
畜牧业	216.2	84.5	4895	1.0	4.0	50.4
渔业	122.6	51.8	2434	0.4	2.1	30.3
农林牧渔服务业	99.4	61.7	1619	0.4	1.0	16.8
采矿业	**641.6**	**193.0**	**8192**	**1.9**	**14.1**	**141.8**
#煤炭开采和洗选业	238.4	56.2	1423	0.3	2.5	57.3
制造业	**15958.2**	**7927.9**	**203405**	**44.8**	**240.1**	**2590.8**
#农副产品加工业	733.4	358.1	7837	1.7	9.2	96.6
纺织服装、鞋、帽制造业	1060.9	456.5	17322	3.2	21.6	162.6
印刷业和记录媒介的复制	388.4	205.5	3272	0.7	2.8	33.6
电器机械及器材制造业	1029.5	542.6	10821	2.5	12.3	137.5
电力燃气水的生产和供应业	**654.2**	**343.4**	**4195**	**1.7**	**5.1**	**157.5**
建筑业	**4876.6**	**3341.6**	**42521**	**11.5**	**41.4**	**752.7**
交通运输、仓储和邮政业	**1262.8**	**875.9**	**23848**	**6.0**	**17.3**	**336.6**
#公路旅客运输	97.0	66.9	834	0.3	1.2	12.3
道路货物运输	196.4	134.9	5369	1.3	4.0	43.3
出租业客运	29.3	21.6	243	0.1	0.4	2.7
信息传输、计算机服务和软件业	**1004.9**	**760.0**	**35345**	**7.0**	**18.4**	**248.7**
#互联网信息服务	114.5	89.2	8129	1.1	4.3	20.2
批发和零售业	**16357.6**	**12046.8**	**324332**	**71.4**	**190.9**	**2830.7**
#批发业	11905.5	8782.2	184904	43.3	98.5	1831.4
住宿和餐饮业	**978.9**	**688.6**	**22962**	**5.2**	**21.2**	**211.4**
#餐饮业	531.9	404.8	15377	3.7	13.8	124.0
房地产业	**6283.4**	**4731.6**	**23560**	**6.4**	**19.2**	**1041.9**
#房地产开发经营	4993.6	3678.7	7224	2.1	7.5	702.9
租赁和商务服务业	**4892.8**	**3575.9**	**97068**	**23.0**	**51.2**	**1119.3**
#咨询与调查	803.4	590.2	32569	7.6	15.8	179.8
广告业	490.6	380.8	18782	4.4	10.2	111.9
居民服务和其他服务业	**1185.9**	**803.9**	**37908**	**7.8**	**23.8**	**229.4**
#理发及美容保健服务	52.3	40.1	3080	0.5	1.6	6.1
洗浴服务	33.5	23.5	930	0.2	0.7	4.8
卫生、社会保障和社会福利业	**87.7**	**66.2**	**1707**	**0.4**	**1.9**	**23.2**
#卫生	65.1	48.4	1422	0.3	1.5	21.0
文化、体育和娱乐业	**362.6**	**268.5**	**12343**	**2.6**	**6.7**	**71.7**
#娱乐业	119.5	90.8	2621	0.5	1.6	17.0
其他行业	**5640.0**	**4354.2**	**83346**	**29.7**	**53.7**	**1038.3**

4.3.4 按行业分全国私营企业总产值、销售总额或营业收入及社会消费品零售额

单位：亿元

行业分类	总产值	#城 镇	销售总额或营业收入	#城 镇	社会消费品零售额	#城 镇
全国总计	**27434.1**	**14057.9**	**30373.6**	**18503.2**	**15489.0**	**10866.0**
农、林、牧、渔业	**899.9**	**407.0**	**630.1**	**280.6**	**265.4**	**132.2**
#农业	223.4	83.4	149.1	57.4	65.3	27.1
畜牧业	203.3	100.4	124.7	60.6	49.6	20.0
渔业	86.9	44.7	31.2	15.2	19.0	7.8
农林牧渔服务业			20.0	12.9	7.2	4.3
采矿业	**1075.8**	**331.6**			**298.1**	**81.7**
#煤炭开采和洗选业	163.5	46.0			28.1	9.9
制造业	**21375.9**	**10865.4**			**3015.6**	**1704.7**
#农副产品加工业	1303.7	615.3			215.5	113.0
纺织服装、鞋、帽制造业	2780.3	1311.1			289.0	158.7
印刷业和记录媒介的复制	899.5	425.0			955.4	49.7
电器机械及器材制造业	2315.9	1051.1			332.9	141.8
电力燃气水的生产和供应业	**574.1**	**313.9**			**159.1**	**92.6**
建筑业	**3508.5**	**2140.1**			**622.8**	**467.1**
交通运输、仓储和邮政业			**1629.2**	**1111.9**	**347.6**	**229.1**
#公路旅客运输			238.7	174.2	39.1	23.0
道路货物运输			542.9	303.4	76.8	53.2
出租业客运			120.8	100.5	22.2	14.2
信息传输、计算机服务和软件业			**709.3**	**555.5**	**207.1**	**148.9**
#互联网信息服务			153.4	107.9	61.7	39.8
批发和零售业			**19540.5**	**10765.0**	**7505.4**	**5586.5**
#批发业			8240.3	5392.8	3032.0	2168.1
住宿和餐饮业			**1796.2**	**1277.1**	**918.5**	**671.0**
#餐饮业			934.1	702.7	463.2	318.3
房地产业			**3075.5**	**2290.5**	**1080.6**	**922.1**
#房地产开发经营			2022.0	1438.7	615.5	518.1
租赁和商务服务业			**686.3**	**542.4**	**221.6**	**190.3**
#咨询与调查			159.4	121.7	45.0	38.7
广告业			154.8	126.9	40.2	34.4
居民服务和其他服务业			**1165.3**	**855.9**	**420.6**	**319.2**
#理发及美容保健服务			93.8	69.7	43.0	32.3
洗浴服务			58.3	36.7	25.8	19.0
卫生、社会保障和社会福利业			**93.9**	**64.6**	**53.0**	**43.4**
#卫生			27.6	19.9	12.3	9.0
文化、体育和娱乐业			**200.7**	**146.4**	**83.1**	**64.8**
#娱乐业			108.1	76.7	36.8	26.2
其他行业			**846.6**	**613.3**	**290.5**	**212.5**

4.3.5　按地区分全国私营企业实有户数、从业人员及注册资本（金）

地　区	户　数(户)	从业人员(万人)	注册资本(金)(亿元)
全国总计	**4300916**	**5824.1**	**61331.1**
北　京	260371	294.5	3238.5
天　津	77320	88.7	1560.4
河　北	126801	241.7	1441.6
山　西	71296	82.3	1066.3
内蒙古	48317	68.2	754.7
辽　宁	165217	252.1	2447.9
吉　林	60007	88.0	788.5
黑龙江	68200	95.2	923.4
上　海	473949	465.8	7209.3
江　苏	507378	797.2	7233.9
浙　江	359039	534.8	5166.9
安　徽	105998	165.7	1145.0
福　建	127421	134.7	2579.7
江　西	71129	134.2	1025.8
山　东	315410	444.1	4131.6
河　南	133535	138.6	1698.9
湖　北	129029	122.6	2004.9
湖　南	84553	200.4	1437.1
广　东	449194	526.1	6671.5
广　西	51925	83.6	690.8
海　南	32275	36.1	778.1
重　庆	75684	105.4	1114.4
四　川	178705	238.0	2061.7
贵　州	41484	50.7	513.9
云　南	66008	109.2	1109.6
西　藏	2631	5.0	71.3
陕　西	98444	154.5	778.2
甘　肃	38169	48.1	478.1
青　海	10947	27.9	184.4
宁　夏	18778	23.4	229.4
新　疆	51702	67.1	795.4

4.3.6　按城乡、企业类别和经济区域分全国私营企业实有户数、从业人员及注册资本（金）

项目		户数			从业人员			注册资本(金)		
		绝对数(户)	比上年增长(%)	比重(%)	绝对数(万人)	比上年增长(%)	比重(%)	绝对数(亿元)	比上年增长(%)	比重(%)
合计		**4300916**	**17.81**	**100.00**	**5824**	**16.08**	**100.00**	**61331**	**27.94**	**100.00**
地域	城镇	2800068	17.27	65.10	3458	15.52	59.38	40588	27.42	66.18
	农村	1500848	18.83	34.90	2366	16.91	40.62	20744	28.99	33.82
企业类型	独资企业	868809	12.89	20.20	931	9.96	15.98	3416	21.75	5.57
	合伙企业	127804	3.24	2.97	196	3.23	3.36	629	15.57	1.03
	有限责任公司	3303346	19.84	76.81	4681	17.88	80.37	56776	28.57	92.57
	股份有限公司	957	11.02	0.02	16	65.58	0.28	510	19.41	0.83
经济区域	东部地区	2946300	16.93	68.50	3899	17.64	66.95	43150	27.64	70.36
	中部地区	772064	19.25	17.95	1095	9.63	18.81	10845	31.52	17.68
	西部地区	582552	20.47	13.54	829	17.90	14.24	7336	24.66	11.96

注：①本表中的比上年增长数据均为与2004年同期对比得出。

②比重为各个指标按不同标准划分分别占全国合计的比重。

4.4　个体工商业部分

4.4.1　1990 年 ~ 2005 年全国个体工商业发展基本情况

年　份	户　数(户)	从业人员(万人)	资金数额(亿元)	总产值(亿元)	销售总额或营业收入(亿元)	社会消费品零售额(亿元)
1990	13283055	2092.8	397.4	642.4	1492.2	1270.2
1991	14168386	2258.0	488.2	782.2	1798.2	1525.5
1992	15339113	2467.7	601.0	926.2	2239.0	1861.3
1993	17668669	2939.3	854.8	1386.9	3309.2	2709.8
1994	21865978	3775.9	1318.6	1637.5	6123.2	4211.4
1995	25284968	4613.6	1813.1	2791.2	8972.5	5355.4
1996	27036798	5017.1	2165.4	3538.6	11554.2	6706.4
1997	28508641	5441.9	2574.0	4552.7	14159.6	8074.0
1998	31202038	6114.4	3120.3	5960.3	17486.3	9780.5
1999	31600615	6240.9	3439.2	7063.4	21327.6	12015.4
2000	25713618	5070.0	3315.3	7161.7	19855.5	11349.8
2001	24329997	4760.3	3435.8	7320.0	19647.9	11499.2
2002	23774852	4742.9	3782.3	7967.6	20834.3	12222.9
2003	23531857	4636.5	4187.0	8740.9	22823.1	13423.3
2004	23504911	4587.1	5057.9	8097.7	19682.6	12252.1
2005	24638934	4900.5	5809.5	9805.5	26239.6	17889.1

4.4.2　按三次产业分全国个体工商业实有户数、从业人员及资金数额

指　标	户　数		从业人员		资金数额	
	绝对数(户)	比重(%)	绝对数(万人)	比重(%)	绝对数(亿元)	比重(%)
全国总计	**24638934**	**100.0**	**4900.5**	**100.0**	**5809.5**	**100.0**
第一产业	252408	1.0	59.0	1.2	182.4	3.1
第二产业	2534676	10.3	801.0	16.3	1116.9	19.2
第三产业	21851850	88.7	4040.6	82.5	4510.2	77.6

4.4.3 按行业分全国个体工商业户数、从业人员及资金数额

项　　目	期末实有			
	户　数（户）	#城　镇	从业人员（万人）	#城　镇
全国总计	**24638934**	**14293749**	**4900.5**	**2777.7**
农、林、牧、渔业	**252408**	**49873**	**59.0**	**11.5**
#农业	89541	13801	21.5	3.0
畜牧业	70018	13650	16.5	3.1
渔业	18264	4275	3.6	0.8
农林牧渔服务业	18889	4965	3.5	1.0
采矿业	**56554**	**12404**	**28.8**	**5.9**
#煤炭开采和洗选业	2334	674	1.5	0.4
制造业	**2417473**	**1092679**	**751.2**	**316.4**
#农副产品加工业	291969	129319	73.3	31.6
纺织服装、鞋、帽制造业	282898	127380	83.1	35.2
印刷业和记录媒介的复制	35754	20314	10.4	5.6
电器机械及器材制造业	83862	34584	28.9	11.1
电力、燃气、水的生产和供应业	**14575**	**6844**	**4.0**	**1.7**
建筑业	**46074**	**25841**	**16.9**	**8.7**
交通运输、仓储和邮政业	**1848945**	**1012644**	**284.1**	**149.2**
#公路旅客运输	207368	101864	31.2	14.4
道路货物运输	762337	385241	115.3	57.0
出租业客运	291854	241661	41.7	33.4
信息传输、计算机服务和软件业	**133749**	**97803**	**27.4**	**20.0**
#互联网信息服务	32157	22870	7.1	5.2
批发和零售业	**14216713**	**8441025**	**2485.0**	**1473.6**
#批发业	2034855	1313315	399.5	260.8
住宿和餐饮业	**2281566**	**1423199**	**579.8**	**362.2**
#餐饮业	1707514	1057803	418.8	264.4
房地产业	**26999**	**20815**	**5.8**	**4.6**
#房地产开发经营	2238	1986	0.5	0.4
租赁和商务服务业	**256445**	**199150**	**45.7**	**32.7**
#咨询与调查	70360	56472	12.9	7.7
广告业	15434	12400	3.4	2.7
居民服务和其他服务业	**2481731**	**1541986**	**487.9**	**314.3**
#理发及美容保健服务	812188	519929	150.8	99.2
洗浴服务	70990	47893	42.6	36.2
卫生、社会保障和社会福利业	**68720**	**44744**	**13.6**	**8.8**
#卫生	47458	31355	8.5	5.8
文化、体育和娱乐业	**169535**	**121554**	**40.1**	**28.8**
#娱乐业	120519	89151	27.7	20.9
其他行业	**367447**	**203188**	**71.4**	**39.5**

4.4.3　续表

项　　目	期末实有		本期开业		
	资金数额（亿元）	#城　镇	户　数（户）	从业人员（万人）	资金数额（亿元）
全国总计	**5809.5**	**3464.0**	**5342617.0**	**1083.6**	**1518.8**
农、林、牧、渔业	**182.4**	**85.7**	**84596.0**	**14.2**	**104.4**
#农业	81.4	55.9	19014.0	3.7	57.4
畜牧业	44.3	10.4	29195.0	4.4	20.0
渔业	21.1	6.2	12901.0	1.7	12.0
农林牧渔服务业	8.6	4.1	8325.0	1.2	3.3
采矿业	**67.2**	**12.2**	**11525.0**	**6.4**	**21.4**
#煤炭开采和洗选业	4.9	1.0	346.0	0.3	1.4
制造业	**967.3**	**418.3**	**448744.0**	**133.3**	**207.3**
#农副产品加工业	83.1	35.7	37659.0	9.7	12.5
纺织服装、鞋、帽制造业	83.2	35.1	51301.0	16.9	19.4
印刷业和记录媒介的复制	19.5	10.3	3722.0	1.0	2.4
电器机械及器材制造业	34.6	12.2	11341.0	3.8	4.9
电力、燃气、水的生产和供应业	**46.8**	**10.0**	**2286.0**	**0.7**	**12.1**
建筑业	**35.6**	**16.8**	**9370.0**	**2.9**	**8.0**
交通运输、仓储和邮政业	**734.3**	**436.5**	**367974.0**	**76.1**	**149.8**
#公路旅客运输	84.8	45.0	32254.0	4.1	9.8
道路货物运输	294.6	166.9	184497.0	41.0	80.2
出租业客运	142.1	123.7	37449.0	4.9	18.3
信息传输、计算机服务和软件业	**52.0**	**40.2**	**30319.0**	**6.3**	**9.5**
#互联网信息服务	20.6	17.0	4280.0	1.0	2.9
批发和零售业	**2504.6**	**1648.0**	**3145638.0**	**546.9**	**676.9**
#批发业	562.0	396.0	292337.0	51.9	95.9
住宿和餐饮业	**524.5**	**338.8**	**465115.0**	**121.7**	**134.4**
#餐饮业	340.9	225.1	332776.0	81.7	90.3
房地产业	**15.6**	**14.0**	**6923.0**	**2.8**	**2.4**
#房地产开发经营	1.8	1.7	714.0	0.1	0.8
租赁和商务服务业	**70.6**	**52.7**	**78027.0**	**14.2**	**20.3**
#咨询与调查	9.1	7.2	33331.0	7.1	2.7
广告业	4.2	3.3	3751.0	0.8	1.1
居民服务和其他服务业	**420.2**	**277.1**	**549853.0**	**129.0**	**123.6**
#理发及美容保健服务	99.5	65.9	144971.0	28.6	21.6
洗浴服务	47.6	32.6	13678.0	25.6	12.3
卫生、社会保障和社会福利业	**38.3**	**12.6**	**13942.0**	**2.8**	**5.6**
#卫生	33.8	10.2	9731.0	1.9	4.7
文化、体育和娱乐业	**65.0**	**49.8**	**31920.0**	**7.0**	**16.4**
#娱乐业	51.7	41.3	22705.0	4.9	12.5
其他行业	**85.1**	**51.2**	**96385.0**	**16.6**	**26.9**

4.4.4　按行业分全国个体工商业总产值、销售总额或营业收入及社会消费品零售额

单位：亿元

项　目	总产值	#城　镇	销售总额或营业收入	#城　镇	社会消费品零售额	#城　镇
全国总计	**9805.5**	**4493.4**	**26239.6**	**15634.7**	**17889.1**	**10154.5**
农、林、牧、渔业	**545.9**	**176.9**	**371.6**	**115.7**	**213.8**	**73.5**
#农业	125.2	44.3	76.3	20.2	52.9	19.4
畜牧业	103.6	34.7	74.3	17.8	44.0	9.7
渔业	44.2	13.6	29.2	5.7	10.2	3.4
农林牧渔服务业			13.4	4.1	4.9	1.4
采矿业	**383.8**	**103.9**			**84.6**	**21.3**
#煤炭开采和洗选业	32.4	9.7			8.1	1.6
制造业	**8341.1**	**3918.1**			**1613.2**	**661.8**
#农副产品加工业	616.2	286.5			187.5	81.2
纺织服装、鞋、帽制造业	1285.0	409.6			189.0	83.2
印刷业和记录媒介的复制	208.8	101.5			46.0	20.0
电器机械及器材制造业	690.8	200.9			81.7	31.6
电力、燃气、水的生产和供应业	**77.8**	**30.8**			**30.5**	**10.5**
建筑业	**457.0**	**263.8**			**127.1**	**76.3**
交通运输、仓储和邮政业			**1929.4**	**992.5**	**475.7**	**257.2**
#公路旅客运输			230.0	113.2	70.6	40.9
道路货物运输			790.8	332.5	168.5	80.9
出租业客运			180.4	142.2	48.1	34.7
信息传输、计算机服务和软件业			**1298.0**	**1051.8**	**1195.2**	**969.9**
#互联网信息服务			1099.9	910.1	1073.3	890.1
批发和零售业			**15745.9**	**9827.2**	**9906.7**	**6075.1**
#批发业			5138.4	3188.4	2676.9	1607.9
住宿和餐饮业			**3384.1**	**1878.0**	**2186.0**	**1070.1**
#餐饮业			2236.7	1074.4	1492.1	653.5
房地产业			**124.2**	**52.2**	**43.6**	**23.8**
#房地产开发经营			28.8	14.4	14.2	6.0
租赁和商务服务业			**316.8**	**224.6**	**216.1**	**167.7**
#咨询与调查			35.9	26.4	12.2	9.6
广告业			23.5	17.5	9.0	6.8
居民服务和其他服务业			**2141.3**	**1071.3**	**1263.7**	**546.1**
#理发及美容保健服务			668.2	300.5	391.7	138.0
洗浴服务			188.3	70.7	113.7	29.8
卫生、社会保障和社会福利业			**267.8**	**54.5**	**150.5**	**24.1**
#卫生			133.8	54.5	150.5	24.1
文化、体育和娱乐业			**356.8**	**186.4**	**232.5**	**88.0**
#娱乐业			255.5	116.4	166.0	56.3
其他行业			**303.7**	**180.5**	**149.9**	**89.1**

4.4.5 按地区分全国个体工商业实有户数、从业人员及资金数额

地　区	户　数(户)	从业人员(万人)	资金数额(亿元)
全国总计	**24638934**	**4900.5**	**5809.5**
北　京	651686	84.7	85.9
天　津	177040	25.5	59.9
河　北	1087732	270.0	282.4
山　西	428754	82.3	163.2
内蒙古	467617	82.3	97.3
辽　宁	1274219	282.7	546.9
吉　林	447494	88.9	104.9
黑龙江	713961	155.6	219.6
上　海	282839	34.3	37.3
江　苏	1753358	321.2	596.2
浙　江	1726694	320.1	601.5
安　徽	1110417	266.9	154.2
福　建	494731	89.9	255.0
江　西	674870	167.7	151.8
山　东	1686510	364.9	349.6
河　南	1288022	274.2	177.7
湖　北	1018622	228.8	227.4
湖　南	974743	196.6	269.1
广　东	2274011	489.6	507.7
广　西	1015941	163.6	131.8
海　南	117600	22.1	14.1
重　庆	445141	90.9	74.1
四　川	1530998	250.6	207.3
贵　州	431662	59.7	64.3
云　南	729434	145.8	141.1
西　藏	61886	11.6	10.9
陕　西	730693	149.5	93.9
甘　肃	310064	56.0	47.4
青　海	145034	30.3	25.6
宁　夏	110063	18.6	19.1
新　疆	477098	75.9	92.3

4.4.6 按城乡和经济区域分全国个体工商业实有户数、从业人员及资金数额

项目		户数			从业人员			资金数额		
		绝对数(户)	比上年增长(%)	比重(%)	绝对数(万人)	比上年增长(%)	比重(%)	绝对数(亿元)	比上年增长(%)	比重(%)
全国合计		**24638934**	**4.82**	**100.00**	**4900.5**	**6.83**	**100.00**	**5809.5**	**14.86**	**100.00**
地域	城镇	14293749	7.76	58.01	2777.7	10.17	56.68	3464.0	20.76	59.63
	农村	10345185	1.02	41.99	2122.8	2.76	43.32	2345.5	7.13	40.37
经济区域	东部地区	12542361	6.39	50.90	2468.3	9.09	50.37	3468.3	15.64	59.70
	中部地区	7124500	4.02	28.92	1543.4	5.30	31.49	1565.2	15.73	26.94
	西部地区	4972073	2.16	20.18	888.8	3.51	18.14	776.0	9.88	13.36

注：①本表中的比上年增长数据均为与2004年同期对比得出。
②比重为各个指标按不同标准划分分别占全国合计的比重。

4.5 个协、私协发展情况

4.5.1 个协和私协数量情况

单位：个

项　　目	省级协会	地(市)级协会	县(市)级协会	基层协会	会员小组
个　协		412	2982	24865	187403
私　协	3	72	565	2285	
个协、私协合署办公	28	283	1850	12984	

4.5.2 个协和私协党团组织建设情况

单位：个

项　　目	党支部		团支部		工　会	
	数　量	比上年增长(%)	数　量	比上年增长(%)	数　量	比上年增长(%)
个协的个体劳动者	9819	-6.3	12909	9.0		
私协的私营企业	44253	4.5	29646	3.6	203973	4.8

4.5.3 个协和私协工作人员情况

单位：人

项　　目	工作人员			比重(%)	
	合　计	专职人员	临时人员	专　职	临　时
个　协	49138	26559	22579	54.0	46.0
私　协	24699	13307	11392	53.9	46.1

4.5.4 个协工作人员基层配备情况

单位：人

项　　目	工作人员		比上年增长(%)	平均工作人员数
	2005年	2004年		
合　计	**49138**	**50400**	**-2.5**	
省　级	429	423	1.4	13.8
地(市)级个协	2121	2036	4.2	5.1
县(市)级个协	10678	10396	2.7	3.6
基层协会	35910	37545	-4.4	1.4

4.5.5 个协和私协会员企业负责人的性别、民族情况

单位：万人

项　　目	性　　别		比重(%)		少数民族	
	男	女	男	女	人数	比重(%)
个协会员	2688.3	1585.8	62.9	37.1	208.9	4.9
私协会员企业的负责人	252.4	74.4	77.2	22.8	12.9	4.0

4. 5. 6　个协和私协会员企业负责人的年龄情况

单位：万人

项　　目	年　龄	人　数	比重(%)	比上年增长(%)
个协会员	35岁及以下	1711.6	40.0	3.3
	36岁~59岁	2193.4	51.3	2.4
	60岁及以上	369.0	8.7	
私协会员企业的负责人	35岁及以下	114.0	34.9	4.4
	36岁~59岁	180.3	55.1	12.8
	60岁及以上	32.6	10.0	

4. 5. 7　个协会员和私协会员企业负责人的学历情况

单位：%

项　　目	年　份	本科以上	大　专	高中专	初　中	小学以下
个协会员	2004	4.2	7.5	46.3	31.2	10.8
	2005	2.5	6.9	49.1	30.4	11.1
私协会员企业的负责人	2004	15.9	26.2	39.5	15.7	2.7
	2005	15.8	30.1	35.3	15.4	3.4

4.5.8　个协和私协会员企业负责人的职称情况

单位：万人

项　　目	高级		中级		初级	
	人　员	比上年增长(%)	人　员	比上年增长(%)	人　员	比上年增长(%)
个协会员	4.7	15.9	20.6	0.4	48.2	-12.5
私协会员企业的负责人	9.8	4.9	27.1	19.8	38.6	2.4

4.5.9　个协和私协成员的党团员情况

单位：万人

项　　目	党员			团员		
	人　数	比上年增长(%)	比重(%)	人　数	比上年增长(%)	比重(%)
个协会员	58.0	3.5	1.4	81.1	-19.0	4.7
私营企业负责人	22.6	7.5	6.9	6.9	-4.1	6.0
私营企业雇工	88.6	5.1	2.0	101.4	4.1	2.3

注：①本表中个协党员比重指个协会员中党员人数占会员总数的比重；个协团员比重指个协会员中团员人数占青年会员总数的比重。
②本表中私营企业负责人（雇工）党员比重指私协会员企业负责人（雇工）中党员人数占会员企业负责人（雇工）总数的比重。
③私营企业负责人（雇工）团员比重指私协会员企业负责人（雇工）中团员人数占会员企业青年负责人（雇工）总数的比重。

4.5.10　个协和私协成员的政治地位情况

单位：万人

项　　目	各级人大代表		各级政协委员		各级劳动模范		各级三八红旗手、新长征突击手、先进个体劳动者	先进模范人物
	人　数	比上年增长(%)	人　数	比上年增长(%)	人　数	比上年增长(%)	人　数	人　数
个协会员	1.6	9.9	2.3	6.3	1.1	2.9	16.3	
私协会员	2.2	12.7	2.9	4.9	1.3	21.8		7.1
个协、私协会员合计	3.8	11.5	5.3	5.5	2.4			

4.5.11　个协和私协成员对公益事业的贡献情况

项目	捐款人(企业)数	捐款总额(万元)	人(户)均捐款(元)
个协会员	4395504	42595.8	96.9
私协会员	357299	113441.6	3175.0

注：本表中个协捐款按个人计算；私协捐款按企业计算。

全国非公有制企业运营情况

4.6 固定资产投资

4.6.1 1995 年～2005 年按私营个体、港澳台商投资、外商投资经济分固定资产投资

单位：亿元

年份	总计	#私营个体经济	#农村	#港澳台商投资经济	#外商投资经济
1995	20019.3	2560.2	2007.9	673.6	1555.3
1996	(22974.0)	(3211.2)	(2544.0)	(835.5)	(1876.7)
	22913.5	3211.2	2544.0	835.4	1876.1
1997	24941.1	3429.4	2691.2	937.1	1955.9
1998	28406.2	3744.4	2681.5	1334.3	1639.6
1999	29854.7	4195.8	2779.6	1218.1	1433.4
2000	32917.7	4709.4	2904.3	1293.1	1313.2
2001	37213.5	5429.6	2976.6	1583.3	1415.5
2002	43499.9	6519.2	3123.2	1765.3	1685.4
2003	55566.6	7720.1	3201.0	2375.1	2533.7
2004	70477.4	9880.6	3362.7	3113.5	3854.0
2005	88773.6	13890.6	3940.6	3767.3	4657.1

注：①自 1997 年起，除房地产开发投资、农村集体投资、个人投资及城镇和工矿区私人建房投资外，固定资产投资的统计起点由 5 万元提高到 50 万元（以下各表同）。

②为便于比较，对 1996 年的相应数据作了全面调整，括号内的数为原口径数。

4.6.2　按地区分私营个体、港澳台商投资、外商投资经济的固定资产投资

单位：亿元

地　区	总　计	#私营个体经　济	#农　村	#港澳台商投资经济	#外商投资经　济
全国总计	**88773.6**	**13890.6**	**3940.6**	**3767.3**	**4657.1**
北　京	2827.2	193.5	17.2	171.6	263.3
天　津	1495.1	169.5	29.3	49.7	161.6
河　北	4139.7	642.2	237.4	161.2	106.9
山　西	1826.6	223.9	75.7	29.4	10.3
内蒙古	2643.6	273.1	62.1	28.3	22.4
辽　宁	4200.4	813.4	132.9	149.3	284.8
吉　林	1741.1	256.1	103.1	45.0	83.8
黑龙江	1737.3	294.0	140.8	9.6	34.7
上　海	3509.7	433.6	7.1	129.2	470.6
江　苏	8165.4	1437.4	218.9	458.3	806.8
浙　江	6520.1	942.1	254.2	246.7	343.9
安　徽	2525.1	541.0	210.1	94.2	62.6
福　建	2316.7	432.8	103.0	265.2	210.9
江　西	2176.6	441.3	122.1	81.3	58.2
山　东	9307.3	1593.8	347.8	255.3	470.3
河　南	4311.6	892.6	450.2	116.4	126.6
湖　北	2676.6	421.8	121.0	91.0	114.5
湖　南	2629.1	446.3	194.7	64.6	45.1
广　东	6977.9	964.5	196.0	998.2	678.7
广　西	1661.2	392.2	147.0	68.7	63.4
海　南	367.2	36.9	17.7	13.1	23.2
重　庆	1933.2	357.4	58.3	58.3	59.4
四　川	3585.2	629.5	216.1	85.3	59.4
贵　州	998.3	161.4	68.2	7.6	12.3
云　南	1777.6	279.4	138.5	27.3	13.7
西　藏	181.4	11.5			0.3
陕　西	1882.2	224.9	110.0	31.2	24.1
甘　肃	870.4	108.6	51.5	14.0	16.6
青　海	329.8	27.7	10.1	1.1	8.3
宁　夏	443.3	89.2	28.1	5.0	9.8
新　疆	1339.1	159.0	71.7	11.3	10.3
不分地区	1677.9				

4.6.3　按行业分私营个体、港澳台商投资、外商投资的城镇固定资产投资

单位：亿元

指　　标	投资额	#私营个体	#港澳台商投资	#外商投资
全国总计	**75095.1**	**9950.0**	**3767.3**	**4657.1**
农、林、牧、渔业	**842.8**	**110.6**	**6.4**	**13.2**
农业	218.1	24.1	3.2	4.4
林业	180.1	7.6	0.4	0.8
畜牧业	175.3	42.1	2.0	4.3
渔业	45.9	19.7	0.3	2.9
农、林、牧、渔服务业	223.4	17.1	0.6	0.9
采矿业	**3234.3**	**284.2**	**22.6**	**12.2**
煤炭开采和洗选业	1162.9	106.6	6.1	0.4
石油和天然气开采业	1463.6	3.2	9.9	0.0
黑色金属矿采选业	278.1	87.9	2.5	3.3
有色金属矿采选业	182.3	37.4	2.2	6.4
非金属矿采选业	143.3	47.3	1.9	2.0
其他采矿业	4.1	1.8		0.1
制造业	**20406.6**	**3578.5**	**1694.9**	**3160.1**
农副食品加工业	893.9	230.2	39.7	88.0
食品制造业	543.5	113.2	34.9	77.8
饮料制造业	348.7	64.7	26.5	34.8
烟草制品业	95.5	0.7	0.0	0.1
纺织业	1059.2	273.8	101.9	92.9
纺织服装、鞋、帽制造业	384.3	111.2	69.0	58.8
皮革毛皮羽毛(绒)及其制品业	202.7	54.1	29.4	41.2
木材加工及木、竹、藤、棕、草制品业	280.9	93.2	21.1	22.2
家具制造业	189.1	68.7	27.3	24.4
造纸及纸制品业	549.3	93.6	50.2	132.9
印刷业和记录媒介的复制	227.5	55.5	22.5	17.1
文教体育用品制造业	88.6	26.5	18.2	21.4
石油加工、炼焦及核燃料加工业	801.3	67.3	16.8	12.6
化学原料及化学制品制造业	2130.6	261.2	173.1	426.5
医药制造业	696.1	100.6	55.4	49.7
化学纤维制造业	175.7	21.3	21.4	43.5
橡胶制品业	200.6	42.8	15.3	47.0
塑料制品业	475.4	129.1	51.2	76.5
非金属矿物制品业	1393.9	344.9	113.3	97.7
黑色金属冶炼及压延加工业	2305.2	148.2	129.9	142.6
有色金属冶炼及压延加工业	761.2	80.3	66.2	33.2
金属制品业	745.3	236.7	58.0	100.8

4.6.3　续表 1　　　　单位：亿元

指　　标	投资额	#私营个体	#港澳台商投资	#外商投资
通用设备制造业	1025.2	269.0	38.8	124.8
专用设备制造业	784.5	178.9	31.4	98.0
交通运输设备制造业	1576.5	184.5	60.0	528.4
电气机械及器材制造业	771.4	156.2	81.4	144.9
通信设备、计算机及其他电子设备制造业	1215.6	68.0	295.2	545.9
仪器仪表文化办公用机械制造业	161.3	25.2	21.4	35.8
工艺品及其他制造业	305.2	74.1	25.0	36.1
废弃资源和废旧材料回收加工业	18.5	4.7	0.3	4.2
电力、燃气、水的生产供应业	**7286.6**	**148.1**	**337.6**	**226.2**
电力、热力的生产和供应业	6503.2	119.8	313.2	173.7
燃气生产和供应业	274.6	15.2	14.0	45.3
水的生产和供应业	508.7	13.2	10.4	7.2
建筑业	**664.3**	**61.2**	**3.5**	**4.4**
房屋和土木工程建筑业	589.2	48.0	2.0	3.4
建筑安装业	26.5	4.2	0.9	0.5
建筑装饰业	10.9	3.7	0.5	0.5
其他建筑业	37.7	5.3	0.1	0.0
交通运输、仓储和邮政业	**8860.4**	**113.5**	**104.7**	**111.7**
铁路运输业	1267.7	0.5		0.4
道路运输业	5581.4	42.2	49.8	25.8
城市公共交通业	531.1	4.4	4.9	3.2
水上运输业	779.3	27.1	29.5	43.6
航空运输业	302.4		0.4	0.2
管道运输业	79.6	0.1	1.0	0.2
装卸搬运和其他运输服务业	43.5	3.8	2.0	0.3
仓储业	258.5	35.4	16.6	38.0
邮政业	16.9	0.0	0.4	
信息传输、计算机服务和软件业	**1561.6**	**10.1**	**219.9**	**188.9**
电信和其他信息传输服务业	1490.2	2.0	216.4	180.1
计算机服务业	18.5	3.8	1.4	0.1
软件业	52.9	4.2	2.1	8.7
批发和零售业	**1532.1**	**294.3**	**27.6**	**40.4**
批发业	672.2	124.9	6.6	5.0
零售业	859.9	169.4	21.0	35.4
住宿和餐饮业	**675.9**	**181.7**	**43.9**	**45.3**
住宿业	456.2	92.4	34.7	35.6
餐饮业	219.8	89.3	9.2	9.7

4.6.3　续表 2　　　　单位：亿元

指　　标	投资额	#私营个体	#港澳台商投资	#外商投资
金融业	**105.6**	**0.4**	**1.4**	**0.9**
银行业	77.1	0.0	1.3	0.1
证券业	11.3	0.0		
保险业	7.9	0.0	0.1	
其他金融活动	9.2	0.3	0.1	0.8
房地产业	**17098.2**	**4845.5**	**1213.9**	**757.5**
租赁和商务服务业	**486.2**	**39.6**	**15.4**	**10.2**
租赁业	14.2	5.0		1.8
商务服务业	471.9	34.6	15.4	8.4
科学研究、技术服务和地质勘查业	**424.5**	**10.2**	**4.1**	**8.9**
研究与试验发展	177.0	1.6	0.5	3.6
专业技术服务业	116.0	3.9	0.0	3.4
科技交流和推广服务业	70.0	2.5	3.5	1.9
地质勘查业	61.5	2.2		0.0
水利、环境和公共设施管理业	**6097.9**	**65.7**	**34.2**	**26.5**
水利管理业	837.6	2.6	0.6	7.0
环境管理业	318.7	8.7	5.8	10.1
公共设施管理业	4941.7	54.4	27.8	9.4
居民服务和其他服务业	**135.5**	**31.6**	**1.0**	**2.3**
居民服务业	97.6	18.9	0.6	1.3
其他服务业	37.9	12.7	0.4	1.0
教育	**1966.9**	**86.4**	**5.6**	**9.1**
卫生、社会保障和社会福利业	**591.8**	**30.0**	**2.8**	**9.3**
卫生	550.2	26.7	2.8	9.2
社会保障业	11.2	0.1		
社会福利业	30.4	3.2		0.1
文化、体育和娱乐业	**685.8**	**38.4**	**19.8**	**28.3**
新闻出版业	16.9	0.0		
广播、电视、电影和音像业	91.1	1.4	0.5	0.2
文化艺术业	216.8	3.8	0.8	0.9
体育	159.2	0.2	9.1	10.0
娱乐业	201.9	32.9	9.5	17.2
公共管理和社会组织	**2438.1**	**20.2**	**8.1**	**1.5**
中国共产党机关	25.4	0.1		
国家机构	2080.3	11.2	8.0	1.0
人民政协和民主党派	6.1			
群众团体、社会团体和宗教组织	41.1	0.9	0.0	0.5
基层群众自治组织	285.3	7.9	0.1	0.0
国际组织				

4.7　工业企业

4.7.1　1998年~2005年全国规模以上私营工业企业主要经济指标

单位:亿元

年份	企业单位数(个)	工业总产值	工业增加值	资产总计	流动资产合计	流动资产年平均余额	固定资产原价合计	固定资产净值年平均余额	负债合计
1998	10667	2082.87	509.63	1486.98	776.53	738.94	681.14	541.58	909.42
1999	14601	3244.56	806.48	2289.21	1217.04	1171.31	1034.21	795.95	1367.12
2000	22128	5220.36	1318.48	3873.83	1910.75	1806.24	1651.37	1243.72	2208.83
2001	36218	8760.89	2174.41	5901.98	3130.00	2992.85	2741.06	2039.37	3527.40
2002	49176	12950.86	3255.83	8759.62	4686.53	4437.08	3959.95	2909.24	5192.26
2003	67607	20980.23	5378.76	14525.29	7838.48	7275.96	6228.85	4565.14	8781.24
2004	119357	35141.25	8290.00	23724.80	13080.46	11978.21	9992.56	7467.75	14529.31
2005	123820	47778.20	12855.55	30325.12	16426.01	15484.96	12983.32	9586.90	18038.87

注：规模以上非国有企业为年主营业务收入在500万元以上的企业（以下各表同）。

4.7.1　续表　　单位：亿元

年份	流动负债合计	所有者权益合计	主营业务收入	主营业务成本	主营业务税金及附加	利润总额	本年应交增值税	全部从业人员年平均人数(万人)
1998	771.59	577.55	1846.25	1563.23	21.13	67.25	53.04	160.80
1999	1159.58	922.10	2921.58	2485.20	30.46	121.52	85.49	229.06
2000	1891.82	1664.99	4791.50	4121.97	44.91	189.68	143.60	346.42
2001	3037.27	2374.59	7982.43	6947.43	68.46	312.56	242.55	541.52
2002	4493.43	3567.35	11971.63	10433.80	95.67	490.23	368.39	732.90
2003	7697.03	5743.95	19733.77	17194.65	146.14	859.64	589.24	1027.61
2004	12866.37	9195.48	33487.25	29452.27	257.14	1429.74	964.44	1515.43
2005	15964.40	12286.22	45801.43	39914.50	352.22	2120.65	1336.63	1692.06

注：规模以上非国有企业为年主营业务收入在500万元以上的企业（以下各表同）。

4.7.2　2000 年～2005 年全国规模以上私营工业企业主要经济指标增长率及比重

项目 \ 年份	2000	2001	2002	2003	2004	2005
指标总量　（亿元）						
工业总产值	5220.36	8760.89	12950.86	20980.23	35141.25	47778.20
工业增加值	1318.48	2174.41	3255.83	5378.76	8290.00	12855.55
资产总计	3873.83	5901.98	8759.62	14525.29	23724.80	30325.12
主营业务收入	4791.50	7982.43	11971.63	19733.77	33487.25	45801.43
主营业务税金及附加	44.91	68.46	95.67	146.14	257.14	352.22
利润总额	189.68	312.56	490.23	859.64	1429.74	2120.65
本年应交增值税	143.60	242.55	368.39	589.24	964.44	1336.63
比重　（%）						
工业总产值	6.09	9.18	11.69	14.75	17.42	18.99
工业增加值	5.19	7.68	9.87	12.81	15.13	17.81
资产总计	3.07	4.36	5.99	8.60	11.02	12.39
主营业务收入	5.69	8.52	10.93	13.78	16.84	18.43
主营业务税金及附加	3.13	4.41	5.43	7.13	9.83	11.75
利润总额	4.32	6.60	8.47	10.31	11.99	14.33
本年应交增值税	3.90	6.04	8.23	10.74	13.95	15.69
比上年增长　（%）						
工业总产值		67.82	47.83	62.00	67.50	35.96
工业增加值		64.92	49.73	65.20	54.12	55.07
资产总计		52.36	48.42	65.82	63.33	27.82
主营业务收入		66.60	49.97	64.84	69.70	36.77
主营业务税金及附加		52.44	39.75	52.75	75.95	36.98
利润总额		64.78	56.84	75.35	66.32	48.32
本年应交增值税		68.91	51.88	59.95	63.68	38.59

注：①本表增长率均按当年价格计算。

②本表比重为规模以上私营工业企业占当年全部国有及规模以上非国有工业企业的比重。

4.7.3 按行业分全国规模以上私营工业企业主要经济指标

单位：亿元

行　　业	企　业 单位数 （个）	工　业 总产值	工　业 增加值	资产总计	流动资产 合　计
全国总计	**123820**	**47778.20**	**12855.55**	**30325.12**	**16426.01**
煤炭开采和洗选业	2217	700.25	300.92	412.27	187.50
石油和天然气开采业	14	5.22	2.15	6.27	1.55
黑色金属矿采选业	1378	479.88	192.66	381.43	168.10
有色金属矿采选业	625	229.34	89.13	138.32	70.72
非金属矿采选业	1074	272.69	94.26	150.78	69.58
其他采矿业	3	1.41	0.49	0.33	0.14
农副食品加工业	7615	3435.28	916.53	1516.11	762.44
食品制造业	2307	837.68	241.87	562.99	265.28
饮料制造业	1486	465.73	148.93	402.24	179.19
烟草制品业	2	1.23	0.37	0.24	0.09
纺织业	12879	5035.94	1220.36	3354.96	1741.36
纺织服装、鞋、帽制造业	5053	1555.77	435.13	812.77	505.96
皮革、毛皮、羽毛(绒)及其制品业	2758	957.57	257.74	442.03	261.40
木材加工及木、竹、藤、棕、草制品业	3426	932.02	258.66	455.51	227.12
家具制造业	1532	468.87	126.07	281.40	153.51
造纸及纸制品业	3836	1140.85	308.97	788.18	402.75
印刷业和记录媒介的复制	1828	370.13	100.83	330.26	159.42
文教体育用品制造业	1345	393.42	97.00	210.30	122.94
石油加工、炼焦及核燃料加工业	981	894.62	279.52	740.36	362.98
化学原料及化学制品制造业	8525	3271.71	874.53	1941.63	1058.45
医药制造业	1573	669.52	228.18	626.51	286.59
化学纤维制造业	711	723.51	137.10	463.77	213.48
橡胶制品业	1258	385.55	107.16	244.45	134.88
塑料制品业	5689	1619.21	397.34	1031.00	569.00
非金属矿物制品业	9669	3224.39	973.50	2563.95	1138.89
黑色金属冶炼及压延加工业	3900	4193.63	1030.49	2298.47	1263.09
有色金属冶炼及压延加工业	2577	1780.13	415.03	917.45	535.29
金属制品业	7230	2322.71	602.85	1409.29	848.61
通用设备制造业	10244	3204.74	878.52	2123.28	1273.05
专用设备制造业	4396	1349.78	397.09	946.93	571.38
交通运输设备制造业	4713	1931.20	472.92	1340.83	804.39
电气机械及器材制造业	6609	2744.77	694.33	1781.86	1161.63
通信设备、计算机及其他电子设备制造业	2265	931.27	232.35	649.99	436.54
仪器仪表及文化、办公用机械制造业	1184	313.37	92.24	258.77	167.98
工艺品及其他制造业	2274	703.90	184.01	359.97	210.67
废弃资源和废旧材料回收加工业	203	114.50	26.79	35.44	20.68
电力、热力的生产和供应业	328	88.31	30.59	293.96	75.57
燃气生产和供应业	46	15.34	4.08	16.27	5.75
水的生产和供应业	67	12.77	4.85	34.54	8.06

4.7.3　续表 1　　　　单位：亿元

行　　业	流动资产年平均余额	固定资产原价	固定资产净值年平均余额	负债合计	流动负债合计	所有者权益合计
全国总计	**15484.96**	**12983.32**	**9586.90**	**18038.87**	**15964.40**	**12286.22**
煤炭开采和洗选业	171.23	188.36	148.01	205.60	174.51	206.69
石油和天然气开采业	1.39	5.90	4.06	2.62	2.40	3.66
黑色金属矿采选业	153.10	150.62	117.16	188.16	166.29	193.27
有色金属矿采选业	65.01	63.55	44.75	64.29	50.40	74.03
非金属矿采选业	65.58	78.62	60.43	71.96	59.95	78.82
其他采矿业	0.09	0.24	0.18	0.24	0.22	0.09
农副食品加工业	725.23	680.31	529.75	820.05	697.30	696.05
食品制造业	249.18	261.00	204.79	310.57	264.79	252.42
饮料制造业	168.40	192.10	147.79	226.59	184.43	175.65
烟草制品业	0.09	0.10	0.06	0.14	0.14	0.10
纺织业	1637.03	1634.35	1195.91	2103.62	1876.39	1251.34
纺织服装、鞋、帽制造业	484.14	295.67	217.71	489.89	461.47	322.89
皮革、毛皮、羽毛(绒)及其制品业	248.15	153.92	116.13	261.09	240.88	180.94
木材加工及木、竹、藤、棕、草制品业	217.32	218.06	170.64	223.27	194.20	232.25
家具制造业	146.93	111.30	85.43	150.91	137.45	130.49
造纸及纸制品业	385.99	394.21	294.15	476.90	408.32	311.29
印刷业和记录媒介的复制	150.90	185.49	132.05	200.44	178.61	129.82
文教体育用品制造业	117.74	80.53	60.73	120.38	112.57	89.91
石油加工、炼焦及核燃料加工业	337.21	329.23	256.95	476.83	429.47	263.53
化学原料及化学制品制造业	992.70	840.91	603.83	1136.16	1008.75	805.46
医药制造业	273.35	278.95	208.30	333.49	268.04	293.02
化学纤维制造业	199.59	236.17	170.78	292.88	230.40	170.89
橡胶制品业	128.22	114.92	86.12	136.47	120.15	107.98
塑料制品业	541.86	450.66	327.79	597.38	539.56	433.62
非金属矿物制品业	1106.71	1440.21	1047.85	1474.16	1220.18	1089.79
黑色金属冶炼及压延加工业	1173.10	924.35	720.50	1528.41	1382.99	770.06
有色金属冶炼及压延加工业	503.15	356.22	255.41	574.26	511.94	343.19
金属制品业	799.74	523.38	379.05	849.71	788.21	559.58
通用设备制造业	1201.28	809.22	567.31	1265.79	1156.08	857.49
专用设备制造业	535.56	347.48	249.06	562.42	514.97	384.51
交通运输设备制造业	757.01	455.93	328.44	857.98	775.24	482.85
电气机械及器材制造业	1081.83	538.92	381.22	1076.63	1002.03	705.20
通信设备、计算机及其他电子设备制造业	402.92	185.38	125.85	376.85	350.23	273.13
仪器仪表及文化、办公用机械制造业	157.52	71.85	51.45	139.86	129.89	118.91
工艺品及其他制造业	199.52	131.99	101.17	208.24	184.85	151.73
废弃资源和废旧材料回收加工业	20.52	10.46	7.24	18.41	16.97	17.03
电力、热力的生产和供应业	72.50	203.74	160.67	191.48	109.48	102.48
燃气生产和供应业	5.70	9.08	7.41	8.53	5.04	7.74
水的生产和供应业	7.48	29.92	20.75	16.25	9.59	18.29

4.7.3　续表 2　　　　　　　　　　　　　　　　单位：亿元

行　　业	主营业务收　　入	主营业务成　　本	主营业务税金及附　　加	利润总额	本年应交增值税	全部从业人员年平均人数（万人）
全国总计	**45801.43**	**39914.50**	**352.22**	**2120.65**	**1336.63**	**1692.06**
煤炭开采和洗选业	681.94	512.21	14.23	65.69	42.03	39.48
石油和天然气开采业	4.57	3.84	0.08	0.30	0.15	0.14
黑色金属矿采选业	463.85	337.68	8.18	59.20	29.80	16.84
有色金属矿采选业	222.16	164.41	2.55	31.73	12.10	9.12
非金属矿采选业	255.37	197.06	5.39	19.21	11.35	12.90
其他采矿业	1.03	0.83	0.01	0.04	0.06	0.06
农副食品加工业	3302.19	2916.98	22.05	138.14	54.20	77.67
食品制造业	796.39	667.15	6.78	40.65	22.10	34.81
饮料制造业	433.86	340.94	18.02	23.84	15.11	17.72
烟草制品业	1.13	1.05		0.07	0.01	0.02
纺织业	4903.15	4419.36	28.30	179.12	118.04	217.03
纺织服装、鞋、帽制造业	1480.30	1289.43	9.20	58.52	40.45	105.68
皮革、毛皮、羽毛(绒)及其制品业	923.94	813.58	6.29	43.56	27.29	52.73
木材加工及木、竹、藤、棕、草制品业	892.85	777.84	7.96	47.27	24.37	40.87
家具制造业	450.24	377.40	4.36	22.63	12.43	23.04
造纸及纸制品业	1086.02	957.77	9.23	44.15	34.56	44.53
印刷业和记录媒介的复制	353.13	304.46	2.39	15.35	11.51	17.01
文教体育用品制造业	372.13	322.03	2.26	16.52	9.96	22.05
石油加工、炼焦及核燃料加工业	854.28	751.78	9.43	26.26	46.51	15.69
化学原料及化学制品制造业	3143.71	2714.97	25.90	145.95	85.11	87.40
医药制造业	590.22	449.03	6.43	37.22	22.99	22.42
化学纤维制造业	708.99	665.24	2.56	21.38	8.88	9.26
橡胶制品业	374.40	319.50	3.24	22.66	12.25	17.41
塑料制品业	1567.49	1379.19	9.58	71.57	39.52	58.17
非金属矿物制品业	3073.15	2618.93	28.32	165.01	122.27	149.13
黑色金属冶炼及压延加工业	4080.66	3781.40	26.34	121.17	104.34	66.24
有色金属冶炼及压延加工业	1713.93	1580.90	8.53	48.45	43.18	29.56
金属制品业	2225.62	1951.50	13.16	99.73	59.93	85.85
通用设备制造业	3038.85	2599.46	20.67	162.27	99.40	121.25
专用设备制造业	1276.01	1068.90	8.72	75.45	43.75	49.42
交通运输设备制造业	1834.18	1591.06	16.40	85.77	48.39	69.51
电气机械及器材制造业	2608.40	2256.35	13.76	127.51	71.41	85.40
通信设备、计算机及其他电子设备制造业	904.07	774.48	3.81	45.13	25.14	36.56
仪器仪表及文化、办公用机械制造业	298.08	240.19	2.01	18.96	10.67	13.76
工艺品及其他制造业	668.73	586.56	4.43	30.54	19.59	37.47
废弃资源和废旧材料回收加工业	105.04	93.59	0.70	2.71	2.45	1.50
电力、热力的生产和供应业	84.15	65.81	0.72	5.57	4.45	3.48
燃气生产和供应业	15.41	13.12	0.12	0.46	0.37	0.33
水的生产和供应业	11.82	8.55	0.09	0.91	0.54	0.56

4.7.4　按行业分全国规模以上私营工业企业主要经济效益指标

行　　业	工　业增加值率(%)	总资产贡献率(%)	资　产负债率(%)	流动资产周转次数(次/年)	工业成本费用利润率(%)	全员劳动生产率(元/人·年)	产　品销售率(%)
全国总计	**26.91**	**13.85**	**59.48**	**2.96**	**4.93**	**75976**	**97.29**
煤炭开采和洗选业	42.97	30.74	49.87	3.98	11.39	76228	98.80
石油和天然气开采业	41.29	8.66	41.72	3.30	7.20	149669	99.65
黑色金属矿采选业	40.15	26.56	49.33	3.03	15.61	114388	96.99
有色金属矿采选业	38.87	34.72	46.48	3.42	17.54	97716	96.42
非金属矿采选业	34.57	25.07	47.72	3.89	8.59	73091	97.50
其他采矿业	35.01	40.71	72.08	11.32	4.25	87165	97.14
农副食品加工业	26.68	15.78	54.09	4.55	4.46	118001	97.59
食品制造业	28.87	13.59	55.16	3.20	5.51	69487	97.18
饮料制造业	31.98	15.28	56.33	2.58	6.17	84067	97.16
烟草制品业	30.40	33.75	56.71	12.69	6.76	181956	99.55
纺织业	24.23	11.28	62.70	3.00	3.83	56230	97.61
纺织服装、鞋、帽制造业	27.97	14.48	60.27	3.06	4.16	41175	97.23
皮革、毛皮、羽毛(绒)及其制品业	26.92	18.70	59.07	3.72	5.02	48876	97.87
木材加工及木、竹、藤、棕、草制品业	27.75	18.83	49.01	4.11	5.71	63292	97.25
家具制造业	26.89	15.41	53.63	3.06	5.41	54708	97.31
造纸及纸制品业	27.08	12.53	60.51	2.81	4.30	69381	97.64
印刷业和记录媒介的复制	27.24	9.86	60.69	2.34	4.60	59270	97.81
文教体育用品制造业	24.66	14.74	57.24	3.16	4.68	43992	98.00
石油加工、炼焦及核燃料加工业	31.24	12.67	64.40	2.53	3.22	178101	96.05
化学原料及化学制品制造业	26.73	14.61	58.52	3.17	4.95	100061	97.42
医药制造业	34.08	11.86	53.23	2.16	6.91	101788	94.01
化学纤维制造业	18.95	8.90	63.15	3.55	3.11	147980	98.16
橡胶制品业	27.79	16.97	55.83	2.92	6.53	61548	97.07
塑料制品业	24.54	12.90	57.94	2.89	4.84	68312	97.57
非金属矿物制品业	30.19	13.71	57.50	2.78	5.75	65278	97.45
黑色金属冶炼及压延加工业	24.57	12.03	66.50	3.48	3.10	155572	97.11
有色金属冶炼及压延加工业	23.31	12.27	62.59	3.41	2.95	140395	97.47
金属制品业	25.95	13.43	60.29	2.78	4.74	70219	97.15
通用设备制造业	27.41	14.49	59.61	2.53	5.69	72458	96.90
专用设备制造业	29.42	14.56	59.39	2.38	6.38	80357	96.47
交通运输设备制造业	24.49	12.42	63.99	2.42	4.97	68034	97.17
电气机械及器材制造业	25.30	12.99	60.42	2.41	5.18	81306	97.34
通信设备、计算机及其他电子设备制造业	24.95	12.10	57.98	2.24	5.29	63554	97.25
仪器仪表及文化、办公用机械制造业	29.44	13.00	54.05	1.89	6.84	67049	97.27
工艺品及其他制造业	26.14	16.49	57.85	3.35	4.85	49115	97.21
废弃资源和废旧材料回收加工业	23.40	17.22	51.94	5.12	2.77	178931	98.08
电力、热力的生产和供应业	34.63	5.36	65.14	1.16	7.19	87802	98.40
燃气生产和供应业	26.57	7.07	52.41	2.70	3.10	124366	98.34
水的生产和供应业	38.02	5.78	47.05	1.58	8.29	86430	94.03

4.7.5 按地区分全国规模以上私营工业企业主要经济指标

单位：亿元

地 区	企业单位数(个)	工业总产值	工业增加值	资产总计	流动资产合计
全国总计	**123820**	**47778.23**	**12855.56**	**30325.12**	**16426.01**
北 京	1504	331.14	82.87	372.58	233.52
天 津	1765	638.31	132.04	452.54	292.22
河 北	4724	2829.00	825.99	1458.18	705.70
山 西	1166	839.19	281.52	772.26	405.77
内蒙古	984	452.89	182.79	323.67	157.75
辽 宁	5118	1694.83	470.12	1359.29	661.27
吉 林	1034	330.68	109.49	254.91	115.55
黑龙江	984	328.19	99.21	319.74	156.24
上 海	5481	1424.51	400.13	1124.10	722.25
江 苏	17752	8041.93	1970.98	4735.39	2883.70
浙 江	24244	8250.03	1665.34	6509.00	3754.27
安 徽	2725	714.73	215.10	523.57	276.73
福 建	4743	1359.75	395.39	834.40	459.91
江 西	2079	750.06	236.85	461.83	213.61
山 东	14309	6754.57	1969.64	2922.00	1335.66
河 南	4940	2537.48	841.79	1060.15	511.02
湖 北	3009	894.10	297.04	617.16	277.55
湖 南	4379	1259.64	415.65	620.71	265.20
广 东	12145	4475.32	1091.79	2528.56	1506.43
广 西	1277	406.91	120.01	266.98	142.35
海 南	121	40.54	9.48	39.48	17.34
重 庆	1570	653.64	161.49	468.44	261.60
四 川	3893	1475.48	483.49	973.84	458.98
贵 州	851	232.63	73.44	170.96	82.71
云 南	925	415.15	106.98	434.13	203.75
西 藏	11	3.04	1.74	6.98	5.41
陕 西	693	212.07	71.23	199.59	91.63
甘 肃	567	122.04	51.73	120.40	50.54
青 海	123	40.35	15.03	51.71	19.95
宁 夏	354	155.88	46.74	174.18	83.12
新 疆	350	114.15	30.47	168.39	74.28

4.7.5　续表 1　　　　单位：亿元

地　　区	流动资产年平均余额	固定资产原价合计	固定资产净值年平均余额	负债合计	流动负债合计	所有者权益合计
全国总计	**15484.93**	**12983.31**	**9586.88**	**18038.89**	**15964.40**	**12286.20**
北　京	217.12	120.17	86.00	216.85	202.68	155.73
天　津	247.22	166.38	114.48	309.85	297.20	142.69
河　北	668.09	703.02	552.11	793.07	691.79	665.11
山　西	371.86	326.59	255.94	496.90	441.34	275.36
内蒙古	149.94	146.70	118.90	192.74	170.31	130.94
辽　宁	615.73	603.56	455.57	760.22	658.63	599.07
吉　林	107.69	129.51	106.33	142.82	120.53	112.09
黑龙江	142.03	149.33	121.83	180.54	150.84	139.21
上　海	678.41	368.02	257.69	677.34	623.72	446.76
江　苏	2680.94	1893.11	1316.52	3218.51	2923.17	1516.88
浙　江	3527.19	2440.69	1791.73	4111.12	3733.75	2397.84
安　徽	250.74	216.55	162.00	298.32	257.76	225.26
福　建	425.71	366.37	281.38	414.25	376.77	420.15
江　西	201.77	227.25	177.98	237.83	204.83	223.99
山　东	1319.10	1491.13	1137.83	1448.17	1267.51	1473.83
河　南	499.96	526.03	405.06	516.11	429.14	544.04
湖　北	262.00	301.68	223.69	325.20	264.25	291.97
湖　南	252.80	308.89	246.92	299.22	223.19	321.49
广　东	1491.91	1095.61	739.93	1567.43	1427.45	961.13
广　西	129.81	110.01	82.79	167.35	142.19	99.62
海　南	16.00	16.86	11.42	20.92	17.85	18.56
重　庆	238.16	180.72	128.75	286.49	245.24	181.95
四　川	426.11	449.93	332.75	565.04	454.76	408.80
贵　州	73.69	80.63	63.76	101.64	86.88	69.31
云　南	189.78	227.71	157.40	279.37	221.53	154.76
西　藏	5.18	1.39	1.32	1.10	0.70	5.87
陕　西	84.35	97.21	71.33	117.06	87.55	82.53
甘　肃	48.66	61.88	50.28	67.68	52.30	52.73
青　海	18.17	25.97	22.01	27.49	19.32	24.22
宁　夏	74.50	82.51	61.96	112.51	95.04	61.67
新　疆	70.31	67.90	51.22	85.75	76.18	82.64

4.7.5　续表 2　　单位：亿元

地　区	主营业务收　入	主营业务成　本	主营业务税金及附　加	利润总额	本年应交增值税	全部从业人员年平均人数（万人）
全国总计	**45801.42**	**39914.51**	**352.23**	**2120.65**	**1336.66**	**1692.07**
北　京	337.52	280.32	1.25	13.51	10.04	14.70
天　津	709.59	635.39	11.27	34.96	12.79	21.41
河　北	2719.79	2323.23	19.54	191.66	73.37	77.34
山　西	779.53	661.11	10.24	20.46	50.94	27.40
内蒙古	427.46	342.55	4.69	20.89	17.58	15.27
辽　宁	1586.80	1401.27	10.62	64.05	42.18	59.28
吉　林	307.92	267.02	2.98	11.49	7.17	13.67
黑龙江	318.37	277.64	2.38	12.25	12.20	13.52
上　海	1394.20	1208.05	5.02	71.89	39.59	51.66
江　苏	7765.24	7050.20	34.49	247.35	193.90	242.75
浙　江	7930.90	7002.73	50.37	324.51	218.83	305.48
安　徽	684.63	600.20	4.01	22.90	17.67	33.48
福　建	1289.40	1125.55	11.11	53.66	30.77	61.75
江　西	717.67	610.14	8.29	28.98	27.44	31.52
山　东	6489.57	5532.20	57.23	441.74	198.88	186.34
河　南	2388.85	1995.43	26.78	197.62	82.09	85.68
湖　北	820.32	695.99	8.79	27.23	21.28	42.01
湖　南	1190.29	950.52	25.45	50.15	42.01	56.48
广　东	4318.69	3815.23	24.56	150.08	119.16	183.33
广　西	370.45	328.62	2.15	10.00	12.34	18.67
海　南	39.26	33.65	0.20	1.61	1.82	1.44
重　庆	640.54	550.38	6.24	31.13	17.17	30.18
四　川	1382.01	1205.15	10.84	45.96	36.17	61.77
贵　州	199.65	171.12	3.58	3.85	11.27	10.90
云　南	404.97	350.55	2.71	24.00	20.74	16.59
西　藏	3.12	1.26	0.05	1.50	0.29	0.09
陕　西	193.05	157.39	4.91	6.06	7.74	9.80
甘　肃	99.65	83.13	0.94	2.43	2.84	7.10
青　海	31.11	25.68	0.37	0.90	0.95	1.99
宁　夏	148.47	134.19	0.64	1.78	3.96	6.16
新　疆	112.40	98.62	0.53	6.05	3.48	4.31

4.7.6　按地区分全国规模以上私营工业企业主要经济效益指标

地　　区	工　　业 增加值率 (%)	总资产 贡献率 (%)	资　产 负债率 (%)	流动资产 周转次数 (次/年)	成本费用 利润率 (%)	全员劳动 生产率 (元/人·年)	产　品 销售率 (%)
全国总计	**26.91**	**13.85**	**59.48**	**2.96**	**4.93**	**75976**	**97.29**
北　京	25.03	7.16	58.20	1.55	4.13	56357	96.90
天　津	20.69	13.75	68.47	2.87	5.26	61660	96.38
河　北	29.20	20.94	54.39	4.07	7.80	106802	96.93
山　西	33.55	12.25	64.34	2.10	2.80	102752	95.39
内蒙古	40.36	14.55	59.55	2.85	5.55	119711	96.27
辽　宁	27.74	9.60	55.93	2.58	4.22	79307	95.89
吉　林	33.11	9.44	56.03	2.86	3.94	80098	96.35
黑龙江	30.23	9.29	56.46	2.24	4.06	73370	97.46
上　海	28.09	11.02	60.26	2.06	5.42	77462	98.10
江　苏	24.51	11.38	67.97	2.90	3.30	81195	97.61
浙　江	20.19	10.65	63.16	2.25	4.28	54515	97.17
安　徽	30.09	9.60	56.98	2.73	3.49	64244	96.73
福　建	29.08	12.58	49.65	3.03	4.41	64032	96.24
江　西	31.58	15.21	51.50	3.56	4.37	75146	97.73
山　东	29.16	25.44	49.56	4.92	7.49	105702	97.68
河　南	33.17	30.74	48.68	4.78	9.18	98249	98.48
湖　北	33.22	10.56	52.69	3.13	3.56	70708	96.28
湖　南	33.00	20.34	48.21	4.71	4.82	73587	99.45
广　东	24.40	12.34	61.99	2.89	3.64	59554	97.34
广　西	29.49	10.19	62.69	2.85	2.82	64291	95.86
海　南	23.37	9.74	52.99	2.45	4.29	65783	93.92
重　庆	24.71	12.91	61.16	2.69	5.18	53503	98.02
四　川	32.77	10.99	58.02	3.24	3.50	78267	97.71
贵　州	31.57	11.67	59.46	2.71	2.02	67407	93.77
云　南	25.77	12.24	64.35	2.13	6.20	64495	97.63
西　藏	57.19	26.06	15.79	0.60	94.24	190349	102.33
陕　西	33.59	10.59	58.65	2.29	3.44	72705	92.62
甘　肃	42.39	6.26	56.21	2.05	2.63	72874	92.61
青　海	37.24	5.06	53.16	1.71	3.07	75689	93.61
宁　夏	29.98	5.16	64.60	1.99	1.21	75831	95.87
新　疆	26.70	7.08	50.92	1.60	5.50	70700	94.92

4.7.7　1998年~2005年全国规模以上“三资”工业企业主要经济指标

单位：亿元

年份	企业单位数（个）	工业总产值	工业增加值	资产总计	流动资产合计	流动资产年平均余额	固定资产原价合计	固定资产净值年平均余额	负债合计
1998	26442	16757.90	4055.07	21326.95	9971.87	9671.91	11439.70	8313.98	12481.58
1999	26837	18954.23	4850.92	23018.92	11127.85	10606.05	12747.02	9062.95	13287.86
2000	28445	23464.55	6090.35	25714.06	12849.54	11926.66	14318.30	9808.74	14658.92
2001	31423	27220.91	7128.11	28354.46	14029.75	13750.96	16700.30	11111.58	15558.91
2002	34466	32459.28	8573.10	31513.76	16237.04	15174.60	18726.88	12097.09	17136.03
2003	38581	44357.81	11599.65	39260.26	21489.84	19866.14	21818.93	13722.33	21763.06
2004	57165	65995.21	15240.50	55601.79	30615.15	28266.85	29387.92	18572.57	31278.34
2005	56387	79860.23	20468.28	64308.47	35303.97	33416.06	34266.82	21419.03	36459.37

4.7.7　续表　　单位：亿元

年份	流动负债合计	所有者权益合计	主营业务收入	主营业务成本	主营业务税金及附加	利润总额	本年应交增值税	全部从业人员年平均人数（万人）
1998	9507.28	8844.84	15604.60	13023.55	98.64	418.61	521.06	775.19
1999	10407.35	9730.41	17966.55	14824.32	111.51	753.93	590.79	791.86
2000	11616.67	11054.36	22545.74	18583.27	129.76	1282.48	738.88	852.96
2001	12466.43	12794.29	26022.08	21677.74	134.78	1442.95	876.37	938.98
2002	14146.01	14359.94	31189.27	25907.35	151.87	1877.22	960.87	1054.34
2003	18466.50	17473.30	43607.63	36604.09	223.65	2777.44	1189.01	1258.67
2004	26700.51	24298.79	65105.85	55649.54	296.90	3875.97	1508.66	1755.26
2005	30842.48	27770.72	78564.46	67862.98	326.90	4140.81	1811.52	1899.64

4.7.8　2000 年～2005 年全国规模以上“三资”工业企业主要经济指标增长率及比重

项目＼年份	2000	2001	2002	2003	2004	2005
指标总量　（亿元）						
工业总产值	23464.55	27220.91	32459.28	44357.81	65995.21	79860.23
工业增加值	6090.35	7128.11	8573.10	11599.65	15240.50	20468.28
资产总计	25714.06	28354.46	31513.76	39260.26	55601.79	64308.47
主营业务收入	22545.74	26022.08	31189.27	43607.63	65105.85	78564.46
主营业务税金及附加	129.76	134.78	151.87	223.65	296.90	326.90
利润总额	1282.48	1442.95	1877.22	2777.44	3875.97	4140.81
本年应交增值税	738.88	876.37	960.87	1189.01	1508.66	1811.52
比重　（%）						
工业总产值	27.39	28.52	29.30	31.18	32.72	31.74
工业增加值	23.98	25.16	25.98	27.62	27.81	28.35
资产总计	20.37	20.94	21.55	23.26	25.82	26.27
主营业务收入	26.79	27.76	28.49	30.46	32.73	31.61
主营业务税金及附加	9.05	8.67	8.62	10.91	11.35	10.91
利润总额	29.19	30.48	32.45	33.31	32.49	27.97
本年应交增值税	20.05	21.81	21.47	21.67	21.82	21.26
比上年增长　（%）						
工业总产值		16.01	19.24	36.66	48.78	21.01
工业增加值		17.04	20.27	35.30	31.39	34.30
资产总计		10.27	11.14	24.58	41.62	15.66
主营业务收入		15.42	19.86	39.82	49.30	20.67
主营业务税金及附加		3.87	12.68	47.26	32.75	10.10
利润总额		12.51	30.10	47.95	39.55	6.83
本年应交增值税		18.61	9.64	23.74	26.88	20.07

注：①本表增长率均按当年价格计算。
②本表比重为规模以上“三资”工业企业占当年全部国有及规模以上非国有工业企业的比重。

4.7.9　按行业分全国规模以上"三资"工业企业主要经济指标

单位：亿元

行　　业	企　业 单位数 （个）	工　业 总产值	工　业 增加值	资产总计	流动资产 合　计
全国总计	**56387**	**79860.23**	**20468.28**	**64308.47**	**35303.97**
煤炭开采和洗选业	26	58.73	27.68	95.64	54.31
石油和天然气开采业	7	491.09	455.72	183.95	26.28
黑色金属矿采选业	25	20.00	3.87	17.50	12.63
有色金属矿采选业	37	45.10	15.12	97.38	39.31
非金属矿采选业	127	57.71	18.27	48.96	19.88
其他采矿业	4	5.45	1.52	4.47	1.72
农副食品加工业	2130	3071.71	774.36	1705.94	960.39
食品制造业	1294	1376.69	461.29	1187.72	615.54
饮料制造业	569	1056.07	403.89	1088.41	489.24
烟草制品业	6	6.90	3.70	15.56	8.35
纺织业	5007	3201.80	836.28	2916.57	1545.70
纺织服装、鞋、帽制造业	5110	2290.07	673.10	1485.42	928.74
皮革、毛皮、羽毛(绒)及其制品业	2494	1827.08	504.90	1144.02	744.62
木材加工及木、竹、藤、棕、草制品业	918	426.84	114.12	394.51	196.37
家具制造业	1051	788.09	209.96	593.85	360.23
造纸及纸制品业	1234	1454.58	379.75	2091.72	797.75
印刷业和记录媒介的复制	662	467.78	149.46	571.07	307.20
文教体育用品制造业	1616	900.71	233.35	646.70	404.56
石油加工、炼焦及核燃料加工业	160	1269.96	237.88	759.78	348.49
化学原料及化学制品制造业	3045	4197.18	1202.94	3883.56	1857.75
医药制造业	890	1047.90	393.91	1188.30	637.30
化学纤维制造业	276	725.61	134.72	737.56	286.55
橡胶制品业	744	848.92	241.34	887.25	416.53
塑料制品业	3345	2165.85	554.61	2177.01	1182.19
非金属矿物制品业	2435	1685.09	515.32	2239.75	985.30
黑色金属冶炼及压延加工业	489	2751.73	583.75	2204.17	1065.56
有色金属冶炼及压延加工业	638	1207.14	266.01	992.53	533.71
金属制品业	2792	2395.20	597.09	1784.40	1102.21
通用设备制造业	2987	2905.45	832.40	2786.77	1838.23
专用设备制造业	2001	1508.36	425.22	1543.26	1013.59
交通运输设备制造业	2072	6732.20	1727.33	5494.42	3045.11
电气机械及器材制造业	3830	5264.68	1356.96	3834.54	2511.59
通信设备、计算机及其他电子设备制造业	4637	22712.30	4555.66	12979.59	8750.58
仪器仪表及文化、办公用机械制造业	1235	1848.36	435.81	1107.02	737.23
工艺品及其他制造业	1830	822.28	241.25	567.69	343.77
废弃资源和废旧材料回收加工业	100	97.34	16.14	47.36	37.00
电力、热力的生产和供应业	396	1893.86	825.57	4328.90	954.94
燃气生产和供应业	108	174.67	31.55	250.30	88.03
水的生产和供应业	60	59.72	26.52	224.95	55.45

4.7.9　续表 1　　　　单位：亿元

行　　业	流动资产年平均余额	固定资产原价	固定资产净值年平均余额	负债合计	流动负债合计	所有者权益合计
全国总计	**33416.06**	**34266.82**	**21419.03**	**36459.37**	**30842.48**	**27770.72**
煤炭开采和洗选业	46.47	34.07	24.73	58.64	41.13	37.00
石油和天然气开采业	26.01	76.97	66.93	29.96	27.92	153.99
黑色金属矿采选业	12.10	4.36	3.83	11.95	11.71	5.55
有色金属矿采选业	33.91	33.36	21.43	60.22	43.54	37.15
非金属矿采选业	18.88	32.57	21.21	24.49	19.76	24.46
其他采矿业	1.41	4.49	2.30	1.41	1.41	3.06
农副食品加工业	934.32	845.48	554.27	1047.49	940.29	658.45
食品制造业	592.75	672.83	408.21	614.06	536.92	573.66
饮料制造业	480.27	780.32	470.61	584.74	516.51	503.67
烟草制品业	7.47	11.57	5.63	6.43	6.43	9.13
纺织业	1476.24	1610.66	1039.87	1559.64	1391.13	1356.93
纺织服装、鞋、帽制造业	875.00	631.38	403.93	804.07	751.80	681.35
皮革、毛皮、羽毛(绒)及其制品业	698.76	436.56	281.06	652.75	614.74	491.27
木材加工及木、竹、藤、棕、草制品业	188.85	223.82	150.32	220.41	169.14	174.10
家具制造业	349.00	241.20	165.95	344.86	321.01	248.99
造纸及纸制品业	774.72	1389.99	989.22	1274.80	837.25	799.33
印刷业和记录媒介的复制	299.74	355.80	214.17	262.49	240.20	308.58
文教体育用品制造业	385.31	302.81	186.91	338.76	321.19	307.94
石油加工、炼焦及核燃料加工业	333.96	559.18	315.50	403.02	332.24	356.76
化学原料及化学制品制造业	1748.79	2183.86	1517.15	2059.01	1502.95	1825.44
医药制造业	592.27	583.35	375.42	595.05	509.07	591.16
化学纤维制造业	268.83	540.77	346.71	370.64	272.78	366.93
橡胶制品业	412.07	516.42	339.62	486.40	377.12	400.84
塑料制品业	1103.96	1184.37	765.04	1141.65	994.46	1035.36
非金属矿物制品业	935.23	1455.92	961.95	1192.43	911.37	1047.32
黑色金属冶炼及压延加工业	1033.66	976.47	683.51	1407.03	1097.53	797.14
有色金属冶炼及压延加工业	485.53	475.13	324.03	586.40	488.90	406.13
金属制品业	1059.85	817.76	516.49	932.39	857.80	852.01
通用设备制造业	1719.55	1170.57	698.93	1535.90	1437.30	1250.87
专用设备制造业	950.68	594.28	383.10	826.08	764.91	716.94
交通运输设备制造业	3078.65	2638.91	1496.83	2914.35	2651.59	2554.29
电气机械及器材制造业	2339.00	1583.63	957.80	2216.00	2079.12	1618.57
通信设备、计算机及其他电子设备制造业	8004.98	5391.01	3323.64	8416.46	7710.78	4563.13
仪器仪表及文化、办公用机械制造业	700.06	419.22	256.57	553.94	531.21	553.08
工艺品及其他制造业	324.37	254.42	167.54	274.33	255.33	293.36
废弃资源和废旧材料回收加工业	32.34	9.90	7.00	35.94	35.20	11.42
电力、热力的生产和供应业	953.09	4886.91	2740.29	2369.10	1081.02	1926.22
燃气生产和供应业	82.28	139.93	105.19	166.90	118.61	83.39
水的生产和供应业	55.71	196.60	126.11	79.17	41.11	145.79

4.7.9　续表 2　　单位：亿元

行　　业	主营业务收　入	主营业务成　本	主营业务税金及附　加	利润总额	本年应交增值税	全部从业人员年平均人数（万人）
全国总计	**78564.46**	**67862.98**	**326.90**	**4140.81**	**1811.52**	**1899.64**
煤炭开采和洗选业	87.49	55.13	0.43	11.89	4.48	1.00
石油和天然气开采业	267.55	54.91	15.56	179.49	23.66	0.21
黑色金属矿采选业	20.33	17.23	0.07	1.99	0.65	0.44
有色金属矿采选业	57.86	41.41	0.25	8.38	1.58	1.34
非金属矿采选业	55.10	40.64	0.75	3.88	2.59	1.82
其他采矿业	5.51	4.02	0.02	0.93	0.29	0.11
农副食品加工业	3006.60	2697.02	7.04	114.92	45.16	53.75
食品制造业	1358.77	982.58	3.20	92.66	67.78	32.92
饮料制造业	1104.18	741.92	36.10	76.84	64.86	19.58
烟草制品业	8.82	5.35	0.07	1.68	1.07	0.41
纺织业	3116.89	2773.87	5.91	116.40	63.26	148.11
纺织服装、鞋、帽制造业	2221.19	1908.65	5.20	87.15	51.10	178.77
皮革、毛皮、羽毛(绒)及其制品业	1754.72	1562.24	4.38	61.72	37.20	146.01
木材加工及木、竹、藤、棕、草制品业	408.40	357.58	0.75	16.99	10.85	17.08
家具制造业	768.68	665.37	0.67	33.31	11.43	39.08
造纸及纸制品业	1440.43	1227.80	4.45	75.71	43.94	31.19
印刷业和记录媒介的复制	455.23	368.56	0.48	43.50	17.97	18.16
文教体育用品制造业	882.68	775.42	1.07	27.53	12.03	75.62
石油加工、炼焦及核燃料加工业	1252.57	1139.75	14.60	49.37	42.40	5.40
化学原料及化学制品制造业	4162.17	3231.17	19.27	343.59	155.59	42.38
医药制造业	967.03	576.67	3.55	103.23	67.77	22.62
化学纤维制造业	702.96	651.60	1.01	10.56	12.56	7.99
橡胶制品业	829.24	698.74	6.77	41.07	16.93	30.14
塑料制品业	2120.21	1851.12	3.63	91.32	40.17	82.11
非金属矿物制品业	1640.73	1372.48	4.06	91.68	59.21	57.56
黑色金属冶炼及压延加工业	2675.27	2477.66	2.13	101.44	64.03	19.43
有色金属冶炼及压延加工业	1176.40	1066.30	0.95	52.52	21.29	14.88
金属制品业	2359.27	2053.45	2.44	135.33	38.71	69.41
通用设备制造业	2900.76	2373.94	2.93	248.03	73.65	64.86
专用设备制造业	1526.71	1243.66	3.56	117.20	38.87	42.34
交通运输设备制造业	6739.60	5668.12	156.98	386.88	237.99	78.11
电气机械及器材制造业	5077.56	4352.08	4.99	255.39	92.80	153.16
通信设备、计算机及其他电子设备制造业	22423.20	20604.30	5.58	725.65	182.02	318.49
仪器仪表及文化、办公用机械制造业	1832.07	1605.12	0.93	92.57	25.66	45.56
工艺品及其他制造业	800.70	685.74	2.29	38.76	18.31	60.80
废弃资源和废旧材料回收加工业	97.66	92.76	0.05	1.36	0.79	0.92
电力、热力的生产和供应业	1996.83	1606.43	4.39	287.31	157.98	14.31
燃气生产和供应业	210.30	192.83	0.32	6.56	2.45	2.25
水的生产和供应业	52.77	39.36	0.07	5.98	2.44	1.30

4.7.10　按行业分全国规模以上“三资”工业企业主要经济效益指标

行　　业	工　业增加值率(%)	总资产贡献率(%)	资　产负债率(%)	流动资产周转次数(次/年)	工业成本费用利润率(%)	全员劳动生产率(元/人·年)	产　品销售率(%)
全国总计	**25.63**	**10.55**	**56.69**	**2.35**	**5.58**	**107748**	**98.12**
煤炭开采和洗选业	47.12	18.81	61.32	1.88	15.82	275565	133.88
石油和天然气开采业	92.80	119.42	16.29	10.28	295.55	21919974	98.35
黑色金属矿采选业	19.35	15.92	68.27	1.68	10.93	87886	96.94
有色金属矿采选业	33.52	12.13	61.85	1.71	17.05	112625	99.41
非金属矿采选业	31.66	15.41	50.03	2.92	7.85	100137	96.66
其他采矿业	27.89	27.96	31.53	3.91	20.17	134951	95.39
农副食品加工业	25.21	11.11	61.40	3.22	4.00	144066	98.38
食品制造业	33.51	14.35	51.70	2.29	7.36	140125	98.40
饮料制造业	38.24	16.96	53.72	2.30	7.82	206257	98.36
烟草制品业	53.62	19.04	41.32	1.18	23.71	90329	127.68
纺织业	26.12	7.34	53.47	2.11	3.89	56463	97.58
纺织服装、鞋、帽制造业	29.39	10.32	54.13	2.54	4.10	37652	97.73
皮革、毛皮、羽毛(绒)及其制品业	27.63	9.80	57.06	2.51	3.67	34580	97.93
木材加工及木、竹、藤、棕、草制品业	26.74	8.55	55.87	2.16	4.33	66829	97.11
家具制造业	26.64	8.30	58.07	2.20	4.54	53728	98.29
造纸及纸制品业	26.11	7.36	60.95	1.86	5.55	121763	97.03
印刷业和记录媒介的复制	31.95	11.41	45.96	1.52	10.56	82303	97.24
文教体育用品制造业	25.91	6.74	52.38	2.29	3.23	30859	98.16
石油加工、炼焦及核燃料加工业	18.73	15.23	53.04	3.75	4.13	440412	99.31
化学原料及化学制品制造业	28.66	14.22	53.02	2.38	9.00	283879	98.56
医药制造业	37.59	15.42	50.08	1.63	11.99	174115	92.65
化学纤维制造业	18.57	4.42	50.25	2.61	1.54	168692	97.54
橡胶制品业	28.43	8.56	54.82	2.01	5.24	80077	97.92
塑料制品业	25.61	7.00	52.44	1.92	4.52	67546	97.97
非金属矿物制品业	30.58	7.91	53.24	1.75	5.90	89527	97.23
黑色金属冶炼及压延加工业	21.21	8.80	63.84	2.59	3.93	300361	96.76
有色金属冶炼及压延加工业	22.04	8.63	59.08	2.42	4.68	178762	97.49
金属制品业	24.93	10.63	52.25	2.23	6.07	86022	98.78
通用设备制造业	28.65	12.12	55.11	1.69	9.31	128331	98.94
专用设备制造业	28.19	10.77	53.53	1.61	8.30	100437	97.79
交通运输设备制造业	25.66	14.68	53.04	2.19	6.19	221133	99.33
电气机械及器材制造业	25.77	9.77	57.79	2.17	5.29	88595	97.99
通信设备、计算机及其他电子设备制造业	20.06	7.52	64.84	2.80	3.34	143040	97.90
仪器仪表及文化、办公用机械制造业	23.58	10.96	50.04	2.62	5.33	95646	98.99
工艺品及其他制造业	29.34	11.12	48.32	2.47	5.11	39680	97.75
废弃资源和废旧材料回收加工业	16.58	5.57	75.88	3.02	1.42	174869	96.24
电力、热力的生产和供应业	43.59	12.11	54.73	2.10	16.55	576746	99.62
燃气生产和供应业	18.06	4.39	66.68	2.56	3.18	140086	101.10
水的生产和供应业	44.40	4.35	35.19	0.95	12.33	204182	96.71

4.7.11 按地区分全国规模以上“三资”工业企业主要经济指标

单位：亿元

地　区	企业单位数（个）	工业总产值	工业增加值	资产总计	流动资产合计	流动资产年平均余额	固定资产原价合计	固定资产净值年平均余额	负债合计
全国总计	**56387**	**79860.21**	**20468.29**	**64308.48**	**35303.97**	**33416.05**	**34266.83**	**21419.03**	**36459.37**
北　京	1319	3081.24	630.48	2302.56	1417.97	1287.13	1044.16	583.81	1300.95
天　津	1627	3319.23	773.42	2382.30	1518.92	1418.87	1106.47	648.23	1270.17
河　北	993	1715.29	510.97	1549.76	664.82	638.95	1023.39	677.60	882.76
山　西	119	232.97	80.65	354.88	137.09	133.27	264.08	178.92	218.87
内蒙古	131	330.46	119.88	799.34	210.72	209.39	487.98	282.63	490.52
辽　宁	2197	2328.23	647.51	2214.10	1165.29	1121.64	1303.53	779.26	1171.71
吉　林	265	902.86	261.57	614.85	257.16	283.24	440.61	232.28	317.18
黑龙江	202	364.35	122.89	434.62	189.41	181.41	321.65	206.50	279.55
上　海	5590	9788.71	2325.08	8401.40	4808.77	4634.21	4582.64	2636.00	4617.35
江　苏	7576	13263.86	3256.65	10409.61	5617.73	5149.99	5641.16	3869.78	6191.14
浙　江	6807	5644.38	1128.33	5098.38	2879.65	2698.96	2202.85	1540.94	2933.30
安　徽	496	743.81	233.62	677.90	339.07	325.02	388.09	243.86	373.67
福　建	4943	4753.23	1262.75	3719.82	2102.29	2022.81	1890.88	1234.12	1960.30
江　西	497	447.45	129.21	434.21	190.94	180.06	231.21	165.69	225.62
山　东	4684	5401.41	1625.15	3844.75	1769.67	1699.63	2249.50	1501.17	2108.39
河　南	435	610.91	166.07	618.64	307.26	306.89	427.67	249.15	395.49
湖　北	605	1373.30	452.17	1322.80	559.90	667.21	733.44	442.41	715.94
湖　南	410	385.43	132.15	412.20	164.30	164.37	262.96	174.35	227.37
广　东	15708	22875.53	5942.88	16004.54	9726.66	9086.29	8103.06	4769.34	9195.26
广　西	390	574.22	151.97	521.25	250.46	247.76	283.75	179.66	303.82
海　南	99	109.13	33.21	217.07	80.43	75.07	123.58	115.81	134.13
重　庆	183	470.15	119.27	519.13	234.90	210.52	333.15	178.43	303.54
四　川	485	487.99	153.71	582.87	302.29	279.35	286.67	193.62	348.34
贵　州	106	51.68	12.84	91.04	47.20	45.90	44.57	29.30	60.51
云　南	183	168.62	49.99	218.16	92.71	88.20	164.90	104.49	116.52
西　藏	1	2.16	1.26	4.67	1.07	1.07	3.54	3.36	0.06
陕　西	169	227.40	88.72	236.76	121.25	120.08	165.57	89.39	124.33
甘　肃	46	54.15	10.32	70.81	35.62	33.92	46.77	30.38	41.45
青　海	21	47.53	15.48	110.91	40.19	33.68	36.42	25.37	70.18
宁　夏	35	62.21	15.65	85.68	41.48	44.23	39.30	31.91	54.64
新　疆	65	42.32	14.44	53.47	28.75	26.93	33.28	21.27	26.31

4. 7. 11　续表　　　　单位：亿元

地　区	流动负债合　计	所有者权益合计	主营业务收　入	主营业务成　本	主营业务税金及附　加	利润总额	本年应交增值税	全部从业人员年平均人数（万人）
全国总计	**30842.49**	**27770.74**	**78564.44**	**67862.98**	**326.91**	**4140.81**	**1811.53**	**1899.64**
北　京	1106.19	1001.60	3053.44	2600.90	17.45	167.82	73.27	31.02
天　津	1190.26	1113.04	3485.21	2969.92	19.82	242.41	63.65	42.81
河　北	641.87	667.00	1675.24	1413.68	3.98	162.82	66.21	30.82
山　西	143.81	136.02	229.49	184.38	0.81	12.63	14.71	6.56
内蒙古	248.81	275.23	428.58	340.69	2.00	39.60	22.01	5.59
辽　宁	977.07	1042.39	2266.99	1964.30	16.11	92.58	51.62	52.93
吉　林	262.76	297.67	753.55	658.56	21.77	27.13	33.24	8.26
黑龙江	250.60	155.07	373.92	278.60	7.34	19.96	21.31	10.45
上　海	4008.60	3784.04	10114.16	8706.67	46.76	447.95	195.68	137.40
江　苏	5239.37	4218.47	13071.24	11639.98	17.71	589.66	217.65	245.21
浙　江	2521.63	2165.09	5631.83	4876.71	8.96	281.96	133.35	162.57
安　徽	298.43	304.23	698.85	576.36	5.35	39.27	24.51	15.81
福　建	1658.42	1759.53	4573.60	3973.09	12.73	250.35	93.10	170.75
江　西	156.56	182.81	434.76	364.91	3.42	22.26	13.66	17.58
山　东	1688.10	1716.43	5237.71	4496.59	25.69	349.90	146.50	148.59
河　南	326.27	223.15	566.98	480.46	3.86	22.14	20.56	14.89
湖　北	546.67	606.86	1359.35	1135.11	11.55	66.60	49.98	23.42
湖　南	164.38	184.83	362.15	285.03	3.77	22.92	13.28	12.00
广　东	8252.07	6809.28	22031.66	19138.03	76.21	1140.02	460.35	712.06
广　西	236.60	217.43	544.25	451.80	3.88	33.14	22.34	13.85
海　南	61.19	82.94	95.06	70.77	0.88	5.16	3.92	2.39
重　庆	228.86	215.59	470.26	382.84	7.94	32.30	23.75	7.06
四　川	280.14	234.53	466.31	372.31	3.69	28.08	17.13	11.65
贵　州	46.75	30.53	46.69	40.72	0.04	-4.95	1.77	2.40
云　南	73.39	101.64	167.38	133.37	0.68	14.21	8.97	3.65
西　藏	0.06	4.61	1.72	0.98		0.60	0.18	0.06
陕　西	103.43	112.43	201.02	143.97	2.51	18.45	11.44	4.90
甘　肃	26.92	29.35	54.10	48.61	0.76	0.16	2.43	1.21
青　海	49.31	40.74	60.67	44.84	0.32	6.87	1.53	1.41
宁　夏	31.01	31.05	67.97	57.31	0.48	4.53	1.43	1.32
新　疆	22.96	27.16	40.30	31.49	0.44	4.28	2.00	1.02

4.7.12　按地区分全国规模以上“三资”工业企业主要经济效益指标

地　区	工　业 增加值率 (%)	总资产 贡献率 (%)	资　产 负债率 (%)	流动资产 周转次数 (次/年)	成本费用 利润率 (%)	全员劳动 生产率 (元/人·年)	产　品 销售率 (%)
全国总计	**25.63**	**10.55**	**56.69**	**2.35**	**5.58**	**107748**	**98.12**
北　京	20.46	11.81	56.50	2.37	5.80	203279	96.77
天　津	23.30	14.33	53.32	2.46	7.48	180669	101.52
河　北	29.79	16.15	56.96	2.62	10.73	165802	98.25
山　西	34.62	9.46	61.67	1.72	5.90	122893	97.54
内蒙古	36.28	9.31	61.37	2.05	10.22	214310	99.60
辽　宁	27.81	8.19	52.92	2.02	4.27	122337	100.06
吉　林	28.97	14.64	51.59	2.66	3.80	316617	98.79
黑龙江	33.73	12.52	64.32	2.06	5.78	117549	94.40
上　海	23.75	8.82	54.96	2.18	4.63	169217	98.89
江　苏	24.55	8.79	59.48	2.54	4.71	132809	98.20
浙　江	19.99	9.41	57.53	2.09	5.25	69407	97.85
安　徽	31.41	11.44	55.12	2.15	5.97	147752	98.63
福　建	26.57	10.40	52.70	2.26	5.79	73954	97.33
江　西	28.88	9.90	51.96	2.41	5.48	73513	97.16
山　东	30.09	14.74	54.84	3.08	7.22	109369	98.18
河　南	27.18	8.94	63.93	1.85	4.09	111551	97.69
湖　北	32.93	10.63	54.12	2.04	5.23	193105	96.83
湖　南	34.29	10.79	55.16	2.20	7.07	110089	98.66
广　东	25.98	10.92	57.45	2.42	5.48	83460	97.52
广　西	26.47	12.57	58.29	2.20	6.62	109730	97.78
海　南	30.44	5.85	61.79	1.27	5.81	139127	97.66
重　庆	25.37	13.32	58.47	2.23	7.49	168944	99.83
四　川	31.50	9.51	59.76	1.67	6.50	131939	97.21
贵　州	24.86	-2.03	66.46	1.02	-9.75	53470	96.38
云　南	29.64	12.10	53.41	1.90	9.25	136856	97.96
西　藏	58.21	16.68	1.25	1.62	51.00	224775	88.15
陕　西	39.01	14.46	52.51	1.67	10.32	181017	96.23
甘　肃	19.06	5.69	58.55	1.59	0.30	85312	104.58
青　海	32.57	9.52	63.27	1.80	12.90	110004	99.34
宁　夏	25.16	8.72	63.76	1.54	7.14	118625	102.68
新　疆	34.12	13.41	49.21	1.50	11.68	141166	93.20

4.7.13　2000 年～2005 年全国规模以上私营和“三资”工业企业主要经济指标、增长率及比重

项目＼年份	2000	2001	2002	2003	2004	2005
指标总量　（亿元）						
工业总产值	28684.91	35981.80	45410.14	65338.04	101136.46	127638.43
工业增加值	7408.83	9302.52	11828.93	16978.41	23530.50	33323.83
资产总计	29587.89	34256.44	40273.38	53785.55	79326.59	94633.59
主营业务收入	27337.24	34004.51	43160.90	63341.40	98593.10	124365.89
主营业务税金及附加	174.67	203.24	247.54	369.79	554.04	679.12
利润总额	1472.16	1755.51	2367.45	3637.08	5305.71	6261.46
本年应交增值税	882.48	1118.92	1329.26	1778.25	2473.10	3148.15
比重　（%）						
工业总产值	33.48	37.70	40.99	45.92	50.14	50.73
工业增加值	29.17	32.84	35.85	40.43	42.93	46.16
资产总计	23.44	25.30	27.54	31.86	36.83	38.66
主营业务收入	32.49	36.28	39.42	44.24	49.57	50.04
主营业务税金及附加	12.18	13.08	14.05	18.05	21.18	22.66
利润总额	33.51	37.09	40.93	43.62	44.48	42.30
本年应交增值税	23.95	27.85	29.70	32.40	35.78	36.95
比上年增长　（%）						
工业总产值		25.44	26.20	43.88	54.79	26.20
工业增加值		25.56	27.16	43.53	38.59	41.62
资产总计		15.78	17.56	33.55	47.49	19.30
主营业务收入		24.39	26.93	46.76	55.65	26.14
主营业务税金及附加		16.36	21.80	49.39	49.83	22.58
利润总额		19.25	34.86	53.63	45.88	18.01
本年应交增值税		26.79	18.80	33.78	39.07	27.30

注：①本表各指标总量为规模以上私营和“三资”工业企业对应指标的加总。
②本表增长率均按当年价格计算。
③本表比重为规模以上私营和“三资”工业企业占当年全部国有及规模以上非国有工业企业的比重。

4.8 商贸流通服务业

4.8.1 全国限额以上批发业、零售业、住宿业和餐饮业基本情况

指　　标	法人企业（个）	产业活动单位（个）	从业人数（人）
全国总计	**67064**	**156254**	**8068191**
批发业合计	**26963**	**56157**	**2244131**
#私营企业	**10933**	**13620**	**399207**
私营独资企业	259	384	9706
私营合伙企业	130	160	3769
私营有限责任公司	10109	12559	369508
私营股份有限公司	435	517	16224
港、澳、台商投资企业	**308**	**376**	**27461**
合资经营企业	62	85	5617
合作经营企业	13	14	2032
独资经营企业	227	264	17024
投资股份有限公司	6	13	2788
外商投资企业	**708**	**956**	**82176**
中外合资经营企业	117	229	14026
中外合作经营企业	14	25	2155
外资企业	567	678	64085
外商投资股份有限公司	10	24	1910
零售业合计	**20735**	**73774**	**2950527**
#私营企业	**8377**	**16029**	**725041**
私营独资企业	641	875	43775
私营合伙企业	199	297	13824
私营有限责任公司	7036	13860	618431
私营股份有限公司	501	997	49011
港、澳、台商投资企业	**134**	**549**	**63603**
合资经营企业	72	400	50803
合作经营企业	25	29	5169
独资经营企业	33	108	4633
投资股份有限公司	4	12	2998
外商投资企业	**255**	**1552**	**151731**
中外合资经营企业	146	1141	90007
中外合作经营企业	50	159	30477
外资企业	55	244	30280
外商投资股份有限公司	4	8	967

4. 8. 1　续表

指　　标	法人企业（个）	产业活动单位（个）	从业人数（人）
住宿业合计	**9444**	**11228**	**1529270**
#私营企业	**2397**	**2840**	**272006**
私营独资企业	705	793	54636
私营合伙企业	142	163	10656
私营有限责任公司	1398	1704	187895
私营股份有限公司	152	180	18819
港、澳、台商投资企业	**462**	**530**	**149541**
合资经营企业	282	340	93548
合作经营企业	87	91	35694
独资经营企业	86	91	18426
投资股份有限公司	7	8	1873
外商投资企业	**389**	**433**	**109828**
中外合资经营企业	221	250	61047
中外合作经营企业	84	84	26848
外资企业	77	92	20731
外商投资股份有限公司	7	7	1202
餐饮业合计	**9922**	**15095**	**1344263**
#私营企业	**5893**	**7219**	**606772**
私营独资企业	1582	1777	120259
私营合伙企业	365	399	33203
私营有限责任公司	3605	4651	420065
私营股份有限公司	341	392	33245
港、澳、台商投资企业	**365**	**748**	**87570**
合资经营企业	152	369	37711
合作经营企业	59	75	11325
独资经营企业	151	299	37867
投资股份有限公司	3	5	667
外商投资企业	**458**	**2583**	**241591**
中外合资经营企业	177	859	72832
中外合作经营企业	89	329	29143
外资企业	180	1352	136849
外商投资股份有限公司	12	43	2767

注：批发业限额以上是指年末从业人员 20 人及以上，年销售额 2000 万元及以上；零售业限额以上是指年末从业人员 60 人及以上，年销售额 500 万元及以上；住宿业限额以上是指星级宾馆或饭店；餐饮业限额以上是指年末从业人员 40 人及以上，年营业额 200 万元及以上（以下各表同）。

4.8.2　全国限额以上私营、港澳台商投资、外商投资批发、零售、餐饮企业的资产及负债

单位：亿元

指　　标	资产总计	#流动资产	#固定资产	负债合计	所有者权益合计
全国总计	**36532.0**	**26098.7**	**4745.6**	**26342.2**	**10189.2**
批发企业合计	**28105.8**	**20985.0**	**2658.5**	**20199.5**	**7906.9**
#私营企业	**4448.7**	**3781.2**	**252.8**	**3444.2**	**1004.5**
私营独资企业	77.3	60.4	8.2	61.2	16.1
私营合伙企业	23.0	20.3	1.7	18.5	4.5
私营有限责任公司	4218.3	3583.9	233.5	3273.4	945.0
私营股份有限公司	130.1	116.5	9.5	91.1	38.9
港、澳、台商投资企业	**328.3**	**295.5**	**8.5**	**256.9**	**71.5**
合资经营企业	50.9	43.8	2.1	38.6	12.3
合作经营企业	15.4	15.0	0.2	10.8	4.6
独资经营企业	235.8	221.3	5.0	193.4	42.4
投资股份有限公司	26.2	15.4	1.2	14.1	12.2
外商投资企业	**1883.1**	**1463.5**	**69.5**	**1283.5**	**599.6**
中外合资经营企业	293.0	241.2	24.0	216.4	76.6
中外合作经营企业	79.6	75.8	1.2	79.1	0.5
外资企业	1498.1	1142.7	42.8	979.1	519.0
外商投资股份有限公司	12.3	3.9	1.6	8.9	3.4
零售企业合计	**8426.2**	**5113.7**	**2087.1**	**6142.7**	**2282.3**
#私营企业	**1857.6**	**1364.2**	**289.6**	**1403.9**	**453.7**
私营独资企业	68.6	47.3	13.9	46.0	22.6
私营合伙企业	32.0	20.0	9.7	20.1	11.9
私营有限责任公司	1639.7	1221.7	247.7	1257.4	382.3
私营股份有限公司	117.2	75.1	18.2	80.3	36.8

4.8.2　续表　　　　单位：亿元

指　　标	资产总计			负债合计	所有者权益合计
		#流动资产	#固定资产		
港、澳、台商投资企业	**268.3**	**162.0**	**66.1**	**188.5**	**79.7**
合资经营企业	220.7	125.0	59.4	152.8	67.9
合作经营企业	23.3	17.7	2.7	14.7	8.5
独资经营企业	22.8	18.3	3.7	20.2	2.6
投资股份有限公司	1.6	1.1	0.3	0.8	0.7
外商投资企业	**521.0**	**319.0**	**144.0**	**399.7**	**121.4**
中外合资经营企业	301.0	172.0	85.7	212.9	88.1
中外合作经营企业	128.1	90.9	26.9	112.7	15.4
外资企业	91.2	55.8	31.2	73.7	17.5
外商投资股份有限公司	0.7	0.4	0.3	0.3	0.3
餐饮企业合计	**1111.0**	**405.3**	**485.2**	**735.6**	**375.4**
#私营企业	**431.2**	**189.3**	**157.9**	**295.5**	**135.7**
私营独资企业	72.4	28.0	36.1	37.9	34.5
私营合伙企业	14.2	6.9	5.6	8.9	5.3
私营有限责任公司	321.5	145.3	106.4	233.4	88.2
私营股份有限公司	23.0	9.2	9.7	15.3	7.7
港、澳、台商投资企业	**96.7**	**34.2**	**42.3**	**73.3**	**23.4**
合资经营企业	48.8	14.7	23.4	35.8	13.0
合作经营企业	17.8	8.4	6.8	16.0	1.8
独资经营企业	30.0	10.3	12.1	21.3	8.6
投资股份有限公司	0.2	0.8		0.1	
外商投资企业	**148.8**	**41.6**	**76.7**	**91.5**	**57.4**
中外合资经营企业	56.7	15.0	25.2	36.3	20.3
中外合作经营企业	28.4	10.1	12.8	17.0	11.5
外资企业	61.1	15.8	37.8	36.4	24.7
外商投资股份有限公司	2.6	0.7	0.9	1.8	0.8

4.8.3 全国限额以上私营、港澳台商投资、外商投资批发、零售、餐饮企业的主要财务指标

单位：亿元

指　　标	主营业务收　入	主营业务成　本	主营业务税金及附加	主营业务利　润
全国总计	**84091.4**	**76145.1**	**191.9**	**6077.3**
批发企业合计	**67701.3**	**62047.9**	**80.2**	**4231.3**
#私营企业	**11676.1**	**11021.6**	**13.5**	**492.3**
私营独资企业	191.9	176.4	1.6	8.7
私营合伙企业	77.0	73.3	0.1	3.1
私营有限责任公司	11037.0	10420.4	11.4	464.2
私营股份有限公司	370.3	351.5	0.5	16.3
港、澳、台商投资企业	**868.6**	**786.4**	**0.3**	**65.8**
合资经营企业	161.3	142.0	0.1	16.8
合作经营企业	43.0	37.3		3.7
独资经营企业	646.2	594.8	0.2	40.6
投资股份有限公司	18.2	12.2		4.7
外商投资企业	**4615.7**	**3732.8**	**4.6**	**566.3**
中外合资经营企业	1067.1	735.6	1.5	79.5
中外合作经营企业	459.6	453.5		6.0
外资企业	3081.8	2537.3	3.1	480.2
外商投资股份有限公司	7.1	6.4		0.7
零售企业合计	**15190.9**	**13497.4**	**47.4**	**1360.0**
#私营企业	**3907.5**	**3518.4**	**12.1**	**274.8**
私营独资企业	136.7	122.7	0.7	11.5
私营合伙企业	55.9	50.0	0.3	5.3
私营有限责任公司	3491.6	3139.1	10.4	244.6
私营股份有限公司	223.3	206.6	0.7	13.5

4.8.3 续表

单位：亿元

指　　标	主营业务收　入	主营业务成　本	主营业务税金及附加	主营业务利　润
港、澳、台商投资企业	**462.5**	**385.1**	**1.0**	**58.6**
合资经营企业	347.5	282.1	0.9	49.6
合作经营企业	60.2	52.1	0.1	7.0
独资经营企业	53.3	49.6		1.9
投资股份有限公司	1.4	1.2		0.2
外商投资企业	**1045.8**	**896.9**	**1.0**	**129.9**
中外合资经营企业	554.9	475.5	0.6	74.3
中外合作经营企业	338.2	291.1	0.3	34.9
外资企业	151.9	129.6	0.1	20.5
外商投资股份有限公司	0.8	0.7		0.1
餐饮企业合计	**1199.3**	**599.8**	**64.3**	**486.0**
#私营企业	**547.4**	**302.7**	**30.9**	**190.8**
私营独资企业	99.6	59.7	5.6	29.3
私营合伙企业	25.4	14.5	1.5	8.3
私营有限责任公司	392.3	211.0	22.2	143.6
私营股份有限公司	30.1	17.5	1.6	9.7
港、澳、台商投资企业	**96.7**	**41.7**	**5.0**	**46.7**
合资经营企业	46.2	19.1	2.4	24.2
合作经营企业	14.6	6.0	0.7	7.7
独资经营企业	35.6	16.4	1.9	14.7
投资股份有限公司	0.3	0.2		0.1
外商投资企业	**233.6**	**90.5**	**11.4**	**124.2**
中外合资经营企业	80.5	32.5	4.0	43.6
中外合作经营企业	38.7	14.8	1.9	21.7
外资企业	113.2	42.7	5.4	58.4
外商投资股份有限公司	1.2	0.5	0.1	0.6

4.8.4　全国限额以上私营、港澳台商投资和外商投资批发、零售、餐饮企业的主要经济指标及比重

单位：亿元

指　　标	批发零售餐饮合计		批发企业		零售企业		餐饮企业	
	绝对数	比重(%)	绝对数	比重(%)	绝对数	比重(%)	绝对数	比重(%)
资产总计	9983.7	26.5	6660.1	23.7	2646.9	31.4	676.7	60.9
#流动资产	7650.4	28.9	5540.1	26.4	1845.2	36.1	265.1	65.4
固定资产	1107.4	21.2	330.8	12.4	499.7	23.9	276.9	57.1
主营业务收入	23453.9	27.9	17160.4	25.3	5415.8	35.7	877.7	73.2
主营业务税金及附加	79.9	41.6	18.5	23.0	14.1	29.7	47.4	73.6
主营业务利润	1949.4	32.1	1124.3	26.6	463.3	34.1	361.8	74.4

注：①本表各指标绝对数为限额以上私营、港澳台和外商投资相应企业对应指标的加总。
　　②本表比重为各行业限额以上私营、港澳台和外商投资企业占该行业全国限额以上企业的比重。

4.8.5　全国限额以上私营、港澳台商投资、外商投资连锁零售企业基本情况

类目 / 登记注册类型　年份	门店总数（个）		营业面积（万平方米）		从业人员（万人）		销售总额（亿元）		#零售额	
	2004	2005	2004	2005	2004	2005	2004	2005	2004	2005
全国总计	**77631**	**90476**	**7202.6**	**8202.7**	**128.2**	**148.8**	**8393.6**	**10668.4**	**6163.1**	**7810.3**
#私营企业	**9843**	**11398**	**528.8**	**636.9**	**19.1**	**22.7**	**761.2**	**893.8**	**709.5**	**821.7**
私营独资企业	724	745	16.5	17.7	0.8	0.8	8.6	9.3	4.8	5.1
私营合伙企业	121	179	9.5	13.2	0.2	0.3	6.0	12.6	5.9	12.6
私营有限责任公司	8849	10314	482.3	584.3	17.6	21.0	733.2	858.0	685.4	790.3
私营股份有限公司	149	160	20.4	21.7	0.5	0.6	13.4	13.9	13.4	13.8
港、澳、台商投资企业	**1272**	**1492**	**189.1**	**233.1**	**3.8**	**5.0**	**256.9**	**310.3**	**251.8**	**293.0**
合资经营企业	1205	1406	187.8	230.6	3.7	4.8	245.3	289.6	244.7	288.7
合作经营企业	17	26	0.6	1.8		0.1	4.8	18.9	0.6	2.8
独资经营企业	45	55	0.7	0.7	0.1	0.1	6.4	1.5	6.4	1.5
投资股份有限公司	5	5					0.3	0.3	0.1	0.1
外商投资企业	**2569**	**3761**	**370.0**	**480.7**	**13.0**	**16.1**	**795.2**	**1058.6**	**681.6**	**901.3**
中外合资经营企业	1952	2399	218.5	280.0	7.4	9.1	374.3	502.2	352.7	467.2
中外合作经营企业	465	1203	138.1	183.2	5.1	6.5	398.4	525.2	307.9	404.5
外资企业	152	159	13.3	17.5	0.5	0.5	22.4	31.2	21.0	29.6
外商投资股份有限公司										

4.8.6　全国限额以上私营、港澳台商投资、外商投资连锁餐饮企业基本情况

类目 登记注册类型　年份	门店总数（个）		营业面积（万平方米）		从业人员（万人）		餐位数（万个）		餐费收入（亿元）	
	2004	2005	2004	2005	2004	2005	2004	2005	2004	2005
全国总计	**7578**	**8514**	**352.6**	**390.8**	**37.9**	**42.6**	**180.1**	**200.4**	**345.3**	**385.3**
# 私营企业	**2326**	**2548**	**106.8**	**115.4**	**7.5**	**8.3**	**24.8**	**27.0**	**50.4**	**54.2**
私营独资企业	342	392	18.5	18.7	1.3	1.3	5.8	6.3	7.7	7.5
私营合伙企业	41	52	4.3	5.1	0.3	0.2	0.8	1.0		2.1
私营有限责任公司	1870	1949	79.8	85.6	5.5	6.1	17.3	18.4	38.7	40.5
私营股份有限公司	73	155	4.2	6.0	0.3	0.6	0.8	1.2	2.0	4.1
港、澳、台商投资企业	**491**	**574**	**21.1**	**24.9**	**5.6**	**5.8**	**7.6**	**8.9**	**33.1**	**34.9**
合资经营企业	256	315	13.2	16.0	1.6	1.7	4.7	5.8	18.0	19.2
合作经营企业	39	47	2.6	3.0	0.2	0.2	0.7	0.9	3.6	3.6
独资经营企业	196	212	5.2	5.9	3.8	3.8	2.1	2.3	11.5	12.1
投资股份有限公司										
外商投资企业	**1976**	**2452**	**76.8**	**92.3**	**11.8**	**14.2**	**29.3**	**35.4**	**147.5**	**165.9**
中外合资经营企业	687	816	27.7	32.7	4.4	5.0	11.2	13.1	58.2	64.9
中外合作经营企业	411	520	13.2	16.3	2.5	3.2	4.9	5.9	28.0	34.7
外资企业	878	1116	35.8	43.3	4.9	5.9	13.3	16.3	61.4	66.4
外商投资股份有限公司										

4.8.7　全国限额以上私营、港澳台商投资、外商投资连锁住宿企业基本情况

类目 登记注册类型 年份	门店总数（个）		营业面积（万平方米）		从业人员（万人）		床位数（个）		客房收入（亿元）	
	2004	2005	2004	2005	2004	2005	2004	2005	2004	2005
全国总计	**69**	**84**	**46.9**	**68.8**	**0.7**	**0.9**	**11115**	**14733**	**4.2**	**5.7**
#私营企业	**9**	**9**	**1.6**	**1.6**			**953**	**953**	**0.1**	**0.1**
私营独资企业	2	2	0.2	0.2			205	205		
私营合伙企业										
私营有限责任公司	7	7	1.4	1.4			748	748	0.1	0.1
私营股份有限公司										
港、澳、台商投资企业	**7**	**15**	**2.9**	**7.4**		**0.1**	**1170**	**2817**	**0.3**	**1.1**
合资经营企业	7	15	2.9	7.4		0.1	1170	2817	0.3	1.1
合作经营企业										
独资经营企业										
投资股份有限公司										
外商投资企业	**1**	**1**	**4.8**	**4.8**	**0.1**	**0.1**	**583**	**583**	**1.1**	**1.3**
中外合资经营企业										
中外合作经营企业										
外资企业	1	1	4.8	4.8	0.1	0.1	583	583	1.1	1.3
外商投资股份有限公司										

主要统计指标解释

从业人员　指在16周岁及以上，从事一定社会劳动并取得劳动报酬或经营收入的人员。这一指标反映了一定时期内全部劳动力资源的实际利用情况，是研究我国基本国情国力的重要指标。

城镇私营和个体从业人员　城镇私营就业人员指在工商管理部门注册登记，其经营地址设在县城关镇（含县城关镇）以上的私营企业就业人员，包括私营企业投资者和雇工。城镇个体就业人员指在工商管理部门注册登记，并持有城镇户口或在城镇长期居住，经批准从事个体工商经营的就业人员，包括个体经营者和在个体工商户劳动的家庭帮工和雇工。

注册资本　公司在登记机关登记注册的资本额，也叫法定资本。

注册资金　国家授予企业法人经营管理的财产或者企业法人自有财产的数额体现。

固定资产投资　是以货币形式表现的在一定时期内建造和购置固定资产的工作量以及与此有关的费用的总称。该指标是反映固定资产投资规模、结构和发展速度的综合性指标，又是观察工程进度和考核投资效果的重要依据。

城镇固定资产投资　指城镇企业、事业、行政单位及个体户进行的计划总投资（或实际需要总投资）50万元及50万元以上的建设项目投资、房地产开发投资、城镇和工矿区私人建房投资。县城及以上区域内发生的投资，县及县以上各级政府及主管部门直接领导、管理的建设项目和企业事业单位的投资均为城镇固定资产投资。

农村投资　包括在农村区域范围内进行固定资产投资活动的企业、事业、行政单位及农村个人投资。

工业　指从事自然资源的开采，对采掘品和农产品进行加工和再加工的物质生产部门。具体包括：（1）对自然资源的开采，如采矿、晒盐等（但不包括禽兽捕猎和水产捕捞）；（2）对农副产品的加工、再加工，如粮油加工、食品加工、缫丝、纺织、制革等；（3）对采掘品的加工、再加工，如炼铁、炼钢、化工生产、石油加工、机器制造、木材加工等，以及电力、自来水、煤气的生产和供应等；（4）对工业品的修理、翻新，如机器设备的修理、交通运输工具（如汽车）的修理等。

工业统计调查单位为独立核算法人工业企业。

独立核算法人工业企业指从事工业生产经营活动的单位。独立核算法人工业企业应同时具备以下条件：（1）依法成立，有自己的名称、组织机构和场所，能够承担民事责任；（2）独立拥有和使用资产，承担负债，有权与其他单位签订合同；（3）独立核算盈亏，并能够编制资产负债表。

工业总产值

（1）定义：工业总产值是以货币形式表现的，工业企业在一定时期内生产的工业最终产品或提供工业性劳务活动的总价值量。它反映一定时间内工业生产的总规模和总水平。

（2）计算原则：工业生产的原则，即凡是企业在报告期生产的经检验合格的产品，不管是否在报告期销售，均包括在内。

最终产品的原则，即凡是计入工业总产值的产品，必须是本企业生产的经检验合格的，不需要再进行任何加工的最终产品。如果企业有中间产品（半成品）对外销售，则对外销售的中间产品应视为企业的最终产品。

工厂法原则，即工业总产值是以工业企业作为基本计算（核算）单位，即按企业的最终产品计算工业总产值。按这种方法计算的工业总产值，不允许同一产品价值在企业内部重复计算，不能把企业内部各个车间（分厂）生产的成果相加，但允许企业间的重复计算。

（3）内容及计算方法：1995 年，全国工业普查对工业总产值（原规定）的内容及计算原则和方法做了某些修订，修订后的工业总产值（新规定）包括三项内容：即本期生产成品价值、对外加工费收入、在制品半成品期末期初差额价值三部分。

本期生产成品价值：指企业本期生产，并在报告期内不再进行加工，经检验、包装入库的全部工业成品（半成品）价值合计，包括企业生产的自制设备及提供给本企业在建工程、其他非工业部门和福利部门等单位使用的成品价值。本期生产成品价值为按自备原材料生产的产品的数量乘以本期不含增值税（销项税额）的产品实际销售平均单价计算；会计核算中按成本价格转账的自制设备和自产自用的成品，按成本价格计算生产成品价值。生产成品价值中不包括用订货者来料加工的成品（半成品）价值。

对外加工费收入：指企业在报告期内完成的对外承接的工业品加工（包括用订货者来料加工产品）的加工费收入和对外工业修理作业所取得的加工费收入。对外加工费收入按不含增值税（销项税额）的价格计算，可根据会计“产品销售收入”科目的有关资料取得。

对于本企业对内非工业部门提供的加工修理、设备安装的劳务收入，如果企业会计核算基础较好，能取得这部分资料，而且这部分价值所占比重较大，应包括在对外加工费收入中。

自制半成品期末期初差额价值：指企业报告期在制品期末减期初的差额价值，本指标一般可以从会计核算资料中取得。如果会计产品成本核算中不计算半成品、在制品的成本，则总产值中也不包括这部分价值，反之则包括。

（4）工业总产值统计范围变化和计算方法修订情况：1984 年以前工业总产值不包括村办工业，村办工业总产值划归农业。1984 年以后工业总产值包括村办工业。1995 年，工业普查对工业总产值计算方法做了修订，即从 1995 年始按新修订（新规定）方法计算工业总产值。

新规定与原规定的区别如下：

全价与加工费的计算原则不同，新规定为凡自备原材料，不论其生产繁简程度如何，一律按全价计算工业总产值；凡来料加工，允许按加工费计算工业总产值。原规定则视生产加工的繁简程度不同，规定哪些行业按全价，哪些行业按加工费计算工业总产值。

自制半成品在产品期末期初差额价值的计算原则不同，新规定要求，凡会计产品成本核算时计算了成本的差额价值，总产值中就应包括，否则可不包括；原规定则按生产周期六个月的界限区分，凡生产周期六个月以上的企业，总产值计算中应包括这部分差额价值，否则可不包括。

计算价格不同，新规定按不含增值税（销项税额）的价格计算；原规定则按含增值税（销项税额）的价格计算。

工业增加值　指工业企业在报告期内以货币表现的工业生产活动的最终成果。

工业增加值有两种计算方法：一是生产法，即工业总产出减去工业中间投入加上应交增值税；二是收入法，即从收入的角度出发，根据生产要素在生产过程中应得到的收入份额计算，具体构成项目有固定资产折旧、劳动者报酬、生产税净额、营业盈余，这种方法也称要素分配法。本年鉴中的工业增加值是以生产法计算的。

生产法工业增加值的计算方法为：

$$工业增加值 = 工业总产出 - 工业中间投入 + 应交增值税$$

（1）工业总产出：指工业企业在一定时期内工业生产活动的总成果。工业总产出包括：成品生产价值、对外加工费收入、自制半成品在产品期末期初差额价值。1995 年后用新规定计算的工业总产值代替。

（2）工业中间投入：指工业企业在工业生产活动中消耗的外购物质产品和对外支付的服务费用。服务费用包括支付给物质生产部门（工业、农业、批发零售贸易业、建筑业、运输邮电业）的服务费用和支付给非物质生产部门（如保险、金融、文化教育、科学研究、医疗卫生、行政管理等）的服务费用。工业中间投入的确定须遵循以下原则：必须从外部购入的，并已计入工业总产出的产品和服务价值；必须是本期投入生产，并一次性消耗掉（包括本期摊销的低值易耗品等）的产品和服务价值。

工业中间投入包括直接材料费用、制造费用中的工业中间投入、管理费用中的工业中间投入、销售费用中的工业中间投入和利息支出五部分。

资产总计　指企业拥有或控制的能以货币计量的经济资源，包括各种财产、债权和其他权利。资产按流动性分为流动资产、长期投资、固定资产、无形资产、递延资产和其他资产。该指标根据企业会计“资产负债表”中“资产总计”项目的期末数增列。

流动资产　指企业可以在一年内或者超过一年的一个生产周期内变现或者耗用的资产，包括现金及各种存款、短期投资、应收及预付款项、存货等。

流动资产平均余额　指企业在报告期内全部流动资产的平均余额。

固定资产原价　指企业在建造、购置、安装、改建、扩建、技术改造某项固定资产时所支出的全部货币总额。它一般包括买价、包装费、运杂费和安装费等。

固定资产净值年平均余额　指固定资产净值在报告期内余额的平均数。计算公式为：

$$固定资产净值年平均余额 = \frac{1月 \sim 12月各月月初、月末固定资产净值之和}{24}$$

该指标根据“资产负债表”中“固定资产原价”、“累计折旧”指标的期初、期末数计算填列。

固定资产净值指固定资产原价减去历年已提折旧额后的净额。计算公式为：

$$固定资产净值 = 固定资产原价 - 累计折旧$$

负债合计　指企业所承担的能以货币计量，将以资产或劳务偿付的债务，偿还形式包括货币、资产或提供劳务。负债一般按偿还期长短分为流动负债和长期负债。根据会计“资产负债表”中“负债合计”的年末数填列。

所有者权益　指企业投资人对企业净资产的所有权。企业净资产等于企业全部资产减去全部负债后的余额，包括企业投资人对企业的最初投入的实际到位的资产及资本公积金、盈余公积金和未分配利润。所有者权益合计数小于零，表示企业资不抵债。

主营业务收入　指会计“利润表”中对应指标的本年累计数。未执行2001年《企业会计制度》的企业，用“产品销售收入”的本期累计数代替。

主营业务成本　指会计“利润表”中对应指标的本年累计数。未执行2001年《企业会计制度》的企业，用“产品销售成本”的本期累计数代替。

主营业务税金及附加　指会计“利润表”中对应指标的本年累计数。未执行2001年《企业会计制度》的企业，用“产品销售税金及附加”的本期累计数代替。

利润总额　指企业生产经营活动的最终成果，是企业在一定时期内实现的盈亏相抵后的利润总额（亏损以“-”号表示），它等于营业利润加上补贴收入加上投资收益加上营业外净收入再加上以前年度损益调整。

本年应交增值税　指企业在报告期内应交纳的增值税额。它等于本年销项税额加上出口退税加上进项税额转出数减去本年进项税额。小规模纳税企业直接按全年计税销售额乘以征收率计算取得。

从业人员平均人数　是指报告期内每天拥有的从业人员人数。其计算公式为：

$$季平均人数=\frac{季内各月平均人数之和}{3}$$

$$月平均人数=\frac{报告月内每天实有人数之和}{报告月日历日数}$$

$$年平均人数=\frac{年内各月平均人数之和}{12}$$

总资产贡献率　反映企业全部资产的获利能力，是企业经营业绩和管理水平的集中体现，是评价和考核企业盈利能力的核心指标。计算公式为：

$$总资产贡献率（\%）=\frac{利润总额+税金总额+利息支出}{平均资金总额}\times 100\%$$

公式中：税金总额为产品销售税金及附加与应交增值税之和；平均资产总额为期初期末资产之和的算术平均值。

资产负债率　该指标既反映企业经营风险的大小，也反映企业利用债权人提供的资金从事经营活动的能力。计算公式为：

$$资产负债率（\%）=\frac{负债总额}{资产总额}\times 100\%$$

资产与负债均为报告期期末数。

流动资产周转次数 指一定时期内流动资产完成的周转次数，反映投入工业企业流动资金的周转速度。计算公式为：

$$流动资产周转次数=\frac{产品销售收入}{全部流动资产平均余额}$$

公式中：全部流动资产平均余额为期初和期末的流动资产之和的算术平均值。

成本费用利润率 反映企业投入的生产成本及费用的经济效益，同时也反映企业降低成本所取得的经济效益。计算公式为：

$$成本费用利润（\%）=\frac{利润总额}{成本费用总额}\times 100\%$$

公式中：成本费用总额为产品销售成本、销售费用、管理费用、财务费用之和。

全员劳动生产率 该指标反映企业的生产效率和劳动投入的经济效益。计算公式为：

$$全员劳动生产率（元/人）=\frac{工业增加值}{全部从业人员平均人数}$$

产品销售率 该指标反映工业产品已实现销售的程度，是分析工业产销衔接情况，研究工业产品满足社会需求的指标。计算公式为：

$$产品销售率（\%）=\frac{工业销售产值}{工业总产值（现价）}\times 100\%$$

商品销售总额 指对本企业（单位）以外的单位和个人出售（包括对境外直接出口）的商品总额。它反映批发零售贸易业在国内市场上销售商品以及出口商品的总量。商品销售总额包括：（1）售给城乡居民和社会集团消费用的商品；（2）售给工业、农业、建筑业、运输邮电业、批发零售贸易业、餐饮业、服务业等作为生产、经营使用的商品；（3）售给批发零售贸易业作为转卖或加工后转卖的商品；（4）对国（境）外直接出口的商品。不包括出售本企业（单位）自用的废旧包装用品、未通过买卖行为付出的商品，经本单位介绍，由买卖双方直接结算，本单位只收取手续费的业务、购货退出的商品以及商品损耗和损失等。

连锁企业（或称连锁店、连锁公司） 指在核心企业或总店的领导下，由分散的、经营同类商品或服务的企业或活动单位，采取共同方针，实行集中采购和分散销售的有机结合，通过规范化经营，实现规模效益的经济联合组织形式。一般连锁店应由若干个分店组成。其经营特征：（1）经营同类商品；（2）使用统一商号；（3）统一采购配送，采购与销售相分离（部分商品可根据物流合理和保质保鲜原则，由供应商直接送货到门店，其余均由总部统一配送）。

连锁门店包括下列三种形式：

直营连锁：也叫正规连锁。连锁门店均由总部独资或控股开设，在总部的直接领导下统一经营。总部采取纵深式的管理方式，直接掌管所有的零售门店，零售门店也必须完全接受总部指挥。

它是大型垄断商业资本通过吞并、兼并或独资、控股等途径，发展壮大自身实力和规模的一种形式。

特许连锁：各连锁门店（被特许人）通过合同形式，取得使用总部（特许人）商标、商号、经营技术和销售总部开发的商品的特许权，各加盟连锁门店为独立法人，在总部指导下统一经营。

自由连锁：也称自愿连锁。连锁公司的门店均为独立法人，各自的资产所有权关系不变，在公司总部的指导下共同经营。各成员店使用共同的店名，与总部订阅有关购、销、宣传等方面的合同，并按合同开展经营活动。在合同规定的范围之外，各成员店可以自由活动。根据自愿原则，各成员店可自由加入连锁体系，也可自由退出。

特许连锁加上自由连锁等于加盟连锁。

扬帆计划
http://yangfan.org.cn

摄影：汪延

首批扬帆计划受益地区之一：贵州省黔西县

帮助贫困山区的优秀少年放飞理想！

扬帆计划 - 以冬/夏令营形式，带领山区优秀中学生走出大山，走进大学校园

扬帆计划 - 激发学生们为家乡脱离贫困而努力奋斗的使命感

扬帆计划 - 帮助学生们增长见识，开拓视野，为他们实现梦想打开新的思路

扬帆计划 - 致力于培养一批改变中国未来农村命运的关键人物

扬帆计划 - 由民建中央委员汪延(新浪网创建人、副董事长)发起和管理

扬帆计划 - 期待企业家的支持与加盟，请查看：**http://yangfan.org.cn** 邮件咨询：**yangfanjihua@sina.com**

扬帆计划为民建中央“思源扶贫工程”重要子项目

设计赞助：北京麦禾广告设计有限公司

Timi

天明愿景：百年

天明20年目标：2013年

天明原则：天明

天明心态：沉潜

天明文化：责任
责任
诚信

g 天明

明 基业常青

争进入中国上市公司100强

一定是明星 但要做恒星

忍 宁静致远

信 骨子里的天明

根于天明人的细胞中

入天明人的血脉中

用爱感动世界！用心创造天明！

开 放 天 明 ！民 主 天 明 ！

同一个天明！同一个梦想！

制度天明！和谐天明！

天明集团创办人 姜明

主要任职

十届全国人大代表
全国青联常委
中央直属机关青联常委
中央国家机关青联常委
中国企业家常务理事
中国青年企业家协会常务理事
中国青年志愿者协会常务理事
各地在沪青年企业家联谊会副会长
北京市青联常委
中欧国际工商学院北京学友会首任主席
八届河南省政协常委
河南省工商联副会长
河南省青联副主席
河南海外联谊会副会长
中国国际商会河南商会副会长
河南省民营经济发展促进会副会长
河南省广告协会副会长
河南省直中青年专家协会副主席
河南省人民检察院人民监督员
河南大学兼职教授

天明集团 控股企业

北京天明国际投资
天明地产有限公司
天明置业有限公司
美中置业有限公司
嘉润置业有限公司
香港亿达国际投资
河南天明广告公司
郑州天明公交广告
洛阳天明公交广告
焦作天明公交广告

天明集团 主要荣誉

- 2006年11月姜明董事长被中央五部委评为“优秀中国特色社会主义事业建设者”
- 2006年天明荣获“2005-2006年度河南省最具影响力品牌奖”
- 2005年12月姜明董事长被评为“河南省优秀中国特色社会主义事业建设者”
- 2005年12月天明被评为“2005年度河南最佳雇主企业”
- 2005年天明地产第一个楼盘“BOHO·天明园”获“十大中国社区创新范例奖”
- 2005年天明广告成为河南省唯一的“中国一级广告企业”
- 2005年天明被河南省银行业协会评为“最佳信用民营企业”
- 2004年天明连续荣获团中央“全国青年文明号”称号
- 2004年姜明董事长被评为“河南省劳动模范”
- 2001年姜明董事长荣获“世界优秀青年企业家大奖”，是获此殊荣的第一位中国人
- 2000年姜明董事长荣获“中国十大杰出青年”提名奖
- 1998年至今天明被河南省工商行政管理局评为“重合同 讲信誉”单位
- 1998年至今天明被金融机构评为“AAA级信誉单位”
- 1997年至今天明连续四届8年被国家工商行政管理局评为“全国广告行业文明单位”
- 1995年至今天明广告连续被河南省工商局评为“河南省十佳广告公司”榜首
- 1995年姜明董事长当选“河南省十大杰出青年”

天明集团 主要公益

- 2006年捐资2万元支持河南民建扶持信阳新县教育事业
- 2006年捐资6万元支持雁鸣湖景区开发建设
- 2006年捐资6万元支持河南省“青年专家助百村，远程教育进家门”活动
- 2005年捐资10万元支持国家行政学院教学
- 2004年捐资50万元支持首届世界传统少林武术节
- 2004年捐资2万元赞助东南亚海啸灾区灾民
- 2004年捐资280万元的20000份《河南商报》
- 2003年捐资15万元为“全民抗非典”发布公益广告
- 2003年捐资10万元为黄河抗洪官兵提供衣物
- 2002年捐资80万元组织80多位经营资产达6千亿元的企业家到河南考察,受到李克强省长的亲切接见
- 2002年捐资12.1万元为贵州省遵义市建造饮水工程
- 2001年捐资10万元支持固始高中教育
- 2000年捐资20万元支持河南共青扶贫示范村
- 1998年捐资50万元在郑州市区修建 “天明路”
- 1997年捐资1600万元为郑州市购置32辆双层大巴，开通“天明号”两条公交线路
- 1997年捐资160万元赠送10000份《河南商报》
- 1995年捐资15万元在河南大学中文系设立研究生基金
- 1994年捐资20余万元“美化郑州、绿化郑州”公益广告宣传

累计捐资约 2348 余万元

天明气质

爱心 诚心 热心 用心
真诚 真挚 真话 真干
理解 宽容 体谅 忍让
感恩 感激 珍惜 铭记

品格 品味 格调 格局
谦虚 谨慎 坦诚 直率
自信 自省 自知 自胜
沉潜 隐忍 宁静 致远

使命 愿景 理念 精神
守法 诚信 责任 回报
公开 公平 透明 阳光
沟通 补台 互助 和谐

造钟 修路 标准 规则
目标 计划 督察 落实
惜时 守时 准时 按时
年记 月总 周计 日清

只有文化的 才是经典的

天明诗歌

愿景是我们的方向
发展是我们的使命
目标是我们的动力
人才是我们的资本

沟通是我们的方法
公开是我们的法则
执行是我们的主题
奖惩是我们的途径

时间是我们的资源
反省是我们的阶梯
团队是我们的保障
网络是我们的平台

真诚是我们的品格
慎诺是我们的品质
关怀是我们的行动
感恩是我们的基因

天明文化是百年天明的DNA

sina
点击财富
链接成功
http://finance.sina.com.cn
sina 财经纵横
新闻
证券
理财
外汇
银行
保险
登录新浪财经频道，享受快捷、高质的理财服务。
收获更多商业资讯，听取独到专业意见！
有新浪财经，当然轻松理财，享受生活！
客服电话：010-62675174
sina 新浪财经
finance.sina.com.cn

用友ERP

带您进入企业管理新境界

用友软件为您提供以下产品、服务与解决方案：

行业应用 冶金行业 | 电力业 | 军工行业 | 传媒与出版 | 地产与建筑 | 政府 ……
集团应用 集团财务 | 集团HR | 集团OA | 集团分销 | 集团采购 | 集团BPM | 协同制造
企业套件 财务 | HR | 分销及连锁零售 | OA | 供应链 | 生产制造 | CRM | 决策管理
小企业应用 财务通 | 票据通 | 营销通 | 业务通 | 客户通 | 办公通 | 商贸通 ……
服 务 咨询实施 | 运营维护 | 在线应用服务
培训教育 企业信息化管理培训 | 客户培训 | 认证培训 | 高校培训 | 信息化书籍出版
UAP平台

在日趋激烈的全球化竞争和纷繁复杂的商务环境中，企业正面临诸多挑战。用友ERP，带您进入企业管理新境界。

用友软件基于综合企业先进管理思想的标准化产品、包含行业优秀业务实践的解决方案以及满足企业管理不同特色的个性化应用，为企业提供领先、适用的企业应用软件产品、服务与解决方案，满足不同规模企业不同发展阶段的管理需求；通过持续的IT咨询、软件产品安装、培训、实施、维护及扩展升级等服务，帮助您更好地利用ERP整合企业资源、快速响应市场、更好地满足客户的需求，帮助您提升企业竞争优势。

国际权威研究机构调查数据显示：用友软件在亚洲及中国ERP市场占据领导地位

标准 先进管理体验 行业 优秀业务实践 个性 自主管理创新
中 国 企 业 ERP 成 功 应 用 模 式

客户专线：4006 600 588
欢迎访问：www.ufida.com.cn

UFIDA用友软件

秦皇岛龙腾长客运输有限公司

民建河北省委委员 民建秦皇岛市委副主委
秦皇岛龙腾长客运输有限公司董事长 石守岭

秦皇岛龙腾长客运输有限公司，是由秦皇岛市长途客运总公司于2003年12月16日改制组建的秦皇岛地区规模最大的道路运输企业，具有国家道路旅客运输二级经营资质、货运三级经营资质，通过了ISO9001-2000国际质量体系认证。

公司拥有总资产1.7亿元，员工1 800名，各种客货运输 车辆600余辆，下设11个职能处室，26个控股、参股、基层单位，管辖着8座长途汽车站，经营着秦皇岛市区内、省内及省际长途客运班线 260 余条，线路覆盖河北、河南、山东、山西、辽宁、吉林、浙江、北京、天津、内蒙古等全国10 多个省、市、自治区，最长通车里程达2 200公里。

近年来，龙腾长客公司积极实施“一业为主、多业并举、多支柱发展、全方位创收，把企业做大、做强、做盛、做长”的经营战略，大力弘扬“团结、务实、安全、优质”的企业精神，公司已发展成为以客运为龙头，集货运、快递、物流业、汽车维修、检测、出租、公路附属建筑、酒店、旅游服务为一体的综合性企业。公司相继被评为省级“双三好活动先进单位”、“安全生产管理先进单位”、“服务质量奖”；市级“文明单位”、“爱国拥军先进单位”、“2005年度全市民营企业综合实力20强”。

秦皇岛长途汽车站
电话：0335-3067010 3643135 3612448
客运货物快递:0335-3069262
专线电话：0335-8616250 3280046

海阳路汽车站
电话：0335-3034225 3280078
秦皇岛-温州、龙港客运货物快递
（24小时到货）

昌黎汽车站
电话：0335-2022251
0335-2980553

卢龙汽车站
电话：0335-7012281(老站)
0335-7208011(新站)

抚宁汽车站
电话：0335-6012351 6012195 6012246

青龙汽车站
电话：0335-7862219 7882900

山海关汽车站
电话：0335-5023879 7901539

石家庄办事处
电话:0311-85686649 85676646

龙腾旅行社:
电话:0335-3651183 13903351083

高客旅行社:
电话:0335-3645488 13001821478

龙腾大酒店:
订餐电话:0335-3280016
住宿电话:0335-3280888

秦皇岛龙腾长客运输有限公司
电 话：0335-3067007 3066742
网 址：www.ltck.net
地 址：秦皇岛市海港区北环路405号
传 真：0335-3633697
E-mail: info@ltck.net
邮 编：066001

天津市庆达投资集团有限公司

天津市庆达投资集团有限公司秉承“诚信、团结、高效、创新”的核心价值观现已发展为集房地产开发、仓储物流、连锁酒店、食品、物业等于一体的综合性投资集团。

集团公司在2000年度被中共天津市委统战部及天津市工商联评为“双文明优秀企业”集团董事长孙太利2003年被民建中央评为全国抗击非典先进会员，2005年被民建中央委员会评为“全国优秀会员”。

公司响应党中央关于建设社会主义新农村号召，投资天津新城镇建设，一期近30万平方米现已开工。

位于滨海新区的物流公司，占地800余亩，地处天津港南疆码头附近，拥有自己的铁路专线，现已发展为进口宝马、上海大众、上海通用、壳牌等知名企业的中转基地，随着滨海新区的建设，企业将会有更大发展空间。

2004年，集团与上海锦江集团合作，建设“锦江之星”天津红桥店，是锦江集团在天津的第一家连锁店，经过两年的合作，双方达成共识，将继续加强合作，为天津经济发展做出更大贡献。

集团计划利用在北京密云的8000亩地发展旅游及老年事业，积极探索和解决日趋发展的老龄化社会问题。

集团愿与社会同仁合作，诚信经营、共同发展，为构建社会主义和谐社会做出新的、更大的贡献！

联系人：吴光锐
联系电话：022-27363673　　传真：022-27363272
联系地址：天津市南开区咸阳路57号庆达大厦705
邮箱：qingda@tjqingda.cns

弘昌集团简介

CONTENTS OF HONGCHANG

河南信阳弘昌集团是特大型清洁能源生产经营企业。现有总资产26亿元，员工4300余人，主要从事燃气、电力、能源化工的生产经营及研发，下辖5个独立法人公司、13个县级天然气公司及驻外联络处。

董事长陈世强现任信阳人大常委、民建信阳市委副主委等职，曾荣获“全国民营优秀企业家”、“河南省社会主义优秀建设者”、“全国西气东输工程建设先进个人”、省、市“五一劳动奖章”等荣誉称号。

“十一五”期间，弘昌集团将着力实现“四个一”的发展目标，即：总资产达到100亿元，总产值达到100亿元，创利税达到10亿元，就业人员达到1万人。

河南弘昌集团
HENAN HONGCHANG GROUP

弘昌运动城“碧水·帝影”项目简介

——300000万平方米豫南首席运动体验之都

项目位于信阳市浉河区湖东大道与五星路交叉口南100米，由信阳弘昌集团斥巨资5.1亿元强力打造！弘昌地产以恢弘的气势“造城”：以南湾旅游休闲区为后花园，以30万平米运动城为建设核心，以大手笔商业配套为发展支撑，借市政规划利好之天时，“三点一线”战略指导，建设比肩国际的健康高档商住社区。

项目所在的浉河西岸，依傍碧水生波之秀丽浉河，毗邻风光旖旎之南湾景区，得贤山、燕尾岛环抱之势，自然生态环境得天独厚。

运动城总建筑面积300，000 m2，由国际知名的加拿大GS建筑设计有限公司担纲建筑规划，产品涵盖多层、小高层、高层、花园洋房等多种形态，集居住、商业、休闲、运动于一体，打造2000平米运动主题会所，120米宽/19600平米公园式景观带（奥运主题广场），30000余平米高档主题商街，毗邻北京师范大学实验幼儿园、信阳市12小、信阳九中分校（信阳最好的初中）和信阳高中分校（信阳最好的高中）等信阳顶尖名校，人文氛围浓郁。是信阳市首家“现代、生态、智能、健康”住宅社区。

社区绿化率高达38.5%（不含城市绿轴上19600平方米的奥运广场面积），容积率仅为2.07。规划总居住户数1300余户，居住人口约5000人。公司计划用二年半时间将本项目开发完毕。

项目建筑规划由国际著名的加拿大GS建筑设计有限公司倾情担纲，整体采用“前低后高”的建筑布局，采用板式与点式小高层互相穿插，多层与小高层分区设置。总居住户数1213户，总居住人口约3882人。物业管理由中原名企 – 河南鑫苑物业管理有限公司担任全程顾问，为业主提供体贴周到的星级管家式贴心服务。

建筑布局：前后左右局部自由错落，由此形成了小规模半公共场所，强化了组团邻里空间，丰富了整体空间系统。

景观层次：以中心绿地与组团绿地相结合为基础，中间穿插广场、活动场地、水体、运动园林小品、绿化等要素，形成了层次丰富、点线结合的社区景观系统。

户型设计：每一个单元或是具有好朝向，或是具有好景观；一般每户有三个房间朝南，方正实用，采光通透俱佳；所有厨房、卫生间、公共楼梯、电梯间皆直接对外通风采光；室内与公共楼梯间以“玄关”过渡，增加空间层次与生活私密感。

立面色彩：立面局部架构、空透的阳台栏杆、凸窗、遮阳板及空调机位置设计等细节，使整体简洁且富有韵律。

作为比肩中国高档住宅的标杆之作，运动城将开创信阳乃至豫南地区生态健康人居生活典范。

顺盛集团
SHUN SHENG GROUP

第九届全国人民代表大会代表
第九届全国青年联合会委员
第四届中国青年乡镇企业家协会副会长
第九届福建省政协委员
民建福建省直工委会副主任
民建福建省委会企业研究会副主任
第三届福建省青年商会会长
第一届福建省私营企业协会副会长
第五届福建省商贸协会副会长

集团公司董事长：李顺堤
高级经济师

公司简介 COMPANY INTRODUCTION

福建顺盛集团有限公司成立于1997年8月，其前身是泉州市顺盛石材有限公司，成立于1990年。自创办以来，公司立足“以人为本、诚信经营”的发展方针，主要从事石材、石油、房地产、能源投资等业务，是一家综合型私营企业，业务遍布全国各地。创办人李顺堤先生具有长远的战略眼光和独到的经营理念，经过多年精心经营和不懈努力，公司于1995年就跨入了中国500家最大私营企业行列，位居第338位，连年被评为福建省民营百强企业。2006年初，集团总部从泉州迁移至省会中心城市福州，面向全省开拓成品油市场。

公司成立以来，由于科学管理、规范运作、守法经营、效益显著，企业规模不断壮大，先后在福建省内二十多个县（市、区）投资兴业，每年为国家交纳税收超5000万元。2006年实现营业总收入22亿元，上缴国家税收8000多万元。与此同时，企业的发展也得到了各级党委、政府和社会各界的广泛认可，先后被国家建设部认定为“中国建设推荐建材生产企业”；农业部认定为“全国质量管理达标企业”；福建省工商局授予“首届光彩之星企业”；泉州市政府授予“重合同、守信用企业”；还得到了福建省委、省政府的表彰，连年被评为“纳税大户”、“重点企业”等荣誉称号。

董事长李顺堤先生对祖国满腔热枕，对人民倾注爱心，一贯热心社会公益事业。为真诚回报社会，自创办企业以来，已向希望工程、光彩事业、公安事业、扶贫赈灾、老年慈善及社会公益事业等捐资计2500多万元，深受社会各界的好评，得到了党委、政府的表彰。

公司地址：福建省福州市湖东路216号实达皇冠大厦23层
联系电话：0591-87876586　　传真：0591-87826729
邮政编码：350001　　E_mail：fjshunsheng@126.com

顺盛集团

SHUN SHENG GROUP

公司榮譽

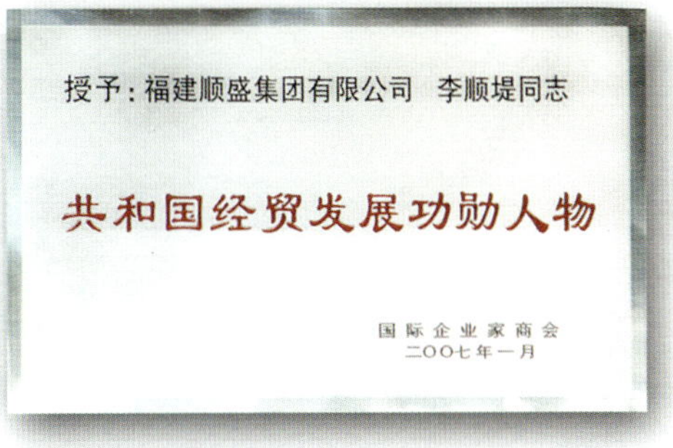

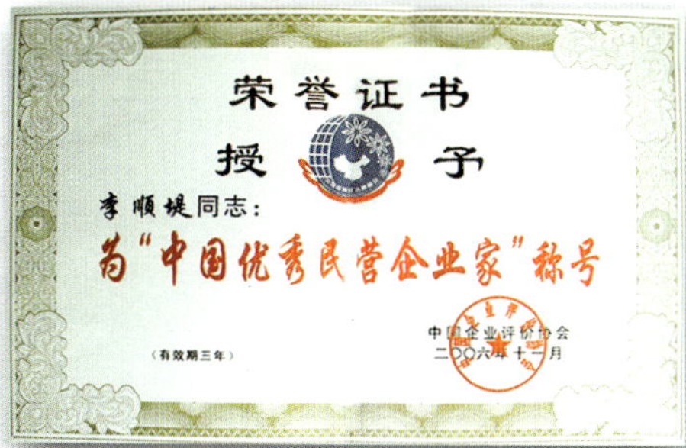

领导題詞

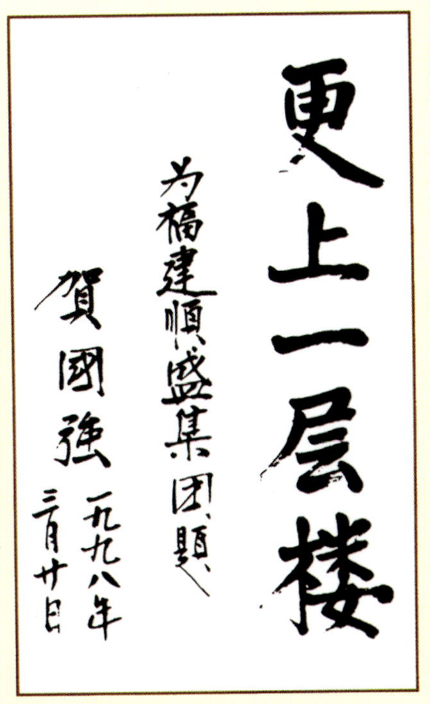

中共中央政治局委员、中央组织部部长贺国强题词

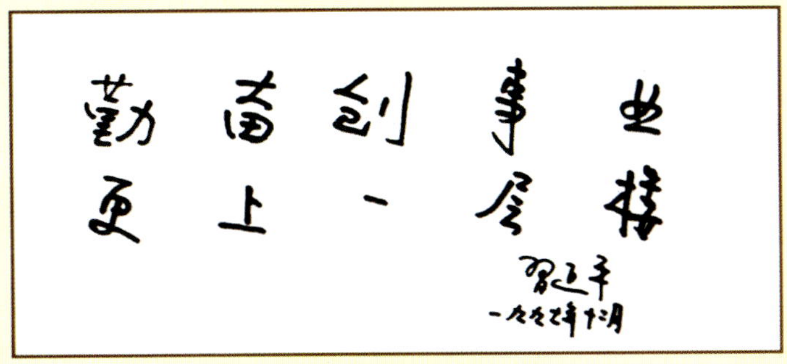

中共浙江省委书记习近平题词

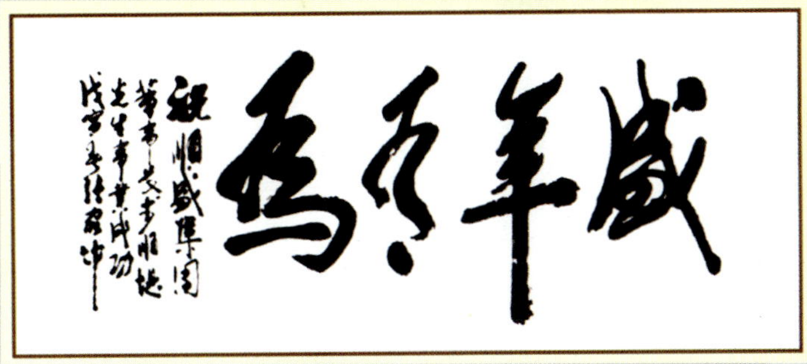

福建省人大常委会党组书记、副主任张家坤题词

SHUN SHENG GROUP

顺盛集团
SHUN SHENG GROUP

希望工程

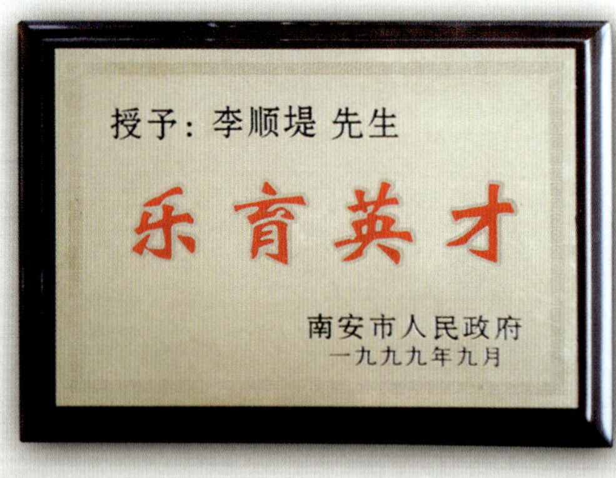

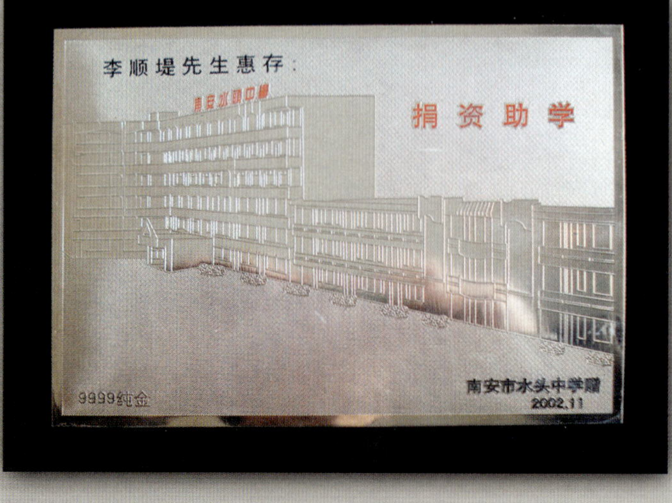

SHUN SHENG GROUP

西山学校
XISHAN SCHOOL

中国十大品牌教育集团——西山教育集团
中国(民办)名牌示范学校——西　山　学　校

* 张文彬校长获 2005 教育改变中国年度人物，并在大会上发言

西山学校隶属于中国十大品牌教育集团——西山教育集团。学校自 1994 年创办以来，始终围绕着“一切为了孩子的发展”的办学宗旨，投巨资不断更新教育教学设施和设备。学校校园面积 600 多亩，总建筑面积 32 万平方米；设幼儿园、小学、初中、高中、职业中专、专业习武、女皇西山国际教育中心等七个教学管理区；拥有现代化的教学大楼、图书馆、教师公寓、学生公寓、餐厅、医疗室、塑胶运动场、电脑室、多媒体教室、理化生实验室、舞蹈室、音乐室、美术室、电子阅览室、校园广播电视与校园网络系统等先进教育教学设施设备。现有在校学生 10000 多名，教职员工 1800 多名。综合实力名列全国同类学校前茅，办学业绩斐声中外，先后被评为“中国民办教育百强学校”、“中国质量万里行质量诚信示范单位”、“福建省花园式学校”，也是福建省唯一一所上报“国家级花园式学校”的单位，连续三年被福清市政府评为“福清市教育工作先进单位”、“福清市安全工作先进单位”等荣誉称号。

经过十三年的探索与发展，西山人在“一切为了孩子的发展”的主旋律下，与时俱进，不断更新自己的教育理念，明确办学方向，探索出了一个“学校有特色、教师有特点、学生有特长”的西山发展模式，不断提升教学质量。近年来高考屡创佳绩，先后为北京大学、西安交大、哈尔滨工业大学、中国人民大学、浙江大学、上海交通大学等名牌高校输送了一大批优秀学生。并且已有来自韩国、日本、新加坡、越南、香港、台湾等国家和地区的一百多名外国留学生来校学习。在全国各类文化赛事中，西山学校共获得 262 个奖项。在全国各类武术大赛中获得金、银、铜奖等 587 项。为学校赢得了极大声誉。中央电视台、《人民日报》、《中国教育报》、《中国改革报》以及日本、新加坡等国家的新闻媒体多次报道了学校的办学事迹。

展望未来，西山人将以更为求实的作风，更加稳健的步伐，坚持以创新求质量，以特色求发展，将学校建设成为一所生机勃勃，充满希望的示范性、开放性的 21 世纪新型学校，打造出中国民办教育第一品牌。

ENTER INTO
XISHAN
SUCCEED IN

求学热线：0591-85318888
网　　址：http://www.fjxsxx.com

* 西山教育集团出访演出团赴爱丁堡军乐节演出

* 古筝表演

* 英语课堂

* 网络应用

* 西山初中教学区

东煌企业铸常青基业

东煌企业集团是由民建会员、民营企业家潘振东先生于1994年创建，历经十多年的发展，东煌企业集团实施稳健的多元化发展战略，已成为跨房地产业、矿业、高科技电子产业经营为一体的企业集团。东煌企业集团现有注册资本超过8亿元，总资产23.8亿元。

东煌企业集团下辖福建大东煌集团股份有限公司、福建天宝矿业集团股份有限公司、福建国光电子科技股份有限公司，企业集团旗下共有二十多家子公司和科研机构，分布在全国各地。

一、在房地产业，福建大东煌集团股份有限公司在福州、北京、上海、天津和徐州设有子公司。先后成功开发了福州“东煌花园”、“海景花园”等项目。正在开发北京望京“嘉美风尚中心”，福州的“东煌大厦”、“国光电子工业园”等多个项目，并启动天津港东新城海景路项目开发。

二、在矿业，天宝矿业已经拥有23家子公司，其中2家参股企业。主要从事铁、钨、钼、铅、锌、铜、金、银、铂钯等金属矿的勘查、开采、选矿、深加工生产与销售。投产与在建的矿山年生产规模约500万吨，成为福建省规模最大的股份制民营矿业企业。天宝矿业成立了地质矿产勘查院，致力于风险勘查和资源占领，在全国设立了5家地勘投资公司和办事处，已拥有100多个探矿权，面积超过3500平方公里。

为了合理开发和有效利用资源，天宝矿业成立了选冶科技研究所，致力于提高选矿回收率和难选冶矿石技术攻关，提高资源综合利用率，也为建设资源节约型社会尽一己之力。

三、在高科技产业，福建国光电子科技股份有限公司与西安交通大学合作开发PA—cap聚合物固体片式铝电解电容器和其他新型片式电子元件，并成功投产。该产品的技术填补了国内空白，达到国际先进水平，具有广阔的市场前景。使我国成为继日本、美国之后国际上第三个能够生产该产品的国家。

四、社会责任。东煌企业集团近来年上交税收都超过亿元。通过投资兴业，共为社会提供了3000多个就业岗位。东煌企业集团热心公益事业，股东以公司或个人的名义，通过捐献于老区扶贫和教育事业的方式，至今累计捐资上千万元。2006年12月潘振东先生出资600万元设立福建潘振东教育基金会。在社会公益事业上，东煌企业集团力争为创建和谐社会尽一份力。

东煌企业集团以优秀而独特的企业文化来引导员工，凝聚才智，形成一支团结、奋进、敬业的高素质员工队伍，特别是拥有一支优秀的管理团队。东煌人肩负着“永续经营、惠泽四方”的公司使命，积极进取，为实现潘振东先生描绘的“树百年东煌、铸常青基业”的企业愿景而努力前进！

勇于开拓进取的福建德和集团

福建德和集团公司自一九九三年组建，于2001年4月成立集团公司，总部行政管理办公中心设立于福建省泉州市泉港区德和花园德和大厦，是一家集工业、商业、旅游服务业、房地产、电力资源、电力物资与设备的销售与投资、建筑业的综合性集团公司。现拥有全资企业5家，参股企业6家，从业人员1200余人。其中全资企业：福建洪口水电有限公司（洪口水电站），位于宁德市洪口乡洪口村，是霍童溪干流梯级开发的第六级水电站，是福建省重点水电工程；福建省德和商务酒店，位于泉州市泉港区泉五路，占地总面积为35亩,按四星级标准装饰；福建德和仓储物流有限公司位于泉港区港后区通港路，占地面积214.36亩，是目前泉港区较大型仓储物流中心；江西宜春市德和实业发展有限公司位于市中心的朝阳路东端与东风大街接壤处，德和联合广场用地一万多平方米，主楼为一幢17层四星级酒店，采用室外观光电梯，高档次规模经营现代新型旅游酒店；福建省德和房地产有限公司于2000年创建，年开发能力10万平方米。参股企业：泉州市泉港德和水泥制品有限公司、泉州市泉港德和铁塔设备制造有限公司、福建嘉宏科技有限公司、福建东港石油化工实业有限公司、福建亿力锅炉有限公司、湖北武荆高速公路有限公司。

集团蕴藏着巨大的发展潜力，强劲的发展势头，在这片沸腾的土地上，不断传来德和前进的跫音。在各级领导和各界同仁的关心支持下，德和人敢于挑战、开拓进取、与时俱进、永往直前、追求卓越、再创辉煌。

泉州信息学院

QUANZHOU INFORMATION COLLEGE

泉州信息学院清源山主校区　总体鸟瞰

Brief introduction

泉州信息职业技术学院经福建省人民政府批准，国家教育部备案，纳入国家高校统一招生，具有独立颁发国家承认学历的一所普通高等院校。

学院位于历史文化名城、著名侨乡、国际花园城市，座落在风景秀丽的国家重点名胜区清源山南麓、与西湖公园、闽台缘博物馆相隔咫尺，依山傍水、环境优美。今日的泉州承繁盛之风，经济总量占全省四分之一强，成为东南沿海一颗耀眼的新星，深厚的历史文化底蕴、丰富的自然景观与人文景观相得益彰，是求学治学之佳境。学院现占地523亩，建筑面积15万平方米，在校生7500多人，教职员工560多人。

学院拥有价值达2500多万元的仪器设备，设有电工电子实验室、通讯实训室、单片机实训室、PLC可编程实训室、传感器实验室、计算机组成原理实验室、计算机组装实训室、光机电一体化实训室、家电多功能实训室、计算机网络实训室、彩电实训室等均配备先进的的仪器设备，设置的语音电教室、多媒体教室、阶梯教室及学术报告厅等均装装置了现代化教学设备，现有计算机2300多台，建立了校园网络中心，实现全校联网。

学院在专业设置上以就业为导向，服务地方经济建设，面向企业、服务项目企业、贴近企业，形成就业促招生、以就业促发展的办学特色。现有计算机、电子信息工程、经济管理、外文等四个系，共开设十五个专业，这些专业不仅是当前加速“数字福建”建设的热门专业，而且具有强大的发展潜力，体现了电子信息的特色，也适应了信息社会的需求。

学院始终贯彻“以人为本，以德为先”的办学理念。根据学生的特长、兴趣、爱好，组织学生积极参加各类群众社会活动，开展丰富多彩的文化体育活动，激励学生树立“敬业、创新、奉献”的精神，在各项活动中展现自我、在管理中鞭策自我，努力实现学生的自我完善，致力于提高学生的综合素质。

学院设有“毕业生就业指导中心”，与邮政、电信、移动、联通等企业建立良好的协作关系，还与厦华、夏新、华为、神州数码、泉州华鹰、泉州宝通等上百家知名企业建立良好的人才输入渠道，帮助学生走上就业岗位。毕业就业率达97%以上。

学院网址：http://www.qziedu.cn

校址：泉州丰泽区泉山路拒洪

联系电话：0595-22789808　22789708

QUANZHOU
INFORMATION
COLLEGE

中城集团 ZHONGCHENG

中正立人·誠信立業

中城集團創立於1997年，從事房地產及生物科技實業，經過十年發展，迄今集團旗下有全資和控股的內、外資企業23家，總資產20多億元，是福建省大型民營企業之一。2003至2005年連續 3 年榮獲“福建綠牌企業集團”、“福州納稅功勳企業”榮譽稱號。

1999年至2005年，中城集團已開發了福州中城廣場、廈門福洋花園、廈門中城．都市華庭、福州中城．名仕匯、四川攀枝花嘉匯新城等多個地產項目，完成開發面積近80萬平方米，在建項目有江蘇昆山中城．竹源居、湖北襄樊廣景酒店等共90萬平方米。並在全國眾多城市儲備了大量房地產、酒店、商業等項目用地，將適時開工建設。

從2002年開始，集團實行適度擴張的經營戰略，引進國際先進技術，有計劃地向生物科技領域發展。先後投資4億多元在三明、廣西、廈門、福州等地建造了原料種植、澱粉化工、生物材料等系列產品的生產基地。目前，產品已遠銷日本、臺灣以及亞洲其他地區，國內外市場佔有率不斷擴大。

中城，取意“中正立人、誠信立業”。中城人傳承著中國的傳統文化精髓，建設屬於自身的品牌以及企業文化；本着開拓立業、創新發展、服務社會的企業宗旨，崇尚海納百川的博大胸懷，同時把個人的追求融入到企業發展之中，合力打造房地產、商業、酒店的綜合地產以及綠色農業、生物化工、生物材料的生物科技兩大產業集群。

回顧企業的發展歷程，中城集團的每一步成就都離不開廣大客戶、合作夥伴及社會各界人士的支持。在市場日新月異的今天，面對新的機遇和挑戰，中城集團期待與您合作，共創輝煌。

欢迎访问中城集團網站：www.zc817.com

福建省泉州盛荣集团有限公司

福建省泉州盛荣集团有限公司，是一家以房地产开发为龙头、建筑业为支柱，多种配套经营、全面发展的民营企业，注册资本1.69亿元，总资产达3.5亿元。

集团公司属下的泉州盛荣房地产发展有限公司、恒富（泉州）房地产发展有限公司、惠安发林屋业有限

公司，总开发建筑面积60多万平方米。多次荣获福建省、泉州市人民政府“守合同重信用”单位、AAA级信用企业等荣誉称号。

集团公司属下的惠安房屋建造实业公司，具备国家一级企业资质。1996年以来，荣获全国集体建筑企业全面质量管理优秀企业奖——《金屋奖》，连续4年创出6幢省级优质工程，15幢市级优质工程佳绩，工程合格率100%，优良率达40%以上。荣获先进单位、守合同重信用单位、AAA优秀企业和省100家最大施工企业等荣誉30多项。

集团公司下属的惠安（中国）雕艺城发展有限公司经营的惠安（中国）雕艺城，是集商业贸易、工业旅游、展览展示等功能于一体的专业市场，占地113亩，已连续4年成功举办国际石、木雕大奖赛及石雕石材国际展示会，共有石、木雕获奖作品300多件，是惠安传统雕刻艺术产业有了市场依托，为壮大惠安雕艺支柱产业作出积极贡献。

集团公司董事长陈荣聪先生，是福建省人大代表、泉州市人大常委；现任民建中央委员、民建福建省委委员、民建泉州市委副主委。十几年来先后捐资各种公益事业一千多万元。2000年，荣获民建中央优秀会员称号；2003年7月，荣获民建中央抗击“非典”全国先进会员称号；1998年以来，曾先后5次荣获福建省、泉州市政府有关部门先进工作者、两个文明建设先进个人、优秀经理等荣誉；2007年1月，获颁“中华慈善事业突出贡献奖”；多次荣获民建福建省委，中共泉州市委、市政府，中共惠安县委、县政府授予的“奉献爱心、惠泽社群”等荣誉。

O,SHI INVESTMENT GROUP
欧式品质 欧氏投资

福建欧氏投资集团始于上世纪70年代，是一家集教育、地产、医疗与基础设施投资为一体的现代企业集团。在以欧宗金主席为核心的创业团队带领下，集团凭借自身能力整合内外资源，建立与项目匹配的组织文化和制度体系，获得了广阔的发展空间，呈现强劲的发展趋势。

集团投资立足于福建并逐步向周边地区辐射，足迹遍及浙、湘、赣和两广，旗下拥有十余家全资、控股和参股企业。

仁者欧宗金

他是福建省民建企业家研究会副会长
他是建筑业的传奇人物
他号称莆田教育投资第一人，开创了福建省民营企业和政府合作办学的先例
他是莆田“欧氏三杰”的老大（二弟欧宗荣，领导正荣集团，号称“城市运营商”，声名远扬；三弟欧宗洪，立志把300亩“融信第一城”建设成为未来的第一生活之城。）
他是欧氏投资集团董事局主席
……

欧宗金，1959年生于莆田东峤镇，拥有近30年创业经历的杰出实业投资人，1978年外出打工，第二年便做了老板，1999年创办欧氏路桥投资有限公司任董事长，2004年企业正式更名欧氏投资集团有限公司任董事局主席。

企业大事记

2003年，欧氏集团投资8360万元控股莆田四中，并按国家级示范校标准建设新校区，使其全面达到省一级达标中学标准。

2004年，欧氏集团斥资1500万元投入莆田九中后勤社会化项目，兴建宿舍、食堂、超市等配套设施，并参与管理。

2005年，欧氏集团注资5000万控股莆田文献中学，07年元旦新校区破土动工，将成为莆田市规模最大、配套设施最好的初级中学。

2005年，欧氏集团捐赠100万元建设莆田麟峰小学新教学楼。

1998年开发 “交通花园”。

2000年投资建设了当时莆田市中心第一高楼 “观桥御景”。

2001年，参股建设总占地面积逾1600亩，建筑面积110万平方米的江西省南昌市第一大盘“大湖之都”。

2006年，开发建设欧氏·雅筑精致生活样板社区，筑就莆田精英人士品质生活典范。

1

2

3

4

1 2003年，欧氏投资集团投资8360万元控股莆田四中，并按国家级示范校标准建设新校区，使其全面达到省一级达标中学标准。

2 2005年，欧氏投资集团捐赠100万元建设莆田麟峰小学新教学楼。

3 2005年，欧氏投资集团注资5000万控股莆田文献中学，07年元旦新校区破土动工，将成为莆田市规模最大、配套设施最好的初级中学。

4 2005年，欧氏投资集团与文献中学进行“校企联姻 开辟教育新田地”签约仪式。

有生软件
RiseSoft

在线体验网址 http://demo.risesoft.net

中国电子政务软件供应服务商

协作创新
按需整合
自由自主

2006年10月推出**RiseSoft-R6**
由“三大基础平台
18条产品线
7个行业解决方案”组成

党政机关	发改委	财政	统计	水利	企业集团	行政许可

行业一体化解决方案

01	02	03	04	05	06	07	08	09	10	11	12	13	14	15	16	17	18
公共资源配制平台	身份同步工具	单点登录	资源共享平台	工作流管理系统	信息发布系统	文书档案管理系统	会议管理平台	公文收发系统	内容管理平台	资料中心	业务流程平台	移动办公平台	数据交换平台	门户管理系统	统计报表平台	单位名录库	数据整合平台
大资源平台				大协作平台											大数据平台		

典型客户群：
国家发改委
北京市人民政府
北京市海淀区人民政府
北京市宣武区人民政府
上海市委
深圳市福田区人民政府
深圳市宝安区人民政府
深圳市统计局
江苏省太仓市
TCL集团
中国航空集团
共600多家政府、企业集团用户

北京有生博大软件技术有限公司
BEIJING RISESOFT TECHNOLOGY CO.,LTD.
http//www.risesoft.net

北京总部
地址:北京市宣武区广安门内大街315号信息大厦A座205室
电话:010-63691169 E-mail:sales@risesoft.net

深圳分公司
地址:深圳市福田区振华路55号工艺大厦5楼506室
电话:0755-83204585 E-mail:sales@szrisesoft.net

苏州软件基地
地址:江苏省太仓市上海东路8号留学生创业园305室
电话:0512-53889231 E-mail:rsjd@risesoft.net

中冶重工

洛阳中冶矿山设备有限公司

LUOYANG ZHONGYE MINING EQUIPMENT CO.,LTD.

洛阳中冶矿山设备有限公司位于涧西区秦岭南路，紧临市区西出口，环境优美，交通便利。公司创立于1996年，是集设计、制造、安装、技术服务为一体的综合性实业公司，外贸自营企业。占地110余亩，拥有13600平方米的现代化机械加工厂房和8000平方米的钢构作业场地，各类大中型机械设备200余台套。公司拥有各类大中小型车、铣、刨、磨、镗、冲压、立式／卧式加工中心及齿轮加工设备、卷板机、刨边机、数控切割机等成型设备，以及X射线探伤机、超声波探伤仪、磁粉探伤机等无损检测设备，生产能力强大。持有三类压力容器制造许可证，能按国内、外各种标准制造碳钢、合金钢、不锈钢及复合材料等材质类的塔器、储罐、反应器、换热器等设备，是洛阳最大的石化设备生产基地之一。

公司质量管理体系健全，检测手段完备，是中国质量认证中心ISO9001：2000版质量管理体系认证企业。能够为用户提供优质快捷的售前、售中和售后服务。业务涉及建材、冶金、矿山、能源、石油化工、环保、军工等诸多领域，年生产加工能力约12000吨。其中"全悬挂氧气顶吹转炉"、"混铁炉"、"全自动悬挂式玻璃拉边机"、"全自动液压粉煤灰制砖机"等产品在国内及国外享有较高声誉。

公司严格按照现代化企业模式管理和运作，确保企业经营管理的效率和效益不断提高。"以人为本"的文化理念，培育并形成了优秀的企业文化，构筑了"团结、进取、诚信、高效"的优秀团队，从而使公司的规模、效益及业内影响力日益增长。2003~2006年，公司连续4年被授予"洛阳市守合同重信誉企业"；2006、2007又被授予"河南省守合同重信誉企业"。公司还多次被市、区两级政府评为"优秀民营企业"、"十佳限额企业"、"模范职工工会"等。

质量为本，信誉至上，创新发展，追求卓越。中冶公司以全新的企业形象，全心全意为客户服务的经营理念，邀您共创辉煌！

混铁炉

水泥回转窑

氧气顶吹转炉

全自动悬挂玻璃拉边机

全自动粉煤灰液压制砖机

地址：洛阳市涧西区秦岭路　电话：0379-65186500　网址：www.lyzy.cn　邮箱：xsb@lyzy.cn

河南金犁风险投资管理有限公司成立于2000年2月，地址位于国家郑州经济技术开发区内，公司注册资金2000万元，投资资本1.6亿元，总资产3.2亿元，是河南省首家从事风险投资和基金管理的专业公司。公司现有员工21人，其中本科以上学历10人，大专以上学历5人。

几年来，公司始终如一地支持科技创新，扶持中小企业发展，帮助他们解决企业生产经营急需的流动资金，每年陆续提供资金达数亿元，为推动郑州市经济建设的发展、促进河南科技事业的进步、加快河南风险投资事业的步伐发挥了重要作用。公司多次得到省政府及科技厅的表彰，并荣获省、市科技发展贡献奖，在全国创业风险投资行业中享有较高的声誉。目前，公司拥有多家控股企业，主要有：

一、《河南黄湖生态园林有限公司》

金犁风险投资公司致力于现代农业高新技术的开发和应用，于2003年8月出资1400万元，与潢川县黄湖农场共同成立了河南黄湖生态园林有限公司。公司现拥有土地产权面积3000亩，租用3000亩，共计6000亩，员工40人，农艺师及农业技术人员15人，园林公司在此建立了高标位、高质量的国家级农业高新科技示范园区，项目总投资900万元。其中：新建组培综合楼一座、工厂化穴盘育苗连栋温室10座4000平方米，配套扩繁日光温室20栋8200平方米、苗圃钢骨架大棚80座，购置各种仪器设备30台，成为远近闻名的花木繁育基地。

二、《河南科源节能投资管理有限公司》

金犁风险投资公司致力于城市能源环保与高效节能等现代化高新技术的推广应用和发展，于2001年5月出资1000万元，成立了河南科源节能投资管理有限公司。该公司也是河南省首家从事节能投资服务的专业公司，即合同能源公司。合同能源管理是经济发达国家上世纪末提出的一种新型节能产业运作模式，主要用于提高能源的环保高效。科源节能公司与亚太高科技节电（珠海）有限公司密切合作，将世界节电领域最尖锐的项目、技术和产品引入我省的耗电大户企业。

三、《郑州万邦典当有限公司》

河南金犁风险投资管理有限公司为了更快、更好、直接高效地支持中小企业的发展，于2005年5月出资成立了郑州万邦典当有限公司，公司注册资本2000万元。

郑州万邦典当有限公司突破传统的单一、小额民品典当业务的局限性，以充足的资本、先进的管理经验和新型多样的典当融资方式服务于社会，重点扶持中小企业；通过多层次、多渠道的融资平台，为中小企业提供快速、便捷的典当融资服务，切实解决了中小企业发展中资金短缺的应急之需。公司在经营中以诚为本，重信守约，与商企携手共进，受到中小企业的普遍赞誉，为郑州经济的繁荣发展做出了贡献。

四、《河南万邦置业有限公司》

河南金犁风险投资管理有限公司于2006年4月出资成立了河南万邦置业有限公司，公司注册资金1000万元。公司成立后，随即投入6000万元，收购了位于郑州市西大街的“商会大厦”烂尾楼工程。

在郑州市人大和政府优惠政策的鼓励和引导下，河南万邦置业有限公司经过慎密的市场考察、分析，已出资6000万元收购经法院判决给债权人的该项目土地使用权和房屋产权，并分别与几家债权人签订了资产收购转让协议。目前，商会大厦项目开工复建手续正在办理过程中，工程预计总投资1.5亿元人民币，计划在2007年5月完成该项目，并投入商业和居住使用。使郑州商会大厦以新的形象和姿态矗立于繁华的二七商贸圈。

五、《河南福鑫清真肉业有限公司》

最近，河南金犁风险投资管理有限公司又响应国家大力倡导的调整农村经济结构、发展生态农业的重大举措，出资3000万元参股河南福鑫清真肉业有限公司，大力发展高产、优质、高效、生态、安全农产品。

河南福鑫清真肉业有限公司是一家集养殖、屠宰、加工、销售为一身的现代农业产业化龙头企业；同时也是冀鲁豫三省交界地区规模最大、设备最先进的现代化清真肉类加工企业，屠宰线及分割设备全部由国外进口。公司已经通过了河南省无公害畜产品产地认证。河南福鑫清真肉业有限公司所属福鑫养殖厂占地面积54000平方米，育肥牛舍面积7200平方米，以饲养中国四大优良系（鲁西黄牛、晋南牛、秦川牛、南阳牛），尤以鲁西黄牛为主，年出栏育肥牛10000头，年屠宰能力80000头育肥牛，分割部位牛肉12000多吨，产值达3亿元，迅速带动了周边数百户农民养牛致富，李成玉省长及省市领导多次亲临调研和视察。

电话：0371－66781699
传真：0371－66781683
地址：郑州经济技术开发区航海东路1009号
邮编：450047
网站：http://www.hnjlvc.com.cn

河南金犁风险投资管理有限公司

德意实业

Deyi Environmental protection equipment

开封市德意环保设备实业有限公司主要研发、制造、生产低能耗等离子体危险废物焚烧设备和特种窑炉设备。

ISO9001 2000 质量管理体系认证证书

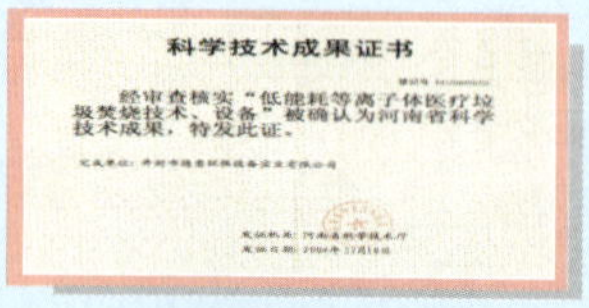

低能耗等离子体医疗垃圾焚烧技术、设备科学技术成果证书

生产的低能耗医疗垃圾焚烧炉经国家环保总局检测，各项排放指标符合并优于国家标准，产品经专家鉴定为具有创新、实用、安全、稳定性，在国内同类设备中，居于领先水平。获国家环保科技成果证书产品销往国内二十多个省市，并远销东南亚等国家和地区。

实用新型专利证书

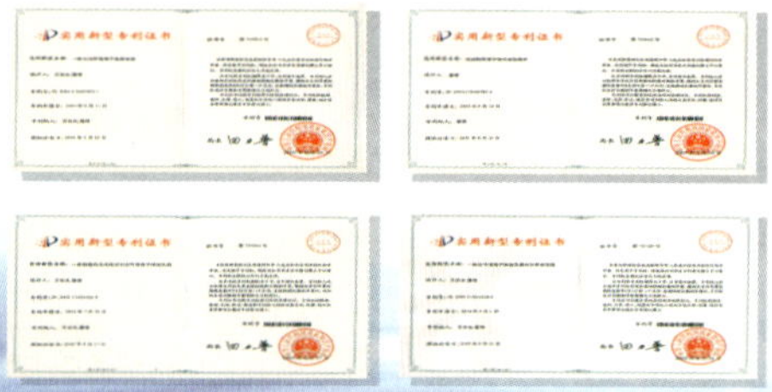

高新技术企业认定证书

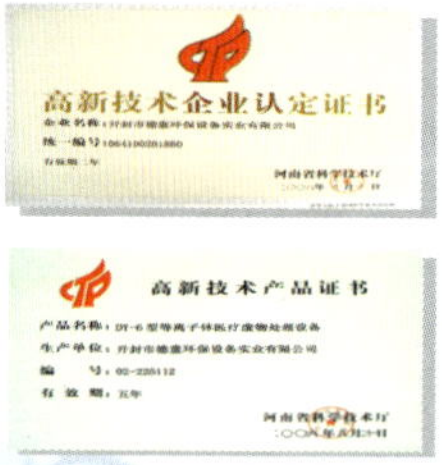

地　址：开封市金明工业园区
电　话：86-378-3922687
86-378-3923339
传　真：86-378-3922186
网　址：Http://www.gdxxnh.com
E-mail：dysy678@sina.com

民主与建设出版社简介

民主与建设出版社是中国民主建国会中央委员会于 1994 年创办的中央级综合性出版机构，主要出版经济科学、经营管理、法律法规、科学普及以及有关统一战线和中国民主建国会自身发展等方面的图书。建社以来，出版了一批反映中国经济建设和改革开放新形势、理论研究新成果的著作，出版了一批实用性较强的科普读物，还不失时机地引进一批在国外有影响的外版图书，逐步成为以出版经济类和社科类图书为特色的出版机构。

地址：北京市朝外大街吉祥里208号
邮编：100020
发行部电话：010—85698040
传真：010—85698059
E—mail：mjshe@263.net

浙江娅茜内衣有限公司

浙江娅茜内衣有限公司是一家集研发、生产、营销各式女式内衣的现代化企业。公司成立于1994年，坐落于金华市金磐开发新区内。公司占地面积达100余亩，建有现代化花园式标准厂房50000多平方米，职工公寓15000平方米，员工2000余名，拥有资产总额8000余万元，年产内衣量可达150万打。主导产品有文胸、短裤、保暖内衣、无缝美体内衣、家居服、睡衣、泳装等全系列内衣产品，产品销往全球各地。

公司一方面实施全球定位，倡导国际化战略，不断磨练企业内功，提升管理水平，以增强企业的国际竞争力；一方面致力于国内市场的拓展开发，在国内大力倡导“内衣连锁”销售模式，不断适应消费者需求，为消费者提供实在、周到的服务。06年，公司强势出手，针对国内市场同时推出“娅茜”、“妍钰”、“艾诗塔”三大主力内衣品牌，致力于打造国内最强势的内衣终端销售体系，而且首开内衣行业先河，成功签约香港明星温碧霞小姐，成为向内衣领域进行新运作模式探索的领先者。

通过多年的努力，企业在取得飞速发展的同时，也获得了众多荣誉：2004年，被金华市经济贸易委员会评为“金华市信息化试点企业”，被金东区人民政府评为“销售收入首超亿元企业”，被浙江省工商行政管理局评为“浙江省工商企业信用AA守合同重信用单位”，被金华市政府评为“2004年度金华市重点扶优企业”；2005年，被金东区人民政府评为“区强优工业企业”、“纳税超300万元企业”、“外贸自营出口超500万美元企业”，并再度被评为“金华市重点扶优企业”；2006年，公司生产的娅茜文胸被评为“国家免检产品”、“浙江省名牌产品”，娅茜商标被评为“金华市著名商标”等等。

龍發餐具

龙发不锈钢餐具贸易有限公司位于闻名世界的小商品城 义乌。公司创建于1993年，是一家专业产销不锈钢餐具、厨具、酒店用品的流通领域企业。造型优美、工艺精湛、质量可靠、规格齐全的上万个品种，赢得了广大消费者的信赖和赞誉。产品销售网络遍及全国各大小市场，并远销欧美、西亚、东南亚等国际市场。

“诚信、进取”是龙发人永恒的追求，在日新月异的市场竞争中，龙发人将不断创新，锐意进取，与天下同仁携手共创辉煌的2世纪。

Longfa Stainless Steel Tableware Trade Co.,Ltd, located in worl famous China Commodity City--Yiwu,founded in 1993,specially produc and sale stainless tableware, kitchenware & hotel articles.There ar around 10thousand varieties of prolucts with the teatures of complet assortments,novel style, fine crafts and credible quality,which win th great trust and praise from extended customer. Produce and sal network of our company is not only spread to the whole country but als to Occident, West Asia,Sountheast Asia etc.

Sticking to eternal aim of"Credit & Innovation",all staff shall continuall exploit and keep forwarding to create the brilliant 21st.

一切商机将在这里萌发

You will find the business chance here

义乌龙发不锈钢餐具贸易有限公司
YIWU LONGFA STAINLESS STEEL CO.,LTD
部地址:中国.浙江.义乌稠州北路630号
dd:No.630 chouzhou North Road,Yiwu zhejiang.China
话/Tel: +86 579 5578643 5578645 5578646
真/Fox: +86 579 5578719 宅电/Ht:5362368
机/MB: (0)13867916888 13957955592
示大厅:国际商贸城二期(一阶段)中央大厅四楼19316
xhibition Hall: 4F-19316, Central Hall, the 2nd Phase (I) of International Trade Center
话/Tel: +86 579 5194679 5194579
话/Tel.传真/Fox:0579-5194676
tp://www.chinalongfa.com E-mail:host@chinalongfa.com

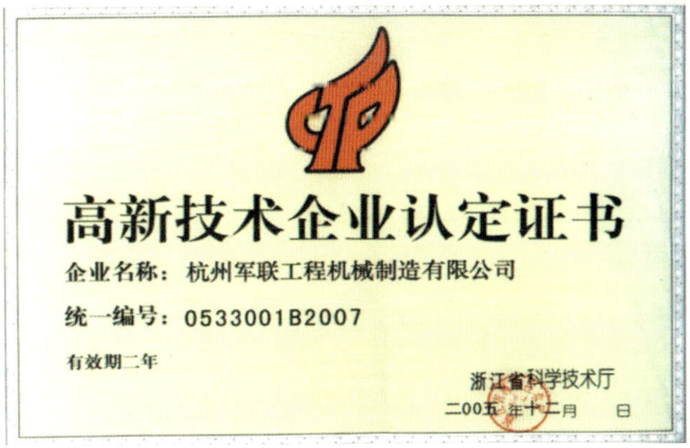

高新技术企业认定证书

企业名称：杭州军联工程机械制造有限公司

统一编号：0533001B2007

有效期二年

浙江省科学技术厅

二00五年十二月 日

中华人民共和国科学技术部监制

JB761滑移装载机

ZL30F-II轮式装载机

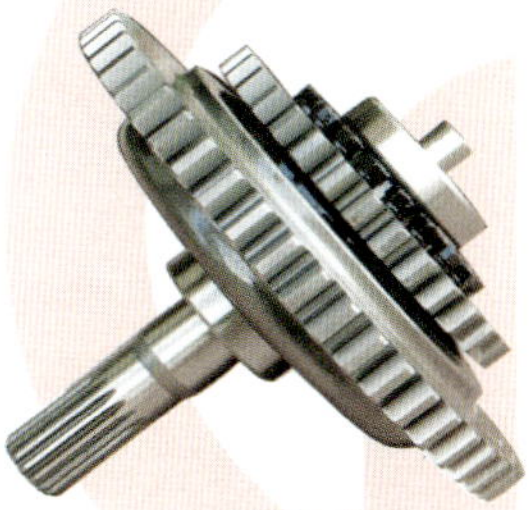

超越离合器

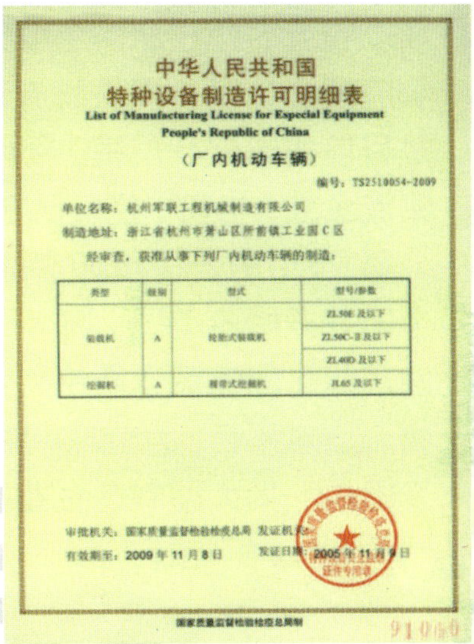

中华人民共和国
特种设备制造许可明细表
List of Manufacturing License for Especial Equipment
People's Republic of China
（厂内机动车辆）

编号：TS2510054-2009

单位名称：杭州军联工程机械制造有限公司

制造地址：浙江省杭州市萧山区所前镇工业园C区

经审查，获准从事下列厂内机动车辆的制造：

类型	级别	型式	型号/参数
装载机	A	轮胎式装载机	ZL50E及以下
			ZL50C-Ⅱ及以下
			ZL40D及以下
挖掘机	A	履带式挖掘机	JL65及以下

审批机关：国家质量监督检验检疫总局 发证机关

有效期至：2009年11月8日 发证日期：2005年11月 日

国家质量监督检验检疫总局制

JL50-5C液压挖掘机

ZL50C-II轮式装载机

公司简介

公司前身为杭州军联工程机械制造有限公司，创建于1992年。

主要产品有ZL30/40/50装载机、JB761滑移装载机、JL40/50/65挖掘机和CG-ZL30/40/50传动超越离合器（俗称二轴总成）。其中超越离合器拥有7项专利，与各大主机厂配套，获“全国市场推广产品”、“浙江省优秀科技产品”等称号。ZL装载机和JL挖掘机分别通过国家工程机械质量监督检验中心的检验，通过ISO9000体系认证，CE、UL认证正在进行中。

公司系长三角高校企业合作科研基地，设有市级技术中心。2005年，被认定为“浙江省高新技术企业”、“浙江省自主创新优秀企业”，拥有省级著名商标。

公司以“为顾客创造价值，为公司创造财富，为员工创造机会，为社会创造繁荣”为使命，努力打造成一家拥有核心价值和核心竞争力的现代化公司，为建设“和谐社会”作出贡献。

浙江军联机械电子控股有限公司

ZHEJIANG JUNLIAN MACHINERY&ELECTRONICS HOLDING CO.,LTD

JUNLIAN

地址:中国浙江杭州萧山所前工业园C区
邮编:311254
电话:+86-571-82776238/82776245
传真:+86-571-82773586
电子邮箱:junlian@jlc92.com
网址:www.jlc92.com

宝供物流企业集团有限公司

——中国领先的第三方物流服务供应商

宝供物流企业集团有限公司（P.G.LOGISTICS GROUP CO., LTD）是国内第一家经国家工商总局批准以物流名称注册的企业集团，是中国最早运用现代物流理念为客户提供物流一体化服务的专业公司，也是目前我国最具规模、最具影响力、最领先的第三方物流企业。当前，公司已在全国65个城市设有7个分公司、8个子公司和60多个办事处，形成了一个覆盖全国并开始向美国、澳大利亚、泰国、香港等地延伸的国际化物流运作网络和信息网络。企业拥有先进的物流信息平台，为全球500强中50多家大型跨国企业及国内一批大型制造企业提供物流服务，是当今国内领先的第三方物流企业。

为适应中国加入 WTO所带来的机遇以及生产模式、营销模式的变化，宝供集团拟在全国15个经济发达城市投资建设大型现代化的基于支持全球供应链一体化的综合性物流服务平台。目前宝供在苏州、广州、合肥、上海、顺德等城市的大型物流基地已投入运营，北京、天津、南京、沈阳基地也即将启动。建成后的物流基地不仅仅是现代化的储存、运输、分拨、配送、多种运输交叉作业的中心，同时也是加工增值服务中心、商品展示中心、贸易集散中心、金融结算中心、信息枢纽及发布中心，国内采购集团的采购中心、国内外著名品牌在不同区域的分销中心，并提供一关三检、物流科研培训服务，为生产制造及流通产品、进出口产品提供全球供应链一体化的服务。

宝供集团业务范围包括物流规划、运输配送、仓库管理、库存管理、行邮快运、国际货代、增值服务等一系列专业物流服务。查询详情可浏览www.pgl-world.com。

联系方式：

地址：广州市天河区龙口东路361号宝供大厦3-4楼
邮编：510630
电话：020-38482089　热线电话：800-830-3805
传真：020-38482086　网址：www.pgl-world.com
Email：sales@pgl-world.com

东江环保
DONG JIANG

深圳市东江环保股份有限公司

深圳市东江环保股份有限公司创立于1999年9月，是一家专业从事废物处理和环保服务的高科技环保企业。2003年1月，东江环保在香港联合交易所创业板上市（股份代码8230），成为国内第一家在境外上市的民营环保企业。经过近年来的高速发展，东江环保已逐步成长为国内工业危险废物处理行业技术水平最高、综合实力最强的企业之一，先后被评定为国家和广东省环保产业骨干企业、“国家资源节约与环境保护重大示范工程”单位、“国家首批循环经济试点单位”等。

东江环保为客户提供全方位、一站式的废物管理及环保相关服务，包括废物的收集、处理与综合利用、环保工程设计、建设与运营、环境技术咨询服务。凭借卓越的专业技术和丰富经验，东江环保已成功为超过600家来自电子、电镀、机械制造、化工、能源、制药等行业的客户度身定造环保解决方案，与中海壳牌、艾默生电气、赛格三星、华为、德昌电机、信泰光学等众多国际知名企业建立了长期友好的合作关系，业务区域覆盖中国珠江三角洲、长江三角洲和西南地区。

公司目前拥有八个处理基地：沙井共和处理基地、沙一处理基地、龙岗废物处理中心、惠州废物处理基地、广东省危险废物综合处理示范中心、成都危险废物处置中心、昆山废物处理中心、韶关处理中心。通过化学、物理、生物等手段对复杂多样的废物进行无害化处理和资源化利用；对不能回用的废物和在废物利用过程中产生的废渣通过焚烧、填埋作最终处理；废渣、废水、废气的排放达到地方、国家及国际最高标准。

公司长期重视技术研发和自主创新，研发中心自2001年成立以来，共开展研发项目51个，其中含重金属废液处理与回收利用技术，管式电凝聚废水处理技术以及氨氮废水利用等，均处于领先水平。

四川天邑迈向科技新天地

四川天邑集团有限公司（以下简称天邑集团）是中国 IT 行业通信网络设备的骨干制造商，是以现代光电通信网络设备及配套件的研发、生产、销售为支柱，同时涉及电子、房地产、制约、化工等多元化经营的综合性实业集团；下属四川天邑信息科技股份有限公司、成都天邑通讯设备有限公司、成都天邑房地产开发有限责任公司、成都天邑惠昌房地产开发有限责任公司、成都鹤鸣山制药有限责任公司等 11 个子公司，两个产品研发中心：通讯设备研发中心、药物研发中心；员工总人数 1800 多人。

公司主要产品在国内拥有1012多个县级以上用户构筑的市场销售网络，同时批量出口埃及、巴基斯坦、印度、伊朗、叙利亚、罗马尼亚、希腊、俄罗斯、尼日利亚等国家。

天邑集团的管理从1996年开始实行ISO9001标准管理，并于1996年12月8日取得了中国方圆认证委员会巴蜀认证中心 GB/T19902—1994—ISO900：1994 质量体系认证证书；2006 年 6 月 13 日，已取得 ISO9001：2000 质量管理体系换版认证证书。公司自 1998 年以来，跻身四川省工业企业最佳经济效益 50 强、成都市工业企业 50 强、成都市模范纳税大户 20 强，四川省 34 户重点电子信息“小巨人”企业和成都市 56 户重点优势企业。

天邑集团于 2001 年 3 月被国家科学技术委员会认定为国家高新技术企业。

1998 年 4 月 6 日，原中共中央政治局党委、中央纪委书记、全国总工会主席尉建行等领导到公司考察后，他感慨地说：“你们公司抓住了机遇，产品科技含量高，企业发展快，经济效益好。”2001 年 6 月 11 日，原中共中央政治局常委、国务院总理朱镕基在成都市高新区博士创业园视察了天邑亚斯康展区，朱总理对我公司研制开发的高新产品 ADSL 宽带网络接入设备、CDMA 直放站很感兴趣，他亲切地握着公司董事长李耀亨的手说：“你们研制开发的这两个新项目，正是与国际高新技术接轨的，科技含量高、发展空间大，要做好、做大。”2006年集团公司董事长随胡锦涛总书记率领的经贸团出访加拿大、印度等国。

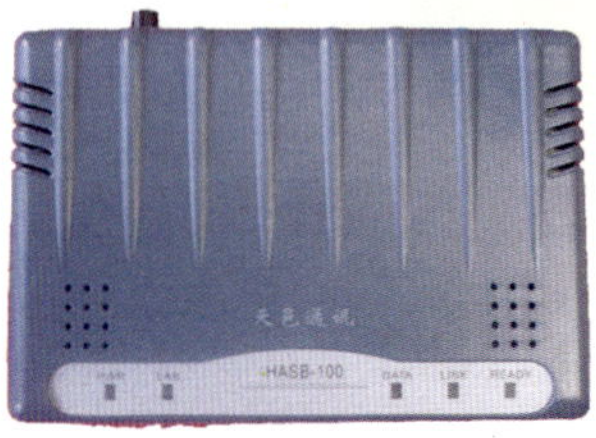

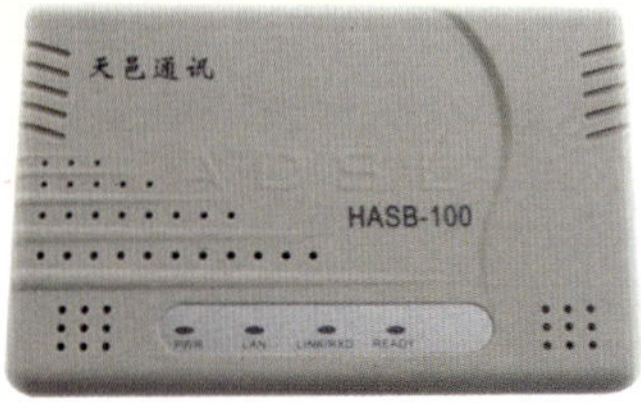

四川天邑集团在持续发展的同时，积极参加中国慈善及公益事业，总计为中国的慈善事业及社会活动捐赠 400 多万元。

北京金山顶尖

DJ8100 网络中央控制系统

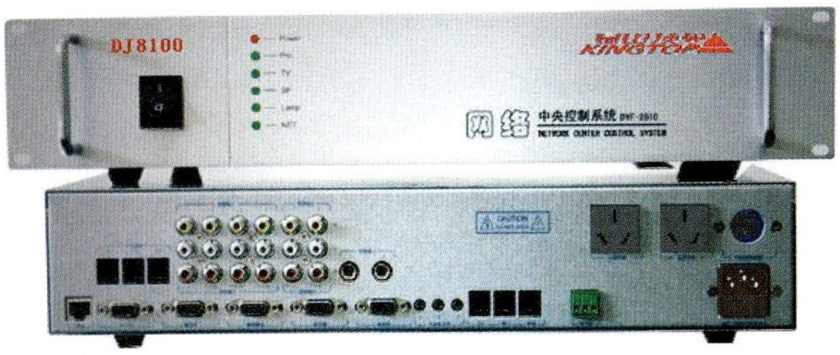

功能特点：

- ◆ 控制方式：本地软件控制、桌面控制器控制、网络控制。
- ◆ 3 路 VGA 输入，2 路同步输出。
- ◆ 4 路立体声音视频信号输入，2 组分配输出。
- ◆ 2 路交流电源，1 路开关信号控制和幕布控制功能。
- ◆ 2 路话筒输入接口，具有数码调音功能。
- ◆ 1 路电子锁控制接口：非常方便于系统的集中管理和控制，不用再去区分一大堆钥匙。
- ◆ 3 路红外遥控接口。
- ◆ 1 路 RS–232 接口。
- ◆ 1 路 RS–485 接口：可以外接扩展音视频矩阵切换器、云台、镜头解码器等设备。
- ◆ 1 路网络接口：中控的所有切换、控制、查询、打开以及关闭等所有功能都可以通过网络进行远程控制，设备状态一目了然。
- ◆ 1 路开关量检测接口：具有桌面打开探测头，当桌面打开的时候可以根据系统设置，使打开桌面具有一键开机的功能，轻松实现开门即用，关门即走。
- ◆ 1 路红外报警接口：具有红外报警探头接口，可以外接红外报警器，当有报警信息的时候，可以将该报警信息发送到默认的网络主控计算机。
- ◆ 课表功能：根据课表的排课，通过主控软件定制系统运行表单，可以设置系统开关机时间、电子锁打开关闭时间、报警允许时间段、桌面控制器是否可以控制时间段等。
- ◆ 数码音量调节：内置数字音量调节，调节音量更轻松。
- ◆ 批处理功能：管理系统可以选定若干个教室并进行统一的控制，从而免去一个个重复操作的繁琐。
- ◆ 超低功耗：该机正常工作时消耗功率只有 8W 左右，可以连续 24 小时工作。超高稳定性和超强的抗死机功能，使得该设备从市场上众多的同类产品中脱颖而出。
- ◆ 高度兼容：业界领先的红外学码功能，稳定的串口控制功能，可支持更广范围的红外设备和投影机。
- ◆ IC 卡管理（选配）：可与智能 IC 卡系统连接，卡的权限可设置，系统管理更轻松、灵活。
- ◆ 网管中心软件全面支持 Windows9x/2000/XP 操作系统。

网管中心端功能：

- ◆ 可以跨网段管理。通过网络，可以对任何一台网络中控进行管理和设置，可以随时查看各台网络中控的工作状态。
- ◆ 可以自动记录网络中控的使用情况。
- ◆ 可以控制任何一台网络中控的各个电源开关。
- ◆ 可以控制任何一台网络中控的信号源及控制音量大小。
- ◆ 可以控制任何一台网络中控的电子锁的打开和关闭。
- ◆ 可以控制任何一台网络中控的桌面控制器是否可用。
- ◆ 可以查看任何一台网络中控的投影机的灯泡工作时间。
- ◆ 可以控制任何一台网络中控是否处于报警状态。
- ◆ 可以记录网络中控操作使用情况等。
- ◆ 可以通过 internet 网络对网络中控设备轻松进行管理，该系统对 IP 地址不做要求，当地的 IP 地址和远程控制的 IP 地址都可以为动态 IP 地址，例如通过拨号连接、ADSL 等，也可以是静态 IP 地址。这样您在家里就可以轻松监视和控制您的系统和设备。

参数：

外形尺寸：	480W × 88H × 320D（mm）
重量：	5KG
本机功耗：	不大于 9W

DJ8500 网络中央控制系统

功能特点：

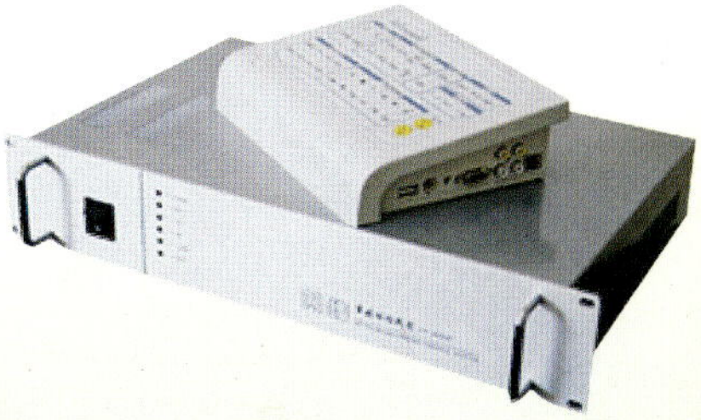

- ◆ 控制方式：网络控制、本地软件控制、桌面控制器控制、遥控器控制。
- ◆ 3×2 路 VGA 切换矩阵，音频同步切换。
- ◆ 6×2 路音视频切换矩阵。
- ◆ 5 路交流电源和幕布控制功能。
- ◆ 主机具有一路话筒输入接口，具有数码调音功能。
- ◆ 系统提供 4 口 10/100M 自适应网络交换机。
- ◆ 提供中控电子锁控制接口。
- ◆ 4 路红外遥控接口。
- ◆ 一路 RS–232 接口和一路 RS–485 接口。
- ◆ 桌面控制器具有备用的音视频接口，话筒输入接口，笔记本电脑信号输入接口，以及 100M 网络接口等。
- ◆ 具有 IC 卡控制功能，可以通过无接触型 IC 卡来控制该设备，并可以区分 IC 卡的不同级别。
- ◆ 网管中心软件和单机版软件都全面支持 Windows9x/2000/XP/NT 操作系统。
- ◆ 具有一键开机联动控制管理功能。
- ◆ 具有多媒体桌面打开探测头，当桌面打开的时候可以根据系统设置，使打开桌面具有一键开机的功能。
- ◆ 具有红外报警探头接口，外接红外报警器，当有报警信息的时候，可以将该报警信息发送到默认的网络主控计算机。
- ◆ 可以外接扩展音视频矩阵切换器、云台、镜头解码器等设备。

网管中心端功能：

- ◆ 通过网络可以随时查看各个网络多媒体控制器的工作状态。
- ◆ 可以自动记录网络多媒体控制器的使用情况。
- ◆ 可以控制任何一个终端的各个电源开关。
- ◆ 可以控制任何一个终端的信号源及控制音量大小。
- ◆ 可以控制任何一个终端的电子锁的打开和关闭。
- ◆ 可以控制任何一个终端的桌面控制器和遥控器是否可用。
- ◆ 可以查看任何一个终端的投影机的灯泡工作时间。
- ◆ 可以跨网段管理。
- ◆ 对任何一个终端管理和设置。
- ◆ 记录终端使用情况和 IC 卡操作使用情况。
- ◆ 对终端设备 IC 卡使用权限管理、分级，并可记录 IC 卡的使用情况。
- ◆ 记录终端操作使用情况。
- ◆ 通过互联网管理：可以通过 internet 网络对网络中控设备轻松进行管理，该系统对 IP 地址不做要求，当地的 IP 地址和远程控制的 IP 地址都可以为动态 IP 地址，例如通过拨号连接、ADSL 等，也可以是静态 IP 地址。这样您在家里就可以轻松监视和控制您的系统和设备。

参数：

外形尺寸：	480W × 88H × 320D（mm）
重量：	6KG
本机功耗：	不大于 12W

四川诚信投资控股集团

ChengXin Investment Control Group

诚信集团董事长
胡健拥先生

诚信集团董事长兼总裁胡健拥博士志存高远，励精图治，多谋善断，广结人缘，好学不倦，博采众长，锐意进取，自强不息，引领四川诚信集团及其员工在求真务实、科学论证的基础上，不断登上新台阶。

四川诚信投资控股集团是四川省知名的民营企业集团

三大板块主要产业

一、**地产业** 包括土地资源整合、房地产开发、房地产代理

二、**建筑业** 基础设施建设和相关配套业务，包括工业与民用建筑市政建设、道路交通建设、装饰装修工程、园林绿化等

三、**餐饮休闲和文化产业** 包括餐饮、休闲娱乐、旅游文化开发旅游景观策划，海内外文化交流、优秀传统文化发掘、广告策划与创意等

此外，还有汽车贸易、航空航天以及与民政、宗教有关的产业或业务

企业文化

集团宗旨：诚信利民，开拓创新，发展自我，回馈社会

集团哲学：诚信是灵魂，团队是基础，管理是根本，创新是动力

集团人才观：尊重具有敬业精神、团队精神、钻研精神和创新精神的优秀人才

集团员工座右铭：求真务实，永不满足，超越自我，誓争一流

集团目标：管理和经营创一流，经济效益和社会效益创双佳

集团信念： 天道诚信、厚德载业、诚信天下

旗下公司

四川诚信房地产集团有限公司、四川诚信金宇建筑集团有限公司
四川金宇房地产开发有限责任公司、四川盛世阳光园林绿化工程有限公司
成都盛世中原地产顾问有限公司、成都诚信宗达房地产代理有限公司
四川诚信盛世装饰工程有限公司、四川诚信金宇汽车贸易有限公司
北京诚信宗达餐饮管理有限公司、四川诚信房地产集团有限公司北京分公司
成都诚信宗达实业有限公司、成都盛世阳光广告文化传播有限公司
成都合江亭禅茶有限责任公司、诚信食府

诚信
CHENG XIN
四川诚信投资控股集团
ChengXin Investment Control Group

诚信集团总部电话：028-80978888 传真：028-80678888
诚信北京公司电话：010-80978888 传真：010-87178888
经营范围：房地产、工程建设、航空航天、餐饮休闲 投诉电话：13608078888

诚信食府地址：成都市武侯区致民东路1号 订餐电话：028-81288888
诚信酒家地址：成都市武侯区致民东路79号 订餐电话：028-81278888
北京食府地址：朝阳区来广营东路9号长岛澜桥121幢 订餐电话：010-85948888

通威，
改造人类生活品质
成就世界水产品牌
通威集团是由全国政协委员、民建中央常委刘汉元先生创建，以饲料工业为主并在化工、宠物食品、IT、生物工程、国际贸易、建筑与房地产、大农业开发等行业快速发展的大型民营科技型企业，拥有亚洲最大的宠物食品生产基地、亚洲最大的水产科技园及我国最大的PVC化工生产基地之一等，目前已达八十余家分子公司，各板块、各产业均在所属领域快速稳健发展，2006年实现销售收入近120亿元。其中集团控股的上市公司通威股份系全球最大的水产饲料生产企业及主要的畜禽饲料生产企业，年饲料生产能力达500万吨，市场占有率已连续十二年位居全国第一，各项技术指标已处于国内领先并达国际先进水平，公司打造的通威鱼已全面登陆北京、上海、广州、武汉和成都等全国各大中城市。
近年来，通威集团奉行"诚、信、正、一"的经营理念，以其卓越经营业绩，先后被评为中国最具竞争力民企50强，先后荣获"中国驰名商标"、"国家免检产品"和"中国名牌"等殊荣，更成为中国饲料行业唯一标志性品牌。刘汉元董事长也赢得了社会的高度肯定和赞誉，先后获得中国"十大财经人物"、中国"十大优秀民营企业家"、"优秀中国特色社会主义事业建设者"、"中华十大民企英才"和"亚太最具创造力之华商领袖"等殊荣。
通威集团
TONGWEI GROUP
总部地址：成都市二环路南四段11号　通讯地址：成都市618信箱
邮编：610041 电话：028-85188888(总机)　传真：028-85199999
网址：www.tongwei.com　通威服务热线：800 8866888

HONG CHENG
石家庄鸿城房地产置业有限公司
河北东城房地产开发有限公司

立身淳朴 不居以浅薄 存心朴实 不居于虚华

石家庄鸿城房地产置业有限公司创建于1994年，是我省开办最早，专业从事房地产营销、策划整合；项目开发可行性论证、风险评估；户型平面设计；卖场管理；投资评估、融资、资金运营；产品定位、推广、销售；产品审批、政府关系、媒体及公众关系沟通；售后管理等综合业务的大型房地产置业公司。公司在业务上，首批通过石家庄市房管局颁发的房地产行业《壹级资质认证》；连续六年获市工商局颁发的“重合同守信誉单位”称号。又连续两次被评为“石家庄楼市最佳营销代理机构”，2005年又被评为“河北省十佳房地产策划顾问公司”。

鸿城一直将品牌服务视为核心理念之一，关注市场发展趋势，从过去的“卖家居、卖结构”发展到“卖理念、卖文化”。成功的运作赢得了客户、赢得了市场，提升了公司的品牌价值。

作为站在市场前沿的地产先锋，鸿城公司董事长赵力于2003年成功创办了河北东城房地产开发有限公司，使企业保持着与时俱进的良好发展势头。河北东城地产，完全按照经济规律来运作，一切从市场角度出发，公司更具集团化和多向性。着力培育企业的核心竞争力，将公司定位为：“地产开发、地产商业和地产理财”为一体的复合型地产企业。

赵力，女，出生于河北省石家庄市，汉族，本科学历，并于2004年进入清华大学经管学院进修高经MBA。民主建国会会员，石家庄市第十届政协委员，现任鸿城房地产置业有限公司董事长，河北东城房地产开发有限公司董事长，荣获第九届石家庄市“十大杰出青年”称号，市政府二等功，荣获第二届石家庄市“十大女杰”称号，市政府二等功。

2001年6月，加入民主建国会，并在发展自身企业的同时积极参加民主建国会组织的各项活动，2002年被评选为石家庄民主建国会企业家委员会副会长。同年11月，中国民主建国会石家庄市委去平山县参加了扶贫工作；2003年2月被推选为石家庄市第十届政协委员。在2003年在非典疫情中，个人捐款5000元；2004年4月11日，代表中国民主建国会石家庄市委向鹿泉市东方家政学校（福利性质）捐赠了价值12000元的书籍、文体用品、电脑等。2005年12月响应民主建国会成立60周年，民建中央主席成思危号召民建中民营企业家进行“思源”工程建设，于2006年1月13日赵力捐款5000元投入“思源”工程建设；2006年1月9日和市民建主委张光大，副主委麦相贤以及民建市委和统战部的各位领导去平山县科举村对口扶贫，捐赠物资：捐款3万以及过年用的粮油物品；2006年5月，作为民建优秀企业家代表随同市委，市统战部的有关领导赴赞皇“三下乡”扶贫，捐款1万元现金。2004年12月，在“昆明非公有制经济发展论坛上”有幸见到全国人大副委员长、民建中央主席成思危先生，她满怀诚恳的对成主席说，感谢国家给了我们民营企业家这么好的机会，我一定会为社会做更多的贡献，成思威主席对她赞赏有嘉。

联系我们：石家庄市裕华东路45号 冶金大厦1201-1216室
0311—86965742 Email-zhaolihc@tom.com www.hc160.com

九华山庄
JIUHUA RESORT & CONVENTION CENTER

选择九华 把握成功！

九华山庄·中国会展专家

规模大

6万平米会展面积，100多个各种规格的会议室、展览空间，可同时举办多个千人以上大型会议、展览；

功能全

场馆形式多样，功能完善；配套国际一流的器材、设备，充分满足各种会议、展览的专业性要求；

业务精

100多位专职会议、展览经理人，全程陪同，精心服务；大型车队豪华大巴接送，交通无忧；

环境美

2400间客房，装修豪华，舒适温馨；园林式酒店，空气清新，环境幽雅；

生活好

10多个风味餐厅，6000多个餐位，100多种温泉、保健、运动、娱乐项目，会后休闲生活丰富多彩。

林达集团隆重推出北京商业地产的航空母舰

写字楼、酒店公寓、大型商业街、生态广场、车位充足
海渔国际位于东四环内，紧邻京沈、京津塘高速，地处东部交通要塞，与著名的欢乐谷主题公园隔桥相望。

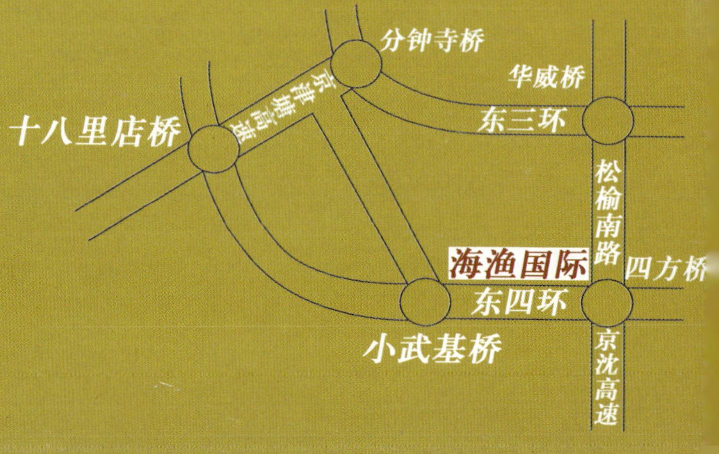

电话：010－87326666
传真：010－87327777
网站：www.lindagj.com
Email:lindagroup@china.com

HYCO航宇电器

美式全自动咖啡机 HGB-8A

规格: 304 x 267 x 398mm
工作电压: 110V/60HZ 或 240V/50HZ
功率:1300W

- 集磨豆、冲泡为一体（二合一），结构合理，外型美观；
- 采用双制热系统，实现快速冲泡；
- 冲泡容器采用抽屉式；
- 水箱可拆卸；
- 可拆卸磨刀，便于清洗；
- 可调节咖啡粉的粗细和磨制量；
- 三个功能开关可实现自动磨豆冲泡功能，单独磨豆功能以及单独冲泡功能；
- 八个功能按键，供选择咖啡粉的磨制量和冲泡量；

HYCO航宇电器
航宇控股集团有限公司
CHINA HANGYU HOLDING GROUP CO.,LTD
Add:中国浙江省永康经济开发区
Toll Free:800-857-9566
Tel:+86-579-7226666
Fax:+86-579-7226688
Zip Code:321300
Http://www.hyco.cn
E-mail:sales@hyco.cn

东盛英华医药有限公司

东盛英华医药有限公司自1998年创建至今走过了十年的风雨历程。目前已成为集医药批发、医药代理、药品生产、研发于一体的大型医药集团公司。公司旗下分设河北东盛英华医药有限公司、河北东盛英华制药有限公司、石家庄东盛英华医药有限公司、保定世通药业有限公司以及代理产品事业部、医院事业部等六个全资子公司。

公司顺应我国市场经济和药品流通体制政策趋势下成长壮大起来的。公司在总经理武英华先生的率领下，打造了一支高效、团结、创新、奋进的团队。团队中拥有各类技术职称、各类专业素质人才340余人，大专以上学历占公司总人数的70％，平均年龄28岁，彰显了企业强大的发展潜力和活力。几年来,企业坚持走专业化路线,始终坚持“卖好药、为人民”的根本宗旨，靠诚信打造自身品牌、靠质量占领市场先机、靠服务赢得行业机遇、靠管理致力企业发展的理念，在严峻的医药行业形势下,注重发挥自身优势，做强做大主营业务，在同行业内取得了骄人的业绩,从98年最初的销售几千万元到2006年的销售一举突破26亿元,创造了整个河北省乃至中国医药商业界的奇迹和神话。市场总份额占全省的30%以上，在全医药商业行业位居前20强，在河北省位居第一。总资产规模达到5.6亿元。凭借自身实力铸就了企业在华北地区医药商业的领军地位。目前,公司已与国内两千多家制药企业和六千多家客户建立了紧密,稳固的合作关系,并在全国代理了海尔集团PSS,哈药六厂的双黄连口服液和诸如西安杨森,中美史克等一批国内知名企业的河北省总经销权,形成了强大的网络优势和品牌优势。

几年来,公司一直致力于现代企业制度的建设,目前已经在企业的产权结构、运营模式、管理制度、业务流程上也已达到了一定水平并形成了自己的特色。公司企先后被评为“中国服务业500强”、“河北省百强企业”并位居全国医药商业销售百强企业第17位，是河北省医药商业企业唯一入选者。“河北省批发业十强企业”、“中国企业经营创新单位”、“全国企业精神文明建设先进单位”等多项荣誉，。

总经理武英华荣获河北省优秀青年企业家、中国优秀企业家等称号！

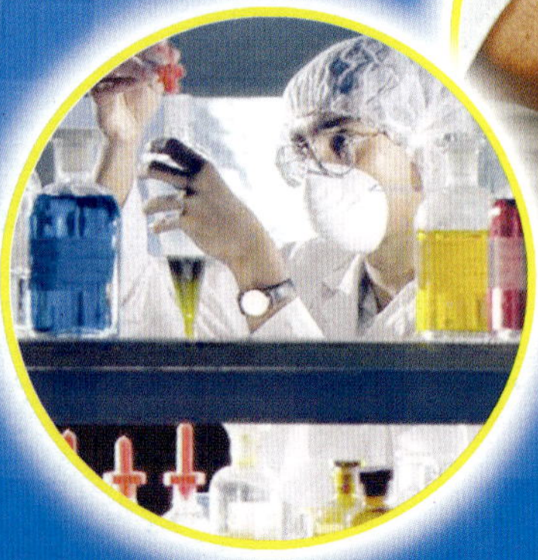